Languedoc-Roussillon

Ci-dessus : Collioure, la Tour du rempart © Stéphane Savignard
Photos de couverture + crédit :

Invitation au voyage

De lieux en lieux

Sommaire

LANGUEDOC ROUSSILLON
Altitude (en mètre)
2000
1000
500
200
Route principale
Autoroute
Préfecture
Ville principale
Ville secondaire
CANTAL
AURILLAC
LOT
CAHORS
RODEZ
AVEYRON
MILLAU
A75
A20
ALBI
A68
TARN
TOULOUSE
CASTRES
A61
HAUTES-PYRENEES
Fournels
Nasbinals
Lot
La Salvetat-sur-Agout
Lamalou-les-Bains
Olargues
Roquebrun
St-Pons-de Thomières
St-Chinian
Puisserguier
Capestang
Minerve
Caunes-Minervois
Saissac
Castelnaudary
Ouveillan
Rieux-Minervois
Canal du Midi
CARCASSONNE
Salles-sur-l'Hers
Belpech
Fanjeaux
Capendu
NARBONNE
Coursan
Gruissan-Plage
Aude
Limoux
Lagrasse
AUDE
Durban-Corbières
Sigean
Port-la Nouvelle
A9
ARIEGE
Chalabre
Couiza
Mouthoumet
Quillan
Rennes-les Bains
Leucate
Tuchan
Salse
Belcaire
Axat
St-Paul-de Fenouillet
Latour-de France
Estagel
Rivesaltes
Le Barcarès
Sournia
Têt
Millas
PERPIGNAN
Canet
Prades
Vinça
Ille-sur-Têt
Thuir
St-Cyprien
Elne
Olette
ANDORRE
Font-Romeu
Mont-Louis
PYRENEES-ORIENTALES
Le Boulou
Argelès
Collioure
Banyuls
Amélie-les-Bains
Céret
Saillagouse
Bourg-Madame
Tech
Prats-de-Mollo
Arles-sur-Tech
ESPAGNE
ESPAGNE
N
O
E
S

LE PUY-EN-VELAY
HAUTE-LOIRE
ARDECHE
30 km
DRÔME
Le Malzieu-Ville
St-Alban
Grandrieu
Langogne
Aumont-Aubrac
St-Amans
Châteauneuf-sur-Redon
LOZERE
Marvejols
Bagnols-les-Bains
MENDE
Le Bleymard
Chanac
Villefort
Le Pont-de-Montvert
Ste-Enimie
Génolhac
Florac
Tarn
Bésseges
Barjac
Pont-St-Esprit
Barre-des-Cévennes
La Grand-Combe
St-Ambroix
St-Germain-de-Calberte
Meyrueis
Lussan
Bagnols-sur-Cèze
ORANGE
St-André-de-Valborgne
ALES
VAUCLUSE
Gard
Vézénobres
GARD
Roquemaure
Trèves
Valleraugue
Lasale
Uzès
Sumène
St-Hippolyte-du-Fort
Le Vigan
Lédignan
Remoulins
AVIGNON
Alzon
Ganges
Sauve
Quissac
Aramon
Hérault
Claret
NÎMES
A7
St-Martin-de-Londres
Sommières
Beaucaire
Rhône
Lodève
Vauvert
Aniane
Castries
Gignac
Les Matelles
Lunel
St-Gilles
A54
Mauguio
Clermont-l'Hérault
MONTPELLIER
Aigues-Mortes
HERAULT
BOUCHES-DU-RHONE
Paulhan
La Grande-Motte
Grau-du-Roi
A9
Palavas-les-Flots
Pézenas
Montagnac
Servian
Mèze
Frontignan
Bessan
Sète
Agde
BEZIERS
Cap d'Agde
Valras-Plage
MER MEDITERRANEE
GOLFE DU LION

Invitation
au voyage

Nature

Flamants roses, Palavas-les-Flots

Entre sommets vallonnés de l'Aubrac et pentes abruptes du Canigou, le Languedoc-Roussillon est un appel permanent au soleil et aux grands espaces : c'est un pays à l'âme forte et aux souvenirs de voyage qui se méritent.

Au nord, la Lozère offre, de l'Aubrac à la Margeride, des Causses aux Cévennes, la vision bucolique de ses pâturages et l'authenticité de son aligot fumant dans les burons. De la relance du "thermalisme vert" à la Chaldette au Domaine de Barre "relooké" par Jean-Michel Wilmotte, c'est une renaissance totale. Renouveau aussi, avec le retour des loups, des vautours et des bisons qui, dans leurs parcs paysagers, enchantent les visiteurs.

Plus au sud, sur les terres calcaires des Causses, la nature a frappé un grand coup. De Florac au Rozier, le Tarn s'encaisse sur près de 600 mètres, sculptant ses parois d'un étrange bestiaire. Là, retentissent parfois les rires des huit "nymphes du Tarn" qui hantent le château de la Caze, belle bâtisse du XVe siècle, aujourd'hui halte romantique et gastronomique. Mystère aussi, sous terre, où il fait bon déambuler à travers la forêt pétrifiée de l'aven Armand ou s'émerveiller devant les cascades de calcaire rose de Dargilan.

Sur les traces de Stevenson et de son ânesse : quelle merveilleuse façon de découvrir, du mont Lozère au mont Aigoual, le parc national des Cévennes, réserve mondiale de biosphère. De cette nature généreuse, l'homme a tiré son habitat de granit et de schiste, sa subsistance du châtaignier et sa richesse du mûrier. Les camisards surent utiliser ce milieu austère pour résister, cette remarquable épopée est contée au musée du désert.

Aux pieds de cette montagne mythique, dans le Gard, un petit paradis pour touristes curieux offre maintes visites : la grotte de Trabuc, l'écomusée de la soie à Saint-Hippolyte-du-Fort, la mine témoin d'Alès, le train à vapeur des Cévennes, la bambouseraie de Parafrance…

Près d'Uzès, l'aqueduc romain du pont du Gard, inscrit au patrimoine mondial, annonce Nîmes et ses arènes qui retentissent encore des cris des spectacles taurins.

A l'entrée de la Camargue qui conserve les traditions de la "bouvine", veille la cité d'Aigues-Mortes où saint Louis s'embarqua pour sa dernière croisade.

Entre Rhône et Pyrénées, huit stations balnéaires, nées dans les années 60, accueillent les vacanciers : marinas de Port-Camargue, pyramides de La Grande-Motte et maisons méditerranéennes au Cap d'Agde, toits "en dos de chameau" à Gruissan… Mais nature et traditions restent partout présentes : étangs littoraux qui scintillent au soleil, petits ports de pêche qui résonnent des bruits des joutes nautiques, coquillages de l'étang de Thau qui se met en scène au musée de Bouzigues.

L'intérieur du pays est une mine de richesses à troubler les plus "blasés" car le spectacle y est permanent : cirques du Bout du Monde (Navacelles, Ravin des Arcs), gorges de la Vis et de l'Hérault, chaos de roches (Mourèze), parfums de garrigue (thym, romarin, genévriers…), églises et sanctuaires romans (Saint-Martin-de-Londres, Saint-Guilhem-le-Désert), cathédrales enfouies et maintenues en vie par un éternel goutte-à-goutte (Demoiselles, Clamouse, Labeil), insolite lac du Salagou aux rives ocre rouge, paysages verdoyants du parc naturel du haut Languedoc.

A l'ouest, l'Aude, véritable puzzle, semble détenir, à elle seule, la diversité des paysages français. Hormis Narbonne-la-Romaine et Gruissan en bord de mer, village circulaire où

Charles Trenet a vu "danser la mer le long des golfes clairs", l'Europe toute entière n'a d'yeux que pour la cité de Carcassonne !

Tout autour, de vertigineuses citadelles, témoins muets des affrontements fratricides de l'épopée cathare, invitent à la méditation au fil d'un itinéraire bien conçu.

Mais, dans ce département, agricole avant tout, il faut savoir humer, au-delà des essences de la garrigue, les effluves capiteux des vins des Corbières et écouter la douce effervescence du crémant-de-limoux.

Au sud, les Pyrénées-Orientales baptisées poétiquement Pyrénées-Roussillon, fleurent bon l'Espagne, leur soeur jumelle, et ont des accents contrastés qui rappellent à chaque moment leur "catalanité".

A Perpignan, l'imposante silhouette du palais des rois de Majorque courtise les cimes du Canigou embrasées des mille feux de la Saint-Jean. Les soirs d'été, sur les places animées au son des "coblas", par Picasso à tout jamais pérennisées, les sardanes se partagent avec l'étranger en toute fraternité. D'Argelès à Cerbère, parfumée par les anchois de Collioure et des vins de Banyuls, la Côte vermeille serpente, de criques en ports, pour la joie des peintres, des pêcheurs et des plaisanciers. Des vertes vallées du Vallespir et du Conflent, premiers contreforts des Pyrénées, ponctuées d'admirables édifices romans, jaillissent des stations thermales renommées : Amélie-les-Bains, Le Boulou, Molitg, Vernet, La Preste... Des stations de ski de Cerdagne et du Capcir, le visiteur peut "slalomer" en un temps record, des pentes enneigées jusqu'aux rivages de la "Grande Bleue".

GEOGRAPHIE

La région Languedoc-Roussillon forme un arc le long de la mer Méditerranée, limité à l'est par le etit Rhône, au sud par la frontière espagnole et, à l'ouest, par la région Midi-Pyrénées. Ellc regroupe clnq départements : quatre d'entre eux sont littoraux (Gard, Hérault, Aude et Pyrénées-Orientales), le cinquième étant la Lozère. Ce département n'avait pas, a priori, de raisons pour être intégré à la région Languedoc-Roussillon ; ce fut surtout la volonté de ne pas créer une région "Massif central" qui a motivé cette décision. C'est, également, parce qu'il n'a pas été jugé opportun de créer une région "Pyrénées" que les Pyrénées-Orientales font partie du Languedoc-Roussillon.

Climat

La région se caractérise, dans son ensemble, par une aridité prolongée en été. La valeur absolue des précipitations est, en ce sens, trompeuse ; il tombe, en effet, 750 mm d'eau par an à Montpellier (contre 680 mm à Nîmes et 630 mm à Perpignan) ce qui est supérieur à Caen par exemple. Toutefois, ces précipitations se font le plus souvent sous forme de fortes averses (principalement au printemps et en automne). Ce régime particulier fait qu'il est difficile, sans irrigation, de cultiver autre chose que la vigne. Cette sécheresse estivale est accentuée par la fréquence des vents de terre. Si le mistral, vent du nord caractéristique de la vallée du Rhône, ne se fait vraiment sentir que jusqu'à Montpellier, d'autres vents soufflent sur la région : le cers et la tramontane venus du nord-ouest et qui font le bonheur des surfeurs, le vent d'Espagne au-dessus des Pyrénées, le marin et le grec qui apportent les influences de la Méditerranée.

Les reliefs de la région connaissent des précipitations qui vont en s'accentuant avec l'altitude ; ainsi le mont Aigoual est arrosé de presque 2 200 mm en moyenne chaque année, c'est-à-dire qu'un mètre carré reçoit plus de 2 000 litres d'eau. Les hivers, en outre, peuvent être extrêmement rudes dans les causses ou dans les montagnes du Roussillon.

Cette diversité se retrouve dans le climat, méditerranéen dans l'ensemble avec des étés arides et des précipitations abondantes en automne, mais soumis à des influences océaniques dans l'ouest, revêtant un caractère montagnard en altitude marqué par des hivers rigoureux.

En conséquence, les cours d'eau, les petits fleuves côtiers venus des montagnes toutes proches, bénéficient de régimes très irréguliers, marqués par la brutalité des crues d'automne et des étiages sévères en été.

Topographie

On peut, grossièrement, diviser la région en trois parties : des plaines littorales, une zone de collines et des hauteurs à la périphérie.

Les plaines littorales furent longtemps répulsives. Elles étaient composées de nombreuses lagunes et la malaria y sévissait. L'aménagement touristique décidé par l'Etat en 1963 a provoqué un vaste bouleversement des côtes, avec l'assainissement du littoral et l'aménagement de plusieurs stations (La Grande-Motte, Cap d'Agde...).

La zone de collines se caractérise par des altitudes comprises entre 200 et 700 m. Les sols y sont le plus souvent pauvres (dans les garrigues, par exemple). Le développement démographique récent offre une valeur nouvelle à cette zone devenue l'objet de convoitises immobilières.

"Lézades", "Gardonnades", "Vidourlades"...

Depuis des siècles, les populations ont appris à vivre avec ces crues exceptionnelles des petits fleuves côtiers (Lez, Gardon, Vidourle...), au point de leur donner un nom spécifique flanqué d'un suffixe péjoratif, comme on le fait pour une vieille connaissance que l'on craint.

De nos jours, les météorologues parlent "d'épisode subcévenol" pour ces phénomènes catastrophiques, provoqués par le brusque refroidissement de masses nuageuses gorgées d'eau, venues de la Méditerranée, au contact de la terre et bloquées par les premiers contreforts des Cévennes. Il en résulte de très fortes précipitations (plus de 650 litres d'eau au m^2 en certains endroits du Gard les 8 et 9 septembre 2002) et la topographie des vallées génère des vagues puissantes (19 m à Collias dans les gorges du Gardon, 7,50 m à Sommières...) qui, parfois, emportent les digues, comme à Marsillargues, Lunel ou Aramon. Le siècle passé et les années récentes sont marqués de dates qui rappellent douloureusement que l'homme doit subir les lois de la nature, 1907, 1933, 1958, 1988 à Nîmes, 1992 à Vaison-la-Romaine, 1999 dans l'Aude et les Pyrénées-Orientales, 2002 dans le Gard et l'Hérault, 22 septembre 2003 à Montpellier.

Mais la pression urbanistique a, de tout temps, fait oublier les catastrophes passées ; n'est-ce pas au Moyen Age qu'à Sommières, on a, pour étendre la ville, muré 9 arches du pont romain qui en comptait 17. "Pas si fous que ça" ces Romains puisqu'ils construisaient leur pont sur la totalité de la zone inondable : 180 m de long et 11 arches pour celui d'Ambrussum près de Lunel !

Grottes de Clamouse, Hérault

La zone de montagnes court de l'extrémité orientale des Pyrénées (au sud) aux Cévennes et au sud du Massif central (au nord). Les terres y sont le plus souvent pauvres, mais on rencontre quelques cultures céréalières dans les dolines (petites poches dans des reliefs karstiques).

Géologie

Cette topographie en gradins est le fruit d'une longue évolution géologique qui se poursuit de nos jours et a débuté il y a plus de 600 millions d'années. Au cœur du massif pyrénéen, dans quelques secteurs de la Montagne Noire ou sur les hauts plateaux lozériens (Aubrac, Margeride), on trouve le substrat de roches anciennes cristallines dont le granit est l'exemple même. Les grands bouleversements de l'ère primaire marquent, aussi, l'apparition de roches métamorphiques, particulièrement les schistes. Ces derniers composent l'essentiel du massif cévenol, mais on les retrouve dans le nord de l'Aude et de l'Hérault (où ils portent les vignobles réputés de Faugères et de Saint-Chinian), les hautes Corbières et les Pyrénées-Orientales. C'est aussi l'époque de la formation des gisements de charbon qui feront la richesse, au XIXe siècle, de petites villes du pourtour du Massif central : La Grand-Combe, Alès, Graissessac.

L'ère secondaire va voir l'arrivée de la mer et, pendant des siècles, des sédiments vont se déposer dans un immense golfe qui va s'étendre jusqu'à la Lozère actuelle. Ils sont à l'origine de l'empilement, sur des centaines de mètres, de couches de calcaires qui vont constituer les Grands Causses (Larzac, Sauveterre, Noir, Méjean...), mais aussi les plateaux de moyenne altitude comme les garrigues du Gard et de l'Hérault et le massif des Corbières ; ces formations, portées en hauteur par les mouvements de l'écorce terrestre, à la fin de l'ère tertiaire, brisées par les failles dues aux plissements pyrénéen et alpin, vont être creusées, disséquées par l'érosion. Vont en résulter de profonds canyons dont les plus célèbres sont les gorges du Tarn, de la Jonte ou de l'Hérault.

Un pays de grottes

A l'intérieur, l'action de l'eau va être aussi spectaculaire. Creusant, sculptant, créant des formes défiant les lois de la pesanteur, jouant au peintre avec toute la palette des oxydes minéraux, elle a conçu des chefs-d'œuvre qui ont pour nom Dargilan, aven Armand, Bramabiau, Trabuc, la Forestière, la Cocalière, les Demoiselles, Clamouse, Labeil, la Devèze, Cabrespine, Limousis, Grandes et Petites Canalettes.

Pays où abonde le calcaire, le Languedoc-Roussillon est une des premières régions françaises par le nombre, la variété, la splendeur de ses cavités aménagées pour le tourisme.

Les mers de l'ère secondaire ont été, pendant des millions d'années, le lieu de dépôt en couches superposées de sédiments, notamment le calcaire formé à partir des débris de coquilles et de squelettes d'animaux marins. Puis, portés en hauteur, fracturés, plissés, ces grands ensembles ont été soumis à l'action de l'eau.

Les rivières et leurs flots tumultueux ont creusé des vallées profondes où transparaît toute la puissance des forces naturelles. Si, aujourd'hui, nos rivières comme le Tarn, la Jonte, la Vis, l'Hérault, la Dourbie, l'Aude semblent tranquilles, elles coulent souvent dans des gorges impressionnantes par leur ampleur ou, au contraire, par leur étroitesse.

Mais l'eau, par une action chimique, a effectué un long travail de dissolution. En surface, des sites ruiniformes, aux rochers sculptés évoquant temples, personnages de légendes, animaux… sont connus de tous : Montpellier-le-Vieux, Nîmes-le-Vieux, les arcs de Saint-Pierre, le cirque de Mourèze.

S'infiltrant dans les cassures de la roche, chargée d'acide carbonique, l'eau va dissoudre le carbonate de chaux contenu dans le calcaire, élargir les fissures, créer des puits ou avens. Peu à peu, les avens s'agrandissent, se prolongent par des galeries souterraines réunies, fréquemment, en un réseau très ramifié et complexe. Souvent, des élargissements amplifiés par les chutes des strates de voûte, vont donner naissance à des grottes dont les dimensions sont parfois gigantesques. Ne dit-on pas que le gouffre de Cabrespine pourrait abriter la tour Eiffel ou que l'aven Armand a les dimensions de Notre-Dame de Paris ?

Mais l'eau n'a pas uniquement un rôle destructeur. Circulant sous terre, suintant des plafonds et des parois, se chargeant en colorants minéraux, l'eau va déposer le carbonate qu'elle transporte. Et là, la nature magique va créer des concrétions aux formes fantastiques, défiant souvent les lois de l'équilibre : gours, stalactites, fistuleuses, excentriques, stalagmites, draperies… Toutes les formes, toutes les tailles, toutes les couleurs se retrouvent dans les grottes aménagées du Languedoc-Roussillon.

Monde des formes figées dans le minéral, lent travail de l'eau, cristaux de toutes natures, et témoignage dune lointaine occupation de nos ancêtres, chaque cavité, par sa diversité, vous entraîne dans la connaissance d'un milieu où l'homme a souvent trouvé son premier refuge.

Les "ruffes" du Lodévois

En balade autour du lac du Salagou, vous serez surpris de vous retrouver dans un paysage lunaire où dominent des roches d'un beau rouge brun. Au permien, dernière période de l'ère primaire, l'érosion a déposé des milliers de mètres d'argiles riches en fer. Sous l'action du climat, les fines couches sèchent, se rétractent, se colorent en rouge par oxydation et gardent, à leur surface, des empreintes de mammifères primitifs. Compressées, recuites par les phénomènes volcaniques, plissées, ravinées au cours des siècles, ces couches ont donné un paysage fantastique, rehaussé encore par le bleu intense des eaux du lac du Salagou. Si vous avez bonne mémoire et aimez les chiens, rappelez-vous ! Une célèbre marque d'aliments pour animaux y a tourné des spots publicitaires mettant en scène un berger allemand.

Grotte de l'aven Armand, "La Merveille Souterraine"

C'est, toujours, avec émerveillement que l'on découvre ce spectacle grandiose. Par une galerie de 200 m de long, un funiculaire transporte le visiteur à 50 m sous terre, dans la vaste salle où Notre-Dame de Paris rentrerait sans peine. D'un balcon ainsi accessible à tous, une vue unique, "Rêve des mille et une nuits" selon Martel, s'offre aux yeux.

Sous un éclairage étudié, plus de 400 stalagmites dressent leurs dentelles de pierres à plusieurs mètres de haut. La visite s'effectue en cheminant au milieu de cette forêt, ou toutes les concrétions portent des noms évocateurs : "le palmier", "le dindon", "le tigre", "le coin des méduses".

Grotte de Dargilan, "La Grotte Rose"

Première grotte aménagée en France en 1890, la grotte de Dargilan est d'une visite facile et agréable dans un milieu souterrain féerique et incomparable. Grotte aux aspects variés, tant par l'intérêt géologique (chaos d'effondrement, galeries d'érosion) que par les magnifiques cristallisations aux couleurs naturelles très accentuées, mais où la dominante rose est toujours présente. Par son étendue (1,2 km de parcours aménagé) et l'immensité de ses salles, Dargilan compte parmi l'une des grandes grottes touristiques d'Europe.

Abime de Bramabiau

Dans le massif de l'Aigoual, prend naissance le ruisseau du Bonheur qui disparaît sous terre au contact d'une barre calcaire et devient, à sa résurgence, le Bramabiau. C'est dans l'abîme de Bramabiau "le boeuf qui brame" et sa rivière souterraine que les amateurs de grottes risquent le moins d'éprouver une impression de déjà vu. "Caprice de la nature tel qu'on n'en connaît pas de semblable" disait E.-A. Martel.

Grotte de la Forestière

Située à la limite du Gard et de l'Ardèche, cette grotte, d'accès très facile, présente des concrétions très particulières, en particulier, un remarquable ensemble de "feuilles de choux". Autre curiosité : les écheveaux de racines qui ornent le plafond de cette cavité s'étendant à peu de distance de la surface du plateau. Le visiteur pourra aussi y découvrir un zoo cavernicole (poissons, crustacés, batraciens, insectes...) prouvant que la vie est possible dans ces espaces ou règne l'obscurité.

Grotte de la Cocalière

Grotte vivante où l'eau est partout présente, la Cocalière, outre les décors classiques,

Grotte de Trabuc

disques, gours géants, permet d'admirer des "perles de caverne" en formation. Occupée très tôt par l'homme, elle contient des gisements préhistoriques remarquables. Le retour de la visite s'effectue, en surface, par un petit train qui traverse 100 hectares de garrigues aromatiques, jalonnés de vestiges préhistoriques (dolmens, tumuli...), de curiosités géologiques (lapiez, aven, failles...) et de témoignages historiques (murets, capitelles...).

Grotte de Trabuc

Cette magnifique grotte, facile à visiter, renferme deux phénomènes dont la beauté égale le mystère : le lac de Minuit, à la merveilleuse coloration vert émeraude et la salle des "100 000 soldats" où, dans un immense gour, s'élève une forêt de minuscules concrétions à l'origine encore inexpliquée.

Grotte des Demoiselles

Grandiose et féerique ! Ses dimensions (52 m de hauteur, 120 m de longueur, 80 m de largeur), la richesse et la variété des concrétions de la grande salle en font incontestablement la "cathédrale des abîmes". Son funiculaire souterrain permet au plus grand nombre de pouvoir accéder aisément au coeur même de ce magnifique monument naturel à voir absolument. La promenade, entre les coulées de calcites dans un dédale de stalactites et de stalagmites exubérantes nées de l'alchimie de la roche et de l'eau, fera de votre rencontre avec "les demoiselles" (les fées de la légende), une découverte inoubliable.

A l'extérieur, au pied de la falaise du Thaurac, un jardin, en terrasses panoramiques sur la haute vallée de l'Hérault vous offre toutes les senteurs de la flore méditerranéenne.

Grotte de Clamouse

Au coeur des gorges de l'Hérault, à quelques kilomètres de Saint-Guilhem-le-Désert, Clamouse, véritable joyau souterrain, témoigne, avec splendeur, de la présence du minutieux travail de l'eau. Art plus que travail, car tout ici est joyau : fleurs de calcite et d'aragonite disposées en grappe ou en bouquets excentriques, aux formes les plus tourmentées, stalactites fistuleuses, draperies aux couleurs les plus éclatantes, du blanc immaculé au rouille profond.

Grotte de Labeil

A la limite sud de la forêt de l'Escandorgue et du causse du Larzac, les eaux souterraines d'une mystérieuse rivière jaillissent au pied des immenses falaises d'un cirque dolomitique. La visite, d'un accès facile, va permettre de suivre cette rivière avant d'arriver à la partie supérieure où abondent cristaux et cascades pétrifiées.

Grotte de la Devèze

La finesse de ses concrétions lui a valu le nom de "palais de la fileuse de verre". A 35 m de la surface du sol, la diversité des calcaires dolomitiques traversés explique la diversité des concrétions. A côté des formes classiques (stalactites et stalagmites, colonnes), ce sont de très beaux cristaux d'aragonite groupés en "fleurs de pierre" qui en font l'originalité et la beauté. A l'intérieur, musée français de la spéléologie.

Grotte de Limousis

Creusée par une rivière souterraine, la cavité libérée de ses eaux a été décorée de superbes concrétions dont l'exceptionnel "lustre", ensemble de cristaux blancs arborescents d'aragonite. Les traces de l'occupation animale (ours des cavernes) ou humaine (homme préhistorique) montre qu'elle fut, de tout temps, un lieu de refuge.

Gouffre Géant de Cabrespine

Cette cavité porte magnifiquement son nom : gouffre géant où le visiteur de la plate-forme d'accès, "le balcon du diable", pourra contempler cette salle de plus de 250 m de haut. Ne dit-on pas que la tour Eiffel pourrait y tenir en entier ?

Grotte des Grandes Canalettes

Creusée dans les marbres roses et rouges du massif du Canigou, le "Versailles souterrain" présente de très belles excentriques de calcite et d'aragonite. Sa salle blanche est particulièrement attrayante. La visite est originale, sans guide, sur un parcours jalonné de panneaux explicatifs et accompagné par de la musique classique ou traditionnelle. A l'entrée, un espace pédagogique explique les phénomènes géologiques et permet d'admirer une impressionnante géode d'améthyste.

Grotte des Canalettes

Cette cavité est célèbre pour une imposante concrétion en forme de table. Cet ensemble est un gour, que les coulées de calcite ont rempli jusqu'à déborder. Elle possède aussi un remarquable ensemble de draperies, en particulier une "méduse" d'une grande finesse.

Grotte de Cova Bastera

A proximité de la citadelle de Villefranche-de-Conflent, cette cavité, située à la fin du réseau des Canalettes a été occupée, de tout temps, par l'homme. Cette grotte historique a été fortifiée et aménagée en poudrière à l'époque de Vauban.

Grotte de Fontrabiouse

En surplomb au-dessus de la vallée du Capcir, cette "fontaine rageuse", grande galerie creusée dans une veine calcaire, s'enfonce de plus de 350 m dans le massif pyrénéen, occasion très intéressante d'admirer de belles concrétions tout au long du parcours.

Une autre particularité de cette période géologique est la présence des dinosaures. Ils vivent alors en immenses troupeaux, se déplaçant le long des rivages aux eaux peu profondes, cherchant leur nourriture et pondant leurs œufs au fil des saisons entre actuelle Provence et Corbières. Imprimées dans le calcaire, leurs traces ont été mises à jour et exploitées scientifiquement mais, aussi, dans un but touristique comme à Couiza dans l'Aude (dont les découvertes récentes en font l'un des gisements les plus intéressants d'Europe), à Mèze dans l'Hérault ou à Saint-Laurent-de-Trêves dans le parc des Cévennes.

L'histoire géologique de la région se poursuit au tertiaire avec l'ouverture de la Méditerranée (au fait savez-vous que le massif des Albères, à la pointe des Pyrénées trouve son vis-à-vis en Provence avec le massif des Maures ?), la continuation de l'érection des Pyrénées, le basculement des Cévennes et la formation de la plaine littorale par l'accumulation de sédiments arrachés aux reliefs et déposés dans une mer peu profonde où existe une vie très intense. En résulte, un paysage de collines molles formées le plus souvent de bancs de calcaire coquillier très tendre, qui a servi, des Romains aux architectes du XVIIe siècle, à édifier les grands monuments qui subsistent de nos jours : ponts, aqueducs, abbayes, châteaux, hôtels particuliers.

La basse plaine littorale, qui se prolonge en remontant les vallées des fleuves, est de construction récente, issue des alluvions amenées principalement par le Rhône, véritable créateur du trait de côte, cordon littoral sableux qui s'appuie sur les pointements rocheux de Maguelone, Sète, Agde, la Clape, Leucate et s'ancre à la Côte Vermeille à Argelès dans les Pyrénées-Orientales.

Un pays d'étangs

Le littoral languedocien et catalan est un milieu toujours vivant, marqué par cette interpénétration permanente entre la terre et la mer qui forme une côte basse, ponctuée de lagunes toujours en communication avec la pleine mer et d'étangs plus ou moins retirés à l'intérieur des terres et soumis à des apports d'eau douce. De quelques points hauts (Saint-Clair à Sète, plateau de Leucate, massif de la Clape, tour de Constance à Aigues-Mortes, dunes de l'Espiguette), un paysage en construction s'étale à l'infini : les étangs se comblent, les graus se ferment, la pointe de l'Espiguette s'engraisse, le lido s'amincit vers Sète, la plaine recule face aux attaques de la mer comme vers Vias…

La Petite Camargue

Vers l'est, les lagunes, jusqu'au XIXe siècle, pénétraient profondément vers l'intérieur, et allaient baigner les pieds des Costières, collines caillouteuses témoins d'un ancien lit du Rhône. L'endiguement du fleuve, les comblements récents, la construction de "la digue à la mer" ont créé un milieu saumâtre de faible profondeur, où croissent, selon le degré de salinité, salicornes ou roseaux, et règnent flamants roses, petits taureaux noirs et chevaux blancs de Camargue. Au-dessus des bois de pins qui soulignent les anciens traits de côte, surgissent les ruines de l'ancienne abbaye de Psalmodi, la tour Carbonnière et les remparts d'Aigues-Mortes, ce port éphémère construit de toutes pièces par saint Louis pour partir en croisade et qui se trouva rapidement ensablé.

Autour de Montpellier

Suivi par un chapelet de petits étangs (Pérols, Méjean, Pierre Blanche, Prévost, Arnel, Vic) séparés au XIXe siècle par le canal du Rhône à Sète et, plus récemment, par les voies d'accès aux villages du littoral… l'étang de Mauguio (ou de l'Or) est la plus vaste étendue en eau de ce secteur. Il conserve une activité traditionnelle basée sur les petits métiers de la pêche. Attaqué de toute part par l'avancée de l'agglomération montpelliéraine et des stations touristiques, il a fait l'objet d'une mesure de classement. Au sud-ouest, les étangs sont dominés par la Gardiole (remarquable panorama), vaste colline calcaire, couverte de garrigue, où a été tracé un important réseau de chemins et sentiers de randonnée. Au milieu, posée sur un mamelon volcanique, surgit la nef de la cathédrale de Maguelone, seul vestige de la petite cité épiscopale qui, au Moyen Age, régnait sur la région de Montpellier et commerçait avec Rome et le Proche-Orient.

Autour de l'étang de Thau

Avec ses 7 500 hectares, l'étang de Thau est la plus importante lagune de la France méditerranéenne. Ses eaux, traversées de courants, brassées par les vagues, riches en plancton, sont favorables à la conchyliculture et les moules et huîtres que l'on y élève, sont très réputées, notamment celles du petit village de Bouzigues (classé en "Site Remarquable du Goût"). Entre le mont Saint-Clair à Sète et le mont Saint-Loup à Agde s'étire un fin cordon littoral, bordé autrefois par une belle plage de sable fin très prisée des habitants de l'arrière-pays et, aujourd'hui, soumis à une intense érosion marine. Le mont Saint-Loup est le vestige le plus visible du volcan d'Agde (un jeunot de 200 000 ans pour les

volcans) qui fut, avec son cône de 1 500 m de large, le plus imposant de la région. Il marque encore le paysage avec son basalte sombre découpé en falaise au Cap d'Agde, battu par les flots sur l'îlot de Brescou, et utilisé pour la construction de la cathédrale d'Agde, les églises de Portiragnes, Vias et maints autres édifices.

La basse vallée de l'Aude

A l'époque romaine, l'Aude au niveau de Sallèles se séparait en deux bras ; l'un, au nord, aboutissait dans l'actuel étang de Vendres ; l'autre, au sud, se déversait dans un golfe qui occupait l'emplacement de l'étang de Bages-Sigean. La montagne de la Clape était alors une île. Au XIVe siècle, la rivière, bien ignorante des réalités économiques, brisa ses digues et décida d'emprunter uniquement le tracé nord, condamnant le port de Narbonne à une ruine certaine. Véritable réservoir pour les crues de l'Aude, l'étang de Vendres occupe une petite dépression largement occupée par une roselière dense qui abrite une faune avicole très riche.

Lui aussi divisé en plusieurs sous-ensembles, abritant des îles inhabitées et protégées, l'étang de Bages-Sigean est renommé pour ses anguilles et pour les villages de pêcheurs qui marquent son pourtour. La qualité du site en fait l'élément majeur du futur parc naturel régional de la Narbonnaise.

Le littoral du Roussillon

Les remblais amenés par les torrents impétueux descendus des Pyrénées (Agly, Têt, Tech, Réart) ont comblé la plaine roussillonnaise. Leurs éléments fins ont été répartis le long de la côte, et forment un cordon littoral qui a isolé les étangs de Salses-Leucate et Canet-Saint-Nazaire. Le premier, avec 6 000 ha de superficie, ses eaux vives, sa communication permanente avec la mer, présente des possibilités intéressantes pour la conchyliculture qui s'y développe régulièrement depuis une vingtaine d'années. La présence des stations de Port-Leucate et Port-Barcarès, des conditions climatiques favorables, en font un pôle réputé pour les sports de glisse.

Au sud, menacé de comblement, mais aujourd'hui protégé et réhabilité, l'étang de Canet est une véritable coupure verte entre deux zones très urbanisées du littoral et se veut un espace de sauvegarde des activités traditionnelles, comme en témoignent les cabanes de pêcheurs restaurées qui dressent leurs toits de roseaux face à la masse imposante du Canigou.

Les cours d'eau

Soumis à la topographie de la région, le réseau hydrographique est caractérisé par un nombre important de fleuves côtiers, au régime méditerranéen très prononcé et des caractères torrentiels : étiage d'été et fortes crues d'automne. Outre ce bassin méditerranéen direct, auquel il faut ajouter les rivières de l'est gardois tributaires du Rhône, le bassin atlantique s'étend jusqu'ici, avec des affluents de la Garonne et même de la Loire pour une partie de la Lozère, véritable "château d'eau" de la France.

L'Allier

un des principaux affluent de la Loire, prend sa source en Lozère et sépare cette dernière, sur une cinquantaine de kilomètres, du département voisin de l'Ardèche. Le débit de cette rivière, très renommée au niveau halieutique pour ses truites et ses ombres communs, est régulé par le lac de Naussac, la plus importante retenue d'eau du département qui est devenu, au fil des ans, un pôle touristique majeur avec de nombreuses activités nautiques, un golf, et dit-on, pour bientôt, un casino à Langogne. Le Chapeauroux, affluent de l'Allier, né au cœur de la Margeride, est un des rares cours d'eau français à avoir abrité les trois espèces de salmonidés que sont le saumon, la truite et l'ombre. Mais les aménagements de la Loire et de l'Allier ont provoqué la disparition du premier dans les frayères du Chapeauroux.

Les eaux de la Truyère

Elles sont mondialement connues puisqu'elles figurent sur toutes les photos du viaduc de Garabit, chef d'œuvre de l'architecture métallique de la fin du XIXe siècle, construit par Gustave Eiffel lui-même. Avant de se jeter dans le lac qui baigne les piles du pont, la Truyère, a parcouru la Margeride, dans un paysage de jonquilles, de collines boisées de pins sylvestres et de maisons de granit, traversant Le Malzieu-Ville et son plan d'eau aménagé.

Le Bès

Autre rivière du nord de la Lozère, affluent de la Truyère, il parcourt le plateau volcanique de l'Aubrac, séparant le département de son voisin le Cantal. Fortement colorées en brunâtre par la traversée des tourbières, ses eaux serpentent au milieu de pâturages verdoyants et fleuris.

Le Lot

Il prend naissance en Lozère, qu'il coupe de part en part sur 95 kilomètres, à 1 200 m d'altitude et, plus précisément, sur la montagne du Goulet. Traversant les trois principales roches constituant le substrat du département (calcaire, schiste, granit), ses eaux sont riches en éléments minéraux qui favorisent la croissance et la diversité des espèces piscicoles (truites, ombres, barbeaux, chevesnes, vandoises et aubours...). Véritable frontière naturelle, il sépare la Lozère du nord, granitique et volcanique, de celle du sud, schisteuse et calcaire, et baigne Mende le chef-lieu du département. Plusieurs plans d'eau aménagés y sont propices à la baignade et aux activés aquatiques comme, par exemple, celui de Booz (canoë-kayak, rafting, planche à voile...).

Le Tarn

Il est devenu le symbole de l'activité touristique de la Lozère. Ses gorges, situées dans leur totalité dans le département, sont un site spectaculaire, connu des premiers touristes dès la deuxième moitié du XIXe siècle. Portées en hauteur lors des plissements alpin et pyrénéen, les couches de calcaire déposé durant l'ère secondaire ont été entaillées par la rivière sur une longueur de plus de 50 kilomètres (sur les 100 kilomètres de son parcours lozérien) et jusqu'à une profondeur dépassant parfois les 500 mètres. En été, le Tarn est une rivière tranquille, parcourue par des milliers de canoë-kayaks d'où les occupants peuvent admirer les hautes falaises, les chaos rocheux et les petits villages accrochés aux pentes. Jusqu'en 1905, les gorges n'étaient accessibles qu'en barques à fond plat, semblables à celles qui promènent les touristes de nos jours (voir à la Malène) et il fallu les volontés d'E.-A. Martel et de Jean Monastier, député lozèrien de l'époque, pour obtenir le percement de la route actuelle, en surplomb de la rivière, et de ses 14 tunnels.

La Jonte

Affluent du Tarn, elle a aussi, ses gorges. Mais, malgré les hautes falaises qui délimitent le causse Noir du causse Méjean, elles ne connaissent pas la même renommée. Le parcours vaut cependant pour la traversée de Meyrueis, verdoyante station de vacances et, surtout, pour l'observation des vautours fauves qui sillonnent le ciel de la vallée. Les amateurs se tourneront vers ses eaux qui sont parmi les plus poissonneuses du département, en particulier en truites fario.

Les gorges de La Roque-sur-Cèze, Gard

La Cèze

Affluent du Rhône, elle parcourt la Lozère et le nord du département du Gard sur près de 120 kilomètres. Rivière de pays schisteux en amont, avec des versants pentus et arborés, elle prend les caractéristiques des cours des régions calcaires après Saint-Ambroix : gorges profondes creusées dans les plateaux arides, chaos rocheux comme aux cascades du Sautadet (attention à la baignade), villages pittoresques perchés (Montclus, La Roque, Goudargues). Ce petit paradis ensoleillé est très prisé des naturistes et des amateurs de canoë-kayak, à l'exemple de sa rivale, l'Ardèche, qui coule plus au nord.

Le Gard ou Gardon

Il est le nom donné à la partie aval de cette rivière, affluent du Rhône. Pour simplifier disons que "Gard" est le nom officiel, alors que les gens du coin emploient le terme "Gardon". Pour l'amont, tout est simple : les affluents sont appelés "Gardon", terme enrichi du nom des localités principales des vallées : Gardon d'Alès, d'Anduze, de Mialet, de Saint-Jean du Gard, de Sainte-Croix-Vallée-Française, de Saint-Germain de Calberte... La branche la plus longue fait 139 kilomètres de long et, si le débit moyen annuel est de 35m³/s, il peut atteindre brusquement 5 000m³/s... La traversée d'Alès, la ville la plus importante, est très significative, avec un imposant lit endigué où coule habituellement un tranquille ruisseau (voir chapitre Climat). En été, les bords des gardons sont des oasis de fraîcheur, très prisées des touristes et de la population locale. En amont, la sécheresse estivale ne permet qu'une pratique très limitée des activités aquatiques.

L'Hérault

Le Rhône

Il constitue la limite orientale de la région et son delta se développe sur une partie du département du Gard et de l'Hérault, constituant la Petite Camargue. Le fleuve, endigué à partir des années cinquante, bénéficiant de conditions de navigation parfaites pour les gros convois avec ses écluses et ses centrales hydroélectriques, est, cependant, encore sujet, périodiquement, à de gros caprices et ses digues sont soumises à une constante surveillance. Si, aujourd'hui, les ponts sont nombreux, les anciens points de franchissement ont donné naissance à quelques petites villes au riche patrimoine : Pont-Saint-Esprit, Roquemaure, Villeneuve-lès-Avignon, Beaucaire.

A noter une curiosité : le petit village gardois de Vallabrègues, célèbre pour ses vanniers, se trouve sur la rive gauche du fleuve, côté "Provence".

Le Vidourle

(85 kilomètres). Il est le fleuve côtier le plus à l'est, marquant la séparation entre le département du Gard et celui de l'Hérault. Exemple même du torrent cévenol, il est revenu, encore une fois, dans l'actualité le 9 septembre 2002 (voir chapitre Climat). En période normale, le Vidourle est un cours d'eau paisible, traversant nonchalamment les bourgs de St-Hippolyte-du-Fort, Quissac, Sommières, s'offrant même la fantaisie de disparaître en lit souterrain avant Sumène. Baignade et pêche (2e catégorie) sont très pratiquées sur la partie aval, avant d'atteindre la zone littorale où son lit a été profondément remanié lors de l'aménagement du littoral.

L'Hérault

Il a donné son nom au département, naît dans le massif de l'Aigoual. Après un parcours de 160 kilomètres, il rejoint la Méditerranée à quelques kilomètres d'Agde, ville dont il a provoqué la naissance dans l'Antiquité et assuré la prospérité au Moyen-Age avec son estuaire navigable et bien abrité. Cette prospérité, il l'a aussi amenée du XVIe au XVIIIe siècle, dans ses vallées supérieures : moulins, norias, turbines ont fait tourner les usines textiles des basses Cévennes. Après Ganges, ses eaux d'un bleu-vert profond, caractéristique des rivières de pays calcaire, pénètrent dans une gorge profonde, favorable à la pratique du canoë-kayak et passent devant Saint-Guilhem et sa superbe abbaye romane. A partir d'Aniane, sa plaine est une succession de terrasses couvertes de vignes. Fleuve paisible la plus grande partie de l'année, il connaît, parfois à l'automne, des crues importantes qui inondent sa basse plaine. Ce phénomène a été amoindri avec la construction, sur un de ses affluents, la Lergue, du barrage du Salagou, un des fleurons touristiques de l'arrière-pays héraultais.

L'Orb

A l'ouest, il est la rivière emblématique du Biterrois. Longue de 136 kilomètres, il faut distinguer sa partie supérieure où dominent les caractéristiques d'une rivière de montagne aux eaux agitées, favorable à la pêche de 1re catégorie dans son cours inférieur, plus paisible, traversant un paysage de terrasses et de collines couvertes d'un vignoble de qualité. Entre les deux, une partie encaissée est favorable aux sports d'eaux vives et il n'est pas étonnant que le département y ait aménagé un parcours de compétition de canoë-kayak.

La basse plaine

Elle débute à Béziers, une ville intimement liée au fleuve depuis des temps immémoriaux. Sur son éperon rocheux, la cathédrale Saint-Nazaire est la sentinelle de la vallée, veillant sur les ponts, protégeant des crues, marquant le paysage de sa silhouette. L'Orb marqua aussi, pendant des décennies, la limite des connaissances techniques du XVIIe siècle : Paul Riquet, lors de la construction du canal du Midi, dut faire, après les écluses de Fonsérannes, naviguer les péniches sur le fleuve pour récupérer le canal sur l'autre rive. De ce fait, la navigation subissait de longues interruptions en période de crues. La construction du pont-canal, sous Napoléon III, permit de résoudre le problème. L'embouchure, autrefois très changeante, est aujourd'hui stabilisée à Valras-Plage, la station touristique phare de l'ouest héraultais.

L'Aude

Il est, avec ses 220 kilomètres, le plus long fleuve côtier de la région. Il prend sa source dans le département des Pyrénées-Orientales, au lac d'Aude à 2 100 mètres d'altitude. Les 70 premiers kilomètres sont donc caractérisés par un régime torrentueux, avec, parfois, un dénivelé de 3 %. C'est le secteur des gorges et des défilés, comme celui de Pierre-Lys, et de la pratiques des sports d'eaux vives : canoë-kayak, hydrospeed, rafting, canyonning, sports dont la petite ville d'Axat s'est fait une spécialité. La moyenne vallée se déroule de Quillan, ancienne cité industrielle, jusqu'à Carcassonne dont la fière citadelle domine le fleuve. Celui-ci change alors d'orientation et se dirige vers l'est, séparant les vignobles du Minervois, au nord, de ceux des Corbières, au sud. Capricieux à l'amont, le fleuve le redevient à l'aval. Se jetant à l'époque romaine dans le golfe de Bages, il a connu, depuis cette époque, de nombreux tracés. Et il a fallu attendre le XVe siècle pour que l'embouchure se stabilise, après de fortes crues et l'aide des hommes, au nord de la Clape, amorçant la disparition totale du port de Narbonne et le déclin économique de la ville qui fut, en son temps, la capitale de la Gaule romaine.

L'Agly

Il prend sa source dans l'Aude, au pic de Bugarach, le point culminant du massif des Corbières. Après le défilé des gorges de Galamus, il pénètre dans les Pyrénées-Orientales dont il va irriguer la partie nord : les Fenouillèdes. Ses eaux alimentent le barrage de Caramany, élément indispensable à la survie de l'économie maraîchère du département. Après la traversée de la zone viticole des "côtes-du-roussillon-villages" et un parcours total de plus de 80 kilomètres, il atteint la mer au sud de l'étang de Salses et de la station nouvelle du Barcarès. Du fait de son endiguement, sa partie aval n'offre que peu d'intérêt.

La Têt

Elle est l'artère vitale du Roussillon qui le traverse, d'est en ouest, sur 120 kilomètres. Sa vallée, passage obligé de la côte vers la haute montagne et ses stations de sports d'hiver, a, de tous temps, fixé richesses économiques et artistiques : de Perpignan, capitale historique, au massif du Carlit et ses lacs turquoise, petits bourgs actifs, églises et abbayes romanes, forteresses du XVIIe, stations thermales et bains d'eaux chaudes, ouvrages d'art du "Petit Train Jaune", stations de ski... se succèdent depuis le Conflent jusqu'à la Cerdagne, haut plateau qui marque le passage vers l'Espagne.

Le Tech

Il est le troisième des fleuves côtiers du Roussillon. Il draine, sur 80 kilomètres, une petite région très touristique : le Vallespir. Ici, les atouts ne manquent pas : stations thermales du Boulou, d'Amélie-le- Bains et de la Preste, art roman à Elne, St-Genis-des-Fontaines, Arles-sur-Tech, Serralongue, cité fortifié de Prats-de-Mollo, musée d'art moderne de Céret, délicieuse cerises et autres confiseries catalanes...

FLORE ET FAUNE

Le bon vieux cliché de "l'amphithéâtre" pour caractériser la région Languedoc-Roussillon prend, encore ici, toute sa valeur : du littoral aux sommets des Pyrénées ou de l'Aubrac, l'étagement est autant de mise pour la flore que pour la faune.

La végétation doit s'adapter à des conditions climatiques qui sont peu favorables à son développement. L'hiver, la vie végétative est fortement ralentie par le froid et, en été, la sécheresse sévit parfois pendant de longues semaines. La croissance normale ne peut s'effectuer qu'au printemps et à l'automne. Les plantes qui s'adaptent le mieux à cette alternance sont celles qui possèdent un feuillage persistant comme l'olivier, le buis, le chêne vert par exemple. Grâce à une substance protectrice, le lignite, ces plantes peuvent supporter les effets du gel en hiver, jusqu'à -8°C ou -10°C. Pour résister à la sécheresse estivale, les plantes ont mis au point quelques "astuces" pour sauvegarder leurs espèces. Ainsi, les graminées se développent dès le printemps et forment leurs graines avant la fin de la période pluvieuse. La plante se dessèche, meurt, mais la graine germera au printemps suivant. Pour les arbustes et les arbres, la vie est plus facile car, avec leurs racines, ils vont chercher l'humidité en profondeur. Cependant, pour perdre le moins d'eau possible par transpiration, différentes techniques sont utilisées : feuilles de petites tailles, devenant parfois des aiguilles comme pour le pin d'Alep ; enveloppe de la feuille, la cuticule, très épaisse, pour protéger des rayons du soleil ; émission de parfums qui, selon certains spécialistes, créeraient un nuage protecteur ; formation de bulbes à réserves d'eau comme chez l'asphodèle.

Olivier

En parcourant le littoral

La plante la plus connue de la dune est, sans conteste, l'oyat. Cette petite graminée aux racines traçantes permet une fixation optimale du sable. Mais les attaques de la mer, l'érosion des courants et, surtout, le piétinement intense des touristes entraînent, dans de nombreux endroits, sa raréfaction, voire parfois sa disparition. Aussi voit-on fleurir, de plus en plus, des "ganivelles", barrières en bois de châtaignier, destinées à assurer le maintien du cordon littoral.

En arrière, les marais et étangs, c'est le taux de salinité qui détermine la nature de la couverture végétale. En eau saumâtre, les plantes halophiles (qui aiment le sel) dominent, en particulier, la saladelle et la salicorne, plante grasse de petite taille, aux branches formées de segments articulés comme des pattes de crabes et à l'aspect translucide. Dès que l'eau devient plus douce, la roselière se développe.

La particularité des étangs languedociens sont les lagunes communiquant avec la mer par des passages plus ou moins actifs, les "graus", qui favorisent le développement des poissons migrateurs. Les deux plus connus sont la dorade qui "sort" en mer à partir de septembre, rendez-vous incontournable et folklorique des pêcheurs sur les canaux de Sète, et l'anguille qui, elle, y séjourne de l'automne à la fin de l'hiver ; sans oublier le "muge" (ou mulet), hôte permanent des lieux. Hormis les moules et les huîtres qui bénéficient d'un élevage de type industriel, de nombreux coquillages habitent ces étangs et font l'objet d'une cueillette saisonnière : clovisses, tellines, palourdes et autres bivalves…

Il ne faut pas oublier, dans la faune marine, les poissons de mer. Ils sont si bien typés, si parfumés, mais aussi si recherchés (et cela se voit aussi sur les prix !) que le double étiquetage sur les étals "Océan" et "Méditerranée" trouve sa pleine justification. D'ailleurs, les gens du coin, ont toujours pris soin de bien différencier les appellations : le petit rouget au goût si iodé n'a rien à voir avec le grondin, la lotte s'appelle, ici, baudroie et le bar est sublime lorsqu'il devient loup, grillé et parsemé de fenouil.

La Camargue et autres étangs sont un milieu des plus favorables aux oiseaux. Des grands migrateurs aux sédentaires, de nombreuses espèces y sont représentées. Ici aussi, la chasse à ce "gibier d'eau" donne lieu à d'intenses débats entre chasseurs et protecteurs de la nature, en particulier sur les dates d'ouverture et de fermeture. Affaire à suivre !

En attendant, chassés ou protégés, foulques noires (ou macreuses), aigrettes, hérons cendrés, canards de toutes sortes, mouettes et goélands, cormorans, parfois oies et cigognes, parcourent le ciel. Mais l'oiseau emblématique, c'est, bien sûr, le flamant rose. Ce grand voyageur qui, en principe, allait hiverner en Afrique du Nord ou, parfois, jusqu'au Kenya, a pris, depuis une vingtaine d'années, l'habitude de rester dans la région même pendant l'hiver. Signe d'un changement climatique ou marque d'un "cabotinage" de star car ils sont très photographiés, toujours est-il qu'ils ont changé leurs habitudes et passent leurs journées à fouiller le fond des étangs à la recherche de nourriture. Parfois, ils s'élèvent en grand vol, fendant le ciel vers la Camargue, vers les "partènements" ou "surfaces préparatoires", c'est-à-dire des étangs aménagés pour préparer la concentration du sel... Les digues et cloisonnements qui les séparent ont pour but de maintenir une hauteur d'eau d'environ 35 cm, idéale pour une bonne évaporation. Dans ces eaux vivent des organismes microscopiques, notamment des artémias, crevettes minuscules, qui se nourrissent d'algues monocellulaires roses. Devenues roses, elles aussi, ces crevettes constituent le plat préféré des flamants qui viennent ici en grand nombre (plus de 10 000 ont été comptabilisés) se repaître... et prendre la belle couleur qui les a rendus célèbres.

On ne saurait terminer cet inventaire camarguais sans parler de deux animaux, introduits par l'homme dans ces vastes espaces. Le taureau de Camargue vit en semi-liberté dans des élevages nommés "manades". Petit et noir, les cornes en lyre, il est issu des animaux que l'on retrouve peints sur les murs des grottes préhistoriques, mais au siècle dernier, des croisements avec son cousin, le taureau de combat espagnol, lui ont donné vigueur et combativité. Indissociable du taureau, le cheval est l'autre animal indispensable à la "manade". Petit, trapu, descendant de races locales, il est adapté, avec ses sabots larges, aux milieux humides de la Camargue. Bruns à la naissance, les poulains prennent rapidement la teinte blanche qui fait leur spécificité. Docile, facile à dresser, il fait corps avec son cavalier, le "gardian", et est l'auxiliaire efficace pour la conduite et la maîtrise du troupeau de taureaux. Le développement du tourisme en fait aussi la monture parfaite pour les randonnées à cheval à travers les grandes étendues camarguaises.

La sagne

C'est un élément essentiel de la Camargue qui pousse entre eaux douces et salées et joue un rôle important dans l'équilibre écologique. Il est en outre un abri naturel pour les oiseaux et autres animaux vivant en zones humides. Ce roseau camarguais est utilisé, depuis des lustres, pour réaliser les toits traditionnels camarguais ainsi que différents produits de couvertures et d'abris comme les parasols ou des barrières. La sagne a de nombreuses propriétés (rigidité, solidité, flexibilité, isolation thermique et phonique...) qui en font une matière première unique. On réalise également des paillassons très résistants en sagne.

De plaine en collines

Aujourd'hui soumises aux attaques de l'urbanisation et avant d'être cultivées par l'homme, principalement pour la vigne et l'élevage du mouton, la plaine et les collines étaient couvertes d'une forêt.

Dans les parties basses, jusqu'à 200 mètres d'altitude régnait le chêne vert ou "yeuse". Cette forêt originelle était une formation complexe, comportant plusieurs strates végétales. Tout en haut, régnait donc le chêne vert au feuillage persistant vert foncé, mais aussi le pin d'Alep aux aiguilles filtrant les rayons du soleil et l'arbousier aux baies rougeoyantes. Au-dessous, venaient les arbustes aux noms évocateurs : lentisques, térébinthes, buis, genévriers, chênes kermes aux feuilles piquantes, reliés entre eux par un entrelacs de clématites ou de salsepareille. Près du sol, les graminées dominent, principalement le brachypode rameux, l'herbe préférée du mouton, se mêlant aux plantes aromatiques dont le plus célèbre représentant est le thym. Mais avec le recul de l'élevage, des plantes colonisatrices des milieux dégradés, comme l'euphorbe ou l'asphodèle, et les arbustes épineux gagnent de plus en plus de terrain, favorisant une certaine fermeture de l'espace naturel.

De l'étage supérieur mis à mal par les besoins des verreries et de la marine royale, les incendies accidentels ou allumés par les bergers, l'abus du pacage et les prélèvements pour alimenter les industries consommatrices, autrefois, d'une énergie à bon marché, il ne reste que quelques bois ou boqueteaux qui dominent les formations basses de la garrigue en pays calcaire ou du maquis en zone siliceuse.

Dès que l'altitude s'élève et ce, jusqu'à environ 800 m, la famille des chênes s'agrandit du chêne blanc, à la feuille multilobée très reconnaissable, mais qui, en hiver, perd son feuillage. Dans les Pyrénées-Orientales, se développe une espèce calcifuge, le chêne-liège. Il couvre les pentes des Aspres, collines prépyrénéennes qui dominent la plaine du Roussillon et sa culture a donné naissance à une industrie du liège encore florissante avec des entreprises qui ont su s'adapter au marché.

Cascade

Mimosa

Papillon

Très diversifiée, mais ici aussi adaptée aux particularités du climat méditerranéen, la faune de la garrigue est multiple et abondante. On peut citer quelques espèces particulières comme la "couleuvre de Montpellier", un gros serpent de plus de deux mètres de long, inoffensive et dont on remarque souvent la fuite par un bruissement d'herbe ; le petit lézard gris ("angrole" pour les gens du pays) qui se chauffe sur les pierres au moindre rayon de soleil et qui, parfois, abandonne sa queue frétillante en cas de fuite précipitée ; recherché des amateurs, composante principale du plus convivial des plats catalans, la "cargolade", le "petit gris", l'escargot méditerranéen montre ses cornes dès qu'une averse vient réveiller la vie dans les garrigues et sort des lieux où il se protège de la sécheresse : amoncellements de branchages, fonds de fossés, trous de murets... Préparés en salades lors des réunions estivales, deux de ses cousins, la "mourguette", petit escargot strié de blanc et la "cagarolette", encore plus petit, qui s'accroche aux branches de fenouil comme des clochettes, font l'objet d'un ramassage intensif par des "amateurs professionnels" qui vendent leur récolte sur les marchés.

Espace broussailleux à la végétation dense, la garrigue a vu, depuis quelques années, une prolifération du sanglier. Chassé en battue dans toute la région, il se cache dans la journée et le promeneur ne trouve souvent que des traces de son activité nocturne : sols retournés, racines à nu, mares argileuses piétinées. L'augmentation de son nombre serait due à la construction de l'autoroute qui aurait freiné ses migrations saisonnières entre les collines sèches et les marais de Camargue.

La garrigue, c'est surtout le domaine du mouton. Domestiqué par les premiers pasteurs, cet animal rustique, s'accommodant parfaitement de la végétation locale, fournissait l'essentiel pour maintenir la vie : la viande, le lait, la laine et le fumier pour enrichir ces sols pauvres. Un seul problème à son élevage : sa faible résistance aux grosses chaleurs et son besoin d'herbe fraîche en été obligent à une transhumance estivale vers les hauts plateaux du Massif central, les hautes Corbières ou le Piémont pyrénéen. Ces grandes migrations annuelles s'effectuaient par les "drailles", grandes pistes qui coupent encore les hautes terres de la région et empruntées autrefois par des milliers de bêtes. Aujourd'hui, malgré quelques passionnés qui essaient de maintenir, voire relancer la tradition, la plus grande partie du cheptel ovin est transportée en camions.

Vers les Hautes Terres

La montagne est un milieu complexe, mêlant forêts naturelles résiduelles où le hêtre occupe une place prédominante et vastes replantations effectuées par l'homme au cours des deux derniers siècles, peuplements essentiellement résineux : pins et sapins, épicéas, cèdres parfois.

Il faut faire une place à part au châtaignier, "l'arbre à pain" des Cévenols et de toutes les populations de la bordure sud du Massif central. Introduit sur les terrains siliceux entre 400 m et 1 000 m, il a été cultivé sur des terrasses accrochées aux versants abrupts creusés dans les schistes. Fournissant bois de charpente, de clôture, il a permis la survie de nombreuses générations par ses fruits consommés par l'homme et le bétail sous différentes formes : cuit ou grillé, conservé séché ou en farine. Peu à peu abandonné au cours du XXe siècle, son verger est lentement rénové, non pas par un intérêt économique majeur, mais parce qu'il fait partie intégrale du paysage de la moyenne montagne languedocienne.

Plus haut, la végétation se raréfie et s'amenuise. Apparaissent alors les pelouses de montagne comme dans le massif pyrénéen rappelant les pelouses d'alpage ou les landes colorées qui couvrent les sommets du mont Lozère ou du Caroux. Seule, la forêt se maintient sur les versants nord comme en Cerdagne et en Capcir ou avec la magnifique sapinière des hauts plateaux audois.

La faune de la montagne est riche et diversifiée comme en témoigne l'inventaire effectué dans le parc national des Cévennes. On y compte, à l'heure actuelle, 89 espèces de mammifères, 208 d'oiseaux ; sans oublier les reptiles, les amphibiens et les poissons qui se font plus discrets, mais qui sont tout de même présents. Au hasard des sentiers et des randonnées, on pourra se trouver, nez à museau ou nez à bec, avec des biches, des renards, des lièvres, des chevreuils, des sangliers, des castors, des loutres, des mouflons, des chouettes de Tengmaln...

La faune de haute montagne, comme l'isard (un cousin du chamois), la marmotte, les cerfs, mais aussi l'aigle et le faucon, peuple les plus hauts sommets des Pyrénées, avec, parfois, l'apparition de quelques ours, réintroduits il y a quelques années du côté de l'Ariège.

Les Parcs

Le Parc National des Cévennes

Quatrième parc national créé en France, en 1970, il s'étend sur cinq zones différentes, le causse Méjean, le mont Lozère, la montagne du Bougès, les vallées du Gardon et le massif de l'Aigoual. Soit un total de 321 000 hectares sur lesquels sa mission est de préserver la richesse et la diversité naturelles, résultats de la diversité des climats (océanique, continental, méditerranéen), des sols (granit, calcaire, schiste) et des variations d'altitude, allant de 378 m à 1 699 m. La qualité remarquable de cette réserve mondiale de la biosphère, reconnue comme telle par l'Unesco depuis 1985, a favorisé un des enrichissements biologiques les plus forts d'Europe de ses vingt dernières années ; à force de soins, le parc national des Cévennes a obtenu la recolonisation naturelle par des espèces animales qui l'avaient déserté ; ainsi en va-t-il du pic noir et de la chouette de Tengmaln, du vautour percnoptère, de la grenouille rieuse,

Parc National des Cévennes, Lozère

de la loutre et de l'aigle royal. L'amélioration de leur habitat a fait un succès de la réintroduction d'autres animaux : cerfs, chevreuils, mouflons, castors, vautours fauves et moines, grands tétras. On compte, à l'heure actuelle, 89 espèces de mammifères et 208 d'oiseaux dans la zone du parc ; sans oublier les reptiles, amphibiens et poissons, plus discrets mais tout aussi présents. Ainsi, est-ce le parc de France qui compte le plus d'espèces animales et végétales. La flore est à la fois riche et abondante, contrastée selon des zones chaudes et sèches ou, au contraire, froides et humides. 48 de ces espèces sont endémiques et n'ont jamais disparu, d'autres sont rares et remarquables comme certaines variétés d'orchidées ou le très élégant lys martagon. Dans le sud du département, il existe quatre ou cinq espèces de type tropical et, au nord du mont Lozère, des espèces subarctiques. Mais la grande particularité de ce parc est qu'il est habité jusque dans sa zone centrale, qui représente 91 000 ha. La mission du parc est donc de concilier hommes et nature, soit un "écodéveloppement" rentable, et la protection du patrimoine. Il semble que le parc national des Cévennes et ses habitants soient arrivés à une entente cordiale, dans laquelle les activités rurales bien gérées (élevage, agriculture, exploitation forestière), sont un garant de la sauvegarde des paysages dans lesquels hommes et bêtes respectent l'habitat de chacun. Il n'est pas jusqu'à la chasse, souvent sujet de discorde, sur laquelle on ne soit arrivé à s'entendre : pour faire face à la prolifération de certaines espèces, dépourvues de prédateurs et génératrices de dégâts comme les cervidés et les sangliers, habitants et propriétaires disposent d'un droit de chasse réglementé. Enfin, la mission du parc est d'en faire découvrir la beauté et la richesse à tous. Il a sa part dans le développement du tourisme, aux côtés des hôteliers et autres animateurs touristiques. Il dispose, pour ce faire, d'outils adaptés disponibles à la Maison du Parc et a mis en place un réseau "écomusée".

▶ **PARC NATIONAL DES CEVENNES Château - 48400 FLORAC ✆ 04 66 49 53 00.**
www.bsi.fr/pnc - E-mail : pnc@bsi.fr.

Le Parc Naturel Régional du Haut-Languedoc

A cheval sur les départements du Tarn et de l'Hérault, ce parc a été créé en 1973 sur 260 000 hectares (93 communes) afin de protéger la faune et la flore des massifs de l'Espinouse, du Caroux, de la Montagne Noire, du Sidobre et des monts de Lacaune plus à l'ouest. La nature y est sauvage et la végétation contrastée, soumise aux influences méditerranéennes ou atlantiques, selon le versant où l'on se trouve. La ligne de partage des eaux marque la séparation entre, d'un côté, le chêne vert et, de l'autre, le chêne pédonculé, plus à l'aise en milieu humide. Au-dessus des plaines viticoles et céréalières, les bois de châtaigniers et les hêtres s'emparent de l'espace. Des gorges profondes comme celles de Héric ou de Colombières, marquent ces paysages sauvages dans lesquels de nouveaux hôtes prospèrent : la réintroduction des mouflons y a été un réel succès et le randonneur peut y croiser maintenant quelques troupeaux.

Du néolithique à l'époque romane et aux cathédrales, l'homme a laissé son empreinte sur ces paysages. Il les a apprivoisés et a développé leurs richesses naturelles : châtaigniers, arbres fruitiers, vignobles et ressources de l'élevage bovin et ovin. Vous partirez à la découverte dune faune et dune flore protégées : hêtres et conifères, rivières à truites qui dévalent des pentes escarpées. Organisme d'aménagement et de protection, le parc naturel régional du haut Languedoc a aussi mis en place des structures d'accueil et d'information sur le tourisme "nature" : randonnées (GR, PR, sentiers de pays), labellisation des hébergements de caractère, et activités sportives et de loisirs. Il peut même vous organiser des séjours de découverte de produits, de sites…

La révision de sa charte en 1999 a été l'occasion de définir un nouveau projet. Situé à proximité de grands centres urbains et du littoral aménagé, le parc s'est fixé pour ambition de faire, de l'investissement environnemental et de la recherche d'excellence, le cœur de ce projet de développement et de constituer, pour ses habitants et ses visiteurs, un territoire de notoriété et d'attractivité au sud du Massif central. Ainsi, quatre missions lui sont dévolues :

- la protection du patrimoine naturel et paysager en établissant un projet de préservation des habitats naturels et de la biodiversité des paysages, en garantissant aussi la qualité de l'eau.
- le développement économique et social par la valorisation des ressources naturelles, des productions et des savoir-faire locaux, par le soutien aux projets innovants et aux services, par la promotion d'un tourisme respectueux de l'environnement.
- l'action culturelle et l'accueil du public, en "expliquant" et valorisant le patrimoine et en soutenant l'action culturelle.
- l'aménagement du territoire par la concertation et le dialogue avec tous les acteurs locaux.

▶ **PARC NATUREL REGIONAL DU HAUT-LANGUEDOC 13, rue du Cloître - 34220 SAINT-PONS-DE-THOMIERES ✆ 04 67 97 38 22.**
www.parc-haut-languedoc.fr.

Parc Naturel Régional de la Narbonnaise en Méditerranée (Projet)

La création d'un parc naturel dans cette magnifique région narbonnaise est un enjeu considérable pour le département de l'Aude, mais aussi pour la région Languedoc-Roussillon. Et si, d'ailleurs, certaines difficultés sont apparues dans la préparation du projet, c'est aussi parce que des intérêts multiples se croisent dans une opportunité dont la portée n'échappe à personne.

Les chiffres parlent d'eux-mêmes : 100 000 hectares, 36 communes, 80 000 habitants ; ce n'est pas une mince affaire que de fédérer institutions et opinions autour d'un projet commun. La base est enthousiasmante : autour de Narbonne et de l'étang de Bages, c'est un véritable jardin d'éden pour la flore, les oiseaux et les poissons. Et si les vacanciers d'aujourd'hui s'arrêtent le plus souvent au littoral, ils vont apprendre, grâce au futur parc, à découvrir le massif de la Clape, la plaine et le massif de Fontfroide, les Corbières maritimes, le Piémont et le plateau de Leucate. La vocation du parc est, bien sûr, liée à l'environnement, sa mise en valeur et sa protection. La charte est précise et directe : protéger et valoriser le patrimoine naturel, assurer un développement économique et social harmonieux et durable, promouvoir l'écocitoyenneté, la formation et l'emploi.

Le terme de "territoire d'exception" repris à plusieurs reprises dans les communiqués est parfaitement adapté : où, en France, croise-t-on une telle variété patrimoniale, de l'abbaye de Fontfroide au canal de la Robine, des vignes des Corbières aux richesses ornithologiques des étangs, des 31 sites inscrits (dont la totalité des étangs de Bages-Sigean), aux 3 000 espèces végétales et 27 sites paysagers remarquables ?

Le projet naît en 1993, avec une première réflexion locale, visant à promouvoir l'environnement lagunaire, qui sera suivie, en 1994, de la mise en place de la procédure de classement et de définition du périmètre d'étude. L'année 1995 verra se dérouler les travaux des différentes commissions avant l'élaboration de la charte en 1996. Aujourd'hui, la première phase d'agrément est passée, avec la création du syndicat mixte de préfiguration du parc qui prend le relais de l'agence méditerranéenne de l'environnement, et le projet devrait, maintenant, aboutir rapidement dès que la totalité des communes concernées s'y seront ralliées.

Les missions que s'est fixées le futur parc sont incluses dans la charte. L'agence méditerranéenne de l'environnement qui a porté et accompagné le projet jusqu'à cette année a mis en place un certain nombre de repères qui aident à définir ces missions sur le territoire concerné : conserver, mettre en valeur et réhabiliter les paysages, promouvoir la qualité des espaces bâtis et urbanisés, assurer la gestion des milieux aquatiques, protéger le patrimoine tout en contribuant au développement des activités humaines, coordonner l'action culturelle, développer un tourisme de qualité, respectueux des habitants, des milieux naturels et du patrimoine culturel, soutenir la pêche, la conchyliculture et les salins ainsi que le développement économique local. Enfin, le parc devra favoriser, par son action, le développement de l'emploi (formation, nouveaux métiers, programmes de recherche) et mettre en place des outils de communication en direction des habitants et des visiteurs.

Taureaux

C'est donc, aussi bien les Languedociens que les touristes qui bénéficieront de ce nouvel espace de découverte et de ses structures. Quitter la plage pour aller à la rencontre de l'aigle de Bonelli ou du murin de Capaccini, comprendre le fonctionnement des salines ou suivre les traces d'Hannibal en Corbières, voilà quelques-uns, une infime partie, des thèmes d'initiation à cette nature extraordinaire du futur parc naturel régional.

PARC NATUREL REGIONAL DE LA NARBONNAISE EN MEDITERRANEE Domaine de Montplaisir - 11100 NARBONNE ✆ 04 68 42 23 70. *Site Internet : www.ame-fr.org.*

Grâce à l'action des parcs naturels ou à des initiatives privées ou des collectivités locales, certaines espèces, en voie de disparition ou disparus parfois depuis de longues années, ont été réintroduites, soit en liberté ou, pour certaines, en semi-liberté.

La faune

Le bison d'Europe

Absents des terres de Margeride depuis 1 500 ans, les "bisons bonasus" ou bisons d'Europe ont été réintroduits et coulent, aujourd'hui, des jours tranquilles dans la réserve de Sainte-Eulalie, au sud-ouest de la Margeride.

Venu de la forêt de Bialowieza, en Pologne, où il a miraculeusement résisté au temps, cet animal trapu et lourd est l'un des derniers représentants d'une faune primitive, un voisin de l'auroch avec lequel on l'a souvent confondu. Commencée en 1991, la réacclimatation en Margeride a si bien réussi que les premières naissances au parc ont eu lieu en 1993. Placide, joueur et même cabotin, il vit pépère en famille et dans un milieu forestier où il trouve l'essentiel de sa nourriture. Très résistant au grand froid, capable de se déplacer dans un mètre de neige sans difficultés, il peut faire des bonds impressionnants, mais court le moins possible.

Pour la petite histoire, signalons que, contrairement à son cousin d'Amérique, présent lui aussi dans un élevage du Gard, il ne finira pas sa vie à la boucherie. Bien sûr, parce qu'il est protégé, mais, de toute façon, les qualités gustatives de sa viande, plus sèche et moins goûteuse, sont moindres.

Le cheval de Przewalski

Il y a des milliers d'années, les chevaux de Przewalski peuplaient l'Asie centrale, et des peintures rupestres attestent aussi de sa présence en France à la préhistoire ; mais, depuis 1960, aucun d'eux ne vit à l'état sauvage. Pour contribuer à sa sauvegarde, 16 chevaux de Przewlaski vivent ici, depuis quelques années, sur le causse Méjean particulièrement bien adapté à l'espèce. Si l'expérience est un succès, ce sont des descendants des chevaux lozériens qui iront repeupler la Mongolie. Le look Przewalski ? Petite taille, des rayures sur les pattes, comme de grandes chaussettes zébrées, et la crinière dressée, sans petite mèche retombant sur le front. Indémodable…

Le loup

Une petite société de 120 loups de Mongolie, d'Europe et du Canada est regroupée dans la réserve de Sainte-Lucie, en Margeride. Ces loups, réintroduits en Lozère, vivent en semi-liberté. Sur ces terres de légendes du Gévaudan, le loup traîne, derrière lui, une forte mauvaise réputation, mais il n'en est rien ; c'est un animal craintif, vivant en meute et qui ne tue que pour manger. Sa vue perçante et son odorat très fin font de lui un très bon prédateur. L'hiver, en période maigre, les loups se regroupent en clans de 6 à 12 individus pour s'attaquer à des proies plus conséquentes. Ultime trait de caractère : les loups sont des animaux fidèles, le couple est scellé pour la vie. Savez-vous que le dernier loup tué dans les alentours de Montpellier l'a été en 1844, à quelques kilomètres au nord de Montarnaud !

Le mouflon du Caroux

Le parc naturel du haut Languedoc a procédé, en 1956, à la réintroduction du mouflon. Cet ancêtre du mouton domestique, c'est dire s'il avait toute sa place dans la région, avait disparu de la France continentale au XIXe siècle. Il subsistait, à l'état sauvage, seulement en Corse. De petite taille, il s'est parfaitement adapté à la moyenne montagne héraultaise, sèche et peu enneigée, où il a trouvé un environnement favorable. Plus de 45 ans sont passés et le résultat est là : le troupeau, le plus important de la France métropolitaine, compte plus d'un millier de têtes et s'étend sur l'ensemble des massifs du Caroux et de l'Espinouse. En 1973, a été créée, à son attention, une réserve nationale de chasse et de faune sauvage de près de 1 700 hectares.

Oiseaux et rapaces

Parmi les volatiles et rapaces en tout genre qui évoluent dans ces parages, évoquons le grand tétras : on ne peut ignorer cet oiseau de 5 kg, 1,30 mètre d'envergure, habillé d'un plumage gris ardoise sur le corps, brun foncé sur les ailes, avec des reflets métalliques et un plastron vert mordoré. Ainsi vêtu, à la période des parades nuptiales, il se lance dans des mélopées sentimentales (tétras proviendrait du russe "téterev", onomatopée de son chant) dans les arbres, ou danse une valse sur le sol. Et si un adversaire se met en lice pour conquérir la belle (d'un brun roux et plus petite), il le défie d'une attitude fort belliqueuse.

Le grand tétras a été réintroduit dans le parc des Cévennes, notamment pour sauvegarder cette population d'oiseaux à l'avenir problématique en Europe ; une trentaine d'individus sont généralement recensés à la fin de l'hiver.

Deux espèces de vautours ont également été réintroduites dans la région : le vautour fauve et le vautour moine. Une espèce méditerranéenne a, quant à elle, toujours survécu dans les parages : le percnoptère. Décimé en France jusqu'au milieu du XXe siècle, le vautour fauve (ou bouldras en cévenol) a été réintroduit dans la région en 1981.

Aujourd'hui, ce grand rapace de 8 kg et 2,70 mètres d'envergure, en colonie de 200 individus, plane à nouveau au-dessus des gorges du Tarn et des causses. Totalement inoffensif, il ne s'attaque jamais à des proies vivantes, mais s'avère être un charognard remarquable, véritable "nettoyeur" des pâturages. Fidèles pour la vie, les vautours s'offrent, dès décembre, des noces très enviables, duo amoureux et aérien, aile contre aile, ou lui contre elle, si l'on ose dire... Les gorges de la Jonte et du Tarn ont un autre locataire : le vautour moine, réintroduit en 1992, s'est aussi bien acclimaté aux gorges que son cousin. Ils ne sont encore qu'une trentaine d'individus, mais quelques petits sont déjà nés sur le site. Sensiblement de la même taille que le vautour fauve, l'arrian (son nom local) est un solitaire qui peut voyager jusqu'en Espagne avant de revenir former un couple sur son lieu d'origine. Quant aux aigles royaux, on en compte 5 à 6 couples qui semblent se plaire dans cet environnement.

LOISIRS ET NATURE

Par la diversité de ses paysages, par la douceur de son climat, le Languedoc-Roussillon se prête à de nombreuses activités de pleine nature et ce, en toutes saisons.

La mer

Il y a le ciel (bleu), le soleil (chaud) et la mer (bleue et chaude le plus souvent)... Ce cocktail, plutôt séduisant en diable, fait les délices de centaines de milliers de visiteurs par an dont on sait, études à l'appui, qu'ils viennent chercher dans cette région, essentiellement la détente au bord de l'eau. S'ils pratiquent la contemplation des vagues en toutes saisons (l'automne tient, en réserve, de magnifiques paysages marins et les belles journées d'hiver sont souvent l'occasion de promenades revigorantes), les mois d'été sont les plus fréquentés et les hôtels, campings, villages de vacances, meublés de tourisme, affichent régulièrement complet. Il faut dire qu'il y a de quoi faire, avec plus de 200 kilomètres de plage accessibles dans leur presque totalité ; Sète, Agde, Leucate, sont les seuls éperons rocheux qui rompent cette continuité face à la Méditerranée, avant un final splendide où les Pyrénées se précipitent dans les flots par les falaises rougeoyantes de la Côte Vermeille... La bande littorale est, depuis longtemps, peuplée et exploitée, d'abord par les activités de pêche, et, depuis la deuxième moitié du XXe siècle, par le tourisme. Aux anciennes cités balnéaires (Le Grau-du-Roi, Carnon, Palavas-les-Flots, Sète, Valras-Plage, Saint-Pierre-la-Mer, Port-la-Nouvelle, La Franqui, Canet-en-Roussillon, Argelès, Collioure, Banyuls...), sont venues s'ajouter des constructions récentes (Port-Camargue, La Grande-Motte,

Cap d'Agde, Gruissan, Port-Leucate, Port-Barcarès, Saint-Cyprien) spécialement conçues pour les plaisirs nautiques.

La façon la plus simple de profiter de tout cela ? La plage, et une partie de "bronzette" entrecoupée de baignade. De ce point de vue, les stations du littoral affichent, chaque année, une belle guirlande de pavillons bleus (22 stations et 15 ports en 2002), dont on profite d'autant mieux qu'il n'y a encore qu'une minorité de plages privées ; les autres s'offrent à tous les draps de bains, pourvu que l'on parvienne d'abord à se garer.

Fortes de la maxime qui préconise de ne pas bronzer idiot, les cités balnéaires diversifient l'offre touristique. On peut d'abord envisager la mer depuis le large, que ce soit le temps d'une promenade ou d'une minicroisière le long de la côte avec, pourquoi pas, une petite incursion vers la Costa Brava. Rendez-vous, pour cela, dans les ports de plaisance du littoral, où se pratique également la pêche. On peut rester près du bord et goûter à quelques plaisirs modernes, ceux du jet-ski, très prisé et en plein développement, ceux de la voile, éternelle, et de sa variante plus abordable la planche à voile. Sur la mer ou sur les étangs, ces pratiques sont favorisées par les vents et, en toute saison, l'amateur trouvera toujours un sport à sa convenance, comme en témoigne la grande transhumance hivernale qui amène des milliers de véliplanchistes à Leucate ou Barcarès. Apparue il y a peu, la mode des vieux gréements touche quelques nostalgiques ; la pratique de la voile latine, sur les barques traditionnelles catalanes (cependant modernisées et adaptées), se développe dans quelques ports, allant même jusqu'à l'organisation d'une nouvelle compétition, la "Latina Cup" à Palavas.

Ceux qui veulent goûter à l'ivresse des profondeurs pourront s'adonner à la pratique de la plongée dans de nombreux clubs. Le secteur de prédilection est naturellement la Côte Vermeille, mais là, attention, la réglementation est sévère. La réserve naturelle marine de Cerbère-Banyuls couvre une superficie de 650 hectares et a été créée en 1974 dans le but de protéger le milieu marin et la flore et la faune qui le peuplent : hippocampes, mérous, roussettes, requins-pèlerins, mostelles de roche ou poissons volants. Une zone "dite de protection renforcée", face au cap Rederis est strictement interdite à la plongée et à la pêche, mais le reste de la réserve est accessible aux amateurs. A noter l'existence, au cap d'Agde, d'un sentier sous-marin aménagé où les touristes, même novices, peuvent découvrir les fonds de ce biotope très particulier, constitué par l'ancien cratère du volcan d'Agde.

Mais la palme de la nouveauté revient au fly surf ou kite surf, cette nouvelle discipline de glisse qui se pratique sur l'eau, une planche de surf au pied et un cerf-volant entre les mains. Certaines stations (en particulier, celles du littoral audois) ont su tirer parti de cette pratique qui élimine le frein à la pratique du surf (l'absence de rouleaux en Méditerranée) et utilise, au mieux, une des composantes du climat local, le vent.

Tous ces havres de sable blond ne sauraient manquer de rendre l'eau ludique, en la canalisant, lui imposant jets et toboggans, en créant des vagues sans danger. Championne de cette catégorie, le cap d'Agde avec son Aqualand, mais toutes les stations ne sont pas en reste et, partout, on trouve des parcs de loisirs aquatiques plus ou moins importants.

Faisant mentir ceux qui associent la thalassothérapie aux embruns et aux algues de la côte atlantique, la région s'équipe, peu à peu, en centres de thalassothérapie : six existent actuellement (Port-Camargue, La Grande-Motte, Cap d'Agde, Le Barcarès, Argelès, Banyuls) et d'autres sont en projet sur la côte roussillonnaise.

Pour ceux qui aiment les balades tranquilles, de nombreuses communes ont organisé des circuits découvertes de la faune et de la flore des étangs, des anciennes salines ou des réserves naturelles, en particulier sur les espaces acquis par le Conservatoire du littoral. Citons, pour exemple, Argelès, Canet-en-Roussillon, Leucate, Gruissan, Frontignan, Villeneuve-lès-Maguelone, Lattes, Palavas-les-Flots...

Collines, plateaux et haute montagne

Les loisirs sportifs (y compris la randonnée) représentent une part de plus en plus importante dans l'activité touristique, notamment dans les zones d'arrière-pays. Se dépenser au grand air, voilà une autre façon de profiter des conditions climatiques exceptionnelles de la région (hormis quelques orages à l'automne...), de la douceur de ses hivers, de la précocité de ses printemps, de l'été indien. Et, en été, quoi de plus agréable qu'une rivière ou un bord de lac ombragés... Au programme, randonnée, y compris avec un âne ou un lama porteur de bagages, VTT, escalade, spéléologie, deltaplane, canoë-kayak, rafting et descente de canyon... toute une panoplie de sports "nature" qui procurent quelques sensations. Le Languedoc-Roussillon a, cependant, l'avantage d'offrir en guise de terrain de jeu des sites aux proportions humaines : gorges de l'Aude, de l'Orb, de l'Hérault, de la Cèze, du Tarn et du Lot pour le canoë-kayak, torrents pyrénéens, haute vallée de l'Aude pour le rafting et les sports d'eaux vives, lacs de Naussac, Villefort, Salagou, Avène, Raviège, Vinca… pour la voile et la planche à voile.

Près de 7 000 kilomètres de sentiers balisés, dont dix GR, sont à la disposition des randonneurs. Les plus fréquentés sont, naturellement, le GR6 qui traverse les Causses et l'Aubrac, le GR7 qui, venu du Massif central, file vers les Pyrénées par le mont Aigoual, le causse du Larzac et le haut Languedoc ; enfin, le fameux GR10 qui joint Atlantique et Méditerranée à travers le massif pyrénéen… Le réseau est particulièrement dense et bien signalé dans des secteurs où les collectivités locales ont misé à fond sur la pratique des loisirs de pleine nature : les parcs naturels, bien sûr, mais, aussi, le pays cathare avec une signalétique spécifique ou le département de l'Hérault qui a mis en place un "Réseau Vert" bien équipé. A signaler, suite à l'obtention du classement au Patrimoine mondial de l'Humanité des "Chemins de Saint-Jacques", la remise en place d'un balisage spécifique pour les deux branches qui traversent la région : l'itinéraire du Puy au nord de la Lozère (GR65), et celui de Saint-Gilles qui, à travers le Gard, l'Hérault et l'Aude, amène les nouveaux pèlerins vers les Pyrénées.

Parfois, le balisage est commun avec les pistes équestres. La randonnée à cheval est une pratique en pleine expansion : depuis quelques années, les responsables touristiques départementaux ont pris conscience de l'ampleur du phénomène et aident à la création de relais ou gîtes équestres ; c'est le cas, par exemple, de la Lozère qui a bien structuré son offre ou l'Hérault et l'Aude qui ont mis en place itinéraires et équipements d'accueil.

Pays calcaire, la région offre quelques belles falaises aux amateurs d'escalade. C'est le cas dans les gorges du Tarn ou de la Jonte, mais aussi vers la plaine, dans les garrigues nîmoises ou celles autour du pic Saint-Loup, le massif de la Clape ou les vallées encaissées au cœur du massif des Corbières. Autre site anciennement réputé, le massif du Caroux, avec les gorges d'Héric, propose de belles voies d'où on jouit d'une vue magnifique sur la vallée de l'Orb. Sous terre, on retrouve cette même richesse. Si les cavités les plus faciles d'accès ont été équipées, très tôt, dans les dernières années du XIXe siècle, pour certaines, des clubs de passionnés permettent d'aller parcourir, en toute sécurité, un réseau non aménagé, impressionnant par sa longueur et la variété des formes et concrétions que l'on peut y découvrir. Pour les novices, certains professionnels proposent des "safaris souterrains", comme, par exemple à Trabuc ou à Cabrespine.

Le Pic Saint-Loup, Hérault

La navigation fluviale

Le canal du Midi, classé au Patrimoine mondial de l'Unesco depuis 1996, est, aujourd'hui, l'une des voies navigables les plus fréquentées par les touristes. Les raisons en sont multiples : la quasi-assurance, en été, de naviguer sous le soleil, un patrimoine architectural extraordinaire (près de 350 ouvrages d'art, écluses, ponts, épanchoirs, aqueducs) et un cadre souvent enchanteur. Les inventions concernant les ouvrages d'art et la maîtrise de l'eau sont parmi les plus anciennes dans leur domaine. Certains ouvrages n'ont d'ailleurs pas connu de modifications depuis leur origine ; interrogez les arbres qui bordent le chemin de halage : tricentenaires pour la plupart, ils vous le confirmeront...

Aboutissant aux Onglous, à l'étang de Thau, il est prolongé vers l'est, à travers les étangs languedociens, par le canal du Rhône à Sète, commencé au XVIIIe siècle et seulement achevé (à cause des troubles dus à la Révolution) en 1822. Il faut y ajouter le magnifique parcours, par le canal de la Robine, qui permet de rejoindre la mer à Port-la-Nouvelle, à l'ombre des tours de la cathédrale de Narbonne, à travers un milieu lagunaire sous haute protection.

Pour découvrir, au rythme lent de la navigation (6 km à l'heure), tous ces lieux merveilleux, parfois seulement visibles du canal, plusieurs solutions s'offrent à vous. Une petite excursion d'une heure, d'une demi-journée ou d'une journée sur un bateau qui descend une rivière et un fleuve, histoire de se rafraîchir les idées et de voir les paysages que l'on connaît sous un autre angle. Cette forme de loisirs attire le grand public, principalement à un niveau local et régional. Aujourd'hui, la plupart des grandes villes situées sur un cours d'eau possèdent une flotte proposant des promenades à travers la ville.

Les bateaux à passagers utilisés par des particuliers pour découvrir des villes ou des sites, ou destinés aux collectivités et associations, ont souvent un but pédagogique ou écologique (exploration d'une réserve, découverte de la flore et de la faune...). Certains proposent des services de restauration au départ d'Agde ou d'Aigues-Mortes ou des mini-croisières à thèmes.

Au-delà d'une journée, le public est davantage étranger et national. On passe dans le domaine de la croisière. Certes, encore démocratique sur des bateaux de promenade, la croisière se réserve à une certaine élite, principalement étrangère, lorsqu'elle met en service les péniches-hôtels et les paquebots fluviaux qui emmènent ces privilégiés pour des croisières luxueuses de plusieurs jours sur les fleuves. Les croisières à thèmes (culturel, artistique...) fournissent une motivation supplémentaire.

Mais l'essentiel de la clientèle des canaux du Midi est le fait de la location de house-boats (pour ceux que l'anglais hérisse, on peut employer le terme de "pénichettes", mais est-ce plus agréable à l'oreille ?). Les principaux loueurs de bateaux nationaux (Crown Blue Line, Connoisseur, Rive de France, Nicols et Locaboat) sont présents dans la région et la pratique de cette activité est à la portée de tous, puisque le permis n'est pas obligatoire pour conduire les bateaux proposés à la location. Une petite initiation effectuée au départ avec les conseils d'un technicien de la compagnie et, en un quart d'heure, vous êtes capable de voguer sur canaux et rivières, selon votre bon plaisir, vous arrêter en rase campagne, une halte nautique ou un port pour un moment de repos, une visite prolongée ou une dégustation de vin ou d'un produit du terroir...

Le golf

Développée depuis une vingtaine d'années dans la région, qui était alors un quasi désert (hormis Nîmes et Saint-Cyprien), le golf a rattrapé, peu à peu, son retard. Le nombre de parcours s'établit actuellement autour d'une vingtaine, répartis entre montagne (Serralongue et Font-Romeu dans les Pyrénées ou Langogne et La Canourgue en Lozère), littoral (Saint-Cyprien, Cap d'Agde, La Grande-Motte), ou près des villes (Nîmes, Montpellier, Béziers, Carcassonne). Pour les amateurs passionnés, le Comité régional de Tourisme et les instances régionales du golf ont mis au point un "Golf-Pass" qui, pour une somme forfaitaire, ouvre droit à 5 journées de golf à choisir parmi 14 terrains et 20 parcours.

La montagne

Le Languedoc-Roussillon est une des trois régions françaises capables de proposer aussi bien des activités estivales qu'hivernales. Si le Massif central, au relief peu tourmenté, est essentiellement tourné vers la pratique du ski nordique, Margeride et Aubrac sont les deux grandes zones favorables, car, situées au nord du département de la Lozère, elles bénéficient, certaines années, d'un très bon enneigement. Le ski alpin se concentre sur quelques stations qui, il faut bien le reconnaître, on a parfois du mal à faire fonctionner malgré les canons à neige. Mais rappelons que leur efficacité ne devient réelle que lorsque les températures sont négatives. L'Aubrac (à Sainte-Urcize en Aveyron), le mont Lozère (Le Bleymard), l'Aigoual (Prat-Peyrot) sont de petites stations qui attirent principalement une clientèle locale. La station du Mas de la Barque (mont Lozère) vient de faire les frais d'une série d'années peu enneigées et ses remonte-pentes sont en cours de démontage : elle sera reconvertie en station d'activités de pleine nature.

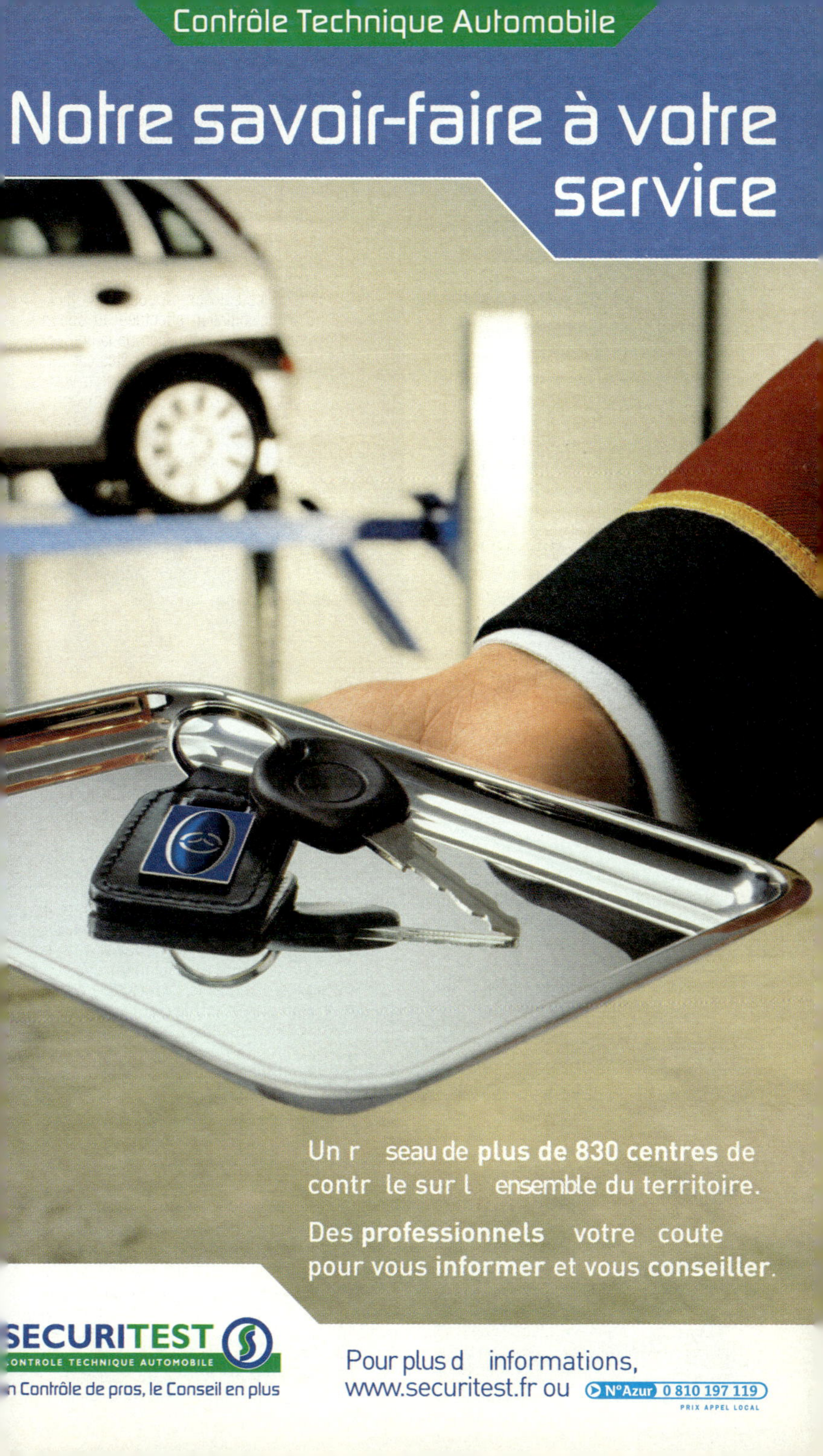
Contrôle Technique Automobile
Notre savoir-faire à votre service
Un r seau de plus de 830 centres de contr le sur l ensemble du territoire.
Des professionnels votre coute pour vous informer et vous conseiller.
SECURITEST
ONTROLE TECHNIQUE AUTOMOBILE
n Contrôle de pros, le Conseil en plus
Pour plus d informations,
www.securitest.fr ou N°Azur 0 810 197 119
PRIX APPEL LOCAL

PRÊT À PARTIR EN VACANCES ?

Pour partir en vacances en toute sérénité, assurez-vous d'abord de la bonne santé de votre véhicule. C'est l'occasion de faire un contrôle volontaire de votre automobile !

En vous rendant dans un centre de contrôle agréé, vous recevrez les conseils d'un professionnel et déterminerez, ensemble, les points que vous voulez faire vérifier. Sachez qu'en priorité, il faut prendre soin de contrôler l'état des pneus, du dispositif d'éclairage, des niveaux de liquide de frein, du liquide de refroidissement et de l'huile.

Respecter l'environnement. L'air constitue le premier élément nécessaire à la vie. Chaque jour, environ 14 kilos d'air transitent par nos voies respiratoires. Les effets nocifs de la pollution sur la santé et l'environnement justifient les initiatives entreprises pour la réduire dans les zones urbaines.

Un contrôle anti-pollution permet de mesurer la teneur en CO des gaz d'échappement (véhicules "essence"), de l'opacité des fumées d'échappement (véhicules "diesel"), du lambda des gaz d'échappement (véhicules "essence" catalysés).

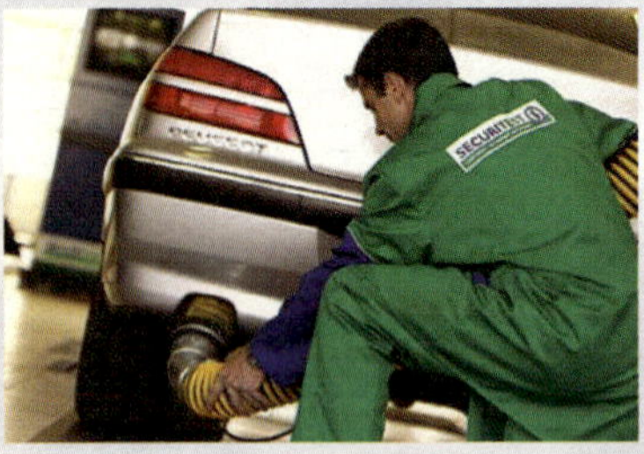

Se mettre en conformité avec la loi. Depuis 1992, les véhicules de plus de 4 ans sont soumis à un contrôle technique régulier. La première visite est à effectuer dans les six mois qui précèdent le quatrième anniversaire de la mise en circulation du véhicule, puis tous les deux ans. En cas de vente d'un véhicule d'occasion (de plus de 4 ans), la date de contrôle doit être inférieure à six mois. Si vous oubliez votre contrôle technique, non seulement vous ne serez plus assuré de la fiabilité de votre véhicule, mais vous serez aussi dans l'illégalité et donc passible d'une amende de 135 €.

Pour plus d informations,
www.securitest.fr ou N°Azur 0 810 197 119
PRIX APPEL LOCAL

SECURITEST
CONTROLE TECHNIQUE AUTOMOBILE
Un contrôle de pros, le conseil en plus

Tout change du côté des Pyrénées où reliefs et conditions climatiques favorisent tous les sports de neige : ski alpin et nordique, motoneige, raquettes, surf, snowboard, ski-parapente, traîneau à chien… Le tourisme hivernal s'est développé dans les Pyrénées catalanes dès les premiers jours du XXe siècle à partir de la création de la station de Font-Romeu. Depuis, l'aïeule a fait des petits et le domaine skiable catalan compte 10 stations, plus de 150 pistes et près de 300 km de circuits de ski de fond, à travers les deux petites régions du Capcir et de la Cerdagne, qui, en plus, bénéficient d'un des meilleurs taux d'ensoleillement de France. Les Angles, Bolquère-Pyrénées 2000, Err-Puigmal, Eyne, Font-Romeu, Formiguères, La Llagonne, Porté-Puymorens, Puyvalador, Saint-Pierre-Dels-Forcats. Groupées sous le vocable "Neiges Catalanes", elles proposent leur "ski-pass", un seul forfait pour dix stations qui permet de skier sur différents domaines au gré de votre envie.

L'Espace Nordique du Capcir qui réunit les stations de Matemale, La Llagonne, Réal, Pyuvalador-Rieutort, Espousouille/Fontrabiouse, Caudiès de Conflent, Formiguères, offre un espace de ski nordique, agréé par "France Ski de Fond", à 1 500 mètres d'altitude, avec plus de 100 km de pistes de ski de fond et un forfait qui permet d'emprunter toutes les pistes des Pyrénées-Orientales.

Le département de l'Aude, lui aussi, possède une petite zone favorable au ski de fond, sur le plateau du Pays de Sault et compte une petite station familiale de ski alpin : Camurac.

Et, après une bonne journée de ski ou de raquette, sachez que les Pyrénées catalanes peuvent vous proposer les bienfaits de l'eau. Les sources d'eau chaude qui jaillissent à ciel ouvert vous attendent pour votre relaxation à Dorres, Llo ou Saint-Thomas.

Le thermalisme

Par son contexte géologique, à cheval sur deux massifs montagneux et traversé par de nombreuses failles, le Languedoc-Roussillon est marqué par une présence importante de résurgences d'eaux souterraines. Les Romains, très friands de bains, tant pour le plaisir que pour la santé, ne s'y étaient pas trompés et, dès l'Antiquité, aménageaient des thermes, points de naissance de nombreuses stations actuelles.

13 stations sont, aujourd'hui, en activité. Elles couvrent un large éventail d'affections et s'ouvrent, de plus en plus, au secteur de la remise en forme. Des stations les plus modestes (75 curistes à Alet-les-Bains en 2002, 186 à la Chaldette) aux plus fréquentées (35 300 à Balaruc-les-Bains, 29 300 à Amélie-les-Bains, respectivement 3e et 4e stations françaises), la gamme est large et peut satisfaire toutes les clientèles : du contemplatif qui vient méditer devant les prés verdoyants, au noctambule qui puise son énergie dans le cliquetis des machines à sous.

La Chaldette, en Lozère, bénéficie des eaux volcaniques de l'Aubrac. Après une longue éclipse, elle vient de renaître par la volonté du Conseil général qui a fait appel à Jean-Michel Wilmotte pour imaginer l'établissement thermal. Vous y viendrez pour soigner vos problèmes digestifs ou respiratoires, mais, surtout, pour y prendre un bon bol d'air, dans un environnement protégé et dans un cadre moderne parfaitement intégré au paysage.

Bagnols-les-Bains était appréciée des Romains et a connu son heure de gloire au XVIIe siècle puis au XIXe siècle. Réhabilitée, la petite station lozérienne, spécialisée dans la rhumathologie et la pneumologie, bénéficie d'un excellent équipement d'hôtellerie et de restauration. Après les séances de remise en forme, les massifs environnants sont propices à de belles randonnées.

Les Fumades est la seule station gardoise encore en activité. Avec ses campings et hôtels, son casino, elle est devenue un centre touristique animé, du nord du département du Gard. Outre les soins des maladies respiratoires ou de la peau, sa situation permet de partir à la découverte des Cévennes ou de l'arrière-pays nîmois. Quelques vestiges romains et des villas début XXe siècle témoignent de sa grandeur passée.

Balaruc-les-Bains, dans l'Hérault, est, avec plus de 35 000 curistes, la première station thermale de la région et la troisième française. Si les Romains utilisaient, déjà, ses eaux pour soigner leurs rhumatismes, la période de gloire débute au XVIIIe siècle avec la construction d'un bâtiment thermal dont subsiste le pavillon "Sévigné" qui abrite, aujourd'hui, l'Office de Tourisme. Le succès des cures provient de l'originalité du traitement : l'eau d'une source surgie du fond de l'étang de Thau est

Balaruc-les-Bains

captée en profondeur et mélangé avec des limons provenant des bords du même étang. La boue ainsi obtenue, riche en oligo-éléments, est appliquée, après stérilisation, sur les patients. C'est la seule station à proximité de la mer et sa presqu'île jouit d'une vue incomparable sur Sète et l'étang de Thau.

Avène, dans le eaux pays héraultais, faillit disparaître au début des années 80. Cependant, les propriétés de ses eaux, connues, depuis toujours, pour le traitement des maladies de la peau, attirèrent l'attention des Laboratoires Pierre Fabre, spécialisés dans la dermo-cosmétique. Avec l'aide du Conseil général, usine de fabrication, nouvel établissement thermal, hôtel surgirent de terre et, depuis, les produits à base d'eau d'Avène soignent des épidermes dans le monde entier et, particulièrement, au Japon.

Lamalou-les-Bains semble sortir tout droit d'une affiche vantant le thermalisme à la fin du XIXe siècle. Tout y est : les parcs ombragés aux arbres séculaires, les belles avenues bordées de villas cossues, les pavillons à musique, le casino très chic (malgré la clientèle nouvelle des machines à sous) et le théâtre d'où s'échappent, en été, des airs d'opérette. Cette petite station héraultaise spécialisée dans la rééducation fonctionnelle est la seule dans la région qui ait su conserver le charme d'antan.

Alet-les-Bains, dans l'Aude, était fréquentée par les Romains, mais c'est l'installation d'un évêché, au XIIe siècle, qui la fit entrer dans l'histoire. Aujourd'hui encore, les restes de son imposante cathédrale, détruite lors des guerres de Religion, conservent fière allure. La petite station, dont les eaux sont aussi commercialisées en bouteille, soigne les troubles métaboliques et les problèmes digestifs.

Rennes-les-Bains était fréquentée dès le Ier siècle avant J.-C. et les Romains venaient soigner leurs rhumatismes dans ses eaux chaudes très riches en minéraux et légèrement radioactives. Aujourd'hui, la petite station audoise, au cœur des Corbières, est un lieu agréable de vacances et point de départ de nombreuses excursions et randonnées.

Amélie-les-Bains, dans les Pyrénées-Orientales, possède des eaux sulfurées sodiques connues depuis la nuit des temps, puisque des pierres gravées montrent l'ancienneté de l'occupation du site. Les Romains, qui ne faisaient rien à moitié pour leurs plaisirs, construisirent des thermes somptueux et les "Bains d'Arles" furent fréquentés jusqu'au milieu du XIXe siècle, époque où elle attira l'intérêt de la femme du roi Louis-Philippe, qui s'appelait Amélie… On comprend aisément la suite. Aujourd'hui, c'est une station thermale (rhumatologie et affections respiratoires) très animée, en toutes saisons, avec près de 30 000 curistes et parfaitement équipée en hôtels, résidences de séjour, campings, cinéma et casino agrémenté d'une excellente table.

Le Boulou, au pied des Pyrénées, marque, depuis toujours, le passage entre la France et l'Espagne. Carthaginois, Romains, Wisigoths, Arabes, Espagnols… toutes les armées sont passées par ici et, aujourd'hui, c'est une armée de camions qui, chaque jour, passe à côté de la petite cité. Les thermes sont à l'écart, en bordure d'une forêt de chênes verts. Leurs eaux, froides et gazeuses, fortement minéralisées, ont des vertus thérapeutiques dans le traitement des affections digestives et des problèmes cardio-artériels.

Molitg-les-Bains, installée dans une gorge pittoresque à proximité de Prades, est une petite station roussillonnaise réputée dans le traitement des maladies de la peau et des problèmes respiratoires. Son site très ensoleillé, où s'épanouit une flore très diversifiée, en fait un lieu de séjour très agréable pour ceux qui recherchent calme et sérénité.

La Preste-les-Bains (traitement des infections urinaires à partir d'une eau qui jaillit à 44°C) est située à proximité de Prats-de-Mollo, au fin fond de la vallée du Tech. Il faut emprunter une jolie route, dite "Route Impériale", car sa construction est due au souhait de Napoléon III, pour accéder à un magnifique cirque de montagnes.

Vernet-les-Bains connut son heure de gloire avant la Première Guerre mondiale. Les personnalités européennes venaient soigner leurs affections respiratoires et leurs rhumatismes dans "le Paradis des Pyrénées". C'est, aujourd'hui, une station encore prisée avec de nombreux hébergements et, surtout, un riche environnement touristique, tant naturel (pic du Canigou) que culturel (Villefranche-de-Conflent, abbayes de Saint-Michel de Cuxa et Saint-Martin du Canigou).

Les sources chaudes sont redevenues à la mode et des bains en plein air ont ouvert leurs portes aux skieurs et promeneurs du Conflent et de la Cerdagne qui viennent se détendre dans leurs eaux chaudes et enrichies en minéraux comme à Dorres, Saint-Thomas ou Llo.

Six centres de thalassothérapie, depuis la Camargue jusqu'à la côte catalane permettent d'allier les bienfaits du soleil aux propriétés thérapeutiques de l'eau de mer, des algues et des boues marines. Tous les centres (Le Grau du Roi/Port-Camargue, La Grande-Motte, Le Cap d'Agde, Le Barcarès, Argelès-sur-Mer, Banyuls-sur-Mer) sont parfaitement équipés pour les soins (piscine d'eau de mer, bains bouillonnants, douches à jets…) mais aussi en hébergement et restauration de qualité.

Vive les VACANCES PROPRES !

A l'heure où l'on demande au citoyen de devenir un éco-citoyen, il est important de réaliser que même en vacances il faut continuer à protéger l'environnement. Des partenaires (Ministère de l'Environnement, Fondation Nicolas Hulot, Autoroutes du Sud de la France, Vacances Propres et Handy Bag), conscients du danger que représente la pollution en tout genre, proposent dans les pages qui suivent des conseils utiles pour éviter de détruire, à long terme, notre planète. Des gestes simples mais souvent très efficaces vous permettront de profiter encore longtemps des plages, de la campagne ou de la montagne.

La rédaction du Petit Futé

TOURISME :

Quelques gestes simples pour des vacances et des activités de plein-air "durables"

BIEN CHOISIR SON MODE DE TRANSPORT

• Avant de partir, j'étudie, selon le nombre de passagers et la distance à parcourir, la possibilité d'utiliser un autre mode de transport que la voiture. Je privilégie l'avion pour un trajet de plus de 1 000 km et le train pour un trajet de moins de 1 000 km, ce qui s'avère bien souvent moins fatiguant et plus économique. En effet, les transports routiers constituent la principale source de pollution de l'air.

• Si je me déplace en voiture, j'adopte une conduite souple, je respecte les limitations de vitesse et je fais régler le moteur, ce qui me permettra d'économiser plus d'un litre d'essence pour 100 km parcourus (pour une petite voiture) et de faire baisser de 50% les polluants et le bruit émis par mon véhicule. Les voitures particulières sont responsables de 57 % des émissions de CO_2 des transports routiers, principal gaz à effet de serre.

• Si j'ai une quantité importante de bagages à transporter, j'utilise une remorque ce qui me permettra d'économiser jusqu'à plus de 15 % de consommation d'essence à 110 km/h par rapport à une galerie chargée.

• Sur place, je privilégie, lorsque cela est possible, d'autres modes de déplacement que la voiture (vélo, marche à pied...). En plus de lutter contre l'effet de serre, je pratique une activité physique et je suis en contact direct avec la nature. Si je visite une ville, j'utilise de préférence les transports en commun.

NE PAS ABANDONNER SES DÉCHETS

• Je ne jette pas mes déchets dans la nature, ni sur la plage. En effet, une canette en métal jetée par terre mettra 10 ans à se décomposer, un sac plastique, plus de cent ans. Les dépôts sauvages sont interdits depuis la loi du 15 juillet 1975. Se débarrasser de ses déchets encombrants sur un trottoir, au coin d'un bois ou dans une rivière est un comportement irresponsable mais malheureusement encore trop fréquent.

• Si je fume sur la plage, je ne cache pas mes mégots dans le sable et si je suis en forêt, je m'abstiens de fumer car je risque d'être à l'origine d'un incendie. En France, 5 000 départs de feu ont lieu chaque année, et en général, 9 feux sur 10 sont dus à l'homme et à ses activités.

RESPECTER LES ESPACES ET LES ESPÈCES PROTÉGÉES

• J'évite de pratiquer des activités motorisées bruyantes et pouvant porter atteinte à la faune et à la flore en dehors des zones réservées à cet effet (scooter des mers ou des neiges, 4x4, moto cross...).

• Je respecte les règlements spécifiques aux espaces naturels protégés et je ne sors pas des chemins balisés. En France, les parcs nationaux accueillent plus de 6 millions de visiteurs par an.

• En France comme à l'étranger, je ne piétine pas la flore et je ne cueille pas une plante qui m'est inconnue, car il peut s'agir d'une espèce protégée. La cueillette de ces espèces peut parfois entraîner leur disparition et perturber leur écosystème.

• Je ne dérange pas la faune et je ne nourris pas les animaux, je me déplace avec calme et reste à distance des animaux pour ne pas les accoutumer à la présence humaine.

• Lors d'un séjour à l'étranger, je prends garde à ne pas rapporter d'animaux sauvages protégés, ni de produits issus de ces espèces (ivoire, objets en écaille de tortue marine...). Je peux très bien devenir trafiquant sans le savoir et ces souvenirs pourraient me coûter plus cher que mes vacances lors du passage à la douane. Malgré les mesures de protection, le rythme de disparition des espèces ne cesse de s'accélérer. 34 000 espèces végétales et 5 200 espèces animales seront bientôt menacées, si rien n'est fait notamment pour stopper le trafic d'animaux.

• Je suis vigilant lorsque j'a
objets en bois. En effet, l'utilis
bois exotiques pour l'ameub
conduit à la désertification de c
nes zones du globe. J'achète donc
bois d'essence locale ou issus d'
ploitations forestières bénéficiant
d'une gestion forestière durable (certification PEFC, norme FSC...).

• Si je pratique la plongée, je me renseigne auparavant auprès d'un centre spécialisé qui me donnera toutes les informations et les recommandations pour préserver les récifs coralliens sérieusement menacés par le développement du tourisme (ne pas utiliser d'ancres, maîtriser le mouvement des palmes, ne pas toucher, ni ramasser, ni marcher sur les coraux…), sachant que le moindre prélèvement ou cassure peut annuler des centaines d'années de constitution d'un récif.

PROMOUVOIR LA VIE LOCALE

• Je privilégie l'achat de produits issus du commerce équitable. Depuis quelques années, le commerce équitable est une alternative efficace pour réduire les inégalités et redonner à l'homme sa place dans les échanges commerciaux internationaux.

• J'achète de préfèrence les produits respectueux de l'environnement. Ils sont faciles à reconnaître puisqu'en France, ils portent le label NF Environnement et, partout en Europe, l'Ecolabel européen.

• En France comme à l'étranger, j'achète, dans la mesure du possible, des produits locaux, ce qui favorise l'insertion économique des communautés concernées et évite le recours au transport, contribuant à l'effet de serre.

Liberté • Égalité • Fraternité
RÉPUBLIQUE FRANÇAISE
MINISTÈRE DE L'ÉCOLOGIE ET DU DÉVELOPPEMENT DURABLE

NF ENVIRONNEMENT

L'AVENIR de notre PLANÈTE se joue au QUOTIDIEN

▷ Petits gestes pour de GRANDS bénéfices

Un milliard de touristes annoncé pour 2010 ! Le tourisme est aujourd'hui la première industrie planétaire avec toutes les conséquences que cela entraîne pour des régions du monde qui ne sont pas préparées à cette déferlante de visiteurs. Ce qui est vrai ailleurs l'est tout autant pour l'ensemble du territoire français. Comme "il n'y a pas de mauvais voyageurs mais des voyageurs mal informés", voici quelques pistes pour inscrire vos voyages dans une perspective de développement durable.

COMMENT S'Y RENDRE ?

Privilégier le train.

- ⇨ - de gaz à effet de serre
- ⇨ - d'encombrement de l'espace
- ⇨ - de bruit et + de sécurité

OÙ LOGER ?

Choisir des hôtels soucieux de leur environnement ou penser aux gîtes et à l'accueil chez l'habitant.

- ⇨ + de développement local
- ⇨ + de convivialité

QUE MANGER ?

Favoriser les productions locales et de saison.

- ⇨ - de transport
- ⇨ - de déchets
- ⇨ + de santé
- ⇨ - d'exode rural

QUAND Y ALLER ?

Choisir la basse saison ou, en haute saison, décaler son départ d'un ou deux jours.

- ⇨ - de stress
- ⇨ - de pollution
- ⇨ - d'impact sur l'environnement

QUE FAIRE ?

Choisir des activités à faible impact sur l'environnement comme la randonnée, le VTT, l'escalade, le cheval, le kayak de mer, etc.

- ⇨ + de biodiversité
- ⇨ + d'économie
- ⇨ + de plaisir

Retrouvez les gestes pour la planète

COMMENT SE COMPORTER ?

- Je comprends que mon lieu de vacances est un espace partagé par tous et je le respecte comme si c'était chez moi.
- Je profite de la nature sans la dénaturer.
- Je laisse derrière moi un endroit aussi propre que je l'ai trouvé.
- Je respecte les plantes (aquatiques et terrestres) et ne les arrache pas de leur support.
- J'observe les animaux sans les toucher ni les déranger.
- J'emprunte les chemins balisés pour laisser vivre la nature.
- J'ai conscience que le feu est l'ennemi de la forêt.
- Je respecte l'eau, la rivière comme la mer, et n'y jette rien.
- Je limite ma pêche aux espèces et tailles autorisées.
- Je respecte ceux qui m'entourent et je fais le moins de bruit possible.

Depuis sa création en 1990, la Fondation Nicolas Hulot pour la Nature et l'Homme sensibilise le public aux richesses et à la fragilité de notre patrimoine naturel. Elle soutient les initiatives locales dans une démarche de développement durable.
Son objectif : former les jeunes et les adultes au respect de la nature et aux gestes éco-citoyens pour préserver notre planète.
C'est la seule fondation française reconnue d'utilité publique spécialisée dans l'éducation à l'environnement.

Chaque geste compte… A commencer par le vôtre.

Fondation Nicolas Hulot pour la Nature et l'Homme
52, boulevard Malesherbes - 75008 Paris
Tél. : 01 44 90 83 00 - E-mail : fnh@fnh.org
www.planete-nature.org

sur www.planete-nature.org

Rouler PROPRE pour des vacances PURES

Le bruit mat de la portière qui se ferme sur une famille pleine de sourires, puis rapidement l'automobile qui file, silencieuse, sur le ruban d'asphalte synonyme d'évasion : les vacances, le week-end... Aujourd'hui l'autoroute est le trait d'union entre la ville et la campagne, un moment privilégié de rencontre avec les paysages variés de notre pays. Elle répond aux aspirations des citadins à la recherche de tourisme vert campagne, bleu océan ou blanc neige. Et quand on aime la nature, on la protège. Mieux rouler pour préserver l'environnement, ce souci est commun à Autoroutes du Sud de la France (ASF) et à de plus en plus d'automobilistes. Voici quelques petites histoires glanées sur une autoroute bien conçue et bien utilisée. Pour des vacances avec encore plus d'oxygène.

Autoroutes du Sud de la France

FAITES LA ROUTE AVEC NOUS

ROULER L'ESPRIT TRANQUILLE ET REPOSÉ

« Papa, pourquoi il y a moins de bouchons ? ».

Il suffit parfois de décaler son déplacement de quelques heures pour éviter les désagréments liés à une circulation dense. C'est possible avec nos prévisions de trafic heure par heure sur www.asf.fr et Autoroutel 08 92 70 70 01 (0,34€/min). Pendant le voyage, l'information continue, sur Radio Trafic 107.7 FM, sur nos 327 panneaux lumineux et dans la rubrique "trafic" des opérateurs de téléphonie mobile. De plus, pour fluidifier la circulation, nous améliorons sans cesse nos autoroutes : avec notre filiale Escota nous avons élargi 106 km depuis 1998, et nos barrières de péage proposent des paiements manuels, automatiques et le télépéage.

Quatre gestes, trois bénéfices :

environnement, sécurité, économie

Une conduite souple, respectueuse des inter-distances
=> - de consommation
=> - de gaz à effet de serre
=> - de bruit et + de sécurité

Des pneus bien gonflés
=> - de poussières sur la route
=> - d'usure
=> - de consommation
=> + de sécurité

Un usage modéré de la climatisation
=> - de consommation
=> - de pollution

Un chargement maîtrisé et équilibré
=> - de consommation
=> + de sécurité

ROULER AVEC UN VÉHICULE EN BON ÉTAT

« Je croyais que tu venais de faire vidanger la voiture, les garagistes en ont-ils profité pour gonfler les pneus ? Je ne sais pas, j'ai oublié de leur demander ».

Vérifier chaque mois la pression des pneus, sans oublier ceux de la remorque, de la caravane et la roue de secours, est un bon réflexe. Un pneu mal gonflé est synonyme de surconsommation et donc de pollution... sans oublier le risque d'éclatement. Pour les conducteurs qui auraient oublié, nous avons installé des stations de gonflage en libre-service, sur nos principaux péages.

Faire régler son allumage et sa carburation, son pot d'échappement, c'est également limiter l'émission de gaz à effet de serre.

Les milliers de véhicules qui empruntent chaque jour notre réseau y laissent des traces (poussières, hydrocarbures, huiles). Pour récupérer ces polluants charriés par la pluie, nous avons construit 1 500 bassins et fossés qui protègent nappes phréatiques et rivières.

ROULER ZEN

« Nous avons déjà doublé cette voiture trois fois… elle ne roule vraiment pas de manière régulière ».

Freiner, accélérer, conduire par à-coups, c'est consommer davantage et en conséquence augmenter le volume de gaz à effet de serre.

Pour un voyage en toute sérénité, nos 309 aires de services et de repos sont autant d'incitation à la pause.

ROULER PROPREMENT DANS UN ENVIRONNEMENT PRÉSERVÉ

« Ma chérie, veux-tu bien mettre tes miettes de biscuits dans le petit sac poubelle… Sinon, c'est toi qui passe l'aspirateur».

Penser à la propreté de sa voiture, c'est bien, penser aussi à celle de l'autoroute, c'est mieux. Chaque année 6 000 tonnes de déchets sont ramassés sur nos autoroutes ! Pensez-y : 10 000 poubelles sont disponibles sur notre réseau. Et puis fumeurs, attention à vos mégots, ils peuvent être responsables de départs de feux dévastateurs en période de sécheresse.

RÉDUIRE LES NUISANCES DE LA CIRCULATION

« Maman, et là c'est des bouleaux ?
Non, maintenant ce sont des oliviers, tu as beaucoup dormi… ».

14 millions d'arbres sont plantés sur tout le réseau ASF et 9 000 hectares verts bordent nos autoroutes. Ceux sont de véritables refuges où la faune et la flore peuvent se développer. Insectes, papillons, oiseaux, petits mammifères, reptiles, rapaces… tout un écosystème équilibré.

Cette ceinture végétale joue également le rôle d'un filtre qui fixe les poussières et les polluants et atténue le bruit.

Faites des économies… d'énergie

- Rouler à 110 km/h au lieu de 130 km/h, c'est « perdre » seulement 7 minutes sur 100 km, mais c'est gagner 2 euros de carburant (gain sur la consommation), une moindre usure des pièces mécaniques et moins de risque d'accident. C'est aussi moins de CO^2 rejeté dans l'atmosphère.
- Si tous les automobilistes respectaient la limitation à 130 km/h, la consommation totale de carburant sur autoroutes diminuerait de 15 %, soit un gain évalué à 900 millions de litres. L'émission de 2 millions de tonnes de CO^2 serait ainsi évitée.
- Une utilisation abusive de la climatisation entraîne une surconsommation de carburant de 10 à 15 %.

VACANCES PROPRES

VACANCES PROPRES, initiée dès 1971, par quelques grands chefs d'entreprises pionniers de la protection de l'environnement et soucieux, dès alors, de développement durable*, poursuit aujourd'hui plus que jamais son action d'éducation au respect de l'environnement et de soutien aux communes pour préserver les sites de loisirs de l'abandon anarchique des déchets sauvages qui souillent le plus beau des paysages...

Respecter la nature **c'est notre devoir**, c'est bien, mais en un temps ou chacun prend conscience de la nécessité du recyclage, ***« trier nos déchets en vacances comme à la maison »*** **c'est primordial.**

Mais comment concilier le respect de l'environnement et le geste civique de tri ?

Tout simplement en utilisant **les collecteurs duo « Geste Propre-Geste de Tri »** dont les premiers ont été expérimentés, dès 1998, lors des Championnats du Monde d'aviron en Savoie.

Le collecteur à couvercle bleu, équipé du sac ou de l'entourage métallique aux emblématiques rayures rouges de **VACANCES PROPRES**, reçoit les détritus et reliefs du pique-nique (peaux de bananes, trognons de pommes, emballages gras et souillés...), l'autre c'est le collecteur à couvercle jaune, équipé du sac ou de l'entourage métallique à rayures jaunes ; il est destiné aux emballages de biscuits, aux bouteilles d'eau, aux briques, aux journaux, aux canettes acier ou alu... à tous ces déchets valorisables qui grâce à notre geste de tri, un geste intelligent de citoyen responsable, connaîtront une nouvelle vie.

Plus de 1400 sites de villégiature sont, en 2004, partenaires de Vacances Propres et quelque 100 000 tonnes de déchets sont chaque année collectées, empêchant ainsi la souillure de nos stations de tourisme préférées.

Maurice de Kervenoaël
Président de Vacances Propres

**Éco-Emballages, Atofina, Coca-Cola, l'Oréal, Arcelor, Danone, Lu, Tetra Pak, Evian, Mead Emballage, Adelphe, Volvic, Brasseries Heineken, Procter & Gamble, Verre Avenir.*

l'Association VACANCES PROPRES est reconnue par le Ministère de l'Écologie et du Développement durable, l'Association des Maires de France et l'ADEME

73, Boulevard Haussmann - 75008 PARIS
web : www.vacancespropres.com

point recyclage
VACANCES
PROPRES
VACANCES
PROPRES
evian
En vacances comme à la maison,
Trions nos déchets !
création jvconseil-paris

HANDY BAG

vous invite à protéger

L'ENVIRONNEMENT

Saviez vous que chaque français jette plus d'un kilo de déchets par jour, soit 420 kg par an et par foyer.
Parce que la terre n'est pas une poubelle, les poubelles ne doivent pas devenir des fourre-tout.
De ce raisonnement fort simple est né le principe du tri sélectif des déchets ménagers. Trier ses déchets, comme ramasser un papier par terre ou respecter les limitations de vitesse, c'est faire un geste utile pour soi et pour les autres. Alors, il n'y a plus qu'à vous y mettre !

QU'EST CE QUE LE TRI SÉLECTIF, AU JUSTE ?

Le tri des déchets ménagers, c'est une grande chaîne humaine qui commence dans votre cuisine :
Tout d'abord, vous triez vos déchets en séparant les emballages, le verre et le papier dans des containers prévus à cet effet. Les différents bacs sont ensuite collectés par votre commune. Puis, ils prennent le chemin des centres de tri dans lesquels ils sont regroupés par catégorie de matériaux (acier, plastique, cartons...) avant d'être envoyés dans leurs usines de recyclage respectives. Ces matériaux constitueront la matière première servant pour la fabrication de nouveaux produits. Ainsi les emballages que vous aurez triés connaîtront une seconde vie et vous participez à la protection de l'environnement !
A titre d'exemple, **1 bouteille en plastique sur 2 naît du recyclage, 1 tonne de verre recyclé permet d'économiser 600 Kg de sable et 1 tonne d'emballages en carton recyclé représente 2.5 tonnes de bois sauvées.**

Vos déchets organiques, quant à eux, sont compostés, c'est à dire transformés en un produit facilement destructible. Enfin, les emballages non recyclables sont dirigés vers des centrales d'incinération afin d'y être détruits.

Vous l'avez compris, le tri sélectif permet de valoriser vos déchets ménagers (flacons de parfum, magazines, packs de lait...) par leur recyclage, leur compostage ou leur incinération.
Fin 2002, on comptait déjà **49 millions de français triant leurs déchets et près de 30 000 communes adhérant au programme de tri sélectif des déchets**. L'Europe a pour objectif de valoriser 75% de ses déchets ménagers en 2003.

HANDY BAG, un partenaire incontournable

Vous êtes déjà 85% de foyers à avoir la possibilité de trier vos déchets ménagers. Mais si tout est bien organisé dans la rue, rien n'est prévu pour votre maison et votre cuisine.
Pour vous aider à changer vos habitudes et à effectuer ces gestes éco-citoyens, Handy Bag devient votre partenaire incontournable à la maison.

handy bag®

PLUS FORT SUR LES POINTS FAIBLES

Handy Bag met à votre disposition une gamme de 3 sacs poubelle pour trier et stocker vos déchet ménagers dans votre cuisine et pour les transporter jusqu'aux containers.

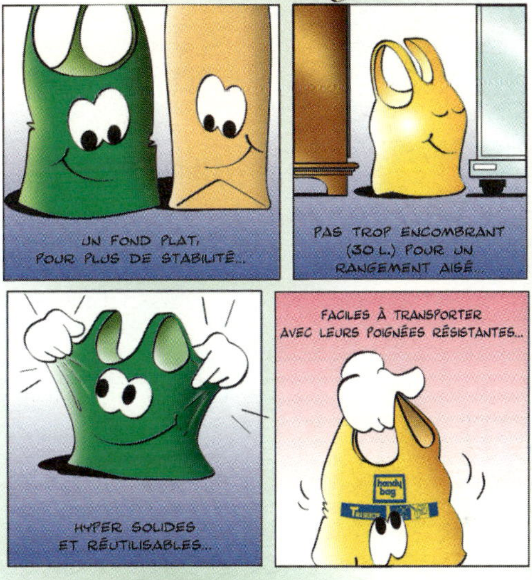

Pour le tri de vos déchets organiques, Handy Bag vous propose un sac 100% biodégradable : Biosac®. De petite taille (15L), il est adapté à la collecte des déchets organiques se décomposant rapidement. Biosac® est biodégradable en 40 jours. Vous pouvez l'utiliser pour la production de votre compost dans votre jardin. Vous pouvez le jeter dans les containers de votre commune réservés à cet effet.

Et parce que le tri sélectif des déchets ménagers a pour finalité le recyclage, Handy Bag vous propose ses sacs recyclés, fabriqués à partir de 80% de plastiques recyclés.

Préserver notre patrimoine naturel, c'est l'affaire de tous. Sans votre aide, c'est impossible. A votre échelle, vous avez maintenant les moyens de changer vos habitudes et de trier vos déchets. Alors pour le bien des générations futures, agissez !

handy bag

PLUS FORT SUR LES POINTS FAIBLES

handy bag®
Handy Bag vous invite à protéger l'environnement
0,60€ DE RÉDUCTION IMMÉDIATE
pour l'achat d'un produit de la gamme TRI SÉLECTIF
ou d'un produit de la gamme RECYCLÉ (30L, 50L, 100L)
Sur présentation de ce bon, votre magasin vous fera bénéficier de la remise correspondante.
L'acceptation de ce bon pour tout autre achat que le produit cité donnera lieu à des poursuites. Un seul bon par produit acheté. Offre non cumulable.
VALABLE JUSQU'AU 31/01/05.
N°SOGEC 6210002442
handy bag®
TRI SELECTIF
3 sacs pour trier le papier, le verre et les emballages
Sacs réutilisables grâce à leur épaisseur renforcée
Avec un fond plat pour plus de stabilité
HANDY BAG POUR L'ENVIRONNEMENT
LES SACS RECYCLÉS HANDY BAG SONT FABRIQUÉS À PARTIR DE 80% DES PLASTIQUES RECYCLÉS.
® Marque déposée d'une société du groupe Melitta - Cofresco SAS - RCS PARIS 408 552 271 - Etincelle

Histoire et patrimoine

Le Pont du Gard

HISTOIRE

Depuis l'homme de Tautavel

Les débuts nous ramènent très loin en arrière, puisque c'est dans la région qu'a été découvert le plus "vieil Européen", l'homme de Tautavel. Au fait, depuis deux ans, il semble qu'un fragment osseux découvert en Allemagne se soit octroyé, sans aucune gêne, ce titre tant convoité !

C'était il y a plus de **400 000 ans,** mais des traces laissent supposer une occupation humaine beaucoup plus ancienne (un million d'années). Plus au nord, la Lozère témoigne également d'un habitat ancien **(paléolithique)**.

Il faut attendre **le néolithique** pour qu'apparaissent les vestiges d'une civilisation d'agriculteurs et de pasteurs qui, peu à peu, **à partir de 6 000 ans,** vont quitter les grottes pour ériger villages de cabanes en pierres, menhirs et dolmens.

D'ailleurs, les spécialistes affirment que le Languedoc-Roussillon possède plus de monuments mégalithiques que la Bretagne.

Des traces de cette civilisation dite "de Fontbouise" (du nom d'un lieu-dit du Gard) sont visibles dans la région. Le site de Cambous présente les restes d'un de ces villages. Les habitants vivaient là, comme le montre la reconstitution in situ, dans de vastes cabanes communautaires, au plan ovale, aux murs de pierres sèches et couvertes de branchages. Sédentaires, ils développent un artisanat utilitaire, décorant leurs poteries de cannelures, d'incisions ou de poinçonnages. Une métallurgie indigène du cuivre prend son essor et de nombreuses traces de mines subsistent encore de nos jours. La mine de Pioch-Farrus près de Cabrières dans l'Hérault illustre parfaitement l'acharnement de ces hommes à se glisser dans d'étroites fissures, à creuser des puits avec des instruments rudimentaires pour aller chercher le précieux métal.

Parfaitement adaptés au milieu naturel environnant, ils savaient, dans les plaines argileuses, remplacer la pierre sèche par le torchis, comme le montre l'excellente et passionnante reconstitution d'un habitat de cette époque, réalisée par les "Autoroutes du Sud de la France" sur l'aire de repos de "la Dame de Caissargues" à la sortie de Nîmes en direction d'Arles sur l'A54.

Tandis que des peuples celtes vivent tranquillement dans cette partie nord de la région, le sud attire les convoitises étrangères, notamment sur les côtes. Ainsi voit-on se développer, **vers le VIe siècle avant J.-C.,** des colonies grecques (la plus célèbre est Agde) ou phéniciennes (Port-Vendres). L'oppidum d'Ensérune, près de Béziers, est le plus beau témoignage de cette époque où les habitants se réfugiaient sur des hauteurs, dans de petites maisons de pierre, protégées par les larges remparts, flanqués parfois de tours. Plus au sud, les Ibères remontent d'Espagne et s'installent pacifiquement en Languedoc. La civilisation celte gagne du terrain **autour du IVe siècle avant J.-C.,** avec les tribus volques qui descendent jusqu'aux actuelles Pyrénées-Orientales. C'est la grande époque des oppida, collines fortifiées et lieux d'échange qui s'égrènent, particulièrement, à quelque distance de la plaine littorale, marécageuse et insalubre : Laudun, Nages, Ambrussum, Murviel-lès-Montpellier, Ensérune, Narbonne, Sigean, Ruscino, pour n'en citer que quelques-uns.

La florissante période romaine

Première date précise d'importance dans l'histoire de la région, **121 avant J.-C.** marque le début officiel de la domination romaine, avec la conquête facile de la zone par Domitius et l'organisation d'une province autour de la via domitia qui relie l'Italie à l'Espagne. Cette province prend le nom de Gaule transalpine, avec Narbonne pour capitale. Elle servira de base arrière à César pour conquérir le reste de la Gaule, lui fournissant de nombreuses troupes. Ce sont ces hommes qui reviennent quelques années plus tard, avec des titres de propriété offerts en récompense de leurs bons et loyaux services : la région devient un refuge de vétérans des légions romaines et se trouve, de ce fait, parfaitement intégrée à la culture romaine. On rencontre de nombreuses traces de cette période marquée par la construction de monuments importants, aujourd'hui pôles touristiques majeurs de la région, comme le pont du Gard ou les arènes de Nîmes. Hors ces "deux célébrités mondiales", l'empreinte romaine se retrouve à travers tout le territoire : vestiges de Ruscino, Murviel-lès-Montpellier, Lattes, Ambrussum, Laudun... mausolée de Lanuejols-en-Lozère, fondations de certaines tours de Carcassonne, thermes d'Amélie-les-Bains, "villa" de Loupian, fours de potiers à Sallèles-d'Aude, aqueducs à Vendres et Ansignan, "horeum" (vestiges du forum) et mosaïques de Narbonne. Cette dernière, fondée **en 118 avant J.-C.**, deviendra la ville la plus peuplée de la Gaule romaine, chef-lieu d'une des provinces les plus riches de l'Empire. Cette cité suscitera bien des envies puisque, successivement, les Wisigoths **à partir de 413**, les Arabes **de 719 à 759** en feront leur capitale. Ces richesses du sous-sol expliquent la présence de nombreux fragments architecturaux ou de mobilier dans de nombreux musées, des plus importants, comme à Nîmes, Narbonne, Agde ou Lattes jusqu'à ceux, plus modestes, des petites communes de l'arrière-pays.

▸ **ASSOCIATION VIA DOMITIA/CRT 417, rue Samuel-Morse - 34960 MONTPELLIER ✆ 04 67 22 81 00**

Le Languedoc des Wisigoths

Cette période florissante du Languedoc prend fin, comme pour le reste de l'Empire, avec les invasions barbares. Pour le Languedoc, ce sont les Wisigoths, **au Ve siècle après J.-C.** La période d'occupation wisigothe va durer trois siècles, puisqu'ils résistent, dans la région, à la pression mérovingienne et parviennent à sauvegarder leur autonomie dans les principales villes, comme Béziers, Carcassonne ou Nîmes, avec le soutien des Wisigoths d'Espagne. En revanche, plus au nord, ils sont chassés par les Francs qui instaurent le comté du Gévaudan, partagé entre les Carolingiens et l'Eglise.

De cette époque, période de diffusion du christianisme, datent les plus anciennes églises et chapelles de la région, le plus souvent réutilisées dans des édifices postérieurs.

Lorsque les rois wisigoths d'Espagne tombent sous les invasions arabes **au VIIIe siècle,** le "souffle du boulet" remonte au-delà des Pyrénées et jette les Wisigoths dans les bras de Pépin le Bref pour conjurer cette menace. C'est un succès militaire mais aussi politique, puisque la région conserve une relative autonomie, dans le cadre du marquisat de Gothie en Languedoc et du comté de Cerdagne aux Marches d'Espagne. Cette autonomie prend également la forme concrète d'une scission entre pays de langue d'oïl et pays de langue d'oc. C'est aussi le début d'un vaste mouvement de fondations monastiques qui atteindra son apogée à l'époque carolingienne avec Saint-Guilhem, Villemagne, Saint-Papoul, Saint-Pons, Cendras, Sainte-Marie-d'Alet, et les abbayes catalanes... Tous ces édifices primitifs gardent encore des influences architecturales antérieures qui vont être balayées par la révolution du premier art roman méridional.

Le XIe siècle est une période particulièrement faste pour la région, grâce aux croisades. De nombreux bateaux partent des ports du Languedoc. On retiendra, bien sûr, la fondation d'Aigues-Mortes à l'occasion du départ de saint Louis **(1248)**, mais toute la région profite, dès la première croisade **(1099)** de l'afflux de nobles en partance pour la Terre Sainte.

Le catharisme et la fin de l'autonomie

Parallèlement à cette prospérité, la culture languedocienne s'affirme également, dans la langue, mais aussi dans le domaine des arts et, surtout, dans le domaine religieux, avec le développement du catharisme et de ses idéaux de pureté. Cette relative autonomie prend fin **au début du XIIIe siècle** sous le prétexte de la croisade contre le catharisme, que les différents comtes sont accusés d'avoir laissée se développer sans réagir. Considérant cette religion comme une hérésie, l'Eglise organise, **en 1209,** la croisade contre les Albigeois, départ d'une vingtaine d'années de troubles sanglants. On connaît la célèbre tirade du légat du pape ordonnant de massacrer tous les habitants réfugiés dans l'église de Béziers : "Tuez-les tous, Dieu reconnaîtra les siens". Cette cruauté se révèle dissuasive et facilite ainsi la progression des troupes de Simon de Montfort. Les rois de France de l'époque (Philippe-Auguste puis Louis VIII) en profitent pour affirmer leur pouvoir sur le Languedoc. Déjà, le comte de Toulouse, qui a fédéré le Languedoc autour de lui, a été déchu de ses droits par le concile de Latran **en 1211**, pour n'avoir pas combattu le catharisme dès son apparition. La tâche est donc facilitée pour les rois de France et saint Louis officialise le rattachement du Languedoc à la couronne royale **en 1229** par le traité de Paris. L'histoire de la région rejoint alors celle de la France, avec une belle fidélité, en particulier pendant la guerre de Cent Ans.

Les historiens ont prouvé l'existence du catharisme dans des régions ou pays aussi divers qu'éloignés (pour l'époque) les uns des autres : la Bulgarie (on surnommait d'ailleurs souvent les cathares, par mépris, les "bulgares") mais aussi la Grèce, l'Italie du Nord, la Rhénanie, la Catalogne, les Flandres, l'Asie Mineure ou la Bosnie (le catharisme y fut religion d'Etat pendant trois siècles, **jusqu'aux invasions turques du XVe siècle**).

C'est surtout en Occitanie que le catharisme devient une religion bien implantée, politiquement et socialement. Le terme cathare vient du grec "katharos" qui signifie "pur" (cf catharsis = purification). Chrétiens, les cathares sont en effet partisans d'une religion catholique plus pure, c'est-à-dire plus proche des préceptes de l'Evangile que ne l'est alors une église catholique qui multiplie les excès de tous ordres... Ils se nomment eux-mêmes les "bons hommes" et les "bonnes femmes" et veulent, en quelque sorte, revenir "aux sources" comme le feront plus tard les réformés. Comme ces derniers, ils sont particulièrement populaires chez les intellectuels, les commerçants, les artisans et la classe moyenne.

Les femmes adhèrent également en masse à cette nouvelle foi. Puisque rien, dans les textes du Nouveau Testament, ne s'y oppose, les femmes cathares peuvent occuper les mêmes fonctions que les hommes. Les cathares rejettent également les sacrements tels que le baptême ou le mariage, ne croient pas à la résurrection du Christ ni à son incarnation dans le pain et le vin. De même, l'Evangile interdisant de jurer, les cathares refusent de prêter serment, serment sur lequel repose la société féodale tout entière. Cette politique est donc gênante, à terme, pour le pouvoir en place.

Cette hérésie manifeste pousse Rome, **au début du XIIIe siècle**, à mener une croisade désormais connue comme la "croisade contre les Albigeois". C'est un échec religieux et un succès politique : malgré le massacre de Béziers (20 000 morts peut-être), malgré tous les bûchers, la religion cathare reste

Les circulades

Il est en Languedoc, et plus particulièrement dans une large partie du sud de la France, des villages qui se présentent massés autour d'un noyau central. Si bien que les seules rues, qui s'y immiscent sont des anneaux circulaires. C'est ainsi qu'en s'y promenant, on se retrouve souvent à son point de départ ! Drôle de constat, qui a poussé un architecte-urbaniste polonais, Kristof Pawlowski, à étudier cette forme de plus près ; il a dénommé "circulades" ces villages. Le nom est joli et rend bien compte de cette réalité, mais il est, à cela, des raisons historiques. Ces villages se sont construits dans un premier temps autour des églises, **vers les Xe-XIe siècles.** Or, **à partir de 1020**, les églises avaient obtenu de bénéficier d'une paix de Dieu, sorte de trêve aux combats incessants, et d'établir un "périmètre de sécurité", terre de paix, autour de la maison de Dieu. Les gens des campagnes prirent l'habitude de venir se réfugier là en cas de danger ; puis cette population se mit à construire des maisons, toutes serrées les unes aux autres, dans ce cercle sacré. Ainsi se fit le premier anneau. **Vers 1060-1130**, l'instauration du système féodal fit passer l'autorité aux mains des seigneurs locaux, qui reprirent, à leur bénéfice, ce besoin de protection de la population. D'autres villages naquirent ou se transformèrent, construits, cette fois, autour du château et de ses fortifications. Dans l'Hérault, une association s'attache à les mettre en valeur et en a répertorié une grande concentration dans le Biterrois : Alignan-du-Vent, Boujan-sur-Libron, Caux, Fouzilhon, Margon, Murviel-lès-Béziers, Nézignan-l'Evêque, Nizas, Paulhan, Puimisson, Puissalicon, Puisserguier, Roujan, Saint-Genies-de-Fontedit, Saint-Pargoire, Saint-Pons-de-Mauchiens. Mais aussi vers Montpellier : Balaruc-le-Vieux, Castries, Fabrègues, Le Pouget, Poussan, Puéchabon, Saint-Jean-de-Fos. Et, plus loin, dans le Minervois, le Carcassès, le Razès, le Lauraguais et dans les environs de Nîmes... L'Association a créé un site Internet qui présente, fort bien, certains de ces villages et indiquent cinq circuits qui mènent la balade d'une circulade à l'autre.

CIRCULADES EN LANGUEDOC Mairie de Paulhan ✆ 04 67 25 00 08.
www.circulades.com.

Les châteaux de l'Aude

Le catharisme a laissé le plus de traces dans l'Aude, lieu où se déroulèrent les principaux faits d'armes (hormis Minerve et Béziers dans l'Hérault et Montségur en Ariège) relatifs à cette époque. Le paysage actuel est marqué par des forteresses, qui, au sens archéologique, ne sont pas véritablement cathares. Initialement construites à l'époque wisigothique, elles ont servi de refuges à ces adeptes d'une religion qui dérangea tellement l'église catholique que cette dernière entreprit, finalement, de la faire totalement disparaître, et ont été remplacées ou complétées, peu à peu, par de nouvelles constructions à la suite de la croisade dite "contre les Albigeois".

vivante ; par contre, l'autonomie (relative) des seigneurs occitans fait désormais partie du passé. Le pape Grégoire IX entreprend, **en 1233,** de mettre un terme définitif au catharisme ; il fonde pour cela l'Inquisition, système pénal et juridique. En seulement un siècle, grâce à une action aussi méthodique qu'efficace, le catharisme disparaît de manière effective. L'Eglise a réussi à imposer le pouvoir et la religion uniques…

Les châteaux

Les quatre châteaux de Lastours

Un sentier de randonnée permet de visiter les quatre châteaux. Lastours fut la première cible du tristement célèbre Simon de Montfort après la prise de la cité de Carcassonne. Il n'y a alors que trois châteaux : Cabaret, village fortifié qui est, également, la construction la plus ancienne du site, Fleurdespine et Quertinheux. La tour Régine ne fut construite que **vers 1240.** Ces châteaux n'étant éloignés que de 200 m, les sentinelles pouvaient communiquer par leur simple voix et Lastours avait ainsi la réputation d'être imprenable. Le premier siège, **en 1209,** se soldera d'ailleurs par un échec. Simon de Monfort revient sur les lieux deux ans plus tard et cette fois parvient à ses fins au prix d'un argument terrible : pour décourager les assiégés, il fit monter vers eux un hérétique dont on avait arraché un œil ; comble de l'horreur et du cynisme, son œil restant lui servait à guider vers le château une centaine de ses compagnons dont on avait arraché les deux yeux, les oreilles, le nez et la bouche… Au fil du sentier, on découvre ces ruines impressionnantes par leur aspect sauvage, mais fort abîmées par les siècles. Le premier château rencontré est celui de Quertinheux, qui conserve une tour et un morceau d'enceinte. Le second, Fleurdespine, est le plus abîmé, avec un corps de logis en ruine et quelques rares vestiges de l'enceinte. On arrive ensuite à la tour Régine, ronde et qui a encore fière allure, avec un pan de mur à ses pieds. Enfin, le dernier château est celui de Cabaret, trapu, avec son donjon qui dépasse à peine d'une enceinte relativement préservée.

Château de Villerouge-Termenès

Depuis le village situé en contrebas, on ne peut qu'être frappé par l'imposante masse de ce château **dès XIIIe-XIVe siècles.** Parfaitement et entièrement restauré (les tours, en particulier, sont superbes), il fut possession des évêques de Narbonne **de 1110 jusqu'à la Révolution.** Construit sur un plan quadrangulaire, chaque angle de ce château comporte une tour ; la plus haute faisait office de donjon. Au-delà de cet état de conservation assez rare, la particularité de Villerouge-Termenès est d'avoir été le théâtre de la dernière exécution d'un "parfait cathare", **en 1321.** Guilhem Bélibaste fut ce malheureux ; trahi puis capturé, il fut brûlé vif sous les murs du château après un procès mené par l'archevêque de Narbonne d'alors, Bernard de Farges. Ce martyre sert de thème à une exposition, à l'intérieur du château, qui dépeint le "Monde de Guilhem Bélibaste, dernier parfait cathare connu". Cette visite guidée audiovisuelle d'un grand intérêt présente le catharisme et la vie quotidienne locale **au XIVe siècle** à travers la vie de Bélibaste.

Château de Termes

On a un peu de mal à imaginer que ces ruines étaient, autrefois, le fief d'une des plus puissantes seigneuries du Languedoc, la famille de Termes. Construit sur un escarpement rocheux qui surplombe les hautes Corbières, ce château comporte deux enceintes concentriques dont l'une, rectangulaire, est agrémentée de tours rondes **du XIIe siècle. Dès 1210,** Termes sera l'un des premiers châteaux à subir un siège de la part des "croisés". Mené par Simon de Montfort, ce siège durera quatre mois. Assoiffés et malades, les assiégés seront finalement contraints d'abandonner la place. 140 d'entre eux monteront sur le bûcher pour avoir refusé de renier leur foi. Raymond de Termes mourra peu de temps après en captivité et son château sera transformé en forteresse royale ; il le restera **jusqu'au milieu du XVIIe siècle** puis sera démantelé sur décision royale ; il semble qu'il servait alors de refuge aux brigands de la région. Les locaux de la billetterie (dans le village) renferment une exposition photographique sur le thème des enluminures. A l'étage, sont présentés les objets mis à jour lors des fouilles menées au château ces dernières années.

Château d'Arques

Ce château de plaine à l'élégant donjon n'est pas à proprement parler un château cathare puisque son édification ne fut entreprise **qu'à la fin du XIIIe siècle** ; c'est en effet **en 1280** que la construction du donjon, à l'extérieur du village, fut commencée. La région d'Arques était, toutefois, fortement pénétrée par le catharisme ; Arques fut d'ailleurs une possession de la famille de Termes jusqu'à ce que Simon de Montfort ne confisque les terres et les transmette à l'un de ses lieutenants, Pierre de Voisins, **en 1231.** Construit sur une petite colline à l'entrée du village, le château d'Arques se distingue donc par son donjon (d'une hauteur de 25 m environ et d'une longueur de côté de 11 m) souvent considéré comme un chef-d'œuvre de l'art gothique. Ce donjon carré (construit sur quatre niveaux) et la tour-logis du sud-est sont les deux seules parties visitables du château. On remarquera l'escalier à vis de l'échauguette sud-ouest.

Château de Puivert

Puivert fut l'un des premiers châteaux assiégés par les troupes de Simon de Montfort. Il tomba, après trois jours d'un siège mené par Pons de Bruyère ; cette éclatante victoire valut à ce dernier le droit de s'installer dans les lieux. Il ne reste plus grand-chose de l'édifice de l'époque, alors propriété de la famille de Congost qui, outre son attachement fort au catharisme, était également protectrice des troubadours. Les preuves de cet attachement à la musique sont visibles dans la salle d'apparat : on peut y voir un décor comportant des culs-de-lampe sculptés de musiciens jouant de divers instruments (luth, orgue portatif, rebec...) médiévaux. Il est toutefois probable que ces décorations, tout comme le superbe donjon (d'une hauteur de 35 m) qui se dresse encore fièrement devant le visiteur d'aujourdhui, sont postérieures d'au moins deux siècles à la chute de la famille de Congost. Le musée du village (musée du Quercorb) est situé à proximité du château, dans une ancienne habitation traditionnelle rénovée. On peut y voir une cuisine de l'époque, restaurée, ainsi que des évocations des travaux artisanaux **du Moyen Age.** L'étage de cette demeure est consacré aux instruments de musique médiévaux ; ceux-ci ont été reproduits en prenant modèle sur les sculptures du château (voir plus haut).

Château de Puylaurens

Perchée à presque 700 mètres d'altitude, la forteresse de Puylaurens est l'un des châteaux les mieux conservés en pays cathare. Sa situation ainsi que ses défenses efficaces lui conféraient un rôle primordial dans la protection des Fenouillèdes. Puylaurens, fortifiée

Lastours. Quatre châteaux sur un seul et même socle rocheux

sur les ordres de Louis IX (saint Louis), fut pendant plus de 400 ans la citadelle la plus méridionale de France ; elle sera, également, la dernière place cathare à tomber, juste après Quéribus, **vers 1250.** Aujourd'hui, on est impressionné par le site, véritablement vertigineux ; après une montée, à travers la forêt, d'un quart d'heure environ, on parvient à la forteresse ; ses mâchicoulis, ses créneaux, ses meurtrières ou ses assommoirs sont parfaitement conservés. Agrément supplémentaire, le panorama qui, depuis les remparts, se dégage sur les villages des environs et la vallée de la Boulzane.

Château de Peyrepertuse

Peyrepertuse est, sans aucun doute, le plus bel ensemble d'architecture militaire médiévale du Languedoc. Ce château semble, au premier abord, inaccessible tant les falaises qu'il surplombe sont vertigineuses. Même la route d'accès paraît hostile aux automobilistes ! Le chemin d'accès est assez long et pénible par temps ensoleillé. Il est préférable de prévoir de l'eau, en particulier pour les enfants, et de bien surveiller ceux-ci pendant la montée. Le chemin est parfois très étroit et le précipice n'est jamais loin. S'étendant (presque confondu avec la roche) sur près de 300 mètres de long, de nombreuses structures restent encore en bon état de conservation. Le château remonte, semble-t-il, au milieu du XIe siècle. Les lieux devaient être tout de même habités **depuis environ 1 000 ans,** comme semblent l'attester les restes d'amphores ou les pièces de monnaie retrouvés sur les lieux par les archéologues. Peyrepertuse ne fut jamais vraiment pris ; il tomba dans les mains de la couronne française **en 1240** après que Guillaume de Peyrepertuse l'ait abandonné à saint Louis. La citadelle devint alors une place forte de première importance face à la puissante voisine aragonaise. Pendant toute la période des croisades contre les cathares, Peyrepertuse accueillit, maintes fois, les chevaliers en quête d'un refuge sûr. Depuis le plateau qui domine le donjon Saint-Jordi, on admirera le panorama qui, par beau temps, s'ouvre jusqu'aux rives de la Méditerranée.

Château de Quéribus

Avant-dernier château dit cathare à rendre les armes (quelques mois avant Puylaurens), ce château est bâti sur un piton rocheux extrêmement impressionnant qui culmine à pratiquement 750 m d'altitude. Composée de trois enceintes successives, la forteresse est dominée par un donjon massif, dans lequel on verra, notamment, la belle pièce dite du pilier. On remarquera les superbes croisées d'ogives de la voûte. La place, stratégiquement située à la limite des Fenouillèdes, du Peyrepertusès et de l'Aragon tombe aux mains des croisés **en 1255,** après des mois de siège. On pense que cette défaite a été précipitée par les propres compagnons de Chabert de Barbaira, seigneur du château, qui finirent par le trahir pour sauver leur vie.

Le Roussillon, de l'Espagne à la France

Pendant le Moyen Age et la Renaissance, l'histoire du Roussillon a toujours été une histoire "parallèle" à celle du Languedoc, faite alternativement de périodes de rapprochements et de conflits. A la chute du royaume wisigothique puis du recul des Arabes, par un jeu subtil de conquêtes, de legs, d'alliances, de mariages, les comtes de Barcelone, en accord avec les rois de France, vont progressivement étendre leur suzeraineté sur les villes de Béziers, Agde, Millau et le Gévaudan (Lozère). **En 1172,** a lieu le rattachement du Roussillon, puis, par mariage, **en 1204,** celui de la seigneurie de Montpellier. L'état catalano-aragonais est alors une des puissances de la Méditerranée occidentale, traitant d'égal à égal avec ses voisins du nord. C'est **en 1258** que la frontière est fixée sur le rebord méridional des Corbières.

En 1262, Perpignan devient, alors, capitale de l'éphémère royaume de Majorque **(1262-1344)** qui comprend le Roussillon, le Conflent, la Cerdagne, les îles Baléares et la seigneurie de Montpellier.

L'apogée de la civilisation catalane **du Moyen Age** se traduit par l'épanouissement d'une architecture gothique régionale, basée sur la multiplication des arcatures en arc brisé dans des bâtiments qui gardent une grande sobriété. Ce style se retrouve particulièrement à Perpignan dans l'architecture civile : palais des rois de Majorque, Loge de Mer, hôtels particuliers des négociants et notables de la cour.

Philippe de Valois, roi de France, racheta la ville de Montpellier au roi de Majorque et, **en 1463,** Perpignan passa à son tour dans le giron de la couronne royale de France. Dix ans plus tard, la ville, s'étant révoltée contre son nouveau maître, fera l'objet d'un siège rigoureux et reviendra à l'Espagne (avant d'être définitivement intégrée au royaume de France avec le Roussillon lors du Traité des Pyrénées **en 1659**).

La région devient province d'Espagne et le reste **jusqu'au XVIIe siècle. A partir de 1640,** les catalans se rapprochent de la France. Louis XIII prend Perpignan **en 1642** et le traité des Pyrénées officialise, **en 1659,** le rattachement à la France.

Carcassonne
La ville aux deux sites classés au Patrimoine Mondial
La Cité Médiévale
Le Lac de la Cavayère
Le marché de
la Bastide Saint-Louis
Le Canal du Midi
Office Municipal de Tourisme - 04 68 10 24 30
www.carcassonne-tourisme.com

L'architecture catalane a su exploiter, à merveille, les matériaux locaux. Qu'elle soit civile, militaire ou religieuse, elle joue admirablement sur alternance entre couches de galets roulés apportés par les torrents descendus des Pyrénées et couches de petites briques pleines ("cairo") confectionnées à partir des argiles rouges locales. Ainsi, jouant avec les voûtes et les linteaux, variant les motifs, modifiant l'alternance des couches, les bâtisseurs ont créé un style original qui se retrouve aussi bien dans les modestes maisons de villages que dans les palais et édifices officiels, comme, par exemple, au palais des rois de Majorque à Perpignan ou la forteresse de Salses, construite par les Espagnols pour garder la frontière.

Le Fort de Salses tient une place importante dans l'histoire de l'architecture militaire. On considère que c'est un des spécimens les plus curieux et les plus impressionnants de la fortification dite "de transition" ; à mi-chemin entre les citadelles médiévales et modernes. **En 1469,** Ferdinand d'Aragon, dit le Catholique, prépare déjà l'unité espagnole. C'est chose faite **en 1492,** et il décide alors d'édifier une forteresse sur la ligne de front avec la France, au niveau du village de Salses. Le fort devait protéger ses terres, en verrouillant, à son extrémité sud, l'étroit passage qui se faufile entre les derniers contreforts de Corbières et l'étang. C'était alors, et cela le demeure, le principal axe menant au Roussillon en venant du nord. Débutée **en 1497,** la construction de cette forteresse massive est l'œuvre de l'ingénieur artilleur du roi, Ramirez, ministre de la guerre.

Le résultat final est spectaculaire. Immense château rectangulaire de 110 mètres de long par 90 de large, il possède, à chaque angle, une tour cylindrique. Pour se dérober, en partie, aux coups et aux vues de l'ennemi, il est profondément enfoncé dans le sol, et est, en outre, entièrement circonscrit d'un fossé de 15 m de large par 8 m de profondeur. Le mur d'enceinte a une épaisseur de 10 m à 12 m de maçonnerie pleine. La forteresse pouvait accueillir près de 1 500 hommes et 300 chevaux. La seconde partie est occupée par le donjon, trônant au centre du front ouest. Des cours et des couloirs en chicanes, accessibles uniquement par les ponts-levis, le cloisonnaient et augmentaient l'efficacité de sa défense. Haut de 7 étages alternativement plafonnés ou voûtés, il était destiné au logement du gouverneur. On y trouve donc certains éléments de luxe, voire d'une spectaculaire modernité : chauffage, salle de bains avec eau chaude et sauna…

Religion et camisards

Parallèlement, la région connaît son lot d'agitation dans le cadre des guerres de Religion. Et, si Louis XIII et Richelieu firent le siège de Perpignan **en 1642,** vingt ans auparavant, ils étaient déjà devant les murs de Montpellier qui, comme d'autres villes, Nîmes, Alès, Pézenas, s'étaient ralliées au protestantisme et connaissaient périodiquement, malgré la signature de l'édit de Nantes, des mouvements de révolte. La prise de Montpellier **en 1622** amena, **en 1629,** la signature de la paix d'Alès qui confirma la liberté de culte et maintint le calme jusqu'à la révocation de l'édit de Nantes **(1685).** Le conflit rebondit alors jusqu'à prendre, dans les Cévennes, les proportions d'une véritable guerre. C'est la guerre des camisards (de camiso, la chemise blanche qu'ils portaient pour se reconnaître, notamment lors des batailles de nuit), qui dure **de 1702 à 1704.** Le début officiel de la guerre est l'assassinat, **en juillet 1702,** de l'abbé du Chayla, en mission pour le roi dans les Cévennes. Face à la guerilla de quelques milliers d'hommes menés par Jean Cavalier, Louis XIV envoie une armée de 60 000 hommes. Cette armée est prise en main, **en avril 1704,** par le maréchal de Villars, qui la mène à la victoire décisive de Nages. Cavalier y perd un tiers de ses hommes et doit se résoudre à négocier une trêve. C'est l'armistice du pont d'Avène, **en mai 1705.** C'est la fin officielle de la guerre, mais les troubles se poursuivent encore pendant plusieurs années. Le bilan pour la région est lourd, puisque les armées royales ont ravagé près de 500 villages des Cévennes.

La prise de Montpellier, **en 1622,** eut, pour effet, de faire de la ville la véritable capitale administrative du Languedoc, titre qu'elle ravit alors à Pézenas, siège un temps des états du Languedoc. La période de paix et de prospérité qui s'étendit tout au long du règne de Louis XIV et au-delà, favorisa l'apparition d'une architecture civile classique qui se diffusa dans les villes de la région : Montpellier, Nîmes, Narbonne, Pézenas. Tous les grands commis de l'Etat, les notables, administrateurs ou professeurs, riches commerçants, se font alors construire ou aménager, des "hôtels particuliers". L'homme à la mode à cette époque est l'architecte Auguste-Charles d'Aliver qui, appelé dans tous les coins de la région, modifie profondément l'urbanisme hérité **du Moyen Age,** peu touché ici **par la Renaissance.** Touche-à-tout génial, il crée places, fontaines, dégage des rues, impose le classicisme parisien. Il remodèle, principalement, les cours intérieures en remplaçant l'escalier local ouvert par la construction de

cages d'escalier monumentales "entre cour et jardin", œuvres qui font la fierté des hôtels particuliers de Montpellier ou Pézenas.

Le XVIIIe siècle verra la poursuite de cette tendance, avec, en plus, l'apparition, autour des villes et particulièrement de Montpellier, des "folies", petits châteaux campagnards où l'on vient s'installer dès l'apparition des premières chaleurs. Montpellier en compte une dizaine et la plus ancienne est le château de Flaugergues. Cette demeure **de la fin du XVIIe siècle** cache, derrière sa façade sobre, un immense escalier et sa voûte à clef pendante ; elle s'entoure de terrasses, au milieu des parterres à la française et des jardins à l'anglaise. Le château de Mogère présente une silhouette élégante et vaut par son "buffet d'eau", belle fontaine baroque qui orne son parc. Celui du domaine de Méric, ancien refuge du peintre impressionniste Frédéric Bazille, et maintenant propriété municipale, invite à la rêverie. La promenade passe encore par le très beau parc du château d'O, le château de la Mosson, dont le banquier Joseph Bonnier, anobli baron de la Mosson, voulut faire l'une des plus somptueuses demeures **du XVIIIe siècle.** Près de là, à Saint-Georges-d'Orques, le château de l'Engarran lui a même chipé son portail. Comme le domaine de Grammont, maintenant propriété municipale, ces folies développèrent, en parallèle, une activité agricole et viticole qui est restée. Car vin et folie douce poussent également à la fête.

Le canal du Midi

Paix retrouvée, développement de l'agriculture, apparition des premières industries, **le XVIIe siècle** a laissé à l'humanité son chef-d'œuvre : le canal du Midi ou "des Deux-Mers", né de la volonté d'un homme, Pierre-Paul de Riquet, baron de Bonrepos. **En 1663,** il réussit à convaincre Colbert et Louis XIV de l'utilité de creuser une voie navigable qui relierait l'Atlantique à la Méditerranée et éviterait, ainsi, le long, coûteux et dangereux contournement de l'Espagne.

Le principal problème était celui de l'approvisionnement du canal en eau. De longues études permirent à Riquet et à ses ingénieurs de déterminer que le creusement de plusieurs rigoles, depuis la Montagne Noire, permettrait de canaliser les eaux de l'Alzeau, du Lampy, du Rieutort et de la Bernassonne vers une cinquième rivière, le Sor, et que cette dernière, grâce à une autre rigole, alimenterait finalement le bassin de Saint-Ferréol qui servirait ainsi de bassin de régulation.

Les travaux débuteront **en 1667** et nécessiteront les bras de douze à quinze mille ouvriers. Ils construiront 328 ouvrages d'art pendant les quinze années que durèrent les travaux.

Le canal royal du Languedoc, ou canal des Deux-Mers, futur canal du Midi, fut inauguré **le 24 mai 1681 ;** son créateur s'était éteint quelques mois plus tôt, **le 1er octobre 1680,** à l'âge de 76 ans. Son œuvre est alors admirée dans l'Europe tout entière. Plusieurs ouvrages seront ensuite créés, l'aqueduc de la Juncasse, **en 1735,** ou le pont-canal sur l'Orb, par exemple.

De la vigne à l'industrie du tourisme

Le XIXe siècle voit l'essor industriel de la région avec l'arrivée du chemin de fer (la ligne Montpellier-Sète **en 1839** est l'une des toutes premières en France) et l'exploitation des bassins houillers des Cévennes et du haut Languedoc. **En 1875,** la maladie du phylloxéra détruit le vignoble languedocien. Replanté sur d'immenses surfaces, en plaine, surproduction et fraudes amèneront une crise sévère, provoquant l'insurrection des vignerons (révolte des "gueux" **en 1907** contre le gouvernement de Clémenceau).

Cette richesse due au vin a laissé, dans les campagnes languedociennes et catalanes, de Nîmes à Perpignan, en passant par Montpellier, Béziers et Narbonne, des témoins originaux : les châteaux "pinardiers". Les riches négociants qui ont fait fortune **à la fin du XIXe siècle** sont atteints d'une folie de construction et la plaine viticole va se couvrir de châteaux. Ici, pas de style unique, pas d'inspiration régionale, mais un foisonnement architectural, mélange des caprices des propriétaires, si ce n'est leur mauvais goût, et des fantasmes des architectes. Médiévalisme à la Viollet-le-Duc, néo-Renaissance, roman croisé de gothique ou gothique croisé de roman, classique, baroque, second Empire, inspirations coloniale, bavaroise (comme les châteaux de Louis II, pas le gâteau... bien que !), les esprits les plus fertiles s'en sont donné à cœur joie. Et le résultat est là : à chaque détour d'un chemin, le promeneur peut tomber sur une cité de Carcassonne en réduction, un petit Versailles champêtre, un manoir Renaissance au milieu des vignes ou une fausse abbaye romane...

En 1955, Philippe Lamour, haut fonctionnaire d'Etat, crée la compagnie nationale d'aménagement du bas Rhône-Languedoc pour la mise en oeuvre de l'irrigation de la région. Parallèlement, **au début des années 60,** la France se trouve dans l'incapacité d'enrayer le flot des touristes qui, par milliers, déferle vers la Costa Brava ou l'Italie à la recherche de la mer et du soleil.

Le Languedoc-Roussillon, entre Pyrénées et Camargue, développe 214 km de plages de sable fin. Mais cette zone dénudée, sauvage et désertique est dépourvue d'assainissements, de ports et d'équipements modernes. Quelques vieilles stations balnéaires qui ont connu leurs heures de gloire après la première Guerre mondiale et l'institution des congés payés **(1936),** végètent car fréquentées, essentiellement, par une population régionale. De plus, la région est infestée de moustiques qui prolifèrent tout au long d'une vaste chaîne d'étangs et marécages. Un rapide effort s'impose alors, si la France veut conserver sa vocation touristique.

Le pari est relevé **le 18 juin 1963** par le gouvernement de Georges Pompidou qui institue une structure originale et sans précédent : la mission interministérielle pour l'aménagement touristique du Languedoc-Roussillon. Présidée, pendant plus de vingt ans, par le conseiller d'état Pierre Racine, cette structure s'est attachée à coordonner les administrations concernées et à assurer une unité de conception et d'action.

Ainsi sont nées les unités touristiques, toutes centrées autour de stations nouvelles surgies des sables : Port-Camargue avec ses marinas tout autour du port de plaisance le plus important d'Europe (4 000 anneaux), La Grande-Motte et ses pyramides qui évoquent, au loin, la silhouette du pic Saint-Loup, le Cap d'Agde et ses petits immeubles d'inspiration languedocienne, Gruissan et son moutonnement de toits en voûte au pied de son château, Port-Leucate et Port-Barcarès entre mer et étang, Saint-Cyprien avec, en toile de fond, les cimes enneigées des Pyrénées.

Les années 90 voient un afflux important de populations (l'attrait du soleil) qui profite essentiellement aux villes de la région. Si, partout, naissent et surgissent des constructions destinées à accueillir les nouveaux arrivants, seule, la capitale régionale, a bénéficié d'un urbanisme volontariste. Par la création de zones d'aménagement, l'appel à des grands noms de l'architecture et la création totale de nouveaux quartiers, comme ceux d'Antigone ou Port-Marianne.

Alors qu'à l'est, la ville **des années 70** s'était trouvée délimitée par le quartier marchand du Polygone, le maire, Georges Frêche, a marqué **les années 80** d'un nouveau quartier, Antigone. L'architecte catalan Ricardo Bofill a posé, sur les rives du Lez, un ensemble de constructions néoclassiques inédit par son ampleur. Il se déroule le long des 800 mètres d'une immense avenue piétonne qui, telle une allégorie, fait se rejoindre la place du Nombre-d'Or et l'esplanade de l'Europe en passant par les places du Millénaire et de Thessalie et par l'allée de Délos. D'abord récalcitrantes vis-à-vis des bâtiments blancs, les fées, ou plutôt les déesses, ont finalement donné vie à cet ensemble architectural. Les arbres ont poussé, favorables aux terrasses de restaurants et de cafés ; une fontaine, à même le sol, évoque, à un bout de cette perspective, le bassin du Lez dans lequel se reflète le grand bâtiment de verre (l'hôtel de région) et qui, à l'autre bout, clôt le quartier. La piscine olympique et la bibliothèque centrale, toutes récentes, illustrent, à elles deux, la célèbre formule "mens sana in corpore sano"... Les nouvelles halles marchandes, sous le patronage de Jacques Cœur (boulevard d'Antigone), le marché des producteurs (le dimanche, allée du Nouveau-Monde), l'aménagement de la place Dionysos en théâtre à ciel ouvert, l'organisation de manifestations telle la foire aux associations (2e week-end de septembre) sont autant d'éléments récents qui insufflent la vie au cœur d'Antigone. La promenade le long des berges du Lez est, enfin, devenue attrayante et conduit, en passant devant la nouvelle faculté de droit et de sciences économiques, vers le bassin de Port-Marianne ; son pourtour planté de palmiers sera le cœur d'un nouveau quartier, qui, dit-on, accueillera le futur hôtel de ville.

TRADITIONS ET MODE DE VIE

Langue

Du Rhône à la Garonne, le Languedoc forme un vaste territoire qui doit son unité à son histoire et à sa langue. De Toulouse, capitale du haut Languedoc, à Montpellier, tête du bas Languedoc, cette langue occitane a survécu, avec ses variantes, ses patois locaux mais sur la même base commune. La langue d'oc fut, au Moyen Age, celle de l'amour courtois, celle des mœurs raffinées et de la culture. Les troubadours l'ont chantée, de l'Italie du Nord aux Pyrénées, avant qu'elle ne soit la langue de l'hérésie cathare et combattue, aussi vivement que les hommes, au cours de la croisade contre les Albigeois. Tombée en désuétude, conservée seulement à l'usage domestique, elle reprit vigueur au XIXe siècle, dans un mouvement parallèle à celui du "félibrige" en Provence. Chantée par de grands écrivains, Ferdinand Fabre au XIXe siècle, puis Paul Valéry, Joseph Delteil, André Chamson, Jean-Pierre Chabrol ou Max Rouquette, elle est, à nouveau, étudiée et utilisée dans certaines écoles (les "calandretas") et même à la télévision dans les éditions régionales.

Le catalan, comme son voisin du nord, l'occitan, est issu de la culture romaine et, comme lui, il possède de nombreuses variantes. Rappelons que le royaume de Majorque entre les XIIe et XIVe siècle s'étendait sur la Catalogne, jusqu'aux environs de Valence, les Baléares et le Roussillon. On retrouve donc un catalan roussillonnais, parlé exclusivement au nord des Pyrénées. Supplanté par l'aragonais lors de l'occupation espagnole, il fut, officiellement, interdit lors de l'annexion française par le traité des Pyrénées en 1659. Mais, jusqu'à la Révolution, il persista dans le langage courant, le français étant réservé à l'administration et aux documents officiels. En déclin au XIXe siècle, il bénéficia d'un même renouveau que l'occitan au milieu du XXe siècle avec l'apparition de mouvements littéraires (Nostra Terra, Nova Canço...), puis d'une chanson et d'un théâtre spécifique et, plus tard, de programmes télévisés. Le catalan est enseigné à l'école et ici les calendretas s'appellent les bressoles. Cependant, parlé sur un territoire homogène et plus indépendantiste d'esprit, il a beaucoup mieux résisté que l'occitan à la francisation et il est employé, couramment encore, dans le milieu rural. Cet usage est d'autant plus nécessaire que le catalan est langue officielle dans la généralitat de Catalogne et dans la principauté d'Andorre.

Comme vous le voyez, les deux langues se ressemblent souvent, mais divergent parfois de façon radicale. Attention à la phonétique, en particulier pour le catalan ou le "v", le "ig", le "ll", le "x" se prononcent respectivement "b", "itch", yeu, "ch".

Petit Lexique

Français = Occitan = Catalan

Bienvenue = Benvenguda = Benvinguts

Bonjour = Bonjorn = Bon dia

A votre santé ! = Santat ! = A la vostra salut !

Comment allez-vous ? = Consi anatz ? = Com esteu ?

S'il vous plaît = per plase = si us plau

Quelle heure est-il ? = Quala ora es ? = Quina hora es ?

Il est deux heures = Es doas oras = Sòn les dues

Aujourd'hui = uèi = avui

Il est tard = Es tard = Es tard

Il fait beau = Fai bèl temps = Fa bon temps

Il pleut = Plòu = Plou

Je désire une chambre = Me caldria una cambra = Voldria una cambra

Je reste un jour = Demòri un jorn = Em quedo un dia

Je ne vous comprends pas = Vos compreni pas = No us entenc

Je vous invite à déjeuner = Vos convidi a dinnar = Us convido a dinar

Je désire changer de l'argent = Desiri canviar d'argent = Voldri canviar moneda

Je pars demain = Partissi deman = Me'en vaig demà

Appelez-moi un taxi = Sonatz-me un taxi = Crideu-me un taxi

Au revoir = Al reveire = Adéu-siau

Pardon madame, monsieur = Perdon dòna, sénher = Perdo senyora, senyor

Artisanat

Demande touristique, retour aux sources, beauté des lieux, toutes ces raisons, et bien d'autres assurément, ont favorisé, depuis vingt ans, l'installation de nombreux créateurs et artisans d'art. Il ne s'agit pas, ici, de faire l'inventaire complet de toutes les productions actuelles, mais d'en présenter certaines, issues de traditions anciennes, qui, après des périodes de sommeil, voire parfois de disparition, sont en train de renaître.

Les potiers de Saint-Jean-de-Fos et la faïence de Montpellier dans l'Hérault

Entre le XIVe et le XVIe siècle, Saint-Jean-de-Fos était très célèbre pour ses poteries brutes ou vernissées, comme ces tuiles vertes qui couvrent le clocher autour duquel se serrent les maisons. Quelques exemples de cet artisanat ont été regroupés dans le petit musée de la poterie qui se trouve à la mairie : y sont présentés divers éléments de la vie quotidienne comme des fontaines, des tuyauteries, des cruches, plats et aussi des statuettes représentant saint Roch ou des soldats en costume second Empire. Après des années de sommeil, la tradition renaît et on y fabrique toujours des tuiles vernissées qui vont maintenant orner les constructions récentes de la banlieue montpelliéraine, tandis que de jeunes potiers s'y sont installés, pour former la "route des potiers" et faire vivre cet art.

Dès la fin du Moyen Age, la cité de Montpellier a compté, au rang de ses activités, un important centre de potiers. Les ateliers étaient rassemblés dans la partie basse de la ville où coule Verdanson ; des fouilles récentes ont d'ailleurs mis à jour, dans le quartier du Faubourg de Nîmes, l'atelier d'un potier célèbre en son temps. S'appuyant sur cet artisanat ancien, un établissement obtint, en 1725, le titre de manufacture royale. L'établissement connut alors un essor important, mais la mort de l'entrepreneur, Jacques Olivier, mit fin à l'aventure en 1740. En 1754, un autre artisan, André Philip, rendit quelque temps une renommée perdue à la manufacture. L'établissement perdura jusqu'au début du XIXe siècle. Si l'époque glorieuse de la faïence à Montpellier relève de l'histoire, il reste que ce sont des céramistes montpelliérains qui ont fondé les centres de Ganges, Pézenas, Toulouse, Montauban, Bordeaux, La Rochelle... et que cet artisanat continue d'exister à Montpellier. L'atelier Artus-Siffre fabrique, encore, de façon traditionnelle, cette faïence, caractérisée par son décor ; des motifs fins, le plus souvent des fleurs en bouquet, sont tracés sur un fond jaune ou blanc. Une exposition, installée à la station de tramway du Corum, près du site de fouilles, donne à voir un échantillon de ces pots à pharmacie, bols et autres récipients qui racontent l'histoire de cette production.

Le grenat catalan

La taille et le montage des grenats sont une activité qui remonte au XVIIIe siècle et qui a connu son apogée au XIXe siècle, époque où la demande était telle qu'on dut importer des pierres de l'étranger. Taillés souvent dans d'autres régions françaises, les grenats étaient montés en bijoux par les bijoutiers perpignanais. Les couleurs de l'or et du grenat, qui rappelaient celles du drapeau catalan ont fait beaucoup pour le succès de ces bijoux : bagues, broches, pendentifs et surtout croix, étroitement liées aux coutumes religieuses locales. Conservés de génération en génération, les bijoux à grenat font partie intégrale du patrimoine catalan, et l'on peut en admirer dans les musées des arts et traditions populaires. Aujourd'hui, cet artisanat est toujours vivant et une dizaine de bijoutiers du département se sont regroupés pour perpétuer cette tradition.

Les cravaches de Sorède en Pyrénées-Orientales et les fourches de Sauve dans le Gard

Arbre symbolique de la région où, autrefois, il ombrageait les places des villages (le platane qui borde nos routes est "une invention récente" !), le micocoulier a donné naissance à deux productions originales, utilisant au mieux les qualités de souplesse et de "malléabilité" de son bois.

Il s'est particulièrement bien adapté au microclimat du petit massif des Albères. Le développement des sports équestres a maintenu en activité une fabrication très particulière, celle des fouets et cravaches en bois de micocoulier, activité qui connut son heure de gloire au XIXe siècle, la plus importante usine employant jusqu'à 150 personnes. Le centre d'aide par le travail qui perpétue la tradition s'est acquis une réputation nationale, sinon internationale. Les troncs, fins et réguliers, vont sécher pendant deux ans, protégés des intempéries, mais à l'air libre. A l'aide d'instruments adaptés, ils sont débités dans le sens de la longueur en fines baguettes, de la grosseur d'une corde. Etuvées, les lanières deviennent flexibles et sont tressées par des ouvriers spécialisés qui, peu à peu, donnent naissance à la cravache torsadée que connaissent tous les cavaliers.

A Sauve dans le Gard, le micocoulier est spécialement planté, taillé et il faut un œil expert pour déterminer les pousses ramifiées qui serviront à la fabrication des fourches. Etuvées à 120° pendant une quinzaine de jours, elles sont ensuite déformées en trident. Au séchage, le bois retrouve une résistance exceptionnelle. Grâce au maintien de cet artisanat, cette petite ville du piémont cévenol produit les dernières fourches en bois du pays.

Carcassonne, cité médiévale

Les vases d'Anduze dans le Gard

De ses anciennes activités (sériciculture, chapellerie...), la petite ville d'Anduze n'a gardé que la poterie. Mais quelle poterie ! Appréciés des rois au XVIIIe siècle, ses plus beaux spécimens ornaient l'Orangerie et les jardins de Versailles. En effet, outre de nombreux objets utilitaires ou décoratifs (chenaux, tuiles... à ce propos, vous ne manquerez pas d'admirer la fontaine-pagode qui occupe le centre d'une des places d'Anduze), la spécialité est, ici, le grand vase vernissé de jardin.

Sur une couleur de fond jaune, s'étalent largement des coulées de tons vert ou brun, les bords étant agrémentés de guirlandes florales et d'écussons en relief. S'accordant parfaitement avec l'architecture classique, le vase d'Anduze se répandit durant les XVIIIe et le XIXe siècles dans les jardins des "folies" ou des bastides, dans les cours intérieures des hôtels particuliers ou les terrasses des immeubles cossus.

Après un déclin au XXe siècle, la production perdure grâce aux "Enfants de Boisset" qui fabriquent toujours ces vases colorés, à partir d'une argile fine, façonnée au tour à pied. Les plus imposants dépassent le mètre de haut et nécessitent plus de 120 kg d'argile. Le vase est alors séché, puis recouvert par plaque d'oxydes : celui de cuivre donnera le célèbre vert à la cuisson, celui de manganèse virera au brun marron. Un vernis jaune vient compléter l'œuvre avant cuisson. La demande est importante du fait de la mode de l'habitat périurbain où il est très chic d'en posséder des exemplaires dans son jardin. Des exemplaires volumineux viennent aussi décorer les avenues des villes de la région.

Modernisée, la production propose aussi des vases unicolores, mais la facture traditionnelle est la plus recherchée. Les vases anciens eux, font même l'objet de trafic et il n'est pas rare que des châteaux voient disparaître leurs exemplaires originaux.

Les potiers de Saint-Quentin-la-Poterie dans le Gard

L'activité de la poterie s'est développée à Saint-Quentin-la-Poterie dès le néolithique et s'étend du Moyen Age jusqu'au début du XXe siècle. L'apogée se produira au XIVe siècle lorsque la Papauté s'installe à Avignon : palais, monastères, riches demeures se parent de carreaux décorés et vernis. La proximité de la grande foire de Beaucaire va favoriser la production de poteries culinaires qui s'exportent dans toute l'Europe et au-delà. L'évolution des modes de vie entraîne une baisse de la demande. Le dernier four s'éteint en 1926, la dernière fabrique de briques disparaît en 1954 et la dernière usine de pipes s'arrête en 1974. Grâce à de jeunes potiers et céramistes, l'activité a repris en 1983 et ils sont, aujourd'hui, une dizaine à présenter une production de qualité, très diversifiée : terre vernissée, grès, porcelaine, raku, faïence...

Ce renouveau passe aussi par l'organisation d'une manifestation annuelle, "Terralha" où, à côté des productions récentes, on peut retrouver les traces de 2 000 ans d'histoire : toupins, tourne-omelettes, daubières si typiques de la production saint-quentinoise. A voir aussi, le musée de la poterie méditerranéenne et la galerie "Terra Viva".

La chapellerie de la vallée de l'Aude

Couiza est situé entre Quillan et Limoux, au cœur du vallon fertile du Razès au confluent de l'Aude et de la Salz. Couiza est, au début du siècle, une cité industrielle prospère. Les ateliers de fabrication de chapeaux employaient alors plus de 3 000 ouvriers. Aujourd'hui, seule la chapellerie de Montazels est encore en activité. Cardée, coupée, la laine de moutons mérinos venue d'Australie, comprimée dans des moules, donnera des chapeaux et des casquettes qui coiffent encore les têtes de certains personnels de la Marine nationale ou des sapeurs-pompiers. Et à une époque récente, le chapeau le plus célèbre de France, celui du président Mitterrand, provenait de la vallée de l'Aude !

Sa voisine, Espéraza, a été le deuxième centre mondial de la chapellerie, dans la seconde moitié du XXe siècle. De la laine au chapeau, le musée est la véritable reconstitution d'une usine. Vous y verrez des machines authentiques, le film vidéo, tourné dans la seule usine existant en France, vous retracera les diverses étapes de la fabrication d'un chapeau de feutre de laine. Des chapeaux vous sont également proposés à la vente.

La soie en Cévennes

Découverte en Chine, il y a 4 500 ans, la sériciculture apparut en Europe bien avant Marco Polo, puisqu'on trouve mention de fabrication de soie dans les Cévennes à la fin du XIIe siècle. Elle devint peu à peu et ce, jusqu'à la fin du XIXe siècle, l'industrie principale de cette petite région, qui assurait en 1853, plus de la moitié de la production française de cocons. La maladie, malgré les travaux de Pasteur qui séjourna à Alès de 1865 à 1869, les textiles synthétiques, les importations, ont porté un coup fatal à la soie française et la dernière filature des Cévennes a fermé ses portes en 1965. Une renaissance locale a eu lieu, depuis une dizaine d'années, par une poignée de passionnés qui a remis en service une filière complète, associée étroitement à la remise en valeur du patrimoine bâti, au développement touristique et à l'aménagement du territoire. Remise en état des vergers de mûriers et d'une magnanerie à Greffeil, pour l'élevage des vers et le traitement des cocons, création d'un atelier de moulinage (pour former le fil de soie) et d'une filature pour la production de tissus à destination de la haute couture, ont été les étapes de cette renaissance qui se poursuit non sans mal. Les musées de Saint-Jean-du-Gard et de Saint-Hippolyte-du-Fort sont des haltes indispensables pour comprendre l'épopée de la sériciculture en Cévennes, en suivant un itinéraire touristique "Les chemins de la soie".

Ainsi, à l'écomusée de la soie à Saint-Hippolyte-du-Fort, vous pourrez observer toutes le processus : élevage de vers à soie, filature, moulinage, assemblage, ourdissage, tissage, tricotage. Tout y est présenté, de la conception de la soie au vêtement fini, jusqu'à l'atelier de confection et la boutique de vente des créations soyeuses locales.

Les tissages catalans

Issu d'une vieille tradition, le tissage catalan s'est surtout développé au XIXe siècle. Rayures, frises aux motifs géométriques, dominante du rouge sont les caractéristiques principales de cette production, encore réalisée par deux ateliers à Saint-Laurent-de-Cerdans et à Arles-sur-Tech. Le tissu, très résistant, est employé pour confectionner toile à transat et linge de table ; on le retrouve aussi, naturellement, sur les célèbres espadrilles, sandales catalanes à la semelle de corde, indispensable à tout danseur de sardane digne de ce nom. Dans les boutiques des deux ateliers, on peut acheter quelques jolis articles : torchons, bavoirs, tabliers pour bouteille, nappes et serviettes. De nouveaux coloris et motifs ont été créés, même si les plus anciens (notamment en rouge et vert) sont les plus demandés.

Le "Chemin des Verriers" dans l'Hérault

La tradition verrière en Languedoc date de l'époque romaine où l'usage de ce matériau était déjà répandu. Cette industrie a connu un grand développement depuis le Moyen Age comme en témoigne, par exemple, la végétation du causse de l'Hortus au nord de Montpellier. La forêt de chêne vert a totalement disparu à la suite des coupes effectuées pour alimenter les fours des verriers. La verrerie devient, dès le XVe siècle, en Languedoc, une activité de prestige dont l'exercice est octroyé aux nobles désargentés. Ces "gentilshommes verriers" qui, seuls, avaient le privilège de souffler le verre, ont créé des verreries qui produisaient bouteilles pour la production viticole, flacons et fioles pour les pharmaciens, récipients utilitaires pour la vie de tous les jours.

Dans le cadre d'un projet économique et touristique, le "chemin des verriers" a été tracé. Il permet de découvrir les villages autour de Claret, mais, aussi, de visiter deux sites essentiels pour comprendre l'histoire de cette industrie si particulière.

La verrerie d'art à Claret est une construction récente, fonctionnelle. Elle abrite plusieurs artisans qui travaillent et exposent là. Verre soufflé, vitraux, pâtes de verre, la matière prend forme et devient objet. Boules de Noël, vaisselle, sculptures, bijoux et même mobilier sont à la vente. Une dernière salle rappelle l'histoire du verre.

La visite se poursuit sur le site de la Verrerie de Couloubrines, à Ferrières-lès-Verreries. Restaurée, cette verrerie à bois, de la Renaissance, raconte l'histoire des gentilshommes verriers pendant cinq siècles, de 1280 à la veille de la Révolution.

La fonderie de cloches d'Hérépian dans l'Hérault

De la réalisation des bourdons monumentaux des cathédrales à la simple clarine qui résonne aux cous des vaches, l'art campanaire a toujours existé, comme le prouve encore la fonderie de cloches d'Hérépian. Ouverte en 1600, elle est la plus ancienne de France encore en activité. Un ingénieux système permet de suivre toutes les étapes de la fabrication, jusqu'à l'instant émouvant (si l'on se trouve là au bon moment) du démoulage. Des explications réparties sur le parcours détaillent la fabrication, des calculs complexes aux transformations chimiques qui s'opèrent pendant la fonte et font sonner le métal. Tout à côté, un musée présente ces savoir-faire et expose une multitude de sonnailles ; la visite utilise des supports audiovisuels et sonores et recourt à la voix d'un conteur qui rappelle la place des cloches dans la vie de l'homme et dans ses croyances.

Limoux, Aude

Les traditions

L'activité touristique du Languedoc-Roussillon a permis le maintien, parfois la renaissance, de traditions festives qui, au milieu du XXe siècle, avaient tendance à tomber dans l'oubli. Certaines, cependant, avaient traversé les siècles sans peine comme, par exemple, la procession de la Sanch à Perpignan ou, dans un autre registre, la tradition de la "bouvine" en Camargue.

Le carnaval des "fécos" à Limoux dans l'Aude

Aujourd'hui occasion de fêter la production locale, la "blanquette-de-limoux", le plus vieux vin effervescent du monde qui, dit-on, inspira un certain dom Pérignon, le carnaval de Limoux met en scène une profession aujourd'hui disparue : les meuniers. Selon la tradition, les meuniers de la région payaient, depuis le XIVe siècle, une redevance aux moines du monastère de Prouilles. Le paiement s'effectuait, traditionnellement, le mardi-gras, et, ce jour-là, les meuniers se réunissaient en petits groupes et parcouraient les rues de la ville, distribuant des dragées et aspergeant les badauds de farine. Ainsi, depuis plus de 600 ans, la tradition renaît de ses cendres, chaque année, tous les dimanches de janvier à mars. C'est un folklore haut en couleurs qui rassemble les "fécos", déguisés en Pierrot, symbolisant les meuniers et les "goudils" (ou gouailles), badauds masqués et déguisés, qui sont entraînés dans le cortège au travers des rues de la vieille ville, jusqu'à la place de la République. Les masques sont accompagnés par une quinzaine de musiciens et évoluent de café en café. Carnaval y est jugé en langue occitane et brûlé comme il se doit.

La sortie de 11h est la plus particulière : la bande qui "sort la musique" choisit un thème pris dans l'actualité locale, nationale ou internationale et le tourne en dérision. La sortie de 17h, plus classique, a des airs moins rapides et le costume plus traditionnel est celui de Pierrot (différent pour chaque bande). Ils arborent la collerette, la carabène (long roseau enrubanné pour titiller les passants), la besace remplie de confettis, le masque et les gants blancs. La sortie de 22h est la plus solennelle, à la lueur des torches, qui dégagent des effluves parfumés. Naturel, le défilé se termine par une grande fête où la blanquette coule à flots.

La Fête de l'Ours à Prats-de-Mollo dans les Pyrénées-Orientales

Comme tous les massifs montagneux européens, les Pyrénées abritaient des ours. Disparus au XIXe siècle et réintroduits, depuis peu, en Ariège, leur présence a toujours inquiété les hommes et donné naissance à de nombreuses légendes. Et depuis toujours, les hommes ont imaginé des fêtes ou des rites pour exorciser ces croyances.

A Prats-de-Mollo, au Moyen Age, un ours enleva une bergère (jolie de préférence) pour essayer de la séduire. Ses cris alertèrent des bûcherons qui accoururent pour la sauver et abattre la bête. Pour célébrer ce sauvetage, mais, aussi, pour marquer la fin de la période d'hibernation de l'animal et avertir du danger qu'il représentait pour les troupeaux, a lieu, au début du mois de février, la "fête de l'ours". Deux hommes recouverts de peaux de moutons salies, le visage et les mains enduits d'un mélange d'huile et de suie, brandissant un gourdin, pénètrent dans le village, poursuivent les badauds et terrorisent, particulièrement, les femmes et les jeunes filles. Les chasseurs organisent alors un simulacre de battue et la poursuite commence à travers les rues du village. En fin d'après-midi, la capture a lieu, les "ours" enchaînés sont traînés sur la place principale pour y être symboliquement abattus. A lieu, alors, l'exorcisme final : la séance de rasage qui marque la fin de la peur et le retour des ours dans le monde des vivants. Outre Prats-de-Mollo, deux autres localités, Arles-sur-Tech et Saint-Laurent-de-Cerdans, pratiquent, avec quelques variantes, ce rite millénaire.

La Sanch à Perpignan

La semaine sainte donne lieu, en Roussillon, à des cérémonies particulières dont le point d'orgue est la procession de la Sanch à Perpignan, dans l'après-midi du vendredi saint ; le soir, des cérémonies semblables ont lieu à Collioure, Arles-sur-Tech et Bouleternère. L'origine remonte à la venue, en Roussillon, d'un prédicateur dominicain, Vicens Ferrer, qui s'était fixé, pour but, de convaincre princes et puissants d'instaurer la paix en Europe après les troubles de la guerre de Cent Ans. Ces premiers fidèles se réunirent en une confrérie : "arxiconfraria de la sanch" (simplification de "archiconfrérie du très précieux sang de notre seigneur Jésus-Christ"), créée en 1416. Malgré quelques interruptions, la cérémonie a toujours perduré et est un point fort de l'année religieuse en Roussillon. Vers 15h, les pénitents quittent l'église Saint-Jacques au son des goigs (cantiques) pour se diriger vers la cathédrale. Ils sont vêtus de la caperutxa, la longue robe rouge ou noire surmontée d'une haute cagoule pointue et portent les mistéris, représentations sculptées des scènes de la Passion. Ce costume est un signe d'humilité, mais fait aussi référence à la fonction première des pénitents : l'accompagnement des condamnés jusqu'au lieu du supplice. Placé parmi eux et habillé de la même façon, le condamné échappait ainsi à la fureur de la foule. Au fil des ans, de plus en plus connue, cette cérémonie est devenue un étonnant mélange de ferveur religieuse, de folklore et de spectacle touristique.

La sardane et les "coblas"

L'été, les places des villages catalans s'animent et résonnent de la musique des coblas. Ces orchestres traditionnels, d'une douzaine de musiciens, maintiennent vivants la musique catalane et ses instruments typiques : flaviol (flûte à bec), tambori (petit tambourin), tible (hautbois à son aigu), tenora (hautbois à treize clefs, fabriqué exclusivement à partir de bois de jujubier), fiscorn.

La sardane est la danse catalane par excellence. Constituée par une ronde de danseurs qui se tiennent par la main, lançant ou abaissant les bras, animant le cercle, l'agrandissant ou le réduisant, au rythme de la musique de la cobla. La sardane a acquis sa forme définitive au XIXe siècle et ses lettres de noblesse durant la guerre d'Espagne et bien après, car sa pratique était interdite par le gouvernement espagnol.

Elle est pratiquée durant l'été lors des aplecs, rassemblements traditionnels, où les passants peuvent rentrer dans la ronde et se mêler aux danseurs.

La bouvine dans l'Hérault et le Gard

Derrière ce mot de bouvine, le "biou", le "toro", pointe le bout de ses cornes. Sans doute parce que l'Espagne n'est pas loin, plus sûrement parce que la Camargue est la terre des taureaux noirs, la bouvine rassemble ces sports et traditions qui enflamment les aficionados. Au premier rang, les courses camarguaises : spécificité locale dont on aura un aperçu tout l'été, dans une vaste zone qui s'étend du Rhône à la banlieue est de Montpellier, où les arènes de tous les petits villages résonnent des cris des amateurs. Ces courses sont l'affrontement codifié de l'homme et du taureau. Ici pas de sang, pas de combat, pas de mort, seulement un concours de rapidité et d'agilité. Le taureau mis en course porte entre ses cornes six "attributs" (glands, ficelles, cocarde) que les raseteurs, vêtus de blanc, devront lui prendre à l'aide d'un petit peigne recourbé. A plusieurs dans l'arène (la course est aussi un concours entre eux), ces hommes font charger la bête et tentent de lui enlever ces récompenses. Cela donne lieu à des courses, des sauts, des passes, des rasets où l'homme frôle le taureau. Organisées par les manadiers (éleveurs de taureaux camarguais), ces courses sont souvent accompagnées de ferrades (marquage des jeunes taureaux) ainsi que de jeux gardians dans des arènes sommaires érigées dans les prés. Les gardians sont les cavaliers de Camargue. Faisant corps avec leurs chevaux, ils sont les véritables "patrons" des taureaux, les amenant où ils veulent, en particulier lors des abrivados (lâcher des bêtes dans les rues).

Plus théâtrales, plus tragiques, les corridas ont aussi droit de cité dans la région et quelques communes organisent ces spectacles, qui s'intègrent de plus en plus dans des "férias", fêtes populaires qui se poursuivent plusieurs jours avec leurs échoppes colorées, leurs musiques (le flamenco est très présent) et leurs bodégas où chacun vient étancher des soifs diverses en refaisant le monde en général et le spectacle tauromachique du jour en particulier. Selon les ambiances et l'heure, les verres de fino s'entrechoquent au son du zapateado ou le pastis épouse les guitares gitanes tandis que, dans les rues, la foule déambule sur des rythmes des cinq continents, zouk ou salsa, sévillane ou samba.

La plus célèbre est celle de la Pentecôte à Nîmes (qui en organise deux autres dans l'année), mais celle de Béziers monte en puissance. Cette tauromachie espagnole, qui fait parler beaucoup d'elle, se trouve, aussi, à Céret, Palavas et, depuis peu, Alès et Carcassonne.

Les joutes languedociennes (Hérault)

Depuis des siècles, les marins et les pêcheurs ont leurs règles de chevalerie et leurs tournois, les joutes. Sur tout le littoral héraultais, à Agde, Balaruc, Frontignan, Mèze, Palavas, Sète, on voit s'affronter deux équipes, les bleus et les rouges. Les règles sont simples : deux barques et leurs solides rameurs servent de coursier aux "lanciers". Campés aussi solidement que possible sur la tintaine, plateforme en hauteur à l'avant de la barque, les jouteurs sont armés d'une lance de bois et d'un pavois, bouclier sur lequel la lance de l'adversaire viendra frapper. Réglée par hautbois et tambours, la joute commence, les lances s'abaissent et heurtent l'adversaire qui, déséquilibré, finit dans l'eau. Il existe ainsi des lignées de jouteurs qui s'exercent toute l'année et se défient en tournois. Ils entrent en lice sur le canal et, tout l'été, offrent un spectacle digne d'une cour de chevalerie.

Le jeu du tambourin (Hérault)

Troisième des sports languedociens, le tambourin est un jeu de balle ancestral et tous les villages possédaient, naguère, une vaste aire dégagée qui servait de terrain. Aujourd'hui codifiée, pratiquée au niveau international, et reconnue, cette discipline est spectaculaire et mérite bien une visite estivale (en hiver, la saison s'arrête ou le jeu se pratique en salle). Il suffit, pour cela, de prendre place le long du terrain, un rectangle de 80 mètres sur 20 mètres environ, divisé en deux par une simple ligne. De part et d'autre, deux équipes de cinq joueurs (deux au fond, deux à la corde et un au centre), chacun muni d'un tambourin, cercle de 28 cm de diamètre recouvert de peau synthétique et muni d'une poignée (comme l'instrument de musique, mais beaucoup plus résistant). A l'engagement, le batteur se sert d'un battoir, tambourin plus petit monté sur un long manche. Commence alors la partie qui consiste à se renvoyer une petite balle de caoutchouc, d'environ 80 g et qui peut atteindre la vitesse de 200 km à l'heure. Les renvois se font comme au tennis (à la volée ou après un rebond) et les points se comptent de même. Le plus impressionnant au cours de ses parties est, sans nul doute, le bruit de la balle frappée et l'adresse des joueurs. Activité de compétition tout autant que de loisirs, presque aussi familier que la pétanque dans les villages, le tambourin est ouvert à tous et permet de s'amuser rapidement. A voir et à essayer dans les villages, notamment à Cournonterral, Saint-Martin-de-Londres, Saint-Georges-d'Orques, Gignac et Pézenas qui comptent de bonnes équipes.

Les animaux totémiques de l'Hérault

Particularité du département, un bestiaire étrange peuple, à certaines occasions, les places et rues de plusieurs localités. Expression d'un particularisme local, survivance de pratique païenne, hommage à un protecteur du passé, la tradition des animaux totémiques est restée forte dans l'Hérault et la "sortie" de l'animal est l'occasion de faire la fête. Se promènent ainsi dans les rues, portées par plusieurs hommes et dansant, les statues de bois, de carton-pâte ou de tissu de ces animaux protecteurs qui sont ainsi honorés par la population. Aussi, ne vous étonnez pas si, au cours d'une promenade, vous rencontrez une de ces étranges créatures, bœuf à Mèze, loup à Loupian, chèvre à Montagnac, chameau à Béziers, poulain à Pézenas, Adissan, Montblanc, Vias, âne à Gignac ou Bessan... ou, plus insolite, l'escargot à Lodève ou Saint-Pargoire. L'imagination n'a plus de limite et l'on voit surgir ainsi, sanglier, cochon, chien, cheval et même baleine (dont on peut se demander ce qu'elle venait faire dans l'Hérault). Ce drôle de troupeau donne matière à des fêtes de villages cocasses et conviviales.

Les fêtes de la transhumance dans le Gard et la Lozère

La transhumance rassemblait, jadis, les moutons de la plaine et des collines languedociennes, qui, dès les premières chaleurs et la raréfaction de l'herbe, devaient gagner les hauteurs des causses et les premiers contreforts de la Margeride et de l'Aubrac. Après un parcours de plusieurs jours, parés de clochettes, de cocardes et autres fanfreluches (car ils amenaient fêtes et animations dans les villages isolés), ils atteignaient les estives où ils allaient rester pendant toute la saison estivale. Si la transhumance existe toujours de nos jours, elle s'effectue le plus souvent en camion. Cependant, quelques passionnés renouvellent, chaque année, cette tradition, prétexte à une fête traditionnelle qui perpétue une convivialité issue du monde agricole d'autrefois. Elle a lieu, en général, vers le milieu du mois de juin, sur le massif de l'Aigoual, à l'Espérou. Plus au nord, sur l'Aubrac, ce sont les bovins qui sont de la fête. Cette fête de la transhumance se déroule plus tôt, vers la fin mai. Elle perpétue la tradition ancestrale de l'Estive, moment où les bergers conduisent leurs troupeaux dans les pâturages d'altitude, début d'une période de solitude, pendant laquelle, la traite quotidienne des vaches et la fabrication de la tomme (qui deviendra cantal) rythmaient leur vie dans les "burons".

Cette pratique de la transhumance se retrouve aussi dans les vallées du massif pyrénéen avec la montée vers les pâturages d'altitude.

Toutes ces fêtes s'accompagnent, bien sûr, de dégustations de produits du terroir, danses folkloriques et autres coutumes qui rappellent la tradition du pays.

PATRIMOINE CULTUREL

Le Languedoc-Roussillon, depuis toujours terre de contacts et d'échanges, pacifistes ou non, a été baigné de courants artistiques variés venus se mêler aux traditions autochtones. Ainsi, à l'aube du Moyen Age, les recherches plastiques aboutissent à l'art paléochrétien ou premier art chrétien. Il marque profondément tout l'art du Moyen Age dans cette région.

Ainsi, la renaissance carolingienne que connaît le nord de l'Empire n'atteint pas vraiment la région. Egalement, le premier art roman méridional ne pénètre que lentement en Languedoc, au début du XIe siècle. Venu de Lombardie, c'est un art sobre, tourné vers les problèmes d'architecture : la sculpture y est rare et la fantaisie réside dans un décor mural de bandes, arcades et frises en dents d'engrenage. Des progrès techniques se font sentir durant le XIe siècle ; ils se manifestent, en particulier, par la maîtrise peu à peu acquise du voûtement de l'édifice tout entier et l'apparition, cependant timide, de la sculpture.

Cette architecture, qui met longtemps à s'implanter, s'avère pourtant si bien adaptée aux goûts et aux besoins locaux, surtout par la simplicité de ses formes et son plan, qu'elle persiste jusqu'au milieu du XIIe siècle, retardant ainsi la généralisation du deuxième art roman. Celui-ci va d'ailleurs s'exprimer, principalement, sur les grands édifices. C'est alors la floraison d'une sculpture parfaitement aboutie où s'ébattent les humains, la flore et un bestiaire fantastique, aux origines orientales. En Roussillon, se crée ainsi un style très homogène et original qui trouvera son expression la plus achevée dans les chapiteaux des cloîtres des abbayes catalanes. On a pu identifier un des sculpteurs de cette période, "le maître de Cabestany". Sa "patte" se retrouve sur de nombreux chapiteaux et linteaux du Roussillon, mais aussi dans l'Aude et en Italie. L'école languedocienne plus tardive, en sera imprégnée ainsi que des influences toulousaines, provençales et bourguignonnes. A côté des églises parées de ce riche décor sculpté, aux thèmes et aux inspirations variées, s'élèvent de massives églises fortifiées, refuges des populations au milieu des luttes intensives ou des menaces extérieures qui endeuillent le Moyen Age.

Par la variété des plans et des élévations, la richesse et l'imagination du décor sculpté, l'art roman en Languedoc-Roussillon procède, à la fois de la convergence d'influences diverses, lointaines ou proches et de la marche de maîtres originaux et novateurs.

L'intégration du Languedoc au royaume de France après l'épisode cathare va soumettre la région à l'influence artistique du nord du

INFO
TALK
SPORT
RMC
INFO TALK SPORT
www.rmcinfo.fr
ECOUTEZ AUSSI RMC SUR 216 AM
REAGISSEZ AU 3216*
VOTRE FREQUENCE AU 3216*
(*0,34 €/mn)
DeBonneville-Orlandini

pays, particulièrement avec l'apparition du style gothique dans l'architecture aussi bien civile que religieuse.

Seul le Roussillon, royaume indépendant, conservera quelques originalités, notamment dans le domaine religieux, en particulier avec le mobilier et les retables. L'apogée de cet art est atteint en 1489 avec le "retable de la Trinité", œuvre majeure conservée au musée Rigaud à Perpignan. Il montre combien le Roussillon de l'époque était au confluent de toutes les influences européennes : Avignon, Bourgogne, Flandre, Allemagne, Nord de la France, Italie. Ainsi du XIVe au XVe siècle, la production picturale va se concentrer sur cette forme de peinture religieuse, commandée en général par des laïcs, et que l'on retrouve de nos jours à Palau del Vidre, à Perpignan, Argelès, Rigarda, Iravals, Vinça...

La période classique va donner seulement quelques peintres de notoriété comme Hyacinthe Rigaud qui accèdera au poste de directeur de l'Académie royale de peinture et deviendra le peintre officiel de tout ce que la France compte de notabilités et de puissants. Ne dit-on pas qu'il a fait les portraits de cinq rois ! A son exemple, on constatera que les quelques peintres natifs de la région, comme, par exemple, le Montpelliérain Bourdon, qui acquerront une certaine notoriété, feront carrière à Paris ou à l'étranger comme Jean Ranc qui devint peintre officiel de la cour du roi Philippe V d'Espagne.

Il faudra attendre la fin du XIXe siècle et le début du XXe pour que le Languedoc-Roussillon fasse parler de lui en terme de peinture, grâce à la présence, à Montpellier, de deux collectionneurs mécènes, Xavier Fabre et Alfred Bruays. Le premier, élève de David, peintre et professeur, offrit à la ville, en 1828, sa collection personnelle, legs qui donnera naissance à l'un des plus riches musées régionaux du pays et fournira l'occasion, à des artistes locaux ou extérieurs à la région, de venir étudier les œuvres exposées, pour la première fois, dans des conditions idéales. Plus tard, en 1854 et 1857, à l'invitation d'Alfred Bruyas, Courbet séjourna à Montpellier. De cette rencontre, naquit une des œuvres les plus célèbres du musée Fabre, le tableau "La rencontre" ou "Bonjour, monsieur Courbet". Les paysages de la région montpelliéraine inspirèrent le peintre, notamment le pont d'Ambrussum et les rivages palavasiens.

Le représentant local du courant impressionniste est, sans conteste, Frédéric Bazille. Passionné par la nature, retrouvant ses racines dans le domaine familial de Méric, sur les hauteurs de Montpellier, il partit pour Paris où il devint l'ami de Renoir, Manet, Monet, Sisley, et réalisera, essentiellement, des paysages, baignés de lumière et d'espace.

Mais la véritable explosion va se produire en Roussillon au début du XXe siècle. En 1905, un jeune peintre, Matisse, parcourant le Midi, se rend à Collioure sur les conseils de son ami Signac. Il tombe amoureux du lieu et de sa lumière qui exaltent les couleurs et les formes. "Il n'y a pas en France de ciel plus bleu que celui de Collioure" dira-t-il et, à l'inverse, on peut se demander si sa peinture aurait été celle qu'elle est s'il n'y avait pas eu Collioure. L'année suivante, d'autres noms prestigieux le rejoignent au bord de la Méditerranée, parmi lesquels Derain, Dufy, Juan Gris ou Marquet, qui seront, avec lui, à l'origine d'un des plus importants mouvements picturaux du siècle passé : le fauvisme. Leur point de rencontre était le Café des Templiers, sur les quais, véritable petit musée informel. On ressent encore la présence de ces artistes réputés, qui à l'époque, méconnus, payaient leur pension avec des toiles.

Presque à la même époque, Céret devient "La Mecque du cubisme". Là, c'est Picasso qui "invente" le lieu. A la demande de son ami, le sculpteur catalan Manolo, il y séjourne plusieurs étés, trouvant, là, calme et ambiance propices à la création. Et comme Matisse à Collioure, il s'empresse de faire venir des amis qui ont pour noms : Braque, Max Jacob, Kiling, Juan Gris ou Herbin, qui tous y réaliseront, face au Canigou, certains de leurs chefs-d'œuvre, toiles très structurées où l'on retrouve les influences catalanes, principalement au niveau des couleurs. Pour l'anecdote, signalons que c'est à Céret que la technique des collages s'affirme et que des fragments du journal local "L'Indépendant" apparaissent dans plusieurs compositions.

La consécration de la petite ville viendra en 1950 avec la création, par le peintre Pierre Brune, du musée d'art moderne.

On ne saurait quitter le Roussillon sans évoquer le nom d'Aristide Maillol. Né à Banyuls en 1861, il fut le rénovateur de la sculpture classique, osant tout, en s'éloignant de Rodin l'expressionniste, magnifiant avec pudeur dans son œuvre son thème de prédilection : le corps féminin. Installé à Paris, il ne manquait pas de revenir en Roussillon dès qu'il le pouvait, venant puiser, dans la nature, sa force créatrice et trouver chez de robustes catalanes des modèles féminins. Il possédait à Banyuls deux ateliers, l'un dans sa demeure familiale, l'autre en pleine campagne, en arrière du village, dans sa "métairie" qu'il se fit construire au milieu des vignes. Reconnu très tôt dans le Roussillon, les autorités locales firent souvent appel à lui et l'on peut admirer, dans le département, quatre monuments aux morts réalisés par l'artiste, en particulier celui de Banyuls.

Sans créer de véritable courant ni d'école réputée, le cas de la ville de Sète est tout à fait intéressant, et le qualificatif de Paul Valéry "L'île singulière" prend aussi toute sa raison dans le domaine artistique. La magie des lieux doit y être pour quelque chose, puisque, au cours du siècle dernier, de nombreux artistes vinrent s'y installer ou y créer. Rien de commun à Albert Marquet, François Desnoyer, Soulages, ou les tenants actuels de la "figuration libre", Combas ou les frères Di Rosa… que l'amour de cette ville et l'ambiance créatrice qui en émane.

Malgré le rattachement à la France, qui se traduit, pour le Languedoc, en 1539 (édit de Villers-Cotterêts), par l'interdiction de la langue d'oc dans les documents officiels et en 1659 pour le Roussillon, une littérature de langue occitane et catalane va perdurer jusqu'à nos jours. Au cours des XVIIe et XVIIIe siècles, des auteurs comme Jean Roig ou Josep Jaume en Roussillon, et Jean-Baptiste Favre ou Antoine Fabre d'Olivet en Languedoc maintiennent une tradition poétique et théâtrale en langue régionale. Un nouveau souffle apparaît à la fin du XIXe siècle, sur les traces de Mistral et du "félibrige" provençal. Dans le sillage de ce mouvement, d'autres se sont formés, tous d'accord pour rendre aux langues régionales leur rang de langues littéraires, mais souvent opposés sur les moyens pour y parvenir. Ainsi de nombreux écrivains ont-ils, depuis cette époque, utilisé l'occitan : Roumieux à Nîmes, Estieu à Carcassonne ; puis, plus près de nous, on ne peut que citer des noms comme Henri Chabrol, André Chamson, René Méjean, René Nelli, Léon Cordes, Robert Laffont, Max Rouquette… Pour le catalan, la même renaissance se produit avec des gens comme Pere Talrich, Justi Pepratx dans un premier temps, puis des auteurs comme Joan Amade, un des fondateurs de la Société d'Etudes Catalanes, Josep Sebastia Pons et, enfin, ceux d'une troisième génération qui ont pour noms, Enric Guiter, Jordi Mas ou Jordi Pere Cerda.

Le Languedoc-Roussillon, sans donner naissance à de grands courants littéraires, a vu naître des écrivains qui ont contribué au rayonnement de la littérature française. Le premier à citer est, sans conteste, Paul Valéry qui a su sublimer l'environnement méditerranéen et aimait à rappeler, à propos de Sète : "Je suis né dans un de ces lieux où j'aurais aimé naître". Il repose dans le lieu qu'il a immortalisé : le cimetière marin". Jean Paulhan, lui, né à Nîmes, a influencé, en tant que directeur de la Nouvelle Revue Française, la vie littéraire du pays. Toujours dans le Gard, André Chamson et Jean-Pierre Chabrol furent les chantres des Cévennes, décrivant surtout la grandeur de leurs habitants, qu'ils fussent humbles paysans, rebelles ou insoumis. Jean Carrière, né à Nîmes, est, lui aussi d'origine protestante et transcende les Cévennes en une nouvelle terre promise.

La poésie a eu aussi ses dignes représentants avec Francis Ponge, poète de l'existentialisme et précurseur du nouveau roman, Joë Bousquet, animateur, avec la revue Chantiers, d'un "surréalisme méditerranéen".

La Via Domitia à Narbonne, Aude

LES ENFANTS DU LANGUEDOC-ROUSSILLON

Littérature, Théâtre

Joë BOUSQUET (1897-1950). Une riche personnalité carcassonnaise qui, après avoir été blessé et handicapé à vie en 1914, se consacra à l'art, littéraire notamment, écrivant quelques œuvres intéressantes.

Raymond CASTANS (1920). Journaliste et homme de lettres, né en 1920, il collabora et collabore encore à de nombreux titres : Paris-Match, Jours de France, Midi Libre... Il est aussi auteur de théâtre et un savoureux conteur.

Jean-Pierre CHABROL (1925-2001). L'écrivain de la terre et de l'âpreté de la vie rurale, né à Chamborigaud, en terre gardoise, a particulièrement bien décrit les Cévennes et la mentalité cévenole.

André CHAMSON (1900-1983). L'un des plus célèbres écrivains cévenols contemporains. Il a su, à merveille, décrire les paysages, les luttes et les passions de ce pays auquel il était attaché viscéralement. Il était le père de l'écrivain et scénariste Frédérique Hébrard.

Maurice CLAVEL (1920). Intègre dans la passion, Maurice Clavel, né au bord du bassin de Thau, disait que "Dieu est Dieu, nom de Dieu !". Il se rendit célèbre lors d'un débat face à Jean Royer, lorsqu'il quitta le plateau en direct après avoir prononcé son fameux "Messieurs les censeurs, bonsoir !"

Auguste COMTE (1798-1857). Le pape du positivisme est né à Montpellier juste avant le début du XIXe siècle.

Alphonse DAUDET (1840-1897). Alphonse, né à Nîmes en 1840, a créé, notamment dans Les lettres de mon moulin, toute une panoplie de personnages provençaux qui ont fabriqué autant d'images populaires, de L'Arlésienne à La chèvre de monsieur Seguin, en passant par le curé gourmand des Trois messes basses, Dom Balaguère.

Joseph DELTEIL (1894-1978). Originaire de Villar-en-Val dans l'Aude, poète-vigneron proche des surréalistes, auteur de la "Belle Aude", sa pensée est fondée sur l'hédonisme et l'harmonie de la nature.

Philippe FABRE D'EGLANTINE (1750-1794). Ce révolutionnaire, d'origine carcassonnaise, au nom romantique, frais et printanier, eut le temps de chanter sa bergère, pour quelle rentre ses blancs moutons qui sont sous la pluie, avant d'être, comme tout le monde, guillotiné. Entre temps, il avait eu le temps de trouver les noms des mois dans le calendrier républicain.

FLORIAN (1755-1794). Ecrivain, poète, fabuliste né à Sauve dans le Gard. Auteur léger et spirituel, il fut aussi auteur de chansons, dont la célébrissime "Plaisir d'amour".

Jean LARTEGUY (1920). Né à Aumont-Aubrac en 1920, l'auteur des "Centurions", mais, aussi, de "Si tu reviens en Margeride", a su décrire le nord de la Lozère avec humour et amour.

Léo MALET (1909-1996). Le papa de Nestor Burma, ce détective plus chic que choc, un anti Maigret qui ne rentre pas le soir à la maison pour manger le bourguignon de sa femme, est originaire de Montpellier. Il est le maître des ambiances, notamment parisiennes.

MOLIÈRE (1622-1673). Jean-Baptiste Poquelin avait adopté Pézenas et sa région pour y vivre et représenter ses pièces. La ville de Pézenas, et toute la région alentour, vit encore sous influence.

Henry DE MONFREID (1879-1974). L'aventurier, auteur des Secrets de la mer Rouge qui nous ont fait vibrer (ah ! Pierre Massimi, dans le rôle-titre à la télévision) est un enfant de La Franqui, près de Leucate, et a toujours apprécié le climat des mers chaudes, même s'il est venu mourir en Touraine.

Françis PONGE (1899-1988). Ce poète est apparu dans les années 40 comme le chantre d'une poésie de l'objectivité, en réaction au lyrisme. Il décrit des objets, dans des poèmes en prose, en poussant l'objectivité du langage jusqu'à ses extrêmes limites.

Pierre REVERDY (1899-1960). Né à Narbonne, il part à Paris et fréquente Apollinaire, Picasso, Braque, Léger, Max Jacob et Juan Gris. En 1917, il fonde la revue "Nord-Sud" dans laquelle paraissent les textes précurseurs du surréalisme.

Max ROUQUETTE (1908). Né à Argelliers, il est considéré comme le plus grand écrivain actuel de langue occitane, auteur de nombreuses pièces, nouvelles, romans et poésies.

Claude SIMON (1913). Il y a assez peu de prix Nobel de littérature française pour ne pas l'oublier (1985). Claude Simon, né à Tananarive, a vécu dans sa jeunesse à Salses-le-Château. Il est le père du "Nouveau Roman".

Paul VALERY (1871-1945). Le cimetière marin, c'est son domaine réservé, d'où il contemple l'azur de sa ville natale, Sète. Le poète philosophe y garde ses habitudes, l'œil malicieux, un doigt sur la tempe.

VARRON (116-27 avant J.-C.). Né à Narbonne, d'une famille de colons. Auteur de satires, il est certainement le plus ancien des écrivains audois.

Comédiens, metteurs en scène

André CAYATTE (1909-1989). Né à Carcassonne en 1909, il fait pleurer le monde entier avec des écrits et des films aussi tendres que réalistes.

Caroline CELLIER (1945). Elle porte la cinquantaine éclatante, avec l'air toujours un peu désabusé qui fait tout son charme. Elle est d'origine montpelliéraine.

Louis FEUILLADE (1873-1925). Il fut, avec Méliès, un des précurseurs du cinéma en France, et sa série des Fantômas, tourné juste avant la guerre de 14, fut une complète réussite, dont certains réalisateurs s'inspirent encore aujourdhui. Il est né à Lunel en 1873.

Bernadette LAFONT (1938). La belle Nîmoise fut l'une des comédiennes préférées de Truffaut et Chabrol, par son jeu naturel et intense, et son caractère entier, marqué par une ironie permanente.

Georges ROUQUIER (1909-1989). Spécialisé dans le court et moyen métrage, ce cinéaste lunellois connut la célébrité en 1945 avec son film "rural", chronique de la vie d'une famille du Rouergue : Farrebique. 40 ans plus tard, il tourna la suite de cette saga : Biquefarre.

Jean VILAR (1912-1971). Ce Sétois apporta une pierre décisive à l'édifice théâtral du XXe siècle. Son âme flotte, chaque année, sur le festival d'Avignon qu'il a créé.

Musique, Chanson

Maurice ANDRE (1933). Une réussite exemplaire pour ce mineur alésien, fils de mineur, attiré par la musique. Il est, aujourd'hui, l'un des plus grands trompettistes, réclamé par le monde entier.

Georges BRASSENS (1921-1981). Toutes ses chansons ne sont pas consacrées au pays sétois de son enfance, mais l'influence méditerranéenne, faite de générosité et de fidélité, est toujours présente chez le grand Georges, qui était, lui-même, un admirateur de Trenet. Réécouter, bien sûr, ses standards, dont la fameuse Supplique, mais fréquenter aussi les textes des autres qu'il savait si bien choisir (Les passantes, Gastibelza, La prière).

Juliette GRECO (1927). Cette Montpelliéraine reste l'une des figures artistiques du Paris des années 50 et 60, de Saint-Germain-des-Prés et du ciné noir et blanc. Aussi à l'aise dans les chansons de Vian et Queneau que dans l'interprétation de Belphégor, elle impose, partout, son naturel et son élégance un peu canaille.

Bobby LAPOINTE (1922-1972). Auteur-interprète né à Pézenas, certains l'appelaient le roi du calembour. Il connut le succès dans les cabarets parisiens, tourna quelques films et laissa des textes mémorables comme "Framboise", "Aragon et Castille", "Le poisson Fa" ou "Ta Katie t'a quitté".

Manitas DE PLATA (1921). Sans lui, aurait-on eu les Gipsy King 20 ans plus tard ? Sétois, il a lancé, avec son étonnante dextérité, la guitare flamenca et gitane dans les années 60.

Charles TRENET (1913-2001). Le dernier géant de la chanson, d'origine narbonnaise, aura marqué son siècle, et ses chansons, dites légères, traversent mieux les années, tout simplement parce qu'elles volent plus loin. Musiques et paroles modernes pour l'éternité (Je chante, Revoir Paris, Que reste-t-il de nos Amours, Douce France et tout le reste…). Un musée lui est désormais consacré dans sa maison natale.

Sciences

François ARAGO (1786-1853). Excellent élève, il calcula la densité des gaz et s'intéressa au magnétisme. Ce physicien, né à Estagel en Pyrénées-Roussillon, fit également une belle carrière politique.

Jean CHAPTAL (1756-1832). Le comte de Chanteloup, né en Lozère, ne s'est pas fait que des amis en découvrant les "vertus" de l'addition de sucre dans le vin pour faire monter le degré d'alcool. Il œuvra au développement de l'industrie chimique en France, extrayant notamment le sucre de la betterave et relançant ainsi le commerce sucrier après les menaces du blocus continental.

Charles CROS (1842-1888). Le génial inventeur de la photo couleurs et du phonographe (une académie porte son nom, et délivre des prix annuels de chanson et de musique) est né à Fabrezan, dans l'Hérault, en 1842. Génial, parce qu'il a aussi écrit des poèmes, aussi drôles que Le hareng triste.

François DE LAPEYRONNIE (1678-1747). Il reste comme un des plus grands chirurgiens du XVIIIe siècle, soignant Louis XV et même le tsar Pierre le Grand.

Edouard MARTEL (1859-1938). Il est le père de la spéléologie, fondateur de la "Société Spéléologique de France" devenue par la suite la Fédération française. C'est, après avoir découvert l'abîme de Bramabiau en 1888, qu'il voulut structurer et promouvoir ce nouveau sport. Louis Armand, qui découvrit l'aven Armand, était un de ses élèves.

Jules PLANCHON (1823-1888). Pharmacien réputé au XIXe siècle, il connut la gloire en identifiant le phylloxéra, sauvant ainsi le vignoble français.

Guillaume RONDELET (vers 1510-vers 1570). Chancelier de la faculté de médecine de Montpellier entre 1556 et 1566, botaniste et biologiste reconnu, il développa la pratique de l'autopsie.

Histoire et Politique

Abbé DU CHAYLA (1648-1702). Chargé de réprimer la pratique du protestantisme, son assassinat en 1702 marque le début de la guerre des camisards.

Jean-Charles DE CAMBACERES (1753-1824). Natif de Montpellier (son père en fut le maire), il fut deuxième consul au côté de Bonaparte, puis archichancelier sous l'Empire.

Gaston DEFFERRE (1910-1986). Celui qui fut, si longtemps, maire de Marseille est né à Marsillargues, dans l'Hérault. Il a occupé, seul, le devant de la scène marseillaise avec une incontestable autorité.

Bertrand DU GUESCLIN (1320-1380). L'intrépide chevalier Bertrand, n'avait pas grand-chose à voir avec la région, jusqu'en 1380, où il mourut bêtement, pendant le siège de Châteauneuf-du-Randon. Pas rancunière, la ville lui a consacré un musée, qui retrace la vie du bon connétable.

ENIMIE (VIIe siècle). Personnage légendaire ou sœur véritable du roi Dagobert. Frappée par la lèpre, elle vint se réfugier dans les gorges du Tarn. Guérie, elle voua sa vie à Dieu et fonda le monastère qui porte son nom.

Edgar FAURE (1908-1988). Une carrière politique comme on n'en fait plus, dans le style IIIe République, avec des maroquins, des présidences, des alliances et des refus. Ce Biterrois, qui avait des entrées partout, est aussi entré à l'Académie française.

Joseph JOFFRE (1852-1931). On lui attribue la victoire de la Marne. Tant mieux pour lui, et pour Rivesaltes, sa commune d'origine (son père y était tonnelier), qui lui a consacré un musée.

Montcalm (1712-1759). Un courageux général gardois, qui alla se battre au Québec pour y laisser la vie.

Jean MOULIN (1899-1943). Figure emblématique de la Résistance, il est né à Béziers en 1899, et n'est mort, ni dans son lit, ni pour rien. Il organisa, depuis Lyon, les réseaux de la Résistance et les maquis.

Pierre-Paul RIQUET (1604-1680). On voit son nom partout sur les plaques de rue et on se demande qui c'est. Tout simplement l'architecte du canal du Midi.

Théophile ROUSSEL (1816-1903). Médecin et chercheur, il s'investira dans la protection de l'enfance. Homme politique, il fera voter la loi pour l'assistance médicale gratuite.

Saint Frézal (IXe siècle). Mythe ou réalité ? Il aurait vécu au IXe siècle. Décapité par un neveu jaloux, il se serait alors relevé, apportant sa tête jusqu'au lieu de sa sépulture.

Saint Privat (IIIe siècle). Il fut, au IIIe siècle, le premier évêque du pays gabale historiquement reconnu. Martyrisé par les Alamans, il fut canonisé et un monastère porte son nom.

Saint Roch (vers 1295-vers 1327). Saint patron de la ville de Montpellier, vénéré en Italie, il passe pour avoir réalisé de nombreuses guérisons. La population de la ville lui rend hommage le 16 août, occasion d'aller tirer de l'eau dans le puits de sa maison natale.

Urbain V (1310-1370). Un pape gévaudanais, cela ne se rencontre pas tous les jours. Descendant de la famille de Montferrand, en vallée du Lot, par sa mère, ce pur produit lozérien accéda à la charge suprême de l'église catholique au milieu du XIVe siècle. Il offrit à Mende une des plus belles cathédrales que compte, aujourd'hui, le Languedoc.

Peinture, Sculpture

Frédéric BAZILLE (1841-1870). Né au début du XIXe siècle, ce peintre inspiré par sa région fut un des initiateurs du mouvement impressionniste.

Salvador DALI (1905-1989). D'accord, il n'est pas né dans la région et a toujours vécu en Catalogne. Mais, pour avoir, un jour, déclaré que "la gare de Perpignan était le centre du monde", la moindre des choses était de le faire figurer dans cette rubrique.

Aristide MAILLOL (1861-1944). Le sculpteur, né et mort à Banyuls, qui aimait tant le corps féminin, et l'a si voluptueusement représenté, a laissé, à sa région, de nombreux témoignages.

Hyacinthe RIGAUD (1659-1743). Ce natif de Perpignan eut le privilège de peindre ces majestés Louis XIV et Louis XV, avec le titre de peintre officiel des cours.

Pierre SOULAGES (1919). Cet artiste contemporain, explorateur du noir, a fait ses études à l'école des beaux-arts de Montpellier.

Et aussi...

Céleste ALBARET (1891-1984). Modeste servante, née près de la Canourgue en Lozère, elle deviendra célèbre en apparaissant dans les livres écrits par son employeur, un certain Marcel Proust.

Emile AUZIAS. Célèbre négociant en vins de Saint-Chinian qui développa la location de tonneaux réalisés dans les chais de Carcassonne. Contribue au développement de la ville avec la famille Azibert et les frères Sarrault.

Marcel CERDAN (1916-1949). C'est à Perpignan qu'il repose désormais où la municipalité lui consacre une exposition pour rappeler, avec photographies et documents, sa fulgurante carrière. A voir, bien sûr, en écoutant Piaf "Si un jour, la vie t'arrache à moi…".

Prosper MONTAGNE (1864-1948). Un gastronome fameux du début du siècle. Il est né, en 1864, à Carcassonne. Un prix gastronomique récompense, annuellement, les chefs confirmés et plutôt académiques dans chaque région.

Jacques et Laurent POURCEL (1964). Les deux jumeaux cuisiniers affichent un parcours étonnant dans la cuisine française de ces dernières années. Brûlant les étapes, ils ont fait de leur établissement montpelliérain le seul trois étoiles de la région. Ayant investi, ils s'attaquent maintenant au Japon.

Jean-Baptiste (1767-1832) et Louis SAY (1774-1840). Issus d'une famille protestante de Florac, les deux frères connurent la célébrité : le premier en devenant un des plus brillants économistes de son temps ; le second en créant un empire industriel dans le sucre (le Say de Béghin-Say, c'est lui !).

Les plus beaux *villages* de la région

Maisons rurales traditionnelles de calcaire ou de granit, rues tortueuses où règne une ambiance moyenâgeuse, belles façades classiques témoins d'une grandeur passée, petites villes et villages du Languedoc-Roussillon sont souvent des lieux où il fait bon se promener à la découverte de l'histoire et des gens. Mais, apprécier un lieu, c'est aussi y passer un séjour agréable, où tout est harmonie. Les quelques localités qui suivent, petites cités de caractère ou stations de séjours nature, sont avant tout des endroits où, pour quelques heures, pour un week-end, pour quelques jours de vacances… vous prendrez plaisir à vous arrêter.

Beaucaire ► *Gard*

Ville d'eau et de pierre, Beaucaire garde un grand nombre de traces de son prestigieux passé. Déjà, la majestueuse forteresse qui trône à l'entrée de la ville donne la dimension de la puissance d'antan.

C'est à l'époque romaine que la ville prend son premier essor avec de grandes exploitations agricoles. Plus tard, la vocation commerciale de la ville (à la frontière du Vaucluse, des Bouches-du-Rhône et du Gard), attirera nombre de puissants. La foire de Beaucaire fut, à ce titre, une véritable institution nationale pendant plusieurs siècles, jusqu'à l'arrivée du chemin de fer et des bouleversements qu'il a apportés dans les échanges commerciaux. Au XVIIIe siècle, les marchands venaient du monde entier pour rencontrer leurs acheteurs. A l'époque, les prix pratiqués à Beaucaire servaient de références dans tout le royaume de France. Le nombre de maisons de maîtres et d'hôtels particuliers témoigne, encore aujourd'hui, de cette richesse. Il est conseillé de se perdre dans les petites ruelles du centre pour apprécier le charme discret de la ville. Après, il est vivement recommandé de se rendre au port pour prendre l'apéro sur l'une des nombreuses terrasses. Dans le registre des monuments, l'église Notre-Dame-des-Pommiers, du XVIIIe siècle, vaut le détour pour sa majesté et sa belle iconographie. Outre le tourisme, la ville est très axée sur l'artisanat et bénéficie du label "Villes et Métiers d'Art" et fait partie de "l'Archipel des Métiers d'Art" du Languedoc-Roussillon. Et puis, impossible de passer à Beaucaire sans faire un détour du côté des aigles. Un magnifique spectacle médiéval au sein de la forteresse met en scène les majestueux rapaces en vol libre.

Collioure ▸ *Pyrénées-Orientales*

Paradis des peintres, des poètes et des anchois. Coincée entre la mer et la montagne, Collioure offre un superbe spectacle à son approche, avec ses imposants témoignages de son glorieux passé, et, en toile de fond, la crête des Albères, sur laquelle se dessine la silhouette de tours de guet.

Le manque de place fut, et est toujours, l'une des préoccupations principales des habitants de Collioure. Ainsi, le cimetière s'est-il trouvé installé au cœur de la ville. Malgré l'étroitesse de sa bande côtière, la ville est, depuis longtemps, sortie, le boom touristique aidant, de son enceinte médiévale réaménagée à l'époque par Vauban. Le relief l'entourant interdit une expansion anarchique. Elle n'a trouvé, à s'étendre, que vers le sud, dans des proportions raisonnables, le long de la route côtière menant à Port-Vendres. C'est la ville d'aval. Le château royal occupe un site très ancien, probablement d'origine grecque, sur lequel les Romains édifièrent, sans doute, une citadelle. Le château sera ensuite, sous la domination espagnole, choisi comme résidence, en Roussillon, par les rois d'Aragon. Une commanderie lui est rattachée en 1207, sous l'impulsion des chevaliers de Saint-Jean-de-Jérusalem, lui conférant l'appellation de château des Templiers. Il deviendra, ensuite, propriété des rois de Majorque, pendant la période dorée (1276-1344). Après les guerres franco-espagnoles et le traité des Pyrénées, ce sont les Français qui lui donneront son aspect définitif, en lui laissant sa destination, puisqu'il sera occupé, par l'armée, jusqu'à la fin de la Seconde Guerre mondiale. Il accueille des expositions temporaires et permanentes, picturales et ethnographiques, sur l'artisanat et les traditions populaires locales.

Collioure est la patrie d'adoption d'Henri Matisse et d'André Derain qui vinrent s'y installer à l'aube du XXe siècle. Le chemin du fauvisme part à travers les ruelles de la ville, sur les traces des différents lieux qui inspirèrent les deux artistes ou qui furent l'objet d'un tableau. En 20 étapes, soit 20 panneaux, découvrez quelques-unes des grandes œuvres de ces deux peintres, du faubourg au château royal en passant par le boulevard du Boromar et la chapelle Saint-Vincent. La promenade est libre ou peut être guidée. Collioure est réputée pour ses anchois, et vous trouverez plusieurs entreprises de taille artisanale spécialisées dans cette production (voir Roques, par exemple, sur le port).

Lagrasse ▸ *Aude*

Dans cet océan de coteaux viticoles, le village se love au confluent des vallées de l'Iosou et de l'Orbieu. La rivière de l'Orbieu lui apporte un cachet supplémentaire. Le village actuel est une création directe de l'abbaye. Il a conservé de nombreux vestiges des fortifications qui l'entouraient.

En flânant, on pourra découvrir de superbes halles, dont l'origine remonte au XIVe siècle. On peut encore voir, sous les couverts, certaines pièces sculptées représentant deux poissons. Cette sculpture symbolise l'emplacement tenu par le poissonnier le jour de marché. L'église Saint-Michel, sise au centre du village, date de la seconde moitié du XIVe siècle. En parcourant le sentier botanique du col Rouch, vous traverserez des forêts de pins et de chênes verts et rencontrez, sur le territoire communal, les nombreux vestiges de chapelles et prieurés, témoignant de la richesse culturelle du lieu. Mais la pièce maîtresse de la visite est l'abbaye. Le premier monastère date des débuts de l'empire carolingien et se développe rapidement grâce à diverses donations qui accroissent largement son domaine. Après une baisse d'activité du fait des guerres et épidémies, l'abbaye redevient florissante sous l'influence des moines de la congrégation de Saint-Maur (XVIIe siècle). L'abbaye est vendue comme bien national à la Révolution. Le palais abbatial constitue la partie la plus ancienne de l'abbaye. On peut y admirer le cloître et ses colonnes à chapiteaux romans, les caves voûtées, la chapelle abbatiale du XIIIe siècle et le dortoir des moines du XIIIe siècle, à charpente apparente, avant de pénétrer dans l'église abbatiale. L'accès se fait par la galerie sud. Elle date de la fin du XIIIe siècle. La nef est voûtée en berceau. Le chevet plat est voûté d'ogives. Sur le côté sud du transept, on découvre les vestiges de la première église abbatiale, il s'agit de trois absidioles décorées de bandes lombardes. Ces vestiges peuvent être datés du début du XIe siècle. Toujours par le transept sud, on accède à une tour imposante, élevée au début du XVIe siècle. Rectangulaire à la base, elle passe par la suite à l'octogone. Autour du cloître, sont agencés de nouveaux bâtiments : celliers, cave, boulangerie et le superbe dortoir. Ce dernier date de la fin du XIIIe siècle, il est couvert d'une charpente apparente soutenue par des arcs diaphragmes. Par le dortoir, on accède à la chapelle abbatiale, datant de la fin du XIIIe siècle. On peut y découvrir une partie de fresque qui décorait cette pièce (trompe-l'œil, animaux...). La chapelle abrite aussi un superbe carrelage vernissé de la même période. Ces carreaux sont ornés de motifs variés : centaures, cerfs, hommes... Le nouveau palais abbatial date du XVIIIe siècle. Il contient un cloître et englobe une ancienne tour octogonale du XVe siècle, demeurée inachevée.

Meyrueis ▸ *Lozère*

Idéalement situé entre Cévennes schisteuses et causses calcaires, Meyrueis, "au milieu des ruisseaux", est l'une des portes sud de la Lozère. Cette position intermédiaire, entre la plaine languedocienne et les montagnes auvergnates, en fit longtemps un centre très actif. Après des périodes de prospérité ou de déclin, elle s'affirme comme le grand centre touristique de la Lozère du sud, surtout depuis la fin du XIXe siècle, grâce aux découvertes d'un dénommé Martel.

L'Office de Tourisme propose des circuits de visite et des explications sur les richesses de ses vieux murs. Pour découvrir la ville, il faut monter à la chapelle de Notre-Dame-du-Rocher (XIXe siècle, balade de quelques minutes à pied), site de l'ancien château et vue magnifique sur les trois vallées. Un circuit balisé permet de parcourir les petites rues, bordées de maisons, qui témoignent de la splendeur passée : maison du Viguier (XVIe-XVIIIe siècles), hôtel Bragouse (XVIIIe siècle, ancienne résidence du gouverneur royal), maison Belon (XVe siècle). La tour de l'Horloge qui abrite l'Office de Tourisme témoigne de la puissance des anciennes fortifications. Enfin, l'église Saint-Pierre (XVIIe siècle), une des plus vastes de Lozère, et le temple en forme d'octogone surmonté d'une coupole sont là pour témoigner de la dualité religieuse qui oppose le sud du département, protestant, au nord, catholique.

Autour de Meyrueis, beaucoup de belles découvertes dans toutes les directions : aven Armand, grotte de Dargilan et gorges du Tarn à l'ouest, parc national des Cévennes avec le mont Aigoual au sud-est, causse Méjean au nord, corniche des Cévennes à l'est. C'est, en particulier, le point de départ idéal pour faire le circuit autour du causse Méjean par le Rozier avec les gorges de la Jonte, les gorges du Tarn, la Malène, Sainte-Enimie, Florac.

Minerve ▸ *Hérault*

Cité de pierre, Minerve est un des joyaux de la région. Aux confins des monts du Minervois, au confluent de deux petites rivières, la Cesse et le Briant, elle occupe un éperon rocheux que l'érosion a isolé du causse.

Cette situation privilégiée a été exploitée au Moyen Age et la forteresse que les hommes bâtirent là permit aux cathares de résister aussi longtemps que possible (7 mois) aux troupes de Simon de Montfort. Mais, les croisés ayant coupé l'accès au seul puits disponible, le sort des assiégés était scellé : la soif les fit se rendre. Le soir, 140 Cathares qui n'avaient pas voulu abjurer leur foi périrent dans les flammes. Seuls quelques lambeaux et une tour restent de ce système de défense autour des maisons accrochées au rocher. Cependant, la petite histoire reconnaîtra que ces ruines sont les vestiges d'un château plus tardif, détruit sur ordre de Louis XIII et de Richelieu qui, ne voulant pas que l'histoire se répète, firent raser toutes les places fortes pouvant abriter des protestants. Si l'histoire ne vous passionne pas outre mesure, sortez de la cité par la Porte Basse. N'hésitez pas à descendre dans le lit de la Cesse. Là, une merveille de la nature vous attend, souvent ignorée par les touristes, mais bien plus impressionnante.

La rivière a creusé, là, deux ponts naturels, en recoupant, souterrainement, ses méandres, l'un de 110 mètres de long et un deuxième de 200 mètres avec une ouverture qui culmine à 40 mètres de haut. Le lit est toujours à sec, alors cheminez sous terre et vous ressentirez combien l'homme est tout petit face à la puissance des éléments naturels.

Nasbinals ▸ *Lozère*

La capitale de l'Aubrac lozérien, à 1 200 m d'altitude est une petite ville très animée. La beauté de son environnement, la proximité des espaces de ski, la réputation et le dynamisme de ses commerçants, la qualité de ses hébergements en font un centre de séjour très fréquenté, même en hiver. L'église, remarquable exemple de l'art roman auvergnat, impressionne par son dépouillement et son curieux clocher octogonal. Sur la place, ne manquez pas le monument à la gloire de Pierrounet, certainement le seul rebouteux en France qui ait été statufié pour ses bienfaits, mais aussi pour les substantiels revenus que ses visiteurs ont laissés à ses compatriotes.

Mais avant d'être culturel ou sportif, le séjour à Nasbinals est surtout gastronomique, par la qualité des artisans qui y exercent leur art. Le pain au levain et celui au seigle sont en bonne place dans la boulangerie du village, mais ce qui en fait surtout la réputation est une fougasse délicieuse, brioche fondante et parfumée : la fougasse de Nasbinals. Quant à la charcuterie, vous y trouverez des délices : pâtés et terrines, sacs d'os, fritons, manouls et tripoux, et autres recettes qui aidaient à passer les rigueurs de l'hiver.

Construit sur le chemin de Saint-Jacques-de-Compostelle, autour de son église romane, Nasbinals offre un large éventail de randonnées en toutes saisons. La station de ski offre 35 km de pistes de ski de fond, 15 km d'itinéraires de randonnée nordique, 10 km de pistes de chiens de traîneaux, un téléski et trois pistes bleues qui permettent de s'initier au ski alpin.

Pézenas ▸ *Hérault*

A l'instar d'Uzès, Pézenas permet de se replonger dans l'ambiance du XVIIe siècle. Cette petite ville très animée vit dans le souvenir de Jean-Baptiste Poquelin, alias Molière, qui y séjourna et y pratiqua son art, à la cour du gouverneur du Languedoc.

Un centre piétonnier adorable qui est l'une des curiosités de cette partie du département, avec ses nombreuses maisons médiévales parfaitement conservées, et ses échoppes d'artisans, comme l'indispensable rue de la Foire (les masques) ou Triperie Vieille (les vêtements pour enfants) et la très belle place Gambetta, anciennement du Marché au Blé, où se trouve l'Office du Tourisme. Ce cachet culturel se ressent particulièrement en été, dans le cadre de la "Mirondela dels Arts". Au fil des rues, on assiste aux danses contemporaines ou folkloriques, à des pièces de théâtre, à des expositions diverses ou, encore, à des concerts de jazz ou de musique classique. Les échoppes d'artistes et d'artisans vous invitent à découvrir leur talent et leur production. Un véritable enchantement pour ceux qui ont la fibre artistique... L'artisanat d'art y est très varié, de la poterie au savon, en passant par les chapeaux de paille, les armes et les pâtes de verre. Comme nous l'avons dit dans l'historique de la ville, Pézenas est une cité au passé lourd, qui se révèle à chaque coin de rue. Une promenade en ville ravira les amateurs de vieilles pierres, dont l'âme n'a aucunement disparu. On y découvrira les fenêtres, reconnaissables à leur forme "meneau-traverse", qui datent pour la plupart du XVe siècle et du XVIIe siècle ; les portes, plus ou moins travaillées ; les voûtes (d'ogives, d'arêtes ou en berceau) ; les ferronneries, qui datent en général du XVIIIe siècle et qui soulignent le travail minutieux des maîtres serruriers ; enfin, les escaliers et les cours intérieures, de toute beauté.

Saint-Guilhem-le-Désert ▸ *Hérault*

Saint-Guilhem-le-Désert est un site exceptionnel à découvrir, certainement l'un des plus beaux villages du Languedoc. Le village dans son ensemble, avec ses très vieux toits de tuile, est assez extraordinaire. Des artisans, des terrasses et une animation qui n'a guère baissé depuis la fondation de l'abbaye en 804. Saint-Guilhem-le-Désert compte 190 habitants, appelés les Sauta-Rocs et est classé parmi les "Plus Beaux Villages de France".

L'origine de Saint-Guilhem-le-Désert remonte au IXe siècle. En effet, Guilhem, duc d'Aquitaine et compagnon de Charlemagne, plus connu sous le nom de Guillaume d'Orange choisit ce merveilleux site, en bordure de l'Hérault, pour y fonder l'abbaye de Gellone et s'y retirer. Il ne reste du monastère primitif que des éléments archéologiques. A sa place, a été construit le plus bel exemple d'architecture du premier art roman du Languedoc, des XIe et XIIIe siècles, possédant un cloître magnifique (en grande partie au musée des cloîtres à New York !), un orgue et un buffet du XVIIIe siècle classés Monuments historiques. Saint-Guilhem, c'est aussi un village médiéval dont les maisons anciennes s'adossent à l'abbaye. Vous vous promènerez, avec délices, parmi les ruelles étroites, découvrant de petites places ombragées, des fontaines… Les ruines de l'ancien château surplombent le village depuis un promontoire rocheux, au pied duquel on peut encore voir une tour surnommée le "cabinet du géant".

Saint-Guilhem-le-Désert est un village touristique, mais aussi un site, dans un environnement naturel de choix. Les gorges de l'Hérault propices à la balade sportive, au canoë et au canyoning sont toutes proches et le village a, en quelques années, accru ses ressources d'accueil.

Sainte-Enimie ▸ *Lozère*

Tout au long des gorges encaissées, les bourgades pittoresques se succèdent, telles les perles d'un collier dont Sainte-Enimie serait le diamant. A l'un des passages les plus resserrés du Tarn, Sainte-Enimie fut, pendant longtemps, un centre d'échanges et une cité prospère.

La légende de la sœur de Dagobert, Enimie, venue soigner sa lèpre à la source de la Burle, est à l'origine du développement de la bourgade, autour d'un monastère ; la cité a gardé un caractère médiéval marqué. Un itinéraire balisé mène le curieux le long des anciens remparts, par de petites rues, des passages voûtés et devant de très belles façades restaurées, comme celles de la place au Beurre ou celles de la rue de la Privadenche. Dans une ruelle, la halle au blé a été restaurée et conserve la pierre qui servait à mesurer le grain. Près d'une des cinq portes de la ville, "l'ou portal Chabrit" est la maison de l'un des portiers ; sur la place Del-Plô, on distingue encore l'implantation d'une ancienne tour. En redescendant de l'abbaye, on passe place de la Combe, devant une maison du XVIIe siècle qui fut la maison commune jusqu'en 1905 (aujourd'hui transformée en hôtel). Deux lieux complètent la visite de Sainte-Enimie : la source de Burle, noyée de verdure, et l'Ermitage, lieu du pèlerinage ; si la chapelle ne se visite pas, la montée s'achève sur le parvis et son magnifique panorama qu'Enimie, assise dans ces sièges taillés à même la roche, contempla sans doute.

Uzès ▸ *Gard*

La coquette ville d'Uzès, premier duché de France, étale ses charmes autour de son château ducal. Située sur un point élevé, elle se signale de loin par une silhouette originale que hérissent les tours du duché, de l'ancien hôtel de ville et de la cathédrale, et qui lui conservent l'aspect d'une cité médiévale.

Ville épiscopale, consulaire et ducale, elle connut son apogée au XVIIIe siècle. C'est à cette époque que furent édifiés ses nombreux hôtels particuliers. Uzès tient sa place dans l'histoire littéraire par le séjour qu'y a fait Jean Racine, en 1661, puis par celui de la famille d'André Gide. Sa consécration lui a été donnée par André Malraux, l'incluant dans les 50 villes de France qui méritaient une restauration appropriée. La route de Nîmes à Uzès est superbe, dans la garrigue, avec quelques beaux points de vue, notamment sur le Gardon, à partir du pont Saint-Nicolas. Malheureusement, les inondations de septembre 2002 ont endommagé gravement l'ouvrage et d'importants travaux de restauration sont en cours. Lieu privilégié de villégiature, Uzès est l'endroit idéal pour se replonger dans l'ambiance du XVIIe siècle. La place aux Herbes entourée d'arcades de diverses époques et de styles différents, est un des joyaux de la ville. Elle est particulièrement fréquentée les jours de marché. A côté de l'évêché et de la cathédrale, la promenade des Marronniers se termine par une terrasse surplombant la vallée verdoyante de l'Eure. C'est l'eau de l'Eure que les Romains avaient amenée à Nîmes par un aqueduc dont fait partie le pont du Gard. La cathédrale Saint-Théodorit est à voir pour les orgues du XVIIe siècle, restaurées en 1967, classées aux Monuments historiques. Elles comptent parmi les plus belles de France, notamment pour les volets peints gris-perle et or. Son clocher est, en réalité, une tour romane du XIIe siècle, la "tour Fenestrelle". Avec sa forme de cylindre percé de plusieurs étages de fenêtres, sa hauteur de 42 mètres, elle est la seule de ce type en France. On ne manquera pas de visiter le duché. Habité depuis près de 1 000 ans par les "De Crussol" : tourelle octogonale du XIVe siècle, tour Bermonde, donjon carré du XIe siècle. Façade Renaissance, chapelle gothique. Visite des salons meublés et visite nocturne en saison. Face au duché, la façade de l'hôtel de ville a gardé son cachet d'antan et la cour intérieure bordée de portiques est superbe. Ses pavés sont de toute beauté et le cadran solaire nous replonge dans la nuit des temps. L'été, cette cour est le théâtre de manifestations, notamment musicales, dans le cadre des "nuits musicales d'Uzès". L'hôtel du baron de Castille est aussi un des points forts de la visite. On "tombe" inévitablement dessus quand on entre dans Uzès en venant de Nîmes. En face de la cathédrale, c'est une imposante façade tout en colonnades et péristyle à la mode antique. Et pourtant, cette bâtisse fut construite au XVIIIe siècle par Gabriel Joseph de Froment d'Argilliers, baron de Castille, qui s'était pris de passion pour l'époque antique. C'est aussi à lui que l'on doit le pavillon Racine en contrebas du duché situé sur la promenade des Marronniers et le château d'Argilliers près du pont du Gard.

Vézénobres ▸ *Gard*

A une quinzaine de kilomètres d'Alès, sur la route de Nîmes, le village de Vézénobres et ses 1 700 habitants regardent passer le temps, du haut de la vieille ville.

Situé au confluent des Gardons d'Alès et d'Anduze, le village occupe une position remarquable, perchée sur un éperon rocheux, rappelant certains sites provençaux ou de l'arrière-pays niçois. Les maisons se répartissent sur trois niveaux, agrémentées de larges terrasses couvertes. Cette particularité architecturale est liée à la production locale : celle de la figue séchée. Les fruits, fraîchement cueillis, étaient répartis sur leur sol et étaient séchés par l'air chaud circulant entre les maisons. Grâce aux efforts de l'Office de Tourisme et de quelques passionnés, cette production est en train de renaître. La ville a su aussi conserver une partie de son patrimoine médiéval, comme la porte Sabran, vestige des remparts et de très belles maisons romanes du XIIe siècle et Renaissance du XVe siècle. En haut du village, après avoir gravi quelques marches, on atteint le sommet de l'ancien fort d'où, à l'aide d'une table d'orientation, l'on découvre un panorama sur la vallée et les Cévennes.

La région gourmande

Brandade

Dans cette généreuse région, on retrouve les produits de la mer, huîtres et moules de l'étang de Thau (Bouzigues), poissons du golfe du Lion, anchois de Collioure, de l'élevage (Aubrac ou Cerdagne) avec la viande et la charcuterie (jambon des Cévennes), mais aussi les produits de la terre, fruits des vergers du Vallespir (cerises de Céret), fromages de chèvre (pélardon), champignons de Lozère (cèpes, mousserons), châtaignes des Cévennes, etn bien sûrn la vigne.

PRODUITS DU TERROIR ET SPECIALITES LOCALES

Viandes, volailles et gibiers

Les productions animales

Suite à une tradition ancienne, née dès le néolithique avec les pasteurs de garrigues, déterminé par le relief avec le massif des Pyrénées et les hauts plateaux de Lozère, l'élevage, qu'il soit ovin, caprin ou bovin a, de tout temps, existé en Languedoc-Roussillon. Aujourd'hui, il subsiste encore et donne naissance à des productions originales et de qualité, dont le développement est encouragé car, dans certaines zones, il est un élément important de l'aménagement du territoire, en maintenant des populations, en participant à l'entretien des paysages et en créant une animation favorable au tourisme.

La viande bovine est représentée dans le Massif central par la race d'Aubrac. Race très rustique (elle servait autrefois aux travaux des champs), elle est parfaitement adaptée aux rigueurs de l'hiver et ses vaches sont très reconnaissables avec leur livrée brun acajou et leurs yeux ourlés de noir. L'élevage est extensif, en pâturage, dure de 2 à 4 ans et donne une viande d'un rouge franc, particulièrement savoureuse. Un croisement avec la race charolaise à permis de donner au troupeau ses qualités actuelles. Notons au passage que la production laitière de cette race sert à la fabrication du cantal et du laguiole (voir "Fromages").

Aujourd'hui, le troupeau compte près de 70 000 animaux, essentiellement sur la Lozère et quelques cantons voisins. La viande est vendue, essentiellement, dans les boucheries traditionnelles sous la marque collective "Fleur d'Aubrac". On trouve aussi un label rouge "bœuf fermier d'Aubrac" (les bêtes doivent être de pure race Aubrac) et un certificat de conformité pour la "génisse de l'Aubrac". Notons aussi la création, par les professionnels, de la filière de la marque "de Lozère" qui s'applique à des animaux nés, élevés et abattus en Lozère, suivant un cahier des charges et des contrôles de sécurité et de qualité très stricts.

Dans le massif pyrénéen, la situation est différente et l'élevage bovin a subi, au cours du XXe siècle, un déclin inexorable. Depuis quelques années, il reprend de la vigueur grâce à quelques jeunes éleveurs qui misent sur l'agrotourisme et ont réussi à obtenir une marque collective "Rosée des Pyrénées" pour leurs génisses et "Fleuron des Pyrénées" pour les bœufs. De même, certains éleveurs du Lauragais ont reçu, pour leur production, le label rouge "Veau Fermier du Lauragais".

Mais, parler de viande bovine, ne peut se concevoir sans citer la production française la plus originale : celle de viande de taureau. Nous ne dirons qu'un mot, sur la consommation de viande de taureaux de combat, le sujet des "corridas" prêtant trop à controverse. Cependant, durant les férias et après les combats, certains bouchers de Nîmes ou Béziers commercialisent la viande des animaux tués dans les arènes.

Plus intéressant est l'élevage du taureau de Camargue pour la boucherie. Petits animaux d'à peine 1,30 mètre au garrot, à la robe noire, vifs et musclés, ils sont élevés quasiment en liberté dans les marais et, en hiver, pour certains, dans les garrigues, pour les courses de cocardes. Le développement du tourisme, gros consommateur de spectacles traditionnels, a favorisé l'augmentation du troupeau et du nombre d'élevages. Aujourd'hui, on compte plus de 10 000 animaux dans près de 75 manades. La production de viande n'est encore qu'une ressource d'appoint pour les manadiers. D'un rouge intense, plus foncée que celle du bœuf, avec un goût plus prononcé, "sauvage", elle se consomme grillée ou en gardianc. Consécration suprême pour les éleveurs, ils ont obtenu, en 1996, une A.O.C. "Taureau de Camargue" pour une zone s'étendant sur six communes du Gard et neuf de l'Hérault.

Si le mouton était, autrefois, élevé essentiellement pour la production de laine et, aujourd'hui, pour celle du lait (nous sommes en Languedoc-Roussillon très près de Roquefort), la demande très forte en viande d'agneau, a conduit les éleveurs à se pencher sérieusement sur cette production. Lutter au niveau des prix avec les importations de l'hémisphère sud étant une tâche impossible, ils ont préféré jouer la carte de la qualité, pour un produit haut de gamme : l'agneau sous la mère. Les brebis sont nourries en pâturage extensif, en garrigue ou en estive. A la naissance, les agneaux sont allaités sous la mère, non sevrés durant une période de 80 à 120 jours, sous des conditions de confort d'élevage et d'hygiène optimum. Le transport des animaux vivants vers trois abattoirs agréés doit éviter le stress. Au final : une viande claire, bien rosée, fine et savoureuse, réservée aux périodes de Pâques et de Noël ou aux baptêmes. Vous la trouvercz en vente chez les bouchers ou en grande distribution sous différents appellations : "Agneau du pays d'Oc" qui est un label rouge et, aussi, suivant la zone de production "Agneau catalan", "Agneau du pays cathare", "Agneau de Nîmes", "Agneau du Languedoc", "Agneau de Cerdagne-Capcir", "Agneau de Lozère" (Elovel), ou "Agneau du Gévaudan" qui sont des marques collectives.

A l'heure des productions industrielles qui inondent le marché de la volaille, le Languedoc-Roussillon a, ici aussi, joué la carte de l'originalité, en mettant en avant des produits qui n'avaient, jusqu'à une période récente, qu'une diffusion locale, souvent issus de pratiques traditionnelles. C'est le cas, par exemple, en Lauragais pour les chapons et poulardes. Le "Chapon fermier du Lauragais" et la "Poularde fermière du Laura-

Fromage-Pélardons des Cévennes

Panier de cerises

Citronniers à Cilloioure

gais" bénéficient ainsi d'un label rouge et même d'une IGP au niveau européen. Ce label rouge touche aussi une partie de la production de poulets, particulièrement dans le secteur du Gard, de la Lozère et de l'Hérault, où une vingtaine d'exploitations produisent des poulets et pintades fermiers et bénéficient de différents labels rouges : "Pintade fermière des Garrigues" ou Pintade fermière du Languedoc", "Poulet fermier des Cévennes", "Volailles fermières d'Oc"... Canards et oies bénéficient d'un élevage traditionnel dans l'ouest du département de l'Aude. Elles sont commercialisées sous le nom de "Volailles grasses fermières" ou "Volailles grasses du Lauragais". L'élevage avec gavage et engraissement permet d'obtenir du foie gras ou de la viande à la découpe. Partie du Lauragais dans l'Aude, cet élevage se développe dans toute la région et il n'est pas rare de trouver deux ou trois producteurs réputés dans chacun des quatre autres départements. Dès l'approche des fêtes de fin d'années, fleurissent les foires au gras, mais la plus ancienne et la plus réputée reste celle de Belpech aux confins de l'Aude.

La trilogie des productions animales ne saurait oublier le porc. Il est présent partout dans la région, mais des différences locales permettent de déterminer trois grandes zones de production charcutière : le pays catalan, la Lozère et le haut Languedoc... Beaucoup de points communs entre elles, mais, aussi, quelques produits spécifiques qui peuvent étonner le voyageur.

La charcuterie catalane se caractérise par la grande variété des "embotits", terme qui désigne le fait de mettre dans des boyaux, des produits variés (chair, gras, abats). Selon la composition, le mode de conservation (crus, séchés ou cuits), la taille, la forme, ils reçoivent des noms différents : saucisse fraîche (épaule, ventrèche, boyau de mouton), saucisse sèche (épaule, échine, séchées), fuet (jambon, longe), saucisson filet (jambon, longe, boyau en rosette), longanisse (échine, poitrine, séchage air libre), botifarres ou boudins (tête, fressure, cœur, couenne, gorge, sang, cuits), botifarreta (tête et langue, couenne, gras de dos, sang, cuits), dios (botifarreta dans panse de porc, cuits), pa de fetge (foie frais, viande, gras, œufs, cuits), bisbe (jarret, langue, ventrèche, cou, œufs)... Dans le reste de la région, on retrouve une charcuterie plus classique, dominée par les jambons secs, saucisses, saucissons, terrines et autres pâtés. Au chapitre des curiosités, il faut citer quelques productions très localisées.

Le "fetge" se trouve essentiellement dans l'Aude et particulièrement à Carcassonne : il s'agit tout simplement de foie de porc salé (3 à 7 jours), égoutté, mis dans un filet et séché pendant 2 mois. Il rentre dans la composition des salades et accompagne parfois les escargots.

Le fricandeau, proche de la caillette aux herbes que l'on trouve dans d'autres régions, est une boule composée de foie et de gorge de porc, aromatisée de poivre, de thym et de laurier, roulée dans le péritoine du porc. Il est produit dans la zone de la Montagne Noire, dans l'Aude et l'Hérault.

La bougnette, dans la même zone et particulièrement à la Salvetat, est un mélange de viande de porc, de pain et d'œufs, monté en boules et cuit au four ou frit dans la graisse. Consommée froide en entrée, chaude à la poêle ou séchée avec de la salade, elle est très appréciée dans la Montagne Noire et, à Saint-Pons-de-Thomières, une "confrérie de la bougnette" en perpétue la recette.

En Lozère, la cérémonie de la "tuée du cochon" a donné naissance à un plat délicieux : le sac d'os. Lorsqu'on tue le cochon, des débris de viande ou de cartilage, des bouts de queue, des chutes de jambon restent sur la table de découpe. Ils sont alors tassés dans l'estomac du porc (soigneusement nettoyé), salés et assaisonnés. Avant cuisson en court-bouillon (3h), il doit être dessalé 2 jours. Au final, un délice !

Autre spécialité lozérienne : la saucisse d'herbe. Terme impropre il est vrai car, à côté du chou ou des blettes, on trouve une bonne moitié de gras et de viande de porc. On trouve dans le département, toute l'année, cette saucisse rose parsemée de vert, qui se mange bouillie avec la soupe ou grillée en accompagnement de l'aligot par exemple.

Enfin, le mouton a, lui aussi, sa charcuterie, le manoul. Comme ses cousins, les tripous et autres pieds paquets, il s'agit de petites poches découpées dans des panses de mouton et remplies de tripes et des pieds de mouton ou d'agneau. Il est ensuite cuit dans un court-bouillon assaisonné avec du thym, du laurier, des carottes, des oignons, du vin blanc.

Boules de Picolat (boles de Picolat) : boulettes de viande de porc et de veau, à l'œuf, à l'ail et à l'oignon. Roussies à l'huile, elles sont alors cuites dans un bouillon aromatisé.

Fraginat (catalan), fréginat (languedocien), fraïzinat (lozérien) : il s'agit de préparations voisines, sortes de ragouts à base de viande grasse de porc. La recette peut se faire localement avec du bœuf ou de l'agneau.

Gardiane (Camargue) : une daube de bœuf ou, plus souvent, de taureau. Les morceaux doivent mariner 24 heures, avant d'être frits puis laissés à mijoter à feu doux.

Petits pâtés de Pézenas (Hérault). C'est une spécialité culinaire, très "historique". Le fameux "petit pâté" est une préparation sucré/salé (hachis de mouton additionné de cassonade) en forme de bobine, apportée au milieu du XVIIIe siècle par les cuisiniers indiens de Lord Clive, vice-roi des Indes, en repos à Pézenas. A goûter pour le côté insolite de la saveur, unique dans la gamme des plats régionaux. A noter que, tout à côté, la ville de Béziers lui dispute la paternité.

Pouteille (Lozère). La pouteille est un plat canourguais, à base de bœuf mariné, de pieds de porc, et de pommes de terre, autrefois confectionné pour chaque famille, puis porté au four du boulanger dans un "toupi", pot en terre. L'illustre "confrérie de la pouteille et du manouls", à La Canourgue, défend ces deux spécialités lozériennes.

Produits laitiers

Les fromages

La situation de la production fromagère en Languedoc-Roussillon se différencie, elle aussi, suivant les deux massifs.

Dans les Pyrénées, la production est restée essentiellement fermière et se concentre sur la production de tomme, qu'elle soit de brebis, de chèvre ou de vache. Cette dernière donnant des fromages de type tomme noire des Pyrénées. A noter dans les zones plus basses, une production typique de fromage frais de chèvre, un caillé frais en faisselle, sorte de brousse appelé localement "fromaget" qui se consomme essentiellement aromatisé de miel du pays.

Mais le vrai pays du fromage, c'est le département de la Lozère. Une sélection rigoureuse des bêtes, des techniques d'élevage extensives et de valorisation des parcours, permettent d'obtenir des laits de haute qualité. Ajoutés à cela, le savoir-faire des éleveurs et la richesse des terroirs ont permis la production, dans le département et les régions mitoyennes Aubrac, Cévennes...), de cinq fromages d'A.O.C.

En lait de vache, ce sont le bleu des Causses et le bleu d'Auvergne, deux fromages à pâte persillée, affinés de 3 à 6 mois en cave naturelle, et le laguiole, proche du cantal. La tomme fraîche qui en est la base rentre dans la composition du célèbre "aligot". Lorsqu'elle ne bénéficie pas de l'A.O.C., on la trouve sur les marchés sous le nom de fourme d'Aubrac. La fabrication traditionnelle par les bergers dans les "burons", petites fromageries disséminées sur les estives, est en voie de disparition.

Fabriqué dans la région voisine, le roquefort est un fromage de lait de brebis, à pâte persillée. Si l'affinage se fait dans la localité même, selon des pratiques et des techniques séculaires, le lait est récolté dans une aire qui s'étend sur plusieurs départements du sud de la France. Les causses lozériens et leurs troupeaux sont une zone importante de production.

A propos du lait de brebis, il faut dire un mot de "l'affaire de la feta" qui a enflammé le monde du fromage il y a quelque temps.

L'usine de la "Société des Caves de Roquefort", implantée au Massegros en Lozère, valorisait, depuis des années, les surplus de lait de brebis, en fabricant de la "feta". La production de ce fromage frais de lait de brebis d'origine grecque était en plein développement (rappelez-vous les campagnes de publicité en "isssss" à la télévision). Sur plainte de la Grèce et après de nombreux épisodes juridiques et tractations politiques en sous-main, la "feta" ne pourra plus être produite hors des frontières de ce pays.

Sage et logique décision, diront les défenseurs des spécificités nationales ; dangereuse et risquée pour d'autres, car elle donne l'appellation à un pays tout entier, sans tenir compte de la notion de terroir. Grâce à un moratoire, les producteurs français ont, jusqu'en 2005, pour trouver une solution à ce problème.

Petit dernier dans la famille des appellations, le pélardon, fromage traditionnel, a acquis ses lettres de noblesse en 2001, après dix ans de luttes. Fabriqué essentiellement à la ferme (pour 85 %), son aire de production s'étend sur les Cévennes, les Causses et l'arrière-pays audois. Constitué de lait de chèvre, de présure et de sel, il présente une pâte compacte sous une croûte fleurie de couleur crème. Il se consomme frais moelleux ou sec, selon les goûts de chacun. Il peut être aussi cuisiné (pané, gratiné, en salade). Dans certaines régions, la coutume est de le conserver dans un bocal d'huile d'olive, aromatisée avec du thym, du laurier et du poivre.

Au-delà des produits d'appellation, de nombreux producteurs proposent d'autres fromages, commercialisés directement dans les fermes ou mis au point par des fromageries artisanales ou industrielles. Citons le "fédou", fromage traditionnel, à pâte molle et croûte fleurie, vendu à la pièce, le "berger de Lozère", le "lozère" au lait cru et les "bleus de Lozère" (petit risso, bleu de Luc à pâte ferme et persillée). La "bergeronnette", elle, est un pérail de brebis, fromage crémeux frais ou demi-frais. Le pérail, un des seuls fromages à pâte molle au lait de brebis. Délicieux et fondant, il est apprécié des connaisseurs et la demande est en augmentation. Il a fait l'objet d'une demande de classement en A.O.C. Affaire à suivre !

Fruits et légumes

Soumise à des influences méditerranéennes, héritière des techniques d'irrigation importées par les Arabes au Xe siècle, bénéficiaire de conditions climatiques favorable, il était normal que la région, et particulièrement le Roussillon, soit productrice de fruits et légumes. Du réseau d'irrigation traditionnel du pays catalan, mis en place dès le XIe siècle, à la construction du canal du bas Rhône-Languedoc dans les années 1960, la résolution de l'approvisionnement en eau a été une constante de l'agriculture des plaines du Languedoc-Roussillon.

Aujourd'hui, la région est un des premiers fournisseurs du pays en tomates, salades, artichauts, pommes de terre primeur, asperges et melons. Il en est de même pour les fruits avec une forte production de pêches et nectarines (près de 185 000 tonnes), de pommes (145 000 tonnes), abricots, raisins de table, cerises, poires.

Quelques produits plus traditionnels se trouvent dans quelques petites régions bien déterminées.

L'artichaut violet. Il est produit dans le Roussillon. Précoce, il se consomme cru ou cuit et, traditionnellement, dans la région où il accompagne l'agneau rôti. Avec 15 000 tonnes, la région est la deuxième région productrice en France.

L'asperge des sables. Les sols sablonneux du littoral du Gard et de l'Hérault ont favorisé la culture de l'asperge des sables. Après une disparition presque totale, en 1991, suite à une maladie, la production a retrouvé un niveau très important pour flirter avec les 10 000 tonnes.

L'oignon. Les piémonts des Cévennes, de la Montagne Noire, des Aspres ont permis le développement d'un légume très apprécié, l'oignon. Ici, sa culture reste traditionnelle ; il s'agit, en général, d'oignons doux, très savoureux, qui sont très agréables à manger crus. Parmi les dénominations les plus connues (dont certaines souhaitent être reconnues par une marque collective, voire une A.O.C.), citons la cèbe de Lézignan (Hérault), l'oignon doux des Cévennes (Gard et Hérault), l'oignon de Citou (Aude), l'oignon doux de Toulouges (Pyrénées-Orientales). Dernière nouvelle : le decret donnant l'A.O.C à l'oignon doux des Cévennes vient d'être publié au Journal Officiel, délimitant une aire de production étendue sur trente communes des Cévennes gardoises.

Le navet de Pardailhan. A Pardailhan, dans le haut Minervois héraultais, vous trouverez aussi un produit rare et recherché. Le "navet de Pardailhan" est une variété à peau noire et à la chair blanche et sucrée. Après une période de déclin, sa culture est, de nouveau, en expansion et il réapparaît sur les tables de nombreux cuisiniers du coin. Il est, aujourd'hui, en quête de la reconnaissance nationale, par l'obtention d'une A.O.C.

Le pois chiche de Carlencas. Le village de Carlencas dans l'Hérault s'est fait, lui, une spécialité d'un légume qui ne paye pas de mine. Quoi de plus banal qu'un pois chiche ! Tendre, de cuisson rapide, le "pois chiche de Carlencas" doit ses qualités au sol volcanique sur lequel il pousse. Se méfier des contrefaçons car la récolte n'est que d'environ 3 tonnes par an. A acheter sur place.

Au haricot du Lauragais. Dans le chapitre légumes secs, il convient de faire une place de choix. Théoriquement, il est le seul à entrer dans la confection du véritable cassoulet de Castelnaudary. Concurrencé, pour des raisons de coût, par le haricot importé d'Amérique du sud, il a failli disparaître il y a quelques années. Dans un souci d'authenticité, sa culture renaît et avoisine, actuellement, les 40 tonnes. Il est utilisé essentiellement pour la fabrication du cassoulet "haut de gamme".

Le pêcher et l'abricotier. Les arbres fruitiers traditionnels, le pêcher et l'abricotier, ont souvent été plantés en complément du revenu de la vigne, soit pour la consommation locale. Le développement des transports dans un premier temps, puis, après la Seconde guerre mondiale, des impératifs de reconversion ont conduit au développement du verger régional, principalement dans le Gard et le Roussillon. Actuellement, la région est la première pour la production de pêches et la deuxième pour les abricots.

L'abricot rouge du Roussillon. Quelques productions méritent un coup d'œil, comme l'abricot rouge du Roussillon ; petit, sucré, sa chair orangée est très parfumée, sa peau tachetée de rouge foncé. La production est en plein essor, avec la montée en puissance du Gard avec le rouge de Fournès, et l'élaboration de nouvelles variétés.

La cerise. Elle est cultivée dans trois zones bien délimitées : Céret dans les Pyrénées-Orientales, Remoulins dans le Gard, Olargues dans l'Hérault, mais la production est menacée du fait du coût de la main-d'œuvre et de sa sensibilité aux aléas climatiques. C'est ainsi le cas de la cerise de Céret qui arrive la première sur le marché.

Les pommes. La culture de la pomme reinette est traditionnelle dans les vallées du Roussillon et des Cévennes, alors que l'implantation massive de vergers de pommiers, golden et autres variétés "à la mode", dans la plaine, est un phénomène récent, lié à la reconversion du vignoble dans les années 60-70. La production du Roussillon, basée sur la "pomme du Conflent" est en perte de vitesse, sauf dans le secteur autour de Villefranche-de-Conflent, alors que, dans les Cévennes, la pomme reinette du Vigan, semble, avec la mise au jour des produits du terroir, mieux résister.

Les raisins de table. Si dans les années 1950, la vallée de l'Hérault était un gros fournisseur de raisins de table, les importations massives d'Italie ou d'Espagne, le goût des consommateurs pour des grains plus gros, la désaffection même des acheteurs pour ce type de fruits ont porté un rude coup à cette production. Seul, le secteur de Clermont-l'Hérault, qui bénéficie d'une marque collective "Raisin de table de la région de Clermont-l'Hérault", poursuit cette production, où la variété traditionnelle, le chasselas, n'occupe que 40 % et est sérieusement concurrencé par les variétés nouvelles plantées dans le Gard.

La châtaigne. Pour le profane, rien ne ressemble plus à une châtaigne qu'une autre châtaigne. Cependant, savez-vous qu'il en existe près de 300 variétés ? Pointues ou rondes, tardives ou précoces, simples ou cloisonnées, petites ou grosses, de coteau ou d'altitude, seule leur dénomination commerciale change. Elles sont appelées marrons lorsque le lot comporte très peu de fruits cloisonnés, elles restent châtaignes lorsque la majorité des fruits sont cloisonnés. Au fait, si vous ne le savez pas déjà : le fruit de notre bon vieux marronnier des parcs n'a rien à voir avec la châtaigne !

Toujours est-il que le bon châtaigner lui, surnommé "l'arbre à pain" des Cévennes, permit à de nombreuses générations de survivre. En effet, la châtaigne se consomme de plusieurs façons : bouillie ou grillée au feu de bois, en soupe ou en purée, en confiture ou sous forme de farine (elle peut alors être utilisée en boulangerie ou en pâtisserie comme une farine de blé, mais le goût est extraordinaire). La façon traditionnelle de la conserver est la transformation en "châtaignon", par séchage dans une clède, un bâtiment construit à cet effet où brûle, en permanence, au rez-de-chaussée, un feu doux pendant 4 semaines. Le fruit sec se conserve ainsi pendant de long mois et, pour l'utiliser, il suffit de le réhydrater.

Laissé à l'abandon, le verger de châtaigniers, localisé essentiellement en Cévennes et sur la Montagne Noire, est en cours de rénovation avec entretien des terrasses et introduction de nouvelles techniques, comme la taille-platane et de nouveaux matériels pour la séparation des bogues. Une demande d'A.O.C est en cours pour les "Châtaignes et marrons des Cévennes et du Haut-Languedoc".

Bajanat ou soupe de châtaignes sèches (Lozère) : ce plat d'hiver typique de la Lozère cévenole était préparé avec des châtaignes sèches appelées "blanchettes". On peut manger cette soupe avec du lait, sucrée ou salée, avec du vin ou encore des pruneaux.

La culture du riz. Apparue en Camargue au milieu du XIXe siècle, la culture du riz connut des hauts et des bas en fonction de la concurrence des colonies françaises et des cours mondiaux de cette denrée. La décolonisation va permettre une relance et, aujourd'hui, les rizières couvrent une superficie de 7 000 hectares, produisant essentiellement des variétés à grain long, bénéficiant d'un certificat de conformité "Riz de Camargue". A noter, une petite production sur l'étang de Marseillette dans l'Aude.

Aligot (Lozère). Purée de pommes de terre à la tomme fondue et à l'ail. Ce plat, inventé par les moines au Moyen Age, constituait une préparation roborative pour les pèlerins en marche sur le chemin de Saint-Jacques-de-Compostelle. L'histoire ne dit pas ce qu'étaient ces "truffets", ces tubercules, avant l'introduction de la pomme de terre par M. Parmentier…

Cassoulet. Sa capitale est Castelnaudary, mais on en trouve dans tout le Lauragais, autour de Carcassonne, et souvent dans les Pyrénées. C'est un mélange de haricots, longe de porc, saucisson et autres saucisses, cuits longuement dans une "cassole", terrine en terre. Plus il est réchauffé, meilleur il est ! Et ceux qui prétendent que le cassoulet vient d'ailleurs, n'ont qu'à bien se tenir car la "grande confrérie du cassoulet de Castelnaudary" veille !

Légumes farcis (Languedoc-Roussillon). Les "farcis" profitent du soleil et sont sur toutes les tables pendant l'été. Préparés en un tour de main, tomates, aubergines courgettes et même poivrons se remplissent d'une chair à saucisse parfumée, liée à l'œuf et à la mie de pain. Ils ressortent du four dans un jus chargé des différentes saveurs et se mangent en une bouchée.

Ouillade (Roussillon). L'ouillade est un pot-au-feu catalan à base de chou, poireaux, carottes, pommes de terre. Pour la viande, on utilise du chorizo, du jambon vieux, du boudin catalan.

Peyroulade (Lozère). Il s'agit d'une soupe d'orge perlé (c'est-à-dire l'orge dont on a enlevé la peau du grain). Elle peut être enri-

Olives Picholine

Oignons doux des Cévennes

Asperges dans le sable

chie de pommes de terre ou de haricots et liée avec œuf battu ou lait. Cette soupe traditionnelle est remise à l'honneur par la "confrérie de la Peyroulade", basée à Villefort.

Ragout d'escoubille (Hérault). Ragoût de légumes (oignons, tomates, carottes, céleri, pommes de terre, champignons de Paris, cèpes séchés…) avec des boules de chair à saucisse et abats de poulet. Il se mange tel quel, ou mieux, enfermé dans une croustade, grosse bouchée de pâte feuilletée.

Soupe d'orties (Lozère). Recette traditionnelle, remise au goût du jour et "revisitée" par de nombreux chefs travaillant les herbes sauvages. C'est un bouillon qui utilise les pointes de feuilles d'orties. Une variante existe avec les fanes de radis.

Aïgo Buhlido (Languedoc-Roussillon). Nom donné à de nombreuses soupes, toutes utilisant de l'ail et plus ou moins liées avec des œufs ou de la farine selon les endroits. Le remède idéal, dit-on, pour faire passer la "gueule de bois".

Huiles, épices et condiments

Abandonnée depuis des décennies, sortie presque des mémoires, la culture du safran fut très importante dans la région. Aujourd'hui, elle renaît, comme complément de revenu, chez quelques producteurs. Au nord de la Salvetat, au hameau des Barthèses perdu dans la montagne, vous trouverez une des deux exploitations qui produisent du safran dans l'Hérault (l'autre est à Saint-Jean-de-Buèges). Culture délicate, récolte minutieuse puisque après une cueillette à la main, il faut délicatement arracher les pistils de chaque fleur. Après séchage, on obtient une poudre jaune odorante : le safran. 800 g sur 5 000 m^2, vendus entre 1 525 € et 22 800 € le kilo !

Symbole de la cuisine méditerranéenne, l'huile d'olive connaît une renaissance méritée avec la reconnaissance des grands chefs pour ses qualités gustatives et des diététiciens pour ses propriétés relatives à la prévention des maladies cardio-vasculaires. Décimé par le gel de 1956, le verger s'est lentement reconstitué, grâce à plus de 8 000 producteurs, qui, les bonnes années produisent plus de 350 000 tonnes d'huile. C'est la variété "picholine" qui est le plus utilisée (près de 80 %), donnant une huile corsée. Dans l'Hérault, l'utilisation de "negrette" ou de "verdale" donne des huiles aux parfums plus délicats. Cueillies en décembre ou janvier, les olives sont emmenées dans quelques moulins qui subsistent encore, broyées, pressées à froid pour obtenir de "l'huile d'olive vierge".

L'autre grande production est l'olive de table. Récoltés plus tôt (de septembre à octobre), les fruits sont plongés dans une solution alcaline qui enlève l'amertume. Après rinçage, ils sont mis en saumure pendant 5 à 10 jours. Les variétés les plus utilisées sont, bien sûr, la "picholine", répandue dans tout le sud de la France, mais aussi une variété locale, la "lucques", un fruit vert foncé, bosselé, en forme de croissant, à noyau très petit et à la pulpe fine. A la dégustation, sa chair est ferme et craquante, au goût délicat, et elle tient la vedette dans les apéritifs de l'été. La renaissance de la culture de l'olivier, l'augmentation de la demande et la qualité des produits ont poussé les producteurs de certaines zones à déposer des dossiers de demande d'A.O.C. C'est le cas pour "l'huile d'olive du Roussillon", "l'olive verte et "l'huile d'olive de Nîmes", la "Lucques du Languedoc". Dossiers à suivre…

Beurre de Montpellier. Les différentes variantes parlent d'herbes que l'on blanchit et que l'on pile longuement au mortier ; ajouter échalotes, cornichons, câpres et anchois, un jaune d'œuf, puis monter à l'huile comme une mayonnaise. Assaisonner et rajouter enfin, au mortier, du beurre réduit en pommade. Les proportions sont à l'appréciation de chacun. Ce beurre parfumé se sert avec un poisson (loup, turbot), un gigot ou un carré d'agneau, une côte de veau.

Anchoïade. Purée d'anchois (de Collioure de préférence) avec huile d'olive et ail écrasé. On peut aussi y ajouter une purée d'oignons du Vigan et une d'olive. Peut-être 1 cuillère ?)On obtient ainsi un assaisonnement typique pour accompagner salades et légumes crus.

Sofregit (Roussillon). C'est la préparation de base de toutes les sauces catalanes qui accompagnent viandes, gibier ou poissons. La base est constituée d'oignons ou d'échalotes émincés, revenus dans du saindoux et de l'huile d'olive, auxquels on ajoute des dés de tomates et de jambon.

Tapenade (Languedoc). Préparée à l'huile d'olive, c'est une purée d'olives vertes ou noires ; les recettes diffèrent et ajoutent, selon les cas, anchois, câpres, pignons, amandes ou noix.

Douceurs

Le Languedoc-Roussillon est aussi un important producteur de miel. Du fait de la diversité des milieux et de leur étagement, de nombreuses variétés de miels peuvent être produites, d'autant que de nombreux apiculteurs pratiquent la transhumance. De nombreuses dénominations existent : miels des Cévennes, des Causses, du mont Lozère, du Roussillon et le parc de ruches est estimé à plus de 60 000. Le miel de Narbonne lui, est un produit très ancien : il fut, dit-on, "le miel le plus célèbre en France entre le XIIe siècle et le XXe siècle. C'est un miel composé, en majorité, de romarin. Il est de texture très fine et de couleur proche du blanc, ce qui en fait sa spécificité.

Berlingot de Pézenas (Hérault). Plutôt rectangulaire ou ovale, le berlingot de Pézenas est un bonbon de sucre aromatisé à l'anis, au citron, à la mandarine… et zébré de bandes alternativement translucides ou opaques.

Biterroise (Hérault). La brioche de Béziers, parfumée à la fleur d'oranger, a l'allure d'un petit manchon de 7 cm de long, fourré de marmelade de pommes ou de crème pâtissière, avec une surface ocre vernissée.

Blanc-manger (menjar blanc) (Languedoc). Une gelée aux amandes obtenue en mélangeant du lait d'amandes et de la gélatine et aromatisée avec du rhum ou une autre liqueur.

Caladon (Nîmes). Variété de croquant plus sucré et plus souple que les préparations habituelles.

Coupétade ou coupétado (Lozère). La coupétado est un dessert du nord de la Lozère, constitué de tranches de pain rassis imbibées de lait, recouvert d'un flan à la vanille et aux pruneaux. Son nom lui vient du "coupet", sorte de plat en terre très profond qui était enfourné avec le pain.

Croquant Villaret (Nîmes). Inventé, en 1775, par le cuisinier du même nom. C'est un gâteau très sec et très dur à base d'amandes.

Flaouzouno ou tarte au pélardon (Lozère). Au début du XXe siècle, ce gâteau était traditionnellement vendu à la foire du Pompidou, en mai. Le terme de pélardon est récent (il s'agit peut-être d'une déformation du mot "péral", petite pierre ou galet) ; il aurait été donné aux petits fromages de chèvre pour leur similitude de forme.

Fougasse d'Aigues-Mortes (Gard). Brioche de pâte légère, aromatisée au citron, à la fleur d'oranger, recouverte de sucre.

Grisettes de Montpellier (Hérault). Savant mélange de miel et de réglisse, ces petits bonbons ronds, spécialités montpelliéraines, remontent au Moyen Age. La recette a été retrouvée dans un grimoire ; les grisettes nichent, aujourd'hui, dans des petites boîtes blanches en métal.

Millas (Aude). Le millas est un gâteau typique de l'ouest audois réalisé avec de la farine de maïs.

Pain Paillasse (Hérault). Fabriqué essentiellement autour de Lodève, le secret réside à l'utilisation d'un reste de pâte de la veille pour servir de levain. Après le repos dans une "paillasse" (corbeille d'osier), la pâte est allongée et torsadée. Le pain a un aspect rustique, une croûte très ferme et une mie de couleur bise, tassée et compacte.

Rousquilles (Roussillon). Gâteau catalan fabriqué par la même maison depuis 1874. Si les Américains, avec leurs donuts, ont réussi à copier la forme, le secret de la recette reste inviolé.

Zygomorphe de Narbonne (Aude). C'est un bonbon au miel de romarin (de Narbonne naturellement). Pour les savants : les fleurs de romarin sont zygomorphes, c'est-à-dire présentant une symétrie bilatérale avec quatre pétales identiques et parallèles deux à deux !

A Vergèze * RN 113 * entre Nîmes et Montpellier
Visitez
la source
VISITE GUIDÉE
un site unique au monde
SOURCE
Perrier
DÉCLARÉE D'INTÉRÊT PUBLIC
33cl
Réservation conseillée au
04 66 87 61 01
ESPACES CLIMATISÉS - BOUTIQUE - DÉGUSTATION GRATUITE - PARC
ARBORETUM - AIRE DE PIQUE-NIQUE

Les eaux minérales

Dans un pays de vin, les eaux minérales auraient tendance à se faire discrètes. Cependant, certaines ont acquis, grâce à leurs qualités, mais aussi par l'intermédiaires d'intenses campagnes de communication, une notoriété nationale, voire internationale.

La plus connue est naturellement "Perrier" (Groupe Nestlé Waters France). Perrier et ses 50 millions de bulles par litre a conquis le monde : une véritable saga qui commence par la découverte en 1891, par le docteur Perrier, des propriétés des eaux de la source des "Bouillens" près de Vergèze dans le Gard. La conquête du monde débute au début du XXe siècle avec le rachat par l'anglais John Harmsworth. Partiellement paralysé à la suite d'un accident, c'est lui qui inventa la célèbre bouteille de verre à la forme de massue de gymnastique. Sacrilège depuis 2003 : une bouteille plastique a vu le jour, cependant, à l'intérieur, ce n'est pas du "Perrier", mais de "l'eau de Perrier". Les passionnés pourront visiter le spectacle industriel... très pétillant. Chiffre choc du à la canicule : la production des mois de mai, juin et juillet 2003 s'est élevée à 247 millions de cols.

En Lozère, Quézac a vu, en 1995, la renaissance d'une source pétillante, déjà exploitée au XIXe siècle sous le nom de "Diva". Positionné sur un créneau "haut de gamme", elle est commercialisée dans une bouteille bleue à la forme originale.

Pour contrer le groupe Nestlé (Perrier, Quézac) et surtout diversifier sa gamme en eaux pétillantes, le groupe Danone a remis en service la source du Rieumajou à la Salvetat-sur-Agout dans l'Hérault qui produit une eau pétillante aux bulles légères (visites possibles de l'usine d'embouteillage en été).

Dans l'Hérault, la source Vernière à Lamalou-les-Bains est exploitée, depuis des décennies, par le groupe Alma. Cette eau naturellement gazeuse, très légère, favorise la digestion et est recommandée pour la consolidation des os, car riche en calcium.

Dernière née, en 1999, la Sémillante est produite à Toulouges, dans les Pyrénées-Orientales par la brasserie familiale Milles. Enfin, dans l'Aude, la Société des Eaux d'Alet commercialise une eau de source sous la marque Canyon et l'eau de la station thermale (eau minérale d'Alet). C'est une eau plate aux composants minéraux en faible quantité mais parfaitement équilibrés, idéale pour la lutte contre les troubles digestifs et intestinaux, la surcharge pondérale et la tension nerveuse.

La station du Boulou, dans les Pyrénées-Orientales, commercialise aussi son eau. Très minéralisée, elle sert essentiellement à des usages médicaux.

Les produits de la mer

Si on excepte les thoniers de Sète ou de Port-Vendres qui partent en campagne pour de longues semaines, à la poursuite des thons rouges au large des Iles Baléares, et la centaine de petits chalutiers qui s'amarrent dans les ports régionaux, la pêche en Languedoc-Roussillon est restée une activité que l'on peut qualifier d'artisanale, celle qui est exercée dans le cadre des "petits métiers de la mer", selon l'expression consacrée.

Le loup. Surnommé "poisson roi", le loup (le bar de la côte atlantique) est le poisson le plus recherché pour la qualité de sa chair, ferme et au goût très fin. Naissant dans les étangs languedociens, engraissant durant l'été, il gagne la mer en novembre. Plusieurs techniques sont employées pour sa capture, du chalut qui assure la majorité des prises jusqu'au lancer de plage, en passant par les filets traditionnels en mer, la palangre (ligne de plusieurs centaines de mètres où sont accrochés des hameçons amorcés de petits poissons), ou les pièges d'étang comme la "capéchade". Il faut signaler qu'une technique récente d'élevage en bassins permet une production régulière et calibrée.

Le muge ou mulet. Moins apprécié que le loup, mais capturé selon les mêmes pratiques, le muge ou mulet constitue une part des prises, non négligeable, notamment pour les petits pêcheurs des étangs. Il se cuisine souvent bouilli ou au vin blanc, se sert parfois en soupe, car sa chair est plus molle, à odeur forte quand le poisson est capturé en étang ou dans les canaux.

Le maquereau et la sardine. Les poissons bleus sont représentés par le maquereau et la sardine. Ce sont, par excellence, les poissons de la grillade d'été. Si les prises du premier sont peu importantes, il faut signaler que la sardine est le poisson le plus pêché sur le littoral languedocien et que les prises peuvent dépasser 10 000 tonnes par an pour l'ensemble des ports. Si une grande partie part pour les conserveries, une autre est consommée localement et les recettes ne manquent pas, de la simple grillade, aux sarments de vigne, aux beignets, malaxée en boulettes ou préparée à l'escabèche (cuite et conservée dans du vinaigre avec des aromates).

L'anchois. Il a valu la célébrité à la petite ville de Collioure, lui ouvrant la porte du club très fermé des "Sites Remarquables du Goût". Les anchois frais sont salés entiers, puis restent quelques jours dans leur propre saumure. Etêtés et vidés, ils sont alors stockés dans des fûts, intercalés entre des couches de sel, tassés et laissés, ainsi, trois mois, période nécessaire pour qu'ils acquièrent leur goût incomparable. Ils peuvent être consommés alors au sel, ou mieux, conditionnés à l'huile. Une autre opération est alors nécessaire : l'ouverture des filets à la main et l'extraction de l'arète centrale. Nettoyés et séchés, les filets sont alors conservés dans l'huile, en semi-conserve.

Aujourd'hui, seules trois entreprises perpétuent la tradition, mais la qualité et la notoriété du produit sont telles que l'approvisionnement en anchois frais de l'Atlantique est parfois nécessaire.

La conchyliculture. Les étangs languedociens sont le siège d'une activité important liée à la conchyliculture. Les deux centres de production sont les étangs de Thau et de Leucate. Ce milieu très riche est très favorable à cet élevage, d'autant plus que l'absence de marée permet aux coquillages de se nourrir en permanence et d'avoir ainsi une croissance rapide.

Les huîtres, de l'introduction du naissain jusqu'à la commercialisation, suivent un cycle de deux ans, collées sur des barres de bois ou des cordes en nylon, fixées elles-mêmes à des tables érigées au-dessus de l'étang. Les moules se cultivent dans des filets immergés, en étang au début, puis en mer pour un séjour de 4 à 18 mois selon la grosseur désirée.

Il faut attendre la fin du XIXe siècle, mais, surtout, les années suivant la fin de la dernière guerre pour voir se développer, dans l'étang de Thau, puis, plus récemment, à Leucate, une culture de l'huître à grande échelle. Depuis toujours, on pouvait pêcher la plate dans des gisements naturels de l'étang (d'ailleurs, les Romains avaient déjà repéré les lieux). Aujourd'hui, avec une production de 13 000 tonnes par an, dont 80 % d'huîtres creuses, les "japonaises" ont remplacé les "portugaises" décimés en 1970 par une maladie ; la région représente un peu plus de 10 % de la production nationale. Les naissains sont importés du Japon ou de la côte atlantique. La production est en plein développement, malgré quelques crises épisodiques qui viennent toucher la profession et liées, essentiellement, à des problèmes de pollution ou de prolifération de certaines algues. Mais vous mourrez d'envie de connaître leur goût : la plate (la moins produite), sous sa coquille large, abrite une chair dorée et croquante, à la saveur bien affirmée. La creuse, de forme très étirée, a une coquille tourmentée, et sa chair à une saveur iodée, pointue et sauvage. Un groupement de producteurs, de Loupian dans l'Hérault, a obtenu un certificat de conformité pour ses huîtres creuses vendues sous la marque "Exquise".

Le sel. Enfin, il ne faut pas quitter les étangs sans dire un mot du sel. La région en produit environ 1 million de tonnes par an, mais ce chiffre est variable en fonction des conditions climatiques. Alors que, jusqu'au XIXe siècle, des dizaines de salins indépendants existaient sur la totalité des étangs, actuellement, seuls quatre sites sont en activité : Aigues-Mortes, Gruissan, Sainte-Lucie et Lapalme, exploités par une seule société. A lui seul, le salin d'Aigues-Mortes fournit la moitié du volume. Le sel produit est destiné à la chimie et au déneigement. Epuré, une partie est destinée à la consommation et est commercialisée sous la marque "La Baleine". Depuis cinq ans, Aigues-Mortes et Gruissan produisent de la "fleur de sel" pour satisfaire à une demande croissante de produit de terroir de qualité.

Bourride (Sète). La baudroie, nom méditerranéen de la lotte, se cuit sur un lit de légumes mouillés au vin blanc. En fin de cuisson, on retire le poisson, coupé en darnes et on lie la sauce avec un aïoli. Servir avec des croûtons tartinés du foie de la baudroie et des pommes de terre vapeur.

Brandade de morue (Gard). Plat typiquement gardois consistant à une pâte de morue broyée et mélangée à de l'huile d'olive et à du lait. La vraie brandade ne contient ni pomme de terre ni ail. Elle est, en général, servie avec des pommes de terre à l'eau. Cette recette typique a fait une demande pour obtenir une IGP au niveau européen.

Brasucade (Languedoc). Une façon simple et délicieuse de déguster les moules. Elles sont jetées sur une plaque posée sur un feu de souches de vignes. Dès l'ouverture, elles sont aspergées d'une sauce à base d'huile d'olive, de piment et autres aromates. La "confrérie de la brasucade" a été créée récemment à Frontignan. Tâche de défense difficile, car chacun a sa propre recette !

Bullinade ou bouillinade (Roussillon). Un ragoût de poisson typiquement catalan. Dans un récipient enduit de lard, on dispose des couches de pommes de terre et de poisson, on assaisonne avec de l'ail, du piment, de l'huile d'olive et on mouille. Cuisson 20 minutes. Il existe une variante languedocienne, la bouille, pour préparer les anguilles des étangs.

Eau-sel (Languedoc). C'est la façon la plus simple et la plus économique de préparer le poisson. Il suffit de faire un court-bouillon avec de l'eau de mer, des oignons, du laurier, un filet de vinaigre. On peut servir le poisson nappé d'une petite sauce faite de jus réduit et d'ail et piment pilés.

Escabèche (Languedoc-Roussillon). Mode de préparation du poisson consistant en une marinade de vinaigre, d'oignon et d'ail. Avec un filet d'huile d'olive, la conservation est de plusieurs jours.

Morue (Languedoc-Roussillon). Nos restaurateurs se séparent en deux écoles quand il s'agit de cuisiner la morue. Ceux qui s'inspirent de la cuisine catalane la servent en sauce tomate, ceux qui penchent pour la recette nîmoise la préparent en brandade. Elle s'accompagne aussi fort bien d'un aïoli.

Rouille de seiche (Languedoc). La rouille est une façon de préparer seiches et encornets sur tout le littoral du golfe du Lion ; la préparation varie d'un port à l'autre et la seule différence notable, l'ajout de safran vers la partie ouest.

Soupe de crabes (Languedoc). La vraie soupe de crabe se fait avec les petits crabes des étangs ou des canaux, les "cranquettes". Revenu dans l'huile d'olive, ils sont écrasés et passés à la moulinette. On peut ajouter quelques têtes de poissons.

Tielles à la sétoise. On trouve chez tous les poissonniers ces petites tourtes à la pâte rougeâtre. Parfumées, elles renferment une préparation à base de tomate aillée et de poulpe.

Zarzuela (Roussillon). Ragoût de poissons et de fruits de mer typique de la Catalogne.

Alcools

Byrrh (Roussillon). Apéritif à base de vin aromatisé avec des écorces de quinquina, d'orange amère, des zestes d'orange fraîche, et des herbes à tisane. Créé en 1873, il est élaboré à Thuir dans la plus grande cuve (foudre) en chêne du monde.

Noilly-Prat (Hérault). Vermouth sec élaboré à partir de vins blancs légers et fruités dans lesquels est infusé un mélange de 19 plantes aromatiques (muscade, sureau, origan, mélisse, coriandre, iris...)

Cartagène (Languedoc-Roussillon). C'est un vin de liqueur doux fabriqué traditionnellement par les viticulteurs pour leur consommation personnelle, moût de raisin muté avec de l'alcool. Une partie de la production commence à être commercialisée.

Et aussi...

Cargolade (catalan). Cette célèbre préparation catalane est, tout simplement, la façon la plus simple de manger les escargots. On les dispose sur un grillage, ouverture vers le haut, et on pose le tout sur un feu de sarments de vigne ; en cours de cuisson, à l'aide d'un "flambadou", on laisse tomber une goutte de lard fondu dans chaque animal. Accompagné d'un aïoli, le plaisir est total.

Petits-gris narbonnais (Aude). L'escargot petit gris est très consommé en Languedoc-Roussillon et de nombreuses préparations lui sont consacrées. A Narbonne, on les cuit dans un bouillon assaisonné, puis on les laisse mijoter dans une sauce à base d'oignons, d'échalotes, d'ail, d'huile d'olive, de jambon, de vin blanc et de tomate. Avant de servir, on ajoute des amandes effilées. Depuis 1998, quelques passionnés ont créé la "confrérie du petit gris de la narbonnaise".

LES VINS

Le vignoble du Languedoc-Roussillon, qui remonte à plus de deux mille ans, réunit les aspects les plus variés, dans les domaines géologique et climatique. Son relief est incliné vers la mer, depuis les étagements des Cévennes et des Pyrénées jusqu'aux plages. L'atout majeur, c'est la grande variété des sols : schistes, grès, plateaux calcaires, terrasses alluviales, sols sur éboulis. C'est la première région viticole, non seulement de France, mais aussi d'Europe et du Monde. Ce vignoble a connu des fortunes diverses au cours des siècles et s'est profondément transformé : poussés par le désir de produire des vins de qualité, les vignerons de cette région ont accompli un travail exceptionnel. L'encépagement actuel présente une diversité et une richesse uniques en France. Pour les vins rouges, le carignan constitue la base. La syrah, absente il y a 20 ans, occupe, aujourd'hui, une part importante. Le grenache et le mourvèdre progressent partout. Le merlot, le cabernet-sauvignon et, dans une moindre mesure, le chardonnay, le chenin, et le sauvignon ont fait une entrée remarquée parmi les vins de cépage.

Il existe aujourd'hui 33 A.O.C. en Languedoc-Roussillon.

Elles se regroupent selon trois grandes zones de production. A l'est, le vignoble est rattaché aux vins de la vallée du Rhône. C'est le cas pour les côtes-du-rhône et les côtes-du-rhône villages produites dans le département du Gard, sur la rive droite du fleuve, ainsi que pour les crus de lirac et de tavel. De même, les costières-de-nîmes, à notre avis plus languedociennes que rhodaniennes, sont rattachées à ce groupe.

Le vignoble du Languedoc s'étend sur trois départements, des portes de Nîmes aux confins de l'Aude, et regroupe les appellations des coteaux-du-languedoc sur douze communes : Cabrières, Montpeyroux, Pic Saint-Loup, Saint-Christol, Saint-Georges-d'Orques, Vérargues, Picpoul-de-Pinet, la Clape, Quatourze... et trois crus : Faugères, Saint-Chinian et Clairette-du-Languedoc. Dans l'Aude, on exploite les corbières sur onze communes, le fitou sur deux communes, et les cabardès, minervois, malepère et crémant-de-limoux.

Le Roussillon offre un relief unique par sa diversité, de la montagne à la mer. Trois grandes A.O.C. : côtes-du-roussillon, côtes-du-roussillon villages et collioure.

Il existe aussi des vins doux naturels (V.D.N.) avec 10 appellations : banyuls, rivesaltes, muscat de rivesaltes, muscat de lunel, muscat de frontignan...

Appellations contrôlées

A.O.C. côtes-du-rhône

Les vignobles bénéficiant de l'appellation se situent dans le Gard, sur la rive droite du fleuve. La production n'est pas négligeable puisqu'elle peut représenter jusqu'à près de 30 % de la production totale de l'appellation. Elle se compose de vins légers, fruités et gouleyants qui s'accordent parfaitement avec les charcuteries, les volailles et les poissons de mer. Certains, plus corsés, s'harmoniseront mieux avec des viandes rouges ou des volailles en sauce.

A.O.C côtes-du-rhône villages

Au cœur de l'appellation générique, sur les collines de garrigue, trois villages peuvent mentionner leurs noms sur l'étiquette : Chusclan qui produit un rosé dont les arômes fruités et floraux étaient déjà appréciés par Louis XIV, Laudun avec des rouges équilibrés et des blancs réputés sous Henri IV, enfin, Saint-Gervais aux rouges amples et aux rosés rafraîchissants.

A.O.C. lirac

L'appellation réussit à réunir rouges, rosés, blancs dans un niveau de qualité égal, rouges au bouquet remarquable, rosés vigoureux, blancs aux parfums subtils.

A.O.C. tavel

Connu dès le Moyen Age, loué par Philippe le Bel, Ronsard et les papes d'Avignon qui s'y connaissaient en vin (de messe, bien entendu), le rosé, à lui seul, a fait la réputation mondiale de ce village gardois. C'était souvent, il y a trente ans, le seul vin du Languedoc présent dans les restaurants à l'étranger. Pourquoi cette aura ? Tout simplement par sa faculté rare chez les rosés de se conserver jusqu'à trois ans : la subtilité de ses arômes éclate alors.

Quelques adresses

- **CAVE DES VIGNERONS** Route d'Orsan - CHUSCLAN ✆ 04 66 90 11 03
- **VIGNERONS DE LAUDUN** Route de l'Ardoise - LAUDUN ✆ 04 66 82 00 22
- **CAVE DES VIGNERONS** Saint-Gervais ✆ 04 66 82 75 67
- **CAVE DES VIGNERONS** La Bégude - ORSAN ✆ 04 66 90 10 05
- **DOMAINE LA GENESTIERE** Chemin de Cravailleux - TAVEL ✆ 04 66 50 07 03
- **DOMAINE VENTAJOL** Route de Saint-Paulet - PONT-SAINT-ESPRIT ✆ 04 66 39 38 46
- **DOMAINE DES ROMARINS** Route d'Estezargues - DOMAZAN ✆ 04 66 57 05 84
- **CELLIER DES CHARTREUX** RN580 - PUJAUT ✆ 04 90 26 30 77
- **CELLIER SAINT-VALENTIN** 1, rue des Vignerons - ROQUEMAURE ✆ 04 66 82 82 01

A.O.C. costières-de-nîmes

Les costières sont des collines d'anciens cailloutis apportés par le Rhône, dans des temps très reculés où le fleuve, puissant, s'écoulait plus à l'ouest. Il en reste un paysage vallonné, bordant de ses pentes la Petite Camargue. Les vins rouges sont ronds et généreux, les rosés respirent le soleil à travers leur robe brillante, les blancs se marient avec les poissons ou composent des apéritifs magnifiques. Avec le temps, les rouges deviennent plus capiteux et s'accordent mieux avec des viandes en sauce ou le gibier.

A.O.C. clairette-de-bellegarde

Cette petite commune adossée au flanc sud des costières produit un vin blanc A.O.C., à la robe jaune paille. La mer n'est pas loin et il accompagnera idéalement les repas de poisson ou de coquillages. Pas mal, non plus, sur le fromage de chèvre.

Quelques adresses

- **CHATEAU SAINT-LOUIS LA PERDRIX** Route de Manduel - BELLEGARDE ✆ 04 66 01 13 58
- **LES VIGNERONS BEAUCAIROIS** Route de Fourques - BEAUCAIRE ✆ 04 66 59 82 70
- **CHATEAU MOURGUES DU GRES** Beaucaire ✆ 04 66 59 46 10
- **MAS DES TOURELLES** Route de Bellegarde - BEAUCAIRE ✆ 04 66 59 19 72

▶ **CHATEAU ROUBAUD D572 - VAUVERT © 04 66 73 30 64**

▶ **CHATEAU MAS NEUF Gallician - VAUVERT © 04 66 73 33 23**

▶ **CHATEAU DE CAMPUGET D403 - MANDUEL © 04 66 20 20 15**

▶ **CHATEAU LA TUILERIE Route de Saint-Gilles - NIMES © 04 66 70 07 52**

▶ **CHATEAU DE BELLE COSTE Chemin des Canaux - CAISSARGUES © 04 66 20 26 48**

A.O.C. coteaux-du-languedoc

C'est l'un des plus anciens vignobles du pays et l'appellation A.O.C. a été obtenue en 1985. Il s'étend depuis le Gard jusqu'à l'Aude et couvre une grande partie de l'Hérault, depuis les collines surplombant l'étang de Thau jusqu'aux premiers contreforts du causse du Larzac.

Il se différencie en trois crus : faugères, saint-chinian, clairette-du-languedoc, qui bénéficient aussi d'une appellation A.O.C. propre (voir plus loin) et de douze terroirs, parfois regroupés en zones climatiques ou géologiques (terrasses de Béziers, terrasses du Larzac, grès de Montpellier...).

- **Pic Saint-Loup.** Ici, les villages se dressent le plus souvent sur des éminences rocheuses, signe, qu'à l'époque, on savait économiser la bonne terre. Mais au-dessus de tous les horizons, le majestueux pic Saint-Loup domine, de ses 633 mètres, toute la région montpelliéraine. Parmi les cépages, les trois principaux sont le grenache, pour la résistance, la syrah pour la délicatesse et le mourvèdre pour la finesse des tanins ; s'y ajoutent cinsault et carignan noir. Le vin, de couleur soutenue, gouleyant, présente des arômes de fruits rouges, de réglisse et café.

- **Picpoul-de-Pinet.** Cépage noble, le picpoul blanc est très ancien et a donné son nom au vin. Pinet est situé à quelques kilomètres de la Méditerranée, dont il est séparé par l'étang de Thau. Nourri d'air marin, le picpoul est un vin blanc très apprécié sur coquillages et poissons.

- **La Clape.** Du temps des Romains, l'Aude donnait sur un golfe ponctué d'îles boisées. La plus vaste, la Clape, fut bien vite dédiée à la culture de la vigne. Raccordé aujourd'hui à la terre ferme, le massif est un site préservé, haut de 314 mètres, bordé par la mer et les étangs. Le vignoble partage cet espace de vallons et de canyons avec la garrigue et les pinèdes. Le vin blanc, fait au minimum de 60 % de bourboulenc (ou malvoisie), est le roi de cette île, titre qu'il partage pourtant avec grenache noir, syrah et mourvèdre en rouge.

- **Quatourze.** C'est un lieu-dit de la vaste commune de Narbonne, cerné de garrigues, à côté de l'étang de Bages ; il fait partie de la même zone climatique que la Clape, très sèche. Ce tout petit terroir (600 hectares) de galets roulés produit des blancs aromatiques, à base de macabeu, des rouges robustes et charpentés, issus de carignan, grenache et cinsault, excellents vins de garde.

- **La Méjanelle.** Géologiquement unie, jadis partagée entre plusieurs paroisses, la Méjanelle s'étend, de part et d'autre de la route de Mauguio, sur les communes de Montpellier, Saint-Aunes, Castelnau-le-Lez et Mauguio. Le terrain est constitué de vallonnements recouverts de cailloux ronds, "les grès", vestiges de l'ancien delta du Rhône. Le carignan donne un certain muscle au vin, le cinsault lui apporte sa souplesse, le grenache sa saveur et son degré, la sirah son bouquet très particulier.

- **Saint-Christol.** Il fit l'honneur de la table de saint Louis et fut apprécié, de 1260 à 1789, par les chevaliers de Saint-Jean-de-Jérusalem. Etalé sur 700 hectares de coteaux, il provient des cépages carignan, cinsault, grenache, auxquels se sont ajoutés, depuis quelques années, syrah et mourvèdre ; soigneusement cultivé et vinifié, il est de ces vins dont la tradition vigneronne respecte la qualité.

- **Saint-Drézery.** C'est l'appellation dont le terroir est le plus restreint, à peine 420 hectares situés sur un plateau de faible altitude, 100 m à 130 m. Des sols arides, de la rocaille. Les trois principaux cépages : carignan, cinsault, grenache, donnent des vins charnus, corsés et tendres. Rouges ou rosés bien charpentés, capiteux ; les vignerons l'aiment en accompagnement du mouton de la garrigue à la chair savoureuse et juteuse.

- **Saint-Georges-d'Orques.** L'appellation regroupe, sur 1 100 hectares de vignes, quatre communes de l'ouest de Montpellier. Dès le XVIIe siècle, la réputation de ces vins passe les frontières. Les boyards russes, les Hollandais, les Anglais et les Suisses savent en apprécier les saveurs. Et quand Thomas Jefferson, qui l'avait découvert lors d'un voyage, devint président des Etats-Unis, il était présent dans la cave de la Maison Blanche. Cinsault, carignan et grenache noir, exposés en sud-est, donnent des vins fins et fruités, équilibrés et sont à la base de ce succès.

- **Vérargues.** Près des vignes de muscat, sont cultivées celles de l'appellation, sur huit communes de l'est du département de l'Hérault. L'encépagement y est à base de carignan, de grenache, mais en pourcentage variable et aussi de mourvèdre et de syrah. Les vins rouges sont tendres, faciles à boire, tout en finesse et riches en bouquet.

- **Cabrières.** Au cœur de l'Hérault, le petit village de Cabrières se niche à mi-chemin entre mer et montagne. Les vins doivent énormément aux sols et sous-sols de la région où prédominent les schistes. A côté de la production de clairette-du-languedoc, celle du "vin vermeil", le fameux estabel, est tout aussi connue : un rosé souple et bouqueté, dont l'origine remonte au XIVe siècle. Les rouges des schistes sont veloutés et puissants, marqués par la syrah.

- **Montpeyroux.** Non loin de l'Hérault, au croisement des routes du Larzac et de la plaine, dans un décor de rocs, de chênes verts, de cade et de thym, le vignoble de Montpeyroux bénéficie largement du soleil languedocien. Cette terre, un des berceaux de la vigne, donne au vin réputation et noblesse. C'est une appellation réputée pour ses vins rouges très charpentés et charnus, à la finesse agréable.

- **Saint-Saturnin.** Un peu à l'écart des grands axes routiers, il appelle un agréable détour : la typicité des vins de Saint-Saturnin s'est façonnée au cours des siècles pour présenter, aujourd'hui, un vin aromatique souple et peu astringent, long en bouche et relativement peu chargé en couleur.

Quelques adresses

- **DOMAINE CLAVEL** Route de Sainte-Croix - ASSAS ✆ 04 99 62 06 13
- **DOMAINE GUINAND** 36, rue de l'Epargne - SAINT-CHRISTOL ✆ 04 67 86 85 55
- **DOMAINE DE LA COSTE** Saint-Christol ✆ 04 67 86 02 10
- **CHATEAU PUECH-HAUT** Saint-Drézery ✆ 04 67 86 59 23
- **CHATEAU DE CAZENEUVE** Lauret ✆ 04 67 59 07 49
- **DOMAINE HAUT-LIROU** Saint-Jean-de-Cuculles ✆ 04 67 55 38 49
- **CHATEAU DE LASCAUX** Place de l'Eglise - VACQUIERES ✆ 04 67 59 00 08
- **DOMAINE DE CLOVALLON** Route de Béziers - BEDARIEUX ✆ 04 67 95 19 72
- **DOMAINE DE LA DEVEZE** Montoulieu ✆ 04 67 73 70 21
- **CHATEAU GRES SAINT-PAUL** Route de Restinclières - LUNEL ✆ 04 67 71 27 90
- **CHATEAU DE L'ENGARRAN** Lavérune ✆ 04 67 47 00 02
- **DOMAINE DE LA PROSE** Pignan ✆ 04 67 03 08 30
- **CHATEAU DE FLAUGERGUES** Avenue Einstein - MONTPELLIER ✆ 04 99 52 66 37
- **DOMAINE LES GRANDES COSTES** Route du Moulin-à-Vent - VACQUIERES ✆ 04 67 59 27 42
- **DOMAINE DE L'HORTUS** La Plaine - VALFLAUNES ✆ 04 67 55 31 20
- **DOMAINE ARNAL** Langlade ✆ 04 66 81 31 37
- **DOMAINE GAUJAL** Pinet ✆ 04 67 77 02 12
- **CAVE DE L'ORMARINE** Avenue du Picpoul - PINET ✆ 04 67 77 03 10
- **COSTIERES DE POMEROLS** Pomerols ✆ 04 67 77 01 59
- **CAVEAU-MUSEE DES VIGNERONS** Route de Fontès - CABRIERES ✆ 04 67 88 91 60
- **PRIEURE SAINT-JEAN-DE-BEBIAN** Route de Nizas - PEZENAS ✆ 04 67 98 13 60
- **CHARTREUSE DE MOUGERES** Caux ✆ 04 67 98 40 01
- **CELLIER DES NEUF FIEFS** Avenue de la Gare - NEFFIES ✆ 04 67 24 61 98
- **VIGNERONS DE MONTPEYROUX** Montpeyroux ✆ 04 67 96 61 08
- **DOMAINE D'AUPILHAC** 28, rue du Plô - MONTPEYROUX ✆ 04 67 96 61 19
- **MAS JULLIEN** Jonquières ✆ 04 67 96 60 04
- **LES VINS DE SAINT-SATURNIN** Route d'Arboras - SAINT-SATURNIN-DE-LUCIAN ✆ 04 67 96 61 52
- **ABBAYE DE VALMAGNE** Villeveyrac ✆ 04 67 78 06 09
- **CHATEAU MIRE-L'ETANG** Fleury d'Aude ✆ 04 68 33 62 84
- **CHATEAU BEL EVEQUE** Route des Salins - GRUISSAN ✆ 04 68 75 00 48
- **CHATEAU ROUQUETTE-SUR-MER** Route Bleue - NARBONNE-PLAGE ✆ 04 68 49 90 41

A.O.C. clairette-du-languedoc

Le vignoble de la clairette-du-languedoc se situe dans la moyenne vallée de l'Hérault, sur des sols le plus souvent calcaires très blancs, mais aussi, pour une bonne partie sur des sols basaltiques rouges. Vin blanc d'une jolie couleur presque dorée, sec et au goût corsé, spécifique au cépage clairette. L'appellation, reconnue depuis 1948, porte sur douze communes, réparties en deux secteurs, le long des vallées de l'Hérault et de la Lergue.

Quelques adresses

- **DOMAINE DES AURELLES** Les Vignals - NIZAS ✆ 04 67 25 21 57
- **CHATEAU LA CONDAMINE-BERTRAND** Paulhan ✆ 04 67 25 27 96
- **CAVE LA CLAIRETTE** Avenue Charles-de-Gaulle - ADISSAN ✆ 04 67 25 01 07

A.O.C. faugères

Sur sept communes (Autignac, Cabrerolles, Caussiniojouls, Faugères, Fos, Laurens et Roquessels), un vignoble de 1 800 hectares occupe des terrasses avec des plantations en courbes de niveau. L'appellation faugères (depuis 1982) présente une homogénéité remarquable en ce qui concerne son terroir. Plus de 80 % des sols qui portent la vigne appartiennent à des sols les plus anciens de France. Ce sont des argiles issues des dépôts marins de la mer primitive fortement compressés. Il en est résulté les schistes que l'on voit aujourd'hui. Les sols donc, le climat de type méditerranéen (sec et doux), les cépages (50 % syrah, grenache et mourvèdre, plus cinsault et llerdoner pelut) et le vigneron... voilà les quatre raisons de la qualité des vins. Parmi les cépages, le carignan (notamment en vieilles vignes) donne des produits souvent exceptionnels. Ce sont des vins capiteux qui, au nez, développent des arômes de fruits rouges, d'épices, de garrigues.

Quelques adresses

- **DOMAINE DE CLOVALLON Route de Béziers - BEDARIEUX © 04 67 95 19 72**
- **CHATEAU DES ESTANILLES Lenthéric - CABREROLLES © 04 67 90 29 25**
- **CHATEAU HAUT-FABREGUES Cabrerolles © 04 67 90 28 67**
- **DOMAINE ALQUIER Faugères © 04 67 23 07 89**
- **LE CAVEAU DES SCHISTES Laurens © 04 67 90 25 58**
- **CHATEAU DE GREZAN Route de Bédarieux - LAURENS © 04 67 90 27 46**

DOMAINE OLLIER-TAILLEFER Route de Gabian - FOS © 04 67 90 24 59

A.O.C. saint-chinian

Le Saint-Chinian est une petite région de l'Hérault située entre deux cours d'eau, le Vernazobres et l'Orb. Les lettres de noblesse de son vin remontent à Charles le Chauve et, plus tard, on le servait aux convalescents des hôpitaux de la Salpêtrière, l'Hôtel-Dieu, La Pitié et Saint-Louis au motif qu'il hâtait les guérisons. La production est répartie sur vingt communes, définies depuis 1982. L'aire de production est réservée à des terrasses ou coteaux secs et rocailleux orientés le plus souvent vers la mer. C'est un terroir varié de schistes et d'argilo-calcaire, qui convient aux : grenache noir, syrah, mourvèdre, carignan noir et cinsault. Les vins rouges et rosés, issus de la zone schisteuse, sont fruités, souples et généreux ; ceux des zones argilo-calcaires, corsés, longs et typés.

Quelques adresses

- **LES COTEAUX DU RIEU-BERLOU 4, avenue des Vignerons - BERLOU © 04 67 89 58 58**
- **CHATEAU CAZAL-VIEL Cessenon-sur-Orb © 04 67 89 63 15**
- **DOMAINE DES JOUGLA Prades-sur-Vernazobres © 04 67 38 06 02**
- **DOMAINE DE ROUEIRE Route de Capestang - QUARANTE © 04 67 89 49 22**
- **LES VINS DE ROQUEBRUN Avenue des Orangers - ROQUEBRUN © 04 67 89 64 35**
- **LES VIGNERONS DE SAINT-CHINIAN Route de Sorteilho - SAINT-CHINIAN © 04 67 38 28 48**
- **CHATEAU LA DOURNIE La Dournie - SAINT-CHINIAN © 04 67 38 19 43**
- **MAS CHAMPART Saint-Chinian © 04 67 38 20 09**
- **DOMAINE DES PRADELS Hameau du Priou - SAINT-CHINIAN © 04 67 38 01 53**

A.O.C. minervois

Entre la Montagne Noire et le canal du Midi s'étagent les terrasses de ce cru. Leur altitude varie entre 50 m et 500 m et le vignoble en son ensemble s'étend sur 4 500 hectares, soit 45 communes audoises et 16 dans l'Hérault. A environ 30 km de la Méditerranée, l'influence maritime décroît, peu à peu, tandis que l'ouest de l'appellation reçoit des influences atlantiques. Ces éléments font que ce vaste amphithéâtre, orienté plein sud, est sous-divisé en cinq zones : à l'ouest, les côtes noires sous influence atlantique ; au sud-ouest, la Clamoux, protégée, par des collines, des influences méditerranéennes ; la zone centrale, la plus vaste, est entièrement méridionale ; au nord-est, le causse est la zone la plus froide ; à l'inverse, les Serres, au sud-est, ne sont qu'à 20 km de la mer et bénéficient d'un temps clément à la vigne. Tous ces microterroirs donnent une extraordinaire variété de vins. Les rouges et les rosés sont élaborés à partir des cépages grenache noir, syrah, mourvèdre, llerdoner pelut, carignan, picpoul noir, terret et aspiran. Les rouges sont structurés et présentent, jeunes, des arômes de cassis et violette, avant de développer des notes de fruits confits et des tanins soyeux. Les rosés, à apprécier jeunes, sont nerveux en bouche, sur des arômes de fruits rouges. Les blancs ont beaucoup de finesse et d'élégance ; secs et fruités, avec des notes de miel et de tilleul, ils sont élaborés, principalement, à partir de cépages grenache blanc, bourboulenc, macabeu, marsanne, rousanne et vermentino (rolle) ; selon la zone, ils peuvent être ronds ou vifs.

CHATEAU AUZIAS

PARETLONGUE en CABARDES

Il n'est pas de grand vignoble sans une grande histoire. Ainsi ce vignoble du Cabardès, au pied de la Montagne Noire, tire sa pérennité historique de l'exceptionnelle réussite d'un terroir.depuis le Ve siècle avant Jésus-Christ. Aujourd'hui, dans cette union complexe et délicate de cépages atlantiques (Merlot et Cabernet) et méditerranéens (Grenache et Syrah), d'une plaine et de coteaux, d'un climat recueillant les vents d'Est (le Marin) et d'Ouest (le Cers), des hommes consacrent leur vie à produire un vin exceptionnel. Le Château Auzias, situé à deux pas de la Cité de Carcassonne et du Canal du Midi, est l'exploitation du grand Domaine de Paretlongue en Cabardès, dont l'histoire remonte à l'époque gallo-romaine. Des écrits anciens mentionnent une splendide villa gallo-romaine et le déroulement de plusieurs batailles. Le vignoble est très ancien puisque dès 1111, en pleine période Cathare, l'abbaye "Notre Dame de Pareti-Longi" est fondée par les chanoines de Carcassonne. Ces derniers reçoivent en 1265, après la croisade contre les Albigeois, des privilèges royaux. A partir de 1580, avec Pierre de Boyer, Seigneur de Monclar et son neveu François de Roques d'illustres familles languedociennes se succèdent à Paretlongue : En 1648, Martin de Charmois, conseiller du Roy est seigneur de Paretlongue. Sa famille reste propriétaire du domaine jusqu'à la fin du 1er Empire. C'est à cette date que furent construit le château actuel et les immenses caves. En 1872, Léon et Emile Auzias développent, à partir de Carcassonne, un important commerce de vin du Languedoc vers l'est de la France et créent la marque et les étiquettes associées à leur nom de famille.

Accès :

Quitter l'autoroute Toulouse-Montpellier à la sortie Carcassonne-Ouest et prendre la rocade en direction de Toulouse par la RN 113, (suivre les panneaux "verts" indiquant Toulouse), passer sur la Canal du Midi, jusqu'au rond point de l'entrée Ouest de Carcassonne.

Pour l'accès direct : Laisser l'hypermarché "Edouard Leclerc" sur la gauche et à 200 m environ prendre un chemin à droite, (attention en angle droit), juste avant le magasin "But" situé en face. Au pont du Fresquel, à la grille, vous êtes à l'entrée de la propriété.

Pour les livraisons et les camions : Poursuivre 2 km environ sur la RN 113 et prendre à droite vers "Pennautier". Dans le village, prendre la direction "Villemaustoussou" et suivre les panneaux "Château Auzias-Paretlongue" (deux fois sur la droite).

Bienvenue à l'entrée du domaine. Avant votre visite, pensez à nous prévenir au : 06 08 09 03 55 (heures des repas de préférence).

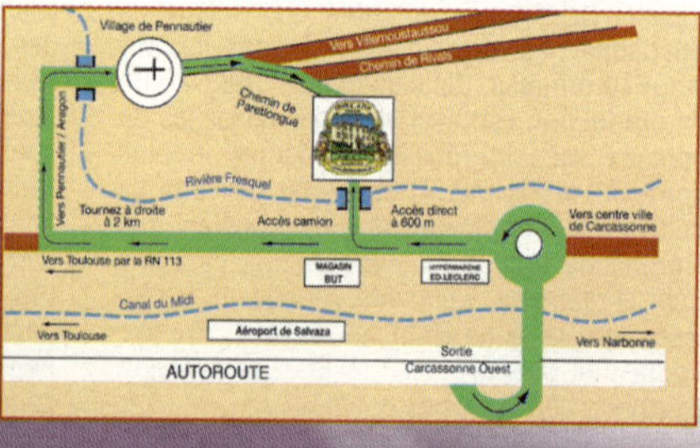

Après la première guerre mondiale, un vigneron du Domaine de Paretlongue déterre, lors de travaux d'aménagement près de la cave actuelle, une petite, mais très belle, statue d'une Vierge à l'Enfant. Celle-ci est exposée dans la chapelle de Notre-Dame de Paretlongue qui lui est dédié dans l'église paroissiale. En 1926, Eugène Castel, qui fut le premier à introduire à Paretlongue, et dans le Languedoc, les cépages atlantiques de merlots et de cabernets, découvre, en faisant labourer les champs situés entre les vignes de Bonal et du Moural, les fondations d'une imposante villa Gallo-Romaine. La pièce principale était dallée d'une fine mosaïque de marbre.

En 1998, les héritiers Auzias rattachèrent à Paretlongue le vignoble voisin de Villedubert appartenant à leur grand-mère maternelle. Aujourd'hui, Nathalie et Dominique Auzias, entourés de leurs quatre enfants, continuent à agrandir le Domaine. Avec l'appui du Régisseur Alain Bernard, ils restructurent le vignoble, réaménagent les caves et développent le réseau commercial dans le monde. Ils assurent tout simplement la continuité de l'étonnante et merveilleuse histoire de Paretlongue et ainsi, au cours des âges, la bonne gestion familiale de ce grand domaine assura sa pérennité. En tout début de ce nouveau siècle et millénaire, le Château Auzias-Paretlongue, particulièrement caractéristique du Cabardès, constitue certainement, avec ses 120 ha. d'un seul tenant, l'une des plus grandes propriété viticole privée du Languedoc.

Les vins du Château Auzias Paretlongue, distribués en France sur les meilleures tables et dans 14 pays, dont la Chine, l'Amérique et la Russie, contribuent au renouveau de ce merveilleux vignoble.

Cuvée "Monsieur"

Vin de Pays
Cité de Carcassonne
Rouge

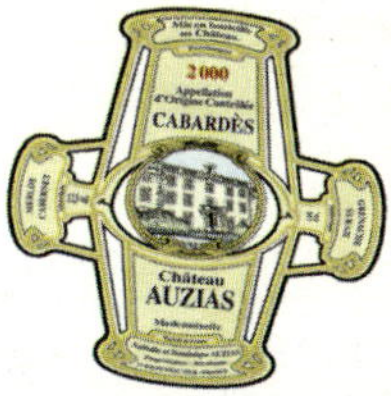

Cuvée "Mademoiselle"

AOC CABARDES
Rouge

CHÂTEAU AUZIAS-PARETLONGUE

CHATEAU et DOMAINE
Paretlongue - 16610 PENNAUTIER
✆ 04 68 47 28 28 - Fax 04 68 47 92 20

BUREAUX à PARIS
18, rue des Volontaires - 75015 PARIS
✆ 01 53 69 70 00 - Fax 01 42 73 15 24

Site Internet : www.chateauauzias.fr - **E-mail :** auzias@chateauauzias.fr

A.O.C. minervois-la-livinière

Depuis 1997, La Livinière a obtenu sa propre appellation. Au cœur du Minervois, entre les pentes du petit causse et les terrasses de l'Argent Double, ce terroir à dominante calcaire a été porté en avant par ses vignerons. Les 2 600 hectares englobés par l'appellation se répartissent entre une commune de l'Aude et six de l'Hérault : Azille, Azillanet, Cesseras, Félines, Siran, La Livinière ; 150 hectares sont, pour l'heure, en culture, exploités par vingt caves particulières et quatre coopératives. L'A.O.C. minervois-la-livinière est directement entrée dans la cour des grands et les meilleurs restaurateurs, qui l'ont mis à leur carte, apprécient la complexité aromatique de ces vins de garde, volumineux et suaves.

Quelques adresses

- **CHATEAU VILLERAMBERT-JULIEN Caunes-Minervois ✆ 04 68 78 00 01**
- **CHATEAU FABAS Félines-Minervois ✆ 04 68 78 17 82**
- **DOMAINE LA TOUR BOISEE Laure-Minervois ✆ 04 68 78 10 04**
- **CHATEAU SAINT-LEON Badens ✆ 04 68 79 29 29**
- **CHATEAU VIOLET Route de Pépieux - PEYRIAC-MINERVOIS ✆ 04 68 78 30 01**
- **CHATEAU COUPE-ROSES La Caunette ✆ 04 68 91 21 95**
- **CAMPAGNE DE CENTEILLES Siran ✆ 04 68 91 52 18**
- **CHATEAU SAINTE-EULALIE La Livinière ✆ 04 68 91 42 72**

A.O.C. corbières

Entre montagne pyrénéenne et rivage méditerranéen, bordées par l'Aude et les Fenouillèdes, les Corbières sont terres de civilisation et de culture. Le grand massif qui a donné son nom à l'appellation se compose de calcaires et de schistes aux points les plus hauts, puis apparaissent de vastes terrasses de cailloux roulés, de grès et de marnes. Là, poussent carignan, grenache noir, syrah, mourvèdre et cinsault dédiés aux vins rouges ; le blanc conjugue grenache, macabeu, bourboulenc, marsanne et rousanne. Tels sont les principaux cépages fixés par le décret de 1985 qui détermine l'appellation d'origine contrôlée. Ces cépages sont adaptés au climat, pris entre Méditerranée et Atlantique, qui évolue au gré des vallées, au pied des barrières rocheuses. Les particularités de sol, de climat et d'altitude ont conduit les vignerons des Corbières à distinguer des crus selon les terroirs. Ils sont, aujourd'hui, au nombre de onze, autour des communes ou lieux-dits de Boutenac, Durban, Fontfroide, Lagrasse, Lézignan, Quéribus, Saint-Victor, Serviès, Sigean, Termenès et la montagne d'Alaric. Cette vaste zone, qui réunit, au total, 87 communes de l'Aude et 19 000 hectares classés, est, en volume, la plus grande A.O.C. du Languedoc.

Corbières rime avec caractère et ses vins blancs, rouges et rosés en ont à revendre. Personnalisés, ils révèlent l'identité forte de ce terroir. Les blancs et les rosés, bien équilibrés, séduisent par leur intensité aromatique, leur fraîcheur. Aux trois âges de sa vie, le rouge s'inspire de la mûre et du cassis, puis respire les épices, le poivre, la réglisse et les senteurs de la garrigue ; viennent, enfin, les saveurs de vieux cuir, de café et de cacao, de sous-bois et de gibier. La diversité des terroirs fait que l'on trouve, en Corbières, des vins faciles, friands, à boire jeunes, et d'autres, plus concentrés, qui demandent à être élevés quelques années. Selon le type de vin qu'il veut faire, le vigneron choisit, soit la fermentation traditionnelle, soit la vinification en grains entiers qui dégage des arômes plus complexes, plus épicés, et des tanins ronds et fins.

Quelques adresses

- **CHATEAU DE LASTOURS Portel-des-Corbières ✆ 04 68 48 29 17**
- **CAVES ROCBERE Portel-des-Corbières ✆ 04 68 48 28 05**
- **CHATEAU HAUT-GLEON Villesèque-des-Corbières ✆ 04 68 48 85 95**
- **LES VIGNERONS DE CUCUGNAN 3, chemin de Malpas - CUCUGNAN ✆ 04 68 45 41 61**
- **CAVE DE CASTELMAURE 4, route des Cannelles - EMBRES-ET-CASTELMAURE ✆ 04 68 45 91 83**
- **CHATEAU LA VOULTE-GASPARETS Boutenac ✆ 04 68 27 07 86**
- **CHATEAU ETANG DES COLOMBES Lézignan-Corbières ✆ 04 68 27 00 03**
- **CAVE DES HAUTES COTES D'ALARIC 1, rue des Corbières - MONZE ✆ 04 68 78 68 01**
- **CHATEAU DE CARAGUILHES Saint-Laurent-de-la-Cabrerisse ✆ 04 68 27 88 99**
- **CHATEAU MANSENOBLE Avenue Henri-Bataille - MOUX ✆ 04 68 43 93 39**

A.O.C. fitou

Entre Narbonne et Perpignan, Fitou a fait son lit de 2 600 hectares, en deux zones distinctes : les terres argilo-calcaires du bord de mer (communes de Fitou, Caves, Treilles, Leucate et La Palme), et une zone montagneuse de schistes (Villeneuve-lès-Corbières et Cascatel-des-Corbières) et de terrasses caillouteuses bordées d'argilo-calcaire (Tuchan et Paziols). Dans une région où le soleil se montre quelque 330 jours par an, le Fitou maritime est largement ouvert à l'influence de la mer qui tempère le climat méditerranéen. Le haut Fitou, séparé de la Méditerranée par les Serres, est bien plus chaud et sec. Depuis des siècles, la couleur reine est le rouge, servie royalement par le prince carignan dont la cour compte parmi ses fidèles serviteurs le grenache noir, la syrah et le mourvèdre. Le décret fixant l'appellation en 1948 en fait la plus ancienne appellation de vins rouges du Languedoc que produisent, avec talent, plus de 500 viticulteurs, réunis dans cinq caves coopératives. On compte aussi une trentaine de caves particulières. Les vins de fitou ont des arômes de fruits rouges, d'épices où se signalent le poivre, une note boisée et des saveurs de garrigue ; viennent, sur des cuvées plus anciennes, les fruits mûrs, le pruneau, l'amande grillée et le cuir. Amples et charnus, ils offrent une belle persistance en bouche. Le terroir met en valeur la puissance du carignan, que tempère l'onctuosité du grenache noir ; la syrah a été choisie pour son bouquet aromatique et le mourvèdre parce que sa structure tannique et aromatique exprime la chaleur méditerranéenne. La réglementation impose un délai de douze mois entre vendange et vente du vin, et c'est tant mieux car le fitou se bonifie. Arrivé à maturité, il laisse s'exprimer tout son bouquet qui s'est développé pendant un élevage en barrique (exceptionnellement en foudre).

Quelques adresses

- **DOMAINE MEYNADIER RN9 - FITOU ✆ 04 68 45 60 94**
- **LES VIGNERONS DE LEUCATE 2, avenue Francis-Vals - LEUCATE ✆ 04 68 40 01 31**
- **DOMAINE SAINT-PANCRACE 23, rue des Corbières - LA PALME ✆ 04 68 48 50 21**
- **LES PRODUCTEURS DU MONT TAUCH Tuchan ✆ 04 68 45 41 08**
- **CHATEAU DES NOUVELLES Tuchan ✆ 04 68 45 40 03**

A.O.C. cabardès

A la frontière entre le Languedoc et l'Aquitaine, sur la face sud de la Montagne Noire, la vigne s'étage des terres siliceuses de gneiss et de schistes, des calcaires, des marnes et, plus rare, des terrasses anciennes ; les vignerons ont choisi pour elle les pentes les mieux exposées du dernier contrefort du Massif central, juste au-dessus de la cité de Carcassonne. Cet emplacement tout en contrastes, au carrefour des influences atlantique et méditerranéenne, convient à la culture des cépages des deux origines : d'un côté cabernet-sauvignon, merlot, cot et fer servadou, de l'autre grenache, syrah, cinsault et carignan. En 1997, ces viticulteurs attachés à ce qui fait l'authenticité de leur pays ont franchi une nouvelle étape en entrant dans la famille des vins d'appellation d'origine contrôlée, qui s'étend sur 18 villages du Cabardès. Ils présentent des vins aromatiques et équilibrés, des rouges et des rosés profonds et puissants comme leur terre. Le bouquet, né de l'alchimie de la terre, du climat et des ceps, est fait de fruits rouges et de fruits exotiques, tendant, en vieillissant, vers le tabac, le café et le pruneau.

Quelques adresses

- **CHATEAU AUZIAS-PARETLONGUE Pennautier ✆ 04 68 47 28 28**
- **CHATEAU VENTENAC 1, place du Château - VENTENAC-CABARDES ✆ 04 68 24 93 42**
- **LE CELLIER DES TROIS CONQUES Conques-sur-Orbiel ✆ 04 68 77 12 90**
- **VIGNOBLES LORGERIL Château de Pennautier - PENNAUTIER ✆ 04 68 72 65 29**
- **CHATEAU VENTAILLOLE Ventenac-Cabardès ✆ 04 68 24 92 74**
- **DOMAINE DE PECH ROSIE Domaine du Petit Paradis - MONTOLIEU ✆ 04 68 78 10 51**

A.O.C. malepère

Jouxtant le Cabardès, mais de l'autre côté du canal du Midi, le massif de la Malepère déroule ses terrasses caillouteuses et ses collines entre Carcassonne, Limoux et Castelnaudary : le vignoble est ici chez lui, enraciné dans des molasses à dominante gréseuse, entourées de quelques terrasses du quaternaire. Sur ce terroir de vins rouges et rosés, on a pu associer les cépages du sud-ouest aux méditerranéens : merlot, cot et cinsault sont les principaux, secondés de cabernet, grenache et syrah en faible part. Classée Natura 2000, la Malepère reconnue zone d'intérêt floristique et faunistique s'est vu attribuer la certification européenne "qualité environnement". Les vins sont des A.O.C. puissants qui aiment les viandes rouges et les fromages forts, ainsi que le cassoulet ! Jeunes, ils se marient, avec bonheur, à une viande blanche. Le rouge jeune est très fruité et évoque les petits fruits rouges, la fraise, la cerise et la mirabelle ; plus tard, il rappelle la torréfaction, la prune à l'eau-de-vie, la figue, les épices, sous une robe intense, aux reflets violine avec un nez aux notes de fruits rouges et d'épices.

Quelques adresses

- **CHATEAU DES COINTES** Roullens ✆ 04 68 26 81 05
- **CAVE LA MALEPERE** Arzens ✆ 04 68 76 21 31
- **DOMAINE LE FORT** Montréal-d'Aude ✆ 04 68 76 20 11
- **CHATEAU DE ROUTIER** Rourier ✆ 04 68 69 06 13
- **CHATEAU DE ROBERT** Villesiscle ✆ 04 68 76 11 86

A.O.C. côtes-du-roussillon

Le Roussillon est un bassin rempli de sédiments et cailloutis apportés par les torrents des trois massifs qui l'encadrent : les Corbières au nord, le Canigou à l'ouest, les Albères au sud. Les vignes y occupent une position de balcon, sur des sols de composition très variée, et subissent un climat très particulier, puisqu'il est le plus sec et le plus ensoleillé de France. Les vignes y sont assez âgées, ce qui explique la faiblesse des rendements et la richesse des vins. L'appellation, acquise en 1977, concerne 125 communes du département des Pyrénées-Orientales et s'applique à des vins blancs, rosés et rouges. Pour les rouges, le cépage dominant est le carignan à plus de 70 %, accompagné de grenache, llerdoner pelut, cinsault, syrah et mourvèdre. Les blancs sont, essentiellement, le fruit du macabeu et du cépage local, la malvoisie du Roussillon (ou tourbat) et proviennent souvent de raisins récoltés avant maturité, aussi sont-ils frais et aromatiques. Les rosés sont obtenus par saignée, c'est-à-dire courte macération, et sont très fruités. Les rouges, élaborés par macération carbonique, ont des arômes de petits fruits rouges et évoluent vers des notes épicées ; ceux, obtenus par macération traditionnelle, sont plus tanniques, s'optimisent en deux ans et évoluent vers des notes de griotte, pruneau et amande grillée.

Quelques adresses

- **CHATEAU DE VILLARGEIL** 2, rue Juan-Gris - CERET ✆ 04 68 87 42 32
- **CHATEAU L'ESPARROU** Canet-en-Roussillon ✆ 04 68 73 30 93
- **LES VIGNERONS DE FOURQUES** 1, rue des Taste-Vin - FOURQUES ✆ 04 68 38 80 51
- **DOMAINE SARDA-MALET** Chemin de Sainte-Barbe - PERPIGNAN ✆ 04 68 56 72 38

A.O.C. côtes-du-roussillon villages

Dans l'aire des côtes-du-roussillon, une trentaine de communes bénéficient, depuis 1977, de l'appellation côtes-du-roussillon villages, uniquement pour les vins rouges, sur 2 000 hectares. Elles sont toutes situées sur le versant le plus aride, au nord du fleuve Agly. L'encépagement est le même que pour l'appellation générique. Deux communes, Latour-de-France et Caramany, en raison de l'originalité de leur terroir de schistes, peuvent rajouter leur nom à l'appellation côtes-du-roussillon villages. Les vins sont, en général, plus corsés que leurs homologues de l'appellation voisine ; bien charpentés, ils se conservent plusieurs années, après un élevage de 2 ans, en cuve, barriques ou demi-muids de chêne neufs. Les arômes sont complexes, fruits rouges bien mûrs, épices, cannelle, poivre, pain grillé auxquels s'ajoute une note vanillée lorsque le vin a été élevé en fût.

Quelques adresses

- **CHATEAU DE JAU** N117 - CASES-DE-PENE ✆ 04 68 38 90 10
- **CAVE DE CARAMANY** Caramany ✆ 04 68 84 51 80
- **DOMAINE PIQUEMAL** 1, rue Pierre-Lefranc - ESPIRA-DE-L'AGLY ✆ 04 68 29 19 80
- **CAVE DES VIGNERONS** 14, avenue Joffre - BAIXAS ✆ 04 68 64 22 37
- **LES VIGNERONS DE PLANEZE** Avenue de Caramany - RASIGUERES ✆ 04 68 29 11 82

A.O.C. collioure

Les collioures sont des "vins secs" produits sur le même terroir que le banyuls et concernent quatre communes : Collioure, Port-Vendres, Banyuls-sur-Mer et Cerbère. Les vignes sont établies en terrasses très étroites, sur des sols schisteux, acides et pauvres. Des réseaux de rigoles très complexes, mises au point, autrefois, par les Templiers, canalisent les eaux de pluie pour lutter contre l'érosion. Mais, les orages d'automne sont parfois très violents, aussi, tous les 3 ou 4 ans, faut-il remonter, à dos d'homme, la terre qui est descendue.

Depuis 1971, l'appellation a fixé les cépages à utiliser : grenache noir (60 % à 75 %), mourvèdre, carignan, cinsault, syrah (25 % à 40 %). Les raisins sont égrappés, foulés et vinifiés de façon traditionnelle, pour obtenir de bonnes structures tannique et aromatique. Les vins sont élevés six mois en cuve, puis sont affinés en bouteilles dans des chais climatisés. Jeunes, ils ont une belle robe pourpre, au nez exprimant le terroir, avec des parfums de fruits rouges et d'épices. Après quelques années, ils virent à l'acajou et leurs arômes évoluent vers des notes de venaison, de cuir et de truffe : ils sont alors parfaits avec les viandes rouges et le gibier.

Quelques adresses

- **CAVE COOP L'ETOILE 26, avenue Puig-des-Mas - BANYULS-SUR-MER ✆ 04 68 88 00 10**
- **CLOS DE PAULILLES Baie de Paulilles - PORT-VENDRES ✆ 04 68 98 07 58**

A.O.C. blanquette-de-limoux

En 1531, dans les caves de l'abbaye de Saint-Hilaire, un humble moine constate que son vin bouché avec du liège prend mousse : il fait des bulles... Tel est l'acte de naissance du premier brut du monde ! Les archives abondent ensuite en mentions des vins de Limoux, et l'on raconte même qu'ils auraient inspiré un certain Dom Pérignon. Aux confins occidentaux du Languedoc, Limoux laisse ses terres s'abaisser et remonter en pentes douces entre 200 et 600 mètres d'altitude, les mettant ainsi à l'abri de la canicule. La Méditerranée dispense généreusement son soleil, l'Atlantique une pluviométrie bienvenue, tandis que les Pyrénées veillent au loin sur ces terroirs sablo-argileux et argilo-calcaires. Les vignerons d'antan y ont reconnu des terres à vin blanc et ont sélectionné, il y a longtemps, le mauzac, puis le chenin et le chardonnay. Le trio gagnant n'a plus bougé : le premier, aux notes de pomme verte et de fleur d'acacia, apporte velouté et douceur ; le deuxième se distingue par ses notes fleuries, sa fraîcheur et sa finesse ; le dernier, par sa complexité et son côté vineux, procure les arômes d'agrumes, de fruits exotiques et arôme de grillé.

Depuis 1938 (date de l'appellation), les règles sont bien établies. Sur la zone (quarante communes environ), le mauzac, majoritaire, et ses deux compères, sont cultivés en rendements faibles. Le vigneron en extrait un premier jus qui fermente en cuve. La deuxième fermentation a lieu en bouteille. Le vin, auquel on a ajouté une liqueur de tirage, "prend mousse", transforme son sucre en alcool et en fines bulles. Puis, il repose sur lie pendant neuf mois. La dernière opération avant le bouchage au liège consiste à ajouter la "liqueur d'expédition" qui fait, de chaque cuvée, un brut, un sec ou un demi-sec. Tels sont les gestes, immuables et précis, qui donnent cette robe jaune pâle, brillante, ce nez "mutin", cette bouche typique du mauzac, de pomme verte, de fleur d'acacia et d'aubépine.

A.O.C. blanquette méthode ancestrale

Depuis 1981, on a ainsi nommé une blanquette dont la fermentation est entièrement naturelle. La prise de mousse est, ici, la continuation en bouteille de la première fermentation, grâce au sucre résiduel du mauzac. Seul, ce cépage est autorisé et l'opération a été longue à maîtriser ; il semblerait qu'elle ne réussisse qu'à la vieille lune de mars... Quoi qu'il en soit, sa légèreté et sa note aromatique légèrement sucrée en ont fait le succès.

A.O.C. crémant-de-limoux

Sur les mêmes terres que ses grands devanciers, le crémant a été reconnu en tant qu'A.O.C. en 1990. En équilibrant les trois cépages, les vignerons obtiennent un brut qui vieillira douze mois. Les amateurs le reconnaissent à ses arômes de pêche et d'abricot, presque de brioche et de grillé. Ses reflets dorés et ses bulles fines sont un accompagnement original des poissons et viandes blanches.

A.O.C. limoux

Les vins blancs tranquilles de Limoux doivent, pour mériter leur appellation, être vendangés à la main et mis en tonneau immédiatement, où ils fermenteront et seront élevés. Les fûts de chêne brûlé leur donnent un arôme particulier, mais on y discerne, surtout, le chardonnay, majoritaire. Chaque maison limouxine signe son propre assemblage des trois cépages, qui donnent des vins amples et ronds. On dit d'eux qu'ils sontn à la fois typiques de leur terroir et surprenants, mais toujours superbes.

Quelques adresses

- **LES VIGNERONS DU SIEUR D'ARQUES Avenue de Mauzac - LIMOUX ✆ 04 68 74 63 00**
- **DOMAINE DE FLASSIAN Limoux ✆ 04 68 31 15 88**
- **DOMAINE FOURN Pieusse ✆ 04 68 31 15 03**
- **DOMAINE DE MARTINOLLES Saint-Hilaire ✆ 04 68 69 41 93**
- **DOMAINE DE L'AIGLE Roquetaillade ✆ 04 68 31 39 12**
- **DOMAINE COLLIN Tourreilles ✆ 04 68 31 35 49**

Les vins doux naturels

Au Moyen Age, Arnau de Vilanova (francisé en Arnaud de Villeneuve) eut la riche idée d'ajouter de l'eau-de-vie dans le vin : il venait de découvrir le secret des vins mutés qui est à l'origine des vins doux naturels.

Les V.D.N. se définissent ainsi :

- ce sont des vins, car ils proviennent exclusivement du sucre de raisin frais.
- ils sont doux parce qu'ils conservent, grâce au mutage, une partie de ce sucre.

- ils sont naturels, car toute adjonction de produit aromatisant est interdite.

Dix appellations d'origine contrôlée de vins doux naturels, dont cinq de muscats, existent en Languedoc-Roussillon, élaborées à partir de cépages nobles : grenache (noir, gris et blanc), macabeu, malvoisie du Roussillon, muscat à petits grains et muscat d'Alexandrie. En accessoires, sont autorisés carignan, cinsault, listan et syrah.

A.O.C. banyuls

Elle comporte essentiellement des vins rouges produits sur les quatre communes de la Côte vermeille, sur un terroir au sol schisteux et peu profond, très aride, en terrasses.

A.O.C. banyuls grand cru

Mêmes caractéristiques que pour le banyuls, mais, ici, le pourcentage de grenache est plus important (+ de 75 %), le temps de macération est de 5 jours et il doit être élevé en fûts de chêne pendant au moins 30 mois. Au final, des arômes qui évoluent vers des notes de café, thé, pruneau, noisette et vanille.

Quelques adresses

- **CELLIER DES TEMPLIERS** Route du Mas-Reig - BANYULS-SUR-MER ✆ 04 68 98 36 70
- **CLOS CHATARD** Route du Musée-Maillol - BANYULS-SUR-MER ✆ 04 68 88 12 58
- **CAVE COOP L'ETOILE** 26, avenue Puig-des-Mas - BANYULS-SUR-MER ✆ 04 68 88 00 10
- **DOMAINE RENO** Les Hauts-de-l'Ouille - COLLIOURE ✆ 04 68 81 12 65
- **CLOS DE PAULILLES** Baie de Paulilles - PORT-VENDRES ✆ 04 68 98 07 58

A.O.C. maury

Protégée par le rebord sud des Corbières, la commune de Maury produit un V.D.N. réputé. Les sols schisteux, le cépage grenache pour moitié, une macération traditionnelle, donnent un vin très riche en arômes, tanins et couleurs. Puissant et charpenté, il acquiert, en vieillissant, des arômes de fruits cuits et de cacao.

Quelques adresses

- **DOMAINE DU MAS AMIEL** Maury ✆ 04 68 29 01 02
- **DOMAINE DE LA COUME DU ROY** 5, rue Emile-Zola - MAURY ✆ 04 68 59 02 11
- **SCV LESQUERDE** Rue Grand-Capitoul - LESQUERDE ✆ 04 68 59 02 62

A.O.C. rivesaltes

C'est un vin doux naturel qui peut être rouge, rosé ou blanc, élaboré à partir de grenache (noir, gris ou blanc), de macabeu et de malvoisie. L'aire s'étend sur 24 000 ha et 86 communes. Prenant une teinte ambrée en vieillissant, les rivesaltes blancs développent des arômes de vanille, cacao, cerise cuite ou miel. Les rouges ont plus de puissance et peuvent vieillir plus longtemps.

A.O.C. muscat-de-rivesaltes

C'est un vin doux naturel blanc, produit à partir de muscat à petits grains et de muscat d'Alexandrie sur une aire comprenant les terroirs de Banyuls, Maury et Rivesaltes. Les muscats-de-rivesaltes sont fruités, légers et très fins. Ils se distinguent par leurs arômes "muscatés" bien marqués, mêlés à des arômes floraux : menthe, genêt, acacia.

Quelques adresses

- **DOMAINES CAZES** 4, rue Fransisco-Ferrer - RIVESALTES ✆ 04 68 64 08 26
- **DOMAINE DE ROMBEAU** Rivesaltes ✆ 04 68 64 35 35
- **CHATEAU DE VILLARGEIL** 2, rue Juan-Gris - CERET ✆ 04 68 87 42 32

A.O.C. grand roussillon

C'est l'appellation régionale des vins doux naturels du Roussillon, où peuvent se replier les vins des appellations banyuls, maury, rivesaltes et muscat-de-rivesaltes. Sa production varie selon les années et est toujours relativement faible.

A.O.C. muscat de saint-jean-de-minervois

Le cépage muscat doré de Frontignan a trouvé un terroir à sa mesure sur ce terroir d'altitude (300 mètres environ), à l'extrême nord-ouest du Minervois, sur la seule commune de Saint-Jean-du-Minervois. Ce cépage à petits grains, que l'on dit plus que millénaire, se satisfait d'une terre de calcaire dur, entourée de chênes kermès. Six caves particulières et une cave coopérative mettent en valeur 160 hectares et en tirent un superbe vin doux naturel, un peu plus sec que les autres muscats. Son bouquet rappelle le raisin, un peu la fleur d'acacia, alors qu'en bouche, il est à la fois frais et d'une grande complexité, tout en subtilité.

Quelques adresses

- **DOMAINE DE BARROUBIO** Saint-Jean-de-Minervois ✆ 04 67 38 14 06
- **DOMAINE DE MONTAHUC** Saint-Jean-de-Minervois ✆ 04 68 91 42 63

A.O.C. muscat-de-frontignan

Le muscat-de-frontignan, cultivé dans la région depuis la plus haute Antiquité a été servi sur les tables des rois de France. Rabelais et Voltaire en faisaient leur délice. L'appellation a été décernée en 1936, à la création de l'INAO, sur un terroir qui occupe, en partie, les pentes rocailleuses du massif de la Gardiole. Les vignerons de Frontignan produisent le vin doux naturel le plus connu ainsi qu'un vin de liqueur réputé, à partir d'un muscat à petits grains.

Quelques adresses

- **COOPERATIVE DU MUSCAT 14, avenue du Muscat - FRONTIGNAN © 04 67 48 12 26**
- **CHATEAU LA PEYRADE Frontignan © 04 67 48 61 19**

A.O.C. muscat-de-mireval

L'aire de production est située au nord de Frontignan sur les coteaux du massif de la Gardiole qui protège les vignes des vents du nord. Le muscat à petits grains y donne un vin doux naturel très aromatique.

Quelques adresses

- **LA CAVE DE RABELAIS N112 - MIREVAL © 04 67 78 15 79**
- **DOMAINE DE LA CAPELLE Mireval © 04 67 78 15 14**

A.O.C. muscat-de-lunel

La production se fait entre Montpellier et Nîmes sur un terrain siliceux, riche en galets roulés de l'ancien delta du Rhône. Le voyageur anglais Sterne qualifiait le vin, en 1760, de meilleur muscat du monde. Il est issu de muscat à petits grains et de muscat d'Alexandrie.

Quelques adresses

- **CHATEAU GRES SAINT-PAUL Route de Restinclières - LUNEL © 04 67 71 27 90**
- **PAVILLON DU MUSCAT 357, avenue Général-de-Gaulle - LUNEL © 04 67 71 10 73**
- **DOMAINE BELLEVUE Route de Sommières - LUNEL © 04 67 83 24 83**

Les vins de pays

Sur le plus grand vignoble du monde qu'est le Languedoc-Roussillon, la palette des cépages est riche de 31 variétés, dont 25 vinifiées en monocépage. Tous sont soumis au climat méditerranéen, aux températures clémentes, à la sécheresse estivale, aux vents de terre et à ceux de mer. Tant de cépages et de terroirs divers donnent aux vignerons les instruments d'élaboration de vins de typicités différentes. Entre vins de pays d'oc, vins de pays départementaux et vins de pays de zones, on ne compte pas moins de 63 dénominations différentes !

Les vins de pays d'oc

Ils s'étendent sur les quatre départements côtiers et leur production se divise en trois catégories : les vins de cépage (86 % de la production), très typés ; les vins d'assemblage (14 %) et les vins primeurs, tout juste 50 000 hectolitres de vins légers et fruités, mis sur le marché le 3e jeudi d'octobre. S'y ajoutent les vendanges tardives et les "grand'oc" qui signent les cuvées de prestige depuis le millésime 1999. Misant sur les vins de cépages depuis 1987, les vins de pays d'oc se sont engagés dans une démarche de qualité et ont restructuré l'encépagement autour de six cépages. Les "stars" régionales sont cabernet-sauvignon, merlot, syrah, grenache noir en rouge et rosé (66 % et 11 % de la production), chardonnay et sauvignon en blanc. Rappelons que les conditions de production de ces vins offrent une garantie d'origine, de qualité, de naturel. Ils doivent être issus de cépages recommandés. Comme pour les appellations d'origine contrôlée, ils doivent respecter les conditions de production et sont agréés après être passés devant une commission de dégustation.

Les vins de pays, de département ou de zones

Sur les quatre départements (Gard, Hérault, Aude, Pyrénées-Orientales), il existe également plus de 40 appellations vins de pays, ceux qui portent le nom d'un département (vin de pays de l'Hérault...) ou de zones plus délimitées, Cévennes, côtes de Thau, côtes de Thongue, Bérange, pays catalan...

Comme pour l'échelon régional, ils doivent correspondre à des critères précis sous un cahier des charges très rigoureux.

Les *grandes* tables

Alexandre-Michel Kayser

Route de l'Aéroport - 30128 GARONS © 04 66 70 08 99. *Menus : "Dégustation", pour 2 personnes minimum, (entrée, 2 plats, fromage et dessert) à 62 € ; "Gourmand", servi aux convives d'une même table (2 entrées, 2 plats, fromage et dessert) à 72 €. Menu carte à 52 €. Fermeture annuelle pendant les vacances de février. Fermé le dimanche soir et le lundi.* Les grands travaux d'Alexandre seront achevés en ce début d'année 2004. Le maître des lieux, Michel Kayser, change en effet de décor mais, fort heureusement, pas de cuisine ni de fournisseurs. Car le chef nous a habitués à la parfaite mise en scène des produits de qualité qu'il choisit soigneusement auprès de ses producteurs attitrés. Le pigeon rôti au bois de réglisse vient de chez M. Baeza. Le foie gras de canard mi-cuit aux langoustines accompagné d'une tuile au pamplemousse est celui "des Verdier". Le dos de sandre avec sa tombée de cresson et purée à l'ail adouci est croûté au beurre de Montpellier et la brandade de Nîmes en version originale s'agrémente d'une émulsion de citron/huile d'olives de M. Paradis… Un avant-goût de l'état de grâce qui suit immanquablement la dégustation. Il faut dire que Michel Kayser ne se contente pas de mettre en scène les meilleurs produits, il les réinvente, les déguise, pour mieux les révéler dans l'assiette. La surprise précédant l'interrogation, la réponse séduit forcément les amateurs d'innovation gastronomique. Ainsi, la courgette-fleur soufflée à la mousseline de truffes de Provence sert d'entrée du soleil avec ses légumes glacés à la livêche, nappés d'un mousseux de champignons et la poêlée de jambonnettes de grenouilles avec ses mollets en risotto d'épeautre donne une toute autre allure à ce produit typiquement français. Dommage que le chariot des gourmandises ne fasse pas preuve de la même recherche. On se consolera avec la carte des vins, joliment troussée et présentant une belle palette de vins du terroir, à tous les prix, à commencer par les costières-de-nîmes. A découvrir, par exemple, avec un blanc "Château de la Tuilerie Vieilles vignes 2001" (28 €) ou un rouge "Château d'Or et de Gueule Cuvée Prestige 1998" (32 €). A signaler, une remarquable carte des vins de champagne riche en cuvées millésimées de grandes marques, mais aussi en magnums : Bollinger, Laurent Perrier, Louis Roederer… à 140 €. **Futé :** la formule "Déjeuner autour d'un plat", du mardi au samedi uniquement, qui propose de se faire plaisir, même en étant pressé, avec le plat du jour, un verre de vin en accord avec le plat et le chariot de gourmandises. Le tout pour 35 €.

Auberge du Vieux Puits

Fontjoncouse ✆ **04 68 44 07 37.** *Fermé dimanche soir, lundi et mardi. Congés annuels : de début janvier à début mars. Menus : "Bienvenue au pays", servi à midi en semaine, sauf veilles et jours de fêtes, "Air de fête en Corbières" (5 plats, fromages et dessert) et le menu dégustation "Quelques pas dans la Garrigue".* Meilleur ouvrier de France en 1996, Gilles Gougon revendique le titre de cuisinier, pas celui de chef. Même s'il avoue parfois râler en cuisine lors des "coups de feu". Sa conception du métier c'est, avant tout, d'être "un marchand de bonheur. Pour bien cuisiner, il faut se souvenir de l'ambiance qui régnait à la maison lorsque notre mère mettait les petits plats dans les grands. C'était le foutoir dans la cuisine, la panique dans la maison. Tout ça parce qu'on recevait famille ou amis et qu'on voulait leur donner le meilleur". Roger Vergé au Moulin de Mougins, Jean-Paul Passédat au Petit Nice, et Gérard Clor l'encourageront dans cette voie tout en lui donnant une sérieuse base de gestion d'un grand restaurant. "Je m'étais toujours dit, à trente ans tu t'installes." C'est ce que fit Gilles Goujon avec son épouse Marie-Christine, dans un petit village du Languedoc-Roussillon. Une première, puis une deuxième étoile au Michelin viendront récompenser cette maison aux débuts difficiles. Mais, l'envie de ravir ses hôtes et leur palais, n'a pas quitté notre cuisinier qui veille toujours aux moindres détails de chaque assiette quittant les cuisines. L'un de ses menus n'est-il pas baptisé "Bienvenue au pays" ? Son enthousiasme, sa nature passionnée et émotive transparaissent dans ses plats entre soleil et sourire canaille : raviolis de petits gris et moules de pleine mer en crème d'aïgo boulido, queue d'écrevisses pattes rouges sur une crème de crustacés, sorbet fenouil en chaud-froid d'un bouillon de poule à l'anis étoilé, suprême de pigeon rôti sur sa carcasse "un pastis gascon" aux figues façon pastilla, la cuisse aux fruits secs en gastrique acidulé, croustillant de crêpes au chocolat et cardamome... Sans oublier "le chariot de fromages, surtout des Corbières... mais aussi d'ailleurs". Plus qu'un repas, c'est une chanson de Nougaro vantant les rivières de Corbières qui danse sur nos papilles. Reste à faire chanter le vin. Avis aux œnologues en herbe, la carte des vins détaille les différents terroirs et leurs caractéristiques pour guider le client vers le type de vins qu'il peut attendre. Des vins des Corbières, il peut ici attendre le meilleur. **Futé :** le petit déjeuner régional servi aux gourmets qui séjourneront une nuit à l'Auberge du Vieux Puits. **Hébergement :** l'auberge est dotée de 8 chambres déclinées sur le thème des fleurs (dont une suite avec Jacuzzi), avec salon et terrasse donnant sur la piscine.

Le Carré des Gourmets, Spinaker Hôtel***

Pointe de la Presqu'île - Port Camargue - LE GRAU DU ROI ✆ **04 66 53 36 37.** *Site Internet : www.spinaker.com - E-mail : spinaker@wanadoo.fr. Ouvert, pour la saison 2004, du 14 février au 14 novembre. Tous les soirs (sauf lundi) et le dimanche midi en juillet et août. Fermé lundi et mardi, d'avril à novembre. Menus à 32 €, 42 €, 49 €, 51 € et 81 €. Sur la base d'un menu composé d'une mise en bouche, d'un plat et d'une trilogie de desserts, le prix augmente à chaque plat supplémentaire.* Idéalement situé, aux portes de la Camargue, sur une presqu'île ombragée de palmiers, le restaurant panoramique "Carré des Gourmets", jouit d'une vue imprenable sur le port de plaisance du Grau-du-Roi. C'est là le moindre de ses atouts. Car le principal réside dans l'assiette. En cuisine, Jean-Pierre Cazals porte visiblement une attention toute particulière à la qualité et à la provenance des produits qu'il utilise. L'huile d'olive est de Maussane, la pièce de bœuf fait un minimum de 600 g et vient de chez Jean Denaux, le "pata negra", jambon cru espagnol affiche, lui, 24 mois, tandis que le chariot des fromages est sélectionné et affiné par le maître fromager Cyril Carambat. Ensuite, c'est la créativité du chef qui s'exprime. Et ce sont les clients qui en parlent le mieux. L'un s'extasie sur la délicatesse du mille-feuille de saumon sauvage, poêlé aux aubergines rôties et son palmito de saumon fumé, rillettes aux herbes, quand l'autre remarque la cuisson parfaite de la sole meunière des petits bateaux de pays et qu'un troisième se réjouit de son choix original : les profiteroles de foie gras frais de canard aux cerises, tagliatelle de céleri-rave et gastrique au guignolet. Dommage que la belle inventivité de Jean-Pierre Cazals soit recouverte par quelques formules agaçantes, façon Hôtel Costes, telle cette véritable soupe de petits poissons roche "comme il se doit" et sa garniture. L'abus des adjectifs "vrai" et "véritable" nuit un peu à l'excellent a priori que l'on se fait en dévorant des yeux les plats à la carte. La carte des vins, elle, est sans reproche. Belle sélection des vins du terroir, présence des principales régions vinicoles française et un large choix de vins à petits prix (moins de 40 €), conseillés par le sommelier Olivier Ganozzi. **Futé :** les soirées jazz-menu à 54 € pour marier les plaisirs (musique et gastronomie, oreille et palais). Réservation vivement conseillée pour les vendredi 18 juin, 1er septembre et le dimanche 14 novembre. **Hébergement :** 21 chambres à partir de 108 € la nuit pour 1 ou 2 personnes, et 4 suites avec vue sur la baie à partir de 229 € la nuit. Demi-pension avec menu gastronomique le soir, à partir de 224 € pour 2 personnes, à condition de séjourner minimum trois jours.

Chateau de Montcaud

Combe - 30200 SABRAN ✆ 04 66 89 60 60. *Site Internet : www.chateau-de-montcaud.com - E-mail : montcaud@relaischateaux.com. Le restaurant "Les Jardins de Montcaud" est fermé le midi en semaine et le restaurant "Les bistrots du monde" est fermé le soir en semaine. Le château est ouvert du samedi 3 avril au 31 octobre 2004. Menus à 35 €, 48 €, et Menu Plaisir à 75 € pour "Les jardins de Montcaud".* Après plusieurs années d'apprentissage dans les cuisines des grands hôtels, à Paris ou à Boston, c'est auprès de Guy Martin, au Grand Véfour, que Marc Buffet a peaufiné sa vision enthousiaste de la gastronomie et cette joie, sans cesse alimentée, de faire plaisir à sa clientèle. C'est ici, dans le cadre - à la hauteur de sa cuisine délicate - du Château de Montcaud, qu'il se plaît à mettre en recette une cuisine inventive pétrie d'envies de voyages. Les plats qui font aujourd'hui sa renommée illustrent d'ailleurs cette ouverture sur le monde : langoustines rôties au mini citron confit à la badiane et bouillon de crustacés à la réglisse, noisettes de veau de lait rôti, confiture de tomate roma avec granité au piment doux violet et jus à la citronnelle. Les adeptes de la cuisine du terroir "authentique" auront quelques propos amers, mais, comme tant d'autres, les gourmets curieux et surtout exigeants sur la qualité des produits et l'harmonie des saveurs, n'auront en bouche que la douceur qu'il y a à flatter ainsi son palais. La région et le terroir, c'est à la carte des vins qu'ils s'expriment pleinement car ce sont ici les côtes-du-rhône qui tiennent la vedette. Une prédilection bien compréhensible quand on se trouve, aux portes du château, au beau milieu des vignes de l'appellation. Les amateurs apprécieront le bel effort consenti par l'établissement pour proposer des cuvées à moins de 20 €. **Futé :** l'établissement prépare des circuits touristiques "sur mesure", pour vous permettre de découvrir la région, entre Cévennes et Avignon, à votre rythme et selon vos goûts. Chaque dimanche, le restaurant propose un "Jazz lunch" avec concert, buffet à volonté, boissons et café (59 €). **Hébergement :** ce superbe château, niché entre forêt et vignobles des côtes-du-rhône, est situé dans un parc de cinq hectares, avec piscine chauffée, sauna, hammam, tennis. Il compte 29 chambres climatisées dont six suites junior. Nombreux forfaits découverte, forfaits week-end, forfaits vacances. Prix des chambres variables selon la saison, la durée et le type de séjour choisi.

Le Jardin des Sens

11, avenue Saint-Lazare - MONTPELLIER ✆ 04 99 58 38 38.
Site Internet : www.jardindessens.com - E-mail : contact@jardindes-sens.com. Fermé : dimanche et lundi toute la journée, mardi et mercredi midi, sauf en juillet-août où le restaurant ne ferme que le dimanche et le midi, lundi et mercredi. Congés annuels : janvier. Menus : Déjeuner (servi du mardi au vendredi hors jours de fête) à 46 €, Sens et Saveurs (entrée, plat, fromages, desserts) à 110 €, et Sens et Découverte (servi pour l'ensemble de la table) à 170 €. On ne présente plus les jumeaux les plus célèbres de la gastronomie, exemple parfait, s'il en est, de la cuisine à quatre mains, talents complémentaires dédiés, pour l'un, aux recettes salées, pour l'autre, aux douceurs multiples des desserts. Le duo de chef est "secondé" par l'ami de toujours et associé fidèle, Olivier Château, qui dirige la salle avec élégance et sérieux. Deux qualités (auxquelles on ajoutera la passion) que l'on retrouve dans la composition de la carte des vins, hommage rendu aux nectars du Languedoc-Roussillon. Faugères, saint-chinian, coteaux-du-languedoc, minervois, fitou et vins de pays de l'Hérault sont, en effet, mis en avant et ardemment défendus par nos trois mousquetaires et ce, depuis des années. La carte des champagnes, grands crus de bordeaux, bourgognes et de vins de la vallée du Rhône n'en est pas moins remarquable. Juste un peu inaccessible. Côté menu, le palais ne sait comment choisir entre les bonbons de foie gras de canard croustillant aux pommes de terre et aigre-doux de poire à la vanille, le mille-feuille de morilles et compotée de blé aux pois mangetout, les fleurs de courgettes soufflées de queues de langoustines ou le filet de lapin rôti purée de patates douces et châtaignes avec ses ravioles de cèpes. Chaque assiette offre une composition tellement travaillée que ces œuvres culinaires éphémères font presque de l'ombre aux toiles d'art contemporain régulièrement exposées sur les murs du restaurant. La création et le plaisir des nouvelles trouvailles reste le moteur de nos deux chefs, toujours soucieux de surprendre et de convaincre. La multiplication de leurs établissements ("La Compagnie des Ccomptoirs", la boulangerie-pâtisserie et "Eat NoMad" à Montpellier, "La Maison Blanche" à Paris et d'autres établissements à Londres ou Bangkok) dit assez leur appétit en la matière et leur envie de répandre une bonne parole qui s'appelle "le bon goût". **Futé :** le menu déjeuner à 46 €, très intéressant compte tenu des prix à la carte. L'atelier de cuisine ouvert par les deux frères juste en face du restaurant pour tout savoir des trucs et astuces des grands chefs. Des cours pour adultes et enfants sont animés toute l'année autour de thèmes précis : foie gras, asperge, pomme de terre, la cuisson des poissons ou l'art des desserts… **Hébergement :** le goût sans faille des frères Pourcel se retrouve dans la décoration design et les nombreuses œuvres d'art qui jalonnent les chambres et couloirs de leur hôtel. Les yeux se régalent ici comme les pailles au restaurant. Nuit en chambre double entre 170 € et 250 €, suites entre 300 € et 450 €. Piscine extérieure et tennis. Animaux acceptés (8 € par jour).

La Table Saint-Crescent

68, avenue du Général-Leclerc - NARBONNE ✆ 04 68 41 37 37. *E-mail : saint-crescent@wanadoo.fr. Fermé samedi midi, dimanche soir et lundi toute la journée. Menus : "Saveurs et régions" à 28 € sans les vins et 35 € vins compris, "Gourmandises" en été à 46 € et 58 € vins compris.* Entrez, allons entrez, ne vous laissez pas impressionner par l'aspect quelque peu imposant du bâtiment, par l'atmosphère inimitable de cet ancien oratoire du VIIe siècle. Les plages ne sont pas loin et l'histoire de la cité médiévale de Carcassonne attendra bien quelques heures encore. Le sourire ravi de Claude Giraud, propriétaire de la Table Saint-Crescent, vaut toutes les invitations du monde. Et que dire de la cuisine, méditerranéenne en diable, conçue pour créer l'accord parfait avec le produit de la vigne des gens de ce terroir, "ces hommes de vérité que sont les vignerons du Languedoc-Roussillon". Disons, pour simplifier, ceux présents sur la carte des vins de "La Table". Le parcours du chef, exemplaire, nous promet des accords particulièrement harmonieux. La Cabro d'Or, le restaurant les Prés d'Eugénie de Michel Guérard, la Bastide Saint-Antoine ou, encore, les cuisines de l'hôtel Ritz à Paris ont vu passer Lionel Giraud, fils des propriétaires, qui a repris la direction des fourneaux pour le plus grand plaisir des convives et à la grande fierté de ses parents. Père et fils figurent de concert sur le menu qui offre toutes les saveurs et les parfums sereins du midi. Bouchées de bonheur piochées au hasard : les trois gaspachos découverte, l'un à la tomate grappe, l'autre au melon et enfin à la tomate verte, la salade de homard saisi et citronné avec mousseline d'avocat, mitonnée de légumes et sucs aux trois poivrons ou encore le jarret de veau cuit 24 heures et son flan d'ail nouveau à la fleur de thym, pommes de terre écrasées. Quand simplicité et subtilité parlent avec le même accent de sincérité…

Fenêtre ouverte sur un des fleurons gastronomiques de la région, la terrasse s'étire devant les vignes. Une transition visuelle bienvenue avant de plonger son regard et son nez dans "Les mots de cave", le petit nom de la carte des vins, qui paraît-il, "ont, eux aussi, l'accent du midi". Bien sûr les meilleurs terroirs du Languedoc-Roussillon ont toute la latitude voulue pour s'exprimer. Et c'est la lumineuse Sabine Giraud, la maîtresse de maison, qui vous invite à "faire tourner" les verres pour laisser le vin s'aérer et révéler ses arômes. Du sympathique vin de cépage (à partir de 13 €) au saint-chinian "Les terrasses grillées" 1996 (95 €), en passant par un coteaux-du-languedoc blanc picpoul-de-pinet "cuvée Ludovic Gaujal" 2001 (19 €) ou un banyuls "Vieilles vignes" Domaine du Mas blanc 1985 (59 €), il y en a pour tous les terroirs de la région, pour tous les goûts et toutes les bourses. Car il convient de souligner les prix particulièrement attractifs des vins à la carte, même pour les bordeaux. Un fronsac 1994 à 40 €, reste, somme toute, raisonnable.

Une carte spécialement dédiée aux "arômes en coin" : coin de cave (eaux de vie et alcools), coin du café et coin cigares (de Saint-Domingue ou de la Havane), dit assez l'importance accordée au temps. Celui que l'on prend, que l'on s'accorde, que l'on passe à se faire plaisir, c'est du temps gagné, sur d'éventuels soucis, que l'on nous offre ici. **Futé** : un menu peu ordinaire, baptisé "Une idée, pourquoi pas !", servi du lundi au vendredi sauf jours fériés pour 17 € et qui comprend le "fricot" du jour, le fromage et la gourmandise. Le "cop" de vin et le café en signe de convivialité sont offerts.

Festivals
et manifestations

Abrivado à Nîmes

Région essentiellement touristique, il n'est pas étonnant que, en Languedoc-Roussillon, 90 % des grandes manifestations culturelles et autres festivals se déroulent pendant la saison estivale ; seules, quelques initiatives intéressantes, le fait de grandes villes ou de départements, osent le hors saison, visant en priorité les populations locales.

Les goûts culturels et artistiques des 15 millions de touristes accueillis par an étant forcément diversifiés, la programmation se veut large, avec cependant une très forte dominante, mais cela n'est pas propre à la région, pour la musique classique. Cependant, depuis quelques années, la tendance est à la création de manifestations consacrées "aux musiques du monde", avec une préférence marquée pour les rythmes sud-américains.

Le panorama qui suit décrit quelques manifestations qui se déroulent dans la région. Les oubliés seront déçus, mais personne n'est parfait, tant la sélection est large, capable d'assouvir tous les goûts et toutes les envies. Pour les manifestations traditionnelles (joutes, carnavals, danses folkloriques...) il convient de se référer à la rubrique "Traditions et modes de vie".

Les grands rendez-vous

Le Festival de Radio France et Montpellier (Hérault)

Le Festival de Radio France et Montpellier a été créé en 1985 à l'initiative de Radio France et de la ville de Montpellier pour concilier "classique et inattendu, grands interprètes et jeunes espoirs, accents anciens et sonorités de demain... dans la grande tradition du service public... qui, seul, peut offrir un si grand choix" (Jean-Noël Jeanneney, président-directeur général de Radio France - 1985).

Radio France souhaitait, à cette époque, poursuivre sa politique de production musicale et faire valoir sa mission de service public en créant son propre festival. Le choix s'est naturellement porté sur Montpellier en raison de l'enthousiasme de la municipalité et des infrastructures et facilités qui y ont été aménagées. En 1985, le festival accueille 40 000 personnes, il atteint les 60 000 en 1996 et dépasse aujourd'hui les 100 000 spectateurs. Ayant à l'origine misé sur la diversité géographique, il s'est, depuis, davantage concentré sur le site de Montpellier et son agglomération, notamment pour des raisons techniques et acoustiques. Fidèle aux principes qui ont régi sa création, il a su maintenir et valoriser sa politique de programmation au cours de ses dix-neuf années d'existence.

Le festival : plusieurs vocations

Réhabiliter des ouvres disparues ou rarement données.

Les maisons de disques, les organisateurs de concerts découvrent peu à peu que la vie musicale, pour se renouveler, dispose de perspectives infinies, tant dans le passé que dans l'avenir. Après la belle aventure des "baroqueux", la même curiosité doit aujourd'hui prévaloir sur le répertoire classique des XIXe et du XXe siècles, où, autant qu'ailleurs, les méconnus sont légion. Ce goût de la découverte accompagne, depuis l'origine, l'histoire du Festival de Radio France et Montpellier. Ainsi, a-t-on redécouvert, au fil des ans, Poliuto de Donizetti, Lodoïska de Cherubini, Henry VIII et Etienne Marcel de Saint-Saëns, Don Giovanni de Gazzaniga, Ivan IV de Bizet et Sigurd de Reyer, le Rienzi de Wagner, la Jeanne d'Arc et l'Oberto de Verdi, les Chants du souvenir de Martucci, le Psaume 13 de Liszt, le Barbier de Séville de Morlacchi, le Requiem de Dvorak, la Finta giardiniera de Mozart, Guntram de Richard Strauss, Macbeth de Bloch, Penthésilée de Schoeck, Parisina de Mascagni, Cassandra de Gnecchi, Cavalleria rusticana de Monleone, Risurrezione d'Alfano, Notre-Dame de Paris de Franz Schmidt, Hary Janos de Kodaly, Les Fées du Rhin d'Offenbach.

Accueillir de grands interprètes

Par la singularité de ce qu'il propose, le Festival de Radio France et Montpellier a tissé, au fil des ans, une relation privilégiée, amicale, avec les grands interprètes, une véritable communauté musicale s'est formée au fil des années : Alfred Brendel, Claudio Abbado, Sviatoslav Richter, Friedrich Gulda, Maria João Pires, Hildegard Behrens, Fazil Say, Augustin Dumay, Pierre Amoyal, François-René Duchâble...

Les remarquables salles de concerts, les lieux historiques et les nombreuses cours qu'offre Montpellier, la curiosité du public, l'atmosphère de cette ville du sud et sa douceur de vivre, tout concourt au bien-être des artistes accueillis au festival.

Rendre la culture accessible au plus grand nombre.

Beaucoup de concerts, d'ouvres, de lieux, de genres, mais aussi, l'exigence de rendre accessible à un large public les concerts d'Abbado, Sawallisch, Haitink, Brendel ou Pirès, inciter les grands chefs, les meilleurs orchestres, les ensembles et les solistes à mêler au grand répertoire des oeuvres rares, des partitions insolites ou oubliées.

Festival pour tous les publics avec une politique de tarifs soucieuse d'ouvrir ses manifestations au plus grand nombre, il est devenu, au fil des ans, un espace de rencontre privilégié pour les musiciens, les mélomanes et les curieux. 80 % des concerts et manifestations sont à entrée libre et les tarifs des concerts payants les plus élevés n'excèdent pas 34 €.

Festival de musiques vivantes

La création contemporaine est également au cour de la programmation du festival : création française du Concerto pour violon de John Adams, de Pages de Frank Zappa, du Château des Carpathes de Philippe Hersant, du Satyricon de Bruno Maderna ; la découverte, en 1995, de la jeune génération des compositeurs avec Michael Torke, James MacMillan, David Horne, Marc-André Dalbavie, René Bosc mais aussi des oeuvres de Luciano Berio, Pierre Boulez, Florent Schmitt ou René Koering...

La musique vivante pour le festival, c'est aussi le jazz pour découvrir, chaque jour, aux Ursulines, l'un des "bands" français qui comptent, c'est aussi la musique traditionnelle, le flamenco, le fado ou les récitals de Paolo Conte sans oublier les concerts de la Fondation Beracasa où de jeunes interprètes se font entendre dans le monde entier grâce aux enregistrements de Radio France.

Depuis deux ans, les musiques électroniques ont également trouvé leur place dans ce festival et, pendant toute une semaine, font découvrir leurs influences, leurs courants, leurs relations aux arts plastiques : Mad Professor, Kenny Larkin, Playin4City...

La 20e édition se déroulera du 11 au 31 juillet 2004 et, comme toujours, mêlera manifestations payantes où l'on peut entendre des œuvres méconnues jouées par les plus grands interprètes, sinon des œuvres connues jouées par des interprètes encore méconnus, et concerts gratuits qui ouvrent la musique au plus grand nombre. C'est le cas des concerts de la Fondation Beracasa qui donnent l'occasion, à des premiers prix de conservatoire ou à des lauréats de concours internationaux, de débuter leur carrière (tous les jours à l'heure du déjeuner - salle Pasteur le Corum), mais aussi des concerts de musique de chambre (chaque jour salle Pasteur le Corum), des concerts de jazz à la Cour des Ursulines, des projections de fims musicaux (en partenariat avec la SACEM), les concerts de musiques électroniques Antigone chaque soir à 19 heures), et des concerts dans les quartiers et les villages de l'agglomération de Montpellier.

Réservations - Informations : 04 67 02 02 01.
www.festivalradiofrancemontpellier.com.

Festival Pablo Casals de Prades

Certainement le plus vieux festival de la région et peut-être même du pays, car il a dépassé le demi-siècle. C'est, en effet, en 1950, que le violoncelliste Pablo Casals, en exil à Prades depuis 1939, crée cette manifestation. Après son départ de la ville et sa mort en 1968, le festival lui survivra. C'est, aujourd'hui, une trentaine de concerts qui, du 26 juillet au 13 août, profitent de la beauté et des qualités acoustiques de l'abbaye de Saint-Michel-de-Cuxa, mais aussi des églises de Prades, Rigarda, Catlar, Molitg, Mosset... Chaque année, les plus grands interprètes et virtuoses sont au rendez-vous que leur a donné, il y a plus de cinquante ans, Pablo Casals.

Festival international à dimension humaine, le Festival Pablo Casals suscite un enthousiasme toujours neuf, les musiciens, les étudiants de l'Académie internationale et les mélomanes venus du monde entier ont le plaisir de se rencontrer pour partager des moments rares de complicité dans des lieux sublimes où la qualité de l'interprétation porte la musique à des sommets.

Le festival, c'est aussi 53 ans d'histoire musicale dans la lignée du grand violoncelliste. Une manifestation classée au 5e rang des meilleurs festivals de musique de chambre mondiaux, un taux de notoriété spontanée en Roussillon de 87 % (37 % au niveau national), une affiche annuelle prestigieuse, la découverte de nouveaux talents, la fidélité d'un public de connaisseurs, la qualité de l'échange qui fait partager l'ambiance et l'allégresse particulière à Prades et aux villages du Conflent… Et, enfin, un état d'esprit unique grâce au charisme et au talent de Pablo Casals : Pablo Casals a fait triompher une certaine idée de la musique de chambre, une musique qui, dans l'esprit, favorise un concept d'échanges où chacun est à l'écoute de l'autre, et place, au même niveau, la dimension humaine et les qualités artistiques.

Pablo Casals a aussi créé, en 1950, l'Académie internationale de Musique, développement pédagogique du festival. Son but est de former et de promouvoir de jeunes talents. Elle accueille, chaque année, 150 étudiants, de 41 nationalités, encadrés par 25 professeurs. Dans l'avenir, dans le cadre d'une fondation, l'académie fonctionnera à l'année, permettant à 80 jeunes de se perfectionner et préparer les concours. De même, elle organisera, en été, des sessions destinées aux amateurs de bon niveau. Dans le cadre de la fondation, deux concours (l'un de composition, l'autre d'interprétation) confirmeront Prades comme capitale de la musique de chambre. Dotés de prix attractifs et d'un jury composé de célébrités du monde de la musique, ils seront un élément très important de notoriété.

En 2004, le festival a pris comme thème "Bienvenue en Europe", en hommage à l'entrée de dix nouveaux états dans l'Union européenne et la programmation fera une large place à la musique de ces pays ainsi qu'à des artistes venus des différents états : Chypre, Estonie, Hongrie, Lettonie, Lituanie, Malte, Pologne, République Thchèque, Slovaquie, Slovénie.

Contact : 04 68 96 33 07

Les autres manifestations de la région

Musique/Danse

Festival musique, terroirs et grands vins du Languedoc-Roussillon

Organisé depuis quatre ans à l'initiative du conseil régional et du comité de promotion des vins du Languedoc, ce festival, qui se déroule durant le mois de juillet, a pour but de faire découvrir des sites et monuments implantés dans un terroir viticole. Les soirées commencent par un concert, suivi par une dégustation des vins des producteurs locaux. La responsabilité musicale est confiée à Daniel Tosi, de la "Camerata de France", basée à Perpignan et au trompettiste Bernard Soustot. Au programme, les grands compositeurs classiques, mais, aussi, des hommages à des compositeurs régionaux moins connus). Au fil des ans, les spectateurs ont ainsi pu découvrir l'abbaye de Saint-Hilaire ou de Saint-Olycarpe (terroir de limoux), le Mas Reig ou le Cellier des Templiers (banyuls et collioure), l'abbatiale de Quarante (saint-chinian), la cour de la Madeleine à Narbonne (corbières), les cathédrales de Mende, Uzès ou Maguelone (vins de pays d'oc), le prieuré d'Aragon (cabardès), l'abbaye de Caunes-Minervois (minervois), la chapelle Saint-Vincent à Estagel (côtes-du-roussillon), abbatiale d'Aniane (coteaux-du-languedoc), la chapelle Saint-Julien à Salinelles (vins de pays d'oc), la chartreuse de Valbonne (côtes-du-rhône rive droite). Cette initiative originale est de plus gratuite ; les lieux étant en général de faible capacité et la dégustation offerte, nous conseillons à tous les "Petits Futés" de bien se renseigner et d'arriver à l'avance. Et, en plus, un CD "quatre titres" des hymnes régionaux (dont le célèbre "Coupo Santo") est remis aux participants.

Autre originalité, le concert d'ouverture a toujours lieu sur le site de clôture de l'année précédente : rendez-vous donc début juillet 2004 dans l'église Saint-André de Rivesaltes.

Contact : 04 67 22 63 70

Fugue en Aude Romane (Aude)

Musique classique et abbayes, l'association est naturelle et a déjà fait ses preuves dans de nombreux endroits. Fort de ses huits abbayes romanes : Saint-Hilaire, Villelongue, Lagrasse, Caunes-Minervois, Saint-Papoul, Alet-les-Bains, Saint-Polycarpe, Fontcalvy, le département de l'Aude se devait d'organiser des concerts dans ces lieux prestigieux, une occasion unique d'écouter autant que d'admirer. En 2004, les trois dernières semaines de juillet.

Contact : 04 68 11 69 94

Les Estivales de Carcassonne (Aude)

Une série de concerts de musique classique qui ont lieu à la basilique Saint-Nazaire durant tout l'été. A noter, la régularité des rendez-vous : tous les dimanches à 17h de mi-juin à mi-septembre. Passionnés de musique, pas besoin de se creuser la tête sur un emploi du temps, il suffit de choisir le concert à votre goût !

Contact : 04 68 10 24 30

Les nuits musicales d'Uzès (Gard)

Eh oui ! il y a trente-deux ans que, chaque été, les plus grands interprètes se retrouvent à Uzès. Ces Nuits Musicales comptent comme l'un des plus vieux festivals du département et même de la région. Devenu spécialisé en musique ancienne depuis quelques années, il offrait, autrefois, un panorama plus classique de la musique. Mais qui s'en plaindra ? Jordi Savall, Christophe Rousset, Gérard Lesne : quel grand spécialiste du répertoire baroque ou renaissant, voire préclassique, n'est pas venu jouer dans les lieux excellents de la cité ducale (le temple, la cathédrale, la cour du duché…). Comme chaque année, du 16 juillet au 4 août 2004, le festival propose sept à huit concerts, principalement autour des répertoires des XVIIe et XVIIIe siècles.

Contact : 04 66 22 68 88

Festival du Vigan (Gard)

Ce festival, créé il y a une dizaine d'années, se déroule traditionnellement de la mi-juillet à la mi-août, période de la pleine saison touristique. Au programme, toutes sortes de musiques, avec une part belle faite aux solistes (piano, violon, orgue et accordéon), dans les lieux très intimes et chargés d'histoire que sont les églises et les temples des petits villages disséminés autour du Vigan.

Contact : 01 47 41 05 57

Les "Fous Chantants" d'Alès (Gard)

Rendre hommage à la chanson française, telle est l'ambition des organisateurs de ce festival. Comme chaque année, de la fin juillet à la mi-août 2004, les différentes soirées seront consacrées à des auteurs comme Georges Brassens, Bécaud ou Barbara (en 2003). Le clou du spectacle est constitué par le concert donné par 1 000 choristes qui interprètent les œuvres des invités-vedettes. Une formule originale et un véritable triomphe populaire.

Contact : 04 66 91 00 38

Festival d'orgues en Cévennes (Gard)

Terre de religion, les Cévennes ont vu s'affronter, durant des siècles, protestants et catholiques. Chacune des deux religions a voulu marquer son empreinte par les églises ou les temples. Il en est résulté un patrimoine architectural, mais aussi instrumental, car de nombreux édifices conservent leurs orgues. Une poignée de passionnés de cet instrument a organisé ce festival qui, tantôt dans le temple d'un village, tantôt dans l'église d'un autre, parfois dans l'église et le lendemain dans le temple d'une même cité, se déplace, pendant dix jours, autour de la mi-juillet, montrant que la musique sait oublier les barrières religieuses. En 2004, douze concerts sont programmés du 12 au 24 juillet dans le temple et la cathédrale d'Alès, le temple de Saint-Jean-du-Gard, l'église Saint-Paul à Nîmes, la cathédrale d'Uzès…

Contact : 04 66 92 08 04

Festival des musiques du monde et Pays d'Uzès (Gard)

"Les artistes, gardiens fragiles et rares de la mémoire de nos origines, nous rappellent au sacré. Ils répètent sans cesse que seule la quête spirituelle alliée au langage de la terre, des étoiles, de la montagne, du désert, de la mer, de la pluie et du vent donnera à l'humanité sa véritable dimension". Et il en est de même dans tous les pays du monde. C'est ce qu'ont voulu démontrer les organisateurs de ce festival qui a réuni, les années précédentes, les rythmes cubains, les chants polyphoniques corses, les chanteurs soufis d'Egypte, les musiciens italiens spécialistes de la tarentelle, les chanteurs berbères des Aurès ou les femmes chanteuses du Maroc. En général, fin juillet et début août.

Contact : 04 66 22 79 21

New Bagnols Blues (Gard)

Il est un des rares survivants des festivals pur jazz de la région. Après des vicissitudes, il est reparti de plus belle, depuis quelques années, avec une durée écourtée mais plein de promesses, avec un programme varié, mêlant blues, gospel, funk-music et musique africaine. En 2004, il aura lieu du 8 au 11 juillet.

Contact : 04 66 39 91 46

Jazz à Junas (Gard)

Un petit festival de jazz qui, depuis onze saisons, poursuit son petit bonhomme de chemin, dans les carrières de ce petit village entre Gard et Hérault. Trois jours de plaisir (du 21 au 24 juillet 2004) à savourer avec, chaque année, un thème différent : cette année, l'invité d'honneur est le "jazz autrichien". L'édition 2004 verra aussi des concerts dans le temple de Junas et l'apparition d'un "tremplin jazz" pour mettre en valeur de nouveaux talents.

Contact : 04 66 93 01 59

Festival de Villevieille-Salinelles (Gard)

Durant la première quinzaine d'août, ce festival, dédié à la musique classique, accueille de nombreux interprètes dans deux lieux prestigieux : la cour d'honneur du château de Villevieille, bâtisse compacte remaniée au XVIIe siècle qui domine la vallée du Vidourle et la ravissante petite chapelle de Salinelles, chef-d'œuvre de l'art roman, perdue au milieu des vignes. Depuis deux ans, un nouveau lieu est venu s'ajouter : la chapelle de Beaulieu.

Contact : 04 66 80 01 97

Rencontres musicales internationales de Pont-Saint-Esprit (Gard)

Les Rencontres, courte parenthèse dans un quotidien pressé, tissent des liens entre des musiciens venus, du monde entier, étudier auprès de maîtres qui partagent leur savoir et leur générosité. Durant la deuxième quinzaine d'août, Pont-Saint-Esprit devient la capitale musicale de la région avec son festival de musique classique créé il y a plus de 20 ans par Janine Saltet, aujourd'hui disparue, et repris en main par Michèle Dimambro. Festival d'autant plus exceptionnel qu'il est parrainé par le célèbre violoniste Ivry Gitlis. Concerts, certes, avec de très nombreux interprètes venus, également, livrer des master-class ou des stages qui enrichissent de leurs concerts gratuits les villages environnants.

Contact : 04 66 39 28 31

Festival de Maguelone (Hérault)

21 ans déjà que la nef de l'abbaye de Maguelone, fière sentinelle dressée au milieu des étangs, retentit des accords de la musique ancienne et marque, dès les premiers jours de juin, le début de la période des festivals en Languedoc-Roussillon. Comme chaque année, Philippe Leclant, son créateur et directeur artistique, puise dans le répertoire, parfois méconnu, de la musique du Moyen Age au XVIIe siècle, pour le plus grand bonheur des mélomanes. Du 1er au 10 juin 2004, avec la présence de Jordi Savall.

Festival de Thau (Hérault)

L'édition 2004 (du 8 au 18 août) n'échappera pas aux règles que se sont fixées les organisateurs : de la musique festive, des cinq continents, dans tous les petits villages qui bordent l'étang de Thau : Loupian, Bouzigues, Marseillan, Mèze. Un petit vent d'impertinence de folie parmi des programmations qui, avouons-le, sont parfois un peu tristounettes !

Contact : 04 67 18 70 83

La Grande-Motte "jazze" (Hérault)

Durant la dernière semaine de juillet, la Grande-Motte a pris l'habitude de "jazzer". Chaque année, un programme très différent, avec des invités très éclectiques, de quoi contenter tous les goûts.

Contact : 04 67 56 40 50

La Fiesta'Sète (Hérault)

Ce festival des musiques du monde se déroule entre la fin juillet et le début août, et enflamme les quartiers sétois et les communes alentour, sans oublier ce lieu magique qu'est le Théâtre de la Mer au décor naturel somptueux. Au programme, des soirées à thèmes consacrées à différents pays d'Afrique ou d'Amérique du Sud, mais aussi des groupes français qui ont intégré les rythmes du monde.

Contact : 04 67 74 48 44

Festival d'opérettes de Lamalou-les-Bains (Hérault)

Vous qui avez rêvé en poussant l'escarpolette, fans de Luis Mariano ou Georges Guétary, courrez vite à Lamalou tous les étés de mi-juillet à la fin août. Ne vous étonnez pas si, d'une représentation à l'autre, le jeune premier sur le retour d'âge se retrouve militaire bedonnant ou prêtre offusqué, c'est la même troupe qui, durant un mois, assure le spectacle. Mais jamais le même ! De "Violettes Impériales" à la "Grande Duchesse de Gérolstein", en passant par "La Mascotte", "Le Barbier de Séville" ou "Phi-Phi" tous les classiques sont là. Et ça marche, le théâtre du casino est comble tous les soirs, et ce, depuis des lustres.

Contact : 04 67 95 67 35

Saison musicale de Saint-Guilhem-le-Désert (Hérault)

33 ans que l'église de l'abbaye de Gellone accueille ce festival de musique créé par l'association des "Amis de Saint-Guilhem" qui œuvre, ainsi, à la restauration et la mise en valeur de cet ensemble roman exceptionnel de la moyenne vallée de l'Hérault. La qualité des artistes qui s'y produisent, la majesté du site, la sérénité des voûtes séculaires, l'ex-

ceptionnelle acoustique des lieux ont fait, de ce festival, une manifestation incontournable pour les mélomanes qui rempliront encore la nef du 1er au 10 juillet 2004. Cette année, la programmation était une carte blanche à Jordi Savall.

A noter que, fin août, l'abbaye accueille une autre manifestation, "Les Heures d'Orgues" destinée à mettre en valeur l'instrument, construit, en 1789, par le facteur Jean-Pierre Cavaillé, un des rares encore intacts de nos jours.

Contact : 04 67 60 69 92

Rencontres autour d'un orgue (Hérault)

La Décanale Saint-Louis à Sète possède un orgue, aujourd'hui classé aux Monuments historiques, construit par le facteur Moitessier en 1843. Durant le mois d'août, est organisé, depuis une vingtaine d'années, un festival pour mettre en avant toutes les qualités de cet instrument. Traditionnellement, cette manifestation débute au moment des fêtes de la Saint-Louis, vers la mi-août.

Contact : 04 67 53 45 72

Semaines musicales de Villeveyrac (Hérault)

Il faudrait plutôt dire "de l'abbaye de Valmagne" car les concerts se déroulent dans ce cadre prestigieux. Là, durant les 15 premiers jours du mois d'août, le cloître et l'église, sont depuis bientôt vingt ans, grâce à la direction artistique de Max Coste, le rendez-vous des amateurs de musique classique et de vieilles pierres. Pas si vieilles que cela, car l'abbaye est un lieu vivant, ouvert au public, recevant des expositions tout l'été mais aussi une propriété viticole qui produit des crus réputés.

Contact : 06 81 84 99 72

Rencontres de Musique Ancienne de Castries (Hérault)

En quelques années, grace à une poignée de passionnés, le Languedoc-Roussillon est dévenu "la terre d'élection de la musique ancienne". Continuation logique des programmations estivales (Maguelone, Saint-Guilhem, Gévaudan, Catalogne), les Rencontres de Castries, en octobre, dans le cadre prestigieux du château, offrent une programmation consacrée à l'œuvre de musciens régionaux qui ont servi cinq siècles de musique : médiévale, renaissance et baroque, comme, par exemple, en 2003, le musicien lorrain-catalan Joseph Bodin de Boismortier (1689-1755).

Contact : 04 67 60 66 90

Festival de musique baroque d'Anderitum (Lozère)

Depuis des années, et pendant une semaine à la mi-août, se déroulent concerts et récitals où instruments anciens et voix se répondent. Javols fut l'ancienne capitale des Gabales, tribu gauloise, qui l'avait appelée Anderitum. Ce festival rassemble toujours plus d'amateurs, éclairés et néophytes, qui viennent écouter les concerts sous les voûtes de l'église du village. Eric Silve et l'équipe du festival organisent, en parallèle, des stages de chants.

Contact : 04 66 42 95 78

Musique à Saint-Flour-du-Pompidou (Lozère)

N'hésitez pas à vous déplacer pour assister à une représentation de ce festival : vous tomberez à jamais amoureux de cette petite église de campagne. Nichée à flanc de colline verdoyante, on y accède par une étroite route sinueuse. A l'arrivée, une minuscule église de style roman cévenol, construite au XIIe siècle. Restaurée par un passionné, à partir de 1955, et dotée de vitraux modernes en harmonie avec le lieu, elle accueille quelques rares privilégiés pour des concerts très intimes. Parallèlement au festival, se tient pour la 10e année, l'atelier international de polyphonie vocale en Cévennes.

Contact : 04 66 60 39 33

Un Eté en Lozère (Lozère)

Une manifestation qui se déroule durant le mois d'août dans divers lieux du département, principalement dans le nord : églises de Langogne, Villefort, Saint-Paul-le-Froid, Auroux, Le Massegros, Sainte-Enimie… ou châteaux de Saint-Alban, Ressouches ou la Caze. Manière de montrer que la Lozère du nord, moins connue, sait aussi animer sa saison touristique de spectacles de qualité.

Contacts : 04 66 21 14 12

Festival de la vallée et des gorges du Tarn (Lozère)

A cheval sur les départements de la Lozère et de l'Aveyron, ce festival itinérant a pour but de mettre en valeur des lieux pittoresques et parfois peu connus, comme le prieuré Saint-Jean-de-Balmes sur le causse Noir ou le château de Vergonhac à Saint-Georges-de-Luzençon. (Première quinzaine d'août).

Contact : 05 65 62 60 99

"Les Jeudis de Perpignan" (Pyrénées-Orientales)

Depuis la mi-juillet, "Les Jeudis de Perpignan" sont de retour. A la nuit tombée, ils seront partout : au Castillet, sur les places

Gambetta, de la Loge, des Poilus et Rigaud mais, aussi, sur le quai Vauban et le pont d'En Vestit, carrefour privilégié de toutes les manifestations décalées, saugrenues ou loufoques... Cette année, un concert de carillons à la cathédrale Saint-Jean marquera, de 18h à 18h15, le début des festivités. Ces "jeudis" qui "veulent s'inscrire dans la ville" comporteront également un renouvellement important des groupes musicaux. Créés depuis huit ans par l'Office de Tourisme, les parades et les spectacles insolites, surprenants et poétiques qui se croisent et s'entrelacent de 19h30 à 23h30 font de Perpignan, l'espace d'une soirée, la ville la plus "folle" du Languedoc-Roussillon.

Contact : 04 68 66 30 30

Festival lyrique des pays catalans (Pyrénées-Orientales)

Un des rares festivals de la région consacré exclusivement à l'art lyrique. Mais c'est surtout le prétexte pour découvrir les chefs-d'œuvre de l'art roman du Roussillon, en particulier l'église de Saint-Génis-des-Fontaines. (Juillet et août).

Contact : 04 68 95 43 42

Musique en Côte vermeille (Pyrénées-Orientales)

Château royal et église à Collioure, chapelle de la Rectorie à Banyuls, voici des cadres prestigieux, tantôt monumentaux, tantôt intimes pour accueillir les représentations de ce festival de musique classique qui se déroule en deux phases, début juillet, puis début août, manière de faire plaisir au maximum de touristes mélomanes.

Contact : 04 68 82 35 50

Musique en Catalogne romane (Pyrénées-Orientales)

Déjà 22 ans pour ce festival spécialisé dans la musique baroque. Normal, puisque la Catalogne possède de nombreux chefs-d'œuvre de ce style, en particulier les retables de nombreuses églises. Les représentations sont ainsi l'occasion de découvrir l'église de Saint-Genis, celle d'Arles-sur-Tech ou la cathédrale d'Elne, mais aussi des lieux moins connus comme la chapelle de Monastir ou l'ermitage de Saint-Ferréol. A noter, la programmation tardive, en fin de saison, et on ne peut que s'en réjouir pour les touristes des trois premiers week-ends de septembre !

Contact : 04 68 22 70 90

Festival de la Sardane (Pyrénées-Orientales)

Tous les villages du Roussillon, ont leur fête où la sardane, la danse traditionnelle catalane à la part belle. Depuis 45 ans, Céret lui rend un hommage particulier. A voir absolument, par les amateurs de folklore authentique, pour la ferveur et la joie qui émanent des danseurs qui virevoltent aux sons des "coblas".

Contact : 04 68 87 46 49

Festival d'Hix en Cerdagne (Pyrénées-Orientales)

On est presque en Espagne, tout au bout de la Cerdagne française. La toute petite église d'Hix accueille, depuis plus de 35 ans, un festival de musique classique, vocale et instrumentale. Là aussi le public averti se déplace (attention l'église est très petite) et les interprètes sont au rendez-vous des six concerts. L'édition 2004 se déroulera du 6 au 16 août et se prolongera exceptionnellement par trois concerts de jazz jusqu'au 20 août.

Contact : 04 68 04 52 41

Les Méditerranéennes d'Argelès-sur-Mer (Pyrénées-Orientales)

Ces Méditerranéennes marquent la fin des festivités estivales de la côte catalane. Programmées, traditionnellement, le week-end de la mi-septembre, elles rassemblent un florilège des musiques de la Méditerranée (de Marseille à Barcelone, d'Athènes à Alger), mais aussi du monde : salsa, flamenco, reggae, avec des incursions vers la musique électronique ou les airs célèbres du cinéma.

Contact : 04 68 81 10 15

Spectacle, Histoire et Patrimoine

Festival du folklore international (Aude)

Pour la 7e année consécutive, la haute vallée de l'Aude et le Limouxin accueillent ce festival, "éclaté" en 2002, dans 14 petites villes et villages. Algérie, Arménie, Belgique, Bulgarie, Chine Populaire, Espagne, France, Kirghizstan, Macédoine, Maroc, Mexique, Pérou, Philippines, Suisse, Tunisie étaient les pays présents cette année.

Contact : 04 68 31 11 82

Festival de Foncalvy (Aude)

Au cœur du festival qui porte son nom, cette grange est tout à fait exceptionnelle par son architecture. Edifice rural cistercien rattaché à l'abbaye de Fontfroide, elle date du XIIIe siècle et a l'allure d'un petit château. Il y a près de 20 ans, l'idée est née d'organiser un spectacle mêlant la fiction et la réalité historique et dont l'action se situerait au village d'Ouveillan, à l'époque médiévale. Les gens du coin se sont immédiatement mobilisés pour monter ce projet. La grange de Fontcalvy sert de toile de fond pour présenter l'Histoire autrement, à travers l'expression théâtrale qui apporte une dimension plus forte d'accomplissement. Très original dans son contenu, grâce à des références tirées des archives locales, par d'éminents historiens, ce spectacle l'est aussi par son montage. Il rassemble une troupe de 80 figurants et acteurs amateurs, encadrés aux postes clés par des professionnels. Tous occupent, à la ville, les fonctions les plus diverses. Dès le début des répétitions, au mois de juin, chacun laisse son statut aux portes de la grange pour se faire plaisir et retrouver l'ambiance conviviale qui a fait tout le charme du festival. Ainsi, chaque année, de fin juillet à la mi-août, une époque historique du village d'Ouveillan et de sa petite région est ainsi mise en scène.

Autre originalité : la possibilité de repas sur place, dans la grange, avant le spectacle.

Contact : 04 68 46 87 74

Contes et rencontres (Lozère)

Quatorze ans bientôt que, sous l'égide de la Fédération départementale des foyers ruraux, une poignée de passionnés créent l'événement de l'hiver en Lozère. Pari courageux que de présenter, de janvier à février, près de quarante spectacles dans les villages lozériens. Venus de la région, d'autres provinces et même de l'étranger, des artistes ou compagnies se retrouvent dans ce petit coin de France pour perpétuer la tradition de la veillée, mais aussi des spectacles pour tous les goûts : contes traditionnels, créations contemporaines, contes musicaux, théâtre... preuve que cet art est toujours vivant.

Ce festival, c'est aussi "des contes pour les petites oreilles", en partenariat avec les écoles du département et, parallèlement, un stage pour adulte "une histoire autrement" animé par une artiste invitée.

"Le Petit Futé" regrette l'époque des débuts où les spectacles étaient programmés dans les fermes et où public et conteurs se groupaient autour de la cheminée. Et où les organisateurs avaient eu l'idée formidable de signaler les fermes perdues sur les hauts plateaux par de grandes silhouettes noires qui, parfois, semblaient surgir de nulle part.

Un bon point pour ce festival des plus originaux : sa programmation en hiver... (pour 2004, du 30 janvier au 7 février). Au programme : les "Tireux d'roches" (Québec) en ouverture, Jofroi (chansons), Moussa Lebkiri (Kabylie), Joëlle Anglade (contes coquins), Bernadète Bidaude, Eugène Guignon, Anne Lopez, Christie Pimenta, Farsaneth Valai (contes persans), Rémi Boiron, Patrick Ewen (clotûre à Mende).

Contacts : 04 66 49 23 93/04 66 45 03 21

Le Printemps de l'accordéon (Lozère)

Organisé par la Fédération départementale des Foyers Ruraux depuis plusieurs années, le Printemps de l'Accordéon réunit, du 19 mars au 4 avril 2004, dans les villages de Lozère, un échantillon de ce qui se fait de mieux en Europe dans le domaine de cet instrument emblématique de la musique populaire : Brocken Pledge et Christaian Maes (Irlande), Stefano Valla et Daniele Scurati (Italie), Shaman (musiques métissées festives), Zakarya (jazz d'inspiration "klezmor"), David Vanitucci (musiques improvisées)... Un grand week-end festif se déroulera à Aumont-Aubrac avec une scène ouverte aux amateurs et un concert "Accordéons en Escale" avec Raoul Barboza, Antonio Rivas et René Lacaille.

Contacts : 04 66 49 23 93/04 66 45 03 21

Festival folklorique international d'Amélie-les-Bains (Pyrénées-Orientales)

C'était au temps lointain où le thermalisme était roi et il fallait bien occuper les milliers de curistes qui venaient prendre les eaux à Amélie-les-Bains. Les jeux au casino, les opérettes au théâtre, les balades en âne ou les excursions au Canigou... il fallait trouver autre chose. Pourquoi pas un festival de folklore ! C'était en 1935 et ce fut le premier en France.

Aujourd'hui, il vient de passer, il y a deux ans, la barre des 60 ans (eh oui ! il y a eu l'intermède, pas folklorique du tout, de la guerre) et se porte toujours aussi bien, progressant en qualité, en notoriété et en originalité puisqu'en 2004 (du 4 au 8 août), il accueillera des troupes d'Ethiopie, des Iles Cook et de la République des Tanis (ex-URSS).

Contact : 06 10 49 63 03

Théâtre, Cinéma, Littérature, Danse

Festival de théâtre amateur de Narbonne (Aude)

Créé en 1983, le festival national de théâtre amateur de Narbonne est l'un des trois festivals nationaux de la FNCTA. Il réunit pendant 10 jours en plein air, dans le splendide cadre de la cour de la Madeleine au palais des Archevêques plus de 5 000 spectateurs et 10 troupes de théâtre venant de toute la France, mais aussi de pays francophones et de l'étranger. Le festival, c'est aussi des stages (diction, jeu dramatique, commedia dell'arte...), des expositions et beaucoup de chaleur humaine. Le festival se déroule, en 2004, du 2 au 11 juillet.

Contact : 04 68 32 01 00/04 68 90 45 65

Les Rencontres d'Eté de la chartreuse de Villeneuve-lès-Avignon (Gard)

Encore une manifestation des plus anciennes, puisqu'elle en sera, en 2004, à sa trentième et unième édition. Que ce soit dans le grand cloître, dans le petit cloître, l'église de la chartreuse, la cave du Pape, les lieux sont magnifiques. Ces Rencontres d'Eté sont devenues l'occasion de montrer, au grand public, le travail réalisé durant l'année au centre national des écritures du spectacle. Créé en 1990, ce centre accueille des boursiers francophones, auteurs contemporains, pour les aider à écrire et promouvoir leurs textes.

Contact : 04 90 15 24 24

Festival Montpellier Danse (Hérault)

Ce festival vient de fêter ses vingt ans, au cours desquels il s'est imposé comme l'un des premiers au monde dans sa spécialité. Il vient aussi d'emménager dans ses nouveaux locaux, probablement définitifs, au cœur de l'Agora, future cité européenne de la danse, dans le couvent des Ursulines, qu'il partage avec le centre chorégraphique national. L'édition de cette année a ressemblé très peu aux précédentes : ramassée sur à peine une dizaine de jours, avec six ou sept spectacles différents chaque jour. Les choix artistiques combinent un subtil équilibre entre les formations qui attirent le grand public, les compagnies plus expérimentales (à l'été 2002, Trisha Brown et Susan Buirge, des contemporaines américaines en passe de devenir des classiques...), et un accent mis sur les artistes des pays du sud de la planète, tout particulièrement l'Afrique noire. Parfois, une certaine raideur institutionnelle semble guetter le plus ancien des festivals montpelliérains, et d'aucuns rêvent de voir naître un "off" plus ébouriffant. Du 24 juin au 6 juillet 2004.

Contact : 04 67 60 83 60

Festival théâtral de Lattes (Hérault)

17e édition en 2003 pour ce festival consacré au théâtre. Il faut souligner que c'est rare en région et surtout à une date si tardive (première quinzaine d'août) où le gros du public estival est censé devoir s'intéresser à des spectacles plus populaires. Saluons donc le courage des organisateurs et, plus particulièrement, du maître de cérémonie, l'auteur-metteur en scène-comédien Guy Vassal. Dans l'ancien mas viticole d'En Civade, dans la proche banlieue de Montpellier, il a trouvé un écrin à son talent, avec une salle flambant neuf, le théâtre Jacques Cœur. La programmation s'articule, en général, autour de cinq pièces, jouées en alternance au cours d'une dizaine de représentations.

Contact : 04 99 52 95 00

Les voix de la Méditerranée à Lodève (Hérault)

Original et unique en France, preuve de courage et d'un désir d'élargir la culture à tous, ce festival est consacré à la poésie méditerranéenne et constitue un événement centré autour des voix parlées, dansées, jouées par de nombreux poètes venus de tous les pays de la Méditerranée. Plus de 300 manifestations (lectures, rencontres, contes, spectacles poétiques, concerts, récitals...) se dérouleront dans les jardins, sur les places, dans les rues et dans les cours du 24 juillet au 1er août 2004.

Contact : 04 67 44 24 60

Le Printemps des Comédiens (Hérault)

Dans le cadre magnifique du parc du château d'O, en juin, ce festival de théâtre organisé par le conseil général, a su tisser des relations de grande fidélité avec son public. Il est souvent difficile d'y trouver des places. La programmation de Daniel Bedos fait mouche en alignant des spectacles exotiques, du nouveau cirque, du théâtre de tréteaux, forain ou ambulant, mais aussi quelques succès parisiens en tournée. En 2004, le site fait peau neuve, avec une refonte totale des lieux et la création d'un théâtre de verdure de 1 500 places et d'une aire pour les chapiteaux de cirque... Ce "printemps" est devenu une des manifestations d'importance d'ouverture de la saison estivale. Il aura lieu en 2004 du 4 juin au 5 juillet (le cirque "Plume" est annoncé et, les séances "Cultures du Monde", de 18h à 20h, auront pour invitée, la Chine.

Contact : 04 67 63 66 67

Festival international du roman noir de Frontignan (Hérault)

Le roman noir est, depuis sept ans, prétexte à la fête dans la ville de Frontignan. Une quarantaine d'auteurs, journalistes, chercheurs et autres spécialistes se retrouvent pour animer débats, tables rondes, rencontres littéraires, projections de films et documentaires. (Début juillet).

Contact : 04 67 18 50 00

Festival du film vidéo de Vébron (Lozère)

Comme tous les derniers week-ends de juillet depuis 15 ans, le festival international du film vidéo se déroule à Vébron. Jumelées avec leur homologue, le festival vidéo de Liège, ces rencontres sont ouvertes aux professionnels et aux amateurs et attirent de plus en plus de monde. Les candidats concourent dans les catégories : documentaire, reportage, fiction et clip. La marraine du festival est, depuis longtemps déjà, Bernadette Lafont.

Sous son patronage, les grandes soirées ont été consacrées, en 2002, à Marco Ferreri (en présence de Maurice Trintignant) et au Congo Brazzaville.

▸ **Contact : 04 66 44 02 59**

Visa pour l'image (Pyrénées-Orientales)

Voici 16 ans, démarrait dans une petite ville de province, un festival aux allures d'exposition qui prônait les mérites de la photo de presse, cette expression éphémère de l'activité humaine. Le photojournalisme débarquait à Perpignan, une ville qui se contentait de deux petits quotidiens au contenu institutionnel. Qui aurait dit que, quelques années plus tard, la France entière accourrait en pays catalan pour célébrer l'événement qui, chaque année, emplit hôtels et restaurants durant la première moitié de septembre (en 2004, sous réserves, du 28 août au 12 septembre). Le festival a d'ailleurs, depuis longtemps, dépassé son cadre initial et fermé. Aujourd'hui, la photo de journalisme s'expose dans les lieux publics, envahit les murs des restaurants, des bistrots et des administrations, les auteurs français sont souvent supplantés par leurs confrères américains. Le festival est en fait victime de son succès. Reste le charme du "Off" qui permet aux petits médias de s'exprimer.

▸ **Contact : 04 68 66 18 00**

Ciné-Rencontres de Prades (Pyrénées-Orientales)

Prades possède également un autre festival, presque aussi ancien. Ici, ce n'est pas de musique, mais de cinéma dont on discute depuis près de 45 ans après les projections. Ici, pas de paillettes ni de stars internationales, mais la promotion d'un cinéma de qualité, plus intimiste, ou non-conformiste comme, par exemple, en 2004 (du 16 au 23 juillet), une édition consacrée à Jean-Pierre Mocky.

▸ **Contact : 04 68 05 20 47**

Nature, Terroir

Festival Stevenson (Lozère)

L'Association "Sur le chemin de R.L. Stevenson" n'en finit pas d'arpenter cet itinéraire pour mettre en valeur tout l'intérêt de voyage de l'écrivain écossais. Depuis 1994, les acteurs du tourisme se sont réunis et mettent en commun leurs idées et leurs actions afin de mieux guider et recevoir tous ceux qui visitent les Cévennes en suivant cet itinéraire. Dans cet esprit, a été créée au printemps, cette manifestation destinée à permettre aux curieux de regarder, pendant vingt jours, les Cévennes d'un autre œil : expositions, randonnées accompagnées, spectacles avec interventions d'artistes écossais et cévenols, lectures, visites à thèmes.

▸ **Contact : 04 66 45 86 31**

Festival nature (Lozère/Gard)

Chaque année, le parc national des Cévennes organise, pendant tout l'été, un festival nature fait d'une multitude de rencontres dans tout le parc : on y parle aussi bien des traditions locales que des oiseaux des landes et des prés, on se promène à la recherche des insectes ou à la suite des troupeaux transhumants. Des accompagnateurs et des animateurs encadrent des randonnées à thèmes, ouvertes à tous, et conduisent à la découverte de la nature par la pratique du canoë-kayak, du vélo, de l'escalade et de la spéléologie. Au total, plus de 200 manifestations sont organisées : randonnées, soirées-contes, projections et débats, conférences, stages, journées mycologiques, démonstrations et ateliers, expositions dans les villages de chacune des quatre zones (massif de l'Aigoual, causses et gorges, mont Lozère, vallées cévenoles).

▸ **Contact : 04 66 49 53 00**

Les Dionysiades : "Au cœur des villages" (Pyrénées-Orientales)

Tous les ans, vers la fin juin, le pays d'accueil Agly-Verdouble, dans les Pyrénées-Orientales, organise ses Dionysiades. Cette 11e édition propose des présentations de vins, un concours de dégustateurs (amateurs et initiés) et des animations consacrées au terroir et aux produits locaux... en mettant l'accent sur les vins des vignerons de Rasiguères. Week-end de l'Ascension 2004.

▸ **Contact : 04 68 29 10 42**

Pour tous les goûts...

Festival de la cité de Carcassonne (Aude)

Chaque année durant le mois de juillet, a lieu, au cœur de la cité médiévale, ce festival au programme très éclectique. Bien sûr, les puristes, et nous en connaissons, vous diront que cela n'est pas un festival. Pour eux, un festival doit être spécialisé, avoir un thème immuable... Ici, les organisateurs ont pris le parti contraire : proposer, pendant un mois, un programme pluridisciplinaire aux visiteurs de la cité. Et ils sont nombreux (et donc forcément différents) : concerts, représentations théâtrales ou de danse, opéra, récital des vedettes du moment, avec un accent particulier mis sur la chanson française et aux grands interprètes internationaux. Un seul mot d'ordre ici : mettre en valeur le talent. Les spectacles se déroulent, principalement, dans le grand théâtre de la cité, en plein air, adossé au dos des remparts, à proximité de la basilique : un écrin prestigieux pour des spectacles de qualité. Le festival "Off", en parallèle, propose diverses animations de rue et des spectacles gratuits dans les murs de la cité ou dans la ville basse. Au milieu du festival, le soir du 14 juillet, le spectacle est en plein ciel, avec le célébrissime "embrasement de la Cité".

Contact : 04 68 77 71 05

Les "Juliettes" du Cabardès (Aude)

Ce festival pluridisciplinaire a été créé en 1998, à l'initiative du syndicat de l'appellation cabardès. Il se déroule dans les villages de Pennautier et d'Aragon, et mêle, dans un même élan au service du terroir, musique, gastronomie, sport, danse et cinéma. Tous les spectacles sont gratuits et drainent, chaque année, de 10 000 à 15 000 spectateurs, pendant trois jours, durant le dernier week-end de juillet.

Contact : 04 68 72 00 55

Festival et patrimoine au château de Portes (Gard)

Ce XVIe festival, comme les précédents, est, à l'origine, un pari un peu fou : "restaurer le château de Portes, donner vie à ce coin de Cévennes oublié des touristes". L'ambiance est créée pour entraîner les visiteurs dans un voyage dans le temps. Tous les lieux du château sont investis par des intervenants costumés. On y trouve des métiers de bouche, de bourrellerie, des tailleurs de pierre, des saltimbanques, des troubadours, des seigneurs, des mendiants. Le visiteur déambule parmi les échoppes, s'essaie à une danse, goûte quelque breuvage… Il se peut, qu'au détour d'un escalier, il surprenne un garde saisissant un voleur ! Ou un moine débitant des patenôtres ! Venir à Portes, c'est échapper à la canicule et à l'air irrespirable des villes, mais c'est surtout écouter des concerts d'une grande qualité musicale dans un lieu merveilleux, et respirer tous les parfums authentiques des Cévennes. Au final, une programmation variée (fin juillet et première quinzaine d'août) avec du lyrique, du théâtre ainsi que des journées, tant appréciées, de découverte du XVIe siècle.

Contact : 04 66 54 92 05

Festival de la vallée de l'Orb (Hérault)

Le Festival de la vallée de l'Orb (deuxième quinzaine de juillet à fin août) présente, traditionnellement, depuis plus de 15 ans, un cortège de spectacles originaux et de qualité où la convivialité est de rigueur. Tout au long du cours de l'Orb, le piémont biterrois vit au rythme de ce festival. Musique, théâtre, cirque, sons et lumières, guinguettes, repas champêtres, dégustations des crus de saint-chinian et faugères sont à l'honneur, de l'arrière-pays jusqu'à la Méditerranée.

Contact : 04 67 38 11 10

Marvejols en scène (Lozère)

Durant 4 jours, vers la fin juillet, la ville de Marvejols organise, depuis neuf ans, une sympathique manifestation pluridisciplinaire. C'est surtout l'occasion de faire la fête, avec des spectacles à toute heure de la journée, théâtre de rue, musique, danse, cirque. Ouverture par un concert de jazz, le jeudi, consacré à la jeunesse (rire, joie, magie), un concert, le vendredi, pour les plus âgés et le samedi soir consacré aux jeunes. Parallèlement, se déroule le Festival du Livre.

Contact : 04 66 32 48 87

Les Estivales de Perpignan (Pyrénées-Orientales)

Comme à Carcassonne, peut-on, ici aussi, employer le terme de festival. D'avoir choisi celui plus festif et souriant de "Estivales" permet de renvoyer les grincheux aux calendes grecques. Le résultat seul compte, et il est de qualité, en donnant la part belle aux créations (sept en 2003, malheureusement annulées pour les raisons que l'on sait). Musique, danse, théâtre sont au rendez-vous, avec un programme très éclectique pour satisfaire tous les goûts, ceux des habitants du Roussillon et ceux des touristes, mis au point par Marie-Pierre Baux, la directrice du festival. De fin juin à fin juillet 2004.

Contact : 04 68 35 01 77

Spectacle de rue

De lieux
en lieux

LEGENDE DES PICTOS

• Restauration et Hébergement

- restaurants et tables d'hôte
- hôtels
- hôtel-restaurant
- campings
- autres hébergements (auberge de jeunesse, chambre d'hôtes, B & B…)

• Sorties

- casinos
- bars
- discothèques

• Emplettes

- caves, domaines viticoles
- emplettes alimentaires
- emplettes diverses

• Loisirs

- randonnée pédestre
- cyclotourisme
- loisirs équestres
- golf
- bases de loisirs et plans d'eau
- eaux vives
- sports de voile et autre navigation
- trains touristiques
- montagne
- tennis
- sports aériens
- pêche
- escalade
- spéléologie
- tir à l'arc
- bowling
- patinoire

Aude

N
O
E
S
Tarn
Haute-Garonne
Vers Albi
Vers Toulouse
Laprade
Lacombe
Fontiers-Cabardès
St-Paulet
la Pomarède
les Brunels
Montmaur
Labécède-Lauragais
D624
Verdun-en-Lauragais
Villemagne
Saissac
Mas-Cabardès
Cuxac-Cabardès
Roquefère
Airoux
St-Denis
D118
Lac de la Ganguise
Castelnaudary
St-Papoul
Cenne-Monestiés
D629
Trasanel
Baraigne
Belflou
A61
St-Martin-Lalande
Brousses-et-Villaret
Villardonnel
Limousis
Salles-sur-l'Hers
Lasbordes
Montolieu
Salsigne
Marquein
N113
Villepinte
St-Martin-le-Vieil
Villeneuve-le-Comptal
Raissac-s.-Lampy
Moussoulens
Aragon
Lastours
D624
Payra-sur-l'Hers
Conques-s.-Orbiel
la Louvière-Lauragais
Mayreville
Laurabuc
Bram
Alzonne
Pezens
Pennautier
St-Sernin
D623
Sauzens
Villemoustaussou
Molandier
Pech Luna
D6
Villasavary
D33
CARCASSONNE
Belpech
D625
Gaja-la-Selve
Cazalrenoux
Lasserre-de-Prouille
la Force
Montréal
Ribouisse
D102
Fanjeaux
Cailhavel
Plaigne
Brézilhac
Cazilhac
St-Julien-de-Briola
Orsans
Cailhau
Villautou
St-Gaudéric
la Courtète
Villarzel-du-Razès
Palaja
Preixan
Aude
Montgradail
Mazerolles
Cavanac
Belvèze
D118
Leuc
Belgarde-du-Razès
Verzeille
Alaigne
Routier
Pomas
Ladern-s.-Lauquet
Vers Foix
Cépie
St-Hilaire
Labastide-d'Enrichard
Pauligne
Monthaut
Malras
Gardie
Greffeil
Gueytes
Loupiat
Limoux
Villar-St-Anselme
Pierrefitte-du-Razès
Villelongue-d'Aude
D620
Belcastel
Ajac
Buc
la Digne d'Aval
St-Polycarpe
Sonnac-s.-Hers
St-Benoît
Caunette-s.-Lauquet
Castelreng
Roquetaillade
Missègre
Alet-les-Bains
Bouriège
Véraza
Terroles
Chalabre
Conihac-de-la-Montagne
Luc-s.-Aude
Valmigère
Peyrolles
Ste-Colombe-sur-l'Hers
Antugnac
Rivel
Rouvenac
Serres
Arques
Couiza
Fa
D613
Puivert
Espéraza
Vers Foix
Sougraigne
Ariège
Rennes-le-Château
Rennes-les-Bains
Nébias
Granès
Bugarach
Belvis
Quillan
St-Julia-de-Bec
Aude
D613
Belvianes
Belfort-s.-Rebenty
St-Martin-Lys
Comus
Belcaire
Espezel
Quirbajou
Cailla
D117
Vers Perpignan
Camurac
Roquefeuil
Galinagues
Rodome
Axat
Aunat
le Clat
Puilaurens
D613
Ste-Colombe-s.-Guette
Escouloubre
Counozouls
Gincla
le Bousquet
Roquefort-de-Sault
Montfort-Boulzane
Pyrénées Orientales

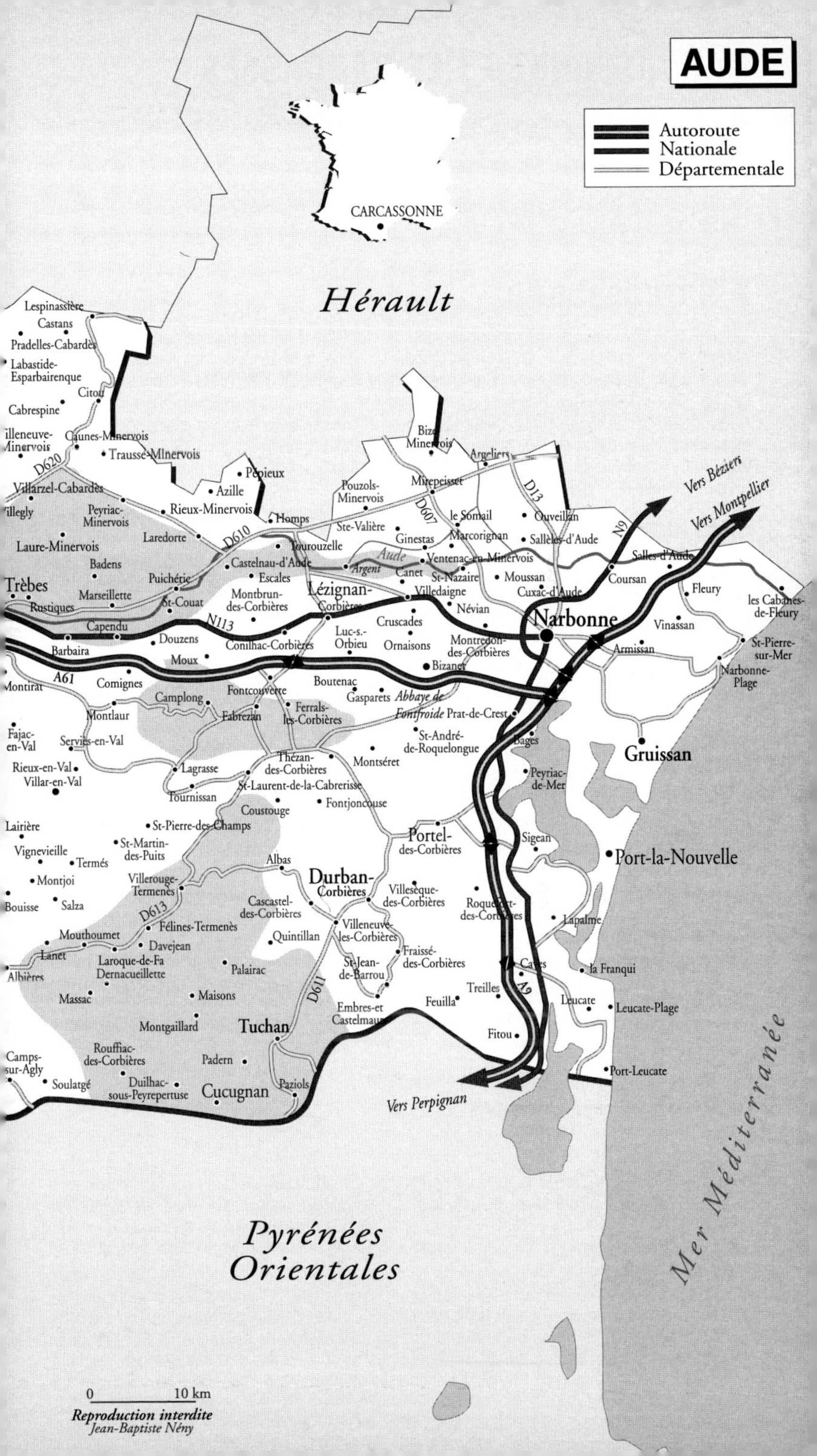
AUDE
Autoroute
Nationale
Départementale
CARCASSONNE
Hérault
Lespinassière
Castans
Pradelles-Cabardès
Labastide-Esparbairenque
Citou
Cabrespine
Villeneuve-Minervois
Caunes-Minervois
Trausse-Minervois
D620
Villarzel-Cabardès
Villegly
Peyriac-Minervois
Pépieux
Azille
Rieux-Minervois
Homps
Laure-Minervois
Laredorte
D610
Badens
Tourouzelle
Castelnau-d'Aude
Escales
Puichéric
Trèbes
Marseillette
Rustiques
St-Couat
Montbrun-des-Corbières
Lézignan-Corbières
Capendu
N113
Douzens
Barbaira
Conilhac-Corbières
Moux
A61
Montirat
Comignes
Fontcouverte
Camplong
Montlaur
Fabrezan
Ferrals-les-Corbières
Fajac-en-Val
Serviès-en-Val
Rieux-en-Val
Villar-en-Val
Lagrasse
Tournissan
Thézan-des-Corbières
St-Laurent-de-la-Cabrerisse
Montséret
Fontjoncouse
Coustouge
Lairière
St-Pierre-des-Champs
Vignevieille
St-Martin-des-Puits
Termés
Montjoi
Villerouge-Termenès
Albas
Bouisse
Salza
Cascastel-des-Corbières
Durban-Corbières
D613
Félines-Termenès
Mouthoumet
Davejean
Quintillan
Lanet
Laroque-de-Fa
Dernacueillette
Palairac
Albières
Massac
Maisons
D611
Montgaillard
Tuchan
Rouffiac-des-Corbières
Padern
Camps-sur-Agly
Soulatgé
Duilhac-sous-Peyrepertuse
Cucugnan
Paziols
Embres-et Castelmaure
Villeneuve-les-Corbières
St-Jean-de-Barrou
Fraissé-des-Corbières
Feuilla
Treilles
Fitou
A9
Caves
Bize Minervois
Argeliers
Pouzols-Minervois
Mirepeisset
D13
D607
le Somail
Ouveillan
Ste-Valière
Ginestas
Marcorignan
Sallèles-d'Aude
N9
Aude
Argent
Canet
Ventenac-en-Minervois
St-Nazaire
Moussan
Villedaigne
Cuxac-d'Aude
Cruscades
Névian
Luc-s.-Orbieu
Ornaisons
Montredon-des-Corbières
Bizanet
Narbonne
Boutenac
Gasparets
Abbaye de Fontfroide
Prat-de-Crest
St-André-de-Roquelongue
Bages
Peyriac-de-Mer
Portel-des-Corbières
Sigean
Villesèque-des-Corbières
Roquefort-des-Corbières
Lapalme
la Franqui
Leucate
Leucate-Plage
Port-Leucate
Port-la-Nouvelle
Gruissan
Vers Béziers
Vers Montpellier
Coursan
Salles-d'Aude
Fleury
les Cabanes-de-Fleury
Vinassan
Armissan
St-Pierre-sur-Mer
Narbonne-Plage
Vers Perpignan
Pyrénées Orientales
Mer Méditerranée
0
10 km
Reproduction interdite
Jean-Baptiste Nény

CARCASSONNE ET LE CARCASSES

Carrefour historique et géologique, le Carcassès occupe une dépression alluvionnaire entre les prémices du Massif Central (Cabardès et Montagne Noire) et les contreforts pyrénéens (Corbières). Par le couloir de plaines qu'il contrôle à l'ouest, sur le céréalier Lauragais, le Carcassès relie le Languedoc occidental et les pays méditerranéens à l'océan. Après l'incontournable et inoubliable visite de la Cité, prenez les chemins de traverse et cap sur les localités pittoresques de ce petit territoire.

Carcassonne

Le deuxième site le plus visité de France après le Mont-Saint-Michel est une curiosité que toute l'Europe vient photographier. C'est un patrimoine précieux, la fierté d'une région, mais aussi celle de la main de l'homme, qui a, dans un premier temps, construit, puis préservé, et enfin restauré ce modèle d'architecture militaire.

Hors la cité, Carcassonne est une ville charmante et vivante, avec une ville basse consécutive à la création d'une bastide au XIIIe siècle, avec de belles maisons dont on trouve encore trace aujourd'hui. Une ville animée, riche et gourmande, qui vaut un séjour complet d'un point de vue historique, religieux, architectural et touristique.

Fiche pratique

OFFICE MUNICIPAL DE TOURISME 15, boulevard Camille-Pelletan ✆ 04 68 10 24 30. *Site Internet : www.carcassonne-tourisme.com - E-mail : accueil@carcassonne-tourisme.com.*

ANNEXE DE LA CITE Porte Narbonnaise ✆ 04 68 10 24 36

Transport

L'AUTRE NAVETTE ! Vive les navettes gratuites (en été seulement), deux minibus d'une capacité de 25 places, qui, du lundi au samedi (de 9h30 à 12h30 et de 14h00 à 19h30), toutes les 15 minutes, font le pont entre la Cité et la Bastide Saint-Louis.

AEROPORT DE CARCASSONNE-SALVAZA ✆ 04 68 71 96 46. *Vols quotidiens aller-retour en direction de Londres et de Bruxelles.*

GARE SNCF Service Accueil ✆ 04 68 71 79 14/08 35 36 36 36

AUTO GARE Boulevard de Varsovie ✆ 04 68 25 12 74

ASSOCIATION ARTISANALE CARCASSONNAISE DES RADIOS TAXIS Rue Louis Braille ✆ 04 68 71 50 50

TRANSPORT URBAIN C.A.R.T. Halte centrale - Square Gambetta ✆ 04 68 47 82 22

Location de voitures

ADA ZA Saint-Jean-de-l'Armouze ✆ 04 68 11 71 92

EUROPCAR 7, boulevard Omer-Sarrault ✆ 04 68 25 05 09

LOV 36, avenue Roosevelt ✆ 04 68 11 74 10

Location de deux-roues

ESPACE 11 3, route Minervoise ✆ 04 68 25 28 18

LOCASCOOT 32, rue Trivalle ✆ 04 68 25 11 30

Points d'intérêt

BASILIQUE SAINT-NAZAIRE. Il ne reste de l'édifice roman datant de la fin du XIe siècle que la crypte et quelques piliers dans la nef, identifiables à leurs chapiteaux dont les sculptures présentent des personnages levant les bras, surmontés de végétaux. Au siècle suivant fut élevée la nef à six travées. Le chevet date de la fin du XIIIe siècle. Le transept et le chœur gothique sont élevés au début du XIVe siècle.

LA CITE. Classée Patrimoine mondial de l'Humanité depuis 1997, elle reçoit plus de deux millions de visiteurs chaque année. Ce sont les fortifications les plus visitées de France, et l'un des sites les plus fréquentés. Le travail de Viollet-le-Duc qui réhabilita cette couronne de muraille (il en reconstitua environ trois kilomètres) est colossal. La Porte narbonnaise par laquelle s'engouffrent, tout au long de l'année, des cohortes de touristes est aussi son œuvre quant à la restauration. Elle date originellement du XIIIe siècle et possède deux tours en éperon.

CHATEAU COMTAL ✆ 04 68 11 70 77. *Ouvert tous les jours, horaires en fonction des saisons. Tarifs visite simple (château et front ouest du rempart intérieur) : adulte 6,10 €, de 18 à 25 ans 4,10 €, gratuit pour les moins de 18 ans. Tarifs groupes (20 personnes minimum) : 5,10 €.* Il fut édifié au XIIe siècle par la puissante famille Trencavel. Ne pas manquer la collection lapidaire du château, qui rassemble des œuvres d'art religieux, des sculptures très anciennes et des pièces funéraires : sarcophages, stèles mérovingiennes, chapiteaux, calvaire.

IM@GINARIUM 3-5, rue Saint-Jean ✆ 04 68 47 78 78. *Site Internet : www.art-histe.com/imaginarium - E-mail : imaginarium@art-histe.com. Ouvert de Pâques à la Toussaint. Groupes toute l'année sur réservation. Tarifs : adultes 7 €, enfants 4,50 €, groupes 6,25 €. Visites en français, anglais, espagnol et allemand.* Ce musée utilise les technologies les plus modernes (techniques multimédias) pour faire revivre de manière interactive l'histoire de Carcassonne, la croisade albigeoise ou la bataille de Muret par exemple.

MUSEE DE L'ECOLE 3, rue du Plô - Cité médiévale ✆ 04 68 25 95 14. *E-mail : musecole.carca@ libertysurf.fr. Ouvert toute l'année de 10h à 18h, juillet-août de 10h à 19h. Horaires scolaires sur rendez-vous. Tarifs : adultes 4 €, étudiants 3 €, gratuit pour les enfants (-12 ans). Groupe de 10 personnes 3 €.* Reconstitution d'une classe, avec le mobilier et le matériel d'époque : tables, bancs, tableau noir, le tout dans une vraie école désaffectée. Vous pourrez même prendre le porte-plume et faire quelques pleins et déliés à l'encre violette.

MEMOIRES DU MOYEN-AGE Espace Pont-Levis - Chemin des Anglais ✆ 04 68 71 08 65. *Ouvert tous les jours de 10h à 19h. Durée 30 min. Tarifs adulte 5 €, enfants (moins de 12 ans) 3 €, étudiants (12-18 ans) 4 €. Groupes. Traductions en anglais, allemand, espagnol, italien, néerlandais.* Une excellente entrée en matière avant de visiter les murs de la forteresse, vous découvrirez en vidéo les aspects méconnus tels que les armes, les costumes et l'architecture du Ve au XVe siècles. Un son et lumière retrace les périodes : gallo-romaine, XIIIe siècle, ainsi que le dernier assaut infligé à la forteresse. La pièce maîtresse de la visite réside en une imposante maquette où des figurines vous laissent imaginer ce que fut ce dernier siège en 1240.

Tour des remparts

La cité médiévale

Dans Carcassonne

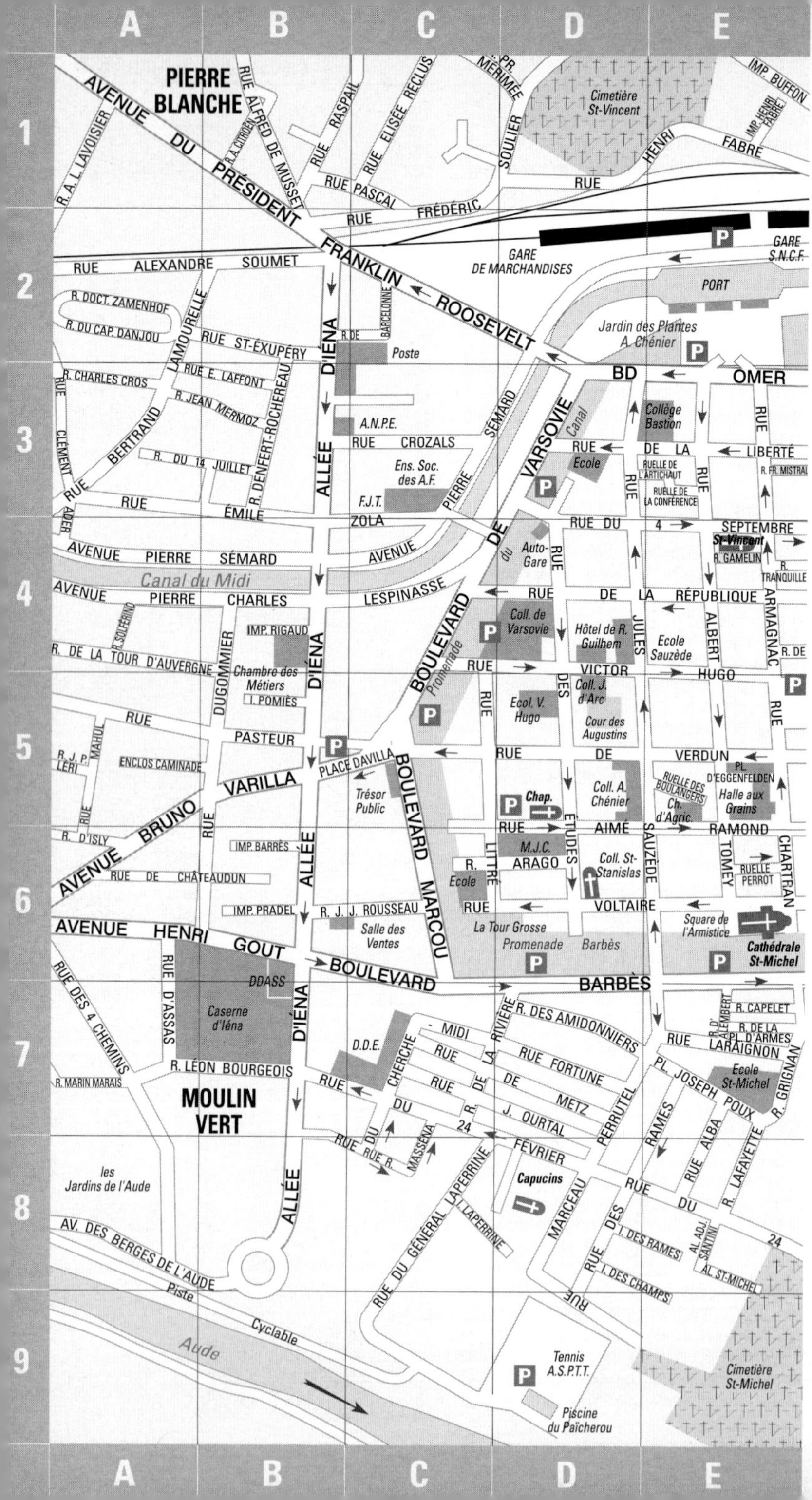

A
B
C
D
E
1
2
3
4
5
6
7
8
9
PIERRE BLANCHE
AVENUE DU PRÉSIDENT FRANKLIN ROOSEVELT
RUE ALFRED DE MUSSET
R. A. CITROËN
RUE RASPAIL
RUE ELISÉE RECLUS
PR. MÉRIMÉE
Cimetière St-Vincent
IMP. BUFFON
IMP. HENRI FABRE
RUE HENRI FABRE
R. A. L. LAVOISIER
RUE PASCAL
RUE FRÉDÉRIC SOULIER
GARE DE MARCHANDISES
GARE S.N.C.F.
PORT
RUE ALEXANDRE SOUMET
R. DOCT. ZAMENHOF
R. DU CAP. DANJOU
LAMOURELLE
RUE ST-EXUPÉRY
R. DE BARCELONNE
Poste
Jardin des Plantes A. Chénier
BD OMER
R. CHARLES CROS
RUE E. LAFFONT
R. JEAN MERMOZ
R. DENFERT-ROCHEREAU
ALLÉE D'IÉNA
A.N.P.E.
RUE CROZALS
SÉMARD
Canal
BOULEVARD DE VARSOVIE
Collège Bastion
RUE CLÉMENT ADER
RUE BERTRAND
R. DU 14 JUILLET
Ens. Soc. des A.F.
F.J.T.
PIERRE
RUE DE LA LIBERTÉ
Ecole
RUELLE DE L'ARTICHAUT
RUELLE DE LA CONFÉRENCE
R. FR. MISTRAL
RUE ÉMILE ZOLA
RUE DU 4 SEPTEMBRE
St-Vincent
R. GAMELIN
R. TRANQUILLE
AVENUE PIERRE SÉMARD
AVENUE
Auto-Gare
du
Canal du Midi
AVENUE PIERRE CHARLES LESPINASSE
RUE DE LA RÉPUBLIQUE
ARMAGNAC
IMP. RIGAUD
R. SOLFÉRINO
Coll. de Varsovie
Hôtel de R. Guilhem
Ecole Sauzède
R. DE LA TOUR D'AUVERGNE
DUGOMMIER
Chambre des Métiers
I. POMIÈS
BOULEVARD
Promenade
RUE VICTOR HUGO
RUE DES ÉTUDES
Coll. J. d'Arc
Ecol. V. Hugo
Cour des Augustins
JULES
ALBERT
RUE PASTEUR
RUE MAHUL
R. J. P. LERI
ENCLOS CAMINADE
PLACE DAVILLA
RUE DE VERDUN
PL. D'EGGENFELDEN
RUELLE DES BOULANGERS
Trésor Public
Chap.
Coll. A. Chénier
Ch. d'Agric.
Halle aux Grains
AVENUE BRUNO VARILLA
R. D'ISLY
IMP. BARRÈS
RUE AIMÉ RAMOND
M.J.C.
R. ARAGO
LITTRE
Coll. St-Stanislas
SAUZÈDE
TOMEY
CHARTRAN
RUELLE PERROT
RUE DE CHÂTEAUDUN
IMP. PRADEL
R. J. J. ROUSSEAU
BOULEVARD MARCOU
Ecole
RUE VOLTAIRE
Square de l'Armistice
La Tour Grosse
Promenade Barbès
Cathédrale St-Michel
AVENUE HENRI GOUT
Salle des Ventes
BOULEVARD BARBÈS
RUE DES 4 CHEMINS
RUE D'ASSAS
DDASS
Caserne d'Iéna
R. CAPELET
R. DE LA PL. D'ARMES
R. D'ALEMBERT
R. DES AMIDONNIERS
CHERCHE-MIDI
RUE DE LA RIVIÈRE
RUE FORTUNE
D.D.E.
RUE LARAIGNON
R. LÉON BOURGEOIS
PL. JOSEPH POUX
Ecole St-Michel
R. GRIGNAN
R. MARIN MARAIS
MOULIN VERT
RUE DU
RUE DE METZ
R. J. OURTAL
PERRUTEL
RAMES
24 FÉVRIER
RUE DU R. MASSÉNA
RUE ALBA
R. LAFAYETTE
les Jardins de l'Aude
Capucins
RUE DU GÉNÉRAL LAPERRINE
I. LAPERRINE
MARCEAU
RUE DU 24
RUE DES
I. DES RAMES
AL. ADJ. SANTINI
AL. ST-MICHEL
I. DES CHAMPS
AV. DES BERGES DE L'AUDE
Piste Cyclable
Aude
Tennis A.S.P.T.T.
Piscine du Païcherou
Cimetière St-Michel
P

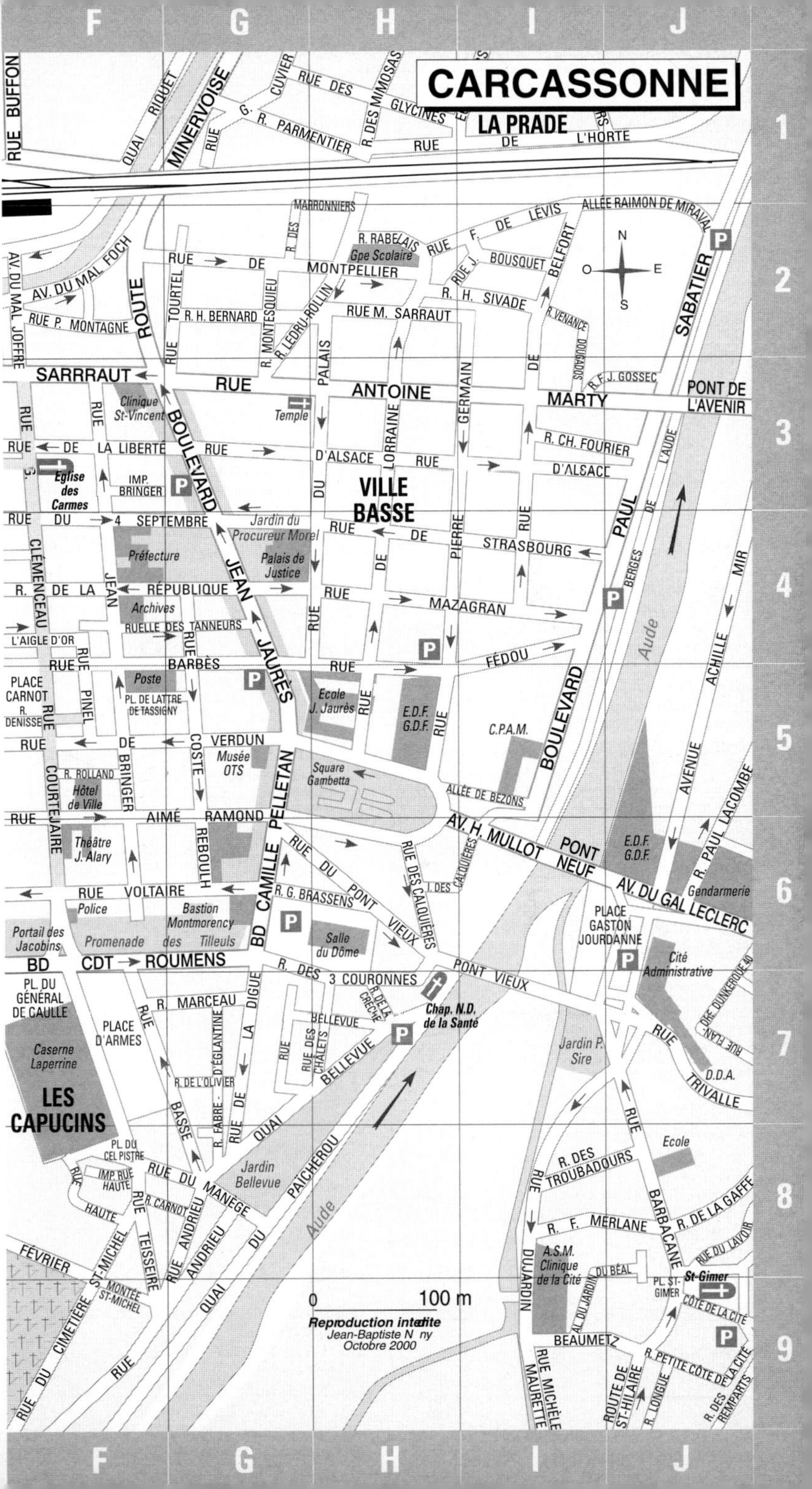

Jean-Baptiste N ny
Octobre 2000

MUSEE DE LA CHEVALERIE Place Saint-Jean ✆ 04 68 72 75 51. *Ouvert d'avril à décembre de 10h à 13h et de 15h à 19h30. Hors saison, sur rendez-vous. Adultes 3 €. Avec visite guidée à partir de 5 personnes, 5 €.* Après avoir admiré les tapisseries, vous descendrez pour contempler toutes les armes les plus diverses et variées. Passionné d'histoire du moyen âge, Gilles Alessandri présente ses collections personnelles : archerie, pointes de flèches, paniers à feu, armures et costumes du Moyen Age. Mais, également, parchemins et monnaies féodales, trouvés lors de fouilles dans le château comtal. Gilles fait des jaloux au niveau des musées nationaux car des pièces de sa collection sont pratiquement uniques. Certaines armes reconstituées pour des films historiques y sont également présentes. Vous reconnaîtrez le casque de Jeanne D'Arc de Luc Besson, ou l'arc de Kevin Costner dans Robin des Bois. Un musée unique, à ne pas manquer.

MUSEE DE L'INQUISITION La Cité ✆ 06 03 84 13 86. *Ouvert toute l'année, de 10h à 18h. Adultes 6,50 €, étudiants (12-18 ans) 5 €, enfants (-12 ans) 4 €.* Dénigrée par certains, mais confirmée par d'autres, cette exposition montre où mène l'intolérence, le fanatisme et la barbarie. Avec son impressionnante collection d'instruments de torture ainsi que de nombreuses gravures, ce musée de l'horreur faite par les hommes laisse une sensation de mal-être. Ames sensibles s'abstenir.

Dans la ville basse

LA BASTIDE. Le centre de la ville n'est plus occupé par le château ou l'église, mais par la place du Marché. Mais elle a gardé son plan en damier caractéristique et les vestiges des remparts qui la ceinturait.

MUSEE DES BEAUX-ARTS 1, rue de Verdun ✆ 04 68 77 73 70. *Entrée gratuite. Ouvert du 15 juin au 15 septembre du mercredi au dimanche, de 10h à 12h et de 14h à 18h. Hors saison du mardi au samedi inclus, mêmes horaires.* Salle du rez-de-chaussée : collections archéologiques (paléolithique, âge du fer, Moyen Age) de provenance audoise. Les collections présentent un riche panorama de la peinture des XVIIe, XVIIIe et XIXe siècles. Installé dans l'ancien Présidial, le visiteur y découvre également une collection de faïences, tapisseries et objets d'art (présentés en alternance). Les salles du 1er étage sont réservées aux expositions temporaires et aux collections du XXe siècle.

MAISON DES MEMOIRES 53, rue de Verdun ✆ 04 68 72 45 55. *Ouvert du mardi au samedi de 9h à 12h et de 14h à 18h. Entrée gratuite.* Elle est située dans la maison natale de l'écrivain Joë Bousquet, à l'architecture admirable et aux magnifiques plafonds à caissons des XVIe et XVIIe siècles. Au premier étage, se trouve la chambre de l'écrivain, rigoureusement restée en l'état et où il rédigea son œuvre.

CATHA-RAMA Domaine de Sautès - N113 ✆ 04 68 78 77 98. *Ouvert tous les jours de Pâques à la Toussaint, toute l'année sur réservation pour les groupes. Séances toutes les heures de 10h à 11h et de 14h à 17h. En juillet-août, séances de 10h à 18h. Adultes 5 €, enfants (5 à 11 ans) 4 €, groupes (à partir de 20 personnes) 4 €.* Retrouvez l'attraction installée à Limoux depuis des années. Un excellent moyen de découvrir l'histoire locale à travers ce spectacle audio-visuel en dégustant les vins du domaine.

CENTRE CULTUREL DE LA MEMOIRE COMBATTANTE 102, rue Trivalle ✆ 04 68 72 40 16. *Ouvert tous les jours de 10h à 12h et de 15h à 18h.* Grâce à la pugnacité de quelque 95 associations, ce centre a ouvert ses portes en juin 2001. Dans ses locaux, on peut admirer de nombreux vestiges : costumes rayés d'un ancien déporté, une vitrine d'instruments chirurgicaux, armes, obus... La médiathèque propose un libre accès à des livres, des revues et la salle vidéo présente des cassettes et des CD-ROM sur l'histoire, la paix... Tout pour ne pas oublier.

CATHEDRALE SAINT-MICHEL. L'église Saint-Michel a été élevée entre 1262 et 1283. Détruite en 1355, rebâtie, puis à nouveau détruite en 1849, elle sera restaurée par Viollet-le-Duc. Il s'agit d'un superbe édifice de style gothique languedocien avec superbes vitraux et rosace. Trésor de la cathédrale : objets de culte et richesses artistiques diverses (toiles de maîtres et sculptures) provenant des églises du diocèse de Carcassonne.

PLACE CARNOT. Elle s'appelait La place aux Herbes parce qu'elle servait de marché aux légumes. Cette place, à l'origine avec des couverts aux colonnes de bois et corbeaux sculptés, était quatre fois plus grande que l'actuelle. Au XVIIIe siècle, une superbe fontaine en ornera le centre. Le bassin polygonal est en marbre de Caunes, au centre s'élève le roi des eaux sur un dauphin.

EGLISE SAINT-VINCENT. Un bel édifice des XIVe et XVe siècles à clocher carré puis octogonal, comme celui de la cathédrale et d'une hauteur de 54 m (on l'utilisa pour la mesure du méridien terrestre). Son carillon compte 47 cloches. A voir, en particulier, les statues du XIVe siècle dans les niches du portail et son orgue de 1874 à 48 jeux, installé par les frères Puget.

JARDIN DU CALVAIRE. Le bastion, situé à l'angle des boulevards Roumens et Camille Pelletan, abrite un lieu un peu hors du monde. Le jardin du calvaire, créé sous la restauration, est envahi par une végétation exubérante ce qui lui donne une atmosphère quasi surnaturelle.

HOTELS PARTICULIERS :

La Maison du Sénéchal (70, rue Aimé-Ramond), aujourd'hui siège de la Chambre d'Agriculture, serait, paraît-il, la plus ancienne maison de la ville basse. Belle façade du XIVe siècle.

Hôtel de Murat (XVIIIe siècle), aujourd'hui siège de la Chambre de Commerce. On peut admirer la façade côté boulevard Camille Pelletan.

Hôtel de Roland. Le plus représentatif de l'architecture du XVIIIe siècle. Il abrite aujourd'hui l'hôtel de ville au 32 de la rue Aimé-Ramond.

Hôtel de Roque Guilhem (XVIIIe siècle) situé au 42 de la rue Victor-Hugo.

Hôtel de Pelletier du Claux (XVIe siècle) rue Trivalle.

Maison de Montmorency (125, rue Trivalle) : belle façade Renaissance aux pans de bois sculptés.

La Préfecture (rue Jean-Bringer), est logée dans l'ancien Palais épiscopal bâti au XVIIIe siècle par l'évêque Armand Bazin de Bezons, à qui l'on doit aussi la réalisation des grands boulevards qui entourent la ville sur l'emplacement des anciens fossés devenus inutiles.

Hôtel de Roux d'Alzonne (collège André-Chénier, XIIIe siècle), à l'angle des rues de Verdun et Sauzède.

Hôtel de Saint-Martin, tour d'escalier dite du Viguier et Hôtel Louis XIII, cour intérieure des XVe et XVIe siècles - 34, angle rue Pinel et rue de Verdun.

AUTRES MONUMENTS :

Le Portail des Jacobins appuyé sur une partie des murs d'enceinte, la base d'une tour ronde du XIVe siècle subsiste près de la cathédrale Saint-Michel.

L'ancienne citerne ou fontaine, angle rues de Verdun et des études.

Le Présidial, siège de l'Office de Tourisme au 15, boulevard Camille-Pelletan.

Bibliothèque, 1, rue de Verdun (1er étage).

Le Pont-Vieux (XIVe siècle) qui fut jusqu'au XIXe siècle, l'unique lien entre les deux villes.

La colonne de marbre du square André-Chénier proviendrait de la commande faite à Caunes pour le Trianon de Versailles. Au cours de l'embarquement des colonnes sur le canal du Midi, l'une d'entre elles glissa dans l'eau : elle aurait été remontée et installée dans ce square.

Le couvert

LE LANGUEDOC 32, allée d'Iéna © 04 68 25 22 17. *Site Internet : www.languedocrestaurant.com. Ouvert de mi-janvier à mi-décembre. Fermé dimanche soir et lundi (hors saison). Menus de 22 € à 40 €.* Dans ce quartier du XIXe siècle, près de la gare, les jardins et cours intérieures abondent. Il en est ainsi, dans cette demeure où Didier Faugeras poursuit une tradition familiale de bon accueil et de bien manger. Aux beaux jours, le patio, aménagé avec soin, dévoile ses arbres, ses statues, ses vases vernissés (sans renier toutefois la belle salle intérieure au décor campagnard). C'est le lieu idéal pour déguster une cuisine de terroir, où les poissons locaux (baudroie, loup) sont mis à l'honneur. Mais on est dans l'Aude, alors n'oublions pas le cassoulet avec son confit de canard, les fricassées de volailles ou les cailles du Lauraguais. Une bonne table de la ville, où la longévité est signe de qualité.

AUBERGE DES LICES Rue Raimond-Roger-Trencavel - La Cité © 04 68 72 34 07. *Fax 04 68 72 34 07. E-mail : leslices@wanadoo.fr. Ouvert toute l'année sauf en janvier. Fermetures hebdomadaires : mercredi toute la journée, mardi et jeudi midi sauf juillet-août. Une formule Duo et menus de 16 € à 50 € (menu dégustation). Accueil de groupes.* Ce restaurant de la Cité a fait une entrée remarquée dans le monde de la restauration carcassonnaise. Jean-Pierre Blasco, qui officie avec maestria au piano, propose, notamment, de nombreuses spécialités de poissons frais (parillades, bar en croûte de sel…) et, en tant que fervent défenseur de l'Académie du Cassoulet dont il est membre et du label "Pays Cathare", une savoureuse cuisine de terroir (noisette d'agneau cathare à la fleur de thym, cochon de lait médiéval, sans oublier l'incontournable cassoulet…) accompagnée des meilleurs vins d'appellation de notre région. Que l'on soit dans les salles mêlant harmonieusement les teintes chaudes et les vieilles pierres, ou en terrasse, on apprécie l'accueil et le service de Vincent Cazaux et de son équipe. Une adresse où une suite et une chambre de caractère, haut de gamme, sont à votre disposition pour passer un moment agréable.

LA BARBACANE Place Saint-Nazaire - La Cité © 04 68 71 98 71. *Ouvert du 4 avril au 31 octobre le soir. Fermé les mardi et mercredi. Menus à 48 € et 70 €. Menu carte blanche 100 €. Prix moyen à la carte 70 €.* Raffinement et volupté sont les maîtres mots pour ce restaurant où la très grande cuisine est de mise. C'est dans le cadre majestueux de l'hôtel de la Cité que vous vous attablerez pour un festival de saveurs. Des mets surprenants et délicats vous sont suggérés comme les oursins servis en coque et coquilles Saint-Jacques au vinaigre de vin jaune, le pigeon étouffé, cuit au lait anisé et accompagné de haricots verts caramélisés. Le canard sauvage est, quant à lui, en deux cuissons au jus gras et son foie façon "bécasse". Pour conclure ce fabuleux moment, laissez-vous envahir par le délice du chocolat guanaja, sur un biscuit tiède, gastrique potiron. Un voyage au pays du plaisir.

BRASSERIE-CAFE DU DOME 35, rue des Trois-Couronnes © 04 68 25 03 48. *Ouvert toute l'année, tous les jours de 6h30 à 2h. Parking gratuit. Brasserie midi et soir. Menus 12,10 € et 16 €. Menu enfant 6,10 €. Plats du jour de 7 € à 9 €.* On se relèverait presque la nuit pour manger un cassoulet à la brasserie du Dôme… Nous exagérons à peine, on dit que c'est l'un des meilleurs de la ville… La bonne humeur du patron fait de ce lieu un endroit de détente à

toute heure de la journée, du petit noir à l'aube au petit "digeo" d'après dîner, on s'y sent toujours bien. Midi et soir, vous aurez un grand choix de salades, de grillades, et un plat du jour à des prix tout à fait raisonnables. Un lieu dont on ne se lasse pas, à découvrir ou à redécouvrir.

LA MARQUIERE 13, rue Saint-Jean - La Cité © **04 68 71 52 00.** *Fermé de mi-janvier à mi-février. Menus entre 16 € et 44 €.* Il faut parcourir les coins moins fréquentés de la Cité pour découvrir ce restaurant où l'on sert une cuisine traditionnelle, basée sur des recettes languedociennes. A noter, dans le même registre, une très bonne carte de vins régionaux. Le décor est simple et rustique, et, dès que le soleil réchauffe les vieilles rues, on peut déjeuner sur l'agréable terrasse qui domine la rue.

LA PETITE BASTIDE 55, rue Aimé-Ramond © **04 68 47 05 39.** *Fermé le dimanche. Menus et formules de 9 € à 22 €.* La nouvelle direction a changé le nom de cette adresse mais l'endroit reste toujours aussi sympa et l'on a plaisir à s'y rendre. A midi, plat du jour, excellentes grillades, ou encore salades, composeront un parfait déjeuner. Le soir, un dépaysement complet vous est suggéré, avec les spécialités iraniennes de la maison. Ces mets d'ailleurs vous seront servis sur commande et pour minimum 6 personnes. La salle du bas, faite toute de pierres et de voûtes est un très joli cadre. Attention, ne pas oublier de se baisser !

LE MARCOU 12, place Marcou - La Cité © **04 68 47 37 48.** *Fermé du 15 novembre au 1er février et les 2e et 3e de mars. Menus de 14 € à 19 €, menu enfant 7 €. Prix moyen à la carte 15 €.* Le Marcou, c'est une place, un rendez-vous, une pause dans la cohue touristique de la Cité. Les cuistots vous mijotent des plats traditionnels comme du vrai cassoulet maison, du sauté de canard ou des carrés de porc du pays cathare. Mais, si l'été aidant, vous avez envie de fraîcheur, alors sautez sur les carpaccios de bœuf ou de saumon ou sur les délicieuses salades composées. Le service est impeccable et les serveurs souriants et gais comme on les aime.

L'ARBRE DE VIE 3, place Marcou - La Cité © **04 68 71 45 33.** *Ouvert du 1er février au 31 décembre. Hors saison, fermé les mercredi et jeudi. Menus de 12,50 € à 30 €, menu enfant 7 €.* Dans un décor de charme, aux chaudes couleurs méditerranéennes, ou dans le jardin situé à l'arrière du restaurant, vous pourrez déguster une salade de magret (ce dernier est fait maison) et le canard fermier au rancio. L'authentique cassoulet, des poissons tout frais selon l'arrivage du jour et les tartes maison ont également contribué à l'excellente réputation de cette maison…

LE CATHARE 53, rue Jean-Bringer © **04 68 25 65 92.** *Ouvert toute l'année (fermé 3 semaines en janvier-février), tous les jours en saison, fermé le dimanche et le lundi du 1er octobre au 31 mai. Menu 11 €. Plat du jour, sauf le samedi, 7 €. Menu gourmand 20 €. Prix moyen à la carte 20 €. Menu enfant 6 €.* Cet ancien monastère du XIIe siècle, a été restauré avec beaucoup de goût par Jean-Marc Pons. La cuisine régionale de Claude Rossel contribue à la notoriété de l'établissement : ses soupes de poisson, son cassoulet, ses confits de canard sauront vous séduire. Sachez qu'il prépare lui-même ses condiments maison et autres jambonneaux dans le secret de son laboratoire.

LE JARDIN DE LA TOUR 11, rue Porte d'Aude - La Cité © **04 68 25 71 24.** *Ouvert tous les jours sauf dimanche et lundi. Fermé du 1er novembre au 31 décembre. En été, deux formules : restaurant tapas et restaurant carte méditerranéenne. Menu à 18,50 €.* Dans un cadre élégamment rustique aux tables superbement dressées, Elodie Tesseire vous propose une cuisine traditionnelle aux accents méditerranéens et agrémentée de touches personnelles. L'incontournable cassoulet ne fera pas oublier les suggestions originales comme le carpaccio de bœuf au parmesan, le foie gras mi-cuit servi sur toast et sa fleur de sel ou les poissons frais et fruits de mer grillés à la plancha.

AU COMTE ROGER 14, rue Saint-Louis © **04 68 11 93 40.** *Fermé le dimanche, sauf jours fériés (Pâques…). Ouvert à l'année. Menus à 22 €, 28 € et 38 €. Menu enfant 13 €.* Pierre Mésa, qui officie au fourneau de ce restaurant frôlant la perfection, saura mettre tous vos sens en éveil. Vous découvrirez une cuisine imaginative et recherchée comme la tranche de foie gras de canard mi-cuit et sa compotée de poire au muscat de saint-jean, suivi du tournedos de boeuf au banyuls et ses pleurotes de fanjeaux.

Sur le pouce

LA SANDWICHERIE DU GAI PAYS 22, rue du Grand-Puits - La Cité. *Ouvert du 17 février au 11 novembre tous les jours de 9h30 à 23h30 ; hors saison, les week-ends et jours fériés de 10h à 19h.* Envie de pique-niquer sur les remparts de la cité pour profiter au maximum du paysage, du soleil et des petits oiseaux ? Une halte s'impose chez Alexandre. C'est incontestablement la plus sympathique sandwicherie de Carcassonne. Vous trouverez, ici, en plus du traditionnel jambon beurre, des paninis, des kébabs (divinement épicés), des crêpes (au Nutella), des gaufres… le tout servi très rapidement (pas plus de 5 min d'attente). L'accueil, toujours courtois, d'Alex (sauf lorsqu'on lui casse les pieds), l'excellente qualité des produits et les tout petits prix pratiqués sont autant d'atouts pour figurer parmi nos adresses chouchou. Après avoir franchi le pont-levis, c'est au tout début de la deuxième rue à droite.

Le gîte

HOTEL ASTORIA 18, rue Tourtel ✆ 04 68 25 31 38. *Site Internet : www.audetour.com - E-mail : hotel-astoria@wanadoo.fr. Ouvert toute l'année. 23 chambres de 20 € à 54 €. Petit déjeuner 4,70 €. Garage. Parking 5 €.* A deux pas de la gare et du centre-ville, à quelques minutes de la Cité et tout près du canal du Midi, un établissement idéal pour une étape reposante. Avec leur décoration à l'anglaise, les chambres sont assez grandes, douillettes et confortables (toutes avec sanitaires et W.-C. privatifs). L'accueil souriant et chaleureux nous a également séduits. Un excellent rapport qualité-prix.

HOTEL MONTMORENCY 2, rue Camille-Saint-Saëns ✆ 04 68 11 96 70.** *Site Internet : www.lemontmorency.com - E-mail : le.montmorency@wanadoo.fr. Ouvert toute l'année. Chambres doubles de 46 € à 120 €, chambres triples de 84 € à 135 €. Petit déjeuner 6,50 €. Piscine et Jacuzzi extérieur chauffés.* Au pied de la Cité, cet hôtel est un véritable havre de paix. Les 35 chambres sont toutes agréablement équipées, claires et calmes, avec vue sur la Cité ou le jardin. Cécile, pour qui le confort et le bien-être des résidents sont la priorité, est toujours très attentionnée. Une adresse que nous vous recommandons très chaudement et en toute confiance.

AU ROYAL HOTEL 22, boulevard Jean-Jaurès ✆ 04 68 25 19 12.** *Site Internet : www.monsite.wanadoo.fr/royal-hotel - E-mail : godartcl@wanadoo.fr. Ouvert du 15 janvier au 15 décembre. 24 chambres entièrement équipées avec douche, W.-C., téléphone, TV, ventilateur, sèche-cheveux, de 41 € à 60 €. Parking clos. Animaux acceptés.* A proximité du Dôme, de l'office de tourisme, du palais de justice et de la gare, l'hôtel, très bien tenu par Claude et Nathalie est idéalement situé. Spacieuses et refaites à neuf, ses chambres sont toutes équipées de salle d'eau privative, de doubles vitrages, télévision, téléphone et surtout de literies de bon confort. Claude et Nathalie ont fait le maximum pour sécuriser l'hôtel. De ce fait, c'est un établissement où il fait réellement bon dormir.

COTE CITE 81, rue Trivall ✆ 04 68 71 09 65. *Site Internet : www.perso.wanadoo.fr/cotecite - E-mail : correze.cotecite@wanadoo.fr. Ouvert toute l'année. Trois chambres pour 2 personnes de 65 € à 70 €, petit déjeuner compris. Salles de bains et toilettes privées. Parking privé.* La demeure de charme de Jane Corrèze vous raconte une histoire et vous offre tout le confort souhaité. Décorées avec beaucoup de goût, les chambres vous réservent bien des surprises… Mystère et volupté pour la chambre des Anges, lumière et orientalisme pour la chambre des Ocres, rêverie et délassement pour la chambre de Juliette, qui donne sur le patio ruisselant de verdure. Ajoutons que nous avons apprécié l'accueil courtois et très convivial de Jane.

ECURIES DE SAINTE CROIX La Cité ✆ 04 68 47 12 75/06 88 31 78 94. *Site Internet : www.ecuries-sainte-croix.com - E-mail : ecuries-sainte-croix@wanadoo.fr. Cinq chambres. La nuit est à 68 € (pour 2 personnes), et à 58 € à partir de la seconde nuit. 20 € par personne* *supplémentaire. Petit déjeuner inclus. Possibilité de repas. Cuisine régionale.* A quelques pas de la Cité, perdue au milieu des vignes, cette demeure de caractère offre la sérénité à l'âme et les splendeurs des alentours de la Cité à la vue. Les cinq chambres aux allures de suites spacieuses qui attendent les visiteurs possèdent une salle de bains complète. On peut se promener dans le parc attenant ou bien lire dans la véranda aménagée. Les petits déjeuners sont pris dans la cuisine.

HOTEL MONTSEGUR* 27, allée d'Iéna ✆ 04 68 25 31 41.** *Site Internet : www.hotel.montsegur.com. Ouvert de février à mi-décembre. Chambres de 67 € à 88 €.* Un peu à l'écart de la bastide et à l'opposé de la Cité et de son tumulte estival, voilà un bien sympathique établissement installé dans une maison de caractère, entourée de verdure, gérée avec efficacité depuis plusieurs générations par la même famille. 21 chambres (3 étoiles), très confortables et toutes climatisées, sont meublées avec beaucoup de distinction et vous accueillent dans un cadre verdoyant. Un lieu idéal si vous recherchez un peu de calme et de sérénité. A côté de l'établissement, vous trouverez, toujours géré par la même famille Faugeras, le restaurant "Le Languedoc".

AUBERGE DE LA JEUNESSE Rue du Vicomte-Trencavel - La Cité ✆ 04 68 25 23 16. *Fermeture du 15 décembre au 1er février. 15,50 € par personne/nuit, petit déjeuner, taxe de séjour et draps compris. Organisation d'excursions pour groupes. Snack-bar. Location de vélos.* Au cœur de la cité médiévale, avec des chambres de 4 à 6 personnes, cette auberge, qui peut accueillir jusqu'à 120 personnes, est une véritable aubaine pour les adeptes de l'hébergement collectif. Les voyageurs disposent d'une cuisine avec ustensiles et denrées de base et d'un service restauration (du petit déjeuner au dîner en passant par les pique-niques) pour les individuels et les groupes.

CAMPING DE LA CITE* Route de Saint-Hilaire ✆ 04 68 25 11 77.** *Ouvert du 15 mars à octobre. 200 places.* Ce camping ombragé qui se cache entre la Cité, le golf et le lac de la Cavayère, est l'idéal pour tous ceux qui aiment visiter les vieilles pierres tout en gardant la tête dans les étoiles.

Le gîte et le couvert

HOTEL DU DOMAINE D'AURIAC** Route de Saint-Hilaire ✆ 04 68 25 72 22.** *Relais et Châteaux. Chambres entre 150 € et 420 €. Piscine, tennis et golf 18 trous. Bistrot d'Auriac. Premier menu restaurant à 48 € puis menu dégustation à 75 €. Grillades d'hiver servies en terrasse.* A deux pas de la cité médiévale, loin du bruit de la ville, au cœur d'un immense parc aux multiples essences, cet hôtel de grand luxe, qui allie le confort à la riche cuisine du pays, est parfait pour se relaxer et goûter aux plaisirs du sport et de la nature. Bien sûr, les prix suivent le nombre des étoiles. Quant aux gourmets, ils pourront choisir la formule demi-pension et profiter de la cuisine gastronomique servie au restaurant attenant.

HOTEL DE LA CITE Place Saint-Nazaire - La Cité ✆ 04 68 71 98 71. *Site Internet : www.hoteldelacite.com. De février au 1er avril, chambres de 250 € à 900 €. Du 2 avril au 31 octobre de 300 € à 1200 €. Enfants : gratuits jusqu'à 16 ans. Petit déjeuner buffet 24 €. Parking fermé. Chambres avec télévision, satellite, magnétoscope et minibar. Menus de 60 à 80 € restaurant La Barbacane.* Ce monument historique associe le charme des vieilles pierres à tout le confort qu'un palace de cette envergure peut apporter à sa clientèle. Pour vous accueillir, l'hôtel met à votre disposition ses 50 chambres à la décoration classique-traditionnelle, gothique-moderne ou provençale. Les Suites sont composées d'une chambre et d'un salon indépendant avec une vue Jardin et Château ou de la Basilique. Les Junior Suite ont un coin salon intégré et ont jardin ou terrasses privées. Les chambres De Luxe ont une vue Cité ou Jardin, un décor raffiné et personnalisé avec des salles de bain en marbre et douches. Le mobilier est magnifique, le service soigné et l'accueil distingué. A l'extérieur, piscine et jardins à la française facilitent le repos et à l'intérieur, le piano-bar apportera musique et relaxation. L'été, il est fréquent d'y croiser des artistes venus au festival de la Cité. Luxe, calme et volupté assurés.

HOTEL DU DONJON LES REMPARTS* 2, rue du Comte-Roger ✆ 04 68 11 23 00.** *Site Internet : www.hotel-donjon.fr - E-mail : info@bestwestern-donjon.com. Best Western. Séminaires, accueil groupes. Ouvert toute l'année. Chambres simples climatisées de 74 € à 125 €, chambres doubles de 74 € à 125 €, chambres triples de 80 € à 140 €. Suites de 130 € à 214 €. Petit déjeuner buffet 10 €. Ascenseur, parking sur réservation 10 €. Animaux acceptés 10 €.* Si c'est le grand standing que vous recherchez, vous y êtes ! Et au cœur de la Cité, en plus. Voilà l'endroit idéal pour faire un saut dans le passé et goûter jusqu'au bout aux délices de l'atmosphère moyenâgeuse de la Cité. Au cœur du château médiéval, cet hôtel a su allier le raffinement et le confort moderne au charme d'antan. Que l'on soit dans les chambres, spacieuses et confortables, ou dans le jardin ombragé, on s'y sent vraiment bien.

HOTEL FRANTOUR TROIS COURONNES* 2, rue des Trois-Couronnes ✆ 04 68 25 36 10.** *E-mail : hotel3couronnes@wanadoo.fr. Séminaires, accueil groupes. Ouvert toute l'année. 68 chambres climatisées dont 44 avec balcon, de 55 € à 101 € pour 2 personnes. Petit déjeuner buffet 9,50 €. Taxe de séjour 0,80 €/personne/jour. Parking fermé de 5 € à 8 €. Menus de 21 € à 27,50 €. L'été, grillades et salades servies en terrasse extérieure, de 6 € à 15 €.* A deux pas du centre-ville, cet hôtel de très grand confort vous offre, en prime, une vue imprenable sur la Cité. L'accueil chaleureux et prévenant s'accorde à merveille avec le standing de l'établissement. La piscine d'agrément chauffée, le sauna, le solarium, la salle de gymnastique, les 5 salles de réunion, les deux restaurants (Le Richepin et Le Quai Bellevue), aux cartes minutieusement élaborées et constamment renouvelées, sont les garants d'un séjour réussi.

HOTEL LE CATHARE 53, rue Jean-Bringer ✆ 04 68 25 65 92. *Ouvert tous les jours (fermeture trois semaines en janvier-février). Chambres de 20 € à 29 € pour 2 personnes. Lit supplémentaire 4 €. Petit déjeuner 5 €. Demi-pension 41 €/personne, pension complète 53 €/personne. Restaurant fermé le dimanche, le lundi et le samedi midi.* C'est un hôtel ancien avec tout ce que cela comporte de charme. Sans luxe tapageur, les chambres sont meublées dans un style classique et sont très confortables, dignes d'un étoilé. Sachez que vous dormirez dans un authentique monastère du XIIIe siècle. L'accueil courtois du propriétaire et la cuisine de son chef en font l'un de nos établissements favoris du centre-ville avec l'un des meilleurs rapport qualité-prix.

HOTEL MERCURE PORTE DE LA CITE* 18, rue Camille-Saint-Saëns ✆ 04 68 11 92 82.** *Site Internet : www.hotels-donjon-mercure.com - E-mail : H1622accor-hotels.com. Ouvert toute l'année. Séminaires, accès animaux (supplément). 61 chambres climatisées, de 83 € à 95 € dont 3 chambres pour handicapés, et 6 pour non fumeurs. Petit déjeuner 9,50 €. Menus de 18 € à 30 €. L'été formule piscine 16 €.* Outre des chambres à la décoration élégante et raffinée, il offre de nombreux services : piscine découverte, jardin, garage, parking gratuit, restaurant, service de restauration en chambre, bar et salles de réunion. Les dîners-concerts de l'été qui mêlent harmonieusement gastronomie et philarmonie sont très prisés.

HOSTELLERIE SAINT-MARTIN* Saint-Martin - MONTREDON ✆ 04 68 47 44 41.** *Site Internet : www.chateausaintmartin.net - E-mail : hostellerie@chateausaintmartin.net. Fermé du 12 novembre au 8 mars. Chambres à 70 €, 75 € et 85 € en haute saison. Petit déjeuner 9 €. Taxe de séjour 0,80 €/personne/jour. Menus de 29 € à 52 €.* A cinq minutes de la Cité médiévale, l'Hostellerie Saint-Martin vous offre ses 15 chambres climatisées. Confortables et spacieuses, elles sont toutes équipées d'un mobilier en chêne de style rustique et dotées de télévision, satellite et téléphone direct. A côté, le restaurant Saint-Martin vous propose de découvrir l'authentique cuisine languedocienne.

Sorties

LE BAR A VIN 6, rue du Plô - La Cité ✆ 04 68 47 38 38. L'établissement cher à Philippe Calvet est le point de chute obligé pour tout "teufeur" qui se respecte, de passage à la Cité. A l'heure de l'apéro pris dans le jardin, les tapas débordent des assiettes et la musique se fait groove, funk, house... On est si bien que la soirée se poursuit sous les étoiles en sirotant un cocktail ou en dégustant une glace. Une pause branchée bien revigorante au cœur de la Cité et de la nuit d'été.

CHEZ FELIX Place Carnot ✆ 04 68 25 17 01. *Site Internet : www.multimania.com/barfelix. Ouvert toute l'année, fermé le dimanche.* Jour de marché ou pas, l'incontournable point de ralliement de la place Carnot et de la ville est bien chez Félix. Sa terrasse dont certains ne se lassent jamais est parfaite pour profiter de l'air du temps. Le meilleur moment est peut-être celui du café du matin que l'on sirote en lisant les journaux nationaux et internationaux tout en assistant à l'éveil de la ville et du marché.

O'SHERIDAN'S IRISH PUB 13, rue Victor-Hugo ✆ 04 68 72 06 58. La belle devanture de ce pub irlandais vous assure un dépaysement total. A l'intérieur, c'est la même chose, on se croirait en Irlande. L'ambiance, la décoration, l'animation vous donneront envie d'y retourner... en Irlande, si vous avez assez d'argent, sinon dans ce pub. Vous pourrez entendre de la Live Music tous les jeudis et un samedi sur deux ou gagner un fût de Beamish le premier lundi du mois. Décidément, le Petit Futé est toujours dans les bons coups. A la bonne vôtre, si vous gagnez !

LE POP BAR 5, rue Armagnac ✆ 04 68 71 50 21. *Fermé dimanche et lundi.* Il suffit de passer devant ce bar pour avoir envie d'y entrer. La déco très "Art", réalisée par Louis-Paul Maia, fait de cet endroit un lieu branché très prisé des Carcassonnais. Régulièrement, des expositions viennent apporter une touche supplémentaire, plaisante à l'œil. Fred a su créer, dans son bar, différentes ambiances en fonction des heures de la journée. Tranquille jusqu'à 18h30, vous passerez un agréable moment face au truculent personnage qu'est Vincent. N'hésitez pas à le taquiner, il adore ça mais, attention, il a du répondant, le bougre !!! Pour déjeuner sur le pouce ou pour un en-cas, il faut absolument opter pour son "spécial sandwich chaud". Après, c'est l'heure de l'apéro et quand arrive le week-end, soirée à thème ou pas, là, ça se réchauffe vraiment. Avec Didier au service... l'ambiance se propage jusqu'au "dance floor" de la seconde salle.

Discothèques

LA FIESTA BODEGA 49, avenue Henri-Gout ✆ 04 68 71 39 42. *Ouvert toute l'année, du mercredi au samedi de 19h à 5h.* Norbert, le maîtres des folles nuits, a complètement relooké l'endroit. La "brique de Toulouse" est partout sur les murs (très réussi) et un bar supplémentaire accueille les assoiffés. Vous pouvez démarrer la soirée dès l'heure du dîner puisque l'on vous propose, ici, une cuisine espagnole et des grillades au feu de bois (à partir de 16 €). Le DJ se déchaîne et aimante les danseurs sur la piste, il ne lâche pas son micro et alterne les genres musicaux toujours d'influence "ambiance". Les générations cohabitent allègrement ici et il n'est pas rare de croiser là telle ou telle personnalité, car on le sait Norbert est l'ami des stars. La fiesta porte bien son nom.

LE LIVING-ROOM Route de Mazamet ✆ 06 73 55 83 23. *Ouvert les jeudi, vendredi, samedi de 22h à 5h du matin.* Métamorphose dans la spacieuse discothèque, changement de direction, des travaux de rénovation et c'est reparti. L'enseigne "Le Xénon" a laissé place au "Living-room". La clientèle 20 ans et plus a réinvesti les lieux. Le DJ s'éclate aux platines et alterne les genres, de quoi "dance-zapper" jusqu'au bout de la nuit. L'été, l'espace extérieur près de la piscine apporte un plus unique sur la ville. A l'étage, une autre salle, Le Vip's, accueillera les nostalgiques des tubes des années 70 à 90.

Loisirs

L'ETRIER OCCITAN La Madeleine - MONTREDON ✆ 04 68 11 19 90. Amoureux des chevaux, voici un très beau centre équestre installé sur un domaine de 2,5 hectares. Pierre Baboulin se charge d'enseigner les secrets de l'équitation en semaine et le week-end, en groupes ou en cours particuliers. Des balades et des randonnées sont aussi organisées dans les alentours.

GOLF DE CARCASSONNE ✆ 04 68 72 57 30/06 12 20 85 43. Sur un site agréablement vallonné, ce golf de 18 trous est le seul du département. Une vue exceptionnelle sur la chaîne des Pyrénées et la Montagne Noire vous attend lors du parcours long de 5 800 mètres.

PETIT TRAIN DE LA CITE ✆ 04 68 24 45 70. *Ouvert du 1er mai au 30 septembre, de 10h à 12h et de 14h à 18h. Durée : 20 minutes. Adultes 5 €, enfants 3 €.* Une surprise : les textes sont dits par Léon Zitrone. Une façon tranquille et cependant détaillée de découvrir la Cité sans se fatiguer.

CASTEL NAUTIQUE Port de Bram ✆ 04 68 76 73 34/06 76 21 20 75. *E-mail : castel.nautique@wanadoo.fr. Ouvert de juin à septembre.* Ces petites embarcations sans permis peuvent accueillir jusqu'à 8 personnes. Possibilité de location de VTT et pique-nique cassoulet sur réservation.

LOU GABARET Port de Carcassonne ✆ 04 68 71 61 26. *Ouvert d'avril à fin octobre, 4 départs de 10h à 18h. Tarifs : 7 € (1h30) et 10 € (2h30). Commentaires en anglais, français et espagnol.* Rien de mieux que de se laisser glisser lentement sur ses eaux, pour ressentir le rythme et les perspectives du canal.

LAC DE LA CAVAYERE. *Site Internet : www.pavillonbleu.org.* Le lac de La Cavayère est le point idéal pour une journée en famille. Avec une aire de loisirs et de santé. Des jeux pour enfants, la pratique de sports nautiques, des plages de sable et de gazons ; c'est aussi le rendez-vous des pêcheurs. Pratique de tous les sports nautiques à l'exception d'engins à moteur. Location de pédalos.

ARBORETUM DE PECH MARY. Sur un site classé au sud et au sud-est de la Cité, l'arboretum, s'étale sur une superficie de 100 ha. Sa vocation est celle d'un jardin des plantes spécialisé dans l'arbre, offrant une cinquantaine de variétés acclimatées en plus de celles déjà existantes.

Emplettes

LA BOULANGERIE DE TRADITION 128, avenue Franklin-Roosevelt ✆ 04 68 71 38 22. Du vrai pain fait à l'ancienne, qui a le bon goût et l'aspect du pain d'antan, c'est à l'ancestrale. Rond ou en épis, en baguette ou en flûte, il prend toutes les formes et toutes les saveurs. Pour le petit déjeuner, ajoutons les pains au chocolat et les croissants, sans oublier quelques gâteaux : tartes, éclairs et mille-feuilles...

BASTOUL ET FILS 40, rue du Pont-Vieux © 04 68 25 67 80. *Ouverte le vendredi de 15h à 19h30 et le samedi de 8h à 12h 30 et de 15h à 19h30.* Les papilles des amateurs de cochonnailles vont s'affoler avec les charcuteries de tradition familiale de la maison : pâté de tête, boudin, jambons et autres charcutailles. Une adresse sûre.

FROMAGERIE BOUSQUET Les Halles - Rue Aimé-Ramond © 04 68 25 11 25. Chez Bousquet, mari et femme ont chacun leur file de clients et elles sont toutes les deux bien longues. C'est normal quand on vend du fromage aussi bon. La fromagerie brille par la grande variété de fromages, frais, au lait cru, de vache, de brebis, de chèvre...

▷ *Dans les environs*

Cavanac

AUBERGE DU CHATEAU © 04 68 79 61 04. *Fermeture de janvier à fevrier. Chambres de 65 € à 155 €. Petit déjeuner 10 €. Restaurant ouvert le soir du mardi au samedi, et le dimanche midi. Menu unique de 3 plats au choix, 36 €. Menu enfant 16 €.* Cette superbe bâtisse du XVIe siècle abrite une auberge aux chambres meublées et décorées avec raffinement, alliant le charme romantique du passé et le confort moderne. Vous y ferez une halte gastronomique : écrevisses, homard, escargots à la carcassonnaise, foie gras, sanglier et autres fleurons de la gastronomie languedocienne comme le cochon de lait au miel, accompagnés des cuvées.

Floure

HOTELLERIE DU CHATEAU DE FLOURE* 1, allée Gaston-Bonheur © 04 68 79 11 29.** *Fax 04 68 79 04 61. Site : www.chateau-de-floure.com - E-mail : contact@chateau-de-floure.com. Ouvert du 15 mars à fin décembre. 16 chambres de 100 € à 170 €. Suites 230 € (jusqu'à 4 personnes). Supplément demi-pension 42 €/personne. Petit déjeuner buffet : 16 €, continental : 12 €. Patio, piscine, solarium, tennis et parc à la française. Relais du Silence. Châteaux et Hôtels de France. Menus de 39 € à 69 €. L'été, brasserie grill le midi en semaine. 16/20 au GaultMillau.* Cette magnifique demeure chargée d'histoire qui appartenait à Gaston Bonheur, face à l'Alaric est une invitation à la vie de château. Que ce soit le bar aménagé dans l'aile du XIIe siècle avec son piano et ses voûtes romanes, la splendide salle de restaurant aux boiseries et statuettes du XVIIe siècle, ou encore le grand salon aux tapisseries authentiques du XVIIIe siècle, l'atmosphère est magique, entre la sérénité et l'opulence. Avec leurs lits à baldaquin, les chambres sont du même cachet. Les suites sont immenses, peuvent loger une famille entière en toute facilité et donnent sur un patio, au cœur du parc à la française. Mme Assous, propriétaire de ce lieu sublime, se fera un plaisir de vous faire découvrir le département et ses richesses en vous préparant de nombreux itinéraires. Les salles du restaurant sont à l'image de l'hôtel : luxueuses. Les menus élaborés en fonction des produits frais de saison par M. Assous sont tout simplement divins. Essayez le foie gras poêlé aux pommes, réduction à la carthagène ou encore la petite rouille de homard. La grande cuisine aux portes de la Cité.

Malves-en-Minervois

DEPENDANCES DU CHATEAU © 04 68 72 28 96. *Ouvert toute l'année. Deux chambres pour 1 personne à 20,58 €, 2 personnes 27,44 €. Personne supplémentaire 9,15 €. Petit déjeuner 3,87 €. Deux studios meublés (199 € la semaine).* Situées dans les dépendances du château, les chambres aménagées par Therry et Eric Chaluleau ont conservé les charmes du passé (charpente apparente) tout en étant équipées du confort moderne. La proximité du parc confère un cachet très plaisant à l'ensemble.

Pennautier

Dotée d'une vie associative très dynamique, la commune est riche en manifestations de tout genre tout au long de l'année. Les réalisations récentes comme le Stade Robert Puig (joueur international bien connu dans le rugby à XIII), la salle Intersports et la salle des jeunes permettent à tous de pratiquer de multiples activités.

CENTRE EUROPEEN DES TROUBADOURS NA LOBA Place du Coustou © 04 68 71 74 45. *Site Internet : www.perso.wanadoo.fr/cremm-trobar - E-mail : cremm.trobar@wanadoo.fr.* Créé en 1978 par Gérard Zuchetto, compositeur, chercheur et auteur, ce centre effectue d'importantes réalisations pour la connaissance des troubadours et de l'art trobar. Centre de recherche, diffusion et création artistique, le Cremm-Trobar est, aujourd'hui, le centre européen des troubadours Na Loba (banque de données, un fonds d'étude et une exposition permanente, Camins de trobar).

CAMPING LES LAVANDIERES RN113 ✆ 04 68 25 41 66. *Ouvert du 1er avril au 31 octobre. 36 emplacements. Buvette, snack.* Cadre très reposant et ombragé aux portes de Carcassonne. Produits locaux.

CHATEAU AUZIAS-PARETLONGUE ✆ 04 68 47 28 28. *Site Internet : www.chateauauzias.fr - E-mail : auzias@chateauauzias.fr. Visite commentée, dégustation et vente de vin.Tous les jours de 8h à 20h en prenant rendez-vous directement auprès du régisseur (06 08 09 03 55).* Dominique Auzias, le trépidant propriétaire, avait l'ambition et la volonté de faire de grands vins. Aujourd'hui, ses domaines produisent des vins de pays et des AOC cabardès. Les Petits Messieurs 2000, est à boire sur un fruit tandis que Gloria Mundi 1998, plus ambitieux, est un vin solide que l'on devra garder 5 à 6 ans. Le château propose la visite du vignoble (remarquables par les techniques pratiquées : taille en cordon de royat, enherbement...), des caves et des chais. Alain Bernard, le régisseur, est un passionné remarquable.

Pezens

HOTEL-RESTAURANT LE REVERBERE RN113 - LA MADELEINE ✆ 04 68 24 92 53. *Ouvert tous les jours. Congés de la dernière semaine de janvier jusqu'à mi-février. Six chambres avec sanitaires privatifs et TV de 41 € à 46,50 € pour deux personnes. Petit déjeuner 5,80 €. Menus de 13 € à 30,50 €. Menu enfant 8,50 €. Etape affaires 54,50 €. Groupes. Salle de séminaires pouvant accueillir 70 personnes.* Une fois de plus, l'établissement bien tenu par la famille Tinchon nous a séduit. C'est l'adresse idéale pour une halte gastronomique voire un petit séjour. Les six chambres sont assez petites mais très confortables et bien équipées. Passons au restaurant, dans la salle ou en terrasse couverte, pour découvrir la cuisine de Fabrice. Les spécialités du chef que nous vous recommandons sont le saumon, fumé sur place, le foie gras et l'incontournable cassoulet. Cette fois-ci, nous avons choisi, et apprécié, la cassolette de poisson gratinée et l'émincé de volaille au curry... l'andouillette aux deux moutardes semblait aussi très appétissante. Enfin, les desserts sont excellents et faits maison. Si vous le souhaitez, durant votre séjour, on pourra vous organiser de mini excursions dans le vignoble environnant, avec dégustation. Une bonne initiative.

NICOLAS AUBERT La Madeleine ✆ 04 68 24 97 63. *Atelier ouvert sur rendez-vous.* Le bois est une matière vivante que Nicolas Aubert travaille avec respect depuis 1980. Architecte, il construit, artisan, il voyage dans l'histoire des formes et des décors pour des créations uniques.

JEAN-FRANCOIS MONNIN La Madeleine ✆ 04 68 24 96 29. *Atelier ouvert sur rendez-vous.* Dans le respect des traditions et des règles de l'art, l'artiste privilégie l'utilisation de la pierre pour la décoration, la sculpture, la gravure, la petite construction ornementale et la restauration.

Trèbes

Bien que peu de vestiges subsistent des fortifications de la ville, cette importante localité de la banlieue carcassonnaise possède quelques trésors. En longeant le canal du Midi, on arrive au pont Vauban qui est une étape marquante pour les plaisanciers, puisqu'à cet endroit-là, le canal enjambe l'Orbiel. Plus loin encore en amont, on arrive au pont de la Rode qui n'a pas été modifié depuis la construction du canal. Celui-ci offre un beau point de vue sur le village et son clocher carré.

OFFICE DE TOURISME 1, avenue Pierre-Loti ✆ 04 68 78 89 50. *Site Internet : www.ot-trèbes.fr.st. Ouvert du 15 mars au 31 octobre.*

L'EGLISE SAINT-ETIENNE. L'église du XIIIe siècle, de style gothique méridional, abrite le trésor de Trèbes : 320 magnifiques corbeaux en chêne soutenant la charpente portant chacun une figure peinte (homme, femme, animal). En juillet et août, des visites guidées de l'édifice sont organisées par l'Office de Tourisme.

LA GENTILHOMMIERE Sortie autoroute Carcassonne-Est ✆ 04 68 78 74 74. *Site Internet : www.lagentilhom.com - E-mail : reserve@lagentilhom.com. Ouvert toute l'année. Chambres de 45 € à 54 €. Tarif spécial du 1er novembre au 15 mars. Petit déjeuner 6 €. Menus de 15 € à 28 €. Menu enfant 7 €.* A tout juste trois minutes de la cité, l'établissement ultra moderne de Nicole et Georges Anrich offre des chambres insonorisées, climatisées, décorées avec goût et très bien équipées. Dans la salle du restaurant, vous pourrez vous régaler de la succulente cuisine traditionnelle de Didier Béral : confit, foie gras, cassoulet maison, tournedos Rossini...

CAMPING MUNICIPAL **Chemin de la Lande ✆ 04 68 78 61 75.** *Ouvert du 1er juin au 15 septembre. 70 emplacements ombragés. Barbecues à disposition. Tennis et piscine à proximité.* Sur les rives de l'Aude, à proximité de Carcassonne, le terrain permet de pratiquer de nombreuses activités : tennis, natation, canoë-kayak, pêche, équitation, randonnées et sorties accompagnées. Des soirées diverses, projections et jeux sont régulièrement organisés.

LA CAFINE DISTILLERIE COOPERATIVE **52, route du Cabardès ✆ 04 68 78 66 65.** Liqueur de café au velouté onctueux enrobé d'une douce structure d'eau de vie. Servie fraîche à l'apéritif, elle fait également merveille sur les desserts glacés. Pour une touche d'originalité, ajoutez un nuage de crème fraîche dans un verre de cafine préalablement chauffée à 40°. Abritée dans une élégante bouteille, la cafine est un cadeau original et apprécié.

COLETTE ET ROLLAND POITE **Chemin de la Chaussée ✆ 04 68 78 79 26.** *Confitures et confits de légumes, plantes et vins. Ouvert du lundi au samedi, du 1er avril au 31 octobre, de 17h à 19h30.* Avec ses recettes de bonne-maman, Colette crée des délices dont on ne se lasse pas. Dans son atelier situé près de l'écluse, fruits, légumes, plantes et vins trouvent de nouvelles saveurs. Les confitures de pastèques, figues, confit de thym se diversifient en pêche-verveine, pêche-fruits exotiques.

LES CORBIERES

Immense quadrilatère d'une cinquantaine de kilomètres de côté, les Corbières forment un ensemble de massifs montagneux (pech de Buggarach, 1 230 m) détaché des Pyrénées. Ce chaos calcaire, sculpté par l'érosion, évoque des visions lunaires, les plateaux surmontés de pechs entaillés de gorges étroites, les collines de garrigue, tantôt couvertes de vignes ou de reboisements récents et les cimes déchiquetées d'éperons rocheux veillent sur des villages pittoresques d'une beauté sauvage époustouflante. De ces paysages inondés de lumière, embaumant les parfums de la garrigue, surgissent les ruines de la tragédie cathare que vous pourrez atteindre après avoir emprunté les routes étroites et sinueuses qui sillonnent les Corbières.

Lézignan-Corbières

Au cœur du département, à la croisée des Corbières et du Minervois, vous voici arrivé au centre de la vie des Corbières, à Lézignan-Corbières, charmante et hospitalière ville du terroir. De Lézignan-Corbières, où les structures d'accueil et de services sont nombreuses, vous pourrez rayonner à travers un pays riche en patrimoine historique, mais aussi à travers de nombreux sentiers de randonnées balisés.

SYNDICAT D'INITIATIVE **9, cours de la République ✆ 04 68 27 05 42**

PAYS D'ACCUEIL LEZIGNANAIS **24, boulevard Marx-Dormoy ✆ 04 68 27 57 57.** Sentiers botaniques. Documentation, informations sur les boucles de promenades 1/2 journée (pédestres et VTT).

Points d'intérêt

MUSEE DE LA VIGNE ET DU VIN **3, rue Turgot ✆ 04 68 27 07 57.** *Ouvert toute l'année, tous les jours de 9h à 19h. Adultes 5,35 €, enfants 3,05 €. Groupes : adultes 4,60 €/personne, enfants 2,30 €/personne.* Installé dans un ensemble de bâtiments d'exploitations agricoles, ce musée présente une importante collection d'outils, documents et machines illustrant le travail viticole et les métiers qui en dérivent, ainsi que les aspects de la vie quotidienne au XIXe siècle. Au caveau, vous pourrez déguster les vins et produits du terroir.

Le couvert

LA BALADE GOURMANDE **Boulevard Léon-Castel ✆ 04 68 27 22 18.** *Ouvert toute l'année. Hors saison, fermé les lundi soir, mardi soir et mercredi soir. Menus de 13 € (midi en semaine) à 32 €.* Carole et Christophe Poumès ont réussi à donner un cachet fort sympathique à leur restaurant. Teintes claires, plantes vertes, tables joliment dressées confèrent une note très conviviale. La carte, renouvelée au fil des saisons et aux noms très évocateurs, donne l'embarras du choix. Un exemple, le carpaccio de saumon est agrémenté de fruits de mer (huître, moules en ravigote et d'anchois marinés). Aucune fausse note pour ce maestro du piano.

Le gîte et le couvert

LE TOURNEDOS ET LE TASSIGNY Place De-Lattre-de-Tassigny © 04 68 27 11 51. *Fermé dimanche soir et lundi, 15 jours fin septembre et 15 jours fin janvier. Menus de 12 € à 45 €. Chambres de 37 € à 45 €.* Dans l'hôtel (le Tassigny), on retrouve l'ambiance feutrée typique des hôtels de province. Chambres confortables, décors sobres, accueil parfait… nous sommes, ici, dans une maison de tradition où il fait bon s'arrêter. Le restaurant, le Tournedos, est une valeur sûre de la ville, avec sa cuisine basée sur des plats typiques : tournedos aux morilles, cassoulet au confit, foie gras, lotte à la vigneronne. Le Tournedos est aussi pour ses grillades au feu de bois, préparées en direct dans l'immense cheminée, ou ses poissons à la plancha.

Le gîte

CAMPING LA PINEDE Rue Roussillous © 04 68 27 05 08. *Ouvert du 1er mars au 31 octobre. 90 emplacements. Location de mobile homes et caravanes.* Calme et tranquillité assurés dans ce camping installé en pleine pinède par la famille Pailhiez. Buvette, piscine, aire de jeux, pétanque et soirées à thèmes animeront votre séjour. Les amoureux des plantes peuvent participer à des stages d'agriculture biologique.

Loisirs

CENTRE EQUESTRE LE PARC Domaine de Gaujac © 04 68 27 55 27. *Ouvert toute l'année.* Randonnées sur plusieurs jours, semaine, promenade l'été et stages durant les vacances scolaires. Enseignement tous niveaux, examens, stages, concours. Possibilité de pension. Tout en proposant le choix d'activités équestres classiques, les Sarzana axent leur priorité sur la pédagogie. Pour les amateurs, des parcours accompagnés sont organisés dans l'Alaric ou en direction de l'abbaye de Lagrasse, en longeant l'Orbieu.

Sorties

LE 79 BAR BRASSERIE 34, cours République © 04 68 27 01 34. *Ouvert tous les jours, toute l'année.* Pour faire une halte dans un haut lieu de la convivialité lézignanaise, c'est bien chez Hugues Ratier, Jean-Noël Salles et Sylvain Lacans qu'il faut aller. A la belle saison, vous profiterez des platanes de la terrasse et, par là même, de l'animation du centre-ville. Vente de sandwichs.

Emplettes

LE VITRAIL 13, rue Necker © 04 68 27 34 32. *Atelier ouvert sur rendez-vous.* "Verre aux mille nuances, le vitrail est un soleil fossilisé, prêt à inonder lieux de culte et lieux de vie", pourrait résumer le travail de Thierry Bianco, maître-verrier. De nombreux vitraux d'édifices audois ont repris vie grâce à son talent.

▷ *Dans les environs*

Boutenac

MAISON DES TERROIRS EN CORBIERES Le Château © 04 68 27 84 73. *Ouvert toute l'année du lundi au jeudi de 9h à 18h, vendredi jusqu'à 17h. Juillet et août, ouvert tous les jours de 10h à 18h. Informations touristiques, dégustations et ventes d'une sélection des grands vins du cru.*

MUSEE DE LA FAUNE Espace Octaviana - GASPARETS © 04 68 27 57 02. *Ouvert du mardi au dimanche de 9h30 à 12h et de 14 à 18h. Du 1er octobre au 31 mai, fermé le lundi. Adulte 5 €, enfant (4 à 12 ans) 2 €, groupes à partir de 5 personnes 4 €.* Une des plus belles collections animalières de France (plus de 800 espèces naturalisées provenant des cinq continents et 7 000 insectes) est exposée dans une vaste salle climatisée. Les mises en scène très réalistes mettent en valeur les animaux qui sont présentés par famille, comme les renards qui sont naturellement superbes !

LA BASTIDE DES CORBIERES 17, rue de la Révolution © 04 68 27 20 61. *Site Internet : bastide-corbieres.com - E-mail : bastide.corbieres@wanadoo.fr. Cinq chambres : basse saison 70 € pour 2 personnes, haute saison 79 € pour 2 personnes, petit déjeuner compris. Table d'hôte gourmande 28 €/personne tout compris. Piscine.* Aménagées au premier étage d'une maison de maître vigneronne, ces vastes chambres, meublées et décorées avec un goût sûr, vous feront apprécier l'art de vivre au cœur des Corbières. Qu'il est bon de profiter du parc arboré et de prendre son petit déjeuner sur la terrasse ou dans la salle à manger.

Douzens

CONSERVERIE ESQUINES 126, avenue des Corbières ✆ 04 68 79 19 77. *Ouvert toute l'année, du lundi 7h au vendredi midi.* Maintes fois récompensée par Aude Gourmande, la conserverie est également renommée pour ses gésiers de canard, pâtés et autres cochonnailles typiquement audoises appréciés des connaisseurs. Au rayon "à la coupe" de nombreuses épiceries, goûtez au fameux pâté de foie, grand classique des familles audoises.

Fabrezan

MUSEE CHARLES CROS Mairie ✆ 04 68 27 81 44. *Ouvert toute l'année du lundi au jeudi de 9h à 12h et de 14h à 19h. Le vendredi de 9h à 12h et de 14h à 17h. Samedi, dimanche et jours fériés sur rendez-vous (04 68 43 51 97/04 68 43 68 21/04 68 43 54 04). Visite libre.* Né à Fabrezan (1842-1888), Charles Cros était un homme aux multiples facettes : homme de lettres (poèmes, monologues, pièces de théâtre), de sciences (recherches, réalisations dans les domaines les plus variés). Il fut l'inventeur, avant Edison, du phonographe et de la photographie en couleurs. Découvrez le personnage lui-même et la vie quotidienne de son époque à travers les documents contenus dans ce musée : panneaux, lettres, affiches, appareils sonores…

LOU CASTELET Place de la République ✆ 04 68 43 56 98. *Ouvert toute l'année.* Quatre chambres et une suite, pour 2 à 3 personnes. Dans une superbe maison de maître, Micke et Jan vous proposent quatre grandes chambres confortablement aménagées, qui ont néanmoins conservé tout leur charme d'antan. La salle à manger authentique du XIXe siècle, le jardin en terrasses, la pelouse, la piscine privée et la source naturelle créent une atmosphère de petit paradis. Une halte inoubliable.

P20 CATHY BIRAMBAULT 4, montée du Château d'Eau - FERRALS-LES-CORBIERES ✆ 04 68 43 59 13. Accompagnatrice de moyenne montagne, guide-interprète nationale (anglais, allemand, espagnol et occitan), et guide du pays cathare, Mme Birambault organise des randonnées à thèmes le long des sentiers du pays cathare : contes et légendes, lecture des paysages…

Durban-Corbières

En suivant les venelles, on parvient sur un site fortifié d'où l'on profite d'un remarquable point de vue. Le château conserve un riche répertoire architectural : façades percées de fenêtres romanes et Renaissance restaurées, parties d'enceinte. L'église Saint-Just vaut le détour, de même que la porte médiévale fortifiée transformée en clocher. Une étape dégustation au caveau complètera la visite de ce village, situé au cœur des Corbières.

Le gîte et le couvert

BAR-HOTEL-RESTAURANT L'AMANDIER Avenue des Corbières ✆ 04 68 45 89 48. *Ouvert tous les jours, sauf le lundi, toute l'année. Neuf chambres, de 40 € à 46 € pour deux personnes, 58 € à 62 € pour 3 personnes, petit déjeuner 5 €. Menu du jour 12 € (le midi sauf le week-end, vin compris), menu du terroir (café + 1/4 de vin compris) 16 €, menu de la guarrigue 20,50 € et menu de l'amandier 27 €. Prix moyen à la carte 25 €. Menu enfant 8 €.* La salle de restaurant entièrement voûtée offre poutres apparentes, cheminée où grésillent les grillades, jardin d'hiver, véranda avec vue sur les contreforts du château… Vous apprécierez l'authentique cuisine du terroir avec de bons plats qui tiennent au corps : daubes, cassoulets, civets de lièvre, de sanglier et coq au vin. Une excellente adresse.

▷ *Dans les environs*

Cucugnan

CHATEAU DE QUERIBUS ✆ 04 68 45 03 69. *Ouvert toute l'année sauf trois semaines en janvier, hors vacances scolaires. Octobre de 10h à 18h30, novembre-décembre-janvier de 10h à 17h, février de 10h à 17h30, mars de 10h à 18h, avril-mai-juin de 9h30 à 19h, juillet-août de 9h à 20h et septembre de 9h30 à 19h. Visites libres : adulte 5 €, enfant (de 6 à 15 ans) 2 €, groupes (20 personnes et plus) 4 €, audiopass (visite audio-guidée) + 4 € ; prix incluant l'entrée au "Petit théâtre d'Achille Mir" (évocation du conte d'Alphonse Daudet, le "Curé de Cucugnan"). Diverses animations, durée 1h30, 50 €/groupe sur réservation.* Avant-dernier château dit "cathare" à rendre les armes (quelques mois avant Puylaurens), ce château est bâti sur un piton rocheux extrêmement impressionnant qui culmine à pratiquement 750 m d'altitude. Composée de trois enceintes successives, la forteresse est dominée par un donjon massif dans lequel on verra, notamment, la belle pièce dite "du pilier".

AUBERGE DE CUCUGNAN 2, place de la Fontaine ✆ 04 68 45 40 84. *Fermé janvier et février et le mercredi hors saison. Menus de 16 € à 40 €. Chambres à partir de 42 €.* Le célèbre village de Cucugnan, au pied du château de Quéribus abrite cette table qui s'est faite une spécialité dans la cuisine traditionnelle du pays audois. On y retrouvera les charcuteries, les grillades, le gibier en saison et de bons petits plats mitonnés comme cet excellent coq au corbières. Si les trois litres de vin où il cuit forment la base de la sauce, celle-ci prend toutes ses saveurs du mélange aromatique qui l'accompagne : tomates, oignon blanc, ail, champignons, bouquet garni, huile d'olive... toutes les senteurs du pays cathare emplissent la salle. Pour ceux qui ne veulent pas prendre la route après ces agapes, l'auberge offre six chambres modestes mais coquettes.

AUBERGE DU VIGNERON 2, rue Achille-Mir ✆ 04 68 45 03 00. *Fermé de début novembre à mars, dimanche soir et lundi. Menus de 19 € à 28 €. Six chambres à partir de 44 €.* Face au "Théâtre Achille Mir" qui raconte la célèbre histoire du curé de Cucugnan, une ancienne maison vigneronne a été aménagée en auberge. Dans la cave, les foudres ont été conservés et c'est dans cette ambiance très locale que l'on appréciera une cuisine sans prétention, faite de plats familiaux comme la pintade en croûte ou, plus typique de la région, comme le "blanc-manger", un délicieux dessert composé d'un lait d'amandes aromatisé avec un alcool et gélifié. Un régal !

Duilhac

CHATEAU DE PEYREPERTUSE. *Informations mairie 04 68 45 40 55. Ouvert toute l'année sauf janvier ; les week-ends et vacances scolaires hors saison. Février-mars-novembre-décembre de 10h à 17h, avril-mai-octobre de 9h à 19h, juin-juillet-août-septembre de 9h à 20h. Tarif adulte 4 €, groupes 3,50 € et enfant 2 €. Audioguidage + 4 €. Visites commentées 46 €/groupe sur réservation.* Peyrepertuse est sans doute le plus bel ensemble d'architecture militaire médiévale du Languedoc. Ce château semble, au premier abord, inaccessible, tant les falaises qu'il surplombe sont vertigineuses. Il est préférable de prévoir de l'eau, en particulier pour les enfants, et de bien surveiller ceux-ci pendant la montée. S'étendant, presque confondu avec la roche, sur près de 300 m de long, de nombreuses structures sont encore en bon état de conservation. Depuis le plateau qui domine le donjon Saint-Jordi, on admirera le panorama qui, par beau temps, s'ouvre jusqu'aux rives de la Méditerranée.

Fontjoncouse

L'AUBERGE DU VIEUX PUITS Avenue Saint-Victor ✆ 04 68 44 07 37. *E-mail : aubergeduvieuxpuits@wanadoo.fr. Fermeture annuelle de début janvier à début mars. En saison, fermé le lundi midi. Hors saison, fermé le dimanche soir, le lundi et le mardi. 8 chambres (dont une suite et une suite junior) à partir de 135 € hors saison. Petit déjeuner 15 €. Menus de 43 € à 85 €. Prix moyen à la carte 45 €. Menu enfant 15 €. Pool house et piscine.* La renommée de Gilles Goujon n'est plus à faire. Les plantes et les épices qu'il manie et marie à merveille vous laisseront des souvenirs impérissables grâce à des mets au vrai goût du terroir. Avec lui, les pommes de terre, les petits gris, petits légumes et autres produits bien de chez nous prennent une autre dimension. L'accueil et les conseils avisés de Marie-Christine, la maîtresse de maison, et d'André, le maître d'hôtel, vous guideront dans le choix délicat des fromages, grands vins et desserts somptueux.

Lagrasse

Dans cet océan de coteaux viticoles, le village se loge aux confluents des vallées de l'Iosou et de l'Orbieu. Le village actuel est une création directe de l'abbaye. Il a conservé de nombreux vestiges des fortifications qui l'entouraient. L'église Saint-Michel, sise au centre du village, date de la seconde moitié du XIVe siècle. Parcourez le sentier botanique du col Rouch, les forêts de pins et de chênes verts, et rencontrez, sur le territoire communal, les nombreux vestiges de chapelles et prieurés témoignant de la richesse culturelle du lieu.

OFFICE DE TOURISME 6, boulevard de la Promenade ✆ 04 68 43 11 56. *Site Internet : www.lagrasse.com - E-mail : info@lagrasse.com.*

ABBAYE ✆ 04 68 43 15 99. *Ouvert toute l'année. Tarif adulte 4,50 € et enfant 2 €.* Le palais abbatial constitue la partie la plus ancienne de l'abbaye. Voir le cloître et ses colonnes à chapiteaux romans, les caves voûtées, la chapelle abbatiale du XIIIe siècle et le dortoir des moines du XIIIe siècle à charpente apparente.

EGLISE ABBATIALE. Elle date de la fin du XIIIe siècle. La nef est voûtée en berceau. Le chevet plat est voûté d'ogives. Sur le côté du transept, on découvre les vestiges de la première église abbatiale (XIe siècle). Il s'agit de trois absidioles décorées de bandes lombardes. Toujours par le transept sud, on accède à une tour imposante, élevée au début du XVIe siècle.

BATIMENTS CONVENTUELS. Autour du cloître, sont agencés de nouveaux bâtiments : celliers, cave, boulangerie et superbe dortoir. Ce dernier date de la fin du XIIIe siècle. Il est couvert d'une charpente apparente soutenue par des arcs diaphragmes. Par le dortoir, on accède à la chapelle abbatiale (fin du XIIIe siècle). On peut y découvrir une partie de fresque qui décorait cette pièce (trompe-l'oeil, animaux...). La chapelle abrite un superbe carrelage vernissé de la même période. Le nouveau palais abbatial date du XVIIIe siècle. Il contient un cloître et englobe une ancienne tour octogonale du XVe siècle, demeurée inachevée.

LE TEMPS DES COURGES 3, rue Mazels © 04 68 43 10 18. *E-mail : tempsdes-courges@club-internet.fr. Ouvert toute l'année (répondeur). Fermé le mardi et mercredi. Menus de 12 € à 22 €.* La cuisine de Laurent Jamois utilise des produits d'une fraîcheur irréprochable et d'une saveur inégalable pour des spécialités goûteuses : velouté de potiron ou de courge, huîtres chaudes, fromages de chèvre frais aillés ou salade florentine, magret flambé à l'armagnac, bœuf fermier poêlé, lapin rôti au romarin ou tartiflettes moelleuses au fromage des Corbières, fromage bio... En dessert, on se laisse tenter par la poire pochée farcie au caillé de brebis au miel de Boysede.

LES TROIS GRACES 5, rue du Quai © 04 68 43 18 17. *Ouvert du 1er avril au 15 décembre. Menus de 16 € à 25 €.* La cheminée, la mosaïque du bar, les meubles anciens et le superbe plafond à la française, magnifiquement travaillé, réchauffent l'atmosphère de cette belle pièce aux murs blanchis et de pierres apparentes. La carte révèle une palette de plats méditerranéens mêlant habilement les recettes du terroir et des notes orientales comme l'assiette des trois saveurs : houmos, caviar d'aubergine et anchoïade.

CHATEAU PRIEURE BORDE-ROUGE © 04 68 43 12 55. *Site Internet : www.borderouge.com. Ouvert toute l'année. Chambres et table d'hôtes.* Vignerons de talent et récompensés de la Médaille Mondiale 2003 pour leur vin (18 distributions dans le monde dont 5 en France sur 4 000 concurrents), Natacha et Alain ont aménagé trois chambres au confort simple mais décorées avec beaucoup de goût. Au dîner, vous vous régalerez de foie gras, canard aux épices, salade aux agrumes... arrosés des corbières de la propriété. Les petits déjeuners avec confitures maisons, miel et fromages de chèvres laissent des souvenirs inoubliables.

MAISON DU TERROIR 6, boulevard de la Promenade © 04 68 43 11 43. *Fermeture annuelle au mois de janvier (après les vacances scolaires). Ouvert du 1er avril au 31 octobre tous les jours, et hors saison les vendredi, samedi, dimanche, vacances scolaires et jours feriés (sauf le 25 décembre et le 1er janvier), de10h à 12h30 et de 15h à 18h30.* Une sélection des meilleurs produits du département : miels, huile d'olive, charcuteries, vins...

Montséret

MIELLERIE DES CLAUSES 8, pech de la Guarrigue © 04 68 43 30 17. *Ouvert tous les jours.* Découvrez un univers étonnant, celui de l'union de la fleur et de l'abeille. Les apiculteurs vous montreront leurs gestes quotidiens et vous transmettront leur passion pour ce métier particulier. Outre les nombreux miels de l'Aude, découvrez les pains d'épices aux multiples parfums, les bonbons au miel, le pollen, la gelée royale, l'encaustique... et même de l'hydromel décliné en plusieurs versions (doux, sec ou fruité, vieilli 5 ans en fût de chêne...).

Portel-des-Corbières

Petit village viticole à la limite des Corbières, il a su mettre en valeur son patrimoine minier au service de ses vins.

LA BERGERIE Château de Lastours © 04 68 48 29 17/04 68 48 64 77. *Ouvert du 1er mars au 31 décembre. Fermé du dimanche soir au mardi inclus. Menus de 22 € à 40 €.* Changement de la carte en fonction des saisons. Dans une très ancienne bergerie du XIIe siècle, une magnifique et très grande salle invite à une balade gastronomique. Au milieu de superbes arcades, une imposante cheminée centrale fait face à des tables dressées avec beaucoup de raffinement. Un personnel charmant et prévenant sert les créations de la maison. Aux fourneaux, l'équipe du C.A.T élabore une cuisine gastronomique aux accents méditerranéens avec ces petites touches personnelles qui font toute la différence. En entrée, foie gras aux fruits. En plat, le veau arrangé et artichaut violet ; et en dessert, on fond de plaisir avec le moelleux au chocolat. Chaque plat est un véritable chef-d'œuvre.

LA BERGERIE Château de Lastours ✆ 04 68 48 29 17/04 68 48 64 77. *Ouvert toute l'année. 22 chambres de 26 € à 36 €. Petit déjeuner à 5 €.* Les chambres, très confortables, permettent de prolonger le plaisir de demeurer dans cet endroit très apaisant.

CHATEAU DE LASTOURS ✆ 04 68 48 29 17/04 68 48 64 77. *Fax 04 68 48 29 14. E-mail : portel.chateaudelastours@wanadoo.fr.* Le château de Lastours se trouve dans le massif des Corbières sur une ancienne voie de communication, la via Mercaderia, qui reliait Narbonne à l'Espagne au XIIe siècle. Point de ralliement pour les tours de guet de l'Americ et du Viala de Laurède qui jalonnaient la voie Dominitienne. Ce site de 700 hectares, unique en Corbières, est caractérisé par un vignoble en terrasses sur des collines escarpées. Face à la mer qu'il domine, le château de Lastours s'appuie sur les qualités naturelles du site pour sa mise en valeur : premier centre d'essais éoliens français, Lastours ouvre au public son musée éolien. Des pistes 4x4, uniques en Europe, sont utilisées toute l'année par des écuries internationales.

TERRA VINEA ✆ 04 68 48 64 90. *Ouvert toute l'année, tous les jours sauf Noël et le jour de l'An. Départs de visites : 14h45, 15h30, 16h. Caveau ouvert de 10h à 12h et de 14h30 à 18h. Adulte 5 €, enfant (- de 10 ans) gratuit et enfant (10-14 ans) 2,50 €. Visites de groupes sur réservation.* Sous les voûtes majestueuses d'une véritable cathédrale de gypse, découvrez l'épopée d'un grand cru, magnifié par le chai créé par les vignerons du Rocbère, à 80 m sous terre. Aux détours des galeries, objets et gravures racontent l'histoire de cette région au riche passé vinicole. Hommage aux mineurs avec une reconstitution de l'exploitation du gypse, avant la reconstitution d'une villa gallo-romaine, puis étape insolite de cette visite avec un petit lac souterrain.

Termes

CHATEAU. *Informations 04 68 70 09 20. Ouvert tous les jours de mars à décembre. Tarifs : adultes 3 €, enfants 1,50 €.* On a un peu de mal à imaginer que ces ruines étaient autrefois le fief d'une des plus puissantes seigneuries du Languedoc, la famille de Termes. Construit sur un escarpement rocheux qui surplombe les Hautes-Corbières, ce château comporte deux enceintes concentriques dont l'une, rectangulaire, est agrémentée de tours rondes du XIIe siècle. Les locaux de la billetterie (dans le village) renferment une exposition photographique sur le thème des enluminures. A l'étage, sont présentés les objets mis à jour lors des fouilles menées au château ces dernières années.

Tuchan

CHATEAU D'AGUILAR. *Informations à la mairie 04 68 45 51 00. Visite libre toute l'année, sauf du 1er juillet au 15 septembre (tarifs à cette période : adulte 2,30 €, enfant (10-15 ans) 1 € et groupes (10 personnes minimum) 1,50 €.* Le château s'élève sur une petite colline, sur un point stratégique, car il verrouille l'accès à trois vallées. On peut observer encore la première enceinte, des tours, la deuxième enceinte et le donjon.

LE MONT-TAUCH. Haut de 950 m, il domine un superbe panorama. Il présente, sur ses versants, des anciennes galeries de mines, dont certaines peuvent remonter au Moyen Age. Au sommet, on peut découvrir la tour des géographes qui date de la fin du XVIIIe siècle. Ce parfait point de départ pour le parapente offre un remarquable point de vue, du littoral méditerranéen aux Pyrénées.

Villeneuve-les-Corbières

LE CORBIEROU 21, avenue des Hautes-Corbières ✆ 04 68 45 83 05. *Ouvert toute l'année, sauf une semaine en octobre et 15 jours pendant les vacances scolaires de février. Fermé le mercredi. Menus 11 € et 16 €. Menu enfant 6,50 €. Formules à 18, 20 € et 23 €.* Vous apprécierez l'accueil d'Isabelle et l'ambiance chaleureuse et conviviale de ce restaurant, à la décoration très campagnarde. Parmi les spécialités : la pissaladière au foie gras, la soupe de moules safranée, le filet de rascasse aux morilles, le filet de rouget au chorizo, la gratinée de Saint-Jacques à la brandade de morue, le ragoût de canard aux cèpes ou les cailles rôties au foie gras.

DOMAINE LERYS ✆ 04 68 45 95 47. *E-mail : domlerys @aol.com. Ouvert toute l'année. Deux chambres à 40 € pour deux, petit déjeuner compris.* Maguy et Alain Izard ont aménagé deux chambres très confortables (salles d'eau et sanitaires privatifs) dans une authentique maison vigneronne. Les petits déjeuners avec miel et confitures maisons sont sublimes. Au caveau, vous pourrez, bien évidemment, dégustez et apprécier les crus du domaine.

Villerouge-Termenès

EGLISE SAINT-ETIENNE. Située hors les murs, elle pourrait correspondre à un premier habitat datant du haut Moyen Age. L'église actuelle remonte aux XIIIe et XIVe siècles. Elle comporte une nef unique et se termine par un chevet carré. Elle abrite un magnifique retable du XIVe siècle représentant des scènes de la vie de saint Etienne.

CHATEAU © 04 68 70 09 11. *Ouvert toute l'année, sauf janvier ; les week-ends et vacances scolaires hors saison. Tarifs adulte 4 €, adulte avec carte intersites 3,50 € et enfants (6-15 ans) 1,60 €. Ouvert pour les groupes (10 personnes min) sur réservation.* Il s'élève au sud-ouest du village. Il affecte la forme d'un quadrilatère irrégulier dont les angles sont occupés par des tours rondes. Tout autour de la cour intérieure, on observe des corps de logis, dont la grande salle d'apparat qui se situe dans l'aile sud du château.

LA ROTISSERIE MEDIEVALE Le Château © 04 68 70 06 06. *E-mail : cameline@wanadoo.fr. Ouvert du 1er février au 31 décembre. Fermé le dimanche soir et le lundi. Menu 29 € + apéritif 7 € + dessert 7 €. Menu enfant 14 €. Menu banquet pour minimum 80 personnes à la demande, à partir de 100 €.* Oyez, oyez, gentes damoiselles et gents damoiseaux ! La Rôtisserie Médiévale, située dans l'enceinte du château vous plonge au cœur de la féodalité. Le cadre, le mobilier, les costumes et les deux lignes de vaisselle ont été conçus et fabriqués avec un souci de vérité historique qui n'a d'égales que la rigueur et l'exigence de fidélité avec lesquelles Michel Laplanche reconstitue les recettes : les entrées chaudes et froides, les rôtisseries (gibier, oies, canettes, agneaux ou coquelets selon la saisonnalité) et autres mets servis à la table médiévale sont apprêtés avec des produits de saison et des épices parfois introuvables au détail. Festoyez authentique à cette table médiévale, unique en Europe !

LAURAGAIS ET RAZES

Pays de moulins à vent, grenier à céréales du département, le Lauragais est une vaste plaine agricole où fleurissent de nombreux tournesols qui profitent d'un climat doux et chaud. Le blé, le maïs, le colza et le haricot (indissociable du véritable cassoulet) y ont trouvé une terre de prédilection, ainsi que, plus à l'est, la vigne avec le cru malepère, classé en VDQS. Dispersés parmi ces vastes étendues, les villages médiévaux évoquent une histoire riche et mouvementée comme en témoignent les bastides, abbayes, églises et châteaux. Ils possèdent presque tous de nombreux vestiges (tuiles, céramiques...) de l'occupation romaine. Ici, le bien-vivre est aussi important que les vieilles écluses du canal du Midi.

Castelnaudary

Capitale du Lauragais, troisième ville du département, Castelnaudary jouit d'une situation géographique exceptionnelle. La ville dispose de nombreux atouts touristiques. Après avoir flâné dans le centre-ville ombragé par ses platanes, attablez-vous pour déguster sa spécialité mondialement connue : le cassoulet. De nombreux restaurateurs vous accueilleront pour vous le faire déguster en toute convivialité. Castel (comme on dit par ici), c'est aussi la passion du rugby : la famille Spanghéro a porté les couleurs de l'équipe de France et s'attache, aujourd'hui, à valoriser la tradition culinaire locale à travers ses établissements.

OFFICE DE TOURISME Place de la République © 04 68 23 05 73. *Site Internet : www.ville-castenaudary.fr. Visite guidée de la ville : moulin de Cugarel, collégiale Saint-Michel, le Grand Bassin, apothicairerie de l'hôpital, musée du Présidial.*

POINT ACCUEIL FLUVIAL Maison Eclusière Saint-Roch. *Ouvert du jeudi au dimanche, un mercredi sur deux de 9h à 12h 30 et de 13h 30 à 18h.* Point d'accueil et d'informations touristiques.

Points d'intérêt

L'APOTHICAIRERIE. En 1772, l'évêque de Saint-Papoul construisit l'hôpital de Castelnaudary, devenu aujourd'hui le Centre hospitalier Jean-Pierre de Cassabel qui a hérité d'une magnifique apothicairerie avec une remarquable collection de pots du Moustiers du XVIIIe siècle. L'ensemble est classé monument historique et constitue l'une des plus belles et très rares apothicaireries in situ.

LA COLLEGIALE. Construite au XIIIe siècle et de type gothique méridional, la collégiale saint-Michel fut d'abord un temple et une forteresse élevée au rang de collégiale en l'an 1318. Ce monument possède aujourd'hui un des plus beaux carillons du Midi composé de 35 cloches. Sa nef unique est grandiose et ses chapelles latérales renferment de très belles oeuvres d'art.

LE GRAND BASSIN. Inscrit sur la liste des sites historiques, le Grand Bassin est l'une des richesses de la ville. Aidé de François Andréossy, de 1666 à 1681, Pierre-Paul Riquet édifia cet ouvrage de 7 ha qui permit à Castelnaudary de devenir un important port de commerce. Devenu port de plaisance, le Grand Bassin est aussi un réservoir pour l'alimentation des quatre bassins des écluses de Saint-Roch.

LE MOULIN DE CUGAREL ✆ 04 68 23 05 73. *Ouvert du 1er juillet au 31 août. Du lundi au dimanche de 10h à 12h30 et de 15h à 19h. Fermé le dimanche matin et le lundi matin. Adultes 0,70 €, gratuit pour les moins de 12 ans.* Noble vestige des 32 moulins que comptait la ville au XVIIe siècle, ce moulin, entièrement restauré en 1962, reste le seul survivant.

SEUIL DE NAUROUZE. A une altitude de 215 m, dans un havre de verdure où l'eau coule inlassablement, vous pourrez admirer l'arrivée de la rigole qui alimente le canal au point de partage des eaux. Là, les eaux se divisent naturellement en deux courants, l'un vers l'océan Atlantique, l'autre vers la Méditerranée.

LA VILLE MEDIEVALE. Au cours du XIIe siècle, la ville s'entoure d'un rempart. Les fortifications subissent des modifications au fur et à mesure de l'augmentation de la population. La dernière enceinte sera édifiée en 1366 au cours de la reconstruction de la ville après le passage du Prince Noir en 1355.

Le couvert

LE GONDOLIER 24, rue du 143e-RI ✆ 04 68 23 03 41. *Ouvert tous les jours. En saison, fermé le lundi, hors saison, le lundi et le mardi. Menus de 10 € (midi en semaine) à 22 €.* Dans un joli cadre rustique, vous apercevrez de nombreuses gravures de Georges Brassens, précisant aux non initiés l'origine du patron. A la carte, figurent quelques spécialités sétoises : encornets et moules farcis ou encore bourride, sans oublier la cuisine locale (cassoulet cuit au feu de bois, tournedos, magrets et autres délices). L'accueil convivial et le savoir-faire de Francis en font un restaurant très couru dans la ville. Excellent rapport qualité-prix.

HOSTELLERIE ETIENNE RN113 - LABASTIDE-D'ANJOU ✆ 04 68 60 10 08/04 68 60 10 08. *Ouvert toute l'année. Logis de France Hors saison, fermé les dimanche soir, lundi et mardi soir. Sept chambres de 32 € à 34 €. Accès handicapés. Dernière commande le week-end : 21h30. Menu, midi uniquement, 11 €. Menu midi et soir, sauf week-end, 12 €. Menus de 14 € à 22 €. Menu cassoulet à volonté 20 €. Menu enfant 6 €.* Le temple du cassoulet est bien ici, nous l'avons une fois de plus vérifié. C'est donc dans une ancienne bastide restaurée que vous dégusterez, dans un grande salle aux teintes chaudes ou dans le parc arboré, le fameux plat du Lauragais, l'authentique cassoulet de Castelnaudary. Eric Rousselot a bien appris la leçon, ou plutôt, la recette (qui a fait la renommée de cette maison) de son père, le bien célèbre Etienne, ancien maître saucier de la reine d'Angleterre. Autant vous dire que, là, on ne parle plus de cuisine, mais d'un art à part entière. Les ingrédients, la cuisson enfin, tout est minutieusement contrôlé pour que le résultat, ainsi que le fumet, soient parfaits. Conseil avisé, pensez à réserver.

RESTAURANT LE TIROU 90, avenue Monseigneur-de-l'Angle ✆ 04 68 94 15 95. *Ouvert tous les jours. Fermé en janvier et dernière semaine de juin. En saison, fermé le lundi. Hors saison, ouvert du lundi au vendredi seulement à midi et le samedi toute la journée. Menus de 15 € à 30 €. Prix moyen carte 30 €.* Dans un décor très chic et chaleureux, avec ses tables superbement dressées, vous vivrez un moment exceptionnel. La carte du chef Jean-Claude Visentin qui travaille le canard, les confits et les produits du terroir est des plus alléchantes. Outre l'incontournable cassoulet de Castelnaudary, vous pourrez vous régaler d'un suprême de pintade farci au foie gras, d'un magret aux girolles, suivi d'une tarte fine mode sauce craquerelle. Une excellente adresse.

Le gîte

HOTEL DU CANAL 2ter, avenue Arnaut-Vidal ✆ 04 68 94 05 05.** *Ouvert toute l'année. 38 chambres de 47 € à 55 €. Petit déjeuner 6 €. Parking privé. Local vélo. Jardin d'hiver.* Marie-France et Yves vous accueillent avec courtoisie et raffinement dans cette lumineuse demeure, havre de paix et de silence à deux pas de la ville. Les chambres coquettes et bien équipées donnent sur le canal ou sur le jardin ombragé où vous pourrez vous prélasser. La très sympathique direction de cet établissement de grand standing vous offrira l'accès à la piscine et au tennis qui se trouvent à proximité.

Le gîte et le couvert

LE CLOS FLEURI SAINT-SIMEON 134, avenue Monseigneur-de-Langle ✆ 04 68 94 01 20. *E-mail : closfleuristsimeon@hotmail.com. Fermé 15 jours (Fêtes de Noël et du Jour de l'An). Fermé le dimanche soir en basse saison. 31 chambres. Petit déjeuner 6 €. Restaurant fermé le dimanche soir. Menus de 12 € à 28 € menu enfant 8 €. Prix moyen à la carte 20 €. Soirées-étapes à 50 € et 60 €. Demi-pensions à 39 € (sur la base de 2 personnes/chambre) et 55 € (1 personne/chambre). Dernier service 14h et 22h.* C'est dans un mas bien décoré et bien agencé que vous allez passez, sans aucun doute, un très bon moment. C'est par Martine et Thierry, les nouveaux propriétaires depuis un peu plus d'un an que vous allez être accueilli pour vous installer dans la salle de restaurant au teintes chaudes et lumineuses et aux tables joliment dressées ou pour prendre possession de votre chambre. Côté restaurant, nous vous recommandons une entrée originale : les escargots de Bourgogne au brie, osez, vous ne serez pas déçus. Pour suivre, choisissez le cassoulet traditionnel préparé avec maestria par Martine, il est exceptionnel. Gardez absolument une petite place pour les desserts, eux aussi sont tous maison. La carte fait la part belle aux vins de la région. Ceux qui souhaitent prolonger leur séjour apprécieront leur chambres bien équipées et joliment décorées avec, pour chacune, un accès direct à la piscine. Une adresse comme on aimerait en voir plus souvent où accueil rime avec qualité et petits prix (pas de hausse en été).

HOTEL DE FRANCE 2, avenue Frédéric-Mistral ✆ 04 68 23 10 18.** *Site Internet : www.cassoulet.com. Ouvert toute l'année. 17 chambres (bains ou douche, W.-C., TV, Canal +) de 42 € à 55 €. Petit déjeuner 6 €. Garage fermé. Animaux acceptés. Menus de 12 € à 20 €. Menu enfant 7 €. Logis de France.* La décoration moderne des grandes chambres bien équipées s'accorde avec les motifs et teintes chaudes des tentures. Dans la grande salle à manger lumineuse, où les tables sont superbement dressées, vous apprécierez la cuisine traditionnelle de M. Dunod. Outre les cassoulets et foies gras, il faut absolument goûter son poêlé. Au dessert, nous avons craqué pour le "Plus noble des sous-bois" qui figure à la carte de la maison depuis plus de 50 ans.

DOMAINE ESCOUROU Saint-Martin-Lalande ✆ 04 68 94 98 41. *Ouvert toute l'année. 3 chambres à 38 €, 46 € et 60 € pour deux personnes, petit déjeuner compris. Piscine, musculation, Baby-foot.* Gustave Delcroix vous reçoit dans une authentique ferme lauragaise. Toutes de couleurs différentes, les chambres sont raffinées dans leur décoration (meubles de style, tentures...) et offrent tout le confort souhaité. Le salon de Gustave, ancien négociant en vins, dans lequel vous serez invité à vous détendre, reflète le même bon goût. Une étape de grand standing parfaite pour les esthètes.

Loisirs

LE LAC DE LA GANGUISE. Aux portes de la ville, ce lac de 270 ha, créé en 1977, qui irrigue la plaine lauragaise est un petit paradis pour les baigneurs, les véliplanchistes et les pêcheurs à la ligne qui trouvent toujours un coin d'ombre pour assouvir leur passion dans un confort parfait.

ETRIER DU LAURAGAIS LAGRAVE Route du Mas-Saintes-Puelles ✆ 04 68 23 28 47. *Ouvert toute l'année.* 22 box. Cavalerie : 14 chevaux et 15 poneys. Coin cuisine. Equitation classique et randonnées de tourisme équestre. Leçons d'équitation (poney, cheval), promenade et randonnées week-end ou semaine. Formation professionnelle. Stages enfants, ados. Relais d'étape pour randonneurs avec possibilité de petit déjeuner.

LE GRAND BAR 26, cours de la République ✆ 04 68 23 00 36. *Tabac ouvert tous les jours de 6h30 à minuit en semaine, à 2h du matin le week-end. Bar fermé le dimanche. Fermeture aux alentours du 15 février au 15 mars.* Ambiance pub pour ce bar totalement relooké dans le style des années 60. L'endroit a son équipe de foot corpo et regroupe les supporters de tous clubs : Barça, Juventus, OM, Olympique Nîmois... L'établissement spécialisé en bonnes mousses propose un tour du monde de la bière... avec une nouvelle bière à découvrir chaque mois.

Emplettes

CONSERVERIE SODICAS Rue Henri-Becquerel - ZI D'EN TOURRE ✆ 04 68 94 45 80. *Ouvert toute l'année, du lundi au vendredi 8h-12h et 14h-19h, le samedi 9h-12h.* Découvrez et emportez les recettes familiales et conviviales transmises de génération en génération. Outre le célèbre cassoulet, laissez-vous tenter par les confits et plats cuisinés régionaux garantis sans additifs, ni conservateurs.

LIBRE-SERVICE SPANGHERO Avenue Docteur-Guilhem - ZI D'EN TOURRE ✆ 04 68 94 47 60. *Ouvert toute l'année, du lundi au samedi.* Dans la boutique de l'entreprise Spanghero, vous ne trouverez que des bonnes choses indispensables pour tout repas du terroir qui se respecte : crème de canard à l'armagnac, terrine de lapin à la provençale, fritons de canard à l'ancienne, petit salé aux lentilles cuisiné à la graisse d'oie, potée gasconne au canard, tripes à la catalane... et l'incontournable cassoulet de Castelnaudary au confit de canard.

▷ Dans les environs

La Pomarede

HOSTELLERIE DU CHATEAU DE LA POMAREDE © **04 68 60 49 69.** *Fermé 3 semaines en novembre et 2 en mars. Fermé le mardi et dimanche/lundi hors saison. Menus de 23 € à 75 €. Chambres de 80 € à 160 € (suite).* Dans le petit village de la Pomarède, Gérald Garcia a installé, depuis 1998, son hôtel de charme. Charme présent dans l'hôtel, avec ses 6 chambres et une suite, toutes dédiées à des personnages célèbres du Lauraguais : Riquet, le comte de Toulouse ou le pape Jean XXII. Vous y trouverez un élégant mobilier en merisier et des ambiances très douces, aux reflets lie de vin, mauve ou crème. Le charme, on le retrouve aussi dans la salle à manger, où Gérald vous régalera de sa cuisine pleine de sensibilité : le pigeonneau en deux cuissons aux girolles avec le foie gras poêlé et jus vanillé, le homard breton en risotto de spaghetti doré et baies rouges et sa sauce aux crustacés. Les desserts ne sont pas en reste, avec le nougat glacé aux cinq épices et sa glace à la canelle.

Lasbordes

CAMPING DE PEYREBAZAL © **04 68 60 42 23.** Trente emplacements. Branchements individuels eau, électricité. Bornes éclairées, blocs sanitaires avec eau chaude, possibilité d'utilisation des services collectifs du centre familial (restauration, animations).

FERME DE BONETIS © **04 68 94 20 08.** *Daniel Mas Ouvert toute l'année.* M. Mas vous propose des volailles prêtes à cuire (poulets, poules, pintades, canards, canettes, pigeons, coquelets), des lapins et des œufs et des charcuteries transformées à la ferme (jambons frais ou secs, saucisses fraîches ou sèches, pâtés…) très appréciés. En effet, les animaux sont élevés aux céréales de la ferme. Retrouvez les saveurs d'antan.

Saint-Martin-Lalande

LA CAPELLE © **04 68 94 91 90.** *Ouvert du 15 juin au 15 septembre. 3 chambres. 46 € pour 2 personnes, 61 € pour 3 personnes et 16 € par personne supplémentaire. Petit déjeuner compris. 3 épis. Table d'hôtes : 23 €/personne et 11 € pour enfants (- de 7 ans).* A juste trois kilomètres du canal du Midi, Maryse et Jacques Capelle reçoivent dans leur domaine agricole. Les chambres indépendantes sont toutes équipées de sanitaires privatifs et portent un nom de vent de la région. Maryse vous régalera de pâtisseries, brioches et confitures maisons, tandis que Jacques vous parlera de la région et des Cathares, bref, ici tout est parfait pour un séjour idyllique.

Saint-Papoul

ABBAYE © **04 68 94 97 75.** *Visites : avril, mai, juin, septembre, octobre 10h-12h et 14h-18h. Juillet et août : 10h-19h. Novembre et décembre, uniquement week-ends et vacances scolaires de 10h à 12h et de 14h à 17h. Adultes 3 €, enfants 1,50 €, groupes 1,50 €.* L'abbaye fut fondée autour du VIIIe siècle sur le site de la tombe présumée du saint. Au XIIIe siècle, Saint Papoul est un pôle de l'orthodoxie catholique au milieu de ce Lauragais qui a vu naître l'église cathare du Languedoc. En 1317, l'abbaye devient cathédrale. Durant cette période épiscopale, l'abbaye subit plusieurs pillages, ainsi qu'un tremblement de terre en 1426.

Verdun-en-Lauragais

V.V.F. "LES MOULIS" Le hameau du moulin à vent © **04 68 94 24 08/04 73 17 45 10.** *Ouvert d'avril à fin septembre. Pavillons de 4 à 8 personnes de 252 € à 868 € par semaine. Chalet 4 personnes de 224 € à 623 € par semaine. Cuisines équipées (frigo, congélateur, four), salle d'eau, wc. Laverie.Piscine (juillet et Août), Aire de jeux, espace commun (TV, bibliothèque…).*

Idéalement situé à 10 mn de Castelnaudary et du Canal du Midi, 30, de Carcassonne et de sa Cité Médiévale, à 1 heure de la mer et 50 minutes des Pyrénées, on peut dire que vous avez trouvez l'endroit idéal pour des vacances qui s'annoncent... dépaysantes. Bien installé dans votre pavillon, ou votre chalet, vous profiterez des nombreuses activités proposés par le village durant les périodes de vacances scolaires (jeux, activités de plein air, ateliers...). Les ados ne seront pas de reste puisque des animations ont été spécialement pensé pour eux, à moins qu'ils ne préfèrent faire bronzette au bord de la piscine municipal mise à disposition du village en juillet et août. Le personnel du village organise des soirées barbecue, histoire de faire connaissance avec tout le monde. L'accueil est charmant, le village joliment entretenu et bien fleuri, il s'agit bien d'une adresse futé.

FERME-AUBERGE LE BOUT DU MONDE **Ferme de Rhodes © 04 68 94 95 96.** *Ouvert toute l'année, uniquement sur commande, le soir et les jours de fête le midi. Du jeudi au dimanche midi. Du lundi au mercredi, réservé pour les groupes. Menus de 19 € à 50 €. Menu enfant 9 €.* Il n'y a qu'au bout du monde que vous pouvez trouvez cela, ça tombe bien, le bout du monde, c'est ici, à 17 km de Castelnaudary, dans la montagne noire, au cœur d'un domaine boisée. Au départ, vous ne savez pas trop où vous allez : un camping, une ferme, une auberge ? Et bien c'est les trois à la fois, et grande sera votre surprise lorsque, après avoir traversé une partie du camping, à pied bien sûr, vous serez accueilli par Marc Trinquelle, son bon mètre 90, et sa grosse voie qui vous invite à prendre place dans la salle à manger (ou en terrasse) au style résolument campagnard avec sa superbe cheminée ou crépite un feu de bois. Au menus, 8 au choix, (plus 8 autres sur commande) vous ne trouverez que des plats cuisinés à partir des produits de la ferme, en entrée nous avons choisi le foie gras et sa salade, excellent, comme la Salade charcutière. Arrive le plat que vous n'osez pas toucher, quel dommage de donner des coups de couteaux dans une tel oeuvre : une pintade entièrement désossée (pour 2 personnes) et recontistuée farcie aux rosés des prés, accompagnée de cèpes. Si il vous reste une petite place, vous fondrez de plaisir en dégustant une des tartes proposées, on dirait celle que préparait ma grand-mère... en mieux. Une adresse que l'on adore... allez y de notre part. Au fait, les meilleurs vins de la région sont sur la carte, enfin, dans la cave.

Belpech

Fleuron de la gastronomie régionale, Belpech est surtout la capitale du foie gras. Tous les ans a lieu la grande foire au gras où de nombreux producteurs vous proposent leurs meilleurs foies gras, oies grasses, canards gras et chapons engraissés à l'ancienne. A quelques semaines des fêtes de fin d'année, vous serez certain d'y trouver les meilleurs produits et conseils de préparation. En mars, c'est la foire au confit de canard et au millas.

Le gîte

LE DOMAINE DE MANSO **Pech Luna © 04 68 60 67 84.** *Ouvert toute l'année. Deux chambres. Trois épis. 60 €/jour pour 2 personnes, 420 €/ semaine en saison et 315 €/semaine hors saison, petit déjeuner compris. Un gîte.* La maison de maître rénovée d'Alex et Monique Lampaert-Luyckx vous offre un splendide point de vue. Accueil chaleureux, chambres spacieuses et coquettement meublées, petits déjeuners gourmands, entièrement élaborés avec des produits bio, permettent de passer un agréable séjour au calme. A côté de la maison de maître, un gîte sur deux étages, vous offre tout le confort voulu pour savourer des vacances en toute tranquillité.

Emplettes

BROSSE CHRISTIAN ET COLIN YVES **Domaine Joutet - PECH LUNA © 04 68 60 63 06.** *Ouvert toute l'année et présent sur le marché de Carcassonne et foires.* L'association des deux éleveurs leur a permis d'étoffer leur gamme de fromages de chèvre déjà bien renommée dans le département.

▷ Dans les environs

Gaja-la-Selve

AUBERGE DU PUGET **Gaja-la-Selve © 04 68 60 51 76.** *Site Internet : www.auberge-du-puget.com. Ouvert toute l'année sur réservation, midi et soir, sauf dimanche soir et lundi. Chambres pour deux personnes 54 €, petit déjeuner compris. Menus de 27 € à 39 € (apéritif, vin et café compris pour tous les menus).* André Tarrade a ouvert en 1989 une auberge ou qualité rime avec authenticité et mitonne une cuisine traditionnelle du grand sud : foie gras mi-cuit de maison, fougasse cuite dans le four à bois du domaine, gigot d'agneau à la ficelle, magret braisé au sel de Guérande, pâtisseries maison... Les chambres sont confortables, meublées avec goût (parquet, armoires en châtaignier...) et décorées de photos de voyage.

Mayreville

LA FERME DU BOSC ✆ **04 68 60 67 07.** *Vente directe à la ferme. Du 15 juin au 31 août, à 16h et 19h, salon de dégustation et animation. Hors saison et groupes sur réservation.* Félix et Carine Bossut-Hamblenne élèvent 400 brebis de race Lacaune qui sont exclusivement nourries d'herbe, de foin et de céréales produites sur les terres de la ferme. Leur lait est destiné à la fabrication de délices : petit caillé, fromages frais, yaourts aux arômes naturels et crèmes glacées Audeline.

Fanjeaux

Actuellement chef-lieu de canton, Fanjeaux est essentiellement tourné vers l'activité agricole et l'accueil touristique. Détruite en 1355 lors de la chevauchée du Prince Noir, la ville est reconstruite puis deviendra prospère avec le pastel.

SYNDICAT D'INITIATIVE Place Treil ✆ **04 68 24 75 45.** *E-mail : fanjeaux-brammontreal@fnotsi.net.*

Points d'intérêt

EGLISE NOTRE-DAME DE L'ASSOMPTION (1278-1281). Elle fut érigée sur les vestiges du temple romain dédié à Jupiter Fanum Jovis, oppidum du IIe siècle avant J.-C. La mare, dénommée "Lac de Jupiter", à côté du chevet, fut comblée en 1936. A quelques mètres de la croix, au sud-ouest, la fontaine publique est alimentée par un aqueduc prétendument romain. L'ouvrage, taillé dans le roc, est toujours visible à proximité de la fontaine. Ne pas oublier de voir un des hauts lieux saint-dominicains, le monastère Notre-Dame-de-Prouilhe, à 4 km du village (Lasserre-de-Prouilhe).

Le gîte

LE RELAIS DE SAINT-DOMINIQUE ✆ **04 68 24 68 17.** *Ouvert toute l'année. Quatre chambres à 55 € (basse saison) et à 70 € (haute saison) pour deux personnes. 2 suites à 90 € (basse saison) et à 107 € (haute saison). Petit déjeuner buffet compris. Salon d'agrément, boutique de terroir. Possibilité de location de salle.* Luxe, calme et volupté dans cette authentique ferme entièrement restaurée et dotée de tout le confort moderne. La décoration chaleureuse, l'agréable terrasse couverte où il fait si bon prendre le petit déjeuner en été, la piscine et le jardin ombragé font de ce lieu magique un site idéal pour parcourir chemins et routes cathares.

LES BRUGES ✆ **04 68 24 77 37.** *Ouvert du 1er juin au 30 septembre. 25 emplacements. Sanitaires grand confort avec accès pour personnes à mobilité réduite. Borne camping-car. Salle commune. 4 épis.* Aire naturelle de camping où vous pourrez goûter aux joies de la vie rurale et pastorale. En effet, Nadine et Luc Vialaret vous reçoivent sur leur propriété familiale où ils vous feront découvrir tous les aspects de leur élevage de brebis laitières. Le lac fera le bonheur des fines gaules et l'espace jeux comblera les enfants.

Loisirs

LA GRANGETTE La Courtete ✆ **04 68 69 05 07.** *Ouvert toute l'année. Six emplacements. Bloc sanitaire : 2 bacs à laver, 1 évier, 2 douches, 2 lavabos, 2 W.-C.* Sur un terrain en prairie, en bordure d'un petit lac colinéaire, aux abords de la ferme, le camping de Maryse et André Juin est parfait pour retrouver ses racines terriennes. Vente sur place de produits transformés de la ferme (produits dérivés du canard).

▷ *Dans les environs*

Alaigne

Ce petit chef-lieu de canton possède peu de monuments ou de sites, mais compense cette absence par une floraison de producteurs, prêts à vous ouvrir leurs fermes et à vous faire déguster leurs produits.

DOMAINE DE BORDERE ✆ **04 68 69 12 91.** *Ouvert uniquement sur réservation. Banquets, mariages, séminaires d'entreprise. Menus : 15 €, 20 € et 24 €.* Dans l'ancienne bergerie et dans une ambiance bon enfant, vous vous régalerez de ses spécialités toutes aussi alléchantes les unes que les autres : andouillette au chardonnay de la Malepère, coq en pâte farci, ou encore, le foie gras entier de canard, le feuilleté aux morilles... et le fameux confit d'oignons de Marie-France. En dessert, craquez avec le chaud-froid de poires meringué ou la tarte aux mirabelles et aux amandes. Vente de confits d'oignons.

Belvèze-du-Razès

JEAN-MICHEL CAMPAGNE ✆ **04 68 69 02 02.** L'artiste propose un choix incroyable de pièces allant de l'incontournable plat à cassoulet, de cadrans solaires et autres potiches jusqu'à des œuvres de 40 cm de diamètre et pesant près de 50 kg sur demande ou selon son inspiration. Les pièces sont ensuite colorées selon diverses techniques : glaçure, vernis, émail ou engobe. Une visite s'impose dans l'atelier du fournisseur attitré de Philippe Noiret.

Montréal

Petite ville tranquille entre Lauragais et Carcassès, Montréal présente encore quelques vestiges de son passé et surtout de la présence de saint Dominique dans la région : la source Saint-Dominique (sur la D119), les stèles commémoratives des miracles de saint Dominique, la façade du XVIIIe siècle de l'hôtel de ville, la porte gothique de la rue du Puits-Banal.

COLLEGIALE SAINT-VINCENT ✆ **04 68 76 20 05.** *Visites gratuites et commentées de mi-juin à fin août et, sur rendez-vous, pour les groupes toute l'année.* Eglise Saint-Vincent érigée en collégiale au XIVe siècle. Fortifiée dans le style gothique méridional. A voir les orgues historiques du XVIIIe siècle, parmi les plus belles de France.

L'AUBERGE DU DOMINICAIN 14, avenue du Lauragais ✆ **04 68 76 31 10.** *E-mail : aubergedudominicain@wanadoo.fr - Site Internet : www.aubergedudominicain.com. Ouvert tous les jours de l'année. Six chambres à 25 € pour deux personnes. Petit déjeuner à 5 €. Menus de 11 € à 26 €. Carte.* André et Isabelle Orta et leurs filles vous accueillent avec simplicité et gentillesse dans le cadre agréable de leur hôtel-restaurant. Les grandes chambres au style moderne sont simples mais confortables. A la table, vous dégusterez des spécialités comme la salade lauragaise au foie gras maison et magret séché, le magret grillé aux herbes, l'agneau et les volailles du Pays cathare, bien sûr, mais aussi des confits et un fameux cassoulet royal !

LE MINERVOIS

A cheval sur l'Aude et l'Hérault, terre de prédilection de la vigne et de l'olivier, le Minervois a une personnalité bien affirmée. Ses paysages multiples : mosaïque de coteaux, de terrasses et de garrigues délimités par le canal du Midi, ses plateaux intermédiaires de calcaire ou de marbre blanc... ont un charme fou. Population troglodyte, Ibères, Grecs et Romains s'y sont succédé. Avec la Rome impériale, la viticulture s'est développée. La mise en valeur de la terre fut portée à son apogée lorsque les moines, outre l'édification de nombreux sanctuaires romans, entreprirent la reconquête du pays. Avec le développement du canal du Midi, un nouvel essor s'est fait ressentir avant la très grave crise du début du XXe siècle. Généreux comme ses habitants, ce "petit pays à boire" vous invite à le rencontrer au détour d'un site, à l'ombre bienfaisante d'une église romane ou d'un caveau de dégustation.

Caunes-Minervois

Une visite de la partie haute de la ville s'impose en raison de la richesse de son patrimoine historique et architectural : nombreuses façades ornées de portes, fenêtres et moulures de l'époque gothique et de la Renaissance, vestiges de l'enceinte fortifiée... Au hasard des rues et des ruelles pavées, vous aimerez Caunes et ses habitants qui ont aussi su préserver leurs monuments plus récents, témoins de traditions et d'un savoir-faire en voie de disparition comme les fontaines, les vieux lavoirs ou encore le béal. Des sentiers pédestres balisés aux noms évocateurs (la carrière du Roy, la route des moutons) vous permettront de découvrir d'autres richesses.

OFFICE DE TOURISME Mairie ✆ **04 68 78 00 28**

Points d'intérêt

L'ABBAYE ✆ 04 68 78 09 44. *Ouverte tous les jours. De novembre à mars : 10h-12h et 14h-17h, d'avril à juin + septembre et octobre : 10h-12h et 14h-18h, et juillet-août : 10h-19h. Visites libres ou accompagnées. Adultes 3,50 €, enfants 1,60 €, groupes 2,50 €. Rajouter 1 € pour la visite guidée.* Fondée en 780, l'abbaye se développe et devient un lieu de pèlerinage et de processions dont la tradition se perpétue encore de nos jours. Au XVIIe siècle, l'édifice connaîtra une nouvelle période d'apogée grâce à Jean d'Alibert, abbé de Caunes qui fait construire le logis abbatial. Le rattachement à la congrégation de Saint-Maur en 1659, verra la reconstruction d'une partie des bâtiments.

Le gîte et le couvert

HOTEL RESTAURANT D'ALIBERT Place de la Mairie ✆ 04 68 78 00 54.** *Congés du 20 novembre au 18 mars. Hors saison, fermé le dimanche soir et le lundi. Huit chambres de 46 à 78 €. Petit déjeuner 5 €. Menu unique 20 €. Menu enfant 7 €. Carte. Logis de France.* Vastes et confortables, les chambres disposent d'un mobilier rustique assorti au cadre médiéval de la demeure. Auprès de l'imposante cheminée ou dans la cour, vous pourrez savourer les plats languedociens qui s'accordent au décor et varient au rythme des saisons : omelette aux cèpes, daube, pintade à l'occitane, chèvre au miel ou, encore, poires au vin.

L'ANCIENNE BOULANGERIE Rue Saint-Genès ✆ 04 68 78 01 32. *E-mail : ancienneboulangerie@compuserve.com. Ouvert toute l'année. Cinq chambres d'hôtes : 40 € (salle de bains commune) et 60 € (salle de bains privée) pour 2 personnes, petit déjeuner compris. Terrasse. Location de vélos.* De vastes chambres confortables et douillettes vous sont proposées par M. et Mme Link dans leur demeure de caractère située en plein cœur du village médiéval qui était une boulangerie depuis le XVIIe siècle. Un agréable pied-à-terre pour un séjour inoubliable en Minervois.

LE RELAIS SAINT-GENES 70, avenue du Minervois ✆ 04 68 78 02 81. *E-mail : gonzalezcat@tiscali.fr. Ouvert toute l'année. Trois chambres de 2 à 4 personnes. 25 €/personne, 40 € pour 2 personnes (draps et petit déjeuner compris). Groupes sur demande.* Coup de cœur pour ce gîte d'étape qui, tant pour la qualité des prestations que pour l'accueil, ressemble beaucoup plus à des chambres d'hôtes. Vastes et décorées avec bon goût, les chambres respectent l'intimité de chacun. Servis par la maîtresse des lieux, les petits déjeuners sont pris dans la salle à manger. Un excellent rapport qualité-prix.

Loisirs

CAFE DE LA GRANDE FONTAINE ✆ 04 68 78 00 63. *Ouvert du lundi au samedi de 7h à 22h, à partir de 9h le dimanche.* En plein centre du village, vous trouverez le café de la Grande Fontaine et sa terrasse ombragée. Entre les services (tabac, jeux, snack) et les diverses manifestations, le café deviendra vite un haut lieu de la vie nocturne en Minervois.

Emplettes

LIONEL POSTAL POTIER-CERAMISTE Rue Porte-de-Narbonne ✆ 04 68 78 48 53. *Ouvert toute l'année.* Créateur dans l'âme, Lionel ne cesse d'inventer de nouvelles formes et de nouvelles couleurs pour ses poteries céramiques. Tel un alchimiste dans l'antre de son atelier, il étudie les différentes combinaisons qui lui permettront d'obtenir les couleurs incomparables de ses pièces uniques.

▷ *Dans les environs*

Citou et Lespinassière

Au nord de Caunes, ces deux petits villages sont nichés sur les premiers contreforts de la Montagne Noire. Terroir et exposition ont permis la culture de l'oignon doux de Citou, dont la réputation n'est plus à faire et qui tient une place importante dans la gastronomie locale.

CAFE-RESTAURANT MONTURIOL Lespinassière ✆ 04 68 78 01 07. *Bar ouvert le week-end. Restauration sur commande.* Perpétuant la tradition du café-restaurant, Marie-Thérèse et Robert contribuent au maintien d'un lieu de rencontre dans le village. Sur commande, Marie-Thérèse vous préparera le repas de votre choix, élaboré à partir des produits du terroir : charcuterie, oignons doux de Citou... Cette bonne table est bien connue des amateurs de ce petit coin de la Montagne Noire.

L'OUSTAL 31, avenue de l'Argent Double - CITOU ✆ 04 68 78 08 99. *Du 15 juin au 30 septembre, ouvert tous les soirs du lundi au dimanche sauf le mercredi et, également, le samedi midi et le dimanche midi. Hors saison, ouvert du vendredi soir au dimanche soir. Ouvert sur demande pour groupes (8 personnes minimum). Menu 22 €.* Autour d'une grande table, dans une salle aux couleurs chaleureuses, Yolande Mouhé accueille ses convives pour une pause gourmande autour de recettes traditionnelles préparées avec amour à partir de produits de saison : tarte aux oignons doux de l'Oustal, moules au roquefort, filet de saumon à l'estragon, plateau de fromages et sirocco au chocolat. En connaisseurs, vous apprécierez la gentillesse de vos hôtes prêts à adapter leur menu selon vos envies. Une très bonne adresse…

L'ASSOCIATION DES PRODUCTEURS DE CITOU ✆ 04 68 78 00 55. Les productions locales telles que cerises, pommes, pêches, miel, jus de pommes et le roi du pays, l'oignon doux, sont renommées dans tout le département, et même au-delà, et sont vendues par les producteurs du village devant leur porte.

LES CONFITURES DE L'AIGO 4, avenue de l'Argent-Double ✆ 04 68 78 48 19. Que du beau et bon chez Edith Patry qui mitonne de succulentes confitures artisanales préparées à l'ancienne, en bassine de cuivre. Elaborées à partir de fruits frais, de sucre et d'arômes naturels (feuilles de menthe fraîche, estragon, fleurs de thym…), elles sont garanties sans additifs, ni conservateurs, ni colorants.

Homps

L'ARBOUSIER 50, avenue de Carcassonne ✆ 04 68 91 11 24. *Congés du 26 octobre au 1er décembre et du 15 février au 15 mars. Fermé pour les fêtes. Juillet-août, fermé lundi toute la journée et mardi midi. Hors saison, fermé mercredi toute la journée et dimanche soir. Onze chambres de 40 € à 70 €. Petit déjeuner 6 €. Menus : de 13 € (du lundi au vendredi le midi seulement) à 34 €. Carte.* Au bord du canal du Midi, l'Arbousier offre une cuisine qui marie, à merveille, les nombreuses saveurs gourmandes des produits soigneusement choisis auprès des meilleurs producteurs de la région : l'huile d'olive, les tomates, le rouget ou la lotte sont les éléments de base de prédilection. Les caillés de brebis au miel et les fromages de la région vous séduiront toujours avant de passer aux desserts maison.

Pépieux

MUSEE PALEONTOLOGIQUE ET MINERALOGIQUE Mairie. *Visite gratuite sur rendez-vous. Contacter Régis Liria au 04 68 91 51 58 ou Alain Lineros au 04 68 77 14 24.* La collection de fossiles présentée ici est une des plus riches et des plus complètes du département, couvrant les 550 derniers millions d'années de l'histoire de la Terre (près de 300 échantillons).

LE VIEUX RELAIS 1, rue de l'Etang ✆ 04 68 91 69 29. *E-mail : sally.worthington@wanadoo.fr. Ouvert toute l'année. Quatre chambres à 66 € pour deux personnes. Repas 25 €. Classé 3 étoiles au B & B.* Cette maison de maître du XVIIe siècle, aménagée avec beaucoup de goût offre de superbes chambres d'hôtes. Mobilier rustique, tentures fleuries et teintes claires s'accordent à merveille avec les tommettes rouges de ces pièces qui ont gardé tout leur charme. A sa table d'hôtes, Sarah vous régalera de sa cuisine régionale arrosée des meilleurs vins du terroir.

Puichéric

CROISIERES DU MIDI ✆ 04 68 91 33 00. *Site Internet : croisiere-du-midi.com. Ouvert d'avril à fin octobre. Location de bateaux sans permis. Promenade commentée, tous les jours en juillet et août, sur réservation hors de cette période.*

La Redorte

La Redorte est une halte sympathique au bord du canal du Midi. Les touristes en escale y apportent animation et dynamisme commercial. C'est l'occasion pour eux de découvrir cette partie du Minervois et ses petits villages tranquilles : Pépieux et son petit musée, Azille et son église Saint-Julien, Homps et les vestiges de son château…

BOULANGERIE ANNIE ET YVES BEZIAT Avenue Victor-Hugo ✆ 04 68 91 44 20. Ici, vous trouverez les fameux croquants de la Redorte, délicieuse spécialité aux amandes, qu'Yves Béziat a remis au goût du jour à partir d'une recette ancestrale. Les pâtisseries traditionnelles et les nombreux pains spéciaux sont tout aussi alléchants. Nous avons à nouveau craqué pour la fouace aux fritons.

CROSSROADS La Bâtisse ✆ 04 68 91 25 49. *Ouvert du jeudi au dimanche de 18h à 2h. Entrée libre. Location de salle.* Avec l'ouverture de son bar ambiance dans la grande salle voûtée, plusieurs fois centenaire, de La Bâtisse, Daniel Gilain a concrétisé son rêve, celui de créer une salle muti événementiel unique dans toute la région. Le bar trône sur une salle alliant patrimoine et modernisme qui peut accueillir jusqu'à 300 personnes. Idéale pour l'organisation d'évènements, la location de cette salle (équipée de supports audio et vidéo, d'une scène avec loges, régie son et lumière, écran géant...) peut comprendre selon la formule choisie, les services d'un personnel qualifié.

A la croisée des chemins, ce bar affiche une couleur musicale jazzy, blues, musique du monde, chanson française et variétés internationales. Il accueille des concerts live tous les vendredis, des karaoké tous les samedi et des soirées cabaret - spectacles et des conférences sont prévues. L'ambiance est assurée dans un décor grandiose et intimiste à la fois.

LA GINESTIERE Route de Carcassonne - PEYRIAC-MINERVOIS ✆ 04 68 78 29 77. *Bar à Vin - Bodéga. Ouvert du jeudi au dimanche de 18h à 2 heures.* Le nouvel endroit à la mode du Minervois est incontestablement La Ginestière. Dans une déco très olé, olé, vous dégusterez une sélection des meilleurs vins du Minervois ou une petite mousse à la pression avant de rejoindre la piste de danse. Couplé au restaurant pizzeria "Les Capitelles" le bar à vin est la formule idéale pour les soirées réussies.

Rieux-Minervois

Le village s'est vraisemblablement formé vers le milieu du XIe siècle, lorsque les paysans ont cherché refuge dans le village fortifié à l'abri du château. Transformé entre la fin du XVIe et le XVIIe siècle, le château dont les puissantes tours dominent toujours l'Argent Double, a conservé un aspect massif et austère. Un beau pont de pierre en dos d'âne, à trois arches, permet d'accéder au sanctuaire de Notre-Dame-du-Bout-du-Pont.

OFFICE DE TOURISME Place de l'Eglise-Romane ✆ 04 68 78 13 98. *Vente de produits régionaux. Rayon librairie spécialisé dans le régionalisme.*

EGLISE SAINTE-MARIE ✆ 04 68 78 13 98. *Visite guidée sur demande auprès de l'Office de Tourisme.* L'église Sainte-Marie est une étape obligée pour tout amateur d'art roman. L'édifice, unique en Languedoc, est un polygone à 14 côtés inscrits dans un cercle de 18 mètres de diamètre, surmonté d'une coupole à 7 pans. Les sculptures des chapiteaux, de l'ancien porche et du portail sont attribuées au Maître de Cabestany, dont une célèbre mandorle illustrant l'Assomption de la Vierge.

LE LOGIS DE MERINVILLE 116, avenue Georges-Clémenceau ✆ 04 68 78 12 49. *Congés de janvier à avril, d'octobre à mi-décembre. Ouvert vacances scolaires, sauf février. Fermeture hebdomadaire lundi soir, mardi soir et mercredi (sauf du 15 juillet au 15 août). Chambres à 45 €. Petit déjeuner 5 €. Menus 12 € (le midi en semaine), 18,50 €, 23 € (vin compris) et 34 €. Menu enfant 8 €. Chiens non acceptés.* Spacieuses et décorées avec raffinement, les chambres de la belle demeure du XIXe siècle de Catherine et Pierre Morin sont à l'image de l'établissement, tout comme la salle à manger de caractère où vous pourrez déguster une authentique cuisine régionale : foie gras de canard entier, magret grillé vigneronne, fromage de chèvre au miel, nougat glacé.

Le Somail

Dans cette oasis de 3 hectares blottie entre la Cesse et le canal du Midi, Pierre-Paul Riquet avait réalisé un ensemble favorisant l'étape des bateliers : auberge, écuries, chapelle, glacières... Le temps n'a pas eu de prise sur ce petit éden actuellement animé par des artistes qui ont su en préserver l'esprit.

LE MUSEE DE LA CHAPELLERIE Route de Saint-Pons ✆ 04 68 46 19 26. *Ouvert toute l'année du lundi au samedi de 14h à 18h, de juin à fin octobre de 9h à 12h et de 14h à 19h. Tarifs adultes 3,20 €, enfants 1,55 €, groupes 2,80 € (groupes scolaires 1,22 €). Vente et location.* Unique en Europe, ce paradis du couvre-chef invite à découvrir 6 500 coiffures, ainsi que les presses destinées à leur fabrication. Les coiffures, patiemment, rassemblées sont une invitation au voyage puisqu'elles proviennent de 84 pays. Coiffes, casquettes, casques, coiffures d'armes, bonnets ecclésiastiques, folkloriques, historiques... sont mis en scène avec des costumes d'époque.

Le Somail

LIBRAIRIE ANCIENNE - LE TROUVE TOUT DU LIVRE Le Somail ✆ 04 68 46 21 64. *Fax 04 68 48 39 16. E-mail : trouve.tout.livre@wanadoo.fr. Ouvert du 1er avril au 1er octobre matin et après midi. Du 1er octobre au 31 mars uniquement l'après midi.* Cette énorme grange transformée en bouquinerie est un véritable temple du livre. Cette institution abrite une multitude de trésors. Que l'on soit à la recherche d'un ouvrage précis ou non, on y trouve vraiment toutes sortes de livres : régionalisme, sciences occultes, gastronomie, viticulture, BD, livres pratiques, littérature étrangère (il y a même des ouvrages en Russe !), de très vieilles éditions, parfois original ainsi que des affiches de cinéma, des cartes postales anciennes, de vieilles cartes géographiques…

▷ *Dans les environs*

Bize-Minervois

LA BASTIDE CABEZAC Hameau de Cabezac ✆ 04 68 46 66 10. *Site Internet : www.labastidecabezac.com. Ouvert toute l'année. Menus de 16 € à 55 €. Chambres et appartements à partir de 69 €.* Cet établissement de charme vient d'enrichir, depuis quelques années, le patrimoine gastronomique du Minervois. Dirigé par Hervé de Santos, jeune chef de talent originaire du Pays Basque, formé à l'école des "grands" de la profession (Grondart chez Drouant, Biscaye à La Pérouse, les frères Ibarboure à Biarritz, Guérard…), il se situe sur les terres du château cabezac, domaine viticole bien connu dans la région pour l'excellence de ses vins AOC, et à deux pas de la coopérative oléicole "L'Oulibo", temple de l'huile d'olive audoise et remarquable vitrine des meilleurs produits de la région. Ancien relais de poste du XVIIIe siècle, la demeure a fait l'objet d'important travaux de rénovation. Elle abrite 12 chambres et suites de caractère, climatisées et réparties sur trois niveaux. Le restaurant "L'Olivier" occupe trois salles au rez-de-chaussée et offre 60 couverts. Vu l'environnement, Hervé Dos Santos propose une cuisine aux senteurs méditerranéennes où l'huile d'olive, la tomate, l'aubergine, la morue tiennent une place de choix.

COOPERATIVE L'OULIBO Cabezac ✆ 04 68 41 88 88. *Ouvert toute l'année. Visites guidées gratuites à 15h, 16h et 17h l'été.* L'unique coopérative oléicole de l'Aude collectionne les médailles et distinctions tant au niveau départemental que national. Ses olives de table, les lucques en particulier, son huile de tradition, ses tapenades et autres délices sont une invitation permanente à la gourmandise. Au magasin, vous trouverez une sélection des meilleurs produits locaux.

FROMAGERIE BAUDIE Font-Fresque ✆ 04 68 46 30 63. *Arlette et Jean-Paul Baudie. Ouvert tous les jours de 17h à 20h, du 1er février au 30 novembre. Visite, vente directe de fromages (frais, demi-secs, secs et à l'huile d'olive) et d'œufs frais.*

Coursan

L'AUTORAIL TOURISTIQUE DU MINERVOIS 6, rue Corneille ✆ 04 68 27 05 94 (ou Office de Tourisme de Narbonne). *Groupes, toute l'année. Individuels, uniquement le dimanche en juillet, août et septembre. Trains spéciaux à la demande. Se renseigner car l'exploitant se réserve le droit de modifier les horaires sans préavis.* Construit dans les années 1950, puis remis en état par des cheminots amoureux de cette belle machine, l'autorail touristique vous fera découvrir les richesses de la plaine narbonaise et du sud du Minervois. Le départ de ce parcours, entièrement commenté et ponctué de visites, a lieu au quai situé rue Paul-Vieu à Narbonne.

Mirepeisset

Situé en bordure de deux rivières ombragées alimentant le canal du Midi et l'Aude (la Rigole et la Cesse) et à 500 mètres de la Robine, Mirepeisset a conservé un aqueduc et des constructions en structure étagée de l'époque romaine ainsi que des lavoirs. C'est un site pittoresque qui regorge de lieux frais et ombragés, idéaux pour les balades.

GITE DU PASSAGE A GUE ✆ 04 68 46 31 22. *E-mail : cathala.louis@wanadoo.fr - Site Internet : www.multimania.com/cathalalouis. Ouvert du 1er mai au 30 septembre. Trois chambres de 41 € et 49 €.* Imaginez un très grand espace avec tout le confort que l'on peut souhaiter et vous voilà chez Isabelle et Luigi qui se mettent en quatre pour vous faire plaisir dans un lieu superbe et bien aménagé. Possibilité d'hébergement en gîte avec patio, hors saison. Un excellent rapport qualité/prix.

CAMPING VAL DE CESSE LA GARENNE* ✆ 04 68 46 14 94.** *Ouvert du 1er avril au 30 septembre. 114 emplacements. Location à la semaine de caravanes quatre places avec auvent, de mobile homes quatre à six personnes et de chalets 4 à 6 places. Piscine à l'intérieur du camping et une salle de détente avec télé et jeux.* Ce camping jouxte l'aire de loisirs de la garenne en bordure de la Cesse. Les emplacements ombragés et délimités par des haies offrent un cadre idéal pour des vacances familiales 3 étoiles.

Ouveillan

LE RELAIS DE PIGASSE RD11 ✆ 04 67 89 40 98. *Ouvert de début mars à fin décembre. Fermé du dimanche soir au mardi midi. Menu de 30 € (sauf week-end et jours fériés) à 74,50 €. Prix moyen à la carte 70 €.* C'est dans une ancienne halte de poste, vieille de plus de 300 ans, que vous vous installerez pour votre plus grand plaisir. Le cadre est majestueux, les voûtes en pierres confèrent à ce lieu une ambiance presque solennelle. Installé en salle dans des fauteuils confortables, ou dans le patio ensoleillé, vous découvrirez ce qu'est le "bien manger". Ouvrez bien grandes vos papilles : en entrée, nous vous conseillons le cappuccino de champignons de Saint-Pons, velouté de cacao et sa variation de foie gras de canard, ou les petits encornets farcis, mousse légère de truite "fario" aux oeufs de hareng façon caviar, perles du Japon à l'huile d'olive "Lucques" de L'Oulibo. Poursuivez avec la papillote de loup et de homard sauvage de Méditerranée aux herbes, parfumée à l'huile de pépins de courge, cocotte de navets de Pardailhan. Les amateurs de viandes opteront pour la déclinaison de ravioles de ris d'agneau, frites en salade tiède d'artichauts à l'huile de pistaches, pochées en bouillon de haricots tarbais. Après cette "mise en bouche", un plateau de fromages de la maison Bonnefous de Carcassonne vous sera proposé. En dessert, vous succomberez à la poêlée de "butter nut" en dacquoise, crème chibouste au marron, sorbet au panais, huile de basilic, le tout étant bien entendu accompagné par une sélection des meilleurs vins de la région. Après cette balade gastronomique n'hésitez pas à aller faire une petite promenade digestive dans le parc arboré d'essences odorantes et de plantes aromatiques.

DOMAINE DE LA GRANGETTE HAUTE ✆ 04 68 46 86 24. *Site Internet : www.domaine-grangette-haute.com. Ouvert toute l'année. Quatre chambres de 60 € à 65 € pour deux personnes, petit déjeuner compris. WC privatifs, salle de bains ou salle d'eau privative. Salon à disposition.* Dans une authentique ancienne maison languedocienne située dans la campagne méditerranéenne, toute proche du canal du Midi, Mireille Renoux-Meyer vous propose ses quatre chambres tout confort avec vue sur le parc et/ou le jardin. En hôtesse prévenante et soucieuse de votre bien-être, Mireille met également le salon, la bibliothèque, le parc avec fontaine et sa piscine à votre disposition. Un séjour de rêve dans un coin paradisiaque.

CENTRE EQUESTRE DE L'ETANG La Grangette Haute ✆ 04 68 46 99 67. *Ouvert toute l'année.* Instructrice diplômée d'Etat, Véronique Bouchet, avec ses chevaux et ses poneys, propose de nombreuses activités hippiques adaptées au niveau de chacun. De l'initiation à la randonnée/aventure à la découverte de la région en passant par l'enseignement de l'équitation. Autre activités proposées, hand-ball, pony-game, horse-ball, saut d'obstacles... Chacun y trouvera son bonheur.

Pouzols-Minervois

AUBERGE L'ETOILE D'OC ✆ **04 68 46 14 36.** *Ouvert toute l'année. Fermé le lundi en hiver. Chambres à 35 €. Menus de 10,50 € à 30 €.* Niché au cœur d'une pinède, ce restaurant brille par l'accueil chaleureux de Franklin et Lisa, la déco rustique, les tables joliment dressées de nappes de tissu et la cuisine toujours aussi excellente. Nous avons craqué pour les moules à l'ail, spécialité du chef qui concocte aussi de la daube de sanglier ou des cailles forestières. Un excellent rapport qualité/prix.

Sallèles d'Aude

AMPHORALIS Musée des Potiers Gallo-Romains ✆ **04 68 46 89 48.** *Ouvert toute l'année sauf lundi hors saison. Adultes 4 €, enfants et étudiants 3 €, et groupes 3 €.* Cet atelier, qui fut l'un des plus grands d'Europe avec ses 14 fours, ses amphores et ses trouvailles, est devenu un musée in situ répondant à une double préoccupation : préserver les fouilles mises à jour et valoriser ce patrimoine auprès du public. Jeté comme un pont au-dessus des fouilles, le musée protège les structures exhumées : des fours de formes et de dimensions variées, les bâtiments qui les abritaient, des bassins de décantation et de foulage de l'argile, l'empreinte des tours de potiers…

LE MUSEE DU VIEUX SALLELES 5, avenue Marcellin-Albert ✆ **04 68 46 93 40.** *Ouvert du 1er à septembre inclus, tous les week-ends de 14h30 à 18h30, toute l'année pour les groupes sur rendez-vous (à partir de 10 personnes). Adultes 3 €, enfants 1,50 €, scolaires 0,75 € et groupes 2 €.* Plus de 1 100 outils, machines et objets divers sont réunis dans cet ancien "ramonétage" au travers de trois collections sur les thèmes de l'artisanat ancien, la vigne et la vinification et la vie au quotidien, de la fin du XIXe siècle à la Libération.

LE JARDIN DE LA CLAIRETTE Chemin des Matelles - ROUBIA ✆ **04 68 43 20 26.** Nathalie et Alain Escamez élaborent une sauce tomate à partir d'une recette ancienne et des tomates du jardin cultivées de façon dite "raisonnée". Cette spécialité, cuisinée avec le plus grand soin, ensoleillera vos sauces, pâtes et pizzas, mais c'est sur un morceau de pain de campagne, à l'heure de l'apéritif, que la sauce tomate à l'ancienne libérera au mieux tous ses arômes.

LA MONTAGNE NOIRE

Premier contrefort du Massif central, la Montagne Noire reçoit les influences climatiques océaniques et méditerranéennes. Ses vallons et gorges sauvages abritent des villages typiques souvent dominés par des châteaux. Les lacs, forêts et vallées offrent de merveilleux paysages aux promeneurs. L'eau, le feu et la terre ont façonné ce pays où de magnifiques forêts de hêtres, châtaigniers et chênes permettent de merveilleuses balades. Omniprésente, canalisée et domptée depuis le XVIIe siècle, l'eau alimente le canal du Midi depuis la prise d'Alzeau en passant par les grandes retenues de Saint-Férréol et du Lampy. Découvrez les cascades et les rivières surgissant de la pierre avant d'être domptées sous forme de lavoirs et de fontaines. Constitué de moyennes montagnes dont l'altitude varie entre 150 mètres à Lassac et 1 211 mètres au pic de Nore, creusé par les torrents de la Dure, de l'Orbiel et de la Clamoux, le Cabardès est sillonné de vallées étroites et abruptes. Le paysage de maquis et de garrigues propices à l'élevage ovin a, jadis, favorisé une autre activité : l'industrie textile. Fief des seigneurs de Cabaret qui lui donnèrent son nom, la Châtellenie du Cabardès fut, de tout temps, un pays rustique et authentique, riche de son identité.

Saissac

Chef-lieu de canton, ce pittoresque village dominé par les deux tours du château a été construit en hémicycle sur la rive droite de la Vernassonne. Autour de son donjon préservé, l'ensemble évoque une place forte. Premier prix au concours des Villages fleuris en 1991, Saissac, village millénaire, a su mettre en valeur ses nombreux sites et son panorama exceptionnel que nous vous invitons à découvrir.

SYNDICAT D'INITIATIVE La Tour Grosse ✆ **04 68 24 47 80.** *E-mail : saissac@fnotsi.fr.*

Points d'intérêt

LE MUSEE DES VIEUX METIERS La Tour Grosse ✆ **04 68 24 47 80.** *Ouvert tous les dimanches, jours fériés et vacances scolaires (sauf février) de 10h30 à 12h et de 15h à 18h, en saison de 10h* *à 12h30 et de 15h à 19h. Adultes 3 €.* Installé dans la plus haute des anciennes tours (XIe et XIIIe siècles), ce musée évoque les métiers traditionnels et usages de la vie quotidienne de la Montagne Noire. Il abrite également le Trésor de Saissac qui fut découvert en 1979 au lieu-dit "La Croix" (1 954 deniers et 3 oboles enfouis vers 1270). Au sommet, la table d'orientation permet de repérer les reliefs du superbe panorama.

ELEVAGE DE BICHES DE PICAREL LE HAUT ✆ 04 68 24 44 08. *Ouvert en saison tous les jours de 10h à 12h et de 14h à 19h, pendant les vacances scolaires tous les jours à partir de 14h et hors vacances les samedis, dimanches et jours fériés à partir de 14h. Visite libre gratuite, visite guidée en été 2 € par personne (départs à 15h et 17h).* Pour tout achat de viande, prévoir un sac isotherme. Depuis 1986, Catherine Souef élève des cerfs rouges (élaphe) sur un domaine de 60 hectares au cœur de la Montagne Noire. Selon les saisons, vous découvrirez les mues opérées par les quelque 400 cerfs et biches répartis dans les différents parcs. Vente d'objets artisanaux et produits fermiers. Possibilité de repas et goûter à l'auberge.

Le couvert

AUBERGE DE PICAREL Saissac ✆ 04 68 24 44 08. *Ouvert toute l'année sur réservation. Dernière commande 21h30 en saison. Prix moyen carte 25 € (carafe de vin comprise).* Au cœur de l'élevage de biches, Catherine Souef a aménagé une salle de restaurant où l'architecture d'origine a été respectée et valorisée. La cuisine est bien évidemment à base de produits de l'élevage. En entrée, vous aurez le choix entre la terrine de légumes et crudités de saison, la charcuterie de daguet ou la salade composée aux rognons confits de daguet. Vous pourrez ensuite opter entre le civet de daguet, la fondue picarel de cuissot de daguet ou la grillade de daguet. Après le fromage de chèvre bio de Cécile Olard, Catherine vous servira d'excellentes pâtisseries ou sorbets maison.

Le gîte et le couvert

L'ALBEJOT ✆ 04 68 24 44 03. *Ouvert toute l'année. Cinq chambres de 31 € à 40 € pour 2 personnes, petit déjeuner compris. Repas à 14 €.* A 2 km du Lac du Lampy, Valérie et André Arredondo reçoivent chaleureusement dans leur ferme d'élevage. Simples et confortables, meublées avec goût, les chambres permettent une halte reposante et authentique. Valérie mitonne une cuisine à base des produits de l'exploitation (veau, volaille, porcelet...). L'Albejot, c'est aussi un gîte d'étape, ouvert toute l'année, pour 8 € ou 12 € la nuit (draps et petits déjeuners compris).

Emplettes

LE CABAS D'OC 1, rue des Jardins ✆ 04 68 24 42 08. *Ouvert tous les jours de 8h à 13 et de 15h30 à 20h en juillet et août. Hors saison, le samedi de 9h à 12h30 et de 14h30 à 18h30.* Une sélection des meilleurs produits régionaux : une gamme importante de vins de l'Aude, viandes, fruits et légumes de saison, fromages, salaisons, spécialités en conserve, olives et autres gourmandises... en direct du terroir.

Loisirs

PETIT TRAIN DE LA MONTAGNE NOIRE 10, rue Espinasse ✆ 04 68 24 45 70. *Fax 04 68 24 47 33.* Pour les groupes uniquement et sur réservation, d'avril à octobre. Visite commentée sur le thème "Le canal du Midi" par la traversée de Saissac, la forêt royale de Ramondens et la Prise d'Alzeau (2h15).

▷ *Dans les environs*

Brousse-et-Villaret

LE MOULIN A PAPIER ✆ 04 68 26 67 43. *Ouvert toute l'année, tous les jours. Du 1er juillet au 15 septembre Visites guidées à 11h, 15h, 16h, 17h, 18h. Du 16 septembre au 30 juin, en semaine, visites guidées à 11h et 15h30, le samedi et dimanche et jours fériés à 11h, 14h30, 15h30, 16h30 et 17h30. Groupes sur rendez-vous. Adultes 4 € et enfants (7 à 12 ans) 2,50 €, groupes 3,50 €.* L'atelier pérennise l'activité papetière qu'il a occupée durant quatre siècles. Aujourd'hui tout le papier fabriqué au Moulin de Brousses est fait à la main avec des tamis (formes) à partir de cellulose de lin, de chanvre, de coton et d'alfa. La fougère, le tilleul, la paille de riz, la lavande, l'ortie, le jeans, les tissus de coton et le crottin d'éléphant (provenant de la réserve africaine de Sigean) sont utilisés pour la fabrication de papiers originaux.

CAMPING LE MARTINET ROUGE ✆ 04 68 26 51 98. *Ouvert d'avril à octobre. Trente-cinq emplacements. Restauration, machine à laver, piscine à l'intérieur du camping, salle de musculation (fitness).* Entouré de rochers et ombragé de chênes verts, ce camping est l'endroit idéal pour se ressourcer dans le calme.

LES CABARDISES Le Mazet ✆ 04 68 26 64 05. Dans son atelier où l'on peut voir un ancien four à pain en état de marche, Nadine Bonnafous prépare de délicates pralines aux noix (récoltées par ses soins du côté de Quillan) qui sont régulièrement primées par Aude Gourmande. Sa production s'étend à d'autres fruits secs : amandes, noisettes, pistaches, noix de pécan et éclats de fève de cacao. Vente de ces produits sur place à la boutique.

Caudebronde

CAMPING DE FONTCOUVERTE ✆ 04 68 26 54 43. *Ouvert du 15 juin au 15 septembre. Emplacement 3 €, adulte 3 € et enfant de moins de 7 ans 1,50 €. Eau et électricité 1,50 €.* Détente et fraîcheur assurées dans cet agréable camping aménagé en bordure de rivière.

Cuxac-Cabardès

LE MAZET Domaine de Pujol ✆ 04 68 26 68 60. *Ouvert toute l'année. Deux chambres d'hôtes tout confort à 37 € pour 2 personnes. Repas à 14 €.* Vous serez immédiatement séduit par le charme qui se dégage de cette bâtisse en pierres de pays, remarquablement rénovée par Birgit et Henri Krippner. La demeure a conservé son cachet tout en étant équipée du confort moderne. La table d'hôtes vous permettra de découvrir une cuisine traditionnelle à base des légumes du potager et accompagnée des vins du pays.

CENTRE EQUESTRE LA GOUTARENDE ✆ 04 68 26 62 09. *Ouvert toute l'année de 9h à 18h30.* Pas moins de 65 chevaux accompagnés de poneys font la joie de tous les passionnés et curieux dans ce centre de la Goutarende. On peut apprendre et monter quel que soit l'âge. Les plus aguerris peuvent se balader pendant une belle heure sous les frondaisons de la Montagne Noire. Aux plus endurants, on propose une promenade d'une journée, et, si on le souhaite, on peut même s'initier au maniement d'un attelage. Gîte d'étapes sur place, de 250 € à 400 € la semaine.

Fontiers-Cabardès

Cette principale zone de bocage du Cabardès, Fontiers-Cabardès bénéficie d'un climat mi-méditerannéen, mi-océanique, ce qui en fait une station climatique d'été avec vue imprenable sur les Pyrénées. Lors d'une promenade dans les prairies, bois et forêts, vous pourrez rencontrer des espèces d'amphibiens peu répandus en France et protégés depuis fort longtemps : salamandres, tritons marbrés et tritons palmés. De nombreux sentiers forestiers et campagnards invitent à la randonnée pédestre ou en V.T.T.

L'EGLISE SAINTE-CECILE. L'édifice a été remanié à plusieurs reprises : son chevet, son portail et la base de son clocher datent du XIVe siècle, tandis que les chapelles latérales et l'échauguette du clocher ne remontent qu'au XVIe siècle. Le clocher est l'élément le plus curieux de l'édifice. De proportions assez légères et bâtie en hors d'œuvre, cette tour carrée est composée de neuf étages.

LE LAC DE LAPRADE. Construit en 1984, ce barrage, constitué d'une digue de 27 mètres de haut sur 117 mètres de large, d'une capacité de près de 9 millions de m^3, dessert en eau potable de nombreuses communes de la plaine carcassonnaise. Ce vaste plan d'eau de 90 hectares, enserré dans un écrin de verdure, est très apprécié des véliplanchistes et des pêcheurs.

CONSERVERIE LA BARONIE D'OC Route de Laprade ✆ 04 68 26 64 22. *Ouvert toute l'année du lundi au vendredi.* Ici, vous trouverez du foie gras en bloc, mi-cuit ou en verrine, des magrets séchés, du confit de canard, des fritons, des pâtés et plats cuisinés en bocaux. Une bonne adresse pour les gourmets.

Lampy-Neuf

LE BASSIN DE LAMPY. Un chemin ombragé longe sur 23 kilomètres la rigole de cette retenue de 1 600 000 m^3 d'eau. De superbes hêtraies, sillonnées de sentiers ombragés, en font un lieu de promenade très apprécié. Activités nautiques diverses. Ecole de voile.

ARBORETUM Domaine du Lampy-Neuf © 04 68 24 46 07. *Ouvert d'avril à novembre, de 10h à 12h et de 14h à 19h, toute l'année pour les groupes. Tarif adultes 3 €, enfants 2 € et groupe 3 €. Visite accompagnée sur rendez-vous.* Arboretum répertorié pour ses 120 essences différentes. Autour d'une demeure en granit du XIXe siècle, admirez les séquoias géants, les tulipiers de Virginie, les sapins du Caucase et autres plantes peu connues ou méconnues. Trois parcours : de collection, de flore locale et des "Fables de La Fontaine" déclamées par Anne Boudet.

ANNE BOUDET © 04 68 24 46 07. *Ouvert toute l'année. Trois chambres de 38 € à 53 € pour 2 personnes, petit déjeuner compris. Table d'hôtes à 19 €.* Aménagées au premier étage de leur maison de maître du XIXe siècle, au cœur de l'arboretum, les chambres d'Anne et Claude Boudet invitent à la vie de château. Les parquets cirés, les tentures fleuries, le beau mobilier ancien de famille et les objets d'art exotiques confèrent un charme indéniable aux vastes chambres. La table d'hôtes permet d'apprécier la cuisine régionale et les talents culinaires d'Anne.

AUBERGE DU LAMPY © 04 68 24 46 96. *Ouvert du 15 juin au 15 septembre. Gîte pour 8 personnes. La semaine de 235 € à 335 €.* Tout à côté de son restaurant, Jean-Louis Boyer propose une petite maison bien agréable pour passer des vacances au calme. Deux chambres avec douches privatives, joliment parquetées en bois sombre, un salon avec télé, une cuisine équipée (gazinière, frigo...) et un dortoir meublé de deux lits pour deux personnes, tout de plain-pied, sont l'idéal pour un agréable séjour en famille ou entre amis.

Saint-Ferréol

LE BASSIN DE SAINT-FERREOL. Vaste plan d'eau de 70 hectares où il fait bon se promener (1h environ pour en faire le tour) à l'ombre des pins odorants. Dans le parc, vous découvrirez des cascades et gerbes d'eau de 20 mètres de haut. Nombreuses activités nautiques : planche à voile, canoë, voilier, pédalo, plages surveillées...

Montolieu

Le village a été construit sur un éperon rocheux surplombant les gorges de l'Alzeau et de la Dure. Depuis 1989, le Village du Livre a dynamisé Montolieu, permis à l'école d'ouvrir une classe supplémentaire et développé l'économie locale. Nous craquons pour l'atmosphère de ce bourg qui a retrouvé une activité alliant économie, culture et tourisme rural.

CACTUSERAIE D'ESCAIRE-FIGUE © 04 68 24 86 59. *M. Rouger. Ouvert toute l'année du mercredi au vendredi de 15h à 18h30, le samedi et le dimanche de 9h à 12h et de 15h à 18h30. Visite guidée "Le monde des cactus" d'avril à octobre, adultes 2,50 €, enfants 2 € et groupes sur réservation 2 €.* Plus de mille variétés de cactus et succulentes sont exposées en pleine terre ou en pot. Le parcours botanique permet d'aller à la rencontre de ces plantes faciles à vivre.

CONSERVATOIRE DES ARTS ET METIERS DU LIVRE Rue de la Mairie © 04 68 24 80 04. *E-mail : villagedulivre@montagnenoire.com.* L'association "Montolieu, Village du Livre", propose aux groupes scolaires et aux adultes des activités pédagogiques : typographie, enluminure, gravure, reliure, ainsi que la visite commentée du Conservatoire des Arts et Métiers du Livre retraçant l'histoire de l'écriture, de ses supports et l'histoire de l'imprimerie.

MUSEE MICHEL BRAIBANT Rue de la Mairie © 04 68 24 80 04. *Ouvert tous les jours de l'année de 10h à 12h30 et de 14h à 18h, sauf les jeudi matin, vendredi matin et dimanche matin. Visite libre, tarif adultes 1,50 € et groupes 1,25 €.* Depuis l'origine de l'écriture et de ses supports, jusqu'à l'imprimerie, en passant par les techniques d'illustration : des casses des anciens typographes aux linotypes centenaires, des presses à bras aux presses à cylindre, du rouleau à filigraner au massicot, un parcours passionnant à travers l'histoire du livre.

Le couvert

LE MARQUE PAGE Place de la Liberté - MONTOLIEU © 04 68 24 76 72. *Fermé le lundi et mardi. Menus à 21 €, 27 € et 38 €.* Nous sommes heureux de retrouver Luc Lemeur que nous avions déjà présenté lorsqu'il officiait aux fourneaux de La Casacade. Le chef mise toujours sur l'originalité, la qualité et la variété avec le soucis de travailler les meilleurs produits de saison frais. C'est ainsi que sa carte joue sur le registre des saveurs et se renouvelle au fil des saisons. Difficile donc de citer des plats, mais on ne peut résister à vous mettre l'eau à la bouche : salade de Saint-Jacques au chou et jus de châtaignes cassées, pigeons braisés aux légumes, aumônière de crêpe aux fruits de saison... A noter, la carte des vins qui privilégie les producteurs locaux. Une adresse à découvrir.

LE VIEUX PANIER Saint-Denis ✆ 04 68 26 41 66. *Ouvert tous les jours de l'année sauf le dimanche soir et le lundi. Menus à 19 €, 23 € et 27 €.* Dans un joli décor de poutres et vieilles pierres, Philippe Milhau met en valeur les meilleurs produits du terroir : du foie gras sous toutes ses formes toute l'année, du gibier en automne, de l'agneau du pays cathare au printemps et toujours des légumes, fruits et poissons frais. L'accueil chaleureux de Carole, associé au raffinement de la cuisine, nous ont séduits. A découvrir sans tarder.

Emplettes

ATELIER DE RELIURE Rue de la Mairie ✆ 04 68 24 80 49. Toutes reliures et dorures. Restauration de livres et documents anciens. Traitement des papiers et parchemins.

LE BATEAU IVRE Place des Tilleuls ✆ 04 68 24 82 70. *E-mail : bateauivre@montagnenoire.com.* L'une de nos adresses favorites où l'on a de la place pour s'attarder et circuler entre les rayons très fournis. Yann Lartisien s'est spécialisé dans les livres anciens, antérieurs à 1820. Une superbe collection de cartes anciennes (géographiques) invite au voyage.

▷ *Dans les environs*

Aragon

MAISON DU CABARDES ✆ 04 68 11 40 70. A l'entrée du village, ce gîte de plain-pied avec une terrasse de 80 m² (salon de jardin et barbecue), donnant sur la place du village, est l'endroit idéal pour les randonneurs et vététistes qui pourront enfin goûter au farniente. Très confortable, judicieusement aménagé et meublé avec goût, il est également parfait pour des vacances au calme.

MUSEE DES VIEUX OUTILS VIGNERONS Rue du Paro ✆ 04 68 77 17 87. *Ouvert sur rendez-vous.* Revivez le labeur quotidien des viticulteurs du temps jadis quand le travail était rude. Crayonneur manuel, soufflet à soufrer, charrette et autres outils s'animent grâce aux explications des guides, cinq vignerons aujourd'hui à la retraite.

CAVEAU DES CELLIERS DU CABARDES - OC CAFE ✆ 04 68 72 24 91. *Ouverture et visite toute l'année. Hors saison se renseigner.* Point d'informations touristiques et de vente des crus du Cabardès.

RANDONNEES Rue du Paro ✆ 04 68 72 24 91. Sentier pédestre botanique (1h30) et sentier paysage de garrigues et pierres sèches au départ de la maison du Cabardès.

VELO - ATAC Rue du Paro ✆ 04 68 77 04 00 *Ouvert toute l'année.* Base vélo tout-terrain : libre, organisée, sorties à thèmes, location (30 VTT), entretien et point de lavage. Circuits balisés aux normes de la F.F.C.T. Parcours de 12 km, 15 km et 50 km.

Saint-Martin-Le-Vieil

LA CAVALE DE SAINT-FELIX Domaine Saint-Félix ✆ 04 68 76 05 35. *Ouvert toute l'année.* Instructeur BEES 2, Galop 2. Huit box, six stalles et trois parcs. Promenade. Près de 20 chevaux et poneys. Stages.

Villelongue

ABBAYE SAINTE-MARIE ✆ 04 68 76 00 81. *Ouvert du 1er mai au 31 octobre de 10h à 12h et de 14h à 18h30. Sur rendez-vous le reste de l'année. Adultes 4 €, enfants gratuit jusqu'à 16 ans et groupes 3 €. Contact : Mme Jeanne Eloffe.* A 3 km au nord du village, l'abbaye cistercienne de Sainte-Marie-de-Villelongue se niche au creux de la vallée de la Vernassonne. La décoration très sobre correspond à la rigueur cistercienne des débuts. Le cloître n'a conservé qu'une galerie qui se présente sous la forme de colonnes géminées supportant des arcs en plein cintre. De l'église, ne subsistent que le chevet et la première travée de nef où l'on découvrira des chapiteaux à décor feuillagé et d'autres ornés de têtes d'hommes ou de monstres.

CAMPING A LA FERME Domaine de Contresty - RAISSAC-SUR-LAMPY ✆ 04 68 76 04 29. *Ouvert d'avril à octobre.* L'aire naturelle de camping (pourvue d'une piscine) de M. Jean-Hugues Cantecor est installée sur un terrain ombragé en prairie. Une multitude d'activités de plein air sont réalisables à proximité : randonnées, VTT, pêche, équitation, tennis, plan d'eau et de loisirs. En prime, vous aurez une vue imprenable sur la plaine audoise et les Pyrénées.

VILLELONGUE COTE JARDIN ✆ **04 68 76 09 03.** *Mme Antoine. Ouvert du 1er mai au 31 octobre, le dimanche de 14h à 18h (sur rendez-vous les autres jours). Visite guidée. Adultes 2 € et enfants moins de 14 ans 0,50 €.* Ce parc du milieu du XIXe siècle est implanté dans une boucle de la Vernassonne. La plupart des essences originaires de l'Amérique du nord (séquoias, cyprès chauves, magnolias...) sont plantées autour de l'ancien logis abbatial.

Lastours

Verrou du Cabardès depuis le Moyen Age, l'actuel village tire son nom des quatre châteaux. Les nombreux sentiers de randonnées sillonnant les environs offrent de superbes (et gratuites !) vues panoramiques des châteaux.

LES QUATRE CHATEAUX ✆ **04 68 77 56 02.** *Fermé en janvier (sauf vacances scolaires de Noël). Ouvert en octobre de 10h à 17h, en avril, mai, juin et septembre de 10h à 18h, en juillet et août de 9h à 20h. Ouvert les week-ends et vacances scolaires en février, mars, novembre et décembre de 10h à 17h. Tous les jours pour les groupes sur rendez-vous. Adultes 4 €, enfants 2 € et groupes 3,50 €.* Placés au sommet d'une crête, à 300 m d'altitude, Cabaret, Surdespine, Quertinheux et Tour d'Espine illustrent de façon exemplaire l'évolution de l'architecture militaire aux XIe et XIIe siècles. Cet ensemble impressionnant a pris son importance lors de la croisade contre les Albigeois. Ne pas oublier les chaussures de marche car le parcours est assez accidenté.

ANCIENNE USINE RABIER ✆ **04 68 77 56 02.** *Mêmes horaires que ci-dessus.* Entièrement réaménagée, cette ancienne usine textile, témoin d'une activité aujourd'hui disparue, constitue l'accueil et le point de départ des visites du château. Outre un rayon librairie régionale, elle abrite une exposition permanente de photographies sur le Cabardès.

CASCADE DE CUBSERVIES. Avec ses 90 mètres de hauteur, cette chute d'eau fait partie des plus grandes d'Europe. Du hameau de Cubserviès vous aurez le meilleur point de vue possible sur cette merveille de la nature.

Le couvert

LE PUITS DU TRESOR ✆ **04 68 77 50 24.** *Ouvert tous les jours à midi, le soir sur réservation pour les groupes. Menu pleine mer ou pleine terre à 50 €. Menus 15 € à 17 €. Menu enfant : 7 €.* Depuis mars 2002, M. Boyer, chef qui privilégie la cuisine du

Lasrours, le castrum

Lasrours

Le verrou du Cabardès

marché officier derrière les fourneaux de ce restaurant gastronomique. Pour le menu gastronomique, suivant votre envie du moment ou vos goûts plus poisson que viande, le chef vous suggère 4 entrées, 4 plats (viande ou poisson ou le plat du jour), et 4 desserts, merveilleusement appelé Rêves d'enfant sucré. Pour les fins de mois, la brasserie est un excellent compromis pour faire un repas semi-gastronomique. La qualité, la présentation et l'association des saveurs et des textures sont au rendez-vous. Nous avons dégusté un pavé de thon au verjus de fruits rouges. Une adresse prometteuse à retenir. Une salle polyvalente est à votre disposition pour les repas de groupe.

RESTAURANT C MARTIN'S © 04 68 77 18 07. *Ouvert toute l'année. Fermé les lundi midi et mercredi hors saison. Menus à partir de 15 €. Carte.* Christine et Jean-Louis Martinez jouent la carte de la convivialité dans leur restaurant. Avec ses salades composées, grillades et plats en sauce, la cuisine traditionnelle de Christine reflète bien cet esprit. Les plus gourmets pourront déguster les spécialités maison plus élaborées qu'elle propose à la carte. L'accueil chaleureux et avenant de Jean-Louis contribue à cette notion de simplicité, voire d'ambiance familiale.

CAMPING LE BELVEDERE © 04 68 77 16 76. *Ouvert du 15 juin au 30 septembre.* Dix-neuf emplacements. Location de caravanes. Camping ombragé et situé à proximité du Belvédère, avec vue imprenable sur les Châteaux.

▷ *Dans les environs*

Labastide-Esparbairenque

CHATAIGNES ET CREMES DE MARRONS © 04 68 26 31 79. *M. Michel Senges.* Jusqu'au siècle dernier, la châtaigne fut la principale nourriture des montagnards. Une halte gourmande s'impose pour découvrir cette crème de marrons maison.

Limousis

LES GROTTES DE LIMOUSIS Hameau de Marmorières © 04 68 77 50 26. *Ouvert du 15 mars au 31 octobre (horaires variables selon saison). Adultes 6,10 € et enfants 3,05 €.* Creusée par une rivière souterraine, la cavité libérée de ses eaux a été décorée par de superbes concrétions, stalactites, stalagmites, piliers ou colonnes, draperies... et l'exceptionnel lustre, un grand ensemble de cristaux blancs d'aragonite. Au point le plus bas de la galerie, les eaux suintant de la voûte se sont rassemblées dans un grand gouffre au nom évocateur, le Lac Vert.

Mas-Cabardes

PISCICULTURE DE L'ORBIEL © 04 68 26 30 09. *Ouvert toute l'année. En saison, tous les jours.* Etape détente en famille chez Monique et Pierre Rivals. Vous pourrez pratiquer la pêche à la truite dans les eaux tumultueuses de l'Orbiel ou, tout simplement, les acheter au kilo. Un coin pique-nique permet de passer une agréable journée au bord de l'eau.

Roquefère

MIELLERIE © 04 68 26 32 16. *Carole et Armand Oulès.* A vous les miels de garrigue, de montagne, au romarin ou autres parfums, mais aussi pains d'épice, bonbons, confits de noisettes ou d'amandes pour décliner le miel sous toutes ses saveurs. Possibilité de visite de la miellerie pour les groupes.

Le couvert

SIRE DE CABARET Roquefère © 04 68 26 31 89. *Ouvert toute l'année, sauf novembre. Tous les jours en saison. Hors saison, fermé le mercredi, le dimanche et mardi soir. Menus de 18 € (vin et café compris) à 35 €. Menu enfant 8 €. Après 14h : formule charcuterie, fromage, café et 1/4 de vin. Auberge rurale et gourmande en pays d'Aude.* Au cœur du village, Carmen et Patrick vous accueillent dans leur superbe restaurant pour vous inviter à une balade gastronomique à base de produits rigoureusement sélectionnés au fil des saisons. Les viandes sont grillées devant vous dans l'imposante cheminée également dotée d'un non moins impressionnant tournebroche. L'assortiment de charcuteries de la montagne Noire vous permettra de découvrir les authentiques parfums du terroir, tout comme les salades. La côte de bœuf aux morilles, les truites du pays cuites au sel de Guérande, le magret sauce au miel et le carpaccio d'autruche combleront les gourmets. Il est prudent de réserver car cette excellente adresse connaît une notoriété croissante, largement méritée.

Salsigne

FERME-AUBERGE DE COMBESTREMIERES ✆ **04 68 77 06 97.** *Cinq chambres d'hôtes ouvertes les vacances scolaires, en juillet et août, de 2 à 6 personnes. 35 € pour 2 personnes, repas en table d'hôtes 16 €.* Elisabeth et André Lafage accueillent leurs hôtes dans leur vieille ferme en pierre habilement restaurée et toujours en activité. A l'étage de la maison familiale et dans des bâtiments attenants, les chambres, décorées avec goût par Elisabeth, sont spacieuses et confortables, avec sanitaires individuels privatifs.

Villardonnel

ABBAYE DE CAPSERVY ✆ **04 68 26 61 40.** *Fermé du 15 novembre au 1er mars. Chambres d'hôtes, petit déjeuner compris, de 50 € à 60 € par personne. Repas table d'hôtes à 23 €. Petit lac et piscine sur place.* Cette authentique abbaye d'origine cistercienne du XIe siècle a renoué avec la tradition hospitalière instaurée par les moines convers. Denise et Daniel ont aménagé trois chambres d'hôtes d'inspiration monacale. La table d'hôtes permet d'apprécier le meilleur de la gastronomie du terroir. Exigeants sur la qualité, ils cultivent eux-mêmes leurs fruits et légumes, élèvent les volailles et choisissent le complément avec le plus grand soin chez les producteurs locaux.

Cabrespine

Niché au creux de la vallée de la Clamoux, ce petit village est dominé par les ruines de son château construit au XIIIe siècle. Bel édifice de style gothique, l'église paroissiale a été construite au XVIIIe siècle sur l'emplacement de l'église primitive. A l'intérieur, on peut admirer un petit musée lapidaire ainsi qu'un tableau de Gamelin. Tout autour, au pied du pic de Nore, de petits villages ont gardé leur caractère authentique et essaient de mettre en valeur leur patrimoine rural.

Points d'intérêt

LE GOUFFRE GEANT DE CABRESPINE ✆ **04 68 26 14 22.** *Ouvert du 1er mars à fin novembre, toute l'année pour les groupes de plus de 15 personnes sur réservation. Adultes 7 € et enfants de 6 à 14 ans 3,51 €.* Les eaux de la Clamoux ont fait de ce site naturel une véritable cathédrale souterraine ornée d'une féerie d'œuvres sculptées par la nature : stalactites, draperies et aragonites semblables à des cristaux de neige. L'époustouflante beauté du lieu, la perfection de l'aménagement et la qualité de l'accueil en font l'un des hauts lieux du tourisme audois. La visite guidée de 40 minutes est accessible à tous.

Loisirs

SAFARI SOUTERRAIN DE CABRESPINE ✆ **04 67 66 11 11.** *Toute l'année sur rendez-vous. A partir de 39 € par personne.* En compagnie d'Aimé Mallet, découvrez la magie du gouffre géant de Cabrespine au cours d'une promenade souterraine de 4 à 5 heures. Accessible à tous.

Emplettes

LES PETITS FRUITS ROUGES Place de l'Eglise ✆ **04 68 26 14 91.** *Ouvert toute l'année. En saison, vente de cerises, groseilles et framboises juste cueillies.* Les petits fruits sont également transformés en de succulentes confitures et gelées, garanties sans colorants artificiels ni arômes ajoutés. Croquez et craquez pour les cerises et guignes au vinaigre, excellentes à l'heure de l'apéritif.

▷ *Dans les environs*

LE PIC DE NORE. Du haut de ses 1 210 mètres d'altitude, le point culminant du département offre un panorama unique qui va du Canigou au pic du Midi. Une table d'orientation aide à reconnaître les différents monts. Grâce à ses sept émetteurs, les habitants, à 100 km à la ronde, reçoivent les programmes de télévision. N'oubliez pas la petite laine car il y a toujours beaucoup de vent et l'air est bien plus frais qu'en bas !

Castans

LES LAMAS DE LA MONTAGNE NOIRE Les Vernèdes - Route de Pradelles © 04 68 26 60 11. *Visite commentée de l'élevage à 4,50 € sur rendez-vous. Balades à la journée, week-end ou croisières vertes. Tarifs et itinéraires modulables.* En compagnie de leurs irrésistibles peluches grandeur nature, Hélène, Jean-Louis et Sylvain proposent de nombreuses activités au cœur de la Montagne Noire : visite de l'élevage de lamas, initiation à la conduite du lama de bât, balades contées ou à thèmes, la châtaigne, l'ethnologie locale, la mycologie… croisières vertes et classes découverte et nature.

GITE D'ETAPE COMMUNAL Laviale © 04 68 26 57 15. *Site Internet : www.multimania.com/graalcastans. Ouvert toute l'année. Adulte 9 €, enfant 7 €. 9 à 10 places réparties dans 2 chambres équipées de lits 1 ou 2 personnes (apporter draps ou sacs de couchage). Séjour avec cheminée (le bois est fourni pour la soirée). Douche chaude et W.-C.* Parfait pour découvrir la Montagne Noire au grès des nombreux sentiers de randonnées.

Pradelles-Cabardès

HOTEL-RESTAURANT LES PAILHES © 04 68 26 12 20. *Fax 04 68 26 12 21. Site Internet : www.lespailhes.com - E-mail : stdupont@lespailhes.com. Ouvert tous les jours d'avril à septembre. Restaurant sur réservation. Menus de 20 € à 80 €. 12 chambres pour 2 à 5 personnes avec salle de bains, petit déjeuner compris. Piscine privée.* Dans son château du XVIe siècle, qu'il a restauré avec beaucoup de goût, tirant le meilleur profit des poutres apparentes et des pierres des Marty, Stéphane Dupont vous réservera un accueil des plus bienveillants. Les meubles en pin donnent une note douillette aux chambres qui sont par ailleurs dotées de tout le confort. A sa table, Stéphane propose un menu unique largement inspiré des traditions culinaires régionales. Selon l'humeur du jour, vous vous délecterez de foie gras poêlé, de magret, de coq au vin, ou encore de lapin à la bière ou de waterzooï, un petit rappel aux origines de Stéphane ! La terrasse ensoleillée avec vue sur le lac tout proche, l'excellente cuisine et la bonhomie du maître des lieux font de cet hôtel un lieu idéal de villégiature.

CAMPING MUNICIPAL © 04 68 26 15 48. *Ouvert du 15 juin au 15 septembre.* Trente emplacements ombragés. Idéal pour un séjour nature, ce camping au bord du lac offre une multitude d'activités : pédalo, tennis, minigolf, billard géant… et les joies de la baignade dans ses eaux pures et vivifiantes. Location de VTT pour découvrir les nombreux sentiers.

FERME EQUESTRE DE PRADES © 04 68 26 31 20. *Ouvert toute l'année. Location et hébergement de chevaux, voire nuit d'étape pour cavalier.* Une multitude de formules sont proposées avec les sept chevaux qui peuvent être loués à l'heure, à la journée ou à la semaine. La structure accueille également les cavaliers et leurs propres montures.

ELEVAGE DE CACHEMIRE Riviole le Haut © 04 68 26 31 15. *Visite de l'élevage le plus important de France de cachemire et vente d'écharpes, plaids et étoles en cachemire aux teintes merveilleuses. Laissez-vous tenter !*

Villarzel-Cabardès

EXPOSITION ARCHEOLOGIQUE Ancienne mairie © 04 68 77 17 36. *Ouvert sur rendez-vous.* Ce dépôt rassemble le résultat de fouilles locales, notamment celles d'une nécropole wisigothique et de sites gallo-romains très patiemment étudiés et reconstitués par Louis Guiraud (04 68 77 02 11).

Villeneuve-Minervois

PAIN D'EPICE PAIN D'OR 12, La Blabine © 04 68 26 13 80. *E-mail : paindor@mnet.fr.* La gamme de pains d'épice de Dominique Andrivet séduit une large clientèle appréciant les nombreuses variétés proposées : noix, pruneaux, oranges… Vente au particulier sur rendez-vous, chez les commerçants locaux, "La Ferme" à Carcassonne et plusieurs dépôts en région parisienne. Retombez en enfance à l'heure du goûter.

TRUFFES DES CHANOINES Route de Cabrespine © 04 68 26 13 61. *Alain Ginies. Ouvert toute l'année. Vente de truffes fraîches et de première stérilisation : brossées, de premier choix et de brisures.* En compagnie de son fidèle chien truffier, Croustet, Alain parcourt la campagne à la recherche du diamant noir. Les vins du château des chanoines accompagneront avec une certaine complicité ce don des fées ou du ciel.

LES PYRENEES AUDOISES

Entre la Haute Vallée de l'Aude et l'Ariège, à mi-chemin entre Quillan et Ax-les-Thermes, le Pays de Sault constitue l'essentiel des Pyrénées audoises dont l'altitude, parfois élevée, offre une véritable réserve d'air pur et des paysages hors du commun. Les plateaux cultivés, étagés de 900 à 1 300 mètres, les immenses forêts de sapins et les alpages des montagnes composent cette entité géographique. Une vingtaine de villages ouvrent aux touristes leurs authentiques aspects agricoles, forestiers et pastoraux. Ces décors fabuleux comme les gorges de Joucou, la pittoresque et sauvage vallée du Rebenty sont un paradis pour les pêcheurs. Les hommes du pays de Sault, tout en protégeant leur merveilleux environnement, ont su l'exploiter à travers de multiples activités sportives et de loisirs. L'hiver, les hauteurs pyrénéennes permettent la pratique du ski, notamment à Camurac.

Quillan

Dominée par les vestiges de son imposante forteresse, sur les flancs de la colline de Vitrages, au pied des Trois Quilles, cette coquette bourgade est un relais de charme et d'agrément. La mairie est un ancien hôtel des seigneurs d'Espezel (XVIIIe siècle) dont la décoration intérieure conserve les charmes de l'époque. Sur l'esplanade de la gare, un rocher percé rappelle l'origine de la voie du défilé de la Pierre-Lys due à l'abbé Félix-Armand. Tout autour : le parc de la Forge, le pic du Coulrou, le col de Portel (panorama), le pic de Vitrague, le chalet forestier Salvat et la fontaine de Carach.

OFFICE DE TOURISME Place de la Gare ✆ 04 68 20 07 78. *Ouvert toute l'année. Hors saison du lundi au vendredi de 9h à 12h et de 14h à 18h, le samedi de 9h à 12h, en saison de 8h à 12h et de 14h à 19h, les dimanches et jours fériés de 9h à 12h.*

Points d'intérêt

LE CHATEAU. Depuis le Pont Vieux (XVIIe siècle), on accède aux ruines de l'imposant donjon, seul vestige du château bâti au XIIe siècle, aux murs de deux mètres d'épaisseur, d'où l'on a une belle vue sur la ville et ses environs.

EGLISE NOTRE-DAME. L'église a été reconstruite en 1677 sur l'emplacement d'un édifice roman. Les sculptures archaïques incrustées dans la façade en proviennent certainement. Ses grandes orgues proviennent de la cathédrale d'Alet.

COUVENT DE L'ANGE GARDIEN. Cet ancien hôtel particulier du XVIIe siècle est orné, sur sa façade, d'un beau balcon en fer forgé. A découvrir, le réfectoire, le parloir et sa très belle cheminée, ainsi qu'un tableau de la Sainte Famille.

Le gîte et le couvert

HOTEL CANAL 36, boulevard Charles-de-Gaulle ✆ 04 68 20 08 62. *Congés du 15 octobre au 30 octobre et 15 jours en janvier. Treize chambres de 38 € à 45 €. Menus de 12 € à 25 €.* Cet établissement familial propose des chambres (2 étoiles) sobrement décorées mais très confortables. La grande salle du restaurant est très conviviale, idéale pour déguster une cuisine régionale : cassoulet, confits, foie gras, champignons (cèpes et morilles), sans oublier l'incomparable macaron au chocolat élaboré à partir d'une recette confidentielle.

HOTEL CARTIER RESTAURANT LES TROIS QUILLES 31, boulevard Charles-de-Gaulle ✆ 04 68 20 05 14. *Congés du 20 décembre au 15 mars. Vingt-huit chambres de 42 € à 60 €. Menus de 15 € à 25 €.* Agréable mélange de tradition et de modernisme, l'hôtel offre des chambres confortables et insonorisées. Au restaurant, dans la salle climatisée ou sur la terrasse, vous goûterez une cuisine régionale qui fait la part belle aux produits du terroir : champignons, truffes… Nous vous recommandons le saumon aux girolles au jus de truffe et le lapin à l'ail. Si le sorbet muscat et sa salade de fruits ou la poire pochée au vin doux et glace au pain d'épice figurent sur la carte des desserts, pas d'hésitation !

Loisirs

CENTRE INTERNATIONAL DE SEJOUR SPORTS NATURE LA FORGE Route de Perpignan ✆ 04 68 20 23 79. *Ouvert toute l'année pour les groupes (20 personnes minimum) sauf vacances de Noël et d'avril à fin octobre pour les individuels. Hébergement en toutes formules, restauration et camping jeunes du 1er juin au 30 septembre.* Ce superbe domaine de loisirs a été aménagé pour permettre aux amateurs et pratiquants confirmés de s'adonner au mieux à leur sport favori : canoë-kayak, rafting, canyoning, escalade, spéléologie, VTT, tir à l'arc, parcours forest grimp… Tout un monde d'aventures dans une nature riche et préservée.

▷ Dans les environs

Axat

Axat est la porte de la haute vallée de l'Aude et s'est tournée, depuis longtemps, vers la pratique des activités de pleine nature, en particulier les sports d'eaux vives.

CHATEAU DE PUYLAURENS © **04 68 20 65 26.** *Ouvert tous les jours d'avril à juin et en septembre de 10h à 18h, en juillet et août de 9h à 20h, et en février, mars, novembre et décembre de 10h à 17h. Hors saison ouvert le week-end et aux vacances de 10h à 17h. Tarifs adulte 3,05 € et enfant 1,52 €.* Refuge de cathares, puis devenu, à partir de 1250, forteresse gardienne de la frontière sud du royaume, ce fier château tombe dans les oubliettes de l'Histoire après le traité des Pyrénées. Puylaurens comprend deux parties : sur le côté nord, se trouvent le château primitif avec son donjon, les vestiges d'une citerne et la Tour de la Dame Blanche, et, sur le côté sud, une forme polygonale comporte des tours ouvertes à la gorge. Sur le côté sud de l'autre enceinte, une poterne donne accès à un superbe point de vue sur la vallée de la Boulzane.

BASE SUD-RAFTING Pont d'Aliès - Route de Perpignan © **04 68 20 53 73.** *Ouvert toute l'année. Tarifs spéciaux pour groupes d'ados et enfants. Aire de pique-nique sur la base d'Axat. Forfait spécial journée eau vive.*

MIELS PHILIPPE WEIBEL © **04 68 20 53 34.** *Ouvert toute l'année. Vente par correspondance toutes destinations.* Une incroyable palette de miels typiques des Pyrénées, sapin, montagne, framboisier, forêt, châtaignier, bruyère blanche, bruyère callune, rhododendron... et de produits de la ruche, pollen, hydromel, gelée royale, pains d'épice et une gamme de vinaigres de miel.

Belcaire

Les habitants de ce village typique des Pyrénées, tout en s'ouvrant au tourisme, s'attachent à conserver les valeurs traditionnelles. Tournée vers l'avenir, la communauté offre la chaleur de la vie en pleine nature que la montagne lui a toujours manifestée. Vous pourrez vous baigner dans le lac de Belcaire, tous les après-midi, du 1er juillet au 31 août, et louer des pédalos.

LES SALAISONS BELCAIROISES 2, chemin de Limozouls © **04 68 20 33 61.** *Ouvert toute l'année. Vente à la ferme de 8h à 12h et de 15h à 17h. Fermé le lundi.* Elaborés selon des recettes traditionnelles, les produits relatent l'histoire de la cuisine paysanne régionale. Les salaisons séchées au naturel ont conservé le goût d'autrefois.

Camurac

Sur le plateau du Pays de Sault, à l'extrémité sud-ouest du département, cette unique station de ski des Pyrénées audoises (1 400 m-1 800 m) reste aisément accessible tout l'hiver et s'applique à concilier le charme d'un village de montagne avec la pratique du ski et des sports de glisse tout en protégeant son merveilleux patrimoine naturel. Camurac et ses environs se prêtent admirablement à la pratique du ski de fond (Chioula Pays d'Aillou), de randonnées et de raquettes. Les amateurs trouveront de nombreux circuits balisés et des sites pour évoluer (50 km de piste dans les forêts de sapins et sur les alpages) et découvrir la faune et la flore de cette attrayante station audoise.

HALTE-GARDERIE STATION DE SKI © **04 68 20 31 20**

STATION © **04 68 20 32 27**

STATION DE SKI LA LABIERE © **04 68 20 32 11**

LES PISTES. Seize pistes balisées entre 1 400 m et 1 800 m sont desservies par 7 remontées mécaniques, 13 canons à neige assurant l'enneigement sur les pistes des Pins et de Coste Rouge. La station dispose de deux engins de damage et d'un chasse-neige. Vous pourrez aussi vous adonner aux joies du ski de fond et des balades en raquettes.

CAMPING LES SAPINS © **04 68 20 38 11.** *Ouvert d'avril aux vacances de la Toussaint (toute l'année pour certaines locations). Soixante-neuf emplacements, location de mobile homes (de 305 € à 374 € la semaine), restaurant, bar, plats cuisinés, lave-linge, piscine chauffée. Relais du Pays cathare. Deux étoiles.* Situé au plus haut du plateau, à 1 300 mètres d'altitude, le camping domine le village. Idéalement situé en bordure de forêt, il offre calme, détente et confort. Les services et loisirs permettent de passer des séjours très agréables.

CENTRE EQUESTRE DU TERNAIROLS ✆ **04 68 20 75 76.** *Ouvert de mai à la Toussaint. Hébergement et coin cuisine. Promenades à l'heure (de juin à octobre), stages, groupes sur demande. Activités de plein air à la demi-journée, journée ou stage, encadrées par des moniteurs diplômés d'Etat.*

Escouloubre

OFFICE DE TOURISME DU PAYS DE SAULT Route d'Ax-les-Thermes ✆ **04 68 20 75 89.** *E-mail : otps@libertysurf.fr. Ouvert du mardi au samedi de 9h à 12h et de 14h à 18h. Fermé le dimanche et les jours fériés.*

LE COCHON DE MADRES ✆ **04 68 20 44 02.** *Patricia et Christian Cucuillère. Ouvert du 1er février à mi-novembre. Repas à la ferme sur réservation uniquement. Menu tout compris à 15,50 €.* Ayant les meilleurs produits fermiers sous la main et un savoir-faire inégalé, c'est tout naturellement que Patricia et Christian ont eu l'idée de proposer des repas en ferme-auberge. Au menu, après l'apéritif, les charcuteries maison, la viande de porc, veau ou bœuf sauce aux champignons (cèpes, morilles ou girolles), pommes de terre sautées, fromages et tartes aux fruits de saison, le tout quasiment à volonté.

HOTEL-RESTAURANT BAYLE 38, avenue d'Ax-les-Thermes ✆ **04 68 20 31 05.** *Ouvert toute l'année. Chambres de 20 € à 40 €. Menus de 11 € à 25 €.* Ce petit hôtel familial à caractère montagnard, aux chambres claires et confortables, est parfait pour tout type de villégiature. A table, Xavier Mouchard vous fera déguster les recettes régionales : salade du Soula (magret de canard séché, tomme de Rodomme et pâté), gratin du pays de Sault (confit de canard, pommes de terre, lardons, oignons et ventrèche...). En dessert, laissez-vous tenter par le fondant aux trois chocolats ou par la coupe du pays de Sault (crème de marrons, glace à la pistache et chantilly) : c'est aussi beau que bon !

FERME EQUESTRE H'VAL Rodome ✆ **04 68 20 32 22.** *Ouvert toutes les vacances scolaires sauf Noël. Tarifs : une semaine à 368 € et deux semaines à 683 €.* Au pied des Pyrénées, les jeunes aventuriers amoureux des chevaux pourront assouvir leur passion dans des séjours d'une ou deux semaines encadrés par des personnels diplômés. Hippologie, orientation, tir à l'arc, tennis, activités artistiques, éducation à l'environnement, et baignade sont également au programme des vacances des petits kids.

Gincla

En suivant la Boulzane à partir du château de Puylaurens et en s'enfonçant dans la montagne, un décor naturel de choix aux portes des Fenouillèdes.

HOSTELLERIE DU GRAND DUC 2, rue Boucheville ✆ **04 68 20 55 02.** *Ouvert du 28 mars au 1er novembre. Neuf chambres de 56 € à 60 €. Petit déjeuner 8 €. Menus de 26 € à 55 €. Menu enfant 13 €. Hors saison scolaire, restaurant fermé le mercredi midi. Logis de France.* A l'orée de la forêt de Boucheville, un beau parc et son bassin vous donnent un aperçu de votre séjour qui sera des plus agréables dans cette belle maison de maître, totalement rénovée, où boiseries miellées et vieilles pierres s'harmonisent pour créer une ambiance très sereine. Tout en vous transportant dans le passé, les chambres (2 étoiles) vous offrent toutes les commodités de notre siècle. La cuisine du terroir aux saveurs généreuses et succulentes vous sera servie dans le jardin ombragé de tilleuls à la belle saison. Là ou dans la belle salle lumineuse aux tables superbement dressées, vous pourrez déguster les cailles au muscat, l'aiguillette de magret de canard aux figues et raisins sauce au maury, le pavé de bar en croûte sauce minervois ou le duo de lotte et saumon sur fondue de poireaux. Au dessert, vous vous laisserez tenter par les brochettes de fruits flambés, les soufflés au grand-marnier ou les gratins de fruits au sabayon. Un pur moment de bonheur en compagnie de Martine et Bruno Bruchet.

JEAN-CHARLES BRUCHET ✆ **04 68 20 50 92.** Jean-Charles Bruchet redonne vie et âme aux meubles qui lui sont confiés. Créateur de génie, il saura dessiner et réaliser le projet convenant à votre personnalité et à votre intérieur.

LIMOUXIN ET QUERCORB

Traversé par l'Aude, le Razès Limouxin est une région très vallonnée où se succèdent les cultures de la vigne, des céréales, l'élevage et les massifs forestiers. Centre économique, administratif et culturel, Limoux voit se perpétuer, de janvier à mars, sous ses couverts et arcades, un carnaval très typique.

Limoux

Capitale du Razès, des "fécos" et de la blanquette, sous-préfecture fleurie, Limoux offre ses charmes et ses multiples richesses : monuments et vestiges d'un riche passé, nombreuses et fameuses spécialités gourmandes, sans oublier les non moins mémorables festivités que nous vous invitons à découvrir.

OFFICE DE TOURISME Promenade du Tivoli ✆ 04 68 31 11 82. *E-mail : limoux@fnotsi.net. Ouvert toute l'année, en semaine de 9h à 12h et de 14h à 17h, le week-end de 10h à 12h et de 14h à 17h.Visites accompagnées de la ville pour les groupes et sur réservation.*

Points d'intérêt

CATHARAMA 47, avenue Fabre-d'Eglantine ✆ 04 68 31 48 42. *Ouvert de Pâques à la Toussaint, toute l'année pour les groupes sur réservation. D'avril à juin et de septembre à la Toussaint projection à 10h, 11h,14h, 15h, 16h et 17h, en juillet et août de 10h à 18h toutes les heures. Adultes à 5 €, enfants de moins de 11 ans et groupes (plus de 20 personnes) à 4 €.* Spectacle historique audiovisuel sur 3 trois écrans (30 minutes) tout public, pour comprendre l'épopée cathare. "Au temps des Chevaliers", projection spéciale pour les 6 à 11 ans.

MUSEE PETIET Promenade du Tivoli ✆ 04 68 31 85 03. *Ouvert toute l'année. Adultes 3 €, enfants 2 € et groupes 2,50 €.* Le musée est installé dans l'ancien atelier de peinture des frères Petiet dont la famille a fait don à la ville. Les toiles exposées illustrent la peinture de la deuxième moitié du XIXe siècle : académisme, pointillisme et impressionnisme.

MUSEE DU PIANO Place du 22-Septembre ✆ 04 68 31 85 03. *Ouvert du printemps aux vacances de la Toussaint. Adultes 2 €, enfants 1 € et groupes 1,50 €.* Seul musée en France consacré au piano et à sa facture. Vous voyagerez à travers deux siècles d'histoire et vous découvrirez des modèles et des pièces uniques de l'univers pianistique...

Le couvert

LA MAISON DE LA BLANQUETTE 46bis, promenade du Tivoli ✆ 04 68 31 01 63. *Ouvert toute l'année sauf octobre. Fermé le mercredi hors saison. Menus de 15, 95 € à 33 € (apéritif, vin inclus), menus enfant 7,50 € (réservations souhaitées).* La réputation de cet excellent établissement n'est plus à faire. Dans un cadre accueillant, vous goûterez, le mille-feuille de saumon mariné au parmesan, jus de crustacés, avant de continuer avec une fricassée de Limoux ou une pièce de bœuf sauce vigneronne. Tout au long du repas, vous pourrez apprécier la saveur des meilleurs crus locaux élaborés par les Sieurs d'Arques, qui accompagneront remarquablement chaque plat. En dessert, pour rester dans la note, "craquez" pour le craquant de chocolat.

L'EGLANTINE 29, avenue Fabre-D'églantine ✆ 04 68 31 21 95. *Fermé le lundi toute la journée et le mardi midi. Menus de 13 € à 29 €. Menu enfant 7,50 €.* Depuis avril 2002, ce restaurant a déjà acquis une belle notoriété. L'endroit (climatisé) s'est agrandi et un salon particulier de 30 personnes peut être réservé. L'accueil de Virginie est chaleureux. Côté cuisine, Stéphane vous proposera de la cuisine traditionnelle régionale : fricassée de Limoux, cassoulet au confit de canard, sans oublier les spécialités de poissons. Cette cuisine, inventive et succulente, vous fera découvrir des saveurs inédites, en particulier le pain et les pâtisseries maison. En prenant le menu, vos enfants pourront goûter à cette gastronomie où le choix de différents plats leur permettra de développer leurs papilles. Une adresse futée où il faudra retourner !

Le gîte

CAMPING DU BREIL Avenue Allende ✆ 04 68 31 13 63.** *Ouvert du 15 mai au 30 septembre. Cinquante emplacements.* Sur les bords de l'Aude, le lieu idéal pour se ressourcer et sillonner le Limouxin et la haute vallée. Au début de chaque mois, la municipalité accueille les nouveaux arrivants lors d'une sympathique manifestation.

Le gîte et le couvert

GRAND HOTEL MODERNE ET PIGEON 1, place du Général-Leclerc © 04 68 31 00 25. *Restaurant fermé samedi midi, lundi et dimanche soir (hors saison). Hôtel ouvert tous les jours. 17 chambres de 60 € à 160 € pour deux. Petit déjeuner 12 €. Menus entre 32 € et 50 €. Menu enfant 12 €. Dernière commande 21h. Logis de France. 3 étoiles.* Dans l'ancien couvent des pénitents blancs, la fresque de l'escalier du XVIIIe siècle a retrouvé toute sa splendeur. De nombreux travaux ont été effectués et continueront cette année afin d'améliorer encore les prestations de ce bel endroit. Vous trouverez un service, un confort et un accueil de qualité. C'est dans une salle magnifique ou sur une terrasse verdoyante que vous savourerez des mets raffinés : escalope de foie gras poêlé aux fruits de saison et au caramel de porto, pieds de porc sans os farcis dorés au four, noisette d'agneau en croûte de tapenade et sa crème de coco de Castelnaudary. Le maître des lieux, chef en cuisine, vous surprendra aussi avec ses plats de poissons : filets de rouget à l'infusion de poivron rouge, filet de loup en écaille de courgette au jus de merlot. En dessert, l'assiette gourmande évolue au gré des saisons et de l'imagination de l'artiste... Les fins gastronomes apprécient cette adresse.

Loisirs

ATEKPORA Pépinière d'Entreprises - 5, avenue de la Gare © 06 81 12 75 90. *Site Internet : www.atekopora.com - E-mail : atekopora@hvacreation.com. Ateliers d'olfaction éducatifs, personnalisés, pratiques et ludiques pour enfants, adolescents et adultes.* Laëtitia et Laurent Claret ouvrent les portes d'un métier qui fascine et engendre le rêve : le nez. A l'aide d'outils pédagogiques originaux (orgue à parfums, pyramide des odeurs, contes parfumés, spectacles de marionnettes pour les petits...) ils enseignent l'olfaction, la parfumerie et l'aromachologie aux cours d'ateliers où vous fabriquerez votre objet parfumé (eaux de Cologne, bougies parfumées, pots-pourris...).

CAFE DU COMMERCE Place de la République © 04 68 31 08 99. *Ouvert tous les jours de l'année de 6h à 2h.* Sous les arcades, ce café est un lieu de rencontre incontournable. Siège du carnaval, du Lion's Club, du club de bridge et d'autres, il ne désemplit jamais.

LE D'KLIC Route d'Alet © 04 68 31 51 52. Homme phare des soirées du Limouxin, Charly Sicre vous attend pour vous faire découvrir l'ambiance et la culture festive limouxine.

Limoux

Emplettes

ANTECH Domaine de Flassian © 04 68 31 15 88. *Ouvert du lundi au vendredi de 8h à 12h de 14h 18h. www.antech-limoux.com.* Vignerons de Père en fils depuis cinq générations les frères Georges et Roger Antech, Maistres Blanquetiers, sont les héritiers d'un art ancestral. Françoise Antech-Gazeau, a repris l'Entreprise et a réalisé son rêve de venir au Domaine pour vivre ses passions transmises par sa famille : la nature, la vigne et le vin. Nous sommes bien loin d'une production de masse est d'une industrialisation à outrance. Nous avons affaire ici à des passionnés. Et la qualité s'en ressent : le crémant de Limoux, "Grande cuvée Antech" et la blanquette "Cuvée tradition" ont chacun dernièrement remporté une médaille d'or à Paris. Mais ceci n'est pas exceptionnel, en effet, les productions de la maison sont tous les ans récompensées de médaille d'or ou d'argent, en France, mais aussi au Canada... Quand distinction (dans tous les sens du terme) rime avec tradition.

LES CAVES DU SIEUR D'ARQUES Avenue du Mauzac © 04 68 74 63 00. *Ouvert toute l'année, tous les jours de la semaine et les jours fériés de 9h30 à 12h30 et de 14h à 18h. Visite et dégustation (gratuite).* Avec une production de 75 % des blanquettes commercialisées, c'est la première cave du Languedoc-Roussillon. Toutes les étapes de la vinification vous seront présentées et expliquées lors de la visite guidée (film à l'appui). Au cours de celle-ci vous déambulerez dans les caves souterraines, verrez la source naturelle et deviendrez incollable sur les différentes méthodes de vinification et les diverses appellations.

JEAN VAQUIE FILS 1, place de la République © 04 68 31 01 05. *Ouvert du lundi au dimanche midi de 7h à 19h30.* Intransigeant sur la qualité et le respect des traditions, Jean Vaquié garantit des produits naturels et savoureux : saucissons de canard, foies gras, magrets, cous farcis, terrines et autres salaisons, fricassée de porc, coq au vin...

SARL BOR 23bis, avenue Fabre-d'Eglantine © 04 68 31 02 15. *Ouvert toute l'année, du lundi au samedi. Expéditions en France et à l'étranger.* Réputée pour son célèbre nougat, décliné sous toutes ses formes (barre, domino et triangle), la maison Bor élabore d'autres friandises dont le fameux tap dé Limos, chocolat fourré aux raisins macérés dans du vieux marc de chardonnay.

▷ *Dans les environs*

Nébias

MUSEE DE LA FAUNE DES PYRENEES Allée de la Promenade © 04 68 20 06 13. *Du 1er avril au 1er novembre, tous les jours de 15h à 18h (sauf le lundi) et de 14h à 19h le week-end. Groupes sur rendez-vous. Adultes 1,50 €.* Visiter ce musée est l'occasion d'approcher une grande partie de la faune sauvage pyrénéenne présente et passée : faune forestière, faune montagnarde, rapaces diurnes, rapaces nocturnes, faune de zone humide et passereaux. Les oiseaux colorés comme le guêpier (mangeur d'insectes), les grands rapaces comme le vautour fauve ou l'aigle royal en passant par les carnassiers ou le grand gibier, n'auront plus de secret pour vous.

LE FONTAULIE SUD 2, chemin Trabanet © 04 68 20 17 62. *Françoise et Henri Cunin. Ouvert du 1er mai au 15 septembre. Location de VTT à la journée 8 €, ou à la demi-journée 6 €.*

Pomas

P18 AU FIL DE L'AUDE © 04 68 69 49 60. *Location de canoës pour découvrir la région au fil de l'Aude.* La location se fait à la demi-journée, voire à la journée ou encore à la semaine. On peut descendre l'Aude en canoë deux ou trois places (idéal pour les familles) ou bien en kayak une place.

Alet-les-Bains

Aux portes de la haute vallée, cette ancienne ville épiscopale, aujourd'hui thermale, offre un patrimoine architectural et historique prestigieux dans un environnement privilégié. Ses défenses naturelles sont doublées d'un rempart du XIIe siècle. Le village, qui a gardé une très belle physionomie médiévale, est constitué par une place centrale d'où rayonnent les rues principales au hasard desquelles on découvre de superbes façades à colombages et encorbellements, ainsi que des façades d'échoppes.

OFFICE DE TOURISME Avenue Nicolas-Pavillon © 04 68 69 93 56. *E-mail : alet-les-bains@fnotsi.net.*

Points d'intérêt

L'ABBAYE ✆ 04 68 69 93 56. *Ouverte toute l'année, en juillet et août de 9h à 19h, du 1er octobre à janvier de 9h30 à 12h30 et de 13h30 à 17h30, de février à juin et septembre de 10h à 13h et de 14h à 18h. Adultes 3 € et enfants 1 €.* Fondée en 813, elle atteint son apogée au XIIe siècle. Après les troubles de l'époque cathare, elle est érigée en évêché pour contrôler la région.

LA CATHEDRALE. Bien que fortement ruiné, l'ensemble de la cathédrale est l'un des plus beaux exemples de l'art roman languedocien. Soutenue par six contreforts, l'abside romane est surmontée de colonnes qui supportent de superbes chapiteaux à décor d'acanthe. Le cloître, aujourd'hui disparu, prenait place au nord de l'église. La seule partie visible est la salle capitulaire dont la façade romane est ornée de riches décors sculptés.

Le couvert

RESTAURANT DU CASINO LES PINS Route de Couiza ✆ 04 68 69 91 68. *Ouvert toute l'année, tous les soirs, sauf les lundi et mardi soir. Menus de 16 € à 30 €.* Une ambiance feutrée et un décor raffiné pour déguster la cuisine traditionnelle du chef : salade gourmande, poêlée de Saint-Jacques, magrets sauce au poro, filet de bœuf au poivre vert… Le tout à base de produits frais et de première qualité.

Le gîte

CAMPING DU VAL D'ALETH Chemin de la Paoulette ✆ 04 68 69 90 40. *Ouvert toute l'année. Trente-sept emplacements. Location de caravanes. Alimentation et machine à laver. Relais du Pays cathare.* Christine et Christopher Cranmer dirigent ce camping situé au cœur du village. A l'ombre des peupliers, tout près de l'Aude, vous pourrez lézarder et vous ressourcer dans un cadre bucolique et idyllique. La proximité des commerces et restaurants faciliteront votre séjour.

MAISON DU VAL D'ALETH Chemin de la Paoulette ✆ 04 68 69 90 40. *Ouvert toute l'année. Trois chambres d'hôtes (salle de bains et W.-C. privatifs) à 40 € pour deux personnes, petit déjeuner compris. Chiens non admis.* Christine et Christopher reçoivent avec gentillesse et font partager l'ambiance familiale de leur maison de caractère située en plein centre du village. Les chambres offrent tout le confort souhaité et la terrasse, face au parc ombragé près de la rivière, est parfaite pour se ressourcer.

Loisirs

CASINO LES PINS Route de Couiza ✆ 04 68 69 91 68. *Ouvert tous les jours de l'année de 11h à 4h du matin.* Le casino, tenu par M. et Mme Vergnes et dirigé par M. Arthozoul, se veut à la fois un espace de jeu, de détente et de convivialité où la chance est souvent au rendez-vous. Dans l'aile droite, les joueurs invétérés et les curieux s'adonnent à la boule, aux machines à sous (35) et au vidéo poker. En saison, ils peuvent également jouer à la roulette et au black-jack.

▷ *Dans les environs*

Arques

LE CHATEAU ✆ 04 68 69 82 87. *Visite de mars au 15 novembre et de mi-novembre à mars sur réservation pour les groupes (04 68 69 85 62). Horaires à vérifier selon période. Adultes 4 €, enfants 2 € et groupes 3,50 €.* Ce château de plaine se distingue par son élégant donjon de 25 mètres doté de tourelles à chacun de ses angles. Construit entre 1280 et 1310, il domine toujours le paysage des terres rouges du Réalsès.

MAISON DEODAT ROCHE Arques ✆ 04 68 69 82 87. *Ouvert tous les jours, en juillet et août de 10h30 à 19h30, en mai, juin et septembre de 10h30 à 18h30, en octobre et avril, vacances scolaires et week-ends de 10h30 à 17h30. Adultes 3,80 €, enfants 1,50 € et groupes 3 €.* La maison natale de l'historien du catharisme est placée en bordure ouest de la place du village. A voir pour une meilleure connaissance de l'histoire de l'hérésie albigeoise, de la croisade et de ses prolongements modernes.

LE CHEVAL N'ARQUOIS ✆ 04 68 69 86 65. *Ouvert toute l'année (sur réservation). Promenades d'une heure, deux heures, d'une demi-journée, journées pique-nique, week-end, semaine…* Jacques Raynaud vous fera découvrir cette terre qu'il affectionne tant et qu'il connaît par cœur, étant un enfant du pays. Il vous racontera son histoire, sa géologie, ses curiosités et ses légendes mystérieuses… Quel que soit votre niveau, débutant ou confirmé, vous évoluerez dans une ambiance conviviale sur ces terres rouges conquises par Simon de Montfort. Des promenades à poney d'un quart d'heure ou d'une demi-heure sont également proposées pour les enfants.

Campagne-sur-Aude

BLANQUETTE SALASAR ✆ **04 68 20 04 62.** Cette société familiale produit une blanquette élaborée à partir des raisins de vignobles poussant sur les strates crétacées de la haute vallée. Visite des caves.

Couiza

CHATEAU DES DUCS DE JOYEUSE 1, allée du Château ✆ **04 68 74 23 50.** *Site Internet : www.chateau-des-ducs.com. Ouvert du 1er avril au 15 novembre. Chambres et suites de 80 € à 180 €. Menus à 31 €, 43 € et carte.* Classé monument historique, ce château fortifié du XVIe siècle est érigé dans un parc en bordure de l'Aude. Il mêle avec raffinement le caractère médiéval de ses chambres au confort moderne. Dans son restaurant, le chef propose des menus raffinés, accords parfaits des mets et vins. Parmi ses spécialités, nous avons relevé le parmentier de foie gras de canard chaud, la brochette de langoustines aux senteurs d'anis, le cassoulet au confit de canard ou encore le pigeonneau aux girolles (en automne).

Espéraza

MUSEE DES DINOSAURES ✆ **04 68 74 26 88.** *Site Internet : www.dinosauria.org. Ouvert tous les jours de l'année (horaires à vérifier). Adultes 4,80 €, enfants (de 6 à 12 ans) 3,80 €, groupes de 3 € à 8 € (selon activités souhaitées).* Plusieurs centaines d'ossements et d'œufs de dinosaures, découverts sur les gisements de la haute vallée de l'Aude, sont conservées dans le musée qui présente une exposition permanente unique : reconstitution et squelettes grandeur nature de dinosaures vivant dans l'Aude il y a 70 millions d'années. Le plus important chantier de fouilles paléontologiques d'Europe est ouvert au public durant les mois de juillet et août (visite commentée) à Campagne-sur-Aude, à 5 km du musée.

MUSEE DE LA CHAPELLERIE ✆ **04 68 74 00 75.** *Ouvert tous les jours en juillet et août de 10h à 19h, le reste de l'année de 10h à 12h et de 14 à 18h, en janvier ouvert uniquement le week-end de 10h à 12h et de 14h à 17h30 (horaires à vérifier). Adulte 3,05 €, enfants et groupes 2,30 €, scolaires 1,50 €. Visite commentée sans supplément de prix.* Ce musée, de la laine au chapeau, est une véritable reconstitution d'usine. Vous y verrez des machines authentiques, et le film tourné dans la seule usine existant en France vous retracera les diverses étapes de la fabrication d'un chapeau de feutre de laine. Des chapeaux sont en vente.

LE PIC DE SAINT-SALVAYRE. Il offre un panorama unique sur les Pyrénées et les Corbières.

BOUTIQUE MUSEE DU MIEL Avenue de Chalabre ✆ **04 68 74 26 26.** *Ouvert tous les jours de l'année de 10h à 12h et de 14h à 19h. Entrée libre. Visite, dégustation des produits de la ruche, projection vidéo, ruche vivante…*

Peyroles

POTERIE DES PONTILS ✆ **04 68 69 84 69.** *Ouverte toute l'année de 10h à 12h30 et de 15h à 20h, sauf le dimanche matin et pendant les vacances de la Toussaint. Visite de l'atelier sur rendez-vous.* Perchée sur sa colline rouge, la poterie expose les terres vernissées et utilitaires de Dominique et José. Dans leur atelier jouxtant la salle d'exposition, les deux artistes élaborent leurs créations au tour ou à la plaque. Jouets en bois, grès, terres vernissées, bijoux, fleurs séchées, gravures… tout est fait pour le plaisir de l'œil. Chaque objet devient coup de cœur ou objet cadeau.

Chalabre

Vu d'avion, Chalabre ressemble à un écusson dont les quatre grands cours forment les pourtours. Ses boulevards ombragés de platanes centenaires remplacent les murs d'enceinte et les fossés. L'Hers, le Blau et le Chalabreil apportent la fraîcheur de leurs eaux durant la belle saison.

SYNDICAT D'INITIATIVE Cours Colbert ✆ **04 68 69 26 28.** *Ouvert le mercredi matin et le samedi matin de 10h à 12h (horaires à vérifier).*

Le gîte

L'EMERAUDE Les étangs du Bourdil ✆ **04 68 69 28 54.** *Ouvert de mi-juin à mi-septembre. Sur place : buvette, aire de jeux enfants, terrain de volley, badminton, basket, boulodrome et tennis de table. Location à l'année.* Au cœur d'un domaine de 7 hectares entièrement boisé et au bord de deux étangs ombragés, ce camping offre un site idéal pour un séjour reposant.

Le gîte et le couvert

LE FALGAS ✆ 04 68 69 20 88. *M. et Mme Morat. E-mail : lefalgas@wanadoo.fr. Ouvert toute l'année sur réservation. Huit chambres à 46 € pour 2 personnes. Repas table d'hôtes de 14 € à 20 € (sur réservation).* Les chambres de cette maison de maître noyée dans les arbres sont une invitation "au farniente" et à la détente. A la table d'hôtes, Yolande propose une cuisine traditionnelle de pays : cassoulet, confits, civet de sanglier, agneau de la ferme, cargolade, grillades… Les confitures du petit déjeuner sont bien évidemment maison.

Loisirs

LAC DE FALGAS ✆ 04 68 69 20 88. *E-mail : lefalgas@wanadoo.fr. Pêche à la truite et baptême en jet-ski. Possibilité de pique-nique.* Le site idéal pour un dimanche au bord de l'eau.

▷ Dans les environs

Puivert

LE MUSEE DU KERCORB ✆ 04 68 20 80 98. *Ouvert tous les jours. Des vacances de Pâques au 14 juillet de 10h à 12h30 et de 14h à 18h, du 15 juillet au 31 août de 10h à 19h, septembre de 10h à 12h30 et de 14h à 18h, d'octobre au 7 novembre de 14h à 17h, des vacances de la Toussaint à celles de Pâques uniquement pour les groupes sur réservation. Adultes 4 €, enfants de 6 à 15 ans 1,60 € et groupes (plus de 10 personnes) 3,30 €.* Le pays du Quercorb est raconté à travers ses paysages, ses traditions et ses artisans. Vous y découvrirez également la salle de l'instrumentarium, dont la thématique est orientée vers la musique médiévale, ainsi que les reconstitutions de huit instruments de musique du XIVe siècle sculptées sur des culs-de-lampe dans le château.

Rivel

LES BORDES ✆ 04 68 20 80 57. *Ouvert du 1er avril au 30 septembre. Sur réservation hors saison. 39 € pour 2 personnes, petit déjeuner compris. Table d'hôtes à 16 €.* Dans une ferme de caractère, cette chambre tout confort, de style romantique mansardée, invite au repos. Fine cuisinière, Jeanine vous fera découvrir sa cuisine d'inspiration niçoise à base des légumes du potager et vous pourrez déguster, au petit déjeuner, ses confitures maison à base de petits fruits rouges.

Saint-Jean-de-Paracol

FROMAGES DE CHEVRE CHRISTINE MARTINEZ Le Moulin du Trou ✆ 04 68 74 31 61. Amateur de fromages, vous l'aurez compris, nous nous sommes régalés des spécialités issues de l'agriculture biologique de Christine, qui ont, d'ailleurs, eu les honneurs d'Aude Gourmande : fromage de chèvre sec, tomme de chèvre, tommette et autres délices caprins.

Rennes-le-Château

Quel est le secret de Rennes-le-Château, ce petit village de la haute vallée perché sur son promontoire ? A la fin du siècle dernier, l'abbé Béranger Saunière est affecté dans cette paroisse et découvre une église délabrée. Soudain, le prêtre dispose de fonds paraissant sans fin. Outre l'église richement décorée, il achète des terrains, se fait bâtir une belle demeure agrémentée d'une tour néogothique, la tour Magdala, mène grand train. La légende est née : "Le curé a trouvé un trésor"… Quel est le trésor de l'abbé Saunière ? Depuis la fin des années soixante, cette histoire a fait couler beaucoup d'encre et a pris des dimensions mondiales. Trésor des Cathares, des Templiers, de Blanche de Castille, ou encore des parchemins concernant les rois de France ou des révélations sur la véritable histoire du Christ. Mystère ! Depuis peu, le domaine de l'abbé Saunière est géré par la municipalité qui propose la visite d'un musée consacré à l'aspect historique du village et à la fabuleuse histoire de Béranger Saunière.

SERVICE TOURISME ✆ 04 68 74 72 68. *E-mail : office.de.tourisme.rennes-le-château@wanadoo.fr.* Installé dans le Musée de l'abbé Béranger Saunière il est ouvert toute l'année. Du 1er novembre au 28 février de 10h à 17h, du 1er mars au 30 avril et du 16 septembre au 31 octobre de 10h à 18h, du 1er mai au 15 septembre de 10h à 19h. Selon les périodes se renseigner pour les horaires d'ouverture de l'église.

Loisirs

ESPACE FORME Grand-Rue ✆ 04 68 74 71 30. *Etablissement thermal (soins et cures) ouvert du 10 mai au 30 octobre en matinée du lundi au samedi.* Espace remise en forme ouvert du 3 avril au 7 novembre tous les jours l'après-midi. Soif de calme, de repos et de détente ? Venez vous désaltérer ici ! Dans les nouvelles installations, vous aurez accès à la salle de musculation, au hamman, au Jacuzzi, à la piscine d'eau thermale chaude, ainsi qu'à des séances de gym en salle.

ATELIER EMPREINTE ✆ 04 68 74 26 71. *Site Internet : www.rennes-le-chateau.com/librairie. Ouvert du 1er mars au 30 septembre, les week-ends et vacances scolaires, de 10h à 19h en saison, et hors saison, week-ends et vacances scolaires, de 10h à 18h.* Connue du monde entier, la librairie de Céline et Nicolas est "la" librairie consacrée à l'histoire de Rennes-le-Château. Sonia conseille tant les débutants que les passionnés par cette affaire et dispose également d'un catalogue pour la vente par correspondance ainsi que d'une boutique en ligne sur Internet. On trouvera également dans son échoppe des ouvrages sur les Templiers, les Cathares, sur l'histoire régionale, le symbolisme et les traditions, ainsi que des objets divers (bijoux et boîtes) réalisés par des artisans locaux. Pour les passionnés d'ésotérisme, des pendules, des cristaux et autres pierres runiques se mêlent aux ouvrages spécialisés.

▷ *Dans les environs*

Bugarach

LE PRESBYTERE ✆ 04 68 69 82 12. *Ouvert toute l'année. Cinq chambres (sanitaires et W.-C. privatifs) à 35 € pour une personne et 50 € pour deux personnes (tarifs dégressifs selon le nombre de nuit), petit déjeuner compris. Repas (le soir uniquement) à 16 € tout compris. Des pique-niques pour le midi de 4 € à 6 €.* Yvonne Kapdebo reçoit dans une superbe bâtisse construite en 1686. Au premier étage, les chambres, rénovées avec goût, offrent tout le confort souhaité. Au rez-de-chaussée se trouve la cuisine où vous dégusterez des plats amoureusement mitonnés par Yvonne (cuisine diététique et méditerranéenne à base de poissons et de légumes du jardin) servis en table commune ou au jardin dès les beaux jours. Les enfants trouveront sur place des jeux et des activités pour jouer en extérieur.

FROMAGES DE CHEVRE ✆ 04 68 69 83 09. *M. et Mme Beltran. Vente à la ferme.* Le fromage cendré a été apprécié par le jury du concours Languedoc-Roussillon qui leur a décerné la médaille de bronze 2003. Des distinctions méritées, parole de Renard !

Rennes-les-Bains

L'origine du village, enclavé entre le Pech Bugarach et Pech le Cardou, remonte à l'Antiquité. La fréquentation de la station thermale remonte au Ier siècle avant J.-C. Un des bâtiments du village, situé au-dessus de la source chaude des Bains Forts, porte encore aujourd'hui le nom de "thermes romains". Au Moyen Age, Rennes-les-Bains et sa région durent se défendre contre les troupes de Simon de Montfort qui pourchassaient les Cathares et leurs sympathisants. Au XVIIe siècle, Rennes-les-Bains était appelée "Bains de Montferrand".

SYNDICAT D'INITIATIVE Grand-Rue des Thermes ✆ 04 68 69 88 04

LA VILLA MARIE ✆ 04 68 69 88 04. *Ouvert tous les jours du 15 mai au 15 octobre. Visite gratuite.* Elle renferme des objets et vestiges de monuments représentatifs de l'occupation antique de la station thermale (IIe et Ier siècles avant J.-C.).

Saint-Hilaire

Petit village resserré autour de son abbaye bénédictine fortifiée, Saint-Hilaire est le berceau de la blanquette de Limoux.

Points d'intérêt

ABBAYE DE SAINT-HILAIRE ✆ 04 68 69 41 15. *Ouvert toute l'année et tous les jours. Du 1er novembre au 31 mars de 10h à 12h et de 14h à 17h, du 1er avril au 31 octobre de 10h à 12h et de 14h à 18h, en juillet et août de 9h30 à 19h. Adultes 3,50 €, enfants 2 €, groupes et étudiants 2,50 €.* Située dans le village du même nom, l'abbaye s'élève sur un petit éperon dominant la rive gauche du Lauquet. Fondée à l'époque carolingienne, elle est, plusieurs fois, détruite et reconstruite.

LE CLOITRE. Edifié dans la première moitié du XIVe siècle, il se présente sous la forme de 4 galeries comprenant 16 arcades en arcs brisés. Autour du cloître, les bâtiments monastiques sont disposés selon le plan traditionnel des abbayes bénédictines. Au sud du cloître, on peut visiter des caves creusées à même le roc et abritant les vestiges de quatre silos à blé. Au-dessus de ces caves, se trouve un petit musée lapidaire.

L'EGLISE ABBATIALE. La nef inachevée se compose de trois travées. On remarquera de superbes chapiteaux et culs-de-lampe décorés de feuillages ou de personnages ainsi qu'un remarquable sarcophage sculpté par le maître de Cabestany.

LE REFECTOIRE. On y accède par la galerie sud du cloître. Le réfectoire est divisé en deux : une partie est réservée aux moines et l'autre aux convers et aux laïcs. Entre les deux, se trouve la chaire de lecture. Le silence étant de mise durant les repas, un moine fait la lecture.

Le gîte

GITE DU DOMAINE DE MARTINOLLES © 04 68 69 41 93. *Ouvert toute l'année, un gîte pour 5 personnes.* C'est dans un cadre exceptionnel, entre vignes, oliviers et garrigues que la famille Vergnes vous accueillera. Le gîte avec ses deux chambres, cuisine américaine entièrement équipée, salon-salle à manger, salle d'eau, jardin, barbecue, terrasse à l'ombre des pins parasols, a été pensé pour que votre séjour soit des plus agréables et des plus reposants.

Emplettes

DOMAINE DE MARTINOLLES © 04 68 69 41 93. *Ouvert Toute l'année. Visite de groupes sur rendez-vous.* Niché au cœur d'un vallon, sur les terres autrefois cultivées par les moines de l'Abbaye de Saint-Hilaire, le domaine de Martinolles perpétue la tradition séculaire. La famille Vergnes vous accueillera dans le caveau du domaine pour vous faire déguster ses blanquettes, crémants, chardonnays et Pinots noirs. Les vins sont fruités (fruits acides, pommes reinettes) et floraux (fleurs sauvages et acacias). De couleur jaune pâle, cristallin, le chardonnay aux senteurs d'abricots secs et de pêches de vigne prend une ampleur en bouche et par sa richesse une finale généreuse. A noter qu'il a été Médaille d'or au Concours Général Agricole 2003, tout comme le Limoux et L'Ancestrale. Avec son nez de fruits à chair blanche mûrs et sa bouche harmonieuse, La blanquette de Limoux Domaine de Martinolles est quant à elle parfaite à l'apéritif ou pour la préparation de cocktails, et accompagne agréablement tout le repas. Un chouchou du Petit Futé.

▷ *Dans les environs*

Coufoulens

GROS 2, rue de la Gare © 04 68 79 84 12. *Ouvert toute l'année sur rendez-vous.* Cet ancien restaurateur se consacre à l'élaboration de savoureux confits de légumes à l'ancienne et autres veloutés. Son confit d'échalotes, son velouté de potiron, ses poivrons, oignons et courgettes jaunes sont un plaisir à déguster.

Dagne

MAX DARDENNE © 04 68 69 45 81. Haute école espagnole. Cavalerie andalouse et portugaise, dressage de chevaux, initiation et perfectionnement de cavaliers.

Greffeil

AUBERGE DU PUITS FLEURI © 04 68 69 40 40. *Ouvert toute l'année sur réservation. Fermeture le mercredi et le lundi hors saison, le lundi en saison. Menus de 11 € à 26 €.* Le véritable puits fleuri trône en bonne place dans la grande salle à manger, aux poutres et pierres apparentes, où vous apprécierez le choix des menus. Les légumes du jardin, les charcuteries fermières et les produits du terroir ont une place de choix : agneau du pays cathare, fromages fermiers… Parmi les nombreuses spécialités de Christine qui officie discrètement en cuisine, goûtez le canard au roc

Ladern-sur-Lauquet

ABBAYE SAINTE-MARIE DE RIEUNETTE © **04 68 69 69 06.** *Visites guidées gratuites du lundi au samedi de 10h à 12h et à 14h, 16h 17h,18h, le dimanche de 11h30 à 12h, de 14h à 17h et de 18h30 à 19h.* Dès 1162, cette ancienne abbaye cistercienne était mentionnée dans les textes. Aujourd'hui, il ne s'élève plus que l'église abbatiale du XIIe siècle, d'une grande sobriété, à nef unique et large, couverte d'une voûte sur doubleaux et un chevet plat. Depuis 1994, les moniales de Boulaur restaurent les bâtiments selon les règles de l'ordre cistercien. Vente de cartes postales.

DOMAINE DE LABEAU © **04 68 69 44 63.** *Ouvert du 1er mai au 31 octobre. Capacité de 20 personnes, location de caravanes pour 3 ou 4 personnes. Sanitaires : 3 W.-C., 4 lavabos, 2 douches, 3 bacs à laver, 1 lavoir et 8 branchements électriques, eau chaude gratuite.* Aménagé sur un terrain ombragé de 2 hectares et accessible aux caravanes, le camping à la ferme de Guy Delrieu séduira les amoureux de la vie en pleine nature.

NARBONNE ET LA COTE

Narbonne est une ville capitale dans l'antiquité romaine, devenue au XXe siècle le fer de lance touristique, viticole et rugbystique du département. Ville très active, elle se développe comme si elle mettait les bouchées doubles pour retrouver son rang d'il y a 2 000 ans, lorsqu'elle régnait sur la Narbonnaise, Provincia Narbonensis. Narbonne c'est aussi le pays des vacances, du farniente et des pieds dans l'eau sur de belles plages de sable. A côté de ces stations balnéaires, de vieux villages conservent un charme authentique tandis que les étangs proposent des balades nature parfaites alors que les pentes couvertes de vigne des Corbières ne sont jamais très loin.

Narbonne

En 118 avant J.-C., le sénat de Rome installe sur le site de Narbo sa première colonie hors d'Italie. Ce sera Narbo Martius, première cité romaine dans les Gaules, capitale de la Provincia Narbonensis au carrefour des routes d'Italie, d'Espagne et d'Aquitaine. La ville, dont les Romains ont fait un des plus grands ports méditerranéens, connaît sa période de magnificence. Capitale de la province narbonnaise, grand port de commerce, elle devient naturellement, au moment du renouveau médiéval, le siège d'un archevêché puissant. Du XIIe siècle au XIVe siècle la ville connaît une grande prospérité. C'est l'époque de l'ambitieux chantier de la cathédrale Saint-Just et Saint-Pasteur. Désertée par l'Aude qui la reliait à la mer, la cité est victime à la fin du XIVe siècle d'un brusque déclin économique, aggravé par les guerres et les épidémies. Dès lors, enfermée dans ses remparts (XVIe siècle), elle traverse paisiblement l'époque classique. L'essor de la viticulture à la fin du XIXe siècle, lié à la construction du chemin de fer et à l'extension de la vigne, lui procure une nouvelle prospérité, mais l'âge d'or viticole sera de courte durée. Depuis les tragiques journées de 1907 où le sang coula, la crise de la viticulture apparaît plus ou moins endémique. Aujourd'hui, Narbonne est une ville moyenne, dynamique et entreprenante, qui bénéficie du développement du tourisme fluvial, balnéaire et culturel.

Fiche pratique

OFFICE DE TOURISME Place Salengro © **04 68 65 15 60.** *Site Internet : www.mairie-narbonne.fr. Ouvert toute l'année du lundi au samedi, de 8h30 à 12h et de 14h à 18h, en juillet et août de 8h30 à 12h et de 14h à 19h.*

Transports

AEROPORT DE CARCASSONNE © **04 68 25 04 53.** Lignes vers Londres et Charleroi (Belgique).

AEROPORT MONTPELLIER MEDITERRANEE © **04 67 20 85 00**

AEROPORT DE BEZIERS © **04 67 90 99 10**

AEROPORT DE PERPIGNAN © **04 68 52 60 70**

GARE SNCF Boulevard Frédéric-Mistral © **08 36 35 35 35**

TRANSPORTS URBAINS NARBONNAIS Le Belvédère - 60, boulevard du Général-de-Gaulle © **04 68 90 18 18.** *Les T.U.N. circulent tous les jours de 7h à 20h sauf le dimanche et les jours fériés.*

PETIT BUS : moulin du Gua, centre-ville, quai d'Alsace (bus toutes les 30 minutes).

GARE ROUTIERE Boulevard Docteur-Léon-Augé ✆ 04 68 90 77 64

TRANSPORTS INTERURBAINS TRANSAUDE Z.I. Plaisance ✆ 04 68 41 40 02. Liaisons quotidiennes de la gare routière de Narbonne pour Gruissan, Leucate, Sigean, Lézignan-Corières, Port-la-Nouvelle et Carcassonne.

RADIO TAXI ✆ 04 68 32 03 00

Locations de voitures

ADA 12bis, avenue des Pyrénées ✆ 04 68 42 44 81. *Minitel : 3615*

ADA. *Site Internet : www.ada-location.com.*

HERTZ - STATION SERVICE TOTAL Route de Perpignan ✆ 04 68 42 43 92. *Centres de réservations voitures 01 39 38 38 38. Minitel : 3615 Hertz.*

LOCABEST 2, rue Romain ✆ 04 68 65 35 50

WALTER SPANGHERO S.A. 1, avenue Maréchal-Foch ✆ 04 68 32 04 65

EUROCAR ✆ 04 55 956 92

Points d'intérêt

BASILIQUE SAINT-PAUL Rue Arago. Cette église a été édifiée à l'emplacement d'une nécropole constituée aux IVe et Ve siècles autour du tombeau du premier évêque de la ville. Le chœur est remarquable par son élévation (grandes arcades, double triforium et fenêtres hautes), ses voûtes champenoises et son élégance. La crypte paléo-chrétienne fait partie de l'importante nécropole constituée au début du IVe siècle sous Constantin.

Le chœur. Edifice grandiose construit à partir de 1272 sur le modèle des cathédrales du nord de la France (voûtes culminant à plus de 40 mètres). La cathédrale abrite de nombreuses œuvres d'art : mobilier des XVIIe et XVIIIe siècles, grandes orgues, tapisseries d'Aubusson et des Gobelins, vitraux des XIVe et XVe siècles. Il faut absolument découvrir la salle du trésor qui présente un curieux phénomène acoustique (amplification des voix) dû à l'architecture de sa voûte de briques. Cet effet inhabituel aurait servi à confesser les lépreux.

Le cloître. Construit à la fin du XIVe siècle, de style gothique, il assure la transition entre l'archevêché et la cathédrale.

EGLISE SAINT-SEBASTIEN. Selon la légende, elle occuperait l'emplacement de la maison natale du saint. De style gothique flamboyant (XVe siècle), elle fut agrandie au XVIIe siècle et flanquée d'un couvent et d'un cloître destinés aux carmélites.

Fenêtre

Gargouille

Danseuse pendant un spectacle de rue

Palais

Canal de la Robine

Cathédrale Saint-Just et Saint-Pasteur

PALAIS DES ARCHEVEQUES ET CATHEDRALE SAINT-JUST. La cathédrale Saint-Just et Saint-Pasteur et le palais des archevêques forment un ensemble architectural exceptionnel, sans doute unique en France. On peut voir, de droite à gauche, les sveltes arcs-boutants du chevet rayonnant de la cathédrale (XIIIe-XVe siècles), le bâtiment du Palais Vieux dans son appareil roman du XIIe siècle et le donjon de la Madeleine construit à partir de 1273, relié par une arche du XIVe siècle reprise au XVIIe siècle à la tour Saint-Martial datée de 1347. La façade centrale a été construite par Viollet-le-Duc, en faux gothique du XVe siècle, pour loger les bureaux de l'administration municipale. A l'angle sud-est, l'imposante masse du donjon Gilles Aycellin, édifié entre 1290 et 1311, domine l'ensemble du haut des 40 mètres de ses épais murs en bossages.

LE PALAIS NEUF. *L'entrée (accueil de l'hôtel de ville) est accessible uniquement en visites guidées.* A droite du passage de l'Ancre, s'ouvre la porte authentique de l'ancien archevêché donnant accès à l'ensemble du Palais Neuf. En gravissant les 162 marches du donjon Gilles Aycelin, on accède à un superbe panorama. Au passage, on visite la salle voûtée dite du trésor de Gilles Aycelin. Dans la cour d'honneur, une partie du bâtiment du synode a été édifiée au milieu du XIVe siècle. L'aspect extérieur de celui-ci fut modifié par un important réaménagement au début du XVIIe siècle (façades classiques sur murs du Moyen Age). Après 1840, Viollet-le-Duc éleva l'aile est pour les bureaux municipaux. Deux salles sont remarquables : celle des Consuls est caractérisée par une série de piliers soutenant l'étage supérieur, celle des Synodes fut la principale pièce de réception de l'archevêque. Aux murs se trouvent quatre tapisseries d'Aubusson (XVIIe siècle) de l'histoire d'Esther.

LE PALAIS VIEUX. Autour de la cour de la Madeleine s'organisent les bâtiments du Palais Vieux : le clocher de l'église de Saint-Thédard (IXe siècle), la chapelle de l'Annonciade (XVe siècle) et le chevet de la cathédrale (XIIIe siècle). Cet ensemble, édifié pour partie au XIVe siècle, possède des ailes médiévales remaniées aux XVIIe et XVIIIe siècles qui abritent le musée d'Art et d'Histoire et donnent accès au musée archéologique.

LE JARDIN ET LA SALLE DU PILIER. Une porte ouverte dans le mur ouest du cloître donne sur le jardin planté à l'emplacement des anciennes lices du rempart. Il offre une belle vue d'ensemble sur les façades ouest de la cathédrale et du palais. Par le passage de l'Ancre on atteint la salle remarquable par la conception architecturale de son voûtement reposant entièrement sur un énorme pilier central. Celui-ci délimite quatre travées croisées d'ogives selon un plan curieusement irrégulier. Cet ensemble du XIVe siècle abrite une admirable collection de sculptures médiévales, inscriptions, bas-reliefs, chapiteaux, statues allant de l'époque wisigothique au XVe siècle.

PLACE BISTAN. Elle occupe en partie l'emplacement du forum et du capitole antique. Devant un mur peint, des fûts de colonnes, des bases de pilastres, des fragments de chapiteaux évoquent, par leurs dimensions, le temple du Ier siècle. De la place de l'Hôtel-de-Ville, prendre la rue Droite.

MUSEE ARCHEOLOGIQUE Ancien Palais des archevêques © 04 68 90 30 54. *Ouvert toute l'année.* Narbonne possède certainement la plus riche collection de peintures romaines. Provenant essentiellement du Clos de la Lombarde (au nord de la ville antique), la plupart des mosaïques sont en noir et blanc et s'inspirent de modèles de Pompéi : décor géométrique (tresses, carrés, losanges, croisillons...), marbre incrusté sur fond noir (bouclier de triangles encadré d'une tresse à deux brins). La chapelle haute de la Madeleine réunit des objets de l'oppidum de Montlaurès. Une importante collection lapidaire évoque la Narbonne romaine, ses institutions, sa vie quotidienne, ses cultes et ses activités commerciales.

MUSEE D'ART ET D'HISTOIRE Ancien Palais des archevêques © 04 68 90 30 54. *Ouvert du 1er avril au 30 septembre de 9h30 à 12h15 et de 14h à 18h, du 1er octobre au 31 mars de 10h à 12h et de 14h à 17h.* La grande galerie présente un bel ensemble de pots de pharmacie de Montpellier et des toiles flamandes et italiennes des XVIe et XVIIe siècles. Dans la salle des Faïences, on découvre les pièces sorties des plus grandes fabriques françaises de faïences (Montpellier, Narbonne, Marseille...). Dans le grand salon, place aux tapisseries de Beauvais d'après les Fables de la Fontaine et L'Adoration des bergers (Philippe de Champaigne). Des œuvres d'artistes des XIXe et XXe siècles (James Pradier, Daniel de Monfreid, etc.) sont présentées dans la dernière salle.

MUSEE DE L'HORREUM 16, rue Rouget-de-l'Isle © 04 68 90 30 66. *Fermé le lundi. Ouvert du 1er avril au 30 septembre de 9h30 à 12h15 et de 14h à 18h, du 1er octobre au 31 mars de 10h à 12h et de 14h à 17h. Adultes 5,20 €, enfants 3,70 €, groupes 6,20 € (Musée + visite commentée sur réservation).* C'est un ancien et vaste entrepôt gallo-romain du Ier siècle avant J.-C., divisé en petites cellules qui facilitaient le classement des marchandise. Situé près du forum, sous le marché auquel il était relié par des monte-charges, il avait une vocation exclusivement utilitaire.

LE MUSEE LAPIDAIRE Place Lamourguier - Eglise Notre-Dame-de-Lamourguier © 04 68 90 30 54. *Ouvert de 9h30 à 12h15 et 14h à 18h.* Sis dans l'église Notre-Dame-de-Lamourguier (XIIe et XIIIe siècles), il abrite les vestiges gallo-romains et médiévaux trouvés lors de la démolition des remparts de la ville.

LA MAISON NATALE DE CHARLES TRENET 13, avenue Charles-Trénet © 04 68 90 30 66. *Fermé le mardi et certains jours fériés. Visites commentées toutes les heures. Départ à 10h, 11h, 14h, 15h, 16h et 17h, du 1er avril au 30 septembre, à 14h, 15h, 16h et 17h, du 1er octobre au 31 mars. Dimanche, visites en après-midi.* Partagez les meilleurs souvenirs et la vie féerique d'un enfant né le 18 mai 1913 à Narbonne dans une famille musicienne et dont le grand-père exerçait le métier de tonnelier. Visite guidée et musicale de l'univers tel que l'a laissé l'artiste avant que la ville ne rachète le lieu. Un C.-D. (2 titres) du "fou chantant" est remis à chaque visiteur.

LE CANAL DE LA ROBINE. La Robine est un ancien lit de l'Aude qui, dès 1686, fut rectifié pour relier Narbonne au canal. En 1776, on décida de creuser le canal de Jonction permettant de relier le canal de l'Aude à quelques distances de la Robine. A Narbonne, le Pont Vieux ou Pont des Marchands, sur lequel ont été érigées des habitations, passe au-dessus de la seule arche visible de l'ancien pont romain, vestige de l'antique Via Domitia. Des espaces verts et des quais offrent aux plaisanciers une étape agréable et pratique sur la ville.

LA VIA DOMITIA. Au centre de la place de l'Hôtel-de-Ville, sur une dizaine de mètres, s'ouvre l'antique Via Domitia, première grande route romaine tracée en Gaule méditerranéenne à partir de 120 avant J.-C. et qui reliait l'Italie à l'Espagne romanisée. Découvert en février 1997, lors de travaux d'aménagement piétonniers de la place, le vestige présente une portion de voie dallée de calcaire dur et marquée de profondes ornières. Elle est bordée de trottoirs et de la base d'une fontaine.

Le couvert

AUBERGE DE MANDIRAC Chaussée de Mandirac © 04 68 49 37 98. *Ouvert tous les soirs du 1er Avril au 15 Octobre. Dimanche, ouvert midi et soir. Menus de 14 € à 21,50 €. Menu enfant (- de 12 ans) 6 €. Prix moyen à la carte 23 €.* Cette auberge est située à l'entrée du camping les mimosas mais n'est en aucun cas uniquement réservée aux campeurs. Voici donc un cadre original pour ce faire un bon petit repas. C'est dans un cadre rustique et agréable que vous dégusterez une cuisine aux accents du terroir, en entrée nous vous conseillons la salade

Mandirac, il s'agit d'émincé de canard (ce dernier étant traité en salaison comme le jambon de Paris) accompagnée de tomate macérée dans le vinaigre Balsamique suivie d'une souris d'agneau braisé au thym de garrigue. Enfin succombez pour le nougat glacé fait maison, une des spécialités de Luc Fabry dont vous vous souviendrez longtemps. Enfin, le petit plus de cette auberge est que vous pourrez profiter, après votre repas du parc aquatique (short de bain interdit), du mini golf et des aires de jeux du camping.

L'ALSACE 2, avenue Pierre-Semard ✆ 04 68 65 10 24. *Fermé le mardi. Menus de 20 € à 30 €.* Toujours fidèles à leur excellente réputation, Anne et Rodolphe Sinfreu vous accueilleront dans leur "temple" des produits de la mer : poissons grillés, estouffade de turbot, bouillabaisse... La viande n'est pas en reste avec des tournedos Rossini ou aux morilles, des magrets aux cèpes... Inutile de préciser que le choix et la qualité des produits cuisinés avec talent sont surveillés d'un œil de maître et d'artiste. L'art culinaire prend ici ses lettres de noblesse.

BRASSERIE CO 1, boulevard du Docteur Ferroul ✆ 04 68 32 55 25. *Ouvert tous les jours. Fermé le dimanche soir. Formule brunch le samedi midi et dimanche midi jusqu'à 15h30. Menus de 9 € (le midi) à 27 €, menu enfant (menu puce) 7 €. Prix moyen à la carte 32 €.* Une fois de plus David Moreno à voulu frapper fort en ouvrant ce restaurant façon brasserie parisienne Branchée. C'est dans une ambiance art-déco-zen que vous attablerez. Au menu, le chef vous proposera une cuisine tout aussi originale que variée, en entrée notre curiosité nous à amené à choisir la salade de haricots verts et copeaux de parmesan, truffe d'été et infusion d'olive, surprenant et bon. Ensuite nous avons choisis le plat du jour, un osso bucco très bien préparé servi dans un petit plat en fonte. Les amateurs de cuisines japonaise opteront pour le wok de poulet au poivron et gingembre confit. Enfin en dessert nous vous recommandons chaudement la "très architectural pyramide de tiramisu" un délice. L'accueil est très courtois le service rapide et l'ambiance général de ce lieux, décontractée. Belle carte des vins de la région.

LE PETIT COMPTOIR 4, boulevard du Maréchal-Joffre ✆ 04 68 42 30 35. *Fermé dimanche et lundi. Menus : 15 € (midi seulement), 25 € et 32 €. Prix moyen carte 33 €.* Proche du canal et à deux pas de la future médiathèque, ce restaurant fait partie des institutions de la ville. Une réputation qui perdure car, malgré le changement de direction, la cuisine continue d'être soignée. Gastronomique, élaborée, elle nous fait découvrir de nombreuses spécialités régionales : huîtres chaudes au foie gras, rougets vendangeurs en salade tiède d'écrevisses, suprême de pintade en salmis, civet de gambas persillées, homard cocotte au beurre de Montpellier. D'ailleurs le journal "Le Monde" a, cet été, honoré cet endroit et, en particulier, la baudroie rôtie piquée d'anchois à la gruissannaise, un mets divin dont on se souvient longtemps. Il en est de même pour les desserts. Que ce soit la farandole de pâtisseries, la palette de glaces ou de sorbets, les papilles ne résistent pas. Penser à réserver, que ce soit pour le midi ou le soir.

LA TABLE SAINT-CRESCENT Domaine Saint-Crescent-le-Viel ✆ 04 68 41 37 37. *1 étoile au Michelin. Fermé le samedi midi, dimanche soir et lundi. Service de 12h à 13h30 et de 20h à 21h30. Menu (du lundi au vendredi sauf jours férié) 17 €, le "cop" et le café offerts. Menus Saveurs et Régions 28 € (vin non compris), 36 € (vin compris). Menus Gourmandises à 46 € (vin non compris), 59 € (vin compris dont 5 verres de vin en harmonie avec les plats.).* Dans cette bâtisse, ancien oratoire du VIIe siècle, vous aurez plaisir à découvrir la cuisine de Claude et de Lionel Giraud. Un voyage gastronomique dans un cadre peut-être pas assez intimiste. Mais l'assiette, elle, reste exemplaire : foie gras de canard confit aux aromates, mendiant aux figues et gelée de Bagnouls. Des saveurs de terroir que sait mettre en valeur le maître de cuisine, Claude Giraud, avec son loup de ligne à l'étuvée d'endive miellée, poêlée de pistes et petites crevettes ; ou son filet d'oie saisi à la plancha, poivre de Séchuan, oreiller de champignons des bois, jus mousseux tranché à l'huile de noisettes, un véritable délice. Laissez-vous aller "au gré des sens".

L'ESTAGNOL 5bis, cours Mirabeau ✆ 04 68 65 09 27. *Fermé dimanche et lundi soir. Menus de 9,50 € (midi, sauf jours fériés) à 16 € et 20 €. Carte. Menu enfant 6,50 €. Service jusqu'à 22h30.* C'est dans un nouveau décor que nous avons savouré la cuisine de cette institution narbonnaise. De jolies nappes à la catalane, de nouvelles lumières, des séparations phoniques entre les tables, donnent un nouveau souffle à cette brasserie branchée. On le remarque de l'extérieur grâce aux couleurs des nappes et aux installations de lumière tout au long de l'établissement qui mettent encore plus en valeur l'architecture jumelle des Halles, sa voisine. La cuisine reste très méditerranéenne et nous fait apprécier les huîtres succulentes et les moules cuisinées en entrées ou en plats de différentes façons. Le poisson est ici privilégié, alors laissez-vous tenter par le rouget délicatement préparé dans une feuille de brick et farci à l'anchoïade : il est divin. L'été, la salle est climatisée et la terrasse chauffée en hiver. Dans cette brasserie très en vogue à l'ambiance toujours chaleureuse, on vous sert également une cuisine de bistrot avec, notamment, le pied de porc rémoulade et l'entrecôte sauce au poivre. Les desserts : faisselle fraîche aux fruits rouges, crème catalane.

COTE PUB 27, cours Mirabeau ✆ 04 68 65 00 80. *Ouvert du lundi au samedi de 10h à 2h. Restauration le midi seulement. Salades à 7 €.* En terrasse ou confortablement installé à l'intérieur, vous vous régalerez de salades composées ou de crostinis, des tranches de pain de campagne grillées et nappées, par exemple, de purée d'avocat, de saumon fumé et garnies de salade. Original et bon.

CAFETERIA ESPACE DE LIBERTE Route de Perpignan ✆ 04 68 42 20 01. *Service assuré tous les jours jusqu'à 14h et 22h. Menu buffet à 11,90 €.* La cafétéria est le lieu idéal pour se détendre tout en se régalant. Installez-vous sur les terrasses ou dans la vaste salle aménagée en "verrière" avec les plantes vertes géantes de son jardin suspendu. Au plantureux "buffet à volonté" vous choisirez librement et sans vous priver parmi 100 hors-d'œuvre, soupes, fromages, pâtisseries et glaces. Des suppléments, comme les fruits de mer, plats chauds et pizzas vous seront suggérés si vous souhaitez compléter votre repas.

Le gîte

HOTEL DE FRANCE 6, rue Rossini ✆ 04 68 32 09 75.** *Ouvert toute l'année. Dix-sept chambres de 28 € à 56 €.* En centre-ville et à juste 50 mètres des Halles, cet hôtel reste cependant bien tranquille et confortable. Réparties sur trois étages, les chambres sont claires et spacieuses, bien équipées (prises modem). Au rez-de-chaussée, vous prendrez votre petit déjeuner dans une atmosphère sereine avant d'aller flâner dans les rues piétonnes.

CHATEAU RICARDELLE Route de Gruissan ✆ 04 68 65 21 00. *Fax 04 68 32 58 36. E-mail : ricardelle@wanadoo.fr. Ouvert toute l'année. 5 gîtes pour 2 à 5 personnes, de 270 € à 490 € la semaine en basse saison et de 390 € à 690 € en haute saison.* Au cœur de son vignoble réputé, à proximité de la mer, ces logements sont très confortables. Les pièces sont spacieuses et meublées avec beaucoup de goût. Des séances de dégustation peuvent être organisées, et des bouteilles de vin sont offertes à chaque nouvel hôte. La vie de château pour des séjours de rêve !

M.J.C. CENTRE INTERNATIONAL DE SEJOUR Place Salengro © 04 68 32 01 00. *Ouvert toute l'année en fonction des réservations de groupes. De 12,45 € à 15,85 € par personne, et chambre individuelle à 25,95 € petit déjeuner compris.* Spécialisé dans l'accueil de groupe, le Centre international de séjour de la M.J.C., ouvert en fonction des réservations préalables, accepte cependant de recevoir des particuliers selon les places disponibles. Précisons que le centre est idéalement situé au cœur de la ville.

Chambres d'hôtes

PALOMBIERES D'ESTARAC Prat-de-Dest – BAGES © 04 68 42 45 56/06 76 82 77 82/06 76 82 77 83. *Fermé du 15 décembre au 31 janvier. Internet : http://monsite.wanadoo.fr/estarac – E-mail : estarac@wanadoo.fr. Maison d'hôtes de 63 € à 125 €. Petit déjeuner inclus. Repas du soir (sur réservation) 21 €.* Situé à 5 minutes de Narbone, en direction de Perpignan par la nationale, vous découvrirez ce domaine au pied des Corbières, entre étang, vignobles et pinèdes. Passez le grand portail et après avoir traversé le parc arboré de 3 hectares, vous découvrirez une demeure de caractère où tout a été pensé pour votre bien-être. Trois chambres et une suite décorées dans des tons pastels (leur nom évoque leur couleur : Océane, Soleillade, Olivine) vous sont proposées. Ici tout est neuf et beau, chaque chambre possède un balcon (certaines avec vue sur le court de tennis) et tout le confort souhaité. Un salon dans lequel vous passerez des moments de détente, confortablement installé face à une grande baie vitrée avec vue sur le parc est à votre disposition. Enfin après une douce nuit, un petit déjeuner vous sera servi. Un havre de paix où vous passerez des moments calmes et reposants. Possibilité de prendre le repas du soir sur réservation.

Camping

CAMPING* CLUB LES MIMOSAS Chaussée de Mandirac © 04 68 49 03 72.** *Site : www.lesmimosas.com. 3 étoiles. Ouvert du 24 mars au 31 octobre. 250 places. Tarifs à la semaine en fonction de la période : Bungalow ou chalet campagnard 4 pers. de 220 € à 480 €, chalet club ou mobil home 4 pers. de 243 € à 517 €, chalet ou mobil home 6 pers de 258 € à 663 €. Emplacement par jour forfait 1 ou 2 pers de 12,70 € à 19 €.* Situé entre Narbonne et Gruissan dans un cadre verdoyant de 9 hectares, vous trouverez un des plus beau camping du département. C'est dans une ambiance familiale que vous profiterez de toutes les activités ludiques, sportives ou détentes : parc aquatique (nouveau) avec 3 piscines et 4 tobogans, des courts de tennis, salle de musculation, sauna, mini golf, jeux d'enfants… Des animations sont proposées durant l'été. Sur l'étang de bages (300 mètres), les velliplanchistes se feront plaisir. Enfin tous les logements (chalet, bungalow, mobil home) à louer sont superbes, les sanitaires ont été refaits entièrement il y a 3 ans. Les emplacements sont tous ombragés. Possibilité de manger à l'auberge de Mandirac, sur le site, une cuisine traditionnelle dans un cadre charmant.

Le gîte et le couvert

HOTEL D'OCCITANIE Avenue de la Mer © 04 68 65 47 60. *Site Internet : www.hotel-occitanie.com. Soixante-dix chambres de 46 € à 76 €. Menus de 12 € à 34 €.* Cet établissement fait partie d'un complexe hôtelier comprenant un restaurant (Le Silène) et une piscine extérieure. Vous pourrez donc allier les plaisirs de la détente au travail (salles modulables pour réunions) et à la gastronomie. En structure pavillon au centre d'un parc arboré de trois hectares, les chambres sont spacieuses avec terrasse ou balcon. A 15 minutes des plages, face à la Clape, l'hôtel est une étape élégante et reposante.

Loisirs

LE CASSIOPEE Les Roches Grises - Route de Perpignan ✆ 04 68 41 75 61. *Vendredi, samedi et veille de jours fériés.* Le "Cassiop" pour les intimes, est l'un des plus importants complexes nocturnes de la région, lieu de fête moderne et fonctionnel. La sono et les effets lumière sont au top et la musique est très branchée.

LE CENTAUREE 9, cours Mirabeau ✆ 04 68 65 53 28. *Ouvert de 7h30 à 2h.* Ce café-pub branché est une étape incontournable pour tous les noctambules. Dans une salle à la décoration très chaleureuse et intimiste, les plus matinaux pourront y prendre leur petit noir en lisant les dernières nouvelles. A tout heure de la journée, c'est une étape parfaite pour se poser et se rafraîchir. Animation musicale les soirs d'été.

DOMAINE SAINTE-MARTHE Route des Plages ✆ 04 68 32 52 73. *Ouvert du 1er mai au 31 octobre.* Vincent Garbay propose des balades en bateaux électriques sur les canaux de drainage et d'irrigation du domaine, à la découverte des aigrettes, hérons et poules d'eau.

ECOLE FRANCAISE DE VOILE La Nautique ✆ 04 68 65 17 53. *E-mail : efv.lanautique@wanadoo.fr.* Un centre pour pratiquer la voile sous toutes ses formes (optimist, dériveur, catamaran, planche à voile, fun board et bateau collectif) en loisir, compétition et formation.

ESPACE LIBERTE Route de Perpignan ✆ 04 68 42 17 89. Cette imposante pyramide de verre abrite tout un complexe de loisirs, animé et bien conçu, avec piscines, patinoire et bowling.

MANADE DU GRAND TOURNEBELLE Ecluse de Mandirac ✆ 04 68 49 47 83. Promenade à cheval sur un site naturel protégé, avec découverte d'un élevage de taureaux de Camargue. Randonnées équestres autour des étangs.

SENTIERS DECOUVERTE Service Tourisme Mairie ✆ 04 68 90 30 30. Des sentiers ouverts à tous types de randonnées (pédestres, équestres, VTT) : la voie de l'abbaye, la combe d'enfer, l'anse des galères, la métairie haute, les ruines du télégraphe, le col de la Campagne, l'écluse de Mendirac, le Grand Castelou…

Emplettes

MOULIN DE GEYSSIERE Mas de Geyssière - Chemin communal n° 120 ✆ 04 68 42 36 95. *Sur rendez-vous.* Dominique Durand vous fera une visite du moulin familial, vous expliquera les procédés de fabrication et vous proposera d'acquérir l'huile d'olive pressée sur place. Riche en saveur, elle reflète la spécificité régionale. Les olives de tables lucques (sélectionnées à la main) et la tapenade d'olives noires complètent la production du mas.

AU RUCHER DES CATHARES 8, rue Jean-Eustache ✆ 04 68 32 76 17. Les abeilles de Pierre Carpentier, apiculteur récoltant, butinent les fleurs des garrigues pour fournir des miels très aromatiques de romarin, thym et le prestigieux miel de Narbonne.

AMBROSIA 90, avenue Anatole-France - Cave Coopérative ✆ 04 68 41 11 89. *Ouvert du lundi au samedi de 9h à 12h30 et 14h à 19h, jusqu'à 20h du 1er avril au 31 octobre. Fermé le dimanche et les jours fériés.* Outre un accueil très courtois, nous avons apprécié la qualité des conseils pour faire notre choix parmi les vins de pays et les vins d'appellation produits par la cave coopérative de Narbonne. Nous avons pu compléter nos achats par quelques produits régionaux (huiles d'olive, de pépins de raisins, olives de Bizes, miels…).

LA CAVE DU PALAIS Route de Perpignan - Domaine de Saint-Crescent ✆ 04 68 41 49 67. *Ouvert le lundi de 14h30 à 19h30 (sauf en janvier, février et mars) et du mardi au samedi de 9h à 19h30 toute l'année.* Créé par la Sica du Littoral Audois, organe économique du Palais des Vins, la Cave du Palais est une des rares maisons en France à proposer une gamme aussi large de vins, notamment plus de 400 références régionales (corbières, fitou, minervois, la clape, faugères, saint-chinian…).

▷ *Dans les environs*

Bages

A 4 kilomètres de Narbonne sur la RN9, un embranchement : en empruntant cette petite route, vous allez découvrir une lumière indescriptible et un village accroché au roc… Bages ! L'étang, ressource des pêcheurs de Bages, accueille cependant les plaisanciers. La nature, la vigne en coteaux, l'étang et la garrigue donnent un merveilleux paysage ne demandant qu'à être immortalisé sous le pinceau d'un peintre ou l'objectif d'un photographe…

Vignes à Bages

LE PORTANEL La Placette ✆ **04 68 42 81 66.** *Ouvert toute l'année. Fermé le dimanche soir et le lundi. Menus de 20 € à 39 €. Menu midi 15 € en semaine. Menu enfant 10 €. Salles climatisées. Service traiteur. Cuisinier en Terroir d'Aude.* Que vous soyez dans la première salle avec vue panoramique sur l'étang ou à l'étage (également avec vues) vous passerez un moment très agréable. La cuisine de Jean-Christophe Rousseau est imaginative et fait la part belle aux produits de la région et de Bages. Un menu dégustation d'anguille (spécialité de Bages) vous sera proposé avec les vins adaptés. Le poisson est bien entendu à l'honneur, le Loup, la petite lotte, la Saucanelle cuit à la plancha,un véritable délice. Gardez une petite place pour les desserts, ou vous le regretterez, nous conseillons aux plus gourmands-gourmets, le "Saveurs pour chocophiles" ou les figuettes, narbonnaises. L'étonnante carte des vins privilégie les meilleurs crus de la région. La qualité du service, le raffinement de la mise de table et les petites attentions font de cette adresse une des meilleurs de département.

MICHELE FOISSIER Domaine du Pavillon ✆ **04 68 41 13 56.** *Ouvert du 1er mai au 15 octobre. Deux chambres d'hôtes à 38 € pour deux personnes, petit déjeuner compris.* Au cœur d'un domaine viticole, à quelques kilomètres de Narbonne et au bord de l'étang de Bages, les chambres proposées par Michèle Foissier sont l'endroit idéal pour se reposer après les visites touristiques de la région.

LES SAVEURS DU PECHEUR Rue de la Rivière ✆ **04 68 42 80 77.** *Ouvert toute l'année sur rendez-vous.* Franc succès pour ces produits de fabrication artisanale : soupes de poissons ou au crabe, bisque de crevettes, civet ou bourride d'anguilles… Les terrines d'anguilles et de poissons font des entrées légères, originales et savoureuses.

Fontfroide

ABBAYE DE FONTFROIDE RD613 ✆ **04 68 45 11 08.** *Site Internet : www.fontfroide.com. Ouvert tous les jours. Tarifs adultes 7,50 €, jeunes (16 à 25 ans) 5,50 €, enfants (de 7 à 15 ans) 3,50 €. Tarifs groupes (plus de 20 personnes) sur réservation (demande faxée au 04 68 45 18 31 au moins trois semaines avant), adultes 6 €, étudiants et lycéens 3,50 €, collégiens 3 € et primaires 2 €.* Fontfroide apparut dans l'Histoire durant les années 1080/1095. Lors de la croisade contre les Albigeois, l'abbaye apparaît comme un bastion de l'orthodoxie. Comme bon nombre d'abbayes, Fontfroide tombe en commende à la fin du XVe siècle. Dès lors, son déclin s'accélère jusqu'à la Révolution. Elle appartient aujourd'hui aux descendants de Gustave Fayet, qui, le premier, a restauré Fontfroide. L'abbaye est nichée au creux d'un vallon, sis à une quinzaine de kilomètres de Narbonne. Après une petite marche, l'abbaye apparaît au milieu de buis et de pins.

Cœur de l'abbaye. Il en relie les principaux bâtiments. Il date du milieu du XIIIe siècle et a été terminé au début du XIVe siècle. Les galeries sont couvertes de croisés d'ogives. Les chapiteaux sont ornés de bouquets de feuillages.

Salle capitulaire. Située, comme toujours dans les abbayes cisterciennes sur la galerie est du cloître, elle a été édifiée dans les premières années du XIIIe siècle. Il s'agit d'une salle à trois travées, couverte par neuf voûtes d'ogives retombant sur quatre colonnes de marbre.

Eglise abbatiale. La nef datant du milieu du XIIe siècle est la partie la plus ancienne de l'édifice. Le chœur pentagonal abrite deux tombeaux, pouvant être ceux des vicomtes de Narbonne. Au sud, on relève une superbe chapelle du XIIIe siècle.

Aile des convers. A l'ouest du cloître, on pénètre dans le bâtiment des convers. Le réfectoire est une superbe salle de plus de 40 m de long. A l'étage, on peut admirer le superbe dortoir fortement remanié au XVIIe siècle. Il est couvert par une voûte en berceau brisé.

Ornaisons

LE RELAIS DU VAL D'ORBIEU CD24 ✆ 04 68 27 10 27. *Site Internet : www.perso.wanadoo.fr/relais.du.val.dorbieu. Hôtel ouvert toute l'année sauf de mi-novembre à fin janvier. Restaurant fermé le midi. 14 chambres de 95 € à 145 €. Suites de 3 à 4 personnes de 130 € à 195 €. Petit déjeuner à 15 €. Menu de 41 € à 55 €. Menu enfant 20 €.* Cet hôtel haut de gamme séduit, depuis quelques années, les touristes étrangers. Le jardin magnifique, l'accueil chaleureux de Jean-Pierre Gonzalvez, font de cet endroit un havre de paix et de douce quiétude. L'art du bien-vivre et du bien-recevoir, telle est la devise du maître des lieux. La carte et les menus sont à la fois orientées vers la cuisine traditionnelle et la cuisine méditerranéenne. Tous les trois mois, pour chaque saison, les plats sont changés. Les produits frais sont à l'honneur : asperges au printemps, agneau à Pâques et les poissons (turbots, rougets, grosses gambas...). Passionné d'œnologie, M. Gonzalvez s'est constitué une cave richement fournie de 450 vins différents, dont près de 150 des meilleurs crus de la région. L'une des meilleures tables de la région. Il est prudent de réserver.

Vinassan

CHEZ PIERROT RESTAURANT-PIZZERIA 48, rue du Four-à-Chaux ✆ 04 68 45 35 10. *Site : www.chezpierrot.fr. En pinède, d'avril au 12 septembre de 19h à 24h. Dimanche et jours fériés de 12h à 16h et de 19h à 24h. Fermé de novembre à janvier. Carte uniquement, prix moyen 15 €. Le reste de l'année, ouvert le week-end, le vendredi soir, samedi soir, le dimanche midi et soir sans réservation. Banquets, séminaires, sur réservation. Logis de France.* Ce restaurant-pizzeria à été créé en 1977 par Pierrette et Robert et n'a jamais désempli depuis sa création, c'est aujourd'hui la 3e génération qui à pris les rennes de cet établissement atypique. La raison du succès est simple, mais fallait-il y penser : une superbe pinède, pouvant accueillir près de 1 000 personnes (en été), des airs de jeux, des structures gonflantes gigantesques et une cuisine de qualité. C'est donc en tête-à-tête, en famille ou entre amis que vous passerez un moment très convivial... les enfants, après avoir englouti leur repas pourront s'amuser (en toute sécurité) vous laissant ainsi manger tranquillement. Au menu, un grand choix de pizzas, de pâtes, de salades composées, des grillades et surtout les moules frites divinement préparées. En dessert, nous vous conseillons la crêpe Pierrot, mélange de chocolat chaud, crème de marron et une montagne de chantilly. Hors saison c'est dans une des salles au décor chic et rustique que vous découvrirez une autre cuisine, traditionnelle, elle aussi à base de produits de qualité. Les groupes pourront se faire proposer des menus adaptés à leurs goûts et budgets. Un parfum de vacances pour toute l'année.

HOTEL-RESTAURANT LE MAS PIERROT 48, rue du Four-à-Chaux ✆ 04 65 45 63 10. *Site : www.chezpierrot.fr. Ouvert toute l'année. 43 Chambres de 40 € à 50 € (en fonction des saisons et pour 2 personnes). Petit déjeuner de 5 à 6 €. Soirée Etape VRP 50 €.* Situé à environ 5 km de Narbonne, au sein d'une pinède, le Mas Pierrot, lieu de villégiature authentique et paisible, vous accueillera dans la tradition régionale. Idéalement situé au cœur du massif de la Clape, entre la mer Méditerranée et la ville de Narbonne riche en culture et patrimoine, le Mas Pierrot vous réservera un accueil chaleureux et confortable reflétant les saveurs, senteurs et couleurs de la région. Le Mas à été entièrement rénové en 2003 avec des méthodes traditionnelles, les chambres de caractères sont toutes joliment décorées alliant le charme de l'ancien et le confort d'une construction récente. Vous pourrez profiter du restaurant et d'une cuisine de qualité, dans une des salles aux poutres apparentes, ou, si le temps le permet à l'extérieur, sous les pins.

LA MAISON DE LA CLAPE Rue Jean-Jaurès ✆ 04 68 45 25 47. *Ouvert toute l'année.* Vitrine du massif de la Clape, cette maison est un lieu d'exposition permanente sur la faune, la flore et les fossiles dudit massif. Les amateurs y trouveront une documentation fournie (thèses, livres, dossiers...) ainsi que les meilleurs produits de ce terroir. Des rallyes pédestres et des visites guidées sont organisées durant l'été ainsi que des conférences mensuelles.

Gruissan

De nombreux termes synonymes de plaisirs définissent ce village dont les très vastes plages de sable fin invitent aux joies de la mer. Les adeptes du naturisme se retrouveront sur la grande plage de Mateille. Le lac marin, quant à lui, est réservé à la planche à voile. Sa gastronomie privilégie les produits locaux : coquillages, fruits de mer, l'inévitable bourride d'anguilles à la gruissanaise et la légendaire tarte aux pignons.

OFFICE DE TOURISME 1, boulevard du Pech-Maynaud ✆ 04 68 49 09 00. *E-mail : office.tourisme@gruissan-mediterranee.com - Site Internet : www.gruissan-mediterranee.com. Ouvert tous les jours en juillet et août de 9h à 13h et de 15h à 19h, du 1er avril au 30 juin et de septembre au 30 mars de 9h à 12h et de 14h à 18h (fermé le dimanche et les jours fériés d'octobre à fin mars).*

Points d'intérêt

LE VIEUX VILLAGE. Classé parmi les "plus beaux villages de France", ce vieux bourg de pêcheurs possède des souvenirs pour longtemps : la tour Barberousse évoquant le fameux pirate qui écuma les mers au Moyen Age, le château construit en 1246 et qui l'englobe, l'église médiévale récemment restaurée... Les marins connaissent la chapelle Notre-Dame des Auzils, que l'on implore les soirs de tempête, ainsi que le cimetière marin.

LE PORT. Il s'est développé au milieu d'une station nouvelle dédiée aux plaisirs nautiques. Dans une architecture contemporaine, "les dromadaires" offrent une animation pleine de vie. Sur ce port moderne, bars, restaurants et commerces grouillent de monde de jour comme de nuit dès les premiers beaux jours, et les quais ne désemplissent pas au son des animations proposées ici et là.

LES CHALETS. Souvenez-vous le choc en 1986, les premières images de "37,2 le matin", ce ciel tout bleu sur un sable tout blanc avec ces étranges chalets sur pilotis peuplant la plage. Oui, c'est la plage des chalets à Gruissan-plage, et le décor est encore assez surréaliste, avec les mêmes soleils et les mêmes chalets.

ILE SAINT-MARTIN. L'Ile Saint-Martin est un massif calcaire surplombant les étangs de Campignol et de l'Ayrolle. Recouvert par la garrigue, il présente cependant une mosaïque de milieux très attractifs pour l'avifaune et qui sauront charmer le promeneur. Les vignes alternent avec des vergers d'amandiers, des plages de sols rocailleux et de petits bois de pins. Les points de vue sur les étangs sont inoubliables, tout comme le spectacle des milliers d'oiseaux d'eau qui se succèdent au fil des saisons.

LES SALINS ET L'ECOMUSEE DE L'ILE SAINT-MARTIN Chemin de l'Ayrolle ✆ 04 68 49 00 05. *Site Internet : www.gruissan.com/salin - E-mail : salin@gruissan.com. Ouvert de mars à septembre de 9h30 à 12h30 et de 16h à 19h. Visite guidée sur le site avec le saunier le vendredi matin, sur réservation. Tarifs adulte 6 € et enfant 3 €.* Au pied de la tour Barberousse, sur les contreforts mourants de l'île Saint-Martin, vous pourrez atteindre le salin en contournant l'étang, traversant le pont du port de Barberousse, puis prenant à gauche en direction de l'Ayrolle. La visite permet de découvrir, le long d'un circuit de 2 kilomètres, ponctué de bornes thématiques, l'activité de la récolte du sel et l'environnement naturel. L'écomusée invite à remonter le temps pour revivre la récolte du sel au début du XXe siècle.

CIMETIERE MARIN ET NOTRE-DAME-DES-AUZILS. *Se renseigner au 04 68 49 09 00 pour les jours et heures d'ouverture de la chapelle.* Une agréable promenade ombragée par les pins permet d'accéder au cimetière et à la chapelle. Le long de l'allée des naufragés, des épigraphes sont inscrits sur les cénotaphes élevés à la mémoire des marins gruissanais disparus en mer. De la chapelle (ex-votos à l'intérieur), on jouit d'un beau panorama sur le littoral.

STATION ORNITHOLOGIQUE LPI Route de Tournebelle ✆ 04 68 49 12 12. *Ouvert tous les jours en saison et vacances scolaires.* Exposition sur la migration des oiseaux et observations in situ (matériel fourni) de la faune avicole des étangs : flamants roses, bien sûr, aigrettes garzettes, vanneaux huppés, grues ou oies cendrées, hérons pourpres, butors étoilés, mésanges et lucinioles à moustache, courlis corlieu et pluvier argenté.

Le couvert

LE LAMPARO 4, rue de l'Amiral-Courbet - Le Village ✆ 04 68 49 93 65. *Ouvert du 29 janvier au 16 décembre. Fermé le lundi et le mardi. Menus de 18 € à 30 €.* Ce restaurant semi-gastronomique à la décoration très chic, propose de grandes tables nappées, une jolie vaisselle, des plantes vertes et un service très stylé. La carte, à base de poisson, est constamment renouvelée, aussi est-il assez difficile de citer des plats en particulier. Les spécialités maison, que l'on trouve en toute saison, sont délicieuses : huîtres rôties au magret de canard, dorade grillée à la tapenade d'olives et truffé aux deux chocolats en dessert. Une bonne table qui allie gastronomie et terroir.

LA FERME LANDAISE Résidence Poséïdon - Le Port ✆ 04 68 49 45 00. *Fermé le dimanche soir et le lundi et le midi en juillet et août. Menus de 12 € à 25 €.* L'accueil de Sylvia et Carole est très sympathique, la salle à la décoration rustique très plaisante et la carte alléchante. Aux fourneaux, Serge Molinat prépare bien évidemment des spécialités landaises (confits, foies gras...), une fameuse bourride d'anguilles à la gruissannaise (en hiver) ou encore un succulent magret farci en croûte (pour deux personnes). Un excellent rapport qualité/prix.

Le gîte

LES AYGUADES Route de Narbonne-Plage ✆ 04 68 49 81 59.** *Ouvert de mi-mars à fin octobre. 354 emplacements. Location de mobile homes, bar, plats cuisinés, alimentation, lave-linge. Vaste camping à proximité de la plage, mais assez peu ombragé.*

Le gîte et le couvert

LE CORAIL Quai du Ponant ✆ 04 68 49 04 43. *Fax 04 68 49 62 89. Ouvert du 1er février au 10 novembre. 32 chambres, de 62 € à 70 € (en fonction des saisons). Petit déjeuner 8 €. 3 étoiles. Ascenseur, parking fermé. Menus de 16 € à 32 €. Menu enfant 8 €. Prix moyen carte 23 €.* Les chambres sont climatisées avec téléphone direct, télévision satellite, salle de bains, WC, mini-bar, balcon où vous prendrez votre petit déjeuner avec vue sur le port ou le village et la tour Barberousse. Elles sont parfaites pour goûter à la dolce vita gruissanaise. Au restaurant, outre les salades composées et quelques viandes pour les irréductibles, les amateurs dégusteront les spécialités de la mer : plateaux de fruits de mer, mixed-grill de la mer, blanc de seiche à la plancha, paella, homard frais grillé, bourride de baudroie, bouillabaisse, aïoli du pêcheur, brandade de morue et moules de pleine mer de Gruissan divinement accommodées. Au dessert, vous choisirez une pâtisserie maison, comme la tarte Joséphine. Selon la météo, vous vous installerez dans la grande salle lumineuse aux tables joliment dressées ou bien sur la terrasse, presque les pieds dans l'eau.

Gruissan

L'HOTEL DU PORT*** **Boulevard de la Corderie ✆ 04 68 49 07 33.** *Site Internet : www.gruissan-hotel-du-port.com. Ouvert de Pâques à fin octobre. Menus à partir de 20 €. Chambre de 46 € à 76 € et suites de 77 € à 115 € (basse saison). Chambres de 61 € à 91 € et suites de 92 € à 130 € (juillet et août). Petit déjeuner 7 €.* Dans cet établissement digne d'un 3 étoiles, les chambres, disposées sur trois étages desservis par un ascenseur, sont toutes décorées avec beaucoup de goût et offrent tout le confort souhaité. De la chambre simple à la suite avec vue sur le port, en passant par le petit salon aménagé pour passer de bons moments entre amis, tout a été pensé pour votre bien-être. Côté restaurant, on vous servira une cuisine variée : la cuisine des régions de France a la part belle, mais des plats un peu plus épicés vous sont aussi proposés. Tout est fait maison et les produits sont frais (en saison, les menus changent tous les jours !). Vous mangerez dans la salle aux teintes écrues, au mobilier en fer forgé, et aux petits objets déco de très bon goût ou sous la superbe pergola ombragée. Juste à côté, une grande piscine est mise à votre disposition

Loisirs

GRUISSAN WINDSURF **Les Chalets ✆ 04 68 49 33 33.** *Site Internet : www.gruissan-windsurf.com.* Que vous soyez novice ou confirmé, enfant, adulte ou senior, vous trouverez une activité qui vous permettra d'apprécier, en toute sécurité, tous les plaisirs de la mer et de la voile. Essayez les nouveautés, le canoë pour découvrir la mer et le char à voile pour de nouvelles sensations, fortes bien sûr !

LUC MALLEIN CYCLES **2, rue de la Croix-Blanche - Le Village ✆ 04 68 49 49 52.** *Ouvert tous les jours d'avril à fin septembre. Location de VTT, quads et scooters.* Un accueil très sympathique, des conseils de pro et, surtout, du matériel en bon état.

PECHE A LA CALUCHE **Office municipal du Tourisme ✆ 04 68 49 09 00.** *Calendrier non fixé pour 2004, se renseigner auprès de l'OT.* Authentique patron pêcheur gruissanais, François Marty invite à participer à une grande pêche traditionnelle à partir de la plage. Les pêcheurs d'un jour halent eux-mêmes, au prix d'efforts conjugués de toute une équipe, un filet appelé traîne ou caluche qui a été déposé au large par un pêcheur. La découverte de la pêche fait ensuite l'objet de commentaires et d'anecdotes. Le point de rendez-vous pour le départ est à l'Office municipal de Tourisme.

PROMENADES-CROISIERES EN MER **Sur le quai ✆ 04 68 49 40 63.** *Face au tabac et à la pharmacie. En saison, tous les jours à 11h15, 14h, 15h, 16h, 17h et 18h. Adultes à partir de 7 €, enfant 4 €, gratuit pour les moins de 5 ans. Tous les lundis, mini-croisière d'1h30.* Les marins pêcheurs gruissanais vous font découvrir le littoral de Gruissan : le massif de la Clape, les 1 300 chalets sur pilotis, l'île aux Oiseaux, la côte des Roses… La béquée des goélands qui conclue la sortie est l'occasion de profiter d'un soin capillaire à base de guano ! Demi-journée de pêche en mer à partir de 17 €.

Sorties

CASINO LE PHOEBUS **Boulevard de la Planasse ✆ 04 68 49 03 05.** *Ouvert tous les jours de l'année.* Rien ne va plus, rouge, noir, pair ou impair, flambeurs et autres amateurs de sensations fortes, vous pouvez assouvir vos passions au casino où vous attendent 49 machines à sous, jeu de la boule. A côté, se trouve la discothèque "Le Phoebus", boîte préférée des noctambules de la région.

LE CHANTIER **Parc de Mateille ✆ 04 68 75 18 31.** *Ouvert tous les soirs en saison, vendredi, samedi et veille de jours fériés.* Les soirées événementielles, plus chaudes les unes que les autres, se succèdent ici à un rythme endiablé. Le jardin extérieur, la terrasse et les quatre bars sont les bienvenus pour se remettre de ses émotions.

LA VILLA **Parc de Mateilles ✆ 04 68 49 17 64.** *Ouvert vendredi, samedi et veille de jours fériés.* Boîte à l'indémodable style "Ibiza-tropézienne" et à la déco "house", la Villa est le rendez-vous favori des 18/25 ans.

Emplettes

A LA COQUILLE **Boulevard du Pech-Maynaud - Le Port ✆ 04 68 75 58.** *Ouvert toute l'année, du mardi au dimanche matin.* Outre les poissons frais, vous pouvez commander de superbes plateaux de fruits de mer, une zarzuela ou une bouillabaisse.

LA FUMERIE OCCITANE **Lieu-dit Bramofan - Plage des Chalets ✆ 04 68 49 05 00.** *Ouvert tous les jours de l'année. Vente directe de saumon, thon, truite, anguille, requin… fumés.* Vous trouverez également des conserves artisanales : soupe de poisson, bouillabaisse, encornet, moules farcis… Les anchois marinés sont de véritables délices !

PHARE-SUD Centre européen des Métiers d'Art - Boulevard de la Corderie. *Ouvert en juillet et août tous les jours.* A côté de la cave coopérative, une trentaine d'artisans d'art et d'artistes de la région présentent leurs créations : bijoux, poteries, cuirs, verre, bois peint, bois marqueterie, sculpture, cadres, vitrines miniaturisées...

Narbonne-Plage

Cinq kilomètres de sable fin sous un soleil qui ne boude que très peu de jours par an, une mer de rêve et une multitude d'activités s'offrent à vous. Tout est concentré et dense dans cette station balnéaire très familiale. Pêche en mer, thonades, sardinades et pêche sportive donneront des accents typiques à votre séjour. Vous pourrez danser et vous amuser grâce aux nombreuses animations gratuites. Le port (600 emplacements) offre un accès immédiat à la mer, ainsi que tous les aspects pratiques que souhaitent les plaisanciers.

OFFICE DE TOURISME Avenue du Théâtre © 04 68 49 84 86. *Site Internet : www.narbonne-plage.com. Ouvert toute l'année, du 15 septembre au 15 juin du lundi au samedi de 8h30 à 12h et de 14h à 18h, du 1er juin au 15 septembre du lundi au samedi de 8h à 19h, les dimanches et jours fériés de 9h30 à 12h30.*

Points d'intérêt

DOMAINE DE L'HOSPITALET Route de Narbonne Plage © 04 68 45 34 47. *Ouvert tous les jours de l'année. Adultes 6 € et enfants 5 €, groupes 5 €, scolaires 4 €.* Entre Narbonne et la Méditerranée, sur le sommet du massif de la Clape, le domaine de l'Hospitalet joue sur le thème de la convivialité : agriculture, tourisme et culture. Une visite qui comprend des expositions à visiter dans le musée : côté vin, l'ancienne tonnellerie, le liège et le bouchon, le verre et les bouteilles, les étiquettes, les anciens outils du vigneron, la cuverie ultramoderne et le chai souterrain, des expos photos sur la révolte du midi viticole en 1907 et les cartes postales sur la viticulture dans le Narbonnais en 1900-1920. Côté nature, la faune et la flore du massif de la Clape, la spéléologie, les minéraux et les fossiles, l'ostréiculture, les abeilles et le miel, et l'historique de la Clape, du château et de sa rénovation. Côté caveau, à la fin de la visite, dégustation gratuite des vins du domaine. Dans les cours du château, ateliers d'artisanat qui accueillent des artistes et artisans aux productions variées (poteries, mosaïques, bijoux minéraux, galerie de produits du terroir, sel de Gruissan, biscuiterie, linge de maison...). Animations et évènements, marché gourmand, marché nocturne, festival de musique, théâtre. Exposition d'artistes dans la galerie de peinture. Journées brocante, fête des vendanges et du vin primeur, marché de Noël, randonnées pédestres.

Le gîte

LA MARINE 3, quai Jean-Bouteille © 04 68 49 50 94. *Ouvert de février à novembre, fermé le mardi. Menus de 12 € à 22 €.* Moules et encornets farcis, gratinées de coquillages, de poissons, rascasse au curry, brochettes aux deux poissons, chausson de saumon à la fondue de poireaux, tagliatelles au saumon et fruits de mer, d'une fraîcheur irréprochable, régaleront les amateurs, tout comme la bouillabaisse et la zarzuela du chef.

LA COTE DES ROSES Route de Gruissan © 04 68 49 83 65.** *Ouvert du 29 mai au 31 août. 808 emplacements.* Un camping les pieds dans le sable au bord du lagon avec accès direct à la plage. Les emplacements sont ombragés et l'on trouve tout ce dont on a besoin : restaurant, bar, plats cuisinés, alimentation, lave-linge, cours de tennis, volley... ainsi que de nombreuses activités nautiques sur le lagon.

Le gîte et le couvert

DOMAINE DE L'HOSPITALET Route de Narbonne Plage © 04 68 45 28 50. *E-mail : hospitalet@monalisafr. Chambres de 75 € à 155 €.* Chaque chambre offre une vue sur le parc, les vignes ou la garrigue. Elles sont vastes, confortables et bien équipées. En prime, vous aurez accès à la piscine dans le parc du domaine. Deux restaurants : l'Olivet (fermé les lundi et mardi hors juillet et août), menus de 18 € (midi) à 29,90 € ; le restaurant du Château de l'Hospitalet (fermé le dimanche soir, les lundi et mardi hors juillet et août), menus de 36 € à 80 € y ont été aménagés et l'on y déguste une cuisine ensoleillée et régionale...

Loisirs

NAVALIA Le Port ✆ 04 68 49 70 58. *E-mail : cnnp@wanadoo.fr. Ecole française de voile.* La base Navalia comprend le club de plongée, le club de pêche au gros et le club de voile. Il est animé par des moniteurs brevetés "Fédération Française de Voile" ou moniteurs brevetés "d'Etat et Marine Marchande".

PUB-CYCLES Boulevard de la Méditerranée ✆ 04 68 49 85 72. *Ouvert tous les jours de Pâques à fin septembre et week-ends d'octobre jusqu'au 2 novembre.* Location de vélos tous modèles (hommes, femmes, enfants, cross, VTT, courses pro, monocycles run, tandems, remorques enfants, porte bébé), à la journée, pour trois jours ou à la semaine. A la location, également, des rosalies (voitures à pédales), des rollers... Mais c'est aussi le petit train de la Clape...

Parcs d'attractions et de loisirs

AQUAJET Route de Gruissan ✆ 04 68 49 33 61. *Ouvert du 1er mai à fin juin les week-ends et jours fériés, du 1er juillet au 10 septembre tous les jours de 11h à 19h. Tarif 10 €/personne, groupes à partir de 15 personnes 8 €. Snack. Espace baby.* Implanté sur un hectare de verdure, avec palmiers et plantes tropicales, l'incontournable parc de loisirs propose de multiples jeux d'eau : l'anaconda, le rapido's ou encore le boa pour les grands, une piscine à boules, l'aqua gonflable et les barca-chocs pour les kids. De nombreux travaux ont été réalisés ces deux dernières années, rendant cet endroit encore plus agréable et surtout plus sécurisé. D'extraordinaires moments en perspective vous attendent.

Emplettes

LES RICHESSES DE LA MER Boulevard de la Méditerranée ✆ 04 68 49 90 98. La maison Blot est une adresse reconnue pour ses préparations méditerranéennes à base de poissons : anchoïade, bouillabaisse maison, bourride d'anguilles, moules à la catalane, velouté de rougets au safran, soupe de poisson... Tous ces délices sont également vendus par correspondance.

Fleury-d'Aude et Saint-Pierre-la-Mer

De nombreux vestiges trouvés au cours de fouilles et de travaux agricoles attestent que le site de Fleury a été habité depuis la plus haute Antiquité. Au Moyen Age, c'est un village fortifié (castrum perinhano) bâti sur une colline et surmonté du château des seigneurs du lieu. Sur la commune, en bordure de mer, Saint-Pierre-la-Mer est une station familiale protégée par le massif de la Clape tout proche, zone verte et très agréable pour les balades.

OFFICE DE TOURISME 9, avenue de Saint-Pierre ✆ 04 68 46 61 31. *Site Internet : www.tourisme.fr/fleuryd'aude. Ouvert toute l'année. De janvier à mars et d'octobre à décembre ouvert du lundi au samedi de 9h à 12h30 et de 14h à 17h30. En avril, mai, juin et septembre, ouvert de 9h30 à 13h et de 14h30 à 18h. En juillet et août,7 jours sur 7 de 9h à 19h non-stop. En octobre, novembre et décembre, ouvert du lundi au samedi.*

Points d'intérêt

LE VIEUX VILLAGE. Vous verrez l'église Saint-Martin (la façade est classée monument historique) et ses remarquables vitraux, la tour de Balayar, une tour de défense et de guet qui servait aussi de pigeonnier, témoins des anciennes fortifications, ainsi qu'autour d'une grande place centrale, le ramonétage, l'ensemble des écuries des seigneurs de la bourgade.

LES CABANES DE FLEURY. Ce charmant petit port de pêche respirant encore la tradition est également une station balnéaire qui mérite d'être connue. La "pêche au globe" ou encore la "pêche au gros" sont des activités toujours vivantes et animent le village, à l'origine constitué de grossières cabanes de roseaux. Il fut détruit par un terrible incendie en 1880 et une seconde fois durant la Seconde Guerre mondiale.

L'ETANG DE PISSEVACHE. Ce site est un ensemble lagunaire comprenant une zone de sansouire (lande de salicornes) où de nombreuses espèces d'oiseaux (près de 200) en font l'un des meilleurs sites ornithologiques du département.

Le couvert

LE MATELOT Boulevard des Embruns ✆ 04 68 49 59 69. *Ouvert du 1er avril au 31 octobre, tous les jours de 9h à 2h. Dernières commandes à 15h et 23h. Menus de 8 € à 17 €. Menu enfant, 5,50 €. Carte, pizzas.* Dans leurs grandes salles, simples et bien décorées, aux tables joliment dressées ou en terrasse ombragée en front de mer, Nicole et Sandrine vous régalent d'une cuisine traditionnelle : plateaux de fruits de mer, moules frites, paella... Aux heures chaudes, vous pourrez également vous rafraîchir au bar ou sur la terrasse. Un accueil chaleureux, un service efficace et des portions correctes nous ont séduits.

LA TULIPE NOIRE Place du Ramonétage - FLEURY D'AUDE ✆ 04 68 33 71. *Ouvert toute l'année, sauf une semaine en janvier. Tous les jours en saison. Hors saison, fermé le lundi et le mardi midi (à partir de septembre 2004, fermé aussi le mercredi). Fermeture en fin d'année (novembre).* Dans la cave d'une ancienne maison de maître, au décor de vieilles pierres, de poutres et de vieux outils viticoles, vous apprécierez la cuisine semi-gastronomique de la maison. Renouvelée tous les trois mois, la carte fait la part belle aux spécialités régionales : le loup en croûte de sel ou le bonbon de magret fourré au foie gras. Tout est de qualité et d'une fraîcheur irréprochable.

Le gîte

CAMPING MUNICIPAL DE PISSEVACHE Saint-Pierre-la-Mer ✆ 04 68 49 80 79. *Ouvert d'avril à fin septembre. Sept-cents emplacements. Alimentation, plats cuisinés et lave-linge.* En front de mer avec accès direct à la plage, ce camping semi-ombragé est parfait pour des vacances 100 % mer.

Le gîte et le couvert

MAISON D'HOTES DOMAINE LA BATISSE Les Cabanes de Fleury ✆ 04 68 33 77 01. *Ouvert toute l'année. 10 chambres à 55 €. Petit déjeuner 7 €. Pour les repas, se renseigner. Accueil de groupe possible (jusqu'à 400 personnes).* A 3 kilomètres de la mer et d'une plage encore sauvage, la Bâtisse de Françoise et Robert Margé, passionnés de tauromachie et éleveur de taureaux, est idéalement située sur un espace naturel de plusieurs hectares. Sobrement meublées dans la tradition languedocienne, les chambres sont également chaleureusement colorées et ouvertes sur le parc. A la table d'hôtes, Françoise vous fera partager sa passion pour la cuisine méditerranéenne : gardianne de toro, épaule d'agneau au gratin d'aubergines...

Loisirs

DOMAINE DE L'OUSTALET Saint-Pierre-la-Mer ✆ 04 68 49 93 53. *Ouvert toute l'année. Centre équestre poney-club. Vingt-quatre chevaux et poneys.* Entre Saint-Pierre et les Cabanes de Fleury, cette belle propriété (610 hectares) du Conservatoire du littoral offre de splendides paysages et de multiples activités : leçons en carrière, promenades et randonnées, initiation poney à la demi-journée, stages, examens avec une monitrice diplômée d'Etat (A.T.E.).

LA MANADE MARGE Les Cabanes de Fleury ✆ 04 68 33 77 01. *Ouvert toute l'année.* Françoise et Robert Margé organisent de superbes promenades à cheval sur les centaines d'hectares d'espaces naturels, peuplés d'échassiers, de chevaux et de taureaux en liberté. A voir, les arènes de la manade où vous rencontrerez peut-être un torero célèbre, et l'élevage de taureaux destinés aux courses camarguaises, novillades de Béziers...

ULM Route de Saint-Pierre-la-Mer - LES CABANES DE FLEURY ✆ 04 68 33 73 75. *Ouvert toute l'année.* Promenades, baptêmes et possibilité de location. Appareils pour pilotes brevetés. Ecole pilotage U.L.M.

Leucate

Quatre entités, quatre atmosphères : Leucate Village, Leucate Plage, Port-Leucate et La Franqui forment cet ensemble idéal pour répondre à tous vos souhaits.

Leucate Village

A deux kilomètres de la mer, cette petite commune a su conserver son cachet de village méditerranéen. Dominée par les ruines de son château défendu par Françoise de Cézelly, la tradition de la vigne et de la pêche s'y perpétue. Toujours présents sur les tables des restaurants locaux, l'huître de Leucate et les fruits de mer pérennisent les gestes ancestraux.

OFFICE MUNICIPAL DE TOURISME Face à la cave coopérative ✆ 04 68 40 91 31. *Ouvert toute l'année du lundi au samedi de 9h à 12h et de 14h à 18h (le dimanche en juillet et août et de 9h à 18h).*

Le couvert

LA CLOSERIE 101, avenue Jean-Jaurès ✆ 04 68 40 07 91. *Ouvert du 1er mars au 30 octobre. Hors saison, fermé le mercredi. Menu à 19 €. Prix moyen de la carte 21,50 €.* Vous apprécierez, à coup sûr, cette ancienne cave à vin et son grand patio. Dans un cadre baroque, on sert une cuisine à base de poissons et de viandes grillés au feu de bois : salade fraîche de coquillages, poêlée de coquillages au vieux grenache, canard confit au pistou et ses petits légumes… A découvrir.

LE CLOS DE NINON 12, avenue Francis-Vals ✆ 04 68 40 18 16. *Ouvert de février à fin novembre tous les soirs en saison, le midi du jeudi au dimanche. Hors saison, fermé le lundi et le samedi midi. Menu de 12,5 € (le midi) à 39 €, enfant 8 €. Prix moyen à la carte : 31 €.* Voici une bien belle et bonne table, ouverte toute l'année. C'est dans une grande salle en pierre décorée par de jolies toiles d'art abstrait que vous aurez le plaisir de découvrir une cuisine traditionnelle avec quelques pointes d'originalité. Il y en a pour tous les goûts : en entrée, le gratin d'escargots et cuisses de grenouille au parfum de garrigue est une merveille. Vous pourrez continuer avec un filet de loup, petit bouillon à la provençale, rouille et croûtons à l'ail, le tout servi dans un petit ramequin, un vrai délice. Et si vous ne savez que choisir, laisser carte blanche au chef, il vous comblera. Les habitués y reviennent régulièrement car le menu du terroir change toutes les 3 semaines (hors saison). Très belle carte des vins de la région.

Le gîte

M. VIGIER PIERRE 65, avenue Jean-Jaurès ✆ 04 68 40 98 55. *Fermé du 1er novembre au 1er février.* Aménagées dans la maison familiale, située sur l'avenue principale du village, ces deux chambres de caractère offrent un réel confort avec leur salle de bains et W.-C. privatifs. Au cœur d'un village de vignerons et de pêcheurs, vous pourrez visiter les parcs ostréicoles, la cave de Leucate et apprécier les spécialités locales lors des dégustations.

Emplettes

HUITRES DE LEUCATE. Près de trente "mas" couvrent quelques hectares de l'étang de Leucate où les ostréiculteurs ont développé leurs activités : vente au détail de leur production, vente des produits de la pêche locale (poissons et coquillages sauvages), dégustation sur place et réalisation de plateaux de fruits de mer à emporter : palourdes, moules, couteaux, coques et huîtres de Leucate.

▷ *Dans les environs*

Leucate Plage

Bien abritée du vent dominant, cette plage reflète plus de 80 ans de tradition balnéaire. A deux pas des plages et des criques, le plateau dominé par le phare permet de se retrouver en pleine nature. Sur les sentiers bordés de murets en pierres sèches, vous serez environnés d'amandiers et de vigne.

OFFICE MUNICIPAL DE TOURISME ✆ 04 68 40 85 66

Port-Leucate

Après les espaces de naturisme dont la quiétude est très prisée, vous approcherez du centre ostréicole où vous pourrez déguster de délicieuses huîtres. Avec ses 1 100 anneaux, Port-Leucate est le plus vaste port de plaisance du Languedoc-Roussillon et il est assez difficile d'énumérer toutes les activités proposées en saison. Il y en a pour tous les goûts et tous les âges. La vie nocturne, pleine de musique, d'animations et de fêtes, distraira les jeunes et les moins jeunes jusque tard dans la nuit.

OFFICE MUNICIPAL DE TOURISME Espace Culturel ✆ 04 68 40 91 31. *Site Internet : www.mairie.leucate.fr - E-mail : tourisme@mairie.leucate.fr. Ouvert toute l'année. D'avril à fin septembre du lundi au dimanche de 9h à 12h et de 14h à 18h, juillet et août du lundi au dimanche de 9h à 19h, d'octobre à fin mars du lundi au vendredi de 9h à 12h et de 14h à 18h, le samedi de 9h à 12h et de 14h à 17h (fermé le dimanche).*

CAPITAINERIE ✆ 04 68 40 91 24. *Permanence hors saison de 8h à 12h et de 14h à 18h. En été de 8h à 20h.*

CAMPING RIVES DES CORBIERES Avenue du Languedoc ✆ 04 68 40 90 31. *Ouvert de juin à septembre. 3 étoiles. 328 emplacements sur 6 hectares. Blocs sanitaires, laverie, jeux, bar et restauration. Mer à 150 mètres et étang à 300 mètres.* On y vient et on y revient pour profiter de la plage et des équipements.

AQUALAND Avenue du Roussillon ✆ 04 68 40 99 98. *Ouvert du 23 juin au 2 septembre. Du 23 juin au 15 juillet et du 20 août au 2 septembre de 10h à 18h, du 16 juillet au 19 août de 10h à 19h. Adultes 18 € et enfants (mois de 12 ans) 13 €.* Tous les plaisirs et les sensations fortes des jeux d'eau.

BATEAU SAINT-MICHEL Capitainerie annexe - Quai Eric Tabarly ✆ 04 68 86 34 13. *Ouvert d'avril à mi-septembre.* Promenades en mer ou parties de pêche de jour comme de nuit. Le matériel et les appâts sont fournis. Le poisson pris reste votre propriété. Redécouvrez la côte et ses paysages lors d'une mini-croisière commentée sur la grande bleue, à moins que vous ne préfériez taquiner les poissons de nos côtes : congres, rascasses…

CERCLE DE VOILE Avenue de la Pinède - Base nautique ✆ 04 68 40 72 66. *Ouvert toute l'année.* Trois bases en mer ou sur étang pour la pratique des sports de voile : planches, catamarans, dériveurs, optimists sur l'étang de Leucate (base de la Marina), planches funboard et catamarans en mer, ainsi que chars à voile à La Franqui.

L'ILE AUX OISEAUX ✆ 06 20 37 65 19. *Durée 1h30. Matériel fourni.* Une approche originale, en canoë, de l'île aux oiseaux du lac marin de Salses-Leucate pour une découverte de sa faune et de sa flore. A la "Paillote du pêcheur", Dominique vous confiera les clés d'un univers d'une beauté et d'une richesse insoupçonnées.

LEUCATE PLONGEE La Capitainerie ✆ 04 68 40 91 24. *Ouvert à l'année.* Ecole de plongée agréée, avec des moniteurs diplômés d'Etat, qualifiés guides de la mer : initiation, découverte, formation, exploration avec bateau rapide, matériel haut de gamme… Spécialistes de la plongée enfants (baptêmes dès l'âge de 6 ans).

LOCA DETENTE Quai du Paurel - Bassin Sud ✆ 04 68 40 89 73. *Ouvert toute l'année.* Location de vélo de ville, cross, VTT, à la journée et à la semaine, ou plus. Location également de bateau à moteur sans permis ou permis pour une balade en mer ou sur l'étang.

LE PETIT TRAIN DE LEUCATE Port-Leucate ✆ 06 07 69 66 54/06 07 13 66 11. *Juin, juillet et août. Départ du centre de Port-Leucate, de 10h à midi et de 16h à 1h du matin (2,50 €). Départ de Barcarès de 10h à 23h30 (3,50 €).* Pour suivre une visite guidée et vous déplacer d'un bout à l'autre de la station, laissez-vous porter par cet amusant moyen de locomotion. Le soir, la navette relie, de façon très pratique, le parc d'attraction, le cinéma, les campings et villages de vacances.

ASSOCIATION CERNUNNOS ✆ 04 68 45 78 45. Catherine Brunet, historienne-géographe, vous propose de surprenantes randonnées et vous guide du 30 juin au 28 août au cour d'un programme de découvertes (le reste de l'année à la demande). Le lundi, les fortifications leucatoises (château et chemin des forts : 7 km) ; le mercredi, l'oppidum de Pech-Maho (musée des Corbières et site archéologique) ; le jeudi, dans les sillons de la vigne (paysages, techniques, cépages : 7 km). Tarifs adultes 7 € et enfants (7/12 ans) 4 €.

LE SUN ON THE BEACH Le Kyklos ✆ 04 68 40 64 10. *Discothèque ouverte toute l'année, en saison tous les soirs et hors saison vendredi, samedi et veille de jours fériés.* La discothèque branchée de la station. Chaudes soirées à thèmes.

La Franqui

Au nord de Leucate, à l'abri de ses falaises, ce charmant village ombragé de pins centenaires est en fait la plus ancienne station balnéaire audoise où flotte un certain parfum de nostalgie. En effet, depuis près d'un siècle, des générations d'estivants retrouvent avec plaisir La Franqui, ses structures et ses nombreuses animations.

OFFICE DE TOURISME ✆ 04 68 45 76 52

CAMPING MUNICIPAL LES COUSSOULES Chemin des Coussoules ✆ 04 68 45 74 93. *Ouvert du 20 juin au 10 septembre. Une étoile.* 190 emplacements avec blocs sanitaires, local planche à voile et restauration. A 300 mètres de la mer et de l'étang.

Le couvert

LE CALAMAR EN FOLIE Les Coussoules ✆ 04 68 45 63 66. *Ouvert du 15 février à fin novembre tous les jours. Hors saison, fermé le lundi. Menus 12 € (midi) et 18 €. Formules combinées : 14 € et 18 €.* Avec ses tapas, à des prix tout à fait raisonnables, ce restaurant spécialiste du calamar est devenu l'un des rendez-vous incontournables des planchistes qui s'y régalent de spécialités espagnoles très bien préparées. Les amateurs de bonne viandes se régaleront avec le combiné tout bœuf. L'ambiance y est bonne et chaude en été. Plats à emporter.

LE RANCH DES GARRIGUES "CHEZ JEANNOT" Plages des Coussoules ✆ 04 68 91 45 51/06 07 45 98 11. *Ouvert du 1er avril au 20 septembre. Promenade 1 heure : 11 €. 2 heures : 19 €. 30 minutes (poney) : 4 €. Matinée ou nocturne : 28 €.* Cela fait 26 ans que Jeannot fait galoper ses chevaux sur les plages et à flan des falaises de la Franqui. Ici, vous serez reçu comme de véritables amis (aucun risque d'arnaque). Essayez les nocturnes, vous vivrez, l'espace de quelques heures, une aventure inoubliable. Après une balade à cheval au clair de lune (accessible à tous) ou en matinée, Jeannot vous aura préparé une petite flambée sur la plage avec grillades (poisson ou viande compris dans le prix) et cerise sur le gâteau, si Jean-Jacques (le guitariste) est dans le coin, il se fera un plaisir de chanter avec vous les chansons de son répertoire, ambiance et convivialité sont garanties. Randonnée de plusieurs jours sur demande.

Port-la-Nouvelle

Station traditionnelle du littoral audois, Port-la-Nouvelle étire ses longues plages de sable doré sous le soleil du Midi. L'origine étymologique de Port-la-Nouvelle a donné lieu à diverses théories : pour les uns, "La Nouvelle" viendrait de l'expression "novas bellas" (nouez les voiles) que les marins auraient pu utiliser lorsqu'ils franchissaient les graus pour pénétrer dans les étangs ; pour les autres, l'origine du toponyme serait à rapprocher d'un mot du bas latin "navilla" (canal maritime) en relation avec l'utilisation antique du site.

OFFICE DE TOURISME Place Paul-Valéry ✆ 04 68 48 00 51. *Ouvert toute l'année. Du 1er octobre aux vacances de Pâques, du lundi au vendredi de 9h à 12h et de 14h à 17h, le samedi de 9h à 12h. De Pâques au 15 juin, tous les jours de 9h à 12h et de 14h à 17h, le dimanche de 15h à 18h. Du 15 au 30 juin et du 1er au 15 septembre, tous les jours de 9h à 19h, juillet et août de 9h à 20h.*

L'HOMME ET SA BALEINE Domaine de Jugnes ✆ 04 68 48 00 39. *Ouvert tous les jours de l'année. Entrée gratuite.* M. Fabre a patiemment reconstitué le squelette d'une baleine échouée sur le rivage : 20 mètres de long et 2 tonnes d'ossements. En le rencontrant, vous découvrirez cette grande aventure.

Le gîte

COTE VERMEILLE Chemin des Vignes ✆ 04 68 48 05 80. *Ouvert du 1er mai au 30 septembre. 300 emplacements. Location de mobile homes, restaurant, bar, plats cuisinés, alimentation et lave-linge.* Un deux étoiles dans un cadre agréable et ombragé avec, depuis deux ans, une partie bien distincte réservée aux adeptes du naturisme (100 emplacements et une piscine).

Le gîte et le couvert

HOTEL-RESTAURANT MEDITERRANEE Boulevard Saint-Charles ✆ 04 68 48 03 08. *Ouvert toute l'année (fermeture en janvier). Trente et une chambres de 50 € à 87 €. Menus de 12 € à 43 €.* Construit en bord de mer, cet hôtel d'architecture moderne possède des chambres climatisées et insonorisées très confortables. Bien équipées, elles seront le pied-à-terre idéal pour des vacances sans contraintes. Dans la vaste salle de restaurant, vous vous régalerez des spécialités gastronomiques à base de coquillages et poissons juste pêchés… la "cassolette de baudroie", la terrine de poireau aux anguilles et la bourride d'anguilles (selon saison)… de véritables délices.

LA RASCASSE 8, avenue de la Mer ✆ 04 68 48 02 89. *Ouvert toute l'année, sauf vacances scolaires, Toussaint et février. Hors saison, fermé le dimanche soir et le lundi. Chambres de 30 € à 40 €. Menus de 11 € à 30 €. Prix moyen carte : 19 €.* Situé en bord de mer sur le bord du chenal, La Rascasse propose de vastes chambres à la décoration en parfaite harmonie avec le bleu de la Méditerranée. De la terrasse de votre chambre, vous pourrez apercevoir les patrons pêcheurs qui, de retour de leurs sorties en mer, vendent leur pêche dans une ambiance typique. Au restaurant, place à l'authentique cuisine de la mer : bourride d'anguilles, filet de rascasse aux petits gris, raviole de saint-jacques aux morilles, qui a fait la réputation de l'établissement. Pour ce qui est des fromages, ne manquez pas l'aumônier de chèvre chaud. En dessert, la figuette Narbonnaise, ce feuilleté à la figue chaude est accompagné de glace au thym et de coulis de figue. Une belle carte des vins s'appuie sur les meilleurs crus de la région, notamment les fitous et corbières. Si vous séjournez dans cet hôtel, ne manquez sous aucun prétexte le rituel de l'apéro au bar, car les habitués vous y raconteront des histoires plus incroyables les unes que les autres.

LOISIRS-LA-NOUVELLE. Centre d'activité, base de plein air et hébergement, plongée sous-marine, centre d'activités, voile, tennis…

LE PETIT TRAIN DES LAGUNES Résidence les Amandines - Route de Perpignan ✆ 04 68 48 16 56. *Ouvert tous les jours de mi-juin à septembre. Adulte 6 € et enfants 4 €.* Excursion à La Franqui, à l'île Sainte-Lucie et au musée de la Baleine. Organisation de sorties nocturnes en ville de 20h30 à 2h du matin (durée de 20 à 25 minutes). Adulte 3 € et enfants 2 €.

▷ Dans les environs

Fitou

En bordure de l'étang Leucate-Salses et de ses plages, à l'extrême sud-est du département, Fitou est le dernier village languedocien. A voir à la lisière de Fitou, l'église du XIIe siècle et son portail roman, le château du XIe siècle qui surplombe les vieux quartiers, l'ermitage Saint-Aubin et sa chapelle préromane, un émissaire romain qui draine le Pla de Fitou, les anciens pacages et les capitelles.

SYNDICAT D'INITIATIVE Hôtel de Ville ✆ 04 68 45 69 11. *Ouvert du lundi au samedi de 9h à 12h30 (hors ces horaires, renseignements en mairie).*

AUBERGE DE LA TOUR Route Nationale 9 ✆ 04 68 45 66 90. *Fermé de novembre au 24 décembre et du 2 janvier à mi-février. Menus de 27 € à 60 €. Six chambres à partir de 79 €.* La vieille bâtisse a été entièrement rénovée pour abriter cette auberge sympathique. Les pierres apparentes, qui donnent peut-être un aspect un peu trop minéral, la cour bordée d'arcades, ici, le style est campagnard. Josette et Daniel Auber, après un passage dans le Pays Basque, sont venus en bordure de la Méditerranée pour le plus grand bonheur de leurs clients. Accueil plein de gentillesse, cuisine inspirée qui allie produits du terroir et modernisme maîtrisé, qualité que l'on retrouve dans des associations originales comme dans son foie gras aux amandes, ses lentilles vertes du Puy à la vanille et, pour les desserts, dans son mille-feuille liquide au chocolat et au safran.

Peyriac-de-Mer

Dans un cadre magnifique et sauvage où les flamants roses, hérons, aigrettes... vivent en tout quiétude, ce petit village occitan est plein de charme avec ses "carrièrettes" médiévales, ses "calades" et leurs maisons pittoresques. Son port de pêche et de plaisance invite à la découverte de l'étang de Peyriac et de ses îles de Planasse et du Soulier. La saline conserve les traces de l'exploitation du sel arrêtée depuis une trentaine d'années. La plage du Doul présente une salinité exceptionnelle aux vertus thérapeutiques bienfaisantes. A voir, l'église Saint-Paul, édifice fortifié du XVIe siècle, à l'intérieur duquel on remarquera l'orgue du XIXe siècle et des peintures de Jacques Gamelin.

SYNDICAT D'INITIATIVE Foyer municipal - Route de l'Etang ✆ 04 68 41 38 22. *Ouvert en juillet et août de 10h à 12h et de 16h à 19h30.*

MARTINE ET JEAN BLAZY 26, rue du Moulin ✆ 04 68 41 23 78. *E-mail : jean.blazy@wanadoo.fr. Ouvert toute l'année. Trois chambres (salle de bains et W.-C. privatifs) de 51 € à 56 € pour deux personnes, petit déjeuner compris. Salle d'accueil, salon de jardin, parc arboré, parking. 3 épis.* Dans cette ravissante demeure entièrement rénovée, Martine et Jean vous réserveront un accueil des plus chaleureux. Très confortables, coquettement aménagées et surtout très calmes, ces chambres sont l'endroit idéal où se ressourcer. Les petits déjeuners, copieux et raffinés, sont servis au jardin ou dans le séjour. Vous pourrez déguster les confitures bio maison de Martine, qui saura vous conseiller au mieux pour vos découvertes touristiques. Nous avons apprécié la mise à disposition d'un réfrigérateur et d'un micro-ondes.

Sigean

Connue depuis 1974 pour les rois lions de la réserve africaine, cette petite ville des Corbières possède bien d'autres atouts et mérite le déplacement. Il faut prendre le temps de se promener dans les ruelles, découvrir l'église Saint-Félix du XVIIe siècle dont l'orgue est classé, et aller jusqu'aux remparts. En raison de l'originalité de leurs paysages, de la richesse et de la variété de leur faune et de leur flore, l'étang de Sigean et l'île de l'Aute constituent des éléments majeurs du pays Narbonnais.

OFFICE DE TOURISME Place de la Libération ✆ 04 68 48 14 81. *Site Internet : www.sigean.org. Ouvert toute l'année du lundi au samedi de 9h à 12h et les après-midi du mercredi et jeudi de 14h à 18h (horaires à vérifier pour la période d'été).*

L'OPPIDUM DE PECH DE MAU (MAHO). D'une superficie de deux hectares, entre la mer et la Berre, et à proximité de la route antique littorale dite voie héracléenne, ce site pré-romain bénéficiait d'un double accès maritime et routier qui permettait de nombreux échanges.

LE MUSEE DES CORBIERES Place de la Libération ✆ 04 68 48 14 81. *Visite guidée de l'oppidum du Pech de Mau les mardi et vendredi à 17h.* Ce musée rassemble les fouilles archéologiques de l'oppidum de Pech de Mau, ainsi que les fouilles du canton. De vitrines en vitrines, de reconstitutions en panneaux explicatifs, on découvre les modes de vie, les rites funéraires, les croyances, les activités artisanales, commerciales et rurales des populations qui ont habité ces lieux et les grands moments de l'histoire des Corbières.

RESERVE AFRICAINE DE SIGEAN Sigean ✆ 04 68 48 20 20. *Site Internet : www.reserveafricaine.fr. Ouvert tous les jours de 9h à 16h en hiver, à 18h30 en été. Adultes 20 €, enfants (de 4 à 14 ans) 16 €, handicapés 7 €, groupes (25 personnes en bus) adultes 16 €, enfants (de 4 à 14 ans) 11 €. Scolaires et autres, se renseigner.* Sur près de 300 hectares de zones naturelles humides et de collines calcaires, plus de 3 500 animaux, représentant quelque 160 espèces, pour la plupart africains, vivent dans de grands espaces de semi-liberté. Vitres fermées, vous circulerez lentement dans les parcs de la Brousse et de la Savane. Vous y observerez les ours du Tibet, les rhinocéros blancs, les lions, girafes et autres espèces. L'île aux chimpanzés, la plaine africaine, l'étang aux oiseaux et le vivarium sont autant de lieux d'observations et de découvertes grandeur nature.

L.A.C. - LIEU D'ART CONTEMPORAIN Hameau du Lac ✆ 04 68 48 83 62. *Ouvert de Pâques à fin septembre, du mercredi au lundi et, hors saison, le dimanche sur rendez-vous.* L'espace allie le dépouillement nécessaire à la mise en valeur des œuvres d'art au charme des vestiges de la viticulture. D'anciennes cuves sont devenues de petites salles d'exposition idéales pour les œuvres confidentielles. De nombreux artistes internationaux contemporains ont déjà présenté leurs œuvres d'avant-garde dans ce lieu désormais voué à l'art.

HOTEL RESTAURANT LE SAINTE-ANNE 3, avenue Michel-de-l'Hospitalet ✆ 04 68 48 24 38. *E-mail : lesainteanne@logis-de-France-aude.com. Hôtel ouvert toute l'année, tous les jours. Onze chambres de 38 € à 54 €. Menus de 17 € à 27 €.* La superbe demeure d'Emmanuel Hannequin offre des chambres confortables dont certaines donnent sur le jardin fleuri. La carte privilégie les produits frais de saison qu'Emmanuel travaille à la perfection : foie gras en terrine au vin doux de Gaillac, salade aux petits lardons et chèvres frais, soupe de poisson, brochette de gambas, magret en sauce à la kriek (bière belge à la cerise), blanquette de veau à la bière... Les desserts sont tout aussi alléchants : tarte tatin, crème catalane ou salade aux fruits frais.

CERCLE NAUTIQUE DES CORBIERES Base nautique de Port Mahon ✆ 04 68 48 44 52. *Ouvert toute l'année.* Activités nautiques, stages, initiation et perfectionnement : planche à voile, catamaran, dériveur, canoë double sur l'étang de Sigean. Centre de formation de moniteur, séjour classe de mer et randonnée nautique.

MIELLERIE ROMERO COURTOT Route de Port-la-Nouvelle ✆ 04 68 48 34 52. *Ouvert tous les jours (horaires à vérifier).* Geneviève et Vincent ont essaimé leurs ruches un peu partout dans la garrigue. Leurs différents miels en révèlent tous les parfums... User et abuser sans modération !

Treilles

NEZ AU VENT Les Perdigals ✆ 04 68 45 77 13. *Ouvert toute l'année, sur rendez-vous, pour les groupes uniquement. Durée des visites 2h à 2h30.* Après une brève introduction agrémentée d'un diaporama, un minibus vous transportera à travers un site grandiose jusqu'au centre d'essais, le musée éolien et l'exposition interactive située dans la "petite maison dans le vent".

Gard

Feria

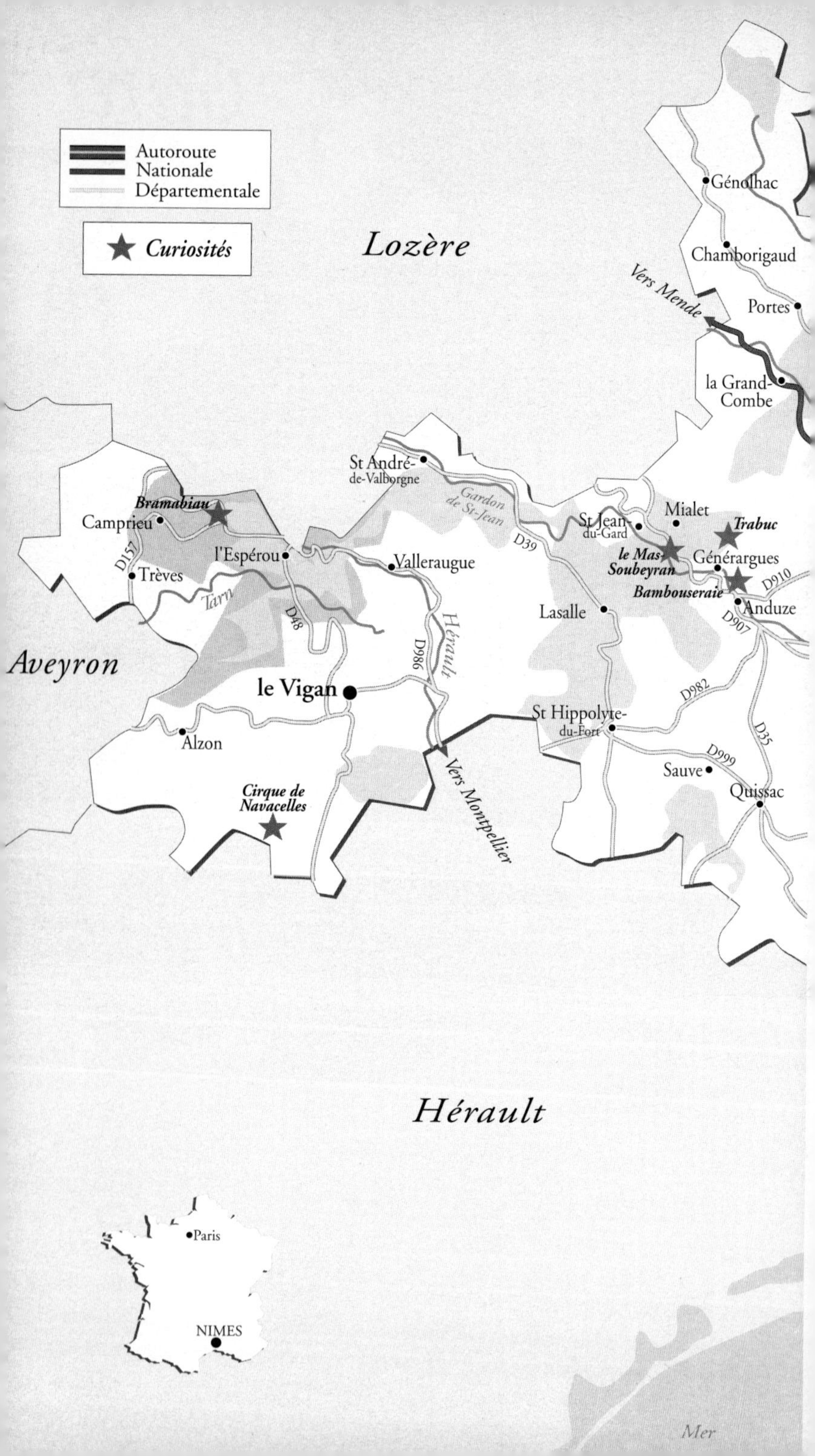
Autoroute
Nationale
Départementale
Curiosités
Lozère
Génolhac
Chamborigaud
Vers Mende
Portes
la Grand-Combe
St André-de-Valborgne
Gardon de St-Jean
Bramabiau
Camprieu
D157
Trèves
l'Espérou
Valleraugue
D39
St Jean-du-Gard
Mialet
Trabuc
le Mas-Soubeyran
Générargues
Bambouseraie
D910
Anduze
D907
Lasalle
Tarn
D48
D986
Hérault
Aveyron
le Vigan
D982
St Hippolyte-du-Fort
D35
Alzon
D999
Sauve
Quissac
Cirque de Navacelles
Vers Montpellier
Hérault
Paris
NIMES
Mer

GARD

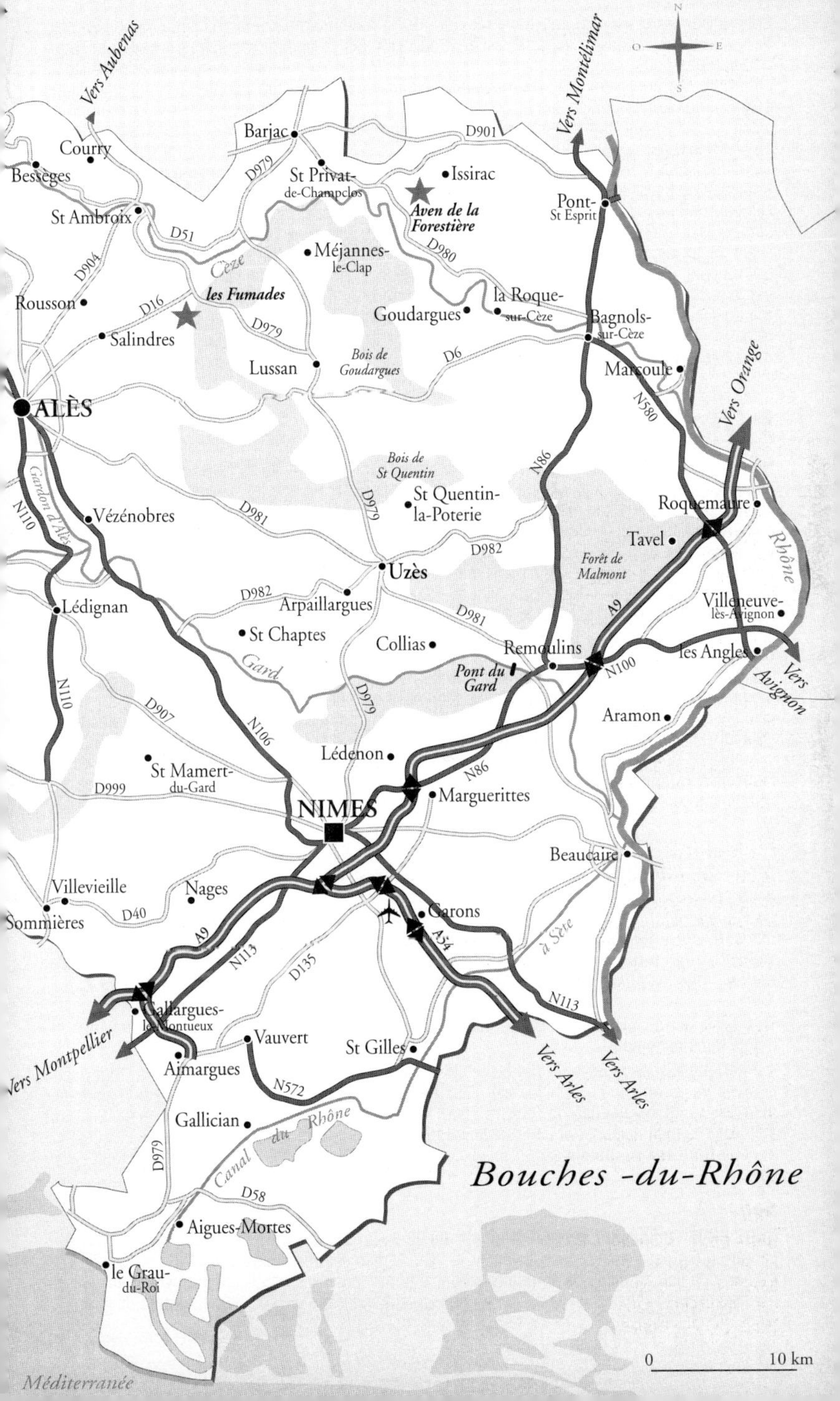

Ardèche
Vers Aubenas
Vers Montélimar
Courry
Bessèges
Barjac
D901
D979
St Privat-de-Champclos
Issirac
Aven de la Forestière
Pont-St Esprit
St Ambroix
D51
Cèze
D980
Méjannes-le-Clap
D904
les Fumades
la Roque-sur-Cèze
Rousson
D16
Goudargues
Bagnols-sur-Cèze
Salindres
D979
Bois de Goudargues
D6
Lussan
Marcoule
Vers Orange
N580
ALÈS
Bois de St Quentin
N86
Gardon d'Alès
St Quentin-la-Poterie
D979
N110
Vézénobres
D981
Roquemaure
Tavel
D982
Rhône
Uzès
Forêt de Malmont
D982
Lédignan
Arpaillargues
Villeneuve-lès-Avignon
A9
D981
St Chaptes
Collias
Remoulins
les Angles
Vers Avignon
Gard
Pont du Gard
N100
N110
D979
D907
Aramon
N106
Lédenon
St Mamert-du-Gard
N86
D999
Marguerittes
NIMES
Beaucaire
Villevieille
Nages
Sommières
D40
Garons
A9
A54
à Sète
N113
D135
N113
Gallargues-le-Montueux
Vers Montpellier
Vauvert
St Gilles
Vers Arles
Vers Arles
Aimargues
N572
Gallician
Canal du Rhône
D979
Bouches-du-Rhône
D58
Aigues-Mortes
le Grau-du-Roi
0
10 km
Méditerranée

NIMES ET SA REGION

Entre garrigues et marais, du Rhône au Vidourle, la région nîmoise est une petite région en pleine mutation. Si vignes et vergers résistent encore dans ce couloir séculaire de passage, l'agriculture cède peu à peu, face aux emprises des voies de communications (déviations urbaines, autoroute, agrandissements des nationales, piquetage des ronds points "à l'anglaise", ligne TGV...), aux zones artisanales et commerciales et aux ensembles pavillonnaires ceinturant les villages. La grande conurbation linéaire Sète-Montpellier-Nîmes-Avignon, pressentie dans les années 1970 par certains aménageurs, est loin d'être faite, mais "on y va peu à peu" ! C'est ici qu'il faut exposer le fantastique paradoxe qui règne dans cette zone, la modernité juxtapose les traces et vestiges de la riche histoire de la région. C'est en réalisant les travaux de l'autoroute Nîmes-Arles que l'on a exhumé des cabanes du néolithique, caractéristiques de la civilisation de Fontbouisse... Pour atteindre l'oppidum de Nages-et-Solorgues, cité pré-romaine du IIIe siècle avant Jésus-Christ, il faut cheminer à travers les villas pseudo-provençales des lotissements... Sommières, vieille cité historique, récemment sous le feu de l'actualité "météorologique", a su garder son cachet du XVIIe siècle, mais déjà bon nombre de ses habitants travaillent à Nîmes ou Montpellier... Nîmes, non plus, n'échappe pas à ce paradoxe : ville antique, riche en monuments romains, elle est reconnaissable de loin, non par la silhouette de la tour Magne mais par la masse des immeubles blancs, symboles des ZUP...

Nîmes

Nîmes, chef-lieu du Gard, ville romaine et tauromachique, vit au rythme de ses trois ferias annuelles, et est aussi une ville de culture et de lumière. Il faut voir les Arènes, la Maison Carrée, concurrencée, face à elle, par un Musée d'Art Contemporain et une médiathèque d'un tout autre registre architectural, les Jardins de la Fontaine et la Tour Magne, dont Hugo fit une rime des plus riches dans un exercice de style fameux : "Gall, amant de la Reine, à l'atour magnanime (galamment de l'arène à la tour Magne à Nîmes)". Voir aussi la vieille ville, avec l'hôtel de ville, les musées archéologique et du Vieux Nîmes, l'ancien collège des Jésuites et la cathédrale Notre-Dame et Saint-Castor. C'est la ville natale d'Alphonse Daudet. L'emblème de la ville est le crocodile et non pas un taureau. Il faut remonter à l'antiquité romaine pour en trouver l'explication. Les Romains sont à Nemausus (Nîmes) et cela se voit encore aujourd'hui, mais Octave-Auguste est aussi en Grèce où il a enfin, à la bataille d'Actium, eu raison d'Antoine et de Cléopâtre. Pour commémorer le triomphe de la nouvelle civilisation sur l'ancienne, on décide, à Nîmes, de battre monnaie : le côté face consacre les vainqueurs, Auguste et son gendre Agrippa ; le côté pile affiche un crocodile attaché à un palmier surmonté d'une couronne de lauriers et symbolise l'allégeance de la chose exotique à la Rome conquérante. Il faudra cependant attendre le XVIe siècle et François Ier, grand admirateur de l'Italie et de ses racines, pour que la ville soit autorisée à porter cette image sur ses armoiries : voilà le crocodile et le palmier installés pour toujours...

Fiche pratique

OFFICE DE TOURISME 6, rue Auguste ✆ 04 66 58 38 00. *Fax 04 66 58 38 01. Site Internet : www.ot-nimes.fr - E-mail : info@ot-nîmes.fr. Ouvert toute l'année : du 1er octobre au week-end de Pâques (non inclus), de 8h30 à 19h tous les jours, samedi de 9h à 19h, dimanche et jours fériés de 10h à 18h ; en juillet et août, du lundi au vendredi de 8h30 à 20h, jeudi de 8h30 à 21h, samedi de 9h à 19h, dimanche et jours fériés de 10h à 18h ; de Pâques (inclus) au 30 septembre, tous les jours de 8h30 à 19h, samedi de 9h à 19h, dimanche et jours fériés de 10h à 17h.*

Très facile à trouver puisque la rue est en face de la Maison Carrée. Accueil sympathique et bonne documentation.

A noter que le service Réceptif (04 66 58 38 20) propose une formule sur deux jours "tout compris", le Pass romain. Le principe est d'assurer à ses acheteurs un séjour sans souci puisque, pour des tarifs échelonnés de 55 € à 76 € par personne, on y trouve la nuit d'hôtel (2, 3 ou 4 étoiles), le petit déjeuner et l'entrée dans tous les monuments et musées de Nîmes ainsi qu'au pont du Gard et à sa grande expo. Une excellente formule pour tous ceux qui fuient la foule estivale.

Rail

GARE SNCF Boulevard Sergent-Triaire ✆ 08 92 35 35 35. *Service handicapés 04 66 70 41 92.* La gare a fait peau neuve pour accueillir le TGV. Nîmes est désormais à 2h50 de Paris. Elle est devenue un lieu agréable, avec une fonctionnalité moderne (les handicapés accèdent aux quais par ascenseurs) sans renier le passé, en conservant sa façade du XIXe siècle, témoin de l'importance du rail à Nîmes.

Aérien

AEROPORT NIMES-ARLES-CAMARGUE Route de Saint-Gilles ✆ 04 66 70 49 49. Lâché par Air France, puis, cette année, par Air Littoral, qui ont perdu pied, face à la concurrence d'un TGV mettant moins de trois heures à amener les Nîmois au centre de Paris, touché par la crise générale de l'aéronautique, la vie de l'aéroport de Nîmes ne tient qu'à un fil, ou plutôt à une ligne tirée tous les jours vers Londres par la compagnie "low-cost" Ryanair.

RAYANAIR Aéroport de Nîmes-Arles-Camargue ✆ 08 92 55 56 66. *Site Internet : www.ryanair.com.*

Bus

STD GARD Gare Routière ✆ 04 66 29 27 29. La compagnie assure des liaisons régulières avec la plupart des villages du Gard, même les plus reculés et les moins intéressants, et se pose comme une alternative crédible à l'automobile pour visiter la région en toutes saisons.

TCN 388, avenue Robert-Bompard ✆ 04 66 38 15 40. *Ouverture du lundi au vendredi de 8h à 12h30 et de 13h30 à 18h30.* L'idéal pour visiter une ville où il est de plus en plus difficile de se garer. Les bus circulent sur dix lignes et fonctionnent de 6h à 21h.

Voiture

TAXIS NIMOIS Gare SNCF - Arceau 95 ✆ 04 66 29 40 11. La société nîmoise de Taxis Radio regroupe en fait tous les artisans de la ville (une quarantaine en tout) et fonctionne donc 24h/24 et 7j/7. Toutes distances, voitures grandes capacités (possibilité 5 personnes et plus).

APEX LOCATION 72, rue de la République ✆ 04 66 38 09 66. Loin des grandes enseignes, on peut quand même louer pour pas trop cher voitures ou utilitaires. Accueil jovial et souci de bien faire malgré un parc disponible restreint.

AVIS Gare SNCF ✆ 04 66 29 66 36. Réservée à la Gare de Lyon en même temps que la place dans le TGV, l'auto vous attend 2h50 plus tard à Nîmes. Une formule parfaite pour des vacances sans souci.
Autre adresse : 1 800, avenue du Maréchal-Juin 04 66 29 05 33.

CROCO LOCATION Route d'Avignon ✆ 04 66 26 15 65. Disponibilité et prix bas, cette adresse locale est la plus compétitive de la place.

EUROPCAR Aéroport de Garons ✆ 04 66 70 49 22. Twingo, Scénic, Golf, Mercedes... Europcar propose toute une gamme de véhicules pour les week-ends, les vacances ou même pour la journée.
Autre adresse : 1bis, rue de la République 04 66 21 31 35.

Points d'intérêt

MAISON CARREE. *Ouverte, du 16 mars au 14 octobre, de 10h à 19h et du 15 octobre au 15 mars, de 10h à 17h. Fermé le 1er janvier, le 1er mai et le 25 décembre. Entrée libre.* Construite en l'an 5 après Jésus-Christ, dédiée à Caïus et Lucius César, fils et petit-fils de l'empereur Auguste, la Maison Carrée servait, autrefois, de salle de réunions pour les consuls au Moyen Age, d'écuries au XVIIe siècle, avant d'abriter les archives du département après la Révolution. Son plan géométrique est strict mais harmonieux, et les colonnes sont surmontées des classiques chapiteaux corinthiens (volutes et feuilles d'acanthe). Le plafond du pronaos date du XIXe siècle, tout comme la porte d'entrée du temple.

ARENES. *Ouvertes, du 16 mars au 14 octobre, de 9h à 19h et du 15 octobre au 15 mars, de 10h à 17h. Fermées le 1er janvier, le 1er mai, le 25 décembre et les jours de spectacle.* L'amphithéâtre de Nîmes est l'un des mieux conservés du monde romain et le plus grand de France. Il représentait, à l'époque, un tour de force architectural pour accueillir, dans les meilleures conditions, près de 25 000 personnes réparties sur 34 gradins. A l'époque romaine, elles étaient dévolues aux combats des gladiateurs et autres grandes manifestations populaires. Au fil des siècles elles devinrent forteresse contre les invasions des Wisigoths ou des Sarrasins, puis lieu d'habitation. Depuis la fin du siècle dernier, elles ont retrouvé leur affectation première de lieu de spectacle avec l'arrivée de la corrida espagnole. Depuis, les saisons tauromachiques se succèdent avec des cris de joie ou de douleur et un aficion (passionné de corridas) totalement implanté dans la vie locale. Depuis quelques années, l'hiver, les arènes sont recouvertes et offrent un grand espace dédié aux spectacles les plus divers de Johnny à Rostropovitch en passant par Carmen ou le Banquet des Aînés.

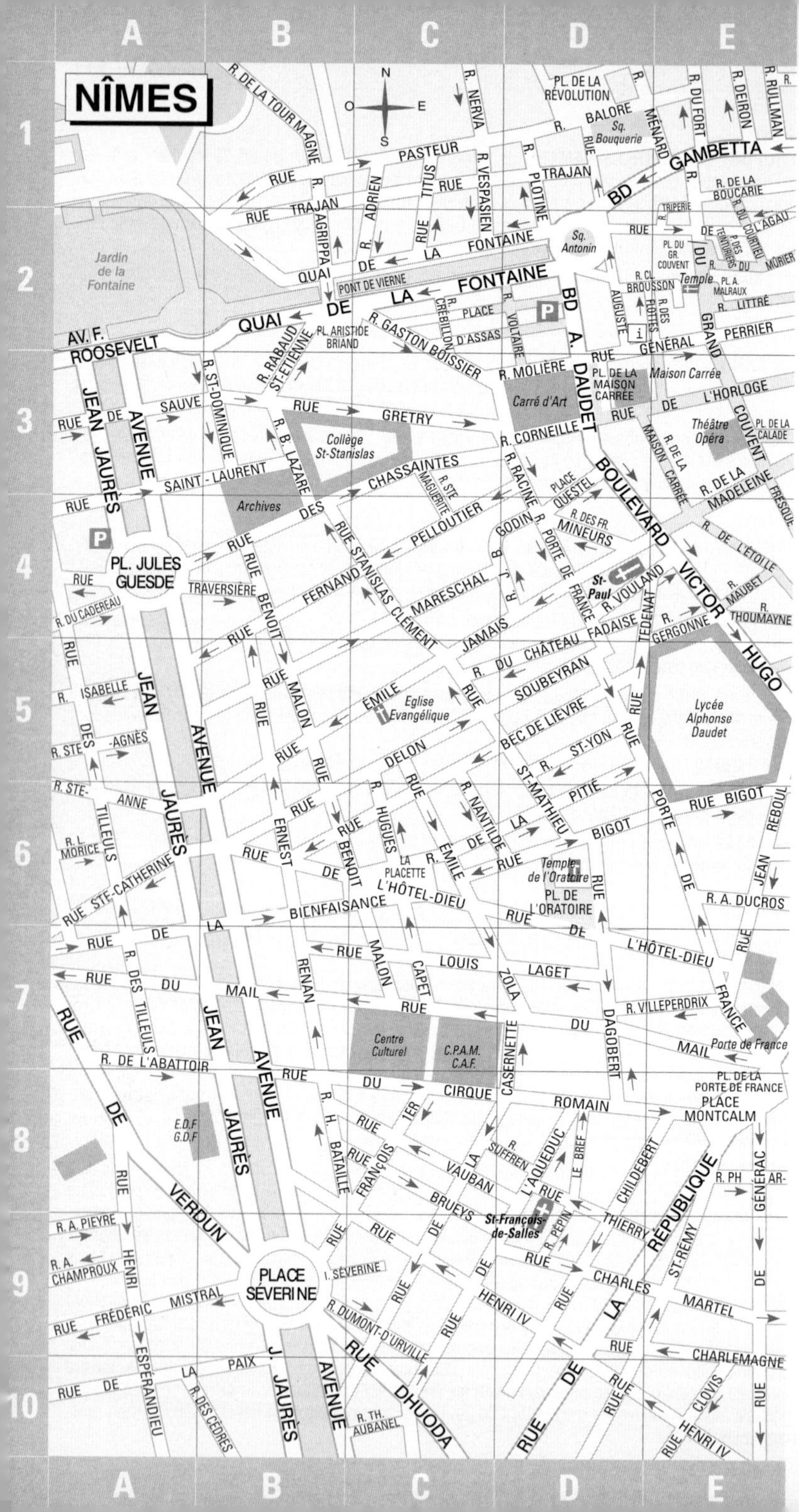

NÎMES
A
B
C
D
E
1
2
3
4
5
6
7
8
9
10
N
O
E
S
Jardin de la Fontaine
R. DE LA TOUR MAGNE
R. NERVA
PL. DE LA RÉVOLUTION
R. BALORE
Sq. Bouquerie
R. DU FORT
R. DEIRON
R. RULLMAN
MÉNARD
BD GAMBETTA
RUE PASTEUR
R. VESPASIEN
R. PLOTINE
TRAJAN
RUE TRAJAN
R. AGRIPPA
R. ADRIEN
RUE TITUS
RUE VESPASIEN
R. DE LA BOUCARIE
TRIPERIE
R. DU COURTIEU
R. L'AGAU
QUAI DE LA FONTAINE
PONT DE VIERNE
Sq. Antonin
PL. DU GR. COUVENT
R. DES TEINTURIERS
R. DU MÛRIER
R. CL. BROUSSON
Temple
PL. A. MALRAUX
R. LITTRÉ
AV. F. ROOSEVELT
PL. ARISTIDE BRIAND
R. GASTON BOISSIER
R. CRÉBILLON
PLACE D'ASSAS
R. VOLTAIRE
BD A. DAUDET
AUGUSTE
R. DES FLOTTES
GÉNÉRAL PERRIER
GRAND
R. RABAUD ST-ÉTIENNE
R. ST-DOMINIQUE
R. MOLIÈRE
PL. DE LA MAISON CARRÉE
Maison Carrée
RUE DE L'HORLOGE
RUE GRETRY
Carré d'Art
RUE DE SAUVE
JEAN JAURÈS
AVENUE
Collège St-Stanislas
R. CORNEILLE
Théâtre Opéra
COUVENT
PL. DE LA CALADE
R. B. LAZARE
SAINT-LAURENT
CHASSAINTES
R. STE MAGUERITE
PLACE QUESTEL
R. DE LA MAISON CARRÉE
R. DE LA MADELEINE
FRESQUE
RUE
Archives
DES
PELLOUTIER
R. RACINE
R. J. B. GODIN
R. PORTE DE FRANCE
R. DES FR. MINEURS
BOULEVARD VICTOR HUGO
R. DE L'ÉTOILE
PL. JULES GUESDE
RUE TRAVERSIÈRE
RUE BENOIT
RUE STANISLAS CLÉMENT
FERNAND
MARESCHAL
St-Paul
R. VOULAND
R. MAUBET
R. THOUMAYNE
R. DU CADEREAU
RUE FADAISE
TEDENAT
R. GERGONNE
JAMAIS
R. DU CHÂTEAU
SOUBEYRAN
R. ISABELLE
RUE MALON
ÉMILE
Eglise Evangélique
Lycée Alphonse Daudet
R. STE AGNÈS
DES
BEC DE LIÈVRE
R. ST-YON
DELON
R. STE-ANNE
R. NANTILDE
ST-MATHIEU
PITIÉ
RUE BIGOT
REBOUL
PORTE DE
R. L. MORICE
TILLEULS
RUE ERNEST RENAN
R. HUGUES
R. ÉMILE ZOLA
DE LA
LA PLACETTE
RUE DE L'HÔTEL-DIEU
Temple de l'Oratoire
PL. DE L'ORATOIRE
JEAN
R. A. DUCROS
RUE STE-CATHERINE
BIENFAISANCE
RUE DE LA
RUE MALON
RUE LOUIS CAPET
LAGET
R. VILLEPERDRIX
FRANCE
RUE DU MAIL
R. DES TILLEULS
Centre Culturel
C.P.A.M. C.A.F.
CASERNETTE
DAGOBERT
Porte de France
R. DE L'ABATTOIR
RUE DU CIRQUE
ROMAIN
PL. DE LA PORTE DE FRANCE
PLACE MONTCALM
RUE DE VERDUN
E.D.F G.D.F
R. H. BATAILLE
1ER
R. SUFFREN
L'AQUEDUC
LE BREF
CHILDEBERT
RUE FRANÇOIS
VAUBAN
BRUEYS
RÉPUBLIQUE
R. PH
GÉNÉRAC
St-François-de-Salles
R. PÉPIN
THIERRY
R. A. PIEYRE
RUE HENRI
ST-RÉMY
R. A. CHAMPROUX
PLACE SÉVERINE
I. SÉVERINE
RUE DE HENRI IV
RUE CHARLES MARTEL
RUE FRÉDÉRIC MISTRAL
R. DUMONT-D'URVILLE
RUE DHUODA
CHARLEMAGNE
ESPÉRANDIEU
RUE DE LA PAIX
J. JAURÈS
R. DES CÈDRES
R. TH. AUBANEL
CLOVIS
RUE HENRI IV

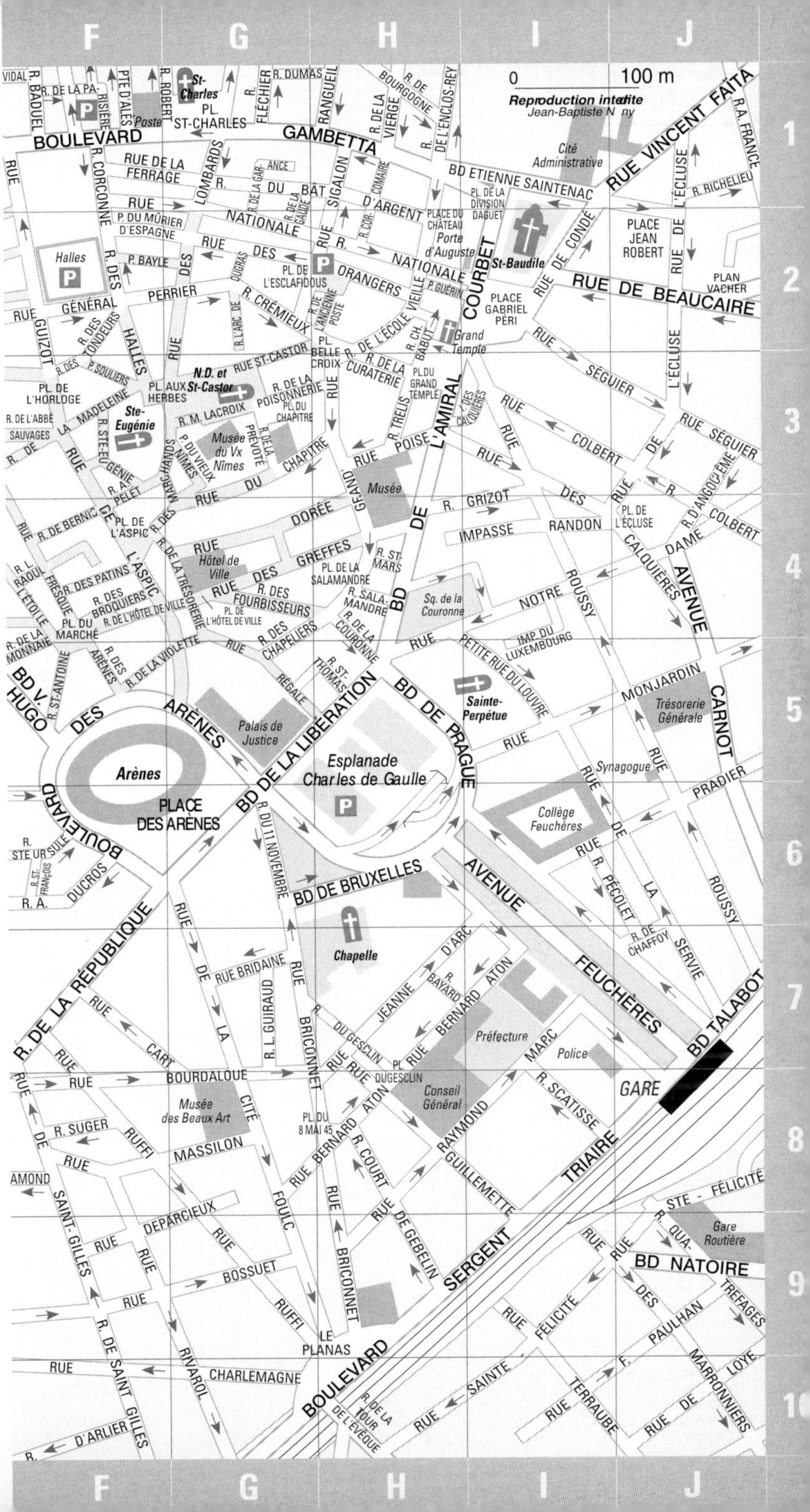

F
G
H
I
J
1
2
3
4
5
6
7
8
9
10
0
100 m
Reproduction interdite
St-Charles
PL. ST-CHARLES
Poste
BOULEVARD GAMBETTA
Cité Administrative
BD ETIENNE SAINTENAC
RUE VINCENT FAÏTA
R. A. FRANCE
R. RICHELIEU
RUE NATIONALE
RUE DE LA FERRAGE
RUE DU BÂT D'ARGENT
PLACE DU CHÂTEAU
Porte d'Auguste
PL. DE LA DIVISION DAGUET
St-Baudile
PLACE JEAN ROBERT
RUE DE L'ÉCLUSE
PLAN VACHER
RUE DE BEAUCAIRE
RUE DE CONDÉ
Halles
RUE DES ORANGERS
PL. DE L'ESCLAFIDOUS
R. CRÉMIEUX
RUE PERRIER
RUE GÉNÉRAL
RUE GUIZOT
RUE DES HALLES
PLACE GABRIEL PÉRI
Grand Temple
COURBET
P. GUÉRIN
RUE SÉGUIER
RUE COLBERT
BD DE L'AMIRAL COURBET
N.D. et St-Castor
RUE ST-CASTOR
PL. AUX HERBES
PL. DE L'HORLOGE
Ste-Eugénie
PL. BELLE CROIX
R. DE LA CURATERIE
PL. DU GRAND TEMPLE
R. DE LA POISSONNERIE
PL. DU CHAPITRE
R. M. LACROIX
Musée du Vx Nîmes
RUE DU CHAPITRE
RUE POISE
GRAND' RUE
Musée
R. GRIZOT
IMPASSE
RUE DES RANDON
PL. DE L'ÉCLUSE
RUE DES CALQUIÈRES
RUE DORÉE
RUE DE L'ASPIC
PL. DE L'ASPIC
Hôtel de Ville
RUE DES GREFFES
PL. DE LA SALAMANDRE
R. DES FOURBISSEURS
PL. DE L'HÔTEL DE VILLE
PL. DU MARCHÉ
RUE NOTRE DAME
RUE ROUSSY
AVENUE CARNOT
Sq. de la Couronne
RUE PETITE RUE DU LOUVRE
IMP. DU LUXEMBOURG
RUE MONJARDIN
Trésorerie Générale
Sainte-Perpétue
Synagogue
RUE RÉGALE
R. DES CHAPELIERS
BD V. HUGO
BD DES ARÈNES
Palais de Justice
BD DE LA LIBÉRATION
BD DE PRAGUE
Esplanade Charles de Gaulle
Arènes
PLACE DES ARÈNES
BOULEVARD
Collège Feuchères
RUE PRADIER
RUE DE LA SERVIE
R. PÉCOLET
R. DU 11 NOVEMBRE
BD DE BRUXELLES
AVENUE FEUCHÈRES
Chapelle
R. DE CHAFFOY
RUE BRIDAINE
RUE JEANNE D'ARC
R. BAYARD
RUE BERNARD ATON
Préfecture
Police
BD TALABOT
GARE
R. DE LA RÉPUBLIQUE
RUE CART
RUE BOURDALOUE
R. L. GUIRAUD
RUE BRICONNET
R. DU GUESCLIN
PL. DUGUESCLIN
Conseil Général
RUE MARC
R. SCATISSE
RUE RAYMOND GUILLEMETTE
Musée des Beaux Art
RUE CITÉ FOULC
PL. DU 8 MAI 45
R. SUGER
RUE RUFFI
MASSILON
R. COURT
RUE TRIAIRE
STE - FÉLICITÉ
Gare Routière
BD NATOIRE
RUE DE SAINT-GILLES
RUE DEPARCIEUX
RUE DE GEBELIN
BOULEVARD SERGENT
RUE BOSSUET
RUE DES TREFAGES
RUE FÉLICITÉ
F. PAULHAN
LE PLANAS
RUE CHARLEMAGNE
RUE RIVAROL
R. DE SAINT GILLES
RUE D'ARLIER
BOULEVARD
R. DE LA TOUR DE L'ÉVÊQUE
RUE SAINTE
RUE TERRAUBE
RUE DE LOYE
MARRONNIERS

A A A

ABATTOIR (rue de L') A7 - B8
ADRIEN (rue) C2
AGAU (rue de L') D2 - E2
AGRIPPA (rue) B2
ALÈS (Porte D') G1
AMIRAL COURBET (boulevard de L') H4 - I2
ANCIENNE POSTE (rue de L') H3 - H2
ANGOULÊME (rue D') J4
ANTONIN (square) D2
AQUEDUC (rue de L') C9 - D8
ARC (rue Jeanne D') H7
ARC de DUGRAS (rue L') G3
ARÈNES (boulevard des) F6 - G5
ARÈNES (place des) G6
ARGENT (rue du BÂT D') G2 - H2
ARLIER (rue D') F10
ASPIC (place de L') F4
ASPIC (rue de L') F4 - G4
ASSAS (place D') C3
ATON (rue Bernard) H7 - I7
AUBANEL (rue Th.) C10
AUGUSTE (rue) D1 - D3
AUX HERBES (place) G3

B B B

BABUT (rue Ch.) H3
BADUEL (rue) F1
BALORE (rue) D1
BATAILLE (rue H.) B8
BAYARD (rue) H7
BAYLE (passage) G2
BEAUCAIRE (rue de) I2 - J3
BEC de LIÈVRE (rue) B6 - D5
BELLE CROIX (place) H3
BENOIT MALON (rue) B4 - B5
BERNIS (rue de) F4
BIENFAISANCE (rue de la) A7 - C6
BIGOT (rue) C6 - D6
BIGOT (rue) D6 - E6
BOISSIER (rue Gaston) C3
BOSSUET (rue) G9
BOUCARIE (rue de la) E2
BOUQUERIE (square) D1
BOURDALOUE (rue) F8 - G8
BOURGOGNE (rue de) H1
BRIAND (place Aristide) B3
BRICONNET (rue) H8 - H9
BRIDAINE (rue) G7
BROQUIERS (rue des) F5 - G4
BROUSSON (rue Cl.) D2
BRUEYS (rue) C8
BRUXELLES (boulevard de) H6

C C C

CADEREAU (rue du) A5 - A4
CALADE (place de la) E3
CALQUIÈRES (rue des) H3 - J4
CAPET (rue Hugues) C6 - C7
CARNOT (avenue) J4 - J5
CART (rue) F7 - G7
CASERNETTE (rue de la) C9 - C7
CÈDRES (rue des) B10
CHAFFOY (rue de) I7 - J7
CHAMPROUX (rue A.) A9
CHAPELIERS (rue des) G5 - H5
CHAPITRE (place du) G3
CHAPITRE (rue du) G4 - H3
CHARLEMAGNE (rue) D9 - E9
CHASSAINTES (rue des) B4 - C4
CHÂTEAU (place du) H2
CHILDEBERT (rue) D9 - D8
CIRQUE ROMAIN (rue du) B8 - D8
CITÉ FOULC (rue de la) G6 - G9
CLÉMENT (rue Stanislas) B4 - C5
CLOVIS (rue) D10 - E10
COLBERT (rue) I3 - I4
CONDÉ (rue de) I2
CORCOMAIRE (rue) H2
CORCONNE (rue) F1 - F2
CORNEILLE (rue) C3 - D3
COURONNE (square de la) H4
COURONNE (rue de la) H5
COURT de GEBELIN (rue) H8 - H9
COURTIEU (rue du) E2
COUVENT (place du GR.) D2
CRÉBILLON (rue) C3
CRÉMIEUX (rue) G2 - H3
CURATERIE (rue de la) H3

D D D

DAGOBERT (rue) D6 - D8
DAUDET (boulevard A.) D2 - D3
DEIRON (rue) E1
DELON SOUBEYRAN (rue) B6 - D5
DEPARCIEUX (rue) F9 - G8
DHUODA (rue) C9 - C10
DIVISION DAGUET (place de la) I2
DORÉE (rue) G4 - H4
DU GRAND TEMPLE (place) H3
DU MÛRIER (place) G2
DU VIEUX NÎMES (passage) G3 - G4
DUCROS (rue A.) F6
DUGESCLIN (place) H7
DUMAS (rue) G1 - H1

E E E

ECLUSE (place de L') I4
ECLUSE (rue de L') I4 - J3
ECOLE VIEILLE (rue de L') H3 - H2
ENCLOS-REY (de L') H1
ESCLAFIDOUS (place de L') G2
ESPÉRANDIEU (rue Henri) A8 - A10
ETOI LE (rue de L') E4

F F F

FADAISE (rue du château) C5 - D5
FAÏTA (rue Vincent) I2 - J1
FERRAGE (rue de la) G2
FEUCHÈRES (avenue) I6 - I7
FLÉCHIER (rue) G1
FLOTTES (rue des) D2
FONTAINE (quai de la) B2 - C2
FORT (rue du) D1
FOURBISSEURS (rue des) G4 - H5
FRANCE (rue Anatole) J1 - J2
FRESQUE (rue) F4 - F5

G G G

GAMBETTA (boulevard) D2 - E1
GARANCE (rue de la) G2
GAUDE (rue de la) H2
GODIN (rue J.B.) C4
GAULLE (esplanade Charles de) H5
GÉNÉRAC (rue de) E10 - E8
GERGONNE (rue) D5
GESCLIN (rue du) H7
GRAND COUVENT (rue du) D2 - E4
GREFFES (rue des) G4 - H4
GRETRY (rue) B3 - C3
GRIZOT (rue) H4 - I4
GUÉRIN (passage) H2
GUESDE (place Jules) A4
GUILLEMETTE (rue) H8 - I8
GUIRAUD (rue L.) G7
GUIZOT (rue) F2 - F3

H H H

HALLES (rue des) F2
HORLOGE (place de L') F3
HORLOGE (rue de L') D3 - E3
HÔTEL de VILLE (place de L') G4
HÔTEL de VILLE (rue de L') F5 - G4
HÔTEL-DIEU (rue de L') B6 - C6
HUGO (boulevard Victor) D4 - E5

I I I

ISABELLE (rue) A5

J J J

JAMAIS (rue Emile) B5 - C5
JAURÈS (avenue Jean) B8

L L L

M M M

N N N

O O O

P P P

Q Q Q

R R R

S S S

T T T

JARDINS DE LA FONTAINE **Quai de la Fontaine.** *Ouverts du 16 Mars au 14 Octobre de 7h30 à 22h et du 15 Octobre au 15 Mars de 7h30 à 18h30. Entrée libre.* Créés au XVIIIe siècle par Mareschal et Dardaihon, les jardins de la fontaine sont décorés de marbre, thermes, et statues qui trônent au centre d'une des plus belles promenades d'Europe. Lors de la réalisation, on y découvrit des vestiges gallo-romains encore visibles actuellement, comme par exemple le temple de Diane. Il faut déambuler pour rencontrer les petits recoins comme la source "Nemausa" qui fut à l'origine de la ville et un lieu de culte romain au-dessus des majestueux escaliers. Ne pas avoir peur de monter jusqu'à la tour qui domine la ville et donne un point de vue unique.

TOUR MAGNE **Jardin de la Fontaine.** *Ouverte du 16 Mars au 14 Octobre de 9h à 19h et du 15 Octobre au 15 Mars de 10h à 17h.* Toujours illuminée, la Tour Magne est une sorte de phare nîmois que l'on voit depuis toutes les routes conduisant à la cité. Elle domine la ville comme un totem bien qu'elle ait perdu son troisième niveau pour s'élever aujourd'hui à 32 mètres. Elle est la seule et la plus grande restante des quelque 80 tours qui balisaient le rempart antique de la cité. Aujourd'hui, monter à la Tour Magne depuis les Jardins de la Fontaine est une promenade familiale appréciée même si la plupart des Nîmois s'arrêtent au pied de l'édifice.

TEMPLE DE DIANE **Jardin de la Fontaine.** Son romantisme en faisait un lieu très apprécié des lycéens amoureux, mais pas du tout de son mystère : qu'a donc à voir la déesse de la chasse avec Nîmes, les Jardins et la Source de La Fontaine ? Aucun historien n'a pour l'instant été capable d'ébaucher le moindre semblant de réponse, pas plus que l'on a pu se mettre d'accord sur sa fonction antique, temple, sanctuaire ou bibliothèque ? On en est donc réduit à profiter de sa simple beauté architecturale ayant inspiré de nombreux architectes.

CASTELLUM **Rue de la Lampèze.** *Entrée libre.* Ce monument romain unique au monde servait autrefois à recevoir l'eau qui arrivait du pont du Gard et à la distribuer dans toute la ville grâce à un réseau de tuyaux de plomb. Le réservoir circulaire est encore visible.

PORTE AUGUSTE **Boulevard Amiral Courbet**. *Entrée libre.* Au bout du boulevard, juste en face de la librairie Lacour, c'est un superbe vestige des remparts qui entouraient la ville à ses origines. Cette porte était l'une des principales entrées de la ville. Aujourd'hui Auguste semble bien seul au milieu de ses colonnades. Le site manque en effet singulièrement de mise en valeur.

CATHEDRALE **Place aux Herbes.** Une vieille dame que sa situation ne laisse pas toujours apprécier à sa juste mesure. Pourtant il faut s'attarder sur cette façade neuf fois centenaire, sur ses hautes frises et sur les différentes époques qui ont laissé leurs traces. A l'intérieur aussi, il y a l'empreinte des civilisations qui se sont succédées et dont chaque petite chapelle est le témoignage.

PLACE D'ASSAS. Conçue en 1989 par Martial Raysse, elle est traversée par une circulation d'eau qui court d'une extrémité à l'autre, entre deux têtes monumentales représentant Nemausa, la source des origines de Nîmes et Nemausus, la force mâle.

MUSEE ARCHEOLOGIQUE **18bis, boulevard de l'Amiral-Courbet ✆ 04 66 67 25 57.** *Ouvert du 16 Mars au 30 Septembre de 10h à. 18h et du 1er Octobre au 15 Mars de 11h à 18h. Gratuit tous les premiers dimanches du mois. Fermé le lundi, le 1er janvier, le 1er mai et le 25 décembre.* "A Nîmes, dès que l'on creuse, on tombe sur des vestiges romains" aiment à se réjouir, un brin satisfaits, les Nîmois non sans une certaine part de vérité mais le Musée archéologique ne se limite pas à la période romaine. Ses collections, pour la plupart locales, couvre toute l'histoire de la cité, du début de l'âge du fer à la fin du Moyen Age, avec une foule impressionnante d'objets de la vie quotidienne (dont les superbes céramiques sigillées que l'on trouve aussi en abondance par tout petits morceaux dans les champs) et de verreries romaines.

CARRE D'ART **Place de la Maison Carrée ✆ 04 66 76 35 35.** *Ouvert toute l'année de 10h à 18h.* Le Carré d'Art, conçu par l'architecte Sir Norman Foster, s'étend sur une surface de près de 13 000 m² et regroupe, à l'image du centre Beaubourg, une médiathèque, une bibliothèque, des ateliers de création et le musée d'art contemporain. Ce dernier possède une collection de près de 300 œuvres offrant un panorama de la création des sixties à nos jours (nouveau réalisme, figuration libre). Des expositions temporaires sont organisées tout au long de l'année. Au rez-de-chaussée du musée, le mur Foster (du nom de l'architecte qui a conçu Carré d'Art) accueille de petites expositions ponctuelles et généralement greffées sur des événements de la cité.

MUSEE D'HISTOIRE NATURELLE **13bis, boulevard de l'Amiral-Courbet ✆ 04 66 67 39 14.** *Ouvert du 16 mars au 30 septembre de 10h à 18h et du 1er octobre au 15 mars de 11h à 18h. Gratuit tous les premiers dimanches du mois. Fermé le lundi, le 1er janvier, le 1er mai et le 25 décembre.* Partageant son adresse et l'ancien couvent jésuite avec son homologue "archéologique", le musée d'histoire naturelle est souvent l'oublié de la ville. Pourtant, et malgré des collections qui font un rien vieillot (la girafe de l'entrée commence à faire un peu miteuse), le travail qui y est mené, notamment sur les martinets noirs qui colonisent les lieux chaque été, mérite d'être connu et reconnu. On a cru que c'était le cas lorsque les producteurs du film "le peuple migrateur" y ont posé leurs caméras mais, malheureusement, les séquences tournées à Nîmes n'ont pas été incluses dans le film. Cela n'empêchera pas les scientifiques de poursuivre leur œuvre et de réussir une restructuration du musée aussi annoncée qu'impatiemment attendue.

MUSEE DES BEAUX-ARTS Rue Cité-Foulc ✆ **04 66 67 38 21.** *Ouvert toute l'année de 10h à 18h. Fermé le lundi, le 1er janvier, le 1er mai et le 25 décembre.* Malgré son réaménagement par l'architecte Jean-Michel Wilmotte, qui a beaucoup travaillé pour la ville de Nîmes dans les années 1980, le musée des beaux-arts commence à faire son âge (il a été ouvert en 1907) et sa réhabilitation mériterait que l'on arrête d'en parler pour se pencher plutôt sur sa réalisation. Le musée le vaut car il abrite de superbes collections (les deuxièmes de France par ordre d'importance) dont la plus grande des mosaïques romaines trouvées à Nîmes (aux Halles) et des œuvres des écoles française, flamande, italienne, hollandaise du XVIIe siècle au XIXe siècle. L'entrée est encadrée de deux statues signées Henri Bouchard et les salles accueillent, de temps à autre, des expositions de peintres contemporains célèbres.

MUSEE DU VIEUX NIMES Place aux Herbes ✆ **04 66 76 73 70.** *Ouvert du 16 mars au 30 septembre de 10h à 18h et du 1er octobre au 15 mars de 11h à 18h. Gratuit tous les premiers dimanches du mois. Fermé le lundi, le 1er janvier, le 1er mai et le 25 décembre.* L'histoire de Nîmes ne se limite pas à l'époque gallo-romaine. La preuve, avec ce magnifique musée qui se consacre à un passé allant du Moyen Age au siècle dernier et prend ainsi la suite du musée archéologique. Il s'attache à présenter les objets de la vie quotidienne et à reconstituer le cadre de vie (avec des reconstitutions de salons nîmois) des Nîmois d'hier. Il organise des expositions thématiques régulières et une très intéressante histoire du développement et du déclin de l'industrie textile locale qui porte sur la totalité de la période concernée dans les collections.

PLANETARIUM Avenue du Mont-Duplan ✆ **04 66 67 60 94.** *Ouvert les mercredi, samedi et dimanche à 15h et 16h30. Le mercredi, à 10h et 11h, séances jeune public (5/8 ans). Le vendredi à 20h30, séance ciel actuel, musique et rêverie.* Au mont Duplan, on s'envole dans les étoiles pour un voyage merveilleux et hautement instructif. Diaporama, musique et commentaires pour mieux comprendre notre univers. Présentation spécifique pour les petits (4 à 7 ans) le mercredi à 10h et 11h. Un haut lieu de rêve et de connaissances.

Les arènes

Maison Carrée et Carré d'Art

Statue

Statue de Nimeno II de dos

Statue de Nimeno II de face

La Tour Magne

CHAPELLE DES JESUITES Grand-Rue ✆ 04 66 67 25 57. *Son nom indique quel fut le passé de cette superbe église datant de la fin du XVIIe siècle. Entièrement rénovée dans les années 1980, elle est, aujourd'hui, un lieu d'exposition prestigieux et très recherché qui accueille, aussi bien des expositions d'artistes contemporains, locaux ou anciens que des rendez-vous thématiques de sociétés ou associations.*

ESPACE DU CHEMINOT 97, rue Pierre-Semard ✆ 04 66 70 40 45. *Ouvert le samedi, sur rendez-vous, de 14h à 17h30. Visites guidées tous les 1er et 3e week-ends du mois et du 1er juillet au 15 septembre tous les jours sauf le lundi. En semaine et pour les groupes, sur rendez-vous.* Ce musée du chemin de fer, installé aux entrepôts de la SNCF, a été créé en 1995 par "L'Etoile de Nîmes", une association de cheminots passionnés qui ajoutent, chaque année ou presque, de nouvelles pièces à leur déjà superbe collection. Maquettes, documents, pièces de matériel ancien, une allège postale et un appareil "Castan" constituent l'ensemble d'une collection présentée dans cinq salles d'exposition aux airs de tunnel ferroviaire.

Le couvert

AUX PLAISIRS DES HALLES 4, rue Littré ✆ 04 66 36 01 02. *Fermé pour les vacances de la Toussaint et de février. Menus à 18 € (déjeuner), 33 €, 45 €.* Une ambiance de bistrot au décor contemporain et, aux fourneaux, un jeune chef, Sébastien Granier, plein de talent, pour décliner de façon moderne des produits réputés traditionnels ou classiques comme le ris d'agneau, la sole, le foie gras ou le filet de charolais. Accompagnés de duxelles de champignons et d'oignons, de compote de reinette, de marmelade d'aubergine ou de purée de poivrons rouges et de piment, les saveurs s'épanouissent. Le résultat : une adresse dont on parle de plus en plus dans la ville.

LE MAGISTER 5, rue Nationale ✆ 04 66 76 11 00. *Fermé vacances de février et au mois d'août. Fermeture hebdomadaire : le dimanche et les samedi et lundi midi. Menus de 23 € à 50 €.* On ne présente plus le Magister, une table dont la réputation n'est plus à faire. Encensé par tous pour la qualité des produits et la maîtrise de sa cuisine, Martial Hocquart mène son affaire depuis des années avec une constante qualité. On retiendra un sublime mille-feuille de tomate au crabe avec un jus gaspacho accompagné d'avocat et de pomme et nous avons encore en mémoire une brandade de Nîmes servie sur une pomme granny légèrement poêlée.

Tous les ingrédients de la Méditerranée : les rougets, les asperges, le filet de taureau, les courgettes, les pélardons… tout est bon pour enrichir une carte pleine de saveurs et de senteurs. Belle salle classique, accueil efficace et discret de Madame et, en prime, une belle carte de vins régionaux à prix maîtrisés.

LE JARDIN D'HADRIEN 11, rue Enclos-Rey ✆ 04 66 21 86 65. *Ouvert de 12h à 14h et de 19h30 à 22h. Fermé les mardi et mercredi ainsi que le dimanche soir. Menus à 17 € et 26 €. Carte. Terrasse.* Réputé de longue date, on aime sa salle chaleureuse aux pierres apparentes où les tables, rondes pour la plupart, sont disposées de manière à respecter le bien-être de chacun. Le premier menu offre un "programme" très carnivore, avec mousse de foie cévenole et faux-filet de bœuf vigneronne, donnant une idée assez juste de l'ancrage local, du temps consacré et de la recherche de la cuisine concoctée ici : saumon fumé "maison", huîtres d'Isigny braisées, feuilleté d'escargots au roquefort, papetons de chèvre à la tapenade…

L'ENCLOS DE LA FONTAINE Quai de la Fontaine ✆ 04 66 21 90 30. *Site Internet : www.hotel-imperator.com. Ouvert midi et soir. Menus de 28 € à 60 €. Carte moyenne à 60 €. Accès handicapés. Terrasse.* Qu'est-ce qui fait le principal attrait de ce très bel enclos ? Le fait qu'il soit le restaurant du Grand Hôtel Impérator ou le talent de son réputé chef Jean-Claude Nigon ? Les deux sans doute, car la magie du lieu se prolonge idéalement sous vos pieds avec des tapis profonds, des tables bien disposées et suffisamment espacées, tant dans la grande salle que sous la vaste véranda (pour manger côté jardin), des tons pastel et chaleureux à la fois et un service toujours efficace et stylé. Côté goût, on est aussi à la fête avec une cuisine tout imprégnée des meilleurs produits et saveurs du pays : croustillant de brandade avec un papeton d'aubergine et un coulis de tomate qui font la fête à ses sens.

LA FONTAINE DU TEMPLE 22, rue de la Curaterie ✆ 04 66 21 21 13. *Ouvert tous les jours de 12h à 15h et de 19h à 22h30. Fermeture hebdomadaire le dimanche.* Vous apprécierez forcément cette bonne table où la discrétion semble être le concept qui s'impose. Discrétion du service qui vous offre tout ce que vous pouvez en attendre sans jamais être envahissant, discrétion de la décoration de la salle où les tables sont suffisamment espacées pour garantir l'intimité des conversations, discrétion du lieu même, situé légèrement en retrait des grands axes de la migration citadine. La carte constitue une véritable invitation au voyage gourmand. Les régions sont, en effet, ici, à mettre au pluriel, puisque se côtoient des spécialités de Savoie, de Bourgogne, des Cévennes… et des spécialités locales bien sûr.

LES OLIVADES 18, rue Jean-Reboul ✆ 04 66 21 71 78. *Fermé dimanche et lundi. Menus à 11 € et 17 €, carte moyenne à 20 €, et vin au verre à 2,50 €.* C'est ici l'un des endroits dont on raffole car il y règne un esprit qui le rend agréable à fréquenter. Les Olivades, qui partagent leurs locaux avec l'excellente vinothèque de M. et Mme Teyssier, en regorgent de bonnes et agréables choses : agréable la petite salle voûtée, agréable la beauté discrète et authentique des couverts, agréable encore l'accueil et agréable, surtout, la cuisine qui propose des plats à la fois originaux, raffinés et souvent changés. Bon aussi le vin que l'on vous recommande de goûter ici au verre, histoire de multiplier les découvertes, ou alors, sur les conseils du chef, véritable maître en la matière.

L'ESCLAFIDOU 7, rue Xavier-Cigalon ✆ 04 66 21 28 49. *Ouvert du mardi au samedi. Fermé les dimanche et lundi. Menu le midi à 12 €, menu à 16 €, salades de 8 € à 9 €, carte moyenne à 25 €.* Plus que provençale, c'est locale qui qualifie la cuisine de ce très agréable restaurant. Une petite salle où l'on n'est pourtant pas contraint à la moindre promiscuité, une décoration sans ostentation et la superbe place des esclafidous donnent le ton : tapenade, anchoïade, anis, brandade, aubergines constituent les arrangements d'une cuisine de terroir qui sent très bon le sud. On accommode ici avec beaucoup de goût les poissons grillés, la côte de taureau, le suprême de volaille, les gambas, les noix de Saint-Jacques et les nombreuses salades, le tout délicieusement présenté.

LE MAS CHEZ LILOU 17, avenue de Provence - MARGUERITTES ✆ 04 66 75 65 82. *Ouvert tous les jours de la semaine midi soir, vendredi et samedi soir sur réservation. Menus 12 € (semaine) et de 15 € à 20 € le week-end, carte de 15 € à 20 €.* Originaire du village, Lilou a appelé les potes à la rescousse pour transformer une des maisons millénaires du vieux village en une des plus belles salles de restaurant de la région, faisant renaître à la vie les vieilles pierres, les voûtes et clés de voûte de cette superbe construction, créant un sol de bars et pare feuilles, inventant une décoration où Maghreb et Languedoc font bon ménage. A midi, place à la cuisine traditionnelle, simple, efficace et goûteuse, pour déjeuner rapidement ou tranquillement. Et le soir, Lilou donne la pleine mesure de ses multiples talents avec une cuisine exotique des plus réussies (très sud, du couscous à la paella) et un talent fou pour accueillir ses convives, les mettre à l'aise et animer leur soirée. Ce n'est plus à suivre, c'est à garder !

LES AGAPES Place des Esclafidous ✆ 04 66 67 38 50. *Fermé dimanche et lundi. Carte moyenne 19 €. Terrasse.* Volant, désormais, de ses propres ailes, Gérald affiche en permanence un sourire aussi sincère que sa cuisine. Ombragée, la place des Esclafidous est un des plus agréables cadres de la ville, un havre de tranquillité isolé des moteurs. Et la carte est un festival de goûts, de parfums, de noms plus tentants les uns que les autres, même si, pour notre part, notre choix est fait. En entrée, la tarte Tatin de tomate (avec oignons, pignons, salades...) et, ensuite, un faux-filet de taureau sauce marchand de vin. Mais bon ! vous pouvez aussi essayer le feuilleté de foie gras puis les gambas façon Agapes ou les magrets dans leur sauce au vin rouge. Restent les sensations, l'agréable nonchalance, qui nous envahissent dès que l'on s'assied à la terrasse des Agapes ; ce sont elles qui nous attachent à la table de Gérald Combe.

LA FONTAINE DU TEMPLE 22, rue de la Curaterie ✆ 04 66 21 21 13. *Ouvert tous les jours sauf le dimanche. Menus à 12,50 €, 16,50 €, 21,50 € et 24,50 €. Formules avec plat du jour à 7 €, 9 € et 11 €. Carte bancaire, Chèque-Restaurant.* Discrétion du service qui vous offre tout ce que vous pouvez attendre sans jamais vous envahir, discrétion de la salle, joliment et chaudement décorée, où les tables sont suffisamment espacées pour garantir l'intimité des conversations, discrétion du lieu qui s'installe légèrement en retrait des grands axes de migration citadine. On goûte tout cela à sa juste valeur, mais ce ne serait pas suffisant s'il n'y avait, en plus, une carte qui est une vraie invitation au voyage gourmand. Les régions sont, en effet ici, à mettre au pluriel avec des spécialités de Savoie, de Bourgogne, des Cévennes et d'ici, mais aussi des suds italien et espagnol.

SAMBUGARO 2, place Bellecroix ✆ 04 66 36 73 13. Voilà une adresse pas si ancienne (trois ans peut-être au plus), bien installée à deux pas de la cathédrale sur la petite place Bellecroix. La patronne s'appuie sur une équipe jeune et dynamique et fait recette le midi, où les commerçants, notamment, viennent se restaurer, comptant sur un plat du jour à moins de 8 €, souvent bien élaboré, et d'autres plats à peine retouchés, mais qui redonnent du charme aux saveurs les plus usitées (exemple : l'escalope de poulet au gorgonzola). La terrasse, la salle en bas et celle en haut sont le plus souvent pleines, c'est dire si l'on doit vous conseiller de réserver le midi. L'endroit est décontracté, parfait pour déjeuner en tête-à-tête ou seul pour faire une vraie coupure entre midi et deux, le restaurant ne travaillant pas le soir.

LE BOUCHON ET L'ASSIETTE 5bis, rue de Sauve ✆ 04 66 62 02 93. *Site Internet : www.bouchon-assiette.com. Fermé au mois d'août et deux semaines en hiver, fermeture hebdomadaire mardi et mercredi. Menus de 15 € à 39 €.* Issu de la floraison des restos sympas en centre ville, cet établissement, tout près des Jardins de la Fontaine, est le lieu idéal pour venir déguster un plat, accompagné d'un bon vin régional. Décor soigné et cossu, ambiance très conviviale et une cuisine goumande faite pour le plaisir : avec ses pointes d'asperges vertes aux copeaux de parmesan, les filets de dorade poêlés à l'huile de noisette, le plateau de fromages affinés et son croustillant aux pignons de pins, accompagné de mousse, glacé au miel, le premier menu est d'un remarquable rapport qualité/prix.

Le gîte

HOTEL PROVENCE 5-7, square de la Couronne ✆ 04 66 36 83 56 33.** *E-mail : www.hôteldeprovence.com. Chambres climatisées de 45 € à 58 € (pour deux personnes). Petit déjeuner 6 €. Garage.* Avec son restaurant, le Provence a donc ouvert depuis peu son hôtel. Il a immédiatement rencontré le succès grâce à un couple de jeunes gérants sympathiques et accueillants et grâce à une offre de chambres bien agencées, bien décorées et parfaitement adaptées à un séjour nîmois de qualité. Petits ou grands lits au choix ou les deux pour les familles, chacun décidera, en fonction de ses envies, besoins et budgets, mais profitera toujours du décor soigné et de la tranquillité des lieux.

AUDRANS TERMINUS 23, avenue Feuchères ✆ 04 66 29 20 14.** *Site Internet : hôtel-terminus-nîmes com - E-mail : hôtel.terminus.nîmes@wanadoo.fr. Trente-deux chambres de 29 € à 52 €. Petit déjeuner. Parking. Accès handicapés. Animaux acceptés. Séminaires et accueil groupe.* Immanquable, il s'agit du premier hôtel en sortant de la gare, quasiment le seul, mais il ne profite pas de cette concurrence réduite pour galvauder la qualité de l'accueil et le confort du service, tous deux remarquables, notamment au regard des tarifs pratiqués. Egalement à proximité du centre-ville et de ses monuments, on apprécie les chambres douillettes et bien insonorisées ainsi que le parking privé à disposition.

HOTEL DE LA MAIRIE 11, rue des Greffes ✆ 04 66 67 65 91.** *Treize chambres de 23 € à 47 € (pour deux personnes), petit déjeuner à 5 €.* Petit et confortable, cet hôtel présente surtout l'avantage d'être on ne peut plus central puisqu'il est situé dans la rue qui va de la mairie à la chapelle des Jésuites, piétonne et calme, malgré l'arrivée récente dans le voisinage d'un bar fort animé. Bref, une situation idéale pour visiter, sans souci et sans auto, les monuments et musées nîmois et pour tous ceux qui aiment les séjours tranquilles à un bon rapport qualité/prix.

HOTEL DE MILAN** 17, avenue Feuchères** © **04 66 29 29 90.** *E-mail : www.hôteldemilan.fr.st. Trente-trois chambres (douches, WC, télé) de 40 € à 48 € (pour deux, trois, quatre et cinq personnes). Petit déjeuner à 5,74 €. Accès animaux.* En sortant de la gare de Nîmes, moins de 3 heures après avoir quitté la capitale, on ne peut pas se tromper : c'est tout droit en face pour trouver un des deux seuls hôtels qui lui soient vraiment proches. Celui-ci a choisi le nom d'une ville italienne puisque le terminus était déjà pris. Avec sa façade rénovée, il séduira par son hall jaune pâle et bleu lavande et ses chambres familiales parfaites pour une halte sur la route des vacances comme pour un séjour de visite dans la ville.

CAMPING DOMAINE DE LA BASTIDE Route de Générac © **04 66 38 09 21.** *Accès handicapés. Animaux acceptés.* Le seul camping de Nîmes bénéficie d'une situation privilégiée dans le coin le plus frais de la ville, ce dont on mesurera l'intérêt en pleine canicule de juillet. Tennis, terrains de foot, lac, centre d'équitation, sentiers de jogging, club de tennis à proximité, le camping bénéficie de tous les attraits du Domaine de La Bastide, un lieu appelé à devenir la grande base de loisirs de la ville. Desservi par les bus de la ville, il est, en plus, situé à un point stratégique pour partir dans toutes les directions (Avignon, Montpellier, mer, Cévennes) et visiter la région.

Le gîte et le couvert

IMPERATOR CONCORDE**** Quai de la Fontaine** © **04 66 21 90 30.** *Site Internet : www.hotel-imperator.com. 62 chambres. Côté quai 99 €, côté jardin 110 €, chambre supérieure 148 €, luxe à 183 €, appartement de 304 € à 319 €. Petit déjeuner 16 €. Restaurant "L'Enclos de la Fontaine" : menus de 28 € à 60 €. Carte.* La légende des légendes hôtelières, à Nîmes, c'est bien l'hôtel Imperator Concorde. Central, tout en demeurant à deux pas des magnifiques jardins de la Fontaine, doté lui-même d'un vaste et superbe jardin fleuri et arboré d'essences exotiques (séquoia, ginkgo biloba...), célèbre pour son ascenseur début de siècle, qui est l'objet d'une vénération locale, l'hôtel fait l'unanimité auprès de ses hôtes et des Nîmois qui aiment venir y boire un verre au bar Hemingway, y traiter quelques affaires dans les salons et y faire la feria. Hôtel des toreros et des artistes, l'Imperator donne à ceux qui le fréquentent l'agréable sensation d'entrer dans un monde plus agréable, plus facile à vivre. Pour le côté très pratique, ses chambres colorées et généreusement confortables, le service impeccable et les prestations de classe (fleurs ou champagne dans les chambres...) satisferont les plus exigeants. Et si cela ne suffit pas, quelques instants de délassement dans le jardin achèveront la démonstration.

Fontaine du Crocodile

Palmier nîmois

Les arènes

NOVOTEL ATRIA* 5, boulevard de Prague © 04 66 76 56 56.** *Site Internet : www.novotel.com. Cent-dix-neuf chambres de 90 € à 107 € et de 110 € à 125 € pendant la feria. Petit déjeuner : 12 €. Accès handicapés. Animaux acceptés. Garage.* Ce grand hôtel moderne propose des chambres confortables et fonctionnelles, de nombreux coins "salon", un bar à l'ambiance feutrée, un restaurant de qualité, un petit salon de coiffure. Tout pour satisfaire une clientèle habituée à ne pas avoir de soucis, ce qui sera le cas, ici, grâce à l'attention portée au moindre détail par le directeur, Bernard Aubry, et tout le personnel. Avec sa situation stratégique, aussi proche de la gare que des arènes, l'Atria a su s'imposer dans le paysage hôtelier nîmois, séduisant aussi bien hommes d'affaires que toreros, vacanciers que célébrités de passage.

ROYAL HOTEL* 3, boulevard Alphonse-Daudet © 04 66 58 28 27.** *Vingt-trois chambres de 66 € à 91 €. Terrasse et bar. Restaurant ouvert midi et soir.* Un établissement original avec ses salons d'accueil à la décoration très inspirée puisque fournie par la plupart des créateurs nîmois qui sont autant d'habitués appréciant les lieux et le restaurant à tapas qu'ils hébergent. C'est que l'esprit ici, habile mélange de tradition, d'art brut et de modernisme, a tout pour plaire et offrir de belles soirées grâce, notamment, à une vaste ouverture sur la superbe place d'Assas et ses terrasses estivales étalées à proximité des quais de la Fontaine. Tout simplement royal.

HOTEL DE LA MAISON CARREE 14, rue de la Maison-Carrée © 04 66 67 32 89.** *Ouvert de 7h30 à 23h, fermé du 23 décembre au 1er janvier. Dix-neuf chambres de 35 € à 70 €, petit déjeuner 5 €. Téléphone et câble, ascenseur, animaux admis.* Sans doute l'hôtel le plus proche du forum nîmois, comme son nom et son adresse l'indiquent. Discret et tranquille, loin d'aucune des nombreuses merveilles du centre-ville nîmois, il séduira évidemment, prioritairement, tous ceux qui aiment découvrir à pied les charmes d'une cité et ne pas se prendre la tête avec la voiture pendant les vacances.

L'ORANGERIE* 755, rue Tour-de-l'Evêque © 04 66 84 50 57.** *Trente chambres climatisées à partir de 65 €. Petit déjeuner buffet 9 €. Accès handicapés, garage, terrasse, piscine extérieure. Menu du Terroir à 28 €, carte de 16 € à 49 €, menu enfant à 13 €. Accès animaux.* L'Orangerie nous apparaît sous un jour plus que séduisant avec sa belle bâtisse tapie derrière une grande allée de platanes, mais ce n'est que pour mieux s'ouvrir sur les bâtiments modernes où l'hôtel a installé ses trente chambres et suites. Distinction, tradition et confort sont les clés du séjour agréable qui vous est assuré ici dans des chambres récemment refaites qui donnent toutes sur un panorama agréable - au choix, piscine ou pépinière (difficile de trouver mieux comme voisinage) - et pour certaines, dotées d'attributs des plus attrayants tel le bain bouillonnant qui vous aidera à vous sentir relaxé dès votre arrivée. Référencé Best Western et Logis de France, l'Orangerie porte un nom royal et le porte avec classe.

AUBERGE DU BOIS DES ESPEISSES 127, route d'Alès © 04 66 23 62 98.** *Vingt-cinq chambres à 35 € et 43 €. Petit déjeuner à 7 €. Parking gratuit et garage privé à 6 €. Accès handicapés. Animaux acceptés. Garage.* Pour prendre un peu de hauteur, rien de tel que la route d'Alès et son accès direct vers les garrigues nîmoises, le nord du département, les Cévennes voire la Lozère et, à pied, le bois des Espeisses, bien sûr. Labellisée Logis de France, son auberge est immanquable mais tranquille, sur une route moins fréquentée depuis qu'existe le périphérique ouest reliant la route d'Alès à celle de Montpellier. Autant de bonnes raisons de sortir des sentiers trop battus et de séjourner ici, où l'on propose d'agréables chambres donnant sur une nature préservée.

AUBERGE DE JEUNESSE 257, chemin de l'Auberge-de-la-Jeunesse © 04 66 68 03 20. *Site Internet : www.fuaj.org/aj/nimes. Nuit 9,45 €, repas de 8,60 € à 9,10 € et petit déjeuner à 3,30 €. Service minibus depuis la gare à 1,40 €. Location de scooter à 22 € par jour (débutants s'abstenir), et de vélo à 8,20 €.* L'auberge est un véritable hôtel avec une gamme impressionnante de services (de la borne Internet à la cuisine mise à disposition de chacun en passant par les locations et les armoires cadenassées) et se trouve au cœur d'un superbe parc botanique enrichi depuis l'année dernière d'une œuvre de l'artiste Maurice Laurent. A ce tarif, le monde entier se presse à l'auberge nîmoise pour profiter de ce cadre de rêve, des prix imbattables et de l'ambiance du lieu garantie par le grand Andy dont le look surprendra moins que l'éternelle bonne humeur.

Loisirs

Activités sportives et de plein air

PETIT TRAIN Esplanade © 06 08 06 94 91. Face au palais de justice. Circule de Pâques à Octobre. Possibilité d'ouverture pendant les vacances scolaires (se renseigner). Quarante-cinq minutes de voyage au cœur de la ville, confortablement installé dans un wagon ouvert pour mieux sentir l'air de la ville. Une petite halte est prévue aux jardins de la Fontaine pour se dégourdir les jambes et, surtout, pour apprécier la majesté de ce lieu.

BOIS DES ESPEISSES Route d'Alès. Aménagé et inauguré en 1999, ce "parc en pleine ville" propose quatre parcours de 1 000 m, 1 250 m, 2 500 m et 5 000 m à effectuer à pied ou en VTT. La balade entre les chênes verts et arbousiers se fait dans la plus parfaite tranquillité. Les chemins serpentent au gré de vallons qui sont autant d'abris pour les jours de mistral et, à proximité du parking, de nombreuses tables et bancs invitent au pique-nique. Les chiens tenus en laisse sont les bienvenus, mais, en revanche, pour les poussettes, c'est un peu trop cahoteux et accidenté. Dommage, parce qu'effectivement le Bois est tout proche de la ville et l'on peut même s'y rendre en bus (ligne 2 Route d'Arles/Route d'Alès, arrêt "Bois des Espeisses").

AQUATROPIC 39, chemin de l'Hostellerie ✆ 04 66 38 31 00. *Ouvert toute l'année : en été, de 11h à 21h selon les jours (se renseigner) ; en hiver, de 10h à 21h selon les jours (se renseigner) ; pendant les vacances scolaires, de 10h à 21h selon les jours. Tarifs entrée générale : adultes 4,60 €, enfants (moins de 8 ans) : 1,20 €. Natation, aquagym, gym prénatale, loisirs aquatiques (avec toboggan, Jacuzzi, bain à remous et rivière artificielle), aquabébé mais aussi fitness, sauna, hammam, tennis, bronzage naturel ou avec l'aide des lampes à UV.* Aquatropic propose un véritable club de vacances en plein cœur de Ville Active et non loin de la sortie d'autoroute Nîmes ouest. Si le catalogue d'activités est impressionnant et tentant, il convient tout de même de préciser que pour la natation pure, les bassins (notamment hivernaux) ne sont pas très bien adaptés puisqu'à l'origine c'était un parc de loisirs plus que de sports.

TOUR MAGNO GARDIANO Domaine de la Bastide - Route de Générac ✆ 04 66 38 36 30. Exclusivement tourné vers la monte camarguaise, ce club est la référence en la matière à Nîmes. Dans le bel environnement de la Bastide, il accueille les enfants dès 7 ans dans une ambiance confraternelle où le cheval est vraiment le meilleur ami de l'homme. Les moniteurs alternent les balades et les leçons pour que monter soit toujours un plaisir.

GOLF DE NIMES-VACQUEROLLES Route de Sauve ✆ 04 66 23 33 33. *Fax 04 66 23 94 94. E-mail : vacquerolles.opengolfclub@wanadoo.fr. Tarifs à partir de 55 € la nuit jusqu'à 520 € pour la semaine en saison.* Le parcours (18 ou 9 trous) est varié et sans trop de difficultés. C'est, dès lors, un superbe terrain de perfectionnement. Très beaux espaces d'entraînement pour le swing mais aussi pour les approches et autres sorties de sable, le tout dans une ambiance très conviviale. Deux nouveautés : parcours débutants 6 trous et possibilité de location de studios sur le site. Le matériel peut se louer sur place.

GOLF DE NIMES CAMPAGNE Route de Saint-Gilles ✆ 04 66 70 17 37. L'un des plus beaux parcours de France qui s'étend sur 52 hectares aménagés entre garrigue et plaine. L'arrivée du TGV, avec son apport de clientèle aisée venue s'installer dans la région, a dopé la fréquentation de ce parcours tracé autour d'un club-house qui a des allures de "Maison Blanche". Classé 26e golf de France. Parcours 9 et 18 trous ouverts toute l'année de 8h à 19h selon saison. Tarifs de 40 € à 65 € avec possibilité de location de matériel.

TENNIS CLUB DE LA GALOFFRE Route de Générac ✆ 04 66 38 15 36. Sept terrains (5 en terre battue et 2 en dur). Tarifs : 11 € de l'heure (réservations possibles le jour même) et possibilités d'abonnements à l'année. Formules "tennis-études" et stages toute l'année. Né bien avant que le tennis ne devienne un sport pour tous, le club du Mas de la Galoffre a gardé une certaine aura aristocratique dont sa situation privilégiée, face au très agréable et beau complexe sportif de la Bastide, est un des garants. Le club de ceux pour qui le tennis est autre chose qu'un sport.

Sorties

BUVETTE DES HALLES Allée de l'Ail - Halles centrales. *Ouvert de 6h à 13h.* Le comptoir le plus atypique de la ville puisque c'est celui du marché des Halles, ouvert donc tous les jours de 6h à 13h (un peu avant même, mais pour les étaliers exclusivement). Le dernier vrai zinc de la ville, sans doute, où l'on aime venir faire l'after de l'after à coup de rosé limé au petit jour à peine pâle (et même un peu plus tard). C'est un peu le passage obligé pour bien saisir la température ambiante et voir passer le tout Nîmes Un de ces comptoirs où l'on aime se retrouver de façon improvisée autour d'un saucisson acheté à côté,ou d'un fromage acheté en face.

LE CAFE OLIVE 22, boulevard Victor-Hugo ✆ 04 66 67 89 10. *Terrasse.* Avec sa déco toujours très tendance, sa situation pile en face du lycée Daudet et son nom bien local, on choisira volontiers ce bar-là pour siroter le petit noir matinal ou de fin de repas, d'autant qu'il nous est annoncé "commerce équitable" et servi avec une amabilité de bon ton. La salle du haut est idéale, l'après-midi, un bouquin à la main. Un grand choix de cafés et plusieurs sortes de thés vous sont proposés. Fermeture le dimanche.

LE NAPOLEON 46, boulevard Victor-Hugo ✆ 04 66 67 20 23. Si, en 2003, le bar a changé de propriétaires, le Napoléon reste une valeur sûre de la ville et l'un des établissements les plus agréables à fréquenter à toute heure. Proposant désormais, à midi une restauration-brasserie, il a ainsi confirmé son regain de vitalité, également exprimé par le remplacement de l'historique vert anglais par un rouge carmin qui semble avoir invité la lumière à l'intérieur. Ce qui fait que, même en hiver, on se poste volontiers au "Napo" pour regarder passer les Nîmois car, inévitablement, ceux que l'on connaît se montreront dans les parages. Des soirées à thèmes sont proposées les jeudi, vendredi et samedi (safari...). Ouvert toute l'année et fermeture à 2h du matin !

LE GAMBRINUS 18, avenue Jean-Jaurès ✆ 04 66 23 18 94. *Ouvert de 6h30 à 22h toute la semaine.* Véritable affaire de famille, le Gambrinus tient, depuis de nombreuses années, le haut du pavé des bars de la ville avec une situation privilégiée des plus fréquentées. Résultat, le café réunit aussi bien les vieux habitués de l'apéro que les lycéens échappés de Montaury, les travailleurs des environs que les (jeunes) mamans du quartier. Et chacun semble s'y trouver bien en compagnie de l'autre. Restauration-brasserie le midi sauf les week-ends. Une ouverture très sudiste et très agréable, et un accueil des plus sympathiques !

LE 421 37, rue Fresque-Nîmes ✆ 04 66 67 16 29. *Ouvert tous les jours de 8h à 23h.* S'il est bien un endroit qu'il ne faut pas manquer à Nîmes, c'est bien le 421, véritable lieu de vie des afficionados de toros, de corridas, des arts, du flamenco... le rendez-vous de ceux qui aiment la fête, l'ambiance espagnole, la convivialité, venus là pour passer un moment de détente ou assister à une corrida, diffusée en direct sur le petit écran. Le tout orchestré par le maître des lieux, Bernard, patron de l'établissement mais, aussi et surtout, père du jeune novillero nîmois Jonathan Veyrunes. Si vous passez à côté des arènes, n'hésitez pas à venir boire un verre au 421 !

LE KRYSTAL Moulès ✆ 04 90 98 32 40. *Site Internet : www.lekrystal.com. Ouverture les mardi, vendredi et samedi de 22h à 6h et les dimanche et lundi de 14h30 à 19h30.* Voilà une boîte totale. Avec ses trois bars et son snack, ses cinq pistes de danse et deux à l'extérieur, ses soirées délirantes aux ambiances adaptées suivant les goûts de chacun : le Dancing (rétro, disco, variétés), le Club (groove, house music) et le Patio et ses 1 200 m^2 de jardin, idéal pour faire la fête en été. Le club est l'espace rêvé pour une fête complète dans les sons les plus branchés dirigés par son disc-jokey résident, Olivier Moya, et dans des animations souvent sexy. Entrée gratuite pour les dames les mardi, vendredi et lundi ! Si l'on rajoute, pour votre confort, que le Krystal vous accueille avec un parking surveillé de 1 000 places, vous voilà parti jusqu'au bout de la nuit.

Emplettes

Panier gourmand

L'HUILERIE 10, rue des Marchands ✆ 04 66 67 37 24. *Ouvert de 9h à 12h et de 15h à 19h. Fermeture le lundi (sauf pendant les fêtes).* A l'Huilerie de Bernard Cayzac donc, on est dans une épicerie fine dans le vrai sens du terme, et bonne table puisque l'on y trouve tout ce que la région et les autres produisent de meilleur. Aussi bien un bloc de réglisse pure que toutes sortes d'huiles d'olives et de vinaigres, de la brandade, des confits d'oignons, des fruits confits de Lillamand, de la guimauve, de la fleur de sel de Camargue, du tilleul de Carpentras, toutes sortes de riz, fèves, pois cassés en vrac, des épices en tous genres et les "scourtins" de Provence... Le meilleur accueil vous y est réservé.

AU CEVENOL 2, route d'Alès ✆ 04 66 65 25 54. *Ouvert de 8h à 12h45 et de 16h à 19h30. Fermé dimanche après-midi et lundi matin.* Au Cévenol, l'on trouve tout (primeurs, boucher, poissonnier, boulanger, fleuriste) pour un repas dominical de fête. Au Cévenol donc, on se consacre à tout ce qui fait le charme de la cuisine authentique des montagnes locales. Côté fromages, tome de Lozère, aligot, bleu du Luc et le tout nouveau pélardon A.O.C. des Cévennes ; côté fermier, charcuterie de Langogne et légumes bio, mais aussi, du miel à toutes les senteurs, du vin et des confitures artisanales : on est vraiment ici en Lozère et dans les Cévennes. De quoi donner l'envie d'y retourner.

DANIEL Allée du Safran - Etal 48 - Halles centrales ✆ 04 66 21 99 70/04 66 02 94 50. *Ouvert de 7h à 13h.* Plus de 40 années de présence aux halles nîmoises, quelques autres à Avignon et sur le marché d'Arles, ont bâti une inaltérable réputation aux olives Daniel, mais croire que l'étal se limite aux picholines du Gard (pléonasme, non ?), même si elles sont, depuis quatre ans, régulièrement médaille d'or au Concours général agricole, serait de bien courte vue. Leurs homologues AOC de Nyons et de la vallée des Baux s'offrent aussi à la gourmandise de nos apéritifs aux côtés des filets d'anchois de Collioure (et d'ailleurs), de la brandade de Nîmes, de toutes sortes de tapenades (spécialité maison : la tapenade de picholines), de morue séchée, de rollmops, d'huiles d'olive. Un étal qui offre un véritable condensé de l'art de vivre entre Provence et Languedoc et qui attire, en conséquence, une permanente queue de gourmands patients. Un accueil des plus sympathiques vous y attend !

RAYMOND GEOFFROY 34, rue Nationale © 04 66 27 20 47. *Site Internet : www.brandade.com.* La famille du cuisinier Jules Raymond a fait bien du chemin depuis la découverte de cette spécialité, faisant de la fabrication de la brandade une véritable entreprise locale. Cela permet de regrouper aujourd'hui, au sein d'un même groupe, la quasi-totalité des spécialités locales (au premier rang desquelles les fameux croquants Villaret dont l'existence remonte aussi à des siècles). Mais "industrialisation" rime ici avec tradition, et la fameuse brandade à l'ancienne que l'on retrouve toujours disponible en collector sous divers conditionnements (coupelle de 120 grammes, en verre ou en bocal de 400 grammes) confirme l'enracinement de cette entreprise à son terroir. A cela, s'ajoute désormais la gamme "canapé" de tapenades verte et noire et d'anchoïade pour rester dans le régional, le velouté de roquefort ou de saumon fumé pour s'en éloigner un peu, ou encore le caviar de tomates séchées. C'est avec le même souci d'authenticité que les conserves maison de gardiane de taureau ont été préparées. Tout cela, bien sûr, attend les gourmands dans la boutique de la rue Nationale et "Aux délices de Saint-Antoine", boulevard Jean-Jaurès, où s'affichent diplômes et recettes dans un accueil fort chaleureux. Un monument supplémentaire pour Nîmes.

BOULANGERIE VILLARET 13, rue de la Madeleine © 04 66 67 41 79. *Ouvert non-stop de 7h à 19h30. Fermé les dimanches et jours fériés.* Le célèbre inventeur du croquant du même nom est toujours bien présent. Depuis plus de deux siècles, la tradition et le secret de fabrication passent, en effet, de père en fils. L'entreprise Raymond Geoffroy (celle de la brandade) est la seule à détenir également la recette originale et contribue à distribuer ce produit typique.

CHATEAU DE LA TUILERIE Route de Saint-Gilles - Le Jardin des Vins © 04 66 70 07. C'est une femme, Chantal Comte, qui est à la tête de ce domaine prestigieux, un des leaders de l'AOC costières-de-nîmes. La Tuilerie, c'est d'abord un magnifique château, mais ce sont surtout de superbes vins produits d'un vignoble de 70 ha orientés principalement au nord, avec les cépages grenache et syrah, typiques de la vallée du Rhône. La marque de haute qualité du domaine, c'est la cuvée Eole, issue des meilleurs millésimes et à la réputation internationale. Pour découvrir la production des époux Comte, il y a le Jardin des Vins (unique en son genre), caveau de dégustation et véritable boutique aux merveilles où l'on trouve bien sûr toute la prestigieuse gamme des vins du domaine, mais, aussi, les élixirs (carthagène et autres douceurs), des eaux-de-vie, des rhums vieux et extra-vieux, AOC, de Martinique (une cuvée Chantal Comte 1977 notamment), de grands vins de toute la France, les accessoires du service du vin, du miel, du chocolat, des thés et confitures, des objets de décoration... et les huiles d'olive également produites au domaine et dotées de noms poétiques (Larme de Lune, Fleur de Goutte...) à offrir ou à s'offrir.

Produits locaux - artisanat

ATELIER SUD 21, rue Emile-Jamais © 04 66 67 00 44. *Ouverture de 9h30 à 12h et de 14h30 à 18h. Fermé le mercredi matin et le samedi toute la journée.* Une toute petite boutique où le bon goût s'affiche du sol au plafond en passant par les murs en pierres apparentes sur lesquels les produits maison, poteries traditionnelles aux couleurs du sud, où les verts, bleus, rouges, et jaunes ressortent magnifiquement. Loin des nanards touristiques, c'est ici l'authentique pas toc que l'on trouve pour enjoliver sa table avec un grand plat, ou sa maison avec un pot racé. L'atelier se visite aussi.

POTERIE DE LA MADELEINE Centre Commercial Coupole des Halles - 22, boulevard Gambetta © 04 66 67 83 33. *Ouverture de 9h30 à 19h. Le samedi de 9h30 à 19h30.* Comme son nom l'indique, il s'agit de la boutique du célèbre fabricant d'Anduze. Décoration minimaliste pour cet espace, mais les produits vendus ici se suffisent à eux-mêmes, à l'image de ces grands pots dont tout propriétaire de jardin rêve d'orner ses parterres. Les fameux pots existent en toutes les tailles et n'attendent que votre imagination pour décorer toute la maison. Un lieu sympa, riche, varié et à tous les prix.

LA BOUTIQUE DES GARDIANS 5, rue de l'Hôtel-de-Ville © 04 66 21 36 45. *Ouverture non stop de 9h à 19h. Fermeture les dimanches et lundis.* C'est pour les gardians et pour les amoureux de la région que sont réunis ici les produits les plus authentiques : vraies bottes de Camargue, pantalons, vestes de velours, chemises colorées aux motifs traditionnels, cravates-lacets... toute une panoplie qui est loin de faire déguisement dans une région où l'esprit camarguais souffle avec autant de vigueur que le mistral.

LES INDIENNES DE NIMES 2, boulevard des Arènes © 04 66 36 19 75. *Ouvert de 10h à 12h et 14h à 19h. Fermé dimanche et lundi matin.* Au pied des arènes, la boutique des Indiennes se divise en deux parties. La première concerne la mode avec, outre les vêtements traditionnels des guardians (pantalons, vestes de velours noir, bottes…), les imprimés provençaux qui égayent de leurs couleurs chatoyantes (rouge, jaune et vert) chemises, jupes, ensembles ou accessoires. La seconde partie est consacrée aux arts de la table et à la maison en général : vaisselle complète, cendriers, nappes, chandeliers, tableaux, serviettes et sets de table, sans oublier le linge de lit, les boutis traditionnels très recherchés, tout ce qui vous permettra de réussir un véritable intérieur provençal, façon mas camarguais du début du XXe siècle, tout en élégance discrète et en couleurs finement mariées.

LA TAILLERIE DE NIMES 212, impasse Vincent-d'Indy © 04 66 27 00 74. *Site Internet : www.opales-mineraux.com. Ouvert de 10h à 12h et de 14h à 18h. Fermé dimanche et lundi.* Venu d'Australie (le pays des opales), Lee Brown et son épouse française Christine, minéralogistes et gemmologues, taillent, depuis 25 ans, les plus belles pierres dans leur atelier installé au fond d'une impasse. Que le visiteur fasse l'effort de s'y rendre pour découvrir un couple de passionnés qui fait encore régulièrement le voyage aux antipodes pour acheter lui-même les plus belles pierres, émeraudes, rubis, saphirs, quartz, améthystes qui brillent de mille feux dans la boutique de vente et d'exposition. Fleuron de leurs merveilles : les opales dont ils possèdent l'une des plus belles collections au monde. A la fois boutique et salle d'exposition, l'atelier des Brown a de quoi enflammer avec leurs créations : bijoux contemporains, pierres de décoration et de collection, minéraux et cristaux souvenirs qui feront nettement mieux chez vous qu'un pont du Gard en plâtre. Mais, évidemment, c'est plus cher.

▷ *Dans les environs*

Caissargues

Avec un centre réduit à sa plus simple expression et désormais véritablement assiégé par les lotissements et autres zones d'activités, le village de Caissargues serait bien repoussant s'il ne bénéficiait de la plus privilégiée des situations, au milieu de tout. Avec sa propre entrée sur l'autoroute (directions Arles et Marseille, Montpellier et l'Espagne, Avignon et le nord), son voisinage avec les zones les plus actives de Nîmes (ZAC des Abeilles, stade des Costières et Ville Active) et la route des Cévennes plus le passage du chemin des Canaux qui mène tout droit en petite Camargue, on ne peut en effet faire mieux, et il fallait bien ça pour faire passer le reste. Une feria se déroule le même week-end que celle de Nîmes. Ici, on n'a peur de rien.

CHATEAU DE BELLECOSTE © 04 66 20 26 48. *Ouvert de 9h à 12h et de 15h à 19h de juin à fin août, de 9h à 12h et de 14h à 18h de septembre à mai. Fermé dimanche et jours fériés.* Bertrand et Anne-Marie du Tremblay sont les heureux propriétaires de ce magnifique château qui fut celui de la duchesse du Berry et du duc de Chambord. Vignerons éleveurs, ils produisent un des vins des costières-de-nîmes les plus réputés en rouge, rosé et blanc. Ils sont enfin des commerçants dynamiques qui, à la propriété, vendent leur production en vrac et à la bouteille, des produits régionaux (huile d'olive, tapenade…), des produits fermiers du Gers (dont un excellent foie gras) et organisent des visites du domaine, de la chapelle du château et des diverses expositions permanentes que celui-ci abrite.

Codognan

Traversé de part en part par la RN113, Codognan a pourtant su préserver une certaine identité et qualité de vie, issues sans doute de sa position de "porte" vers la petite Camargue et les plages, pour les Nîmois et, surtout, pour tous les habitants de la Vaunage. Comme la plupart des villages de la région, Codognan possède un petit mais très joli centre ancien, méritant une halte.

LE JARDIN Route Nationale 113 © 04 66 35 36 64. Laurent, un ancien de la Grande Motte, a choisi d'afficher son nom à l'année, un peu en retrait, dans les terres. Un choix étonnant que cette situation en bord de route mais qui attire l'œil avec des menus de un, deux ou trois plats, et une cuisine gastronomique. Vérification faite et spécialité du chef dégustée (foie gras frais poêlé), on peut confirmer que la halte s'impose dans une salle entièrement neuve et décorée d'un goût très sûr.

Garons

Idéalement placé sur le plateau auquel il donne son nom et donc au cœur des Costières, le village de Garons, par la grâce de son aéroport (sis sur la commune de Saint-Gilles), de sa base aérienne, de sa sortie d'autoroute et de quelques autres titres de gloire, est devenu, aux portes de Nîmes, une véritable petite ville où la construction va bon train même si le commerce n'y est pas spécialement développé.

ALEXANDRE 2, rue Xavier-Tronc ✆ 04 66 70 08 99. *Voir article à la rubrique "Grandes tables" de l'Invitation au voyage page 110.*

LE BRACONNIER 37, Grand-Rue ✆ 04 66 70 19 95. *Ouvert de 12h à 14h et de 19h à 23h. Fermé dimanche soir, lundi soir et mardi toute la journée. Menus à 11 €, 14 € et 20 €. Carte en moyenne à 20 €.* Trois menus regroupent l'essentiel d'une carte qui mélange avec brio grillades de poissons et de viandes, délicieuses pizzas, tout cela cuit au feu de bois, et plats en sauce. Dans l'esprit d'un rendez-vous de chasse mais ouvert à tous, on y trouve aussi des civets de sanglier, biche, lièvre, chevreuil, selon la réussite des Tartarin locaux, et, encore plus exceptionnel, les très exotiques tripoux des Cévennes.

LA FERME DE BELLECOSTE Chemin de Saint-Estève ✆ 04 66 70 05 67. *Ouvert de 15h à 19h et fermé dimanche.* Du canard gras dans le Gard ! Etonnante ferme que celle de Serge Lafargue qui y travaille en famille et le plus traditionnellement possible. Nourriture authentique, élevage traditionnel, quantité volontairement limitée et préparations également limitées aux produits de base (foie gras, confits, pâtés, produits frais) garantissent la qualité de ce que l'on ne peut acheter qu'ici, au détail, et sur quelques marchés de la région 67.

Manduel

Situé sur l'ancien tracé de la Via Domitia entre Beaucaire et Nîmes, cette commune aujourd'hui résidentielle est surtout connue pour ses vins d'appellation "costières-de-nîmes".

CHATEAU DE CAMPUGET ✆ 04 66 20 20 15. *Site Internet : www.campuget.com. Ouvert de 10h à 12h et de 14h à 18h. Fermé dimanche et jours fériés.* Un grand prix d'excellence pour le rouge et un prix d'excellence pour le blanc aux Vinalies 2001, deux nouvelles distinctions pour le château de Jean-Lin Dalle qui les collectionne depuis 1888, et, singulièrement, depuis 1980. Si la cuvée Tradition s'annonce à un prix plus qu'accessible, que dire de la désormais fameuse La Sommelière qui, à 8,99 € la bouteille, s'apparente à un vrai cadeau tant on est là en présence d'un vin d'exception et que d'autres restent inaccessibles ?

Marguerittes

Premier village après Nîmes sur la RN86 en direction d'Avignon, Marguerittes ne présente pas de charmes particuliers sur les plans historique et touristique (quelques moulins, un lavoir et un pigeonnier constituent les seules curiosités avec le château de Chanaleilles, désormais transformé en mairie, et ses arènes rénovées). Sa situation, à proximité immédiate de la sortie d'autoroute Nîmes est, en a fait l'un des plus dynamiques bourgs de la périphérie nîmoise. Marguerittes a ainsi vécu dans les années 1980/1990 une croissance démographique intense et un développement économique certain avec, notamment, l'implantation de nombreux hôtels au débouché de l'autoroute.

LE MAS, CHEZ LILOU 17, avenue de Provence ✆ 04 66 75 65 82. *Ouvert tous les midis en semaine, vendredi et samedi soir sur réservation.* L'ami Lilou a transformé une des maisons millénaires du vieux village en une des plus belles salles de restaurant de la région, faisant renaître les vieilles pierres et inventant une décoration où Maghreb et Languedoc font bon ménage. A midi, c'est cuisine traditionnelle, simple, efficace et goûteuse pour déjeuner rapidement ou tranquillement, et le soir, Lilou donne la pleine mesure de ses multiples talents avec une cuisine exotique des plus réussies (très sud, du couscous à la paella) et montre un talent fou pour accueillir ses convives, les mettre à l'aise et animer la soirée.

ETAP'HOTEL Sud RN86 - LA PONCHE ✆ 04 66 26 30 50. *Quarante-cinq chambres climatisées de 32 € à 42,50 € menus de 13,50 € à 19,90 €. Carte.* Le restaurant, La Picholina, au cadre provençal, vous propose les produits frais de sa cuisine régionale et traditionnelle. Accès handicapés, parking fermé et piscine extérieure. Tout le confort souhaitable pour une étape reposante, mais surtout la possibilité de piquer une tête dans la piscine et de s'offrir un bon repas dans un cadre agréable.

L'HACIENDA* Chemin du Mas-de-Brignon ✆ 04 66 75 02 25.** *Fax 04 66 75 45 58. Site Internet : www.hacienda-hotel-nîmes.com - E-mail : hacienda@altavista.net. Grand mas provençal au décor raffiné dans un parc richement arboré, l'Hacienda vous propose ses douze chambres avec terrasse de 80 € à 140 €. Petit déjeuner de 11 € à 15 €. Menus de 30 € à 55 €. Garage et piscine extérieure.* Perdue sur un petit chemin au cœur des vignes et vergers entre Marguerittes et Redessan, cette hacienda ne joue pas sur la présence autoroutière mais sur la tranquillité d'un cadre privilégié et sur les loisirs offerts : piscine, promenades et farniente. Excellent restaurant gastronomique où l'originalité le dispute à la tradition, pour le plus grand plaisir des gourmets. A ne surtout pas manquer !

Poulx

Au cœur des collines qui dominent la Vistrenque et Nîmes, côté route d'Uzès, Poulx vit dans l'écrin de nature, préservé par la présence militaire et en profite malheureusement pour construire à qui mieux mieux dans l'espace que la nation lui concède. Poulx reste cependant un village des plus tranquilles et séduisants avec un vieux bourg aux ruelles étroites et aux maisons de pierre magnifiques et exemplaires comme le sont les constructions traditionnelles de la région. On ne manquera pas de faire une promenade jusqu'au site de la Baume, méconnu mais remarquable, en bordure du Gardon, pour y découvrir les restes de deux grands hôtels et, plus historiques, deux moulins romain et moyenâgeux, un ermitage sur l'autre rive, une cascade, de nombreuses plages, un grand gour...

LE JARDIN DE LA BAUME 73, route de Nîmes ✆ 04 66 75 25 61. *Menus à 7 € (le midi), 11 € et 22 €.* Le Jardin de la Baume est une des toutes bonnes tables des environs, qui séduira tous les amateurs de cuisine authentique et conséquente avec une carte de grande tradition (salades au chèvre chaud ou aux gésiers), carnivore (carpaccio à volonté, pièce charolaise), exotique (acras de morue) et régionaliste (bœuf à la saint-gilloise).

LES VIEUX AMANDIERS Rue des Amandiers ✆ 04 66 75 42 12. *Menus le midi en semaine à 10 €, 22 € et 31 €. Carte de 22 € à 28 €. Fermé le dimanche soir, les lundi et mardi toute la journée du 1er octobre au 31 mars. Fermé le dimanche soir et le lundi toute la journée du 1er avril au 30 septembre.* C'est dans un cadre enchanteur que Françoise et sa famille vous accueillent. Attenant à la pinède, venez découvrir ce restaurant où deux salles ont été établies pour votre plus grand bien-être. La salle "non fumeurs", tout en ambiance cosy avec sa décoration bois et fer forgé délicat, sa cheminée et son petit salon pour plus de détente, et sa salle fumeurs ou le bois se marie aux tons pastels pour plus d'harmonie. Harmonie également dans vos assiettes où une cuisine de tradition fait la part belle aux spécialités : le foie gras, la potence de filet de boeuf flambé au whisky en salle, la potence Caraïbes (coquilles Saint-Jacques et gambas flambées au pastis), le saumon Gravelax... Toute une cuisine mijotée, faite maison pour votre plus grand plaisir. En été, dégustez ces plats et bien d'autres sur la grande terrasse ombragée donnant sur la pinède. Convivialité et accueil chaleureux garantis !

Sommières

Cette petite ville entre Provence et Cévennes offre le double charme de la chaleur méditerranéenne et de la rudesse des monts. Le centre ancien a gardé une authenticité peu courante. Les remparts et les belles portes qui délimitent la ville sont les premiers signes d'une longue histoire commencée à l'époque romaine et dont les vieilles pierres témoignent encore. Les petites rues encaissées donnent un cachet attachant à la ville. Le cours du Vidourle rythme les saisons et sort régulièrement de son lit pour envahir la ville lors de vidourlades dont certaines gardent encore leur place dans la mémoire des habitants. A voir, la tour de l'horloge dont la cloche date de 1657, la place du marché (il a lieu le samedi matin) avec ses arcades (la foire de Sommières est mentionnée dès 1183), les maisons anciennes de la rue de la Taillade et l'église Saint-Pons. Promenade plaisante sur les quais du Vidourle.

Fiche pratique

OFFICE DE TOURISME 5, quai Frédéric-Gaussargues ✆ 04 66 80 99 30. *Site Internet : www.ot-sommieres.fr - E-mail : ot.sommieres@wanadoo.fr. Ouverture du lundi au samedi inclus de 9h à 12h30 et de 14h à 18h. Ouverture en juillet-août du lundi au samedi inclus de 9h à 12h30 et de 14h à 19h et le dimanche de 10h à 12h30.*

Points d'intérêt

TOUR BERMOND. Cet imposant parallélépipède du XIIIe siècle est la plus ancienne construction sommiéroise et il domine la ville. Les pierres furent sans doute extraites des proches carrières de Junas. Il mesure 25 mètres de hauteur et un escalier de 74 marches mène à sa terrasse. On peut alors voir toute la région, les Cévennes au nord, le pic Saint-Loup au sud...

CHATEAU DE VILLEVIEILLE Villevieille ✆ 04 66 80 01 62. *Ouvert du 1er avril au 30 juin tous les week-ends de 14h à 19h. Ouvert en juillet, août et septembre tous les jours de 14h à 20h. Ouvert en octobre le week-end de 14h à 19h. Ouvert toute l'année pour les groupes sur rendez-vous.* A voir pour ses tours médiévales, sa façade Renaissance midi, sa cour d'honneur et son mobilier authentique. Le château initial fut bâti par la famille Bermond au XIe siècle, puis remanié au XVIe siècle par François Pavée. A l'intérieur, on verra les faïences et la salle tapissée en cuir de Cordoue. La vue sur les Cévennes est également un motif de visite.

Le couvert

L'OLIVETTE 11, rue Abbé-Fabre © 04 66 80 97 71. *Fax 04 66 80 39 28. Fermeture annuelle janvier. Fermé le mardi en juillet-août, et les mardi soir et mercredi toute la journée hors saison. Menus à 12 €, 16 €, 24 € et 29 €. Carte à 29 €. Menu enfants à 8 €.* On apprécie ce restaurant pour sa belle salle voûtée et ses pierres apparentes. On vous accueillera en toute simplicité dans cette ancienne écurie très bien rénovée. La cuisine traditionnelle, dans l'ensemble, se marie parfois à quelques saveurs locales.

Le gîte et le couvert

AUBERGE DU PONT ROMAIN 2, rue Emile-Jamais © 04 66 80 00 58. *Fermeture annuelle du 15 janvier au 15 mars et novembre. Restaurant fermé le lundi midi. Dix-neuf chambres dont deux chambres familiales (4 à 5 personnes), de 62,50 € à 95 €. Petit déjeuner à 10,50 €. Menus de 31 € à 51,50 €. Menu enfant à 16 €. Demi-pension de 70 €/jour/personne à 84,50 €/jour/personne pour les chambres doubles.* Dès que l'on entre dans le parking, on reconnaît un endroit de charme. Basée au pied du Vidourle, l'Auberge du Pont romain est une authentique... auberge, nichée à peine à l'écart du centre sommiérois : murs en pierre, poutres, vastes salles à peine éclairées, mobilier séculaire, bref une authenticité et un calme certains qui se confirmeront dans le jardin, au bord de la piscine en saison. Le maître d'hôtel est à l'image du reste du service, compétent. Si le personnel se montre prévenant, manque toutefois à cet ensemble un peu de chaleur. Mais qu'importe, le plaisir est dans l'assiette... Menu complet d'où l'on détachera les ravioles aux pointes d'asperges ou l'émietté de canard parmentier sauce aux cèpes. Un régal pour le palais, même si l'on peut regretter que les bons moments passés à table se conjuguent ici avec une certaine austérité.

Emplettes

COOPERATIVE OLEICOLE Villevieille - 154, avenue des Cévennes © 04 66 80 03 69. Une coopérative soixantenaire qui s'est dotée d'un nouveau moulin à huile pour une qualité encore supérieure. Vente, à la boutique "La Picholine", d'huile et de produits régionaux.

▷ *Dans les environs*

Gallargues-le-Montueux

Niché dans les collines et dominant la plaine de la Petite Camargue, le village de Gallargues est surtout connu pour son nom qu'il a "donné" à la gare de péage de l'autoroute des vacances.

LA CROQ AU SEL Impasse de l'Hôpital-Saint-Jacques © 04 66 35 05 98. *Fermé les dimanche, lundi et mercredi, le soir.* Le restaurant est immanquable sur la place principale du village, celle de la mairie, et propose un vaste parking où l'on peut laisser sa voiture en toute sécurité. On vient ici pour découvrir la grande spécialité régionale, la brandade, que le chef réussit parfaitement. Elle est à faire suivre de ravioles de langoustine, histoire de respirer l'iode, à moins que vous ne préfériez vous laisser tenter par la formule du marché qui se module en fonction de celui-ci et entraîne donc vers d'appétissantes aventures gourmandes.

CAMPING LES AMANDIERS* Rue du Stade © 04 66 35 28 02.** *Site Internet : http\campamandiers.monsite.wanadoo.fr - E-mail : campamandiers@wanadoo.fr. Ouverture du 9 avril au 12 septembre. Emplacements entre 9,61 € et 37,76 €.* Un beau terrain, bien situé en retrait de l'effervescence de la côte et bien positionné géographiquement, même s'il faut compter vingt minutes pour se retrouver les pieds dans l'eau. Côté services, Les Amandiers proposent la location de mobile homes comme celle de caravanes, un bar, une boutique, des points électricité et eau, une machine à laver, un tennis et une piscine. De quoi vivre en autarcie pour ceux avec qui été ne rime pas forcément avec rabane et raquettes de plage...

LE PETIT CAMARGUAIS 10, place Coudoulié © 04 66 35 54 54. En plus de la superbe galerie d'art, vous trouverez ici quatre chambres d'hôtes. Toutes bien nommées, vous aurez le choix entre quatre modèles, suivant l'espace qui vous sera nécessaire, sachant que toutes restent toutefois équipées pour deux personnes (on peut tout de même ajouter un troisième couchage dans la plus grande). Les chambres sont complètement rénovées et l'esprit, très riche, connaît, bien entendu, un léger penchant pour l'art contemporain (de belles œuvres s'accrochent au mur) tout en ne reniant pas l'esprit local, sans sombrer dans le camarguais rustique.

Junas

Village typique du midi, situé à égale distance de la mer et des Cévennes, de Nîmes et de Montpellier et tout près de la cité médiévale de Sommières, Junas permet de découvrir un Gard différent et offre une ouverture vers l'Hérault. Le mois le plus animé est ici celui de juillet avec, tout d'abord, les Rencontres de la Pierre où sont organisés des expositions de sculptures, des concerts et un concours international de tailleurs de pierre en début de mois, puis un festival de jazz sans frime mais excellent pour les amateurs au milieu du mois… A noter en août à Sommières les Arpeggiales (stages et concerts de musique de chambre) accompagnées, chez les voisins de Villevieille, de soirées musicales (classiques) au château en août, chez ceux de Salinelles de concerts classiques à la chapelle Saint-Julien-de-Montredon.

L'OLIVIER Route de Congenies © 04 66 80 39 52. *Fermé du 1er octobre à Pâques. Quarante-sept emplacements à 11 € et 12,50 €. Accès handicapés. Animaux acceptés. Location de chalets, piscine extérieure, tennis, golf, alimentation, bar et laverie.* Un terrain idéal pour ceux qui n'aiment pas la foule et les ambiances survoltées du littoral mais tiennent, tout de même, à pouvoir y aller, pour ceux qui veulent profiter de la mer et de la montagne, des monuments de Nîmes et de la campagne gardoise. Le cadre du camping lui-même est à la fois typique et doté de tout ce que l'on peut souhaiter pour un séjour agréable : bibliothèque, jeux sportifs ou instructifs pour grands et petits, lave-linge et buvette, vins de pays et restauration rapide…

Nages-et-Solorgues

OPPIDUM. Site pré-romain habité du IIIe avant J.-C. à l'an 10 après J.-C. Dans cet oppidum dominant la plaine de la Vaunage (on y arrive à pied ou en VTT) on a découvert une double enceinte en pierres sèches, des tours, des rues, des habitations, un collecteur d'eau et des sépultures.

MUSEE Mairie de Nages © 04 66 35 05 26. *Ouverture toute l'année du lundi au vendredi de 8h30 à 11h45, les lundi et mercredi de 14h à 18h et le jeudi de 17h à 19h. Entrée libre.* Situé dans les locaux de la mairie, un musée d'archéologie où l'on peut découvrir des éléments venant des fouilles effectuées sur le site de l'oppidum, tels que bijoux, monnaies ou céramiques.

Vergèze

Village languedocien autrefois situé sur la voie domitienne dont la visite est facilitée par une voie piétonne au cœur du centre-ville entièrement rénové. A voir la lanterne des morts appelée cheminée sarrasine. Un centre agréable, une ville bien tenue et bien aménagée. Quelques ruelles sympathiques à partir du centre. Voir le bâtiment qui abrite la mairie et le Syndicat d'Initiative. A proximité, un contraste assez saisissant entre les deux rives du canal, l'une franchement industrielle, l'autre beaucoup plus "no man's land" avec cette lumière typique du Rhône finissant qui donne à la région un charme certain. Vous ne manquerez pas les sources Perrier qui jouxtent - comme c'est pratique - les Verreries du Languedoc.

OFFICE DE TOURISME Place de la Mairie © 04 66 35 45 92. *E-mail : otrhony@ifrance.com. Ouvert toute l'année du lundi au vendredi de 9h à 12h et de 15h à 18h, le samedi de 9h à 12h.*

LA TONNELLERIE ANIMEE Place de la Mairie © 04 66 35 45 92. *Renseignements à l'Office de Tourisme. Ouvert toute l'année, du lundi au vendredi de 9h à 11h30 et de 15h à 17h30, le samedi de 9h à 11h30. Tarifs individuels (enfants et adultes) de 1,50 € à 2,30 €. Tarifs groupes (enfants et adultes) de 0,80 € à 1,50 €.* Spectacle audiovisuel commenté et articulé autour de la fabrication du tonneau, le tout sous la forme d'un atelier reconstitué avec des mannequins animés grandeur nature.

SOURCE PERRIER RN113 © 04 66 87 61 01 (service réservation). *Fax 04 66 87 61 03, usine 04 66 87 62 00. Ouvert 7j/7. Horaires variables selon les saisons, avec un départ de visite toutes les demi-heures. Fermé en janvier et le 1er Mai.* Un authentique spectacle grandeur nature sur le site même. A voir donc, le site - en bus - la verrerie tout à côté, la ligne d'embouteillage, la grande galerie de 450 mètres dotée de vidéo et permettant, notamment, de voir le verre en fusion, mais aussi, bien sûr, la fameuse source Perrier qui a fait le succès de la boisson gazeuse. A découvrir enfin le musée et la boutique pour les accros des bulles.

AU VERI GOURMAND 2, place de la République © 04 66 35 36 68. *Ouverture tous les jours les midis et le soir uniquement sur réservation. Fermetures annuelles pendant la 2e quinzaine de février et la 2e quinzaine d'août. Menus à 16, 23 € et 32 €.* Dans un cadre agréable, ce restaurant est l'occasion de goûter une cuisine régionale simple, respectueuse des recettes et des produits de saison : gardianne de taureau, rouille de poulpe…

Sur commande (s'y prendre plusieurs jours à l'avance, en fonction des produits du marché), de délicieuses spécialités traditionnelles vous sont proposées : bouillabaisse, cassoulet, bourride et autres pieds paquets n'attendent plus que vous ! Bon appétit !

LA PASSIFLORE 1, rue Neuve © 04 66 35 00 00. *Fax 04 66 35 09 21. Ouverture toute l'année. Fermeture les dimanche et lundi. Onze chambres de 42 € à 60 €.Restaurant ouvert du 1er avril au 30 septembre. Menu à 25 € (enfants 7 €). Petit déjeuner à 7 €. Jardin, cour intérieure, parking, et accès handicapés.* Très joli nom pour cet ancien mas du XVIIIe siècle entièrement rénové en hôtel-restaurant où la patronne possède un accent des plus charmants au parfum anglo-saxon. Toutes les chambres, climatisées et calmes, et donnant sur le patio intérieur, sont différentes et de bon confort.

Le restaurant gastronomique vous propose, entre autres spécialités, un magret de canard et sa confiture d'oignons qui fleure bon le terroir.Par ailleurs, des formules demi-pension sont proposées pour ceux qui veulent partir à la découverte de la région.

LES CEVENNES

Si l'on écrit et dit "les Cévennes" ce n'est pas par hasard mais bien parce que cette région magnifique, qui s'étend du Gard à la Haute-Loire, en recouvrant la majeure partie de la Lozère et en s'aventurant jusqu'en Aveyron, est extrêmement diverse et riche en curiosités touristiques et historiques. Elle fut divisée par les terribles affrontements qui y ont opposé catholiques et protestants dès le XVIe siècle et jusqu'au XVIIIe siècle, ce qui, aujourd'hui, crée encore une "frontière" entre plusieurs régions. Elle présente des aspects divers parce que du sommet de l'Aigoual à celui du mont Lozère en passant par Alès, les gorges du Tarn, le causse Méjean et les vallées cévenoles, on découvre de nouvelles caractéristiques géologiques (sommets granitiques, vallées de schistes, plateaux calcaires), naturelles (pins, bouleaux, châtaigniers, lande...) et économiques (industries minières ou autres, élevage ovin et bovin, parfois la vigne)... Elle est riche pour ses paysages grandioses, ses rivières et sites, ses monuments et ses curiosités telles que l'abîme de Bramabiau, la bambouseraie de Prafrance... Finalement, le principal de l'unité des Cévennes est constitué par la revendication, commune à tous les gardois d'origine cévenole récente, et la plupart du temps réelle.

Alès

Alès est une ancienne ville minière qui transforme ses terrils en collines innocentes, vertes et boisées. Voilà ce qui reste de l'industrie minière alésienne, condamnée à trouver ses ressources dans d'autres activités économiques. Alès, capitale des Cévennes, est restée une cité ouvrière sous des aspects de bourgade bourgeoise. Pas facile d'enterrer des gueules noires, surtout que la ville, fière de son passé, cultive le culte du charbon, en offrant en pâture aux touristes une mine témoin, passé pas si lointain que cela, car l'industrie minière florissante au début des années 50 a complètement périclité en 30 ans, et plus de 25 000 emplois ont été supprimés. Alès est, avant tout, une cité protestante où a été fondée la première église réformée de France en 1560. Haut lieu de la révolte des camisards, Alès, autrefois nommée Alais, conserve son passé riche de l'industrie de la soie avant de devenir une capitale minière. La ville actuelle, bâtie entre les deux rives du Gardon, bien que cernée d'immeubles inesthétiques, conserve son vieux centre et ses rues piétonnes, son marché quotidien aux accents cévenols prononcés, où pélardons et cèpes tiennent une place de choix. La gastronomie change de la cuisine traditionnelle provençale avec une charcuterie de grande qualité, le pélardon, la châtaigne, les cèpes ou encore les oignons doux. Le climat méditerranéen l'été devient beaucoup plus rude l'hiver. C'est aussi un des charmes d'Alès.

Fiche pratique

OFFICE DE TOURISME Place de l'Hôtel-de-Ville © 04 66 52 32 15. *E-mail : tourisme@ville-ales.net. Ouverture de 9h à 12h et de 13h30 à 19h. Ouverture juillet-août de 9h à 19h.*

Location de vélos

RUN CYCLES 19, rue Guynemer © 04 66 86 60 84. Mollets d'acier, choisissez le vélo pour découvrir la ville, la croisée des gardons et la campagne environnante mais attention ! ça monte...

Points d'intérêt

COLLINE DE L'HERMITAGE. Sans conteste, c'est du haut de cette colline que se situe le plus beau point de vue d'Alès, dont le lieu conserve d'imposants vestiges du mur de l'oppidum préromain. Au faîte de cette colline, se dresse la chapelle de Notre-Dame-des-Mines (lieu de pèlerinage).

CATHEDRALE SAINT-JEAN. Au cœur de la vieille ville, la cathédrale, bâtie sur les ruines d'un temple romain, abrite en son chœur de superbes grandes orgues.

FORT VAUBAN. Cette citadelle édifiée par Vauban en 1688 fut d'abord une prison pour les protestants, avant d'être l'actuelle prison d'Alès. Bien évidemment, on ne visite pas le fort, mais on peut facilement accéder aux terrasses et y admirer les jardins du Bosquet.

MUSEE DU COLOMBIER Rue Jean-Mayodon ✆ 04 66 86 30 40. *Ouverture hors saison de 14h à 18h. Fermé lundi. Ouverture juillet-août de 14h à 19h. Entrée gratuite.*Les collections archéologiques et picturales hétéroclites donnent un air bohème à ce joli musée installé dans un petit château du XVIIIe siècle. Peintures anciennes (œuvres de Bellegambe et Bruegel), modernes et contemporaines, archéologie régionale remontant au paléolithique moyen (300 000 ans) cohabitent ici en toute tranquillité.

MUSEE MINERALOGIQUE 6, avenue de Clavières ✆ 04 66 78 51 69. *Ouverture du 15 juin au 15 septembre de 14h à 18h du lundi au vendredi. Fermé les samedi et dimanche. Ouverture le reste de l'année sur rendez-vous. Tarifs : enfants 2,50 € - adultes 5 €.* Musée de l'école des Mines, il n'expose pas des plaques de voitures mais bien des roches, fossiles et minéraux. Présentant plus de 6 000 échantillons, la collection est une des plus importantes du pays et fascinera petits et grands. Elle est complétée par une projection de diapositives en relief de minéraux exceptionnels.

MUSEE PIERRE-ANDRE-BENOIT 52, montée des Lauriers - ROCHEBELLE ✆ 04 66 86 98 69. *Ouverture hors saison de 14h à 18h. Fermé lundi. Ouverture juillet-août de 14h à 19h. Entrée gratuite.* Si Alès, comme beaucoup d'autres villes, a son Musée d'Art Contemporain et si, contrairement à celui de beaucoup d'autres villes, il est réellement passionnant, elle le doit à cet enfant du pays (éditeur et collectionneur) qui a fait don d'une collection privée exceptionnelle où l'on retrouve des œuvres de Braque, Picabia, Picasso, Miro, les précubistes… Difficile de l'enrichir sans la dévaluer mais, en tout cas, il méritait bien d'avoir son nom sur la façade.

MINE TEMOIN Chemin de la Cité Sainte-Marie ✆ 04 66 30 45 15. *Site Internet : www.ales.cci.fr - E-mail : tourisme@ales.cci.fr. Ouvert de 9h à 12h30 et de 14h à 17h30 en avril, mai, septembre, octobre et du 1er au 14 novembre. Ouvert de 9h à 18h30 en juin. Ouvert de 10h à 19h30 en juillet et août. Ouvert aux groupes sur rendez-vous à partir du mois de mars et du 15 novembre au 21 décembre. Fermeture du 22 décembre à fin février. Attention ! départ de la dernière visite 1h30 avant l'heure de fermeture. Tarifs adultes 6,70 €, enfants 3,50 €, groupes : 5,10 €.* Des origines (1230 !) à nos jours, toute l'histoire de la mine en Cévennes résumée dans 700 mètres de galeries creusées dans la colline de Montaud et un film vidéo de 20 minutes (durée totale de la visite 1h30) pour se faire une idée de ce qu'a pu être la vie dans cette région. Pour la descente au fond de la mine, prévoir un vêtement chaud (il fait 17° C dans la mine). Disponible à la mine, une boutique de souvenirs insolites, éducatifs ou amusants à prix très doux. Nouveauté : coiffé du casque, vous descendrez au fond de la mine dans un ascenseur qui en recrée toutes les sensations ! A ne surtout pas manquer !!!

Le couvert

AU BUREAU 8, place Gabriel-Péri ✆ 04 66 91 01 39. *Ouvert tous les jours. Fermeture le dimanche soir en hiver. Formules à 13,50 € café compris, pizzas, flammeküeche et salades de 9 € à 11 €, viandes jusqu'à 19 € et desserts à 4 €.* Joli décor et confort agréable, service efficace et courtois impressionnent favorablement. La carte est riche, et de la salade composée en passant par les grillades servies sur une planche jusqu'aux pizzas, vous n'aurez que l'embarras du choix. Au dessert, une glace cévenole (grenades, pommes et quelques décorations comestibles et exotiques du meilleur goût) parachèvera un repas agréable. En hiver, laissez-vous tenter par les spécialités maison : fondues et autres braserades.

LE COQ HARDI 7, rue Mandajors ✆ 04 66 52 15 75. *Ouvert tous les jours de 12h à 14h et de 19h à 22h. Fermé lundi. Menus de 11 € à 20 €.* Lieu chargé d'histoire, cette auberge semble être née au XVe siècle et avoir hébergé Louis XIII venu signer le fameux édit de Grâce qui mettait une fin (provisoire) aux guerres de Religion. Une grande salle colorée accueille les convives avec une carte renouvelée au moins quatre fois par an mais toujours très cévenole, avec les fameux tripoux, évidemment, mais aussi avec une délicieuse fondue de pélardon et une non moins réussie croustade d'escargots. Les produits locaux dans leur meilleure utilisation, c'est ici la spécialité.

LE JARDIN CEVENOL 13, rue Mandajors ✆ 04 66 52 39 94. *Menus entre 8 € et 14,80 €. Fermeture les dimanche et lundi.* En plein cœur de la ville, le Jardin Cévenol porte bien son nom avec une carte permettant de faire un joli tour d'horizon du meilleur de la cuisine locale. Salades froides pour l'été, chaudes pour l'hiver, et trois menus combleront tous les appétits et toutes les envies, surtout que chaque semaine propose sa salade, son omelette et son vin, histoire que la répétition des visites ne virent jamais à la monotonie. Les deux salles climatisées (smoking et no smoking) seront appréciées des deux camps pour le confort de tous.

Le gîte

DELTOUR HOTEL Chemin de Trespeaux - Rocade Est ✆ 04 66 54 98 10. *Site Internet : www.deltourhotel.com. Hôtel entièrement climatisé. Ouvert toute l'année. Trente chambres à 31 €. Petit déjeuner à 4 €.* Très pratique car facile d'accès et de qualité, cet hôtel est accessible 24h/24 grâce à un guichet automatique qui prend le relais de l'accueil en-dehors des heures de réception (de 7h à 12h et de 17h15 à 21h30). Comparable à un Etap Hotel, les chambres sont équipées de salle de bains, téléphone et télévision avec Canal+.

Le gîte et le couvert

HOTEL DURAND 3, boulevard Anatole-France ✆ 04 66 86 28 94. *Seize chambres de 27,50 € à 53,50 €. Petit déjeuner à 5 €. Garage fermé à 4 €. (Changement de direction à venir pour l'année en cours).* Calmes et colorées, les chambres ne souffrent aucun reproche et au moindre rayon de soleil, le petit jardin intérieur est un paradis à l'heure du petit déjeuner.

LE RICHE 42, place Pierre-Sémard ✆ 04 66 86 00 33. *Fax 04 66 30 02 63. Site Internet : www.leriche.fr - E-mail : riche.reception@leriche.fr. Fermeture annuelle en août. Dix-neuf chambres climatisées de 34,40 € à 57 €. Menus de 16,50 € à 47 €. Carte à 30 €. Petit déjeuner 6,50 €. Garage fermé à 4 €.* En plein centre-ville, on aime la salle à manger du début du siècle et les couleurs chaudes de cet hôtel-restaurant. Les chambres, spacieuses, manient harmonieusement caractère ancien et confort moderne. La cuisine est classique et varie au gré des saisons.

Loisirs

LAC DES CAMBOUX ✆ 04 66 34 06 57/06 18 17 47 44. En continuant en direction de Mende après La Grand Combe, le barrage de Sainte-Cécile d'Andorge (10 kilomètres plus loin environ) a créé un lac artificiel de 20 hectares qui fait le bonheur des véliplanchistes, kayakistes, baigneurs et autres pêcheurs égarés en Cévennes. La mer à la montagne ? Presque, même si les conditions ne sont pas tout à fait les mêmes, mais pour du canotage tranquille, de l'initiation au dériveur et un petit tour d'optimist, c'est parfait. Quant à la baignade en plein été, personne ne saurait s'en passer.

CLUB HIPPIQUE CEVENOL Montée des Lauriers ✆ 04 66 86 01 18. Toutes les formes d'équitation (randonnée, loisir, manège…) ont droit de cité et tous les niveaux sont accueillis à l'école, les petits gabarits ayant des poneys à leur disposition.

▷ *Dans les environs*

Cendras

Une superbe église fortifiée du XIe siècle et les restes d'une importante abbaye.

ECOMUSEE DE LA VALLEE DU GALEIZON ✆ 04 66 30 21 83. *Ouverture toute l'année du lundi au samedi inclus de 9h à 12h et de 14h à 18h. Fermeture les mercredis après-midi et jeudis toute la journée. Fermeture annuelle en janvier. Les groupes sont reçus sur rendez-vous. Tarifs : groupes et enfants 2 €, adultes 3 €.* On peut y découvrir une exposition permanente sur l'histoire et l'ethnographie d'une vallée cévenole et du milieu paysan, salle de projection, vidéo permanente et centre de documentation.

Chamborigaud

Patrie de l'écrivain Jean-Pierre Chabrol. Les habitants de Chamborigaud s'illustrèrent dans la guerre des camisards, parmi les Florentins qui se livrèrent à des atrocités au nom de la religion. La commune eut ses heures de gloire au XIXe siècle, mais connaît, aujourd'hui, une forte récession depuis la fermeture des houillères.

LE MAS DU SEIGNEUR ✆ **04 66 61 41 52/06 64 33 06 58.** *M. Hornung. Fermeture annuelle de la Toussaint à Pâques. Fermé le mardi (table d'hôtes). Cinq chambres de 58 € à 81 €. Menu à 18 €. CB non acceptée.* C'est un mas cévenol du XVIe siècle qui abrite ces cinq chambres d'hôtes de style rustique, parées de jolis tissus aux couleurs provençales. Autour de vous, pins, châtaigniers centenaires et fleurs. Vous prendrez le petit déjeuner sur la terrasse en profitant de la vue panoramique sur les montagnes cévenoles. Table d'hôtes simple et plaisante.

Concoules

Dernière étape gardoise avant la Lozère, berceau de la famille d'Alphonse Daudet.

LA CEZARENQUE ✆ **04 66 61 10 52.** *E-mail : cezarenque.magasin@catgard.com. Ouvert tous les jours de 9h à 12h30 et de 14h à 17h30 (19h en juillet et août). Visite des ateliers à 11h en juillet et août. Fermé première semaine de janvier.* C'est au pied gardois du mont Lozère que l'on trouve ce Centre d'Aide par le Travail, installé en face d'une église au clocher peigne aussi étonnant qu'ancien (XIIe siècle). On y produit pélardons, charcuterie traditionnelle, volailles fermières et conserves traditionnelles mais aussi confiseries, pâtisseries sucrées et salées, chocolats et confitures que l'on livre dans tout le département, notamment par l'intermédiaire des collectivités et comités d'entreprise.

Génolhac

Bel environnement montagneux et boisé au pied du mont Lozère, et un panorama sur les Cévennes et les Alpes. Située sur la voie romaine Regordane, la ville est riche de ruelles étroites et places ombragées, au milieu de maisons du XVe siècle.

ARRCA Le Clos-du-Brouzet - AUJAC ✆ **04 66 61 20 24.** *Site Internet : chateau-aujac.com - E-mail : chateau.aujac@tiscali.fr. Ouverture du 1er juillet au 31 août de 11h à 19h, sauf le lundi. Ouverture en mars, avril, mai, juin, septembre, octobre, novembre de 14h à 18h les dimanches et jours fériés uniquement. Fermeture en décembre, janvier et février, sauf pour les groupes. Tarifs : enfants 3 €, adultes, 5 €, groupes 4 €. Vidéo et boutique.* Cette association œuvre pour la restauration et la mise en valeur de deux châteaux forts de la région, tous deux construits au XIIe siècle : celui du Cheylard à Aujac et celui de Brésis. Perchés sur leur hauteur respective, ils dominent les bois, encore fiers malgré leur grand âge.

BARRAGE DE SENECHAS ✆ **04 66 61 18 32.** Cent vingt hectares en Cévennes pour la pêche et la baignade. Renseignements à la Maison des jeunes à Génolhac.

La Grand'Combe

Cité minière du XIXe siècle avec points de vue sur quelques sections encore en activité. A Trescol, un élevage de myocastors. Patrie du poète Mathieu Lacroix, ami de Mistral.

MAISON DU MINEUR Vallée Ricard ✆ **04 66 34 28 93.** *Ouverture toute l'année, tous les jours de 9h à 12h et de 14h à 17h. Fermeture du 1er janvier au 28 février. Tarifs : groupes et scolaires 2 €, adultes 3 €. Les groupes sont reçus sur rendez-vous.* Tout entier consacré à la mine, un musée anthropologique que ne renierait pas Zola lui-même. Dans deux bâtiments encadrant le chevalement typique en métal, on remarquera les gigantesques tambours sur lesquels s'enroulaient les câbles tractant les cages qui s'enfonçaient au cœur de la terre.

Méjannes-lès-Alès

AUBERGE DES VOUTINS Route d'Uzès ✆ **04 66 61 38 03.** *Fermé dimanche soir et lundi. Menus de 25 € à 54 €. Carte autour de 45 €.* A Méjannes-les-Alès, dans la banlieue de l'ancienne cité minière, porte des Cévennes, se niche cette auberge dont la réputation ne cesse de grandir grâce au talent de Mireille et René Turonnet. Elle vous accueillera avec délicatesse dans cet ancien mas noyé dans la verdure. Lui, en cuisine, vous offrira quelques plats raffinés mais simples comme sa poêlée de Saint-Jacques accompagnée de riz de Camargue onctueux parfumé aux truffes ou son loup simplement poêlé servi avec une barigoule d'artichauts, sublimée par le thym et des copeaux d'agrumes séchés. Pour terminer, le chef vous fera un pélardon de pays, tout nouvellement auréolé de son AOC.

Portes

Pour de très nombreux Gardois d'origine cévenole, Portes, son col et son château, font office de véritable… porte des Cévennes, des leurs en tous les cas. L'histoire de ce village semble tout droit sortie d'un roman épique façon Garcia Marquez puisqu'il a bien failli disparaître de ce qui a fait sa richesse : l'exploitation du charbon. Minée de toutes parts par l'activité humaine, la montagne menaçait en effet de s'effondrer sous le poids des maisons et le château se fissurait. Le village a tout simplement dû être rasé et reconstruit un peu plus loin, sur une base plus solide, entre les deux guerres. De l'ancien village ne subsiste plus que l'allée de platanes de la rue principale qui fait office de parking et d'aire de pique-nique pour nous autres visiteurs modernes.

CHATEAU DE PORTES ✆ **04 66 54 92 05.** *Ouverture en été de 10h à 13h et de 15h à 20h. Ouverture saison d'hiver tous les week-ends, jours fériés et vacances scolaires de 14h à 18h. Tarifs entrées : individuels, enfants 3 €, adultes 4 € ; groupes, enfants 2,50 €, adultes 3 €. Festival de musique et théâtre en juillet-août.* Surplombant de toute sa hauteur le passage du col, il avait pour mission de contrôler la route du pèlerinage de Saint-Gilles (sur le chemin de Compostelle). Comprenant des constructions d'au moins trois périodes différentes, XIIe, XIVe et XVIIe siècles, sa silhouette est très originale. Dès la fin du XIXe siècle, les fissures dues à l'exploitation minière apparurent dans sa structure mais les travaux de rénovation entrepris depuis près de 30 ans commencent à porter leurs fruits et le château de Portes à recouvrer une vie touristique digne de sa situation.

LOU CANTE PERDRIX Le Château La Vernarède ✆ **04 66 61 50 30.** *Fax 04 66 61 43 21. Site Internet : www.canteperdrix.fr - E-mail : lou.cante.perdrix@wanadoo.fr. Ouverture toute l'année. Fermeture annuelle en janvier et le mardi hors saison. Quinze chambres de 51 € à 57 €. Menus de 16 € à 36 €, menu enfants à 7 €. Carte à 26 €. Petit déjeuner à 7 €. Piscine, terrasses et parking privé et gardé.* Label "Nature et Silence" pour cet établissement en pierre avec parc, situé dans la vallée en dessous du château de Portes. Les chambres sont bien équipées et offrent une vue panoramique sur les Cévennes. Le restaurant propose, dans un cadre agréable, des spécialités du terroir et du gibier en saison : croustade aux cèpes, civet de lapin fermier en forestière, délice de châtaigne et sa liqueur.

Saint-Martin de Valgalgues

ALES RACING SYSTEM Vallon de Fontanes ✆ **04 66 30 87 72.** *Site Internet : www.alesracing-system.com - E-mail : ars.karting@wanadoo.fr. Ouverture juin, juillet, août et septembre tous les jours de 9h à 20h. Fermeture les lundi et mardi d'octobre à fin mai. Location de 8 € à 30 € les 10 minutes (selon le kart utilisé, loisir ou compétition) pour adultes et enfants à partir de 7 ans.* Ecole de pilotage pour particuliers, groupes, associations, entreprises, écurie de course, circuit et loueur de kartings. On peut venir avec son kart de compétition. Roulez, roulez petits bolides. Les fesses au ras du sol, à 50 km/h on se prend pour Schumacher mais attention à ne pas finir comme Alesi… Sensations garanties par Sébastien Cabirou, champion de France de kart.

Saint-Privat des Vieux

CENTRE DE VOL A VOILE GARDOIS 27, route de Mazac ✆ **04 66 86 36 60.** *Ouverture pendant toutes les vacances scolaires et les week-ends. Ouverture en juillet et août de 10h jusqu'à la nuit.* M. Poitevin propose une initiation au vol à voile pour découvrir de nouvelles sensations et admirer la région en prenant un peu de hauteur.

Rousson

CHATEAU DE ROUSSON ✆ **04 66 85 60 31.** *Ouverture juillet-août tous les jours de 10h à 19h. Ouverture de Pâques à fin juin et du 1er septembre à début novembre sur rendez-vous pour les groupes uniquement. Tarifs individuels adultes 5 €, enfants (de 7 à 17 ans) 4 €. Tarifs groupes adultes 4 €, enfants (de 7 à 17 ans) 3 €.* Ce château d'époque Louis XIII rappelle que Richelieu est venu dans la région signer la paix d'Alès en 1629. Beau mobilier d'époque.

PREHISTORAMA Pont d'Avène ✆ **04 66 85 86 96.** *Fermeture en décembre et janvier.* Reconstitution de scènes et de paysages racontant l'aube de l'Humanité. Personnages et animaux grandeur nature. Parmi les dernières créations, un mammouth grandeur nature.

Anduze

Petite ville de transit en d'autres temps, Anduze a gardé de nombreuses traces de son histoire. On remonte jusqu'à la préhistoire avec les tombes mégalithiques, les menhirs et les dessins dans les grottes alentour. Plus tard, les Romains ont laissé le castrum sur le rocher de Saint-Julien. Au XIIe siècle, Anduze rayonne dans le Languedoc grâce à sa seigneurie, la plus puissante à l'époque dans la région. Elle jouera un rôle important dans les guerres de Religion grâce à sa situation entre plaine et montagne. Au XVIe siècle, les troupes huguenotes y trouvent refuge pour combattre la royauté. Aujourd'hui, la ville a gardé ses fontaines dans les petites ruelles, sa tour de l'Horloge datant du XIVe siècle, et sa vocation de passage. La place centrale est très agréable l'été sous les parasols des nombreuses terrasses.

OFFICE DE TOURISME Plan-de-Brie ✆ 04 66 61 98 17. *Site Internet : www.ot-anduze.fr - E-mail : anduze@ot-anduze.fr. Ouverture, hors saison, du lundi au vendredi de 9h30 à 12h et de 13h30 à 17h30, le samedi de 9h30 à 12h. Ouverture du 15 juin à septembre inclus de 10h à 13h et de 15h à 19h.*

Points d'intérêt

MUSEE DE LA MUSIQUE 4, route d'Alès ✆ 04 66 61 86 60. *Site Internet : www.muséemusique.com. Ouverture tous les jours en juilletaoût de 14h30 à 19h. Ouverture du 15 au 30 juin et tout septembre de 14h à 18h. Ouverture vacances scolaires hors saison de 14h à 18h. Ouverture les dimanches et jours fériés hors saison. Fermeture en janvier et fêtes.* Quelle symphonie ! Pas la peine d'être mélomane ou de connaître le solfège pour tomber sous le charme de cette exposition exceptionnelle qui rassemble plus de 1 000 instruments et offre une muséographie ouverte sur le monde, vivante et animée, évolutive et sonore, avec de nombreuses animations (stages, concerts…). Venez donc apprendre à taper sur des bambous !

TRAIN A VAPEUR DES CEVENNES ✆ 04 66 60 59 00. *Site Internet : www.citev.com. Circule du 1er avril au 3 novembre. Ne circule pas les lundis du 12 septembre au 3 novembre. Départs à 9h30, 11h30, 15h et 17h. Accès handicapés. Tarifs de 7 € à 10,50 €.* D'Anduze à Saint-Jean-du-Gard en passant par la bambouseraie (deux heures de halte pour visiter, entrée non comprise dans le prix du billet), c'est un voyage de 13 kilomètres entre ponts et tunnels de la vallée du Gardon que propose ce tortillard sympathique et coloré. Un moyen familial et original de s'offrir une autre vision de la région. (Voir aussi à Saint-Jean-du-Gard).

Le couvert

LES CORDELIERS 14, avenue Pasteur-Rollin ✆ 04 66 61 79 92. *Ouvert de 12h à 14h et de 19h à 22h en été, de 12h à 13h30 et de 19h à 21h30 en hiver. Fermé lundi midi en été, dimanche soir et lundi en hiver.* Evidemment près du parc auquel il doit son nom, le restaurant du jeune chef Sébastien Mazauric fait dans le confort (deux salles climatisées) et dans la cuisine de terroir. On peut goûter ici la charcuterie et les fromages de pays, une salade au chèvre chaud à la chapelure et aux amandes, un émincé de bœuf sauce aux cèpes et, pour les plus aventureux, les fameux tripoux cévenols…

Le gîte et le couvert

LES ACACIAS* Route de Saint-Jean-du-Gard ✆ 04 66 60 53 53.** *Best Western. E-mail : acaciasgh@tiscali.fr. Ouverture à l'année. Tarifs de 36 € à 69 € hors saison et de 41 € à 76 € en saison. Carte à partir de 23 €. Accès handicapés (label Tourisme et Handicap), piscine extérieure, terrasse.* Cet hôtel propose 48 chambres climatisées et entièrement refaites (certaines non fumeurs) dans un cadre exceptionnel (il y a même une plage privée en plus de la piscine), 5 appartements et des services comme s'il en pleuvait, côté hôtel comme au restaurant, joliment nommé la Table de Marine. Une adresse pour tous ceux qui veulent être sûrs de la qualité de leur séjour, qu'ils choisissent des vacances sportives, instructives ou oisives.

LA REGALIERE 1 453, route de Saint-Jean-du-Gard ✆ 04 66 61 81 93.** *Fermé du 1er décembre au 15 mars. Douze chambres de 57 € à 62 €. Menus de 16 € à 39 €. Garage, accès animaux, demi-pension, terrasse, golf, jeux et animations.* Un vrai château aux couleurs du sud et aux accents d'Amérique avec des soirées jazz tous les vendredis soirs d'été, une vaste terrasse et un parc pour flâner, gambiller ou dîner sous les étoiles, voilà comment se présente cette agréable villégiature avec, côté nuit, douze chambres spacieuses "comme chez vous" si, chez vous, ce n'est pas dépouillé, et, côté nourriture, une carte à la fois exotique et locale avec, par exemple, des aiguillettes de canard au miel et à la gentiane des Cévennes ou un filet d'autruche fumé.

LA PORTE DES CEVENNES Route de Saint-Jean du Gard ✆ 04 66 61 99 44. *Site Internet : www.porte-cevennes.com. Fermé de mi-octobre à début avril. Chambres de 60 € à 67 €.* A la sortie de la ville, dans un environnement boisé, cet établissement de construction récente est un lieu idéal pour un séjour en Cévennes. Les chambres, modernes et confortables, décorées avec goût, s'ouvrent largement sur le paysage. Les équipements de confort ne manquent pas : jardin, salle de remise en forme et superbe piscine, à en faire pâlir plus d'un. Le restaurant, ouvert uniquement le soir, permet d'offrir une demi-pension agréable et à prix correct.

Loisirs

JLR MOTOCYCLES Route de Saint-Jean-du-Gard ✆ 04 66 60 56 79. *Ouverture du lundi au vendredi de 9h à 12h et de 14h à 19h, le samedi de 9h à 12h et de14h à 18h.* Attention, dans les Cévennes ce n'est jamais plat et donc pour les locations de vélos et VTT, petits mollets s'abstenir. Choisir plutôt le deux roues motorisé même si, pour la forme et la beauté des lieux, le vélo c'est mieux…

Emplettes

POTERIE DE LA MADELEINE Route de Nîmes, km 5 ✆ 04 66 61 63 44. *Site Internet : www.poterie.com - E-mail : madeleine@poterie.com. Ouverture toute l'année, tous les jours, week-ends compris, de 9h à 19h. Tarifs à partir de 5 €.* Bien évidemment, c'est dans le domaine de la poterie que l'on trouve le meilleur de l'artisanat local avec de nombreuses adresses où l'on essaie, avec plus ou moins de bonheur, de perpétuer la riche tradition des vases d'Anduze vernissés et à guirlande. Ici, c'est le côté plus, car la poterie a repris le tournage manuel qui avait quasiment disparu et qui donne à la production un cachet inestimable faisant parfaitement le lien entre le passé et le présent. La gamme maison permettra à tous les amateurs et à tous les visiteurs conquis de trouver l'objet rêvé : du petit vase d'intérieur à la grande urne d'extérieur qui donnera un cachet exceptionnel à un jardin.

▷ *Dans les environs*

Mialet

Un village au cœur de l'identité huguenote, donc cévenole, où l'on fête, chaque année en septembre, le souvenir de la résistance protestante et qui accueille le célèbre musée du Désert. Les grottes de Trabuc sont la curiosité naturelle contribuant à la renommée de ce village situé entre Alès et Saint-Jean-du-Gard.

La Fontaine Pagode

La Tour de l'Horloge

Grotte de Trabuc

GROTTES DE TRABUC ✆ **04 66 85 03 28.** *E-mail : cabrespine@aol.com. Ouverture du 15 mars au 14 juin et du 11 septembre au 15 octobre, tous les jours de 9h30 à 12h et de 14h à 18h. Fermeture du 1er novembre au 15 mars. Tarifs de 4 € à 8 €.* Les amateurs de merveilles souterraines ne peuvent manquer cette visite aux 100 000 soldats, stalagmites torturés et placés là par un improbable général minéral, aux cascades bouillonnantes et au lac souterrain. 1 200 mètres de galeries aménagées permettent à tous d'en profiter en famille. Prévoir tout de même de quoi s'habiller chaudement.

MUSEE DU DESERT Mas Soubeyran ✆ **04 66 85 02 72.** *Site Internet : www.museedudesert.com - E-mail : musee@museedudesert.com. Ouverture du 1er mars au 30 novembre de 9h30 à 12h et de 14h à 18h. Ouverture en juillet-août de 9h30 à 19h. Fermeture du 1er décembre au 28 février. Tarifs : de 3 € à 4 €.* Le Désert fut le terme générique utilisé pour nommer les assemblées secrètes et nocturnes qui réunissaient les protestants cévenols pour célébrer leur culte. C'est dans la maison natale de Rolland, chef des camisards, qu'est installé ce musée retraçant, en quinze salles, 200 années d'histoire huguenote (de la révocation de l'édit de Nantes à la proclamation de l'édit de Tolérance) grâce à une superbe collection de tableaux, documents, objets de la vie quotidienne et cultuelle...

LE PRADINAS** ✆ **04 66 85 01 34.** *Site Internet : www.lepradinas.com - E-mail : contact@lepradinas.com. Fermé de novembre à avril. Quatorze chambres de 40 € à 89 €. Petit déjeuner 6,50 €. Demi-pension à partir de 43 €. Restaurant ouvert midi et soir. Menus à partir de 17 €. Accès handicapés, parking privé et piscine extérieure.* Visitez tranquillement les 100 000 soldats de la grotte et les millions d'âmes du désert, car si vous traînez et hésitez à reprendre votre route, les quatorze chambres accueilleront ici votre lassitude et la transformeront, au fil d'une tranquille nuit, en une forme à tout casser. On l'espère pour vous, en tout cas, car sinon, à quoi bon prendre des vacances ?

LES GROTTES DE TRABUC Lieu-dit Trabuc ✆ **04 66 85 02 81.** *Fermé de novembre à avril. Huit chambres de 29 € à 42 €. Petit déjeuner 5,30 €. Menus de 12 € à 22 €. Demi-pension 35 €. Garage.* Noyée sous la verdure, nichée au bord du gardon et donc au cœur de cette vallée des camisards dont la découverte vous a creusé l'estomac et coupé les jambes (en même temps qu'enrichi d'images et d'histoires), l'établissement de Véronique et Pascal vous tend les bras pour une nuit tout confort dans une des huit chambres et un repas fin à base des grandes spécialités cévenoles.

LES PLANS** ✆ **04 66 85 02 46.** *Site Internet : www.camping-les-plans.fr. Ouverture du 15 avril au 15 septembre. 303 emplacements à 14 €. Accès handicapés. Animaux acceptés. Bungalows, piscine extérieure, golf, restaurant et alimentation.* On peut même camper en plein désert, dans une atmosphère heureusement plus chaude qu'à Trabuc... mais plus fraîche qu'au milieu de la clairière, bref, un camping qui ravira tous les habitués de la vie au grand air en proposant, en plus, de nombreuses activités pour meubler les temps morts.

Saint-André-de-Valborgne

HR BOURGADE Place de l'Eglise ✆ **04 66 60 30 72.** *Ouvert de début avril à fin décembre. Chambres à partir de 50 €. Repas de 16 € à 37 €.* Une de ces bonnes petites adresses comme les aiment les petits futés. L'ancien relais de poste de ce petit village des Cévennes s'est peu à peu transformé en un hôtel sympathique et accueillant, aux chambres meublées simplement mais avec goût. Le bon goût domine ici partout, et, bien entendu, dans la cuisine où vous pourrez trouver des produits très "terroir" comme des écrevisses, des cèpes, des charcuteries de pays. Un endroit très agréable qui a su parfaitement marier, dans tous les registres, la tradition et les tendances contemporaines.

Saint-Jean-du-Gard

Au pied de la corniche des Cévennes, non loin de la vallée Borgne et limitrophe du parc national des Cévennes, Saint-Jean-du-Gard est une bonne destination pour qui souhaite découvrir les Cévennes sans trop s'éloigner des grandes villes, Alès, puis Nîmes et Montpellier, mais aussi de la mer (1h de route environ), d'Uzès et Avignon... Au fond d'une vallée sujette aux inondations et au cœur historique des affrontements entre protestants et catholiques, le village garde aussi des traces de ce passé agité. Le vieux pont du XVIIe siècle porte les stigmates de la furie des flots, la tour de l'Horloge (XIIIe siècle) de celle des hommes, mais que dire du couvent des Bénédictins (détruit en 1560) et de la maison du Vicaire qui fit office d'église après la destruction du couvent ?

OFFICE DE TOURISME Place Rabaud-Saint-Etienne ✆ **04 66 85 32 10.** *Site Internet : www.members.aol.com/otsistjean.*

Train à vapeur, Saint-Jean-du-Gard

MUSEE DES VALLEES CEVENOLES **95, Grand-Rue ✆ 04 66 85 10 48.** *Site Internet : www.museedescevennes.com. Ouverture du 1er avril au 1er novembre, tous les jours de 10h à 19h. Ouverture de novembre à mars, les mardi et jeudi de 10h à 19h et le dimanche après-midi de 14h à 18h. Tarifs individuels : adultes de 4 € à 6 €, enfants à partir de 3,20 €, gratuit pour les moins de 12 ans.* Qui dit Cévennes dit châtaigne et ver à soie, deux éléments naturels ayant assuré la survie, puis la richesse du pays. La vie s'est donc organisée, pendant des décennies, autour de ces deux réalités et c'est cette vie, austère mais belle, qui est magnifiée ici à travers une collection étonnante d'objets de la vie quotidienne.

TRAIN A VAPEUR DES CEVENNES ✆ 04 66 60 59 00. *Site Internet : www.citev.com. Circule du 1er avril au 3 novembre. Ne circule pas les lundis du 12 septembre au 3 novembre. Départs à 9h30, 11h30, 15h et 17h. Accès handicapés. Tarifs de 7 € à 10,50 €.* D'Anduze à Saint-Jean-du-Gard, en passant par la bambouseraie (deux heures de halte pour visiter, entrée non comprise dans le prix du billet), c'est un voyage de 13 kilomètres entre ponts et tunnels de la vallée du Gardon que propose ce tortillard sympathique et coloré. Un moyen familial et original de s'offrir une autre vision de la région. (Voir aussi à Anduze).

RESTAURANT DE LA GARE **Gare du TVC ✆ 04 66 85 38 18.** *Ouvert toute l'année (repas de midi et du soir). Fermé le samedi hors saison. Menus de 10 € à 21 €. Carte salades, viandes et poissons.* En débarquant du train à vapeur des Cévennes, on sera donc heureux de trouver ces nombreuses tables pour se restaurer vite fait (plat du jour) ou manger copieusement les bonnes spécialités du pays. Entre raison et passion, la salade gourmande l'est vraiment et les cuisses de grenouille invitent à l'aventure comme le mélange étonnant entre les saveurs exotiques et les spécialités locales.

LES BELLUGUES** **13, rue Pelet-de-Lozère ✆ 04 66 85 15 33.** *Site Internet : mon-site.wanadoo.fr./bellugues - E-mail : hotelbellugues@wanadoo.fr. Ouverture du 15 mars au 15 novembre. Fermeture du 16 novembre au 14 mars. Seize chambres à 46 € et 51 € et petit déjeuner à 6,10 €. Menus à 11 € et 21 €. Possibilité de demi-pension. Paiement chèques-vacances accepté.* Accès handicapés, animaux acceptés, parking privé, séminaires et piscine extérieure. Quelle surprise et quel bonheur de découvrir, au cœur de cette ancienne filature classée et restaurée en hôtel, un magnifique jardin à la fois tropical et cévenol à l'image de la bambouseraie voisine, ainsi qu'un jardin où l'on peut savourer son petit déjeuner ou l'un des repas du jour, basé sur une cuisine de terroir avec châtaignes et écrevisses... Un rapport qualité/prix exceptionnel pour cet hôtel deux étoiles proposant des chambres très confortables.

MOULIN A HUILE DES OLIVETTES **Route de Nîmes ✆ 04 66 85 31 87.** *Ouvert toute l'année.* A l'entrée de la ville, en venant d'Anduze, tous les produits de l'olivier après transformation, artisanat...

Thoiras

CEVENNES PROVENCE* Corbes ✆ 04 66 61 73 10.** *Site Internet : www.camping-cevennes-provence.fr - E-mail : marais@camping-cevennes-provence.fr. Ouverture du 20 mars au 1er novembre. Fermé du 2 novembre au 21 mars. Tarifs emplacement : de 11,55 € hors saison à 16,50 € en saison. Location de chalets : de 275 € la semaine hors saison à 495 € la semaine en saison. Tarifs animaux : de 1,26 € à 1,80 €.* Un camping comme on rêverait d'en trouver sur le littoral… Trente hectares en pleine nature convaincront ceux qui n'aiment pas la promiscuité et les emplacements pour tentes et caravanes : ici, plaine ou colline ou terrasse avec certains endroits quasi sauvages malgré une présence permanente de commodités. Accès direct à la rivière et plage privée, pêche, sentiers pédestres, jardin de plantes aromatiques en libre-service, 1 ha de jeux et de détente (tennis, mini-golf, foot, basket-ball…). Que demander de mieux ? Ah oui, ce camping a reçu le Trophée de l'Accueil 2003 pour la région Languedoc-Roussillon !

Tornac

LES DEMEURES DU RANQUET Route de Saint-Hippolyte-du-Fort ✆ 04 66 77 51 63. *Site Internet : www.avignon-et-provence.com/ranquet - E-mail : ranquet@mnet.fr. Ouverture toute l'année, sauf du 16 novembre au 14 décembre et une semaine en mars. Dix chambres de 110 € à 182 €. Menus de 31 € à 70 € pour le menu dégustation. Carte.* Ce beau mas cévenol est un lieu où l'on est sûr de passer un bon séjour. Tout est de qualité ici, la vue, les chambres climatisées et la belle décoration comtemporaine, ainsi que le cadre général. Harmonie et détente sont au rendez-vous, ainsi que plusieurs activités : balades à dos d'âne, vélos, stages cuisine, boulodrome, piscine… La cuisine, moderne, met en avant les saveurs du terroir dans un restaurant lui aussi climatisé : déclinaison de foie gras en bonbons à la confiture d'oignons, bouillon aux cèpes, terrine de poireaux… toute une gastronomie de terroir dans votre assiette.

Générargues

Entre Anduze et Saint-Jean-du-Gard, dans les premières hauteurs cévenoles, vous découvrirez le très authentique village de Générargues dont trop de Gardois ignorent qu'il est celui où s'étend la fameuse bambouseraie. Bref, comme on dit, la visite s'impose, d'autant que l'on trouve ici, également, deux musées traditionnels des plus intéressants.

LA BAMBOUSERAIE ✆ 04 66 61 70 47. *Site Internet : www.bambouseraie.fr. Ouverture du 1er mars au 15 novembre tous les jours à partir de 9h30. Fermé du 16 novembre au 28 février. Tarifs : 4 € et 6,50 €.* Créé en 1855, ce parc est toujours un véritable enchantement, une sorte de jardin pour l'Eternel, un bout d'Extrême-Orient étonnant à l'orée des Cévennes. Deux heures au moins de visite sont requises pour profiter de cette forêt luxuriante, des serres aux fleurs colorées, des cases asiatiques, des lotus pourpres, du jardin aquatique et des boutiques, bien sûr. Les enfants apprécieront particulièrement ce lieu magique où l'on vient et revient toujours avec le même plaisir et la même fascination exotique. Incontournable.

MUSEE DU SANTON Place du Tilleul ✆ 04 66 61 66 74. *E-mail : musee-du-santon@wanadoo.fr. Ouverture tous les jours pendant les vacances scolaires de 14h à 18h. Ouverture hors vacances scolaires les mercredi, samedi, dimanche et fêtes de 14h à 18h. Ouverture en juin et en septembre tous les jours de 10h à 19h. Ouverture en juillet et août tous les jours de 10h à 19h. Fermeture annuelle en février.* Du côté d'Aubagne, Fontvieille et Arles, ces figurines en terre cuite sont de véritables livres contant la vie locale et c'est cet esprit de représentation populaire qu'on a voulu (avec succès) faire vivre ici, pour conter à la fois Cévennes et Provence. Animé, le musée présente plus de 200 pièces et incite à profiter de la boutique pour préparer les plus originaux cadeaux de fin d'année.

LE MONTSAUVE Hameau de Montsauve ✆ 04 66 61 96 43. *Fermé du 15 novembre au 28 février. Menus à 11 € et 22 €. Menu enfant à 6 € avec une surprise. Terrasse.* Une fois garés sur le parking de la bambouseraie, pas besoin de reprendre la voiture, le restaurant n'est situé qu'à un peu plus de 100 mètres de l'entrée du parc, et autant dire qu'il vous tend les bras, d'autant qu'il offre tout ce que la famille peut rêver pour se restaurer : un frais patio pour l'été, une chaleureuse cheminée l'hiver, une cuisine traditionnelle de spécialités cévenoles, des jeux pour les enfants…

LES 3 BARBUS **Route de Mialet ✆ 04 66 61 72 12.** *Fermé du 31 décembre à fin mars/début avril. 33 chambres de 61 € à 118 €. Menus à 26 €, 34 € et 43 €. Menu enfant à 11 €. Terrasse, piscine extérieure, bar (juillet-août seulement).* Un cadre rustique, voire médiéval, mais 34 chambres lumineuses et claires qui, toutes, dominent la superbe vallée des camisards (la plupart possèdent une terrasse privée). Voilà une villégiature qui a de quoi séduire en nous plongeant au cœur de ces si belles Cévennes. Et la table du restaurant y contribue avec sa salle aux superbes poutres et tournée vers la vallée, avec, là aussi, des terrasses pour s'en mettre plein les yeux. Côté papilles, on apprécie autant le raffinement d'un gaspacho de concombres glacé que la gourmandise d'un filet de bœuf charolais avec son fumet de truffes.

Le Vigan

Cité millénaire et capitale des Cévennes méridionales, Le Vigan étale sa douceur de vivre au long des ruelles médiévales, au hasard des fontaines et jardins qui la peuplent. On s'y promène avec plaisir sur les traces des hommes célèbres qui y sont nés (le sergent Triaire, le Chevalier d'Assas, le père d'Alzon, André Chamson...), d'une histoire industrialo-culturelle riche depuis l'épopée séricole débutée au XVIIe siècle jusqu'aux succès répétés des collants Well dont l'usine se visite ici, et des produits de l'agriculture locale : pommes reinettes du Vigan, oignons doux des Cévennes et les fameux pélardons, désormais nantis d'une A.O.C.

OFFICE DE TOURISME **Place Triaire ✆ 04 67 81 01 72.** *E-mail : ot.le-vigan@wanadoo.fr. Ouverture en saison, de 8h30 à 12h30 et de 13h30 à 19h, le dimanche de 10h à 12h30. Ouverture hors saison, de 9h à 12h30 et de 14h à 18h, le samedi de 8h30 à 13h.*

MAIRIE **1, place Quatrefages-de-la-Roquête ✆ 04 67 81 66 00**

Points d'intérêt

LE MUSEE CEVENOL **1, rue des Calquières ✆ 04 67 81 06 86.** *Site Internet : www.musee-cevenol.com. Ouverture du 1er avril au 30 octobre de 10h à 12h et de 14h à 18h. Ouverture le reste de l'année : uniquement le mercredi. Fermé le mardi toute l'année. Tarifs individuels : adultes 4,50 €, enfants (moins de 16 ans) 2,30 €. Tarifs groupes : 2,50 €.* Trois étages et des milliers d'objets permettent de ne plus rien ignorer de ce que fut la vie en Cévennes. Y sont présentés l'histoire et la nature locale, les métiers du cru (vannier, verrier, sabotier et tonnelier) dans une salle réservée à cet effet, André Chamson dans sa salle personnelle, ainsi que de fabuleux costumes du XVIIIe siècle.

LA MAISON DU PAYS VIGANAIS **Place Triaire ✆ 04 67 81 01 72.** *Site Internet : www.cc-pays-viganais.fr.* Dans les locaux de l'Office de Tourisme. Ce qui est immanquable, c'est la vitrine des meilleurs produits du terroir viganais, depuis les fameuses reinettes jusqu'aux strings...

Vue générale

Le pont romain de nuit

GORGES DE LA DOURBIE, GORGES DU TREVEZEL. Deux routes assez extraordinaires et qui se relaient en beauté. En partant de Saint-Jean-du-Bruel en Aveyron, on emprunte la D341 pour passer dans le Gard en suivant la rivière. Peu après la frontière interdépartementale, on suit la D47 vers Trèves. Ce village charmant, où vous trouverez également une sympathique auberge et un camping accueillant au bord de la rivière, marque le point de départ des gorges de Trévezel, qui font la jonction avec les Cévennes lozériennes vers Meyrueis.

Le couvert

LE VIEUX PONT 1, rue Pierre-Gorlier © 04 67 81 27 57. *Fermé le mercredi. Menus de 9 € à 19 €.* Une des tables les plus connues de la cité, halte obligatoire sur le chemin des cimes et rendez-vous convivial pour une soirée à deux ou entre amis. Salades, grillades et spécialités italiennes se disputent les faveurs et les louanges des convives de cette pizzeria qui ne veut pas se donner de limites.

Le gîte

LE VAL DE L'ARRE Route de Ganges © 04 67 81 02 77.** *Fermé du 1er octobre au 1er avril. 180 emplacements à 16 €. Garage, accès animaux, location de chalets, piscine extérieure, bar et laverie.* Au bord d'une rivière où il fait bon se baigner par les rudes chaleurs de juillet, un camping ombragé et animé qui offre piscine, caravanes et chalets aux estivants qui ne veulent pas connaître de souci. Situé à deux kilomètres du centre-ville.

Le gîte et le couvert

L'AUBERGE DE COCAGNE Place du Château - AVEZE © 04 67 81 02 70. *Fermeture du 15 novembre au 15 février. Sept chambres de 28 € à 45 €. Menus de 12 € à 30 €. Menu enfants.* Cette charmante et authentique auberge cévenole vous attend dans son écrin d'arbres séculaires, afin de vous faire découvrir le calme et la douceur de vivre en Cévennes. Ses chambres claires vous invitent au repos. Vous prendrez vos repas près des cheminées en hiver ou sur la terrasse ombragée en saison et goûterez une cuisine du terroir élaborée à partir de produits fermiers et bio : terrines, confitures d'oignons, truites et autres écrevisses, sublimées par des crus régionaux, à choisir sur la carte des vins. Les bambins ne sont pas oubliés avec un menu spécialement fait pour eux.

Loisirs

CYCLO SCOOT 20, rue des Casernes © 04 67 81 11 88. Rouler cheveux au vent sur un scooter ou suer langue pendante sur un VTT, à chacun ses goûts et ses envies, mais il y en a un qui est meilleur pour la santé et plus respectueux de l'environnement.

Emplettes

LA FERME DES CHATAIGNIERS Esparon ✆ 04 67 81 42 42. *Fax 04 67 81 42 43. Ouverture toute l'année sur rendez-vous.* Respectueuse de la nature où elle est située, la ferme produit de la viande de veau et de boeuf bio vendue sur place au détail ou en 1/2 gros. Goûteuse et inattendue, la charcuterie de bœuf : jambons, saucisses sèches et fraîches... Gourmandises du petit déjeuner avec le miel et les confitures faits maison sont également proposés par La Ferme. Retrouvez tous ces produits de qualité et du terroir sur les marchés des Arceaux le samedi et d'Antigone le dimanche à Montpellier. Un détour à ne pas manquer.

▷ *Dans les environs*

Camprieu

Installé sur son plateau, le village de Camprieu, où coule la rivière Bonheur, un signe, ouvre à ses visiteurs toutes les portes des causses Noir et Méjean ainsi que la vallée du Tarn, le sommet de l'Aigoual... Entre maquis et landes, abîme et lac, on peut y passer un séjour estival différent, en camping ou dans l'un des nombreux "chalets" familiaux construits pour accueillir les citadins en mal de dépaysement.

OFFICE DE TOURISME Le Pont en Bois ✆ 04 67 82 64 67. *Fax 04 67 82 01 96. Site Internet : www.causses-aigoual-cevennes.org - E-mail : office-du-tourisme-causse@wanadoo.fr. Ouverture : tous les jours de l'année en saison de 9h30 à 19h, tous les jours hors saison de 9h30 à 12h et de 14h à 17h30.*

ABIME DE BRAMABIAU D986 - Chemin de Bramabiau ✆ 04 67 82 60 78. *Ouvert de 9h à 19h en juillet et août, de 9h à 18h d'avril à juin et en septembre, de 10h à 17h en octobre et novembre. Fermé du 1er décembre au 31 mars. Tarifs individuels de 2,50 € à 6 €. Tarifs groupes de 2 € à 4 €.* C'est à l'Aigoual que naît le bonheur et c'est à Camprieu qu'il fait son trou, dans une immense et impressionnante barre calcaire appelée le bœuf qui brame (Bramabiau), sans doute pour le bruit que font l'eau et le vent dans cette faille terrestre ! Un spectacle qui laisse sans voix pour sa beauté, sa dimension et sa hauteur (sujet au vertige, s'abstenir). C'est que l'ensemble est exceptionnel et mérite, à lui seul, la visite jusqu'à ces hauteurs.

AU BORD DU LAC ✆ 04 67 82 61 20. *Fermé du 24 décembre au 2 février. Menus de 11 € à 28 €.* Comme son nom l'indique, ce restaurant familial isolé se mire dans les eaux translucides du lac du Bonheur. Y manger fait le nôtre et celui des enfants, plus impatients à jouer sur la rive toute proche qu'à goûter les spécialités régionales qui, en revanche, régaleront les parents. Comme les choses sont bien faites, on peut manger en surveillant (de loin) les mioches batifolant au bord de l'eau. Un restaurant très apprécié aussi des pêcheurs qui ne se contentent pas seulement des plaisirs halieutiques.

AUBERGE DU BONHEUR ✆ 04 67 82 60 65. *Ouverture toute l'année. Fermé une semaine fin octobre. Seize chambres de 26 € à 39 €. Menus de 12 € à 15 €. Carte. Demi-pension de 28 € à 31 €, pension complète à 40 €.* Seize chambres pour tous ceux qui n'ont pas la chance de posséder une maison de famille ou n'ont pas pensé à réserver un chalet et qui trouvent le camping vraiment trop rude. Seize chambres et une enseigne "vieille France" des plus attirantes mais qui est évidemment due au passage, à proximité, de la rivière dotée de cet agréable patronyme.

ARBORETUM DE LA FOUX. Non loin de l'abîme, quelques-uns des plus hauts arbres d'Europe sont visibles au milieu d'une végétation luxuriante, observée et préservée pour le plus grand bonheur des randonneurs amateurs. Un circuit d'une heure est organisé au cœur de cette forêt, balisé par l'ONF, pour une sécurité optimale.

ELEVAGE SERANNE D986 ✆ 04 67 44 63 45. *Ouverture en juillet et août uniquement.* Promenades pour tous et randonnées pour les cavaliers plus expérimentés, un moyen bien agréable de découvrir des environs sauvages et préservés.

MINIGOLF DU TERONDEL Vallée du Bonheur ✆ 04 67 82 61 45. *Ouverture du 1er juillet au 31 août.* Douze trous plus ou moins inaccessibles mettront à l'épreuve l'adresse et les nerfs des apprentis putters en vacances. Un divertissement classique et familial pour ceux qui trouvent l'eau trop froide ou les balades trop fatigantes.

LAC DU BONHEUR. Quel nom magnifique que celui de ce petit plan d'eau né d'une retenue humaine des eaux de la rivière Bonheur qui, naturellement, a créé, un peu plus loin, le spectacle exceptionnel de l'abîme. Pour se baigner, se promener, pique-niquer, pêcher, on préférera nettement le lac et ses eaux... rafraîchissantes. Immanquable à l'arrivée au village.

Lanuéjols

Très boisé et particulièrement bien exposé, le causse Noir, autour de Lanuéjols, est riche en trésors et paysages de rêve, entre plateaux et gorges impressionnantes, prairies et forêts profondes.

AUBERGE DU CAUSSE NOIR Domaine de Pradines © 04 67 82 74 24. *Site Internet : www.domainedepradines.com - E-mail : contact@domainedepradines.com. Ouvert d'avril à fin octobre. Ouvert hors saison sur réservation. Fermé le lundi. Menus de 13 € à 21 €. Garage et piscine extérieure.* Ici, qui dort dîne. C'est bien une étape gourmande et reconstituante que l'on vous propose, avec chevaux et table d'hôtes, bienvenus au cœur d'une découverte active d'un causse plein de merveilles.

MONTJARDIN © 04 67 82 71 74. *Ouverture à l'année pour les gîtes. Tarifs basse saison de 185 € la semaine à 285 €. Tarifs pleine saison de 200 € la semaine à 315 €.* Yolande Maillé élève des porcs et les convertit en produits frais ou cuisinés, disponibles à la ferme toute l'année : terrines, saucisses, jambons, etc.

FRANCETTE ALBINET La Bastide - TREVES © 04 67 82 72 30. *Site Internet : www.ferme-bastide.com.* Réalisés à partir de canards gras, des produits de la ferme goûteux, savoureux et parfumés comme par exemple le pâté de foie de volaille aux cèpes.

LE QUINTANEL Blandas © 04 67 81 50 94. *E-mail : Gaquinta@aol.com. Ouverture de mars à novembre.* A deux pas du célèbre cirque de Navacelles, un producteur de fromages de brebis, avec plusieurs propositions appétissantes : pérails, tommes, yaourts au lait de brebis, caillés.

RANDALS BISONS © 04 67 82 73 74. *Site Internet : www.randals-bisons.com - E-mail : randalsbison@aol.com. Ouverture tous les jours en juin, juillet, août de 10h à 19h. Ouverture de Pâques à la Toussaint les week-ends et jours fériés de 14h à 17h.* Ici, les amateurs peuvent succomber au charme western de cet élevage de bisons assez unique en son genre. On peut, sur un chariot ou à cheval pour les plus téméraires (en juillet et août), aller se promener au milieu de ces animaux d'Amérique qui broûtent l'herbe du causse Noir comme s'ils n'en avaient jamais connue d'autre. Leur histoire et la technique de leur élevage sont expliquées. Les mercredis d'été (à partir de 19h) on peut assister au rassemblement, tri et marquage du bétail (à la façon des taureaux en Camargue) et, tous les jours, se restaurer et acheter des souvenirs à la ferme-auberge-magasin…

Valleraugue et le Mont-Aigoual

Entre pâturage et mine, l'histoire du second plus haut sommet des Cévennes (1 567 m, à peine moins haut que le mont Lozère) aurait pu se décliner tranquillement sans les aléas de la vie qui conduisirent les hommes du siècle d'avant le dernier à en accélérer l'exploitation et la déforestation, au point de menacer les vallées qu'il domine et l'existence même du mont. Celui-ci doit donc beaucoup à Georges Fabre, le forestier ayant eu l'idée de créer au sommet de l'Aigoual un observatoire météorologique, achevé en 1894, qui est, aujourd'hui encore, le fabuleux vaisseau des Cévennes méridionales. Un atout fort pour le développement touristique qui s'appuie, aussi, sur les quelques pistes de ski de la station de Prat Peyrot et, tout simplement, sur la magnificence des forêts finalement sauvées… Les pentes de l'Aigoual appartiennent au territoire de la commune de Valleraugue mais accueillent aussi le très joli et préservé village de l'Espérou. Aussi, avons-nous choisi de réunir tout ce qui concerne le mont sous le nom de celui-ci plutôt que sous celui d'un village.

OFFICE DE TOURISME Quartier Hortes © 04 67 82 25 10. *Site Internet : www.aigoual-cevennes.com - E-mail : office.tourisme.valleraugue@wanadoo.fr. Ouverture en saison, tous les jours de 10h à 12h et de 14h à 19h30. Ouverture hors saison, tous les jours de 9h à 12h et de 14h à 18h. Fermé le lundi.*

OBSERVATOIRE METEOROLOGIQUE © 04 67 82 60 01. *Ouverture toute l'année de 10h à 19h. Attention ! l'accessibilité en hiver est dépendante de l'enneigement - se renseigner au préalable. Gratuit.* Du haut des 1 567 mètres du mont, le dernier observatoire d'altitude de Météo France encore réellement en activité prend des airs de vaisseau fantastique dominant le Monde ou presque. Depuis sa terrasse accessible aux visiteurs, on domine, en effet, une exceptionnelle forêt domaniale et pas moins de treize départements. En plus du panorama, la station propose 500 m^2 d'exposition sur le mont Aigoual (en toutes saisons) et la météo, créée par les météorologistes, telle qu'elle est et fut… On peut aussi visiter l'observatoire lui-même, les coulisses du métier de météorologiste, les instruments et cartes utilisés et, surtout, les impressionnantes photos et statistiques de l'Observatoire de l'Aigoual donnant une réelle idée de la rigueur extrême de son climat.

LE PETIT LUXEMBOURG** **Rue du Luxembourg ✆ 04 67 82 20 44.** *Fermé dimanche soir et lundi hors saison et du 1er décembre au 15 janvier. Huit chambres de 34 € à 41 €, petit déjeuner à 5 €. Menus de 13 € à 23 €. Accès handicapés, animaux acceptés et garage.* Un petit "palais" charmant au cœur du village et un havre de paix dans une région qui n'en manque pourtant pas. Tout pour séduire une clientèle soucieuse à la fois de son bien-être et de son budget vacances.

LE TOURING **Route de l'Aigoual - L'ESPEROU ✆ 04 67 82 60 04.** *Ouverture du 1er mai au 30 septembre et en janvier et février (accessibilité dépendante de l'enneigement hors saison). Dix chambres (douches, W.-C. et télévision) à 40 €. Petit déjeuner à 5,50 €. Menus de 10,50 € à 18,50 € et menu enfants. Demi-pension à 37 €. Pension complète à 45 €. Accès animaux, garage motos et vélos.* Sur la route du sommet, une halte s'impose dans ce beau restaurant de cuisine traditionnelle où l'on peut manger dehors et acheter le meilleur des produits du pays. Laissez-vous tenter par l'omelette aux cèpes, le gibier (en saison), les patisseries maison…

LE MOURETOU** **Route de l'Aigoual ✆ 04 67 82 22 30.** *Ouverture du 15 mai au 10 septembre. Ouverture du restaurant toute l'année. Trente-trois emplacements à partir de 10 €/jour/personne. Accès animaux, piscine extérieure et bar.* A la rivière ou à la piscine, les joies de la baignade seront particulièrement appréciées au retour d'une rude randonnée, à moins que l'on ne préfère la buvette réparatrice. Le restaurant pizzeria réconfortant (menus à partir de 14 €), ouvert tous les jours midi et soir, propose aussi une cuisine traditionnelle et de terroir.

L'AIGOUAL **Observatoire - MONT AIGOUAL ✆ 04 67 82 62 78.** *Ouverture du 1er mai au 31 octobre. Ouvert de 9h à 19h, restauration de 12h à 14h30. Pour le gîte, se renseigner à la mairie de Valleraugue au 04 67 81 79 60.* Allez ! même si vous êtes montés en car ou en voiture et ni en vélo ni à pied par les 4 000 marches, vous pourrez vous désaltérer à la buvette et vous restaurer au snack, mais n'oubliez pas d'acheter un souvenir à la boutique et d'offrir une glace au petit dernier.

LA CORCONNE **Sumène ✆ 04 67 82 46 82.** *Site Internet : www.lacorconne.com - E-mail : lacorconne@wanadoo.fr. Ouverture toute l'année. Location de chalets. Tarifs : de 254 € la semaine hors saison à 484 € la semaine en saison. Possibilité de locations au week-end.* Une adresse bien connue des Gardois tentés de prendre de la hauteur et la fraîcheur de l'ombre. Au bord d'une rivière, une villégiature tranquille et discrète pour profiter de la région.

ARBORETUM DE l'HORT DE DIEU. Un p'tit coin d'paradis au pied de l'observatoire, à découvrir exclusivement dans les pas d'un botaniste.

BASE VTT X'PLOSION **La Transhumance - L'ESPEROU ✆ 04 67 82 60 38.** *Ouverture à l'année (accessibilité hors saison dépendante de l'enneigement). Accessible à tous en parcours sécurisés avec topo-guides.* Dans le massif de l'Aigoual, le VTT est roi et les sportifs, nombreux à s'adonner à ses joies. Leur point de ralliement est à cette adresse où ils trouvent matériel et conseils, guides et entretien, location à la carte et prêt d'accessoires, assistances technique et pratique pour les formules descente, organisations de randonnées… Ceux qui ne veulent pas investir peuvent louer un fabuleux engin juste le temps des vacances, les autres peuvent acheter du très bon matériel neuf ou d'occasion.

PRAT PEYROT **Station de Ski ✆ 04 67 82 25 10.** *Site Internet : www.aigoual-cevennes.com. Fermé de mars à novembre. Forfait journée à 8 €, enfants et étudiants à 6 €.* Canons à neige, pistes multicolores, remontées mécaniques, la station de ski de l'Aigoual a tout d'une grande, ou presque… A une grosse heure de voiture de Nîmes (ou de Montpellier), ceux pour qui glisser ne rime pas avec frimer trouveront donc leur bonheur à proximité de leur ville. Certes, le domaine skiable n'est ni très étendu (15 pistes et 12 remontées) ni très redoutable (4 rouges tranquilles) ni très haut (1 440 mètres), mais on peut s'y lâcher en toute tranquillité et liberté dans une ambiance très bon enfant. Pour les fondeurs, ce sont 60 kilomètres de pistes (dont une noire de compétition) qui serpentent sur les flancs de l'Aigoual, autour des vastes parkings mais dans un superbe décor cévenol.

TERRES D'AIGOUAL **Col de la Serreyrède - L'ESPEROU ✆ 04 67 82 65 39.** *Ouvert de 10h à 19h en saison, de 14h à 17h du 15 novembre à fin février. Fermé lundi hors saison.* Une vitrine de tous les produits issus du massif de l'Aigoual, agricoles et artisanaux, mais on n'est pas obligé de seulement regarder, on peut aussi goûter, acheter et emporter. C'est même recommandé !

LITTORAL ET CAMARGUE

Le Gard ne possède qu'une petite partie de Camargue, dite "Petite Camargue" et de littoral méditerranéen (une seule commune : Le Grau-du-Roi), ce qui ne l'empêche pas d'avoir un patrimoine de faune et de flore parmi les plus beaux de France. En dehors des clichés touristiques tels que gardians, rizières, gitans et flamants roses, la Camargue est souvent très secrète et ne s'offre qu'aux initiés depuis la création en 1927 de la Réserve nationale et, plus récemment, du Parc naturel régional de la Camargue en 1970. L'une des ressources de la région est la culture du riz camarguais, qui est semé directement dans les clos et récolté fin septembre pour être ensuite décortiqué, blanchi et enfin glacé avant sa commercialisation. L'autre source de commerce est le sel, traité ici par les Salins du Midi, dont on peut apercevoir les montagnes de sel (camelles). Le Grau-du-Roi s'est enrichi dans les années 70 d'une station nouvelle, Port-Camargue, dans le cadre du Schéma d'Aménagement du Littoral. Basée sur de petits immeubles de faible hauteur et des marinas, organisée selon les plans d'une cité lacustre, la station joue à fond les activités nautiques, forte de son port de plaisance qui, avec plus de 4 000 anneaux, est le plus important d'Europe. L'autre atout de cet ensemble est la zone protégée de l'Espiguette, une immense étendue de sable où les dunes rappellent le Sahara, bordée en arrière par les marais où paissent chevaux et taureaux.

Aigues-Mortes

Situé au milieu des lagunes, à l'ouest de la Camargue, Aigues-Mortes est un port moyenageux reliée à la mer par un canal de 6 kilomètres. On dénombre moins de 5 000 habitants dans cette ville bâtie sur le plan régulier des bastides médiévales, c'est dire si l'activité touristique d'été est nécessaire à l'économie aigues-mortaise ! On visitera l'église des Sablons, la tour de Constance et les expos d'art contemporain de la chapelle des Pénitents, tout en rendant un hommage à saint Louis dont la statue règne sur la place centrale du village, ce roi qui fut, en quelque sorte, le fondateur de la cité en 1241.

OFFICE DE TOURISME Porte de la Gardette © 04 66 53 73 00. *Site Internet : www.ot-aigues-mortes.fr - E-mail : ot.aiguesmortes@wanadoo.fr. Ouverture tous les jours. En hiver et jusqu'à la mi-juin de 9h à 12h et de 13h à 18h (week-ends et fériés de 10h à 12h et de 14h à 18h). De la mi-juin à fin juin et tout septembre : de 9h à 19h (week-ends et fériés de 10h à 19h). En juillet et août de 9h à 20h (week-ends et fériés de 10h à 20h).*

Points d'intérêt

CHAPELLE DES CAPUCINS Place Saint-Louis © 04 66 73 90 95. *Pour les jours et horaires d'ouverture (en fonction des expos), s'adresser au service culturel de la mairie au numéro ci-dessus.* Datant du XVIIe siècle, elle est un lieu d'expositions essentiellement tourné vers la création contemporaine : Viallat, l'école des Beaux-Arts de Nîmes et bien d'autres horizons y ont trouvé place.

CHAPELLE DES PENITENTS Place Saint-Louis © 04 66 53 73 00. *Ouverture pour les visites, en juillet-août les lundi, mercredi et vendredi, le matin sur réservation. Pour les groupes, se renseigner à l'Office de Tourisme.* Construite avec l'argent des aïeux des frères pénitents Gris, la chapelle abrite un magnifique retable en stuc et un autel en marbre de Carrare. L'église Notre-Dame-des-Sablons, de style gothique, retouchée de nombreuses fois, sait marier passé et présent grâce aux superbes vitraux de Claude Viallat, peintre contemporain originaire de Nîmes dont la réputation mondiale et la qualité du travail ici présenté restent indéniables. Possibilité de visites guidées.

PLACE SAINT-LOUIS. La place Saint-Louis c'est la place du village, le lieu où l'on se rencontre et où, l'été, la fête bat son plein, bref, le cœur de la cité aigues-mortaise. Mais peut-on parler d'Aigues-Mortes sans consacrer quelques mots à saint Louis, roi de France ? Sa statue, en bronze, est d'ailleurs érigée sur la place centrale du village camarguais. Rappelons que saint Louis fut roi de 1226 à 1270 et qu'il fit construire la ville pour pouvoir bénéficier d'un port pour s'embarquer vers la Terre Sainte. Le deuxième embarquement lui fut fatal puisqu'il mourut à Tunis, victime de la peste.

TOUR CARBONNIERE. Ancienne route d'Aigues-Mortes. A la sortie de la cité, il faut suivre la direction d'Arles puis, au rond-point, prendre la direction de Saint-Laurent d'Aigouze. Très vite, vous apercevrez cette tour qui partage la route en deux voies. Avant-poste défensif de la cité médiévale, elle offre un superbe point de vue sur les étangs.

REMPARTS ET TOUR DE CONSTANCE © 04 66 53 61 55. *Ouverture à l'année. Fermeture les 1er mai, 1er et 11 novembre, 25 décembre et 1er janvier.* Monument Historique d'Etat, voici, face à vos yeux ébahis, les puissantes fortifications de la cité d'Aigues-Mortes, préservées de l'altération depuis 700 ans (au cœur des lagunes). Un patrimoine qui se fond avec la lumière d'une fin de journée sur les étangs… Une merveille à admirer plus particulièrement du Plan, en arrivant par la route du Grau-du-Roi.

SALINS DU MIDI ✆ 04 66 73 40 24. *Site Internet : www.salins.fr - E-mail : salinstourisme@salins.com. Visite à partir du 1er mars et jusqu'à fin octobre.* Pour les uns, les touristes, c'est un lieu impressionnant avec ses montagnes de sel, pour les habitués, les Gardois, on entend plus particulièrement parler des Salins à l'occasion des mouvements de grève… mais c'est une autre histoire. Visite des marais salants, des tables de concentration, des cristallisoirs et aires de stockage, le tout à l'aide du petit train des sauniers.

Le couvert

LE CAFE DE BOUZIGUES 7, rue Pasteur ✆ 04 66 53 93 95. *Menus à partir de 12 €.* Un endroit chaleureux tant par sa décoration lumineuse, ses banquettes, ses larges tables qui, pendant la longue fête d'Aigues-Mortes en octobre, s'allongent bien plus encore pour accueillir des dîners bien festifs. La cuisine est de bon goût (magret de canard, spécialités régionales…) sans être excessive d'un point de vue financier. On sait pourquoi l'on vient ici, et si la cuisine est l'une des motivations, l'accueil et la convivialité en sont d'autres.

LA MAISON DERRIERE L'EGLISE Rue Baudin ✆ 04 66 51 14 51. Une adresse qui allie classe, ambiance feutrée et parfois folie, notamment autour du bar. Côté cuisine, inutile de dire qu'elle est à la hauteur de la beauté des lieux où l'on viendra apprécier, ce qu'il faut nommer aujourd'hui, un certain classicisme culinaire.

Le gîte

LES TEMPLIERS* 23, rue de la République ✆ 04 66 53 66 56.** *Chambres pour deux personnes avec douche, de 90 € à 110 €, avec bains de 120 € à 190 €. Appartement pour 3 personnes à 140 €, pour quatre personnes à 155 €.* Douze chambres et une suite, toutes personnalisées, et quelques travaux d'agrandissement ont conforté, cette année, Les Templiers parmi les hôtels les plus en vue de la Camargue. Il faut dire que cette maison du XVIIe siècle possède un cachet magique, renforcé par la mise en valeur des maîtres des lieux, Anne et Igor Alary. Patio, bassin, solarium, poutres apparentes, cheminée, alcôves délivrent une atmosphère à la fois cosy, sophistiquée et intime (cette maison n'abritait-elle pas des religieuses ?). Bref, Les Templiers jouent dans la cour des grands et restent parfaitement fidèles à l'esprit souverain de la cité aux remparts. (Voir aussi rubrique Restaurants).

L'Eglise

Tour du Rempart

Place Saint-Louis

Camping

LA PETITE CAMARGUE** Quartier le Mole ✆ 04 66 53 98 98.** *Site Internet : www.la-petite-camargue.fr - E-mail : infos@yellohvillage-petite-camargue.com. Ouvert du 24 avril au 18 septembre. Emplacement pour deux personnes entre 15 € et 38 €.* Ouvert durant presque six mois de l'année, on propose ici nombre de services, dignes d'un camping de son rang : location de mobile homes, service restauration, petit déjeuner, bar, boutique, point électricité et eau, machine à laver, piscine et tennis pour une capacité impressionnante de 553 places.

Le gîte et le couvert

HOTEL SAINT-LOUIS* 10, rue Amiral-Courbet ✆ 04 66 53 72 68.** *E-mail : hotel.saint-louis@wanadoo.fr. Ouvert du 15 mars au 15 novembre. Chambres de 79 € à 102 € (2 personnes), petit déjeuner 10 €. Menus à 20 €, 28 €, 35 €.* Dans une petite rue, à deux pas de la place centrale, l'hôtel occupe une vieille maison de la cité. Classées trois étoiles, les chambres sont de caractère, avec un mobilier ancien. Tranquille, il bénéficie d'un patio où il fait bon prendre le petit déjeuner. Barbara et Vincent, les propriétaires, vous accueillent avec gentillesse et professionnalisme. Lors de votre séjour, vous ne manquerez pas de "visiter" les toilettes, dont les "trônes" sont célèbres dans le monde entier. Au restaurant, vous goûterez une cuisine classique, disons "bourgeoise", adaptée à un séjour dans la "perle de la Camargue".

LES ARCADES* 23, boulevard Gambetta ✆ 04 66 53 81 13.** *Site Internet : www.les-arcades.fr - E-mail : infos@les-arcades.fr. Ouverture de l'hôtel toute l'année. Fermeture du restaurant le lundi toute la journée, le mardi midi et le jeudi midi, ainsi que 15 jours en octobre et les trois premières semaines de mars. Chambres à 88 € et 110 €.* Vieilles pierres, murs patinés, mobilier de style et poutres en bois donnent un cachet certain à cette demeure aux origines du XVIe siècle. Finissons cette découverte en accédant au superbe escalier qui conduit à votre chambre climatisée, un nid tout à fait à la hauteur de l'enveloppe extérieure. Le restaurant ne manque pas d'attrait avec ses différentes propositions, tirées d'une carte où fleurent bon les spécialités régionales (moules à la provençale, huîtres chaudes, foie gras, soupe de poisson, homard grillé…). Une piscine extérieure et une terrasse parachèvent l'ensemble.

MAS DE LA TOUR CARBONNIERE D46 ✆ 04 66 51 13 00. *E-mail : lfonrouge@voilà.fr. Ouverture toute l'année. Tarifs appartements à la semaine : de 350 € (hiver) à 900 € (été). Appartements à la nuit ou à la semaine.* Niché dans la zone émergée, tout à côté de la Tour Carbonnière, le Mas de la tour Carbonnière est une résidence hôtelière du meilleur goût qui se décline en deux propositions : la première, avec cinq appartements de 25 m^2 équipés d'une terrasse, d'une kitchenette, d'un séjour, d'un lit (une ou deux personnes) plus un canapé-lit et une salle de bains, la seconde, avec cinq petites maisons de 45 m^2. L'accueil est tout simplement admirable et l'on ne manquera pas de vous informer sur l'histoire locale.

LE VICTORIA Place Anatole-France ✆ 04 66 51 14 20.** *Site Internet : www.camargue.fr. Chambres de 40 € à 43 €. Menus à 23 € et 26 €.* Rénovée, cette vieille bâtisse de charme propose 15 chambres et un restaurant à la cuisine reconnue. Des chambres simples et propres, équipées de salle de bains avec douche ou baignoire et W.-C. (possibilité de téléviseur) à des prix fort accessibles. La cuisine traditionnelle est façonnée de produits frais qui marient aussi bien le taureau (gardianne, filet façon rossini) que le poisson (rôti de lotte à la framboise, carpaccio de noix de Saint-Jacques à l'huile de truffe) ou encore la fameuse anchoïade.

Loisirs

LE PETIT TRAIN Porte de la Gardette ✆ 04 66 53 85 20. *Ouvert tous les jours, du 1er avril à fin septembre. Tarifs : adultes 4 € et enfants (jusqu'à 12 ans) 2,50 €. Visite commentée d'Aigues-Mortes, de la cité médiévale et autres trésors cachés. La durée de la visite est de 20 minutes et le départ est assuré de la porte de la Gardette, porte principale d'Aigues-Mortes.*

PESCALUNE ✆ 04 66 53 79 47. *Ouverture d'avril à fin septembre. Tarifs circuit 1h30 : adultes 7 €, enfants (de 3 à 12 ans) 4,50 €. Tarifs circuit 2h30 : adultes 10 €, enfants (de 3 à 12 ans) 6 €.* Plusieurs circuits, là encore à bord du pêcheur de lune, "Pescalune". Vous naviguerez au gré des canaux et des fleuves côtiers à la découverte d'une Camargue sauvage et insolite, mais aussi protégée. Les circuits de 2h30 et de 1h30 sont possibles tous les jours de la semaine en saison. A bord, vous trouverez boissons chaudes et fraîches ainsi que des glaces. Les chiens et les pique-niques sont acceptés.

Emplettes

CAVES DE LISTEL **Domaine de Jarras ✆ 04 66 51 17 00.** *Ouvert toute l'année : de la mi-octobre à fin mars de 10h à 12h et de 14h à 17h et d'avril à octobre de 10h à 18h. Visite des chais (foudres centenaires, pressoir du XVIe siècle) et des installations de production, film et dégustation.*

LA GARGOULETTE **5, rue Amiral-Courbet ✆ 04 66 53 82 06.** Avec un nom si gouleyant, la Gargoulette incite à la consommation. On trouvera, ici, le parfait nécessaire de l'œnologue avec des tastevins, des verres à vin superbes et des carafes de cristal. Mais aussi, il va sans dire, de bons crus tels que des muscats régionaux ou de la carthagène, si longue à établir mais si douce à consommer. De même, un grand choix de cognacs et, bien entendu, les meilleurs vins de la région (costières, côtes-du-rhône...).

LE JARDIN D'AMANDINE **19, rue Victor-Hugo ✆ 04 66 53 93 04.** *Ouverture hors saison : vacances scolaires et jours fériés. Ouverture en saison : tous les jours de 10h à 20h.* Une maison ancienne d'un charme incontestable sert d'écrin à mille trésors à même de donner du cachet à votre propre intérieur, avec une nette domination d'objets ou de mobiliers régionaux provençaux. Meubles peints par les soins du maître des lieux, M. Martinez, petit mobilier en fer forgé, mais aussi céramiques (terres vernissées de Saint-Quentin-la-Poterie) à l'esprit très sud, parfois dotées d'une certaine originalité (animaux...).

▷ *Dans les environs*

Le Grau-du-Roi

Le Grau-du-Roi est, bien entendu, celui de saint Louis, qui s'embarqua pour les croisades depuis la superbe cité d'Aigues-Mortes. C'est d'abord autour de son port de pêche que le village s'est développé avant que l'on ne commence à profiter des lieux pour des occupations plus ludiques. Station des Gardois dans un premier temps, le Grau est, aujourd'hui, une vraie station balnéaire avec tout ce que cela comporte comme magasins tapageurs, restaurants faussement authentiques et vendeurs en tous genres. Mais, comparé à ce qui se fait sur l'ensemble du littoral, le Grau-du-Roi garde bien des attraits, comme ses superbes maisons de maîtres bordant une partie du canal, ses chalutiers encore en service et quelques adresses fortement recommandables (et que nous vous recommandons ci-dessous). De plus, l'étonnante "ville" de Port-Camargue, la grande plage du Boucanet (en allant vers La Grande-Motte) et les dunes de l'Espiguette (pour une part réservées aux naturistes) sont autant d'atouts pour faire apprécier les différences de ce Grau aussi populaire que royal.

OFFICE DE TOURISME **30, rue Rédarès ✆ 04 66 51 67 70.** *Site Internet : www.legrauduroi-portcamargue-tourisme.infos - E-mail : ot-legrauduroi-portcamargue@wanadoo.fr. Ouverture toute l'année, tous les jours hors saison de 9h à 12h15 et de 14h à 18h et juillet-août de 9h à 23h.*

Le port

ARENES Quai Colbert ✆ **04 66 51 12 12.** *Ouverture billetterie, en saison, de 10h à 12h et de 15h à 19h.* Immanquables au bord du canal, mais de l'autre côté de la rue, les arènes du Grau-du-Roi ne présentent pas de cachet architectural particulier, étant de création trop récente. L'intérêt c'est ce qui s'y passe à l'intérieur tout l'été : corridas, animations en tous genres (spectacles folkloriques, concerts et shows de variétés), courses camarguaises, taureau-piscine…

MUSEE DE LA MER Avenue du Palais-de-la-Mer ✆ **04 66 51 57 57.** *Site Internet : www.seaquarium.fr. Ouverture de janvier à avril et d'octobre à décembre inclus de 10h à 19h. Ouverture en mai, juin et septembre de 9h30 à 20h. Ouverture juillet-août de 10h à 24h. Parking gratuit.* C'est en se basant sur l'histoire du village de pêcheurs que fut, et qu'est parfois encore, le Grau-du-Roi, que ce musée rend hommage à ces marins qui sont partis joyeux… Associé au Seaquarium avec lequel il crée un complexe marin complet, le musée présente de nombreux trésors sauvés des eaux : amphores, coquillages, épaves et autres objets.

SEAQUARIUM Avenue du Palais-de-la-Mer ✆ **04 66 51 57 57.** *Site Internet : www.seaquarium.fr. Ouverture de janvier à avril et d'octobre à décembre inclus de 10h à 19h. Ouverture en mai, juin et septembre de 9h30 à 20h. Ouverture juillet-août de 10h à 24h. Parking gratuit. Accès handicapés, accueil groupes et animations.* Avec un bassin géant accueillant les mammifères marins, le tunnel aux requins, l'amphithéâtre panoramique avec les phoques et lions de mer, l'observatoire sous-marin ainsi qu'une muséographie diverse, complète et moderne (les classiques panneaux sont soutenus par des vidéos, bandes sonores et bornes interactives), c'est au moins 20 000 lieux sous les mers que l'on parcourt dans les 1 000 m² du Seaquarium.

L'AQUARIUM Quai Colbert ✆ **04 66 51 91 98.** *Ouvert midi et soir jusqu'à 23h. Fermé d'octobre à avril. Plateaux de 10 € (en-cas) à 71 € (Impérial).* Sur un petit ponton accolé au superbe Café de Paris, Pascal Ardois propose, pendant toute la belle saison, quelques couverts littéralement pris d'assaut par une foule d'habitués qui ne céderont leur place pour rien au monde. Choisir, de façon privilégiée, l'avant-saison pour venir découvrir et déguster les coquillages, tourteaux et bouquets (crevettes) de la maison, mais, si l'on ne peut venir à un autre moment, il ne faut quand même pas hésiter. Même au plus fort de l'été, la qualité de l'assiette et la sympathie de l'accueil restent parfaits. Il faut juste un peu plus de patience pour obtenir une table et se faire un immense plaisir que la conclusion avec des serviettes douces, parfumées et brûlantes en guise de rince-doigts viendra multiplier… A ne pas manquer !

LES V SENS Rue Alsace-Lorraine ✆ **04 66 51 03 80.** *Menus à 15 € et 30 €.* Une bonne adresse que ces 5 Sens, qui vous accueillent au sein d'une belle salle voûtée et très chaleureuse. Juste à côté de la place du Marché, le lieu s'impose de lui-même comme la qualité de ses produits frais et de ses spécialités maison, uniquement dues aux talents du chef : l'assiette de bulots ou le filet de bœuf au foie gras, sans compter sur la fameuse bouillabaisse maison (pour deux personnes)… Une cuisine traditionnelle pour goûter aux délices de votre région de villégiature et beaucoup de gourmandises sucrées pour tous ceux qui font rimer vacances et bombance. Des desserts comme s'il en pleuvait feront plaisir à toute la famille.

LE MIRAMAR 25, avenue Frédéric-Mistral** ✆ **04 66 51 40 51.** *Fermé en décembre et janvier. Seize chambres de 42 € à 46 € avec douche, W.-C. et téléphone. Petit déjeuner à 7 €. Accès handicapés. Animaux acceptés. Demi-pension. Terrasse.* Dans toute bonne station balnéaire, il y a un hôtel qui regarde la mer mais celui-ci n'usurpe pas son nom en offrant, effectivement, depuis toutes ses chambres une vue imprenable sur la baie du Grau-du-Roi et, avec un peu d'imagination, sur le golfe du Lion. Quant au personnel, il est aux petits soins, et propose excursions et animations dans cette belle région.

LE BOUCANET** 255, route de Carnon** ✆ **04 66 51 41 48.** *Fermé du 1er novembre au 30 avril. 458 emplacements de 20 € à 30 € selon la saison.* Bungalows, piscine extérieure, tennis, alimentation, bar, laverie et animations. Pour profiter à la fois des charmes du Grau-du-Roi et de ceux de La Grande-Motte, ce camping, moderne et bien équipé, véritable centre de loisirs, est idéal, puisque situé à égale distance des deux "centre-ville" et desservi par le bus du littoral. Il est aussi placé à un jet de pierre de l'étang du Ponant et de sa sortie vers la mer au Pont des Abîmes. Il est, enfin, en prise directe sur la familiale plage du Boucanet à laquelle il emprunte son nom. Moderne et bien équipé, il est, à lui tout seul, un véritable centre de loisirs avec des possibilités sportives multiples (planche à voile, VTT, tennis) ou ludiques (pétanque, télé pour les retransmissions sportives, piscine). Enfin, pour l'ambiance, les animations et soirées des mois de juillet et août sont des moments privilégiés partagés dans un esprit chaleureux et convivial à la fois.

LES PETITS CAMARGUAIS* 2 495, route de l'Espiguette** ✆ **04 66 53 11 63.** *Fermé du 1er octobre au 20 avril.* Mobile homes, accès handicapés, animaux acceptés, piscine extérieure chauffée, jeux et bar. Cet hôtel de plein-air cultive l'aspect familial des vacances au grand air. L'ensemble du camping est installé autour de la grande piscine qui offre, aux grands et aux petits, toboggans, bains bouillonnants et autres jeux qui ne les inciteront guère à aller jusqu'à la plage pourtant très proche. Organisé comme un véritable village, le camping offre une intéressante gamme de prix ainsi que toutes les commodités utiles ou ludiques : centre de remise en forme, garderie pour les petits, bar pour les grands, restaurant pour les gourmands, bibliothèque pour les sérieux…

PLAGE DES ARTISTES Rive droite - LE BOUCANET © 04 66 51 35 20/06 07 74 70 68. Avec son palmier central et ses parasols en sagne, voilà une plage qui convaincra même les Gardois et Héraultais voisins. On peut y déjeuner ou y dîner mais, surtout, profiter confortablement de la grande bleue, installé sur un transat ou un matelas, à l'abri d'un paravent et à l'ombre d'un parasol. Si par mégarde, l'envie prend de faire un brin d'effort, il y a aussi des pédalos, l'été les pieds dans l'eau.

CAFE DE PARIS Quai Colbert © 04 66 51 40 01. *Fermé de novembre à avril.* Avec son haut plafond, ses poutres métalliques façon 1900 et son sol en carreaux de ciment coloré, c'est notre café préféré au Grau-du-Roi. Un grand bar doté d'une immense terrasse et de profonds fauteuils en rotin où il fait bon s'attarder après une (dure) journée de plage et avant de bénéficier d'une table à la terrasse mitoyenne de l'Aquarium.

MAISON DES VINS DE L'ESPIGUETTE Route de l'Espiguette © 04 66 53 07 52. *Site Internet : www.mdv30.com - E-mail : admi@mdv30.com. Ouverture toute l'année en hiver de 9h30 à 18h et en été de 9h30 à 20h.* Un centre méditerranéen du vin qui regroupe toutes les spécialités régionales : les côtes-du-rhône, costières-de-nîmes, corbières, bandol, cassis, fitou, mais, aussi, toutes les richesses du sud, maison de l'olive, librairies, objets d'art et exposition permanente.

LE GITAN 6, rue des Alliés © 04 66 53 04 99. *E-mail : legitansafari@libertysurf.fr.* Le Gitan offre donc de croquer la Camargue et la Petite Camargue par les deux bouts. Laissez vous embarquer sur ses 4X4 et minibus pour rencontrer la faune et la flore du pays ainsi que les autochtones. La visite est commentée par quelqu'un du cru et comprend promenade à cheval, ferrade et soirée camarguaise.

PIERROT LE CAMARGUAIS Rue du Levant © 04 66 51 90 90. *Ouverture toute l'année sur rendez-vous.* Pour découvrir la Camargue sans se faire rattraper par les moustiques, il faut monter dans les Land de Pierrot qui vous fera faire le tour de la question avec visite d'une manade, ferrade et soirée flamenco.

VELO EVASION 1291, avenue de Camargue © 04 66 51 48 65. *Ouvert toute l'année.* VTT et cyclos pour les sportifs, scooters pour les pressés, le deux-roues est, en tout état de cause, le moyen le plus rapide et le plus économique pour aller jusqu'au bord de la mer et éviter de (gros) frais de parking.

ECURIE DES DUNES 1 745, route de l'Espiguette © 04 66 53 09 28. A deux pas des plages, l'Ecurie des Dunes propose de découvrir la Camargue à cheval avec de superbes chevaux camarguais. Un parcours unique entre le sable, les marais et la plaine. Des programmes de promenades d'une heure à un week-end où vous aurez l'occasion de partager la vie des manadiers et voir de près les taureaux. Un cadre magnifique pour apprendre en cours collectifs ou individuels. Des stages sont organisés régulièrement et l'on peut passer les examens fédéraux. On peut même apprendre la monte pour le travail avec les taureaux.

MAS DE L'ESPIGUETTE Route de l'Espiguette © 04 66 51 51 89. La route de l'Espiguette est bordée de "promenades à cheval" comme la rue de Rédarès de commerces de fringues. Toutes ou presque proposent les mêmes prestations, tarifs et circuits en direction des étangs et plages de l'Espiguette, au milieu des "anganes" et des flamants roses. Ceci étant, ce mas est l'un des plus sérieux car il propose, en plus, une vraie école d'équitation, des randonnées et des poneys pour les petits.

AQUARAMA Rive droite - Plage du Boucanet © 04 66 53 13 92. *Fermé d'Octobre à Avril.* Deux immenses toboggans jaune et bleu, plongeant les baigneurs dans une piscine, ne font pas d'ombre à la plage privée d'Aquarama où l'on loue donc matelas, parasols et chaises longues, et où l'on mange au restaurant et se désaltère au bar. Un tout petit Aqualand en quelque sorte qui fait, quand même, le grand plaisir des estivants.

AMIGOLAND Rond-Point de l'Espiguette. *Ouverture uniquement en juillet et août.* Un grand huit, des motos folles dans un tube de la mort, une femme à barbe, un mouton à 5 pattes, des jeux d'eau, des flippers et des jeux vidéos… c'est la foire du trône au bord de la mer ou plutôt de la route entre le Grau et Port-Camargue. L'avantage est que ça donne la possibilité de fermer très tard sans gêner personne et fournir aux visiteurs un grand et gratuit parking. Reste à trouver les raisons de ne pas y amener la marmaille pendant toutes les vacances. Bon courage !

BASE NAUTIQUE DU PONANT **Lac du Ponant ✆ 04 66 53 06 38.** *Site Internet : www.jacques.chauvet@/free.fr.* Fermé, peu profond, battu par tous les vents et raisonnablement pollué, l'étang du Ponant avait tout pour séduire les amateurs de planche à voile qui préfèrent assurer leurs arrières et ne pas s'aventurer sur des mers trop difficiles. Dès les débuts de l'engin, les "windsurfers" envahirent donc le plan d'eau et leurs voitures, la route qui longe l'étang, si bien que l'on a dû leur aménager un parking spécial. Jacques Chauvet a su lui aussi surfer sur ce succès en installant sa base nautique sur la rive du lac pour louer quelques engins (et des petits catamarans) mais aussi assurer des cours et la sécurité de tous.

CATAMARAN PICARDIE **Quai Colbert ✆ 04 66 51 45 96.** *Fermé de novembre à avril. Départs à 10h30, 14h30, 16h15, 17h30, 18h45 et les soirées en saison.* Avec ses faux airs de vieille bête de course assagie, le grand catamaran Picardie attire, et, surtout, promène paisiblement 79 touristes à chaque tour, au moteur, dans les ports de La Grande-Motte et Port-Camargue (le matin) ou à la voile dans tout le golfe (l'après-midi). Ce qu'il y a de chouette, c'est qu'au retour on devient, soi-même, l'attraction touristique lorsque le grand bateau fait demi-tour devant le pont tournant barrant le petit Grau-du-Roi.

VIKING PLAGE **530, boulevard du Boucanet ✆ 04 66 51 89 06/06 86 18 93 75.** *Fermé d'octobre à mai.* Dès les premiers bords tirés par quelques furieux sur des bouts de plastique équipés d'une voile, le Viking a suivi le mouvement de la planche à voile au fun… Magasin puis plage, l'esprit a perduré qui fait du lieu, encore aujourd'hui, un rendez-vous prisé des adeptes de la glisse. Locations de planches et de Hobbie Cat permettent à chacun de se lancer à la recherche des douces sensations. A moins que l'on ne préfère faire la planche… sur le sable.

TENNIS CLUB MUNICIPAL **Avenue de Dossenheim ✆ 04 66 51 87 41.** *Ouvert toute l'année.* 12 terrains extérieurs et 3 couverts, le tout en dur. Une semaine de stage pour travailler son revers slicé et faire d'intéressantes rencontres ou une heure pour suer sur le quick et faire admirer son nouveau polo, tout est possible dans l'un des plus complets complexes tennistiques de la région, héritage de l'époque dorée de la petite balle jaune.

Port-Camargue

Port-Camargue est, avec ses 4 350 anneaux, le plus grand port de plaisance d'Europe. La promenade dans un univers de marinas, d'immeubles et de canaux, promet, à coup sûr, de se perdre rapidement. Une visite s'impose sur le quai d'honneur pour y admirer les bateaux. Autre balade, du côté de l'Espiguette, bien connue des naturistes de la région.

OFFICE DE TOURISME **Avenue Jean-Lasserre - Carrefour 2000 ✆ 04 66 51 67 70 (hors saison voir Le Grau-du-Roi)/04 66 51 71 68 (en saison).** *Site Internet : www.legrauduroi-portcamargue-tourisme.infos. Ouverture toute l'année, tous les jours de 9h à 12h15 et de 14h à 18h.*

L'AMARETTE **Camargue 2000 ✆ 04 66 51 47 63.** *Ouverture du 5 février au 30 novembre. Fermé le mercredi hors saison. Menus à 21 € le midi et de 34 € à 44 €. Carte.* Bien installé dans la vaste salle à manger panoramique, le regard portant loin sur les eaux bleutées du golfe, on se laisse convaincre par une cuisine de bon aloi qui, sans provoquer de raz-de-marée, fait de jolies vagues : sole soufflée au velouté de tellines, petites gambas persillade sur lit de piperade…

HOTEL MERCURE*** **Route des Marines ✆ 04 66 73 60 60.** *Site Internet : www.thalassa.com - E-mail : h1947@accord-hotels.com. Ouverture du 24 janvier au 31 décembre. 89 chambres climatisées de 97 € à 120 €. Demi-pension de 76 € à 96 €. Pension complète de 101 € à 121 €. Parking gratuit. Accès handicapés, piscine extérieure, sauna, Jacuzzi, terrasse et tennis.* Le Mercure de Port-Camargue décline, sur tous les tons, les notes qui font la partition d'un grand hôtel. Une qualité exceptionnelle s'allie à une situation qui ne l'est pas moins. Bon toit et bonne table, accès facile à la grande bleue et aux tentations de la cité s'ajoutent aux piscines, jardin et tennis de l'établissement pour un séjour forcément de rêve.

L'OUSTAU CAMARGEN **3, route des Marines ✆ 04 66 51 51 65.** *Site Internet : www.aigues-mortes.com/oustau. Ouvert d'avril à mi-octobre (restaurant de mai à fin septembre et le mercredi).* Un peu à l'écart du tumulte de la station, sur la route des plages, l'hôtel est une superbe bâtisse inspirée des mas provençaux. Crépi blanc autour de la piscine, salle à manger rustique avec mobilier campagnard et rideaux colorés, grandes chambres aux plafonds en pente, chevrons apparents… Le décor est planté pour un séjour agréable, agrémenté par un superbe centre de remise en forme

LE SPINAKER*** **Pointe de la Presqu'île ✆ 04 66 53 36 37.** *Site Internet : www.spinaker.com - E-mail : spinaker@wanadoo.fr. Ouverture du 13 février au 14 novembre. Chambres et appartements de 108 € à 229 €. Menus de 29 € à 77 €. Demi-pension de 112 € à 172,50 €. Parking clos, terrasse et piscine extérieure.* Conçu comme "un jardin au milieu du Port" (Camargue), l'hôtel est à la hauteur de ses ambitions avec ce magnifique espace de pins et de palmiers, havre de tranquillité au cœur de la cité balnéaire de Port-Camargue, mais l'on vient ici, surtout, pour la cuisine de Jean-Pierre Cazals, qui sait, à merveille, moderniser, à sa façon, les recettes traditionnelles, en particulier celles basées sur les produits de la mer.

LOCA LOISIRS Avenue Jean-Lasserre ✆ 04 66 53 45 12. La petite reine sous toutes ses formes est ici disponible. Quatre ou deux roues pour promener au gré des marinas ou filer jusqu'à la plage, deux roues avec crampons pour se lancer (en groupe) à la découverte de la Petite Camargue par les sentiers détournés. Randonnées de 12 à 60 kilomètres dont les itinéraires sont disponibles à l'Office de Tourisme, voilà de quoi s'offrir des vacances actives, mais en pleine saison, gare au coup de chaleur !

L'AVENTURE GOLF Avenue du Palais-de-la-Mer ✆ 04 66 51 44 29. *Ouvert toute l'année.* Après la visite du Seaquarium et du musée de la mer, allons donc pousser la petite balle dans le trou à travers châteaux, tubes, bosses et difficultés en tous genres. Trois fois 18 trous feront le bonheur de toute la famille mais attention, n'essayez pas de putter avec une crêpe à la main, ça glisse !

RIVAGE ARTIMON Zone technique n° 2 ✆ 04 66 53 40 18. *Location à l'heure ou à la semaine.* Deux bases, une à chaque bout du port, pour ce loueur. Cela assure d'avoir toujours une embarcation disponible, depuis le petit Zodiac (sans permis) jusqu'au surpuissant White Shark (225 chevaux) côté moteur, et du simple Dufour 30 au grand catamaran Nautitech (jusqu'à 15 personnes) côté voile. Notre bon plan : embarquer sur n'importe lequel de ces navires et cingler vers le Petit Rhône (vers l'est) pour trouver, au-delà de l'Espiguette, des kilomètres déserts de plages.

SETTINAVI Quai d'Avitaillement ✆ 04 67 29 10 87. Entre les derniers nudistes de l'Espiguette et les premiers estivants des Saintes-Maries-de-la-Mer, plus de dix kilomètres de plages désertes s'étendent, seulement fréquentées par de rares connaisseurs, pêcheurs de tellines et privilégiés possesseurs de bateaux. Cette croisière propose d'en profiter pendant toute une journée, non sans offrir une halte dans une pinède pour le repas et une visite (partielle) de la Camargue en charrette. Mais ce qu'on apprécie, c'est aussi la possibilité de disposer librement de quelques moments dans une journée réellement dépaysante.

THALASSA CUP Quai de la Capitainerie ✆ 04 66 53 47 31. *Site Internet : www.thalassacup.fr.* Ceux qui trouvent un peu courte la balade en barge au milieu de la marina et disposent de quelques connaissances marines ou de quelques moyens financiers trouveront, à la même adresse, de quoi satisfaire leurs envies de grand large. Avec ou sans permis, Thalassa leur loue des bateaux à moteur, avec ou sans skipper, des voiliers très sûrs. A la demi-journée, la journée, le week-end ou la semaine, pour ceux qui ont le pied marin.

CASINO 3, avenue du Centurion ✆ 04 66 53 40 95. *Site Internet : www.groupetranchant.com. Ouverture toute l'année à partir de 10h jusqu'à 3h en semaine et 4h le week-end.* Face à la capitainerie, c'est-à-dire sur l'un des quais du Port, il est bien difficile de résister à l'appel du jeu à l'heure de l'escale. Les machines à sous, la boule et les plus sélects black jack et roulettes sont clairement séparés, tout comme le bar et le restaurant où sont régulièrement programmés thés et dîners dansants ainsi que dîners spectacles.

LA SCATOLA La Capitainerie ✆ 06 22 43 28 78. *E-mail : scatolaclub@aol.com. Ouverture toute l'année du vendredi au dimanche. Ouverture tous les soirs en juillet-août.* Les trentenaires, voire quadras, de ce début de troisième millénaire raconteront bientôt à leurs enfants, quand ceux-ci leur annonceront qu'ils sortent à la Scatola, qu'ils y ont découvert Corti avant tout le monde, c'est dire si la boîte de Port-Camargue occupe une position historique parmi les enseignes du département et même si les "anciens" trouvent que les belles années sont derrière elle. La Scatola reste indétrônable pour s'éclater jusqu'au bout de la nuit d'été.

Vauvert

Vauvert connaît un positionnement géographique intéressant, entre la Petite Camargue et les marais, non loin, qui lui confèrent un côté sauvage, et Nîmes, Montpellier, Arles presque équidistantes... Doté de moins de 10 000 habitants, Vauvert connut son heure de gloire au Moyen Age grâce à un sanctuaire dédié à Notre-Dame et détruit par les protestants au XVIe siècle. On se rassurera en visitant le château de Candiac, cité toute proche où naquit Montcalm. Aujourd'hui, c'est à Saint-Mamet, coopérative de fruits en conserve bien connue et rachetée par un groupe italien, que Vauvert doit sa renommée sur le plan économique, comme à son vin. D'un point de vue culturel, il faut souligner les manifestations du "Diable Vauvert", comme le célèbre défilé de mode "Atout fil" ou encore le festival de flamenco qui connaît sa petite renommée, année après année.

OFFICE DE TOURISME Place Ernest-Renan © 04 66 88 28 52. *Site Internet : www.vauvert.com - E-mail : ot.vauvert@wanadoo.com. Ouverture toute l'année du lundi 14h au samedi 12h.*

Le couvert

LA BROUSSAILLANDE 319, rue des Capitaines ©/Fax 04 66 88 74 68. *Ouvert à l'année. Fermetures : hebdomadaire, le dimanche, vacances scolaires de février, et fin août-début septembre. Menus à 14 €, 22 € et 28 €.* Atmosphère chaleureuse mais calme avec décor rustique... A table, le plaisir est dans l'assiette avec, notamment, les grillades servies sur planche accompagnées de ses trois légumes, la planche de charolais ou de magret de canard ou le trident tiède de Vauvert, une spécialité à découvrir ici et qui témoigne de l'invention (mêlée de classicisme) de ce lieu. Partagez aussi, avec le chef, son enthousiasme pour les spécialités de poissons de mer et de rivière, (il prend beaucoup de plaisir à les pêcher et à les accomoder !), en les retrouvant dans votre assiette dans des recettes goûteuses et variées.

Le gîte

LES TOURRADES* Chemin des Canaux © 04 66 88 80 20.** *Ouvert toute l'année. Tarifs emplacements de 11 € à 17 €. Tarifs mobile homes de 300 € à 508 €/semaine, toutes périodes confondues.* Un terrain à mi-chemin entre la ville et la mer où les prestations fournies par ce trois étoiles sont, à tout moment, susceptibles de pouvoir vous tirer de l'ennui : 180 emplacements, location de mobile homes, bar, points eau et électricité, boutique, machine à laver, 2 piscines, 2 terrains de tennis et 1 terrain multisports, sans oublier les soirées à thèmes et autres animations.

Le gîte et le couvert

LE LOUVRE Place Gambetta © 04 66 88 22 07. *Ouverture à l'année. Quinze chambres entre 29 € et 39 € (un ou deux grands lits, avec possibilité d'un troisième). Demi-pension à 42 €, pension complète à 50 €. Parking surveillé.* Très bon accueil du patron de ce petit hôtel en cours de rénovation. Des prix bien adaptés et deux formules de demi-pension ou pension complète plus qu'acceptables à 11 € le repas. Ne pas oublier d'aller se détendre au bar de ce sympathique hôtel-restaurant.

▷ *Dans les environs*

Aimargues

Aux portes de la Camargue, ce village à caractère médiéval présente de remarquables maisons des XVe, XVIe et XVIIe siècles, une place à arcades et une du XIXe siècle. Aimargues est surtout connu pour ses entreprises, Royal-Canin et Eminence.

CHATEAU DE TEILLAN © 04 66 88 02 38. *Ouverture des visites au public tous les jours, sauf le lundi, du 15 juin au 15 septembre de 14h à 18h.* A trois kilomètres au sud d'Aimargues, il s'agit de l'ancien domaine de l'Abbaye de Psalmody racheté par un conseiller du roi. La noria et le pigeonnier ont été élevés sous Henri IV et Louis XIII. Chambre de Richelieu et boudoir de Pauline Borghese. Subsiste également un parc où sont rassemblées de nombreuses stèles et bornes militaires romaines.

Le Cailar

Le Cailar est un tout petit village où, pourtant, l'on ne fait rien comme les autres : centre d'art contemporain de qualité, signalétique signée par un grand nom de la peinture française, fête votive éclatante, arène ombragée et déjeuner au pré... bref, qualité de vie avant tout, et il suffit d'arpenter les rues du village pour mesurer cette douceur de vivre alternant avec les moments de pure liesse festive.

LA MANADIERE Boulevard Michelet ✆ 04 66 88 02 42. *Site Internet : www.lamanadiere.com - E-mail : contact@lamanadiere.com. Ouverture à l'année. Pension complète à la journée de 42 € à 49,50 €. Menu à 13 € (vin et café compris).* La Manadière est un lieu un peu à part dans le paysage hôtelier et qui s'est spécialisé dans l'accueil de classes découvertes, de groupes de retraités, de familles avec ou sans enfant. La Manadière accueille des groupes jusqu'à 60 personnes. Les familles sont, elles aussi, les bienvenues en juillet et août en demi-pension ou en pension complète, dans un cadre avec jardin de 2 500 m², piscine et même un petit parc.

Gallician

Charmant village que Gallician rattaché à la commune de Vauvert. Ce que l'on aime ici c'est partir du cœur du village (le café) pour s'aventurer au hasard des petites routes qui mènent au cœur de cet fameuse petite Camargue dont on parle sans la voir...

BAR DU CENTRE ✆ 04 66 73 30 57. *Ouverture du restaurant d'avril à octobre. Menus à 12 €.* Repris récemment par Sébastien Boudoux et sa femme, le bar du Centre n'est pas un quatre étoiles et ne s'est d'ailleurs jamais revendiqué comme tel, seulement il est plutôt sympathique pour être resté très typique, placé au carrefour en direction du canal en face, Laune d'un côté, Franquevaux par là-bas, puis retour vers Nîmes par derrière. Outre l'avantage de pouvoir y prendre l'apéritif sur la petite terrasse bétonnée, une petite salle derrière vous permet de vous restaurer avec daubes, rouille et autres gardiannes...

CAMPING DES MOURGUES ✆ 04 66 73 30 88.** *11 € l'emplacement pour deux personnes.* Un camping à l'emplacement fort intéressant, d'autant que celui-ci est plutôt humble au regard des grandes installations que l'on peut trouver sur la route des plages ou vers Aigues-Mortes. C'est donc là un choix (comme le prix ici peut aussi vous aider à vous décider...). Deux étoiles et quelques prestations : location de mobile homes, bar, point électricité, machine à laver et piscine. Quatre-vingt emplacements sont prévus sur ce camping ouvert d'avril à mi-septembre.

LA MAISON DU GUIDE Montcalm ✆ 04 66 73 52 30. *Ouverture toute l'année. Sur rendez-vous pour les groupes.* Découvrez la Camargue avec un guide professionnel, Jean-Marie Espuche, qui saura vous montrer la faune et la flore, les oiseaux, les chevaux et les paysages dans les plus grands domaines camarguais, loin des routes et de l'agitation des grandes villes. Accessibles à tous, les balades sont faites à bord de remorques tirées par des tracteurs, pour une meilleure visibilité et en toute sécurité. Possibilité de participer à des soirées camarguaises, avec guitares et flamenco.

Saint-Laurent-d'Aigouze

CHA'U'KAO Ancienne route d'Aigues-Mortes ✆ 04 66 88 93 23. *Fermeture en janvier.* Tenu par Josiane (Josy pour les intimes), il est de tradition de passer ici un excellent moment, et même un très bon moment puisque le lieu est festif et les animations fréquentes, avec des soirées à thèmes qui s'achèvent fort tard, et puis, surtout, les spécialités de la région (la languedocienne ou la saint-gilloise) se disputent ici la vedette avec les plats inspirés de la cuisinière : la morue en gratinée et aïoli, les calamars à la plancha ou l'escalivada (légumes grillés et serrano).

LE GRAND CAFE* Place du village ✆ 04 66 88 12 35.** Le Grand Café est un peu le centre nerveux du village. Un lieu convivial et animé où vous pourrez vous restaurer suivant des plats du jour qui sont le plus souvent des spécialités régionales. Une cuisine familiale, il va sans dire.

LOU GARBIN 210, avenue des Jardins ✆ 04 66 88 12 74. *Site Internet : www.lou-garbin.com - E-mail : contact@lou-garbin.com. Ouverture de mars à octobre. Chambres et bungalows. Tarifs de 45 € à 80 € selon la saison. Petit déjeuner 8 € (possibilité de service en terrasse). Animaux acceptés (4 €/jour). Accès handicapés, jardin, parking privé et fermé, 2 piscines. Jeux pour enfants et ombrages. Pas de restauration.* Sur plus d'un hectare, l'hôtel Lou Garbin se divise en deux parties. D'un côté une maison de maître, entièrement rénovée avec ses pierres apparentes, et ses 11 chambres au décor provençal pour faire de beaux rêves à deux, trois ou quatre personnes. De l'autre, des bungalows de plain-pied avec terrasse, télévision et possibilité d'un ou deux grands lits par bungalow, joliment décorés de ciels de lit. Espace bar et snack en terrasse.

FLEUR DE CAMARGUE* RD46 © 04 66 88 15 42.** *Site Internet : www.fleur-de-camargue.com. Ouvert d'avril à octobre. Emplacements de 13 € à 23,60 € selon la saison. Location de mobile homes de 125 € à 630 € selon la saison.* 160 emplacements pour cet équipement placé sur la commune de Saint-Laurent-d'Aigouze. Une situation géographique qui vous rapproche de la mer, tout en vous tenant à l'écart des grands flux des stations balnéaires, et proche de ce petit village de Petite Camargue qui ne manque pas de charme, ni d'activité autour de la course camarguaise et des traditions provençales. Doté de trois étoiles, le camping Fleur de Camargue assure la location de mobile homes, un service restauration, pizzeria et restaurant traditionnel avec repas à thèmes, un bar, une boutique, des points eau et électricité, des machines à laver et une piscine avec toboggan…

Saint-Gilles

"Porte de la Camargue", à dire vrai, Saint-Gilles est comme positionnée au cœur (Avignon, Uzès, Nîmes, la Provence, la Camargue…) de richesses, n'étant elle-même pas dépourvue d'attraits. Une position géographique qui en fait donc un endroit de passage presque obligé pour aller de la mer vers les Cévennes ou d'Avignon à Aigues-Mortes ou encore d'Uzès vers la Camargue. L'histoire de Saint-Gilles est riche et son abbatiale, star locale, en témoigne. Sur le chemin de Saint-Jacques de Compostelle, les pèlerinages furent l'un des vecteurs de la réussite économique de la cité, avec des guerre de Religion qui troublèrent la quiétude, non seulement des habitants, mais aussi d'un patrimoine qui fut fort endommagé. Ces guerres ruinèrent peu à peu Saint-Gilles, sans parler de la Révolution… Aujourd'hui, la cité peut, certes, compter sur son patrimoine mais aussi sur l'essor de l'arboriculture de la costière (Saint-Gilles se trouve sur un plateau) dont les immenses vergers de pêchers et d'abricotiers que vous trouverez en venant de Nîmes, ainsi que sur la viticulture avec les crus classés de l'appellation des costières-de-nîmes qui viennent, par leur qualité, taquiner un autre parmi les fleurons locaux, le riz.

OFFICE DE TOURISME Place Frédéric-Mistral © 04 66 87 33 75. *Site Internet : www.ot-saint-gilles.fr - E-mail : contact@ot-saint-gilles.fr. Ouverture toute l'année. Horaires hors saison : du lundi au vendredi de 8h30 à 12h et de 13h30 à 17h30 et samedi de 10h à 12h et de 14h à 16h. Horaires juillet-août : du lundi au vendredi de 8h30 à 19h30, samedi de 9h à 12h30 et 15h à 19h, dimanche de 10h à 12h.*

Points d'intérêt

MUSEE DE SAINT-GILLES © 04 66 87 40 42. *Ouverture toute l'année sauf en janvier.* Il s'agit du musée d'ethnologie de la ville de Saint-Gilles avec une salle du vieux Saint-Gilles : métiers et outils, vie quotidienne à Saint-Gilles au début du XXe siècle. Une salle est également dédiée à la Camargue, à l'ornithologie, et à l'archéologie romane.

MOULIN A HUILE DES COSTIERES © 04 66 87 42 43. *Ouverture tous les jours de 9h à 12h et de 14h à 18h.* Le dimanche sur rendez-vous. L'un des rares moulins de la région encore en activité et ce, de novembre à fin janvier. Le reste de l'année, d'autres animations sont prévues comme la possibilité de visionner des vidéos du travail du moulin.

ABBATIALE © 04 66 87 41 31/04 66 87 33 75 (Office de Tourisme). *Ouverture toute l'année (sauf jours fériés). Pour les dimanches, se renseigner au préalable. Horaires hors saison : 8h30 à 12h-13h30 à 17h30. Horaires saison : 9h à 12h30-14h à 18h. Tarifs (visite guidée comprise) : adultes 3,50 €, enfants et scolaires 1,50 €, groupes 2,50 €.* Une des grandes représentantes de l'art médiéval de notre région avec son triple portail roman, parmi les plus beaux, portail qui, associé à la crypte la plus grande de France et au fameux escalier "Vis de Saint-Gilles", donne un joyau du XIIe siècle classé Patrimoine mondial de l'Unesco dans le cadre des chemins de Saint-Jacques de Compostelle.

Le couvert

CHEZ TONY 15, quai du Canal © 04 66 87 33 16. *Ouverture à l'année de 10h à 23h. Fermeture hebdomadaire le mardi. Menus à 10 €, 12 €, 15 €, 20 € et 35 €. Carte de 8 € à 18 €.* Chez Tony a changé de propriétaires, changé de carte, de menus. Vous voulez savoir ? Magret de canard à la mandarine impériale, cuisses de grenouilles, pavé de sandre et sa fondue de poireaux, filet de loup au fenouil, entre autres spécialités gastronomiques, buffet d'entrées à volonté le midi et, le week-end, ce sont les desserts qui sont à volonté. Ajoutez à cela un accueil des plus chaleureux et une ambiance conviviale et vous y serez déjà avant d'avoir fini de lire ces lignes !

Le gîte et le couvert

LE COURS 10, allée de Grifeuille ✆ 04 66 87 31 93.** *Chambres de 53 € à 72 €. Menus à partir de 11 €.* Trente-trois chambres dont treize climatisées, toutes avec salle de bains ou douche, W.-C. et télévision. Hôtel de famille entièrement rénové depuis peu, il propose des chambres claires, au calme (puisque très en retrait de la circulation), avec une terrasse extérieure idéale l'été et une véranda. Deux salles côté restaurant pour une cuisine du terroir, spécialisée dans les poissons et les viandes. A noter que les menus proposent trois plats et quatre plats pour les deux derniers, avec poisson et viande.

Emplettes

DISTILLERIE ANDRE ✆ 04 66 87 37 68. *Ouverture à l'année du lundi au vendredi soir de 8h à 12h et de 13h30 à 17h.* Il est préférable de prendre rendez-vous pour les visites. Vous pourrez visiter l'exploitation tout en assistant au fonctionnement d'une distillerie à l'ancienne avec possibilité d'achat de bouteilles sur place.

PERRET ET FILS 22, quai du Canal ✆ 04 66 87 31 15. La sagne est un élément essentiel de la Camargue qui pousse entre eaux douces et salées, et joue un rôle important dans l'équilibre écologique. Ce roseau camarguais est utilisé depuis des lustres pour réaliser les toits traditionnels camarguais ainsi que différents produits de couvertures et d'abris comme les parasols ou des barrières. La sagne a de nombreuses propriétés (rigidité, solidité, flexibilité, isolation thermique et phonique…) qui en font une matière première unique. On réalise, également, des paillassons très résistants en sagne.

LE PIEMONT CEVENOL. Dès la sortie de Nîmes, en se dirigeant vers le nord et avant d'attaquer les pentes conduisant au Vigan ou à Alès, donc aux Cévennes telles qu'on les définit généralement, le piémont Cévenol s'étend entre plaine et montagne, garrigue et châtaigneraies, Gardon et Hérault, cigales et vers à soie. Sauve, Quissac, Saint-Hippolyte-du-Fort, Vézénobres sont des villes qui magnifient la pierre et sont autant de repères sur les chemins familiaux les plus empruntés par les Gardois qui ne les estiment pourtant pas forcément à leur juste valeur. Pourtant, ces cités et leurs pays méritent que l'on s'y attarde, à la pleine chaleur de l'été, aux prémices du printemps ou aux ultimes douceurs de l'automne…

Entrée de l'église romane

La célèbre vis

Le port

Saint-Hippolyte-du-Fort

A égale distance (environ 50 kilomètres) de Nîmes et de Montpellier, Saint-Hippolyte-du-Fort marque pour Gardois et Héraultais le vrai début de l'escalade vers leurs montagnes chéries. C'est aussi un passage obligé et agréable vers les Cévennes où l'on entend encore, aux beaux jours, le chant des cigales. Installée au bord du Vidourle, la ville ne garde qu'un vestige de son passé fortifié (la tour Saint-Jean) mais de nombreux autres de sa qualité de vie. Ville des cadrans solaires (une "randonnée" des 23 cadrans est balisée), elle est aussi celle de la fraîcheur avec de nombreuses activités de plein air au bénéfice d'une campagne environnante particulièrement riche et variée. Enfin, le passé séricole de la région est magnifiquement évoqué au musée de la Soie.

OFFICE DE TOURISME BP24 - LES CASERNES © 04 66 77 91 65. *Site Internet : www.multimania.com/sainthippolyte - E-mail : cigalois.ot@wanadoo.fr. Ouverture, hors saison, du mardi au vendredi de 9h à 12h et/ou de 15h à 18h. Ouverture juillet-août du lundi au samedi de 9h à 12h et de 15h à 18h.*

Points d'intérêt

LE MUSEE DE LA SOIE Place du 8-Mai-45 © 04 66 77 66 47. *Ouvert du 1er avril au 30 novembre de 10h à 12h30 et de 14h à 18h30 ; en juillet et août de 10h à 19h. En hiver, sur rendez-vous.* Le musée de la Soie leur sert à la fois de vitrine et de mémoire de la splendeur de l'industrie séricole cévenole. Un espace présente en effet le meilleur des productions contemporaines mais aussi tout l'historique secret de la soie, son histoire, les techniques d'élevage et de filature, la fabrication des étoffes... La muséographie mélange intelligemment outils, témoignages et mises en scène retraçant la vie des Cévennes soyeuses.

LE MUSEE DU SAPEUR POMPIER Place des Casernes © 04 66 77 99 86. *Site Internet : www.msp30.fr.st. Ouverture du 15 septembre au 31 mai : week-ends, jours fériés et vacances scolaires de 14h à 17h30. Ouverture du 1er juin au 14 septembre : tous les jours, sauf le mardi, de 10h à 12h et de 14h30 à 18h30. Tarifs : adultes 4 €, moins de 12 ans 2,30 €, groupes 3 € (visite guidée comprise) gratuit pour les moins de 6 ans.* Ce musée retrace l'histoire de ces fameux soldats du feu qui ont fait rêver nos enfances idéalistes. De 1830 à nos jours, voitures et grandes échelles, tenues et pompes de toutes les époques retracent l'histoire de la lutte entre les hommes et le feu, cet élément aussi fascinant que dévastateur. Découvrez cette exposition unique en France sur plus de 750 m², un accueil sympathique vous y attend.

Le couvert

LE PLAN 27, rue du Plan © 04 66 77 91 55. *Ouverture toute l'année. Fermeture : vacances de Toussaint et entre janvier et février.* En plein cœur de la ville, une table ouverte toute l'année et très familiale qui présente de nombreux atouts pour attirer les visiteurs d'un jour : un grand parking, une terrasse ombragée, une grande et fraîche salle voûtée, une cuisine authentique et des tarifs sympathiques. Que demander de plus ? Ah oui, leurs spécialités de desserts : mille-feuilles maison, crème brûlée à la réglisse... difficile de tout énumérer car ça change tout le temps !

Le gîte

CAMPING LE FIGARET Route de Lasalle © 04 66 77 26 34. *Ouverture de début avril à fin septembre. Terrasse.* A choisir pour la belle saison, un petit camping agréable pour s'offrir un accès économique à une région qui se vit proche de la nature.

Le gîte et le couvert

L'AUBERGE CIGALOISE Route de Nîmes © 04 66 77 64 59. *Ouverture à l'année. Fermeture annuelle du 15 novembre au 1er février. Dix chambres de 46 € à 66 €. Menus de 15 € à 32 €. Carte.* Cette magnifique bâtisse de pierre, une ferme superbement restaurée et aménagée, abrite un hôtel et un restaurant très sympathiques : piscine et terrasse ombragée, chambres Louis Philippe où le confort moderne est assuré, salle de restaurant qui, comme la cuisine, respire à pleins poumons l'authenticité du terroir.

▷ *Dans les environs*

Sauve

Si l'on se contente de contourner Sauve par la route départementale 999, on n'aperçoit que vaguement ce qui fait l'attrait de ce village : ses maisons à l'air perché, le Vidourle qui coule à leurs pieds et les premiers rochers de la mer. Coincé entre le Vidourle et le massif de Coutach (son bois et sa mer de rochers dolomitiques), Sauve est, en fait, une ville d'Histoire, un village médiéval dont le riche passé commence au Xe siècle avec de puissants seigneurs, avec sa propre monnaie, ses remparts et monuments et même son "industrie" locale, la fabrication de fourches en bois de micocoulier dont on peut, encore aujourd'hui, admirer la technique de production.

OFFICE DE TOURISME Place René-Isouard - BP17 ✆ 04 66 77 57 51. *Site Internet : www.office-tourisme-sauve.com - E-mail : otsauve@net-up.com. Ouverture à l'année. Hors saison, du lundi au vendredi de 10h à 12h et de 14h à 16h. En été, du lundi au samedi et le dimanche matin de 9h à 12h30 et de 15h à 19h.*

L'AVEN. Contrairement à bien d'autres, ce trou ou ce gouffre n'a pas de nom et l'on vous invite donc à le baptiser.

LE VIDOURLE. Ce fleuve, si important puisqu'il sert de frontière matérielle et idéale entre Gard et Hérault, y ressurgit en effet après sa route souterraine. 90 mètres de circonférence et 40 mètres de profondeur, les mensurations de l'aven participe à la fascination qu'il exerce. Accessible uniquement par le sentier rouge.

LA MER DES ROCHERS. Etonnant spectacle que celui de ce plateau du massif de Coutach qui domine Sauve et se termine par un château antique digne de nos plus vieux contes. A perte de vue, des rochers comme sculptés, calcaire érodé par les eaux, ainsi que chênes verts et lauriers sauce constituent une terre d'aventure et de jeux exceptionnelle pour qui accepte de laisser courir son imagination. Deux sentiers balisés (desquels il est tout de même recommandé de ne pas trop s'éloigner) permettent d'en découvrir toutes les splendeurs et curiosités.

LE CASTELLAS. Dès le départ de votre randonnée dans la mer des rochers, vous arriverez au pied de ce château dont l'origine est incertaine mais dont on se plaît, ici, à imaginer qu'il fut celui des Bermond, les puissants seigneurs de Sauve (XIIe siècle), sous lesquels la cité prit son expansion et régna sur une vaste zone.

LE CHATEAU DE ROQUEVAIRE. Propriété privée, le château de Roquevaire ne se visite malheureusement pas mais, même comme ça, il impressionne. Petit mais massif, un rien austère comme le paysage dans lequel il se découpe, il parle à l'imagination avec son origine méconnue et son histoire de résidence d'été des évêques de Maguelonne. A découvrir par l'un des deux sentiers.

LE COUVENT DES CAPUCINS. Ce couvent des Capucins est aussi appelé château russe parce qu'au XIXe siècle y vécut une femme russe qui, avec son époux, restaura la bâtisse dans les goûts de l'air de ce temps. Au départ, le couvent (né au XVIIe siècle) permit à des moines capucins de s'installer en terre protestante afin d'essayer de convaincre les huguenots du coin de se convertir au catholicisme. Une sinécure, surtout en pleines guerres de Religion.

LES FOURCHES DE SAUVE Conservatoire des Fourches - Rue des Boisseliers - BP15 ✆ 04 66 80 54 46. *Ouverture tous les jours, y compris vacances scolaires, du 1er avril au 30 septembre de 9h30 à 12h30 et de 15h à 19h ; du 1er octobre au 31 mars du mercredi au dimanche inclus de 14h à 19h.* Au cœur du vieux Sauve, on perpétue, sans autre but apparent que la conservation d'un savoir-faire artisanal, la tradition de la fabrication des fourches de micocoulier, un arbre typiquement régional qui, à Sauve, devient "fourchier" puisque l'on y taille, comme depuis 700 ans, les fameuses fourches de Sauve que l'on s'arrache sur tous les marchés d'antiquité de produits du terroir de France. La visite de l'atelier et du jardin à fourches sont possibles.

LE MICOCOULIER 3, place Jean-Astruc ✆ 04 66 77 57 61. *Fermeture annuelle, de la Toussaint au 1er avril. Menus de 15 € à 21 €. Carte 19 €.* Décor typiquement provençal pour ce restaurant situé au cœur du village médiéval. Cuisine sympathique composée de mets de la région mais aussi de plats venus d'ailleurs : salade à la crème de pélardon, harengs à la polonaise, poulet grillé au miel et gingembre, loup poché au beurre de Montpellier…

LA MAGNANERIE D999 - LEVESQUE ✆ 04 66 77 57 44. *Site Internet : www.lamagnanerie.fr. Menus à 23 € et 29 €, et carte moyenne à 35 €. Chambres de 49 € à 69 €, suites de 75 € à 104 €. Petit déjeuner à 6 €. Soirée étape à 45 €. Garage, terrasse et piscine extérieure.* Elisabeth et Jean-Louis ont longuement mené la totale rénovation de ces lieux chargés d'Histoire pour offrir, aujourd'hui, sur la route des Cévennes, une halte qui se transformera volontiers en villégiature. Avec son superbe jardin parsemé de vestiges historiques, avec sa piscine, ses chambres et suites toutes dotées d'une terrasse privée, son restaurant à la cuisine aussi raffinée qu'elle est traditionnelle, le lieu invite en effet à s'attarder. Pourquoi se priver quand tout est bien ?

CAVEAU DU DOMAINE DE PUECHREDON ✆ 04 66 77 31 25. Aux portes des Cévennes, Cyril vous accueille dans la fraîcheur d'un superbe caveau pour découvrir une gamme de vins ensoleillés aux accents de garrigue et de cigales. Nous vous recommandons le merlot rouge, épicé, qui dégage une belle impression de volume, parfaitement structuré en bouche et la cuvée podia flavardi rouge grenat, nez de fruits rouges, arômes de fruits noirs, un vin charpenté, assez persistant.

Vézenobres

De la naissance de l'oppidum gaulois sur la colline à la récente réhabilitation du village, la cité perchée de Vézenobres a traversé bien des vicissitudes. Splendeur aux XIe et XIIe siècles lorsque, sur la voie Regordane, Vézenobres était une riche ville fortifiée et commerçante où l'on croisait Génois et Pisans. Douleur au début du XVIIe siècle lorsque le duc de Rohan (chef des camisards) assiégea la cité et détruisit le fort. Douleur encore au XIXe siècle lorsqu'une destruction massive des bâtiments moyenâgeux fut entreprise afin de "moderniser" la ville. Aujourd'hui, Vézenobres est un beau village, une sorte de Baux-de-Provence du Languedoc, contemplant, du haut de sa colline, la route d'Alès à Nîmes.

OFFICE DE TOURISME Grand-Rue ✆ 04 66 83 62 02. *Site Internet : www.ot-vezenobres.com - E-mail : o.t.vezenobres@wanadoo.fr. Ouverture toute l'année, hors saison, de 9h à 12h30 et de 14h à 18h, en été de 10h à 13h et de 15h à 19h.*

Le couvert

LES TROIS PERDRIX D936 ✆ 04 66 83 52 19.** *Fermé mardi. Menus de 11 € à 27,50 €.* Ce relais offre un attrait immense avec son beau parc de verdure où l'ombre règne. Du coup, on a les papilles à l'aise pour déguster les spécialités maison qui font le grand voyage, entre traditions cévenoles et méditerranéennes d'une part, et jurassiennes de l'autre. Une façon agréable de se dépayser sur la route des vacances en Lozère.

Le gîte

LE RELAIS SARRASIN D936 ✆ 04 66 83 55 55. *Fermé, hors saison, le dimanche soir, lundi et mercredi midi. Dix-huit chambres de 43 € à 48 €. Menus de 13 € à 48 €. Parking et piscine extérieure.* Pour marquer une étape entre plaine et Cévennes, mais il faut désormais s'aventurer hors de la quatre voies pour prendre le relais. Du coup, on y est plus au calme et l'on peut s'aventurer, alentour, pour découvrir les charmes du village. Restaurant sur place.

▷ *Dans les environs*

Ribaute-les-Tavernes

CHATEAU ✆ 04 66 83 01 66. *Ouverture du 1er juillet au 31 août de 15h à 20h tous les jours. Ouverture, hors saison, uniquement sur rendez-vous. Tarifs : 4 €, gratuit pour les moins de 12 ans.* Construit au XIIIe siècle, le château de Ribaute offre une implantation classique de maisons fortes du bas Languedoc. Deux tours d'angle ont été conservées. La façade classique du XVIIIe siècle est encadrée de deux ailes formant la cour d'honneur.

Saint-Christol-lès-Alès

Hameau et site protégé du vallon de Valz. Obélisque du XVIIIe siècle pour commémorer l'ouverture des trois routes, d'Alès, d'Anduze et de Montpellier.

LE MUSEE DU SCRIBE 42, rue du Clocher ✆ 04 66 60 88 10. *Site Internet : www.museeduscribe.com - E-mail : infos@museeduscribe.com. Ouverture du 1er février au 31 mai et du 15 septembre au 31 décembre, tous les week-ends de 14h30 à 19h. Ouverture en juin et en septembre, tous les jours de 14h30 à 19h. Ouverture en juillet-août tous les jours de 10h à 19h. Ouverture toute l'année pour les groupes, sur rendez-vous uniquement. Fermeture en janvier. Tarifs individuels : adultes 4 €, enfants (jusqu'à 12 ans) 2,60 €. Tarifs groupes : adultes 3,20 €, enfants (jusqu'à 12 ans) 2,20 €.* Dans une maison du XVIIe siècle, est reconstituée une classe des années 1920, vieux bureaux, tableaux et cahiers des communales de nos grands-pères. Mais, dans ce musée, c'est l'art d'écrire qui se décline sous toutes ses formes, pleins et déliés, avec une collection, unique en son genre, de tout ce qui sert à noircir du papier (plumes, porte-plume, encriers…), ainsi que toutes les techniques qui servent à fabriquer celui-ci, qu'il soit papier blanc d'aujourd'hui, papyrus antique ou parchemin vénérable. L'atelier d'écriture permet aux visiteurs d'essayer les instruments et au musée d'accueillir des stages de calligraphie.

Saint-Hilaire-de-Brethmas

Magnifique église romane du XIIe siècle au XVe siècle.

MUSEE DU JEU ANCIEN Mas Bruguière - Ancienne route de Nîmes ✆ 04 66 86 45 12. *Site Internet : www.ifrance.com/museedujeuancien. Ouvert toute l'année de 14h à 17h. Fermé lundi* *et mardi. Tarifs individuels : adultes 3 €, enfants 2 €. Tarifs groupes : 2 €.* Ce musée se consacre aux jeux de cafés et casinos des années 1900-1960. Des dizaines de flippers, juke-boxes, billards, baby-foot et toutes sortes de bandits manchots de salle ou de comptoir étalent leurs chromes clinquants et leurs décors kitchissimes dans huit salles. Pour les plus accros, le site Internet de ce petit Vegas offre une intéressante bourse d'échanges et quelques adresses consacrées au même sujet.

AUBERGE DE SAINT-HILAIRE RN2106 - Route de Nîmes © 04 66 30 11 42. *Ouverture toute l'année. Fermé dimanche soir et lundi. Menus de 23 € à 67 €. Carte à 50 €.* De style moderne, cette auberge est dotée d'une terrasse et d'un jardin. Dans un cadre très fleuri, on découvre un lieu de grande cuisine avec des plats inventifs et créatifs mêlant harmonieusement diverses saveurs aux produits régionaux : goujonnettes de filet de rascasse aux morilles et petits légumes, feuillantine de pointes d'asperges vertes de pays à la ciboulette…

UZEGE ET LE PONT DU GARD

On compare souvent l'Uzège, petite région au cœur du département à la Toscane. Jaune flamboyant des champs de blé ou de tournesol parsemés et soulignés du pointillé des coquelicots, vert franc ou rouge brun des vignes au printemps et à l'automne, bleu des champs de lavande ou vert intense des bois de chênes, tâches rouge vif des arbouses… une palette digne des plus grands peintres s'y déploie au gré des saisons. L'Uzège est aussi le royaume du minéral. De tout temps, les hommes ont utilisé l'argile. D'utilitaire, la poterie est devenu art à part entière, comme à Saint-Quentin-la-Poterie : artisans et créateurs y ont créé un pôle où, depuis les gestes séculaires à l'utilisation des techniques de communication les plus modernes, tout concourt à la recherche de l'excellence. L'Uzège c'est aussi Blauzac, Montaren, Saint-Quentin-la-Poterie, Saint-Maximin, Saint-Siffret, Serviers et Labaume, petits villages accrochés au flanc des collines, à la flore de la garrigue, mais aussi, des vestiges, de l'aqueduc romain aux châteaux, chapelles ou mas, des témoignages d'activités oubliées aux truffières, oliveraies ou ateliers de potiers d'aujourd'hui, des capitelles et murs en pierres sèches aux carrières de quartz, de pierres ou aux ocres à l'état naturel. Mais les hommes ont utilisé la pierre d'une autre façon, ô combien spectaculaire. Au débouché sud de l'Uzège, vers la plaine, la vallée du Gardon est barrée par le pont du Gard. On ne présente plus le monument romain le plus célèbre de France, classé au Patrimoine Mondial de l'Humanité par l'Unesco, prouesse technologique qui vient, encore récemment, de narguer les éléments déchaînés !

Le Pont du Gard

Le Pont du Gard

Le site du Pont du Gard se trouve sur la commune de Vers-Pont-du-Gard, et cela suffit à la rendre attrayante, mais, si vous cherchez un peu, bien au-dessus du célèbre et désormais très mercantile pont, dans les méandres du Gardon, vous pourrez dénicher quelques "plages" privilégiées pour bronzer et profiter de la fraîcheur des eaux en toute tranquillité.

SITE DU PONT DU GARD Vers-Pont-du-Gard ✆ 08 20 90 33 30. *E-mail : contact@pontdugard.fr. Ouvert toute l'année et tous les jours (horaires variables selon saison). Fermé en janvier. Forfait journée (parking compris) 10 € par personne ; famille 20 €. Forfait année 15 € par personne.* Majestueux vestige de l'époque romaine qui conduisait les eaux de la fontaine de l'Eure près d'Uzès jusqu'à Nîmes, ce pont est l'ouvrage antique le plus hardi que l'on connaisse, construit au début de l'ère chrétienne en 19 avant J.-C. par Agrippa, gendre d'Auguste. Il se compose de trois rangs d'arches, 6 dans le bas, 11 dans le milieu et 35 dans la partie supérieure. Il mesure 49 mètres de hauteur et 275 mètres de longueur. L'arche principale, sous laquelle coule le Gardon, possède une ouverture de 24,5 mètres. L'un des monuments les plus visités de la région Languedoc-Roussillon (plus d'un million de visiteurs par an) est, à présent, doté d'équipements à la mesure de sa majesté : multimédia sur l'histoire du pont et de l'aqueduc romain de Nîmes, un film "Le vaisseau du gardon" et un espace ludique destiné au jeune public forment les trois grands axes de cette présentation. "La Grande Expo" est un lieu magnifique et impressionnant où est retracé toute l'histoire du monument, depuis sa construction jusqu'à nos jours. On y trouve aussi tous les éléments pour appréhender la culture et la civilisation romaine dans la région et tout le bassin méditerranéen. A l'extérieur, "Mémoire de garrigue" essaie de recréer les paysages et les cultures tels qu'ils étaient à l'époque romaine. Idéal pour ceux qui veulent s'instruire de façon ludique !

LE CHATEAU DE SAINT-PRIVAT ✆ 04 66 37 36 36. *Ouverture du 1er mai au 30 juin et du 15 août au 11 novembre (prendre par Remoulins, rive droite). Pour les autres périodes de l'année, prendre rendez-vous. Tarif entrée générale : 6 €.* Situé sur un contrefort du Gardon, à 2 kilomètres du pont du Gard, le château de Saint-Privat est un monument historique du XIIIe siècle. On peut visiter le parc à la française, la chapelle, les abords et la salle dite de la paix. Attention, visite guidée obligatoire. Elle dure près de deux heures et, pour plus de convivialité et afin que l'accueil ne soit pas un vain mot, les maîtres des lieux vous offrent une collation en fin de visite, histoire de partager avec eux leur passion.

LA BEGUDE SAINT-PIERRE RD981 ✆ 04 66 63 63 63. *Site Internet : www.hotel-saintpierre.fr - E-mail : begudesaintpierre@wanadoo.fr. Chambres et suites de 53,50 € à 250 € et petit déjeuner à 11,50 €. Menus de 29 € à 49 €. Garage, accès handicapés, demi-pension et piscine extérieure.* Au bord de la route (dans Remoulins, tourner à gauche juste après le pont), cette bégude (autrement dit un mas) dissimule ses charmes derrière son mur d'enceinte et ses 14 hectares de nature environnante. Le relais de poste du XVIIe siècle a été rénové dans le plus bel esprit traditionnel, par la famille Griffoul, pour devenir un véritable havre de paix entre pierres de taille, poutres de vieux bois et couleurs provençales. L'immense jardin est une invitation à lézarder au soleil ou à se reposer à l'ombre (au bord de la piscine). On aime aussi les deux salles à manger, aux murs desquelles s'accrochent régulièrement des expositions de peinture et, en permanence, les œuvres de l'artiste nîmois Laurent. A ces plaisirs des yeux s'ajoutent, évidemment, ceux de la bouche avec une carte extrêmement riche en préparations raffinées. Les produits de la région, poissons et viandes, légumes et aromates, sont tous sollicités pour vous flatter les papilles en un bouquet de saveur.

▷ *Dans les environs*

Castillon-du-Gard

Vieux village médiéval perché sur une colline face au pont du Gard. De nombreuses animations, comme les soirées musicales, ont lieu dans la chapelle romane.

CHAPELLE ROMANE DE SAINT-CAPRAIS. Au pied du village, dans le vallon de la Font Barzaude, cette chapelle a trouvé une nouvelle fonction en accueillant des concerts, suite à une restauration réussie.

MUSEE DU VELO ET DE LA MOTO ✆ 04 66 37 30 64. *Ouvert toute l'année.* Une centaine de pièces rares ou uniques : bicyclette à pétrole, vélocipède à double système de pédales, draisiennes... l'affaire d'un passionné ô combien érudit en matière de cycles.

L'AMPHITRYON Place du 8-mai-45 ✆ 04 66 37 05 04. *Fermé 15 jours à la fin février et 15 jours à la fin novembre, le mardi et le mercredi (hors saison). Menus de 29 € à 58 €.* Tout près du pont du Gard, le petit village de Castillon a toujours attiré les restaurateurs de talent. Thierry Klossak aux founeaux et Mario Monterrosa à l'accueil n'échappent pas à la règle. Sous les voûtes rafraichissantes, la cuisine savoureuse du premier éveille tous les sens, tout en excitant la curiosité comme dans son agneau en crépinette de figues à l'ail confit. A partir de produits locaux simples, il excelle dans les accompagnements : confit de tomates au basilic, ail confit, jus de thym. Bref, une étape gourmande indiscutable, pour ceux qui veulent se faire plaisir.

LE VIEUX CASTILLON Rue Turion-Sabatier ✆ 04 66 37 61 61. *Fax 04 66 37 28 17. Site Internet : www.relaischateaux. Fermé du 2 janvier à début mars. Restaurant fermé lundi midi et mardi midi. Chambres à partir de 175 €. Menus entre 47 € et 102 €.* Quel bel établissement que voilà ! Patrick Walser l'a installé durablement dans le paysage provençal. Il faut dire que le lieu s'y prête : un village médiéval perché, une maison de village en pierre, succession de patios rafraîchissants, de terrasses fleuries et d'escaliers attirants. Ils mènent à des chambres et des suites superbes, aux tons ocres et au mobilier cossu et accueillant. En cuisine, le chef Gilles Dauteuil concocte des plats qui débordent de soleil comme son pavé de cabillaud au beurre de thym, entouré de brandade et accompagné de ris de veau braisé aux chicons, remarquable synthèse des influences culinaires du nord et du sud de la France. Belle utilisation des légumes et des herbes du pays, et remarquables desserts. Une adresse incontournable entre le pont du Gard et Avignon.

Collias

C'est le domaine des promeneurs et des randonneurs sur les sentiers qui sillonnent la garrigue sauvage. Des gorges, tout à fait uniques, présentent de grandes falaises de calcaire dominant la rivière, le long de laquelle se succèdent des plages de sable et de galets. Dans cette vallée du Gardon, la flore est riche et variée. Sa végétation abondante et non domestiquée permet à de nombreux animaux de vivre en parfaite tranquillité : castors, chats sauvages, genettes, aigles, hérons…

ERMITAGE. Perdu au fond d'une combe où plusieurs civilisations se sont succédé, ce splendide lieu classé, protégé par l'Association des amis de l'Ermitage, constitue un havre de paix et de réflexion. On peut y admirer la chapelle, la grotte de l'ermite, un petit pont romain et une fontaine dédiée à Minerva. Des concerts de musique classique et des conférences lui ont conféré le nom de petit Epidaure du Gard.

LE BARRALET* ✆ 04 66 22 84 52.** *Ouverture en mars.* Au Barralet, vous viendrez vous reposer et profiter d'un espace naturel pour passer des vacances à petit prix parmi l'un des 90 emplacements qu'offre ce camping trois étoiles. Les pieds dans le Gardon, vous trouverez bar, machines à laver, piscine, location de mobile homes et une bonne dose de fraîcheur en prime…

HOTELLERIE LE CASTELLAS* Grand-Rue ✆ 04 66 22 88 88.** *Site Internet : www.lecastellas.com. Fermé de début janvier au 1er mars. Chambres et suite de 72 € à 187 €. Petit déjeuner buffet à 15 €. Menus de 27 € à 86 €. Carte.* L'hôtellerie Le Castellas joue à fond la carte du naturel, c'est le must dans ce secteur si pourvu en beautés naturelles : petit jardin, tonnelle ombragée, piscine, et un intérieur de pierre et de bois pour donner à votre séjour la chaleur qui sied aux grands établissements. Côté chambres, on magnifie la variété des styles en jouant sur l'harmonie des couleurs. Un vrai petit nid avec ses coins et ses recoins. Une maison à demeurer toute une vie. La table, elle, conjugue raffinement, saveurs et parfums, sous l'influence du soleil, sous la houlette d'un nouveau chef, Jérôme Nutile, qui a fait ses classes chez Georges Blanc à Vaunas. Une excellente adresse à aller essayer au plus tôt.

FERME EQUESTRE DU PONT DU GARD ✆ 04 66 22 88 66. *Ouverture toute l'année.* La ferme équestre du pont du Gard est animée par des moniteurs diplômés d'Etat et qui assurent des promenades guidées par des accompagnateurs de tourisme équestre. Chevaux mais aussi poneys, sont ici proposés dans ce centre situé à mi-chemin entre Vers-Pont-du Gard et Collias, au cœur des gorges du Gardon. Balades, apprentissage et perfectionnement, tout est là pour vos loisirs. La ferme vous propose aussi son petit camping et ses deux gîtes.

Fournès

Paysage lunaire que ces fosses de Fournès, petit village situé non loin de Remoulins. Un décor issu d'une sédimentation argileuse façonnée par l'érosion et ce, tout près du village.

LE RUCHER FOURNESAN 1, route de Montfrin © 04 66 37 17 58. *E-mail : lerufo@wanadoo.fr. Ouvert toute l'année, tous les jours. Animations du 15 avril au 1er octobre tous les mercredis à 17h. En dehors de cette période, il est préférable de prendre rendez-vous pour les visites.* Il y a une vie autour du rucher et pas seulement pour les abeilles. Ainsi, le Rucher Fournésan permet de mieux cerner ce travail à nul autre pareil : présentation de l'entreprise apicole, visite d'une ruche (mais oui, vous avez bien lu, vous pourrez même "caresser" les abeilles), initiation à la dégustation des produits de la maison et vente. Vous connaîtrez également les recettes à base de miel. Sûr que vous serez gagnés par l'enthousiasme de cet apiculteur qui fournit les plus grands restaurants de la région.

Remoulins

Petite ville située au débouché des gorges du Gardon et qui bénéficie d'un emplacement idéal pour les visites historique, archéologique et culturelle. A voir, la porte de la ville qui date du XIIe siècle ainsi que la tour des Escaravats et le donjon de la même époque ; le château de Rabasse, un ensemble daté de 1620 avec une partie centrale antérieure à cette date et remaniée au XVIIe siècle ; de nombreuses grottes préhistoriques comme celles de la Salpêtrière, de la Sartanette, des sables, du Thaï ; et un nouveau pont, véritable chef-d'œuvre technique, qui permet un accès plus facile à la ville.

OFFICE DE TOURISME Place des Grands-Jours © 04 66 37 22 34. *Site Internet : www.ot-pontdugard.com - E-mail : ot-remoulins@free.fr. Ouvert toute l'année du lundi au vendredi de 9h à 12h30 et de 14h30 à 18h.*

LE COLOMBIER Route du Pont-du-Gard © 04 66 37 05 28. *Fax 04 66 37 35 75. Ouvert toute l'année. Dix-sept chambres à partir de 46 €. Menus de 16 € à 26 €. Carte.* Située à la campagne dans un grand jardin privé, cette maison du début du siècle est agrémentée d'une grande terrasse couverte. Les chambres sont très calmes et ont vue sur le jardin. Vous dégusterez des plats originaux et savoureux dans une salle de restaurant qui vient d'être refaite. Emincé de kangourou, tournedos de taureau ou steak de requin donnent un aperçu de la cuisine.

CAMPING LA SOUSTA* Avenue du Pont-du-Gard © 04 66 37 12 80.** *Ouverture de mars à fin octobre. Emplacements entre 11 € et 17 € pour deux personnes.* Un point de vue immanquable sur le pont du Gard pour les amoureux d'un tourisme naturel ou pour ceux dotés de petits moyens. La Sousta est, cela dit, un camping trois étoiles et offre donc un bon niveau d'équipements et de prestations.

Uzès

Premier duché de France (1565), Uzès jouit d'une position enviable, quelque peu encaissée, ce qui confirme l'impression de confort que l'on ressent en pénétrant dans cette ville de moins de 10 000 habitants. En effet, entre mer et Cévennes, Uzès séduit de très nombreux touristes, aussi bien par le charme de ses ruelles fraîches que de son arrière-pays des plus accueillants. Durement éprouvée par les guerres de Religion, sa cathédrale fut presque entièrement détruite au XIIe siècle. Un passé que l'on fait revivre ici, en musique, grâce au merveilleux festival de musique ancienne des "Nuits musicales d'Uzès", l'un des plus vieux festivals du département. On viendra particulièrement des villes voisines suivre le marché du samedi matin, fort prisé, comme la place aux Herbes ou les allées ombragées du boulevard.

OFFICE DE TOURISME Place Albert-Ier © 04 66 22 68 88. *Site Internet : www.ville-uzes.fr - E-mail : uzes-tourisme.com. Ouverture à l'année.*

Points d'intérêt

CATHEDRALE SAINT-THEODORIT. La cathédrale, du XVIIe siècle, avec une façade rajoutée en 1873, de style néo-roman, fut, quant à elle, reconstruite plusieurs fois. A l'intérieur, un orgue classique français, classé, encadré de volets peints du XVIIe siècle, extraordinairement bien servi par l'acoustique de la cathédrale.

LA TOUR FENESTRELLE. Une allure fière et marginale à la fois. A deux pas de la maison où séjourna Racine. Collée à la cathédrale, c'est ; pour sûr ; une drôle de tour, parsemée de fenêtres. Avec ses 42 mètres de haut, elle n'en demeure pas moins fine et magnifiquement proportionnée.

LE DUCHE. Au cœur d'Uzès se trouve le château des ducs d'Uzès dont la maison remonte au Xe siècle. Un vaste quadrilatère fortifié, dominé par trois tours. Vous pouvez visiter, même si une partie reste habitée par des descendants, des appartements restaurés avec meubles d'époque. Une vue panoramique vous est offerte par le donjon, de même qu'une dégustation de vin, en saison, dans les caves et le cellier.

MUSEE MUNICIPAL Ancien Evêché ✆ 04 66 22 40 23. *Ouverture en saison, tous les jours, excepté le lundi, de 15h à 18h. Fermeture en janvier.* Le musée municipal est situé dans l'ancien évêché, à côté de la cathédrale et, de ses fenêtres, on a la plus belle vue sur Uzès et ses tours. Il renferme une importante collection de céramiques ainsi que du matériel archéologique, des objets d'art et de tradition populaire, des peintures et, il va s'en dire, une superbe salle André Gide.

HARAS NATIONAL Route d'Alès ✆ 04 66 22 68 88. *Renseignements auprès de l'Office de Tourisme.* C'est le centre nerveux de la race équine. Il a pour mission d'administrer la filière cheval, depuis la production jusqu'à l'utilisation. Visite des installations modernes : écuries, carrière, manège…

LE JARDIN MEDIEVAL Impasse Port-Royal ✆ 04 66 22 38 21. *Ouverture avril, mai, juin et septembre de 14h à 18h en semaine, et de 10h30 à 12h30 et de 14h à 18h les week-ends et jours fériés. Ouverture en juillet-août de 10h30 à 12h30 et de 14h à 18h. Ouverture en octobre uniquement les après-midis de 14h à 17h. Fermeture de novembre à mars. Tarifs entrée générale : 2 €, gratuit pour les enfants accompagnés (jusqu'à 16 ans).* La découverte des plantes utilisées au Moyen Age : les simples, les ornementales, les potagères et les condimentaires. Le tout au sein d'un site historique.

MUSEE HARIBO Pont des Charrettes ✆ 04 66 22 74 39. *Site Internet : www.haribo.com. Ouverture toute l'année (excepté le lundi) de 10h à 13h et de 14h à 18h. Fermeture les 3 premières semaines de janvier. Tarifs entrée : adultes 4 €, enfants 2 € (de 5 à 15 ans), réduit 3 €.* Musée ludique et gourmand où vous saurez tout sur la fabrication de vos stars préférées : crocodiles, cars en sac, cola, super frites, dragibus, fraise Tagada… Comme tout musée, c'est aussi un lieu d'histoire et celle des douceurs sucrées n'est pas la moins passionnante surtout quand, comme ici, elle est parfaitement mise en scène avec personnages de cire, pièces de collection, panneaux didactiques, démonstrations de fabrication (on peut même s'y essayer).

Balade dans la ville

Reliques dans la cathédrale Saint-Théodorit

Toits provençaux

Le couvert

L'ANCIENNE GARE Pont des Charrettes ✆ 04 66 03 19 15.** *Fermeture du 21 décembre au 7 janvier. Menus de 16,50 € à 26 €. Menu du jour à 12,50 € et plat du jour à 8,50 € (le midi).* Un établissement fort attaché à une cuisine traditionnelle distillant ses spécialités, celles du terroir et de plats régionaux dont l'évocation seule va déjà vous faire saliver d'envie : tête de veau sauce ravigote, foie gras, canard mi-cuit… Trois menus vous seront quotidiennement proposés, plus un menu et un plat du jour le midi. Difficile de ne pas trouver ici son bonheur, quel que soit son budget d'ailleurs.

L'ECRIN DES SAVEURS Boulevard Charles-Gide ✆ 04 66 22 35 21. *Ouverture à l'année tous les jours, midi et soir. Menus de 15 € à 30 €. Carte de 6 € à 13 €.* Ecrin ô combien savoureux, au regard aussi du cadre de cet établissement positionné sur le boulevard central, où la carte, comme les menus, varient au gré de l'inspiration de la maison, soutenue par une équipe de purs professionnels. Des menus aux premiers prix fort abordables ainsi que des menus à thèmes…

Le gîte

LA PAILLOTTE* Quartier de Grézac ✆ 04 66 22 38 55.** *Ouverture du 20 mars au 30 septembre. Emplacements à 17 €.* Une grosse cinquantaine d'emplacements pour ce camping trois étoiles situé dans le mas Fran Val. Vous y serez bien installé (loin des gros campings bruyants) et bénéficierez des prestations classiques d'un camping de ce registre, comptant également sur une piscine fort appréciable par les temps d'été, synonymes de sécheresse pour les amateurs de rivière dans le Gardon.

Le gîte et le couvert

HOTEL D'ENTRAIGUES* 8, rue de la Calade ✆ 04 66 22 32 68.** *Site Internet : www.leshotelsparticuliers.com - E-mail : entraigues@leshotelsparticuliers.com. Ouverture à l'année. Chambres de 60 € à 167 €. Petit déjeuner 11 €. Menus de 18 € à 49 €.* Vous êtes ici dans un lieu bien à la hauteur de la beauté de la cité ducale. L'hôtel d'Entraigues est un hôtel de tradition où l'on sait marier la pierre, omniprésente avec le verre. En témoignent, la terrasse et l'escalier qui permet d'accéder sur le toit de la maison. Ici, vous culminerez et prendrez un peu l'air frais, bien rare en été. Une terrasse idéale pour le repas ou le petit déjeuner. Un lieu d'excellence donc qui propose nombre de possibilités tarifaires, que ce soit au niveau des chambres comme des menus, avec une formule en semaine et plusieurs menus à choisir dans la carte du chef.

HOTEL MERCURE* Route de Nîmes ✆ 04 66 03 32 22.** *Site Internet : www.mercure.com. Fermeture du restaurant en hors saison (se renseigner auprès de l'hôtel). Chambres de 53,50 € à 92 €. Accès handicapés, accès animaux, accueil groupes, jardin, piscine extérieure.* On retrouvera dans ce "mini Mercure", en fait appelé "Relais Mercure", toutes les prestations classiques de la chaîne (piscine, jardin, animaux acceptés, accès aux handicapés). Et donc, aussi, la possibilité de réserver sur le site Internet Mercure. Possibilité également de se restaurer. Là encore, la capacité est grande (près de 80 couverts à l'intérieur) et les menus oscillent entre 16,50 € et 19 €.

Loisirs

L'UZEGE EN BALLON 64, rue Cigalon ✆ 04 66 37 28 02. *Ouverture toute l'année. Durée de vol minimum : 1 heure. Tarifs du vol : 200 € par personne, 100 € pour les enfants de moins de 15 ans.* Prêt pour un baptême de l'air ou mieux, survoler l'Uzège en ballon ! Si les conditions météorologiques vous le permettent, alors le ciel de l'Uzège sera à vous. Jean Donnet, aéronaute confirmé, vous accueillera au sein de sa montgolfière pour vous faire survoler Uzès, son duché et les séduisants villages qui l'entourent. Possibilité de logement en chambres d'hôtes.

Emplettes

LE MARCHE Place aux Herbes. Sous la fraîcheur des voûtes ou des grands arbres, quel plaisir de déambuler dans ce marché typique. Le marché d'Uzès est l'un des plus réputés, si ce n'est le plus réputé du Gard. Réputation qui vient aussi de la présence (de mars à novembre ou en bocal toute l'année) de quelques producteurs de truffe, dont Uzès est l'un des hauts lieux en France. Très coloré et d'une grande variété de producteurs, il est aussi le plus vivant, notamment l'été, lorsque la ville est prise d'assaut par les touristes.

▷ Dans les environs

Arpaillargues

MUSEE 1900 Moulin de Chalier © 04 66 22 58 64. *Réouverture en mai 2004.* Deux collections au sein du Moulin de Chalier avec une collection de quelque 5 000 objets : voitures, motos, vélos, trains, matériel agricole et moulin à huile en mouvement, au Musée 1900. Le Musée du train et du jouet propose, lui, un réseau de trains anciens avec décors régionaux et une collection de jouets anciens, ainsi que de papillons.

MUSEE DU TRAIN ET DU JOUET Moulin de Chalier © 04 66 22 58 64. *Ouverture du 1er mars au 30 juin tous les jours de 10h à 12h et de14h à 18h. Ouverture juillet-août tous les jours de 10h à 13h et de 14h à 19h. Ouverture septembre et octobre tous les jours de 10h à 12h et de 14h à 18h. Ouverture le reste de l'année pendant les vacances scolaires.* Tout un réseau de trains anciens avec décors régionaux : pont du Gard, arènes de Nîmes, mine d'Alès, Camargue, le tout associé à une collection de jouets anciens et de papillons.

HOTEL MARIE D'AGOULT/CHATEAU D'ARPAILLARGUES* © 04 66 22 14 48.** *Site Internet : www.leshotelsparticuliers.com. Ouverture de Pâques à début novembre. 29 chambres entre 99 € et 235 €. Petit déjeuner 12 €. Demi-pension 50 €. Menus de 26 € à 42 €.* Le grand luxe, le grand calme, d'ailleurs, n'est-ce pas, ici, le "Relais du silence". Jardin splendide avec piscine et terrain de tennis tout à côté pour un séjour de repos mais qui peut aussi être actif. Vous voilà donc dans un cadre privilégié. Ne vous étonnez pas si vous entendez la voix rayonnante d'une soprano ou d'un contre ténor car ces derniers, invités mi-juillet dans le cadre du festival international de musique ancienne d'Uzès, adorent séjourner ici. On vous rassure : ils sont, en fait, des plus discrets…

LE MAS DE REY* Route d'Anduze © 04 66 22 18 27.** *Site Internet : www.campingmasderey.free.fr - E-mail : campingmasderey@free.fr. Ouverture d'avril à octobre. Tarif emplacement : 16 € par jour.* Au Mas de Rey, une soixantaine d'emplacements pour ce camping qui n'a rien d'une "usine" et c'est tant mieux, car on est là pour se reposer. Au chapitre des services, vous pourrez, certes, y planter votre toile de tente comme y louer votre mobile home ou votre caravane. Mais, aussi, y déjeuner, profiter du service restauration et de la boutique, comme du bar, des points eau et électricité et, enfin, de la piscine.

Blauzac

DOMAINE DE MALAIGUE Route de Nîmes © 04 66 22 25 43. *Site Internet : www.domainedemalaigue.com. Ouverture, à partir d'avril, du lundi au samedi inclus, de 9h à 12h et de 14h à 19h. Ouverture, hors saison, du lundi au samedi inclus, de 9h à 12h et de 14h à 18h.* La famille de J.-C. Reboul est impliquée depuis plusieurs générations dans la production de vins bio de qualité. Sur 35 ha, ils produisent des vins du duché d'Uzès et des vins de pays des Cévennes qui n'ont rien à envier à quelques appellations réputées. Le mas est superbe au milieu de ses vignes. Vente en vrac et en bouteilles.

Saint-Quentin-la-Poterie

Comme son nom l'indique Saint-Quentin fait corps avec la poterie. Allez, toute l'année, à la découverte des nombreux artisans et des lieux permanents (lire ci-dessous) dédiés à cet art, au service de notre art de vivre.

LA MAISON DE LA TERRE/OFFICE CULTUREL Rue de la Fontaine © 04 66 22 74 38. *Site Internet : www.ceramique.com - E-mail : off.culte.stqpoterie@free.fr.* On le sait, de par son nom déjà, difficile de l'ignorer, Saint-Quentin est la capitale de la poterie et d'un certain art de vivre. Des expositions temporaires à caractère historique ou culturel, mais aussi des visites du village et d'ateliers d'artisans, des stages et des ateliers adultes et enfants. Elle présente également, en son sein, la production des potiers de Saint-Quentin.

MUSEE DE LA POTERIE MEDITERRANEENNE Rue de la Fontaine © 04 66 22 74 38. *Site Internet : www.musee-poterie-mediterranee.com. E-mail : terres.de.mediterranee@wanadoo.fr. Ouverture d'avril à juin et d'octobre à décembre du mercredi au dimanche de 14h à 18h. Ouverture en été, tous les jours, de 10h à 13h et de 15h à 18h. Fermeture de janvier à mars.* Exposition permanente de 250 pièces de poterie utilitaire des pays qui bordent la Méditerranée.

TERRA VIVA Rue de la Fontaine ✆ 04 66 22 48 78. *Site Internet : www.terraviva.fr - E-mail : terraviva@wanadoo.fr. Ouverture en avril, octobre, novembre et décembre, tous les jours sauf le lundi, de 10h à 13h et de 14h30 à 18h. Ouverture de mai à septembre, tous les jours, de 10h à 13h et de 14h30 à 19h. Fermeture de janvier à mars et la 2e quinzaine de novembre.* Serge et Brigitte Tribouillouis, inlassablement, et depuis 1989, sont à la recherche des meilleurs artistes de la céramique. Vous verrez, au sein de leur vaste espace de presque 150 m^2, une dizaine d'expositions annuelles, aussi bien autour de la porcelaine que de la technique du raku, mais avec, toujours au cœur, la sacro-sainte céramique, moteur de cette galerie exigeante très ciblée sur la création contemporaine et utilitaire. Expos temporaires mais aussi fonds permanent de créateurs fidèles à cette maison idéalement placée au cœur du village de Saint-Quentin le bien nommé.

LA TABLE DE L'HORLOGE Place de l'Horloge ✆ 04 66 22 07 01. *Site Internet : www.table-horloge.fr - E-mail : thibaut@table-horloge.fr. Ouverture à l'année sauf les mercredi et dimanche soir. Fermeture : vacances Toussaint, Noël et jour de l'An. Uniquement sur réservation : Menu/carte à 45 €.* Un jeune chef qui n'a pas encore 40 ans que ce Thibaut Peyroche d'Arnaud. Ancien élève de l'Ecole supérieure de cuisine française, avec Troisgros pour parrain, il se fixe, voilà cinq années, à Saint-Quentin, après avoir beaucoup donné dans les grandes cuisines de France. Avec sa femme et ses enfants, cet homme est un amoureux du mouvement et il a su créer ici les conditions idéales pour susciter du bonheur à table. Pas plus de 5 ou 6 tables dans cette ancienne école, car le chef tient à garder de la proximité avec sa clientèle. Un seul menu à 45 € par personne, mais, chaque jour, renouvelé en fonction de l'inspiration et de l'humeur de Thibaut, également soumis aux propositions des paysans locaux chez qui il s'approvisionne. Pour goûter à cette cuisine d'excellence, il vous faudra être patient : une semaine d'attente est au moins nécessaire pour obtenir une table. C'est la rançon du succès.

Serviers-et-Labaume

LA BOUSCARASSE ✆ 04 66 22 50 25. *Ouverture de mai à septembre. Tarifs de 9 € à 12 € pour la journée.* A 8 kilomètres d'Uzès sur la route d'Alès (D981), la Bouscarasse est une terre d'accueil et de jeu pour toutes les générations. Un jardin aquatique d'une conception originale et inédite où l'ombre le dispute à la fraîcheur des nombreuses piscines. Au cœur d'une forêt méditerranéenne, plongez dans les grands bassins, laissez-vous porter sur les rivières à bouées ou jouer dans les eaux tranquilles de la pataugeoire avec vos bambins. Ombre ou soleil, jus de fruit ou sandwich, danse, musique ou théâtre ? Bref, de quoi passer une bonne journée sans temps mort et découvrir l'un des produits touristiques les plus originaux et les plus en phase avec son environnement de tout le Languedoc-Roussillon. A ne surtout pas manquer dans la région, et à découvrir absolument !

Musée du bonbon à Uzès

VALLEES DE LA CEZE ET DU RHONE

Dans la vallée de la Cèze, dolmens, menhirs, villages perchés, châteaux forts mais aussi ponts de pierre et clochers côtoient grottes, gouffres, falaises et plages tranquilles en bordure de rivière. Des charmes auxquels il vous faudra être attentif, des portes des Cévennes (Ponteils et Brésis) jusqu'à ce que la rivière se jette dans le Rhône, à l'Ardoise. Du mont Bouquet au mont Lozère, en passant par le vallon d'Argensol, vous pourrez parcourir les garrigues aux senteurs provençales. Pour les passionnés de tout terrain, les falaises des gorges de la Cèze, gouffres et avens (à Orgnac notamment, dans l'Ardèche), les Concluses et Aiguillères vous combleront sans doute.

De Pont-Saint-Esprit à Beaucaire, le Rhône impérial s'étire et écoule son incroyable histoire. Si le vignoble est irrémédiablement associé à la richesse de la région, le cours du fleuve est, quant à lui, entièrement lié au souffle de l'histoire. Beaucaire, depuis l'Antiquité, est le point de départ pour différents horizons : de l'Espagne par la voie Domitia ou Rome et l'Orient. De l'autre côté du Rhône, Villeneuve-lez-Avignon, dont la richesse a permis l'accès au club des villes d'art et sa sœur jumelle Avignon. Les deux cités vécurent tantôt unies tantôt opposées : Avignon la papale, Villeneuve la royale, l'une en Provence, l'autre en Languedoc. Quand l'influence italienne, si présente en Avignon, passe le pont, c'est Villeneuve qui se pare d'édifices florentins : palais, livrées des cardinaux, églises.

Bagnols-sur-Cèze

Pas de doute, Bagnols-sur-Cèze cache bien ses charmes. Il est vrai que la ville en possède peu. Située en plein dans l'axe Lyon/Sud, le fameux couloir rhodanien, la ville est, avant tout, industrielle, l'une des plus industrialisées même, de la région Languedoc-Roussillon. Ainsi, les curiosités sont rares, peu de patrimoine ancien, peu d'activité touristique et d'animations de qualité si l'on excepte le festival "New Bagnols Blues" et qui, encore, a sérieusement chuté en qualité depuis qu'il est devenu "New", donc au final, peu de tourisme même si, par sa position géographique, la ville enregistre un fort passage. Les amateurs de vin y trouveront toutefois leur compte car le coin est truffé de bonnes adresses dans un rayon de 10 km : chusclan, laudun, saint-gervais... Pas des noms de stars, mais des vins d'excellente qualité.

OFFICE DE TOURISME Avenue Léon-Blum ✆ 04 66 89 54 61. *E-mail : off.tourisme.bagnols@wanadoo.fr. Ouverture de fin octobre à fin mars, du lundi au vendredi, de 9h à 12h et de 13h30 à 18h et le samedi de 9h à 12h. Ouverture d'avril à fin juin et de septembre à fin octobre, du lundi au vendredi, de 9h à 12h et de 14h à 18h et le samedi de 9h à 12h. Ouverture juillet-août, du lundi au vendredi, de 9h à 19h, le samedi de 9h à 18h et le dimanche de 10h à 13h.*

Points d'intérêt

MUSEE ALBERT ANDRE Place Mallet ✆ 04 66 50 50 56. *Ouverture tous les jours (sauf le lundi) de 10h à 12h et de 14h à 18h. Fermeture en février. Tarifs entrée : adultes 4 €, demi-tarif 2 €, groupes 2 €.* C'est à un ami du peintre Renoir, le fameux Albert André, que la ville de Bagnols peut s'enorgueillir d'une si belle collection pour une petite ville de province. De la peinture française du XIXe siècle donc, mais aussi du XXe siècle avec, à découvrir, des sculptures, du mobilier et des objets d'art. Tout aussi remarquable, la donation Besson composée d'œuvres de Marquet, Matisse, Bonnard, Van Dongen.

MUSEE LEON ALEGRE 24, avenue Paul-Langevin ✆ 04 66 89 74 00. *Ouverture les mardi, jeudi et vendredi de 10h à 12h et de 14h à 18h. Fermeture en février. Tarifs entrée : adultes 4 €, demi-tarif 2 €, groupes 2 €.* Pour ceux qui sont intéressés par l'archéologie de type régional ou l'histoire de la ville de Bagnols-sur-Cèze.

Le gîte

CHATEAU DU VAL DE CEZE* Route de Carmignan ✆ 04 66 89 61 26.** *Chambre pour deux personnes à 107 € et pour une personne à 96 €. Accès handicapés, accès animaux.* On peut demeurer le nez collé à la grille de ce château d'exception qui offre, aujourd'hui, ses services dans le domaine de l'hôtellerie : une adresse de charme qui contraste quelque peu, en effet, avec la rugosité du décor offert par cette ville, tournée essentiellement vers des activités industrielles.

CAMPING LA COQUILLE* Route de Carmignan ✆ 04 66 89 03 05.** *Ouverture de Pâques au 15 septembre. Emplacement 17 €. Accès handicapés, accès animaux.* Voilà un petit camping d'à peine 30 emplacements, situé sur la route de Carmignan, non loin du château de Val-de-Cèze. Ici, vous pourrez profiter d'un camping familial et à dimension humaine avec des prestations fort honorables : caravanes, bar, petit déjeuner, points eau et électricité, machines à laver, piscine, baignade et minigolf.

Eglise de Bagnols-sur-Cèze

Statue de la Vierge

Tour de l'horloge

Le gîte et le couvert

CHATEAU DE MONTCAUD Hameau de Combe - SABRAN ✆ 04 66 89 60 60. *Ouverture fin mars. Chambres climatisées au décor personnalisé : standards de 145 € à 220 €, supérieures de 210 € à 280 €, juniors suites de 280 € à 350 € et deux appartements avec terrasse et bain à remous de 400 € à 630 €. Tarifs demi-pension à partir de 2 nuits. Petit déjeuner 20 € (possibilité pour gens de l'extérieur sur réservation). Restaurant gastronomique le soir seulement : de 65 € à 90 € à la carte. Menu enfant 20 €. Bistrot du lundi au vendredi : menus de 30 à 40 €. Jazz lunch à 75 € (le dimanche midi en saison).* Montcaud compte parmi les plus belles adresses hôtelières du département. Ce château-hôtel de grand classe a passé sans problème la décennie grâce à son propriétaire, Rudy Baur, un professionnel de talent. Au milieu de 5 hectares de parc avec piscine chauffée, tennis, sauna, hammam, salle de musculation, douche à jets, et avec l'extrême raffinement de son décor, vous passerez un séjour de rêve, agrémenté de temps en temps de concerts de musique classique. La cuisine est du même niveau, réalisé avec talent par le chef Marc Buffet. Un autre lieu, un autre âge.

LE SAINT-GEORGES 210, avenue Roger-Salengro ✆ 04 66 89 53 65. *E-mail : lesaint-georges@destremau.com. Ouverture à l'année. 26 chambres de 38,50 € à 47,50 €. Petit déjeuner à 5,50 €. Menus de 11 € à 35 €. Carte.* Si la direction a changé de mains, le Saint-Georges reste une étape classique et fort agréable, aidée en cela par un accueil chaleureux, un décor élégant et une terrasse où il fait bon paresser aux beaux jours. Les chambres sont simples et douillettes, tandis que la cuisine, tout en se cantonnant dans des tarifs raisonnables, ne néglige pas quelques touches personnelles autour des classiques bien emmenés.

▷ *Dans les environs*

Laudun

POINT INFOS TOURISME ✆ 04 66 50 55 79. Vous êtes ici en pleine vallée du Rhône. Certes, vous pourrez le mesurer en apercevant les nombreux vignobles qui bordent les routes d'Avignon jusqu'à Bagnols-sur-Cèze, et bien après, il va s'en dire, en remontant vers Lyon. Mais ce coin est ici l'un des plus industrialisés.

LE CAMP DE CESAR. Le plateau ainsi nommé est un des sites antiques les plus vastes du Languedoc. Plus de 1 000 ans d'histoire sont inscrits dans ce sol en bordure du plateau calcaire de Lacau, il domine le sillon rhodanien et les vallées de la Cèze et de la Tave. Une exposition est à voir à la mairie de Laudun de juin à septembre pour mieux saisir ce lieu.

AUBERGE DES 4 CHEMINS Route Nationale 86 ✆ 04 66 82 00 10. Une cuisine familiale pour cette adresse qui vaut, avant tout, par son positionnement, tant il est vrai qu'avec son grand parking elle séduit les routiers. Possédant, de plus, cinq chambres, cette auberge a encore de beaux jours devant elle.

Barjac

Barjac, en remontant vers l'intérieur du pays, est un coin frais (à l'ombre tout de même ou plus encore dans l'arrière-pays) qui ne manque pas d'attraction, par le poids de ses traditions, dont, notamment, celle d'être un pays d'antiquaires où l'on se presse deux fois par an pour faire face à des dizaines et des dizaines d'exposants. Barjac, c'est aussi, en juillet, un festival de la chanson de paroles. Puisque l'on parlait de fraîcheur, une petite baignade à Vallon-Pont-d'Arc, site parfaitement aménagé tout à côté, pourrait se justifier, non ?

OFFICE DE TOURISME Place du 8-Mai-45 ✆ 04 66 24 53 44. *Site Internet : www.tourisme-barjac-stprivat.com - E-mail : ot.barjac@wanadoo.fr. Ouverture d'octobre à juin de 9h à 12h30 et de 14h à 17h. Ouverture en été de 9h à 13h et de 15h à 19h.*

Points d'intérêt

GROTTE DE LA FORESTIERE Orgnac ✆ 04 75 38 63 08. *A 8 km de Barjac, à la limite de l'Ardèche. Ouverture du 1er avril au 30 septembre tous les jours de 10h à 18h. Ouverture en juillet-août de 10h à 19h. Ouverture du 1er octobre au 31 mars, uniquement week-ends, jours fériés et vacances scolaires pour le public ; ouvert les autres jours de cette période, uniquement pour les groupes et sur rendez-vous.* Très facile d'accès, vous y découvrirez une grotte concrétionnée, avec cristaux en choux-fleurs, plancher stalagmitique, colorations rouges. A l'intérieur de la grotte, un zoo cavernicole est implanté, avec poissons, batraciens, insectes et chauves-souris, ce qui n'est pas la moindre des attractions de cette visite. Bien que l'entrée soit située en Ardèche, le tourisme gardois s'est approprié cette grotte dont la partie visitable se développe dans le Gard.

Le couvert

LA CIGALE Avenue Jean-Tassy ✆ 04 66 60 26 16. *Ouverture de mars à fin septembre. Formule à 11 € (vin et café compris). Plat du jour à 8 €.* Un vent nouveau souffle sur cette adresse qui se trouve être à mi-chemin entre la formule snack et pas tout à fait dans la pure restauration. On y retrouve ce qu'il y avait de bon (la palette notamment : maxi tartine grillée et garnie aux saveurs provençales) et, ce qu'il y a de nouveau, comme la carte des glaces ou celle des bières. Une carte été et une carte hiver, un plat du jour le midi et voilà une Cigale pourvue aux quatre saisons de l'année.

LA MAGNANERIE DE BERNAS Route de Barjac - MONTCLUS ✆ 04 66 82 37 36. *Site Internet : www.magnanerie-de-bernas.com. Service, tous les jours, de Pâques à septembre, le soir uniquement. Fermé les mardi et mercredi hors saison. Menu unique, mais différent chaque jour, entre 20 et 25 €. Menu enfant à 11 €.* Un cadre idyllique dans un décor qui incite au repos. Une cuisine qui sait aussi bien manier le poisson que la viande et les mets les plus originaux. Ainsi, pourquoi ne pas débuter par une trilogie de saumon (fumé, à la fleur de sel, aux herbes et à l'huile d'olive) ou un saumon toujours, mais mariné et avec sa sauce à l'aneth. On poursuivra avec une joue de lotte au riz de Camargue ou une épaule d'agneau cuite sous sa croûte, à l'aubergine et au parfum d'orient. Une feuillantine de pomme, sauce caramel et glace vanille, grande spécialité sucrée de la maison, saura mettre un terme gourmand au repas.

Le gîte et le couvert

HOSTELLERIE DE LANDES Saint-Privat-de-Champclos ✆ 04 66 24 56. *Ouverture à l'année. 14 chambres de 47 € à 63 €. Restaurant ouvert tous les jours, sauf dimanche soir et lundi hors saison, et mardi midi en saison. Menus de 18 € le midi, 23 € à 41 €.* En terrasse ou dans la salle rénovée, vous pourrez déguster les spécialités de cet endroit qui met un point d'honneur à ne proposer que des produits maison : de la terrine aux petits fours. Beignets de courgettes, escargots au beurre, sauce à l'ail ou bavette d'aloyau (M. Balmassière sert des viandes d'appellation depuis 12 ans) aux champignons et sauce poireaux.

MAS DE RIVET Route de Bessas ✆ 04 66 24 56 11. *Ouverture de mars à octobre. Menu unique à 14 €. Demi-pension. Piscine extérieure.* Le Mas de Rivert est un lieu idéal pour se mettre au vert, ne serait-ce que l'espace d'un repas. Vous profiterez de ce pur mas pour découvrir une cuisine familiale, concoctée selon l'humeur du chef et, donc, chaque jour différente, avec entrée, plat et fromage ou dessert. Il est préférable de réserver. Dix chambres, toutes personnalisées (la Provence...) chambres non fumeurs, ce qui est toujours agréable lorsque l'on vient précisément se mettre au vert.

MAS DU TERME Route de Bagnols ✆ 04 66 24 56 31. *Site Internet : www.mas-du-terme.com. Fermé de novembre à mars. Menus de 27 à 35 €. Chambres de 62 à 146 € (suite).* A son apogée, la sériciculture s'étendait dans toute la basse Cévennes et parfois au-delà. Il n'est donc pas étonnant de retrouver des magnaneries du côté de Barjac. Ici, la bâtisse a été rénovée et transformée, dans le style du pays, en un élégant hôtel trois étoiles, pourvu de tout le confort, ainsi que d'une splendide piscine. Ici, l'inspiration est provençale, tant au niveau de la restauration (tissus, nappes, mobilier, ambiance...) que de la cuisine qui affiche à l'envi et selon les saisons, tian de légumes, escabèche de rougets, poissons à la tapenade d'olives noires. Pour les desserts, la châtaigne trouve une place de choix, car nous sommes tout près de l'Ardèche.

Emplettes

TASSY Mas de Jurande ✆ 04 66 24 50 65. *Ouvert tous les jours, toute l'année, de 9h à 12h et de 14h à 19h.* Une boutique d'antiquités basée dans un superbe mas du XVIIe siècle, au cœur de Barjac. Meubles, tableaux, armoires du XVIIe siècle mais aussi du XVIIIe siècle et, pourquoi pas, du XIXe siècle, dans la mesure où c'est de l'authentique et du beau. L'authenticité, voilà bien le credo de ce commerce familial, depuis plus de 60 ans à Barjac.

SERGE THOULOUZE Plan Long ✆ 04 66 24 54 43. Saucisses, terrines et autres gâteries carnées sont élaborées, dans la plus pure tradition, avec des produits fermiers de premier choix.

Beaucaire

Beaucaire est à la jonction du Rhône et du canal du Rhône à Sète et compte environ 13 000 habitants. On remarquera, bien sûr, le château des XIIIe et XIVe siècles, et une riche activité festive, surtout en juillet avec un festival latino-américain qui, contrairement à celui de Nîmes, semble avoir trouvé ses marques ici. Egalement, une sorte de feria, nommée les Estivales de Beaucaire. C'est une belle fête qui s'impose année après année, dans un registre plus proche des traditions camarguaises et provençales. On se laisse bercer à Beaucaire par le canal qui donne à la ville des airs de station balnéaire.

OFFICE DU TOURISME 24, cours Gambetta ✆ 04 66 59 26 57. *Site Internet : www.ot-beaucaire.fr - E-mail : infos@ot-beaucaire.fr. Ouverture hors saison, du lundi au vendredi, de 8h45 à 12h15 et de 14h à 18h. Mêmes horaires d'ouverture, en saison, du lundi au vendredi, le samedi de 9h30 à 12h30 et de 15h à 18h et le dimanche de 9h30 à 12h15.*

Beaucaire

Points d'intérêt

ABBAYE SAINT-ROMAN Route de Nîmes ✆ 04 66 59 19 72. *Ouvert d'octobre à fin mars, les week-ends, de 14h à 17h. Ouvert d' avril à septembre, tous les jours, de 10h à 18h.* Isolée en venant de Nîmes, à 5 km avant Beaucaire, voilà une abbaye accrochée à son rocher et recensée au Ve siècle. On y découvre une véritable installation monastique avec sa chapelle, sa nécropole et ses cellules. Le site vient d'être réaménagé en vue d'un meilleur accès au public et d'une meilleure mise en valeur. De plus, le site bénéficie d'une vue exceptionnelle sur la vallée du Rhône et ses aménagements hydrauliques. A découvrir car très original.

EGLISE NOTRE-DAME DES POMMIERS ✆ 04 66 59 26 57. *Ouverture le matin uniquement.* La façade est ornée de bas-reliefs et une frise de 14 m relate les épisodes de la passion. Cette collégiale, dont la visite est intégrée dans la visite commentée de la ville, est fort imposante.

LE MONDE MERVEILLEUX DE DAUDET Esplanade du Château ✆ 04 66 59 30 06. *Ouvert toute l'année. Tarifs : adulte 6,10 €, enfant 4,60 €.* Vous marcherez ici sur les traces des Lettres de mon Moulin : Maître Cornille, la mule du Pape ou la chèvre de Monsieur Seguin n'auront plus de secret pour vous. Une vingtaine de tableaux avec automates, cinéma et projection, reconstitution de vieux métiers, animaux vivants…

LES AIGLES DE BEAUCAIRE Cour du Château ✆ 04 66 59 26 72. *Spectacles les après-midi de mi-mars à début novembre. Fermé le mercredi, sauf pendant les vacances scolaires et les jours fériés. Tarifs : adulte 8 €, enfant 5,60 €.* Beauté et émotion sont les clefs de voûte de ce spectacle séculaire qui, dans le cadre enchanteur du château de Beaucaire, n'a pas pris une ride. Un spectacle haut en couleur, face à des rapaces impressionnants, conduits par des gants de velours. Habillés en costume romain, les maîtres fauconniers feront voler, juste au-dessus de vos têtes, aigles, faucons et autres vautours, sur un fond musical qui vous ramènera des siècles en arrière.

LE VIEUX MAS Route de Fourques ✆ 04 66 59 60 13. *Ouvert tous les jours sauf en janvier. Tarifs : 5 € adulte, 3,50 € enfant.* Le vieux mas, autrement dit mas de Végère, à 6 km de Beaucaire, se trouve parmi les vignes. C'est ici que l'on tente de retrouver les gestes et la vie d'un grand mas au début du XXe siècle : animaux, matériel agricole, métiers disparus. Une exposition retrace l'évolution du monde paysan de 1900 à 1950.

LE MAS DES TOURELLES Route de Bellegarde ✆ 04 66 59 19 72. *Ouvert tous les jours d'avril à début novembre. L'hiver, le samedi après-midi uniquement. Tarifs : adulte 4,60 €, enfant 1,50 €.* Le Mas des Tourelles est un endroit où l'on cultive l'authenticité. Vieilles poutres et murs de terre, vous basculez ici au temps d'une cave gallo-romaine. La première reconstitution mondiale du genre. La beauté de ce lieu qui marie pédagogie (exposition, diaporama, jeux pour enfants et matériel archéologique) et dégustations de vins, de mulsum (vin au miel) ou de frutum (jus de raisin). Une boutique de produits de la ferme et d'artisanat complète cet espace qui puise à la source des plaisirs.

MUSEE AUGUSTE-JACQUET ✆ 04 66 59 47 61. *Ouvert tous les jours de 10h à 12h et de 14h à 17h15. Fermeture le mardi.* Chaque ville possède son musée, qui retrace les grands épisodes de son histoire, et tel est le rôle de ce musée Auguste-Jacquet : archéologie, histoire locale, le tout dans les magnifiques jardins du château.

Le gîte

DOMAINE DES CLOS Route de Bellegarde ✆ 04 66 01 14 61. *Site Internet : www.domaine-des-clos.com. Chambres d'hôtes, de 60 € en basse saison, à 80 € en haute saison pour deux personnes (petit déjeuner compris). Appartements, de 400 € à 1 300 € la semaine. Piscine et jardin.* Situation idéale pour cette halte entre Provence et Camargue, noblesse des matériaux et sobriété dans le même temps, harmonie des couleurs et chaleur des espaces… Bref, le Domaine des Clos, mas séculaire, a pris la beauté et la douceur de vivre, conjuguées harmonieusement par David et Sandrine Ausset. Cinq chambres, quatre appartements sont à votre disposition, tous personnalisés. Pour les chambres, chaque couleur rappelle une atmosphère (la rose romantique).

Le gîte et le couvert

HOTEL DES DOCTRINAIRES Quai du Général-de-Gaulle ✆ 04 66 59 23 70. *Fermeture de mi-décembre à mi-janvier. Restaurant fermé le samedi midi. Chambres à 58 €, 69 € et 75 € (avec Jacuzzi dans la chambre). Petit déjeuner 8 € en salle et 10 € en chambre. Demi-pension de 76 € à 134 €. Menus de 17 € à 39 €.* L'Hôtel des Doctrinaires est remarquable, de par la noblesse des lieux et l'accueil familial pratiqué. On vous accueille au sein d'un ancien collège des Doctrinaires datant de 1650, dans un rez-de-chaussée tout en voûtes, et dont la salle de restaurant peut accueillir 70 couverts. Le patio est très agréable pour les petits déjeuners, l'apéritif et les repas du soir. Les chambres sont au nombre de trente-deux, tout confort et d'aspect très accueillant.

Loisirs

CENTRE NAUTIQUE © **04 66 59 45 42.** *Ouverture à l'année.* Centre nautique et de loisirs sur le Rhône : canoë-kayak, jet-ski, pédalos, voile, planche à voile, aviron.

▷ Dans les environs

Bellegarde

CHEZ BRUNO Halte nautique © **04 66 01 65 33.** *Menus à 13 € (le midi en semaine) et 18 €.* Dans une halte nautique revigorée, Chez Bruno a pleinement trouvé sa place, avec sa petite terrasse fort agréable au pied du canal. A table, la carte est vaste : noix de bœuf, sauce au poivre vert ; le magret... La cuisson au feu de bois change tout et apporte ce parfum à la viande à nul autre pareil.

Vallabrègues

Les anciennes fluctuations du Rhône ont fait de cette bourgade la plus provençale du Gard, car elle est la seule commune du département située sur la rive gauche du fleuve. Immortalisée par Frédéric Mistral, pour être la patrie de Vincent, amoureux de Mireille, elle doit également sa renommée à l'importance de la production d'osier et de vannerie.

MUSEE DE LA VANNERIE ET DE L'ARTISANAT Rue Carnot © **04 66 59 48 14.** *Ouverture de Pâques à la Toussaint de 15h à 19h. Ouverture autres périodes de 14h à 18h. Fermeture du 15 décembre au 15 janvier.* C'est, par essence, le village de la vannerie, issue de la récolte des roseaux des bords du Rhône. Le musée propose une exposition permanente de vannerie : vie et travaux des vanniers, les outils, œuvres conservées. Le tout associé à une exposition consacrée à l'artisanat : le sabotier, les agriculteurs...

Goudargues

Ses sources abondantes ont valu à Goudargues le surnom de "Venise gardoise". Sur les bords de la Cèze, c'est un petit village de charme qui vit, l'été, à l'ombre des platanes et au rythme du doux ruissellement de l'eau qui fait tourner la roue à aubes. Le vieux moulin et les ponts anciens donnent un cachet paisible. Un lieu idéal pour une petite halte sur la terrasse d'un bistrot ou juste pour se balader.

OFFICE DE TOURISME 4, route de Pont-Saint-Esprit © **04 66 82 30 02.** *E-mail : ot.goudargues.valcesard@tiscali.fr. Ouvert toute l'année, de 9h à 12h et de 14h à 17h en basse saison, et de 9h à 13h et de 14h à 19h en été.*

Le gîte

LA GRENOUILLE* Avenue du Lavoir** © **04 66 82 21 36.** *Ouverture du 25 mars au 1er octobre.* La Grenouille propose l'accès aux animaux, des points électricité pour un confort moderne, des machines à laver, une piscine et, bien entendu, les coins baignades, nombreux, qui environnent ce camping doté d'une cinquantaine de places. La Grenouille est l'un des campings situés sur cette commune au charme certain et où l'on peut trouver la fraîcheur à tout moment.

LE SAINT-MICHELET* Route de Frigoulet** © **04 66 82 24 99.** *Ouverture du 1er avril au 30 septembre.* Le Saint-Michelet est, on ne peut mieux disposé, sur la route de Frigoulet, petit coin que vous apprécierez sans mal. Ce "trois étoiles" propose ses locations (caravanes, mobile homes), son service restauration, son bar, ses points eau et électricité, ses machines à laver et, tout à côté, son coin baignade.

▷ Dans les environs

Cornillon

Un de ces petits villages merveilleux qui dominent la vallée. A visiter en toute quiétude et à siroter avec délectation.

LA VIEILLE FONTAINE © **04 66 82 20 56.** *Site Internet : www.lavieillefontaine.com. Fermé mercredi et dimanche soir hors saison et de décembre à février. Menus de 35 € à 55 €. Chambres doubles à partir de 100 €.* Cornillon, village pittoresque de la vallée de la Cèze, abrite, en son sein, une petite merveille. Installée à l'abri d'anciens remparts,

Le château de Cornillon

avec une terrasse s'ouvrant largement sur le paysage, cette auberge est une adresse d'un charme auquel il est impossible de résister. Huit chambres ont été aménagées suivant le style provençal, que l'on retrouve, autant dans les tissus d'ameublement que dans le mobilier. La cuisine est de la même facture, d'un raffinement certain, comme dans la soupe au pistou, les moules farcies à la diable ou les rougets poêlés au basilic, les spécialités de la maison. Après le repas, quelques pas dans le jardin en terrasse vous amèneront à la piscine.

Lussan

Pour les informations touristiques, s'adresser à l'Office de Tourisme d'Uzès 04 66 22 68 88.

CONCLUSES DU LUSSAN. *Ouvert toute l'année.* Des gorges pittoresques creusées par deux ruisseaux. Une érosion spectaculaire sur plus de 6 km ! Ce spectacle 100 % naturel est à voir à quelques kilomètres de Lussan, dont le vieux village est haut perché. Attention, l'accès, à pied, est assez raide.

Méjannes-le-Clap

Toute l'activité de Méjannes tourne autour de son centre sportif qui a fait sa réputation dans le milieu idoine. Du coup, ce sont toutes sortes d'activités ou animations, commerces qui se sont développés puisque, l'été particulièrement, Méjannes fourmille de monde. Du coup, on peut y venir même si l'on n'est pas particulièrement sportif.

CASCADES DU SAUTADET. *Accès libre.* Un site naturel magnifique mais dangereux. Prudence donc ! Vous y découvrirez le travail d'érosion de la rivière Cèze qui a donné ainsi naissance à d'insolites cavités appelées marmites. Le site se trouve tout près du village de la Roque-sur-Cèze. Tout près des coins adaptés à la baignade.

CENTRE SPORTIF DEPARTEMENTAL. Dans un cadre arboré et sec bien que proche de la Cèze, vous êtes ici dans un endroit idéal pour mener une vie sportive en parfaite harmonie avec la nature. Ce centre sportif accueille, non seulement des sportifs de haut niveau, venus peaufiner leur condition physique, mais également des jeunes venant participer à des stages et des amateurs pour des séjours à la carte.

La Roque-sur-Cèze

C'est le lieu de villégiature, de promenade et de baignade le plus agréable et le plus structuré de ce coin-là de la vallée de la Cèze. Les cascades du Sautadet (attention "dangereuses") en sont l'illustration la plus précieuse, offertes par le travail d'érosion de la rivière qui a donné naissance à de superbes cavités. Le village du XIIe siècle, grimpant le long de la colline, mérite, à lui seul, le détour. Sans compter le pont médiéval Charles Martel.

MUSEE MEDIEVAL Route de Donnat © 04 66 82 72 97. *Ouvert d'avril à juin, dimanche et jours fériés de 14h30 à 18h ; en juillet et août, tous les jours de 10h à 12h et de 14h à 22h ; en septembre, le dimanche de 14h30 à 18h.* Une magnifique carte postale ! Avec un village aussi séduisant, il fallait lui consacrer un musée, mieux, une reproduction au 1/15e. Des maisons de 60 cm à 80 centimètres de haut avec sonorisation et éclairage. Une occasion de voir d'un seul coup d'œil toutes les faces de ce village atypique.

M.-F. VIALLE Saint-Laurent-de-Carnols ✆ 04 66 82 21 27. *Ouvert tous les jours, de 9h à 19h.* On peut venir acheter à la ferme toutes les gourmandises offertes par le canard, en particulier du foie gras.

Saint-Ambroix

Avant d'être un haut lieu d'archéologie et de richesses naturelles comme la grotte de la Cocalière, Saint-Ambroix fut la capitale de la soie. Le patrimoine est aujourd'hui varié et dévoile ses charmes sur des sites comme Dugas ou la tour Guisquet (XVIIIe siècle) d'où l'on a un point de vue unique sur la ville. En vedette naturelle, les gorges de la Cèze.

OFFICE DU TOURISME Place de l'Ancien-Temple ✆ 04 66 24 33 36. *E-mail : ot.stambroix@wanadoo.fr.*

SITE DU DUGAS. Grandeur nature, les restes des diverses civilisations qui se sont succédé ici. On retrouve des vestiges qui remontent à l'époque gauloise, comme l'autel à sacrifice. Il subsiste aussi des traces du mur d'enceinte et des portes qui fermaient le village au XIIe siècle, ainsi que les ruines d'une chapelle et de maisons. Une promenade dans le temps.

GROTTE DE LA COCALIERE Courry ✆ 04 66 24 34 74. *Site Internet : www.grotte-cocaliere.com. Ouverture tous les jours à partir du 15 mars jusqu'à la Toussaint. Tarifs : adulte 7 €, enfant 5 €.* Le parcours est relativement aisé pour dire que vous êtes ici dans une des plus belles grottes de France. Des reflets féériques dans les lacs et les gours. Avec la vision non moins féérique de perles de caverne en formation. Prenez votre petite laine car il fait frais sous terre et soyez prudent car le chemin est tout de même quelque peu escarpé. Les visites sont automatiquement guidées.

Le couvert

AU GOUT DU JOUR 9, rue des Ecoles ✆ 04 66 24 62 06. *Ouverture du mardi au dimanche midi inclus. Menus de 18,90 € à 34 € (réductions pour les groupes à partir de 10 personnes).* C'est une cuisine traditionnelle maison qui retrouve ses lettres de noblesse. Une carte de choix et des menus alléchants viennent parfaire votre bonheur d'être à table dans ce havre de quiétude où règne une cuisine simple et au bon goût… du jour.

Loisirs

CAP CANOE Route de Barjac ✆ 04 66 24 25 16. *Site Internet : www.canoe-france.com.* Randonnées sur la Cèze, de longueurs variées (de 4 km à 29 km), excursions sportives sur deux jours. Location de canoës-kayaks.

SUD LOISIRS La Montagnette ✆ 04 66 24 40 94/10 70. *Site Internet : www.lamaisoncarree.com - E-mail : sudloisirs@free.fr.* Toute une palette d'activités nature : randonnée aquatique, spéléo dans les grottes voisines parmi les plus belles de France, VTT, canoë, escalade, canyoning. Moniteurs diplômés d'Etat.

▷ Dans les environs

Allègre-Les-Fumades

Cette petite commune de 630 habitants est un paradoxe. Sans véritable centre, elle s'étale sur sept hameaux et, outre des thermes réputés depuis la nuit des temps, elle dispose d'un casino qui ne désemplit pas, hiver comme été. En pleine campagne, cet établissement donne une vitalité inattendue qui devrait encore prendre de l'ampleur avec une restructuration annoncée des infrastructures. Le château d'Allègre qui domine la vallée est un des pôles d'attraction touristique grâce à sa majesté. Située au pied des collines sauvages du mont Bouquet, Les Fumades est la seule station thermale du Gard. Elle est spécialisée dans le traitement des voies respiratoires, la dermatologie et la stomatologie.

OFFICE DE TOURISME LES FUMADES Maison de l'Eau ✆ 04 66 24 80 24. *Site Internet : www.les-fumades.com - E-mail : les-fumades@fr.st. Ouverture à l'année à partir de 9h.*

LES THERMES ✆ 04 66 54 08 08. *Site Internet : www.fumade-thermes.com - E-mail : fumade-thermes@wanadoo.fr. Ouverture, du 29 mars au 30 octobre.* Des thermes très anciens que les Romains exploitaient déjà. Totalement aménagé pour des séjours ou des journées loisirs, le grand parc dispose des équipements adéquats. Les propriétés de l'eau, riche en hydrogène sulfuré, en calcium et en magnésium, sont recommandées pour les affections respiratoires, la dermatologie et l'ORL.

Nouveauté : une gamme de quatre produits est commercialisée pour votre forme et votre beauté.

LE CHATEAU DE BOISSON** Les Fumades** ✆ **04 66 24 85 61.** *Site Internet : www.chateau-boisson.com - E-mail : reception@chateau-boisson.com. Camping 4 étoiles ouvert du 10 avril au 30 septembre pour le camping et les meublés. Tarifs camping : 178 emplacements de 15 € à 31 €. Tarifs meublés : de 287 € à 819 € (la semaine).* Idéal que ce château de Boisson pour passer des vacances… à petits prix. Près de 180 emplacements disposés sur cet espace qui offre une palette réjouissante de propositions, tant en matière de services que d'animations. Accès aux handicapés, location de mobile homes, bar, restauration, boutique, points eau et électricité, machines à laver, tennis et piscine. Que demander de plus, sinon la santé ?

CASINO ✆ **04 66 24 82 05.** *Ouverture à l'année tous les jours de 10h à 4h du matin.* Presque surréaliste de trouver un casino dans cette riche nature. Et pourtant, il ne désemplit pas, hiver comme été, avec ses dizaines de machines à sous (il faut attendre sa place !), sa table de boules et son bar pour se remettre en forme. Les jeudis et dimanches après-midi, ainsi que les jours de fête, la musique est à l'honneur, avec orchestre et danse. Ambiance garantie et public varié.

Bessèges

A l'origine, Bessèges, avant la Révolution, était un hameau dépendant de la paroisse de Saint-André-de-Robiac. Mais ses forges et ses mines en ont fait une cité industrielle. Bessèges fut érigé en commune en 1857, et en chef-lieu de canton en 1868. Déjà, à l'époque romaine, on exploitait ici des mines de plomb argentifère et de fer à Trelys. A voir : les ruines du château du Castellas et sa tour carrée du XIIe siècle.

OFFICE DE TOURISME 50, rue de la République ✆ **04 66 25 08 60.** *Site Internet : www.cevennes-montlozere.com - E-mail : ot-besseges@wanadoo.fr. Ouverture à l'année, à partir de 9h30.*

Les Mages

MUSEE SCHŒNENBERGER Larnac ✆ **04 66 25 40 91.** *Site Internet : www. closdesarts.com - E-mail : contact@closdesarts.com. Ouverture toute l'année de 10h à 19h. Tarifs individuels de 2,30 € à 4,60 €. Tarifs groupes 3,80 €.* C'est dans le cadre splendide du domaine de Villaret (XIIIe siècle, XVe siècle et début du XIXe siècle) que vous vous confronterez à des créations aussi inattendues qu'exotiques. Deux artistes sculpteurs fort intrigants que ces Schœnenberger qui se dévoilent sur plus de 700 m^2 d'exposition. Marcel, lui, nous montre un itinéraire de 50 années de création artistique dédiée à la mère et à l'enfant. Olivier, lui, se consacre à la représentation de la femme. Possibilité de vous confronter au modelage.

Molières-sur-Cèze

Le château de Montalet, fief des Bérard sous la suzeraineté des seigneurs de Portes, domine la vallée de la Cèze depuis le XIIe siècle. En cours de restauration depuis une dizaine d'années, il est ouvert à la visite ; on y accède, depuis le village, par une petite balade le long d'un sentier forestier. Le village connut un rapide développement au XIXe siècle, grâce à ses mines de charbon.

Saint-Florent-sur-Auzonnet

MUSEE DES LIQUEURS DES VALLEES CEVENOLES ✆ **04 66 25 64 39.** *Ouvert toute l'année à partir de 8h30. Visite gratuite.* Petit musée lié à la distillerie Germain (créée en 1881), qui propose la découverte d'alambics et autres produits et accessoires utilisés pour la fabrication de l'alcool.

LA CARACOLE ✆ **04 66 25 65 70.** Ici, l'escargot est roi. Vous pourrez, bien sûr, en acheter dans cette dynamique ferme hélicicole, tels quels ou bien préparés de façon originale ou en manger sur place à la ferme-auberge. C'est aussi un lieu pédagogique avec ses vivariums et son écomusée de l'escargot.

Saint-Jean-de-Valeriscle

MUSEE DES BLASONS ✆ **04 66 25 60 41.** Ce musée présente une collection de quelque 250 blasons, reproduits fidèlement, selon les techniques anciennes, et mis en scène avec costumes et armes d'époque, et des explications sur la discipline héraldique.

Saint-Julien de Cassagnas

PARC ORNITHOLOGIQUE DES ISLES © **04 66 25 76 70.** *Attention : fermé jusqu'en avril 2004 pour travaux. Ouvert toute l'année.* Zone de protection et d'élevage où l'on peut admirer, sur plus de 2 ha, des oiseaux de toutes les régions du monde.

Saint-Victor-de-Malcap

LA BASTIDE DES SENTEURS Le village © **04 66 60 24 45.** *Site Internet : www.bastide-senteurs.com. Fermé de fin octobre à mars. Menus de 26 € à 65 €. Chambres de 5 € à 70 €. Carte aux environs de 45 €.* Quelle bonne idée d'avoir transformé cette bastide, ou plutôt cette ancienne magnanerie, en hôtel de charme. Les chambres sont pimpantes, aux couleurs chaudes. Ambiance méridionale partout, et, bien sûr, dans la cuisine où Frank Subileau vous préparera quelques plats savoureux basés sur les légumes du soleil : tomates, aubergines, pois gourmands, asperges et oignons doux qui accompagnent joues de boeuf, cailles ou calamars. Il est aussi très doué pour décliner le homard en maintes façons. L'accueil très prévenant de la maîtresse de maison rend cette adresse encore plus chaleureuse.

Pont-Saint-Esprit

Déjà les Grecs y faisaient commerce. Plus tard, Hannibal passa par là avec ses troupes en 218 avant Jésus-Christ. Au bord du Rhône, c'est la religion qui laissera le plus de traces avec de nombreuses églises comme Saint-Saturnin qui fait face à Saint-Pierre ou encore la chapelle de l'Hôpital, les prieurés et monastères qui accueillaient les pèlerins de Saint-Jacques de Compostelle. Aux XVIIe et XVIIIe siècles, de nouveaux couvents verront le jour (voir le cloître de la chapelle des Visitandines et la chapelle des Pénitents Bleus). Le reste de la ville est tout aussi attractif, avec de nombreux hôtels particuliers et de belles fontaines. Pont sur le Rhône. Edifice gothique à 20 arches datant du XIIe siècle.

OFFICE DU TOURISME Résidence Welcom © **04 66 39 44 45.** *Site Internet : www.ot-pont-saint-esprit.fr - E-mail : ossice.tourisme.PSE@wanadoo.fr. Ouverture à l'année, du lundi au vendredi de 8h à 12h et de 14h à 17h30 et le samedi de 9h à 12h.*

Points d'intérêt

MUSEE D'ART SACRE DU GARD 2, rue Saint-Jacques © **04 66 39 17 61.** *Ouvert tous les jours, en hiver, de 10h à 12h et de 14h à 18h. Ouvert tous les jours, en été, de 10h à 12h et de 15h à 19h. Fermeture le lundi et le mois de février.* C'est l'attraction majeure de cette cité de Pont-Saint-Esprit, qui, cela dit, ne manque pas d'un certain charme. Installé dans un hôtel particulier construit à partir du XIIe siècle et embelli au fil du temps, il présente une collection de référence dans le monde anglo-saxon : orfèvrerie religieuse, reliquaires, vêtements sacerdotaux, pots de pharmacie du XVe siècle au XVIIIe siècle, crèches et aussi santons.

Vestiges d'un ancien pont

MUSEE PAUL RAYMOND Place de l'Ancienne-Mairie ✆ 04 66 39 09 98. *Ouvert tous les jours, sauf lundi, en juillet et août.* Autres périodes : ouvert les mercredi, jeudi, dimanche. Fermé en février. L'autre musée de Pont-Saint-Esprit, certes moins riche que celui consacré à l'art sacré. Ici, vous trouverez des peintures anciennes, des dessins et des gravures.

Le gîte et le couvert

AUBERGE PROVENÇALE Avenue du Général-de-Gaulle ✆ 04 66 39 08 79.** *Chambres de 26 € à 35 €. Menus de 9,50 € à 19 €.* Il domine la route lorsque de Pont-Saint-Esprit vous quittez la ville en direction de Bagnols-sur-Cèze. Certes, sa position géographique n'est, au demeurant, pas très accueillante, mais, au demeurant simplement, car l'hôtel n'est nullement encombré par les bruits de la nationale. Les chambres sont situées de l'autre côté de la route, côté cour donc, et sont, de fait, calmes. Elles disposent d'une salle de bains avec toilettes et téléphone. Le restaurant est, lui, des plus accueillants avec ses sept menus de cuisine traditionnelle à petits prix. Idéal pour une halte.

▷ Dans les environs

Saint-Paulet-de-Caisson

Village fort peu connu qui recèle pourtant deux curiosités. L'une naturelle, l'autre architecturale. La première des deux est une forêt de 1 500 ha, inscrite parmi les plus belles forêts de France avec, tout proche, un sentier forestier dit des "Combes de Valbonne". La seconde de ces deux merveilles est la fameuse Chartreuse de Valbonne, fondée au début du XIIIe siècle sur l'emplacement d'un monastère bénédictin.

CHARTREUSE DE VALBONNE ✆ 04 66 90 41 24. *Site Internet : www.chartreusedevalbonne.com. Visite toute l'année. Tarifs : adulte 4 €, enfant 2,5 €, guidée 4,80 €, avec dégustation 5,30 € (groupes uniquement).* Fondée en 1204 par l'évêque d'Uzès, Guilhem de Vénéjan. On y voit, en rentrant, des sarcophages mérovingiens, de magnifiques toits en tuiles vernissées, un portrait de Louis XII et plusieurs cloîtres d'époques différentes. Depuis 1978, la Chartreuse sert de centre de réinsertion sociale. Un service hôtelier y est proposé dans 13 chambres ainsi qu'un service de restauration et des salles de travail.

Villeneuve-lès-Avignon

Fondée par Philippe le Bel, Villeneuve a connu son heure de gloire et la construction de ses plus beaux édifices grâce à l'établissement des papes en Avignon, de l'autre côté du Rhône. Aujourd'hui, c'est grâce au tourisme et au centre d'écriture théâtrale de la chartreuse que la plus vauclusienne des villes gardoises continue sa discrète, et néanmoins sûre, prospérité. En période de festival d'Avignon, Villeneuve devient une périphérie active de la scène avignonnaise avec "Villeneuve en scènes".

OFFICE DE TOURISME 1, place Charles-David ✆ 04 90 25 61 33. *Site Internet : www.villeneuvelezavignon.fr/tourisme - E-mail : villeneuve.lez.avignon.tourisme@wanadoo.fr. Ouverture toute l'année de 9h à 12h30 et de 14h à 18h en hiver et en août, et de 10h à 19h en été.*

Points d'intérêt

LA CHARTREUSE DU VAL DE BENEDICTION ✆ 04 90 15 24 24. *Site Internet : www.chartreuse.org - E-mail : chartreuse@chartreuse.org. Ouvert tous les jours du 1er avril au 30 septembre de 9h à 18h30, du 1er octobre au 31 mars de 9h30 à 17h30. Fermé à Noël et certains jours fériés.* La chartreuse du val de Bénédiction a su magnifiquement conjuguer passé et avenir en devenant Centre National des Ecritures du Spectacle (parfaitement complémentaire avec le festival d'Avignon), mais sait, aussi, demeurer ce monastère du XIVe siècle à la majesté très présente. Fondé par le Pape Innocent VI, elle alterne espaces clos et ceux à ciel ouvert. La chapelle particulière du pape fut décorée par Matteo Giovanetti, auteur des fresques du palais des Papes. Trois cloîtres, entourés de 40 cellules, forment, au total, un périmètre de 1 560 m et en font la plus vaste chartreuse de France.

MUSEE PIERRE DE LUXEMBOURG Rue de la République ✆ 04 90 27 49 66. *Ouvert toute l'année, en hiver de 10h à 12h et de 14h à 17h, en été de 10h à 12h30 et de 15h à 19h. Fermé en février.* Ce musée est consacré à l'art religieux et l'on peut y voir une vierge en ivoire du XIVe siècle, mais, surtout, l'œuvre du peintre Enguerrand Quarton, "le Couronnement de la Vierge", peint en 1453, ce qui en fait le tableau le plus ancien exposé dans un musée de la région.

Le château

La Collégiale

La ville vue du parcours de santé

TOUR PHILIPPE LE BEL ✆ **04 32 70 08 57.** *Ouverte toute l'année, en hiver de 10h à 12h et de 14h à 17h, en été de 10h à 12h30 et de 15h à 19h. Fermée en février.* En bordure du Rhône, ce donjon carré du XIIIe siècle se trouvait à l'extrémité du célèbre pont d'Avignon.

EGLISE DE LA COLLEGIALE ✆ **04 90 27 49 85.** *Office de la Culture (04 90 27 49 28). Fermée en février et le lundi hors saison.* Fondée par le cardinal Arnaud le Via au XIVe siècle, la collégiale possède de nombreux tableaux et objets d'art dont une copie de la pieta.

FORT SAINT-ANDRE ✆ **04 90 25 45 35.** *Ouvert tous les jours : du 1er avril au 30 septembre, de 10h à 13h et de 14h à 18h ; du 1er octobre au 31 mars, de 10h à 13h et de 14h à 17h.* Une enceinte fortifiée flanquée de tours de guet et d'une porte monumentale encadrée par deux tours jumelles, voilà le fort Saint-André. Il fut construit sous Philippe le Bel (1492), roi de France, pour affirmer la puissance royale face aux terres de l'Empire et des papes d'Avignon (panorama exceptionnel sur Avignon, Villeneuve et la vallée du Rhône).

Le couvert

AUBERTIN 1, rue de l'Hôpital ✆ **04 90 25 94 84.** *Fermé la deuxième quinzaine d'août. Menus de 31 € à 48 €. Carte.* Petit à petit, sans trop faire parler de lui, Jean-Claude Aubertin s'est peu à peu installé dans le paysage gastronomique de la région d'Avignon. Situé dans une maison à arcades du centre historique, mais avec un décor contemporain, on sait jouer ici avec les contrastes. Cet esprit se retrouve dans la cuisine où il revisite les produits classiques de la Méditerranée : cargolade de petits gris, aïoli de loup et rougets, tourte de légumes provençaux... Une table sympathique et accueillante qui n'a pas fini de faire parler d'elle.

Le gîte

L'ILE DES PAPES**** ✆ **04 90 15 15 90.** *Site Internet : www.campeols.fr. Ouvert de mi-mars à fin octobre.* Ce terrain de camping 4 étoiles propose plus de 400 emplacements. Avec location de caravanes et de mobile homes, restaurant, petit déjeuner, bar, boutique, points eau et électricité, machines à laver et, côté loisirs, vous trouverez dans ce camping, somme toute assez proche du Rhône, une piscine et un minigolf. Pas de doute, vous ne vous ennuierez pas au camping de l'île des Papes, le bien nommé.

Le gîte et le couvert

LA MAGNANERAIE** 37, rue du Champ-de-Bataille** ✆ **04 90 25 11 11.** *Fermeture du 4 janvier au 2 février.*

Chambres et suites de 100 € à 450 €. Petit déjeuner buffet à 16 €. Menus de 33 € à 80 €. Un endroit proprement superbe, très moderne, mais empreint d'une grande poésie, sûrement due à l'élégance des lieux de cette bastide. De grandes prestations, un grand charme, pour des chambres, toutes personnalisées et évoluant dans un luxe idyllique qui, toutefois, ne sombre pas dans le tape-à-l'œil... Côté restaurant, le chef, Fabrice Martin, propose une cuisine classique, bien adaptée à la sérénité et à la qualité des lieux. A noter les délices réservées par la carte des vins...

▷ Dans les environs

Les Angles

Pour habiter à Avignon sans habiter à Avignon, la solution c'est le village gardois des Angles : la ville sans ses désavantages, idéalement située au bord du Rhône avec des quartiers qui escaladent les collines et dominent la plaine.

LE PARC D'ASTRONOMIE DU SOLEIL ET DU COSMOS Avenue Charles-de-Gaulle ✆ 04 90 25 66 82. *Site Internet : www.parcducosmos.com. Ouvert tous les après-midi.* Collé à Villeneuve, le village des Angles propose le premier parc européen de l'univers. Dans une atmosphère plutôt sympathique d'expédition intersidérale, le Parc du Soleil et du Cosmos vous propose un voyage dans l'espace et dans le temps, spécialement conçu pour le grand public. Un circuit à voir comme à entendre et assez unique.

LE PETIT MANOIR Avenue Jules-Ferry ✆ 04 90 25 03 36. *Fermeture annuelle du 23 janvier au 9 février. 42 chambres, de 42 € à 57 €, avec télévision et téléphone. Petit déjeuner 7 €. Accessible aux handicapés, parking privé gratuit, piscine, jeux.* Dans un superbe parc fleuri où l'on ne se privera pas de faire la sieste, Le Petit Manoir fleure bon la Provence authentique. Les chambres, aux couleurs vives et chaudes, offrent évidemment tout le confort moderne et, la plupart, un balcon en prise directe sur la piscine, histoire de vous inviter définitivement au farniente dans une région où il y a tant de choses à visiter et tant de bons vins à goûter.

Lirac

Lirac est un village, très beau du reste, avec son ancien lavoir, entièrement dédié au vin, qui compte parmi l'un des meilleurs du coin, même si son caractère bien à lui, le rend quelque peu atypique.

L'ERMITAGE ET LA GROTTE DE LA SAINTE-BAUME Village ✆ 04 66 50 47 70. *Ouverture à l'année sur rendez-vous. Tarif entrée : participation libre. Accès libre ou accompagné.* C'est là une antique grotte du néolithique dans laquelle fut découverte, en 1647, une statue de la Vierge. Elle fut alors transformée en chapelle et ermitage. Une promenade qui est aussi un lieu de pèlerinage à 2 km à pied du centre de Lirac.

Roquemaure

A la frontière du Vaucluse et près de Tavel, Roquemaure bénéficie d'une situation privilégiée sur un affluent du Rhône. Déjà, au Moyen Age, les consuls de Roquemaure envoyaient d'ici les barriques de "coste-du-rhône", vin prisé des rois de France, de Flandre et d'Angleterre. Il reste quelques pans des murs du château qui fut la résidence de Louis d'Anjou, premier pape d'Avignon. L'église, en style gothique languedocien, date du XIVe siècle et abrite un grand orgue construit par les frères Julien au XVIIe siècle. Et puis, Roquemaure est la ville des amoureux car, chaque année, on célèbre ce jour bénit du 14 février : la Saint-Valentin.

OFFICE DE TOURISME 1, cours Bridaine ✆ 04 66 90 21 01. *Site Internet : www. la-cote-du-rhone.com - E-mail : contact@la-cote-du-rhone.com. Ouvert toute l'année. De septembre à juin, de 8h à 12h et de 13h30 à 17h. En juillet-août de 8h à 12h et de 15h à 19h. Fermeture hors saison, les samedi, dimanche et lundi.*

LA COLLEGIALE Office de Tourisme ✆ 04 66 90 21 01. *Ouvert toute l'année, sur rendez-vous auprès de l'Office de Tourisme.* C'est en la collégiale, à l'architecture gothique provençale, que sont abritées les reliques de saint Valentin depuis 1868. Sachez enfin que c'est sur l'orgue historique classé que fut chanté pour la première fois le célèbre "Minuit Chrétien", dont les paroles sont l'œuvre du Roquemaurois Placide Cappeau.

LE CLEMENT V **6, rue Pierre-Semard ✆ 04 66 82 67 58.** *Site Internet : http://hotel.clementv.free.fr - E-mail : hotel.clementv@wanadoo.fr. Ouverture à l'année. Chambres de 53 € à 102 € en basse saison, de 66 € à 110 € en saison (petit déjeuner buffet compris). Menu 18 €. Carte moyenne à 19 €. Piscine. Parking privé et fermé.* Racheté depuis très peu de temps par M. Philippe Bertrand, le Clément V mise sur la qualité de ses prestations à égalité avec son accueil. Niché dans un écrin de 2 500 m² de parc arboré, le Clément V vous invite à la quiétude et au repos. Jardin, espace jeux pour enfants, salon de lecture et de télévision, tout est fait pour votre plus grand confort, que vous soyez individuel ou en famille. Les vastes chambres, qui offrent toute la palette des couleurs provençales, ont une partie séparée pour les enfants, douches, WC séparés. Un bar en terrasse vous permet de jouir plus pleinement de la douceur provençale. A ne surtout pas manquer !

AMAZONIA **Route d'Orange ✆ 04 66 82 53 92.** *Ouverture à partir du 4 avril 2004.* Voilà un parc d'aventure pour petits et grands avec une pyramide maya, des rapides, une descente des Andes, un safari 4x4, la rivière aux crocodiles, le labyrinthe aztèque ou encore la cabane du sorcier…

Tavel

Tavel est surtout connu pour son vin, qui était déjà estimé au XIVᵉ siècle par les papes d'Avignon qui en consommaient, avec modération bien sûr. Le village est agréable, et vous ne manquerez pas d'aller visiter quelques caves, où les vignerons vous feront déguster leur tavel, mais aussi leur lirac.

LE GENESTIERE **Chemin de Cravailleux ✆ 04 66 50 94 56.** *Site Internet : genestriere.com. Ouverture à l'année. Fermé la 1re quinzaine de janvier et les 3 premières semaines de septembre. Fermeture hebdomadaire les lundi et mardi. Menus à 18 €, 25 € et 35 €. Carte aux environs de 18 €.* Avec sa salle de style romain, c'est l'esprit d'une prestigieuse famille qui résonne à la Genestière. Car c'est dans une partie du bâtiment familial, situé non loin de l'entrée du village, que s'est installé M. Boissy d'Anglas, en octobre 2000. Boissy d'Anglas, voilà un nom bien connu des Gardois, car ce fut un député très en vue durant la Convention… Ce jeune héritier est un restaurateur qui a fait ses preuves dans la région et s'est lancé avec fougue dans ce métier (la carte évolue deux fois par saison et s'ouvre à la gloire de mets du terroir). C'est une cuisine "semi-gastronomique" qui vous est, ici, offerte, avec un très net accent porté sur la qualité du service à table, et ce, dès l'accueil.

DOMAINE DE SAINT-ANTHELME **Chemin de Cravailleux ✆ 04 66 50 07 03.** Situé autour d'un monastère du XVIᵉ siècle, le domaine de Saint-Anthelme est présent sur plus de 45 ha de vignes. Grenache, syrah et mourvèdre sont les principaux cépages de ce vignoble placé dans la plaine de Pujaut. Vente, au domaine, de tavel et de lirac AOC ou du fameux saint-anthelme.

Hérault

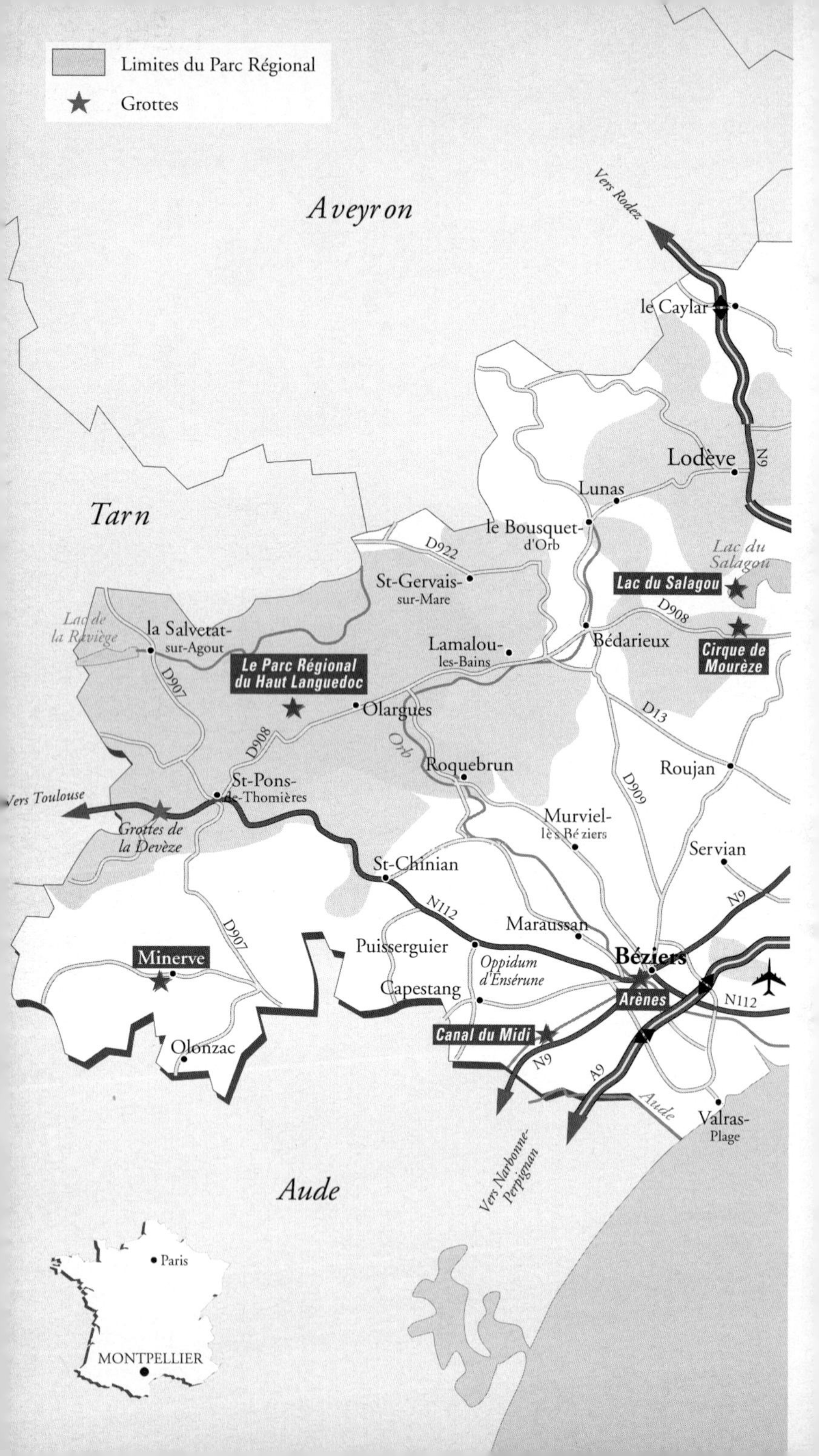

Limites du Parc Régional
Grottes
Aveyron
Vers Rodez
le Caylar
Lodève
N9
Lunas
Tarn
le Bousquet-d'Orb
D922
Lac du Salagou
Lac du Salagou
St-Gervais-sur-Mare
D908
Lac de la Raviège
la Salvetat-sur-Agout
Lamalou-les-Bains
Bédarieux
Cirque de Mourèze
Le Parc Régional du Haut Languedoc
D907
Olargues
D13
D908
Orb
Roquebrun
Roujan
Vers Toulouse
St-Pons-de-Thomières
D909
Grottes de la Devèze
Murviel-lès-Béziers
Servian
St-Chinian
N112
N9
Maraussan
D907
Puisserguier
Minerve
Oppidum d'Ensérune
Béziers
Capestang
Arènes
N112
Canal du Midi
Olonzac
N9
A9
Aude
Valras-Plage
Vers Narbonne-Perpignan
Aude
Paris
MONTPELLIER

HÉRAULT

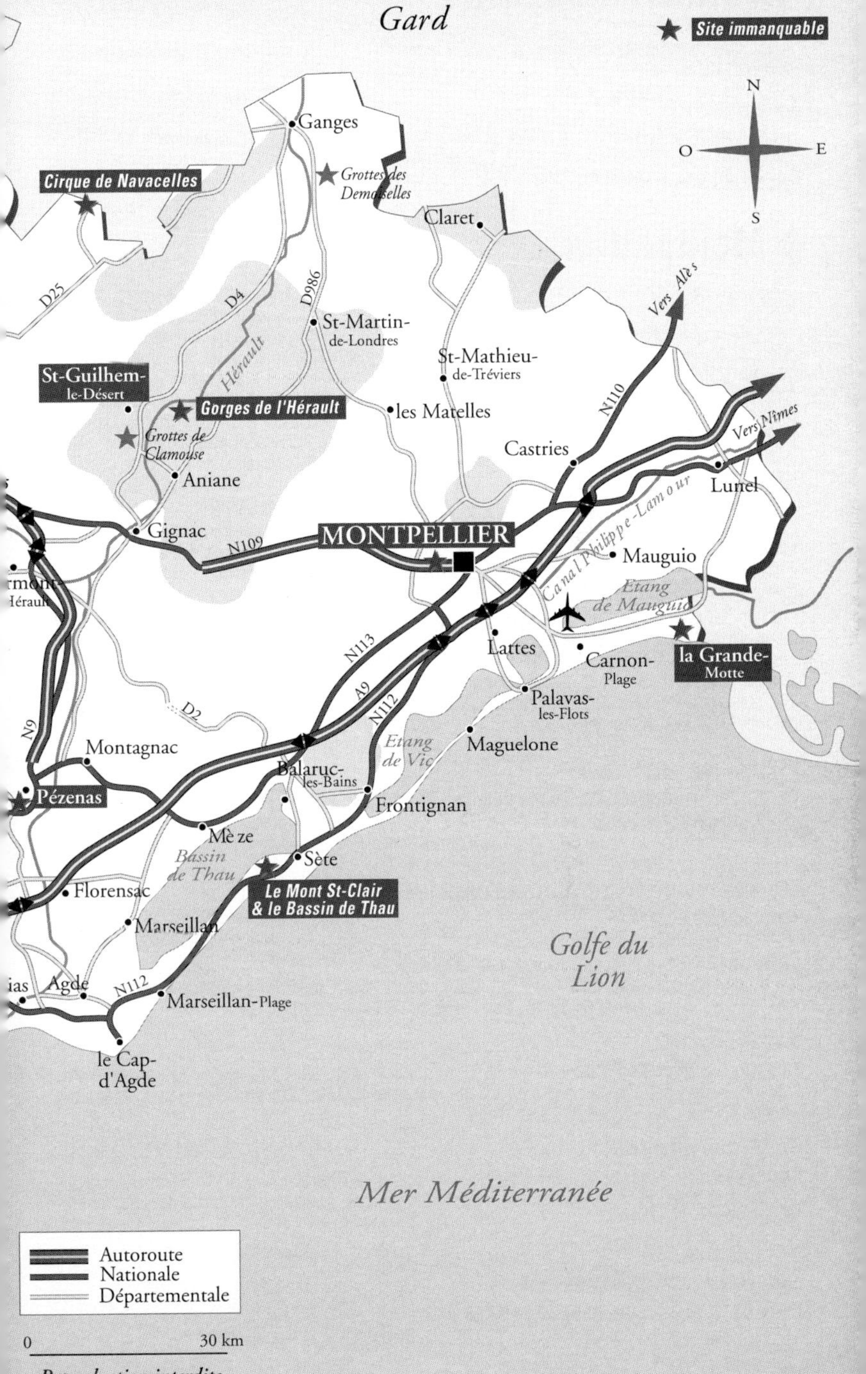

Reproduction interdite
Jean-Baptiste Nény
Octobre 2001

LE MONTPELLIERAIS

A quelques encablures de la mer, la capitale régionale, forte de ses 235 000 habitants, presque 400 000 dans l'agglomération, domine ses environs de sa forte personnalité. Autour de cette belle ville au riche passé, mais tournée vers l'avenir (voir sa vocation universitaire, son nouveau tramway, son pôle de nouvelles technologies et ses grands projets de parc de loisirs), les villages voisins profitent de cet attrait urbain. Ancrée dans son terroir, Montpellier se rappelle qu'elle fut une terre viticole et invite à la découverte des vignobles alentours. Mais elle redécouvre aussi sa vocation maritime passée et se tourne vers la mer.

Montpellier

Lorsqu'on parle d'Histoire avec un grand H et si on la compare à ses voisines languedociennes Nîmes, Arles ou même Agde, Montpellier apparaît comme une adolescente. La plupart de ses voisines en effet possèdent leurs arènes et leurs vestiges gallo-romains qui évoquent les traces fières et prestigieuses de conquêtes et d'occupation par des peuples grecs ou romains, voyageurs méditerranéens hyper civilisés. Montpellier ne commence à exister qu'en l'an mil et n'a de passé qu'à partir du Moyen Age ; et encore, son patrimoine et ses plus anciens vestiges de pierre, si beaux soient-ils, gardent principalement l'empreinte des XVIe, XVIIe ou XIXe siècles. L'aspect médiéval ne réside que dans la disposition des rues de l'Ecusson, cœur historique, et les restes de la Commune Clôture, enceinte fortifiée du XIIe siècle dont subsistent la tour des Pins ou celle de la Babote.

Ainsi Montpellier la jeune est longtemps restée une bourgade de province ensoleillée, fière de sa faculté de médecine d'où sont sorties quelques personnalités à renommée nationale, de son commerce prospère, de ses riches notables, marchands et bourgeois, et de ses étudiants bons vivants tandis que les voisines prospéraient dans la vigne et faisaient de la région une plateforme de la viticulture française.

Aujourd'hui peuplée de 235 000 habitants intra-muros, 400 000 pour l'agglomération nouvellement créée, Montpellier est une ville à la population massivement jeune, puisque deux tiers de ses occupants ont moins de 40 ans. Si la ville souffre d'un tissu économique et industriel un peu appauvri, elle compense ses lacunes par son soleil, son commerce, son dynamisme, sa politique d'accueil et la multiplication des festivals, des congrès et des initiatives locales pour se faire reconnaître dans la cour des grandes.

Fiche pratique

OFFICE DE TOURISME Esplanade Comédie ✆ 04 67 60 60 60. *Site : www.ot-montpellier.fr - E-mail : guides@ot-montpellier.fr. Ouvert 7j/7. Du lundi au vendredi de 9h à 18h30 (19h30 en saison), le samedi de 10h à 18h, le dimanche de 10h à 13h et de 14h à 17h (en saison, de 9h30 à 13h et de 14h30 à 18h).*

AEROPORT MONTPELLIER-MEDITERRANNEE Mauguio ✆ 04 67 20 85 00. *Ouvert de 5h30 à 23h. Renseignements des compagnies aériennes 04 67 20 85 85. Navette entre l'aéroport et le centre-ville, trajet 15-20 minutes.*

GARE SNCF Place Auguste-Gilbert ✆ 04 99 74 15 10. *3615 SNCF.*
Boutique : 18, rue Saint-Guilhem • Info trafic 08 92 35 35 35 • Ligne horaire 08 91 67 68 69 • Service bagages 08 03 84 58 45. Gare ouverte de 5h30 à 22h.

Bus et tramway

TAM 6, rue Jules-Ferry ✆ 04 67 22 87 87. *Site : www.tam-way.com.* Toutes les communes de l'agglomération sont desservies par la Tam, selon les mêmes tarifs que ceux des transports urbains.

Bus départementaux

SODETRHE. Cet organisme assure toutes les liaisons par autocar vers l'arrière-pays, vers les autres départements et vers les communes qui n'ont pas souhaité faire partie de l'agglomération.

Bus internationaux

EUROLINES ✆ 04 67 58 57 59

LINEBUS ✆ 04 67 58 95 00/04 67 58 53 16

Location vélos

VILL'A VELO 27, rue Maguelone ✆ 04 67 92 92 67

Taxis

5ACTM - TAXI BLEU ✆ 04 67 03 20 00

TAXI TRAM ✆ 08 00 03 62 04/04 67 92 04 55

TAXI RADIO DU MIDI ✆ 04 67 10 00 00

Location de voitures

ADA ✆ 04 67 58 34 35

APEX ✆ 04 99 52 99 51

BUDGET ✆ 04 67 92 69 00

CAR'GO ✆ 04 99 74 20 74

HERTZ ✆ 04 67 58 65 18

VEO ✆ 04 99 74 22 11

Points d'intérêt

ANTIGONE. Le quartier créé par l'architecte catalan Ricardo Bofill signe la ville moderne ; dans les années quatre-vingts, il a fait sortir Montpellier de ses limites archaïques et l'a prolongée jusqu'au Lez. Cette Antigone néoclassique a suscité presque autant de polémiques qu'en son temps celle d'Anouilh...

CATHEDRALE SAINT-PIERRE. *Ouverte tous les jours de 9h à 12h et de 14h30 à 19h, sauf le samedi, 18h15.* Ancienne chapelle du collège Saint-Benoît, commandée par le pape Urbain V en 1363, elle devint cathédrale en 1536 lorsque l'évêché fut transféré de Maguelonne à Montpellier. Dévastée pendant les guerres de Religion, elle fut remaniée au XVIIe et XIXe siècles, en plusieurs parties qui contrastent avec sa façade austère et son porche du XIVe siècle.

LE JARDIN DES POTIERS Rue du Faubourg-de-Nîmes. Afin de mettre en valeur le patrimoine sauvé lors des fouilles archéologiques, précédant les travaux du tramway, ce parc archéologique a été créé sur le côté des grands escaliers qui longent le Corum. Orné de cyprès et d'un olivier, il a permis de conserver sur le site les soubassements d'une chapelle de l'ordre du Saint-Esprit datant du XIIe siècle et présente une reconstitution de la porte royale du Pila Saint-Gély. Des reproductions de pots anciens sont exposées dans la tour vitrée de l'ascenseur.

LE MIKVE 1, rue de la Barralerie ✆ 04 67 60 60 60. Le Mikvé, bain rituel juif datant du XIIIe siècle, est alimenté par une nappe d'eau souterraine et les eaux de pluie ; il était fréquenté par les femmes. Redécouvert en 1980, il témoigne de la présence de la communauté juive, établie à Montpellier dès le XIIe siècle. La visite conduit dans ce lieu souterrain, d'un calme absolu, qui vaut pour son originalité et l'histoire qu'il rappelle. Pour visiter le Mikvé, s'adresser à l'office du tourisme, place de la Comédie.

Statue de Jean-Jaurès

Le Peyrou

Tour de la Babote

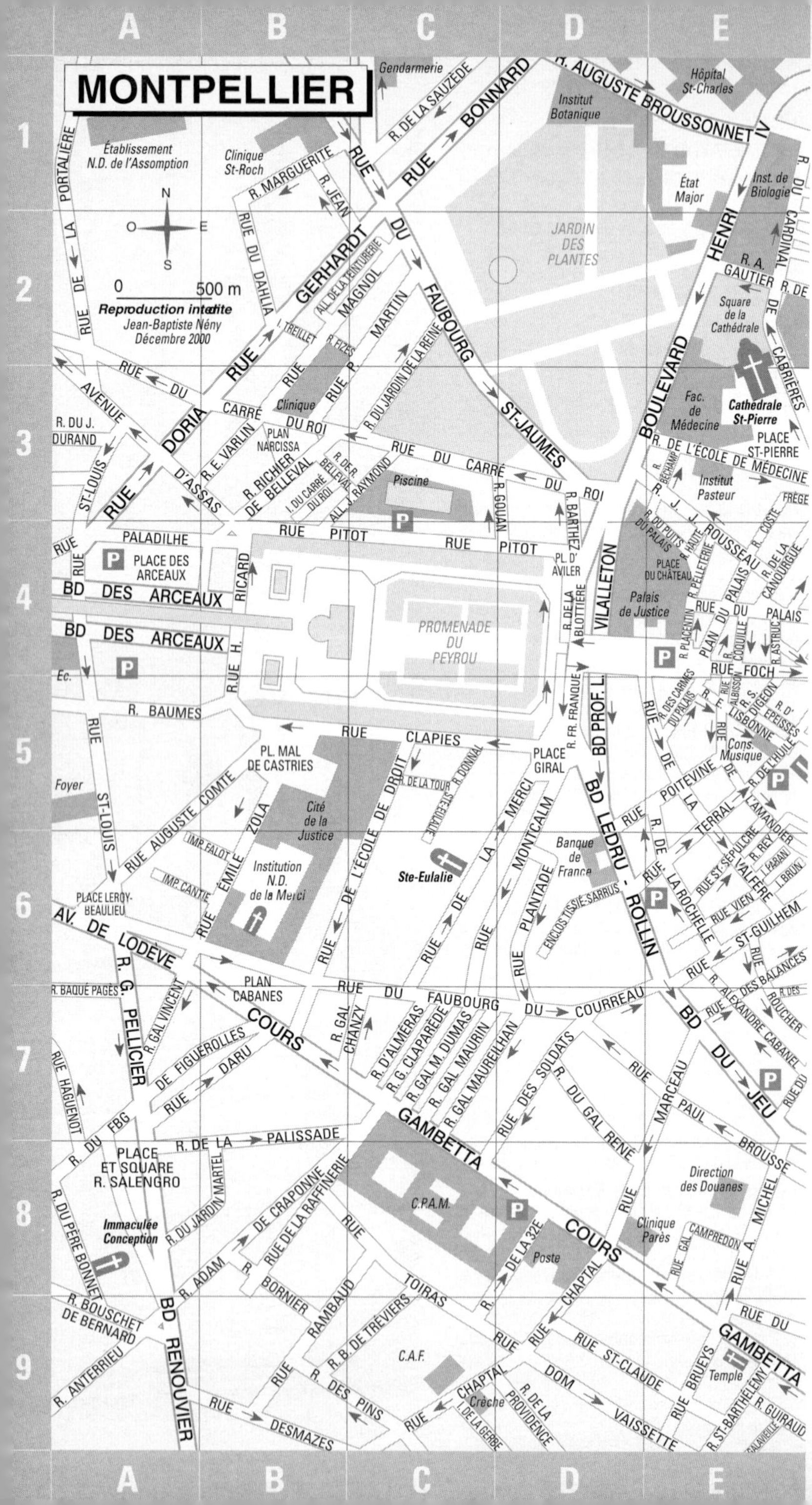
MONTPELLIER
Reproduction interdite
Jean-Baptiste Nény
Décembre 2000
0
500 m
N
O
E
S
A
B
C
D
E
1
2
3
4
5
6
7
8
9
Gendarmerie
R. DE LA SAUZÈDE
RUE BONNARD
R. AUGUSTE BROUSSONNET
Hôpital St-Charles
Institut Botanique
Établissement N.D. de l'Assomption
Clinique St-Roch
R. MARGUERITE
R. JEAN
RUE DU FAUBOURG ST-JAUMES
JARDIN DES PLANTES
État Major
Inst. de Biologie
BOULEVARD HENRI IV
R. A. GAUTIER
R. DE
R. DU CARDINAL DE CABRIÈRES
Square de la Cathédrale
Cathédrale St-Pierre
Fac. de Médecine
PLACE ST-PIERRE
R. DE L'ÉCOLE DE MÉDECINE
Institut Pasteur
RUE DE LA PORTALIÈRE
RUE DU DAHLIA
RUE GERHARDT
ALL. DE LA TEINTURERIE
MAGNOL
I. TREILLET
R. FIZES
RUE P. MARTIN
R. DU JARDIN DE LA REINE
Clinique
RUE DU CARRÉ DU ROI
RUE DORIA
AVENUE D'ASSAS
R. DU J. DURAND
RUE ST-LOUIS
R. E. VARLIN
PLAN NARCISSA
R. RICHIER DE BELLEVAL
R. DE R. BELLEVAL
I. DU CARRE DU ROI
ALL. J. RAYMOND
Piscine
R. GOUAN
R. BARTHEZ
R. J. J. ROUSSEAU
R. COSTE
FRÈGE
R. DU PUITS DU PALAIS
R. HAUTE
R. PELLETERIE
R. DE LA CANOURGUE
PLACE DU CHÂTEAU
Palais de Justice
RUE PITOT
PALADILHE
PLACE DES ARCEAUX
RICARD
PL. D'AVILER
BD DES ARCEAUX
R. DE LA BLOTTIÈRE
VILALLETON
PROMENADE DU PEYROU
R. PLACENTIN
RUE DU PALAIS
PLAN DU PALAIS
COQUILLE
R. ASTRUC
RUE FOCH
RUE H.
Ec.
R. BAUMES
RUE CLAPIES
R. FR. FRANQUE
BD PROF. L.
R. DES CARMES DU PALAIS
RUE ALBISSON
R. S. DIGEON
R. D'ÉPEISSES
LISBONNE
Cons. Musique
RUE DE LA POITEVINE
R. DE L'HUILE
PL. MAL DE CASTRIES
Cité de la Justice
RUE DE L'ÉCOLE DE DROIT
R. DE LA TOUR
R. DONNAT
STE-EULALIE
PLACE GIRAL
BD LEDRU - ROLLIN
Foyer
RUE AUGUSTE COMTE
ÉMILE ZOLA
IMP. FALOT
IMP. CANTIÉ
Institution N.D. de la Merci
Ste-Eulalie
RUE DE LA MERCI
RUE MONTCALM
RUE PLANTADE
Banque de France
ENCLOS TISSIÉ-SARRUS
R. DE LA ROCHELLE
TERRAL
R. DE L'AMANDIER
RUE ST-SÉPULCRE
R. REY
VALFÈRE
RUE VIEN
RUE ST-GUILHEM
PLACE LEROY-BEAULIEU
AV. DE LODÈVE
R. G. PELLICIER
R. BAQUÉ PAGÈS
R. GAL VINCENT
PLAN CABANES
COURS GAMBETTA
RUE DU FAUBOURG DU COURREAU
R. GAL CHANZY
R. D'ALMÉRAS
R. G. CLAPARÈDE
R. GAL M. DUMAS
R. GAL MAURIN
R. GAL MAUREILHAN
RUE DES BALANCES
R. ALEXANDRE CABANEL
ROUCHER
BD DU JEU DE PAUME
RUE HAGUENOT
DE FIGUEROLLES
RUE DARU
RUE DES SOLDATS
R. DU GAL RENÉ
RUE MARCEAU
RUE PAUL BROUSSE
R. DU FBG
R. DE LA PALISSADE
PLACE ET SQUARE R. SALENGRO
R. DU JARDIN MARTEL
DE CRAPONNE
RUE DE LA RAFFINERIE
C.P.A.M.
R. DE LA 32E
Poste
Direction des Douanes
Clinique Parès
CAMPREDON
RUE GAL
RUE A. MICHEL
R. DU PÈRE BONNET
Immaculée Conception
R. ADAM
R. BORNIER
RAMBAUD
TOIRAS
CHAPTAL
RUE DU
R. BOUSCHET DE BERNARD
BD RENOUVIER
R. ANTERRIEU
R. B. DE TRÉVIERS
C.A.F.
RUE ST-CLAUDE
RUE DOM VAISSETTE
RUE BRUEYS
Temple
R. ST-BARTHÉLEMY
R. GUIRAUD
RUE DES PINS
RUE DESMAZES
Crèche
I. DE LA GERBE
R. DE LA PROVIDENCE
P

F G H I J
1 2 3 4 5 6 7 8 9
QUAI DES TANNEURS
QUAI DU VERDANSON
PLACE ALBERT 1ER
BOULEVARD PASTEUR
BD LOUIS BLANC
RUE FERDINAND
RUE DE VILLEFRANCHE
R. DE LA CAVALERIE
PL. DES BX-ARTS
RUE PROUDHON
R. BELMONT
R. D. SAGE
R. DE SUBSTANTION
DÉLICIEUX
R. CHARANCY
COLBERT
R. JOACHIM
Grand Séminaire
R. DE L'ARC DE MOURGUES
Faculté de Droit
RUE DE LA PROVIDENCE
RUE DE L'UNIVERSITÉ
Couvent des Ursulines
Auberge de Jeunesse
R. STE-URSULE
RUE DES ÉCOLES LAÏQUES
R. M. VERNIÈRE
I. ST-ESPRIT
RUE DU FAUBOURG DE NÎMES
L'ABBÉ M. MONTELS
Fac. de Lettres
R. DE L'ÉCOLE MAGE
Bibliothèque Universitaire
R. DU CHAPEAU ROUGE
R. DE L'ARQUEBUSE
R. DU PRIX
Corum
TUNNEL DU CORUM
Concervatoire
R. DU FOUR ST-ÉLOI
R. DU PILA ST-GELLY
Centre Sully
DESCENTE EN BARRAT
ALLÉE DU ST-ESPRIT
ALLÉE M. AUSTASIE
R. BOCAUD
BD BONNE NOUVELLE
RUE DE CANDOLLE
R. D'AIGREFEUILLE
St-Matthieu
RUE DU CANNAU
R. ST PIERRE
R. VIEILLE INTENDANCE
R. FOURNARIÉ
RUE DE L'AIGUILLERIE
PLACE NOTRE-DAME
Notre-Dame
RUE GIRARD
M. J. Moulin
Musée Fabre
R. BONNIER D'ALCO
Préfecture
PLACE DU MARCHÉ AUX FLEURS
Poste
R. CAMBACÉRÈS
R. ROSSET
R. MONTPELLIERET
Hôtel Varenne
Musées
Jardin du Champ-de-Mars
ALLÉE JEAN DE LATTRE DE TASSIGNY
ESPLANADE CHARLES DE GAULLE
BOULEVARD SARRAIL
RUE FOCH
PL. DES MARTYRS DE LA RÉSISTANCE
PLACE PÉTRARQUE
RUE DE LA MONNAIE
RUE FABRE
Dominicains
R. DES AUGUSTINS
Pavillon du Musée Fabre
Halle
PLACE CASTELLANE
PLACE JEAN JAURÈS
Ste-Anne
RUE STE-ANNE
RUE ST-GUILHEM
Pénitents Blancs
ALLÉE JÉRUSALEM
AV. FR. MISTRAL
Église Orthod.
PL. DES ARTS
PASS. BRUYAS
PASS. LONJON
PLACE R. DEVIC
RUE DE L'ANCIEN COURRIER
PL. ST-RAVY
RUE DE LA LOGE
PLACE DE LA COMÉDIE
RUE MICHELET
R. ST-GILLES
St-Roch
RUE DES SŒURS NOIRES
R. DES TEISSIERS
RUE VOLTAIRE
RUE BAUDIN
RUE VANNEAU
Opéra Municipal
TUNNEL DE LA COMÉDIE
RUE JEAN MOULIN
PLAN PASTOUREL
RUE ST-CÔME
RUE DU TEMPLE
RUE DE VERDUN
RUE MAGUELONE
RUE BOUSSAIROLLES
R. MARESCHAL
Pénitents Bleus
PL. MOLIÈRE
RUE DES ÉTUVES
R. ALFRED BRUYAS
RUE A. OLIVIER
R. FLAUGERGUES
RUE DE LA FONTAINE
GRAND RUE JEAN MOULIN
RUE DIDEROT
BD VICTOR HUGO
R. D'OBILION
RUE JOFFRE
Square de la Babotte
Quartier Général
DE PAUME
PL. ED. ADAM
BD DE L'OBSERVATOIRE
R. PAUL BROUSSE
RUE CASTILLON
Halles
Temple
RUE SÉRANE
RUE PAGÉZY
Square Planchon
R. PLAN DU PARC
RUE DE LA RÉPUBLIQUE
RUE JULES FERRY
CHEVAL VERT
PL. ST-DENIS
St-Denis
AV. G. CLEMENCEAU
RUE ANATOLE FRANCE
GRAND ST-JEAN
RUE D'ALGER
RUE DURAND
PLACE A. GILBERT
GARE S.N.C.F.
R. DES 2 PONTS

A A A

ABBÉ M. MONTELS (rue de l') E2/G2
ADAM (place Ed.) G8
AIGREFEUILLE (rue d') F4/G4
AIGUILLERIE (rue de l') H4/H3
ALBISSON (rue) E5
ALGER (rue d') H8/H9
ALMÉRAS (rue d') C7
AMANDIER (rue de l') E5
ANCIEN COURRIER (rue de l') G6
ANTERRIEU (rue) A9
ARAGON (rue J.) G6/G7
ARC de MOURGUES (rue de l') G2
ARCEAUX (boulevard des) A4/B4
ARCEAUX (place des) A4
ARGENTERIE (rue de l') H7/H6
ARQUEBUSE (rue de l') I2/J3
ARTS (place des) H5
ASSAS (avenue d') A3/B4
ASTRUC (rue) E4
AUGUSTINS (rue des) I5
AUSTASIE (allée M.) J3/J2
AVENTURIN (rue) H3
AVILER (place d') D4

B B B

BABOTTE (square de la) G8
BALAINVILLIERS (rue) G4
BALANCES (rue des) E7/E6
BAQUÉ PAGÈS (rue) A6
BARNABE (impasse) H6
BARRALERIE (rue la) F4/G4
BARRAT (descente en) I3
BARTHEZ (rue) D3/D4
BAUDIN (rue) I6/J7
BAUMES (rue) A5/B5
BAYLE (rue du) F5
BEAUX-ARTS (place des) I1
BÉCHAMP (rue) B3
BELLEVAL (rue de) B3/C3
BELMONT (rue) I1
BERGER (rue) H3
BLANC (boulevard Louis) H2/I2
BLOTTIÈRE (rue de la) D4
BOCAUD (rue) I3
BONNARD (rue) C2/C1
BONNE NOUVELLE (boulevard) I4/I3
BONNIER D'ALCO (rue) G4/H4
BORNIER (rue) B8
BOULET (allée Paul) I4
BOUSCHET de BERNARD (rue) A8/A9
BOUSSAIROLLES (rue) I6/J7
BRAS de FER (rue du) G6/G5
BROUSSE (rue Paul) D7/E7
BROUSSONNET (impasse) H4
BROUSSONNET (rue Auguste) D1/E1
BRUEYS (rue) D9/E9
BRUN (impasse) E6
BRUYAS (impasse) I7
BRUYAS (passage) I6
BRUYAS (rue Alfred) I7/J7
BURGUES (impasse) F2

C C C

CABANEL (rue Alexandre) E6/E7
CABANES (plan) B6
CAIZERGUES de PRADINE (rue) F8/G8
CALVAIRE (rue du) H3
CAMBACÉRÈS (rue) G4
CAMBON (rue J.) F6
CAMPREDON (rue Général) D8/E8
CANDOLLE (rue de) F3/G3
CANNAU (rue du) H4/H3
CANOURGUE (place de la) F4
CANOURGUE (rue de la) E4
CANTIE (impasse) A6/B6
CARBONNERIE (rue de la) H4
CARDINAL de CABRIÈRES (rue du) E1/E3
CARMES du PALAIS (rue des) D5
CARRÉ du ROI (impasse du) B4/B3
CARRÉ du ROI (rue du) A3/B3
CASTEL-MOTON (rue) F4/G4
CASTELLANE (place) G5
CASTELNAU (rue de) F5/F6
CASTILLON (rue) F8
CASTRIES (place Maréchal de) B5
CATHEDRALE (square de la) E2
CAUZIT (rue) G6/H6
CAVALERIE (rue de la) H1/I1
CAVALLÉ COLL (plan) H2
CHABANEAU (place) G4
CHAMP-DE-MARS (jardin du) J4
CHANZY (rue Général) B7/C7
CHAPEAU ROUGE (impasse du) I2
CHAPEAU ROUGE (rue du) H2/I2
CHAPELLE NEUVE (place de la) H3
CHAPTAL (impasse) H4
CHAPTAL (rue) C9
CHARANCY (rue) F2
CHARRUE (rue de la) H6
CHATEAU (place du) D4
CHAULIAC (rue G. de) H3
CHERCHE-MIDI (rue du) G5
CHEVAL VERT (rue du) E8/F9
CHRESTIEN (rue) G3
CLAPARÈDE (rue G.) C7
CLAPIES (rue) C5
CLÉMENCEAU (avenue G.) F9
CLOS RENÉ (rue du) I8
CŒUR (rue Jacques) H6/H5
COLBERT (rue Joachim) F2/F1
COLLÈGE (rue du) H4
COLLÈGE DUVERGIER (rue) H3/I3
COLLOT (rue) H5
COMEDIE (place de la) H6
COMÉDIE (tunnel de la) H7/I6
COMTE (rue Auguste) A6/B5
CONFRERIE (rue de la) G3
COPÉ-CAMBES (impasse) G7
COPÉ-CAMBES (rue) G7
COQUILLE (rue) E4
CORRATERIE ST-GERMAIN (rue de la) F3
CORUM (tunnel du) J3
COSTE FRÈGE (rue) E4/E3
COUSTOU (impasse) G3
CRAPONNE (rue Adam de) B8
CROIX D'OR (rue de la) H6
CYGNE (rue du) H7

D D D

DAHLIA (rue du) B2
DARU (rue) B7
DÉLICIEUX (rue B.) J1
DELPECH (rue) H4
DESMAZES (rue) B9
2 PONTS (rue des) J9
DEVIC (place rue) J6
DIDEROT (rue) G7/H8
DIGEON (rue S.) E5
DOM VAISSETTE (rue) C9/D9
DONNAL (rue) C5
DORIA (rue) A4/B3
DRAPERIE ST-FIRMIN (impasse) G5
DUCHÉ (plan) G5
DUMAS (rue Général M.) C7
DURAND (rue du J.) A3
DURAND (rue) G9/H9

E E E

ÉCOLE de DROIT (rue de l') B6/C5
ÉCOLE de MÉDECINE (rue de l') D3/E3
ÉCOLE de PHARMACIE (rue de l') H3
ÉCOLE MAGE (rue de l') G2/G3
ÉCOLES CENTRALES(rue des) I4
ECOLES LAÏQUES (rue des) H2/H3
ECOLES PIÈS (rue des) H3/H2
EMBOUQUE D'OR (rue) H5
EN GONDEAU (rue) G7
EN ROUAN (rue) G7/H7
ENCLOS TISSIÉ-SARRUS D6
EPEISSES (rue d') E5
ESTELLE (rue) F8
ETUVES (rue des) G8/H7
EXPERT (rue) G3

F F F

FABRE (rue) I5
FAFON (rue du Général) G9
FALOT (impasse) B6
FAUBOURG de FIGUEROLLES (rue du) A7/B7
FAUBOURG de NÎMES (rue du) I2/J2
FAUBOURG du COURREAU (rue du) C6/D6
FAUBOURG ST-JAUMES (rue du) C1/D3
FERDINAND (rue) G2/H1
FERRY (rue Jules) I9/J8
FIGUIER (rue du) G4
FIZES (rue) B3/C3
FLAUGERGUES (rue) J8/J7
FOCH (rue) E4/E5
FONTAINE (rue de la) G7/G8
FONTANON (rue) F3/G3
FOUQUET (rue) F3/G3
FOUR des FLAMMES (rue du) E7/G6
FOUR ST-ÉLOI (rue du) G3
FOURNARIÉ (rue) G4
FRANCE (rue Anatole) F9/G8
FRANQUE (rue Fr.) D5
FRIPERIE (rue) F6

G G G

GABRIEL (rue) F3
GAGNE-PETIT (rue du) F6/G6
GALAVIEILLE (rue) E9
GAMBETTA (cours) B7/C7
GAULLE (esplanade Charles de) I5
GAUTIER (rue A.) E2
GERBE (impasse de la) C9
GERHARDT (rue) B3/C2
GERMAIN (rue) H4/H3
GILBERT (place A.) I9
GIRAL (place) D5
GIRARD (rue) I4
GIRONE (rue de) H4
GLAIZE (rue) H4
GOUAN (rue) C3/C4
GRAND ST-JEAN (rue du) F9/G9
GRAND-RUE JEAN MOULIN G7/H6
GUINIER (rue H.) G9
GUIRAUD (rue) E9

H H H

HAGUENOT (rue) A7
HAUTE (rue) D4
HERBERIE (rue de l') G5
HÔTEL de VILLE (rue de l') F4
HUGO (boulevard Victor) H8/H7
HUILE (rue de l') E5

J J J

JAOUL (impasse) I2
JAURÈS (place Jean) H5
JEAN (rue) B2
JÉRUSALEM (allée) J5
JEU de L'ARC (rue du) J6
JEU de PAUME (boulevard du) D7/F8
JOFFRE (rue) H8/I8
JONQUET (impasse) G3/H3
JOUBERT (rue) G6

L L L

M M M

N N N

O O O

P P P

Q Q Q

R R R

S S S

T T T

U U U

V V V

Z Z Z

AGROPOLIS MUSEUM 951, avenue Agropolis © 04 67 04 75 00. *Site : www.agropolis.fr - E-mail : museum@ agropolis.fr. Ouvert tous les jours de 14h à 18h sauf le mardi. Entrée 5 €, réduit 3 €, gratuit en dessous de 10 ans.* Ce musée scientifique, associé à la communauté scientifique d'Agropolis, fait figure de référence avec son exposition Nourriture et agriculture dans le monde qui montre la place de la nourriture dans l'élaboration de la culture des peuples et conduit jusqu'au Banquet de l'humanité, présentation artistique et scientifique des différents régimes alimentaires des hommes dans le monde.

MUSEE FABRE 39, boulevard Sarrail © 04 67 14 83 00. *E-mail : musee.fabre@ville-montpellier.fr. Fermé jusqu'en 2006.* Ce musée national classé, l'un des plus riches de province, est aujourd'hui fermé pour travaux d'embellissement et surtout d'agrandissement entre 2003 et 2006 : sa superficie passera de 4 000 à 12 000 m², par le réaménagement du bâtiment mitoyen (l'ancienne bibliothèque centrale), l'adjonction d'une nouvelle construction et le creusement de salles en sous-sol. Il pourra alors exposer 900 tableaux contre 600 aujourd'hui.

PAVILLON FABRE Esplanade © 04 67 66 13 46. *Fermé le lundi. Horaires à vérifier.* Complément du musée dévolu à des expositions estivales, à thème ou par artistes, le Pavillon est un bâtiment néoclassique posé entre les arbres de l'esplanade. Outre ces grandes manifestations, on y organise tout au long de l'année des expositions temporaires. Entre 2003 et 2006, il recevra périodiquement des œuvres du musée Fabre.

MUSEE D'HISTOIRE DE MONTPELLIER Place Jean-Jaurès © 04 67 34 87 50. *Site : www.ville-montpellier.fr - E-mail : contact@ville-montpellier.fr. Ouvert du mardi au samedi, sauf jours fériés, de 10h30 à 12h30 et de 13h30 à 18h. Adultes 1,50 €, gratuit en dessous de 16 ans.* Sous la place Jean-Jaurès, la crypte Notre-Dame-des-Tables, si ancienne qu'elle soit, abrite un musée ultra moderne. De ce bâtiment du XIe siècle, a été installée une reconstitution virtuelle, par images en trois dimensions. Vidéos et montages évoquent l'histoire de la ville de sa fondation aux guerres de Religion, en mettant en parallèle ses transformations architecturales jusqu'à l'histoire récente de la ville et sa future évolution.

MUSEE ATGER 2, rue Ecole-de-Médecine © 04 67 66 27 77. *E-mail : direction.bumed@ sc.univ-montp.fr - Site : www.biu.univ.montp1.fr. Entrée libre. Ouvert les lundis, mercredis, vendredis de 13h30 à 17h45. Fermé les jours fériés, le mois d'août et les vacances universitaires de Noël.* Hébergé par la bibliothèque de médecine, ce musée est consacré à la collection de Xavier Atger (1758-1833), passionné d'estampes et dessins qui fit don de sa collection à l'université. Elle se compose de plus de mille dessins des écoles françaises, italiennes et flamandes des XVIe, XVIIe, et XVIIIe siècles, de 5 000 estampes et quelques peintures.

MUSEE DE L'INFANTERIE Avenue Lepic © 04 67 69 50 43. *Site : http://perso.club-internet.fr/musseeinf - E-mail : museeinf@club-internet.fr. Ouvert du lundi au samedi de 14h à 17h30, fermé mardi et certains dimanches. Visite groupée sur réservation le matin. Adultes 3 € (musée et exposition), gratuit pour les moins de 18 ans, forfait pour les scolaires et les groupes 1,50 €.* Sur 2 500 m², ce sont cinq siècles d'histoire de l'infanterie qui s'exposent, illustrés par 15 000 pièces. Elles sont regroupées en huit thèmes, grâce auxquels on suit l'évolution de l'armement et des costumes ; on s'informe sur les types de conflits, les troupes, les interventions actuelles dans le domaine militaire et humanitaire. Animations audiovisuelles et bornes interactives jalonnent la visite, jusqu'à la découverte de ce que sera le fantassin du futur. Salle pour expositions temporaires (en 2003 : ce soir, on sort ! Tenues et uniformes de soirées).

MUSEE LANGUEDOCIEN 7, rue Jacques-Cœur © 04 67 52 93 03. *Ouvert du lundi au samedi inclus de 14h à 17h (fermé les jours fériés) et de 15h à 18h du 1er juillet au 31 août. Entrée 5 €, tarif réduit scolaires et étudiants 3 €.* Siège depuis 1901 de la Société archéologique de Montpellier, ce bel hôtel particulier renferme de riches collections qui vont de la préhistoire à l'art décoratif du XIXe siècle et vise à sauvegarder le patrimoine culturel de la ville et de la région. Le magnifique escalier conduit le visiteur à travers une vingtaine de salons et appartements d'époque, à la découverte, entre autres, de l'art et des traditions populaires.

MUSEE DES MOULAGES Université Paul-Valéry © 04 67 14 23 77. *Entrée libre, visite du mardi au vendredi de 14h à 18h.* Il y a là une collection sans cesse enrichie de moulages des plus belles sculptures depuis l'époque antique jusqu'au Moyen Age. Plus de 300 pièces concernent l'art égyptien, l'art grec archaïque et classique et l'époque hellénistique et 150 autres sont de l'art médiéval, régional en partie.

MUSEE MONTPELLIERAIN DE LA PHARMACIE Faculté de Pharmacie - 15, avenue Charles-Flahaut © 04 67 54 80 62. *Entrée libre, accueil groupe uniquement sur rendez-vous. Ouvert les mardis et vendredis de 10h à 12h.* Les horaires draconiens laissent peu de temps pour visiter ce musée permettant de retracer l'histoire de la pharmacie, de la médecine, de la chirurgie et des sciences qui s'y rapportent. De très nombreux objets et documents y sont exposés : pots, herbiers, meubles, maquettes, instruments, et archives, qui permettent d'imaginer un univers passé.

MUSEE DU VIEUX MONTPELLIER Place Pétrarque ✆ 04 67 66 02 94. *Entrée libre, visite du mardi au samedi de 9h30 à 12h et de 13h30 à 17h.* Il rassemble des éléments mobiliers, des objets courants (monnaie, vêtements, accessoires) et d'arts décoratifs qui rappellent l'histoire de la ville du Moyen Age, date de naissance de la ville, à l'Empire en passant par la Renaissance et la Révolution.

INSTITUT DE BOTANIQUE 163, rue Auguste-Broussonet ✆ 04 66 02 94. *Ouvert en semaine de 8h à 12h et de 14h à 18h. Sur rendez-vous uniquement. Groupe de quatre personnes maximum.* Avec ses quatre millions d'échantillons de plantes rares conservés sur six étages, cet herbier est unique. La collection a commencé avec Charles Flahaut en 1890 et s'est ensuite enrichie. Les plus anciennes pièces sont peut-être la collection Chirac, du XVIIe siècle ou le fameux herbier Delile ramené lors de la campagne d'Egypte en 1798.

CHATEAU DE FLAUGERGUES 1 744, avenue A. Einstein ✆ 04 99 52 66 37. *Site : www.flaugergues.com - E-mail : colbert@flaugergues.com. Jardins ouverts tous les jours en été, sauf le dimanche et les jours fériés de juin à septembre, de 8h30 à 10h30 et de 14h30 à 18h30. Visite guidée de l'intérieur du château sur rendez-vous, 6,50 €.* Cette belle bâtisse, folie remaniée au début du XVIIIe siècle, a pris l'apparence d'une villa italienne. Spectaculaire, un escalier monumental occupe un quart de son volume intérieur et s'orne de tapisseries du XVIIe siècle. Il conduit à des salles anciennes décorées d'objets précieux. Les jardins s'étendent au pied du bâtiment, sur cinq hectares, bordés par les vignes de la propriété : parterres à la française, jardin à l'anglaise et jardin des sens se visitent et conduisent ceux qui le souhaitent jusqu'à la cave ; car Flaugergues est un domaine viticole dont M. de Colbert fait déguster la production (sur réservation).

CHATEAU DE LA MOGERE Route de Vauguières ✆ 04 67 65 72 01. *Ouvert tous les jours de 14h30 à 18h30, du 1er juin au 30 septembre. Le week-end et jours fériés de 14h30 à 18h30, du 1er octobre au 31 mai, visite du parc : 2 € les adultes, 1 € les enfants.* Au temps où les vignes régnaient sans partage entre Montpellier et Mauguio, le mas de La Mogère fut transformé en une élégante maison entourée de verdure. Le parc est composé par un parterre à la française, au pied de la terrasse, cerné de massif à l'anglaise. Le clou en est un buffet d'eau, malheureusement asséché, mais dont le décor n'est que plus impressionnant.

Façade du Grand Hôtel du Midi

Angelots de la Fontaine, Place de la Comédie

Pignon de rue

Eglise Sainte-Anne

Saint-Roch

Tours

DOMAINE DE MERIC Rue de Ferran. *Ouvert en été de 8h à 20h. Accès bus n° 10, arrêt à l'avenue Justice-de-Castelnau.* Authentique propriété aux caractéristiques méditerranéennes, elle servit de résidence d'été à la famille du peintre Frédéric Bazille qui en fit le cadre de certains de ces tableaux. (La Réunion de famille et Les Terrasses de Méric sont les plus connus). Des arbres centenaires et des terrasses ombragées dans un parc savamment organisé, avec forêt méditerranéenne et jardins potagers, bordent le Lez qui coule en contrebas.

JARDIN DES PLANTES 163, rue A-Broussonnet © 04 67 63 43 22. *Ouvert toute l'année. Visite libre gratuite ou visite guidée adultes 3,50 €, enfants de 5 à 10 ans 1,50 €.* Ce jardin des plantes est un véritable monument historique. Le plus ancien de France, il doit sa création à un édit d'Henri IV, daté de 1593. Sa fonction première était de rassembler les espèces végétales connues et utiles à la faculté de médecine à laquelle il fut d'emblée rattaché. Son aménagement fut l'œuvre du professeur de botanique Pierre Richer de Belleval, qui conçut notamment cette montagne, butte artificielle sur les pentes de laquelle les végétaux sont plantés en étages correspondant à leur situation naturelle. Sa superficie est passée à 4,5 ha au XIXe siècle, ce qui permit la création d'un jardin à l'anglaise.

PARC ZOOLOGIQUE DU LUNARET Avenue du Val-de-Montferrand © 04 67 54 45 23. *Ouvert tous les jours, du 15 mai au 15 septembre de 9h à 19h ; en hiver de 9h à 17h30. Accès par le bus n° 5. Entrée gratuite.* Sur une colline, à travers 80 ha de garrigue, forêt de chênes verts et pins d'Alep sillonnent à travers le domaine des animaux (150 espèces animales dans un cadre agréable). On peut y apporter son pique-nique, se perdre sur les onze kilomètres de sentiers ou emprunter le petit train qui conduit devant les hôtes de ces lieux.

PROMENADE DU PEYROU. La promenade a été spécialement créée pour accueillir la statue équestre du Roi-Soleil qui trône en face de l'arc de triomphe, dans le prolongement de la rue Foch. La terrasse qu'elle occupe au milieu des grands arbres, derrière les grilles de fer forgé, domine la ville et offre une vue étendue jusqu'aux Cévennes, à la mer et même au Canigou. Au milieu du XVIIe siècle, l'aqueduc Saint-Clément fut construit sur le modèle du pont du Gard, pour acheminer l'eau depuis la source du Lez jusqu'au réservoir que dissimule le petit temple à colonne qui s'élève au bout du Peyrou.

Le couvert

L'ECRIN D'ANAIS 15, rue de la Fontaine ✆ 04 67 02 14 50. *Menus de 16 € à 34 €. Ouvert tous les jours sauf dimanche, lundi et jours fériés.* Ce bel écrin renferme de petits trésors de gourmandise. La formule de midi, avec ses mignardises et son plat du jour, permet de déguster les cœurs de canards poêlés et macaronis coupés aux amandes ainsi que les joues et travers de porc au caramel balsamique, comme le suprême de pintade rôti aux épices et tourte de cuisse en civet. Quant au moelleux au chocolat croquant poivré et crème glacée à la réglisse... un régal ! Réservation indispensable.

LES GOURMANDS 40, avenue Saint-Lazare ✆ 04 67 72 82 76. *Fermé le samedi midi, le dimanche et le lundi. Menus à 10,50 € (formule express en semaine le midi) et de 17 € à 35 €. Carte.* Il est des adresses que l'on découvre un beau jour. On s'aperçoit que l'enseigne existait déjà et on finit par se dire que, finalement, Montpellier recèle quelques petits trésors. Patrice Gay est un jeune chef soucieux de ses produits et qui élabore une cuisine à partir de produits frais. On apprécie d'autant plus que le repas se déroule dans un cadre entièrement repensé, les deux salles fraîchement refaites créent une ambiance chaleureuse où fumeurs et non-fumeurs se côtoient sans aucune gêne. En entrée, terrine de foie gras maison, chutney pommes figues et gingembre, ravioles de tourteau et Saint-Jacques. Il est prudent de réserver.

LE PASTIS 3, rue du Terral ✆ 04 67 66 37 26. *Fermé le samedi midi, dimanche, lundi midi. Menu 11 € (midi), de 14 € à 23 € à la carte.* Un nom qui évoque cet apéritif si méridional, lié à cette convivialité qui précède le repas. Niché derrière la place Sainte-Anne, ce petit restaurant à été repris, donc, attendu au tournant. La nouvelle formule fleure bon le sud, la Méditerranée et les arômes. Mathias Frappat et son chef Stéphane change tous les mois leur carte et offrent ainsi un choix très diversifié : cuisses de pintade à l'ananas, lapin au vin blanc, moules farcies, carpaccio de saumon baies de roses et croûton à l'ail, poêlée de Saint-Jacques sur jus d'agrume, timbale riz basmati. Uniquement vins du Languedoc, belles références... n'hésitez pas à profiter de la terrasse en été !

RESTAURANT CELLIER MOREL 27, rue de l'Aiguillerie ✆ 04 67 66 46 36. *Fermé dimanche, lundi midi et mercredi midi, la première semaine de janvier et la première quinzaine d'août. Menus de 28 € à 80 €.* C'est le restaurant de la Maison de la Lozère. Quasiment toujours complet. Gare à ceux qui se font surprendre en oubliant de réserver, car l'adresse est connue de tous comme l'une des plus importantes de la ville. Contrairement à ce que certains seraient tentés de croire, il ne s'agit pas d'une vitrine de la cuisine lozérienne. Certes, on retrouve dans la carte ses principaux bijoux comme l'aligot, qui revient comme un fil rouge, ou les tripoux. Mais pour ce qui est de l'essentiel, c'est surtout une cuisine traditionnelle émanant de l'inspiration d'Eric Cellier, le chef. Le pélardon de l'entrée vient ainsi des Cévennes, il est servi avec sa petite salade de légumes. L'escalope d'agneau est servie, ici, grande originalité, avec de l'aligot de chèvre et non de la tome de vache. Le filet de bœuf est en croûte, avec son foie gras et ses morilles. Côté poissons, un étonnant couscous de homard complète les classiques comme les filets de rouget au jus de corail et basilic, la queue de lotte à la sauce orange et aux épices, accompagnée d'une tartine de pain d'épices aux légumes. Les desserts sont un délice : gratiné de fraises au chocolat blanc, beignets de réglisse et ses tranches d'ananas infusées au rhum en sont les plus représentatifs.

LES VIGNES 2, rue Bonnier-d'Alco ✆ 04 67 60 48 42. *Fermé le mercredi soir, samedi midi et dimanche. Menus à partir de 21,50 € midi. Le soir 34 €, 41,50 € et 49 €.* Ce restaurant a un nom qui sonne bien dans la région. Situé en centre-ville derrière la préfecture, Les Vignes sont le rendez-vous des gourmets et des gourmands. Ambiance chaleureuse ponctuée de gentillesse. Le chef, David Mogicato, originaire de Perpignan, réalise une cuisine de produits du terroir, basée sur des associations de saveurs originales. Une petite salle voûtée en sous-sol, dans l'assiette velouté d'huîtres avec noix de Saint-Jacques rôties, Saint-Pierre cuit dans un bouillon de lard fumé avec compote de marrons. Biscuit à la banane et au citron vert, sauce chocolat et granité au Malibu. De la vigne au vin, et de la bouteille au verre, nous avons ici une belle sélection régionale et de belles découvertes : picpoul du mas de Bellevue et des références : château Lascaux. Faiblesse : pas de terrasse. Talent : une des bonnes tables de la ville.

AU COIN BISTROT 16, rue des Balances ✆ 04 67 60 60 09. *Fermé dimanche midi et lundi midi et soir. Assiette du jour : 10 €. Menus : 16 € et 26 €.* Ici, on se sent choyé, au moment de se décider parmi les ardoises au mur, tout évocatrices du terroir et de ses saisons : salade de lentilles façon tapas ou véritable museau en vinaigrette d'échalote, suivis de poissons de pays à la plancha, de filet de lapin au jambon de montagne ou de joue de bœuf en daube. Tout ici est équilibré en finesse (tarif compris), dans le mariage avec des vins exclusivement de la région, servis au verre et joliment présentés en carnets.

LE VIEUX FOUR 59, rue de l'Aiguillerie ✆ 04 67 60 55 95. *Ouvert tous les soirs. Menu 19,80 € et carte.* Ce restaurant tient depuis plus de 25 ans le haut du pavé dans la viande de qualité. Pavé de rumsteck, bien sûr, mais aussi belle côte de bœuf, bavette savoureuse, onglet et autres morceaux de choix. Et pour couronner le tout, une petite planche de bois tient lieu d'assiette. Apéritif maison offert, grillade au feu de bois et accueil chaleureux sont autant d'éléments qui justifient le succès constant de cet établissement.

BAR DU SOLEIL 43, rue de la Cavalerie ✆ 04 67 72 34 26. *Restauration à midi du lundi au samedi, le soir pour les groupes sur réservation. Plat du jour : 8 €. Menu : 15,50 €.* De la charcuterie, une queue de bœuf, une terrine de lapin, une andouillette comme on n'en fait plus... L'amateur de bonne bouffe plonge sa fourchette dans cette cuisine de bistrot et s'émerveille à chaque bouchée du goût retrouvé. Bien à leur place, Gérard et Mercedes ont toujours fait et feront toujours cette cuisine de ménage, généreuse et charnue ; ils entretiennent tout naturellement une ambiance à la bonne franquette, de celle qui fait trinquer les ballons de rouge au-dessus des assiettes bien pleines.

BRASSERIE L'EDEN 17, boulevard Sarrail ✆ 04 67 02 82 38. *Ouvert toute l'année. Fermé le dimanche. Formules et menus à 9 €, 12 €, 17 €, 23 €, 27 €.* Après quelques changements d'exploitants en quelques années, cet établissement, idéalement situé à quelques pas de la Comédie, semble avoir retrouvé un rythme de croisière. Décor cossu avec un mobilier contemporain très discret, de larges banquettes le long des murs, la vaste mezzanine au bord rythmé par une balustrade en fer forgé, éclairage chaud et doux, nous sommes dans l'ambiance brasserie parisienne bon chic. Bien installés, nous ouvrons la carte. Serions-nous au Paradis ? Devant nous, s'inscrivent les commandements du jour : l'assiette du sage, le menu d'Adam, le menu d'Eve, le Jardin d'Eden, les plaisirs d'Eden. Si les plats du jour sont assez classiques, comme ces tagliatelles à la romaine ou le poulet sauce grand-mère, on retrouve l'originalité dans la fricassée d'écrevisses au gingembre, parfait mariage des saveurs ou dans la pintade à la moutarde fûmée, cuite à point et nappée à souhait. Bon choix de desserts classiques et carte de vins correcte avec un bon choix régional.

Le gîte

HOTEL LE GUILHEM* 18, rue Jean-Jacques-Rousseau ✆ 04 67 52 90 90.** *E-mail : hotel-le-guilhem@mnet.fr. Chambres standards à 82 €, médiums à 110 € et supérieures à 135 €. Taxe de séjour 1,01 €. Petit-déjeuner 11 €.* Dans une ancienne rue, un bâtiment du XVIIe siècle a été aménagé en 36 chambres de différentes tailles, les plus agréables donnant sur une terrasse et, plus bas, sur un petit jardin arboré. Outre le parking, très pratique en centre-ville, cet hôtel a doté ses chambres d'éléments de confort moderne, dont la climatisation, et les a décorées de façon chaleureuse. L'ensemble est paisible, accueillant, parfait pour un séjour de détente ou d'affaires et quelques visites dans le centre piétonnier.

HOTEL DES ARCEAUX 35, boulevard des Arceaux ✆ 04 67 92 03 03.** *Ouvert toute l'année. Chambres de 43 € à 68 €.* Dans ce quartier autrefois bourgeois, les grandes maisons sont éloignées de la rue et bordée d'une terrasse d'un côté, d'un petit jardin de l'autre. Celui-ci permet aux hôtes des 18 chambres de prendre un petit-déjeuner au soleil, mais ils se réfugient dans le salon et la salle à manger du rez-de-chaussée dès l'automne. Les chambres, confortables, sont pourvues de douche ou bain. Côté rue, elles donnent sur l'aqueduc des Arceaux.

HOTEL DES ARTS 6, boulevard Victor-Hugo ✆ 04 67 58 69 20. *E-mail : desarts.hotel@free.fr Fermé pendant les fêtes de fin d'année. Chambres de 37 € à 47 €. Une chambre pour public handicapé.* A portée de pied se trouvent la place de la Comédie, la gare et un parking. De quoi satisfaire le voyageur en terre montpelliéraine ! L'hôtel est simple, bien tenu, avec un petit air rétro, même si la décoration ne donne pas dans le moderne. Sur les 20 chambres, certaines sont avec douche, les autres avec bain et toutes avec toilettes. Téléphone et télévision tiendront compagnie aux âmes esseulées.

HOTEL DU PARC 8, rue Achille-Bège ✆ 04 67 41 16 49.** *Site : www.hotelduparc-montpellier.com. Ouvert toute l'année. Chambres doubles de 42 € à 64 €. Petit-déjeuner : 8 € (Tarifs jusqu'au 1er juin 2004).* Un ancien hôtel particulier et son parc, dignes héritiers du XIXe siècle qui les a vus naître, doivent leur restauration à Claire et Françoise. Attachées à ce que leurs clients se sentent bien, elles en ont fait un endroit chaleureux, tant par ses couleurs lumineuses que par son charme. Chacune des 19 chambres est décorée de façon particulière et les détails ont été soignés. Toutes sont climatisées, trois n'ont qu'une douche et les autres une salle de bain complète, plus ou moins spacieuse selon le tarif. Parking privé d'un côté et petit-déjeuner sur la terrasse ombragée de l'autre.

LES CITADINES ANTIGONE*** **588, boulevard d'Antigone ✆ 04 99 52 37 50.** *Site : www.citadines.com - E-mail : antigone@citadines.com. Chambres de 59 € à 61 €.* Grandes chambres bien équipées et insonorisées, TV, climatisation. La résidence est d'un séjour très confortable. Elle dispose d'une laverie, d'un garage et d'un jardin intérieur. La chaîne Citadines possède un autre établissement à Montpellier, dans les quartiers nord, près des facultés 04 99 61 95 00.

AUBERGE DE JEUNESSE **Rue des Ecoles-Laïques ✆ 04 67 60 32 22.** *E-mail : montpellier@fuaj.org. Fermé du 15 décembre au 15 janvier. Nuit 8,90 € et petit-déjeuner 3,30 €. Location de drap en supplément 2,80 € + carte d'adhésion Fuaj.* L'auberge de jeunesse a la bonne idée d'être installée dans le quartier étudiant du centre-ville. Pour s'y rendre, le mieux est de prendre le tramway et de descendre sur le boulevard Louis-Blanc. Là, on remonte la rue jusqu'à cet ancien bâtiment qui s'est refait une beauté intérieure. Moyennant la cotisation, on est logé dans des chambres de 3/4 personnes ou dans des dortoirs plus vastes. C'est généralement assez sympathique, mais bondé en été.

Le gîte et le couvert

HOTEL HOLIDAY INN METROPOLE **3, rue du Clos-René ✆ 04 67 12 32 32.** *Site : http://www.holiday.inn. Ouvert toute l'année. Chambres et suites de 175 € à 230 €. Petit-déjeuner buffet.* Situé à quelques pas de la gare, pourvu d'un parking privé, ce grand hôtel de 80 chambres occupe un très bel immeuble du XIXe siècle. Il s'ouvre sur un immense vestibule, desservi par un ascenseur d'origine qui conduit aux chambres. Elles goûtent pour leur part aux joies de la modernité : spacieuses, pourvues de tous les équipements de confort, elles donnent pour certaines sur le jardin intérieur. Il est l'un des nombreux agréments de l'établissement, en plus du bar, des salons, de la salle de remise en forme et du restaurant.

NEW HOTEL DU MIDI*** **22, boulevard Victor-Hugo ✆ 04 67 92 69 61.** *Site : www.new.hotel.com - E-mail : montpelliermidi@new-hotel.com. Ouvert toute l'année. Chambres 90 € à 100 €.* Juste à côté de l'opéra, derrière une façade historique, cet hôtel est idéalement placé puisqu'en plein cœur de ville et accessible à pied depuis la gare ; depuis le tramway, le visiteur repère même son enseigne bleue. Il comporte une cinquantaine de chambres, auxquelles un décor contemporain donne une ambiance feutrée. Certaines sont très grandes, toutes disposent de la climatisation, télévision par câble et satellite Canal+, téléphone…

HOTEL MERCURE*** **285, boulevard de l'Aéroport international - Antigone ✆ 04 67 20 63 63.** *Site : www.mercure.com - E-mail : mercure@hotel-centre.fr. Ouvert toute l'année. Chambres à partir de 95 €, petit déjeuner 12 €.* Grand classique indispensable dans les grandes villes, le représentant de cette enseigne à Montpellier offre tous les services que l'on attend de lui : une centaine de chambres modernes très confortables, faisant partie d'un ensemble irréprochable. Souvent fréquenté par une clientèle d'affaires, le Mercure dispose de salons de travail et de séminaire, mais sait ménager l'agréable grâce à son restaurant et ses terrasses.

LA MAISON BLANCHE*** **1 796, avenue de la Pompignane ✆ 04 99 58 20 70.** *Ouvert toute l'année. Chambres à 83 €. Petit-déjeuner 7,70 €. Menus 21 € et 28 €.* Totalement protégé par son grand parc arboré, cet hôtel a pris place dans un bâtiment d'allure coloniale. Il renferme une quarantaine de chambres modernes et équipées de tout le confort désiré. La piscine, les grands arbres et les repas (cuisine résolument d'inspiration provençale) que l'on peut prendre en terrasse délassent de l'agitation de la ville et permettent d'apprécier un séjour de loisir.

Loisirs

LE PETIT TRAIN ✆ 04 67 60 60 60. *Fonctionne de février à novembre. Tous les jours, départ toutes les 30 minutes. Horaires : saison de 11h à 23h et hors saison de 14h à 17h30. Tarif : adultes : 4 €, enfants : 2,50 € et 1,50 €.* En voiture messieurs, dames et progéniture pour, bien entendu, l'incontournable petit tour du centre-ville à petite allure, bien assis, de l'esplanade au Peyrou, commentaires et l'atmosphère inédite sont garantis. Pour les amateurs, la même société propose en saison des promenades en calèche dans les rues de la ville.

VEGAPOLIS ✆ **04 99 52 26 00.** *Site : vegapolis.net. Ouvert tous les jours de l'année. Lundi, mardi, jeudi, vendredi, de 12h à 14h et de 17h à 20h, mercredi et samedi de 14h30 à 19h, dimanche de 10h à 13h et de 14h30 à 19h. Nocturnes le mardi et mercredi de 21h à 00h30, le vendredi et samedi de 21h à 1h Vacances scolaires et jours fériés de 14h30 à 19h, plus dimanche matin et soirées les mardis, mercredis, vendredis et samedis. Entrée adulte : 4,50 €, moins de 16 ans : 3,60 €, location patins : 2 €. Abonnements : moins 20 % pour 10 séances.* 3 100 m² de glace, un mur d'image, une piste de jeu, des animations et de la musique, la patinoire se classe autant dans les lieux de sortie que dans les endroits sportifs. Les quelque 1 500 entrées par jour prouvent que chacun est bien accueilli et y trouve son plaisir, notamment les jeunes qui forment une bonne part de la clientèle. L'immense salle a le plein lors des spectacles sur glace.

PISCINE OLYMPIQUE D'ANTIGONE Avenue Jacques-Cartier ✆ **04 67 15 63 00.** *Ouvert du lundi au vendredi de 9h à 19h40 et de 20h30 à 22h, samedi de 9h à 18h40, dimanche de 9h à 12h40 et de 15h à 18h40. Entrée adulte : 4,60 €, enfant : 2,30 €. Formules d'abonnement à partir de 21 €.* L'offre est à la hauteur des rêves aquatiques de tout un chacun : aquagym, initiation à la plongée, water-polo, natation synchronisée… La grande piscine s'inscrit dans un bâtiment de verre et d'acier de 8 000 m² abritant deux bassins, l'un pour la nage, aux dimensions presque olympiques, l'autre, plus chaud et plus haut, avec jeux, bains bouillonnants, toboggan… Un solarium, une balustrade, une cafétéria, une boutique complètent ces installations de détente.

PLANETARIUM GALILEE Odysséum ✆ **04 67 13 26 26.** *Site : www.planetarium-galilee.com - E-mail : planetarium@nomade.fr. Ouvert tous les jours (sauf lundi). Horaires variables et séances grand public et scolaires en alternance (se renseigner). Entrée 6 € ; réduit 5 € (groupes adultes + 20 personnes, enfants - de 12 ans) ; scolaires 2 € (écoles de l'agglomération de Montpellier et collèges de l'Hérault).* Dernier né du complexe ludique Odysséum, le planétarium offre le dernier cri de la technique avec son simulateur astronomique et son système de projection vidéo pleine voûte. Au programme, un spectacle éducatif, une séance d'observation du ciel et un voyage virtuel dans les galaxies.

CENTRE EQUESTRE MONTPELLIER GRAMMONT ✆ **04 67 65 60 98.** *E-mail : c.e.m.g@wanadoo.fr. Ouvert toute l'année, 7j/7. Carte annuelle environ : 138 €, carte 10h environ : 100 €.* Ce centre municipal poumon de verdure dédié aux loisirs, abrite un centre équestre ouvert à tous. Après un essai gratuit, enfants et adultes suivent des cours adaptés à leur pratique. Les moniteurs s'adaptent à toutes les situations, du parfait débutant jusqu'à l'accompagnement en compétition. Les équipements comportent : manège couvert, carrière en plein air, club-house, écurie de 60 box.

GOLF DE MASSANE Domaine de Massane - BAILLARGUES ✆ **04 67 87 87 87.** *Site : www.massane.com - E-mail : contact@massane.com. Green fee 18 trous, 45 € en semaine, 53 € le week-end (du 1er juin au 15 septembre).* Ce golf international, 5e Français, est composé d'un parcours 18 trous et d'un compact de 9 trous situés dans un environnement de garrigue, calme. Il est bien évidemment entouré de ces équipements qui font l'agrément de grands hôtels, à savoir : courts de tennis, piscine, salle de remise en forme (avec sauna et jacuzzi) et salle de billard.

Sorties

GRAND CAFE RICHE Place de la Comédie ✆ **04 67 60 75 76.** *Ouvert tous les jours.* Parmi toutes les terrasses qui se propagent en rang serré sur la place de la Comédie, celle du Grand Café annonce fièrement son siècle passé, ses habitudes et son aisance. Ses tables bien rangées devant sa vitrine invitent de leurs parasols à gagner un intérieur élégant, où les fauteuils confortables se confrontent à des tables en bois sobres. Bois sombre pour le bar, lustres de fer forgé, l'ensemble respire le bon goût ; le soir, on y prend l'apéritif sur un fond musical tendance lounge, le matin on s'y accorde un café. L'endroit est idéal pour capter les premiers rayons de soleil tout autant que les regards.

LE SAINT-ROCH 22, rue du Petit-Saint-Jean ✆ **04 67 66 09 55.** Une institution (pas autant que l'église du même nom, mais presque…), que le Saint-Roch. Il se paie un petit air de nostalgie rock'n roll cuir noir et banane, au coin du juke-box ancestral, mais c'est justement ça, son charme. Pas bégueule, il accueille tout le monde, les blagueurs du quartier, les jeunes, les vieux et les fêtards de passage et ceux qui squattent sa terrasse avec délectation.

ROCKSTORE 20, rue de Verdun ✆ **04 67 06 80 06.** *Ouvert tous les jours du lundi au samedi jusqu'à 4h (fermé le dimanche).* Cet ancien théâtre, ancien cinéma, ancien club mythique (le Grand Odéon) se remarque au bout de la rue avec son capot de belle américaine, encastré dans la façade. A l'entrée, c'est d'abord le café rock et ses écrans vidéo, puis une grande salle

(1 000 places), avec ses deux bars et sa scène amovible. A l'étage, un autre comptoir, un salon et une petite piste de danse pour soirée à thème.

Emplettes

PINTO 14, rue de l'Argenterie ✆ 04 67 60 57 65. *Site : www.pinto.fr - E-mail : pinto2@wanadoo.fr.* Cette vénérable épicerie a survécu à toutes les modes et ses rayons surchargés recèlent des produits exotiques et des spécialités locales comme les Grisettes de Montpellier ou les pâtés de Pézenas. Pinto sert de dépôt aux célèbres pains Poilâne et a lancé son propre chocolat, fort en cacao et parfumé comme un pain d'épice.

PUIG 23, rue Saint-Guilhem ✆ 04 67 66 17 32. Parce que rien n'est trop beau pour le service du fromage, la famille Puig s'y est entièrement dévouée. Le tout Montpellier y pointe le bout de son nez et compose son plateau de fromage ou s'offre une petite douceur sur le coup de midi. On prend le temps de goûter et de découvrir ce que les fromagers se font un plaisir de conseiller, sur le ton de la confidence gourmande.

PATISSERIE BERNARD MICHEL 9, rue des Etuves ✆ 04 67 60 73 68. Ce nom est celui d'un pâtissier-chocolatier bien connu en ville. Bien souvent, les quelques tables de la boutique ne suffisent pas à accueillir les amateurs venus, à l'heure d'un déjeuner rapide ou du goûter, déguster les spécialités de la demeure. Ce peut être un assortiment de chocolats, quelques petits gâteaux ou, pendant l'hiver, une brioche moelleuse qui se laisse manger. On y vient et y revient, sans arriver à faire définitivement son choix parmi toutes ces tentations.

MAISON REGIONALE DES VINS ET DES PRODUITS DU TERROIR 34, rue Saint-Guilhem ✆ 04 67 60 40 41. Cave à vins bien fréquentée par tous les grands vins de la région, cette maison est aussi une vitrine des produits gourmands qui les accompagnent volontiers. Jean-Marc Busson et son équipe promènent leurs clients de la mer à la garrigue et leur font connaître huile d'olive, anchois, mais aussi tapenade et caviar d'aubergine, conserves de charcuterie, gelées et confitures de vins… A offrir ou à se réserver jalousement.

ATELIER ARTUS-SIFFRE 68, rue de la Taillade ✆ 04 67 75 72 65. Dans le plus vieil atelier de potier de la ville, ouvert en 1947 par Pierre Artus, sont encore produites des faïences traditionnelles au décor dit vieux Montpellier. Certains jours, sur réservation, l'artisan ouvre son atelier et travaille sous les yeux des visiteurs. Ainsi perdure un art qui fit la réputation de Montpellier dès le XVIIe siècle.

EMPRIN - POIVRE ET SEL 29-31, rue Saint-Guilhem ✆ 04 67 60 69 71. *E-mail : empri.poivre@wanadoo.fr.* Du côté Emprin, cette vénérable boutique montpelliéraine a de quoi combler les listes de mariages sans oublier les Provençaux signés Souleïadou et de beaux spécimens de faïence de Montpellier.

LE VITRAIL 22, rue des Etuves ✆ 04 67 66 06 74. Dans une boutique réaménagée aux couleurs de la garrigue, les santons des maîtres Carbonnel et Gault inventent un monde merveilleux, fait d'histoires et de légendes. Propulsée comme par miracle en terre provençale, la crèche invite, autant que les rois mages, la fermière et sa basse-cour le poissonnier, la roulotte des bohémiens et laisse dormir le rêveur sous un arbre. De la figurine haute comme trois puces aux personnages imposants, tous racontent les mas et les moulins avec un réalisme touchant.

▷ *Dans les environs*

Lattes

A mi-chemin de Palavas et Montpellier, Lattes est un ancien site pré-romain et romain. Port important, Lattara, du VIe siècle avant notre ère jusqu'au IIe siècle après Jésus-Christ, fut une véritable tête de port de Rome et commerce avec la Grèce et les Etrusques. Pendant le Moyen Age, Lattes était encore le port de Montpellier et permettait aux riches marchands d'entretenir des relations avec les autres pays méditerranéens. Le village a voulu renouer avec sa tradition portuaire par l'aménagement d'un nouveau quartier autour d'un bassin attenant au Lez, Port Ariane. De petits immeubles et des pontons pour les bateaux de plaisance qui prennent le temps de descendre la rivière jusqu'à la mer le composent.

MAISON DU TOURISME Avenue de Montpellier ✆ 04 67 22 52 91. *Site : www.ville-lattes.fr - E-mail : lattes@fnotsi.net. Ouvert toute l'année. En saison du lundi au samedi et hors saison du lundi au vendredi.*

MUSEE ARCHEOLOGIQUE HENRI PRADES 390, avenue de Pérols © 04 67 99 77 20. *Site : www.musee.lattes.free.fr - E-mail : musee.lattes@free.fr. Ouvert tous les jours de 10h à 12h et de 14h à 17h30, sauf le mardi. Plein tarif 2,30 €, tarif réduit 1,15 € (groupes, étudiants), 0,75 € (groupes scolaires). Entrée gratuite le premier dimanche de chaque mois.* Le parcours s'organise de façon thématique et propose sur 3 étages un bel ensemble d'objets et de vestiges gallo-romains parfois exceptionnels comme les épitaphes funéraires des nécropoles Saint-Michel, et ceux du site de Lattara. Une grande exposition thématique a lieu chaque année. Remarquable et pédagogique à souhait, la visite vaut le détour.

CAMPING LE CAMARGUAIS** Route de Palavas © 04 67 15 10 07.** *Ouvert du 1er mai au 31 août. Emplacement pour 2 adultes + 1 voiture entre 18 € et 24 € par jour. Location bungalows de 290 € à 487 € la semaine (selon le nombre de personne). Ouvert toute l'année.* Immanquable sur la route de la plage, en bordure du Lez, ce grand camping offre la possibilité de se loger en dur dans des sortes de paillotes à la mode camarguaise. Le terrain de camping est ombragé et les installations sanitaires tout à fait convenables, mais il ne comporte qu'une vingtaine d'emplacements. En été, les animations sont nombreuses et l'on profite de piscine, minigolf, restaurant…

MAS DE COURAN Route de Fréjorgues © 04 67 65 57 57.** *E-mail : mas-de-couran@free.fr. Chambres de 70 € à 82 €. Petit-déjeuner 8 €. Menus à partir de 18 €.* Ce mas du XIXe siècle, outre sa belle allure et ses pierres blanches, présente l'avantage incontestable de se trouver proche de la ville et de l'aéroport. Ses 18 chambres (téléphone direct, télévision, minibar), de taille variable, ont en premier plan des vignes et des arbres, à leur pied la piscine. Repos au bord de l'eau sous un parasol en été ou étape gourmande au restaurant. Le séjour y est confortable.

LE MATCHICO Espace Latipolia - Route de Palavas © 04 67 64 19 20. *Ouvert 7j/7 jusqu'à 4h. Entrée 10 € (entrée + conso).* La déco change régulièrement ? Mais on y retrouve toujours l'écran géant assorti aux ambiances musicales du lieu et une population mélangée, des âges divers qui se côtoient, se frôlent et cohabitent pour le plus grand succès du Matchico. L'avantage est que le parking est surveillé. L'ensemble est satisfaisant quand on y atterrit comme ça, pour y passer deux heures. Au final, bonne ambiance d'ensemble, sans embrouille.

Saint-Clément-de-Rivière

DOMAINE DE SAINT-CLEMENT Saint-Clément-de-Rivière © 04 67 66 70 89. *E-mail : calsita.bernabe@wanadoo.fr. Ouvert de début mars à début décembre. Chambre et petit-déjeuner de 65 € à 80 € pour une personne, de 80 € à 90 € pour 2 personnes.* Les chambres de cette maison de maître du XVIIIe siècle s'apparentent plus à un hôtel de luxe qu'à un repos champêtre, l'intimité en plus. Cinq vastes suites se partagent les grandes pièces communes, le salon et sa cheminée, la salle de séjour, le jardin et sa piscine. La plus vaste accueille trois personnes, une autre a son petit salon attenant. Toutes ont salle de bains et toilettes indépendantes, elles donnent côté cour ou côté jardin, mais toujours sur les arbres. Calista Bernabé se fait ensuite un plaisir de conseiller ses hôtes sur les circuits touristiques.

Saint-Jean-de-Vedas

LES JARDINS DU TERRAL © 04 67 07 83 00. *Ouvert toute l'année (Fermé en août). Entrée libre de 14h à 18h le mercredi, samedi, dimanche et jours fériés. Pendant les vacances scolaires tous les jours (sauf en août).* Ancienne résidence d'été des évêques de Maguelone, le château est entouré d'un parc, dessiné au XVIIe siècle. Au fil des allées, les pas des promeneurs traversent des parterres à la française, les buissons et les bambous d'un jardin à l'anglaise, un petit bois dédié aux essences méditerranéennes, un massif japonais, un jardin de senteur fait d'herbes aromatiques, de chèvrefeuille, de jasmin… Rien ne manque à cette escapade verte, pas même le jardin potager et les arbres fruitiers qui l'ombragent.

RELAIS SAINT-JEAN La Condamine-du-Repos © 04 67 69 01 11. *E-mail : relais-saintjean@wanadoo.fr. 2 étoiles. Chambres de 45 € à 75 €. Tarifs week-end de 30 € à 60 €. Petit-déjeuner 7 €. Animaux acceptés 5 €.* Le bâtiment principal abrite un restaurant de bonne tenue ; sur les cinquante chambres, les plus recherchées sont celles qui bordent la piscine, avec une grande terrasse qui permet d'en profiter pendant le repas. Fonctionnelles et toutes récentes, elles sont climatisées.

LA PETITE CAMARGUE ET LE LITTORAL

DE LUNEL A FRONTIGNAN

Depuis le Vidourle jusqu'à l'Hérault, s'étend un univers où se mêlent ciel, terre et eau. En arrière des plages qui concentrent la population estivale, les étangs constituent un domaine où la nature conserve encore tous ses droits. A l'est, l'ambiance est plus camarguaise (Lunel est la porte de la Petite Camargue) avec un paysage sauvage, paradis des oiseaux, des taureaux et des chevaux. Au sud de Montpellier, le classement des étangs et les achats du conservatoire du Littoral ont permis de garder un espace protégé, dominé par le massif de la Gardiole, qui offre un réseau de sentiers de randonnées très dense conduisant à des points de vue exceptionnels sur tout le littoral.

La Grande-Motte

Avant-gardiste dans son architecture (les célèbres pyramides qui surgissent d'un océan de verdure) que l'on doit à l'architecte Jean Balladur, cette station conçue en 1962 dans le cadre de l'aménagement du littoral s'est fixée comme objectif de toujours être à la pointe du progrès. La ville recèle des infrastructures performantes, telles que centre nautique, palais des congrès, parc aquatique, capitainerie son golf international de 42 trous. Vivant au rythme des vagues et des loisirs, La Grande-Motte est un lieu de vacances idéal pour les amoureux du sport et des figures géométriques…

OFFICE DE TOURISME Allée des Parcs ✆ 04 67 56 42 00. *Site : www.ot-lagrandemotte.fr - E-mail : infos@lagrandemotte.fr. Ouvert toute l'année 7j/7. D'octobre à mars de 9h30 à 12h30 et de 14h à 18h. D'avril à juin de 10h à 19h et en juillet et août de 9h à 20h.*

Points d'intérêt

AQUARIUM PANORAMIQUE Quai Charles-de-Gaulle ✆ 04 67 56 85 23. *Ouvert toute l'année et tous les jours (nocturne du 15 juin au 15 septembre). Adultes 5 €, enfants de moins de 14 ans 3 € (gratuit pour les moins de 5 ans), groupes 3,50 € (adultes), 2 € (enfants).* La richesse des profondeurs s'expose aux mirettes curieuses. Les visiteurs déambulent devant d'immenses aquariums qui présentent plus de cinq cent poissons et invertébrés provenant de la Méditerranée ou des étangs de Camargue. On ne se lasse pas des formes et des couleurs étonnantes, on s'instruit à la lecture des panneaux éducatifs qui accompagnent chaque aquarium.

Le couvert

ALEXANDRE Presqu'île de la Capitainerie ✆ 04 67 56 63 63. *Site : www.tables de charme.com. Fermé le lundi en saison, le dimanche soir et lundi hors saison, fermeture annuelle en janvier. Menus à 22 €, 34 €, 51 €, et 66 €. Carte. Formule grill en été.* Dans un cadre épuré, avec vue sur le port de plaisance et la mer, la cuisine de Michel Alexandre est d'une qualité constante. Deux types de menu se répondent, l'un orienté vers la cuisine régionale traditionnelle, l'autre plus gastronomique, présentant la cuisine moderne version Alexandre. La salle où Dany Alexandre accueille ses hôtes est cossue comme une cabine de capitaine au long cours, le roulis en moins.

LA CUISINE DU MARCHE 89, avenue du Casino ✆ 04 67 29 90 11. *Fermé hors saison lundi et mardi. Menus de 24 € à 32 €.* Parce qu'il n'aime rien tant que le travail bien fait, Etienne Collignon cuisine tout lui-même, depuis son pain jusqu'au clafoutis aux abricots. Il emprunte bien à l'Aveyron sa recette des tripoux, à l'arrière-pays le filet de bœuf aux cèpes, mais il plonge aussi ses filets dans la mer ; il en remonte une tarte feuilletée à la dorade royale, une bouillabaisse, ou sa fameuse fondue du pêcheur : un bouillon dans lequel on fait cuire joue de lotte, gambas et Saint-Jacques, avec quelques petites sauces…

Le gîte

GOLF HOTEL 1 920, avenue du Golf ✆ 04 67 29 72 00. *Site : http://www.golfhotel34.com. Hôtel faisant partie de la chaîne Best Western. Ouvert toute l'année. Chambres de 75 € à 90 €.* Donnant directement sur le golf et face à l'étang du Ponant, l'établissement propose une cinquantaine de chambres accueillantes et calmes L'ambiance est détendue et conviviale, reposante, avec toutes les prestations d'un 3 étoiles (climatisation, ascenseur, jardin, piscine, garage, parking).

Vue aérienne

HOTEL SAINT-CLAIR Avenue de l'Europe ✆ 04 67 56 57 77. *E-mail : hotelstclair@wanadoo.fr - Site : http://www.hotelsaintclair.com. Ouvert de février à novembre, 27 chambres, de 62 € à 99 €.* Situé entre le Casino et le centre de thalassothérapie, cet hôtel de plain-pied donne sur un petit parc. Et au-delà, à moins de 20 m, il y a la plage. Classées en deux étoiles, les chambres sont convenables et pourvues d'une loggia. Le patio sert de cadre au petit-déjeuner et aux moments de repos.

LES CIGALES Allée des Campings ✆ 04 67 56 50 85. *Site : http://www.sivom.etang-or.fr. Camping ouvert du 4 avril au 22 octobre. Emplacement pour 2 personnes et voiture de 12,40 € à 18,30 €.* Situé à l'extrémité de la zone des campings, à 800 m du centre-ville et de la plage les cigales sont un bon rapport qualité prix. Ce qui fait qu'il vaut mieux réserver si l'on veut pouvoir faire ses grasses matinées à l'ombre ou envisager de louer une caravane ou un mobile-home.

Loisirs

BLUE DOLPHIN Avenue Robert-Fages - LE MIRAMAR ✆ 04 67 56 03 69. *E-mail : pascal.jard@wanadoo.fr. Ouvert de début mars à mi-novembre.* L'ivresse des profondeurs n'est à souhaiter qu'au figuré ; dans cette optique, l'équipe d'Oriane et Pascal Jard dispense des formations à la plongée tous niveaux, de l'initiation aux brevets les plus hauts. Un baptême permet de se faire une idée, puis les sorties, par demi-journées, se font sur des thèmes choisis : exploration de zones rocheuses, d'épaves, étude de la biologie sous-marine, sortie de nuit…

LE GRAND BLEU 195, rue Saint-Louis ✆ 04 67 56 28 23. *Ouvert toute l'année 7j/7. Entrées en période hivernale en semaine, adultes 4 €, enfants 3,50 €, les week-ends, vacances scolaires et jours fériés, adultes 5 €, enfants (- de 12 ans) 4,50 €. En saison estivale du lundi au dimanche, adultes 9,50 €, enfants (- de 12 ans) 7,50 €. Gratuit enfant moins de 5 ans, se renseigner pour les tarifs préférentiels (familles et autres).* Le centre aquatique de la ville ouvre chaque été, dès que la température de l'eau le permet - 4,5 ha sont peu ou prou couverts d'eau - et se prête à tous les amusements : un bassin de 700 m² avec vagues et rouleaux, une piscine de 25 m, un bassin récréatif avec des jeux d'eau et des jets, des toboggans dans tous les sens, une rivière à courant pour les bouées et le pentagliss, une pente à 45° sur laquelle les baigneurs dévalent à toute vitesse. Pour l'hiver, une partie de ces jeux d'eau se continue à l'intérieur du complexe, plus tranquille mais tout aussi ludique.

INSTITUT DE THALASSOTHERAPIE Point Zéro ✆ 04 67 29 13 13. *Site : thalasso-grandemotte.com. Fermé de mi-décembre à* *mi-janvier. Forfait journée de 61 € à 65 € (selon la saison), cure à la semaine de 432 € à 540 € (selon la saison).* Détente et repos sont au programme des cures de cet institut. Face à la mer, les larges baies vitrées s'ouvrent et conduisent à l'immense piscine d'eau douce. L'institut est spécialisé dans les cures de remise en forme, de réadaptation fonctionnelle, de traitement des troubles circulatoires, d'amincissement et de bien-être postnatal. Les soins se font par demi-journée et l'on peut prendre pension au grand hôtel restaurant associé à l'établissement.

Carnon-Mauguio

Rattachée à la commune de Mauguio, cette ancienne station touristique familiale, à la plage de sable fin très fréquentée l'été, a bénéficié de subsides de la mission d'aménagement touristique du Languedoc-Roussillon pour réaliser un port relativement important (700 places) qui a succédé à l'ancien port de pêche.

OFFICE DE TOURISME la Civadière ✆ 04 67 50 51 15. *Site : www.carnon.tourisme.com - E-mail : office@carnon.tourisme.com. Ouvert toute l'année du lundi au samedi, en juillet et août 7/j/7 de 9h30 à 19h30.*

Points d'intérêt

JARDIN DE LA MOTTE Mauguio Village ✆ 04 67 29 65 35. *E-mail : mauguioculture@wanadoo.fr. Ouvert toute l'année du mardi au samedi. Du 1er octobre au 31 mars de 8h à 12h et de 13h30 à 17h. Du 1er avril au 30 septembre de 8h à 12h et de 15h30 à 19h. Visite libre gratuite, visite commentée (durée 1h30) 45 € pour les groupes uniquement.* Perché sur la motte médiévale construite par les hommes au Moyen Age, le jardin de la Motte est un îlot de verdure au cœur de la vieille ville de Mauguio. Au fil des années se reflète l'histoire millénaire de la commune : des comtes de Melgueil à l'apogée viticole du début du siècle, époque de la naissance du jardin.

CHATEAU LA BANQUIERE Vauguière-le-Haut ✆ 04 67 65 79 95. *Ouvert du 15 avril au 31 août en semaine de 17h à 19h. Entrée adultes 2 €, enfants de 6 à 12 ans gratuit. Visites de groupes sur rendez-vous. Parc ouvert le samedi sur rendez-vous de 10h à 12h et de 15h à 18h. Fermeture pendant les vendanges.* Cette belle demeure du XIXe siècle trône au centre d'un domaine viticole réputé aux portes de Montpellier. Sa mémoire des siècles passés, soigneusement entretenue par la famille Varenne, lui permet de receler un intéressant musée de l'attelage, dans lequel on admire des voitures hippomobiles du temps jadis. Elégante calèche ou charrette de transport, chacune a son histoire que l'on découvre dans une ambiance surannée.

LES ETANGS. Entre Frontignan et La Grande Motte, une dizaine d'étangs ne sont séparés de la mer que par une mince bande littorale. Après bien des négligences, ils font maintenant l'objet de mesures de protection et de rénovation. Leurs hôtes les plus fameux sont les flamands roses, qui partagent ces étendues d'eau peu profondes avec des cormorans, des colverts, des aigrettes gazettes, des grèbes huppés, des hérons cendrés, des échasses blanches, des foulques marcoules, des rainettes méridionales et quelques hôtes non désirés comme les ragondins. Au milieu des tamaris, des roseaux et des joncs, on trouve souvent des touffes de salicorne. Les sentiers de la Petite Camargue, comme ceux du Petit Marais sur la commune de Candillargues ou à La Capoulière, emmènent à la découverte de la vie animale et végétale de l'étang de l'Or.

Le couvert

LA TRAINE Le Port ✆ 04 67 68 18 29. *Site : catigot.fr. Ouvert tous les jours, toute l'année. Menus 11,90 € à midi, 13,90 €, 19,90 € et menu catigot à 19,20 €. Carte.* Depuis presque quinze ans ce restaurant attire ses clients dans sa marmite grâce à sa recette maison, quasiment brevetée : le catigot. En soulevant le couvercle, les convives découvrent dans une sauce au vin blanc et à l'oignon, quatre poissons différents, quelques gambas, des moules et de petites pommes de terre, le tout nappé d'aïoli. Si l'on manque de temps pour se pencher sur ce cas, reste un choix de viandes, des poissons en parillada, une fricassée de homard…

Loisirs

AXEL'AIR Rue Saint-Clair ✆ 04 67 50 62 60. *Site : www.axelair.com. Ouvert toute l'année du lundi au samedi de 9h30 à 12h30 et de 14h30 à 19h30.* Né du mariage de l'air et de l'eau, le kitesurf ou flysurf est une discipline spectaculaire dont le moteur est un cerf-volant. Précurseur de ce nouveau sport (dont on dit qu'il serait en même temps ici et à Hawaï), Laurent Ness a, un jour, eu l'idée de se faire tracter, une planche de surf fixée aux pieds, par un cerf-volant bricolé. Désormais champion de kite, il a développé une école d'apprentissage en parallèle à son magasin qui fournit planches et voiles.

▷ Dans les environs

Mauguio

A l'intérieur des terres, Mauguio est un agréable village, au milieu des vignes et des vergers. Couvert de fleurs, de palmiers et autres arbres tropicaux, à proximité de l'étang qui porte son nom, il présente un petit centre agréable. La place de la mairie montre aussi une église à belle façade et un petit marché animé qui occupe le terrain en laissant peu de choix aux voitures.

LE PATIO Impasse Molière ✆ 04 67 29 63 90. *Ouvert tous les jours. Menus 12 € (midi), 19 € et 28 €. Carte.* Un décor tout en couleur, un peu baroque, un peu taurin, a donné une personnalité attrayante à cette ancienne cave de vigneron, qui a gardé sa haute charpente et ses cuves. En toute saison, l'assiette se prête aux produits régionaux, la viande de taureau, le riz de Camargue, les poissons de Méditerranée, les grillades sur sarments… On ne saurait résister à un carpaccio de taureau à la fleur de sel de Camargue pas plus qu'à un millefeuille de sardines au caviar d'aubergines. A noter également sa cave à vin et ses produits du terroir à la vente, ainsi que depuis peu son service de plats à emporter et la livraison à domicile.

LES DELICES D'ESPAGNE 3, place Baroncelli ✆ 04 67 29 65 40. L'enseigne ne trompe pas, on n'y vend que des produits espagnols, que ce soit d'Andalousie, de la Mancha, des Asturies… Philippe Pastor a ouvert son magasin à l'intention de la communauté espagnole de la ville, mais tout le monde se fait à cette idée de la cuisine.

Frontignan

Il aurait été très surpris, le cultivateur gallo-romain Frontinius, s'il avait su que son nom fut aussi célèbre grâce à un vin muscat au goût incomparable ! Aujourd'hui, Frontignan, c'est 700 ha de terroir entre Sète et Maguelone, 400 producteurs, 20 000 hectolitres, 3 millions de bouteilles… Hormis cette spécialité, la visite doit passer par l'église Saint-Paul, avec son clocher du XIIe siècle, à 3 étages et fortifié, les vestiges des remparts et la tour de la Glacière du XIVe siècle.

OFFICE DE TOURISME Rue Lucien-Salette ✆ 04 67 18 50 04. *Site : tourisme-frontignan.fr - E-mail : tourisme@ville-frontignan.fr. Ouvert toute l'année. En saison 7j/7 et hors saison du lundi au samedi.*

Points d'Intérêt

MUSEE DE FRONTIGNAN Rue Lucien-Salette ✆ 04 67 18 50 05. *Ouvert de début mars à fin novembre, du mercredi au lundi de 10h à 12h et de 14h30 à 18h30. Entrée gratuite.* Installé dans l'ancienne chapelle des Pénitents-Blancs (1642), le musée est ouvert à l'histoire locale, à l'archéologie et à l'art. La tradition frontignanaise y est naturellement présente avec les joutes, une très belle collection d'objets des métiers de la vigne et du vin, ainsi que des témoignages sur un monument industriel aujourd'hui démantelé mais qui domina la ville pendant près d'un siècle : la raffinerie.

Le couvert

LE JAS D'OR 2, boulevard Victor-Hugo ✆ 04 67 43 07 57. *Fermeture annuelle début janvier, fermé le mardi soir et le mercredi hors saison et le lundi midi et samedi midi en juillet et août. Menus de 18 € à 34 €. Carte.* Belle adresse sur les bords du canal du Midi, l'établissement de Jean-Jacques Vallon a acquis en quelques années une jolie réputation fondée sur les mérites de sa cuisine. Celle-ci n'accepte que les produits frais, de saison et de la région, auxquels les préparations rendent hommage. Filet de Saint-Pierre en croûte avec sa sauce au 25 épices, bouillabaisse de Saint-Jacques, saumon confit à l'aneth, soupe de petits crabes verts… Cuisine où les épices et le vin muscat, accompagnés de légumes croquants ont droit de cité. Ce sont des repas qu'il faut prendre le temps d'apprécier, dans un décor néoclassique qui ajoute un brin de solennité.

Le gîte et le couvert

HOTELLERIE LE BALAJAN RN112 ✆ 04 67 48 13 99. *E-mail : balajanvic@aol.com. Fermeture annuelle du 24 décembre au 4 janvier et tout le mois de février. Chambres de 54 € à 70 €. Menus de 15 € à 45 €. Carte.* L'hôtel dispose de 19 chambres de bon confort, côté cour ou côté jardin ; outre la climatisation, la piscine se charge de rafraîchir l'atmosphère. Au restaurant, le chef Jean-Pierre Davignon s'inspire de la mer et de la garrigue et sert une cuisine régionale de bonne tenue : bourride de baudroie, croustillant de Saint-Jacques sauce safranée, filets de maquereau à l'escabèche, gratinée de Saint-Jacques au sabayon pastis-verveine...

Emplettes

LA BELLE HELENE 9, place de la Mairie ✆ 04 67 48 27 21. *Ouvert toute l'année, sauf les trois premières semaines de septembre, de 6h à 12h30 et 15h à 20h. Fermeture hebdomadaire le lundi.* Tout imprégné du muscat de sa région, le maître pâtissier parfume nombre de ses délices sucrés de ce vin fruité. Voici l'écrin du vigneron (mousse de muscat et chocolat), la grappe de Frontignan (une coque sucrée), le frontignan glacé, et tant d'autres spécialités à découvrir.

COOPERATIVE DU MUSCAT 14, avenue du Muscat ✆ 04 67 48 12 26. *E-mail : frontignan-coop@wanadoo.fr. Ouvert toute l'année. De 9h30 à 13h et de 15h30 à 19h de juin à septembre, de 9h30 à 12h et de 14h à 18h d'octobre à mai. Visite et dégustation gratuites.* L'outil de production des vignerons coopérants de Frontignan leur apporte aujourd'hui toute satisfaction. Grâce à une élaboration méticuleusement suivie (dont on peut se rendre compte au cours de la visite), la cave propose le muscat Clos du mas de Chave, bien équilibré ou, très fruité, un muscat sec.

DOMAINE CHATEAU LA PEYRADE La Peyrade ✆ 04 67 48 61 19. *Site : www.chateaulapeyrade.com - E-mail : info@chateaulapeyrade.com. Ouvert tous les jours sauf dimanche et jours fériés. Visites gratuites de 8h à 12h et de 14h à 18h.* Depuis un quart de siècle, la famille Pastourel exploite 20 ha de muscat doré à petit grain, dont Yves, le père et ses fils, Bruno et Rémi, expliquent la particularité lors de la visite. Aujourd'hui parmi les meilleurs, leurs vins sont des ambassadeurs de choix pour l'appellation. La cuvée muscat prestige fait découvrir la richesse des arômes et fini sur une note de fruits mûrs.

▷ *Dans les environs*

Mireval

A Mireval, ville fortifiée du Moyen Age, on trouve l'ancien circuit automobile à vocation internationale, Karland, devenu centre d'essais de la firme Goodyear, mais et surtout, un excellent muscat déjà très apprécié par Rabelais. L'appellation muscat de Mireval a été obtenue en 1959 et se bonifie depuis. Les bons vivants du XXIe siècle le dénicheront à deux ou trois adresses, faciles à trouver.

LA CAVE DE RABELAIS RN 112 ✆ 04 67 78 15 79. *Ouvert en semaine hors saison, tous les jours en été.* Les producteurs réunis dans cette cave font déguster une très bonne cuvée AOC muscat de Mireval, le Domaine Deltour-Grousset, dont on garde longtemps en mémoire la bouche onctueuse et vive tout à la fois. Deux autres breuvages retiendront l'attention, un mousseux 100 % muscat et un marc de muscat.

Vic-la-Gardiole

Avant d'arriver aux Aresquiers, faites un petit détour par Vic qui possède une belle église fortifiée du XIIe siècle, construite en grand appareil. Si l'on en croit la tradition populaire, Hannibal lors de son voyage vers Rome serait passé dans le village. Malgré l'absence de preuves historiques, la municipalité a baptisé une rue, rue des Eléphants-d'Hannibal.

OFFICE DU TOURISME 30, boulevard des Aresquiers ✆ 04 67 78 94 43. *E-mail : vic-la-gardiole@fnotsi.net. Ouvert toute l'année.*

LES ARESQUIERS. Ce site classé englobe les étangs d'Ingril, de Pierre Blanche et de Vic. Il représente un des plus vastes espaces protégés du littoral et abrite une importante réserve naturelle. Le Bois de la Fontaine est essentiellement peuplé par le pin d'Alep. La plage est célèbre dans toute la région car elle reste, malgré l'ouverture d'un pont à une voie, l'une des plus tranquilles du secteur.

MASSIF DE LA GARDIOLE. Ce site protégé compte la bagatelle de 4 163 ha. Scindé en quatre parties, le massif de la Gardiole s'ouvre aux randonneurs pédestres. Chaque espace a un thème : l'histoire, l'arbre, la pierre et la nature méditerranéenne. Un grand bol d'air frais dans une région vraiment belle et un magnifique panorama sur le cordon littoral du Rhône aux Pyrénées (avec beaucoup de chance !).

Lunel

Lunel est situé dans une petite région, appelée le Vidourle, en raison du fleuve côtier qui marque la frontière d'avec le département du Gard. C'est un pays aux grandes étendues où se succèdent vignobles, arbres fruitiers (pommiers) et cultures maraîchères. Selon la légende, la ville fut fondée par les Hébreux au cours des premiers siècles de notre ère. Lunel, aujourd'hui ville animée avec un marché coloré, est mondialement connue pour son muscat.

Lunel possède aussi de très belles arènes pour assouvir sa passion des jeux taurins : courses libres, abrivado, bandido et autres encierro... Mais le soir, le rêve reprend ses droits sur le canal ; on peut y voir, quand la nuit est claire, des pêcheurs de lune (les pescalunes comme les nomment les lunellois) qui, au moyen de paniers, essaient de capturer à la surface de l'eau l'astre miroitant.

OFFICE DE TOURISME Place Martyrs-de-la-Résistance ✆ 04 67 87 83 97. *Site : ww.ot-paysdelunel.fr - E-mail : contact@ot-paysdelunel.fr. Ouvert toute l'année du lundi au samedi de 9h à 12h et de 14h à 18h, le dimanche de 9h30 à 12h30. En juillet et août de 9h à 19h du lundi au samedi, de 9h à 12h30 le dimanche et les jours fériés. Programme de visites guidées dans la ville et dans les environs.*

Points d'intérêt

L'EGLISE NOTRE-DAME. Le grand bâtiment religieux est remarquable à deux titres : d'une part pour sa façade caractéristique du style jésuite, d'autre part pour son clocher extérieur, en bout de bâtiment, qui a en fait été construit sur les bases de l'ancienne tour de guet médiévale. Voir, à l'intérieur, les fonts baptismaux du XIXe siècle et le grand orgue construit par A Cavaillé-Coll (1856, classé au mobilier historique).

LES HOTELS PARTICULIERS. Signe de son opulence à l'époque moderne, la ville a conservé plusieurs hôtels particuliers. Voir l'hôtel de Bernis (rue Emile Zola, XVIIIe siècle), la façade de l'hôtel de Brignac (près du cours Gabriel Péri, XVIIIe siècle) et, tout au long de la rue de la Libération, l'alignement de bâtisses de différentes époques.

LE SITE D'AMBRUSSUM Villetelle. *Se renseigner auprès de l'office de tourisme de Lunel.* Au nord de la ville, sur le tracé de la voie domitienne, se dresse l'oppidum d'Ambrussum qui défendait le passage du Vidourle. Son pont romain à onze arches (il n'en subsiste plus qu'une) devint un des principaux ouvrages d'art de la via domitia et resta en activité jusqu'au Moyen Age. La ville haute, l'oppidum, a gardé ses caractéristiques anciennes avec son rempart du IIIe siècle avant Jésus-Christ, flanqué plus tard de tours rondes, ses maisons gallo-romaines. Il reste de la via domitia une portion d'environ 200 m, dans laquelle les roues des chars ont par endroits laissé de profondes ornières. Le quartier bas, souvent englouti par le Vidourle est l'objet de fouilles qui ont permis de dégager des habitations et des thermes.

Le couvert

AUBERGE DES HALLES 26, cours Gabriel Péri ✆ 04 67 83 85 80. *Fermeture annuelle du 15 février au 7 mars. Fermeture dimanche et lundi. Menus de 11 € (midi) à 26 €.* Le littoral tout proche et les pittoresques anciennes halles aux poissons inspirent à Jacky Riou nombre de recettes maritimes, comme un pavé de sandre au vin des sables et rizotto camarguais. Se trouvent là réunies toutes les saveurs locales, que le chef sait aussi bien marier lorsqu'il traite les produits de la terre : terrine de lapin aux trompettes de la mort ou une raffinée escalope de foie gras déglacée au muscat de Lunel. Ainsi, les assiettes prennent-elles un tour gastronomique, tout en pouvant aussi bien rester simples, pour composer un déjeuner rapide. L'accueil et le cadre (deux salles et une petite terrasse) contribuent à faire passer un moment agréable.

CHODOREILLE 140, rue Lakanal ✆ 04 67 71 55 77. *Fermé le dimanche sauf jours fériés et lundi soir, fermé du 15 au 30 août. Menus de 20 € à 51 €.* Défenseur connu et reconnu de la gastronomie méditerranéenne, Didier Chodoreille s'emploie à choisir les meilleurs produits pour en tirer une belle palette de saveurs. La carte évolue selon les saisons, mais l'énoncé détaillé des plats, est toujours propice à mettre en appétit. Parmi ses spécialités, les escargots à la pescalune façon tapenade sont un exemple de cette cuisine parfumée, soignée et recherchée. Le filet de taureau camarguais de manade se marie aux pommes, groseilles et calvados. Les agapes se concluront, après un plateau de fromage, par une pomme glacée au safran et son biscuit au riz rouge, utilisation étonnante de ces petits grains. A deux pas de l'hôtel de Ville, cette table hautement gourmande propose grande salle élégante ou jardin d'été.

Le gîte

MAS DE FONTBONNE Route de Lunel - SAINT-SERIES ✆ 04 67 86 00 30. *Site : www.visual-project./fontbonne.fr - E-mail : fontbonne@wanadoo. Ouvert toute l'année. Gîte de cinq à six personnes de 343 € à 457,50 € la semaine hors saison et de 680 € à 915 € en saison.* Près de Lunel, en pleine campagne, ce mas est une grande propriété entre taureaux et vignoble comportant deux gîtes (le plus grand fait 110 m²) tout en couleur, confortables et agréables. Tout comme l'accueil de M. et Mme Lignon, qui mettent leurs hôtes tout de suite à l'aise. A disposition, piscine (couverte, d'avril à octobre), coin cuisine et barbecue, salon de jardin, jeux pour les enfants, parking ombragé et partout, les cigales.

MAS DE L'ISLE 85, chemin de Clapas - Route de la Petite-Camargue ✆ 04 67 83 26 52. *Ouvert du 1er avril au 30 septembre. Forfait 2 personnes de 12 € à 20 €. Location de mobile-homes, de 209 € à 447 € la semaine pour 4/5 personnes.* Grand camping (180 emplacements), il n'en offre pas moins de grands emplacements, ombragés et bien équipés. Pour autant de monde, une immense piscine, toute nouvelle, prête son eau bleue à la baignade. Les équipements concourent au confort (laverie, sanitaires en cabines, pizzeria et plats cuisinés...), les animations et les jeux ne sont pas en reste.

HOTEL VIA DOMITIA Espace Lunel Littoral 04 67 83 11 55. *www.hotel-via-domitia.com. Chambres à partir de 65 €. Menus de 11 € à 50 €. Carte.* Propriétés de la famille Ruiz l'hôtel tout autant que le restaurant sont tout à fait fréquentables. Le premier dispose de chambres de bon confort et harmonieuses, côté cour ou côté jardin ; outre la climatisation, la piscine se charge de rafraîchir l'atmosphère. Au restaurant Le Vinea, le chef s'inspire de la mer et de la garrigue et sert une cuisine régionale de bonne tenue : émincé de St-Jacques caramélisé au muscat de Lunel et brunoise de courgettes, Filet mignon de porc sauce aux cèpes, gratin d'agrumes au champagne et fondant au chocolat et sa crème anglaise... tous ces "classiques" sont déjà une visite touristique à part entière dont on ne saurait se priver.

Loisirs

CENTRE EQUESTRE DU DARDAILLON Route de Vérargues - LUNEL-VIEIL ✆ 04 67 71 70 03. Le centre équestre de Bruno Cotton dispense des leçons en carrière et en extérieur et propose l'été quelques sorties. Poneys pour les plus petits, qui peuvent s'initier à ce sport dès 3 ans.

Emplettes

CAVE DU MUSCAT DE LUNEL Route de Lunel-Viel - VERARGUES ✆ 04 67 86 00 09. *Site : www.capline.fr/muscat-lunel. Ouvert toute l'année du lundi au vendredi de 9h à 12h et de 14h à 18h.* Pour l'heure, la cave du muscat regroupe 82 viticulteurs dont les vendanges bénéficient des améliorations récentes de la coopérative et dont le vin doux naturel ne cesse de s'améliorer.

CHATEAU GRES SAINT PAUL Route de Restinclières ✆ 04 67 71 27 90. *Ouvert tous les jours sauf le dimanche et jours fériés de 9h à 12h et de 15h à 19h.* Au cœur du terroir de Lunel, Philippe Servière produit un excellent muscat, mais aussi la cuvée grès Saint-Paul rouge, coteaux du Languedoc puissant qui convient parfaitement à un gibier, la cuvée Antonin et la toute nouvelle grange Philippe.

ATELIER BRUNO CARLES 235, avenue de Lattre-de-Tassigny - RN113 ✆ 04 67 71 36 10. *Magasin et galerie d'antiquités ouvert du mardi au samedi en après-midi, 15h à 19h.* Antiquaire depuis trente ans, Bruno Carles s'est depuis longtemps spécialisé dans les meubles provençaux, aux formes et aux couleurs caractéristiques. Restaurateur, il utilise pour les peindre des techniques du XVIIIe siècle qui respectent l'esprit du meuble. Sont ainsi créées des scènes à partir de motifs et personnages divers qui viennent orner commodes, petites armoires, sièges...

▷ *Dans les environs*

Boisseron

On peut voir encore les bases du pont romain, modifié pour le passage de la route actuelle et les vestiges des remparts, en particulier une porte romane. En passant sous la vieille porte du village et remontant les ruelles, on arrive au château. Remanié à plusieurs reprises, il abrite aujourd'hui un centre hôtelier. Grand de 5 ha, son parc, riche en espèces diverses, comporte quelques très grands arbres dont des séquoias, un frêne et un micocoulier. Au fond du parc, au milieu d'allées romantiques et près d'un pont japonais, un village aux instruments de bambous s'est installé.

LOU CALEOU LA ROSE BLANCHE 52, rue Vieille Porte ✆ 04 67 86 60 76. *Restaurant ouvert du mardi au dimanche. Menus à 19 €. Le midi puis de 25 € à 65 € le soir.* Autrefois salle de garde adossée aux remparts, l'établissement a civilisé ses vieilles pierres et les a parées de tables élégantes. Dans cette ambiance raffinée, le chef cuisinier David Grellier laisse aller son imagination dans des registres mixant tradition et gastronomie. Sur base de produits du terroir, comme les gros gris de Boisseron ou un foie gras de qualité, il entreprend quelques variations recherchées : le rouleau de canard confit, sauce à la mangue et salade de cressons, est déjà une belle entrée en matière. On pourra poursuivre par la noisette d'agneau à l'harissa, yaourt aux épices et beignets de fruits secs, et terminer en douceur par le fondant au chocolat noir, cœur de chocolat blanc et granité à la rose. La réputation du lieu n'étant plus à faire, la réservation est fortement conseillée.

Marsillargues

A 4 km de Lunel sur la D34, Marsillargues est déjà fortement marqué par la tradition camarguaise et surtout connue pour son château.

MAIRIE Place de l'Hôtel-de-Ville ✆ 04 67 83 52 10

CHATEAU DE MARSILLARGUES ✆ 04 67 83 52 12. *Musée ouvert d'avril à septembre de 14h à 18h du mardi au dimanche, d'octobre à mars du lundi au vendredi 14h à 17h. Visite du château pour les groupes, avec visite du musée. Tarif : 2,5 €.* Du château initial, il ne subsiste qu'une partie du sous-sol (salle de garde, prisons, cuisine) et une tour carrée du XIVe siècle. C'est sur ces vestiges que fut construit en 1576 un château Renaissance avec une remarquable façade décorée de bas-reliefs portant des guirlandes, des mufles de lions et des amours joufflus. Il fut remanié au XVIIe siècle (façade sud) et au XVIIIe siècle (orangerie). Visite de la salle à manger, de la salle de billard, d'une chambre de parade et d'un petit musée d'Arts et Traditions populaires.

Palavas-les-Flots

Une station très réputée, un peu souvent prise à tort pour le stéréotype de la cité balnéaire familiale et populaire, aux multiples et immenses campings. Le visiteur de la première fois sera bien inspiré de laisser ses préjugés à l'entrée : le centre est fort agréable et l'animation qui règne sur la rive de chaque côté du canal lui donne un cachet bien sympathique. Quant aux loisirs balnéaires, ils sont évidemment en vedette avec les 7 km de plages détenus par la commune. Faites comme tout le monde, allez voir la redoute de Ballestras, un bâtiment XVIIIe siècle réhabilité au XXe siècle, près de l'axe routier, qui abrite aujourd'hui le musée Dubout.

OFFICE DE TOURISME Le phare - Place de la Méditerranée ✆ 04 67 07 73 34. *Site : www.palavaslesflots.com - E-mail : tourisme@palavaslesflots.com. Ouvert toute l'année de 10h à 13h et de 14h à 18h. De mars à fin juin 7j/7, de septembre à fin mars du lundi au samedi (fermé le dimanche), en juillet et août de 10h à 20h, 7j/7.*

Points d'intérêt

MUSEE ALBERT DUBOUT Etang du Levant ✆ 04 67 68 56 41. *Site : www.palavaslesflots.com - E-mail : tourisme@palavaslesflots.com. Ouvert tous les jours en juillet et août de 16h à 23h ; en mai, juin et septembre tous les jours sauf le lundi de 14h à 19h ; de février à avril et d'octobre à novembre tous les jours sauf le lundi de 14h à 18h ; en décembre et janvier les week-ends et vacances scolaires, de 14h à 18h. Adultes 5 €, enfants de 12 à 18 ans 2,50 €.* Ce musée humoristique est installé dans le seul monument historique de Palavas : la redoute de Ballestras (1743). Cet ouvrage est accessible par une passerelle aux lampadaires dignes du dessinateur ou par un bateau à aubes (acheminement gratuit). Le musée renferme les œuvres du célèbre dessinateur et ses caricatures particulièrement hautes en couleur ; outre les dessins de situations cocasses, l'exposition présente des objets personnels de Dubout, des photographies et sa correspondance avec Marcel Pagnol.

LE MUSEE DU TRAIN Parc du Levant ✆ 04 67 68 56 41. *Mêmes conditions d'accès qu'au musée Albert Dubout.* De 1872 à 1968 la ligne de chemin de fer d'intérêt local constitua le trait d'union entre Montpellier et la petite station, soit 11 km de voie. Albert Dubout succomba à ses charmes à tel point que le tortillard fit figure de détonateur tant pour sa carrière artistique que pour une certaine forme de promotion de la station. Cet espace muséographique qui prend place dans le parc de détente du Levant, près du musée Dubout, comprend une locomotive, mise en service en 1902, et un de ces wagons d'époque, une cinquantaine d'œuvres de Dubout (dessins, photos…) et une trentaine de photos noir et blanc ayant trait à l'épopée du petit train.

Palavas-les-Flots

LE PHARE DE LA MEDITERRANEE Place de la Méditerranée ✆ 04 67 07 73 92. *Site : www.palavaslesflots.com - E-mail : tourisme@palavaslesflots.com.* L'histoire du château d'eau devenu phare… Désaffecté en 1997, le château d'eau construit en 1942 a été habilement récupéré par la municipalité. L'imposant bâtiment en forme de champignon abrite désormais l'office de tourisme, une salle de congrès, des appartements et au sommet un pont-promenade d'où l'on jouit d'une vue splendide sur la région. Tout en haut, un restaurant panoramique tournant vient parachever cet aménagement autant spectaculaire qu'intelligent. A voir absolument.

Le couvert

L'ESCALE 5, boulevard Sarrail ✆ 04 67 68 24 17. *Ouvert tous les jours. Menus de 25 € à 58 € (dégustation).* Alliance de gastronomie et de bons vins, l'Escale est le fief de la famille Lamignat : Madame reçoit ses clients dans une belle salle de bois et de blanc dont les fenêtres s'allongent face à la mer. Son fils Jean-Christophe a mis au point une carte où quelques plats sont devenus des références : l'association Saint-Jacques et foie gras à la vinaigrette de truffe, ravioles de homard poêlées aux pleurotes et présentation des trois saumons maison, fumés, marinés et en tartare. Enfin, Michèle, sa fille et jeune sommelière talentueuse, sait trouver les vins régionaux en accords avec ces saveurs et à celle des bourrides, poissons et plateaux de fruits de mer et produits de saison déclinés en diverses recettes.

LA ROTISSERIE PALAVASIENNE 5, rue de l'Eglise ✆ 04 67 68 52 12. *Ouvert du jeudi au samedi, midi et soir et dimanche midi. Menu à 19 €.* Attenant à la Rôtisserie, c'est-à-dire au traiteur, qui tient boutique là, une jolie salle reçoit ses clients le soir. Le décor a résolument marié le jaune soleil et les filets à poisson, des fenêtres à hublots se chargent de donner vue sur l'extérieur. Les privilégiés qui y prennent place choisissent entre trois entrées, trois plats, puis accueillent fromage et dessert. Ces repas plantureux ont un fort goût de mer, comme le laissent deviner les odeurs qui envahissent la rue quand la brasoucade de moules se fait là, devant l'échoppe. Didier Jimenez et son comparse Rémy aiment à régaler leur petit monde de rouille de seiche, de poisson du jour grillé au sel, d'une bouillabaisse, mais proposent aussi quelques viandes. L'ambiance est bon enfant, un brin turbulente autour des grandes tablées.

Le gîte

L'AMERIQUE HOTEL Avenue Frédéric-Fabrèges ✆ 04 67 68 04 39. *Site : www.hotelamerique.fr.st - E-mail : hotel.amerique@wanadoo.fr. Ouvert toute l'année. Chambres de 39 € à 65 €.* A l'entrée de Palavas, non loin du canal, l'Amérique est un trois étoiles tout à fait accessible. 49 chambres bien équipées, pour moitié donnant sur le jardin et la piscine, sont très confortables. Climatisation, jacuzzi font partie des accessoires agréables. L'Amérique propose en outre, de l'autre côté de la rue, une formule motel et se trouve à environ 150 m de la plage.

BRASILIA* 9, boulevard Joffre ✆ 04 67 68 00 68.** *Site : www.brasilia-palavas.com - E-mail : hotel@brasilia-palavas.com. Ouvert toute l'année. Chambres de 49 € à 78 €.* En front de mer, le Brasilia est le seul trois étoiles. Aussi une bonne partie de ses chambres ont-elles la chance d'ouvrir directement sur la mer dont les hôtes peuvent profiter depuis le balcon. Toutes sont de style récent, bien équipées et climatisées. Les résidents trouvent à se garer au parking de l'hôtel et peuvent prendre pension au restaurant du rez-de-chaussée. Il sert une cuisine représentative de la région et des menus classiques.

TANAGRA* 2, rue Saint-Louis ✆ 04 67 68 00 16. *Ouvert toute l'année. Chambres de 22 € à 53 €.* Parfait pour les petits budgets, le Tanagra fonctionne un peu comme une pension de famille. Les occupants des seize chambres n'ont qu'à mettre le nez dehors pour se retrouver en plein centre-ville et, mieux, à tourner au bout de la rue pour être sur la plage. Les chambres, simples (salle de bains ou salle d'eau, WC dans la chambre ou à l'étage) ont été récemment rénovées.

Loisirs

MARINE ET TRADITION DES VIEUX GREMENTS Près de la Capitainerie - Rive Gauche ✆ 04 67 58 45 55. Cette association, organisatrice de la Latina Cup (rassemblement de voiles latines, en août), possède deux grandes barques à voile latine, modèles identiques à celles qui servaient jadis sur toute la Méditerranée. Elle propose des sorties en mer et des stages pendant lesquels on se familiarise avec cette navigation à l'ancienne.

PETIT TRAIN HUMORISTIQUE ALBERT DUBOUT ✆ 04 67 07 73 34. *Fonctionne d'avril à septembre, départ chaque demi-heure du point d'accueil, place du Docteur-Clément au centre du village. En juillet et août, tous les jours de 16h à 19h30 et de 21h à 24h. En avril, mai, juin et septembre, tous les jours sauf le mardi de 14h à 19h. Tarifs : adultes 3,10 €, 2,30 € les enfants et groupes.* Un tortillard décoré à la manière de Dubout assure à petite allure la visite de Palavas-les-Flots, par le canal, les quais, le port et le bord de mer. En été, il a aussi un circuit jusqu'à la cathédrale de Maguelone et, le soir, sert de navette entre l'avenue Saint-Maurice et le centre-ville.

Emplettes

PHILIPPE BONIFACE ✆ 04 67 50 76 02/06 19 42 66 36. *Sur rendez-vous.* Expositions régulières dans la ville. Ce peintre palavasien a choisi un support chargé de sens. Il récupère et restaure les vieux pavois, ces boucliers de bois tendre, utilisés par les jouteurs. Il refait leur cadre, bleu ou rouge comme le veut la tradition, et peint sur les panneaux blancs des scènes locales, des marines, des paysages de la région.

▷ *Dans les environs*

Villeneuve-lès-Maguelone

Ce petit village méditerranéen, organisé autour de sa place centrale et agrandi de ses nouveaux quartiers, doit sa renommée au fait d'avoir été siège d'évêché avant Montpellier. La cathédrale se dresse toujours sur la fine bande côtière qui sépare encore les étangs de Vic et du Prévost de la mer. Depuis le village, elle n'est accessible que par un bac, en fait un pont mobile (et un petit train à partir du printemps) qui franchit le canal du Rhône à Sète.

SYNDICAT D'INITIATIVE Mairie ✆ 04 67 69 75 87. *E-mail : tourisme.villeneuve@wanadoo.fr. Ouvert toute l'année. Du 15 septembre au 31 mai, du lundi au vendredi de 9h à 12h (le mercredi ouvert également de 14h à 18h) ; de juin au 15 septembre du lundi au samedi de 9h à 12h et de 15h à 19h.* La municipalité a mis en place un important réseau de sentiers pédestres et vélo. On ne manquera pas d'emprunter celui qui permet la découverte des anciens salins.

LA CATHEDRALE DE MAGUELONE. *Accès par Palavas, rive droite : accès libre hors saison, en été parking payant obligatoire et acheminement par petit train. Accès par Villeneuve, parking payant en été. Entrée libre.* Au bout de la route lagunaire, entre l'étang du Prévost et la mer, et face à Montpellier, l'extraordinaire cathédrale de Maguelone semble posée sur la mer entre les arbres. Erigée en 1054, il ne reste qu'une chapelle de cette première construction, mais l'ensemble a été développé et embelli par les évêques successifs. C'est surtout la situation de la cathédrale, visible de tous les abords de l'étang qui la rend si spectaculaire. Le domaine de Maguelone est un site protégé du littoral. Autour, arbres et verdure plongent le lieu saint dans la sérénité. Un festival de musique se déroule chaque année en juin dans la cathédrale.

DES GARRIGUES AUX CEVENNES

Dès que le voyageur s'éloigne vers le nord et pénètre dans un paysage fait de collines et de petites dépressions, paysages que l'on compare parfois à la Toscane, la vigne est partout là, gravissant les flancs des coteaux et reconquérant certaines terres. En continuant vers le nord, la garrigue devient de plus en plus présente, occupant de vastes plateaux calcaires dominés par la silhouette du pic Saint-Loup. Le relief se fait plus abrupt et, à l'ouest, le Grand Causse est proche, découpé par la vis qui a creusé l'extraordinaire crique de Navacelles ; à l'est, les Cévennes se dressent déjà à la sortie de Ganges, l'une des multiples porte des Cévennes.

Castries

C'est du XVIIe siècle que la ville tire toute sa gloire, liée à la grandeur de la famille de Castries (que, par une bizarrerie, on prononce castre). En se promenant tout autour de ce village, on sera impressionné par la multitude d'excavations qui parsèment la garrigue : ce sont les carrières d'où furent tirées en quantité les fameuses pierres de Castries, si blanches, qui servirent à ériger de nombreux monuments languedociens.

OFFICE DE TOURISME Place des Libertés ✆ 04 67 91 20 39. *Fermé durant les vacances scolaires de Noël. Ouvert du lundi au vendredi de 9h30 à 12h, le mercredi et jeudi en après midi de 15h à 17h.*

Points d'intérêt

LE CHATEAU DE CASTRIES. *Ne se visite pas.* Construction Renaissance très sobre où fut aménagée en 1674 une galerie longue de 32 m pour réunir les Etats du Languedoc. Un aqueduc long de 6,5 km construit par Riquet, père du canal du Midi, alimente des jardins dessinés par Le Nôtre, au-dessous d'une série de terrasses ; sa première arche s'adosse à l'aile gauche du château. Cette demeure appartenait à cette même famille de Castries depuis 1495 ; à sa mort, le dernier duc en fit don à l'Académie française, dont il était membre. La vénérable institution l'a restauré et vient de le confier à la région qui y a installé son Centre régional des lettres (04 67 22 81 41). On y organise dorénavant des ateliers, des stages d'écriture et des expositions ponctuelles.

Le couvert

L'ART DU FEU 13, avenue du 8-Mai ✆ 04 67 70 05 97. *Fermé le mardi soir, le mercredi et le dimanche soir. Menu de 11 € (le midi) à 15,50 €.* Installé dans une ancienne ferronnerie, Jean-Noël Audoye fait mijoter dans ces casseroles quelques bons mets représentants de la cuisine régionale : des viandes (côte de veau à la cévenole, filet de bœuf aux morilles, magret aux olives), des poissons grillés ou cuisinés (accompagnés de riz camarguais et de rouille) ou des moules farcies à la mode sétoise. Les suggestions de la carte laissent pas mal de choix entre toutes ces préparations ensoleillées, traditionnelles et gourmandes. Les vins du Languedoc rencontrent là matière à expression.

Le gîte et le couvert

AUBERGE DU BERANGE N110 - SAINT-GENIES-DES-MOURGUES ✆ 04 67 87 75 00. *Ouvert toute l'année. Chambres de 30 € à 38 €. Menus de 14 € à 20 €.* A quelques kilomètres du village, en pleine nature, l'auberge familiale est une institution populaire depuis plus de trente ans. Nombreux sont les fidèles qui se succèdent au buffet d'entrées puis se lèchent les babines grâce à des recettes locales : et un canard par ici, et un filet de loup par là, quand ce n'est pas une rouille qui vient avec son pain frotté à l'ail, au milieu des petits vins régionaux. Le bar et ses habitués font l'animation, à côté des trois salles de restaurant et de la terrasse fleurie. Emmanuelle Pinos soigne ses clients et installe ses hôtes dans des chambres au décor rustique, confortable. Un terrain de tennis est à la disposition des hôtes.

Emplettes

BOULANGERIE-PATISSERIE L'EPEAUTRE 7, rue du Plan-du-Four ✆ 04 67 70 35 65. Depuis quelques années, Castries a redoré son blason de bien bonne façon. M. Ramirez a mis au point le saint-étienne, un bonbon aux armes de la ville, fourré à la crème de chocolat au lait et aromatisé au miel de Castries. Un petit délice qui se mange frappé. Ce qui n'empêche pas de jeter un œil sur les petits gâteaux et les pains de plusieurs variétés, issus de ce pétrin.

CHATEAU PUECH-HAUT 2 250, route de Teyran - SAINT-DREZERY ✆ 04 67 86 59 23. *E-mail : domainesbru@wanadoo.fr. Ouvert tous les jours de 10h à 12h et de 14h à 18h (18h30 le vendredi et samedi). Fermé le dimanche et les jours fériés.* Sur ces terres, en AOC coteaux du Languedoc, Gérard Bru produit trois cuvées signées Puech Haut : prestige, syrah et grenache élevées 12 mois, des arômes très denses pour un vin de caractère ; un rosé gras et chaleureux, un blanc de viognier et roussanne, au boisé très fin, superbe.

DOMAINE DE LA COSTE Saint-Christol ✆ 04 67 86 02 10. *E-mail : lacostemoynier@wanadoo.fr. Ouvert tous les jours de 9h à 19h (dimanche sur rendez-vous).* Propriété montée de toutes pièces par Elisabeth et Luc Moynier, elle possède un sol de galets, digne des vignes de Châteauneuf-du-Pape. Au fil des ans et des vinifications, Luc Moynier réalise de très belles cuvées coteaux du Languedoc. Son grès de Montpellier, au nez fin, rappelle la garrigue et les fruits rouges. Gras et long, il jouit d'une belle structure.

▷ Dans les environs

Assas

Le village, dominé par son château, s'est construit à l'ombre de l'ancêtre de ce dernier dès le XIIe siècle. Presque aussi ancienne, l'église romane est un bel exemple de cette architecture en pierre blanche que l'on retrouve sur les maisons du vieux village. Tout autour, on repère la trace de l'ancienne enceinte et des fossés.

CHATEAU D'ASSAS ✆ 04 67 59 62 45. *Site : www.château-assas.com. Toute l'année, sur rendez-vous, entrée 6 €, groupe 4 €.* Le château fut construit au XVIIIe siècle sur des vestiges du XIIe siècle dont il ne reste qu'une tour. La visite permet d'admirer la façade du XVIIIe siècle, deux cours et deux jardins, ainsi qu'une salle abritant des instruments de musique anciens et rares, dont un clavecin classé. Des concerts classiques sont d'ailleurs régulièrement donnés en ces lieux (au printemps et en automne).

Ganges

Village fortifié au Moyen Age, Ganges a gardé un cœur de ville de ruelles étroites reliées par des traverses voûtées. Il ne reste du système défensif de la ville que l'ancien beffroi du XVIIe siècle qui a été transformé en tour de l'horloge ; son campanile supporte une cloche de 1531. Et prendre le soleil à la terrasse d'un des nombreux cafés, c'est vraiment prendre le temps de vivre, quand le marché bat son plein ou que les puces font leur déballage.

OFFICE DE TOURISME Plan de l'Ormeau ✆ 04 67 73 00 56. *Site : www.otcevennesmediteranee.com - E-mail : otg.cevennes-mediterannee@wanadoo.com. Ouvert toute l'année du lundi au samedi, en juillet et août 7j/7.*

Ganges

Le couvert

AUX CAVES DE L'HERAULT 14, rue du Jeu-de-Ballon ✆ 04 67 73 81 09. *Fermé pendant les fêtes de fin d'année. Ouvert tous les jours sauf le samedi et le soir de décembre à mars. Menus à partir de 11 €.* Petit restaurant au premier étage de la maison, il fait dans la cuisine familiale, toute simple. On mange parfois en terrasse, le nez dans le jardin, en appréciant des plats traditionnels, la viande fermière et les poissons de rivière.

Le gîte

HOTEL DE LA POSTE 8, plan de l'Ormeau ✆ 04 67 73 85 88. *Site : www.hoteldelaposte-ganges.com - E-mail : hotel.dela.poste@wanadoo.fr. Ouvert toute l'année. 24 chambres de 27,50 € à 61 € (standards à 35 €). Petit-déjeuner 5,50 €.* Juste à côté des halles, tout de blanc vêtu, l'hôtel de la Poste est un lieu de séjour simple mais agréable, entièrement rénové. Jean-Claude Barthès accueille ses hôtes, en individuel, en famille (chambres triples ou quadruples) ou en groupe et les met à l'aise. Il propose toute une documentation sur la région et met à la disposition des cyclistes un local pour leur monture.

Le gîte et le couvert

DOMAINE DE BLANCARDY D999 - MOULES ET BAUCELS ✆ 04 67 73 94 94. *Ouvert tous les jours sauf le mercredi hors saison, le mercredi à midi en saison. Fermé de Noël à mi-mars. Menus de 13 € à 30 €, réservation souhaitable. Chambres d'hôte et petit-déjeuner pour deux personnes de 43 € à 55 €.* Ancienne ferme fortifiée, dressée au milieu des vignes, ce domaine est aujourd'hui voué à la détente et à la gastronomie. Dans les deux corps de bâtiment (datant du Moyen Age et du XVIe siècle) Laure et Alain Martial ont réaménagé l'espace en salles de restaurant gourmand et chambres d'hôte très agréablement rénovées et décorées. Sous la voûte de la bergerie, dans l'ancienne cave ou en cour intérieure fraîche en été, on découvrira des menus qui font la part belle aux productions de la propriété, par ailleurs conserverie : magrets, foies gras et volailles fermières. Laure prépare des recettes qui rendent hommage à celles de sa grand-mère, comme son foie gras poêlé aux pêches et raisins ou sa purée de courge à la tome de Lozère. Après une cartagène en apéritif, en accompagnement des mets, Alain sert le fruit élevé avec passion de son vignoble.

Loisirs

THE OUTSIDER 15, place des Halles ✆ 04 67 73 11 11. *Ouvert toute l'année.* Cette agence de loisirs sportifs gangeoise met la découverte et l'aventure à la portée de tous. Des professionnels diplômés emmènent des petits groupes au cœur de la nature environnante et les initient ou les perfectionnent, selon le niveau des groupes, à différentes activités : escalade, spéléologie, descentes de canyon, VTT, via ferrata (avec tyroliennes, rappels géants, échelles…) et accro branche (parcours dans les arbres), il a de quoi se faire quelques frissons, en toute sécurité.

Emplettes

FER ET FORGE Gorniès ✆ 06 67 73 66 90. Les insectes géants qui ont peu à peu colonisé le village sont nés dans cet atelier. Jean-Pierre Maurice, ferronnier de son état, est aussi un arliste qui se sert de ses mains pour reproduire dans les moindres détails, mais à l'échelle vingt, trente, quarante… les pattes, les carapaces, les antennes. En visitant son atelier, on ne peut qu'être séduit par ces réalisations. D'ailleurs, elles sont appréciées partout en France et se retrouvent exposées partout où il est question d'insectes, comme à Micopolis et au musée Henri Fabre, en Aveyron.

▷ *Dans les environs*

Brissac

Un château domine ce beau village dont l'esplanade ombragée, inscrite aux monuments historiques, invite à la halte. On se promène ensuite au milieu des vestiges du temps passé : deux tours du Xe siècle, quelques pans de l'enceinte XIVe siècle et une chapelle XVe siècle. A voir également : la source et deux abîmes dont l'un est chevauché par une belle arche naturelle.

PONT DE SAINT-ETIENNE D'ISSENSAC D4. *Vers Saint-Guilhem.* Ce très bel ouvrage médiéval, à trois arches, est aujourd'hui condamné à la circulation routière qui menaçait son équilibre. Descendez au bord de l'Hérault, pour pouvoir l'admirer dans son ensemble. La photo est très belle, surtout si vous cadrez en même temps la petite chapelle romane qui protégeait les voyageurs (en cours de restauration).

LE JARDIN AUX SOURCES 30, avenue du Parc ✆ 04 67 73 31 16. *Menus à 19 € (formule en semaine) 28 €, 37 € et à 64 € carte. Fermé dimanche soir mercredi midi et lundi hors saison, le lundi en saison. Fermé 15 jours début janvier et 15 jours fin novembre.* Ce restaurant gastronomique, petit par la taille, grand par la qualité, est niché dans un ancien relais de diligence, sous une belle voûte à laquelle nappes et fleurs donnent de la couleur. Aux beaux jours, on appréciera la terrasse côté jardin. Le chef Jérôme Billod-Morel derrière ses fourneaux, joue des produits des Cévennes, des saveurs méditerranéennes d'ici et d'ailleurs. Composée de quelques plats changeants au fil des saisons, la carte fait preuve d'originalité, d'inventivité et révèle surtout la grande maîtrise du chef. A noter 3 chambres d'hôtes en prévisions.

DOMAINE D'ANGLAS Route de Saint-Bauzille - D108 ✆ 04 67 73 70 18. *Camping ouvert de juin à août. Forfait 2 personnes 13 €, chalets et caravanes à partir de 230 € la semaine pour 4 personnes. Gîte ouvert toute l'année.* Le camping de Carole et Roger Gaussorgues, est installé à côté du domaine viticole ; calme, au bord de l'eau, il est accueillant, bien équipé et met des chalets et des caravanes en location. Les propriétaires proposent un service de restauration, apprécié de tous ceux qui pratiquent les nombreuses activités disponibles à proximité, depuis la baignade jusqu'au delta en passant par la randonnée et… la pétanque. Animations, mais discrétion.

Causse-de-la-Selle

Délimité par les gorges de l'Hérault et le lit de la Buèges, ce causse de calcaire et de chêne paraît presque désert avant que l'on en tombe sur ce village et ses belles maisons restaurées.

HOSTELLERIE DU VIEUX CHENE ✆ 04 67 73 11 00. *Fermé du 6 janvier au 6 février, le mercredi et dimanche soir hors saison, ouvert 7j/7 de juin à septembre.* M. et Mme Vallazza ont succédé à M et Mme Fancelli et ils ont conservé le charme et le confort qu'avez su donner les anciens propriétaires à cette vieille maison de village devenu une très agréable auberge. Les chambres sont toujours une combinaison de beaux meubles et d'équipements de confort ; la cuisine du nouveau chef mérite que l'on s'y arrête.

Cazilhac

Le village dut sa prospérité à la présence de l'eau, apprivoisée avec art le long d'un canal. C'est à l'eau que l'on doit de voir encore de grandes maisons de maîtres, des bâtiments qu'occupaient au XVIIIe et XIXe siècles les manufactures, les moulins et les ateliers de filature, et enfin des jardins, épanouis et fructifiant en des terres souvent arides.

LES NORIAS. L'eau était puisée dans le chenal et déversée dans des canalisations secondaires grâce à un système de norias ; ce sont en fait huit grandes roues à godets, des meuses, qui remplissaient cet office. La plus ancienne, adossée à un mur comme ses sept congénères, a tourné presque 100 ans pour alimenter les fontaines et les usines de Ganges. Il ne reste plus qu'une de ces vieilles dames en état de marche, mais un programme de restauration est en cours pour cinq des huit meuses et un itinéraire de découverte de ce patrimoine, baptisé Chemin des meuses se prépare.

LES NORIAS 254, avenue des Deux-Ponts ✆ 04 67 73 55 90. *Restaurant fermé lundi soir et mardi (hors juillet et août, fermeture uniquement le mardi midi). Fermé la première semaine des vacances de février et la deuxième quinzaine de novembre. Chambres de 51 € à 54 €. Menus de 19 € à 54 €. Carte.* En bordure de l'Hérault, l'auberge a pris possession du grand bâtiment d'une ancienne filature qui abrite de grandes chambres (trois étoiles) qui donnent sur le parc et le fleuve. Le chef et propriétaire Marc Serres sert une cuisine où les produits du terroir y prennent la forme d'une terrine d'agneau de pays au pélardon crémeux et figues sèches, d'une truite à la cévenole… La carte des vins subit la même influence régionale en se parant des meilleures références.

L'ETRIER DES CEVENNES Le Fesquet ✆ 04 67 73 98 91. *Ouvert toute l'année. La journée randonnée 50 € (pique-nique inclus), 13 € l'heure. Randonnées itinérantes pour groupes de 8 personnes sur demande.* Connu pour son élevage de chevaux lusitaniens, ce centre équestre propose plusieurs formules. Le manège couvert sert aux leçons, où l'on apprend à se tenir en selle, à galoper et à dresser. Les randonnées rayonnent autour du centre ou partent à la découverte de la région, vers Navacelles, le Larzac, le Salagou, souvent sur la base d'un thème (géologie, art roman…).

Montoulieu

- **LE GRILLON Place de l'Eglise - MONTOULIEU ✆ 04 67 73 79 31.** *Fermé le mardi soir et le mercredi hors saison. Menus de 10 € à 30 €. Camping ouvert du 15 avril au 15 octobre. Emplacement deux adultes 12,50 €.* Tout en haut du village, une terrasse ensoleillée et son auvent, pour l'ombre fraîche, sont un préambule à l'accueil agréable du restaurant. De la cuisine s'échappent des produits du terroir (chevreau sauté à l'ail, gibier en hiver, champignons...), traités de façon traditionnelle bien agrémentés des saveurs des garrigues et d'une pointe de fantaisie. Certains jours, des soirées à thèmes et dansantes sont organisées. Dans le petit camping municipal agréablement boisé, quarante-deux emplacements bénéficient d'une atmosphère familiale. Piscine surveillée (ouverte en juillet et août), boulodrome, cours de tennis et terrain multisport sont à la disposition des vacanciers. La nouveauté pour 2004 est la location de chalets.

DOMAINE DE LA DEVEZE ✆ 04 67 73 70 21. *Ouvert tous les jours sauf le dimanche pendant les vacances scolaires, hors saison lundi, mercredi et samedi de 9h à 12h et de 15h à 19h, en été visite et initiation à la dégustation chaque vendredi soir à 18h.* Le cellier présente la production du domaine : vins de pays et des AOC coteaux du Languedoc sont issus des cépages traditionnels de la région et présentés en blanc, rouge et rosé. Les séances de dégustation en font découvrir tous les aspects, à côté d'autres produits locaux.

Saint-Bauzille-de-Putois

Saint-Bauzille bénéficie d'une situation exceptionnelle pour les amoureux de la nature. Sur les rives de l'Hérault vous pourrez y pratiquer de nombreuses activités : canoë, baignade, pêche, randonnées pédestres et équestres, VTT, deltaplane, escalade...

OFFICE DE TOURISME PAYS DE LA GROTTE DES DEMOISELLES ✆ 04 67 73 77 95. *E-mail : st-bauzille-de-putois@fbotsi.net. Antenne ouverte en saison 7j/7.*

GROTTE DES DEMOISELLES RD986/108e ✆ 04 67 73 70 02. *E-mail : grully@wanadoo.fr - Site : www.demoiselle.com. Ouvert tous les jours de l'année 7j/7 sauf le 1er janvier et le 25 décembre. De début octobre à fin mars de 10h à 12h et de 14h à 16h30 ; de mars à juin et en septembre de 10h à 12h et de 14h à 17h30 ; en juillet et août de 10h à 18h. Tarifs adultes 7,90 €, enfants de 6 à 12 ans 4,40 €, gratuit pour les enfants jusqu'à 6 ans, tarif réduit pour groupes et étudiants. Visite guidée d'une heure environ.* Après s'être refaites une beauté et avoir aménagé leur entrée, les coquettes Demoiselles se laissent admirer. La visite se fait par un funiculaire et dure environ une heure. Le temps de plonger dans des salles immenses dont la pièce maîtresse est une stalagmite incomparable baptisée la Vierge à l'enfant. Dans cette grotte fabuleuse, on rencontre l'ours des cavernes, disparu depuis 10 à 20 000 ans et qui a, depuis peu, réintégré son antre. A l'entrée, un jardin de près de 200 plantes méditerranéennes a colonisé quelques terrasses.

MAS DU COULET Route de Montpellier ✆ 04 67 73 74 18. *Ouvert le samedi soir, dimanche midi et les jours fériés hors saison, tous les jours sauf le lundi en juillet et août. Repas de groupe sur réservation. Menus de 11 € à 20 €. Gîte ruraux de 230 € à 457 € la semaine. Nuitée à partir de 12 € par personne.* A 4 kilomètres de Saint-Bauzille, dans la descente du col de la Cardonille, des panneaux conduisent le visiteur dans la cour d'un mas languedocien du XIIe siècle. Là, la famille Bataille élève des volailles au grain et tient table ouverte en s'approvisionnant aussi grâce aux producteurs voisins : salade de gésiers, tarte au fromage de brebis et basilic, veau broutard aux pleurotes, tarte aux reinettes... Spécialité unique en son genre, la marmelade de cornouille, baie sauvage qui mûrit dans la garrigue, accompagne les petits-déjeuners des hôtes des gîtes. Le séjour est on ne peut plus paisible et se déroule en un gîte de groupe (20 à 28 personnes) aménagé dans une ancienne bergerie ou dans deux gîtes ruraux (de 3 à 6 personnes).

CANOE LE MOULIN ✆ 04 67 73 30 73. *E-mail : lemoulin@canoe34.com. Ouvert d'avril à fin septembre, tous les jours. Parcours de 3 à 17 km à partir de 11 € par personne.* Le long de l'Hérault, les ruines d'un moulin abritent aujourd'hui une flotte de 200 canoës et kayacs. Les descentes, au calme, se font selon les capacités de chacun, sur des parcours de 3 à 17 km, encadrés par des professionnels : les uns sont ludiques, les autres conviennent aux familles, les plus longs assurent une après-midi sportive, dans de beaux paysages. Sur place, parking (gratuit) et sanitaires.

TASHUNKA Route de Montoulieu ✆ 04 67 73 76 67. *E-mail : contact@tashunka.fr. Ouvert toute l'année sur réservation.* Ce centre équestre, tourné vers les enfants, a adopté une formule originale. Il représente la culture amérindienne à quelques encablures de Montpellier et héberge ses cavaliers sous tipis ! Françoise et Thierry Navel invitent à la découverte du travail du cuir, initient à la pratique du tir à l'arc, mais surtout parlent de leurs chevaux, issus d'un étalon arabe.

MAS DE BOMBEQUIOLS Route de Brissac - SAINT-ANDRE-DE-BUEGES ✆ 04 67 73 72 67. *E-mail : bombequiols@wanadoo.fr. Ouvert toute l'année sur réservation. Chambre d'hôte et petit-déjeuner de 80 € à 110 € pour 2. Table d'hôte 30 €.* Version luxueuse de ce mode d'hébergement, ce mas a été construit autour d'une cour intérieure. M. et Mme Bouec y ont aménagé des chambres et des suites garnies de meubles anciens, en accord avec une salle à manger toute voûtée. Piscine pour la détente, domaine de 50 ha pour la tranquillité et table d'hôte typique, tout cela fait le bonheur d'une quinzaine d'hôtes occupant les cinq chambres. Le calme et le panorama sont toujours au rendez-vous.

SER'ANE Plan de l'Arbre-de-l'Oustalas - SAINT-JEAN-DE-BUEGES ✆ 04 67 73 13 26. *E-mail : serane@wanadoo.fr. Location d'un âne à la journée 40 € environ, la semaine 186 € environ.* Olivier et Cathie Maurin se sont lancés ? voilà quelques années ? dans les randonnées avec âne, accompagnateur confortable pour la découverte de la région ou la petite promenade familiale. Ils organisent l'ensemble du séjour, avec itinéraire, étapes et points de ravitaillement. Avant de partir, on pourra passer quelque temps dans le petit camping de la ferme et venir dîner à la table d'hôte, alimentée par leur ferme agro-touristique.

MAISON DU PAYS DE LA BUEGES ✆ 04 67 73 12 73. *Ouvert en été de 10h à 12h et le samedi de 9h30 à 12h et de 16h à 18h30, hors saison les mardis et jeudis matin, le samedi. Caveau ouvert aussi le dimanche de 16h à 18h30.* Le caveau de dégustation de ce lieu est aussi un point de vente pour les produits du terroir et un point d'information.

Saint-Martin-de-Londres

Le premier établissement dans le vallon de Londres fut un prieuré fondé par des moines de l'abbaye de Gellone au XIe siècle. Autour de l'église, le village s'installa puis se fortifia. Restauré, il a retrouvé son aspect du Moyen Age marqué par ses ruelles et les vestiges des remparts. La tour de l'Horloge, symbole du village, est, elle, de la deuxième période de fortification, au XVe siècle. L'ensemble a conservé quelques belles maisons des XVIe et XVIIIe siècles et une petite place accueillante où il fait bon s'arrêter à l'ombre des grands platanes.

Points d'intérêt

EGLISE SAINT-MARTIN. Malgré des transformations subies au XIXe siècle, elle constitue un pur joyau de l'art roman languedocien, à plan tréflé, remarquable par sa coupole d'inspiration byzantine.

LE RAVIN DES ARCS. Il borde le Lamalou, rivière descendue des pentes du pic Saint-Loup et de l'Hortus et qui s'engouffre dans la montagne de la Suque. La rivière s'est encaissée entre des parois calcaires escarpées. Ses eaux, tantôt impétueuses, tantôt murmurantes, ont creusé des arches et des grottes, taillées une sorte de chemin de part et d'autre de son cours. La balade, une heure aller-retour, mène de grands blocs plats jusqu'au Grand Arc, d'où l'on domine le défilé.

OFFICE DE TOURISME Maison de Pays ✆ 04 67 55 09 59. *E-mail : saint-martin-de-londres@fnotsi.net. Ouvert toute l'année.*

Le couvert

LA PASTOURELLE Chemin de la Prairie ✆ 04 67 55 72 78. *Fermé le mardi soir et le mercredi, fermeture annuelle du 15 au 30 septembre et les vacances scolaire de février. Menus de 19 € à 47,50 €.* Dans cette maison de terroir, tenue par le couple Caizergues, règne une ambiance chaleureuse contagieuse. En salle décorée par une exposition permanente d'aquarelles, Magali met chacun à son aise et présente la carte de Pascal. En cuisine, ce dernier concocte des terrines de gibier ou de canard (parfois associées à une confiture d'oignons fondante), une perche méditerranéenne, de l'agneau aux senteurs des garrigues… Les plats sont ceux de la cuisine locale et sont traités là avec recherche et application. Les menus prennent ainsi facilement un petit air gastronomique qui peut se prolonger en faisant provision de produits régionaux à la vente. A noter en bonus, un menu spécial truffe en saison pour les amateurs, ainsi qu'un service glacier estival de qualité proposé dans un environnement verdoyant et ombragé.

LES MUSCARDINS 19, route des Cévennes ✆ 04 67 55 75 90. *Fermé en février, les lundis et mardis. Menus de 39,50 € à 53,50 €.* Une réputation bien établie pour cette maison où les recettes traditionnelles se trouvent toutes, enrichies d'ingrédients insolites, préparées avec une bonne dose d'imagination. Les poissons et fruits de la mer sont particulièrement bien traités, comme dans la salade de homard au beurre de truffe, le dos de loup aux aromates et les brochettes de lotte au chorizo. Les nourritures terrestres passent par une escalope de foie gras et pain d'épice, des ris de veau braisés aux truffes, sans que la carte oublie agneau et chevreau.

Loisirs

EQUI-LIBRE Hameau de la Garde ✆ 04 67 55 02 03. *Ouvert toute l'année.* Equi-libre est une école française d'équitation où l'on peut pratiquer toutes les activités équestres sur un domaine de 600 ha, dans le cadre magnifique du pic Saint-Loup. Thierry, enseignant diplômé BEES1 et BEES, assure l'encadrement et la formation. Le poney club reçoit les enfants à partir de 3 ans pour des animations de découvertes, l'apprentissage et le passage des galops fédéraux. Pour les grands, équitation classique ou de loisir, pension, et entraînement des chevaux et des cavaliers à la compétition.

Saint-Mathieu-de-Treviers

Au pied du pic Saint-Loup, le vieux village de Saint-Mathieu (accès facile pour la promenade depuis le parking de Cazevielle, accessible par la D113. Prévoir environ 2h30 aller-retour) constitue un point de départ intéressant pour explorer la crête de ce dernier et de celui qui lui fait face, l'Hortus. Leurs deux silhouettes, visibles depuis bien loin, marquent le paysage, le pic Saint-Loup culminant à 658 m. Sa face nord, abrupte, laisse paraître les couches de calcaire qui la composent et dominent le ravin. Depuis son sommet, la vue englobe les ruines du château médiéval de Montferrand et en face, se profilant sur le causse de l'Hortus, les vestiges du château de Vivouriès. Bien au-delà, elle s'étend jusqu'à la plaine de Nîmes et l'on aperçoit même le mont Ventoux par temps clair. Au sud, Montpellier et la Méditerranée. Au sud-ouest, les regards portent jusqu'aux Corbières et au Canigou.

Emplettes

LES COTEAUX DU PIC ✆ 04 67 55 20 22. *Ouvert toute l'année du lundi au samedi de 8h30 à 12h et de 14h à 18h.* La cave de Saint-Mathieu, au pied du pic Saint-Loup regroupe plus de 300 vignerons et élabore des vins de caractère dans lesquels se retrouvent les caractéristiques de l'appellation : une robe rouge profond, un nez de fruits rouges bien mûrs et boisé, une bouche franche, avec de la matière et de la longueur.

▷ *Dans les environs*

Claret

Cette petite commune dynamique, perdue au bout des garrigues de l'Hérault, a basé son développement touristique sur la mise en valeur d'une tradition oubliée, celles des gentilshommes verriers ; détenteurs sous la Royauté du privilège de souffler le verre, ils tenaient cet art de l'héritage antique. Une nouvelle verrerie a été ouverte en bas du village. En haut, dans le centre ancien, les ruelles bordées de maisons de pierre conduisent jusque devant l'église Saint-Félix : Construite au XIe siècle, elle constitue un très bel exemple d'architecture romane. Ce petit village se signale enfin par une activité unique en Europe : la distillation d'huile de cade, utilisée en cosmétique.

OFFICE DE TOURISME ✆ 04 67 59 06 39. *E-mail : ot-chemindesverriers@laposte.net. Ouvert toute l'année du lundi au vendredi de 9h à 12h et de 14h à 18h (fermé le mercredi).*

VERRERIE D'ART Esplanade du Nouveau-Monde ✆ 04 67 59 06 39/04 67 59 05 07. *Ouvert de mi-mars à fin décembre de 14h à 18h, sauf les mardis et mercredis, en juillet-août de 10h à 13h et de 15h à 19h tous les jours sauf le mercredi et dimanche matin. Accès gratuit. Visite guidée pour les groupes sur demande.* Dans son bâtiment moderne, la verrerie de Claret reprend des gestes ancestraux. Elle abrite plusieurs artisans qui travaillent et exposent là. Verre soufflé, vitraux, pâte de verre, la matière prend forme et devient objet. Boule de Noël, vaisselle, sculptures, bijoux et même mobilier sont à la vente. Une dernière salle rappelle l'histoire du verre. L'entrée est libre, mais il n'y a pas de soufflage le mercredi et dimanche matin. La visite se poursuivra sur le site de la Couloubrines, à Ferrières-les-Verrières, et à Vacquières, chez un autre sculpteur sur verre. Dans la boutique : vente de productions locales telles que vin, miel ou, plus original, l'huile de cade et ses déclinaisons en produits cosmétiques. On y trouve aussi d'un artisanat de qualité : bijoux et émaux, faïence, ouvrages en verre et de plateau en bois décorés.

Les Embruscalles

DOMAINE VILLENEUVE ✆ **04 67 59 00 42.** *Ouvert du lundi au samedi de 9h30 à 12h et de 14h30 à 18h.* Le hameau des Embruscalles signifie vignes sauvages. Le domaine de Myriam et Christian Floras couvre un vignoble de 48 ha sur des coteaux argilo-calcaires abrités par la crête de Taillade. Une bonne part de la récolte est classée en AOC coteaux du Languedoc pic Saint-Loup. Dans le beau caveau antique, se pencher sur le cas de la cuvée des Verriers ou celle issue des Vieilles Vignes, typiques de cette appellation.

Ferrières-les-Verrières

ANCIENNE VERRERIE DE COULOUBRINES ✆ **04 67 59 06 39.** *Ouverture en juillet-août de 16h à 19h tous les jours. A partir de mi-mai, dimanches et jours fériés de 14h à 17h. Le reste de l'année, visite guidée sur rendez-vous pour les groupes.* Restaurée, cette verrerie à bois de la Renaissance raconte l'histoire des gentilshommes verriers du Causse de l'Hortus présents pendant cinq siècles, de 1280 à la veille de la Révolution. Les bois qui l'entourent ont longtemps fourni le combustible nécessaire aux fours.

Lauret

L'AUBERGE DU CEDRE **Domaine de Cazeneuve - LAURET** ✆ **04 67 59 02 02.** *Site : www.auberge-du-cedre.com. Ouvert du 19 mars au 28 novembre. Nuit et petit-déjeuner de 24 € à 36 € en saison. Demi-pension de 34 € à 36 €, camping (de mai à octobre) 8 € par personne. Restaurant ouvert du vendredi soir au dimanche soir. Menus à 25 € et 32 €.* Patiemment rénovée par Françoise Antonin et Lutz Engelmann, cette maison de maître, en plus de salons agréables avec bibliothèque et cheminée, possède une orangerie où se prend aujourd'hui le petit-déjeuner. La terrasse embrasse un paysage de vignes et de garrigues, dont on profite aussi depuis la piscine et le grand parc du XIXe siècle, domaine des campeurs en été. Dix-neuf chambres au décor champêtre se partagent plusieurs salles de bain. Les séjours paisibles sont d'autant plus prisés qu'ils s'accompagnent d'une cuisine méditerranéenne (clafoutis au chèvre, gigot d'agneau et nid d'agrumes) tout en saveurs soulignées par une carte des vins propice à une bonne découverte de la région.

DOMAINE DE CAZENEUVE ✆ **04 67 59 07 49.** *Ouvert le samedi, en semaine sur rendez-vous.* Sur rendez-vous, le vigneron prévoit une présentation de leurs vins dans un beau caveau, ancienne bergerie reconvertie. André Leenhardt raconte l'histoire de ce domaine familial, constitué à partir de 1810, qu'il a repris en 1987. Sur 16 ha d'éboulis calcaires, il produit trois cuvées rouges en pic Saint-Loup, les Terres rouges, les Calcaires et le Roc des Mates, ainsi qu'un blanc intéressant. Les Calcaires (syrah majoritaire) et le Roc des Mates (élevé 13 mois en barrique) sont souvent très appréciés.

Les Matelles

Charmant village médiéval restauré avec soin, le Lirou capricieux arrose ponctuellement ses pieds et déborde parfois en des crues mémorables. On entre dans le vieux village par une porte percée dans les remparts, bien conservés par endroits. Rues pavées et passages voûtés mènent de la partie basse du village, des XIVe et XVe siècles, à la partie haute, qui remonte au XIIIe siècle où les maisons se sont bâties, serrées les unes contre les autres, au plus haut de la butte. Le charme médiéval est accentué par le caractère très méditerranéen des Matelles. Lumière, pierre blonde et fleurs mettent en scène ruelles et placettes pour le plus grand plaisir du flâneur.

OFFICE DE TOURISME **Mairie** ✆ **04 67 66 69 82**

MUSEE MUNICIPAL DE PREHISTOIRE **Rue du Musée** ✆ **04 67 84 18 68.** *E-mail : musee@cg34.fr. Ouvert en hiver le vendredi et le dimanche de 14h30 à 17h30, en été tous les jours de 14h30 à 17h30, sauf le mardi et le vendredi. Tarifs : gratuit pour les moins de 12 ans, adultes 2 €.* Les Matelles abrite le plus ancien musée de la préhistoire du département. Dans une maison typique du village, de nombreux objets provenant de l'archéologie locale y sont exposés, qui donnent une idée de la vie quotidienne des hommes préhistoriques : ossements et silex du paléolithique, poteries néolithiques dont des vases décorés.

Viols-le-Fort

Il ne reste du fort, érigé pendant la guerre de Cent Ans, que quelques meurtrières et deux échauguettes. Les remparts furent achevés en 1429, date de la porte principale qui présente encore des vestiges de fortification. Une autre porte fut percée au XVIe siècle, deux encore au XIXe. Par les unes ou les autres, on pénètre dans les rues étroites qui ont gardé une atmosphère médiévale ; sur leur base ancienne, les maisons se sont pourtant ornées de fenêtres à meneaux mais, malgré les ajouts et suppression, gardent belle allure.

EXPOSITION DE PREHISTOIRE Rue du Fort ✆ 04 67 55 01 86. *Ouvert sur rendez-vous pour les groupes et samedi et dimanche de 14h à 18h. Tarifs pour les plus de douze ans 1,50 €.* En s'adressant à la mairie, on peut visiter cette petite exposition, L'Age des garrigues, qui présente une petite collection de vestiges préhistoriques.

SITE DE CAMBOUS Viols-en-Laval ✆ 04 67 86 34 37. *Ouvert hors saison sur rendez-vous pour les groupes et le dimanche de 14h à 18h ; à partir de Pâques le samedi et le dimanche, pendant les vacances scolaires et en juillet et août tous les jours sauf lundi et jeudi de 14h à 18h. Entrée 2 €, enfants de 12 à 16 ans 1,50 € (-de 12 ans gratuit).* Sur ce site, des fouilles archéologiques ont mis à jour les restes d'un village préhistorique ; le fait que le site a ensuite été abandonné a permis que viennent jusqu'à nous son tracé et l'implantation des maisons, ainsi que des témoignages de cette civilisation vieille de 5 000 ans, basée sur les activités pastorales et agricoles. Au cours de la visite, en pleine nature, les fouilles sont expliquées et s'achèvent sur la reconstitution d'une de ces antiques cabanes.

SETE ET LE BASSIN DE THAU

Entre la mer et l'étang, la mince bande littorale s'enorgueillit de la présence de Sète, son mont Saint-Clair et son port qui en font une zone économique et touristique. A ses pieds, la vie s'est de tout temps organisée autour de l'étang de Thau, cet immense étang dont les hommes se sont nourris et se nourrissent encore. Il est si vaste que cohabitent sans la moindre gêne, les parcs à huîtres, le canal du Midi qui le traverse et les plaisanciers, amateurs de voile et de vent à qui l'étang de Thau fait un superbe terrain de jeu. Tout autour, les villages de pêcheurs, Bouzigues, Mèze, Marseillan et Balaruc, petite station thermale qui se reflète dans ses eaux.

Sète

Les formes, les couleurs et les saveurs ont donné à Sète un supplément d'âme et d'authenticité. Cette ville est une île singulière qui a forgé, du haut des 183 m du mont Saint-Clair, une image qui la positionne aujourd'hui parmi les villes les plus prometteuses de la Méditerranée. Patrie de Paul Valéry et de Georges Brassens, Sète (du latin Setius, baleine) affiche un brillant palmarès en termes de patrimoine, d'économie, de culture, gastronomie, tourisme, sport et qualité de vie. Parler de Sète, c'est évoquer les animations avec les traditionnelles joutes de la Saint-Louis où les barques bleues et les barques rouges des chevaliers des temps modernes s'affrontent sous le regard de 15 000 spectateurs… plus qu'un rite, c'est une véritable institution, transmise de père en fils. Mais aussi, les activités de son port de commerce axées autour des produits forestiers, conteneurs, lignes régulières vers le Maroc, les vracs solides et liquides (céréales, grains, huiles, vins Listel et Skalli-Fortant de France, spécialiste des vins de cépages).

OFFICE DE TOURISME Grande-Rue Mario-Roustan ✆ 04 67 74 71 71. *Site : www.ot-sete.fr - E-mail : tourisme@ot-sete.fr. Ouvert toute l'année. D'octobre à fin avril du lundi au vendredi de 9h30 à 12h30 et de 14h à 17h30, le samedi de 10h à 12h et de 14h à 17h. En mai, juin et septembre 7j/7 de 9h30 à 12h30 et de 14h à 17h30 (en juin et septembre 18h), en juillet et août 7j/7 de 9h30 à 19h30.*

Points d'intérêt

LA VILLE BASSE. La promenade le long des canaux qui relient la mer à l'étang de Thau permet de comprendre l'appellation de Venise languedocienne parfois donnée à la ville. Ces canaux font de Sète une véritable île, comme en témoignent les douze ponts routiers dont cinq sont mobiles (pont de la Gare, pont du Maréchal Foch, pont de Tivoli, pont Sadi Carnot et le plus ancien, le pont de la Victoire). Ils relient les différents quartiers délimités par les canaux.

LE MOLE SAINT-LOUIS. Il abrite depuis 1666 l'entrée du port, construit sous Louis XIV et dédié à saint Louis, parti en croisade des rives de la Méditerranée. Aujourd'hui, il accueille de nombreuses régates. Il a également servi de base d'entraînement pour l'America's Cup. Le phare est aussi un symbole de l'activité portuaire… Celui de Sète a conservé ses lentilles d'origine (miroir de Fresnel en cristal de roche de 1901).

Bateaux dans le port

Tombe de G. Brassens, cimetière de Py

Le cimetière marin

LE MONT SAINT-CLAIR. Il domine la ville basse, culmine à 182 m et permet d'avoir un panorama très dégagé dans toutes les directions. Le chemin Saint-Clair permet d'atteindre, par un escalier, le sommet où sont aménagés dans les pins une table d'orientation et de petits sentiers pédestres. Splendide panorama sur le bassin de Thau et les Cévennes.

ESPACE BRASSENS Boulevard Camille-Blanc ✆ 04 67 53 32 77. *Site : www.ville.ste.fr - E-mail : e.brassens@ville-sete.fr. Ouvert tous les jours en été de 10h à 12h et de 14h à 19h, en hiver de 10h à 12h et de 14h à 18h (fermé le lundi). Entrée adultes 5 €, étudiants et 10-18 ans 2 €, gratuit pour les moins de 1 0 ans. Accessible aux handicapés moteurs à l'exception d'une partie de la salle vidéo.* Cet espace qui conduit au long de la vie de l'artiste est divisé en trois parties. La première est axée sur les aspects biographiques, la seconde est constituée de la salle vidéo qui diffuse des documents selon un programme présenté périodiquement ; la troisième propose une approche de l'œuvre au travers de quelques grands thèmes (l'anticonformisme, les femmes, les poètes…). Le visiteur est guidé par Brassens, par l'intermédiaire d'un casque d'écoute. La visite dure environ une heure.

MUSEE PAUL VALERY Rue François-Desnoyer ✆ 04 67 46 20 98. *Ouvert tous les jours en été de 10h à 12h et de 14h à 18h, fermé le mardi et les jours fériés hors saison. Tarif 3 €, 1,50 € jeunes de 12 à 18 ans, gratuit pour les moins de 12 ans.* Surplombant les tombes du cimetière marin, le musée a été inauguré en 1970 ; son architecture en verre permet de ne pas quitter de l'œil la Grande Bleue. Au rez-de-chaussée, la ville de Sète et ses artistes, notamment du siècle passé, ont la vedette. A côté, la salle des joutes est toute consacrée à cette tradition, complétée par une salle vidéo. A l'étage, se trouve la salle consacrée à Paul Valéry, ainsi qu'un espace pour les peintres contemporains d l'école sétoise et montpelliéraine.

CENTRE REGIONAL D'ART CONTEMPORAIN 26, quai Aspirant-Herber ✆ 04 67 74 94 37. *Ouvert tous les jours sauf le mardi, de 12h30 à 19h. Entrée gratuite. Demander la visite guidée gratuite.* Le CRAC a pour vocation d'accueillir des artistes créateurs, de montrer la diversité de la création, d'être un lieu d'échanges et de rencontres à finalité pédagogique. Lieu vivant, il montre ses dernières acquisitions et organise des expositions consacrées à de jeunes talents, à des artistes représentatifs des tendances actuelles en peinture, sculpture, vidéo, installation…

M.I.A.M. 23, quai Maréchal-de-Lattre-de-Tassigny ✆ 04 67 18 64 00. *E-mail : miam@ville-sete.fr. Ouvert tous les jours sauf le mardi et jours fériés hors saison de*

10h à 12h et de 14h à 18h (7j/7 en juillet et août). Adultes 5 €, étudiants et 10-18 ans 1,50 €, gratuit pour les moins de 10 ans et pour tous le premier dimanche du mois. Avec un nom en forme de boutade, ce musée international des arts modestes est dû à l'initiative déjantée de trois artistes sétois, Hervé Di Rossa, Bernard Belluc et Frédéric Roux. Dans un vaste espace dépouillé, ils ont promu au statut d'œuvre d'art les objets du quotidien, ces petits riens, ces emballages, ces cadeaux publicitaires de notre moderne époque (les collections courent sur une quarantaine d'années). Au rez-de-chaussée, un petit jardin décline lui aussi les arts modestes en laissant croître les mauvaises herbes. L'ensemble, curieux et accrocheur se veut une passerelle entre les arts populaires et l'art contemporain.

Le couvert

LA CRIEE 11, quai Maximin Licciardi ✆ 04 67 74 90 27. *Ouvert tous les jours, sauf le lundi et mardi midi hors saison. Menus de 12,50 € à 42 €.* Sylvie et Jean-Raymond, périgourdins d'origine, n'ont eu à faire appel qu'à leur métier et laisser faire le soleil pour produire une cuisine de qualité. La mer et le port ont inspiré un menu régional, fait de soupe de poisson, sardines à l'escabèche, de rouille de baudroie. S'y ajoutent des recettes, comme le filet de rouget à la confiture d'oignons rouges, vinaigrette à l'orange, salade de Saint Jacques aux girolles, vinaigre balsamique (13 €), magret aux écrevisses, petit camembert aux figues rôties. Désormais parfaitement intégré au paysage gastronomique, cette Criée réserve de bonne surprise dans l'assiette et un accueil souriant.

LE MARIE-JEAN 26, quai de la Marine ✆ 04 67 46 02 01. *Ouvert toute l'année, fermé le lundi hors saison. Menus de 13 € à 34 €.* Bien connu sur les quais, sur la terre ferme malgré son nom de bateau, le Marie-Jean s'est fait une terrasse fleurie en guise d'entrée et une salle aux couleurs ensoleillées. Le cadre est en accord avec ce que sert le chef : des coquillages, des encornets farcis, des poissons grillés, mais aussi quelques préparations fines ou classiques, toutes exécutées dans les règles de l'art. La queue de bœuf façon parmentière est la référence maison mais peut sans honte céder la place à une daube de seiche au vin rouge, un millefeuille de saumon à l'aneth… Un sans faute.

LA MARINE Quai de la Marine ✆ 04 67 74 30 03. *Ouvert tous les jours sauf le lundi et le mardi hors saison.* Jean Brunelin, dit Jeannot, a un jour posé ses sacs photos et jeter l'ancre dans ce restaurant héritier d'une longue tradition. Dans une maison fondée en 1931, cet ancien grand reporter a accroché quelques clichés de Cuba et décroché les casseroles. Depuis mijotent en elles la bourride de baudroies, les moules farcies, les tellines à la camarguaise… Là grillent les poissons à la plancha, ici frémissent les calamars et l'anchoïade apporte la fraîcheur de ses légumes. Les suggestions se font au gré de la pêche du jour, mais l'accueil est toujours le même, chaleureux.

LA ROTONDE 17, quai de Tassigny ✆ 04 67 74 86 14. *Ouvert toute l'année, fermé samedi midi et dimanche. Menus de 24 € à 30 €. Carte.* De la folle époque, cette Rotonde, jadis salle à manger du grand hôtel, a gardé son élégance… Le cadre séduisant sert d'introduction à la cuisine qui s'inspire des produits frais du marché pour élaborer une cuisine gastronomique. Le nouveau chef vous propose en entrée un millefeuille de pommes de terre et cochonnaille persillée, jus à la concassée de tomate ; suivi d'un poisson, filet de bar en trilogie d'écailles, velouté de crustacé lié à l'aïoli, cordon d'huile d'olive, ou une viande, l'emincé de rable de lapin à la mousse d'épinards, crème à la graine de moutarde et comme dessert un fondant chaud au chocolat, quenelle de chocolat blanc, tuile au chocolat lait.

Le gîte

AUBERGE DE JEUNESSE - VILLA SALIS Rue du Général-Revest ✆ 04 67 53 46 68. *Fermeture annuelle du 15 décembre au 15 janvier. Carte d'adhésion, disponible sur place, obligatoire (10,70 € ou 15,25 € au-delà de 26 ans). Nuit et petit-déjeuner 11,90 €, demi-pension 19,90 €.* Sur le mont Saint-Clair, à cinq minutes à pied de la vieille ville, la villa Salis domine la ville, la mer et l'étang de Thau. Les chambres (4/5 lits) sont situées à l'ombre des pins du parc dans des bungalows. Hors saison, on peut dormir et prendre son petit-déjeuner ou opter pour la demi-pension et manger sur la terrasse panoramique. En été, seule la demi-pension est proposée et l'on peut également planter sa tente là (trente places, toujours en demi-pension).

LE GRAND HOTEL 17, quai de Lattre de Tassigny ✆ 04 67 74 71 77. *Ouvert toute l'année, sauf fêtes de fin d'année. Chambres de 60 € à 126 €.* Très bel hôtel à l'architecture 1900, situé en face du canal royal, il attire par son luxe sans ostentation, sa personnalité raffinée et son service sans faille. L'entrée se fait par un hall de réception superbe, qui donne sur un patio ajouré par une verrière dans le style Baltard. Trois étages de coursives desservent les chambres, toutes différentes et meublées avec style, vastes et très confortables elles sont conformes à leurs trois étoiles. Un accueil avenant et des services de qualité en font un lieu de séjour apprécié.

L'ORQUE BLEUE 10, quai Aspirant-Herber ✆ 04 67 74 72 13. *Ouvert toute l'année. Chambres de 51 € à 76 € hors saison, de 57 € à 85 € en saison.* Cette Orque-là, de belle taille comme son animal fétiche, est un immeuble du XIXe siècle, dont on remarque la façade en bordure du canal. Les propriétaires, Jocelyne et Jean-Pierre, ont conservé ce hall majestueux et ses colonnades ; les grands miroirs du salon et les tentures. Ce décor d'un autre âge lui donne un petit air rétro, mais le confort n'en pâtit nullement. Toutes les chambres ont salle de bains, toilettes, télévision et téléphone. Les plus agréables, au tarif supérieur, donnent sur le canal et leur calme est garanti par un double vitrage.

LE CASTELLAS** RN112 ✆ 04 67 51 63 00.** *Ouverture du 15 mai au 15 septembre. Forfait 2 personnes de 18 € à 30 € avec voiture et électricité. Mobile-homes (4 personnes) de 250 € à 600 € la semaine.* Ce superbe camping d'une capacité de près d'un millier d'emplacements, offre tous les services possibles : Location de mobile-homes et de chalets, pizzeria, cafétéria, bar (très animé le soir), supermarché, tennis, piscine, foot, miniclub pour les 4/10 ans, animation en journée et le soir et... la plage à 30 m !

Le gîte et le couvert

LES TERRASSES DU LIDO Rond-Point de l'Europe - la Corniche ✆ 04 67 51 39 60. *Fermé en février, le dimanche soir et lundi. Menus 25 € à 52 €. Chambres (et 1 suite) de 58 € à 135 €.* Pendant des années les Guironnet ont porté au plus haut cet hôtel-restaurant dominant la mer. Philippe Mouls qui avait fait renaître la Rotonde en ville, vient d'en prendre les commandes. Gageons qu'il maintiendra le cap, surtout en gardant quelques classiques de la maison comme la soupe de poissons de l'étang, la rouille ou les poissons grillés, et en amenant sa créativité comme dans son célèbre tartare d'huîtres ou ses lasagnes de céleri et de baudroie. Après d'excellents desserts au chocolat, il fait bon se retrouver dans les chambres modernes où la vue s'étend sur le golfe du Lion.

Loisirs

LE PETIT TRAIN Quai Général-Durand ✆ 04 67 51 27 37. *Tous les jours de juin à septembre, d'avril à octobre tous les week-ends, jours fériés et vacances scolaires. Tarifs adultes 4,50 € et enfants 2,50 € (gratuit pour les moins de 3 ans).* De une à plusieurs fois par semaine, selon la saison, le petit train de Sète convie ses passagers à une découverte plus approfondie de la ville, de ses ports et des quais, du Môle et du centre-ville.

BASE NAUTIQUE Môle Saint-Louis ✆ 04 67 74 38 58/04 67 74 38 58. *Ouvert le week-end hors saison, tous les jours en été. Séance partir de 19 €.* Ce club agréé par la Fédération française de voile est une école et un lieu de pratique pour les enfants à partir de 8 ans et les adultes. Sur la base de mer et celle du môle, ils pratiquent dériveur, catamaran, funboard et planche à voile et dispensent des formations courtes ou des stages. La navigation se fait en loisir ou en compétition. Spécialité de ce club : il prépare à la croisière et à la navigation en bateau habitable.

CASINO DE SETE Place Edouard-Herriot - La Corniche ✆ 04 67 46 65 65. *Ouvert tous les jours, jusqu'à 3h hors saison, 4h les week-ends, en juillet et août.* Machines à sous (salle ouverte à partir de 10h), jeu de boule (salle ouverte à partir de 21h), black-jack, roulette... (ouverture à 21h, sauf les lundis et mardis). Animations musicales tous les jours en été, le week-end hors saison, thé dansant le dimanche après-midi, dîner-spectacle, piano-bar... Le restaurant est ouvert le soir du mercredi au dimanche ; ce jour-là, il sert un grand buffet.

AQUA SETE 42, quai de la Consigne ✆ 04 67 74 23 16. Cette école de plongée conduit à l'exploration des fonds côtiers selon plusieurs formules : des baptêmes de plongée (38,11 €) l'exploration autonome ou avec moniteur pour ceux qui ont déjà pratiqué. Côté formation, l'école assure des stages niveau débutant et niveau perfectionnement, avec passage du diplôme correspondant.

SETE CROISIERE ✆ 04 67 46 00 46. *E-mail : setecroisieres@libertysurf.com. Ouvert toute l'année (fermé en janvier).Tous les jours pendant les vacances. Promenades à partir de 10 €, sorties à partir de 17 €.* Pendant les vacances scolaires et en été, les bateaux de cette compagnie partent en promenade ou en excursion. Ils emmènent leurs moussaillons vers les ports de Sète et la mer, la corniche ou l'étang de Thau. On y organise des parties de pêche et, en été, des balades plus lointaines vers Palavas et Aigues-Mortes.

Emplettes

BISCUITS CATAGNIA 35bis, Grande-Rue Mario-Roustan ✆ 04 67 74 49 11. La biscuiterie Catagnia est célèbre depuis une quinzaine d'années pour ses recettes de biscuits méridionaux : les navettes provençales aux différents parfums, les croquets aux amandes, le mantecaos, biscuit aux origines espagnoles ou arabes selon les sources... ou encore le muscadin, création maison, un sablé aux raisins macérés dans le marc de muscat.

AZAIS ET POLITO Parc Aquatechnique ✆ 04 67 51 89 89. Tout l'éventail des plats cuisinés de poisson, cuisine sétoise artisanale : moules et encornets farcis, anchoïades, rouille sétoise, soupes, velouté de crabe... Tout cela est issu de produits frais et Jean-Claude Polito sait préserver tous leurs arômes.

TIELLES CIANNI 24, rue Honoré-Euzet ✆ 04 67 74 52 28. Il serait impensable de séjourner à Sète sans goûter à une tielle. A cette adresse, le maître incontesté fait étalage de ces tourtes rouge orangé dont la pâte souple renferme cette garniture de poulpe, de tomate et d'épices. A déguster chaud ou froid.

▷ Dans les environs

Balaruc-les-Bains

En bordure de l'étang de Thau, sur une presqu'île qui avance sur le bassin, Balaruc-les-Bains a le charme d'une petite station balnéaire dont la station thermale est l'un des attraits majeurs : accueillant plus de 35 000 curistes par an, elle se classe au troisième rang des stations thermales françaises. Les soins ont pour base une boue dont les Romains connaissaient déjà les vertus, composée de limon marin et d'une eau très riche en oligo-éléments bien adaptés au traitement des rhumatismes et des problèmes osseux ; une source sous-marine d'eau douce à 20°C est d'ailleurs visible, près de la crique de l'Angle, à l'auréole qu'elle produit à la surface de l'eau.

OFFICE DU TOURISME Maison du Thermalisme - Pavillon Sévigné ✆ 04 67 46 81 46. *Site : www.balaruc-les-bains.com - E-mail : balaruc-les-bains@fnotsi.net. Ouvert toute l'année. Du 15 septembre à fin avril du lundi au samedi de 9h à 12h et de 14h à 18h (ouvert le dimanche matin de mars à fin avril) ; du 1er mai au 15 septembre 7j/7, du lundi au samedi de 9h à 12h et de 14h à 19h et le dimanche de 10h à 12h et de 16h30 à 18h30 le dimanche et les jours fériés.*

LE SAINT-CLAIR 2bis, place du Port ✆ 04 67 48 48 91. *Ouvert tous les jours. Menus 15 € (midi en semaine), de 24 € à 42 €.* Autour du bassin de Thau, il est la référence, la valeur sûre, celle où l'on se presse pour trouver dans son assiette ce qui frétille dans l'eau. Salle de belle allure et superbe terrasse, comme posée sur l'eau, entre mer et étang. A la carte ou au menu, tous les poissons de la Méditerranée, les coquillages et fruits de mer, les

Balaruc-les-Bains

Bouzigues

Loupian

loups, les Saint-Pierre, les supions poêlés, les Saint-Pacques fines... Et une soupe de poisson à se pâmer. Une adresse à la hauteur de sa réputation, à tous points de vue.

HOTEL MERCURE Avenue des Hespérides ✆ 04 67 51 79 79. *Site : www.mercure.com. Ouvert toute l'année. Chambre 2 personnes de 82 € à 96 €. Menus de 16 € à 25 €. Accueil 24h/24.* Etablissement de grand confort (trois étoiles), il a été aménagé dans un bâtiment moderne qui, comme les maisons méditerranéennes, ouvre sur un patio de bois et de fer forgé ; il conduit à la piscine et ses espaces verts. Le Mercure se compose de 86 chambres, vastes et parfaitement équipées, dans un environnement soigné (salon-bibliothèque, salles de réception modulables). Le restaurant Les Persiennes déploie les charmes d'une carte languedocienne pleine de fraîcheur et de gourmandise.

Bouzigues

Célèbre par son huître, Bouzigues est un charmant petit port de pêche des bords de l'étang de Thau. Grâce à quelque 250 ha de parc à huîtres, un tiers de la population vit de la conchyliculture. L'étang ne fut pourtant pas la raison de la fondation de ce village, qu'occupèrent d'abord des paysans attirés par ces terres de friche, les bouzigues. Le port fut construit au XVIIe siècle et les coquillages élevés en bassin à partir de 1907. Aujourd'hui, les façades colorées du bord d'étang et le vieux port ont été inscrits à l'inventaire des sites.

MUSEE DE L'ETANG DE THAU Quai du Port-de-Pêche ✆ 04 67 78 33 57. *E-mail : musee.etang.de.thau@libertysurf.fr. Ouvert tous les jours. En juillet et août de 10h à 12h30 et de 14h30 à 19h, de novembre à février de 10h à 12h et de 14h à 17h de mars à juin et de septembre à octobre de 10h à 12h et de 14h à 18h. Adultes 4 €, groupes et enfants de 7 à 12 ans 3 €.* De jolies maquettes et des films anciens retracent l'histoire de la conchyliculture sur le bassin de Thau. La reconstitution d'un mas conchylicole des années 50 restitue l'ambiance d'antan et laisse évaluer le progrès des techniques de culture et de récolte jusqu'à aujourd'hui. Plus loin, tête à tête instructif, à travers les vitres des aquariums, avec les poissons de l'étang de Thau dont les muges, à la large tête, ou les loups. Le musée organise en outre des expositions temporaires sur différents thèmes en relation avec la région et la mer.

CHEZ LA TCHEPE Avenue Louis-Tudesq ✆ 04 67 78 33 19. *Ouvert tous les jours de 9h à 19h (21h en saison). Huîtres de 2,50 € à 5 € la douzaine.* Jean-Christophe Cabrol, producteur de coquillages, installé au bord de l'étang de Thau, est la coqueluche des boulimiques qui ne peuvent concevoir l'existence sans leur douzaine d'huîtres hebdomadaire ! Chez la Tchèpe, les tables sont dressées pour le client matinal, qui choisi sa catégorie d'huître (selon la taille) et en un clin d'œil, elles seront ouvertes et servies, à peine sorties des eaux. Un bon vin blanc du pays, voilà une bonne façon de se faire plaisir pour une somme très modique avec, en prime, un joli coup d'œil sur l'étang de Thau.

MOTEL COTE BLEUE Avenue Louis Tudesq ✆ 04 67 78 31 42. *Hôtel ouvert toute l'année. Chambres de 55 € à 77 €. Restaurant fermé du 25 janvier eu 25 février. Fermé mardi soir et mercredi. Du 15 octobre au 31 mars, fermé aussi le dimanche soir. Menus de 26 € (semaine) à 46 €. Le week-end un menu à 30 €.* Un mas ostréicole s'est reconverti en motel haut de gamme. Sur le bord de l'étang, face aux parcs, il a disposé ses 32 chambres autour d'une piscine aux grandes plages entourées de verdure. Les plus simples donnent sur une zone de pêche, les autres possèdent leur propre terrasse dont la vue imprenable s'ouvre sur l'étang. D'un décor classique, elles sont spacieuses et très confortables. Le restaurant gastronomique présente une belle carte des produits de la mer, comme les huîtres gratinées à l'artichaut, sabaillon au citron. Un large choix de poissons grillés ou de plateaux de fruits de mer, sans oublier quelques viandes, vous est proposé.

Gigean

Deux très beaux bâtiments religieux méritent que l'on fasse halte dans la commune. Le premier est, à l'intérieur du village, l'ancienne église paroissiale Saint-Geniès qui date du XIIe siècle et qui vaut par ces magnifiques sculptures de l'abside. Le second est l'abbaye Saint-Félix-de-Montceau.

ABBAYE SAINT-FELIX DE MONTCEAU. Pour s'y rendre, il suffit de prendre la N113 en direction de Mèze et de tourner à gauche après la cave coopérative ; une petite route en lacets mène jusqu'aux ruines de l'abbaye. Bien que rénovée par des bénévoles depuis 1970, il ne reste sur le site que les vestiges d'une belle église gothique et ceux d'une chapelle romane du XIIe siècle.

Loupian

Situé sur un itinéraire de raccordement de la via domitia et sur le Camin Romieu, le chemin qui menait les pèlerins à Saint-Jacques-de-Compostelle, ce petit village viticole est resté très fréquenté jusqu'au XVIIIe siècle. De nombreux vestiges archéologiques de l'antiquité tardive et un impressionnant patrimoine architectural font la richesse de cette commune de 1 500 âmes.

CHAPELLE SAINT-HIPPOLYTE Place Charles-de-Gaulle ✆ 04 67 43 82 07. *Ouvert tous les jours de 16h à 20h, en saison, le dimanche de 15h à 18h, hors saison.* Daté du XIIe siècle, cet édifice roman fut inséré dans le système défensif du village au XVIe et surmonté d'une tour crénelée. La visite permet de découvrir différentes formes de l'architecture romane languedocienne, notamment un très beau cœur-arcade à trois baies à la voûte ornée d'arcs toriques.

EGLISE PALEOCHRETIENNE. En face de l'actuelle église Sainte-Cécile caractéristique du gothique languedocien, se trouvent les fondations d'un lieu de culte datant du début du Ve siècle. Découvert à l'occasion de travaux de voirie en 1987, cet édifice de 35 m de long n'a pu être dégagé que sur sa partie nord.

VILLA LOUPIAN - MUSEE DE SITE GALLO-ROMAIN RD158 ✆ 04 67 18 68 18. *E-mail : villa-loupian@worldonline.fr. Ouvert de mi-juin à mi-septembre tous les jours de 11h à 17h45, de mi-septembre à mi-juin, visite le dimanche à 11h, 14h, 15h30, 17h, le samedi à 14h, 15h30, 17h, le lundi, mercredi jeudi et vendredi réservé aux groupes, pendant les vacances scolaires, à 14h, 15h30, 17h. Réservation conseillée, obligatoire pour les groupes. Tarif adultes 4,60 €, enfants (moins de 12 ans), étudiants et demandeurs d'emploi, 3,05 €, gratuité pour les moins de 6 ans.* Le musée, ouvert en juin 2000, présente en deux salles les résultats des fouilles d'une villa romaine, les objets de la vie quotidienne et ceux rappelant les activités agricoles. Sorte de galerie panoramique, un autre bâtiment protège ainsi les vestiges de la villa. En passant sur des passerelles, le visiteur découvre l'organisation de cette demeure (sa cour péristyle, la salle d'apparat, les bassins, les thermes...) et surtout de superbes mosaïques, restaurées et remises à leur place d'origine.

Villeveyrac

Si vous arrivez de la vallée de l'Hérault, prenez la D2. En pleine garrigue, on a une vue plongeante sur Villeveyrac, le bassin de Thau et les vignes aux alentours.

ABBAYE DE VALMAGNE D5 ✆ 04 67 78 06 09. *Site : www.valmagne.com. Ouvert tous les jours, en été le matin de 10h à 12h et de 14h30 à 18h30, hors saison de 14h à 18h. Adultes 6 €, enfants (à partir de 10 ans), étudiants (moins de 25 ans), groupes (à partir de 20 personnes) 4,50 €. Accessible aux handicapés.* Cet ensemble prestigieux d'art cistercien (composé d'une église, d'un cloître, d'une salle capitulaire et d'une fontaine) fut entre le XIIe siècle, et le XIVe siècle, une des abbayes les plus riches du Sud de la France abritant plus de 300 moines. L'église, construite au XIIIe et XIVe siècles, est d'un style gothique plus habituel dans le Nord de la France qu'en Languedoc. Transformée en domaine viticole, elle contient des foudres vieux de près de 200 ans. Dans le très joli cloître, vous pourrez voir autour d'une tonnelle deux pieds de vigne de plus de 150 ans. La visite passe depuis peu par un nouveau jardin de plantes médicinales et par un conservatoire des cépages que le domaine viticole utilise.

Marseillan

Marseillan est un vieux port aux vocations successives : son activité principale fut d'abord la pêche, puis, au début du siècle, le commerce du vin fit sa fortune. Il est aujourd'hui un débouché du canal du Midi et les navigateurs et plaisanciers apprécient son escale. La promenade le long du canal du Midi se fait par une route qui longe l'étang, sur la gauche. Elle vous permettra d'admirer un joli relais de halage, du temps où le commerce se faisait par cette voie d'eau ; il abrite aujourd'hui la célèbre école de voile des Glénans. La plage (Marseillan Plage) est le principal attrait de cette localité : côté Sète, elle est magnifique, l'endroit relativement calme et c'est la seule station balnéaire du département à être directement accessible par le train ; 1 600 m séparent la gare de la plage la plus proche. De même, on peut y accéder par bateau, depuis la mer ou depuis l'étang qu'un canal relie directement au petit port de plaisance.

NOILLY PRAT 1, rue Noilly ✆ 04 67 77 20 15. *Ouvert tous les jours du 1er mars au 31 décembre de 10h à 12h et de 14h30 à 18h, sur rendez-vous uniquement en novembre et décembre. Visite et dégustation, tarif adulte 3 €, groupes 2 €, enfants (plus de 12 ans) gratuit.* Plus tard, il décida de laisser vieillir son apéritif un an en vieux tonneaux à l'air libre. La visite passe par cet alignement impressionnant et par le chai où se font les mélanges secrets ; la séance de dégustation commence par le classique dry, et continue par le rouge, uniquement destiné à l'exportation, et par l'ambré.

MAISON DU TOURISME Avenue de la Méditerranée ✆ 04 67 21 82 43. *Site : www.marseillan.com - E-mail : info@marseillan.com. Ouvert toute l'année du lundi au samedi de 8h30 à 12h et de 13h30 à 17h ; en juillet et août 7j/7 de 9h à 19h.*

Le couvert

CHEZ PHILIPPE 20, rue de Suffren ✆ 04 67 01 70 62. *Fermé en saison le dimanche et lundi (15 juin à fin septembre) ; hors saison, fermé le dimanche, lundi et mardi. Fermeture annuelle de mi-décembre à mi-février. Menu unique 23 €.* Le plus parisien des restaurants de l'Hérault. Avec un seul menu, mais plusieurs plats au choix, la formule du restaurant Chez Philippe attire foule, au point que les réservations se font une semaine à l'avance. Dans ces conditions, on accède à quelques délices issus de la transformation de produits régionaux : huîtres et moules, poissons, frais, légumes de saison, petits fromages de chèvre, muscat et Noillly Prat dans les sauces fines. La grande terrasse à l'ombre des pins centenaires, prête son cadre à un moment de détente avec un verre de (bon) vin pour compagnon. Petite salle agréable au rez-de-chaussée et salon particulier à l'étage.

LA TABLE D'EMILIE 8, place Carnot ✆ 04 67 77 63 59. *Hors saison, fermé les lundi et mercredi et le dimanche soir. Menus 18 € (midi), de 25 € à 47 €. Carte.* Ce petit restaurant, blotti dans un coin de la place couverte du village, est un havre de tranquillité et de fraîcheur. Dans la salle voûtée ou le patio intérieur très ombragé, il est servi une cuisine ensoleillée et imaginative.

Le phare de Marseillan

L'accueil professionnel et souriant détend l'atmosphère, et de fins amuses gueules sont servis avant le repas. Sur la carte, le choix est considérable : des lasagnes d'aubergines confites au fromage ou une salade de homard aux agrumes, une montgolfière de Saint-Jacques, pétoncles et crevettes aux petits légumes, ou une pièce de charolais sur tarte fine d'anchois pour combler les plus difficiles... Les desserts sont parfaits, ils varient selon les saisons. Les petits pains faits maison sortent du four. La carte des vins est judicieuse.

Le gîte

LE PARADOU Impasse Ronsard - MARSEILLAN-PLAGE ✆ 04 67 21 90 10. *Ouvert de mi-mars à mi-novembre. Emplacement journalier pour 2 adultes + 1 voiture entre 12 € et 18 €, location semaine mobil-home 6 personnes de 300 € à 600 €.* Situé sur la magnifique plage de sable fin qui s'étend jusqu'à Sète, Le Paradou est fréquenté essentiellement par des habitués. Certains des 60 emplacements ont été légèrement agrandis et une moitié d'entre eux est bien ombragée. Le tout en fait un petit camping très agréable, peu cher, particulièrement en début et fin de saison.

VILLA LES TAMARIS Marseillan-Plage ✆ 04 74 69 67 17. *E-mail : marie.bereziat@wanadoo.fr.* Marie et Christian Bereziat loue des appartements meublés et équipés (pour 4 pers.) et une maison située en secteur calme de la station familiale à 200 m du port et de la plage.

Le gîte et le couvert

LES DUNES RN112 - MARSEILLAN-PLAGE ✆ 04 67 21 91 50. *E-mail : hotel-les-dunes@wanadoo.fr. Ouvert de mars à octobre. Chambres à partir 30 €. Menus à partir de 13 €.* Bien nommé, puisque situé le long de la plage, cet hôtel tenu par la même famille depuis des années a installé toutes ses chambres avec vue sur la mer. Entièrement rénovées, calmes et confortables, certaines profitent même d'une terrasse. Le restaurant quant à lui sort ses tables dès le premier soleil. Dans un cadre lumineux, il sert une cuisine régionale faite de produits frais.

▷ Dans les environs

Mèze

Mèze est un village charmant des bords de Thau dont vous goûterez l'agrément en vous promenant le long du vieux port. Les vieux remparts se dressent au bord de l'eau et laissent apercevoir la chapelle des Pénitents qui date du XIIe siècle. L'église, au centre du village, date du XVe siècle.

OFFICE DU TOURISME 8, rue Massaloup ✆ 04 67 43 93 08. *Ouvert de 9h à 12h et de 14h30 à 19h, du lundi au samedi et le dimanche de 9h à 12h30 en été ; hors saison le lundi, mardi et mercredi de 9h à 12h, le jeudi, vendredi, samedi de 9h à 12h30 (fermé le dimanche).*

ECOSITE D18 ✆ 04 67 46 64 94. *Ouvert de 10h à 19h en juillet et août. Adultes 6 € et enfants 4 €.* L'Ecosite de Mèze regroupe des installations technologiques consacrées à l'environnement et à l'aquaculture. A partir d'une station d'épuration doublée de laboratoires d'analyses et d'expérimentation, on apprend comment les eaux usées sont retraitées par le principe du lagunage et comment la lutte contre la pollution permet la protection des milieux aquatiques et, par voie de conséquence, l'élevage de toutes sortes de poissons ; on passe ainsi par toutes les étapes de la chaîne, jusqu'à l'élevage de poissons aquatiques.

LA PLAINE DES DINOSAURES RN113 ✆ 04 67 43 02 80. *Site : www.musee-parc-des-dinosaures.com - E-mail : pidino@club-internet.fr. Ouvert toute l'année. Adultes 6 €, enfants (de 5 à 12 ans) 4,50 €, groupes (adultes) 4,50 €, enfants (de 5 à 12 ans) 3,50 €.* Avec un petit air de Jurassik Park, cette aire de fouilles paléontologiques a été aménagée de façon à rendre la visite impressionnante. Un parcours, dans un parc ombragé de 5 ha, fait se mesurer (par la taille uniquement !) à des squelettes et des reconstitutions de ces charmantes bestioles qui peuplaient la terre il y a quelques dizaines de millions d'années. Viennent ensuite les collections de fossiles, les empreintes et enfin le chantier de fouilles. Une réplique de ce chantier permet de jouer les apprentis archéologues.

LE COQUILLOU Quai Augustin-Descournut ✆ 04 67 18 87 50. *Fermeture mardi soir et mercredi. Menus 10,50 € et 16,50 € et carte.* Sous ce nom, un producteur de coquillages tient table ouverte, en toute simplicité. Chaque jour, il cuisine le poisson du marché qui prend place au milieu d'une ribambelle de moules, d'huîtres, de tellines, de palourdes, d'oursins et d'escargots de mer. Crus ou cuits, au citron ou sautés en grandes poêlées, ils apportent dans l'assiette fraîcheur et saveurs iodées dont on ne se lasse pas.

BEAU RIVAGE ✆ **04 67 43 81 48.** *Ouvert de début avril à fin septembre. Forfait deux personnes de 15 € à 37 €, mobil-home (6 personnes) entre 180 et 700 €.* Grand camping installé en bordure de l'étang de Thau, il se rafraîchit à l'ombre de quelques pins et dans les eaux d'une grande piscine. Abondamment pourvu de services (trois étoiles), d'installations de loisirs et d'animations en saison, il est très fréquenté en saison.

LE FER A CHEVAL Route de Villeveyrac ✆ **04 67 43 61 11.** *Ouvert toute l'année, tous les jours en saison, sauf le lundi hors saison.* Adultes et enfants ont de quoi se transformer en centaure à fréquenter ce centre. Les quelque quarante chevaux et poneys sont disponibles pour les cours (tous niveaux, voltige, horse-ball, préparation aux examens...), les promenades et les randonnées. Guilhem Ségui et son équipe de cavaliers diplômés dispensent des leçons d'équitation en cours personnels ou en stages, organisent des promenades et des randonnées pouvant aller de la journée à la semaine.

CENTRE REGIONAL LE TAURUS Rue de la Méditerranée. *Ouvert toute l'année. A la fois centre de séjour et école française de voile, affilié à la Fédération, Le Taurus fonctionne en club d'octobre à juin et s'ouvre à tout public en été.* Les moniteurs encadrent les stages et les cours de planche à voile et de voiliers (du dériveur au catamaran), sur le magnifique plan d'eau que fournit l'étang. On part à sa découverte, avant de se lancer dans une croisière en Méditerranée sur un 14 m. Formation aux permis bateaux.

DOMAINE DES YEUSES Mèze ✆ **04 67 43 80 20.** *Caveau ouvert toute l'année, tous les jours de 9h à 12h et de 15h à 19h sauf le dimanche.* Sur les rives du bassin de Thau, les terres se mêlent de sable et de calcaire. Jean-Paul et Michel Dardé y élèvent des vins de pays rouges et rosés, un muscat blanc, un sauvignon et un chardonnay aux reflets verts.

Pinet

Ce petit village est surtout connu pour son vin blanc dont la réputation n'est plus à faire, surtout s'il accompagne coquillages de l'étang de Thau et poissons du port de Sète.

CAVE DE L'ORMARINE 13, avenue Picpoul ✆ **04 67 77 03 10.** *Site : www.cave-ormarine.com. Ouvert toute l'année du lundi au samedi de 9h à 12h et de 14h à 18h (19h en été et ouvert le dimanche).* Entre mer et garrigue, ces vignerons et précurseurs depuis 1773, sont régulièrement primés. Le Petit Futé a aimé : Picpoul de Pinet carte noire, robe dorée à reflets verts. Au nez, on retrouve toujours des notes fraîches de pamplemousse ou de verveine, qui préparent bien une attaque vive, puis une finale harmonieuse.

SCEA GAUJAL 1, rue Ludovic-Gaujal ✆ **04 67 77 02 12.** *Ouvert du lundi au vendredi de 9h30 à 12h et de 14h à 18h, en été ouvert également samedi, dimanche et fêtes de 10h à 12h et de 16h à 18h.* Des breuvages sous l'influence marine bénéficiant d'un bain de soleil, voilà l'essentiel de cette cave de qualité. Deux valeurs sûres, AOC picpoul de Pinet, aux dominantes d'anis, de fleur de genêt et de noisette et domaine de la Roquette qui sent bon la pinède et les fleurs des garrigues.

Pomerols

Un ancien fief médiéval, qui depuis l'époque gallo-romaine a prospéré autour de la vigne. Pomerols s'est fait remarquer pour son picpoul de Pinet, ses chocolats et sa charcuterie à base de ce vin blanc.

MAISON DU TOURISME ✆ **04 67 00 12 28.** *Ouvert toute l'année.*

GUY BOUZIGUES Grand-Rue - POMEROLS ✆ **04 67 77 04 99.** *Fermé le mercredi.* Guy Bouzigues est intarissable sur la fabrication de ses chocolats qu'il élabore à partir de picpoul de Pinet distillé. Dans sa petite boulangerie-pâtisserie au cœur du village, cet artisan-créateur en fabrique pas moins de six variétés à base de pâte d'amande, de chocolat praliné, de gelée de fruits. Parmi ses spécialités, les tures de picpoul (cœurs de chocolat noir amer à la fine de picpoul avec grains de raisins macérés) ou le délice des évêques (chocolat noir amer alliant la douceur de la figue et la légèreté du cacao). Pour l'apéritif, Guy Bouzigues a imaginé la fontvieille, le mariage subtil de la crème de roquefort et du chocolat blanc enrobé d'un noir amer et l'olivette d'oc, union savoureuse d'une crème d'olive et du chocolat blanc réunis dans un écrin de cacao amer. A découvrir avec un vin blanc.

CAVE DES COSTIERES DE POMEROLS Avenue de Florensac ✆ **04 67 77 01 53.** *Ouvert tous les jours sauf dimanche, de 8h à 12h et de 14h à 18h. En juillet et août tous les jours de 8h à 19h.* Dans cette cave fondée en 1932, le Petit Futé a aimé : Hugues de Beauvignac. Ce fleuron de picpoul de Pinet en fût de chêne, est une cuvée de prestige qui remporte toujours un grand succès dans l'appellation. Il peut se présenter en robe pâle, offrir au nez des arômes d'agrumes mais aussi une bouche d'une vivacité agréable et aromatique.

AGDE ET PEZENAS

L'une est tournée vers la mer, l'autre vers les plaines viticoles, mais toutes deux se rappellent une histoire séculaire. Fondée au VIIe siècle avant notre ère, Agathé, Agde la bienheureuse de son nom grec, fut la seconde colonie grecque après Marseille. Plus tard, située à proximité de la via domitia, elle a vu s'étendre l'urbanisation sur le modèle romain, modèle que l'on retrouve à Saint-Thibéry, Loupian ou Castenau-de-Guers. Cet axe fut encore utilisé par les pèlerins en route vers Saint-Jacques-de-Compostelle. Plus au nord, Pézenas a bénéficié d'un privilège royal qui a favorisé son commerce, avant de devenir le siège des Etats du Languedoc au XVIe et XVIIe siècles. Petite Versailles, elle a dominé ses alentours et a gardé de cette époque fastueuse un centre historique bien préservé.

Agde

Petite ville agréable, elle a été fondée par les Phocéens (grecs venus de Ionie) sur les bords de l'Hérault, il y a vingt-cinq siècles, ce qui en fait la plus ancienne ville de France après Marseille. Forteresse médiévale ou riche bourgade renaissance, "la perle noire de la Méditerranée" offre, à chaque coin de rue, un visage différent. La promenade le long de l'Hérault ou du canal du Midi, vaut également le détour. Sur la rive droite de l'Hérault, on arrive à la Tamarissière qui a gardé son cachet ancien de petite station balnéaire des années cinquante. De l'autre côté de l'Hérault, c'est le Grau d'Agde et le bout de la plage Richelieu. Il est possible d'aller d'une rive à l'autre, grâce à l'aide d'un passeur, et d'apprécier quatorze kilomètres de plage de sable.

OFFICE DU TOURISME Place Molière © 04 67 94 29 68. *E-mail : ot-agde@wanadoo.fr. Ouvert tous les jours, en saison, et du lundi au samedi de 9h à 12h et de 14h à 18h, hors saison. Visites guidées en été tous les mardis et vendredis matin à 10h.*

Points d'intérêt

L'ECLUSE DU CANAL DU MIDI, LE PARC BELLE ILE ET LE CHATEAU LAURENS. Constituant un exploit technique, c'est la seule écluse ronde du canal du Midi, elle met en relation trois niveaux d'eau différents. A quelques pas de là, une passerelle mène au parc Belle Ile, un îlot boisé sur lequel a été construit le château Laurens de style néoclassique avec des décorations de style art nouveau. En cours de restauration, le château ne se visite pas pour l'instant.

CATHEDRALE SAINT-ETIENNE. Eglise romane fortifiée au XIIe siècle, elle surprend par sa couleur noire. Construite au bord de l'Hérault en pierre de lave, elle présente des murs d'une épaisseur de 2 à 3 m, des mâchicoulis, un chemin de ronde et des créneaux. A l'intérieur, on remarque dans la voûte un œil-de-bœuf par lequel les défenseurs pouvaient s'approvisionner à l'aide d'une corde.

Agde de nuit

MUSEE AGATHOIS 5, rue de la Fraternité ✆ 04 67 94 82 51. *E-mail : dausarret@libertysurf.fr. Ouvert toute l'année et tous les jours de 9h à 12h et de 14h à 18h (fermé le mardi hors saison). Adultes 3,80 €, enfants 1,60 €, groupe à partir de 10 personnes 2,50 €.* Installé dans un hôtel Renaissance, le musée retrace l'histoire d'Agde, de l'antiquité à nos jours, grâce à des scènes méticuleusement reconstituées en 24 salles mettant en valeur art et traditions. Peintures, faïences, ex-voto, meubles, broderies et vêtements permettent de découvrir activités viticoles et maritimes sans oublier le folklore. Les adultes profiteront d'une visite guidée, les enfants du jeu de piste organisé à travers les salles.

Le couvert

LA FINE FOURCHETTE 2, rue Mont-Saint-Loup ✆ 04 67 94 49 56. *Ouvert à midi du lundi au samedi et les vendredis et samedis soir. Menus 10 € et 16 €.* Toute petite, la salle de ce restaurant proche de la Promenade, met ses clients le nez dans la cuisine, tant on en est proche une fois installé. En été, la terrasse met à l'aise tous les habitués (qui auront pensé à réserver, l'endroit est vite rempli !). L'accueil et la cuisine vont de pair, l'un affable l'autre familiale, avec beaucoup de choix à toutes les étapes de menus : terrine d'écrevisses, escalopine de truite de mer…

Le gîte

HOTEL ARAUR 7, quai Commandant-Réveille ✆ 04 67 94 97 77. *E-mail : agdehotel.araur@wanadoo.fr. Ouvert toute l'année. Chambre double de 50 € à 60 €.* Près du centre, dix chambres simples (avec douche et toilettes) qui ont une jolie vue sur les berges du fleuve et la cathédrale. Il suffit de cinq minutes à pied, en se promenant pour aller l'admirer. Hors saison, prix en baisse sur les séjours.

HOTEL LES ARCADES 16, rue Louis-Bages ✆ 04 67 94 21 64. *Ouvert toute l'année. 14 chambres de 30 € à 45 €.* A 3 km de la plage, ces arcades sont celles d'un ancien couvent, dont la cour intérieure assure maintenant le calme des chambres. Elles ne sont plus monacales mais se sont offert un petit confort, simple mais suffisant. Accueil chaleureux, la pointe d'humour en prime.

CAMPING SUD LOISIRS* Route de Marseillan ✆ 04 67 21 09 10.** *Ouvert toute l'année. Forfait 2 personnes de 12,50 € à 21 €. Mobil-home pour 6 personnes de 352 € à 505 € la semaine.* Un peu en retrait des plages, mais contre la cité d'Agde, ce petit camping familial (85 emplacements) a l'avantage d'être calme et d'être le seul parmi les cinq du centre agathois à être ouvert tout au long de l'année. Ses services sont les suivants : snack-bar proposant plats à emporter, piscine pataugeoire et animations en saison, aire et salle de jeux et gardiennage de bateaux.

Loisirs

LES BATEAUX DU SOLEIL 6, rue Chassefière ✆ 04 67 94 08 79. *E-mail : bateaux-dusoleil@wanadoo.fr. Plusieurs croisières par semaine en saison. Tarifs de groupes. Réservation indispensable. 3 bateaux de 50 à 140 personnes, restauration de 40 à 100 couverts.* Au départ d'Agde, l'excursion à la journée vous emmènera à Marseillan en passant par une petite portion de l'Hérault puis par la réserve naturelle du Bagnas avant d'arriver dans les eaux de l'étang de Thau. La deuxième formule rallie Béziers, par le canal du Midi avec ses célèbres ouvrages d'art (le pont des trois yeux, le pont du canal sur l'Orb, de nombreuses écluses…).

RESERVE NATURELLE DU BAGNAS Maison de la Réserve - Domaine du Grand-Clavelet - RN11 ✆ 04 67 01 60 23. *Site : www.chez.com/bagnas - E-mail : adena-bagnas@tiscali.fr. Camp d'observation des oiseaux gratuit, pistes nature réserve du Bagnas ou volcanisme, 4 € gratuit pour les enfants de moins de 10 ans.* La Société de Protection de la Nature gère aussi la maison de la réserve des étangs et marais du Grand et du Petit Bagnas, où s'observent plus de 200 espèces d'oiseaux (sédentaires, nicheurs ou hivernants) sur près de 560 ha. De nombreux documents et informations sont disponibles à la Maison. De là, des animateurs peuvent vous emmener en promenade découverte le long des étangs (la journée ou le soir) ou sur le site volcanique qui fait l'histoire de la région.

Le Cap d'Agde

C'est la station balnéaire type des années 70, celle qui mit le littoral à portée de tous. Petits immeubles, quartiers nouveaux, près de 140 000 personnes viennent y passer leurs vacances, en plus des 3 000 résidents en hiver. L'endroit grouille de vie et s'anime l'été, en devenant une station branchée. Les amateurs de foule, de boites de nuit et d'atmosphère surexcitée seront comblés : rien que sur l'île des Loisirs, on en compte déjà dix. Le Cap d'Agde, c'est aussi une immense marina de 2 234 anneaux, entourée de quais, bordée de restaurants et de boutiques, pour que tout soit disponible. Dans une telle ambiance, on peut passer de très bonnes vacances au Cap, les activités sportives et culturelles ne manquent pas.

OFFICE DU TOURISME Rond-point Bon-Accueil ✆ 04 67 01 04 04. *Site : www.capdagde.com - E-mail : contact@capdagde.com. Ouvert toute l'année 7j/7. Du 2 janvier au 31 mars et du 1er octobre au 31 décembre de 9h à 12h et de 14h à 18h, du 1er avril au 31 mai de 9h à 12h et de 14h à 19h, du 1er juin au 30 juin de 9h à 19h ; en juillet et août de 8h30 à 20h.*

Location de vélos

CYCLO DU MAIL Mail de Rochelongue ✆ 04 67 26 90 61

NEWAY Parking Temps Libre - Iles des Loisirs ✆ 04 67 26 24 47

Points d'intérêt

AQUARIUM 11, rue des Deux-Frères ✆ 04 67 26 14 21. *Site : www.aquariumagde.com - E-mail : apigno@aquariumagde.com. Ouvert toute l'année, tous les jours de 14h à 18h, en juillet/aout de 10h à 23h. Tarifs adultes 6 €, enfants de 6 à 12 ans 4 €.* En deux sections (Méditerranée et Tropical) : hippocampes, pieuvres, requins, méduses, murènes et mérous vous donnent rendez-vous. Une visite pour le plaisir des yeux : en 30 bassins, décorés de rochers et de coraux durs et dont l'eau de mer naturelle est renouvelée en permanence. Comporte aussi une salle de projection.

FORT BRESCOU Gestion du site - Office de Tourisme ✆ 04 67 94 29 68. *E-mail : ot-agde@wanadoo.fr. Visite organisée pour les groupes à partir d'avril sur réservation. Du 15 juin au 31 août, visite tous les jours. Adultes 2,50 €, enfants 1,50 € (prévoir un supplément pour la navette bateau).* Pour se rendre sur cet îlot volcanique un peu au large du Cap, il faut emprunter les bateaux de promenade qui partent du Cap ou du Grau d'Agde. A voir sur le site : des fortifications qui datent du XVIIe siècle occupant la majeure partie de l'espace. Cette forteresse défensive construite, d'après les plans de Vauban, servit même de prison au XVIIIe siècle.

MUSEE DE L'EPHEBE Mas de la Clape ✆ 04 67 94 69 60. *Site : www.ville-agde.fr - E-mail : musee@ville-agde.fr. Ouvert tous les jours de 9h à 12h et de 14h à 18h. Adultes 4 €, enfants et tarifs réduits 1,60 €, gratuit pour les enfants de moins de 8 ans.* Ce musée réjouira tous les passionnés d'archéologie sous-marine. Notamment, pour le célèbre Ephèbe, statue de bronze antique (hellénistique, vieux de 2 300 ans, pour être précis) découverte dans le fleuve en 1964 et devenue, depuis, le symbole de la ville d'Agde. Une importante collection d'amphores antiques et une intéressante reconstitution de bateaux de la même époque sont aussi visibles. Présent également au programme de la visite : la navigation et les épaves du passé, ainsi que les techniques de fouilles subaquatiques.

Le couvert

CALADOC Ile aux Loisirs ✆ 04 67 26 87 18. *Fermeture annuelle mois de janvier. Fermé dimanche et lundi sauf en saison. Menus à 25 € et 42 € midi et soir. Carte.* Le moins que l'on puisse dire c'est que Jean-Claude Fabre est toujours à la hauteur de son enviable réputation. C'est lui qui dirige les cuisines du Caladoc, restaurant de l'Hôtel du Golf et nom d'un cépage hybride propre au Languedoc. Ici, l'imagination et l'audace font recette. La carte et les menus sont très élaborés. Un cadre exceptionnel, méditerranéen, un brin mauresque épuré, revisité par du contemporain japonais. Sur la terrasse, un patio avec bougainvilliers, palétuviers, palmiers, teck, fer forgés, couleurs ocre, beige et rose. Sur la table, des assiettes carrées, vases en pierre avec des fleurs qui flottent. Au centre du restaurant une salle vitrée abrite les bouteilles. Le côté table cuisine méditerranéenne de terroir est mis en avant par des produits de petites productions, (tomates, aubergines, herbes). Parmi les réalisations, nous citerons un foie gras aux cèpes, dos Saint-Pierre cuit au sel sur mélange tomates, girolles et aubergines pointe de pesto, cannelloni avec des piquillos (farci avec de la brandade au chair de crabe). Un régal ! A la sommellerie, Laurent Saint-Dizier vous aidera à choisir parmi les 300 vins du cœur de l'Hérault.

LE BRASERO Port Richelieu ✆ 04 67 26 24 75. *Fermé le jeudi, hors saison. Fermé de mi-novembre à mi-décembre et de début janvier à début février. Service jusqu'à 23h. Menus de 18 € à 30 €.* Poisson grillé, rôti de lotte au poivre vert, clovisses à la provençale et plateaux de fruits de mer voici pour les amateurs de produits maritimes, mais les carnivores trouveront eux aussi leur bonheur car le patron, ancien chevillard, vous servira dans une belle salle en avancée sur le port une excellente viande en provenance du marché local ! Une bonne adresse où service, convivialité et qualité font bon ménage depuis 30 ans.

LE NAUTIC 3, rue de l'Estacade ✆ 04 67 26 90 01. *Fermé du 10 décembre au 31 janvier. De début février au 31 mars : ouvert tous les midis, ouvert midi et soir vendredi et samedi, fermé le mercredi. Ouvert plus régulièrement en saison. Menus de 10,50 € à 25 €. Menu 15,90 €.* Ce bar-restaurant, tout de bleu et de jaune vêtu, situé en face de la capitainerie, en bout de quai, avec salles et terrasses ensoleillées, s'est ouvert sur le petit port de pêche. Nathalie et Franck vous accueillent avec bienveillance vous aiguillant vers des produits de la mer selon l'arrivage du jour : salade de poulpe, soupe de poisson, rouille de sèche, mouclade agathoise, poellée de sépions…

LA GRANGE GOURMANDE Port Ambonne - Village Naturiste ✆ 04 67 01 57 74. *Ouvert en saison tous les soirs. Hors saison, ouvert du mercredi au dimanche. A partir de 19h, servi sur la terrasse au bord de la piscine sous une tonnelle. Le service peut durer jusqu'à 1h du matin l'hiver, 2h l'été. Menus : 19,50 € et 29 €. A la carte l'été.* La carte propose des fruits de mer gratinés, des huîtres au champagne, des poissons et différentes viandes, du foie gras poêlé sur lit de fruits secs et sa sauce au vin moelleux, la salade de la Grange. Cela manque de variété dans les vins proposés (pas de vin de Loire comme le sancerre rosé, idéal lorsqu'il fait chaud). Et pourtant, cela fait presque treize ans que Jean-Luc et Didier ont ouvert La Grange. La salle intérieure ressemble davantage à une écurie avec son décor de poutres, de harnais pour chevaux, d'outils de la ferme, de paniers en osier. On se croirait dans une ferme de la Beauce ou dans les Alpes. Le dépaysement est garanti. De l'autre côté du passage, la terrasse borde la piscine. Et il n'est pas nécessaire d'être nu pour venir dîner.

Le gîte

HOTEL OPAL 2, rue du Tambour ✆ 04 67 26 46 66. *Site : www.hotel-agde.com. Ouvert du 1er avril au 2 novembre. Chambre double 45 € à 76 €.* Bien placé (600 m de la plage) et facilement accessible en train (navette) ou en voiture (parking), l'Opal est un établissement moderne et fonctionnel, dont les quarante chambres disposent toutes de salle de bains et WC, téléphone et télévision (satellite). Certaines ont une terrasse (celle du 5e a une très jolie vue), d'autres, en annexe, accueillent les familles.

CAPAO 1, rue des Corsaires ✆ 04 67 26 99 44. *Le Capao est équipé de 55 chambres d'hôtel de 70 € à 125 €. Petit-déjeuner 9,5 €. Accessible aux handicapés.* Le Capao est aussi grande résidence de tourisme classée 3 étoiles (04 67 26 07 90), elle rassemble 40 appartements, dont certains avec vue sur la mer. Elle est tout juste à 100 m de la plage, mais propose aussi piscine, espaces verts et petite salle de sport. Et un service restaurant sur place.

Le gîte et le couvert

GIL DE FRANCE 10, avenue Alizés ✆ 04 67 26 77 80. *Site : www.gildefrance.fr. Ouvert toute l'année. Hôtel climatisé. 33 chambres pour 1 à 2 personnes de 40 € à 70 €. Soirée étape 55 € sauf juillet/août. Petit-déjeuner 7 €. Restaurant prévu pour juin 2004.* Cet établissement, calme et familial, situé à deux pas de la plage ou du golf, a tout ce qu'il faut pour la détente : piscine chauffée et couverte avec jacuzzi, équipement de balnéo, hammam, salle de massage. Le bar permet de prolonger la soirée. Cadre moderne et accueil parfait pour un hôtel deux étoiles qui mise aussi sur le service avec, par exemple, la possibilité de pressing.

Loisirs

AQUALAND Avenue des Iles-d'Amériques ✆ 04 67 26 85 94/08 92 68 66 13. *Site : www.aqualand.fr. Ouvert de juin à mi-septembre de 10h à 18h, et de 9h30 à 20h30, en juillet et août. Adulte 15,50 €, enfant 13 €.* Une cascade d'eau fraîche, rien de tel par une journée de canicule. Sur 4 ha, rivière rapide, toboggan, pentaglisse, une vingtaine d'attractions différentes répondent à tous les goûts de la famille. Spectacle de mi-juillet à mi-août, eau chauffée et tous les services (et tentations du genre boutiques, crêperie, glacier…) sur place.

CASINO DU CAP D'AGDE Ile des loisirs ✆ 04 67 26 82 82. *Ouvert tous les jours, machines à sous de 11h à 4h du matin, salon de jeux de 21h à 4h.* Un paradis artificiel classique, avec ses 150 machines à sous et vidéo, en accès libre, avec les plus gros jackpots de la région. Tableaux de Boule, black Jack, roulette anglaise et française, Stud Pocker, Baccara…

CENTRE NAUTIQUE Plage Richelieu-Est - Avenue du Pasteur-Challiès ✆ 04 67 01 46 46. *Ouvert toute l'année (fermé de mi-décembre à mi-janvier).* Labellisé école de voile française et parrainé à son ouverture en 1995 par Loïc Peyron et Florence Arthaud, ce centre moderne et performant offre toutes les garanties de sécurité et de professionnalisme. Les moniteurs proposent ainsi des stages pour enfants, adolescents et adultes, groupes et comités d'entreprise, sur une flotte complète allant de l'optimist au tonic, en passant par le catamaran (KL 10,5/13,5/15,5) et la planche à voile.

CLUB INTERNATIONAL DE TENNIS Avenue de la Vigne ✆ 04 67 01 03 60. *Ouvert toute l'année.* Dans ce temple du tennis, 23 courts extérieurs en green set et un en terre battue, 8 courts couverts dont 2 en terre battue sont à la disposition des joueurs de tous niveaux. 10 stages différents sont proposés aux passionnés de tennis du débutant de 5 ans aux compétiteurs de tous âges et pour ceux qui veulent débuter, le club propose des initiations gratuites pour tous, le vendredi et le samedi (réservation par téléphone).

DISCOTHEQUES. Rien que sur l'île des loisirs, on dénombre une douzaine de discothèques auxquelles il faut ajouter 6 autres night-clubs qui se trouvent dans le Cap. La plupart ne sont ouvertes qu'en saison (l'Amnesia, par exemple). Mais on peut aussi danser les week-ends d'hiver à l'After, au Palma ou au Nicavana. Celui-ci dispose d'un grand jardin d'extérieur, ce qui permet de se retrouver en plein air dans la soirée. Côté musique, les boîtes de l'île des Loisirs laissent une grande part à la techno et les jeunes trouvent leur bonheur au Bora-Bora (cinq ambiances musicales différentes). Le Cotton-Club et le Lapin de Baluffe (Grau d'Agde) sont plutôt rétro et le Hey Joe donne dans le genre café-concert.

GOLF DU CAP D'AGDE 4, avenue des Alizés ✆ 04 67 26 54 40. *Ouvert toute l'année. Parcours 18 trous de 42 € à 52 €.* Ce golf possède un parcours 18 trous par 72 de 6 279 m et propose aussi un 9 trous classique et un compact, sur 800 m ; il est muni aussi d'un practice pour s'entraîner. Si vous n'avez pas de matériel, la location est aisée sur place. 1 Club-house : bar, restaurant et pro-shop sur place.

GEANT MINI-GOLF/DINO LAND/DINO PARK Ile des Loisirs - 28, avenue du Passeur Challies ✆ 04 67 26 65 13. *Park Mini-golf ouvert de fin mars à fin octobre, de 10h à 20h. Entrée 4,50 € par personne pour chacun des trois espaces. Forfait loisir à partir de 6 € enfant, et de 7,50 € adulte.* Dans un parc de jeux arboré de 5 000 m², deux circuits de mini-golf avec piste sur gazon, cheminent à travers l'îlot de verdure, bordés des canaux et du port du Cap d'Agde. Trampolines, piscine à balles, toboggans, château gonflable, pistes de karts à pédales… complètent l'équipement de cet espace multiple qui connaît une grande affluence ! Il propose également un parcours découverte sur le thème de la préhistoire et l'ère des dinosaures.

TOON'S LAND Ile des Loisirs - LE CAP D'AGDE ✆ 04 67 00 04 44. *Ouvert d'avril à début novembre, tous les jours pendant les vacances scolaires et de juin à début septembre ainsi que le week-end, hors saison. Entrée enfant à partir de 11,50 €, adulte à 7,50 €.* Ce parc de loisir familial de 30 000 m² parcouru par un petit train se compose de deux parcs distincts : la mini-ferme, où plus de 150 animaux batifolent dans un cadre ombragé, et le monde imaginaire des Toon's comprenant circuits ludiques, animations aquatiques, trampolines, manèges, labyrinthes et autres spectacles. Soit au total plus d'une vingtaine d'attractions qui amuseront petits et grands pour la journée.

SENTIER SOUS-MARIN Plage de la Grande-Conque ✆ 04 67 01 60 23. *Accessible en juillet et août. Balade sous-marine de 1h30 à 2h.* La Société de Protection de la Nature d'Agde a mis en place un circuit sous-marin sur cette partie de côte rocheuse, issue de l'activité volcanique, entre la Grande Conque et le Môle. Même si vous n'êtes pas bon nageur, vous pouvez vous aventurer sur ce parcours, n'excédant jamais 3 ou 4 m de profondeur, le long duquel des bouées et des balises signalent les différentes formes de substrat et d'habitat. Ce n'est pas l'ivresse des profondeurs qui vous est proposée, mais une façon intéressante de faire son baptême de plongée, à petit prix, dans un milieu très agréable…

▷ Dans les environs

Le Grau d'Agde

Village méditerranéen, situé à 4 km d'Agde, il a ancré son port de pêche sur la rive gauche de l'embouchure de l'Hérault, bien à l'abri. Face à lui, la Tamarissière, sur la rive droite, procure la même ambiance de station familiale, un peu à l'écart de l'agitation du tourisme moderne.

NOTRE-DAME-DU-GRAU. Quitter Agde par la départementale 32, le sanctuaire se trouve sur la gauche avant d'arriver au Grau d'Agde, dans un bois de pins et de platanes. Il a été fondé dans l'Antiquité, et dédié il y a 1 500 ans environ à la Vierge Marie. Deux édifices forment ce sanctuaire, l'église originelle Notre-Dame-du-Grau, fondée par saint Sever, et la chapelle de l'Agenouillade, construite au XVIIe siècle pour célébrer le miracle de la Vierge s'agenouillant pour arrêter un raz-de-marée.

L'ADAGIO 3, quai Commandant-Méric - GRAU D'AGDE ✆ 04 67 21 13 00. *Fermé le mercredi hors saison et en janvier. Menus 23 € à 46 €. Carte.* Situé sur les berges du fleuve l'Hérault, ce restaurant gastronomique, marie les produits du terroir et les saveurs pleines de finesse : écume de gambas, craqueline de pétoncles au miel, filets de rougets rôtis sur blinis, gougeonettes de sole... Il a d'ailleurs été sélectionné par le guide de qualité du département. Pascale Alric tient la cuisine tandis que ses parents reçoivent ses hôtes avec chaleur. La salle et son plafond miroir convient autant aux repas intimes qu'au dîners d'affaires et aux réunions familiales. La qualité de l'assiette fera toujours l'unanimité.

LA TAMARISSIERE 21, quai Théophile Cornu - LA TAMARISSIERE ✆ 04 67 94 20 87. *Site : www.chateauxhotels.com/tamarissière. Ouvert de début mars au 26 septembre. 24 chambres, de 65 € à 118 €, 2 suites de 120 € à 260 €. Petit-déjeuner 11,50 €. Restaurant ouvert tous les jours sauf lundi toute la journée, mardi, vendredi midi et week-end férié hors saison, mardi et vendredi midi en saison du 26 juin au 18 septembre. Menus de 28 € à 60 €. Carte.* A 4 km d'Agde, ce bel hôtel trois étoiles se niche au calme dans le cadre verdoyant de la pinède. Très confortables et pourvues d'un balcon, les chambres cosy offrent une vue sur le fleuve ou sur le jardin de roses rafraîchi par une piscine paradisiaque. Le décor contemporain soigné est un plus à la sérénité des lieux. Côté restaurant, cet établissement réputé porte haut les couleurs de la cuisine du Sud. Sous l'égide de Nicolas Albano son chef Laurent Barrière accommode subtilement la Méditerranée et ses poissons : sépious de Méditerranée persillés, olives noires et dés de tomates au basilic ; loup de ligne rôti à l'ail sauvage, palourdes et pommes nouvelles ; la traditionnelle bourride de baudroie comme en Agde ; salade de rougets... et allie les viandes avec autant de raffinement : Filet de bœuf au vieux Banyuls, suprême de pigeon rôti, foie gras poêlé et légumes du moment en pot au feu... Une belle carte de vins de la région accompagne la cuisine gastronomique de cet établissement raffiné qui souffle sa 121e bougie cette année !

Vias

Vias est un agréable village dont le centre piéton est commerçant et animé. Il possède une belle église de lave noire du XIVe siècle. Vias-Plage est une station touristique datant des années 60, quelconque, que rachète sa jolie plage de sable fin. On ne manquera pas d'aller découvrir (chemin derrière l'office), une des réalisations les plus curieuses du canal du Midi : les ouvrages du Libron.

OFFICE DU TOURISME Avenue Méditerranée ✆ 04 67 21 68 78. *Site : www.ot-vias.com - E-mail : ot-vias@wanadoo.fr. Ouvert d'octobre à mars du lundi au vendredi de 9h à 12h30 et de 14h à 18h ; de mi-septembre à fin septembre du lundi au samedi de 9h à 12h30 et de 14h à 18h ; du 15 juin au 15 septembre, 7j/7 de 9h à 19h.*

LA BUFFETERIA RN112 ✆ 04 67 21 58 73. *Ouvert tous les jours. Accès au buffet 13 €.* Selon une formule simple et conviviale, chacun vient remplir son assiette devant le buffet, piochant dans les salades, les soupes, la charcuterie, les coquillages, puis les fromages et dessertS. Et ce, à volonté. La Buffetéria propose aussi une carte de plats chauds (calamars à la romaine, filets de dorade, bavette aux échalotes), servis à table. Choix et quantité font que tous les appétits s'en trouvent rassasiés.

DOMAINE DE SAINT-PIERRE ✆ 04 67 21 64 21. *Site : www.domainedesaintpierre.com. Ouvert d'avril à fin octobre tous les jours de 9h à 19h. Hors saison de 10h à 18h.* Depuis plus de cent ans, sur un terroir volcanique, cette exploitation d'une trentaine d'hectares a su se moderniser pour produire un vin de cépages très variés (syrah, merlot, cabernet sauvignon).

Pézenas

Pézenas est une étape indispensable pour qui veut connaître le Languedoc. La richesse architecturale de cette petite ville où le séjour de Molière reste dans toutes les mémoires, ne peut que séduire. Pour la découvrir, vous pouvez arpenter les rues au gré de votre envie, en poussant au hasard des portes pour être émerveillé, surpris par la richesse des cours intérieures des hôtels particuliers. Vous pouvez également vous procurer une carte détaillée auprès de l'office du tourisme afin d'être sûr de ne louper aucun des bijoux que renferme cette ville. Si Molière frappe un jour aux portes de la ville, c'est que Pézenas est devenue au XVIIe siècle la capitale des Etats du Languedoc. C'est à ce riche passé que l'on doit la plupart des magnifiques hôtels de Pézenas. Le centre historique a été classé secteur sauvegardé en 1965. De nombreux artisans s'y sont installés, animant toute l'année Pézenas. En été, leurs échoppes sont ouvertes tous les jours, avec même des nocturnes durant la semaine.

OFFICE DU TOURISME **Place Gambetta** **✆ 04 67 98 36 40.** *Site : www.paysdepezenas.net. Ouvert tous les jours de 9h à 12h et de 14h à 18h, le dimanche de 14h à 17h. En juillet et août, du lundi au samedi de 9h à 19h, le dimanche de 10h à 18h.*

Points d'intérêt

PLACE GAMBETTA. L'office du tourisme est situé dans l'ancienne échoppe du barbier Gély où Molière aimait entendre les conversations et sans doute s'en inspirait-il. En face, vous trouverez la maison consulaire qui abrite aujourd'hui la maison des métiers d'art. La façade date du XVIIIe siècle, mais le corps du bâtiment a été achevé en 1552. Ce bâtiment fut plusieurs fois le siège des Etats de la province au XVIIe siècle.

COLLEGIALE SAINT-JEAN **Rue Saint-Jean.** Reconstruite au XVIIIe siècle, sur le site d'une ancienne église de Templiers, elle abrite de nombreuses boiseries Louis XVI ainsi que des stalles et des tableaux. N'oubliez pas de jeter un coup d'œil sur l'immeuble en face de l'église.

LES HOTELS PARTICULIERS. Ils se trouvent dans tout le centre-ville et possèdent chacun un charme particulier et des éléments architecturaux remarquables : l'hôtel Mazuc (belle façade en pierre) • l'hôtel de Landes de Saint-Palais (gargouilles) • l'hôtel de Latudes (cour intérieure) • l'hôtel Celier de Malavieille (grilles en fer forgé et belles sculptures en pierre) • l'hôtel d'Alfonce (galeries en pierre et escalier à vis du XVe siècle) • l'hôtel de Lacoste (un des plus beaux escaliers à volée de Pézenas et galeries à voûtes gothiques) • l'hôtel de Malibran (agrafes surmontant les fenêtres, ferronneries) • l'hôtel de Wicque (fenêtres à meneaux).

MUSEE DE LA PORTE ET DE LA FERRONERIE **7, rue Montmorency ✆ 04 67 98 35 05.** *Ouvert de début octobre à fin mai du mardi au samedi de 10h à 12h et de 14h à 17h, le dimanche de 14h à 17h. De juin à septembre du lundi au samedi de 10h30 à 12h30 et de 15h30 à 19h, le dimanche de 15h30 à 19h. En juillet et août, ouverture en nocturne. Entrée libre.* Depuis 1993, l'Association pour la sauvegarde et le développement du savoir des métiers du bois a élu domicile dans un espace de connaissance et de discussion, composé de cinq salles, à quelques pas de la butte du château. A découvrir, une collection de portes du passé (du XVe siècle au XXe siècle), toutes formes confondues, ainsi que les ferronneries associées : verrous, pentures, espagnolettes, moustaches, heurtoirs, clous forgés...

Statue de Molière

ferronnerie dans la vieille ville

Allégorie républicaine

MUSEE DE VUILLOD-SAINT-GERMAIN Rue A.P. Alliès ✆ 04 67 98 90 59. *Ouvert toute l'année. Du 2 mai au 31 octobre tous les jours, sauf le lundi, de 10h à 12h et de 15h à 19h ; du 1er novembre au 30 avril ouvert de 10h à 12h et de 14h à 17h, sauf dimanche matin et lundi. Adultes 2 €, enfants de moins de 10 ans 1 €, groupes de plus de dix personnes : 1 €.* Installé dans le bel hôtel de Saint-Germain (construit au XVIe siècle, remanié aux XVIIIe et XIXe siècles), le musée d'Art décoratif et d'Histoire renferme des collections d'art populaire allant du XVIe siècle au XIXe siècle et comprenant du mobilier. Une cuisine languedocienne du XIXe siècle y a été reconstituée. Une exposition sur Molière retrace les grandes étapes de la vie de l'homme de théâtre et notamment son passage à Pézenas.

MAISON DES METIERS D'ART 6, place Gambetta ✆ 04 67 98 16 12. *Ouvert de 10h à 12h et de 15h à 19h, l'été, et de 14h à 18h, hors saison.* Installée dans la maison consulaire, elle se veut un outil de coordination pour faire connaître les métiers du bois, de la pierre, du fer, et les métiers de la scène (Ah ! Molière !) sous forme d'expositions et de formations.

Le couvert

APRES LE DELUGE 5, rue Maréchal-Plantavit ✆ 04 67 98 10 77. *Ouvert tous les jours, fermé le lundi, mardi et mercredi midi. Menus de 18 € à 34 €.* Les voûtes des remparts abritent une cuisine gourmande, variée et soignée. Elle a les saveurs d'un millefeuille de lotte en sauce verte ou d'oignons confits au vin de pays d'oc. Le lapin en farce de tapenade au jus de poivrons est enveloppé des parfums d'antan, tandis que la pièce de bœuf, bardée de jambon et truffée au foie gras fond dans la bouche (une association de deux des spécialités de la maison).

Le gîte et le couvert

LE GENIEYS 9, avenue Aristide-Briand ✆ 04 67 98 13 99. *Ouvert toute l'année. 28 chambres de 34 € à 52 €. Petit-déjeuner 7 €. Restaurant fermé le dimanche soir, hors saison. Menus à 15 € (midi),18 € à 29 €.* Cet établissement deux étoiles a été fondé en 1787, il est central et possède parking et salon privés. Les chambres sont convenables, préférez celles donnant sur le jardin d'été, plus calmes. Quant à la cuisine gastronomique et régionale (escalope de thon et fondue de tomates aux olives, confit de canard aux pommes) elle est servie accompagnée de bons vins du Languedoc dans une salle aux tons pastels.

Emplettes

CONFISERIE BOUDET 5, place Gambetta ✆ 04 67 90 76 05. *Ouvert à l'année (fermé le lundi) de 14h30 à 17h, juillet et août de 10h à 12h et de 14h à 18h.* Outre les 22 types de berlingots (à partir de 4 € les 400 grammes) colorés naturellement grâce à des végétaux, la famille Boudet, confiseur depuis trois générations, garde le secret de quelques autres spécialités comme le chocolat rhum-caramel ou la nougatine. L'hiver est le temps des pralines au lait et aux amandes parfumées vanille, l'été appelle les parfums fruités des berlingots (cerise, mandarine, caramel ou même pignon). La fabrique unique (route de Saint-Christol 04 67 98 16 32) se visite gratuitement sur rendez-vous pour les groupes ou le matin (sauf le dimanche) pour les particuliers.

LE PETIT SCAPIN DE PEZENAS 15, avenue Camille-Guérin ✆ 04 67 98 92 47. Primés en 2001 au concours de l'Hérault gourmand, les petits pâtés de Pézenas confectionnés par Dominique Cazanave (spécialiste en mignardise, croques en bouche et plats cuisinés) sont parfumés au curry. Il n'y a pas à hésiter à en faire provision (environ 1 € l'unité).

AUTOUR DE L'ARBRE 11, rue de la Triperie ✆ 04 67 98 29 97. *Ouvert tous les jours de 10h à 13h et de 14h30 à 19h30, sauf le lundi.* Tourneur sur bois, Eric Bourneil peut concevoir et réaliser toutes sortes d'objets utilitaires ou décoratifs qui se parent des veines du bois ainsi travaillé. L'artiste utilise des bois de diverses essences et opère aussi sur commande.

CAR ENFIN 21, rue des Litanies ✆ 04 67 98 18 49. *Ouvert tous les jours de 10h30 à 12h30 et de 15h à 18h30, en été, sauf le lundi et mardi, hors saison.* A l'abri des remparts dans l'ancien ghetto juif de Pézenas, cette petite boutique tenue par Edmond Charlot, ancien éditeur d'Albert Camus, regorge de petits trésors littéraires, en édition récente et plus ancienne (jusqu'au début du XVIIIe siècle). A disposition, un catalogue par correspondance fouillé.

Plus de 40 artisans sont installés à l'année à Pézenas. Toutes les disciplines et les matières sont représentées : poterie, meubles peints, costumes, soie peinte, mosaïque, reliure, restauration... L'hiver, il vaut mieux prendre rendez-vous pour ne pas trouver porte close mais lorsque les beaux jours arrivent, les ateliers des petites rues ombragées sont ouverts tous les jours et même jusqu'à minuit, les mercredis et vendredis, créant une animation bien sympathique. Parmi un nombre d'artisans ne cessant d'augmenter, plus quelques galeries et bouquinistes, le Petit Futé vous en présente quelques-uns.

GERARD ET KAREN GARCIA 18bis, rue du Château ✆ 04 67 09 44 96. *Ouvert d'avril à mi-octobre de 10h à 13h et de 15h à 19h et sur rendez-vous le reste de l'année.* Gérard réalise de superbes figurines personnalisées en terre, des caricatures dans la veine d'un Combas ou d'un Margerin. Vous pouvez passer commande pour un anniversaire ou un trophée sportif, histoire de faire un cadeau original et sur mesure. Gérard s'est fait comme spécialité de croquer les joueurs de rugby du Stade toulousain. A côté de ces personnages truculents, le travail de Karen est tout en finesse, elle réalise des miroirs, des objets décoratifs et les orne de dessins, de collages ; les motifs sont simples, naïfs et frais.

PIERRE JULIEN CREATIONS 4, rue du Château ✆ 04 67 90 78 08. *Ouvert tous les jours de 9h à 12h et de 14h30 à 19h, dimanche et jours fériés de 10h à 13h et de 15h à 19h.* Pierre fabrique des bijoux, plaqué or ou argent aux formes très design et aussi des couverts, briquets et autres objets de décoration. Cet orfèvre travaille sur place. N'hésitez pas, entrez pour admirer la précision et l'habileté de ses gestes.

▷ Dans les environs

Nezignan-l'Evêque

Bâti sur l'emplacement d'un domaine gallo-romain, ce village a été propriété du comte d'Agde depuis le XIIe siècle. C'était un lieu de pèlerinage pour les évêques d'Agde.

MUSEE D'ART SACRE ET D'HISTOIRE ANCIENNE ✆ 04 67 90 77 42. *Ouvert en juillet et août, horaires et jours d'ouverture à vérifier.* Logé dans la chapelle mitoyenne de l'église Sainte-Marie-Madeleine, d'origine romane, ce musée collectionne de nombreux témoignages de la présence des évêques d'Agde qui résidaient ici volontiers.

Saint-Thibéry

Le cœur du village est véritablement modelé par l'ancien monastère bénédictin construit au XVIIe siècle. Depuis le départ des religieux, en 1789, les habitants ont réinvesti les lieux. L'église, inachevée, date de la fin du XIIIe siècle. Des panneaux vous guideront à travers les autres lieux remarquables. Ne pas oublier en quittant ce village au confluent de la Thonge et de l'Hérault, de jeter un coup d'œil au pont romain, se trouvant sur la gauche en se dirigeant vers Florensac. En partie démoli par la crue de 1683, il a été remanié au Moyen Age.

DOMAINE DE NADAILHAN Route de Valros ✆ 04 67 77 21 35. *Ouvert de mars à novembre. Chambres d'hôte en Bed & Breakfast de 54 € à 75 €, selon saison et chambre.* A 5 km de la sortie d'autoroute Agde-Pézenas, dans un château, avec grand parc arboré et sa piscine, Henri Boyé et son épouse vous accueillent. Dans leur belle propriété, cinq chambres calmes sont à votre disposition, tout comme un grand salon avec bibliothèque et une belle terrasse pour le farniente.

DISTILLERIE BERNARD MARTY Km 2 - Route de Montblanc ✆ 04 67 77 75 94. *Ouvert tous les jours sauf le dimanche et lundi, sur rendez-vous plusieurs jours à l'avance.* Depuis presque trois décennies, Bernard Marty manie les odeurs et les saveurs avec brio. A partir de fruits et fleurs (sélectionnés dans les vergers et jardins héraultais), il crée parfums, sirops et huiles essentielles ou encore liqueurs (dont une liqueur du Larzac plein de saveurs) et eaux-de-vie (une poire william réputée). Chez cet artiste, les produits sont complètement originaux à l'image de cette liqueur des sables faite uniquement à base de plantes de bord de mer.

Les orgues basaltiques

LE BITERROIS

Reine dans son pays de vignoble, éternelle seconde derrière Montpellier, Béziers n'en affirma pas moins son identité. La richesse de son terroir lui vient entièrement de la vigne et de l'ouverture commerciale qu'a représentée en son temps le canal du Midi. S'il ne représente plus aujourd'hui qu'un bel élément touristique, la vigne, elle, se porte toujours bien. Elle fut à l'origine de certaines fortunes du XIXe siècle, dont témoignent de petits châteaux privés, et a pris part, depuis un quart de siècle, au renouveau du vignoble languedocien. Baignée par l'Orb, la silhouette de Béziers se reconnaît à la cathédrale Saint-Nazaire, qui trône dans les hauts de la ville, tout autant à sa féria dont la renommée va croissant.

Béziers

Quand on arrive à Béziers par le train, on est frappé par l'espace de verdure et l'immense sculpture qui s'offrent au voyageur. C'est le plateau des Poètes parsemé des œuvres du sculpteur biterrois Injalbert. En remontant ce parc, on arrive aux allées Paul-Riquet. Elles font un peu penser aux Ramblas de Barcelone surtout lorsqu'elles débordent d'animation le vendredi matin, jour du marché aux fleurs. Les rues du vieux Béziers, indiquées en occitan, se parent d'une belle succession d'hôtels particuliers du XVIIe siècle. Allez aussi jeter un coup d'œil aux arènes. Construites en briques en 1897, elles s'animent surtout le week-end du 15 août au moment de la féria mais elles sont aussi le cadre de multiples rencontres culturelles. De son passé de cité romaine, Béziers n'a gardé que peu de traces. On connaissait l'emplacement de l'amphithéâtre : des travaux récents ont permis d'en dégager des parties, que la municipalité, par des aménagements paysagés, a mises en valeur.

OFFICE DU TOURISME 29, avenue Saint-Saëns ✆ 04 67 76 47 00. *Site : www.ville-beziers.fr - E-mail : tourisme@ville-bezier.fr. Ouvert toute l'année du lundi au samedi de 9h à 12h et de 14h à 18h, en juillet et août du lundi au samedi de 9h à 19h et le dimanche de 10h à 13h et de 15h à 18h.*

Points d'intérêt

BASILIQUE SAINT-APHRODISE Place Saint-Aphrodise. Basilique préromane, remaniée à l'époque gothique, l'église Saint-Aphrodise (évêque légendaire de Béziers) présente à l'intérieur un joli patrimoine comme les fonts baptismaux, aménagés dans un sarcophage représentant une chasse aux lions qui daterait du IIIe siècle. On y trouve également, dans le chœur, un Christ en croix du sculpteur biterrois Injalbert.

CATHEDRALE SAINT-NAZAIRE Plan des Albigeois. Imposante et fortifiée, la cathédrale Saint-Nazaire installée sur un promontoire rocheux domine la ville dont elle est le symbole. Il ne reste plus que les murs de la travée orientale de la nef et les chapiteaux de l'arc triomphal de l'église romane de 1130, mise à sac en 1209 au moment de la prise de Béziers, alors cathare, par les croisés. Ce que l'on voit aujourd'hui a été construit en plus pur style gothique, puis gothique flamboyant, entre la fin du XIIIe siècle et le XVe siècle.

EGLISE DE LA MADELEINE Place de la Madeleine. Cette église, autrefois simplement charpentée, puis plusieurs fois modifiée et embellie, est l'une des plus anciennes de la ville. Cité dès 1092, l'édifice fut le tombeau en 1209 de nombreux habitants qui étaient venus s'y réfugier lors du sac de Béziers.

EGLISE SAINT-JACQUES Place Saint-Jacques. Ancienne abbatiale du couvent des Augustins, elle représente l'art roman médiéval dans toute sa pureté. Il faut se rendre dans le jardin pour pouvoir admirer le chevet aux chapiteaux à décor d'inspiration wisigothique et la vue sur le sommet de la ville. A l'intérieur, l'abside polygonale voûtée en cul-de-four est magnifique.

CHAPELLE DES PENITENTS Rue du 4-Septembre. Dès que l'on entre dans l'édifice, on est frappé par l'importance des peintures. Tout d'abord, derrière l'autel, l'impressionnant décor en trompe-l'œil (XIXe siècle) dédié à saint Jérôme. On y devine en second plan la cathédrale de Béziers. Sur la gauche, reste de la même époque une représentation pittoresque de la barque des saintes Maries de la Mer et de sainte Sara.

MUSEE DES BEAUX-ARTS - HOTEL FABREGAT Place de la Révolution ✆ 04 67 28 38 78. *Ouvert toute l'année du mardi au vendredi, fermé le lundi. De novembre à fin mars de 9h à 12h et de 14h à 17h, d'avril à juin et de septembre à fin octobre de 9h à 12h et de 14h à 18h, en juillet et août de 10h à 18h. Entrées groupées au musée des Beaux-Arts et l'hôtel Fayet 2,35 €,* *réduit 1,60 €. Entrées groupées au musée des Beaux-Arts, l'hôtel Fayet et musée Biterrois 3,10 €, réduit 2,35 € ; au musée des Beaux-Arts, l'hôtel Fayet, le musée Biterrois et l'espace Riquet : 35,10 €.* Le musée des Beaux-Arts présente une belle collection de peintures et de sculptures du XVᵉ siècle à nos jours. Le rez-de-chaussée est consacré aux XIXᵉ et XXᵉ siècles avec des œuvres de peintres comme Géricault, Delacroix ou Utrillo. Egalement à l'honneur : une belle galerie des dessins de Jean Moulin, l'œuvre complète du résistant natif de Béziers. C'est au 1ᵉʳ étage que se trouvent les pièces les plus anciennes du musée : une coupe grecque datant du IVᵉ siècle avant J.-C. ainsi que des sculptures mérovingiennes. Le dernier étage présente des œuvres d'art contemporain.

HOTEL FAYET 9, rue Capus © 04 67 49 04 66. *Mêmes horaires et tarifs que le musée des Beaux-Arts.* Installé dans un hôtel particulier du XVIIᵉ siècle, c'est aujourd'hui une annexe du musée des Beaux-Arts. Il renferme près de 1 500 œuvres léguées par le sculpteur Jean-Antoine Injalbert à sa ville natale. L'hôtel Fayet abrite également une collection de peintures des XIXᵉ et XXᵉ siècles. Le jardin d'hiver accueille des expositions d'artistes contemporains.

MUSEE DU BITERROIS Rampe du 96ᵉ - Caserne Saint-Jacques © 04 67 36 71 01. *Mêmes horaires et tarifs que le Musée des Beaux-Arts.* Ce musée a pour ambition de présenter la vie culturelle et sociale du Biterrois à travers toutes les époques, de l'âge de fer à nos jours. La collection archéologique avec un lot intéressant de vases antiques est très importante. Regroupées par thème (la vigne et le vin, la pêche, l'urbanisme, la fête aux arènes), les galeries permettent de plonger dans la vie quotidienne, passée et présente, des habitants de Béziers.

MUSEE DE LA CERAMIQUE Château de Raissac - Route de Murviel © 04 67 49 17 60. *Ouvert du mardi au samedi de 14h à 18h. Tarif adultes : 4 €, enfant : 2,50 €. Accessibilité aux handicapés.* Installé dans le bâtiment des anciennes écuries du château de Raissac (XVIIᵉ siècle), les collections de Christine Viennet séduisent l'œil et flattent la gourmandise. Au rez-de-chaussée, cette artiste présente ses propres créations, pièces réalisées en trompe-l'œil : de superbes corbeilles de fruits plus vraies que nature, des assiettes et des coupelles au décor réaliste, autant de pièces splendides qui viennent parfaire la décoration d'un intérieur.

Jardin

Vues générales

Vue de la ville

Pont du canal sur l'Orb

La vieille ville

Le couvert

LE CAFE DES LOUIS 3, rue de la Juiverie © 04 67 49 93 13. *Fermé le dimanche hors saison. Menu de 10 € (midi) à 17 €.* Au pied de la cathédrale, carrément sous le plan des Albigeois, le café des Louis s'enorgueillit d'un cadre exceptionnel avec patio ; le décor suit la tendance et, entre les pierres apparentes, se fait très méditerranéen. Ainsi font les menus, ceux d'hiver et ceux d'été, gardianne de taureau, tartiflette et tête de veau d'un côté, seiche à la plancha, parillada et salade de poivrons farcis à la morue de l'autre. Le choix est généralement large, appuyé par une série de tapas servies avec entrain, la carte des vins bien régionale et l'ambiance plutôt animée.

LE CEP D'OR 7, rue Viennet © 04 67 49 28 09. *Fermé dimanche soir et lundi, en été uniquement le lundi. Menus de 12 € à 17 €. Carte. Le midi : formule rapide à 11 €.* En direction de la Cathédrale, au début d'une des rues les plus pourvues en tables de la ville, se trouve ce restaurant de style bistrot. Les semaines se suivent mais les menus (dont un menu viande) ne se ressemblent pas, évoluant au gré de l'arrivage. Aïade de gambas, pot-au-feu du pêcheur, fondue d'oignon sur tranche de bœuf… Voici des exemples de ce qu'on peut lire sur la carte et avoir dans son assiette. Et tout cela pour un ensemble d'assez bon rapport qualité prix.

LE JARDIN 37, avenue Jean Moulin © 04 67 36 41 31. *Fermé mardi et mercredi. Menus de 18 € à 29 €. Carte. Salle de réception au domaine Pradines.* Le Jardin de Francis Santuré est une promenade bucolique à travers les senteurs et les saveurs du Languedoc. Elaborée, la carte attise les sens en accordant à merveille des huîtres gratinées au sabaillon de Noilly-Prates ou un dos de loup rôti à l'écaille à l'huile d'olive vierge. Et il faut tester aussi l'escalope de foie gras poêlée au tatin de pommes granny. Pendant la saison de chasse, on n'hésitera pas à commander le menu gibier. Francis est aussi un sommelier qui suggère un service au verre harmonieux.

Le gîte

HOTEL CHAMPS DE MARS 17, rue de Metz © 04 67 28 35 53. *Ouvert toute l'année, fermé la première semaine des vacances scolaires. Chambre de 30,40 € à 42,60 €. Petit-déjeuner 5 €. Garage en supplément.* Un charmant et pimpant petit hôtel deux étoiles a mis des fleurs au balcon et s'accommode de ses coins et recoins. Les dix chambres sont tranquilles parce que donnant sur un petit jardin. Elles ont toutes une douche et des toilettes particulières, parfois sur le palier. Bon rapport qualité prix.

HOTEL IMPERATOR*** **28, allées Paul-Riquet ✆ 04 67 49 02 25.** *Ouvert toute l'année. Chambres climatisées de 48 € à 68 €.* Situé en plein centre-ville, sur les ramblas de Béziers, mais facilement accessible et pourvu d'un parking fermé, il offre à la fois le confort de son rang et le calme parfait, grâce notamment à un très joli jardin intérieur. Ambiance feutrée et service impeccable pour un séjour bien agréable dans l'une de ses 45 chambres.

CAMPING CLAIRAC Domaine Clairac - Route de Bessan ✆ 04 67 76 78 97. *E-mail : camping.clairac@free.fr. Ouvert de mi-avril à mi-septembre. Forfait 12 € avec voiture plus tente ou caravane.* Accessible également par la route de Pézenas, cette aire naturelle de camping dispose d'environ 25 emplacements pour un hectare de terrain. Ceux-ci ne sont pas vraiment délimités, mais il y a suffisamment de place pour que chacun prenne ses aises. Une grande partie du terrain est ombragée et les sanitaires récents. Alimentation et produits régionaux, bar et jeux pour enfants dans l'enceinte.

Loisirs

CAFE DES ARTS 13, rue Coquille ✆ 04 67 28 35 77. *Fermé le dimanche. Ouvert du lundi au samedi de 7h à 1h.* Cette élégante et assez récente brasserie se métamorphose tous les week-ends en lieu très vivant proposant petit concerts, soirées à thème et animations diverses. Il n'est pas rare de voir des mélanges house et groove derrière les platines. Tendance !

L'USINE A GAZ Rue du Lieutenant-Pasquet ✆ 04 67 11 07 41. *Ouvert du mercredi au dimanche.* A la croisée de l'Orb et du canal du Midi, incorporée dans un bâtiment en pierres taillées alliant verre teinté et métal, cette discothèque demeure un lieu jeune et branché. Plusieurs ambiances se découvrent à chaque étage. Multiplication des soirées à thème (même la fête des mères est prétexte...) et afters. La musique suit les folies du moment : techno, dance, chanson française, latino, revival disco.

GOLF SAINT-THOMAS Route de Pézenas ✆ 04 67 39 03 09. *Ouvert toute l'année. Parcours (selon saison) 46 € à 54 € le 18 trous, 37 € à 40 € le 9 trous.* Deux parcours comportant 18 trous et 9 trous s'étirent dans des paysages variés, boisés, vallonnés, avec des plans d'eau ou, plus classique, sur certains fairways. Le golfeur confirmé et le néophyte peuvent y trouver leur bonheur. Pour les débutants, il existe des formules découverte.

LA MAISON DU CANAL 8, rue Péniches ✆ 04 67 62 18 18. *Site : www.adnavis.com - E-mail : contact@adnavis.com. Ouvert de début mars à fin octobre. Location de bateau et VTT.* Pour faire une belle balade au bord du canal, la Maison du Canal vous propose deux modes de locomotion. Soit voguer au fil de l'eau sur un bateau, vers Villeneuve (sur demande pour les groupes jusqu'à 25 personnes), soit rester sur le bord et louer un VTT à la journée. Si la promenade vous tente entre amis, vous pouvez louer un bateau de 6 à 8 places pour la journée et naviguer à votre guise.

Emplettes

Maîtres chocolatiers et pâtissiers de Béziers ont élaboré des recettes à base de produits du terroir. Le Biterrois est un gâteau dont la recette très ancienne mêle amandes et raisins macérés dans de l'eau-de-vie de muscat. Conçu pour être emporté en voyage, il se conserve trois semaines au frais. Il sera donc le compagnon idéal de vos pique-niques. La Coque de Saint-Aphrodise doit son nom au saint patron de la ville. C'est une petite brioche parfumée à la fleur d'oranger. Le Titan est un bonbon qui allie chocolat et cartagène. Il est vendu dans des boîtes représentant le Titan du sculpteur Injalbert.

CHATEAU DE RAISSAC Route de Murviel ✆ 04 67 28 15 61. *Site : www.raissac.com - E-mail : info@raissac.com. Ouvert toute l'année, sauf dimanche et jours fériés, de 9h à 13h et de 14h à 18h.* Le domaine de Jean Viennet produit des vins de pays d'oc : cabernet, merlot, chardonnay, sauvignon ou vermentino. Le Petit Futé a aimé : Domaine de Raissac, vin de pays d'oc, viognier. Impressionnés par les 250 barriques du chai creusées dans la roche, ne manquez pas non plus de visiter dans les écuries du château, le musée de Faïences du XVIIIe et de Faïences en trompe-l'œil de Christine Viennet.

DOMAINE DE BACHELLERY Route de Bessan ✆ 04 67 62 36 15. *Domaine ouvert du lundi au vendredi de 9h à 12h et de 13h30 à 17h sauf vendredi à 16h.* A l'est de Béziers, Bernard Julien, vigneron talentueux et méditerranéen convaincu, exploite toutes les possibilités de ses 100 ha de vignoble. Ses vignes tournées vers le sud, présentent une palette exceptionnelle d'une vingtaine de cépages différents, depuis les très méditerranéens grenache, tempranillo, nieluccio, aux stars bordelaises, cabernet-sauvignon et merlot. Sur son terroir aux sols argilo-calcaires rouges mêlées de graviers et de galets, digne de grand cru, Bernard Julien fait naître des vins racés exhalant l'expression méditerranéenne.

Le Moulin à Béziers

▷ Dans les environs

Capestang

L'imposante collégiale de ce petit village viticole situé non loin du canal du Midi se repère de très loin. Elle a été construite à la fin du XIIIe siècle sur l'ordre de l'archevêque de Narbonne, toutefois l'église Saint-Etienne est restée inachevée. On peut y voir deux travées voûtées (26,70 m sous clé) qui n'étaient sur le plan initial que le chœur de l'église. Le transept n'ayant jamais vu le jour. On peut se rendre compte de l'importance des travaux envisagés en observant à l'extérieur, les pierres d'attente des trois nefs prévues. On peut aussi admirer de magnifiques gargouilles ainsi que la tour-clocher dont le sommet atteint 43 m de hauteur.

LA TABLE DU VIGNERON 3, rue Paul Bert - CAPESTANG ✆ 04 67 93 48 90. *Ouvert tous les jours du 1er mai au 1er octobre. Menus de 10 € à 16 €.* Philippe et Marie Cros, frère et sœur, ont joué dans la sincérité et l'authenticité en ouvrant dans leur cave une table de vigneron. Les tables sont installées dans la cave même et dans la cour du domaine sous un platane centenaire ; les plats sont préparés devant les yeux des convives : salade gourmande, légumes du jardin, charcuterie locale, grillade sur les sarments, cassoulet mijoté, tournedos de thon à la languedocienne, fromages du coin, tarte tatin et mousse au chocolat. Le soleil, le ciel limpide, les paysages du canal du Midi, les vielles pierres, les vignes et les pinèdes… Pourquoi aller s'entasser sur les plages ?

LA BASTIDE VIEILLE Avenue de Maureilhan - CAPESTANG ✆ 04 67 93 46 23. *Ouvert du 1er mars au 31 octobre. Chambre et petit-déjeuner pour 2 personnes 48 €. Repas 17 €.* Bernard Fouissac a glissé dans une vieille bâtisse indépendante de plain-pied joliment rénovée, trois chambres très calmes et des pièces à vivre, salon (et cheminée), salle de séjour. Devant chaque chambre, la terrasse bordée d'arbres est parsemée de tables et de chaises de jardin. Village et Canal du Midi sont des voisins discrets. La cuisine servie est celle du Midi où les grillades ont la part belle avec quelques bons petits plats dont une paella maison.

Colombiers

Sa situation en bordure du canal du Midi rend ce petit village très agréable. Le chemin de halage, à l'ombre de grands platanes, est propice à la promenade et amène jusqu'à un vieux pont de pierre du XVIIe siècle. Le port de plaisance de Colombiers est un point de départ des croisières sur le canal. Dans le village, vous apercevrez un château construit au siècle dernier (c'est aujourd'hui un restaurant). Entrez dans l'église Saint-Sylvestre : Plusieurs fois remaniée entre le XIIe siècle et le XIXe siècle, elle renferme un sarcophage datant probablement du Ve siècle.

MAISON DU TOURISME Caves des Ducs de Castries ✆ 04 67 37 00 90. *Ouvert toute l'année, de Pâques à fin septembre de 10h à 12h30 et de 16h à 20h, de fin septembre à Pâques de 10h à 12h et de 14h à 18h.*

CHATEAU DE COLOMBIERS Colombiers ✆ 04 67 37 06 93. *Fermé de février à mars, le lundi (excepté pour les groupes). Menus 12 € (midi en semaine) et de 20 € à 40 €. Carte.* Situé à 5 kilomètres de Béziers, cet élégant château domine le village tandis que le Canal du Midi coule à ses pieds. L'été, le repas se prend en terrasse à l'ombre d'un marronnier en profitant de la vue. Ce tableau idyllique se poursuit jusque dans les murs vénérables, où l'ambiance a pourtant su rester légère : tables joliment nappées, chaises bistrot et fleurs fraîches. Bien plus fraîches, d'anciennes caves à huile reçoivent les groupes. Au menu, des plats traditionnels et simples : des confits de canard, des calamars à l'armoricaine, des moules farcies… et une grande carte de grillades. De quoi passer un très agréable moment.

RIVE DE FRANCE Port de Plaisance - COLOMBIERS ✆ 04 67 37 14 60. *Location du 20 mars à la Toussaint. De 735 € à 2730 € pour une semaine (embarcation de 2 à 8 personnes) et de 370 € à 1070 € pour un week-end, en fonction du type de bateau et de la saison.* La navigation sur le canal du Midi se fait grâce à cette société sur des bateaux sans permis, mais avec une capacité pouvant atteindre 10 personnes. On navigue à sa guise vers Aigues-Mortes et la Camargue ou vers le Laraugais. Il est possible de laisser alors son bateau dans l'une des deux autres bases (Le Ségala et Aigues-Mortes), après avoir fait acheminer sa voiture, de louer des vélos ou louer moins cher en mini-semaine. Evasion assurée !

Maraussan

Ce petit village viticole a fêté en 2001, le centenaire de sa cave coopérative, la première coopérative de vente créée en France.

PARFUMS DE GARRIGUES **37, rue de la Poste © 04 67 90 33 76.** *Fermé le mardi et le mercredi. Menus de 25 € à 55 €.* Prenant place dans une ancienne cave à vin du début du siècle avec patio-jardin et salle au décor méditerranéen (quoiqu'un peu artificiel), le restaurant de Jean Luc Santuré séduit avant tout par une cuisine aux saveurs du Sud et l'accueil dévoué de son personnel (maître d'hôtel, commis, sommelier). La promenade gourmande est parsemée des herbes aromatiques avoisinantes : loup rôti au jus de thym, foie gras grillé aux garriguettes, filet de rouget barbet et ses médaillons de lot... La carte des vins offre le choix et possibilité vous est donnée de la découvrir grâce à un menu Bacchus comprenant quatre verres d'accompagnement de vins différents. Remarqué également un chariot de fromages de caractère et des desserts fine bouche.

Montady

Montady est un charmant village construit en hauteur, dominé par une tour sarrasine. Du pied de la tour, on a une vue exceptionnelle sur l'ancien étang de Montady. Asséché en 1247, il bénéficie d'un système d'évacuation des eaux, remarquable : un canal l'entoure et forme un grand cercle, où chaque parcelle est délimitée par des canaux qui découpent ce cercle en parcelles triangulaires comme un grand fromage ; L'eau était ainsi acheminée de la périphérie au centre, en léger contrebas, où un autre canal souterrain évacuait l'eau vers l'ancien étang de Capestang, en passant sous la montagne d'Ensérune.

Nissan-lès-Ensérune

Au centre du village, vous trouverez Le Plo, qui dessine en carré le plan des anciennes fortifications. On y entre par l'ancienne porte du village fortifié, surmontée d'un beffroi qui date de 1731. La cloche est plus ancienne, elle aurait été fondue en 1492.

OFFICE DU TOURISME **Rue Cinéma © 04 67 37 14 12.** *E-mail : nissan-les-enserune@fnotsi.net. Ouvert toute l'année du lundi au vendredi de 9h à 12h et de 14h à 17h30 et le samedi matin, en juillet et août du lundi au samedi de 9h à 12h et de 15h à 18h30.*

EGLISE SAINT-SATURNIN. Cette église date du XIVe siècle. Avec sa fausse voûte en brique et son clocher-tour, elle est représentative de l'art gothique méridional. L'église de Nissan renferme aussi un petit musée paroissial (pierres tombales et autres vestiges archéologiques antiques, art sacré avec une très belle collection de surplis et chasubles, ciboires et calices).

OPPIDUM D'ENSERUNE ET MUSEE D'ENSERUNE © 04 67 37 01 23. *Musée ouvert de janvier à mars, d'octobre à décembre tous les jours sauf le lundi de 9h30 à 12h30 et de 14h à 17h30 ; de mai à août, 7j/7de 10h à 19h et avril et septembre tous les jours sauf le lundi de 10h à 12h30 et de 14h à 18h. Entrée : plein tarif 4,60 €, tarif réduit 3,10 €, groupe 4,10 €.* Situé sur l'oppidum, il donne à voir tout le produit des fouilles effectuées sur la nécropole. Le rez-de-chaussée présente des objets de l'époque préromaine : amphores, céramiques, objets en os, parures de bronze, monnaie. Sur le site malgré un penchant pour le bétonnage à outrance dans le plus pur style aire de repos d'autoroute, on peut voir les délimitations des habitations, de grandes jarres enterrées qui servaient de garde-manger et des traces de l'ancienne nécropole. Du haut de la colline, on a une vue remarquable sur le soleil de culture que représente l'étang asséché de Montady.

Eglise de Nissan-lès-Ensérune

MAISON DU MALPAS **Route de l'Oppidum - COLOMBIERS © 04 67 32 88 77.** *Site : www.malpas.org. Ouvert tous les jours sauf le lundi de novembre à janvier de 10h à 17h, mêmes horaires en février 7j/7, mars, avril 7j/7 jusqu'à 18h30 et 19h30 de début mai à fin octobre.* Flambant neuf, ce centre touristique et culturel met à la disposition des curieux tout un tas d'informations se référant aux promenades, activités sportives ou encore gastronomiques dans le pays. Sur réservation, un guide professionnel accompagne les groupes pour des sorties à la journée ou à la demi-journée. Côté paysage, ce centre offre depuis son site une vue sur l'étonnante figure géométrique en forme de soleil de l'étang de Montady. A quelques pas de là, se trouve le tunnel du Malpas, l'un des ouvrages les plus étonnant du canal du Midi.

CHAMBRES D'HOTES LES CIGALINES Routes nationales 9 et 113 ✆ 04 67 37 16 20. *Ouvert toute l'année. Chambre d'hôte et petit-déjeuner pour deux personnes de 38 € à 42 €.* Entre vignes et garrigue, les Cigalines en ferait criqueter plus d'un d'aise et de soleil. Les chambres y sont calmes et confortables, équipées d'une salle de bains, de WC et d'une télévision, le petit-déjeuner copieux, avec les confitures maison. Des chaises longues vous font loucher du côté du farniente, dans le jardin et sur la terrasse fleurie, qui fait office de cuisine d'été.

Valras

Située sur la rive droite de l'Orb, cette station balnéaire conserve un petit cachet ancien avec ses maisons de vacances d'après-guerre et son port de pêche. Côté port de plaisance, la promenade se fait plus moderne avec des devantures criardes, mais la plage, qui s'étend jusqu'à l'embouchure de l'Aude, est magnifique. Les habitants de Béziers y viennent d'ailleurs en nombre. Station familiale par excellence, Valras bénéficie d'un parc d'hébergement de qualité, avec en particulier de nombreux campings caravanings importants qui profitent de l'immense plage de l'embouchure de l'Aude, toute proche, s'étendant jusqu'au Grau de Vendres.

OFFICE DU TOURISME Place René-Cassin ✆ 04 67 32 36 04. *Site : ot-valras-plage.fr - E-mail : informations@ot-valras-plage.fr. Ouvert du lundi au samedi de 9h à 12h30 et de 14h à 20h (fermé à 18h et le dimanche hors saison).*

Le couvert

LE DELPHINIUM Avenue des Elysées ✆ 04 67 32 73 10. *Fermé le mercredi midi, le samedi midi et le mardi. Menus de 25 € à 50 €. Carte.* Pour les humeurs plus lézard que dauphin, la terrasse ensoleillée et calme fait merveille ; on y apprécie, tout comme dans un intérieur sobre et lumineux, des spécialités méditerranéennes où l'imagination a glissé quelques associations raffinées. Quelques exemples : croustillant de rouget aux olives Lucques ou filet de loup à la pomme de terre à huile d'olive et tapenade, en été, foie de canard poêlé aux abricots et pignons de pin ou poireaux tièdes au jambon Serrano et parmesan, en hiver. Le tout complété par un bon choix de vins régionaux et orchestré par Louis et Delphine Louro en salle et Stéphane Lombard en cuisine. De quoi être carrément aux anges !

Le gîte

HOTEL ALBIZZIA 12, boulevard du Chemin-Creux ✆ 04 67 37 48 48.** *Ouvert toute l'année. Chambres de 46 € à 69 €.* Hôtel assez récent, il propose 28 chambres avec douche ou bain, simples et confortables ; certaines donnent sur l'arrière de l'hôtel, vers la campagne, d'autres, pourvues de terrasse, sur la piscine solarium et son jardin méditerranéen. Parce que situé à l'intérieur de la station mais à 200 m de la plage, l'Albizzia est calme. Il dispose d'un parking privé pour plus de commodité.

CAMPING DOMAINE DE LA YOLE Route de Vendres ✆ 04 67 37 33 87. *Site : www.campinglayole.com. Ouvert du 1er mai au 18 septembre. Emplacement pour deux personnes avec voiture et électricité de 16,35 € à 31,80 €.* Cet énorme complexe situé à 500 m de la plage possède un parc de loisirs (dont minigolf et courts de tennis) fleuri et deux piscines et une pataugeoire pour la grande joie des enfants. Les possibilités d'accueil incluent des emplacements ombragés, des mobile-homes assez récents et des maisons de vacances. Bar, restaurant et centre commercial ainsi qu'animations quotidiennes complètent les atouts de ce camping quatre étoiles.

Le gîte et le couvert

HOTEL MIRAMAR Boulevard du Front-de-Mer - Allée de-Gaulle ✆ 04 67 32 00 31. *Ouvert du 1er avril au 30 septembre. Chambres de 62 € à 90 €. Restaurant ouvert à partir d'avril, fermé lundi soir et mardi. Menus 16 € à 32 €.* Construit au début du développement de la station balnéaire, ce bel hôtel jouit d'une situation privilégiée, tout près du centre-ville et du port. Il est d'allure classique et propose 27 chambres claires et vastes, dont certaines donnent sur la mer. L'accueil est prévenant, d'autant plus appréciable que l'établissement se double d'un restaurant où la cuisine traditionnelle verse souvent dans le gastronomique et dans l'étalage de fruits de mer et crustacés. Un trois étoiles tout confort, bien connu à Valras et qui mérite sa réputation.

Loisirs

CASINO DE VALRAS-PLAGE 4, avenue des Elysées ✆ 04 67 32 60 60. *Ouvert toute l'année à partir de 10h.* Les lignes très épurées de son architecture en font un bâtiment superbe. A l'intérieur, on retrouve l'ambiance classique des casinos modernes, avec beaucoup de lumières et néons, feutrée ou dense selon les heures, avec pour fond sonore les bruits caractéristiques des machines à sous. Piano-bar et restaurant dans les murs, ainsi que des spectacles programmés régulièrement.

▷ *Dans les environs*

Portiragnes

Le vieux village est typique des bourgs du Biterrois. Son église paroissiale Saint-Félix, construite en moellons de terre volcanique, extraite de l'ancien volcan de Roquehaute au XIIe siècle, est classée monument historique : elle présente un mélange des caractéristiques de l'art roman et de l'ogival. Dans le transept culmine un plafond à caisson. Le clocher avec ses fenêtres et ses gargouilles aux angles est assez original.

SYNDICAT D'INITIATIVE Avenue Jean-Moulin ✆ 04 67 90 84 31

MAISON DE LA RESERVE DE ROQUE HAUTE 1, rue de la Tour ✆ 04 67 80 81 16. La Société protectrice de la nature organise des visites et informe le public sur l'environnement. La réserve de Roque Haute est connue et reconnue pour la richesse de sa flore et de sa faune : un paradis pour les canards, les hérons cendrés ou les flamants roses. Station botanique de premier ordre, on y trouve des plantes primitives voisines des fougères, dont une n'est connue également que dans la cordillère des Andes.

Portiragnes-Plage

En chemin vers Portiragnes-Plage, arrêtez-vous sur les bords du canal du Midi. La promenade y est agréable et animée du côté de Port Cassefières, point de départ de location de bateaux sur le canal. Plus loin, la station balnéaire est restée très sauvage. La plage ouest, dépourvue de constructions en front de mer, est la plus intacte. Au cœur des étangs, roseaux, fougères, tamaris et genêts bordent la grande Maïre qui fait office de frontière avec Sérignan-Plage. Le quartier de la Redoute a gardé le charme des vieilles stations balnéaires et même les constructions récentes ont su rester sobres.

SYNDICAT D'INITIATIVE Place Bicentenaire ✆ 04 67 90 92 51

Sérignan et Sérignan-Plage

Ce petit village typique aux rues étroites offre une très agréable promenade, le long des platanes et de quelques vestiges du Moyen Age. Sur la place, vous pourrez voir la statue d'un de ses enfants célèbres, Guillaume Courtet, décapité en 1637 à Nagasaki en évangélisant le Japon ; le métier n'était pas sans risque… Il fut canonisé à Rome en 1987.

Pour rejoindre Sérignan-Plage, vous franchissez l'Orb sur un joli pont. On longe ensuite la rivière sur quelques kilomètres avant d'arriver dans cette station balnéaire relativement préservée. Vous serez sans doute séduits par son côté assez sauvage. Dotée d'une plage de sable fin de 6,5 km de long, elle dispose côté ouest d'une vaste étendue protégée, les Orpellières, propriété du conservatoire du littoral, première écoplage de France.

MAISON DU TOURISME Place de la Libération ✆ 04 67 32 42 21

COLLEGIALE NOTRE-DAME-DE-GRACE. Cette ancienne collégiale a été construite progressivement entre le XIIe siècle et le XIVe siècle et porte les traces de fortifications et de nombreuses meurtrières ; elle s'achève sur la partie gauche, au-dessus de la porte d'entrée, par un toit à génoise (superposition de deux rangées de tuiles) caractéristique des constructions méditerranéennes. Les dimensions intérieures sont impressionnantes : la nef est très grande et les jolis plafonds à caissons, peints à la gloire de saint Louis, culminent à 16,40 m.

MUSEE DE L'ATTELAGE ET DU CHEVAL 146, avenue de la Plage ✆ 04 67 32 57 57. *Ouvert toute l'année. Entrée : 3 € adultes, 1,50 € à partir de 6 personnes, gratuit pour les enfants.* Cabriolet, landau, wourche, tilbury, phaétons ou encore tartane n'auront plus de secret pour vous lorsque vous aurez admiré la trentaine d'attelages présentés dans ce musée. De la voiture d'agriculteur au beau coupé du riche propriétaire, toutes proviennent de la région. Elles sont présentées avec personnages et chevaux, dans une ancienne cave et revivent en été, à l'occasion de la bénédiction des chevaux du 16 août qui rassemble plusieurs centaines de montures et cavaliers.

L'HARMONIE Chemin de la Barque - SERIGNAN ✆ 04 67 32 39 30. *Fermeture hebdomadaire le mardi soir, le mercredi et le samedi midi. Menu à 19 €. Carte.* Bruno Cappellari et Alexandre Anrich ont plus d'un tour dans leur sac lorsqu'il est question de faire découvrir des spécialités de foie gras (farcis aux langoustines ou aux huîtres), mention spéciale pour le pied de porc farci au foie gras. Egalement à la carte renouvelée chaque semaine en fonction du marché : filet de rascasse, tartare de bonite au sirop d'érable, compotée de choux chinois aux lardons de haddock…

CAMPING LE GRAND LARGE La Maïre ✆ 04 67 39 71 30. *Ouvert du 1er mai au 18 septembre. Emplacement pour 2 personnes, caravane, voiture et électricité de 21 € à 38 € la nuit selon période, mobile-homes (6 personnes) de 269 € à 802 € la semaine.* C'est un camping village, bien ombragé, qui a un accès direct à la plage. Les aménagements en font un lieu des plus agréable, avec un complexe aqualique (piscines avec toboggans, cascades, palmiers), cours de tennis, de volley, restaurant, une structure pour vos courses (boulangerie, presse, bazar, libre service), change. Bref, tout pour réussir vos vacances, dans le confort (4 étoiles, 320 emplacements) et près de l'étang de la Maïre, un paradis pour les véliplanchistes, l'été, un paradis pour les oiseaux migrateurs le reste de l'année.

LES VIGNERONS DE SERIGNAN Avenue Roger-Audoux ✆ 04 67 32 23 26. *Ouvert tous les jours sauf le dimanche, d'octobre à avril de 9h à 12h et de 15h à 18h, de mai à septembre de 9h à 12h et de 15h à 19h. Ouvert dimanche matin en juillet et août.* En bordure de la Méditerranée, le vignoble de cette cave s'étend sur quatre communes et rassemble la production de 400 vignerons. Cette production est à découvrir dans un beau magasin installé là.

Vendres

Après une halte au syndicat d'initiative, qui fait aussi office de bibliothèque municipale, vous quitterez la belle place bordée de platanes en jetant un coup d'œil sur la fontaine : datée du XVIIe siècle, elle s'orne de gueuloirs de bronze. Vous remonterez à pied les petites rues escarpées et étroites pour rejoindre l'église du XIVe siècle au clocher carré. A côté, on peut observer les restes des remparts et du château fort, aujourd'hui maison d'habitation. Attardez-vous sur les bancs : l'étang de Vendres, la basse vallée de l'Aude et plus loin le littoral jusqu'à Cerbère se déroulent devant vos yeux. L'étang classé site protégé pour sa faune et sa flore peut se visiter (à pied, en VTT ou à cheval) accompagné d'écogardes (renseignements au 04 67 37 28 66).

SYNDICAT D'INITIATIVE 1, place du 14-Juillet ✆ 04 67 39 63 39. *Site : www.vendres.com - E-mail : infos@vendresplage.com. Ouvert toute l'année du lundi au vendredi de 9h à 12h et de 14h à 18h, de juin à fin septembre, 7j/7 de 9h à 13h et de 15h à 19h.*

MUSEE VIGNERON Domaine de la Vidalle ✆ 04 67 76 57 86. *Ouvert tous les jours, de mi-juin à fin septembre, de 10h30 à 19h. Hors saison, sur rendez-vous. A 3 km de la sortie d'autoroute Béziers ouest, c'est un musée vigneron (entrée gratuite) ainsi qu'un caveau de dégustation et de vente. D'un côté : une évocation, au travers du matériel exposé, de l'évolution du travail de la vigne et du vin dans la région. De l'autre : la production maison.*

CENTRE EQUESTRE ET PONEY CLUB Domaine Grand-Hôpital ✆ 04 67 32 01 26. *Ouvert toute l'année de 9h à 18h. Du stage d'une demi-journée à la semaine de randonnée (repas et hébergement compris).* Le centre de Valérie Fabre propose un grand nombre de formules et des tarifs dégressifs. Les plus petits peuvent y faire du poney dès 4 ans et demi ou même partir en promenade ; les plus grands et les adultes prennent des leçons en manège ou partent en randonnée. Des stages sont organisés pendant les vacances scolaires ou en été.

DOMAINE LE NOUVEAU MONDE Plage-Ouest ✆ 04 67 37 33 68. *Ouvert tous les jours, de mi-juin à fin septembre, de 9h à 12h et de 16h à 19h. Hors saison, fermé le dimanche après-midi.* Any et Jacques Gauch vous reçoivent dans leur chai climatisé pour vous proposer de déguster leurs vins de pays d'oc et leurs coteaux du Languedoc, élevés en cuve et en fût de chêne. Leur domaine de 23 ha sur un sol de sable et de graves produit parmi les meilleurs rapports qualité prix de la région.

LE PAYS DES VIGNOBLES

Dans le piémont, un paysage de collines calcaires et de vallons fertiles est de tout temps le domaine de la vigne. Ici, pas de grandes agglomérations, peu de monuments ou de sites grandioses (à l'exception notable de la belle Minerve), mais une mosaïque de petits terroirs entourant des villages tranquilles (dont la seule particularité est parfois de suivre un curieux plan circulaire). Des villages de vignerons qui travaillent à la renommée des coteaux du Languedoc, des faugères, saint-chinian, minervois, montpeyroux et autres cabrières… La route, les routes des vins sillonnent ces paysages viticoles et s'élèvent peu à peu vers les contreforts de la Montagne Noire, entaillés par le lit de quelques cours d'eau capricieux.

Minerve

Osons le dire. C'est pour nous, sinon le plus beau site de l'Hérault, du moins l'un des plus extraordinaire. Le village est bâti sur un éperon rocheux inséré entre les gorges de la Cesse et celles du Brian. La visite commence au pied de la Candéla, ruines d'une tour octogonale. Contrairement à ce que beaucoup croient, il s'agit des vestiges du château construit après la croisade et démantelé bien plus tard, sous l'ordre de Louis XIII. La rue des Martyrs permet de descendre vers les remparts constitués d'une double enceinte du XIIIe siècle. Passée la Porte basse, n'hésitez pas à descendre dans le lit de la Cesse. La rivière a creusé là deux ponts naturels, l'un de 110 m de long et un deuxième de 200 m avec une ouverture qui culmine à 40 m de haut. Le lit est presque toujours à sec, alors cheminez sous terre et vous ressentirez combien l'homme est tout petit, face à la puissance des éléments naturels.

SYNDICAT D'INITIATIVE Mairie ✆ 04 68 91 81 43. *E-mail : minerve.accueil@wanadoo.fr. Ouvert toute l'année, les dimanches et jours fériés pendant les vacances scolaires. Possibilité de prendre un forfait à 5 € pour les deux musées et la visite de l'église. Visite guidée de la cité uniquement pour les groupes au 04 68 91 22 92.*

MUSEE DE FIGURINES HUREPEL 5, rue des Martyrs ✆ 04 68 91 12 26. *Ouvert tous les jours d'avril à octobre. Hors saison sur rendez-vous pour les groupes. Adultes 2,50 €, enfants de 14 à 18 ans 2 €, dégressif pour groupes ou scolaires.* Ici aussi, la passion fait des miracles. Dans cette ancienne maison de la cité, un diorama (figurines mises en scène dans des décors au réalisme saisissant) raconte toute l'épopée cathare. Chaque santon est une pièce unique, faite à la main. Quant au décor, il s'enrichit chaque année de détails. Une visite ludique et instructive qui se traduit en plusieurs langues (espagnol, allemand, italien, danois, hollandais, suédois).

MUSEE D'ARCHEOLOGIE ET DE PALEONTOLOGIE Place Monument-aux-Morts ✆ 04 68 91 22 92. *Ouvert en hiver l'après-midi des dimanches et des vacances scolaires. En saison, du 1er avril au 1er juillet et du 15 septembre au 5 novembre de 13h30 à 17h30, du 1er juillet au 15 septembre de 10h30 à 18h. Tarif 1,50 € adultes et 1 € enfants. Visite guidée.* Issu de collections privées réunies au fil des années par des érudits et passionnés locaux, ce petit musée ne manque pas d'intérêt par la variété des thèmes qu'il aborde : l'histoire de la formation de la région, l'évolution de l'humanité par ses fossiles, le panorama des civilisations qui ont vécu sur cette portion de causse reculée.

Le gîte et le couvert

LE RELAIS CHANTOVENT 17, Grand Rue ✆ 04 68 91 14 18. *Fermé dimanche soir et lundi et du 15 décembre à mi-mars. Chambres 40 € pour 2 personnes. Menus de 16 € à 37 €. Carte.* Au cœur du village cathare, la réunion de plusieurs maisons médiévales donne tout son cachet à cet établissement. Sa réputation bien établie se fonde sur une cuisine riche en saveurs honorant les productions locales : roustide à la tapenade et fromage de chèvre, joue de porc au grenache, terrine de lapin, caneton farci en crépinette, feuilleté de figues… Le choix est large et savoureux. Décorée d'œuvres d'artistes contemporains, la salle s'ouvre sur la beauté des gorges du Brian. Nichées dans les vieilles pierres bien mises en valeurs, les dix chambres ont chacune leur personnalité. Une adresse de charme.

LA FERME DU BOIS BAS D147 ✆ 04 67 97 14 95. *Ouvert du 1er avril au 30 octobre. Table d'hôte de 20 € à 26 €. Demi-pension de 50 € à 53 € par personne. Camping 20 € pour 2 personnes et voiture.* Dans une ferme de caractère du Moyen Age, la famille Loiseau développe depuis plus de 20 ans une certaine idée du tourisme vert. Ils proposent : chambres d'hôte (demi-pension ou pension complète), camping à la ferme, randonnées à cheval, à pied ou VTT, sorties botaniques, tir à l'arc, initiation à la peinture… Le lieu et ses propriétaires sont si accueillants que toutes les places sont souvent réservées, une garantie de passer un séjour agréable agrémenté d'une bonne table (terrine au genièvre, feuilleté de pigeonneaux aux pruneaux, gigot d'agneau à la broche…).

▷ Dans les environs

La Caunette

Le site est extraordinaire. Appuyées contre une falaise calcaire, les maisons semblent se glisser sous le rocher. Au premier plan, telle une figure de proue se dresse une petite église romane du XIe siècle, admirablement conservée. Le village possède, aussi, quelques vestiges de fortifications.

GITE LE CAZAL Route de Saint-Pons - LA CAUNETTE ✆ 04 68 91 88 93. *Ouvert toute l'année. Gîte pour 6 à 8 personnes, la nuitée 50 €, week-end (2 jours / 2 nuits) 160 €, long week-end (4 jours / 3 nuits) 240 €, location à la semaine (du samedi 16h au samedi 10h) de 400 € à 700 € la semaine, selon la saison.* Dans une grosse ferme perchée sur un mamelon à 20 kilomètres du lac d'Olonzac, un gîte agréable aménagé de plain-pied, avec une vue exceptionnelle sur le Causse et la garrigue. Rénové dernièrement, il donne accès à une piscine. Accueil chaleureux de la propriétaire, Mme Derroja qui est intarissable sur les lieux de randonnées du cru.

DOMAINE PICCININI Route des Moulières ✆ 04 68 91 44 32. *Ouvert tous les jours sur rendez-vous. Dégustation-vente sur place.* Cette cave est située dans les douves des remparts qui entouraient La Livinière. Les vins y sont d'une grande noblesse. Le Petit Futé a aimé : cuvée line et Laetitia, minervois-la-livinière rouge, fin et élégant, prometteur en bouche, gras et persistant.

Ferrals-les-Montagnes

Porte de la montagne Noire, Ferrals marque la limite entre la vigne et le châtaignier, le début d'une zone où les cerisiers ne fleurissent plus ! A Authèze, vous apercevrez un château du XIIe siècle au-dessus d'un calvaire. Mais ce qui frappe ici, c'est la solidarité et le dynamisme des artisans et agriculteurs. Perdus dans les hameaux de montagne, ils ont compris que se regrouper était un moyen de survie. Alors, n'hésitez pas à vous arrêter à l'auberge et demandez la simple feuille où ils sont tous présentés. Allez à leur rencontre les dimanches matin de juillet et d'août au marché du village et vous aurez probablement d'agréables surprises.

LA MAISON DES ABEILLES Mairie - CASSAGNOLES ✆ 04 67 97 00 14. *Ouvert juillet et août de 9h à 12h et de 13h à 17h. Hors saison les lundi et jeudi. Tarif : 1,55 € individuel, 1 € par personne pour les groupes.* Dans ce Minervois réputé pour ses miels et où l'abeille est reine, une maison est consacrée à cet insecte qui nous donne, depuis la nuit des temps, des produits si délicieux. La vie de l'abeille, l'histoire de l'apiculture et celle de ses outils y sont présentées. On apprécie le jardin botanique avec la présentation des plantes mellifères et surtout la qualité de l'aménagement du musée et sa façon pédagogique et ludique de présenter cet univers.

L'AUBERGE DE FERRALS Route de Saint-Pons - FERRALS-LES-MONTAGNES ✆ 04 67 97 18 00. *Ouvert à midi, le soir sur réservation. Fermé le mercredi. Menus de 10 € (en semaine) à 25 €.* Mi-épicerie, mi-auberge, elle sert de cantine scolaire et de point d'information sur la région. Les propriétaires, M et Mme Delforge, mettent à l'honneur toute l'année les produits du terroir, les menus changent au gré des saisons et l'hiver le gibier trouve sa place dans l'assiette. En salle, où trône une cheminée, on mange bien dans une ambiance des plus conviviales.

ESCARGOTS GOURMANDS Héliciculture des Clauzes ✆ 04 67 97 12 27. *Ouvert toute l'année. Rendez-vous par téléphone conseillé. Vente de vifs de petits gris.* Commercialisés aussi en précuisinés (surgelés ou conserves) ou déjà cuisinés en plats traditionnels. Josiane et David Eyles, les éleveurs d'escargots, vous communiqueront leurs recettes gastronomiques et tous les secrets de la récolte à la maturité de ce mystérieux hermaphrodite caché dans sa coquille. Egalement en vente selon la récolte : kiwis, potirons et pastèques.

LO REVISCOL DEL PAIRE BARRET Le Grifoulas - CAMPREDON ✆ 04 67 97 10 84. *Sur rendez-vous ou sur les marchés de la région.* Alain Barret propose une façon originale de découvrir les saveurs de la montagne minervoise grâce à des liqueurs et des apéritifs 100 % naturel. Toute une palette de parfums (plus de 25 !) des plantes et des fruits de la région récoltés au rythme des saisons se retrouvent capturés dans de jolies bouteilles aux formes généreuses : thym, verveine, menthe sauvage, fraises des bois, châtaignes, fleurs de pissenlit, gratte-cul, romarin…

LA MONTAGNE AUX ABEILLES Le Fournas ✆ 04 67 97 19 24. *Sur rendez-vous toute l'année.* Marie et Philippe, des "happyculteurs" comme ils se surnomment, se sont spécialisés dans la production bio (certifiés AB). Pari difficile à tenir quand on sait que les abeilles volent en liberté et que les contrôles sont sévères. Choisissant soigneusement leurs terrains de transhumance, ils déplacent leurs ruches de la Drôme aux Pyrénées, d'avril à octobre. Production de miel, pollen frais, pain d'épice.

Saint-Jean-de-Minervois

Situé à l'extrême nord-est du Minervois, un bourg et quatre hameaux, 150 habitants au total. Pour paysage, 460 ha de caillasse et une petite chapelle romane au fond d'un canyon à Barroubio, Saint-Jean de Dieuvaille ou Saint-Jean du trou datant, tout au plus, du IXe.

CAVE DE SAINT-JEAN-DE-MINERVOIS ✆ 04 67 38 03 24. *Caveau ouvert tous les jours.* Une vision singulière que cette cave coopérative qui surgit à un carrefour, plantée au milieu des vignes. A Saint-Jean-de-Minervois, commune éclatée, on a choisi l'endroit le plus pratique. Car les amateurs viennent du monde entier acheter ici un muscat unique, incomparable, sûrement l'un des meilleurs de France. Un accompagnement idéal pour foie gras, fromages à forte personnalité et, bien entendu, desserts.

Murvieil-lès-Béziers

Avec 1 000 ans d'histoire, cette circulade en forme d'amande est remarquable par son site particulièrement pittoresque, une butte dominant la vallée de l'Orb et ses vallons sinueux. Vous vous y promènerez jusqu'au clocher de l'église gothique, se terminant par une pyramide hexagonale puis jusqu'à la terrasse devant le château médiéval d'où la vue est superbe.

OFFICE DE TOURISME 10bis, rue Georges-Durand ✆ 04 67 37 87 73. *E-mail : murvieil-les-beziers@fnotsi.com.*

▷ Dans les environs

Cabrerolles

Dominée par son château féodal, cette commune est surtout connue des amateurs de bon vin par les noms des hameaux et domaines avoisinants : Lenthèric, la Liquière... Une curiosité cependant : le cirque du Clot qui serait dû au choc d'une météorite ! Une balade insolite à faire en soirée, le nez levé vers les étoiles (renseignements au domaine du Météore).

CHATEAU COUJAN Murviel-les-Béziers ✆ 04 67 37 80 00. *Ouvert toute l'année, tous les jours de 9h à 12h et de 14h30 à 19h. Ouvert le dimanche sur rendez-vous. Dégustation-vente sur place.* Les vignes du château Coujan sont implantées en coteaux à 140 mètres d'altitude, sur un terroir de cailloutis gréseux, au nord de Béziers. Florence Guy vinifie et élève Saint-Chinian et vins de pays. Le Petit Futé a aimé : la cuvée Gabrielle de Spinola, un vin élégant et ample, bien charpenté, à faire vieillir patiemment. Le château produit également du miel et de l'huile d'olive.

CHATEAU SAINT-MARTIN-DES-CHAMPS Route de Puimisson - MURVIEL-LES-BEZIERS ✆ 04 67 32 92 58. *Site : www.saintmartindeschamps.com. Ouvert à l'année tous les jours de 9h à 12h et 13h30 à 19h.* Les cuves à vin toujours en service datent de 1752 et sont construites en pierres de taille. Les propriétaires Pierre et Michel Birot sont vignerons de père en fils depuis 1675. Une constance dans une qualité ponctuée de distinctions : vins de pays d'oc, AOC coteaux du Languedoc. Vente au public à la cave et expéditions, dégustation dans le chai de vieillissement en fût de chêne. Organisation de journées portes ouvertes pour la Saint-Martin.

Laurens

Autrefois fortifié, ce petit village, dominé par la masse de son château du XIIe siècle, est surtout connu pour ses carrières de marbre encore en activité. A quelques kilomètres, un arrêt dans un lieu extraordinaire s'impose. Suivez le fléchage château de Grézan et vous découvrirez au détour d'un chemin une enceinte fortifiée, crénelée, percée d'une seule porte monumentale, une sorte d'Aigues-Mortes en miniature. Cette ancienne commanderie de l'ordre des Templiers fut au XIXe siècle relookée à la mode Viollet-le-Duc, opération qui en fait l'un des lieux les plus insolites du département.

SYNDICAT D'INITIATIVE DU FAUGEROIS Mairie ✆ 04 67 98 54 73/04 67 23 03 59. *E-mail : faugerois@ fnotsi.net. Ouvert toute l'année du lundi au vendredi de 9h à 12h et les après-midi du lundi et mardi de 14h à 17h. En juillet et août 7j/7 de 9h à 12h et de 14hà 19h.*

HOSTELLERIE DU GREZAN Route de Béziers - LAURENS ✆ 04 67 90 22 65. *Ouvert tous les jours sauf dimanche soir et mercredi. Menus de 21,50 € à 60 €. Formule déjeuner à 15 €. Carte.* Au pied des remparts du château, dans ce restaurant au décor coquet et chaleureux, mariant à merveille mobilier contemporain et vieilles pierres d'un ton ocre doux, le chef

Gérard Crespin développe une cuisine méditerranéenne inventive à base de produits frais : mille-feuille à la mousseline de rouget et de crabe en coppa, bourride de lotte à la languedocienne et foie gras poêlé à l'infusion de sauge et aux épices douces… C'est une belle initiative pleine d'audace d'avoir créer un restaurant de prestige, à la fois traiteur et salon de thé, dans un endroit situé à l'écart des grands centres urbains. Mais ce lieu, avec terrasse côté jardin et petite bambouseraie, mérite bien cette cuisine racée.

LE MOULIN A VENT 2, rue du Moulin - AUTIGNAC ✆ 04 67 90 26 34. *Ouvert de Pâques à Toussaint. Chambre et petit-déjeuner 40 € pour deux personnes.* Situées en rez-de-chaussée à côté de la maison principale, les trois chambres, simples, disposent chacune de leur salle d'eau. La grande terrasse aménagée sur le devant de la maison s'apprécie pour l'utilisation, par les hôtes, de sa cuisine d'été, de son barbecue et de son mobilier de jardin. Quant à la véranda très agréable, elle se réserve pour le petit-déjeuner servi par Alice Coudoumy.

CAMPING CARAVANING L'OLIVERAIE Chemin de Bédarieux ✆ 04 67 90 24 36. *Site : www.oliveraie.com. Ouvert toute l'année. Emplacement pour deux personnes et une voiture de 9 € à 26, 80 € selon saison. Location à la semaine de mobile-home pour 6 personnes entre 280 € et 500 €.* En plus de la location de caravanes et de mobile-homes, ce camping possède une centaine d'emplacements, assez grands et bien délimités se partageant des installations confortables 3 étoiles : Alimentation, sauna, laverie… Les équipements de jeux sont conséquents : minigolf, tir à l'arc ou tennis, pataugeoire et piscine… et des randonnées pédestres ou équestres et en VTT s'organisent. Un bar restaurant pizzeria procure boissons et repas.

DOMAINE DU METEORE Le Village - CABREROLLES ✆ 04 67 90 21 12. *Parmi les productions de l'une des 1 300 caves particulières du département de l'Hérault.* Le Petit Futé a aimé : cuvée réserve, faugères rouge, dont on remarque d'abord la robe très intense. Nez riche et complexe, avec des fruits noirs, une note boisée, grillée ; en bouche, on retrouve la cerise et du moelleux, un bel équilibre.

CHATEAU DE LA LIQUIERE Hameau de La Liquière - CABREROLLES ✆ 04 67 90 29 20. *Ouvert tous les jours du lundi au vendredi de 9h à 12h et de 15h à 18h30. Le samedi sur rendez-vous.* Sur ce terroir de schistes, avec des vignes âgées de trente ans, Bernard Vidal producteur éleveur donne le meilleur de lui-même pour cette appellation. Le Petit Futé a aimé : La Liquière, AOC faugères rouge, robe rubis très soutenue, l'attaque est charnue, la structure élégante, avec du gras pour une bonne longueur.

CHATEAU DES ESTANILLES Lenthéric ✆ 04 67 90 29 25. *Visite sur rendez-vous.* De la vigne au vin, en passant par l'accueil, tout porte à rendre visite à Michel Louison. Ce vigneron magicien, vinifie des vins qui lui ressemblent, excessifs et entiers. Le Petit Futé a aimé : château des Estanilles faugères rouge, une robe presque noire, typé syrah, un nez puissant et une bouche fine et élégante.

Olonzac

Ce gros village est la capitale économique du Minervois. Si quelques vestiges des remparts ainsi que le témoignage de la présence romaine méritent le coup d'œil, c'est la proximité du canal du Midi qui offre le plus d'intérêt, en particulier, l'écluse et le pont-canal de l'Ognon. Le syndicat d'initiative a réalisé le fléchage des circuits qui permettent de découvrir les alentours. On vient aussi de loin pour profiter du lac de Jouarres qui, en été, est le seul plan d'eau aménagé pour la baignade et les activités nautiques du coin. Et, avant de partir, n'oubliez pas d'aller voir le magnifique dolmen des Fades à Pépieux.

SYNDICAT D'INITIATIVE/OFFICE DE TOURISME 3, square de la Mairie ✆ 04 68 91 34 95. *E-mail : olonzac-minervois@fnotsi.net. Ouvert en juillet et août de 10h à 12h et de 14h à 18h. Le reste de l'année informations téléphoniques.*

Points d'intérêt

MUSEE ARCHEOLOGIQUE DU MINERVOIS Mairie ✆ 04 68 91 20 11. *Ouvert en juillet et août de 14h à 18h (sauf dimanche et lundi). Hiver sur demande. Tarif 3,50 €, enfant 1,55 €.* Ce petit musée de village regroupe quelques collections locales du Paléolithique au Moyen Age. On peut notamment y voir une belle collection de céramiques romaines de la Gaufresenque provenant des fouilles de Port-la-Nautique à Narbonne. Renseignements auprès de M. Maurice Rigal : 04 68 91 26 41.

Le couvert

RESTAURANT DU MINERVOIS BEL 2, rue des Ecoles ✆ 04 68 91 20 73. *Ouvert tous les jours, sauf samedi soir et dimanche soir hors saison. Menus à partir de 18,30 €. Carte.* De plus en plus connue et reconnue, la cuisine de François Vilchez attire son monde. On se souviendra d'une salade au chèvre frais nappé d'huile d'olive et semé de fleur de sel, de ravioles du marché servies en chaud-froid avec leur crème ciboulette. Plus raffinée encore, voici une salade de gésiers d'oie aux griottes ou un foie gras confit au saint-jean-de-minervois, tout doré. Repas dans un cadre très soigné et classique en salle bleu et blanc ou en terrasse ombragée.

▷ Dans les environs

Aigne

Exemple type de la circulade, Aigne surnommé lou Cagarol (l'escargot), est entièrement coupé du monde extérieur par les murs arrières de ses maisons, formant remparts. L'église en partie romane comporte une remarquable statue en bois de la Vierge, datée du XVIIIe siècle.

LO CAGAROL Place de la Fontaine ✆ 04 68 27 84 22. *Ouvert tous les jours de fin juin à mi-septembre. Hors saison fermeture mercredi et jeudi. Menus de 21 € à 41 €. Formule déjeuner à 12,20 €. Carte.* Représentatif du coin de pays où il s'est accroché, cet escargot (ce cagarol) propose une cuisine généreuse et inventive qui marrie les saveurs du Minervois : cargolade à la moelle, feuilleté de magret aux raisins de Saint-Jean, une côte d'agneaux aux fleurs de la montagne et aux amandes et un nougat glacé aux figues... Le décor simple, avec grande cheminée, présentant quelques œuvres d'artistes locaux et la terrasse sont aussi fréquentables que l'assiette.

Azillanet

Si l'on arrive par le nord, on débouche sur la grande place de l'église. De là partent des petites rues en pente très étroites où l'on découvre de vieilles maisons, parfois réunies par des porches. Plus bas, n'oubliez pas de vous arrêtez à un lavoir, remarquablement restauré, pour écouter le soir un concert de grenouilles.

HOTEL RESTAURANT LE COUVENT Rue du Couvent ✆ 04 68 91 15 37. *Ouvert de Pâques à septembre. Chambres à partir 37 € pour deux personnes petit-déjeuner compris. Menus de 13 € à 17 €. Carte.* Le petit hôtel de Roland Bosc se fait tout accueillant en toute simplicité. Le bâtiment, s'étant refait une beauté tout dernièrement, se distribue autour d'une cour intérieure et compte sept chambres avec salle de bains (et WC pour certaines). Attentif à l'égard de ses pensionnaires, le maître des lieux, aussi cuisinier, fait varier ses menus : confits de canards, côtes d'agneau, légumes de saison... Le Couvent impose une petite visite et souvent un séjour au calme.

CAVEAU LES TROIS BLASONS Avenue d'Olonzac - AZILLANET ✆ 04 68 91 22 61. *Site : www.lestroisblasons.com. Ouvert toute l'année du lundi au vendredi de 8h30 à 12h30 et de 14h30 à 18h30, le week-end et jours fériés de 9h à 12h30 et de 15h à 18h30. Dégustation-vente sur place. Expositions temporaires au caveau et à noter la Fête du pin'art le 25 juillet.* La coopérative Les Vignerons du Haut Minervois possède une belle cave de village comme on en voit un peu partout dans la campagne languedocienne, souvent, avec l'église, le bâtiment le plus imposant du village. A signaler que quelques expositions d'art occupent une partie de l'espace de façon régulière. Le Petit Futé a aimé : cuvée Saint-Sernin, sous une robe sombre, un vin puissant et structuré, souple en bouche, aux tanins grillés.

LE PECH D'ANDRE Route d'Olonzac ✆ 04 68 91 22 66. *Ouvert toute l'année, 7j/7 de 10h à 20h.* Germaine et Marc sont membres du réseau FARRE pour une agriculture raisonnée respectueuse de l'environnement dans un cadre naturel entretenu où l'on se soucie de la protection de la nature par, notamment, une fertilisation réfléchie. 20 ha de vignes classées en AOC minervois et 10 ha en appellation vin de pays. Le caveau rustique en pierres apparentes reçoit régulièrement des expositions.

Siran

Autour du village, au milieu du vignoble, trois chapelles surprenantes : à l'ouest Notre Dame du Spasme et à l'est, la chapelle romane de Saint-Germain de Cesseras possédant une abside décorée et la chapelle de Notre-Dame de Centeilles du XIIIe siècle remarquable pour sa mosaïque du IIIe siècle et ses fresques d'intérieur des XIVe et XVe siècles. A proximité, on ne manquera pas d'aller voir la côte qui descend, un phénomène optique qui attire les foules (suivre le fléchage curiosité Lauriol).

MAISON DU MINERVOIS Château de Siran ✆ 04 68 27 80 05. *Ouvert du lundi au vendredi de 9h à 12h et de 14h à 18h. Entrée libre.* C'est une belle et vieille maison vigneronne construite sur les anciens remparts, elle abrite le Syndicat du cru minervois, la Charte intercommunale du Minervois et l'association Rendez-vous culturels en Minervois. Vous y trouverez des informations sur le vignoble local et la vie culturelle. En alternance, elle invite dans ses murs deux types d'expositions : de peintures contemporaines et d'étiquettes de bouteilles de vin (en concertation avec le Conservatoire national des étiquettes !).

LA VILLA ELEIS Avenue du Château - SIRAN ✆ 04 68 91 55 98. *Fermé en février. Hôtel hors saison sur réservation. Chambres de 66 € à 127 €. Petit-déjeuner 9,90 €. Restaurant fermé mardi et mercredi hors saison ; ouvert tous les jours en saison. Réservation conseillée. Menus de 27,50 € à 63,50 € (menu dégustation avec un verre de vin-plat). Carte.* Pour le village, cette bastide du XVe siècle est LE château. Entièrement restaurée, elle abrite douze chambres immenses, aux noms de fleurs, meublées chacune dans un style et une couleur dominante ; la suite dispose de son propre salon et d'une grande terrasse.

Roujan

Ce gros bourg rural concentre activités et services d'une petite région agricole, à l'écart des grands axes de la N9 qui passe à Pézenas et la D909 qui joint Béziers à Bédarieux. Après avoir visité l'église Saint-Laurent (XIIe et XIIIe siècles), il convient de s'arrêter au prieuré de Cassan. A quelques kilomètres, en empruntant des petites routes (tenez bien votre droite) qui serpentent entre des vallons couverts de vignes, vous pouvez gagner Neffiès (très beau panorama sur la route de Cabrières) et son église gothique du XIIIe siècle ou Margon dont le château du XVe siècle, sorti tout droit d'un conte de Perrault, écrase de sa masse le petit village.

OFFICE DE TOURISME INTERCOMMUNAL 74, avenue de Pézenas ✆ 04 67 24 18 01. *Site : www.coteaux-chateaux.com - E-mail : office@coteaux-chateaux.com. Ouvert du lundi au vendredi de 9h à 12h et de 14h à 17h hors saison, et du lundi au samedi de 9h à 12h et de 14h à 19h en juillet et août.*

Points d'intérêt

CHATEAU-ABBAYE DE CASSAN Route de Bédarieux ✆ 04 67 24 52 45. *Site : www.château-cassan.com - E-mail : info@château-cassan.com. Ouvert du 15 avril au 11 novembre. Entrée adulte 7 €, enfant 4,50 €.* Sur les fondements d'un prieuré créé par Charlemagne et qui connut tous les bouleversements du Moyen Age et des guerres de Religion, le grand architecte de Montpellier Jean-Antoine Giral, qui en fit, au XVIIe siècle, l'un des plus importants ensembles architecturaux classiques de la région. La vue sur la façade ouest, avec ses 65 m de long et ses multiples fenêtres vaut, à elle seule, le détour. Un jardin anglo-chinois unique dans la région et classé Monument historique depuis 1998 est en cours de restauration, ainsi qu'un beau bassin aux bords contournés. (Se renseigner pour la visite).

Loisirs

BASE NAUTIQUE Barrage des Olivettes - VAILHAN ✆ 06 03 44 62 24. *Ouvert de juin à septembre.* Avec la garrigue pour paysage, Vailhan s'est offert un petit coin de fraîcheur à la création du barrage des Olivettes. Aux côtés d'un plan d'eau de près de 60 ha où l'on peut louer de grands pédalos (à partir de 10 € de l'heure) et filer en famille, la plage artificielle marque le point de départ des sentiers de promenade à travers les chênes verts. Au retour, une buvette propose rafraîchissements, glaces et crêpes.

Emplettes

LA FERME DU MAS ROLLAND Montesquieu ✆ 04 67 24 65 40. *Ouvert de février à novembre tous les jours de 16h30 à 19h30.* A Montesquieu, ensemble de hameaux sur le causse, Eric Caumes et Laurence Testa membres du réseau Racines confectionnent un éventail assez large de fromages de chèvre : pélardon AOC, cendré, bûchette, tommette, palet, brique. Les fromages se vendent frais, secs, affinés ou même à l'huile. En plus vous pouvez aller à la rencontre de leurs chèvres aux horaires d'ouverture.

▷ Dans les environs

Cabrières

Voilà encore un nom qui réjouit les papilles des amateurs de bons vins, car ce petit terroir fait partie de l'appellation Coteaux du Languedoc. Cette production fait aujourd'hui sa réputation, bien que le petit village ait connu un passé militaire prestigieux. Cabrières est aussi connue pour un phénomène naturel très particulier : la source de l'Estabel qui ne fait que de très rares apparitions en fonction de la pluviométrie, tous les douze ans en moyenne... A ce moment, la source se met en activité et il en jaillit une eau chaude, pourvue de pouvoirs pétrifiants ; Au bout de quelques jours, une branche par exemple, laissée près de la résurgence se couvre d'une carapace calcaire.

CAVEAU-MUSEE DES VIGNERONS Route de Fontès © 04 67 88 91 60. *E-mail : sca.cabrieres@wanadoo.fr. Ouvert toute l'année du lundi au samedi de 9h à 12h et de 14h à 18h. En juillet et août, ouvert jusqu'à 19h et le dimanche. Entrée gratuite.* Allier présentation des vins et espace muséographique, c'était le pari des vignerons de Cabrières. Pari gagné, car leur réalisation est souvent citée comme l'une des réussites du département. Si vous ne vous attardez pas trop pour déguster les vins, vous pourrez vous promener à travers de très belles vitrines qui présentent la géologie des monts de Cabrières (avec le pic de Vissou qui fait le pendant du pic Saint-Loup), des fossiles de trilobites, l'archéologie (avec les mines de cuivre les plus anciennes d'Europe), l'histoire médiévale, les techniques de vinification...

LA MINE DE PIOCH FARRUS © 04 67 39 03 18. *Ouvert tous les jours du 1er avril à début novembre de 10h à 19h. Visite guidée toutes les heures, durée : 45 minutes. Tarif adultes 7 € et enfants 4 €. Sur réservation pour les groupes.* La mine de cuivre fut exploitée depuis la préhistoire et l'époque romaine. Ce métal a servi à la fabrication d'armes, d'outils et de perles. Une visite guidée, facile et non salissante, permet de découvrir, le casque sur la tête, les puits et les galeries. Le parcours est horizontal et à température constante avoisinant les 15°. Le musée présente le résultat des études des ateliers de traitement et de fusion du minerai et regroupe des travaux sur la période antique mais aussi sur le XIXe siècle.

Faugères

Dès que l'on prononce le nom de Faugères, le regard des amateurs de vin s'illumine, car son appellation AOC a depuis longtemps conquis ses lettres de noblesse. L'amateur d'art y trouvera aussi son plaisir en parcourant les vieilles rues (façades romanes, maisons des XVe et XVIIe siècles). Tout autour, dans la campagne, on peut dénicher des capitelles, curieuses constructions de pierre qui servaient d'abri, ainsi que des ruines d'anciens châteaux qui surveillaient les passages vers le haut pays, comme à Fos, Roquessels ou Caussiniojouls (à voir la petite chapelle wisigothique de Saint-Bauzile). Egalement à remarquer sur le parcours trois magnifiques moulins restaurés qui s'animent parfois autour d'un spectacle sons et lumières ou de concerts de groupes folkloriques internationaux (renseignements en mairie au 04 67 95 06 09).

CHATEAU HAUT LIGNIERES Lieu dit Bel-Air © 04 67 95 38 27. M. Kreutzfelot est établi sur un vignoble âgé de 23 ans sur un sol terroir de schistes broyés, d'une superficie de 15 ha, entièrement vendangé à la main. Le Petit Futé a aimé : Château haut-lignières, faugères rouge. Sous une belle robe intense, un nez cassis et des tanins équilibrés ; un vin bien construit, agréable.

Magalas

Après avoir jeté un œil sur les vestiges de fortification de ce gros bourg perché, les amateurs de randonnée graviront un petit chemin qui les amènera sur le site de l'oppidum de Montfo. Si les escarpements et terrasses défensives sont peu visibles pour des profanes, la vue à elle seule, vaut le détour.

ESPACE VINS ET CAMPANES ZAE l'Audacieuse © 04 67 36 67 13. *Ouvert toute l'année. De novembre à avril du mardi au samedi de 9h à 12h et de 14h à 18h, de mai et octobre de 9h à 12h et de 15h à 19h, de juin à septembre du lundi après-midi au samedi aux mêmes horaires qu'en mai et octobre.* Cet espace d'exposition tout récent associe les deux activités séculaires de la petite région de Magalas. La civilisation de la vigne, tout d'abord, présentée de façon pédagogique, ainsi que l'art campanaire, puisque le village est le siège depuis quelques années d'une fonderie réputée.

LA BOUCHERIE Place de l'Eglise - MAGALAS ✆ 04 67 36 20 82. *Fermé dimanche et lundi hors saison, dimanche midi et lundi en saison. Menus de 9,50 € à 21 €. Carte.* Histoire d'être bien servi, le restaurant s'est directement installé dans la boucherie. Alors le décor fait dans le rouge sang et, qui plus est, on dirait que l'adresse le fait exprès, au coin de la rue de l'Abattoir et de celle de Saint-Laurent (ce saint qui a été supplicié sur un grill). Passées les entrées variées et tapas de saison, qui proposent même la soupe de poisson, on entre dans le vif du sujet : du bœuf, du veau, de l'agneau… grillé, mijoté ou même servi cru, en gaspacho ou en tartare. La daube est languedocienne, la gardianne biterroise, le tajine à l'agneau très méditerranéen, avec les légumes du marché, histoire d'avoir un peu de verdure. Sans oublier les tripes, les andouillettes… Une bonne adresse à apprécier avec quelques petits vins de la région.

Saint-Chinian

A mi-chemin entre mer et montagne, sur la N112, Saint-Chinian se cache dans la vallée du Vernazobres qui bénéficie d'un agréable microclimat. Elle est dominée par les monts du Caroux et les montagnes de la Grage. Les Cévennes ne sont pas loin. La ville, bâtie au VIIe siècle par des religieux, demeure sous l'autorité de l'Eglise jusqu'en 1789. L'église paroissiale mérite un détour. L'orgue du XVIIIe est classé monument historique.

Saint-Chinian est renommée pour ses vins, le cépage de haut lignage couvre 23 communes sous la même influence d'un climat de type méditerranéen. La situation exceptionnelle de Saint-Chinian en fait un site privilégié pour les activités de pleine nature : randonnées pédestres et équestres, pêche, baignade dans la rivière des Platanettes. Nombreuses excursions au départ de Saint-Chinian : col de Fontjun, Pierre Morte, vallon de Malibert, pont de Poussarou.

SYNDICAT D'INITIATIVE DU SAINT-CHINIANAIS Villa du Roc - Allée Gaubert ✆ 04 67 38 02 67. *Ouvert toute l'année. Jours d'ouverture et horaires à vérifier.*

Le couvert

LA CALECHE 8, Grand Rue ✆ 04 67 38 25 26. *Ouvert tous les jours sauf dimanche soir et lundi. Menus de 13 € (midi en semaine) à 45 €. Carte.* En face de l'esplanade, sous une élégante arche de pierre, les tables sont entourées d'un décor rustique. Les mets peuvent être emprunts d'éléments traditionnels (salade de feuilleté de chèvre chaud, chevreau farci et navets noirs de Pardailhan, soufflé glacé au marc du Languedoc), mais s'accompagnent toujours de la touche originale de Régis Pajani : parmi les morceaux d'un canard, voici le foie gras frais poêlé puis déglacé au vinaigre de framboise, voilà le magret servi en tapenade. Quelques recettes à découvrir absolument.

Emplettes

CLOS BAGATELLE Cave des 4 vents ✆ 04 67 93 61 63. *Ouvert toute l'année du lundi au samedi de 9h à 12h et de 14h à 19h (Fermé en août).* Jolie propriété ancestrale sur la route de Saint-Pons, avec un caveau de dégustation et de beaux bâtiments anciens. On visite chais à barriques bourguignonnes et musée, on déguste saint-chinian et muscat. Le Petit Futé a aimé : Clos bagatelle, cuvée la gloire de mon père, boisé. Cuvée sélection, saint-chinian rouge, très bel équilibre en bouche, un joli vin de terroir.

CHATEAU LA DOURNIE La Dournie ✆ 04 67 38 19 43. *E-mail : château.ladournie@liberty-surf.fr. Ouvert tous les jours de 9h à 12h et de 14h à 18h (hors saison, fermé le dimanche). Dégustation-vente sur place.* Sur le site d'une ancienne manufacture royale, Annick ou Véronique Etienne vous feront découvrir toute la gamme des vins du Château : des AOC vins de pays d'oc, rouge et rosé, qui s'exportent dans toute l'Europe. Le Petit Futé a aimé : château La Dournie, saint-chinian rouge, du velours à l'œil pour une bouche soyeuse faite de fruit et réglisse. Un excellent breuvage.

LES COTEAUX DU RIEU BERLOU 4, avenue des Vignerons - BERLOU ✆ 04 67 89 58 58/04 67 89 65 15. *Site : www.berloup.com. Ouvert tous les jours de 9h à 12h et de 14h à 18h (19h en saison). Les dimanches et jours fériés de 10h à 13h et de 15h à 18h.* La cave de Berlou a pris la tête du renouveau du saint-chinian. Elle profite surtout d'un terroir de schistes de couleurs foncées qui accumulent la chaleur du jour et la restituent la nuit. Des tables d'orientation situées au cœur du vignoble permettent de mieux apprécier le panorama magnifique. Le Petit Futé a aimé : cuvée escagnes, saint-chinian rouge, en bouche, il se révèle souple, fruité et rond.

MAISON DES VINS DE SAINT-CHINIAN Avenue de la Promenade ✆ 04 67 38 11 69. *Ouvert toute l'année du lundi au samedi de 9h à 12h et de 14h à 18h30. Ouvert le dimanche matin de 9h à 12h de mai à mi-septembre.* Propriété du syndicat du cru saint-chinian, elle abrite une boutique de producteurs très bien achalandée (plus de 150 références d'AOC saint-chinian). Les inscriptions à des stages d'initiation à la dégustation ainsi qu'à des circuits découverte complets (culture, tourisme, vigne et gastronomie) peuvent se faire à cette même adresse.

▷ *Dans les environs*

Cazedarnes

ABBAYE DE FONTCAUDE ✆ 04 67 38 23 85. *Horaires d'été (1er juin au 30 septembre), ouvert tous les jours sauf dimanche matin, de 10h à 12h et de 14h30 à 19h. Horaires d'hiver, ouvert samedi et dimanche, de 14h30 à 17h30. Vacances scolaires, ouvert tous les après-midi. Fermé en janvier, sauf dimanche après-midi. Adultes 4 €, enfants 2 €. Tarifs réduits pour groupes de 20 personnes.* Les vicissitudes de l'histoire ont laissé l'abbaye dans un triste état. De l'église, il ne reste que le transept, l'abside et les absidioles, en très bon état ; les meubles, copies d'anciens et les vitraux en grisailles, dans lesquels sont enchâssés des fragments du XVIe siècle, contribuent à recréer l'atmosphère médiévale. Après la pénombre des pierres séculaires, le passage dans le cloître est éblouissant, même s'il n'en reste pas grand-chose. La salle de travail, intacte, a été transformée en musée pour présenter des fragments d'arcs, des colonnettes et les chapiteaux décorés d'entrelacs, de frises en dents de scie, de volutes.

Cessenon-sur-Orb

Cette grosse bourgade de la vallée de l'Orb s'étale autour des vestiges de son ancienne forteresse. L'église Saint-Pierre, excentrée fut construite pour remplacer l'ancienne chapelle devenue trop petite. On est d'abord frappé par les contreforts puissants et massifs qui soutiennent la nef unique et l'abside. La façade d'entrée en paraît très large. A l'intérieur, on peut voir une intéressante chaire de marbre et stuc du XVIe siècle. Sur la place du marché, un fragment de sarcophage du Ier siècle est enchâssé dans le mur d'une maison. L'ambiance est celle du gros bourg viticole un peu assoupi, qui s'anime lors du passage des commerçants ambulants, mardi et samedi, jours de marché.

OFFICE DE TOURISME Mairie ✆ 04 67 89 65 32. *Site : www.cessenon.frst - E-mail : cessenon@fr.st. Ouvert toute l'année. Hors saison du lundi au vendredi de 9h à 12h et de 14h15 à 17h30, samedi matin. En saison horaires à vérifier.*

LE CHAOS DU REALS. Par le pont suspendu au-dessus de l'Orb, on aperçoit les flots, parfois violents, du fleuve qui ont creusé la roche calcaire de façon spectaculaire, donnant naissance à des marmites, des petites cascades et des rapides, notamment au hameau de Réals, célèbre pour son chaos de rocs et d'eau, très impressionnant.

MAS DE RATIES Cessenon-sur-Orb ✆ 04 67 89 61 91. *Gîtes pour 6 personnes de 280 € à 490 € la semaine. Week-end 190 €.* Comme le veut la tradition languedocienne, un mas du XVIe siècle s'est niché au milieu de vignes, à peu de distance du village. A l'ombre de quelques pins, trois gîtes de plus de 100 m² chacun sur deux niveaux possèdent terrasse et accès au jardin. En bonus, une cheminée pour l'hiver, un barbecue pour l'été et tout le confort de la vie moderne (lave-linge et lave-vaisselle). Lucien Robert a soigné le décor qui s'inspire des couleurs impressionnistes ou des arts décoratifs. Avec pour tout environnement, le calme et la nature.

BASE NAUTIQUE DEPARTEMENTALE Réals - CESSENON-SUR-ORB ✆ 04 67 89 61 65. *Ouvert toute l'année. Location de canoës et de kayaks, journée à partir de 25 €. Pour les groupes de 8 personnes, à partir de 22 € par jour avec accompagnateur.* Ce site idéal de Réals est exploité par la base départementale et le Comité Départemental de canoë-kayak qui permet de pratiquer dans un cadre magnifique, que les professionnels, eux-mêmes, ne dédaignent pas. En été, on vous propose aussi de la randonnée nautique ou d'autres activités de nature : l'escalade, la randonnée pédestre et une course d'orientation se terminant par une tyrolienne ou un pont de singe pour les petits. La base reçoit souvent des groupes, d'adultes et d'enfants, alors mieux vaut réserver lorsque l'on arrive en nombre. A côté, une aire de pique-nique a été aménagée.

CHATEAU DE CAZAL-VIEL Cessenon-sur-Orb ✆ 04 67 89 63 15. *Ouvert toute l'année tous les jours de 9h à 12h30 et de 14h à 18h30, sur rendez-vous le week-end.* Située au sud de l'appellation de Saint-Chinian, la propriété de famille, depuis 1790, d'Henri et Christiane Miquel est le plus grand domaine du cru. Millésime après millésime, il extrait la richesse de son terroir pour le grand plaisir des amateurs de l'appellation. Le Petit Futé a aimé : Château de Cazal Viel, Saint-Chinian, cuvée tradition, rouge. Syrah, Grenache et Mourvèdre pour un vin élégant, d'une belle persistance en bouche. A noter des expositions de peinture et la possibilité d'hébergement (gîte de France 5 épis pour 4 à 5 personnes).

Cruzy

De son passé, il demeure un petit château seigneurial à deux tours rondes, quelques façades du XVe siècle et une très belle église. La place devant sainte Eulalie de Mérida permet de prendre le recul suffisant à l'examen de cette construction imposante, qui semble fortifiée et qui est classée parmi les plus belles de France. Depuis le village, deux itinéraires de randonnées sont balisés ; l'un d'eux mène, dans un décor de petits canyons et de vignes, à la chapelle Sainte-Foi qui, sa nef détruite, n'a plus que l'aspect d'une simple cabane de pierres. On passe ainsi au-dessus du pic de Roquefourcade et à proximité d'un ancien oppidum et d'une grotte sépulcrale.

MUSEE DE CRUZY Place Roger-Salengro ✆ 04 67 89 33 25. *E-mail : webmaster@acap.fr.st. Visite gratuite tous les jours de 10h à 12h et de 14h à 18h.* Rappelant l'occupation très ancienne des lieux, le musée expose de nombreux vestiges archéologiques : des silex, datant de l'époque des dolmens, alignés le long d'une crête à l'ouest du village ; Des vestiges romains, comme des poteries et des monnaies de bronze et d'argent et des objets provenant de tombes. Ce musée varié comporte aussi une section de paléontologie, des expositions consacrées à l'histoire du village, à la viticulture et aux anciens combattants.

AUBERGE DE LA CROISADE La Croisade - CRUZY ✆ 04 67 89 36 36. *Ouvert tous les jours sauf les mardis et mercredis hors saison ; fermeture en février. Menus de 14 € à 37 €.* En bordure du canal du Midi, une ancienne maison de cantonnier est devenue une auberge gastronomique agréable, qui met ses tables en terrasse ou sous la véranda. Bruno Rossignol, qui a travaillé dans de grands établissements parisiens, aime dire à ses clients qu'il pratique une cuisine classique rénovée. Entendez par là qu'il emploie les produits de marché, les légumes de saison, les poissons frais, les viandes goûteuses pour les accommoder à sa guise. Fondant de grenadier, sauté de biche, confit de canard… il y en a vraiment pour tous les goûts.

Quarante

De nos jours, le visiteur aperçoit d'abord de l'église son clocher carré qui trône en haut du village ; puis la longue nef de moellons ocre, ses arcades et ses baies ornées de lombardes, de pierres sombres ; des maisons et des bâtiments conventuels (XVIIe siècle) sont venus l'enserrer. L'église renferme un véritable musée où l'on découvre notamment un sarcophage paléochrétien de marbre blanc veiné de gris, un chef reliquaire de saint Jean-Baptiste, œuvre d'un orfèvre montpelliérain du XVe siècle.

Plan de la ville et brochure sur l'abbatiale à disposition. Pour visiter le trésor, téléphoner au préalable à M. Gilbert Berger au 04 67 89 41 27.

MUSEE D'ARCHEOLOGIE ✆ 04 67 89 40 48. *Visite gratuite. Ouvert en été tous les après-midi de la semaine de 14h à 18h.* Rassemblant le produit des fouilles des environs, le musée présente des sculptures sur pierres de différentes époques, du néolithique à la période médiévale. Renseignements : M. Christian Blasco 04 67 89 44 91.

CHATEAU DE QUARANTE 25, avenue du Château - QUARANTE ✆ 04 67 89 40 41. *Site : www.monsite.wanaddo.fr/chateaudequarante. Ouvert d'avril à octobre. Chambre d'hôte et petit-déjeuner à partir de 96 € pour 2 personnes. Repas à partir de 28 €.* Petit château en forme de folie, il fut édifié au XVIIIe siècle au milieu des vignes. Nicolas et Nicole Neukirch lui ont rendu son lustre et son raffinement. Ils reçoivent avec plaisir 16 hôtes en 4 chambres et une suite (classées 4 épis), auxquels ils proposent des repas régionaux. On goûte à la vie de château en passant au salon, en se reposant dans la véranda ou en parcourant le parc fleuri.

DOMAINE DE ROUEIRE Route de Capestang - QUARANTE ✆ 04 67 89 49 22/04 67 89 40 10. *Site : www.rouiere.com. Ouvert tous les jours en saison de 10h à 12h30 et de 15h à 18h. Hors saison, fermé le lundi.* Sur ce domaine avec éolienne classée monument historique, dans d'anciens bâtiments, les caves coopératives de Puisserguier et de Creissan ont créé un bel espace de dégustation et d'exposition. Autour des AOC saint-chinian, des vins de pays d'Oc, des coteaux de Fontcaude, et de quelques bouteilles de cartagène, un musée de la vigne et du vin présente outillage et tonnellerie. L'espace se complète d'une galerie complète sur l'apiculture (et de quelques produits en vente), prête ses murs à des artistes régionaux (essentiellement peintres et sculpteurs) et dispose d'une grande salle de dégustation.

LODEVE ET LA VALLEE DE L'HERAULT

Zone de contraste où la nature a sculpté avec force les paysages, la vallée de l'Hérault n'en finit pas d'étonner. Les rivières y ont découpé des abîmes et des dentelles de pierre. La terre est par endroits si rouge qu'on la croirait baignée de sang. Elle offre un spectacle magnifique lorsqu'elle contraste avec les eaux bleues du lac du Salagou ou le camaïeu de verts de la végétation. Cette roche argilo-gréseuse s'appelle la ruffe. Les hommes s'en sont servis pour construire leurs maisons comme aux alentours de Saint-Jean-de-la-Blaquière ou du Puech. Des hameaux, pour certains à l'abandon, qui valent le détour tout autour de la belle Lodève.

Lodève

Située sur la N9 au sortir de Montpellier, Lodève est la sous-préfecture de l'Hérault. C'est une ville historique et culturelle, riche de trésors architecturaux.

Importante cité gallo-romaine, ancienne capitale des Volques, Lodève est un évêché dès le IVe siècle. C'est à partir du XIIIe siècle que Lodève devient un important centre textile grâce à l'élevage des moutons du Larzac. Natif de cette ville, le cardinal de Fleury lui donne au XVIIIe siècle le monopole des manufactures militaires de drap. De magnifiques hôtels particuliers sont le témoignage de cet essor économique. Bien que les métiers à tisser se soient arrêtés en 1960, le textile ainsi que des activités de retorderie et de bonneterie, demeurent encore l'une des principales ressources de la ville.

OFFICE DU TOURISME 7, place de la République ✆ 04 67 88 86 44. *Site : www.lodeve.com. Ouvert du lundi au vendredi de 9h à 12h30 et de 14h à 19h, le samedi de 9h à 17h en été. Visites guidées sur le thème Des bâtisseurs de cathédrales à Paul Dardé et dans les ateliers des artisans créateurs du centre-ville.*

Points d'intérêt

CATHEDRALE SAINT-FULCRAN. Lodève, qui fut siège d'évêché du IVe siècle à la Révolution, possède une cathédrale remarquable classée au rang des cathédrales fortifiées du Languedoc.

ANCIEN PALAIS EPISCOPAL. Accolé à la cathédrale, il fut construit au XVIIIe siècle. Il abrite aujourd'hui l'hôtel de ville et possède un joli escalier Louis XV. A l'extérieur, vous pourrez admirer sa cour caladée et lever la tête vers la toiture en tuiles vernissées marron et vert de Saint-Jean-de-Fos. Derrière se trouvent les allées de la Résistance, où l'on peut voir un spectaculaire et intéressant monument aux morts, signé du sculpteur Paul Dardé.

MUSEE FLEURY Square Georges-Avric ✆ 04 67 88 86 10. *Site : www.lodeve.com - E-mail : museelodeve@lodeve.com. Ouvert du mardi au dimanche de 9h30 à 12h et de 14h à 18h. tarif adultes de 3,10 € à 6 € selon la saison.* Installé dans le très bel hôtel du cardinal de Fleury, enfant du pays, le musée présente d'intéressantes collections permanentes consacrées à la géologie de la région. La paléontologie occupe une place de choix. On trouve des reconstitutions d'animaux préhistoriques, des reproductions d'empreinte, et l'organisation de la visite présente un intérêt éducatif certain pour les enfants. Des vestiges gallo-romains et des stèles discoïdales y sont exposés, ainsi que l'œuvre de Paul Dardé, représentée par des pierres taillées, des plâtres et des dessins. Chaque été, le musée de Lodève organise une grande exposition.

HALLE DARDE Place Dardé. *Ouvert tous les jours de 9h à 19h. Entrée gratuite.* Les anciennes halles de la ville, si représentatives de l'architecture du début du siècle, abritent depuis 1997 une œuvre majeure du célèbre sculpteur. Il s'agit d'une cheminée monumentale qu'il réalisa pour l'Exposition des arts décoratifs de 1925. Outre ce monument, les halles accueillent la statue du Christ aux outrages et un moulage de celle de l'homme préhistorique. Une partie du bâtiment est réservée à la présentation du patrimoine touristique de la ville, par l'intermédiaire de films vidéo interactifs.

ATELIER NATIONAL DE TISSAGE DE TAPIS DE LODEVE (SAVONNERIE) Avenue du Général-de-Gaulle ✆ 04 67 96 40 40. *Ouvert mardi, mercredi et jeudi de 14h à 17h sur rendez vous.* La visite de cet atelier, seul de ce type en province et rattaché au mobilier national, aux manufactures des Gobelins de Beauvais et de La Savonnerie, est spectaculaire. Dans les locaux de l'ancienne manufacture royale instaurée au XVIIe siècle par Colbert, on assiste au minutieux travail artisanal des employés qui travaillent sur d'immenses tapis anciens ou contemporains, tous destinés à meubler les palais de la République (la production est réservée à l'Etat). Exécution et rénovation peuvent parfois durer plus de dix ans.

Le couvert

LE PETIT SOMMELIER 3, place de la République ✆ 04 67 44 05 39. *Ouvert toute l'année. Fermeture le lundi toute l'année et le mercredi soir hors saison. Menu à 13 € à 50 €.* Dans la salle chaleureuse ou en terrasse, ce restaurant satisfait ses convives de recettes soignées, qui flirtent avec la gastronomie, exaltent les saveurs de la viande de pays, la chair délicate des truites de Labeil, le petit goût iodé des poissons de mer et de la seiche en bourride. De quoi passer un moment plaisant !

PISCICULTURE DE LABEIL Route de Labeil - LAUROUX ✆ 04 67 44 09 55. *Ouvert de Pâques à la Pentecôte et de septembre à la Toussaint, à midi du vendredi au dimanche. De fin mai à fin août, ouvert tous les jours sauf le dimanche soir et le mercredi. Menus de 23,50 € à 28 €. Carte.* Au fond du cirque de Labeil, Yves Jouvigne a installé ses viviers

Cathédrale Saint-Fulcran

Ancien palais épiscopal

Cour Caladée du Musée Fleury

et y élève truites, saumons de fontaine et écrevisses qui ne demandent qu'à passer à table, sous toutes leurs formes. La plus connue est celle des trouchettes lodévoises, recette mise au point par le maître des lieux lui-même : ce sont de fines darnes de saumon macérées, puis cuites en beignets, à découvrir en apéritif ou accompagnées d'une salade.

Le gîte

LES VALS Route du Puech ✆ 04 67 44 36 57. *Toute l'année.* Trois étoiles récompensent le confort de ce petit camping. De taille modérée (une cinquantaine d'emplacements), les Vals sont allés planter la tente en périphérie de la ville. Des installations de loisirs agrémentent les séjours. On peut choisir de s'installer à l'ombre, puis goûter au soleil le temps d'une baignade à la piscine, d'une partie de tennis ou de minigolf. Hors saison, les douze chalets sont très appréciés. Possibilité de séjour en pension complète ou en demi-pension.

Le gîte et le couvert

L'HOTEL-RESTAURANT DE LA PAIX 11, boulevard Montalangue ✆ 04 67 44 07 46. *Fermé dimanche soir et Lundi du 1er octobre au 30 avril. Chambre de 45 € à 70 €. Deux suites de 80 € à 150 € pour 2 à 4 personnes. Menus de 18 €, 26 € et 32 €.* Depuis 1888 dans la famille Escudié, cet ancien relais de poste offre de bons atouts pour recevoir ses hôtes : chambres équipées de tout le nécessaire, plus une touche agréable. Les hôtes apprécient le service diligent et discret et, plus encore, le patio aux couleurs chaudes qui donnent sur une petite piscine. Au bord de l'eau ou dans la grande salle classique, on goûte aux spécialités du chef, viandes et poissons sont relevés d'herbes aromatiques, d'épices savamment dosées, et prennent parfois des parfums d'agrumes. Un sommelier, Christophe Leclerc, vous fera choisir parmi 250 vins, Château Vaillé, Chant des Ruffes, chardonnay Malavielle.

Loisirs

GROTTE DE LABEIL Route départementale 151 ✆ 04 67 96 49 47. *Ouvert tous les jours du 15 mars au 1er novembre de 11h à 17h (jusqu'à 19h en haute saison), toute l'année sur rendez-vous. Tarif adultes 6,40 €, enfants de 5 à 12 ans 3,20 €, groupe adultes de 5,34 € à 4,27 € selon le nombre de personnes et groupe enfants 2,74 €.* Située dans un site dolomitique, la grotte de Labeil est constituée de deux galeries superposées, reliées par un couloir. L'entrée de la partie basse a jadis servie de cave à roquefort, où l'on accède de plain-pied. La visite guidée parcourt la rivière qui court au-delà et ressort par la galerie supérieure (où se trouvent les belles concrétions) sans qu'il y ait de difficulté. L'originalité est un safari de une heure en dehors du circuit aménagé (il est prudent de réserver). Un guide équipe des petits groupes de casque, lampe et plan et les conduit dans le prolongement de la rivière ; on se baisse, on marche à quatre pattes et l'on va même jusqu'à ramper. C'est amusant, mais réservé aux adultes et enfants au-delà de six ans. Prévoir des chaussures de marche et des vêtements de rechange.

Emplettes

MAISON DES METIERS D'ART 22, Grande-Rue. *Ouverte tous les jours sauf le dimanche, le lundi et le mardi matin.* Lodève a été labellisée Ville et métiers d'art et Archipel des métiers d'art en raison de ces nombreux artisans. La maison des Métiers d'art du Lodévois présente les œuvres de 14 artisans : meubles peints, objets dorés à la feuille d'or, créations vestimentaires, articles de cuir…

ECLATS DE LUNE Rue Fleury. Une lune et son étoile pourraient servir de modèle à Dominique Boutet. L'artiste trace de son pinceau des dessins légers sur des meubles et leur donne une personnalité. Sa boutique expose ses objets de décoration et conduit ceux qui ont gardé une âme enfantine à la redécouverte de jouets en bois.

GALERIE D'ART MICHEL SEBE 26, Grande-Rue. Artiste peintre, qui expose ses œuvres, M. Sèbe est aussi un amateur d'art. Il a rassemblé autour de lui nombre d'objets d'art, selon ses goûts, ainsi que des meubles et objets anciens. Car il parle aussi en expert d'antiquités.

L'EPICURIEN Parc d'activités La Méridienne - LE BOSC ✆ 04 67 88 90 00. *Ouverture toute l'année et vente aux particuliers du lundi au vendredi de 8h30 à 13h et de 13h30 à 18h00 (le vendredi fermeture à 16h30). Fermé entre Noël et le Jour de l'an.* Fin gourmet et maître confiturier, ainsi se définit Bernard. Le Gulvout. Il travaille les parfums pour produire des confitures et des desserts de fruits haut de gamme, parmi lesquels les saveurs régionales sont à l'honneur : coing de vigne, arbouse de la garrigue, abricot du Roussillon, cerise, raisiné de Montpellier… et même le vin, dont il a tiré un confit de vin, un confit de cartagène ou des pâtes de fruit au raisin.

▷ *Dans les environs*

Le Caylar

On y arrive après avoir franchi le Pas de l'Escalette, passage entre la vallée de la Lergue et le Causse du Larzac. Le village semble surmonté d'un immense château médiéval. En s'approchant, on remarque que ce sont, de part de d'autre du roc Castel, les ruines de l'ancien village et des rochers dolomitiques ruiniformes qui s'entremêlent pour former ce paysage unique. Au centre du village, un orme centenaire a été sculpté (personnages, animaux et plantes typiques du Larzac). Original !

SYNDICAT D'INITIATIVE Place de l'Horloge ✆ 04 67 44 51 52. *E-mail : le-caylar@fnotsi.net. Ouvert toute l'année, 7j/7 de Pâques à octobre de 9h30 à 12h30 et de 15h à 19h, de novembre à pâques du lundi au samedi de 9h30 à 12h et de 14h à18h.*

HOTEL RESTAURANT DU ROCHER Aire du Village ✆ 04 67 44 99 10. *Ouvert toute l'année. Chambres de 29 € à 53 €. Buffet à partir 8 €.* Installé à proximité de la sortie d'autoroute, avec le causse pour panorama, cet établissement récent comporte une trentaine de chambres de deux et trois personnes. Le classement deux étoiles assure un bon confort, sans ostentation. Peu fréquenté hors saison, le Rocher assure un service restauration, sous forme de buffet classique (service à volonté).

LE BARRY DU GRAND CHEMIN Faubourg Saint-Martin ✆ 04 67 44 50 19. *Ouvert toute l'année. Chambre et petit-déjeuner 2 personnes à partir de 50 €. Repas 18 €.* Sur le causse, facilement accessible par autoroute, la ferme de Bernard Clarissac s'est faite accueillante pour 6 chambres, grandes et confortables, pourvues de sanitaires privés et décorées dans le style ancien. Les propriétaires se font un plaisir de recevoir leurs hôtes dans une salle à manger voûtée, meublée de beaux meubles patinés, où les repas tournent souvent autour de la viande d'Aubrac.

LES RIVES. Spectacle assez curieux que ces rochers ruiniformes surgissant des eaux lisses d'un lac. C'est une des surprises que réserve le Larzac à qui sait le visiter. Sur le causse, une couche de roche imperméable se trouve par endroits tellement près de la surface que les précipitations ne peuvent être absorbées par le terrain. A l'occasion des fortes pluies, c'est un véritable lac, pouvant atteindre jusqu'à 10 m de profondeur, qui se forme. Il met alors plusieurs mois avant de s'écouler ou de s'évaporer.

Navacelles

Le cirque de Navacelles est un site absolument grandiose, formé par un méandre de rivières, enfoncé de plus de 300 m dans le plateau. Au fond, se trouve le petit village de Navacelles très fréquenté à l'époque de la pêche à l'écrevisse dans la Vis. C'est sans aucun doute le belvédère de la Baume-Auriol qui permet d'en avoir la plus jolie vue. On y surprend le vol tranquille de quelques vautours ou d'un couple d'aigles royaux. Tout au fond, on remonte le cours de la Vis jusqu'à sa résurgence qui, en période de cru, jaillit de la roche en une cataracte assourdissante. En période de basses eaux, il reste le charme et la fraîcheur d'un moulin en ruine, aux meules abandonnées.

AUBERGE DE LA CASCADE ✆ 04 67 81 50 95. *Ouvert de mars à novembre. Menus de 16 € à 31,50 €. Carte. Chambres à 45 €.* Arrivé au cœur du cirque de Navacelles, cerné de roche, le voyageur est heureux de rencontrer un lieu habité où faire halte. Toute simple, l'auberge (deux étoiles) tient cinq chambres à disposition et leur ouvre sa table. Ici, le chef privilégie une cuisine généreuse, de celles qui réconfortent d'une longue randonnée : charcuterie de montagne, truite de la vis, lapin en sauce… de quoi se refaire une santé !

Soumont

La route qui mène à Soumont depuis Lodève est tellement sinueuse est verdoyante que l'on se croirait en montagne. Le petit village de Soumont est charmant tout comme l'église Saint-Baudile (XIIe siècle). On a une vue magnifique du lac du Salagou. Mais il faut encore grimper pour découvrir le site de l'ancien monastère classé monument historique, puis partir à la découverte du dolmen de Coste Rouge (site fléché).

PRIEURE SAINT-MICHEL DE GRANDMONT ✆ 04 67 44 09 31. *Visite guidée : de juin à septembre, tous les jours à 10h30, 15h, 16h et 17h ; en mars, avril, mai et octobre : tous les jours à 15h ; hors saison tous les jours à 15h. Fermé du 15 décembre au 15 janvier. Visite libre du bâtiment du 1er juin au 30 septembre de 13h à 14h45. Entrée 5,40 € (adulte), 3,80 € (enfants de*

8 à 12 ans). Seul monastère grandmontin (ordre fondé par saint Etienne de Muret en 1076) encore debout dans son intégralité, cet ancien prieuré présente un ensemble d'une grande sobriété. L'église, sans ornement, est conforme à l'austérité impérative dans cet ordre. Vous pourrez parcourir le couloir des morts, qui relie le cloître au cimetière, la vaste salle capitulaire. Dans le parc, le long d'un sentier botanique, un bel ensemble de dolmens datés du deuxième millénaire avant J.-C. On y trouve également des menhirs et une impressionnante nécropole wisigothique et l'on se promène en compagnie des daims.

Clermont-l'Hérault

Trop souvent négligée par les vacanciers se rendant au Lac du Salagou, cette ancienne cité drapière possède des vestiges de son riche passé comme le château fort construit au XIIe siècle qui domine la ville. Place forte féodale, elle détint par la suite une industrie textile importante. Comme à Lodève, la récession économique mit progressivement fin à son activité textile, mais l'on peut toujours admirer dans la ville des immeubles et hôtels particuliers construits durant cet âge d'or. Clermont est aujourd'hui une agréable petite ville où il fait bon faire étape pour consommer un verre, à l'ombre, sur l'allée Salengro. Son marché du mercredi est l'un des plus animés et des plus riches de la région.

OFFICE DU TOURISME 9, rue Doyen-Gosse ✆ 04 67 96 23 86. *E-mail : clermont-lherault@fnotsi.net - Site : www.herault-en-languedoc.com. Ouvert toute l'année du lundi au vendredi de 9h à 12h30 et de 14h à 19h, le samedi de 9h à 12h et de 14h à 17h (18h en saison).*

Points d'intérêt

EGLISE SAINT-PAUL. Son donjon octogonal surmonté d'un petit toit de tuiles vertes donne à cet édifice une allure étrange. Construite entre 1276 et 1313, sur l'emplacement de l'ancienne église romane Saint-Paul, trop exiguë, cette collégiale, aujourd'hui classée monument historique, est un exemple intéressant d'église gothique fortifiée : à l'intérieur, on remarque l'imposante, mais néanmoins jolie, rosace du XVe siècle. Certains prétendent que c'est la plus belle rosace du Midi.

EGLISE SAINT-DOMINIQUE. De style gothique méridional. Nef à six travées et vaste chevet polygonal. Elle faisait partie du couvent des dominicains, ravagé au XVIe siècle par les protestants.

Eglise Saint-Paul à Clermont-l'Hérault

LE CHATEAU. Le château féodal des Guilhem (Xe siècle), qui constituait à l'époque l'une des plus grandes places fortes du Bas-Languedoc. On peut y admirer le donjon, les salles voûtées, la porte surmontée du blason des Guilhem. Les remparts sont en partie conservés et trois tours du château (XIIe siècle) subsistent encore : portal Nou, tour de la Pourtanelle, tour Bassolhe.

Le couvert

LE FONTENAY Route du Lac ✆ 04 67 88 04 06. *Fermé les 15 premiers jours de juillet. Fermé samedi midi et le dimanche et mercredi soir. Menus 13 € (midi en semaine), de 21 € à 43 €. Carte.* Jolie maison dont la façade ocre se fond peu à peu au paysage, le Fontenay est la demeure de deux sœurs, Valérie et Christine. L'une reçoit les hôtes et les installe dans ce cadre chaleureux, fait de couleurs douces ou sur la terrasse ensoleillée, et leur présente la cuisine de la seconde Christine, qui se sert des produits du terroir et imagine des associations nouvelles, des accompagnements insolites.

Le gîte et le couvert

LE TERMINUS 11, allée Roger Salengro ✆ 04 67 88 45 00. *Ouvert toute l'année. Chambre double 40 €. Menus à partir de 15 €. Carte.* Près de la gare, donc facile à trouver, et donnant sur une allée piétonne pour plus de tranquillité, le Terminus dispose de 22 chambres dont certaines ont récemment été construites dans une annexe, sur l'arrière de l'hôtel (toutes avec salle de bains et télévision, de bon confort). Accueil chaleureux, à l'image de la cuisine qui fait le tour des spécialités régionales : le gâteau de poisson, les croustades clermontoises, le fondant de volaille, les cuisses de grenouille…

MAS DE FONT CHAUDE Route du Lac - LES BORIES ✆ 04 67 96 19 77. *Ouvert du 15 mars au 1er décembre, à la semaine en hiver. Chambre et petit-déjeuner pour une personne 40 €, pour deux personnes 47 €. Repas 15 €.* Les Bories sont à 3 km de Clermont, en pleine nature et non loin du lac. Martine et Pascal Moreau ont choisi ce coin de nature et font découvrir aux hôtes le charme de leurs trois chambres. L'un en leur parlant de la pêche, sa passion (alimentée par le Salagou tout proche), la première en mitonnant des petits plats traditionnels. Les chambres sont de plain-pied, avec salle de bains et WC particuliers, télévision (trois épis), mais on préfère nettement la terrasse et le jardin, si calmes.

Loisirs

OZONE VTT 1, avenue du Lac-du-Salagou ✆ 04 67 96 27 17. *Ouvert du mardi au samedi de 9h à 12h et de 15h à 19h. Tous les jours en saison. Location VTT à partir de 12 € la demi-journée.* Ce magasin de cycle fournit matériel et conseil pour entreprendre une randonnée autour du lac du Salagou. Ozone, spécialiste incontesté, loue et répare tous les engins, propose des circuits (de la demi-journée à la journée), libre ou encadré par un moniteur diplômé et organise même des stages tous niveaux. Et si l'envie de nouveauté titille les curieux, ils pourront même essayer les rollers tout chemin.

Emplettes

HUILERIE COOPERATIVE Avenue Wilson ✆ 04 67 96 10 36. *Ouvert tous les jours sauf le dimanche de 8h à 12h et de 14h à 18h et 19h de juin à septembre.* Depuis 1921, l'huilerie coopérative transforme des olives venues de l'ensemble du département. Dans la boutique attenante sont regroupées toutes les préparations à base d'olive : du comestible comme la tapenade, l'anchoïade, le pistou, la crème d'olive, et bien sûr, l'huile d'olive première pression à froid et les olives confites.

CHRISTINE DELPONT APICULTRICE Chemin Saint-Martin. Marché de Clermont mercredi et samedi matin. Cette apicultrice a placé ses ruches près de tout ce qui peut nourrir ses abeilles. De retour dans leurs gîtes, elles rapportent des pollens mélangés, d'autres venant plus spécifiquement des fleurs de garrigues, du romarin, de la lavande, des châtaignés… Le miel se charge de ses différents parfums, que Christine fait découvrir à ses visiteurs.

▷ *Dans les environs*

Mourèze

La visite est incontournable, inoubliable. Le site dolomitique, vieux d'au moins 160 millions d'années, est remarquable. En bordure du lieu, le vieux village s'agrippe à la roche et a bâti ses maisons en étages ; une église du XIIIe siècle, plusieurs fois remaniée, le domine, alors que, tel un guetteur, un château bâti en l'an 990 sur un éperon rocheux le surplombe de ses ruines.

LE CIRQUE DE MOUREZE. C'est un chaos d'énormes blocs de roches, le plus important site dolomitique de France. En s'érodant, la pierre a pris des formes aussi extraordinaires que surprenantes et forme un décor féerique. Certains pitons mesurent plus de 100 m de hauteur, et leurs formes torturées ont pris l'apparence d'un singe, d'un meunier ; vous resterez le nez en l'air à la recherche du serpent, de la grenouille ou de la tête de mort, du sphinx, de la tête de démon, de la chimère… Et pourquoi ne pas en inventer d'autres ? Un spectacle à ne rater sous aucun prétexte.

PARC DES COURTINALS ✆ **04 67 96 08 42.** *Site : www.courtinals.com - E-mail : info@courtinamls.com. Ouvert tous les jours d'avril à mi-novembre de 9h30 à 19h, hors saison le week-end et vacances scolaires de 11h à 17h. Adultes 4,50 €, enfants de 6 à 14 ans 3 €.* Une campagne de fouilles dans le cirque de Mourèze a mis à jour des zones de peuplement daté entre 3 500 et 400 ans avant notre ère. Le long d'un sentier botanique, le visiteur découvre les traces de cet habitat grâce à des panneaux explicatifs. Le résultat des fouilles a permis la reconstitution d'un habitat de l'âge de fer qui se présente comme une structure légère appuyée à la paroi. Une table d'orientation permet de se repérer dans le chaos, face au château en ruine et au village.

HOTEL LES HAUTS DE MOUREZE Hauts-de-Mourèze ✆ **04 67 96 04 84.** *Ouvert du 25 mars à fin octobre. Chambre double de 50 € à 55 €. Réductions en début et fin de saison.* Petit hôtel campagnard, il doit une partie de son charme à son emplacement en surplomb de la place principale ; certaines de ses seize chambres ont ainsi le privilège de donner sur le cirque et le vieux village, panorama de carte postale au coucher de soleil. De l'autre côté, vue sur le jardin, la piscine et les collines environnantes. Les chambres toutes simples sont parfaites pour apprécier le calme de ce site quand les visiteurs se retirent.

Octon

Point de départ d'un circuit de découverte du lac du Salagou, Octon est perdu entre les ruffes, ces terres rouges caractéristiques de la région, et les vignes. De là, se diriger vers la chapelle Notre-Dame de Roubignac (XIIe siècle), les ruines du château de Lauzières (XVe siècle). Des sentiers balisés mènent vers des dolmens, des menhirs et des capitelles, ces petites huttes circulaires en pierres sèches.

OFFICE DU TOURISME Le village ✆ **04 67 96 22 79**

NOTRE-DAME-DE-ROUBIGNAC. Classé monument historique, l'édifice date du XIIe siècle. Il est dominé par un clocher rectangulaire et s'achève par une abside en cul de four. Son portail a des proportions imposantes pour l'ensemble et contraste avec un intérieur finement sculpté par endroits. En voiture, l'accès n'est possible qu'à partir du hameau des Valarèdes, situé entre Saint-Martin-des-Combes et Le Puech.

DALLE DE LA LIEUDE ✆ **04 67 02 27 07.** Située sur la D8, entre Salasc et Carlencas. Visite commentée sur rendez-vous en basse-saison. Renseignements à la Société de protection de la nature du Languedoc-Roussillon.

Protégée par le toit d'un hangar, la dalle de la Lieude, d'une surface de 500 m^2, est un fossile géant. Elle garde imprimée les trajectoires d'au moins dix animaux différents qui s'y baladaient voilà 260 millions d'années, à la fin de l'ère primaire, soit 10 000 ans avant l'apparition des dinosaures, au temps où les reptiles commençaient à devenir des mammifères.

LA CALADE Place du Village - OCTON ✆ **04 67 96 19 21.** *Ouvert de mars à décembre. Menus de 19 € à 31 €. Chambres doubles 41 €.* Ancien presbytère, la Calade a gardé son jardin de curé tandis que la maison s'est refait une beauté. La taille restreinte de l'hôtel (sept chambres, au décor soigné et d'un bon confort) et de la salle de restaurant elle-même (50 places) favorise la convivialité. On se retrouve attablé devant une carte variée. Les produits frais, les plats simples se relèvent d'une petite sauce goûteuse ou d'une préparation fraîche.

CENTRE AQUA-PECHE Mas de Carles ✆ **04 67 96 59 19.** *Ouvert toute l'année.* La Fédération de pêche de l'Hérault a mis au point une école de pêche ouverte à tous. Y sont organisés des stages destinés, non pas à ne plus jamais rentrer bredouille, mais à apprendre les règles de conduite du bon pêcheur. Ils portent sur des thèmes et des techniques différents : la pêche à la truite, aux carnassiers, à la carpe, au lancer ou au coup… Après une courte explication théorique, les animateurs fournissent matériel et appâts.

MAS DES CHIMERES Route de Salasc ✆ **04 67 96 22 70.** *Ouvert sur rendez-vous en semaine et samedi matin, en juillet et août ouvert du lundi au samedi midi sans rendez-vous de 10h à 12h et de 17h à 19h.* Guillaume Dardé, paysan vigneron et poète cultive sur les sols rouges des environs du Salagou des cépages classiques, mourvèdre, merlot, syrah mais aussi des cépages rares comme le terret-bourret, le chassan… Parmi les vins de pays, coteaux du Salagou, la cuvée l'œillade est une réussite, dont les notes passent de la rose au poivre ce qui donne, en bouche, une impression de fraîche et de la rondeur.

Paulhan

Ce village est un exemple notable de circulade, ces villages construits en rond. Les plus vieilles maisons datent du XVe siècle. L'église n'est pas comme dans de nombreuses circulades au centre du village. Vous trouverez la chapelle Notre-Dame-des-Vertus en suivant le fléchage depuis la N9. Sa construction remonte au XIIe siècle, hormis le clocher, plus récent. L'église paroissiale Sainte-Croix a été érigée en 1902. Avant de quitter le centre, jetez un coup d'œil aux halles : construites de briques rouges, elles sont vraiment inhabituelles pour une région de pierres.

SYNDICAT D'INITIATIVE 65bis, cours National ✆ 04 67 25 15 14. *E-mail : paulhan@fnotsi.net. Ouvert toute l'année du lundi au vendredi. Hors saison de 9h à 12h et de 14h à 17h, en saison de 9h à 13h et de 15h à 18h, le samedi de 9h à 13h.*

MOULIN DES LAURES. En suivant le fléchage depuis le centre du village, on aperçoit dans les vignes les ruines d'une bâtisse rouge. On peut s'y rendre en voiture et au fond du jardin, sur la droite, commence un petit chemin perdu dans la végétation. Sur la gauche se trouve, complètement envahi par les broussailles et les arbres, l'ancien moulin construit au XIIe siècle. L'Hérault continue à y être détourné et coule en cascade. L'endroit, calme et bien ombragé, est idéal pour le pique-nique.

Saint-Pargoire

Comme Paulhan sa voisine, ce village a été construit selon un plan concentrique qui le rattache aux circulades de la région. Dans ces rues qui donnent l'impression de tourner en rond, on visitera la belle église gothique (XIIIe-XVe siècle) ainsi que la tour qui domine le village, dite tour Chappe. Et tout autour, les vignes…

DOMAINE PEYRE ROSE Route de Villeveyrac ✆ 04 67 98 75 50. *Visites sur rendez-vous.* Marlène Soria a un beau jour tout lâché pour se consacrer à quelques arpents de vignes… devenus depuis l'un des domaines phares de la région. Ses cuvées phare ont pour non le clos des Cistes, un coteau du Languedoc rouge aux arômes complexes, et une syrah Léone qui dévoile, sous une robe rubis foncée, un équilibre parfait.

Villeneuvette

Villeneuvette est un village entièrement ceint de murs dans lequel on pénètre par l'une des trois portes ; l'une d'elles, en pierre de taille, supporte un portail sculpté qui rend honneur à la valeur capitale en ce lieu, le travail. Le village tout entier prit naissance à la création de la manufacture royale, fondée par Colbert en 1674, où l'on tissait la laine du Languedoc pour fabriquer des draps militaires. Peu à peu, le village s'est endormi… Peut-être est-ce une chance car, intact, il est aujourd'hui classé zone de patrimoine architectural urbain paysagé, ce qui en fait un monument historique dans son ensemble. Rien ne dépare cet ensemble et la présence de l'eau, si nécessaire à la draperie est partout dans les rues ; la fontaine, le grand buffet d'eau, est aussi classée et aura bientôt à ses pieds un jardin à la française, en face de la maison des maîtres. Ce jardin des directeurs, que longe l'ancien canal, méritait le titre flatteur de petit Saint-Cloud. Visites commentées toute la semaine, sur rendez-vous hors saison. En saison, visite régulière à 15h30. Durée : 1h30 environ. Adultes 4 €. Bureau d'accueil, en saison, place Louis XIV.

LA SOURCE Place Louis-XIV - VILLENEUVETTE ✆ 04 67 96 05 07. *Site : www.hoteldelasource.com - E-mail : info@hoteldelasource.com. Ouvert du 5 mars au 15 novembre et du 15 décembre au 2 janvier. Chambre double de 45 € à 72 €. Menus de 18 € à 32 €.* Une belle maison de maître et ses dépendances abritent 13 chambres qui ont été décorées avec soin. A la réception et en cuisine, mère et fille se mettent en frais pour garantir un séjour agréable entre grand jardin, piscine, terrains de tennis. La table, gastronomique, puise dans les produits frais et présente des mets raffinés : coquettes de brandade aux olives noires, tranche de foie gras mi-cuit, dorade royale braisée, carré d'agneau à la fleur de thym, pétale de lotte grillée et son tian de légumes…

Gignac

Ce gros bourg viticole, animé comme une ruche le samedi, jour de marché, est riche d'un important patrimoine des XVIe et XVIIe siècles. L'office du tourisme, où l'on vous procurera un plan détaillé présentant l'ensemble des monuments de la ville, est lui-même installé dans un ancien couvent datant de cette époque. Gignac possède aussi les vestiges des anciennes murailles et trois des anciennes portes de la ville qui datent des XIIIe et XIVe siècles.

OFFICE DU TOURISME Place du Général-Claparède © 04 67 57 58 83. *Ouvert en semaine de 9h à 12h et de 14h à 18h et le samedi de 10h à 12h ; en été ouvert tous les jours de 9h à 12h30 et de 15h à 19h, le dimanche de 10h à 12h30 et de 16h à 18h.*

Points d'intérêt

EGLISE NOTRE-DAME-DE-GRACE. De l'édifice actuel, on remarque surtout sa superbe façade ocre qui la fait ressembler à un hôtel florentin de la Renaissance. Détruite pendant les guerres de Religion, cette église fut reconstruite sur ordre du gouverneur du Languedoc avec les pierres de l'ancienne forteresse protestante. L'église est également le point de départ d'un surprenant chemin de croix, dont on remarque les stations depuis la route. De ce sentier caillouteux qui mène aux chapelles, on a une jolie vue à droite au loin sur la montagne de la Séranne et à gauche, sur les monts de l'Espinouse.

PONT DE GIGNAC. Il est considéré comme le plus beau pont français du XVIIIe. Long d'un peu plus de 173 m, son arche centrale de plus de 48 m d'ouverture lui permet d'enjamber l'Hérault et lui donne une ligne aérienne, hardie quand on songe aux techniques de constructions d'alors.

Le couvert

LES LIAISONS GOURMANDES 3, boulevard de l'Esplanade © 04 67 57 50 83. *Ouvert toute l'année. Fermé trois semaines en mars, samedi midi, dimanche soir et lundi hors saison. Menus de 16 € à 45 €. Carte.* Sous ce joli nom se perpétue une tradition culinaire : celle de la famille Capion. Depuis trois générations, le restaurant est connu pour la qualité de sa table et ses recettes mises au point sur place, toujours exécutées par Jacques Calmet-Capion. La plus fameuse, dans tous les sens du terme, est celle des croquettes de volaille truffées. Non moins appréciés, les rillettes de saumon ou le sauté de ris d'agneau braisé au porto. La carte varie selon les saisons, réservant un bel échantillon de saveurs du Languedoc parfaitement mises en valeur. En hôtesse attentive, Boucherane aide chacun dans son choix puis laisse se dérouler les agapes. Le cadre, les tables ensoleillées, les plafonds en coupole, tout concours à soutenir la belle réputation de la maison Capion.

Le gîte et le couvert

HOTEL ISIS Route de Gignac © 04 67 57 99 82. *Fermé du 22 décembre au 3 janvier. 28 chambres à partir de 42 €. Formule midi à partir de 10,50 €. Piscine. Service jusqu'à 14h et 22h.* Repris en 2002 par Catherine et Dominique, l'établissement a été rénové, repeint. A l'entrée du village, un hôtel moderne met tout le confort d'un trois étoiles à disposition des hôtes des 28 chambres. Les Jardins d'Isis, restaurant attenant, a mis à la carte les spécialités régionales et le chef n'hésite pas à cuisiner quelques originalités comme la viande d'autruche. Une adresse sûre.

Ferme-auberge et chambres d'hôte

MAS DU PELICAN Domaine Pélican © 04 67 57 68 92. *Fermé le dimanche soir et jeudi soir en été, le week-end hors saison, groupes sur réservation en semaine. Menus à partir de 21 €. Camping à la ferme ouvert de mars à novembre, deux personnes 9,50 €. Chambre d'hôte et petit-déjeuner à partir de 55 € pour deux.* Précédé par son portail de pierre, ce grand mas languedocien est un domaine viticole qui combine les plaisirs de la garrigue : une table gourmande, à laquelle les saisons suggèrent une pintade aux griottes ou aux figues, un poulet à la tapenade et un crème brûlée, par exemple. L'air du temps donne envie de se réfugier dans l'une des jolies chambres dont les meubles de famille et la peinture à la chaux font le cachet. Le petit camping s'est quant à lui installé dans la pinède.

Loisirs

LES CAVALIERS DES TROIS FONTAINES Domaine des Trois-Fontaines - LE POUGET © 04 67 88 76 76. *Ouvert tous les jours.* Tous les cavaliers, débutants ou confirmés, trouveront de quoi les satisfaire dans ce centre équestre agréé Jeunesse et Sports : cours de dressage ou d'obstacles en carrières, atelier voltige, randonnées dans le domaine ou à l'extérieur, poney club, compétitions… Il est situé au bord de l'Hérault, au milieu d'un domaine englobant un parc centenaire et offre la possibilité d'être hébergé sur place sur place en gîte collectif.

Emplettes

MAS JULLIEN Route Saint-André - JONQUIERES ✆ 04 67 96 60 04. *Visites sur rendez-vous.* Olivier Jullien est un vigneron idéaliste, mais qui réalise certains de ses rêves par son travail. Ses vins, à son image, sont sensibles, originaux et complexes. On pourra apprécier, en guise d'introduction, un rosé coteaux du Languedoc, fin et élégant, puis se laisser guider par les conseils du vigneron lui-même.

LE MOULIN DE LA GARRIGUE Zone d'activité économique - SAINT-ANDRE-DE-SANGONIS ✆ 04 67 57 65 66. *Ouvert du lundi au samedi de 9h30 à 12h et de 15h30 à 18h.* Le moulin de Mme Delmas produit une huile vierge de première pression à froid. La visite détaille les étapes de la fabrication, selon les méthodes ancestrales toujours conservées. Outre les explications, la boutique présente tous les produits élaborés ici : l'huile vierge, mais aussi des huiles aromatisées et de la tapenade. En complément, on y trouve du bois d'olivier, du miel, et même une pépinière d'oliviers pour que la tradition perdure.

Saint-Guilhem-le-Désert

Voilà sans aucun doute un des plus jolis villages de la région. Cité médiévale fondée par Guilhem, duc d'Aquitaine, au confluent de l'Hérault et du Verjus, elle fut ensuite une étape très fréquentée par les pèlerins qui se rendaient à Saint-Jacques-de-Compostelle. Elle présente de nombreuses maisons d'architecture romane ou Renaissance qui se sont serrées les unes contre les autres, dans l'étroit vallon ménagé par Verdus, ce ruisseau qui se jette ensuite dans l'Hérault. Au-dessus des falaises, la végétation se compose d'yeuses et de chênes, d'érables de Montpellier ; Plus loin, on entre dans la forêt relique de pins de Salzmann (plans disponibles à l'office du tourisme). Chaque été, l'abbaye prête son cadre à un festival de musique baroque réputé (programmes à l'office du tourisme).

OFFICE DU TOURISME ✆ 04 67 57 44 33. *E-mail : st-guilhem-le-desert@fnotsi.net. Ouvert tous les jours, en basse saison de 10h30 à 12h30 et de 14h à 17h, en moyenne saison de 9h30 à 13h et de 14h à 18h, en haute saison de 9h30 à 19h.*

Points d'intérêt

ABBAYE DE GELLONE. Construite à partir du IXe siècle, l'abbaye de Gellone compte parmi les plus admirables témoignages de l'art roman languedocien. Elle fut prospère jusqu'au début du XVe siècle. Mais elle fut pillée et mise à sac pendant les guerres de Religion et une partie de son cloître a été démantelée au XIXe siècle (on en trouve même quelques fragments au musée des cloîtres de New York). Il ne reste aujourd'hui du monastère que le réfectoire et l'église abbatiale. Le musée lapidaire installé dans le réfectoire, préserve une partie des richesses architecturales de l'ancienne abbaye (le reste se trouve au musée languedocien, à Montpellier). Voir les orgues du XVIIIe siècle, restaurées et maintenant utilisées lors du festival de musique ancienne, ainsi que la crypte qui comporte les bases de la construction préromane.

GROTTE DE LA CLAMOUSE Route de Saint-Guilhem-le-Désert ✆ 04 67 57 71 05. *Ouvert tous les jours de 12h à 17h de novembre à janvier, de 10h à 17h de février à mai et en octobre, de 10h à 18h en juin et septembre, 10h à 19h en juillet et août. Adulte 7,50 €, enfant entre 6 et 12 ans 3,50 €.* Clamouse est une grotte vivante, où l'eau qui s'infiltre continue à former des concrétions depuis plus d'un million d'années. Elle s'entoure de légendes et fut découverte en 1945 par un club de spéléologie de Montpellier ; elle a été ouverte au public fin 1964. Depuis cette date plus de trois millions de visiteurs sont venus en admirer la richesse et les scientifiques reconnaissent l'importance de ses concrétions : coulées de stalagmites, draperies de pierre, cristaux d'aragonite ou encore fleurs de calcite aux couleurs très variées lui ont valu son classement au patrimoine mondial de l'Unesco. La visite dure une heure en moyenne, au début de laquelle est projeté l'introduction d'un film interactif (aussi en vente).

La Tour des Prisonniers

Loisirs

CANOE RAPIDO 4, avenue Saint-Benoît-d'Aniane ✆ 04 67 55 75 75. *Ouvert d'avril à octobre. Descente en canoë 42 € pour deux, en kayac mono 27 €. Tarifs de groupe. Réservation conseillée.* Parcours de 12 kilomètres, en pleine nature, vous ne rencontrerez ni routes, ni villages, ni campings. Des petits rapides pour débutants qui nécessitent 3 à 4 heures de canotage. Mais vous disposez du canoë le temps désiré pour le pique-nique et la baignade…

Emplettes

L'ATELIER 4, rue de la Chapelle-des-Pénitents ✆ 04 67 57 72 79. *Ouvert en saison de 11h à 19h. Hors saison de 14h à 18h sauf le lundi. Fermeture annuelle de janvier à mars.* Dans une jolie cave voûtée, deux magasins communiquent et montrent la passion de Fabrice Colin et de Chrystelle : le premier, passionné d'art roman, travaille la pierre en mêlant l'inspiration romane et sa propre créativité pour un résultat des plus heureux, comme le prouvent ses chapiteaux épars dans la ville. Les animaux l'intéressent également et il sculpte de beaux cadrans solaires. Dans la pièce attenante, les effluves fleuris et boisés sont à l'honneur : Chrystelle expose des produits de l'artisanat local, alliant savonnerie et senteurs, comme ces eaux parfumées, ces sels de bains ou encore ces poudres parfumées.

LA FENETRE 7, rue du Bout du Monde ✆ 04 67 57 41 11. *Ouvert tous les jours à partir d'avril de 10h30 à 19h30.* Les objets exposés là ont en commun la finesse du travail et la brillance. Les uns symbolisent la beauté et le luxe, les autres la froideur et la violence… Ces derniers, des reproductions d'armes anciennes, sont maintenant tout à fait inoffensives et font découvrir l'habileté des artisans d'autrefois. Les pistolets anciens et les épées occidentales laissent une place aux sabres japonais. Mais dans les vitrines brillent surtout des bijoux d'or et d'argent qui enchâssent des pierres précieuses ou semi-précieuses, du cristal, des opales… Cette fenêtre vers ailleurs expose également des objets en pierre sculptée, des minéraux et des cristaux.

▷ *Dans les environs*

Aniane

Ville fondée au VIIIe siècle par saint Benoît, Aniane fut détruite au XVIe siècle par les protestants, mais resta marquée par l'architecture religieuse. Reconstruite au XVIIe siècle, elle offre aux visiteurs de très jolis bâtiments. L'hôtel de ville présente une magnifique façade Louis XVI. L'église paroissiale date du XVIIe siècle. Dans le centre, une autre église en pierre attire votre regard : il s'agit de la chapelle des pénitents construite au XIIIe siècle. Dans son intérieur très dépouillé, les préoccupations religieuses et profanes se sont rejointes et vous aurez peut-être le plaisir d'admirer un pendule de Foucault mis en place par les astronomes de l'observatoire.

HOSTELLERIE SAINT-BENOIT Route de Saint-Guilhem ✆ 04 67 57 71 63. *Site : www.hostellerie-st-benoit.fr. Ouvert de début mars à fin novembre tous les jours. Hôtel chambre double de 59 € à 61 €.* Cette hostellerie, maison installée là depuis une dizaine d'années, fonctionne toujours sur la même recette : un cadre soigné avec piscine, un accueil qui met chacun à l'aise et une table qui comble toutes les attentes. Le premier puise son charme dans les chambres, climatisées et très confortables, sans cesse améliorées. Le deuxième est le maître mot de Jacques Raoul et son fils Rodolphe chef de cuisine. Ce chef est aussi exigeant lorsqu'il entre en cuisine ; il en laisse ressortir des assiettes qui abordent les traditions locales par la gastronomie : confit de canard aux pommes, écrevisses du Verdus à la persillade, truites, jarret de porc à la moutarde. gigotines de caille au muscat de Grès Saint-Paul… On s'en délecte.

MAS DAUMAS GASSAC Route d'Aniane - GIGNAC ✆ 04 67 57 71 28. *Site : www.daumas-gassac.com - E-mail : contact@daumas-gassac.com. Caveau ouvert du lundi au samedi. Visites et dégustations de juin à septembre, hors saison sur rendez-vous.* Vingt-cinq ans après avoir pressenti les qualités exceptionnelles de ce terroir, le travail d'Aimé Guibert lui a donné raison. La garrigue a été défrichée et plantée d'abord de cépages bordelais pour produire un grand vin rouge, ensuite d'une riche collection de cépages blancs. Foin des appellations, ici on produit le vin de pays le plus célèbre de France… M. Guibert est aussi le promoteur de la nouvelle vague des vins en Languedoc-Roussillon.

LA GRANGE DES PERES D32 ✆ 04 67 57 70 55. *Visite sur rendez-vous.* Le terroir produisant décidément de grands vins, ceux de ce vigneron sont de ceux dont les amateurs parlent plus qu'ils n'en boivent tant les bouteilles sont une denrée rare. Laurent Vaillé a réussi cette alchimie extraordinaire de vinifier des vignes très jeunes avec comme résultat un vin émouvant, riche, élégant et rare. L'originalité et la réussite n'en sont que plus grandes.

Montpeyroux

A Montpeyroux s'élèvent les ruines d'un château du Xe siècle, le Castellas, place forte qui contrôlait l'accès au Rouergue et à l'Auvergne. Il n'en reste plus aujourd'hui que l'enceinte primitive. Pour l'atteindre, il faut suivre les indications à l'entrée du village. Laissez ensuite sa voiture à l'entrée du hameau du Barry puis continuez son chemin à pied par un sentier escarpé mais court.

Saint-Guiraud

Village paisible de la vallée de l'Hérault, Saint-Guiraud se plaît pourtant à signaler qu'il compte un hôte de marque : Dans la chapelle, au centre du village, se trouve une Vierge Noire. Antérieure au Xe siècle, elle doit ce nom à la couleur sombre du bois d'olivier dans laquelle elle a été sculptée.

LE MIMOSA Grand'Rue - SAINT-GUIRAUD © 04 67 96 67 96. *Ouvert de février à début novembre. Fermé le dimanche soir (hors saison) et le lundi midi. Menu de 26 € (le midi) à 44 €. Carte.* Toujours recherchée, inspirée d'un vent méditerranéen, la cuisine de Bridget se veut subtile. Elle réussit dans des associations de produits frais, d'herbes et d'aromates. Les assiettes aiment la qualité des produits biologiques ou fermiers et procurent ainsi un sentiment de goût retrouvé. Une carte des vins qui s'en remet aux meilleurs références régionales achève de faire le bonheur des convives. Au fil des saisons, ceux qui auront pris la précaution de réserver leur table y dégusteront peut-être du veau du Ségala à la sarriette et au muscat ou de fondantes ravioles au chèvre et aux noix. L'été, les desserts passent impérativement par les sorbets maison, des fruits et herbes aromatiques du moment.

LE PRESSOIR 17, place de la Fontaine © 04 67 88 67 89. *Fermé du 2 janvier au 13 février. Ouvert tous les midis du dimanche au vendredi et les soirs du jeudi au dimanche. Du 14 juillet au 31 août 7j/7 midi et soir. Menus à 12,50 € (midi en semaine), 16,80 € et 26 €.* Réservation conseillée pour les soirées à thème. Aussi connu pour son ambiance que pour sa cuisine, ce Pressoir est la demeure de Pius Wetzel et Marie-Anne. Ils ont peu à peu donné vie à cette auberge languedocienne, comme ils la définissent, en organisant tout au long de l'année des concerts (jazz, guitare…) et des expositions photos. Cela donne une note cosmopolite à ce coin de campagne où l'on vient manger en terrasse, les soirs d'été, ou dans la salle meublée, entre autre, des créations de Charly le ferronnier. La cuisine se veut simple et marquée par son terroir : grillades au feu de bois, croquettes au fromage du Larzac, écrevisses à la cartagène, ou le fameux ragoût d'escoubilles qui associe si bien les saveurs.

Saint-Jean-de-Fos

Entre le XIVe et le XVIe siècle, Saint-Jean-de-Fos était très célèbre pour ses poteries brutes ou vernissées, comme ces tuiles vertes qui couvrent les quatre pentes du clocher autour duquel se serrent les maisons. La tradition a perduré et l'on y fabrique toujours des tuiles vernissées tandis que de jeunes potiers se sont installés sur la route d'Aniane pour former la Route des Potiers et faire vivre cet art.

MUSEE DE POTERIES DE TERRE VERNISSEE Mairie © 04 67 57 72 97. *Ouvert toute l'année du lundi au vendredi de 8h à 12h et de 13h30 à 17h et de 8h à 12h le vendredi.* Il regroupe quelques exemples de la production locale : morceaux de fontaine, de tuyauterie, des cruches, plats et aussi des statuettes représentants saint Roch ou des soldats en costume Second Empire.

LE PONT DU DIABLE. Jeté au-dessus de l'Hérault, ce pont à une seule arche est le plus ancien pont roman de France. Il fut bâti entre le XIe et le XIIe siècle, les difficultés de construction et les caprices du fleuve, même à cet endroit resserré des gorges, expliquant ces délais. A admirer depuis la plage, en contrebas, le temps d'une baignade.

LA POURPRE ET LES OLIVIERS 135, route d'Aniane - SAINT-JEAN-DE-FOS © 04 67 57 27 50. *Ouvert toute l'année. Fermé le dimanche soir, le lundi midi et le mercredi toute la journée. Menus : 16 € et 24 €.* Cerné par les potiers traditionnels, ce restaurant a pris place dans une villa moderne, aménagée autour de la grande salle et des cuisines. Sonia Rasse, jeune femme discrète, se tient à l'accueil, près du bar, et conduit les nouveaux arrivants à l'une des tables bien mises. Si le dîneur choisit cette escapade, c'est sans doute qu'il aura entendu parler d'une cuisine généreuse et raffinée. Carte et menus suivent cette tendance tout autant que les produits de saison. Le chef Calixte Rasse fait venir de cuisine de grandes assiettes qui hésitent entre des filets de truite sauce gingembre, civet de sanglier, un magret de canard aux baies de cassis, des filets de truite au confit de Cartagène…

LES BALCONS DE L'HERAULT 390, route d'Aniane © 04 67 57 45 29. *Ouvert toute l'année. Pour deux personnes, une nuit et le petit-déjeuner 40 € et 250 € pour la semaine, sans le petit-déjeuner.* Les deux chambres à louer, avec chacune cabinet de toilette et douche, se situent dans une aile indépendante de l'habitation principale, en rez-de-chaussée. Une cuisine équipée de neuf est mise à leur disposition. Le paysage suscite chaque fois l'émerveillement des visiteurs. La piscine privée de la maison est mise à disposition des résidents et M. et Mme Langlois sont toujours disposés à indiquer à leurs hôtes les bons coins de pêche.

LA MAISON DES POTIERS 16, route d'Aniane ✆ 04 67 57 55 48. *Ouvert tous les jours jusqu'au 13 juillet de 15h à 19h, du 14 juillet au 2 septembre de 11h à 13h 30 et de 15h à 19h en été de 10h à 18h30, tous les week-ends d'avril à décembre de 14h à 18h.* Ce grand magasin d'exposition regroupe un échantillon de la production de plusieurs potiers. Dans des styles différents, ils travaillent les formes et les couleurs, jouant de la brillance et des effets de la cuisson. Objets utilitaires ou décoratifs, sculptures abstraites ou réalistes, grands vases ou petits pendentifs, la terre se prête à leurs idées et prend vie entre leurs mains. Et les couleurs traditionnelles, le vert et le jaune, y occupent une bonne place.

DOMAINE D'AUPILHAC ✆ 04 67 96 61 19. *Visites 7j/7 uniquement sur rendez-vous.* Les vignes de Sylvain Fadat se répartissent sur des terrasses au pied du Larzac. Au domaine d'Aupilhac, les vins d'exception donnent toute l'expression du beau terroir de Montpeyroux. On retrouve certaines de ces caractéristiques (nez d'épice et de réglisse, fraîcheur et densité en bouche) aussi dans la cuvée Lou Maset, classé non pas en AOC coteau du Languedoc mais en vin de pays du Mont-Baudile. Un excellent vin à petit prix.

DOMAINE DE FONT CAUDE 10bis, rue du Barry - MONTPEYROUX ✆ 04 67 88 64 63. Alain Chabanon est un vigneron exigeant. Pour rendre au mieux le terroir languedocien, il a choisit de laisser s'exprimer grenache et syrah en des vins concentrés, riches et denses, à l'image de la cuvée Les Boissières et Esprit de Font Caude. Des vins rares, parmi les plus grands de la région. Concentré sur l'élaboration même, Alain Chabanon ne fait pas de vente au public ; on partira donc à la recherche de ce nectar chez les cavistes de la région.

Saint-Jean-de-la-Blaquière

Au centre du pays de l'or vert, ce village est encore réputé pour son huile d'olive. Tout autour, les champs d'oliviers, vert argent, le disputent à la vigne, se partageant les pentes douces et la moindre parcelle cultivable. Au village, paisible, restent une coopérative et un producteur indépendant qui chantent les méritent de la lucque, la variété d'olive ici célébrée. A leur rendre visite, admirez l'église du XIIe siècle dédiée à saint Jean-Baptiste.

CONFISERIE COOPERATIVE OLIVES Route de Lodève ✆ 04 67 44 70 52. *Ouvert du lundi au vendredi de 9h à 12h et de 14h à 18h, en juillet et août du lundi au samedi.* La lucque est l'olive née de cette région, ainsi nommée en raison de sa forme en croissant de lune. Sa chair ferme, un petit noyau, tout est exploité selon des méthodes de travail ancestral. En plus de l'huile, les olives sont également confites et préparées selon diverses recettes, l'escabèche, parfumée au thym et à l'ail, au fenouil, aux anchois… ou en tapenade, noire ou verte. Le magasin propose tous les produits dérivés de l'olive (savons…) et les expose en compagnies d'autres productions artisanales.

CHATEAU LA SAUVAGEONNE ✆ 04 67 44 71 74. *Ouvert toute l'année du lundi au vendredi de 9h à 12h et de 14h à 18h.* Le terroir de Saint-Jean-de-la-Blaquière sur des coteaux de schistes domine la vallée de l'Hérault ; c'est l'un des plus intéressants du Languedoc Roussillon. Le Petit Futé a aimé : cuvée les ruffes 98, terrasse du Larzac, d'un rouge rubis intense, nez puissant et intense ; en bouche, des arômes fondus, un peu floraux, un bel équilibre et une belle matière.

Saint-Saturnin-de-Lucian

Après avoir jeté un coup d'œil au petit village médiéval et à son église fortifiée du XVe siècle, le visiteur montera au rocher des Vierges. La route est fléchée à l'entrée du village sur la gauche. Au cours du trajet, le paysage se dessine tout en contraste de lumière entre les roches abruptes et la vallée viticole. Le dernier tronçon se fait à pied et il faut compter une heure de marche environ pour atteindre la petite chapelle Saint-Fulcran bâtie sur le rocher. La vue qui s'offre aux courageux est incroyable : les 539 m d'altitude permettent de voir du Larzac à la vallée de l'Hérault jusqu'à la mer.

MAIRIE Rue Ecoles ✆ 04 67 96 61 63

LES VINS DE SAINT-SATURNIN Route d'Arboras ✆ 04 67 96 61 52. *Ouvert toute l'année et tous les jours. Visite de l'exploitation et animations sur rendez-vous.* On produit là des coteaux du Languedoc Saint-Saturnin, comme la cuvée du seigneur des deux Vierges, et des coteaux du Languedoc terrasse du Larzac : La cuvée lucian présente une belle robe brillante, d'un rouge sombre, qui séduite par un nez intense de fruits rouges mûrs qui s'expriment amplement en bouche.

LA MONTAGNE HERAULTAISE

Dominant tout le département, la montagne héraultaise est la retombée du Massif Central. Pays à la géologie très tourmentée, puisque bassin charbonnier y voisine avec coulées volcaniques, elle présente des paysages variés, gardant des aspects méditerranéens vers l'est, subissant des influences océaniques vers l'ouest. Mais le lien est l'Orb (et son affluent principal le Jaur) dont le puissant sillon marque la séparation avec le vrai haut pays.

Bédarieux

Située au confluent de l'Orb et de la Vèbre, Bédarieux est au pied du parc naturel régional du Haut Languedoc. Ville industrielle et minière au XIXe siècle, son architecture a conservé les témoignages de ce passé florissant. On trouve, au gré des balades, de grands bâtiments : anciennes biscuiteries ou tanneries et fabriques de matériel agricole et vinicole. A découvrir à proximité, la région du haut du pic Tantajo (518 m). Table d'orientation.

OFFICE DU TOURISME Place aux Herbes © 04 67 95 08 79. *E-mail : bedarieux@fnotsi.net. Ouvert du lundi au vendredi de 9h à 12h30 et de 14h à 18h30, le samedi 15h à 18h.*

LA MAISON DES ARTS Avenue Abbé-Taroux © 04 67 95 08 79. *Ouvert du lundi au vendredi de 9h à 12h30 et de 14h à 18h30, le samedi 15h à 18h. Entrée 3,50 €.* Située à côté de l'église Saint-Louis, dans l'ancien hospice, elle possède un important département peintures et sculptures allant du XVIe siècle au XIXe siècle. D'autres salles sont consacrées au patrimoine régional (faune et flore, arts et traditions populaires, géologie, archéologie…), une autre est occupée par un musée du rail. A ces collections est venu s'ajouter un musée de l'humour, consacré à l'humoriste bédaricien Jacques Fortuné (ensemble de caricatures, croquis, objets…). Enfin la visite s'achève par une petite promenade au jardin botanique, planté dans l'arrière-cour de la Maison et qui recense nombre de plantes du pays d'oc.

Le couvert

LA FORGE 22, avenue Abbé-Tarroux © 04 67 95 13 13. *Ouvert tous les jours en juillet et août, fermé dimanche soir et lundi hors saison. Menus 14 € (midi et semaine seulement), 18 €, 24 € et 32 €. Carte.* En centre-ville, l'ancienne cheminée réchauffe aujourd'hui la grande salle installée sous la voûte de pierre ancestrale en hiver, tandis qu'en été le soleil remplit cet office en terrasse. Veillant à bien installer ses hôtes, Yannick et Frédérique Dugas les régalent ensuite de leurs spécialités. Le terroir, les bons produits locaux ont laissé leur empreinte et entrent dans la composition d'une terrine de lapin en gelée, une escalope de foie gras au vinaigre de framboise, un sandre braisé à la crème de cèpes…

HOTEL DELTA 1, rue de Clairac © 04 67 23 21 19. *Ouvert toute l'année. Chambres de 26 € à 32 €.* Avec une douzaine de chambres, le Delta a quelque chose de familial. Flora et Robert Heymelot sont des hôteliers attentifs mais discrets, qui prennent soin de leurs hôtes. Ceux-ci sont logés dans des chambres simples (douche dans les chambres, WC à l'étage) et très calmes pour celles qui donnent sur la terrasse, à l'arrière de la maison. On y établit son plan de visite en prenant son petit-déjeuner.

Emplettes

DOMAINE DE CLOVALLON Route de Béziers © 04 67 95 19 72. *Ouvert toute l'année, visite sur rendez-vous.* Dans ce paysage tout en relief, le domaine de Catherine et Pierre Roque est une belle réussite. Les vignes sont pour partie en AOC clairette du Languedoc, le reste nourrissant d'excellents vins de pays. Le chardonnay figure dans toutes les dégustations parmi les meilleurs.

MAISON DE PAYS LA PASTORALE 2, rue de la République © 04 67 95 01 72. *Ouvert en semaine de 8h à 12h et de 14h à 18h. et jusqu'à 17h le vendredi. En juillet et août, ouvert en semaine de 8h30 à 12h30 et de 14h à 19h.* La Pastorale est un regroupement de producteurs et d'artisans de la vallée de l'Orb qui perpétuent des productions traditionnelles comme le miel, les pois chiches, les châtaignes, le vin, les olives (Lucques), les confits de canard, les fameux biscotins, ainsi que des poteries et des sonnailles.

▷ Dans les environs

Avène

La petite commune située aux bords de l'Orb renaît depuis l'implantation tout proche de l'unité de fabrication de produits à base de l'eau d'Avène, qui sort de terre à 25,6°C. C'est là que se sont installés les laboratoires Pierre Fabre, pour leurs produits dermo-cosmétiques, qui ont permis la réhabilitation de cette station thermale lancée en 1864 pour soigner les maladies de la peau, alors que l'on avait découvert par hasard ses vertus curatives. La station est maintenant dotée d'un très bel établissement thermal noyé dans la verdure ainsi qu'un hôtel restaurant 3 étoiles.

OFFICE DE TOURISME Mairie ✆ 04 67 23 43 38. *Ouvert toute l'année le lundi, mardi, jeudi et vendredi de 9h à 12h et de 14h à 17h30.*

LES MURIERS Les Bains ✆ 04 67 23 40 97. *Fermé du 1er novembre au 31 mars. Ouvert tous les jours sauf dimanche soir et lundi. Menus 15 € et 21 €.* Profitant de l'ombre des mûriers qui lui ont donné son nom, le restaurant s'est fait un cadre de verdure, calme et accueillant. Dans la salle contemporaine, l'attention se reporte sur les menus où, parmi les réalisations du chef, on aura noté des écrevisses au thym à la languedocienne, un magret de canard à la cartagène et enfin une tarte aux fruits rouges.

HOTEL VAL D'ORB - RESTAURANT LE MARQUIS DE ROCOZELS ✆ 04 67 23 44 45. *Ouvert d'avril à octobre. Chambres de 62 € à 69 € en demi-pension (tarifs variables selon la saison, la durée du séjour, la participation ou non à une cure). Menus à partir de 16,50 €.* Attenant à l'établissement thermal, ce centre hôtelier est venu porter le luxe discret d'un trois étoiles en pleine nature. 58 chambres de grand confort, toutes modernes, accueillent les clients. A l'heure des repas, le restaurant ouvre ses portes et propose un choix de plats issus du terroir et cuisinés avec art. Au nombre des spécialités régionales, une goujonnette de truite au jambon de pays en persillade, un pavé de turbot à la badiane…

Boussague et La Tour-sur-Orb

Cette ancienne baronnie est un village médiéval si bien conservé qu'il passerait presque pour un musée. La maison du Bailli, ayant appartenu à la famille du peintre Toulouse-Lautrec, est un joyau de l'architecture Renaissance. Les remparts qui enserraient le village et englobaient une forteresse, le Castellas, sont remarquablement bien conservés.

Carlencas

Village perché, Carlencas s'est replié sur ses anciennes maisons, autour de son église romane. Une promenade aux alentours conduira jusqu'à un dolmen (fléché), mais surtout mettre le visiteur au centre de ce petit terroir producteur de pois chiches.

CAVALES-DRAILLES ✆ 04 67 23 10 18. *Ouvert de Pâques à septembre. Randonnées équestres de 56 € à 92 € par jour selon l'hébergement.* Nelly Raduriau organise des raids équestres ou randonnées à thème allant des alentours de Bédarieux à des chemins plus lointains. Selon le niveau des cavaliers, le temps dont ils disposent et le thème envisagé, elle les conduit sur les traces des cathares, des templiers ou des camisards. Les séjours sont prévus pour des durées allant de deux jours à trois semaines, avec organisation du ravitaillement ou de l'hébergement.

LA MAISON DU TOURNAGE Place de l'église ✆ 04 67 23 28 52. *Ouvert du lundi au vendredi de 8h30 à 12h et de 14h30 à 17h. Stages toute l'année.* Marcel de Roover et sa femme Jacqueline ont un beau jour décidé de poser leurs valises pour se consacrer à leur violon d'Ingres : le tournage sur bois. En véritables artistes, ils réalisent de très beaux objets utilitaires et décoratifs. Techniciens avertis, ils enseignent leur art, le maniement des outils et les règles du tournage.

Le Caroux

Le Caroux est un plateau de gneiss qui s'étend jusqu'à Lamalou-les-Bains et forme l'un des trois massifs de l'Espinouse. Le col de Font-Froide en figure la porte d'entrée, son sommet culmine à 1 091 m. Ses paysages variés alternent entre forêts profondes, landes plantées de bruyère, eau paisible du lac de l'Airette. Dans un tel environnement, la faune est bien particulière ; elle se compose de mouflons, grands moutons sauvages importés de Corse, qui se plaisent bien ici. Les amoureux des espaces sauvages en tout cas ne sauraient être sourds aux sirènes du Caroux. Renseignements sur les sentiers de randonnées ou canoë sur l'Orb au syndicat d'initiative d'Olargues au 04 67 97 71 26 ou pour les balades accompagnées l'été par des guides ou agents de l'ONF au 04 67 97 88 00.

Castanet

Distants d'une dizaine de kilomètres, deux villages, le Haut et le Bas, portent le nom de Castanet. Castanet-le-Haut est encadré par le pic du Plo-de-Bru (1 098 m) et le sommet de l'Espinouse (1 124 m)

ECO-MUSEE Fagairolles - D922 - CASTANET-LE-HAUT © 04 67 23 68 07. *Visite gratuite et sur demande.* Exposition permanente sur la faune et la flore de la réserve et la gestion des milieux naturels. Ces panneaux explicatifs sont conçus comme une introduction à la découverte sur le terrain. L'éco-musée est situé dans un hameau de montagne.

Ceilhes-et-Rocozels

En amont d'Avène, un barrage a formé une grande retenue d'eau entre ce village et la commune de Ceilhes et Rocozels, à l'extrême nord du département. Depuis le village fortifié, deux possibilités de promenade : à pied, sur les bords du lac (avec une halte baignade), en voiture, en direction du col Notre-Dame, avec une halte à la petite église de Rocozels.

HOTEL-RESTAURANT BESSIERE Ceilhes © 04 67 23 42 09. *Ouvert du 1er mars au 30 octobre. Chambres 29 € et 37 €. Menus de 13 € à 28 €. Carte.* Un ancien relais de diligence fait office de halte et propose 9 chambres deux étoiles, avec bain ou douche. On s'attable ensuite devant les spécialités bien en chair du lieu : filet de truite en crème d'oseille, ris d'agneau en persillade, cou de canard farci sur salade et fondue d'oignons, magret au coulis de cèpes, carré d'agneau aux pélardons chauds... Vente de conserves et autres produits préparés (pâtés, fritons de canard...).

LE BOULOC Ceilhes-et-Rocozels © 04 67 23 40 89. *Ouvert toute l'année. 22 gîtes pour quatre à six personnes. De 170 € à 330 € la semaine selon la capacité et la saison. Week-end de 95 € à 120 €.* Au bord du lac d'Avène, le village est un endroit pour passer des vacances familiales. Les gîtes, par une astucieuse disposition, sont tous face au lac. Le site permet de nombreuses activités nautiques, tout en restant à proximité d'un petit village doté de toutes les commodités. Chacun est parfaitement équipé (kitchenette et ustensiles) et s'ouvre sur une terrasse. Sur le même site se trouve aussi un camping d'environ 70 places.

Hérépian

Construit autour de ses églises, village de pierre, Hérépian a dû son développement, dès le XIIe siècle, à l'exploitation et la circulation du minerai argentifère venu des mines voisines. Cette production et la présence de l'eau sont à l'origine de la fonderie, aujourd'hui préservée grâce au musée national de la cloche et de la sonnaille

MUSEE DE LA CLOCHE ET DE LA SONNAILLE Espace campanaire André-Malraux © 04 67 95 39 95

FONDERIE DE CLOCHES ET D'ART Avenue de la Gare © 04 67 95 07 96. *Musée ouvert du 1er février au 31 décembre. Adultes 3,80 €, enfants 3 €. Fonderie ouverte de 9h à 12h et de 14h à 16h hors saison, tarif groupé avec le musée adultes 5,50 € ou fonderie seule 1,50 €, visite guidée en été de 10h à 12h et de 14h à 18h.* Ce musée présente la particularité d'associer ses collections à une fonderie en activité, la plus vieille de France. Elle fabrique encore tous les types d'objets sonnants, du plus petit grelot jusqu'aux énormes bourdons de cathédrale en passant par les clarines des troupeaux. Des explications reparties sur un parcours attrayant, détaillent leur fabrication, des calculs complexes aux transformations chimiques qui s'opèrent pendant la fonte et font sonner le métal. Le musée présente ces savoir-faire et expose une multitude de sonnailles...

ANDRE ANIMAT 2, rue des Anciens-Combattants © 04 67 95 14 95. Parmi la large gamme de produits charcutiers dont regorge la maison Animat, le saucisson filet est une des spécialités depuis trois générations. Les deux mois de séchage se font à la ferme sur les monts de l'Espinouse et toute la production, y compris les bêtes, est suivie à la loupe.

Joncels

Perdu dans la montagne (sur la D138, en direction du causse de Gabriac), ce petit bourg médiéval conserve son aspect fortifié avec des maisons du XIIe siècle. La fondation au VIIe siècle d'un monastère bénédictin également fortifié, dont le cloître en grès rose date du XIIe siècle, lui donna un certain renom. Nationalisé à la Révolution, le cloître fut transformé en place publique et servit de support à de nombreuses maisons. Un lieu insolite et déroutant puisque, à l'origine voué à la méditation, il sert désormais de scène à la vie de tous les jours. Nombreux éléments wisigothiques et préromans.

Lamalou-les-Bains

Bien que les vertus sédatives de ses eaux aient été connues dès le Moyen Age, ce n'est qu'au XIXe siècle que la station thermale de Lamalou-les-Bains fut ouverte toute l'année. La ville compense son manque d'attrait historique par beaucoup de charme. Le long des platanes, s'alignent maisons coquettes et grands hôtels d'époque. Un casino, un kiosque à musique évoquent l'ambiance festive de la ville d'eau d'avant-guerre. Lamalou constitue un séjour reposant et un point de départ agréable pour explorer le secteur.

OFFICE DE TOURISME 2, avenue Ménard © 04 67 95 70 91. *Ouvert toute l'année. Du 15 décembre au 31 janvier du lundi au vendredi de 9h à 12h et de 14h à 17h et le samedi matin, du 1er février au 23 mai du lundi au vendredi de 9h à 12h et de 14h à 18h et le samedi matin, du 24 mai au 12 septembre du lundi au vendredi de 9h à 12h et de 14h à 19h, le samedi 17h et le dimanche de 10h à 12h, du 13 septembre au 12 du lundi au vendredi de 9h à 12h et de 14h à 18h et le samedi matin.*

LA CHAPELLE DE SAINT-MICHEL-DE-MOURCAIROL. Elle se dresse au-dessus des ruines du château de Mourcairol, à près de 500 m d'altitude ; cette place forte qui contrôlait l'ancienne voie romaine reliant Béziers à Cahors. Son emplacement, sur un piton rocheux, offre une très belle vue. La chapelle, reconstruite au XVIIe siècle, reste seule à côté du donjon ruiné (randonnée fléchée depuis le village des Aires).

L'ERMITAGE DE NOTRE-DAME-DE-CAPIMONT. Voilà une chapelle romane qui fournit le prétexte d'une balade agréable et champêtre. Vue remarquable sur la ville et la montagne.

LA FORET DES ECRIVAINS COMBATTANTS Combes. Cèdres de l'Atlas, pins de Corse, sapins Douglas et chênes rouges d'Amérique ont été plantés en souvenir d'écrivains morts pendant la guerre de 1914 ou des suites de cette dernière. Une balade émouvante où passent les ombres d'Apollinaire, Alain Fournier, Péguy...

SAINT-PIERRE-DE-RHEDES. C'est une belle église romane de grès rose, classée monument historique. Elle repose sur les fondations d'un sanctuaire chrétien du IVe siècle. Des visites sont organisées par l'office du tourisme le mercredi à partir de 14h30, de février à novembre.

L'ARBOUSIER 18, avenue Alphonse Daudet © 04 67 95 63 11. *Toute l'année. Chambres de 49.50 € à 57 € pour 2 personnes et jusqu'à 69 € pour 4 personnes. Petit-déjeuner 7,40 €. Menus de 20 € à 50 €.* Etablissement moderne classé trois étoiles, L'Arbousier est une belle maison de 31 chambres. Elles disposent d'un intérieur moderne, d'un ameublement contemporain aussi chaleureux que l'accueil de M. et Mme Serra ; plusieurs niveaux d'équipement et leur situation dans les étages les mettent à des prix adaptés à différents budgets. Les propriétaires mettent autant de soin dans la partie restaurant, aménagé dans une vaste salle à laquelle un ciel et quelques frondaisons peints en trompe l'œil apportent la sérénité. Bien disposés, les convives apprécient une cuisine variée, aussi réussie quand elle aborde les classiques de la cuisine française, que dans les préparations raffinées. On aura du mal à se décider entre le tipi de baudroie, gambas et noix de Saint-Jacques à la crème de moules, et la gondole croustillante de magret de canard, sauce poivrade aux myrtilles. En dessert, succombez à la crème légère aux marrons, poire pochée aux épices et son sorbet à l'aneth. En été, la belle terrasse ombragée se remplit rapidement.

HOTEL-RESTAURANT BELLEVILLE 1, avenue Charcot © 04 67 95 57 00. *Ouvert toute l'année. De la chambre simple à la chambre standing, de 24 € à 45 €. Menus de 15 € à 35 €.* Dévolu à l'hôtellerie depuis 1900, le Belleville est un grand hôtel (60 chambres, deux étoiles) proposant un hébergement à tous les prix. Il organise des séjours pour les curistes et offre deux types de restauration, en restaurant traditionnel ou en brasserie. Au restaurant, les menus, nombreux, en donnent pour tous les goûts en s'inspirant des recettes méditerranéennes et des produits du terroir.

CAMPING MUNICIPAL Boulevard de Mourcayrol © 04 67 95 86 89. *Ouvert de mai à fin septembre. E-mail : mairie.lamalou@wanadoo.fr.* Camping caravaning deux étoiles, situé sur l'extérieur de la ville et à proximité de la piscine municipale. 80 emplacements simples, mais pratiques et peu chers. Et tout cela avec une ombre appréciable en été.

BUREAU DES GUIDES DU CAROUX © 04 67 95 68 49. Randonnée, escalade et canyoning pour les particuliers, aussi grand rappel et tyrolienne pour les groupes. Le Bureau des guides est une association de professionnels de la montagne, tous diplômés d'Etat. Randonnée, escalade, canyoning, ils proposent ces activités à la journée et organisent des séjours. Et pour le repos du marcheur, un gîte peut accueillir vingt-sept personnes, en demi-pension.

LES FRENES **Route du Poujol-sur-Orb** ✆ **04 67 95 69 36/06 88 88 20 92.** *Centre équestre ouvert toute l'année, fermé le lundi. Cours, promenade et stage.* En été et pendant les vacances scolaires, le centre organise des stages qui se déroulent le matin et en fin d'après-midi et qui comportent toujours une heure de théorie. S'adressant à tous les niveaux, les cours vont jusqu'à la préparation des examens ; les groupes d'enfants et d'adultes sont reçus séparément. Toute l'année, les balades ont lieu sur rendez-vous auprès d'Isabelle Saboye.

GOLF DE LAMALOU ✆ **04 67 95 08 47.** *Ouvert toute l'année.* Aux portes de Lamalou, ce golf de 9 trous unique dans l'arrière-pays héraultais est vallonné et longé par la rivière de l'Orb. On y rencontre 3 plans d'eau, le parcours est court (2 600 m par 35), technique, mais reste toujours agréable à jouer.

CASINO ✆ **04 67 95 77 54.** *Ouvert tous les jours de 14h à 2h.* Archétype des casinos de la folle époque, celui de Lamalou cache les machines les plus modernes derrière une façade cossue entourée d'un grand parc. A l'intérieur, machines à sous, boule, piano-bar, soirées musicales et animations.

Lunas

Vieille cité médiévale, Lunas comporte un château du Xe siècle, assiégé trois fois de 1585 à 1629, pendant les guerres de Religion. Une balade dans ses rues anciennes permet d'admirer de nombreux pigeonniers, l'église Saint-Georges (V^e^ et VIe siècles) la chapelle Notre-Dame-de-Nèze ; plus loin, le panorama depuis la chapelle Saint-Amans. A Montjaux se trouve un oppidum préromain ainsi que la grotte des Fées.

VAL DE NIZE **Laval-de-Nize - LUNAS** ✆ **04 67 23 34 23.** *Chambres pour 2 personnes de 45 € à 51 €. Gîtes de 9 à 15 personnes de 170 € à 275 € par nuit. Repas 14,50 €.* Un beau domaine est devenu, après restauration, un lieu de séjour de qualité. Chambres et gîtes ont trouvé place dans les bâtiments anciens, qui ont été rénovés pour offrir lumière et confort. Le restaurant fait lui appel à tous les produits du terroir, complété en cela par une cave des vins régionaux.

Saint-Gervais-sur-Mare

Ce vieux village, étape sur le chemin de Compostelle, possède une église à clocher roman du XIIe siècle à 2 étages et flèche trapue. Vous pouvez y voir les ruines de l'ancienne église Saint-Pierre-de-Neyran avec son beau clocher et celles du château attenant. La chapelle des Pénitents, du milieu du XVIIIe siècle, renferme un intéressant retable et des tableaux à blasons. Aux environs, le menhir christianisé du col de la Pierre Plantée, le panorama à la Croix de Mounis et celui du col des Treize Vents.

OFFICE DE TOURISME **12, rue du Pont** ✆ **04 67 23 68 88**

MAISON CEVENOLE DES ARTS ET TRADITIONS POPULAIRES **12, rue du Pont** ✆ **04 67 23 68 88.** *Ouvert tous les jours en juillet et août de 10h à 12h et 14h à 18h. Hors saison, sur demande à l'office de tourisme. Groupes sur réservation.* Les activités traditionnelles de Saint-Gervais ont donné naissance à ce petit musée. Les travaux issus de la culture de la châtaigne y ont une grande part et l'on y trouve une belle évocation de tous les petits métiers disparus : cerclier, tonnelier, cloutier, tonnelier.

FERME PISCICOLE DU PONT DES TROIS-DENTS ✆ **04 67 23 65 48.** *Ouvert de Pâques à Toussain tous les jours à midi sauf le lundi, de Toussain à Pâques le samedi et dimanche. Menus de 14 € à 20 € et 5 € pour les enfants. Vente de produits de la pisciculture.* Luc Montalvo conduit depuis quelques années un élevage d'arc-en-ciel, fario et royales, auxquelles on peut même se frotter sur le parcours de pêche. A table, Christine prépare des rillettes de truite, des feuilletés truite et oseille, de la truite fumée, mais aussi un plateau d'écrevisses ou un feuilleté aux cèpes. Fromage fermier et desserts maison arrivent en conclusion, que l'on prend le temps d'apprécier sous les mûriers.

Soumatre

L'ECHALOTE **Soumartre** ✆ **04 67 23 18 05.** *Ouvert tous les jours du mercredi au dimanche. Menus de 24 € à 30 €. Carte.* Des tables bien mises, quelques fleurs, Anne Quaix soigne l'accueil et la présentation. En cuisine, Gilles Quaix se penche sur le cas des produits du terroir et leur apporte sa touche personnelle, que ce soit de la viande d'agneau, un foie gras fondant, une truite de Saint-Gervais, un saumon d'Ecosse ou les fromages de chèvre d'un producteur voisin.

LES RUCHERS DU HAUT LANGUEDOC ✆ **04 67 23 05 94.** *Ouvert toute l'année, groupes et scolaires sur rendez-vous. Hors saison les mercredis, samedis et dimanches de 10h à 12h et de 15h à 19h. En été, tous les jours de 10h à 13h et de 16h à 20h. Tarifs : 2,30 € par personne. Visite pour scolaires et goûter à la ferme.* Gilles et Evelyne Pradier, apiculteurs depuis des années, font découvrir leur activité par l'intermédiaire d'un écomusée ; les étapes de l'extraction du miel sont évoquées grâce à un sentier botanique, un diaporama, une exposition de photographies et même une démonstration des gestes de l'apiculteur. Vient ensuite le moment du goûter et des emplettes : pain d'épice, glaces, tartes et miel.

Villemagne-l'Argentière

Ce petit village est surtout connu pour avoir été le siège d'une abbaye bénédictine florissante. Cette prospérité provint de l'exploitation par les moines de deux trésors : les reliques de saint Majan, dérobées à Lombez par deux moines de Villemagne, et les filons d'argent qui se trouvaient à proximité. La ville bat alors monnaie et devant les convoitises se ceint de remparts dont subsistent quelques vestiges de nos jours. Il reste aussi de cette époque l'Hôtel des Monnaies, bel édifice de la fin du XIIe siècle, dont une façade est encore en bon état, ainsi que l'abbaye qui abrite aujourd'hui un restaurant gastronomique.

A quelques kilomètres, rendez visite à un des ponts du Diable qui enjambent maintes rivières de nos contrées. Bâti naturellement au XIVe siècle, en bravant les foudres du Malin, il est remarquable par sa finesse et aussi par sa dissymétrie : il rejoint deux rives dont les altitudes sont différentes.

MUSEE DE VILLEMAGNE Eglise Saint-Grégoire ✆ **04 67 23 06 79/04 67 23 08 89.** *Ouvert du 1er mai au 31 octobre les mercredis, samedis et dimanches de 15h à 18h. Tous les autres jours sur demande auprès de M. Guiraud. Tarif 2 €.* Installé dans l'église désaffectée de Saint-Grégoire, ce petit musée est devenu le centre archéologique des Hauts-Cantons. La société archéologique y présente, sous forme d'expositions à thème, le résultat des fouilles réalisées dans cette partie du département de l'Hérault et qui couvrent une période allant du Néolithique au Moyen Age. Cette année on y admire parures et ornements de la préhistoire au Moyen Age.

AUBERGE DE L'ABBAYE Villemagne-l'Argentière ✆ **04 67 95 34 84.** *Ouvert de mi-février à décembre. Fermé le lundi en saison et d'octobre à décembre le lundi et mardi. Menus à 23 €, 37 € et 49 €. Carte.* Les vieilles pierres de l'abbaye veillent sur les agapes de leurs visiteurs modernes. Installés sous les voûtes remarquables, attablés devant de grandes tables massives, ils partent à la découverte de la carte de la saison. Christian Belot la remanie périodiquement et fait varier les recettes. Parmi les préférées, on appréciera des profiteroles de foie gras aux marrons d'Olargues, une tatin au foie gras parfumée au jus de truffe ou encore, à l'automne, pigeonneaux fermiers servis façon Rossini, un pannequet de petits gris et pied de porc. Les produits frais servent par leur qualité l'inventivité de ces plats présentés en grand apparat. Une très belle table, donnant sur les jardins de l'antique monument.

LA BERGERIE Rue du Mail - VILLEMAGNE-L'ARGENTIERE ✆ **04 67 95 76 73.** *Ouvert toute l'année.* Production de confitures paysannes : abricot, poire, prune, cerise, tomate verte… cerises à l'eau de vie.

Olargues

Cette cité médiévale est classée parmi les plus beaux villages de France. En effet, ce village perché est extrêmement pittoresque avec son Pont du Diable (XIIIe siècle) en dos d'âne et la tour-clocher de l'église castrale. Une splendide photo de carte postale ! L'eau de la Salvetat ne s'y est pas trompée puisqu'elle utilise largement le site d'Olargues dans sa publicité télévisée. Au cœur du village, on se croirait revenu au temps jadis en arpentant les ruelles ornées de belles maisons des XIIe, XVe, XVIe et XVIIe siècles. A proximité d'Olargues, il faut aller voir, à Saint-Julien-d'Olargues, l'ancien prieuré roman avec son chevet à bandes lombardes et son portail d'entrée au décor polychrome. Concerts classiques en juillet et août.

OFFICE DU TOURISME Avenue de la Gare ✆ **04 67 97 71 26.** *Site : www.olargues.org - E-mail : otsi.olargues@voilà.fr. Ouvert tous les jours sauf le mercredi et dimanche, de 9h à 12h et de 14h à 18h (hors saison) et de 10h à 13h et de 15h à 19h en période estivale.*

MUSEE DES ARTS ET TRADITIONS POPULAIRES Escalier de la Commanderie ✆ **04 67 97 70 79.** *E-mail : otsi.olargues@voilà.fr. Ouvert en été tous les jours ; pour les groupes sur rendez-vous hors saison. Adultes 1,50 € ; gratuit pour les enfants de moins de 12 ans.* Le passé d'Olargues, ville commerçante et agricole, se trouve exposé sur les trois étages d'une maison bourgeoise ; tous les thèmes qui ont fait la vie de la ville sont abordés, de la préhistoire aux métiers d'autrefois. On y voit notamment une pierre écrite 3 000 ans avant J.-C. qui n'a pas été déchiffrée. Les expositions sur la vigne, la châtaigne, la ruche rassemblent les outils anciens, comme celles sur les vieux métiers (sabotier, cordonnier et chapelier). Au dernier étage, une salle des maquettes fait découvrir une forge ou le coin des lavandières.

CENTRE MULTIMEDIA CEBENNA Avenue du Champ-des-Horts ✆ 04 67 97 88 00. *E-mail : cebenna@cebenna.org. En été, ouvert tous les jours de 10h à 13h et de 16h à 19h, hors saison du lundi au vendredi de 9h à 12h et de 13h30 à 17h30, le samedi de 9h à 13h. Entrée du kaléidoscope : adultes 2,50 €, enfants de 7 à 15 ans 1,50 €.* Sur les rives du Jaur, Cebenna est un pôle de culture scientifique et technique, installé dans un ancien hôtel du XIXe siècle. Il développe des activités de formation et de recherches sur l'environnement et le patrimoine du parc du Haut Languedoc, en utilisant les nouvelles technologies de l'information et de la communication.

LE LAC DE VEZOLES. Lac artificiel qui retient le Bureau, petite rivière qui chute en cascade sur les blocs de granit. Au milieu des prés, forêts, genêts et bruyères, un endroit reposant où l'on peut pratiquer la baignade et autres sports nautiques.

Le gîte et le couvert

DOMAINE DE RIEUMEGE Route de Saint-Pons ✆ 04 67 97 73 99. *Ouvert tous les jours d'avril à octobre. Chambres doubles 86 €. Menus 25 € (midi) et 35 €.* Belle bâtisse typique de la région, elle a conservé un cachet particulier, fait de pierres et de poutres. En son sein, treize chambres toutes différentes offrent confort (trois étoiles) et décor plaisant, certaines sont toutes neuves et spacieuses, d'autres bénéficient d'une terrasse particulière au soleil. Les résidents ont accès à une bibliothèque, une piscine et un court de tennis. S'il s'agit de passer à table, nul doute que fourchettes et couteaux croiseront un ensemble de plats, assemblages de produits régionaux agrémentés de touches maison. Au fil de la carte-menu, la cuisine présente des variations autour des spécialités de la mer et de la montagne héraultaise. Les menus changent avec les saisons et en été, une carte de salades et quiches maison, plus légère, s'ajoute aux menus traditionnels.

▷ *Dans les environs*

Mons-la-Trivalle

Le village vaut pour son emplacement au pied du Caroux, au point de départ des gorges d'Héric dont le site est renommé pour l'escalade. En empruntant les gorges, on est frappé par le formidable coup de sabre qu'ont reçu les parois déchiquetées ; en les remontant, on parvient jusqu'au hameau d'Héric et ses vieilles maisons de pierre. Aux environs se trouve le pont suspendu de Tarassac (1870) d'où l'on a un beau point de vue sur le moulin de Tarassac transformé en base de loisirs (canoë-kayak).

OFFICE DE TOURISME Avenue de la Gare ✆ 04 67 97 78 22. *Site : www.decouvertes-herault.com/villages/mons - E-mail : mons-la-trivalle@fnotsi.net. Ouvert du mardi au samedi, de 9h à 12h.*

LES 4 SAISONS Le Village ✆ 04 67 97 70 93. *Ouvert toute l'année. Chambre d'hôte et petit-déjeuner 39 € pour 2 personnes, 54 € pour trois personnes.* En haut du village mais au pied du Caroux, Véronique et Antoine reçoivent leurs hôtes dans deux suites de trois et cinq personnes, classées trois épis. Elles ont accès à un salon et sa cheminée qui réchauffe à l'époque des champignons et de châtaignes, à la terrasse et un jardin (et son barbecue pour la grillade).

LES GITES SAUSSOL Hameau d'Héric ✆ 04 67 97 80 43. *Ouvert toute l'année. Prix par personne et par nuit 15 €.* Au cœur des gorges d'Héric, le minuscule hameau abrite deux gîtes d'une capacité de 15 places, dans une maison de caractère rénovée à l'authentique. Salles d'eau, deux coins cuisine, chauffage, cheminée en hiver ou terrasse en été, l'ensemble est très plaisant. Les gîtes ont obtenu le label Panda, qui distingue un environnement naturel exceptionnel (possibilité d'observation de la faune et de la flore, randonnée, escalade et baignade dans la rivière toute proche…). Les gîtes peuvent aussi être loués à la semaine.

L'ATELIER RIVIERE-RANDONNEE Tarassac ✆ 04 67 97 74 64. *Ouvert toute l'année.* Fonctionnant toute l'année pour ses licenciés en compétition et loisir, ce club de canoë et de kayac s'ouvre en été à un large public. Les moniteurs encadrent des stages de découverte de ses activités pour adultes et adolescents. Les activités sont aussi disponibles à la journée ou à la demi-journée.

SUD RANDO Le Presbytère ✆ 04 67 97 77 06. *E-mail : sudrandos@wanadoo.fr. Ouvert toute l'année. Prendre rendez-vous le matin par téléphone ou sur Internet.* Cette association organise des randonnées de huit jours au minimum, dans le Caroux voisin, dans le sud de l'Aveyron, sur la Côte Vermeille mais également dans toute la France voire même le monde entier. Prix moyen, en pension complète avec portage et accompagnateur, 460 € pour 8 jours.

Saint-Martin-de-L'Arcon

LA ROQUE ROUGE La Pomarède ✆ 04 67 95 80 42. *Gîte, étape refuge de 11 € à 14 €. Chambres d'hôtes et petit-déjeuner 34 €. Pension complète 34 €.* Pas très loin d'Olargues, une ancienne ferme restaurée autour de sa cour intérieure offre plusieurs types d'hébergement ; deux chambres d'hôtes, avec cheminée et terrasse, un gîte de treize personnes, avec chambres, dortoir et cuisines et un gîte annexe qui peut servir de refuge. Marie-Pierre Raynal se charge de l'accueil et des repas, son mari, guide de haute-montagne, encadre des stages d'escalade, de randonnée à pied, parcours aérien arbracadabranche et de canyoning. On organise alors ses activités autour de la table commune, en se réchauffant devant la cheminée.

ARBRACADABRANCHE ET SPORT AVENTURE La Pomarède ✆ 04 67 95 80 42. *Ouvert toute l'année. Adulte : 15 € individuel ; 14 € groupes. Enfants de 10 à 13 ans : 12 et 11 €.* Parcours aérien d'arbre en arbre, propice à l'éveil des enfants. Des ateliers animés par Jean-Luc Raynal sont proposés aux enfants selon les différents parcours.

Roquebrun

Ce petit village médiéval est surnommé le petit Nice en raison de son microclimat qui lui permet de voir pousser les mimosas en pleine terre et de posséder un jardin méditerranéen. Le village grimpe à flanc de montagne depuis les bords de l'Orb, que se partagent les vieux moulins du XVIIe siècle et la plage, jusqu'aux ruines de l'ancien village et de la tour féodale du XIIe siècle, au pied de laquelle le jardin s'est installé. La montée passe devant une église sobre, en partie romane ; depuis la place, le panorama s'ouvre largement sur la vallée de l'Orb. Les vins produits dans ce secteur d'appellation saint-chinian sont excellents.

OFFICE DU TOURISME Avenue des Orangers ✆ 04 67 89 79 97. *Site : tourisme.roquebrun.free.fr - E-mail : otroquebrun@bechamail.com. Ouvert toute l'année du lundi au vendredi en hors saison de 9h à 12h et de 14h à 17h. Du lundi au dimanche en été de 10h à 13h et de 16h à 19h.*

JARDIN MEDITERRANEEN ✆ 04 67 89 55 29. *Ouvert tous les jours en saison de 9h à 19h.Fermé de Novembre à début Février. Adultes 4 € enfants de 6 à 15 ans 2,50 €. Groupes 3,25 €. Visites guidées (à partir de 20 personnes) 5 €.* Cette magnifique réserve végétale présente sur ses terrasses plus de quatre cents espèces méditerranéennes et exotiques. Le domaine se compose de trois secteurs, l'un pour les plantes exotiques et ornementales, un autre pour un sentier botanique, le dernier consacré à un verger conservatoire des espèces méditerranéennes, où se trouvent des oliviers, des figuiers, des grenadiers et autres abricotiers qui disparaissent peu à peu de nos jardins. Le site est superbe, le jardin splendide au printemps.

Le couvert

LE PETIT NICE ✆ 04 67 89 64 27. *Ouvert en janvier et février. Fermé le lundi hors saison. Menus 14 € (en semaine), de 23 € à 38 € vin compris. Carte.* Posé sur les rives de l'Orb, surplombant l'eau, le petit Nice profite du soleil de Roquebrun. La salle et la terrasse baignent dans la lumière, celle qui fait apprécier cette bonne cuisine de terroir. M. Aragon est depuis longtemps passé maître dans la préparation des plats en sauce, des civets de lapin, des salmis, mais aussi des truites, des cuisses de grenouille et des langoustines. Plus légères, les salades et les viandes grillées composent des repas d'été.

Le gîte et le couvert

LES MIMOSAS Avenue des Orangers ✆ 04 67 89 61 36. *Ouverture toute l'année sauf en Novembre. Chambre d'hôte (petit-déjeuner compris) à 70 €, Table d'hôte 28 € les quatre plats.* Heureux propriétaires depuis Novembre dernier, Jacky et Martin O'Rourke en font partager le charme de leur maison de village à 10 personnes. Les trois chambres et la suite se répartissent sur les deux étages et le rez-de-chaussée, toutes flanquées d'une salle d'eau et de toilettes. En intérieur, salon et bibliothèque invitent à la détente, tout comme, à l'extérieur, une grande terrasse. Ces mimosas ont beaucoup de caractère et se fréquentent sans fumée (maison non fumeur).

Emplettes

LES VINS DE ROQUEBRUN Avenue des Orangers ✆ 04 67 89 64 35. *Site : www.cave-roquebrun.fr. Ouvert du lundi au vendredi de 8h à 12h et de 14h à 18h et le samedi de 9h à 12h et de 15h à 18h. Dégustation-vente sur place.* Le village de Roquebrun bénéficie d'un microclimat en Languedoc et porte des vignobles classés en AOC saint-chinian. Les vins de cette cave expriment toute la souplesse et l'élégance des terroirs schisteux. Dans le caveau, dirigé par Alain Rogier, les visiteurs font connaissance avec les crus saint-chinian, coteaux du Languedoc et les vins de pays d'oc, généreux.

DOMAINE NAVARRE Route de Béziers ✆ 04 67 89 53 58. *Ouvert en saison tous les jours de 9h à 12h et de 16h à 19h, hors saison sur rendez-vous.* Ce vignoble de 13 ha planté sur des schistes bruns est mené par Thierry Navarre de façon traditionnelle, mais conformément aux recommandations de l'agriculture biologique. A côté des deux vins doux, un muscat et un grenache, le laouzil et la cuvée olivier sont des saint-chinian de garde.

Saint-Pons-de-Thomières

Saint-Pons est aujourd'hui le centre administratif du parc naturel régional du Haut Languedoc. La cathédrale, assez étonnante, a été maintes fois remaniée : elle fut fortifiée au XIIe et XIIIe siècles, on lui ajouta une abside gothique au XVe siècle, qui fut détruite en 1567, puis remplacée au XVIIIe siècle par la nouvelle façade classique. Une promenade dans la ville, par les rues du cloître, des Récollets, de l'Evêché, des Pénitents, jusqu'à la tour de la Gascagne, permet de mieux comprendre l'importance de Saint-Pons du XVe au XVIIIe siècle. Une belle balade à ne pas oublier la résurgence du Jaur près des ruines de Saint-Martin-du-Jaur.

MAISON DU TOURISME DU PAYS SAINT-PONAIS Place du Foirail - Maison du Parc ✆ 04 67 97 06 65. *E-mail : st-pons-de-thomieres@fnotsi.net. Ouvert toute l'année.*

Points d'intérêt

MUSEE DE PREHISTOIRE REGIONALE ✆ 04 67 97 22 61. *Site : www.saint-pons-tourisme.com - E-mail : st-pons-de-thomieres@wanadoo.fr. Ouvert tous les jours de 10h à 12h et de 14h à 18h. Tarifs adultes 3,50 €, enfants de 6 à 12 ans 2 €. Groupes : 2,50 (à partir de 10 personnes).* Ce musée présente une belle évocation de la préhistoire régionale. On estime en effet que la civilisation saint-ponienne avait atteint son apogée au néolithique. L'ensemble du mobilier retrouvé dans les grottes de la région, dont surtout Resplandy et Camprafaud, montre des exemples achevés d'art pariétal et de statues menhirs. Un autre espace est consacré à l'homme et à la meulerie.

Le couvert

LA ROUTE DU SEL 15, Grande Rue ✆ 04 67 97 05 14. *Ouvert tous les jours sauf le dimanche. Fermeture annuelle la première semaine de septembre, les trois premières semaines de janvier et la dernière semaine d'avril. Menus de 11,50 € (midi) à 30,50 €. Carte à 26 €.* L'Histoire ne dit pas si jadis les marchands de sel, sur le route entre les étangs et la montagne, faisaient de si bonnes étapes. Du passé, ce restaurant a gardé les vieilles pierres qui contrastent avec les tables élégantes et l'ambiance raffinée. Jouant un partition à quatre mains, Sylvia et Jérôme Esnault se partagent cuisine et salle au service d'une carte fréquemment renouvelée. Jouant des contrastes, des épices, des saveurs douces ou relevées, le chef imagine des plats d'une grande finesse, et reprend avec bonheur les grands classiques comme un civet de joue de bœuf à l'ancienne. Ils se parfument d'herbes tout autant que la noix d'entrecôte à la réglisse, tandis que, superbe, un foie gras sera servi poêlé sur un caramel à la châtaigne. Et l'on fait une confiance aveugle au chef pour son grand menu, préparé sur mesure selon les goûts des convives, l'envie du cuisinier et les produits de saison. L'ensemble, jusqu'à la carte des vins et aux desserts, ne réserve que d'agréables surprises. Et pour parfaire une cuisine aux accents du terroir, une assiette du pays élaborée avec des produits régionaux vous est proposée à 11,50 € avec son verre de vin de pays.

Le gîte

AUBERGE DU CABARETOU Route de La Salvetat ✆ 04 67 97 02 31. *Restaurant ouvert tous les jours sauf dimanche soir mardi soir et mercredi. Chambres 2 personnes de 44 € à 65 €. Menus 17 € (en semaine), et de 29 € à 36 €. Carte.* Au col du Cabarétou, à 900 mètres d'altitude, en lisière de la forêt de l'Espinouse, cette auberge s'est créée une sorte de jardin indien dominé par un totem. Comme un signe de ralliement, il invite à la halte. Les onze chambres, au charme campagnard (deux étoiles) se sont réparties dans les différentes parties de la maison. Au rez-de-chaussée ou en terrasse, on goûtera à la cuisine du chef Hervé Leroy. Ce dernier fait évoluer sa carte au gré de son inspiration, qui se nourrit des produits de la région et de quelques associations sucrées salées. Après un dessert de fruit ou de chocolat, il n'y a plus qu'à partir en promenade, à la recherche des champignons ou des framboises, selon la saison.

Le gîte et le couvert

LES BERGERIES DE PONDERACH Route de Narbonne ✆ 04 67 97 02 57. *Ouvert d'avril à novembre. Chambres de 66 € à 100 €. Menus de 20 à 43 €. Carte.* Une belle ferme du XVIIe siècle s'est transformée en hôtel de charme, aux grandes chambres s'ouvrant chacune sur une terrasse et donnant sur un pré, des cerisiers et des magnolias magnifiques. A ce cadre s'assortit une cuisine gastronomique, qui varie selon les suggestions du marché. Les mets sont recherchés, les préparations fines se relèvent de piments ou d'épices et puisent dans les meilleurs produits du terroir. Gilles Lentin, le maître des lieux, aime à cultiver une ambiance intimiste et donnent à ses hôtes l'impression d'être des privilégiés. Il les invitent à fréquenter le salon-bar ou le patio d'été. Il organise régulièrement des concerts de musique classique et des expositions dans sa galerie d'art.

Loisirs

SAFARI SPELEO Maison du Tourisme ✆ 04 67 97 06 65. *Ouverture du mardi au samedi de 10h à 12h30 et de 14h à 18h. Demi-journée ou journée à la demande.* La maison du tourisme organise toute l'année des visites plus ou moins sportives de la grotte de Ponderatz. Un moniteur diplômé emmène de petits groupes le long des galeries, à la découverte des salles et de la rivière souterraine. Plusieurs itinéraires peuvent être envisagés ; possibilités de safari à la journée (avec bivouac sous terre) et des stages.

Emplettes

ANDRE PRUNEDDU Ardouane - RIOLS ✆ 04 67 97 15 29. *Ouvert tous les jours à partir de 11h. Téléphoner avant de préférence.* Au milieu d'une dizaine de miels au tournesol, au romarin, au thym, à la bruyère, au châtaignier… (car l'apiculteur pratique la transhumance des ruches), l'antre de M. et Mme Pruneddu recèle une petite merveille : des meringues au miel du Languedoc ; ces friandises ont une couleur dorée et une saveur bien particulière, très fine.

▷ *Dans les environs*

Courniou

La petite ville de Courniou possède sur ses terres la grotte de la Devèze, surnommée le Palais de la Fileuse en raison de la finesse de ses concrétions. Elle a ancré sa vocation spéléo avec un musée français de cette pratique entre science et sport.

GROTTE DE LA DEVEZE ET MUSEE FRANÇAIS DE LA SPELEOLOGIE Courniou ✆ 04 67 97 03 24. *Site : perso.wanadoo.fr/pays-saintponais/stepons - E-mail : courniou.les.grottes@wanadoo.fr. Ouvert tous les jours en avril, mai, juin et septembre de 14h à 17h. En juillet-août, tous les jours de 10h à 18h. Hors saison, les dimanche et jours fériés de 14h à 17h et sur rendez-vous pour les groupes. Accessible aux handicapés. Fermé en janvier. Entrée grotte et musée, adultes 6 €, enfants 3 € (gratuit pour les moins de 7 ans), groupes 5 € ; entrée musée seul 2 €.* La finesse de ses concrétions lui a valu le nom de palais de la fileuse de verre. A côté des formes classiques (stalactites et stalagmites, colonnes), ce sont de très beaux cristaux d'aragonite groupés en fleurs de pierre qui en font l'originalité et la beauté. A l'entrée, le musée français de la Spéléologie rassemble la plus importante collection de documents, matériels et objets originaux de la conquête souterraine. A l'extérieur, un sentier botanique et un parcours plus long, le sentier des capitelles, invitent à la promenade.

FERME AUBERGE DU JUGE **Courniou ✆ 04 67 97 11 11.** *Ouvert toute l'année sur réservation 48h à l'avance. Fermé le dimanche soir et le lundi en saison, et tous les soirs en hors saison (sauf groupes). Menus à partir de 20 €.* Les repas, traditionnels s'il en est, tournent autour de la charcuterie traditionnelle, les volailles fermières, les truites (en feuilleté, elles sont délectables), les légumes de saison, les fromages locaux (de chèvres et de vaches) et les desserts aux fruits. Ses mets simples se trouvent à leur aise devant la grande cheminée, dans une salle rustique et accueillante comme une table familiale. Sur place, les Cascales ont aménagé un gîte de bon confort.

Fraïsse-sur-Agout

C'est un agréable village fleuri niché sur les hauteurs du Somail. On y accède par la route prestigieuse des monts de l'Espinouse qui longe l'Agoût. Sa situation en fait le site de nombreuses activités de plein air comme la randonnée pédestre ou équestre, pêche à la truite... En direction d'Olargues, la route franchit le col de Fonfroide et donne pour spectacles des paysages superbes à l'automne.

OFFICE DU TOURISME ✆ 04 67 97 53 91 (Mme Ramon)/Mairie ✆ 04 67 97 61 14. *Site : www.hautlanguedoc.fr - E-mail : ot-espinousc@wanadoo.fr. Ouverture à l'année. Hors saison de 10h à 12h et de 14h à 17h (sauf les week-ends), en saison de 10h30 à 12h30 et de 14h à 19h (tous les jours).*

PAILLER DE PRAT D'ALARIC ✆ 04 67 97 38 22. *Ouvert en juillet-août le jeudi à partir de 10h. Départ de l'office de tourisme. Gratuit.* Cette ferme traditionnelle a été restaurée par le Parc car elle représente un chef-d'œuvre d'architecture rurale traditionnelle ; sa charpente mesure 37 m de long et une exposition explique les techniques selon lesquelles les toits de genêts étaient réalisés. Des expositions temporaires y prennent place l'été. A l'extérieur, une extraordinaire haie de houx séculaires prolonge la grange.

RESTAURANT TOUY ✆ 04 67 97 61 03. *Ouvert toute l'année (midi seulement), sauf pendant les fêtes de fin d'année Fermé le samedi en hors saison. Menus de à partir de 12 €.* Immanquable au centre du village, le bar-tabac-restaurant existe depuis 1864 et a servi d'étape à bien des voyageurs. Annette Touy y prépare avec une grande régularité de ces repas typiques dont on sort repu. La charcuterie débarque d'abord, suivi des côtelettes d'agneau, du confit de canard, du civet de sanglier, des tripes maison, du plateau de fromage et des desserts. La cheminée grille tout ça et, les jours de fête voit passer dans le grand menu les écrevisses, la lotte, les aiguillettes de canard.

LE PIOCH ✆ 04 67 97 61 72. *Site : http://domainedupioch.fol.nl. Ouvert du 1er mars au 30 septembre. Tarifs de 11 € à 500 €.* Une étoile pour ce camping ombragé de 60 emplacements. Venez faire ici le plein de détente dans un environnement convivial où nos amis les animaux sont admis. Camping, mais aussi location de mobile-homes et de bungalows pour 4 à 6 personnes, avec toutes les commodités. Alimentation, plats cuisinés, bar, lave-linge, tout le confort pour passer des vacances sans souci.

LES RANDONNEES DES SIGNOLES ✆ 04 67 97 63 61. *Location d'âne et de mulet toute l'année, de chevaux en été. Randonnées à la demi-journée ou à la semaine.* Pierre et Bernadette Ronez élèvent des chevaux d'Auvergne, ânes et mulets et proposent des balades, des randonnées tout public et des séjours jeunes. Ils sont mis en place différentes formules qui permettent de se promener librement ou de suivre un itinéraire établi, avec étapes de ravitaillement et de gîtes. Les séjours comprennent tous ces services, la nourriture de la monture, et peuvent être adaptés sur demande.

PARCOURS DE PECHE MUNICIPAL ✆ 04 67 97 30 17. *Mme Calvet ou se renseigner à l'office de tourisme au 4 67 97 53 81. Ouvert de mars à septembre.* Ce parcours de pêche a été aménagé sur l'Agoût en plein cœur du village et l'on y pêche la truite à coup sûr. Les prix varient selon les saisons, mais le forfait est pour huit truites. Depuis le 1er mai 1998, il existe un parcours de pêche à la mouche, aménagé sur 1 km de rivière en amont du parcours actuel ; les conditions sont plus authentiques et seulement 5 pêcheurs peuvent y participer.

La Salvetat-sur-Agout

Posé sur un éperon rocheux à 700 m d'altitude, le village est entouré par l'Agoût et la Vèbre. On peut surtout admirer l'un des plus beaux villages de France en arrivant du col du Cabaret ou par la D907. C'est une ancienne sauveté aux statuts protecteurs, sur un chemin traditionnel de Saint-Jacques-de-Compostelle. Le vieux centre regorge de marques du passé : église paroissiale de 1868, Christ en bois polychrome, église Saint-Etienne de Cavell ou d'Entraygues (XIIe et XVIe siècles). Pour le farniente, mais aussi pour les adeptes des sports nautiques, le lac de la Raviège est un site idéal avec sa plage et sa base nautique.

OFFICE DU TOURISME **Place des Archers ✆ 04 67 97 64 44.** *Site : www.lasalvetatot.com - E-mail : salvetat-sur-agout.ot@wanadoo.fr. Ouvert en été en semaine de 9h à 13h et de 14h à 19h, le samedi de 10h à 13h et de 15h à 18h, le dimanche de 10h à 13h. Hors saison, en semaine de 9h à 12h et de 14h à 18h, le samedi de 10h à 12h et de 14h à 17h, en juin, septembre et pendant les vacances scolaires le dimanche de 10h à 12h.*

USINE D'EMBOUTEILLAGE LA SALVETAT **Office de tourisme ✆ 04 67 97 64 44/04 67 97 58 05.** *Visite possible de mi-juin à mi-septembre en s'inscrivant à l'office de tourisme les mardis, mercredis et vendredis à 14h et 15h. Visite gratuite.* La SA des eaux minérales d'Evian exploite la source du Rieumajou qui alimente l'usine d'embouteillage de l'eau minérale La Salvetat, maintenant connue pour ses bulles légères. On s'y renseigne sur la source, le captage de l'eau et du gaz et sur les procédés de mise en bouteille.

HOTEL-RESTAURANT DE LA PLAGE **Route du Lac ✆ 04 67 97 69 87.** *Site : www.page-loisirs.com/hotel-la-plage. Ouvert toute l'année, sauf en février. Chambres de 32 € à 40 €. Menu à partir de 17 €.* La Plage a mis pas mal de calme dans ses 11 chambres deux étoiles bien équipées. L'établissement de Martine et Jean-René Pons se double d'une grande salle de restaurant où il est loisible de se pencher sur les spécialités du terroir. A commencer par la charcuterie et les cuisses de grenouilles, à continuer par les truites et les sandres, la daube de sanglier, l'agneau de montagne… Le choix est large, et c'est bien bon.

CAMPING GOUDAL **Route de Lacaune ✆ 04 67 97 60 44.** *Site : www.goudal.com. Ouvert du 1er mai au 30 septembre.* Ce camping deux étoiles a l'avantage d'offrir plusieurs formules de logement. Il a partagé ses 5 ha en une zone pour les tentes et d'autres où sont à louer des caravanes, des mobile-homes et des tentes familiales. Le reste de l'espace est dévolu aux services et loisirs : terrains de jeu pour les enfants et animations (trampoline, bricolage, minisafari, nuit en tipi…), comme pour les adultes (terrain de volley et foot, ping-pong, fléchettes, safari en 4x4, location VTT), petit lac pour la baignade et pistes fléchées pour VTT et marcheurs.

LAC DE LA RAVIEGE. Issu d'un barrage, ce vaste plan d'eau est non seulement parfait pour la baignade mais aussi pour de nombreuses activités aquatiques. La base nautique, ouverte les week-ends en mai et juin, tous les jours en été, permet de s'initier à la voile, de pratiquer la planche à voile et même de naviguer en bateau à moteur. En face, un prestataire de service loue des pédalos, un peu plus loin une école de voile dispense des cours (tous les jours en saison). Pour rester au sec, reste l'option farniente sur la plage ou une partie de minigolf, sur le parcours aménagé à côté de la plage.

MAISON CABROL **Place de Compostelle - Esplanade des Troubadours ✆ 04 67 97 61 97.** *Ouvert tous les jours sauf le lundi. Vente par correspondance.* Coutumière des récompenses (dont un record inscrit au Guiness Book pour le plus grand saucisson rosette pur porc, 4,10 m de long) la charcuterie de la maison Cabrol est réputée dans tout le département : saucisses et jambon secs, fricandeau, boudin, pâté de foie ou de campagne, tripes, pieds de porcs cuits… on ne sait que choisir.

LE BERGER DES ABEILLES **Combres Bel Air ✆ 04 67 97 68 94.** *Ouverture à l'année.* Monsieur Alain Merit, si joliment nommé le Berger des Abeilles, vous propose ses spécialités de la ruche : miel, pain d'épices, nougat et hydromel… tous les produits des abeilles sont à la vente et à la dégustation. Une visite de la miellerie s'impose, par la même occasion, pour tout connaître sur ce peuple industrieux qui flatte notre gourmandise par ses productions naturelles.

PATAILLE **Cascavel ✆ 04 67 97 69 45.** *Ouverture à l'année.* Camping à la ferme, poneys, de quoi passer d'agréables moments au cœur de la nature, et faire le plein de gourmandises avec du miel et des confitures faits sur place.

Lozère

Eglise de Sainte-Enimie

Cantal
Paris
MENDE
Vers Clermont-Ferrand
Chaulhac
Paulhac-en-Margeride
D989
Retenue d'eau de Grandvals
Arzenc-d'Apcher
le Malzieu-Ville
Fournels
D989
D987
St-Chély-d'Apcher
Chauchailles
St-Alban-sur-Limagnole
Brion
N
O
E
S
Aumont-Aubrac
N106
D987
l'Aubrac et les Burons
Serverette
A75
St-Sauveur de-Peyre
Nasbinals
D900
Parc des loups du Gévandan
N9
Monts d'Aubrac
Marvejols
Aveyron
Chirac
le Monastier
St-Germain-du-Teil
Lot
Chanac
la Canourgue
D998
la Tieule
Sainte-Enimie
Vers Montpellier
D32
Laval-du-Tarn
St-Chély-du-Tarn
le Massegros
la Malène
Mas-St-Chély
Gorges du Tarn
les Vignes
D988
St-Pierre-des-Tripiers
Hures la Parade
Gorges de la Jonte
le Rozier
D996
0
10 km
Reproduction interdite
Jean-Baptiste Nény
Juin 2002

LOZÈRE

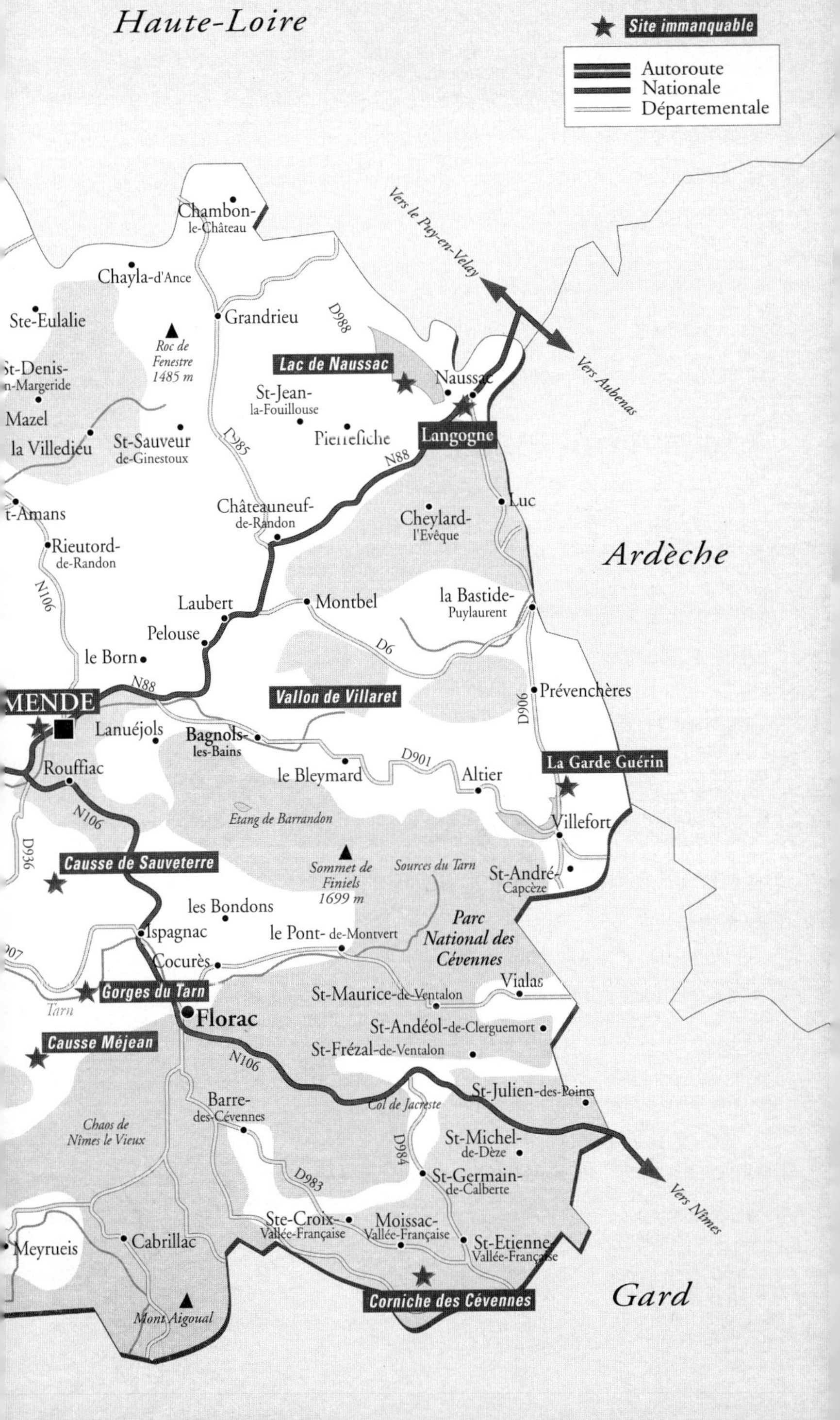

Haute-Loire
Site immanquable
Autoroute
Nationale
Départementale
Vers le Puy-en-Velay
Vers Aubenas
Chambon-le-Château
Chayla-d'Ance
Ste-Eulalie
Grandrieu
D988
Roc de Fenestre 1485 m
St-Denis-en-Margeride
Mazel
la Villedieu
St-Sauveur-de-Ginestoux
Lac de Naussac
Naussac
St-Jean-la-Fouillouse
Pierrefiche
Langogne
D985
N88
Châteauneuf-de-Randon
Cheylard-l'Evêque
Luc
St-Amans
Rieutord-de-Randon
Ardèche
N106
Laubert
Montbel
la Bastide-Puylaurent
Pelouse
D6
le Born
N88
MENDE
Vallon de Villaret
Prévenchères
D906
Lanuéjols
Bagnols-les-Bains
D901
Rouffiac
le Bleymard
Altier
La Garde Guérin
N106
Etang de Barrandon
Villefort
D936
Causse de Sauveterre
Sommet de Finiels 1699 m
Sources du Tarn
St-André-Capcèze
les Bondons
Parc National des Cévennes
Ispagnac
le Pont-de-Montvert
Cocurès
Vialas
Gorges du Tarn
St-Maurice-de-Ventalon
Tarn
Florac
St-Andéol-de-Clerguemort
Causse Méjean
St-Frézal-de-Ventalon
N106
St-Julien-des-Points
Barre-des-Cévennes
Col de Jacreste
Chaos de Nîmes le Vieux
D984
St-Michel-de-Dèze
D983
St-Germain-de-Calberte
Vers Nîmes
Ste-Croix-Vallée-Française
Moissac-Vallée-Française
Meyrueis
Cabrillac
St-Etienne-Vallée-Française
Corniche des Cévennes
Gard
Mont Aigoual

L'AUBRAC

Célèbre dans toute l'Europe pour la variété de sa flore, l'Aubrac aux mille facettes est un plateau d'altitude qui s'étend sur trois départements. C'est un espace de pâturages rudes, de burons, de vaches et de tommes. Ses paysages magnifiques, quasi désertiques, sont un enchantement sous la neige comme dans l'air clair du printemps. Au nord-ouest de la Lozère, un épais entassement de nappes basaltiques recouvre le sol cristallin, suite des grands ensembles volcaniques auvergnats. Des formes particulières marquent la région : pitons ou murs de basalte comme au roc de Peyre ou à la Fare de Chirac ou encore étendues prismatiques comme au pont des Nègres.

Ciselé par les glaciations du quaternaire qui y ont laissé des lacs scintillants et des tourbières grisâtres, animé par le murmure des ruisseaux, l'Aubrac s'étend paisiblement, couvert de landes et de prairies. Mais ses contreforts sont faits de pentes difficilement accessibles : en Lozère, le point culminant est au Signal de Malhebiau à 1 471 mètres.

Après un sommeil de parfois 6 mois sous un épais manteau neigeux, la nature explose au printemps : jonquilles, narcisses, genêts, myrtilles, gentianes colorent les plateaux de tâches multicolores. Ce plateau d'origine volcanique, assis sur le basalte est une terre jugée rude et austère en raison de son paysage atypique, mais attachante.

Aumont-Aubrac

Une petite ville relais, au nord du département, bien desservie par l'autoroute A75. Autre bonne raison de marquer l'étape : on mange très bien dans le coin, non seulement grâce au bœuf, renommé, mais aussi grâce à toutes les herbes et les parfums de l'Aubrac. On trouve encore de vieilles rues évoquant les temps anciens et une pierre mystérieuse, retrouvée dans les soubassements des murailles. Le site prit de l'importance au XIe siècle quand les barons de Peyre fondèrent un prieuré dédié à saint Benoît. Devenu église Saint-Etienne, le bâtiment présente le curieux assemblage d'un chœur roman, récemment rénové, de chapelles gothiques et de vitraux modernes.

OFFICE DE TOURISME DE LA TERRE DE PEYRE Maison du Prieuré ✆ 04 66 42 88 70. *Ouvert toute l'année.*

Le couvert

LE COMPOSTELLE ✆ 04 66 42 80 07. *Ouvert de fin mars à octobre. Menus 13 € et 20 €. Plat du jour 10 €.* Le Compostelle, joliment baptisé restaurant de campagne, est le petit restaurant attenant à l'établissement gastronomique Prouhèze. Le même soin a été mis dans le décor, fait de mille détails rustiques comme les nappes en nid d'abeille et les chaises paillées. Quant à la carte, elle offre les plaisirs de cette gastronomie en deux petits menus délectables, composés autour des plats lozériens traditionnels. Le plat du jour se suffit à lui-même pour un déjeuner rapide et chaque jour l'aligot est de la partie.

Le gîte

AUBRAC'HOTEL Place du Foiral ✆ 04 66 42 99 00. *Ouvert toute l'année. Chambre double 30 €, familiale 55 €. Gîte 10 € la nuit.* Dans le prolongement du Calypso, le bar-pub du foiral, une ancienne bergerie s'est modernisée et transformée en lieu de séjour. Un jeune couple y a aménagé des chambres claires, de bois blond et de tissu, simples et agréables. Les plus grandes, outre télévision et téléphone qui peuvent rendre des services, sont équipées d'un coin cuisine. Tout comme le gîte (un dortoir de 14 lits, avec grande cuisine dans la salle commune et sanitaires tout neufs), les chambres sont agréables à vivre. Dans le même bâtiment, la pizzeria la Merelle) propose des menus de 10 € à 14 €.

Le gîte et le couvert

CHEZ CAMILLOU* 10, avenue du Languedoc ✆ 04 66 42 80 22.** *Site : www.hotel-camillou.com. Ouvert d'avril à octobre. Chambres double 44,50 € à 62 €. Menus de 16 € à 49 €. Carte. Demi-pension à partir de 44 €.* Adresse tout aussi agréable pour passer que pour séjourner, elle offre des chambres et des suites confortables doublées d'une cuisine du terroir portée en triomphe. Dans un décor raffiné, les convives découvrent une gastronomie savante où chaque produit, choisi avec soin (dans la région bien souvent), se présente sous ses plus beaux jours. Parmi ces merveilles, une fricassée de cèpes et foie gras poêlé, un blanc de sandre rôti et sa fondue de tomate au fenouil jus de coques, une lasagne d'agneau confit à l'oignon, purée de carotte au cumin… De la cuisine à son excellence.

GRAND HOTEL PROUHEZE*** **2, rue du Languedoc ✆ 04 66 42 80 07.** *Site : www.prouheze.com. Ouvert du 25 mars à octobre. Chambres doubles de 64 € à 89 €. Menus de 33 € à 93 €.* Depuis 20 ans, le couple Prouhèze met en valeur une belle demeure familiale. Le décor créé par Catherine, fait du mariage des couleurs, du bois et de la pierre, sert d'écrin à la cuisine de Guy, à la fois traditionnelle et inventive. Grande table reconnue qui met de l'imagination dans les plats d'autrefois, elle présente les grands classiques de la maison, comme un pot-au-feu de foie gras aux légumes de saison et des particularités réjouissantes comme la galette de museau de porcelet aux petits-gris ou des queues de langoustines sautées dans leur infusion au boudin noir.

Emplettes

ATELIER DE SCULPTURE **Place du Foiral ✆ 04 66 42 88 09.** *E-mail : jigaco@wanadoo.fr.* Guy et Josy Giral ont en commun la passion des formes. Mais si cette dernière les modèle en pâte à sel avant de leur donner de la couleur, le premier les sculpte dans le bois. Cela donne une foule d'objets, petites statues, boîtes et miroirs, des bas-reliefs et des poupées.

L'ATELIER DU FORGERON **Le Crouzet ✆ 04 66 42 92 57.** Monsieur Chambon est un homme de fer, qui plie le métal à sa guise. Son métier et ses idées le conduisent à la création de girouettes et de pièces de mobilier originales. Capable de travailler de grandes pièces comme de petits objets (des portails ou des pare-feu, par exemple), il peut réaliser à la demande des projets personnalisés. Histoire de se faire une idée, on ira admirer une rose des vents dans son atelier, qui est aussi un lieu d'exposition.

FROMAGERIE BENOIT & CHAPERT **5, route d'Auvergne ✆ 04 66 42 80 24.** Le goût de ces fromages vient du lait cru et des herbages de la Margeride. Dans cette fromagerie, héritière d'une longue tradition, Benoît Chatert élabore de savoureux fromages non pasteurisés, des bleus, des tommes et des pâtes molles et les petits derniers (brebis, chèvre) avec lesquels on réalise une multitude de recettes, dont le fameux aligot ou la truffade à la tomme.

▷ *Dans les environs*

Javols

Ce petit village se situe dans un vallon, à l'écart des grands axes de circulation. Il serait resté dans l'anonymat le plus complet si, en 1828, des ouvriers n'avaient pas découvert les vestiges du jusqu'alors mythique Gabalum, important centre gallo-romain dont une ancienne tradition prétendait qu'il avait été détruit au IIIe siècle par les barbares. Des sites caractéristiques des villes romaines ont été mis à jour : un grand bâtiment public découvert au XIXe siècle pourrait être la basilique, le lieu d'administration de la cité. On a aussi repéré les thermes et une fontaine.

MAIRIE ✆ 04 66 42 84 06

SALLE D'EXPOSITION PERMANENTE DES FOUILLES ARCHEOLOGIQUES DE JAVOLS ✆ 04 66 42 87 24. *Ouvert tous les jours en été, de 10h à 12h et de 14h à 19h, au printemps et à l'automne mardi, mercredi et jeudi de 13h à 17h et en hiver uniquement sur rendez-vous pour les groupes organisés.* L'espace archéologique de Javols présente une borne milliaire du IIIe siècle, qui atteste comme sans doute possible le rôle de capitale de la ville, des éléments décoratifs et du matériel issu des fouilles de Javols et d'autres sites en Gévaudan.

HOTEL-RESTAURANT LE REGIMBAL** **Javols ✆ 04 66 42 89 87.** *Fermé de mi-décembre à début mai. Chambres doubles 46 €. Menus à 11 € et 16 €. Plat du jour. Chambre pour handicapé.* Maison récente, installée à l'extérieur du village et adossées à une forêt de sapins, le Regimbal reflète une ambiance familiale, avec ses huit chambres décorées avec soin, mêlant les broderies anglaises aux frises décoratives peintes sur les murs. Line et Louis sont tombés amoureux de la Lozère et ont décidé de s'y installer. Avec professionnalisme et talent, Louis, aux fourneaux, excelle dans une cuisine traditionnelle comme dans sa salade au pied de cochon des Gabales ou celle de magret. Vous y dégusterez aussi un délicieux et copieux coq au vin à l'ancienne.

Prinsuéjols

Au milieu de l'Aubrac lozérien, Prinsuéjols possède une petite église du début du XIIe siècle, modèle de simplicité et d'élégance, mais le monument phare de la commune est le château de la Baume.

LE CHATEAU DE LA BAUME © **04 66 32 51 59.** *Visite tous les jours de 10h à 12h et de 14h à 18h en juillet et août, hors saison sur rendez-vous, fermé le mardi. Tarifs adultes 5,50 €, enfants 3,50 €, groupe 4,50 €.* Voici peut-être le plus haut château de France, à 1 200 m d'altitude. Commencé en 1630, ses épais murs de granit lui donnent une allure massive. Au XVIIIe siècle, il devient ce quadrilatère à cour centrale que nous connaissons. Des artistes locaux sont d'abord requis pour sa décoration, puis on en fera venir de Montpellier et de Paris. Ses embellissements et ses 600 hectares de pelouse et de bois lui valurent le titre de Versailles du Gévaudan.

GITE DE SEJOUR CHANTELOZERE Usanges - PRINSUEJOLS © **04 66 32 34 29.** *Ouvert toute l'année. Nuit 10 €. Demi-pension à partir de 32 €. Pension à partir de 40 €.* Cette grande ferme ouvre grand sa table, ses 14 chambres et son dortoir (10 places). En tout, elle peut accueillir 50 personnes. A table, on retrouve l'aligot, la truffade et autres charcuteries, mais aussi des spécialités périgourdines. Les repas sont aussi proposés sous forme de pique-nique. Jean-Marie Bagouet prend soin de ses hôtes comme de cette ancienne ferme qu'il restaure chaque année un peu plus.

LAC DU MOULINET Le Buisson © **04 66 32 17 40.** *Ouvert tous les jours. Restauration, menus à partir de 10,50 €.* Autour de ce petit lac, on trouve tout ce qu'il faut pour se détendre : un restaurant, des chalets en bois et un toboggan aquaglisse qui fait le bonheur des enfants. En été, la baignade est surveillée par un maître-nageur sauveteur.

Rieutord-de-Randon

Au centre du bourg, en hauteur, l'église du XIXe siècle occupe la place dominante ; on n'en voit que mieux son clocher et les trois étages qui supportent sa flèche. Dans le prolongement de l'église, une petite place est bordée de maisons anciennes bien restaurées ; à l'angle de l'une d'entre elles, à hauteur d'homme, un des blocs dépasse légèrement et semble sculpté d'un visage aujourd'hui rongé par le temps.

AUBERGE DE MALASSAGNE D1 - Route de Marvejols © **04 66 47 34 11.** *Ouvert (réservation souhaitée). Menu unique 19 €.* Elle est toujours là la vieille ferme en bloc de granit imposant. En salle, Jean assure un service discret et efficace, en cuisine Marilou concocte des plats traditionnels, y apportant avec bonheur quelques touches personnelles. On retiendra un exceptionnel velouté de châtaignes et ses pruneaux, des feuilletés moelleux au bleu ou aux champignons. Avant le plateau de fromage, vous pourrez déguster un sauté de veau aux cèpes, de l'agneau de parcours ou une daube de bœuf ou de gibier. Vous terminerez par des desserts maison : crème brûlée, gâteau aux amandes ou une délicieuse poire au chocolat. Une adresse unique, à déguster avec gourmandise !

LA FERME DE SALTEL © **04 66 47 38 51.** *Site : www.lozere.com. Ouvert du 15 mars au 15 décembre sur réservation. Menus de 11 € à 33 €. Vente de produits fermiers.* La grande ferme et sa cour font la fête aux canards, aux champignons et au bien-manger du genre reconstituant. Si l'on se réserve pour la truffade, c'est pour mieux tomber, fourchette en main, sur le foie gras, les magrets, le confit, la salade aux gésiers… de canard. Ces repas savoureux font aussi une place à la charcuterie, au veau de la ferme, aux fromages de la Margeride et autres produits régionaux.

HOTEL DU PLATEAU DU ROY** © **04 66 47 39 93.** *Site : www.lozere.com. Ouvert toute l'année. Chambres doubles à 42 €. Demi-pension à partir de 42 €. Menus de 10 € à 24 €.* A l'entrée du village, cette grande maison cultive ses airs de chalet par des balcons en bois fleuris. Séduits par la Lozère, Nabi et Haiat, aidés de leur cuisinier, ont repris l'établissement et le font vivre. Avec beaucoup de gentillesse, ils installent leurs hôtes dans une vingtaine de chambres confortables (moquette au sol, salle de bains fonctionnelle, télévision sur demande) et leur conseillent toutes sortes d'activités dans les environs. On revient donc au logis mis en appétit par le grand air, prêt à apprécier une cuisine régionale qui sait améliorer son ordinaire et varier les plaisirs.

Saint-Amans

A mi-chemin entre Mende et Saint-Chély, voici le centre de la Margeride. Le bourg, où l'on pourra visiter l'église du XIIIe siècle avec son imposant clocher-mur et un très curieux toit qui descend presque jusqu'au sol, est entouré de nombreux villages du pays de Randon : Estables qui s'enorgueillit de posséder sur son territoire le point culminant de la Margeride, le Signal-de-Randon (1 551 m) ; Lachamp et ses carrières d'ardoise ; la Villedieu et les Laubies dont les églises témoignent de l'intense activité religieuse de la région au Moyen Age ; Saint-Gal au milieu d'un chaos de blocs granitiques.

SYNDICAT D'INITIATIVE Mairie © **04 66 47 30 17**

LA FERME DE FIOUGAGE ✆ **04 66 47 34 65.** *Ouvert du 1er juillet au 31 août de 14h à 19h. Hors saison le week-end ou sur rendez-vous pour les groupes. Fermé en décembre.* Dans un cadre aménagé (aire de pique-nique, salle d'accueil...), au-dessus d'un vallon, cette exploitation agricole s'est lancée dans l'élevage de cervidés. Après la visite aux cerfs en semi-liberté, M. Durand explique les modes de vie de ces animaux et conduit ses visiteurs vers un bâtiment rénové où sont présentées de vieilles machines. Une petite exposition est consacrée au travail de la laine et la visite se termine sur l'impressionnante collection de bois de cerfs.

LE LAC DE GANIVET Accueil-buvette ✆ **04 66 47 32 91/04 66 47 34 50 (hors saison).** Depuis Saint-Amans, on s'engage sur la D999 vers Ribennes et l'on rejoint après quelques kilomètres la vallée de la Colagne sur laquelle un barrage artificiel a fait naître un petit lac. Sur sa plage, une buvette installe ses tables et parasols, loue canoës, pédalos et VTT. Des jeux occupent les enfants pendant que les parents farnientent ou se baignent. Le pêcheur averti ira chercher quelques coins tranquilles pour taquiner la truite.

L'OUSTAL DELS LOUPS Recoules-de-Fumas ✆ **04 66 42 89 38.** *Ouvert toute l'année (sauf 15 jours en juin). Fermé le jeudi. Menus à 18 et 25 €. Chambre d'hôte 25 €. Petit-déjeuner 6 €. 1/2 pension pour deux 60 €.* Manger de la bouillabaisse, de la bourride sétoise, de la rouille de seiches, du coulibiac de crustacés... en plein cœur de la Margeride, voilà qui peut surprendre. Discutez avec le sympathique patron et vous comprendrez tout : il est sétois d'origine ! M. et Mme Brinis ont repris un petit établissement de village. Belle façade restaurée, salle décorée avec goût, cuisine fraîche et appétissante, chambres modestes mais coquettes, accueil chaleureux, et surtout prix très raisonnables, tout est réuni pour un séjour agréable. Ils sont un peu isolés, alors n'hésitez pas à faire un détour par Recoules-de-Fumas.

ATELIER DU GAL Saint-Gal ✆ **04 66 47 35 28.** *Ouvert tous les jours en juillet, août et septembre, sur rendez-vous hors saison.* Cet atelier est celui de l'étain, à l'aspect satiné ou brillant, que Jean Goareguer travaille pour en confectionner toutes sortes d'objets, des traditionnels vases et bougeoirs aux encadrements de miroir. Artisan orfèvre maître de son art, il accueille les visiteurs dans son atelier où l'on peut le voir en plein travail.

Saint-Denis-en-Margeride

Le village de Saint-Denis est la dernière étape avant la montée vers le col de la Baraque-des-Bouviers. Sur les crêtes de la Margeride, les bouviers ont pris leur nom des gardiens de troupeaux de bœufs autrefois gardés là. La station, minuscule halte, sert de point de départ à l'exploration du massif forestier ; tout autour, ce ne sont que hêtres et épicéas. La découverte se fait à ski en hiver, comme sur les pistes de Lajo, non loin de là. Mais quand la blancheur se retire, souvent après les premiers jours du printemps, l'espace s'ouvre à la randonnée. Un sentier d'interprétation nature et des itinéraires de petite randonnée, de 4 km à 30 km, sillonnent les prés et les bois.

RESTAURANT DES BOUVIERS Baraque des Bouviers ✆ **04 66 47 31 13.** Après le départ de Sébastien Favier vers une autre aventure, la société de gestion de la station de la Baraque des Bouviers est en quête d'un gérant pour cette jolie auberge. Parions que cela sera chose faite bientôt et que, à nouveau, la jolie salle de bois blond accueille routiers et voyageurs, skieurs et randonneurs, tout juste à la sortie des sentiers ou des pistes de ski de fond qui parcourent la forêt de la Croix de Bor.

VILLAGE DE GITES - LES CHALETS DES BOUVIERS Baraque des Bouviers ✆ **04 66 48 48 48.** *Chalet pour 4 à 6 personnes de 182 € à 547 €, pour 8 à 10 personnes de 247 € à 740 € la semaine.* Neuf chalets de 45 m² et cinq autres de 65 m² se sont adossés à la forêt domaniale. Faits de bois et de lauzes, ils sont intégrés aux paysages environnants ; bien équipés, pourvus de larges baies vitrées, ils donnent l'impression de prolonger, douillettement, les journées de ski de fond, les randonnées à pied, en raquettes ou en VTT. Les plus grands s'offrent le confort d'un poêle à bois norvégien et même d'un sauna.

STATION NATURE DES BOUVIERS ✆ **04 66 47 41 54.** *Ouvert du 15 décembre au 5 novembre, accueil de 9h à 18h, fermé mardi sauf pendant les vacances scolaires.* A une altitude entre 1 200 et 1 450 m, la neige est souvent au rendez-vous et fait le bonheur des amateurs de blancheur et d'espace. Entre forêts et landes, le domaine de randonnée est vaste, ouvert. De 30 km à 50 km de pistes de ski de fond sont accessibles (en classique ou skating), ainsi qu'une piste raquette et un espace réservé aux enfants. En été, on y pratique une foule d'activités de plein air, depuis la randonnée jusqu'au tir à l'arc. Location de skis et de raquettes en hiver, de VTT adultes et enfants aux autres saisons ; plan des pistes de ski et des itinéraires de randonnée à disposition gratuitement.

Sainte-Lucie

Ce petit hameau est sorti brusquement de l'anonymat et de l'abandon il y a une trentaine d'années avec l'installation d'un parc animalier. Le site par lui-même est cependant fantastique puisque surplombant les gorges de la Crueize et le val d'Enfer. A ce propos, en partant de la N9, la D2, par Saint-Léger-de-Peyre, serpente à flanc de falaise le long de ces vallées et offre l'un des plus beaux points de vue sur les gorges de l'Enfer. Itinéraire très étroit, mais ô combien pittoresque ! où l'on découvre un ouvrage d'art majeur de la ligne ferroviaire Béziers-Neussargues : le viaduc d'Enfer. Le village lui-même présente quelques belles maisons des XVIe et XVIIe siècles, caractéristiques de l'architecture rurale du Gévaudan.

LES LOUPS DU GEVAUDAN ✆ **04 66 32 09 22.** *Ouvert tous les jours de 10h à 19h en été, 18h au printemps et à l'automne, 17h en hiver. Fermé en janvier. Adultes 6 €, enfants de 5 à 12 ans 3 €. Visite guidée, muséographie : 1h30 environ, puis visite libre du parc. Visites 4 fois par jour.* Créé en 1985 par Gérard Ménatory, journaliste animalier, le parc animalier présente des loups qui vivent en meutes. Dans un environnement propice, le parc du Gévaudan, des loups de Pologne, du Canada, de Sibérie et, ces dernières années, de Mongolie vivent en quasi liberté (dans la partie pour études scientifiques, ouverte aux stagiaires et à la presse). La visite passe par un espace muséographique où se trouve une exposition entre mythe et réalité, doublée d'un équipement multimédia et vidéo (caméras télécommandées permettant de faire ses propres images).

RESTAURANT DU PARC SAINTE-LUCIE ✆ **04 66 32 35 91.** *Fermeture annuelle en janvier. Fermé le dimanche soir et le lundi. Menus de 14 € à 25 €.* Laurent Chabert, chef en ces lieux, reçoit ses clients dans une grande salle où trônent deux cheminées de belle allure et qui s'ouvre largement sur un paysage lozérien enchanteur. L'été, il le conduit de préférence en terrasse, place de choix. Bien installés, l'œil ravi, les hôtes se délectent d'une cuisine traditionnelle de belle tenue. Le petit menu du jour commence par un pâté de campagne maison, puis les assiettes apportent, selon les choix, des fritons de porc à la gabale, un confit de canard de la Margeride, un filet de canette aux griottes… puis les fromages de pays et, parmi les suggestions, la fameuse coupétade.

VILLAGE VACANCES SAINTE-LUCIE ✆ **04 66 48 48 48.** *Ouvert toute l'année (pour 2004 ouverture exceptionnelle en février). De 119 € à 358 € la semaine pour 4 personnes.* Au-dessus de l'Enfer, le village domine la vallée de ce modeste ruisseau au nom si évocateur. C'est un ensemble de 8 petites maisons (pour 4 ou 6 personnes) au toit d'ardoise, parfaitement équipées pour un séjour dans cette région si riche, au carrefour de l'Aubrac, de la Margeride et de la vallée du Lot. En moyenne saison, l'entrée au Parc à loups est offerte pour toute réservation d'une semaine.

Nasbinals

La capitale de l'Aubrac lozérien, à 1 200 m d'altitude est une petite ville très animée. La beauté de son environnement, la proximité des espaces de ski, la réputation et le dynamisme de ses commerçants et la qualité de ses hébergements en font un centre de séjour très fréquenté, même en hiver. L'église, remarquable exemple de l'art roman auvergnat, impressionne par son dépouillement et son curieux clocher octogonal. Sur la place, ne manquez pas le monument à la gloire de Pierrounet, certainement le seul rebouteux français qui ait été statufié pour ses bienfaits, mais aussi pour les substantiels revenus que ses visiteurs ont laissés à ses compatriotes !

OFFICE DE TOURISME Hôtel de ville ✆ **04 66 32 55 73**

Le couvert

LE BURON DU CHE Route de Malbouzon ✆ **04 66 32 55 72.** *Ouvert toute l'année. Menus à 22 €, 25 €, 29 € et 40 € + carte.* Tout le plaisir de venir manger dans un buron tient à l'ambiance, forcément rustique comme l'étaient ces maisons d'estive, et à ce qui mijote dans le chaudron. Christian et Arlette Bessière ont fait de cette construction ancienne une auberge rurale où la recette de l'aligot a dû se transmettre des centaines de fois. Voilà sans doute pourquoi leur cuisine est si connue et que l'on vient de loin pour s'en repaître. Elle ne se fait qu'avec des produits lozériens, parmi lesquels la fleur d'Aubrac (si savoureuse en grillade), et propose les tripoux, les manouls, la tête de veau… ainsi que des pâtisseries maison.

Le gîte et le couvert

SEJOURS BASTIDE*et**** ✆ **04 66 32 50 03.** *Site : www.sejoursbastide.com. Ouvert toute l'année. Chambres doubles de 39,20 € à 55,20 €. Demi-pension de 33 € à 46,10 €. Menus de 15 € à 23 €.* Trois établissements, le Bastide, la Randonnée et la Route d'Argent sont, à Nasbinals, le fief de la famille Bastide. Ici, le sens de l'hospitalité est une réalité, voulue par le père, reprise par le fils et appliquée par tous. Le restaurant, situé à la Route d'Argent, au centre du village, est souvent plein et l'ambiance celle des rendez-vous de village. Selon que l'on choisisse l'une ou l'autre des maisons, les chambres seront deux ou trois étoiles, toutes avec téléphone et télévision, plus ou moins spacieuses, au centre du village ou à quelques centaines de mètres de là. Quand il s'agit de passer à table, la carte laisse l'embarras du choix entre toutes les spécialités du terroir : truffade, truite aux amandes, chou farci, aligot... le tout en des quantités d'ogre. Lieu de résidence, le Bastide fournit à ses hôtes le gîte, le couvert et les activités qui vont avec : la randonnée (accompagnée, avec pique-nique inclus), la remise en forme, l'équitation, l'observation de la faune et de la flore, le ski de fond...

Eglise de Nasbinals

LA MAISON DE ROSALIE** **Montgros** ✆ **04 66 32 55 14.** *Site : www.hotel-aubrac.com. Ouvert de mi-avril à Toussain. Chambres doubles de 33 € à 55,40 €. Demi-pension à partir de 50 €. Menus de 14,50 € à 32 €. Gîte, chambre 3 personnes 41 €.* Cette ferme restaurée, de granit et de bois, est celle de Jean-Marc, Marie-Thérèse et leurs deux fils. Depuis presque vingt ans, la famille Pluvinet accueille les voyageurs de l'Aubrac dans l'hôtel et le gîte (trois chambres, pour 3, 4 et 5 personnes). Le premier regroupe dix-sept chambres simples, une bibliothèque, un salon et un sauna ; le deuxième, trois chambres de type gîte, avec douche et WC dans une maison indépendante. Après un repas au restaurant, classique représentant de la cuisine régionale, cette maison sert de point de départ à de nombreuses promenades et randonnées.

Loisirs

RAND'AUBRAC ✆ **04 66 32 56 02.** *E-mail : rand-aubrac@wanadoo.fr.* L'Aubrac et ses horizons... Pour en découvrir toutes les facettes, les thèmes des randonnées, à la semaine ou au week-end, abordent le chemin de Saint-Jacques, escaladent les volcans, sillonnent le plateau été comme hiver. A la belle saison, les guides de Rand'Aubrac vous emmènent à la découverte des paysages, de la faune et de la flore. En hiver, ils vous chaussent de raquettes. Les séjours sont prévus avec 5-6 heures de marche par jour, sans portage (acheminement des bagages) et avec des étapes gourmandes, voire relaxantes pour la rando qui se fait aux alentours de la Chaldette. Des séjours personnalisés peuvent être conçus pour les groupes constitués.

Emplettes

BOULANGERIE CHASSANG-BRUNEL ✆ **04 66 32 50 33.** *Ouvert tous les jours (sauf lundi hors saison) de 8h à 18h.* Le pain au levain et celui au seigle sont en bonne place dans cette boulangerie. Mais ce qui en fait surtout la réputation est une fougasse délicieuse, brioche fondante et parfumée. Si votre estomac réclame plus consistant, ne lui refusez pas un chausson aux pruneaux.

BOUCHERIE-CHARCUTERIE SOUCHON-NAYROLLES ✆ **04 66 32 50 07.** *Ouvert de 7h à 18h30.* Membre éminent de la guilde des Charcutiers, M. Souchon s'en montre un digne représentant. Ses réussites, selon les recettes familiales, se nomment pâtés et terrines, sacs d'os, fritons, manouls et tripoux, qui ont avec une grande régularité les honneurs des trophées de la Lozère Gourmande. Cela vaut bien un petit arrêt !

FERME CHAMPREDONDE Les Nègres ✆ 04 66 32 57 02. Tout à côté de la cascade du Déroc, Laurent et Corinne Champredonde élèvent leurs 130 bovins de race Aubrac, commercialisés sous la marque De Lozère. Avec eux vous visiterez l'exploitation, la ferme, l'écurie et la grange. Sur demande, et en fonction des disponibilités, ils pourront vous amener dans les pâturages, visiter un buron.

▷ Dans les environs

Brion

CENTRE THERMAL LA CHALDETTE Brion ✆ 04 66 31 68 00. *Site : www.lachaldette.com. Ouvert de 2 février au 16 novembre. Tous les jours de 9h à 12h et de 14h à 18h hors saison, de 9h à 12h30 et de 14h à 18h30 en été. Fermé le dimanche après-midi hors saison.* Le centre thermal recueille les eaux des volcans, chaudes (35° C) et riches en minéraux, et en dispense les bienfaits pour des cures médicales et lors de soins de remise en forme. Les premières traitent des problèmes ORL et d'appareil digestif. Les deuxièmes prennent la forme de douches à jet ou à affusion, de bains bouillonnants et de massages, de cours d'aquagym ou de sophrologie, de séances en cabinet d'esthétique... Le centre a été construit de façon à bien s'intégrer au site et pour permettre aux curistes de profiter pleinement de la nature environnante, de la verdure et du Bès, la rivière qui longe le bâtiment (dans un tout autre cadre, on reconnaîtra le goût de J.M. Wilmotte, l'architecte de la galerie du Grand Louvre, pour les surfaces vitrées). Chaises longues et baies vitrées sont appréciées après quelques efforts en salle de fitness, un passage en piscine, au sauna ou au hammam.

LA CHALDETTE* ✆ 04 66 31 37 00.** *Ouvert du 1er avril au 11 novembre, fermé le mardi hors saison. Appartements pour 2 à 4 personnes, voir tarifs au service réservation 04 66 48 48 48.* A deux pas de la station thermale, l'ancien hôtel thermal a été transformé en jolie résidence de séjour et s'ouvre sur le luxe, la quiétude, le charme. Les appartements ont été aménagés dans un grand souci de confort (coin cuisine, séjour) et servis par un décor soigné, de jolis tissus... Au rez-de-chaussée, les portes-fenêtres donnent sur le bar à l'ambiance british et les quatre salles à manger élégantes. Après une belle succession de chefs de talent, gageons que le gestionnaire en cours de sélection saura maintenir une cuisine de qualité, idéale pour un séjour remise en forme où la bonne chair n'est pas oubliée.

Fournels

Petit centre administratif du nord du département, Fournels attire l'œil du voyageur par son château qui occupe un petit promontoire. On peut aussi admirer le chœur de l'église du XIIe siècle, voûté en plein cintre, et son clocher-mur si typique. Les environs sont une invitation à la promenade bucolique, d'abord sur les traces des moulins à eau, qui servaient autrefois à moudre le grain. Sur la Bédaule, l'un d'entre eux est encore en activité. En continuant ce périple verdoyant, la route mène jusqu'au pied du rocher de Cheylaret, table basaltique circulaire qui domine les environs et sur laquelle une carte d'orientation fournit quelques points de repère.

OFFICE DE TOURISME CANTONAL Mairie ✆ 04 66 31 67 97. *E-mail : s.i.-fournels@wanadoo.fr. Ouvert du lundi au samedi (dimanche matin juillet et aout).*

CHEZ TINTIN ✆ 04 66 31 60 84. *Menus autour de 12 €. Ouvert toute l'année.* Un bar-restaurant de village comme on aime les rencontrer dans ces hautes terres lozériennes. Repas simple avec ambiance garantie. A la demande et sur commande, le patron peut vous mijoter quelques plats lozériens typiques, aligot et autres. Si l'adresse vous plaît, quelques chambres sont disponibles sur place.

LA NARCE ✆ 04 66 31 64 12. *Ouvert toute l'année. Chambre et petit-déjeuner pour deux personnes 42 €. Repas : de 13 à 15 € sur demande.* Un peu en retrait du village, toute tranquille dans la nature, cette ferme équestre est un lieu de séjour champêtre et reposant. Alain et Lydie Chalvet s'y occupent de chevaux et reçoivent leurs hôtes dans quatre chambres tout confort. Elles ont accès à un coin cuisine, mais on aura plaisir à s'asseoir à la table des hôtes qui sont de bon conseil sur toutes les activités nature aux environs de Fournels.

FERME EQUESTRE LA NARCE ✆ 04 66 31 64 12. *Ouvert toute l'année. Promenade à cheval deux heures 23 €. Journée avec repas 55 €.* L'ancienne ferme restaurée d'Alain et Lydie Chalvet abrite des chevaux et des hôtes. Les uns montent sur les autres et, accompagnés d'Alain, professionnel averti, ils partent à la découverte du circuit Aubrac (qui réunit tous les gîtes équestres du plateau). Les cavaliers peuvent aussi louer leur monture pour la promenade ou choisir la journée pique-nique, dépaysante. On y organise également des randonnées à pied, en VTT et des parties de pêche.

Les Salces

Sur le versant sud de l'Aubrac, avant le col de Bonnecombe, le massif tombe vers la vallée du Lot ; Le paysage change, les vallées s'encaissent, les versants se couvrent de hêtres. Même la géologie s'en mêle : le granit se fait rare et les techniques de construction s'adaptent comme en témoigne l'église du village, construite entièrement en schiste. En empruntant une petite route à flanc de vallée, on atteint les Hermaux où l'on peut admirer une originale fontaine-abreuvoir.

LE RADAL DU TREBATUT © **04 66 32 61 71.** *Site : www.hotel-du-trebatut.com. Ouvert du 1er mars au 15 novembre. Chambres de 30 € à 38 €. Demi-pension à partir de 31 €. Menus de 14 € à 28 €.* Avec l'Aubrac pour cadre, les sept chambres de cet hôtel un peu en retrait ont le luxe d'une vue superbe et la simplicité qui sied à un tel environnement. Dans l'établissement de Charles Dauban, l'ambiance est familiale et les repas revigorants ; l'aligot est souvent roi, mais les cèpes ne sont pas en reste, parfumant la sauce d'un grenadin de veau. La coupetade conclut les agapes, tandis que les enfants jouent dans le jardin. Le lieu est parfait pour partir en randonnée à la découverte des somptueux paysages des alentours.

HOTEL-RESTAURANT VERGNET Les Hermaux** © **04 66 32 60 78.** *Ouvert toute l'année. Fermé le dimanche à partir de 16h hors saison. Chambres 33 €. Demi-pension 35 €. Menus de 10 € à 15 €.* Dans un petit hameau tranquille, les douze chambres le sont tout autant, confortables et agréables (téléphone, télévision Canal+, terrasse individuelle). L'accueil est ici une affaire de famille : on n'y met pas de ronds de jambe, mais une simplicité toute naturelle à l'unisson de la bonne cuisine de ménage. Truites et charcuteries locales s'invitent à votre table, tandis que l'aligot de Christian Vergnet pourrait se présenter parmi les meilleurs de l'Aubrac. De là, plusieurs circuits de découverte invitent à musarder dans les environs.

Recoules d'Aubrac

LE RELAIS DE L'AUBRAC Le Pont de Gournier** © **04 66 32 52 06.** *Ouvert de mars à décembre. Chambres doubles de 42 € à 52 €. Demi-pension à partir de 42 €. Menus de 15 € à 31 €.* Au cœur des monts d'Aubrac, ce relais remplit largement son office d'étape réconfortante. Les chambres sont sobres, confortables et bien équipées et, comme dans la salle de restaurant, il y flotte un parfum de maison familiale (ou de Logis de France… c'est tout comme). Mme Pagès installe ses hôtes sous les tilleuls ou près de la cheminée, avec beaucoup d'attention et de gentillesse, pendant que Bernard Pagès et son fils Laurent remplissent les assiettes de tripoux, de tête de veau sauce ravigote, de la très bonne viande labellisée fleur d'Aubrac et de plats issus de leur savoir-faire comme la terrine de poissons d'eau douce. Quant à l'aligot maison, il sera tourné sans relâche, pour arriver parfait à la table des convives.

Termes

Le village est coiffé de son église du XIIIe siècle, qui fut agrandie à la période gothique, puis ornée de ce clocher pointu au XIXe siècle. Outre la visite de son intérieur (pietà du XVIe siècle, statues et Christ monumental en bois), elle vaut le détour pour le panorama qu'elle offre : si le ciel le permet, on distingue d'ici les monts de la Margeride, le Plomb du Cantal et les monts d'Aubrac.

AUBERGE DU VERDY © **04 66 31 60 97.** *Chambres de 31 € à 39 €. Menus de 10 € à 20 €. Carte. Demi-pension 70 € pour 2 personnes. Fermé en décembre, janvier et février.* Une fois rejoint la maison de Nadine et Didier Buffier, on s'installe derrière les vieux murs, dans un intérieur entièrement refait. Outre le plat du jour, les menus se jouent d'une pierrade aux trois viandes ou sont déclinées les spécialités du chef. Une cuisine classique, certes, qui fait la part belle aux saveurs lozériennes, sans pour autant délaisser une certaine originalité, selon l'humeur du cuisinier. On passe avec plaisir de la salle confortable, réchauffée par sa grande cheminée, à l'une des dix chambres décorées avec goût, mariant élégamment le blanc, les rideaux fleuris et le bois blond. L'accueil est convivial et l'adresse connue ; la réservation s'impose dès les beaux jours.

LES ABEILLES DU CANTOU © **04 66 31 19 62/06 07 73 68 59.** *Visite gratuite. Du 1er avril au 30 septembre, tous les jours de 14h30 à 18h30 ; octobre et novembre, tous les dimanches : de 14h à 18h ; vacances de la Toussaint : tous les jours de 14h à 18h. Autres dates : sur rendez-vous.* Gisèle et Jean-Claude Ponsonnaille convie à une visite gourmande dans sa ferme traditionnelle du XIXe siècle en pierre de granit et lauzes dont on apprécie les voûtes et la cheminée. A la belle saison, ces apiculteurs passionnés font une démonstration de toutes les étapes de l'extraction du miel, avant de faire goûter les produits issus de sa miellerie. Prévoyez une bonne heure de visite ou plus selon votre gourmandise !

Saint-Chély-d'Apcher

S'il fallait une exception dans un département essentiellement agricole, Saint-Chély est bien celle-là. Avec l'arrivée du chemin de fer à la fin du siècle dernier, la petite ville est devenue le centre industriel de la Lozère où toute la vie, tournant le dos à l'Histoire, s'est organisée autour de l'usine sidérurgique. Quant à l'Histoire plus ancienne, on la retrouve dans le nom de la ville où Chély ne serait que la déformation dans le patois local du nom d'Hilaire, évêque du IIIe siècle qui évangélisa l'Auvergne. S'y ajouta au XIIe siècle le patronyme des seigneurs locaux, les barons d'Apcher dont les possessions s'étendaient sur tout l'Aubrac. Comme vous, nous aimons les belles histoires et tenez pour vrai que le nom de barrabans donné aux habitants de Saint-Chély perpétue le souvenir de la charge victorieuse menée en 1362 contre les Anglais par les paysans armés de barres de bois, s'élançant aux cris de Barres en avant. De cette époque glorieuse, il ne reste qu'une croix, dite Croix des Anglais, des vestiges de remparts, l'ancienne fontaine des Aniers, quelques vieilles maisons (place du Marché) et l'église Notre-Dame. Et si vos enfants commencent à se lasser des églises romanes, musées et autres châteaux, pensez à les amener à Atlantie, le superbe centre aquatique de la ville. Sinon, allez pêcher quelques idées à l'office du tourisme qui, pendant la belle saison, concocte des programmes hebdomadaires d'activités sportives et culturelles.

OFFICE DE TOURISME Place du 19-Mars-1962 ✆ 04 66 31 03 67. *Ouvert toute l'année. Basse saison : 9h30 à 12h et de 15h à 18h. Haute saison : 9h30 à 12h30 et de 15h à 19h.*

Points d'intérêt

EGLISE NOTRE-DAME. Au XIIe siècle, l'église paroissiale fut d'abord celle de l'ancien cimetière. Au cours des siècles, on réunit dix chapelles pour former trois nefs et l'on élargit les ouvertures. Mais l'édifice n'avait toujours pas de clocher ! Qu'à cela ne tienne : en 1820, on décapita le donjon du XIIIe siècle (place du Foiral), qui avait perdu ses fonctions de défense et de surveillance depuis bien longtemps, pour y loger la cloche. Notre-Dame est l'une des rares églises dont le clocher soit séparé.

ETABLISSEMENT POUGNET Zone artisanale ✆ 04 66 31 05 38. *Visite guidée du lundi au vendredi sur rendez-vous.* Dans ses nouveaux locaux, Jean-Claude Pougnet continue un vieux métier : il est l'un des derniers fabricants de voitures hippomobiles. Confortables et perfectionnées, elles ont résisté aux chevaux-vapeur et autres concurrents mécaniques. Elles sont de nouveau à la mode et on les met à contribution pour des balades touristiques et lors des concours d'attelage.

LE MUSEE DE LA METALLURGIE 16, rue Beausoleil ✆ 04 66 31 03 67. *Ouvert de juillet à fin septembre de 10h à 12h et de 14h à 17h30 (sauf mardi et vendredi). En juin de 14h à 18h uniquement.* Le reste de l'année sur rendez-vous. L'association De la Terre à l'Acier retrace l'histoire

Cirque de Saint-Chély

de la métallurgie qui fit vivre la ville et marqua les hommes et l'histoire de cette terre : ancien matériel, photos, témoignages, collection d'outils et de machines ainsi présentés et replacés dans leur contexte font de ce musée un passionnant sujet de visite.

LE MUSEE DES PAPILLONS 15, rue des Pénitents ✆ 04 66 31 17 95. *Ouvert de juin à septembre du mercredi au samedi de 14h à 18h. Autres jours ou périodes sur rendez-vous.* Fasciné par leurs couleurs et leur diversité, André Pagès, un passionné, a réuni plus de 2 700 espèces de papillons. Elles sont exposées sur près de 30 m² de vitrines qui permettent de découvrir ces merveilles. Le spectacle est tout aussi fascinant pour celui qui découvre les couleurs que pour l'entomologiste averti.

Le gîte et le couvert

LE BEL HORIZON Boulevard Guérin-d'Apcher ✆ 04 66 31 01 62.** *Ouvert toute l'année. Chambres doubles de 36,50 € à 39,50 €. Menus à partir de 15 €. Demi-pension 73 € pour deux personnes.* Bâtiment moderne sur le pourtour de la ville, l'établissement de Serge Charbonnel et sa sœur, Clarisse, s'ouvre sur une dizaine de chambres au décor des années 70. Toutes confortables, elles disposent d'un balcon s'ouvrant sur… l'horizon ! Dans la salle à manger : entre la truite au bleu, les cailles rôties aux carottes, la terrine de truite farcie aux petits légumes et les Saint-Jacques aux mousserons, le choix est délicat. On vous conseillera de prolonger le séjour pour tout goûter, d'autant que l'accueil met tout le monde à l'aise.

LES PORTES D'APCHER Route de Saint-Flour ✆ 04 66 31 00 46.** *Ouvert toute l'année. Chambres doubles 45,70 €. Menus de 13,85 € à 43,50 €. Demi-pension 43,50 €.* A l'extérieur de la ville, ouvrant sur les vastes étendues, les portes d'Apcher sont le patrimoine d'une famille d'hôteliers vieille de six générations. Elles en reflètent le savoir-faire et le métier. Dans cette belle construction contemporaine, les seize chambres sont d'un très bon confort, prélude à une table gourmande. Dans une des trois salles panoramiques, installé par Sylviane Caule devant une cheminée ancienne intégrée au décor, on se délecte des spécialités de Michel Caule. La cuisine est raffinée et plaisante dès le menu du jour. Avec l'Aubrac et la Margeride pour paysage et leurs saveurs dans l'assiette, les portes d'Apcher offrent les clés d'un séjour plus qu'agréable, mais l'hôtel affiche rapidement complet. La réservation s'impose.

Loisirs

ATLANTIE Espace aquatique du Péchaud ✆ 04 66 31 32 33. *Ouvert toute l'année. Entrée Adultes 3,75 €, enfants 2,75 €. En été adultes 5 €, enfants 3,75 €.* Au royaume des montagnes, l'eau prend sa source… Ce n'est pas une pub pour de l'eau minérale, mais une description de cet espace tout dédié aux joies de l'eau : autour de la piscine ludique, ce ne sont que toboggans (dont un de 60 m), bulles et jeux. Les plus courageux useront de l'espace fitness et de la salle de musculation, les plus paresseux du sauna, du jacuzzi et du solarium. Quant aux enfants, ils s'ébattent en toute sécurité dans l'île aux enfants. L'espace se complète d'un bar, d'un glacier et d'un restaurant pour mettre tout le monde d'accord.

CENTRE EQUESTRE SONIA BRIMEUR Route de Saint-Chély ✆ 06 85 53 36 45. *De mai à octobre, Sonia vous propose des sorties équestres à l'heure, à la demi-journée et à la journée.* Vous pouvez choisir aussi des randonnées accompagnées de plusieurs jours. Possibilités d'hébergement et de restauration. Pour une clientèle plus familiale, elle propose aussi la location de poneys et d'ânes bâtés, ainsi que des randonnées pédestres encadrées par un accompagnateur de moyenne montagne.

Emplettes

ELIE BARTHELEMY Zone artisanale Pont-Archat ✆ 04 66 31 26 92. *Ouvert toute l'année. Fermé le dimanche.* Cet apiculteur, spécialiste des miels de montagne, a parmi ses variétés favorites ceux de châtaigniers, de bruyère ou des causses. Il en explique les différences au cours de la visite des installations de la miellerie et présente des produits de la ruche moins connus comme l'hydromel, le vinaigre de miel, les croquants aux noisettes, la gelée royale… La qualité de ces produits est depuis longtemps reconnue par tous les experts et l'entreprise rafle chaque année de nombreux prix dans les concours nationaux et régionaux.

LES SPECIALITES DU GEVAUDAN 49, rue Théophile-Roussel ✆ 04 66 31 02 71. Ces spécialités-là se taillent dans le cochon et les autres bestiaux qui donnent des pièces de boucherie et des préparations charcutières de premier ordre. La maison Pradal produit ainsi des saucissons, des saucisses sèches et fraîches, des fricandeaux, des manouls et des pâtés parfumés… On les trouve partout en Lozère (et au-delà, grâce aux expéditions) et même sur l'A75, au panier de la Lozère. Les tripoux ont un petit goût de revenez-y…

▷ Dans les environs

La Garde

CHATEAU D'ORFEUILLETTE*** **La Garde** ✆ **04 66 42 65 65.** *Ouvert toute l'année. Chambres doubles de 75 € à 105 €. Menus : 19 € (midi) et de 24,50 € à 34 €. Demi-pension à partir de 69,50 €. Formule découverte hors saison, 151 € pour deux en demi-pension.* Tout au nord du département (accès par l'A75, sortie 32), le député sénateur Théophile Roussel venait trouver le calme. A l'instar de ce connaisseur, les voyageurs viendront se réfugier dans ce qui fut sa demeure. Et quelle demeure ! Le château du XIXe siècle, flanqué de tourelles, ouvre sur les arbres majestueux et la piscine. La haute façade abrite un intérieur entièrement rénové, contemporain, mais dont l'atmosphère a été préservée par des matériaux nobles. Les vingt-trois chambres et suites sont vastes et luxueuses, le bar, de bois blond et de cuir bleu, propice à un moment de détente, pourquoi pas autour du billard. Un camaïeu de beiges et jaunes baigne les deux salles de restaurant, où les belles tables se mettent à l'unisson de la cuisine du chef Philippe Gardereau.

HOTEL DU ROCHER BLANC** ✆ **04 66 31 90 09.** *Ouvert de Pâques à la Toussaint. Chambres doubles de 40 € à 49 €. Menus de 15 € à 35 €. Demi-pension à partir de 40 €.* Parmi les quelques maisons du village, derrière la façade blanche d'une maison à étage, Claudine et Pierre Brunel tiennent un établissement au cachet moderne ; grande salle crème, version fleurie, tables espacées et petit salon d'entrée. La cuisine régionale s'y porte bien et en été, des soirées lozériennes font goûter aux hôtes les délices de l'aligot, de la saucisse grillée, aux sons de l'accordéon. La version plus sportive se dote d'une piscine chauffée et d'un court de tennis. Le repos se prend dans la bibliothèque, en terrasse ou encore dans l'une des vingt et une chambres, dotées de tout le confort (télévision à chaînes multiples, téléphone, mini-bar…).

L'ATLANTIDE **La Garde** ✆ **04 66 31 92 11.** *Ouvert jeudi, vendredi, samedi, dimanche et veilles de jours, à partir de 23h. Entrée avec conso : 6 € le vendredi, 10 € le samedi, gratuit le jeudi et le dimanche.* Haut lieu des nuits barrabanes, l'Atlantide (ex Forum), grâce à un habile aménagement des lieux a su créer des ambiances différentes et attire une clientèle variée de noctambules qui peut y trouver les différentes musiques actuelles ou passées : dance et techno en tête, mais aussi rock, disco, sons.

Le Malzieu

Surnommé la Perle de la vallée, Le Malzieu a conservé une bonne part de son patrimoine historique et l'a mis en valeur. De l'enceinte, il reste quelques pans des remparts dont les habitants étaient si fiers et qui surent les tenir à l'abri des méfaits de la bête du Gévaudan. Subsistent aussi une tour-porche carrée et deux tours cylindriques, dont l'une abrite l'office du tourisme et dont on peut voir l'escalier à vis qui menait au chemin de ronde. L'amateur éclairé y trouvera quelques ressemblances avec les cités des Templiers du Larzac. Mais n'est-on pas ici sur une étape de Saint-Jacques-de-Compostelle ? Au centre, derrière l'église, la tour de l'Horloge est l'ancien beffroi du château médiéval. En revanche, les belles maisons dont les portes encadrées de granit sont surmontées de frontons triangulaires sont du XVIIe siècle. A proximité du Malzieu, la Porte des Fées est un empilement de roches qui tiennent presque par magie et forment une porte, un peu de travers. Tout célibataire désireux d'en finir avec son état doit passer dessous. Une fée réalisera alors ses souhaits. L'histoire ne dit pas sous quels délais !

LA MARGERIDE **Le Malzieu** ✆ **04 66 31 70 18.** *Ouvert toute l'année. Chambre 17 €. Repas 10 €.* Petit hôtel modeste, on n'y cherche pas le luxe, mais on y trouve un accueil tout simple, celui des restaurants ouvriers où tout le monde se connaît. La cuisine y est familiale, copieuse, elle sort de la cuisine de Robert et est servie par Christine qui s'affaire tandis que les habitués plaisantent. On se contente volontiers du menu du jour, mais en saison la carte s'étoffe un peu. A chacun des deux étages, quatre chambres se partagent douche et toilettes. Sans prétention mais peu onéreuse, la maison se laisse fréquenter.

CAMPING DE LA PISCINE*** **Complexe sportif** ✆ **04 66 31 47 63/06 82 25 80 66.** *Accès depuis l'A75, sortie 33 ou 34. Ouvert du 15 juin au 15 septembre. Forfait 2 personnes de 7,60 € à 9,90 €. 51 emplacements. 13 chalets.* Les seuls bruits proviennent de la rivière qui borde le camping. Récent sur la commune, ce camping d'une cinquantaine de places, situé à deux pas de la piscine d'été (entrée gratuite pour les campeurs), vient compléter l'autre terrain municipal, un peu plus rustique. Tous deux sont assez ombragés et installés à proximité des installations de loisirs (plan d'eau, pêche, aires de jeux pour enfants, stade, tennis) du Malzieu. L'ensemble est très calme, parfaitement adapté à des envies de vacances au vert.

BASE DE LOISIRS DE LA TRUYERE Le Malzieu ✆ 04 66 31 82 73. *Ouvert en été. Demi-journée à partir de 20 €, journée à partir de 32 € (en fonction de l'activité).* Non loin des terrains de sport, à un endroit où la Truyère s'étale et forme une vaste étendue d'eau, des animateurs sont là pour proposer des activités : pédalos, planches, canoës, optimist, kayak… Au bord de l'eau, l'herbe invite à la pratique du beach-volley, tennis, ballon ou badminton. Comme la baignade est interdite dans la rivière, on va ensuite faire trempette dans la piscine municipale. Pour 2004, les gestionnaires proposent de nouvelles activités : escalade, parcours-aventure avec une tyrolienne de 200 m de long dans les gorges de la Truyère, sans oublier un parcours accrobranche pou le fun.

AGNES FARGES Rue de Pénitents ✆ 04 66 31 12 47. Elle travaille la terre selon l'art des potiers et produit des pièces d'un bleu superbe ou d'un vert tendre. Bols, vases et objets sortent de ses mains, l'argile lui obéit avant de séjourner dans un four. Les formes sont utilitaires ou décoratives, allant des services de table et des entonnoirs à confiture (très pratiques…) à de charmants mobiles.

BOULANGERIE MUNIER Route de Saugues ✆ 04 66 31 75 27. Les bons pains au froment et au levain lèvent lentement avant de cuire le temps qu'il faut pour se parer d'une croûte craquante et savoureuse. Depuis qu'il pratique sa recette, le boulanger a obtenu la reconnaissance de ses pairs (par l'intermédiaire des trophées de la Lozère Gourmande) pour son pain de campagne. On l'emporte volontiers en pique-nique…

P11 BERNARD VINCENT Villechaille - LE MALZIEU-FORAIN ✆ 04 66 31 81 13. *E-mail : vbernard@online.fr. Sur rendez-vous.* Un des plus originaux créateurs du département ; avec sa tronçonneuse, il s'attaque à de grosses pièces de bois. Concentré mais agile, il fait surgir des sculptures d'animaux de toute taille comme ces ravissants faons d'une cinquantaine de centimètres de haut. Il crée aussi des meubles d'extérieur qui viennent décorer les parcs et jardins.

Saint-Alban-sur-Limagnole

S'il ne reste que peu de choses de la forteresse occupée par les Anglais en 1364, l'ensemble de l'édifice a été largement reconstruit à la Renaissance puis au XVIIe siècle. La cour avec ses galeries intérieures est splendide et sur la façade restaurée, d'ocre jaune, l'encadrement des fenêtres et le fronton triangulaire du portail tranchent de leur arkose rose, cette sorte de grès local. L'intérieur montre encore des décors peints, des lambris, des plafonds et parquets anciens. Plus bas, au centre du bourg, une église, dont le chevet date du XIe siècle, présente une belle voûte en berceau et une abside parfaite percée d'ouvertures à colonnettes ; à l'extérieur, on peut voir un antique sarcophage et l'imposant clocher-peigne à trois baies. Les contrées alentour offrent de délicieuses promenades au bord de la Truyère et de la Limagnole. Plus au nord, Lajo (chapelle et fontaine de Saint-Roch sur le chemin de Saint-Jacques-de-Compostelle) permet en hiver une activité de ski de fond. Vers le sud, on atteint Fontans et sa petite église du XIIIe siècle. Là, n'hésitez à faire une balade jusqu'au moulin des Estrets : le site est magnifique et le bâtiment parfaitement conservé.

OFFICE DE TOURISME Mairie ✆ 04 66 31 57 01. *En hiver, l'office du tourisme est transféré au 04 66 31 59 95, du lundi au vendredi.*

LA PETITE MAISON ✆ 04 66 31 56 00. *Ouvert du 1er avril au 30 septembre, fermé le lundi et mardi midi hors saison, lundi et mardi midi en saison. Menus de 18 € à 56 €.* Jolie maison de village, en contrebas de l'élégant château, le restaurant lié au Relais Saint-Roch cultive la gourmandise. Christian Chavignon y sert des mets originaux et raffinés : bison d'Amérique, canard aux racines de gentiane, agneau Elovel, écrevisses en saison… La table ne réserve que de délectables surprises, tout comme la carte des whiskies dont le chef est un grand spécialiste : il conseille les amateurs parmi ses 290 références, qui comptent quelques vieux millésimes recherchés. La carte des cafés est de même révélatrice de l'art de vivre, de bien vivre, ici pratiqué.

LE RELAIS SAINT-ROCH* Château de la Chastre ✆ 04 66 31 55 48.** *Site : www.relais-saint-roch.fr. Ouvert du 1er avril à début novembre. Chambre double de 98 € à 150 €. Demi-pension à partir de 88 €.* Dans un cadre de verdure se détache cette demeure du XIXe siècle, folie de granit rose bâtie selon les plans d'un architecte italien. Le château de la Chastre offre la quiétude de ses neuf chambres, vastes, toutes différentes et chaleureuses. Christian Chavignon y reçoit ses hôtes avec un verre de champagne et les conduit, l'été, près de la piscine. Les chambres bénéficient d'un service parfait, qui va jusqu'au téléphone sans fil et au service de messagerie vocale individuel, tandis que l'établissement comporte un service coiffeur et pressing. On peut donc y séjourner pour affaires ou au contraire cultiver, dans l'oisiveté, une douceur de vivre pleine d'élégance. Christian Chavignon organise en outre des séjours de pêche à la mouche et des itinéraires de découverte de la région en Mini-Moke (petit 4X4 léger).

CAMPING LE GALIER** © **04 66 31 58 80.** *Ouvert du 1er mars au 15 novembre. Forfait une personne de 8 € à 9,60 €, caravane de 280 € à 350 € et mobile-home de 320 € à 450 € la semaine.* Sur 4 hectares ensoleillés, le camping est traversé par une rivière qui fait le bonheur des pêcheurs. Les baigneurs lui préfèrent la piscine, les randonneurs et amateurs de champignons les bois environnants. Les 70 emplacements ont largement la place et profitent des services dont bar, lave-linge et animations. Et tout autour, les 7 hectares de bois s'offrent à la découverte.

BOUCHERIE-CHARCUTERIE BONNEFOY 23, Grand-Rue © 04 66 31 55 08. *Ouvert tous les jours.* Quand elle est se nourrit d'une viande de qualité et suit les recettes traditionnelles, la charcuterie devient une gourmandise. C'est ce que prouve cette boutique bien fournie en jambon de pays, saucisse sèche aux noisettes, saucisse de chou, de pommes de terre, jambonneau, pâté de foie de porc ou de volaille… Décidément, Philippe Bonnefoy sait tout faire !

SYLVIE ET JEAN MATHIEU L'Estival - LAJO © 04 66 31 57 88. *Vente à la ferme toute l'année.* L'histoire va de la vache au lait, puis du lait au beurre, mais aussi aux fromages. Ceux-là sont fermiers, au lait cru, soit à pâte molle (le pavé de Margeride), soit une tomme à pâte pressée (le bouleau nain). Le petit dernier se nomme le Pitchou et se trouve à côté de la tomme pour l'aligot (sur commande), tout ce beau monde remportant régulièrement son lot de distinctions honorifiques. Sur une fine couche de beurre frais, étalez les confitures de fruits sauvages qui se trouvent là et le bonheur sera parfait.

Sainte-Eulalie

RESERVE DE BISONS D'EUROPE Sainte-Eulalie © 04 66 31 40 40. *Ouvert toute l'année de 10h à 17h, 19h en saison. Réservation recommandée. Adultes 10 €, enfants 5,50 € la visite en calèche et l'entrée du musée.* Cet animal rescapé des temps préhistoriques, qui n'a survécu depuis le Moyen Age que dans une forêt de Pologne, a retrouvé en Lozère des conditions de vie idéales. C'est ainsi qu'un troupeau de trente-cinq bisons d'Europe vivent entre forêt et vastes étendues, en semi-liberté sur plus de 200 ha. On approche ces animaux qui peuvent atteindre la tonne lors de promenades en calèche ou en traîneau, sur un parcours de 50 mn environ. La présence des chevaux, qui tirent les véhicules, rassure les bisons qui reconnaissent leur odeur. De juin à août, un parcours pédestre d'un kilomètre est également possible, très explicatif quoique moins spectaculaire. A l'issue de ces visites guidées, on en sait plus sur ces animaux tranquilles grâce à la maison du Bison où ont été aménagés un espace muséogaphique sur les bisons d'Europe et la reconstitution d'une grotte préhistorique ornée de peintures rupestres. Après cela, vous ne les confondrez plus avec leur cousin d'Amérique.

Environs de Nasbinals

LES CEVENNES

Les Cévennes, au sud-est du département, sont le domaine du schiste. Le cours inférieur du Tarn les sépare en deux grands massifs au sommet desquels le socle granitique affleure : le mont Lozère (1 699 m à Finiels) et le mont Aigoual (1 565 m) à l'extrême sud du département.

Au centre, la montagne du Bougès est une zone de transition entre Cévennes du nord où dominent les landes et Cévennes du sud couvertes de forêt. De part et d'autre, les serres marquent le paysage de leurs crêtes schisteuses comme taillées au couteau, séparées par des vallées profondes, aux versants raides et tourmentés qui portent d'épaisses forêts de résineux, de hêtres ou de châtaigniers. Les trois plus importantes sont la vallée Longue, la vallée Française et la vallée Borgne, chacune parcourue par son gardon, petit torrent tumultueux.

Durant des siècles, cette région était la plus riche de la Lozère. La place était restreinte et les hommes ont construit des terrasses, remonté la terre et aménagé un réseau de canaux d'irrigation (les béals). Les paysages sont encore marqués par les terrasses ou bancels, signes de l'acharnement des hommes à mettre en valeur une terre pauvre, et par le châtaignier, l'arbre à pain, qui flamboie en automne. Le protestantisme et les violentes luttes qu'il a engendrées ont largement contribué à forger l'unité et l'identité des Cévennes, qui tiennent une place à part au sein de la Lozère. Les Cévennes sont tempérées par les influences de la Méditerranée proche. Le climat est chaud, la végétation prend un air du Sud, mais une pluviométrie parfois exceptionnelle est ici le phénomène climatique majeur. Les masses d'eau chargées d'humidité viennent buter sur la barrière cévenole provoquant des précipitations qui ravinent les versants et rendent furieux les gardons qui dévastent la vallée. Le mont Aigoual n'est-il point le plus arrosé de France ? Alors, pas étonnant que la Lozère soit le pays des sources…

Florac

Ville de contact entre Causses et Cévennes, Florac est aujourd'hui une petite capitale administrative, sous-préfecture de la Lozère et siège du parc national des Cévennes. Dès la belle saison, la ville s'anime et prend des airs méridionaux. On peut arpenter la grande esplanade ombragée de platanes et y prendre un verre à l'une des terrasses de café. L'église Saint-Martin, dont l'emplacement a fait l'objet de longues disputes entre catholiques et protestants, reconstruite en 1833 dans un style néo-classique, tient à la fois du temple grec et de l'église pseudo-gothique. Un parcours fléché équipé de tables d'interprétation, mis en place par la ville et le parc national des Cévennes, parcourt les vieilles ruelles de la ville et permet d'en apprécier le caractère. Florac constitue un bon point de départ pour découvrir la région (à proximité de l'entrée des gorges du Tarn, du causse Méjean…). Visite guidée le lundi à 17h.

OFFICE DE TOURISME Avenue Jean-Monestier © 04 66 45 01 14. *Site : www.mescevennes.com. Ouvert toute l'année, hors saison de 8h30 à 12h30 et de 14h à 18h en semaine et le samedi de 9h à 12h et de 14h à 18h, en saison tous les jours de 8h30 à 12h30 et de 13h30 à 19h sauf le dimanche de 10h à 13h.* Un parcours fléché équipé de tables d'interprétation, mis en place par la ville et le parc national des Cévennes, parcourt les vieilles ruelles de la ville et permet d'en apprécier le caractère. Florac constitue un bon point de départ pour découvrir la région (à proximité de l'entrée des gorges du Tarn, du causse Méjean…). Visite guidée le lundi à 17h.

Points d'intérêt

CHATEAU DE FLORAC Maison du Parc national des Cévennes © 04 66 49 53 00. *Site : www.bsi.fr/pnc - E-mail : pnc@bsi.fr. Ouvert en été tous les jours en journée continue, hors saison en semaine de 9h30 à 12h30 et de 13h30 à 17h30 et les week-ends pendant les vacances scolaires (horaires à vérifier). 2,50 € pour adolescents, étudiants et groupes, 3,50 € adultes (entrée pour l'espace Cévennes).* Entièrement reconstruit en 1652, il est successivement transformé en prison puis en hôpital. Abandonné au milieu du siècle, il abrite depuis 1973 le siège du parc national des Cévennes. La restauration a permis de conserver la silhouette générale de l'édifice : un rectangle surmonté de deux tours rondes à toit pointu. L'intérieur se consacre à tout ce qui fait le parc : documentation et informations pour parcourir au mieux cet espace selon ses centres d'intérêt (cartes, topo-guides et fiches signalétiques), renseignements sur les animations (dont le Festival nature, les actions du parc, les centres d'information et les écomusées).

SOURCE DU PECHER. A partir du château, un sentier d'interprétation de la source du pêcher équipé de panneaux illustrés conduit jusqu'à cette source, qui contribue largement au charme de la ville. On y avait installé autrefois un grand vivier. Les eaux du causse resurgissent ici entre deux gros blocs, au pied de la falaise. Elle donne naissance à un petit ruisseau qui traverse toute la ville.

Le couvert

PECHER MIGNON Place de la Mairie © 04 66 45 14 28. *Ouvert de Pâques à fin décembre. Galettes de 1,7 € à 5,80 €. Crêpes de 1,55 € à 4 €.* Sur la place de la mairie, une odeur de café fraîchement torréfié s'échappe parfois le matin de la crêperie de Christel. Aux différents nectars on peut préférer les jus de fruits frais, les thés de Chine qui accompagnent parfaitement les galettes de sarrasin et les crêpes sucrées, abondamment garnies. En été, le choix des glaces est très tentant.

Le gîte

GITE L'ANCIEN PRESBYTERE 18, rue du Pêcher © 04 66 45 24 54. *Ouvert toute l'année. Fermé du 11 novembre à la Toussaint. Dortoir 10 € la nuit, chambre 11 €, le petit-déjeuner à 4,50 €.* A deux pas du château de Florac, Monette et Alain Lagrave vous reçoivent dans cet ancien presbytère transformé en gîte. Qualité de l'accueil et gentillesse sont au rendez-vous. 15 places en chambres de 2 et 4 lits sont à votre disposition, deux sanitaires, une salle commune et une grande cuisine équipée. Un garage permet de rentrer les motos, les VTT et les vélos. Dès les beaux jours, n'hésitez pas à prendre le petit-déjeuner sous la tonnelle fleurie.

GITE D'ETAPE COMMUNAL 1, rue du Four © 04 66 45 14 93. *Ouvert du 15 mars au 30 novembre et vacances de Noël. 7,60 € par nuit et par personne (l'un des rares gîtes à convertir ses tarifs à la baisse !).* Au centre de Florac, dans le quartier de l'église, une maison a été rénovée et dispose de 29 lits répartis en 3 chambres. Le reste de la maison est occupé par les sanitaires et la salle de restauration ; le coin cuisine (gazinière, four et deux réfrigérateurs) est à la disposition des hôtes.

CAMPING MUNICIPAL LE PONT DU TARN © 04 66 45 18 26.** *E-mail : pontdutarn@aol.com. Ouvert d'avril au 15 octobre. Forfait 2 personnes de 9,20 € à 14,30 €. Mobile-homes entre 229 € et 381 € la semaine.* Très grand camping où pourtant on ne se marche pas dessus. Il faut dire que les équipements sont prévus pour rendre les vacances agréables (piscine, animations, snack, laverie...) et que le cadre est superbe : beaucoup de verdure et les eaux vives du Tarn.

Le gîte et le couvert

HOTEL DES GORGES DU TARN - RESTAURANT L'ADONIS 48, rue du Pêcher © 04 66 45 00 63.** *Fax 04 66 45 10 56. Site : www.lozere.net/gorges-du-tarn.htm. Ouvert tous les jours de Pâques à la Toussaint. Fermé le mercredi. Menus de 17 € à 35 €. Menu enfant de 10 € à 13 €. Chambres doubles 42 €. Demi-pension 40 € (2 pers.).* Les deux établissements n'en font qu'un, dirigés par Mireille et Martial Paulet, à la périphérie du bourg. Dans l'un, 27 chambres rénovées, calmes et confortables ; dans l'autre, le même calme et quelques spécialités qui renouvellent les produits de la région. Reprenant la suite de ses parents, le jeune chef a exploré les meilleurs goûts par l'intermédiaire de ravioles de pélardon des Cévennes, d'un filet de bœuf de Lozère, d'un magnifique fricandeau de porc maison dont la recette se transmet de génération en génération.

HOTEL RESTAURANT ARCHIBALD 4, avenue Maurice-Tour © 04 66 45 00 01. *Site : www.archibald-hotel.com. Ouvert toute l'année. Chambres de 37 € à 50 €, demi-pension 38 €. Menu du terroir 16 €.* Légèrement en retrait par rapport à l'esplanade de Florac, cet ancien hôtel, rénové par les trois frères Espinasse, tient aujourd'hui son rang. Le décor s'apparente plus à une inspiration design parisienne qu'au style traditionnel des auberges caussenardes ou cévenoles. L'ambiance y est jeune et enjouée. Une carte d'inspiration du terroir et de la Méditerranée propose à la fois la tarte Tatin de lapereau et l'éventail de filet de rouget rôti. A ne pas manquer en été, le superbe menu foie gras à 29 €. Pour les marcheurs, au bar, des formules rapides de tartines sur pain de campagne sont également proposées.

Loisirs

BAR DE LA PLACE Florac © 04 66 45 03 38. *Ouvert tous les jours en juillet et août, fermé le dimanche le reste de l'année.* On le surnomme la Zone... Bar du routard par excellence, il rassemble ses fidèles à l'heure de l'apéro et tard le soir. L'ambiance y est résolument baba cool et plaît aux habitués comme à ceux qui parcourent les Cévennes.

CEVENNES EVASION 5, place Boyer - FLORAC © 04 66 45 18 31. *Bureau ouvert toute l'année de 9h à 12h et de 14h à 18h30.* Cette équipe d'animateurs couvre à peu près tous les sports possibles dans la région : randonnées pédestres, location de VTT, canyoning, spéléo, escalade, location de canoë-kayak... On peut pratiquer ces activités seul ou accompagné, pour une ou plusieurs journées (location VTT : 12 € demi-journée, 18 € la journée).

ECOLE D'EQUITATION LA PIROUETTE Pont du Tarn © 04 66 45 29 85. *Ouvert toute l'année. Stages poney 26 €, la demi-journée, 5 demi-journées 115 €.* Pirouette, c'est l'initiation et le perfectionnement sous la houlette de Mme Von Wysucki. Son public préféré, ce sont les enfants qui acquièrent ici, en plus de la pratique, des notions sur le comportement des animaux, la sécurité... Les stages se déroulent par modules d'une demi-journée. On peut effectuer aussi un stage de cavalier-randonneur et des randonnées accompagnées aux alentours de Florac (causse Méjean, mont Lozère...).

Emplettes

ATELIER DU SUCRE ET DE LA CHATAIGNE 64, avenue Jean-Monestier ✆ 04 66 45 28 41. *Ouvert du mardi au dimanche matin de 9h à 12h15 et de 15h30 à 19h.* C'est fou tout ce qu'on peut faire avec des châtaignes ! De la farine de cet arbre nourricier, on peut faire un pain presque aussi bon que celui que l'Atelier fabrique ; du fruit lui-même, préparer des croissants, des tartes, du pain d'épice, des cookies et des cakes, à tartiner de confiture. Entière, superbe, la châtaigne se déguste glacée de sucre, séchée, réduite à l'état de badjane comme on l'appelle alors, elle finira en soupe. M. Maquis en connaît tous les secrets et en fait une reine au milieu d'autres produits cévenols.

LA GOURMANDINE 62, avenue Jean-Monestier ✆ 04 66 45 00 89. *Fermé le lundi hors saison. Ouvert tous les jours en juillet-août de 7h30 à 19h30.* A la fois pâtisserie et salon de thé, on y passe ou l'on y reste pour goûter aux spécialités comme l'Amélou, sorte de cake aux amandes et zestes de citron, comme les madeleines aux raisins et les croquants. En été, les glaces artisanales ont un franc succès.

L'ESTIRGAGNE 20, Esplanade ✆ 04 66 45 13 34. *Ouvert tous les jours de 10h à 12h30 et de 15h à 19h de Pâques à septembre. Juillet-août de 10h à 19h, aussi aux Arts du Feu, place de la Mairie.* Les deux petites boutiques présentent le travail du potier Daniel Castel et de son épouse Geneviève. Objets décoratifs, vaisselle ou bijoux, les formes sont en constante évolution, les théières se font ventrues, les cafetières en forme de cône sont coiffées d'un petit tortillon. Le jeu de l'émail permet à ces deux artistes de faire varier les couleurs, tandis que le feu de la cuisson révèle des cristaux, produit des craquelures et des nuances. Une grande maîtrise et ce qu'il faut d'originalité pour ce beau travail. Visite de l'atelier de La Valette sur rendez-vous.

OCTOPUS 58, avenue Jean-Monestier ✆ 04 66 48 09 79. Cette pieuvre-là a donné une de ses pattes à chacun des artisans qui occupent les lieux. Mme Ledeur, spécialiste de maroquinerie, et Jean-Luc Galibert, créateur textile, sont à l'origine de cet atelier et présentent d'autres artisans pendant la période estivale, du 20 juin au 20 septembre : bijoux, jouets en bois, miniatures... Et l'on admira également le travail du tourneur sur bois, du potier et les très beaux éléments de marqueterie.

▷ *Dans les environs*

Barre-des-Cévennes

Le village-rue de Barre qui s'étire au sommet d'un versant assez raide, constitue un des rares bourgs au cœur des Cévennes. Les façades ouvragées des maisons bourgeoises (fenêtres à meneaux, porches...) qui accueillaient les échoppes en rez-de-chaussée témoignent du temps où la cité vivait principalement du négoce. La petite église romane Notre-Dame-de-l'Assomption, isolée au-dessus du village conserve beaucoup de charme. De là on peut admirer les beaux toits du village en contrebas. Une des pierres de l'ancien temple, scellée sur la façade d'une maison à proximité du temple actuel, porte la mention : "Qui est de Dieu, voit la parole de Dieu. 1608".

JEAN-CLAUDE COMBES La Croisette ✆ 04 66 45 05 28. *Ouvert toute l'année. Petit-déjeuner 5 €, repas 15 € (réservation souhaitée), nuit en gîte 13 €. Demi-pension 33 €. Camping 5 €.* Bien au calme, ce gîte reçoit ses hôtes dans des chambres de 5 ou 6 lits, pourvues de sanitaires complets. On peut soit faire ses propres repas dans le coin cuisine, soit profiter de la table d'hôtes. Dès les beaux jours, le petit camping se remplit. Formules en demi-pension proposées.

Bedouès

L'étrange et sombre église collégiale aux allures de forteresse, édifiée au XIVe siècle par le pape Urbain V, domine la vallée. Elle était autrefois la demeure des chanoines qui célébraient l'office pour la famille du pape. La chapelle sud abrite le tombeau des Grimoard, la famille d'Urbain V. Au cœur du village, l'église Saint-Saturnin (XIIe siècle) est de dimensions plus modestes, mais elle renferme des peintures murales intéressantes. Un peu plus loin, Cocurès présente quelques jolies maisons et charmantes petites places. Le château du Miral, au nord de Cocurès, se dresse sur un éperon rocheux dans le premier méandre des gorges du Tarn.

CAMPING CHANTEMERLE **Bédoues** ✆ **04 66 45 19 66.** *De Pâques à début septembre. Forfait 2 personnes de 8,20 € à 9,20 €. Enfant de 1,20 € à 1,30 €.* Grand camping au bord du Tarn, ses 77 emplacements sont mi-ombre mi-soleil. Classé 2 étoiles, il fournit tous les services possibles, depuis l'alimentation, les plats à emporter, jusqu'à la laverie et la salle de télé.

Cocures

LA LOZERETTE** **Village** ✆ **04 66 45 06 04.** *E-mail : lalozerette@wanadoo.fr. Ouvert de Pâques à la Toussaint. Fermé le mercredi midi, le mardi midi en juillet-août. Menus de 15 € à 42 €. Chambre double de 50 € à 72 €.* Cette petite Lozère fait aujourd'hui courir les gourmands. Dans cet hôtel familial, que Pierrette Agulhon a marqué de sa patte, il fait bon découvrir jusqu'à quel point peut aller la gastronomie lozérienne. Au salon ou au jardin, on méditera à loisir sur une excellente carte des vins. Côté viande, andouillette d'agneau de parcours au thym, côté poisson, une excellente panade de morue sauce à l'ail doux. Le goût est au rendez-vous de toute manière ! Les chambres et salle de restaurant sont une alliance de bois et de tissus chauds ; mille détails les rendent accueillants et confortables, depuis les fleurs sur la table jusqu'au petit pot à lait du petit-déjeuner.

Croupillac

CLAUDIE LAGRAVE **Croupillac** ✆ **04 66 45 21 04.** *Atelier visitable sur rendez-vous (téléphoner après 18h).* Claudie Lagrave transforme des plantes et des fruits parfois peu connus pour en faire des sirops, des vinaigres aromatisés et des confitures. Ses spécialités originales comme la délicieuse confiture de rose ou d'églantine, le sirop pomme-coing, et le sirop pomme-sureau récemment primé aux trophées Lozère Gourmande 2003.

Le Pompidou

A la frontière du schiste et du calcaire, au point qui marque la jonction entre les hautes terres des longs hivers et les vallées sous influence méditerranéenne, le site de ce village de crête existait à l'époque du paréage entre le roi et l'évêque de Mende (1307) et était mentionné comme un mas dépendant de la paroisse de Saint-Flour. Fait de quelques maisons dispersées, il s'est plus tard développé grâce au trafic commercial de la corniche des Cévennes, cette route qui va du bas Languedoc au Gévaudan. C'est d'ailleurs sa position qui a intéressé son dernier seigneur, Laurent Parlier, qui était aussi un négociant. Au milieu du XVIIIe siècle, il se fit construire au Pompidou une maison de maître qui reçut le titre de château par la suite (le château Parlier abrite aujourd'hui l'antenne du parc national des Cévennes), ainsi qu'une auberge de belles dimensions, le Palais-Royal (actuelle maison familiale).

EGLISE SAINT-FLOUR DU POMPIDOU. Isolée dans un petit vallon, à 1 km environ du village, c'est l'une des plus intéressantes et des plus anciennes églises romanes cévenoles (XIIe siècle). A son plan simple, à nef unique, un porche et trois chapelles ont été ajoutés avant 1510. L'une d'elle est couverte d'une croisée d'ogives à clef de voûte pendante, ornée des armoiries d'Urbain V, le pape cévenol. Délaissée en 1746, délabrée, un passionné la restaura à partir de 1955 ; elle a été dotée en 1973 de vitraux modernes en harmonie avec le lieu, réalisés par Ursula Hirsh.

JEAN-MARIE CAUSSE **Le village** ✆ **04 66 60 31 82.** *Ouvert du 10 janvier au 20 décembre. Fermé une semaine fin juin. Chambre et petit-déjeuner pour deux personnes 44 €. Repas 14 €, 19 € et 22 €.* Sur la corniche des Cévennes qu'ils connaissent bien, Catherine et Jean-Marie Causse habitent une grande maison de maître qui abrite 5 chambres d'hôtes et une salle à manger pour 25 personnes. L'été, on déborde sur la terrasse pour manger volailles et canards élevés et gavés ici, et les légumes prennent un petit goût sympathique une fois revenus dans la graisse de canard. Chambres bien confortables, avec en commun un salon où l'on trouve de la documentation sur la région. Réfrigérateur à disposition, et bien sûr les produits de la ferme pour remplir son panier (foies gras, confits, rillettes, fritons, cassoulet et lentilles aux manchons de canard…).

FERME DE LA FONTANELLE ✆ **04 66 60 31 52.** *Vente à la ferme.* Pour atteindre la ferme de M. et Mme Pantel, prendre la direction de Biasses au Pompidou par la D61. Les fromages de chèvre au lait cru sont fabriqués ici de manière traditionnelle : fromages frais et affinés sont de très bonne qualité. Le concours régional des Fromages 2003 a justement récompensé d'une médaille d'or les affinés de la Fontanelle.

Molezon

Sur la commune, on pourra voir deux sites qui font partie de l'écomusée de la Cévenne. Au-dessus de l'église, dans un site sauvage et feuillu, le petit château de Brissac semble abandonné. Il fait face au château du Mazel, sur l'autre versant.

EGLISE NOTRE-DAME-DE-MOLEZON. Elle a été très endommagée par les guerres de Religion et les glissements de terrain, mais restaurée récemment. Sa façade originale combine un portail en plein cintre roman et un vaste porche à arc ogival.

LA TOUR DU CANOURGUE. Tout habillée de schiste, cette tour carrée domine l'ensemble de la vallée française. Sa situation stratégique fut mise à profit dès le début du XIIIe siècle et formait un des maillons d'un réseau de places fortes installées tout au long de la vallée. Restaurée par le parc national des Cévennes, elle est maintenant le point de départ d'un sentier d'observation, aménagé dans le cadre de l'écomusée de la Cévenne, qui amène à découvrir le panorama et l'environnement.

LA MAGNANERIE DE LA ROQUE ✆ 04 66 45 11 77. *Ecomusée de la Cévenne. Ouvert tous les jours en été, hors saison sur rendez-vous pour les groupes.* Ce grand bâtiment fut l'une des dernières magnaneries construites à la fin du XIXe siècle pour l'élevage du ver à soie ; elle est aussi la plus haute en altitude. Elle semble avoir été conservée intacte, du moins est-ce l'impression que l'on en a en parcourant l'exposition qui s'y est installée dans le cadre de l'écomusée. On y découvre des témoignages visuels et sonores de cette activité qui marqua profondément le paysage, l'architecture et les hommes. Les secrets de la sériciculture y sont dévoilés et expliqués avec soin.

LE SENTIER D'OBSERVATION DE LA ROQUETTE Ecomusée de la Cévenne ✆ 04 66 45 11 77. *Ouvert en été.* Accessible à partir de Pont-Ravagers, il permet de découvrir l'habitat traditionnel des vallées cévenoles et tout un petit patrimoine bâti qui participait à l'activité agricole. Ont notamment été restaurés un four à bois, une aire de battage en schiste et des clèdes (petites cabanes pour faire sécher les châtaignes).

Saint-Julien-d'Arpaon

Les ruines, imposantes et superbes du château, dominent le village. Il fut détruit en 1617 par le gouvernement de la province du Languedoc, à la suite de la condamnation à mort du propriétaire des lieux, le seigneur de Gabriac, qui s'était réfugié dans le château après avoir dérobé un trésor royal sur la Can-de-l'Hospitalet.

AUBERGE CEVENOLE La Salle Prunet ✆ 04 66 45 11 80. *Ouvert de début mi-février à mi-novembre sauf dimanche soir et lundi hors saison. Menus à 15 €, 18 €, 24 € et 34 €. 8 chambres de 29 € à 37 €. Soirée étape à 43 €. Menu aligot à 15 €.* A trois kilomètres de Florac sur la route d'Alès, la Salle Prunet s'étend dans la verdure en bordure de rivière, la Mimente. L'auberge d'Annie Pellegrini réserve un accueil chaleureux et convivial à qui sait la dénicher et prendre le temps de s'y arrêter. On en voit d'abord les lauzes et la tonnelle, puis la salle campagnarde et sa cheminée. On s'arrête à la table, chargée des produits du terroir : jambon de montagne, salade de pélardon chaud, agneau du causse, pied de porc, tête de veau… Reste à prévoir une nuit réparatrice dans l'une des huit chambres, bien confortables (salle d'eau et toilettes, téléphone et télévision). Et l'on se dit que la tradition huguenote est loin de n'avoir que des aspects austères.

DOMAINE DES TROIS TILLEULS ✆ 04 66 45 25 54/04 66 45 25 94. *Ouvert de Pâques à Noël. Chambres d'hôtes 2 personnes 48 €, demi-pension 39 € par personne. Repas 18 €. Gîtes ruraux de 5 personnes : de 360 € à 452 € (haute saison).* Au-dessus de la vallée de la Minente, une maison de maître et quelques bâtiments se sont installés sur une terrasse ; depuis le XVIIe siècle, les arbres ont eu le temps de devenir grands et dispensent leur ombre aux terrasses. Ainsi on improvise une partie de pétanque à l'ombre, sans se presser. Le soir, la salle de billard est très appréciée. Chacune des quatre chambres est pourvue d'une salle d'eau et WC. Gîtes et dortoirs accueillent les randonneurs pour une nuit ou un séjour. A la table d'hôtes : saucisse d'herbe, magret, tripoux et volaille fermière ou pique-nique à emporter pour la promenade.

FERME BARTHES La Borie - La Salle-Prunet ✆ 04 66 45 10 90. *E-mail : encevennes@wanadoo.fr - Site : www.encevennes.com/laborie. Ouvert toute l'année.* La ferme de Jean-Christophe Barthès est installée dans un hameau typique des Cévennes, aux maisons de pierre recouvertes de lauzes de schiste. L'activité traditionnelle, en agriculture biologique, est l'élevage caprin avec la production de pélardon, mais aussi la production de miel et l'élevage d'agneaux. Depuis peu, l'exploitation s'ouvre au tourisme à possibilité de visite des ateliers de fabrication, des chambres d'hôtes et une ferme-auberge, avec une animation en été, une ambiance conviviale et des prix très raisonnables.

Saint-Laurent-de-Trèves

Surplombant la vallée du Tarnon, sur un éperon rocheux, ce petit village abritait au Ve siècle Tonance Ferréol, ancien préfet du prétoire des Gaules, vanté par Sidoine Apollinaire, le poète-évêque. Aujourd'hui, on peut découvrir les traces laissées par les dinosaures, il y a 190 millions d'années, dans un site protégé et classé.

EGLISE ET SITE DES EMPREINTES DE DINOSAURES ✆ 04 66 49 53 01. *Ecomusée de la Cévenne. Ouvert de Pâques au 11 novembre, lundi et mardi de 14h à 17h30, du 15 juin au 5 septembre, tous les jours de 9h30 à 12h30 et de 14h à 18h30.* Un diaporama diffusé dans l'église raconte l'histoire des dinosaures, dont on peut voir des empreintes à quelques minutes de là. La grosse bête s'appelle grallator et mesurait dans les 3,50 mètres ; passant par là, elle a laissé ses traces dans l'argile calcaire, il y a 190 millions d'années. Des panneaux explicatifs et une fiche technique complètent la visite. Mais cela n'est pas encore Jurassic Parc.

Vébron

Entre le causse Méjean et la Can-de-l'Hospitalet, le charmant village de Vébron s'étale sur une pente, près du Tarnon. Un peu en aval, un grand rocher qui surplombait la rivière (il a été taillé pour permettre l'élargissement de la route) portait le nom de rocher des Fées. La légende raconte qu'autrefois, la nuit venue, les fées y attiraient les voyageurs par leurs chants mélodieux pour ensuite les précipiter dans la rivière. A Salgas, au nord de Vébron, un château a été reconstruit sur l'emplacement de l'ancien château du baron de Salgas, démoli sur ordre de Louis XIV. L'infortuné baron fut condamné aux galères pour connivence avec les camisards.

AIRE NATURELLE LA QUILLETTE Rousses ✆ 04 66 44 00 29. *Ouvert du 15 juillet au 15 septembre. 25 emplacements, adultes de 2 € à 3 €.* En bordure du Tarnon pour la baignade, près du mont Aigoual pour la balade, des forêts tout autour pour les cueillettes diverses et variées, le vélo et la marche, voilà les atouts de cette aire naturelle où chacun prend en charge la bonne marche du camping. Ambiance familiale avant tout.

L'AUBERGE DU TARNON Les Vanels - VEBRON ✆ 04 66 44 00 05. *Ouvert toute l'année. Chambres doubles : 39 €. Demi-pension : 38 €. Menus de 15 € à 25 €. Le soir sur réservation.* Sur la route entre Meyrueis et Florac, l'auberge est une étape depuis un siècle. M. et Mme Vanbelleghem, les nouveaux propriétaires à l'accueil discret mais toujours attentif, délivrent une cuisine tout en générosité et saveurs : salade de chèvre chaud vinaigrette au miel, truite sauce roquefort oseillée, travers de porc, côtes d'agneau au beurre de menthe, escargots au beurre d'ail parfumé au pastis… Une bonne adresse à découvrir.

Le Pont-de-Montvert

Entre les pentes dénudées du mont Lozère et celles boisées du Bougès, ce bourg très pittoresque, aux allures de petite ville, ne compte pas plus que 300 habitants. Mais le climat qui s'adoucit en été (Stevenson venant du Nord y a trouvé "un cachet méridional indéfinissable") attire de nombreux estivants, randonneurs… Un joli pont à deux arches (XVIIe siècle), doté d'une tour à péage, enjambe le Tarn, bouillonnant à cet endroit. Dans le bourg, on peut voir de belles maisons anciennes et ce qui reste de celle où fut assassiné l'abbé du Chayla, au cours de cet épisode qui déclencha la guerre des camisards.

Points d'intérêt

LA MAISON DU MONT LOZERE ✆ 04 66 45 80 73. *Site : www.cevennes-parcnational.fr. Ouvert du 1er mai au 30 septembre, tous les jours de 10h30 à 12h30 et de 14h30 à 18h30 et pendant les vacances scolaires de printemps et d'automne. Toute l'année sur réservation pour les groupes.* Point de ralliement de l'écomusée du Mont Lozère, la maison en est aussi le départ. Dans ce grand bâtiment moderne, une exposition permanente raconte l'histoire du pays, celle des hommes et des paysages, au travers de témoignages et d'objets anciens. L'espace muséographique sert d'introduction aux sentiers éducatifs, accompagnés à la demande en été, et aux sentiers de découverte. De là, on se rend sur les sites à visiter.

FERME DE TROUBAT. *Visites guidées en saison.* A 8 km à l'est du Pont-de-Montvert. Ancienne ferme de granit rose, elle a été, comme ses bâtiments usuels (grange, four à pain, moulin, aire de battage…), restaurée et fait partie de l'écomusée du Mont Lozère. Plus loin, l'ancienne ferme fortifiée de l'Aubaret.

SENTIER D'OBSERVATION DE MAS CAMARGUES. *12 km à l'est du Pont-de-Montvert.* Il conduit à une très belle ferme aux blocs de granit taillés ainsi qu'à divers éléments d'une exploitation agricole typique (bergerie, moulin, béals…). Tout autour, un sentier écologique a été aménagé.

Le gîte

GITE LE RON DU CHASTEL Rue de la Jalerie ✆ 04 66 45 84 93. *Toute l'année. 8 gîtes d'une capacité de 6 à 8 personnes, louées à la semaine de 300 € à 530 €. Formules week-end à la demande.* Au milieu des mélèzes, sur la colline, chaque gîte a sa propre terrasse en prolongement de la salle principale. Là, équipement optimum (lave-linge, lave-vaisselle, frigo et congélateur…), meubles de bois blond et canapé. A l'étage, les lits occupent deux chambres et une mezzanine. Jean-Marc Brunel, qui a construit tout l'ensemble, oriente les vacanciers vers la randonnée (y compris avec un âne), l'escalade (salle à côté ou rochers), le tennis communal, les sports d'eau ou, pourquoi pas, la pétanque. Ouverts hors saison, les gîtes sont une base parfaite pour le ski de fond, la pêche et les balades.

Le gîte et le couvert

AUBERGE DES CEVENNES ✆ 04 66 45 80 01. *Ouvert de Pâques à la Toussaint. Chambres de 28 € à 54 €. Demi-pension à partir de 66 € pour deux personnes. Menus 15 €, 23 €, 26 €. Carte.* Auberge typique des Cévennes, elle est pleine de charme rustique et… de champignons ! Jean Camus aime à les ramasser et les cuisiner en croustade ou en accompagnement des viandes et poissons de la carte. La charcuterie, les cuisses de grenouilles, la caille au cognac sont recommandées, servies avec le sourire par Choupette, la compagne de Jean qui s'en tient lui à la cuisine. Ici, point de politesse suspicieuse, mais un accueil simple. Le soir venu, le repos se prend et se savoure dans des chambres bien agréables, situées dans la maison principale ou son annexe, de l'autre côté de la rue. On y dort tranquille, tout comme le fit Stevenson il y a plus d'un siècle.

AUX SOURCES DU TARN ✆ 04 66 45 80 25.** *Ouvert toute l'année. Réservation du 15 novembre au 1er mars. Menus de 10 € à 45 €. Chambres doubles de 42 € à 58 €. Demi-pension à partir de 38 €.* Grand bâtiment qui s'élève au-dessus de la rivière, il offre, sur le GR7, un cadre superbe. Il dispose de 19 chambres qui répondent aux normes de confort d'un Logis de France (téléphone et télévision, plus une terrasse pour profiter du paysage) et peut sans problème accueillir les groupes. La cuisine régionale prend ici des petits airs gastronomiques. Les menus du terroir laissent la liberté de manger selon son appétit, mais on se laisse facilement tenter par une marmite de pieds de veau forestière, un pavé de bœuf aux morilles ou un magret de canard aux cèpes. La charcuterie de montagne et les truites font partie des classiques de cette adresse.

Loisirs

FESTIVAL STEVENSON Le-Pont-de-Monvert ✆ 04 66 45 86 31. *Site : www.chemin-stevenson.org.* L'association Sur le chemin de R.L. Stevenson n'en finit pas d'arpenter cet itinéraire pour mettre en valeur tout l'intérêt de voyage de l'écrivain écossais. Depuis 1994, les acteurs du tourisme se sont réunis et mettent en commun leurs idées et leurs actions afin de mieux guider et recevoir tous ceux qui visitent les Cévennes en suivant cet itinéraire. Dans cet esprit, a été créé au printemps, cette manifestation destinée à permettre aux curieux de regarder, pendant vingt jours, les Cévennes d'un autre œil : expositions, randonnées accompagnées, spectacles avec interventions d'artistes écossais et cévenols, lectures, visites à thème. Nouveauté 2004 (9, 10 et 11 avril 2004), un jumelage avec une autre association de l'Aisne, créée aussi pour mettre en valeur l'œuvre de Stevenson.

PASCAL VERNIER Le Mazel ✆ 04 66 45 82 50. Envie de taquiner le poisson ? Pascal Vernier vous guide pour une partie de pêche. Ses eaux de prédilection sont celles du Tarn, de la Mimente, du Tarnon… Il aime pêcher à la mouche et au toc, et s'adapte à tout public (de l'initiation au perfectionnement), proposant même des stages spéciaux ados. Les minutieux prendront avec lui des cours de montage de mouches.

Emplettes

LE CANARD FERMIER DU MONT LOZERE Le Mazel ✆ 04 66 45 82 50. *Tous les jours de 9h à 19h. Vente directe et visite de l'exploitation.* Des canards gavés au maïs, Jocelyne et Pascal Vernier tirent des foies gras, des magrets, des confits et même de la charcuterie (fritons, pâtés…). Repas à la ferme sur réservation. Menus 20 € (sous réserve).

GAEC MAZOYER La Brousse - FRAISSINET DE LOZERE ✆ 04 66 45 81 01. *Ouvert toute l'année, mais il est préférable de téléphoner.* Quand il faut diversifier la production de l'exploitation familiale consacrée à l'élevage bovin, qu'on est jeune et entreprenant, pourquoi ne pas essayer le poulet. C'est ce que s'est dit Aimé Mazoyer. Et cela marche puisque sa petite production de volailles, nourries au maïs et au blé, commence à avoir sa clientèle de fidèles qui apprécie poulets, pintades, canettes, coqs, poules et chapons. Accueil très chaleureux à la ferme et selon les quantités et la distance, il peut livrer à domicile. On peut aussi découvrir la ferme et le fonctionnement de l'élevage.

▷ Dans les environs

Les Bondons

Le plateau de la Cham-des-Bondons s'étale entre les plateaux calcaires des Causses et le massif granitique du mont Lozère. Mis à nu par l'érosion, les puechs sont ces buttes résiduelles en forme de mamelons qui émergent du plateau herbeux. Selon la légende, les deux buttes jumelles représentent pour l'une, la boue tombée des sabots crottés de Gargantua, pour l'autre la tombe du géant. C'est dans ce paysage étrange et saisissant, que l'homme de la fin du néolithique a dressé plus de 150 menhirs de granit et quatre dolmens en calcaire. L'ensemble constitue le deuxième site de monuments préhistoriques d'Europe et la plus grande concentration de menhirs du sud de la France.

Saint-Maurice-de-Ventalon

Autour de cette commune au cœur de la montagne du Bougès, qui ne compte qu'une quarantaine d'habitants, les paysages sont superbes et les panoramas remarquables (notamment au niveau du col de la Baraquette sur la route des crêtes, D35).

FERME-AUBERGE LE CANTOU DU PONCET ✆ 04 66 45 85 17. *Ouvert toute l'année sur réservation sauf le mardi et le samedi midi en juillet et en août. Accès handicapés. Chèque vacances accepté. Hébergement en chalet. Menu unique à 18,50 €.* Derrière sa façade de gros moellons, cette ferme sert une très bonne cuisine de ménage. Florence Pantel utilise la production de ses vaches à lait et ses volailles pour constituer le repas du jour. Pâtés à la viande et desserts maison sont souvent présentés, mais il faut penser à commander à l'avance la fameuse tarte au pélardon.

RESTAURANT CHEZ DEDET Masméjean ✆ 04 66 45 81 51. *Réservation conseillée. Menus à 12 €, 20 €, 25 €. Fermé le mercredi et le soir hors saison.* L'adresse est connue et reconnue. Ses habitués viennent de loin pour se rassasier de ses assiettes très copieuses dans la grande salle lozérienne entre pierres et cheminée. Héritières de quatre générations, Nathalie, chef cuistot, et Christèle pour les desserts, cuisinent au fil des saisons la truite fario, les légumes frais, la charcuterie maison et le gibier, la châtaigne, flans et mousses. Pour des soirées à thème ou des repas de famille, la paella n'aura rien à envier aux mamoulets et aux escargots aux treize herbes.

GIE PRODUITS FERMIERS DU VENTALON Masmin ✆ 04 66 45 80 95. Les amateurs de produits biologiques ne regretteront pas le chemin jusqu'à ce point de vente collectif. Plusieurs agriculteurs se sont regroupés et proposent là des produits à base de fruits : jus de pomme, pomme et framboise, poire, des confitures de coing, d'églantine, de fraise, de pastèque, de cassis et de rhubarbe, parmi d'autres. D'autres fruits se présentent en gelées translucides, et même la si douce fleur de sureau. Miels, confiture de marron et marrons au naturel complètent la collection. D'autres plantes ont été cueillies pour les tisanes et certaines parfument même les vinaigres. Ajouter à cela quelques pélardons et le panier est complet.

Vialas

C'est au siècle dernier que Vialas a connu son heure de gloire. A cette époque, on extrayait des mines de plomb argentifère un quart de la production française d'argent. Vers 1895, la renommée du guérisseur protestant Vignes suscita un véritable pèlerinage. C'est par centaines que des Suisses faisaient le voyage en train pour le consulter. On se déplace toujours de loin aujourd'hui, mais pour l'étape gastronomique. Le temple, construit en 1612, est l'un des deux plus anciens édifices protestants de la région, avec celui du Collet-de-Dèze.

HOSTELLERIE CHANTOISEAU* ✆ 04 66 41 00 02.** *Fax 04 66 41 04 34. Ouvert d'avril à septembre, sauf le mardi soir et le mercredi. Chambres de 46 € à 69 €. Menus de 22 € à 76 €. Demi-pension à partir de 80 €. Petit-déjeuner à 9 €.* "Car rien sans amour" est la devise de cet ancien relais équestre du XVIIe siècle. Ainsi guidé, Chantoiseau est devenu une étape gastronomique, un havre superbe. Patrick Pagès part chaque hiver chercher l'inspiration dans ses voyages puis revient parfaire son œuvre. Il s'en tient aux produits régionaux qu'il magnifie en de subtiles harmonies. La poésie n'est pas en reste et le chef n'oublie pas de rendre hommage aux grands Lozériens contemporains dans l'élaboration de ses menus : truite fario, écrevisses et grenouilles servies avec une galette d'aligot aux amandes et baies roses… Une carte des vins pleine de panache et d'abondance sert à merveille l'établissement de Christiane et Patrick Pagès.

MAS DE SOUTEYRANNES ✆ 04 66 41 06 70. *Site : souteyrannes.free.fr. Accueil pension complète 48,5 €, demi-pension 39 €, Gîte rural (du samedi 16h au samedi 10h) de 1225 € (saison) à 890 € (hors saison). Week-end (1 nuit) 280 €, week-end (2 nuits) 485 €. Chambre d'hôtes 1 personne 28 €, 2 personnes 46 €, 3 personnes 64 €. Restauration (à la demande) repas du soir 16 €, repas de midi 9,5 €, petit-déjeuner 6,5 €.* D'une capacité d'accueil de 14 personnes, la maison de Patrice Tellier a été restaurée avec bonheur par des artisans locaux, alliant tradition et modernité. Vous y passerez un séjour rempli de moments privilégiés de plaisir, de convivialité et d'échanges, une fête de couleurs et de saveurs, dans un décor où s'harmonisent le bois, la pierre, le verre, l'ombre et la lumière. La cuisine est faite de couleurs et de saveurs ; bonne bien sûr, mais aussi belle, préparée à base de produits du terroir et du jardin, essentiellement biologiques (taboulé, buchty, brioche danoise, salade niçoise, fromage de pays…)

EVELYNE PAVOT Figeirolles ✆ 04 66 41 07 65. *Ouvert toute l'année sur rendez-vous de préférence.* Cette mosaïste de talent a quitté Paris pour s'installer en Lozère. Passionnée par la ou plutôt les couleurs, elle crée des mosaïques murales ou au sol, véritables fresques éclatantes qui représentent des paysages ou s'inspirent de tableaux. Des œuvres magnifiques à découvrir et pourquoi pas à faire soi-même car elle organise des stages.

Saint-Germain-de-Calberte

"Saint Germain de Calberte est une grande paroisse d'environ neuf lieues de circonférence (…). Mais la localité elle-même, quoique chef-lieu de canton, est à peine plus importante qu'un hameau. Elle s'étage en terrasses sur une pente escarpée au milieu de vigoureux châtaigniers". Un siècle plus tard, Stevenson ne renierait pas ses lignes : "Saint-Germain a conservé ses bancels ou faïsses qui sculptent les flancs de la montagne, ses châtaigniers…"

Points d'intérêt

LE CHATEAU DE SAINT-PIERRE Route de Pendédis ✆ 04 78 22 27 54/04 66 45 90 30. *Exposition du 1er juillet au 15 septembre, de 15h à 20h. Visite commentée tous les après-midi, 3,50 € (groupes 3 €). Visite du chantier archéologique sur demande.* Il porte aussi le nom de château de Saint-Germain-de-Calberte. Edifié entre les XIe et XIVe siècles et rattaché à la famille des seigneurs d'Anduze, il a été abandonné au XVe siècle. Depuis 1965, il fait l'objet d'une restauration menée par une famille passionnée. C'est ainsi que l'on peut de nouveau admirer un donjon du XIIe siècle, le corps du bâtiment et le système de défense du XVe siècle qui forme une masse impressionnante accrochée à un piton rocheux. Le reste du site est en cours de fouille. La visite s'achève par le donjon où se tient une exposition des créations du maître des lieux, Daniel Darnas, ciseleur-orfèvre (bijoux or et argent, sculptures de bronze).

Le gîte

LOU BANCILHON ✆ 04 66 45 94 06. *Site : www.cevennes.com/bancilhon.htm - E-mail : bancilhon@cevennes.com. Ouvert toute l'année. Gîtes 3 épis. Hors saison de 46,39 € une nuit en chambre d'hôte en semaine pour 2 personnes. Gîte : 218,60 € la semaine hors saison. Juillet-août : la semaine 533,17 €.* Au charme d'une architecture cévenole parfaitement restituée s'ajoutent le confort d'une cuisine moderne et le plaisir d'une terrasse où l'on peut faire ses grillades avant d'aller barboter dans la piscine. Tout cela dans un cadre superbe, au milieu des 7 hectares de forêt privée, que l'on peut explorer en VTT avant de pousser plus loin. Les deux gîtes sont adaptés au séjour de 2 à 5 personnes.

GITES LOU COUDOU ✆ 04 66 45 95 49. *Site : www.locations-cevennes.com. Fermé du 1er novembre au 31 mars. Gîte 6 personnes de 210 à 310 €. (selon saison), 4 personnes de 175 à 275 €. 3 personnes de 150 à 250 €. Possibilité de repas pour le jour d'arrivée 16 €.* Cette authentique maison cévenole en schiste est équipée de tout le confort et rénové avec goût par Jacques et Chantal Deschuyteneer. Elle est accrochée sur le versant ensoleillé des Cévennes, au calme, au-dessus d'un ruisseau où les enfants pourront jouer. Si vous êtes matinal, vous pourrez peut-être observer des sangliers ou des rapaces, etc…

Le gîte et le couvert

LE PETIT CALBERTOIS Lou Serre de la Can ✆ 04 66 45 93 58. *Site : www.cevennes.com/calbertois.htm - E-mail : calbertois@wanadoo.fr. Ouvert toute l'année sauf en janvier, menu de 13 € à 15 €, carte 23 € sur commande. Sept chambres de 38 € à 45 €, demi-pension à partir de 75 € pour deux. Gîte de 24 places. Accueil des ânes et des chevaux.* M. et Mme Mohcini ont voulu là un bâtiment moderne, surprenant mais bien intégré au relief et au paysage. De grandes fenêtres, dont un énorme hublot, éclairent la salle du restaurant, si grande qu'elle peut recevoir des banquets. La cheminée sert autant au décor qu'aux grillades, complément de la cuisine cévenole. Les chambres modernes et confortables sont tout aussi claires, ouvrant sur les cimes et les vallées. Un gîte, avec dortoir de douze lits et chambres de quatre permet de faire étape autour de la piscine toute ronde et des courts de tennis, y compris avec sa monture (gîte équestre et Sur les chemins de Stevenson).

Loisirs

LA GARANCE VOYAGEUSE ✆ 04 66 45 94 10. *Centre de documentation ouvert en semaine ; renseignements du lundi au vendredi, auprès de Philippe Gestin.* Joli nom, qui fait voyager par l'imagination. C'est celui d'une association de passionnés de botanique qui se propose de faire découvrir cet univers à tout un chacun. Pour cela, elle édite une revue trimestrielle dans laquelle on apprend tout sur le thé vert, la ronce ou le papier, parmi tant de sujets d'étude. Elle met à la disposition des amateurs un centre de documentation de plus de 1 200 ouvrages et 160 revues. En principe réservé aux adhérents, elle accueille toute personne intéressée par le sujet. Il arrive qu'elle organise des journées thématiques fort bien préparées, à la demande. Une autre façon de découvrir la Lozère… et le vaste monde.

Emplettes

CHARCUTERIE THEROND ET FILS ✆ 04 66 45 90 05. La charcuterie ne s'improvise pas, mais se transmet à travers le temps. Voilà qui peut expliquer l'affluence dans cette boutique familiale, et les regards envieux qui caressent, avant que le gosier ne déguste, les saucissons et saucisses sèches, les terrines de foie de porc, les fricandeaux aux herbes et quelques plats cuisinés au fumet alléchant. La maison se charge même des expéditions à tout amateur qui serait en manque.

LE TERRIER DES CEVENNES ✆ 04 66 45 92 82. *Table d'hôtes en été sur réservation 15 €. Pâtés à partir de 3,70 €. Plats cuisinés 13 €, 14 €.* Ici le lapin est roi ! Anne et Stéphane Benon en concoctent diverses spécialités : pâté aux cèpes, baron de lapin à la graisse de canard ou au cidre et à la châtaigne. Spécialités que vous pourrez déguster à leur table ou en passant commande, qu'ils expédieront. Depuis l'année dernière, ils ont également relancé un élevage de vers à soie en restaurant les vieux mûriers de leur ferme : vous repartirez avec un joli bouquet garni de cocons. Visite de l'élevage en juillet et août.

▷ *Dans les environs*

Le Collet-de-Dèze

Ce village de la vallée Longue, bâti sur un rocher au bord de la rivière, forme une frontière entre basse et haute vallées. On peut aller voir le temple (XVIIe siècle) qui a échappé aux destructions systématiques ordonnées après la révocation de l'édit de Nantes. Au nord se dessinent les ruines du château de Verfeuil, qui appartenait à la famille d'Urbain V, et la voie romaine du Coudouloux. Du Collet, plusieurs routes desservent les hameaux éparpillés : le hameau du Rey offre un bel exemple d'architecture de schiste.

FERME-AUBERGE SOU CAMI Col de Pendédis ✆ 04 66 45 54 70. *Ouvert toute l'année sur réservation, sauf le mercredi hors saison. Menus 13 € (en semaine à midi) et 22 € (soir et week-end).* La ferme de Laurence et Roland Deleuze a des aspects aussi agréables à l'intérieur, autour de la cheminée, qu'à l'extérieur sur la terrasse ombragée. Cette ambiance familiale convient à la cuisine cévenole qui puise ses saveurs dans le pélardon maison et les volailles fermières accommodées de quelques champignons. Pas question de quitter la table sans avoir fait honneur aux desserts maison, aux confitures et aux préparations à base de châtaigne.

Saint-André-de-Lancize

La place du village, lieu traditionnel de rassemblements et de fêtes, est perchée au hameau des Ayres. Là se faisait jadis la loue, c'est-à-dire l'embauche pour le ramassage des châtaignes. Dans l'église devenue temple, le curé Boissonnade fut tué en 1702 par les camisards qui avaient à leur tête Salomon Couderc, originaire de Saint-André.

AUBERGE DES AYRES **Les Ayres ✆ 04 66 45 90 95 (gîte)/04 66 45 90 26 (restaurant).** *Ouvert de Pâques à la Toussaint sur réservation. Menus 13 €, 16 €, 22 €. Pique-nique à emporter 6,10 €. Menus randonneurs 5 €. Gîte : demi-pension 26,20 €, pension 32,30 €.* Deux maisons se sont associées : celle de Dominique Imbert, où sont installés les dortoirs (3 épis) et la cuisine en gestion libre, et celle de Simone et Claudette qui tiennent l'auberge. La cuisine familiale est au goût de tout le monde, faite de charcuterie, de civet de lapin, d'écrevisses et d'escargots. De quoi préparer une randonnée nocturne ou une balade avec un âne. Dominique propose même un diaporama sur les Cévennes. C'est l'adresse des bons casse-croûtes.

Saint-Frézal-de-Ventalon

Sur les flancs sud du Ventalon, voici une commune aussi grande que Paris mais ne comptant qu'une centaine d'habitants ! Une trentaine de hameaux sont disséminés entre la vallée Longue et la route des crêtes (voir encadré ci-dessous). Un labyrinthe de vallées qui offre une belle diversité de chemin de petites randonnées. C'est dans une de ces vallées que naît le gardon d'Alès.

FERME DU SALSON **Le Salson ✆ 04 66 45 43 79.** *Ouvert d'avril à octobre, sur réservation 2 mois à l'avance. 2 gîtes de 4 pers. 260 € la semaine. Chambres d'hôtes 2 pers. 40 € la nuit. Repas 13 € (enfants - de 10 ans : 6 €). Pique-nique : 6 €. Animaux acceptés.* Dans une magnifique vallée, Sandrine et Jean-Claude Colombat ont renové cette bâtisse cévenole du XVe siècle avec goût. Le petit-déjeuner et les repas, lorsque le temps le permet, se prennent sur la vaste terrasse en admirant le panorama saisissant du signal du Ventalon et du ravin de l'Enfer. Vous goûterez aux produits de la ferme, confitures de fruits rouges, jus de pomme, agneau de parcours. A proximité se trouve un des plus beaux moulins des Cévennes.

GITE DE LEYRIS **Leyris ✆ 04 66 45 43 60.** *Site : www.cevennes-lozere-fr.com. Sur réservation. Nuitée 45 € pour 1 personne, 70 € pour 2 pers. Repas 20 €.* C'est au bout d'une vallée abritée, entourée de sapins, que se niche ce beau mas restauré avec goût. Extérieur cévenol, intérieur cosy. La cuisine de Dominique et Patrick Bonnecarrère est méditerranéenne, le plus souvent confectionnée avec les produits du jardin. Non loin de là se trouve le site de Champdomergue, haut lieu de la bataille des camisards contre les troupes du roi.

GITE DU VIALA **Le Viala ✆ 04 66 45 54 08.** *E-mail : leviala.bruges@wanadoo.fr. Ouvert de mars à novembre sur réservation. Demi-pension par personne et par jour 40 €.* Installé dans un mas du XVIe siècle, ce gîte a obtenu le label Panda qui en fait un lieu privilégié pour partir à la découverte des Cévennes (carte, guides, jumelles… à disposition). Au coin de la cheminée ou sur la terrasse fleurie, on casse la croûte selon les recettes du terroir, puis l'on prépare ses sorties. Maryse et Bernard Brugues organisent des séjours de découverte (3 à 7 jours, selon le mode de locomotion choisi, avec éventuellement transport des bagages) et des stages pratiques sur la fabrication du pain, des terrines ou la vannerie.

MOHAIR DU VENTALON **Conches ✆ 04 66 45 57 43.** Les Cévennes cachent un autre trésor, au milieu des châtaignes et des pélardons : des chèvres angoras, que Nadine et Gérard Alise soignent pour leur beau pelage qui deviendra fil de mohair. Chaude et légère, cette fibre est ensuite tissée ou tricotée, puis transformée en pull, étole ou plaid. Aux pièces créées à l'atelier, on peut préférer les pelotes à tricoter où le mohair a été associé à de la laine ou de la soie. Les couleurs superbes sont à voir, en visitant l'atelier ; il travaille aussi à la commande et par correspondance.

VERGERS D'AUTOMNE **Les Espérèlles ✆ 04 66 45 57 00.** *Vente sur place ou dépôt-vente à l'atelier du sucre et de la châtaigne à Florac et bio-Cévennes à Alès.* Comme son nom l'indique, cette ferme en agriculture biologique, classée nature et progrès, offre une gamme de produits qui se cueillent surtout l'été, en septembre et octobre. Christian et Sabine s'efforcent de vous faire goûter d'étonnants parfums : confiture de citrorange, pêche de vigne ou tomate verte… Quant aux châtaignes, elles apparaissent en crème, mais aussi à l'anis ou au cognac, en farine bien sûr et même en pâté végétal.

Saint-Martin-de-Boubaux

Au début du siècle, l'abbé Pourcher vint s'installer un peu à l'écart de ce village qui ne comptait que trois ou quatre familles catholiques. C'est dans ce cadre paisible qu'il écrivait et imprimait des livres de piété ou d'histoire locale. Le plus célèbre étant celui consacré à la bête du Gévaudan, qui fait autorité auprès de ceux qui s'intéressent de près à l'affaire.

MAISON DE LA CHATAIGNE. *Ouvert l'automne uniquement.* Les outils, les différentes sortes de châtaignes, la récolte à travers les âges… tout ici est fait pour connaître le fruit roi des Cévennes, avec également la vente de produits à base de châtaignes : farine, confiture ou châtaignes grillées.

Saint-Michel-de-Dèze

LA RIVIERE ✆ **04 66 45 52 86.** *Hôtel** ouvert de Pâques à la Toussaint. Restaurant ouvert toute l'année sauf le samedi midi et le soir hors-saison. Chambres 45 €. Menus de 12 € à 30 €.* Il faut quitter la nationale pour découvrir la cuisine de Marc Durand. En terrasse ou dans la grande salle, laissez-vous tenter par la truite aux lardons et marrons, la cuisse de canard farcie aux cèpes et pour les amateurs, les tripes à la façon du chef. Les 10 chambres de l'hôtel récemment rénovées offrent toute télévision, toilettes et soit douche soit baignoire ; après le copieux petit-déjeuner, le Gardon tout proche attend les amateurs de baignade.

LE FRUITIER DES CEVENNES ✆ **04 66 45 58 37.** *Vente directe de mai à octobre du lundi au vendredi de 14h à 18h, visite de l'atelier sur rendez-vous.* Deux femmes pour diriger cette entreprise. Dans l'atelier, elles fabriquent confitures, coulis et pâtes de fruit, dont beaucoup à base de fruits rouges et châtaignes. En tout, une gamme de 25 à 30 produits, dont une surprenante confiture de cynorhodon et une de cassis primée au dernier concours de la Lozère Gourmande.

Sainte-Croix-Vallée-Française

A l'entrée de Sainte-Croix, on remarque une ancienne filature de soie, modeste mais toujours en état. Au centre du village, les vieilles maisons sont groupées de part et d'autre du Gardon, que l'on franchit par un petit pont. Des garages en briques sur les bords du Gardon cassent le charme du village, dommage ! Sur une haute terrasse, l'église romane, bâtie en schiste, conserve son caractère, malgré les destructions et restaurations.

MAISON DU PAYS La Placette ✆ **04 66 44 70 41.** *Syndicat du pays de la vallée Française. Ouvert en été sauf le mardi, de 10h à 13h.*

Points d'intérêt

MUSEE DU CEVENOL Pont-Ravagers ✆ **04 66 44 71 02.** *Ecomusée de la Cévenne. Ouvert juillet et août de 9h à 12h et de 14h à 18h, sur rendez-vous hors-saison. Entrée 3 €.* Une visite de la région de la préhistoire à nos jours, voilà une palette bien large. On y trouve des vitrines sur l'outillage, l'élevage du ver à soie et de la châtaigne, des collections de minéraux et de fossiles, de papillons, d'animaux naturalisés. Belle collection de photographies sur la vie rurale.

LA VALLEE FRANCAISE. Deux traditions coexistent pour expliquer l'origine du nom de vallée Française qui ferait référence à l'époque où la vallée était une possession des Francs, enclavée dans le territoire des Wisigoths. La légende veut également que la construction de Notre-Dame-de-Valfrancesque à Moissac commémore une victoire des Francs sur les Sarrasins. On aurait ainsi nommé la vallée en leur honneur. Une autre version rapporte que durant la guerre de Cent Ans, la vallée fut le seul havre de paix et qu'elle ne fut pas occupée par les Anglais.

▷ *Dans les environs*

Moissac-Vallée-Française

Perchées sur un piton rocheux, les ruines du château fort de Moissac laissent supposer un système de défense sophistiqué, rendu nécessaire par les assauts successifs des camisards et des dragons du roi. Il appartenait à la maison d'Anduze au XIIIe siècle et fut reconstruit au XVIIe siècle. Peu avant la tombée de la nuit, si vous êtes silencieux et patient, vous pourrez peut-être apercevoir des castors près du pont !

LE CAMBOM ✆ **04 66 44 73 13.** *Ouvert toute l'année sauf Noël. Chambre et petit-déjeuner 22,85 €, demi-pension 38,11 € par personne.* Dans un mas restauré en bordure du Gardon, M. Divoux accueille jusqu'à 12 personnes dans quatre chambres confortables, que l'on investit avec autant de plaisir que la terrasse et la piscine. De la ferme, on apprécie les fromages de chèvre, les canards, les produits du jardin et des ruches. Ce qui se traduit par quelques repas appétissants, composés de pot-au-feu et de terrines. De septembre à mai, des stages de cuisine gourmande, à la mode cévenole, sont organisés pour les groupes ou les particuliers. Tout en découvrant le patrimoine rural, on partira herboriser : la récolte finira dans un herbier ou… une casserole !

COOPERATIVE LAITIERE LE PELARDON DES CEVENNES La Pélucarié ✆ 04 66 45 72 35. *Du lundi au vendredi de 7h à 12h et de 13h30 à 16h30, samedi et dimanche de 7h à 11h.* De longue tradition, la coopérative récolte le lait des chèvres de ses adhérents qui chouchoutent leur troupeau. D'autant plus que pour satisfaire à l'appellation d'origine contrôlée, les bêtes doivent disposer de beaucoup d'herbe à brouter. La production se diversifie en pélardons AOC, des Seillous, version modèle réduit de ce fromage et du Moissac (fromage de chèvre de type pélardon mais sans appellation).

Saint-Martin-de-Lansuscle

Les ruines de la tour de Fontanille (XIIe siècle) semblent encore garder la petite vallée du Gardon de Saint-Martin-de-Lansuscle. Ce sont les vestiges d'un château de l'époque de celui de Saint-Germain-de-Calberte. Dans le village on peut voir une vieille église romane avec un portail en plein cintre abrité par un porche, entourée d'un cimetière verger. Cette vaste commune qui compte encore une dizaine d'exploitants agricoles, a bénéficié de l'installation de plusieurs néo-ruraux et fait aujourd'hui figure d'exemple pour le renouveau des Cévennes. Le Plan de Fontmort (au sommet de la vallée), fut le théâtre de plusieurs combats entre camisards et soldats du roi. Une stèle commémore l'édit de Tolérance (1787). De là, en suivant le GR7-67, on atteint le mont Mars, point culminant de la Cévenne des Gardons. Aux alentours, menhir et sépulture à coffre de Claroudens et site de la villa gallo-romaine Saint-Clément (on peut trouver des explications sur ce site au musée du Cévenol, dans la commune de Sainte-Croix).

CHATEAU DU CAUVEL ✆ 04 66 45 92 75. *Site : www.lecauvel.com. Ouvert toute l'année, le week-end en hiver seulement. Chambres d'hôtes en demi-pension à partir de 35 € jusqu'à 45 € la suite.* Comme un repaire de tranquillité au milieu des châtaigniers, le petit château de Cauvel s'ouvre à ses hôtes. Les chambres d'hôtes se répartissent dans ces lieux, simples, charmantes ou prestigieuses selon leur aménagement. Intime en hiver, le Cauvel se fait convivial en été, quand la table d'hôtes prend des allures de banquet où l'on discute autour des maîtres de maison qui racontent les Cévennes, leur histoire et ses richesses (gîte Panda). Sur la table, les légumes du jardin, le pain maison, les confitures d'Anne-Sylvie et les produits du terroir (fromages, charcuteries...) qu'elle cuisine avec goût, dans tous les sens du terme. Les rêveurs solitaires (qui peuvent être logés en gîte) apprécieront de même l'accueil et le charme de ce lieu.

CHAMBRES D'HOTES La Devèze ✆ 04 66 44 74 41. *Ouvert de février à mi-novembre sur réservation. Demi-pension 48,90 € pour 2 personnes. Repas 10,75 €. Gîte d'étape 11 personnes en dortoir : 10,90 € la nuitée.* Au fond de la vallée de Trabassac, le hameau s'est accroché à la montagne. Dans une belle maison ancienne, trois chambres se partagent salle d'eau et WC. Leurs occupants (maximum 8 personnes) peuvent se retrouver en terrasse ou au salon, au coin du feu. Pour parfaire son retour à la nature, on peut même participer aux travaux de la ferme. Le plaisir de s'asseoir à la table d'hôtes n'en sera que plus grand.

TRAMONTANE La Rouvière ✆ 04 66 45 92 44. *E-mail : chantal.tramontane@wanadoo.fr. Location d'un âne 40 € la journée, 70 € le week-end, 210 € la semaine. Organisation d'une randonnée 35 €.* Une fois la décision prise de voyager avec un âne (et quand on sait qu'il peut porter une quarantaine de kilos, on n'hésite plus), il reste à déterminer itinéraire et étapes. Chantal Guillaume aide les randonneurs dans cette entreprise ; outre le fait qu'elle vous présente votre âne et les soins qu'il requiert, elle conseille toutes celles et ceux qui désirent randonner en toute liberté sur 1 à 3 semaines et peut aller jusqu'à réserver le gîte et le couvert. Des randonnées accompagnées sont prévues pour les groupes constitués et les classes nature.

Saint-Etienne-Vallée-Française

Un peu en retrait de la vallée, Saint-Etienne est situé sur une petite hauteur. Là, l'olivier côtoie le mûrier et la vigne le châtaignier. Le bourg, qui comptait plus d'habitants que Florac avant l'édit de Nantes, n'en conserve que 500 aujourd'hui. Saint-Etienne est aussi l'autre Rome des Cévennes (selon l'appellation de Stevenson, d'abord consacrée à Saint-Germain où l'abbé du Chaila avait installé un séminaire). En effet, un noyau de catholiques a toujours subsisté autour du château de la baronne de Molembaix. Au sommet du village, le château dresse sa tour carrée, en schiste, et sa tourelle d'angle au toit conique. Il a été remanié au XIXe siècle, puis incendié en 1944 par les Allemands.

CAMPING LE MARTINET Le Martinet ✆ 04 66 45 74 88. *Ouvert du 15 juin au 15 septembre. Forfait 2 personnes 7 €.* Ce camping propose 50 emplacements ombragés au milieu des tilleuls et des châtaigniers, des services et animations. Mais la plus grande activité du lieu est la baignade dans le Gardon de Mialet tout proche.

GITES DU PONT DE BURGEN La Fraigère © **04 66 45 75 30.** *E-mail : Gites-rando.cevennes@wanadoo.fr. Ouvert de mars à décembre. Randonnées avec un âne bâté 40 €. Gîte 12,50 € la nuit. Descente canyoning (équipement fourni) : 50 €.* C'est l'histoire d'un Parisien qui, par amour et respect de la nature, s'est fait guide, et qui a décidé d'exercer loin des foules du mont Blanc, près des merveilles des Cévennes : randonnées avec un âne bâté, descente des canyons cévenols, nuit en gîte avec, en prime, le désir de préserver et faire connaître un pays vivant.

Saint-Roman-de-Tousque

AUBERGE LA PATACHE © **04 66 44 73 76.** *Ouvert toute l'année, tous les jours sauf le mercredi hors saison. Chambres de 35 € à 50 €. Petit-déjeuner 4,5 €. Menus de 12 € à 21 €.* Petit hôtel où les sept chambres, toutes différentes, se remplissent bien vite, on n'oubliera pas de réserver sa soirée ou ses week-ends tranquilles. L'endroit est un ancien relais de diligence qui a gardé un petit côté champêtre : murs de pierre et planchers rustiques plantent le décor. L'accueil est avenant, la cuisine familiale. La charcuterie remplit les assiettes dès le premier menu, de même que le pélardon qui prend place devant les desserts maison. Au milieu des omelettes aux champignons (bien sûr aux cèpes les années favorables) et des truites meunières, le plat du jour tient toujours ses promesses. Mais on peut aussi faire un petit extra et commander un flan de bisque d'écrevisses, pour rendre hommage à la rivière.

COUTELLERIE BASTIDE © **04 66 44 70 72.** *Vente à l'atelier et chez certains commerçants spécialisés, visite sur rendez-vous. Vente par correspondance ou par Internet : www.bastide-knives.com. A partir de 35 €.* Depuis un an la coutellerie de Sainte-Croix s'est installée sur la corniche des Cévennes face à la station-service dans une belle boutique qui, outre les couteaux, propose un espace artisanat dominé par les objets en bois, mais la coutellerie reste l'activité principale du lieu. Le Lozère est le nom des couteaux de poche fabriqués par Yves Neveux, qui allient design et technique : lame en acier, manche plein en bois de chêne vert, buis, olivier avec des mécanismes de verrouillage nouveaux et brevetés et une ouverture assistée. La gamme se complète du bastide, du randonnée, du marin et d'autres encore marqués du même sceau de qualité.

Villefort

Le bourg, blotti au pied du mont Lozère, doit son développement à la présence du chemin de Régordane, trait d'union entre Auvergne, Languedoc et axe commercial important. Dotée d'une importante infrastructure touristique, la ville profite de la présence du lac où l'on peut se baigner et pratiquer différents sports nautiques. Signes du passé marchand de la ville, les deux grands portails en arc de cercle, qui abritaient échoppes et étals, sont caractéristiques. Un élégant hôtel du XVIIe siècle doté d'un bel escalier en hélice abrite aujourd'hui la mairie. On peut également voir le pont Saint-Jean qui enjambe l'Altier et permet de gagner la chapelle romane du même nom, transformée en maison d'habitation.

OFFICE DU TOURISME Rue de l'Eglise © **04 66 46 87 30.** *Ouvert tous les jours, hors saison du lundi au vendredi de 9h à 12h et de 15h à 17h et en juillet et août du lundi au samedi de 9h à 12h30 et de 15h à 19h, le dimanche de 9h30 à 12h30.*

Points d'intérêt

MUSEE LES JOURNEES DU TERROIR Office du tourisme. Des meubles, des outils, ces témoignages du passé s'enrichissent chaque jour des souvenirs que les habitants de la région apportent pour reconstituer les collections auparavant exposées dans les salles du château de Castanet. Peu à peu, le patrimoine local revit, grâce à une association de passionnés.

Le couvert

CHEZ TINTIN © **04 66 46 90 83.** *Ouvert toute l'année. Menus à 13,50 €, 16 € et 21 €. Plat du jour 7,50 €.* Il a fière allure ce restaurant-pizzéria situé au centre du village, avec ses larges baies vitrées aux montants peints en vert émeraude. Les salles sont spacieuses avec deux ambiances, l'une contemporaine, l'autre plus rustique. Outre un grand choix de pizzas (à emporter bien sûr aussi), la cuisine est simple, avec des menus à la portée de tous, basée sur quelques produits locaux comme la charcuterie, les filets de truite du lac ou les filets mignons de porc. Mais aussi tripoux ou paupiettes.

LA PALHERE Palhères - POURCHARESSE** © **04 66 46 80 63.** *Ouvert à partir de mai. Forfait de 10 € à 13 €. Snack et restaurant, menu à partir de 10 €.* Un peu en retrait du lac mais au bord d'une rivière poissonneuse, ce camping de 45 emplacements est calme et ombragé. On trouve sur son terrain une piscine, un restaurant (spécialité aligot, sur commande), un snack et un service de plats à emporter ainsi que des jeux pour les grands et les petits.

Le gîte et le couvert

HOTEL BALME - RESTAURANT LA CLEDE Place du Portalet ✆ 04 66 46 80 14.** *Fax 04 66 46 85 26. Ouvert du 15 février au 15 novembre, sauf le dimanche soir et le lundi hors saison. Menus de 21 € à 354 €. Chambres de 35 € à 53 €.* Sis dans une maison de caractère au cœur de Villefort, l'hôtel a le charme des maisons bourgeoises. Les chambres ont un décor personnalisé et sont d'un agréable confort. Au passage, on apprécie les gestes de Michel Gomy en cuisine, visible grâce à la vitre qui la sépare du hall d'entrée. Ce chef a tenu plusieurs tables dans les pays asiatiques et en a rapporté saveurs et épices. Touche d'exotisme que ses clients apprécient, au même titre que les produits du terroir tous présentés sous leur meilleur jour, que ce soit les champignons, nombreux à la carte, la truite du lac, la crème brûlée aux cèpes, la viande des Causses... Les préparations sont recherchées et réussies, et ne démentent pas la réputation de l'établissement.

Le gîte

LES SEDARIES Avenue des Cévennes ✆ 04 66 46 84 33. *Camping de 50 emplacement, entièrement rénové, ouvert du 15 juin au 30 septembre, appartement 5-6 personnes de 180 € à 390 € la semaine. Gîte d'étape ouvert de Pâques à la Toussaint. Dortoir 7 € la nuitée. Relais d'étape ouvert à l'année 11 € la nuitée.* Au départ du GR68, au cœur des Cévennes, le village vacances des Sédariés propose un bâtiment collectif de 12 appartements (pour 5 à 6 personnes), ouvert toute l'année. Un petit camping en terrasse ombragée permet de planter la tente. Possibilité d'accueillir des séminaires, stages, groupes... Salle de jeux : ping-pong, baby foot... Ce complexe propose également un gîte d'étape dans une ferme restaurée, composé d'un dortoir de 10 lits et cuisine, 6 chambres de 2 à 4 lits avec cuisine et salon.

Loisirs

BASE NAUTIQUE DE MORANGIES Lac de Villefort ✆ 04 66 46 83 39. *En juillet-août, tous les jours de 9h à 18h, le dimanche location de 12h à 18h.* Sur la vaste étendue du lac de Villefort, la base nautique pratique la location de dériveurs, de planches, de canoës et même de pédalos. C'est aussi une école de voile, pour les débutants et les autres.

BASE D'ACTIVITES GRANDEUR NATURE Pourcharesse ✆ 04 66 46 80 62. *Ouvert d'avril à octobre. Demi-journée d'activité de 17 € à 25 €, journée de 22 € à 50 €.* Bien située, à un bout du lac de Villefort, cette base multi-activités utilise au mieux son environnement. Les gorges du Chassezac pour le canoë et le canyoning, les falaises qui les surplombent pour l'escalade, le lac pour une pratique du canoë plus calme, le dériveur et la planche à voile, les causses environnants pour la spéléologie et tous les chemins forestiers, pentus ou non, pour le VTT. A la base, tir à l'arc et départ de nombreuses randonnées. Pour des séjours prolongés des groupes, le centre propose une formule avec hébergement (en chalets de 5/6 personnes), repas (pension complète) et activités encadrées au choix (de 42 € à 48,50 € par personne selon la saison). En prévision pour 2004, parcours accrobranche et location de zodiac sur le lac.

Emplettes

BOULANGERIE-PATISSERIE-CONFISERIE RIOU ✆ 04 66 46 80 29. Très bonne pâtisserie et boulangerie qui donne envie de croquer le pain à belles dents. Son label Fournil de Lozère garantit une fabrication à l'ancienne, avec du levain naturel et des farines sélectionnées. Côté confiserie, on a un petit faible pour les glaces et pâtisseries aux châtaignes, les marrons glacés ainsi que les bonnes confitures.

PISCICULTURE DU LAC DE VILLEFORT ✆ 04 66 46 91 77. *Vente à l'atelier-gare de Villefort toute l'année, en été, de préférence le matin, hors saison les après-midi.* Vous pourrez acheter les truites élevées dans le lac et aussi des filets de truite fumés de manière artisanale.

▷ *Dans les environs*

La Garde-Guérin

Au nord de la Garde-Guérin, le Belvédère des Gorges du Chassezac offre le spectacle grandiose du fond des gorges, 400 mètres plus bas !

LE VILLAGE FORTIFIE DE LA GARDE-GUERIN ✆ **04 66 46 87 30.** *Visite organisée à la demande.* Ce village datant du Xe siècle faisait le lien entre l'Auvergne et le Languedoc. C'était une étape importante pour les pèlerins, les marchands qui étaient accueillis et protégés par les seigneurs pariers. Une imposante tour carrée de 21 m, voilà tout ce qui reste aujourd'hui du château. On peut observer les vestiges du logis seigneurial et en contrebas la trouée du Chassezac qui coule 400 m en dessous du hameau, accroché au bord des landes. Une église romane, dédiée à saint Michel renferme de chapiteaux richement décorés : figures humaines, feuillages stylisés, rinceaux. Les maisons du village offrent des façades dites régordaniennes : portails, fenêtres à meneaux, linteaux Renaissance.

AUBERGE REGORDANE La Garde Guérin** ✆ **04 66 46 82 88.** *Site : www.regordane.com. Ouvert de Pâques à septembre. Menus de 16 € à 30 €. Chambre doubles de 48 € à 59 €, Demi-pension à partir de 46 €.* Au cœur du village médiéval, on pénètre enfin dans l'enceinte d'une demeure seigneuriale du XVIe siècle. La cour, large mais cernée de murs massifs, accueille une terrasse ensoleillée. Sous les voûtes, derrière les fenêtres aux carreaux cerclés de plomb, Philippe et Pierre Nogier ont établi une grande table où se font de savantes alliances entre les produits du terroir et des saveurs douces. Une cuisine inventive ravit les plus exigeants. La tradition d'hospitalité de la Garde-Guérin est ici respectée, par l'entremise de chambres confortables (télévision et magnétoscope, téléphone), de style, ou d'un dortoir ouvert aux randonneurs.

GOLF DE LA GARDE-GUERIN Prévenchères ✆ **04 66 46 91 90.** Ce golf de 9 trous vaut avant tout pour sa situation remarquable : face au village médiéval de la Garde-Guérin et en surplomb des gorges du Chassezac.

LES CONFIDENCES DU TERROIR La Garde Guérin ✆ **04 66 46 87 57.** *Ouvert tous les jours de juillet à mi-septembre de 10h30 à 19h.* Au centre du village médiéval, les 150 m² d'une ancienne grange rénovée sont chaque été investis par la chambre des métiers : est alors exposé un large échantillon des produits alimentaires et artisanaux qui font la spécificité de la Lozère. Panorama des savoir-faire, cette exposition-vente est l'occasion d'une promenade sous une très belle charpente ; les hôtesses de la chambre des métiers sont, en outre, de très bon conseil.

Pied-de-Borne

Site étonnant au confluent des trois vallées de la Borne, de l'Altier et du Chassezac, la vaste commune de Pied-de-Borne réunit plusieurs municipalités anciennes de ces vallées en grande partie désertées. Les hameaux s'accrochent sur plusieurs niveaux aux pentes abruptes.

LES GORGES DU CHASSEZAC Pied-de-Borne ✆ **04 66 69 83 29.** *Ouvert toute l'année. Menus de 12,05 €, 15,09 €, 19,65 € à 19,06 €. Chambres doubles 22 € et 25 €.* Tenu par Sylvie Cuvelier, le restaurant cuisine avec soin les produits régionaux, parmi lesquels on retiendra les filets de truite fumés du lac de Villefort, le coq au vin aux cèpes, le jarret de bœuf aux grisets, et, pour la douceur, le gâteau à la châtaigne et sa liqueur. L'hôtel, sans prétention, comporte des chambres avec douche et WC individuels ou sur le palier.

Prévenchères

Prévenchères possède une très belle église romane, ancien prieuré dépendant de la puissante abbaye de Saint-Gilles-du-Gard. Bâtie sur un plan tréflé, assez rare en Lozère, elle est surmontée d'une coupole basse ellipsoïdale, très originale. La façade est rehaussée d'un clocher-mur à quatre baies. A l'intérieur, on découvre d'intéressants chapiteaux sculptés dans le granit. L'énorme tilleul de Sully, vieux de quatre siècles, ombrage la place.

LA BUTINERIE Albespeyre ✆ **04 66 46 06 47/06 81 98 90 56.** *Ouvert toute l'année. Chambre 24 €/p, demi-pension 33 €/p, repas 11,50 €.* Dans un hameau à proximité des gorges du Chassezac, Christine Galland a aménagé cinq chambres avec salle de bains et WC indépendants dans une vieille maison en pierre restaurée. En accord avec un paysage de genêts et de bruyères, elle sert à sa table une cuisine où se retrouvent souvent l'agneau et le miel de sa production. Quand on ne se prélasse pas sur la terrasse, on peut visiter la miellerie ou envisager des randonnées accompagnées pour découvrir le brame du cerf ou partir en canyoning. En hiver, les balades se font en raquette, toujours avec un accompagnateur diplômé.

BAR CHEZ CHIFFE Prévenchères ✆ **04 66 46 01 53.** *Ouvert toute l'année. Chambres de 32 € à 40 € pour 2. Repas 13 €.* Une adresse comme les aime le Petit Futé. Modeste et accueillante, surtout par un dimanche pluvieux d'hiver, lorsque la lumière derrière les vitres est un des rares signes de vie dans un village désert. Une pièce commune sert à la fois de bar, de salle de restaurant, de salle à manger pour les patrons, de boutique de vente (produits régionaux et livres d'occasion) ; les chambres meublées hétéroclites, sont simples et propres. La cuisine sans prétention utilise les légumes du jardin, la charcuterie et des produits locaux comme l'agneau Elovel. Bref, l'endroit idéal pour retrouver la chaleur de l'accueil traditionnel dans les Cévennes profondes.

GAEC CHAZALETTE Le village ✆ 04 66 46 01 47. Cette ferme est spécialisée dans l'élevage d'agneaux et de veaux broutards. En vente directe, ils proposent des agneaux et des veaux découpés de façon traditionnelle : carcasse entière, demi ou caissette de 10 kg. Livraisons sur demande.

LA CHOCOLATIERE Le village ✆ 04 66 46 01 93. *Ouvert tous les jours en juillet-août. Fermé mardi le reste de l'année.* Et si le monde se transformait en chocolat... Ce doit être le rêve secret de Jean-Claude Briet, artisan chocolatier qui œuvre en ce sens. Sa boutique est un hymne à la gourmandise brune ; les vitrines débordent de plus de cinquante variétés de bonbons au chocolat : les pralinés, les ganaches et ceux qui ont un parfum de rose, de safran, d'herbe à bison, de cèpes, de bacon et tant d'autres. Mais les pièces les plus étonnantes sont ces sculptures de toutes formes ; le bestiaire de la Lozère est gravé dans des plaques de chocolat et l'on découvre, tout étonné, les bustes sculptés de personnages célèbres tels Chopin et Mozart. Ce créateur exceptionnel a reçu le prix Innovar 2003 et vient de présenter au Salon du chocolat 2003 un bonbon au chocolat Equateur 100 % bio-équitable.

GORGES DU TARN ET DE LA JONTE

La vallée du Tarn est une région particulière qui oscille entre centre et sud, composée de fraîches forêts et d'herbe rase. Au sud-ouest, tout change. A l'ère secondaire, la mer s'est avancée sur le massif ancien et pendant 60 millions d'années, calcaire et marnes se sont déposés en couches alternées sur des milliers de mètres de hauteur.

Au fait, c'est l'époque des dinosaures et vous pouvez voir les traces de certains de ces animaux près de Florac, à Saint-Laurent-de-Trêves. Portées en hauteur, brisées, plissées par les grands mouvements du tertiaire qui ont fait surgir les Alpes et les Pyrénées, ces grandes masses ont été attaquées par l'érosion.

Les rivières, au débit plus important que de nos jours, ont creusé d'imposantes gorges dont la profondeur atteint parfois plus de 500 m et qui séparent des plateaux dénudés et arides, les causses. Le plus vaste est le causse de Sauveterre entre le Lot et le Tarn. Légèrement vallonné, il conserve quelques maigres forêts. L'activité humaine se concentre dans les rares hameaux ou dans des fermes isolées toujours situées près de petites dépressions au fond argileux, seuls lieux permettant une activité agricole. Entre Tarn et Jonte s'étend le causse Méjean.

C'est un immense plateau calcaire du jurassique, vaste vaisseau coupé du reste du département par des falaises qui développent une longueur de plus de 120 km. Son seul lien avec la terre ferme est l'isthme, large de moins d'un kilomètre, qui le rattache au massif de l'Aigoual au col de Perjuret. Enfin, tout au sud, la Lozère ne compte qu'un petit bout du causse noir qu'elle partage avec le Gard.

Les gorges du Tarn

Sainte-Enimie

Dans un méandre du Tarn, entre le causse de Sauveterre et le causse Méjean, cette petite cité s'étage sur les pentes abruptes des deux falaises qui l'enchâssent. Le monastère, promu abbaye au XVe siècle, conserva sa place prépondérante jusqu'à la Révolution. Restaurée, elle domine encore aujourd'hui le village. Un itinéraire balisé mène le curieux le long des anciens remparts, par de petites rues, des passages voûtés et devant de très belles façades restaurées, comme celle de la place au Beurre ou celles de la rue de la Privadenche.

Dans une ruelle, la halle au blé a été restaurée et conserve la pierre qui servait à mesurer le grain. Près d'une des cinq portes de la ville, Lou portal Chabrit est la maison de l'un des portiers ; sur la place Del-Plô, on distingue encore l'implantation d'une ancienne tour. En redescendant de l'abbaye, on passe place de la Combe, devant une maison du XVIIe siècle. Deux lieux complètent la visite de Sainte-Enimie : la source de Burle, noyée de verdure, et l'Ermitage, lieu de pèlerinage qui offre un magnifique panorama.

OFFICE DE TOURISME ✆ 04 66 48 53 44. *Plan de visite fléchée. Office dynamique qui propose en été : visites guidées de la cité médiévale, de l'église et du musée, de l'ermitage, des sorties naturalistes comme par exemple : à la découverte des castors...*

Points d'intérêt

DOMAINE DES BOISSETS Champerboux ✆ 04 66 48 50 73. *Ouvert de Pâque à octobre, de 10h à 17h tous les jours sauf le mardi et jusqu'à 18h tous les jours du 15 juin au 15 septembre ; hors saison sur rendez-vous pour les groupes. Entrée adultes : 7 €. Pour les enfants de moins de 12 ans : 3 €. Billet couplé avec le petit train des Causses, adultes : 8 € et enfants : 6 €.* Au-dessus de Sainte-Enimie, le hameau des Boissets, préservé, est l'exemple type de l'architecture caussenarde. Le conseil général de la Lozère a restauré la maison principale, trois plus modestes, une bergerie et d'autres bâtiments d'exploitation et en a fait un centre d'interprétation des causses et des gorges du Tarn. Une maison d'accueil et une boutique gourmande complètent cet ensemble fort intéressant.

EGLISE NOTRE-DAME DU GOURG. *Ouverte ponctuellement.* Bel édifice roman du XIIe siècle, remanié au XIVe siècle et magnifiquement restauré, son plan initial a été modifié par l'adjonction de deux chapelles. La nef se termine par un chœur voûté en plein cintre et une abside à sept pans. Le mobilier est très riche en statues de bois ou de pierre datant du XIIe au XVIe siècle.

MUSEE DU VIEUX LOGIS ✆ 04 66 48 50 09. *Tous les jours juillet et août de 10h à 12h30 et de 14h à 19h. Fin juin et début septembre de 10h à 12h et 14h30 à 18h. Avril à mi-juin et fin septembre, le week-end. Entrée 1,5 € (adulte), 1 € pour les groupes.* Belle reconstitution d'un intérieur paysan du XIXe siècle. Les mannequins du paysan et de sa femme sont installés devant la cheminée, avec à proximité les objets et meubles usuels : rouet, pétrin, berceau, lit à alcôve...

UTOPIX - LES IGLOOS DU SAUVETERRE La Sirvente ✆ 04 66 48 59 07. *Ouvert toute l'année (sur rendez-vous de décembre à février). Visite guidée. Entrée adultes : 6 €, enfants : 5 €.* Sorti de terre sur le causse, le rêve de Jo Pillet s'est matérialisé à la force de ses mains et de son imagination. Il a allié des techniques de construction modernes et les pierres calcaires du site pour réaliser cet ensemble de 8 coupoles imbriquées les unes dans les autres. Leur créateur en a fait un espace ludique et un lieu d'exposition de sculptures, peintures et autres créations artistiques. Les enfants sont étonnés de se trouver devant des bêtes de pierre imaginaires. Ils apprécient les jeux artisanaux et, plus classique, le mini golf.

Le couvert

LA TENDELLE Rue principale ✆ 04 66 48 51 65. *Ouvert d'avril à octobre, fermé le lundi (hors saison). Menus de 13 € à 23 €.* Pierre et Séverine ont repris ce restaurant niché sous une voûte de pierre, dont les tables s'échappent dès le premier soleil pour coloniser la terrasse. Dedans ou dehors, les menus sont les mêmes, avec une cuisine du terroir simple et soignée. Les produits de qualité expriment d'autant mieux leur goût qu'ils sont bien traités.

Le gîte

CAMPING COUDERC* Route de Millau ✆ 04 66 48 50 53.** *Site : www.pro.wanadoo/camping.couderc. Ouvert d'avril à septembre. Forfait 2 personnes de 9,70 € à 12 €.* Les emplacements en terrasses ombragées vont faire des heureux. Sans parler de la piscine et du Tarn qui coule non loin de là. De l'eau, il y en a pour tout le monde et tous les goûts. Equipement de bon niveau pour les 130 emplacements (bar, alimentation, laverie...), location de mobile-homes sur place.

HOTEL DU COMMERCE ✆ **04 66 48 50 01.** *Ouvert de Pâques à septembre. Chambres à partir de 35 €.* De l'autre côté du pont du Tarn, en direction de Meyrueis et en retrait de l'agitation, le Commerce offre l'opportunité de se loger à moindre coût. Dans un décor marqué par les années 70, il dispose de 15 chambres simples, avec douche et WC sur le palier pour les moins chères. A 37 €, la douche se fait individuelle.

Le gîte et le couvert

L'AUBERGE DU MOULIN** ✆ **04 66 48 53 08.** *Ouvert d''avril au 15 novembre. Chambres doubles de 42 € à 53,50 €. Menus de 14,50 € à 30 € + carte. Demi-pension à partir de 43,50 €.* Belle maison dont la restauration a mis les pierres en valeur, elle se double d'une grande terrasse ombragée qui, comme les chambres, donne sur le Tarn. Celles-ci sont récentes et décorées avec soin, elles bénéficient chacune de leur propre terrasse très calme. L'ambiance est cossue et la cuisine à l'avenant. Dans la salle à manger, entre les meubles bien cirés et les murs de pierre, les convives découvrent des menus qui déclinent les saveurs lozériennes : gigot d'agneau, truite, écrevisses… les produits frais se présentent au fil des saisons sous leur meilleur jour. Un séjour plein de charme.

HOTEL BURLATIS** ✆ **04 66 48 52 30.** *Internet : www.burlatishotel.com. Ouvert de Pâques à octobre. Chambres de 41 € à 48 €.* Une maison classique de bonne tenue au centre du village. Les chambres, moquettées et lambrissées pour certaines, assurent la tranquillité des résidents et un confort conforme aux deux étoiles de l'établissement.

NISSOULOGRES ✆ **04 66 48 53 86.** *Site : www.perso.wanadoo.fr/nissoulogres. Fermé en janvier. Chambres pour deux 43 €. Repas 12,50 €, demi-pension 33 €. Gîte d'étape 8 €.* A 13 km de Sainte-Enimie, du haut des falaises qui plongent vers les gorges du Tarn, Nissoulogres est un hameau de bergers restauré, tout consacré à l'accueil. On y est reçu par Annie et Patrice Fouquerolle, avec d'autant plus de plaisir qu'on se fait accompagner de sa monture. Les chevaux ont droit au box ou au pré, débourrage et entraînement peuvent être pris en charge. Dressé sur deux pattes, on a apprécié de belles salles communes, avec cheminée et une table d'hôtes familiale où l'on prend les repas en groupe en partageant les impressions de chacun sur la région.

Le village

La Source de la Burle

Vue générale

Loisirs

CANYON LOCATION ✆ **04 66 48 50 52.** *Ouvert d'avril à octobre. Descente de 11 € à 22 €.* François Boulot encadre différents parcours en canoë dans les belles gorges du Tarn. Le départ se fait de Sainte-Enimie ou de la base du grand ravin à La Caze en juillet et août. Les descentes ont été prévues sur 9 km, 13 km et 23 km. Pour les mordus de la pagaie, ce professionnel a prévu des trajets de 2 ou 3 jours, à la demande. La gamme est vaste au point de convenir à ceux qui partent en famille comme à ceux qui cherchent la performance sportive.

LE PETIT TRAIN ✆ **04 66 48 48 85.** *Trajet et entrée à la ferme des Boissets : 8 €, en fonction des périodes d'ouverture de la ferme.* Au départ de Sainte-Enimie, ce petit tortillard estival traverse la ville et se lance à l'assaut du causse de Sauveterre. Ses wagonnets ouverts assurent une vue superbe sur les gorges du Tarn. Au fil des commentaires du guide, le petit train s'achemine de son allure bonhomme jusqu'à la ferme-exposition des Boissets.

RANDONNEES DE LA PERIGOUSE ✆ **04 66 48 53 71.** *Ouvert de Pâques à la Toussaint. Promenade et randonnées, de 13 € l'heure à 48 € la journée.* Depuis le joli village qui se restaure peu à peu, les balades et randonnées équestres vont de l'heure à la journée. Dans ce cas, les circuits sont établis à la demande et Jean-Pierre Pourquier organise parfois des journées à thème. Pour faire une halte, le temps d'un repas, d'une nuit, d'un séjour, il y a l'auberge caussenarde, les chambres d'hôtes ou les dortoirs.

Emplettes

ARTS ET METIERS - CREATIONS CONTEMPORAINES Rue Basse ✆ **04 66 48 59 64.** *Ouvert d'avril à septembre.* Après avoir appris les métiers d'art à Paris, Sabine Valentin est revenue exercer en Lozère. Elle crée patiemment des bijoux modernes, alliage de métaux précieux et de pierres naturelles, de plexiglas et de couleur. Son œil de designer et ses mains expertes aiment à se divertir par la pratique de l'origami, ces pliages japonais dans lesquels elle excelle. Dans toutes ces matières, ses créations sont raffinées et précieuses.

CONFIDENCES DU TERROIR ✆ **04 66 48 51 18.** *Ouvert tous les jours en été.* Une très belle maison lozérienne du XIVe siècle à pans de bois renferme le travail d'une cinquantaine d'artisans. Ils ont été regroupés sur l'initiative de la chambre des métiers qui leur prête une des plus jolies vitrines qui soit. Sur trois étages, ce ne sont que poteries, objets en bois, vêtements tissés et cuirs travaillés, sans oublier toutes les spécialités alimentaires.

▷ *Dans les environs*

La Malène

En suivant la route des gorges ou en venant de la Canourgue, le visiteur débouche brusquement sur ce petit village médiéval. En venant du sud, il se laisse admirer tantôt à gauche, tantôt à droite le long de la descente en lacet à flanc de vallée. Lieu stratégique, il ne subsiste que peu de choses des ouvrages défensifs.

SYNDICAT D'INITIATIVE Mairie ✆ **04 66 48 50 77**

LES BATELIERS DE LA MALENE ✆ **04 66 48 51 10.** *Descentes d'avril à octobre. Durée 1h environ pour 8 km. Retour par minibus. Forfait à partir de 72 € (soit 4 places).* A l'endroit le plus spectaculaire des gorges du Tarn, les falaises se resserrent et montent jusqu'à 500 m. Pour jouir du spectacle, il faut délaisser la route et revenir au mode de transport traditionnel : la barque. Aujourd'hui organisés en coopérative, les bateliers guident le visiteur au fil de l'eau. Enfants du pays, ils connaissent chaque point de vue, tous les détails et toutes les beautés à admirer. En partant tôt le matin, la promenade paisible s'agrémente des rencontres matinales avec des hérons, des castors, des martins-pêcheurs et des cingles plongeurs.

PANORAMA DU ROC DES HOURTOUS D43, puis D16 ✆ **04 66 48 50 77.** *Visite commentée 0,40 € (groupe 0,30 €). Buvette sur place ouverte de mai à fin septembre.* Ce belvédère aménagé sur le rebord sud des gorges permet un coup d'œil sur la partie la plus resserrée et la plus grandiose de la vallée : les détroits et le cirque des Beaumes.

LE PIGEONNIER La Malène ✆ **04 66 48 57 51.** *Ouvert toute l'année sur réservation. Chambre pour deux personnes 40 €.* M. et Mme Fages ont le plaisir d'habiter une de ces belles maisons du village. Plaisir qu'ils partagent en ouvrant à leurs hôtes une chambre indépendante (avec sanitaires privés) qui occupe une petite aile en forme de pigeonnier. La porte-fenêtre donne sur la terrasse et le jardin fleuri. En descendant la rue, on est immédiatement sur la place animée du bourg, aux premières loges pour assister au départ des bateliers.

CHATEAU DE LA CAZE**** La Malène © 04 66 48 51 01. *Ouvert du 3 avril au 11 novembre. Restaurant fermé le jeudi midi et le mercredi hors été. Chambres doubles de 108 € à 260 € (en appartement). Menus de 32 € à 76 €. Demi-pension à partir de 99 €.* Romantique avant l'heure, construit au XVe siècle dit-on pour abriter le bonheur d'une dame Soubeyran, le château présente sa silhouette hiératique et massive dans un écrin de verdure. L'intérieur est un enchantement : des salles voûtées, des fresques, une immense cheminée gothique et, luxe suprême, une salle de bains lovée dans une tour. Les chambres sont tout aussi confortables, meublées de fer forgé et de tissus chaleureux, on ne les quitte que pour une chaise longue, dans le jardin, ou pour la table prestigieuse. Soigneux de leur bel antre, Jean-Paul et Sandrine Lecroq ont apporté quelques rénovations afin de concilier un confort tout moderne avec le charme des vieilles pierres. Dans un tel cadre, ils servent une cuisine gastronomique qui enchante le palais.

MANOIR DE MONTESQUIOU*** La Malène © 04 66 48 51 12. *Site : www.manoir-montesquiou.com. Ouvert d'avril à octobre. Chambres doubles de 68 € à 98 € (hors saison), de 73 € à 106 € (saison) ; suite 131 € (hors saison) et 139 € (saison). Menus de 21,35 € à 40,40 €. Demi-pension à partir de 74 € par personne (hors saison) et 76,50 € (saison).* Au-dessous des parois rocheuses des gorges du Tarn, une belle demeure seigneuriale, mangée de lierre, où fenêtres à meneaux et tours coiffées de lauzes enserrent de vastes chambres : baldaquins, ciels de lit bleu azur, bouquets de fleurs et fauteuils délicats pour une atmosphère raffinée. Même ambiance dans les salles du restaurant consacrées à cette gastronomie lozérienne faite, par exemple, d'une Tatin d'endives à la tomme de chèvre et au caramel de cidre, d'une poire au lard fumé servie avec ses croûtons et du bleu des Causses... La carte des vins soutient la comparaison, jusqu'à ce dessert parfait en forme de macaron à la noisette et crème de pralin.

Saint-Chély-du-Tarn

Niché au fond d'un méandre de la rivière, c'est un petit bijou ! Maisons restaurées, église de campagne au clocher carré, auberge charmante, cascades - la carte postale idéale - et deux découvertes surprenantes : un magasin de souvenirs (avec des produits de qualité) installé dans un vieux moulin et une humble chapelle romane blottie dans la baume de Cénaret, une cavité naturelle creusée dans la falaise.

Ispagnac

Ville active durant le Moyen Age et la Renaissance (quelques belles maisons à admirer), elle possède une belle église romane, bâtie au XIe siècle, qui se distingue par sa coupole, son clocher octogonal et sa nef à trois travées. Le porche, haut et profond, protège un portail roman et une niche encastrée dans la muraille qui accueillait les enfants abandonnés. L'intérieur conserve cette même pureté et simplicité des lignes : le décor en bandes lombardes de l'abside et des absidioles est caractéristique du premier art roman méridional. En suivant le Tarn, l'imposant pont gothique de Quézac enjambe la rivière. Le village de Montbrun, perché sur une butte dominant la vallée a pu garder un caractère authentique en étant un peu à l'écart du flot touristique des gorges.

SYNDICAT D'INITIATIVE **Mairie © 04 66 44 20 89.** *Site : www.ispagnac.com - E-mail : apavi@ispagnac.com.*

Points d'intérêt

L'EAU DE QUEZAC. La source était utilisée depuis fort longtemps quand on en réglementa son exploitation et sa consommation sous Louis XIV. Au début du XVIIIe siècle, des médecins de Mende en prescrivaient des cures pour "déboucher les conduits". A l'extrême fin du XIXe siècle, le docteur Commandré parvint à se guérir du choléra grâce à l'eau de Quézac, dont il acheta ensuite la concession ; il baptisa la source Diva. Cette eau minérale gazeuse est aujourd'hui exploitée par un grand groupe alimentaire qui a construit une unité d'embouteillage ; l'eau est captée par des pompes immergées à 100 mètres de profondeur, à raison de 300 000 bouteilles par jour. Voilà comment la Quézac se retrouve maintenant sur toutes les tables. Visites de l'usine organisées en été : se renseigner au syndicat d'initiative.

Le gîte

CAMPING LE PRE-MORJAL* © 04 66 44 23 77.** *Site : www.direct.fr/pre-morjal.htm. Ouvert d'avril au 15 octobre. Forfait 2 personnes de 6 € à 8 €. Toute l'année, bungalows et chalets à la semaine de 138 € à 399 €.* Ce grand camping (123 emplacements) n'a rien laissé au hasard : de grands arbres en bordure du Tarn et un équipement complet en font un lieu de séjour très confortable. Bar et restaurant, animations, alimentation, salle de loisirs, buanderie, piscine chauffée et terrain de volley dans le camping lui-même.

Le gîte et le couvert

LES VIGNES ROUGES 4, chemin Royal © 04 66 44 21 11.** *Fermé le week-end hors saison. Chambres double de 34 € à 45 €. Menu : 11,50 € à 25 €. Demi-pension à partir de 34 €.* Les Vignes Rouges offrent dix chambres de bon confort. La couleur rouge semble réservée au premier étage, tandis que la salle de restaurant baigne dans les tons pêche et vert d'eau. La table réserve de bonnes surprises et présente une belle liste de plats traditionnels(chou farci, foie gras maison, canard confit, truite fraîche ou belle pièce de bœuf). Quand l'accueil et le service sont à ce point appréciable, on n'hésite pas à revenir.

Meyrueis

Idéalement situé entre Cévennes schisteuses et causses calcaires, Meyrueis, "au milieu des ruisseaux", est une des portes sud de la Lozère. Cette position intermédiaire entre la plaine languedocienne et les montagnes auvergnates en fit longtemps un centre très actif. Les troubles les plus graves, ceux qui ont marqué le plus profondément la petite cité, sont liés à la religion : la foi protestante a trouvé là un terrain favorable, au point que la ville entière s'est déclarée pour la religion réformée ; elle y perdit sa citadelle, rasée sur ordre du roi en 1629, mais s'embrasa à nouveau et participa à la guerre des camisards. La disparition des industries traditionnelles puis l'exode rural s'y firent lourdement sentir jusqu'à ce qu'un dénommé Martel la mette sur la voie du tourisme.

A ce propos, l'office du tourisme propose des circuits de visite et des explications sur les richesses de ses vieux murs. Pour découvrir la ville, il faut monter à la chapelle de Notre-Dame-du-Rocher (XIXe siècle, balade de quelques minutes à pied), site de l'ancien château et vue magnifique sur les trois vallées. Un circuit balisé permet de parcourir les petites rues, bordées de maisons qui témoignent de la splendeur passée. La tour de l'Horloge qui abrite l'office de tourisme témoigne de la puissance des anciennes fortifications. Enfin, l'église Saint-Pierre (XVIIe siècle), une des plus vastes de Lozère et le temple en forme d'octogone surmonté d'une coupole sont là pour témoigner de la dualité religieuse.

OFFICE DE TOURISME Tour de l'Horloge © 04 66 45 60 33. *Ouvert tous les jours de Pâques à la Toussaint, en semaine en hiver.*

Points d'intérêt

L'AVEN ARMAND Hures-la-Parade © 04 66 45 61 31. *Ouvert du 27 mars au 2 novembre, juillet et août tous les jours en continu de 9h30 à 19h (départs toutes les 20 mn, dernier dernière descente du funiculaire 45 mn avant la fermeture), horaires à vérifier pour les autres périodes (fermé entre 12h15 et 13h15). Entrée adulte 8 €, enfants (moins de 5 à 15 ans) 5,50 €, jeunes (de 15 à 21 ans) 6,50 €, tarif groupe adulte 6,50 €. Dernière descente du funiculaire 45 mn avant la fermeture). Billets jumelés avec Montepellier-le-Vieux, adultes 11 €, enfants 7 €, scolaires et étudiants 8 €.* On peut s'imaginer l'émotion d'Edouard-Alfred Martel lorsqu'en septembre 1887, accroché à une échelle de corde et à la lueur d'une torche, il jeta le premier les yeux sur une forêt de plus de 400 stalagmites. La salle immense (120 m de long, 65 m de large et 45 m au plus haut) qui pourrait contenir Notre-Dame de Paris est la plus grande concentration de stalagmites connue, la plus haute atteignant 30 mètres.

CHAOS DE NIMES-LE-VIEUX Le Veygalier. *Accès à partir du col de Perjuret, D996.* Depuis des millénaires, l'érosion sculpte des formes étranges et fantastiques dans le calcaire dolomitique. Elles ont nourri la crainte des hommes. Aussi, pour exorciser ces peurs ancestrales, des noms à référence humaine ont toujours été donnés à ces rochers terrifiants. Le chaos de Nîmes-le-Vieux, comme son vis-à-vis aveyronnais Montpellier-le-Vieux, n'échappe pas à cette règle et l'on y voit des rochers en forme de remparts, de tours et de colonnes qui ont été nommés la Marmite de Gargantua, le Lion, les Arènes…

CHATEAU DE ROQUEDOLS D986. Superbe bâtisse du XVIe siècle, ce château en forme de quadrilatère massif a conservé un escalier Renaissance d'une belle ampleur. Appartenant à l'Etat représenté par l'ONF et géré par le parc des Cévennes, il accueille l'été un centre d'information de ce dernier. Tout autour, un sentier pédestre permet de découvrir une partie de la forêt de l'Aigoual, les espèces forestières représentatives et même l'historique du reboisement à travers une exposition située dans l'ancien pigeonnier.

EXPOSITION DE GEOLOGIE ✆ 04 66 45 65 45. Elle complète un sentier balisé qui s'avance à travers le site de Nîmes-le-Vieux. La géologie du causse y est expliquée et illustrée d'exemples et d'échantillons.

LA FERME CAUSSENARDE D'AUTREFOIS Hyelzas ✆ 04 66 45 65 25. *Ouvert tous les jours d'avril à juin et en septembre de 10h à 12h et de 14h à 18h, en juillet et août de 10h à 19h, en septembre et octobre de 10h à 12h et de 14h à 18h. Entrée adulte 4,70 € enfant de 7 à 14 ans 1,95 €.* Sur le causse Méjean, une maison familiale s'est transformée en musée. Des générations se sont succédées, vivant de l'agriculture jusqu'aux années 50. Elles ont laissé intact le témoignage de ce passé : de la chambre à la cuisine tout le mobilier et les ustensiles ont été conservés, de même que dans les bâtiments d'exploitation (la bergerie, l'étable, la grange ou le four à pain). Le temps s'est arrêté, comme en témoigne une collection de photos anciennes montrant les travaux de la terre et le film Lou méjio qui fait revivre les gestes d'antan. Dans une des caves, une exposition de bâtiments miniatures, construits en pierre et à l'identique, donne à voir le savoir-faire architectural des gens des causses et des gorges.

GROTTE DE DARGILAN D139 ✆ 04 66 45 60 20. *A 8 km de Meyrueis par la D39. Fermé en hiver. Ouvert tous les jours des vacances de printemps aux vacances de Toussaint. Avril, mai, juin, septembre : 10h à 12h et de 14h à 17h30. Juillet et août : 9h à 19h. Octobre : 10h à 12h et de 14h à 17h. Adultes 8 €, jeunes de 6 à moins de 18 ans 5 €, groupes à partir de 20 personnes 6,50 €, scolaires 4 €.* Explorée par Martel en 1888, elle fut la première aménagée pour la visite dès 1890, éclairée à l'électricité en 1910… Et le spectacle est toujours aussi beau : près de 1 500 m de parcours aménagés font passer au milieu de concrétions toujours actives où dominent les tons de rose, dus à la cristallisation. On entre d'abord dans une des plus grandes salles de France, avant de s'engager dans le lit d'une ancienne rivière qui recèle les concrétions les plus imposantes. On y découvre le fuseau, la mosquée, le grand clocher, les draperies et la cascade…

Le couvert

FERME-AUBERGE BARET Les Hérans - HURES-LA-PARADE ✆ 04 66 45 64 42. *Ouvert à midi du 1er avril au 30 septembre, fermé lundi et mardi en juillet-août. Menus de 14 € à 22 €.* Bien établie depuis longtemps, la ferme se fréquente à midi (sur réservation), au détour d'une randonnée, ou l'on y vient dans le but de déguster un repas gastronomique : charcuterie maison, tourte au roquefort, soupes paysannes, mouton sous toutes ses formes, d'autant plus appréciable qu'il vient de la ferme.

La dualité religieuse cévenole : l'église et le temple (octogonal au premier plan)

Le gîte

CAMPING DE CAPELAN* Route du Rozier ✆ 04 66 45 60 50.** *Ouvert du 1er mai au 17 septembre. Forfait 2 personnes de 12 € à 15 €. Location de mobile-homes de 232 € à 610 € la semaine pour quatre personnes.* Adossé à la montagne, ce grand camping (100 places) tout équipé offre une panoplie d'activités impressionnante : de la piscine au site d'escalade, en passant par la randonnée ou la spéléo. Après ces rudes journées, on apprécie d'autant plus toutes les commodités des installations (bar-snack, marché, laverie…).

VVF GITE CLAIR AYRES ✆ 04 66 49 69 00. *Ouvert d'avril à octobre. A partir de 235 € la semaine.* Le village de gîtes, composé de 60 pavillons de plain-pied, est imprégné de la nature environnante. Sur place, toutes les commodités ont été prévues (accueil, laverie), complétées par le village tout proche. Les loisirs sont privilégiés (bibliothèque, prêt de jeux de société, balades familiales proposées deux fois par semaine…) et les activités alentour sont nombreuses, de l'équitation à la spéléo en passant par le tir à l'arc ou le canoë ; les membres des gîtes bénéficient de tarifs préférentiels. Accès gratuit à la piscine municipale en été.

Le gîte et le couvert

CHATEAU D'AYRES* Les Ayres ✆ 04 66 45 60 10.** *Site : www.chateau-d-ayres.com. Ouvert de mi-mars à mi-décembre. Chambres doubles de 88 € à 141 €, demi-pension à partir de 75 €/pers, menus de 27 € à 43 €.* Dans le parc de 5 hectares de cet ancien monastère, planté de séquoias géants et de chênes centenaires, on est à mille lieues de la folie moderne. Le charme se prolonge dans les chambres rénovées meublées à l'ancienne et les salons de style. Le nouveau chef Jacky Jubin joue des produits du terroir avec une grande maîtrise (saumon fumé par la maison, agneau rôti au genièvre du causse, pigeonneau fermier en cocotte à la crème d'ail…) ; Jean-François de Montjou et Hélène ont mis à la disposition de leurs hôtes une belle piscine et un tennis et veillent à tout instant, et avec discrétion, au bien-être de ceux-ci.

HOTEL FAMILY Quai de la Barrière ✆ 04 66 45 60 02.** *E-mail : hotel.family@wanadoo.fr. Ouvert de mars au 5 novembre. Chambres doubles de 34 € à 43 €. Demi-pension à partir de 43 €. Menus de 12 € à 25 €.* Il porte bien son nom et a l'accueil chaleureux. Grande maison actuelle, cet hôtel de séjour combine des chambres confortables (téléphone, télévision par satellite, accès Internet), une situation agréable près du centre-ville et une table plaisante. La salle à manger joue le mariage des meubles rustiques et des nappes élégantes et on y dégustera une cuisine de terroir, dans un esprit familial qui sied aux pensionnaires et habitués. Les amateurs de farniente passeront le petit pont de bois qui traverse la rue, pour rejoindre la piscine ou encore le jardin fleuri et le coin lecture. Un établissement très sympathique et confortable où beaucoup reviennent prendre pension et profitent ainsi des différentes suggestions de séjour.

LA MOSAIQUE Gatuzières ✆ 04 66 45 64 10. *Ouvert d'avril à fin novembre. Chambre deux personnes 46 €. Chambre trois personnes 57 €. Chambre quatre personnes 66 €.* Voisine de la maison des propriétaires, la maison d'hôtes se pare de bois à l'extérieur et de mosaïques à l'intérieur. Les trois chambres, claires et chaleureuses, disposent de leurs propres sanitaires ; les occupants apprécient le calme des lieux sur la terrasse et envisagent toutes les randonnées possibles depuis ce petit village. Le soir, sur commande, Muriel Trescarte prépare des repas familiaux.

Loisirs

CENTRE EQUESTRE DE L'AIGOUAL Pradines ✆ 04 66 45 66 66. *Randonnées touristiques ou sportives. Location de chevaux et poneys à la journée.* Ici, tous les niveaux sont acceptés. Initiation pour débutant, randonnées pour tous, débutants et confirmés et l'on part vers les Grands Causses ou les Cévennes. La variété des hébergements sur Meyrueis leur permet de proposer plusieurs formules d'accueil pour toutes les bourses, de la simple ferme-auberge au prestigieux château d'Ayres, et même de concevoir des randonnées gastronomiques qui ravissent les cavaliers gourmands. 17 chevaux sont à la disposition des pratiquants ainsi que 7 poneys pour les enfants.

Emplettes

SANTONS MIREILLE 14, Quai de la Barrière ✆ 04 66 45 65 43. *Ouvert d'avril à novembre.* Un petit coin de la Provence se retrouve dans l'atelier de Mireille Charrier. On y retrouve les personnages classiques : forgeron, berger, meunier, boulanger, femmes revêtues du costume traditionnel… Elle fabrique les divers éléments des corps en terre cuite. Après cuisson et peinture, ils sont assemblés, puis vêtus de tissus provençaux. Au final des personnages hauts de 30 cm environ, typiques et attendrissants.

Produits du terroir

BOULANGERIE-PATISSERIE MICHEL BOYER Place Sully ✆ 04 66 45 67 43. Les pains frais, de toutes sortes, ont la croûte croquante et la mie tentante. Les viennoiseries leur font concurrence, les petits gâteaux se font remarquer, mais on fond, suivant l'avis de la Lozère Gourmande, pour des meringues aux amandes d'une finesse extrême.

FERME DE JONTANELS Jontanels ✆ 04 66 45 63 71. *Vente tous les jours à la ferme.* Avec un troupeau de 40 chèvres et quelques vaches, Marc Aine confectionne des tommes de chèvre et mi-chèvre mi-vache. Et comme il ne s'arrête pas là, il donne dans la charcuterie : saucissons, pâtés (dont celui du jardinier, invention maison), boudins, confits et, la spécialité de la maison, le chevreau aux myrtilles. Les visites de l'exploitation se font le matin à 11h (fabrication du fromage) et à 17h30 (la traite des chèvres).

LE FEDOU Hyelzas ✆ 04 66 45 66 74. *Ouvert d'avril à septembre et pour les vacances de la Toussain, tous les jours de 10h à 17h (13h le dimanche), en juillet et août du lundi au dimanche inclus de 10h à 19h. Vente toute la journée, restauration à partir de 12h.* La laiterie du Fédou est tout entière dévolue à la brebis. Ce joli nom vient d'ailleurs de la fède, la brebis en occitan. En Lozère, on l'associe depuis longtemps déjà à cette fromagerie très performante. Travaillant selon la tradition et les normes modernes, elle produit des fromages réputés pour leur qualité.

Le Rozier

Deux gorges (Tarn et Jonte), trois causses (Sauveterre, Noir, Méjean) aboutissent au Rozier. Ce petit village est la porte d'entrée de la Lozère caussenarde en venant de la plaine languedocienne. Du prieuré bénédictin du Moyen Age, il ne reste que l'église (XIIe siècle), mais souvent remaniée et enrichie (chapelles gothiques, arc triomphal...). Le Rozier est le point de départ d'une belle randonnée (1/2 heure de marche) vers le rocher de Capluc qui porte les ruines d'un château et de vieilles maisons caussenardes. Par un escalier de pierre et des échelles de métal, les courageux peuvent atteindre le sommet qui porte une croix et d'où l'on embrasse un panorama extraordinaire sur la Lozère du sud et ses beautés naturelles.

OFFICE DE TOURISME ✆ 05 65 60 60 89

Points d'intérêt

LES ARCS DE SAINT-PIERRE Saint-Pierre-des-Tripiers. Cette commune aux multiples hameaux perdus sur le causse Méjean possède sa curiosité naturelle : un site géologique où l'érosion a creusé des formes étonnantes. Les arcs sont trois arches sculptées dans la dolomie, que l'on découvre au cours d'une balade fléchée. Le parcours conduit au pied de quelques rochers aux formes particulières (l'obélisque, le bonnet phrygien, la poule...) et sur la place du village. Plus à l'ouest, en bordure du causse se dressent le Vase de Chine (23 m de haut) et le Vase de Sèvres (21 m), silhouettes fantomatiques qui veillent sur les gorges.

LE BELVEDERE DES VAUTOURS Le Truel ✆ 05 65 62 69 69. *Fermé de mi-novembre à mi-mars. Ouvert tous les jours de 10h à 18h et 19h de mi-juin à août. Visite 1h30 environ. Adultes 6 €, enfants 3 €. Randonnées organisées par la LPO.* Conçue en partenariat avec le parc national des Cévennes, la terrasse du belvédère (équipée de longues-vues) est un lieu parfait pour l'observation de ces grands oiseaux. Le reste du bâtiment permet de mieux les découvrir : une salle de vidéo projection retransmet en direct des scènes prises en des lieux inaccessibles, un parcours scénographique souterrain fait connaître les vautours et leur histoire dans la région.

LES GORGES DE LA JONTE. A partir des gorges de la Jonte, une route en lacet, véritablement enchâssée dans les falaises, permet d'accéder au village de Saint-Pierre-des-Tripiers (déformation d'estripiés, c'est-à-dire défrichés), qui recèle des bijoux d'architecture caussenarde, malheureusement parfois en mauvais état. A proximité, juste au-dessus du hameau des Douzes est plantée fièrement la petite chapelle Saint-Gervais. Son cimetière est encore utilisé par les habitants de la vallée en contrebas. C'est le dernier lieu en France où les cercueils sont montés à dos d'homme par un sentier escarpé le long de la falaise.

Le gîte

HOTEL DOUSSIERE ✆ 05 65 62 60 25.** *Internet : www.hoteldoussiere.com. Ouvert d'avril au 12 novembre. Chambres doubles de 39 € à 50 €.* De part et d'autre du Tarn, l'hôtel Doussière a posé ses pénates dans deux bâtiments, permettant ainsi à la majorité de ses 20 chambres d'ouvrir sur le murmure de l'eau. Les intérieurs sont récents et ont marié les murs clairs à des tissus de couleurs. Téléphone et télévision ont été prévus dans toutes les chambres, mais on peut leur préférer un moment sur la terrasse qui domine la rivière. Les petits-déjeuners se prennent là ou dans la salle largement ouverte.

Le gîte et le couvert

GRAND HOTEL DE LA MUSE ET DU ROZIER* ✆ 05 65 62 60 01.** *Site : hotel-delamuse.com. Ouvert de fin mars à début novembre. Chambres doubles de 77 € à 115 €. Menus de 27 € à 44 €. Demi-pension à partir de 74 €.* Ce grand hôtel d'architecture moderne s'est réservé une place de choix sur le bord de la rivière. Il offre ainsi à ses 38 chambres une terrasse individuelle paisible et des intérieurs de grand confort. L'ensemble de l'établissement respire le luxe et préserve l'intimité de chacun. Les hôtes profitent pleinement du jardin, de la piscine, du salon et du bar et apprécient, les soirs d'été, les repas pris sur la grande terrasse. La table est à la hauteur de ce que l'on attend d'un tel établissement, mariant la cuisine régionale et les recettes classiques. De quoi passer un séjour des plus confortables.

HOTEL-RESTAURANT DE LA JONTE Les Douzes ✆ 05 65 62 60 52. *Ouvert du 15 mars au 15 novembre. Chambres doubles de 30 € à 38 €. Demi-pension à partir de 36 €. Pension complète : 45 €. Menus de 10 € à 28 €.* Au cœur des gorges de la Jonte, le grand établissement de la famille Vergely fait l'animation depuis 1954. L'adresse est connue tant de ceux qui travaillent dans le coin que des groupes de touristes qui en ont entendu parler. Aussi les grandes salles sont-elles bien pleines en été, quand se joignent aux résidents les visiteurs de passage. Les premiers ont pu goûter au calme de 28 chambres, dont certaines donnent sur le jardin (terrasse privée, téléphone et télévision). Chacun se retrouve attablé devant les plats typiques, préparés selon les recettes familiales et mange de bon appétit. Il faut dire que le paysage a tout pour mettre de bonne humeur et fait voir la vie en vert. Pour trouver un peu de bleu, il ne reste qu'à se plonger dans la petite piscine, puis à lézarder en terrasse, au-dessus de la rivière.

Loisirs

MAISON DES GUIDES SPORTIFS ✆ 05 65 62 63 54. Cette équipe de professionnels évolue dans les gorges et sur les causses comme une bande de poissons dans l'eau. Tous diplômés (guides, brevets d'Etat, moniteurs et accompagnateurs), ils font pratiquer en toute sécurité le canyoning, la spéléologie, l'escalade, le rappel et, plus simplement, la randonnée à pied ou en VTT. Les activités sont organisées à la journée, sur un week-end ou une semaine.

▷ *Dans les environs*

Le Massegros

A l'écart des grands flux touristiques, le causse de Sauveterre est un vaste plateau calcaire dans lequel l'eau s'est infiltrée en creusant des galeries. Avens et rivières souterraines sont ainsi nés. En surface, les étendues dénudées alternent avec les dolines cultivées. Une maigre végétation couvre le sol pierreux. Ces grands espaces ont été rompus en certains endroits par le reboisement en pins noirs. Mais tout au long des temps, les hommes se sont employés à exploiter ce terroir. Ainsi le Massegros et ses alentours sont maintenant un conservatoire de l'habitat rural caussenard. A côté, subsiste une maison aragonaise et sa terrasse couverte, souvenir de 86 ans de possession de la région par les comtes de Barcelone au XIIe siècle. C'est aussi ici que la société Caves de Roquefort fabrique la feta au lait de brebis.

SYNDICAT D'INITIATIVE Le Massegros ✆ 04 66 48 80 90

CHEZ RICOU Place de la Mairie - LE MASSEGROS ✆ 04 66 48 80 07. *Ouvert toute l'année. Chambres double 30,50 €. Demi-pension à partir de 35 €. Menus de 10 € à 17 €. 5 studios à partir de 230 € par semaine.* Au Massegros, tout le monde connaît ce grand établissement récent, qui fait office de bistrot du coin comme de lieu de séjour. Chez Ricou, l'accueil est une histoire de famille. Les chambres sont simples, fonctionnelles et lumineuses, les assiettes bien remplies d'une cuisine familiale et locale qui met les petits plats dans les grands le week-end : le menu du jour laisse alors la place aux canettes, aux cuisses de grenouilles, et autres spécialités…

Les Vignes

Au cirque des Baumes, le Tarn prend une orientation nord-sud. Le village des Vignes se situe dans cette partie des gorges bien ensoleillée où la vallée s'élargit quelque peu. La paroisse avait autrefois son siège, à proximité, à Saint-Préjet comme en témoigne une église romane toute simple, avec son clocher-peigne à une baie et qui renferme une fresque de la Renaissance, découverte en 1910 : L'Apothéose de saint Préjet. Plus au sud, en remontant sur le causse, la route frôle les ruines de château de Blanquefort, nid d'aigle qui gardait la vallée.

LE PAS DU SOUCY. Le diable n'avait pas apprécié de voir Enimie s'installer à Burle et répandre la foi chrétienne, aussi lui causa-t-il quelques tracas. La patience d'une sainte n'étant pas celle d'un ange, Enimie obtint de Dieu le pouvoir de vaincre le Malin. Elle demanda alors l'aide de la montagne qui détacha de ses falaises d'énormes blocs rocheux afin d'engloutir le démon. Aussitôt la sainte arrêta le cataclysme, figeant dans sa descente le roc de l'Aiguille. Voilà pourquoi il penche ainsi sa cime au-dessus des énormes blocs du pas du Soucy. A défaut d'y entendre les plaintes du Malin, on y a un magnifique point de vue sur les gorges.

LE POINT SUBLIME © **04 66 48 81 18.** *Accès par La Malène et Les Vignes. Parking gratuit. Ouvert de Pâques à la Toussaint.* Site touristique par excellence, mais surtout site classé pour sa situation exceptionnelle, ce belvédère a une vue unique sur les gorges et le Tarn qui coule 400 mètres plus bas. Il s'avance sur la rivière et permet d'en suivre, des yeux, le cours en aval et en amont. En été, boutique de souvenirs et petit restaurant animent l'endroit.

LE MOULIN DE LA LUMINADE © **04 66 48 85 62.** *Ouvert de Pâques à septembre. Menus de 12 € à 31 €.* Cet ancien moulin profite des viviers installés sur le Tarn pour garnir les assiettes de truites et d'écrevisses. Mais sa cuisine régionale et soignée ne s'arrête pas là et, selon les saisons, propose un foie gras frais et sa compote de fruits (qui varient selon le temps...), de la charcuterie locale, de l'agneau élevé sur les causses... A apprécier depuis la terrasse, au-dessus d'une résurgence du Tarn.

FROMAGERIE FRANCIS ROUJON Soulages - SAINT-GEORGES-DE-LEVEJAC © **04 66 48 81 32.** Francis Roujon a élaboré le lévejac, un fromage pur brebis : sa croûte fleurie protège une pâte molle. Pour une texture plus moelleuse, on peut goûter la tommette, et pour cuisiner, préférer la pâte pressée du lévéjac, longtemps affiné pour rendre tous ses parfums.

LA MARGERIDE

Au nord-est, le socle cristallin affleure sur l'ensemble de la Margeride, l'un des plus vastes massifs granitiques d'Europe. Hauts plateaux couverts de pâturages, mais où subsistent des petites forêts de pins sylvestres et de hêtres, ils dépassent les 1 000 mètres d'altitude en moyenne et sont entaillés sur leur pourtour de vallées profondes aux versants arrondis. Au centre, ce n'est que moutonnement de croupes harmonieuses. Le signal de Randon domine de peu l'ensemble de ses 1 565 mètres. La décomposition du granit a laissé de grands blocs qui parsèment les landes ou parfois s'amoncellent en chaos rocheux. Le sud de la Margeride est constitué par la montagne du Goulet, massif schisteux qui repose sur le socle cristallin. Il isole une petite région très insolite en ces lieux. La plaine de Monbel, petit causse d'altitude. Souvent en Margeride, la terre est pauvre, le climat rude et le seigle la seule céréale que les hommes aient pu cultiver dans ces contrées austères. La lande à genêts prédomine, se couvrant au printemps d'une infinité de tâches d'un jaune éblouissant... La Margeride offre un paysage unique pourvu d'étendues montagneuses au relief arrondi, de prairies, de forêts profondes et de cours d'eau torrentueux.

Il s'agit de la région la moins peuplée d'Europe. Cette chaîne montagneuse peu élevée forme pourtant une barrière nord-sud, qui ne s'abaisse que très peu au passage des cols. De la vallée de l'Alagnon à celle du Lot, elle sépare depuis toujours les eaux qui coulent vers la Garonne de celles qui rejoignent la Loire. Sur ses contreforts, vers l'ouest, coule la Truyère. Elle traverse cette région et trace une frontière avec le Cantal, où elle est enjambée par le viaduc de Garabit, œuvre d'Eiffel.

Descendant de la Margeride, grossissant les eaux du Triboulin, la Truyère s'est fait une vallée au pied de l'Aubrac, dont villes et villages ont profité pour se développer, sur les premiers contreforts.

Langogne

La ville située dans la haute vallée de l'Allier, aux confins de l'Ardèche et de la Haute-Loire, compte 3 700 habitants, mais elle est au centre d'un bassin de vie de 20 000 personnes réparties sur les trois départements. La naissance de Langogne remonte à la fondation d'un monastère, en 998, qui abritait des moines bénédictins. Ce sont eux qui, un siècle plus tard, firent édifier l'église que l'on peut voir aujourd'hui. Malgré les dégradations, c'est l'une des plus remarquables églises romanes du Gévaudan. De l'ancienne enceinte qui protégeait le monastère, il ne reste que cinq des six tours rondes formant le petit tour de ville, dont certaines sont encore habitées. La halle XVIIIe siècle, couverte d'un beau toit de lauzes, où se tenait le marché au grain, accueille toujours camelots et forains.

Au long des siècles, Langogne a vécu principalement de l'exploitation forestière et de l'élevage, mais aussi du tissage de la laine. Aujourd'hui encore, elle conserve une vocation commerciale, avec son traditionnel marché aux bestiaux. Mais depuis la création du lac de Naussac, la ville s'est tournée vers le tourisme.

OFFICE DU TOURISME 15, boulevard des Capucins ✆ 04 66 69 01 38. *Ouvert de 9h à 12h et de 15h à 18h du lundi au samedi, hors saison, en saison du lundi au samedi de 9h à 12h et de 14h30 à 18h30 et dimanche de 10h à 12h.*

Points d'intérêt

EGLISE SAINT-GERVAIS ET SAINT-PROTAIS. L'église primitive, de style roman bourguignon, date du XIe siècle, mais les destructions lors des guerres de Religion ont entraîné des modifications importantes, principalement aux XVIe et XVIIe siècles. La façade présente un portail monumental gothique flamboyant. A l'intérieur, on découvre quatre-vingt-cinq chapiteaux sculptés dans le granit en place depuis le XIIe siècle : motifs floraux, scènes historiées, aucun ne se répète.

LA FILATURE DES CALQUIERES 23, rue des Calquières ✆ 04 66 69 25 56. *Ouvert toute l'année, horaires variables selon les périodes. Adultes 5,50 €, enfants 3 €.* Témoin du passé de la ville, cette ancienne filature en état de marche a conservé les gestes anciens et les machines du XIXe siècle actionnées par une roue à aubes. De la toison au fil des écheveaux, la laine passe dans une cardeuse, une assembleuse, une retordeuse ; la filature possède encore une Mull Jenny de 1890 (métier à filer) qui fut en son temps le fleuron mécanique de cette industrie. Un espace pédagogique, avec un atelier de tissage (stages enfants et adultes sur demande) complète cette visite instructive et donne à manipuler les outils d'aujourd'hui. En parallèle aux installations de travail, un diaporama, une scénographie et des bornes interactives sur la transformation de la laine fournissent toutes les explications attendues. Un passage dans l'exposition et la boutique artisanale, et l'envie de chaleur douce et confortable nous prend.

Le couvert

LE GEVAUDAN Avenue du Maréchal-Foch ✆ 04 66 69 28 55. *Menus de 8,75 € à 22 €.* Derrière ses petits rideaux grand-mère, le Gévaudan cache une bonne chair qui n'a qu'à puiser dans les réserves de sa région, sans effet de casserole, mais avec efficacité. Une belle liste de salades composées, une omelette aux cèpes, de la viande fermière et, pour le plaisir des papilles, une carte crêperie qui ne laisse pas indifférent. Pour tous les (bons) goûts, à des prix qui autorisent la gourmandise.

Le gîte et le couvert

GRAND HOTEL DE LA POSTE 13, avenue du Maréchal-Foch ✆ 04 66 69 00 02.** *Fermé en février. Chambre double de 40 € à 60 €. Menus de 17 € à 30 €.* Ce grand hôtel du centre-ville a installé ses chambres, de bon confort et modernes, dans deux immeubles voisins. Elles sont au-dessus d'un bar à l'ambiance pub et d'une salle de restaurant, toute de bois décorée, qui s'ouvre au premier étage sur une petite cour intérieure. Cuisine du terroir soignée autour des grands classiques : tête de veau en persillade, truite fario au lard, tripes au vin blanc, grenouilles et champignons ; la carte change au fil des saisons mais permet toujours de se faire une bonne idée (et quelques souvenirs) des gourmandises locales. Au bar, les tables se prêtent à la dégustation de quelques glaces ou crêpes sucrées.

Loisirs

GOLF DU DOMAINE DE BARRES Route de Mende ✆ 04 66 69 71 27. *Parcours ouvert tous les jours de mars à novembre.* Sur 25 hectares, ce golf se compose de 9 trous, de difficulté croissante. Il est ouvert à tous quel que soit le niveau, du débutant au confirmé.

LE TRAIN TOURISTIQUE. Fonctionne en été, 4 jours par semaine. Renseignements à l'office de tourisme de Langogne. Au départ de Langogne, un petit train touristique part le matin et emmène ses voyageurs par les gorges de l'Allier. Il passe près de Saugue, où se trouve le musée de la Bête et finit sa course à quelque 70 km de son départ, à Langeac, en Haute-Loire, ayant passé 51 tunnels et pas mal de viaducs. Là, quartier libre pour l'après-midi ou visite guidée, balade, canoë… le programme est au choix. Et le soir, tout ce petit monde revient par un train normal. L'excursion peut bien sûr se faire dans l'autre sens, au départ de Langeac.

Emplettes

LE CARRE DES MAITRES 22, avenue Conturie ✆ 04 66 69 02 47. *Fermé en janvier et février. Ouvert du lundi au samedi de 9h à 12h et de 14h à 19h, et le dimanche de 9h à 12h en été, du mercredi au samedi de 9h à 12h et de 14h à 18h hors saison (fermé le dimanche hors saison).* Pour le plaisir des yeux et du palais, cet espace spécialement aménagé offre à la convoitise les saveurs salées et sucrées que recèle la région. Au milieu des friandises, du vin et des apéritifs, on découvre aussi les productions artisanales en bois, en cuir, en soie...

CHARCUTERIE DU GEVAUDAN 27, boulevard du Général-de-Gaulle ✆ 04 66 69 06 58. Comme si les charcuteries traditionnelles ne leur suffisaient plus, M. et Mme Fages, charcutiers patentés, ont inventé le bâton du pastre, sorte de saucisse sèche de filet mignon. Comme tous leurs produits, elle est sans conservateur ni colorant et fait très bon ménage avec ce petit mélange de champignons au vinaigre préparé là et qui aiguise l'appétit.

LE PARFUM DES BOIS 15, avenue du Mal-Foch ✆ 04 66 69 05 93. C'est celui des champignons qui, sortis des bois, se trouvent là en bocaux, séchés ou mélangés. De quoi améliorer toutes les omelettes et les ragoûts ! Pour le dessert, M. Pellegrini a ramassé et mis en conserve des fruits goûteux dont les airelles et les myrtilles.

▷ *Dans les environs*

Auroux

Le village est niché au cœur de la vallée verdoyante du Chapeauroux. Ses maisons accrochées à la colline s'appuient sur d'énormes blocs de granit. Sur la place, la petite chapelle des Pénitents rappelle que la localité abritait autrefois une confrérie. Bien plus récemment, Auroux fut l'un des premiers villages électrifiés de France.

SYNDICAT D'INITIATIVE ✆ 04 66 69 55 17 (hiver)/04 66 69 56 32 (été)

LES CHATEAUX DE SOULAGES ET FABREGES. Dans les environs, les châteaux de Soulages et de Fabrèges évoquent le souvenir de deux importantes seigneuries. Celui de Soulages, au sud-est de la commune, domine la vallée boisée du Chapeauroux. Sur l'autre rive du Chapeauroux, le manoir et la chapelle de Fabrèges (XVIIe siècle) se cachent dans un parc ombragé. La chapelle, non loin du château, a été construite et décorée par Viollet-le-Duc en 1847.

CAMPING MUNICIPAL LA GRAVIERE Village - AUROUX ✆ 04 66 69 52 34.** *Ouvert du 15 juin au 15 septembre. 50 emplacements. Forfait adulte 2,20 €, enfant moins de 12 ans 1,15 €, emplacement 1,50 €.* 50 emplacements sont réservés aux tentes, mais le camping peut aussi recevoir en chalets et mobile-homes. Equipement simple, mais très beau cadre, ombragé, en bordure du Chapeauroux. On vous conseillera sur toutes les activités nature. Commerces dans le village.

Chastanier

Sur les bords pittoresques du Chapeauroux, le village s'est constitué autour de son église romane : elle fut bâtie à la fin du XIe siècle, au plus haut, sur le rocher. Elle connut bien des vicissitudes entre la guerre de Cent Ans, les conflits avec les protestants et les troubles de la Révolution, mais parvint à peu près intacte jusqu'au XIXe siècle où elle fut réhabilitée. Ainsi le mobilier liturgique a été conservé et est désormais présenté dans un petit musée.

MUSEE D'ART SACRE ET ECOMUSEE Chastanier ✆ 04 66 69 50 70/04 66 69 51 44. *Ouvert tous les jours du 15 juillet au 31 août de 15h à 19h. Tarif 3 €. Visites guidées pour les groupes à 15h, 16h, 17h et 18h. Ouvert hors saison pour les groupes sur rendez-vous.* L'ancien presbytère s'est scindé en deux pour présenter un bout de l'histoire des Lozériens. Au rez-de-chaussée, l'écomusée a recréé le cadre de vie typique des campagnes d'autrefois ; à l'étage, le musée d'art sacré expose une belle collection d'objets liturgiques et d'ornements sacerdotaux (ostensoirs, livres, chasubles...).

Naussac

En 1980, la construction du barrage destiné à réguler les eaux de l'Allier a provoqué la disparition du véritable village de Naussac, englouti à jamais au fond du lac. Après d'âpres discussions, un nouveau village ou plutôt un lotissement, fut reconstruit tout près de Langogne, sur les hauteurs du lac. Sur la place, on a remonté pierre à pierre le clocher de l'église et la tour du vieux château qui faisaient partie de l'abbaye du Chambon. Ce sont désormais les seuls vestiges de l'ancien village. Le lac, très étendu (7 km de longueur), bénéficie de nombreux aménagements touristiques qui en font une destination très fréquentée.

LE LAC ET LE BARRAGE DE NAUSSAC. Le barrage-réservoir de 1 050 hectares, fait pour soutenir l'étiage de l'Allier et de la Loire, est alimenté par le Donozau et par une partie des eaux du Chapeauroux détournées grâce à une conduite de 1 700 mètres de long. Le barrage stocke jusqu'à 190 millions de m³ d'eau et permet de répondre aux besoins d'alimentation en eau potable et aux exigences de l'industrie et de l'agriculture.

BASE NAUTIQUE L'ESPACE BLEU Lac de Naussac ✆ 04 66 69 34 25. *Site : www.cnnl.free.fr. Ouvert à partir du printemps.* Le lac est suffisamment vaste pour que l'on y pratique toutes sortes d'activités sportives : optimist, planche à voile, catamaran, dériveur, aviron, kayak, etc. La base étant une école de voile complète. Outre les stages et la location de matériel, la base gère des structures d'accueil à Naussac, le camping, mais aussi deux centres d'hébergement.

Rocles

A 1 150 mètres d'altitude, au milieu de belles forêts de pins et à proximité de la Clamouse et du Donozau, le village possède une église à clocher ajouré typique de la région que l'on aperçoit de fort loin. Elle fut en partie réédifiée à la fin du siècle dernier. Elle est patronnée par sainte Thècle, à qui l'on vient demander la guérison des maux de dents.

DOMAINE EQUESTRE PATRICK POYETON Hameau de Palhères - ROCLES ✆ 04 66 69 55 40. *Ouvert toute l'année. Séjours multi-activités.* M. Poyeton exerce cette activité depuis plus de 25 ans et, en quelques heures, son équipe et lui font découvrir à tout un chacun les plaisirs de l'équitation. Il a prévu des formules de location de chevaux à l'heure, à la journée et même à la semaine, car il organise des séjours découvertes et des randonnées à thème ou à la carte. Avec plus de 60 chevaux en semi-liberté, le domaine équestre de Patrick est l'un des plus grands de Lozère. Le centre équestre se double d'une auberge accueillante, à proximité.

CENTRE DE LOISIRS, CAMPING ET RESTAURANT RONDIN DES BOIS* Rocles ✆ 04 66 69 50 46.** *Camping ouvert toute l'année, hors saison sur réservation. Forfait emplacement pour 1 ou 2 personnes 12, véhicule. 2, Camping car 15, adulte supplémentaire 4,50 € enfant 2 € Mobile-homes ou petits chalets de 230 € à 550 €. la semaine. Week-end de 50 € à 70 € la nuitée. Restaurant le Rondin des bois (150 places) 04 66 46 28 11. Menus de 12,50 € à 27 €, mariages et banquets.* Des rondins de bois au Rondin des Bois, il n'y a qu'une scie. Maniée avec beaucoup d'habileté, elle donne forme à ces chalets de toutes tailles (des petits, pour les vacances, au très grand, pour le restaurant). Leurs toits couverts d'herbe sont en parfaite harmonie avec le cadre, vert et arboré. S'y ajoutent le bleu du ciel (souvent) et celui de la piscine chauffée. Le camping caravaning est équipé pour 80 emplacements et quelques mobile-homes. Les trois étoiles garantissent le nécessaire et le superflu (laverie, animations, alimentation, bar, plats à emporter…). En outre, le Rondin des Bois est un véritable centre de loisirs qui propose de nombreuses activités sportives sur le lac de Naussac et dans les environs..

Châteauneuf-de-Randon

Alors que ce site gallo-romain avait été délaissé, le seigneur de Randon, de retour des croisades, y construisit son nouveau château, véritable citadelle qui contrôlait les axes de passage depuis Mende vers Saint-Flour et Le Puy. Pendant la guerre de Cent Ans, Bertrand Du Guesclin, à la poursuite des Anglais, fit le siège de la citadelle et mourut de congestion pour avoir bu l'eau glacée de la fontaine de La Glauze, à l'Habitarelle, en 1380. Autrefois la ville était aussi connue pour ses antiques foires qui diffusaient l'artisanat du fer et les tissus produits là.

OFFICE DU TOURISME ✆ 04 66 47 99 52. *Site : www.cc-chateauneufderandon.fr. Ouvert toute l'année, tous les jours en été.* Installé dans des locaux rénovés, à l'entrée du village, il regroupe des informations sur tout le canton et sert de salle d'exposition.

Points d'intérêt

MUSEE DU GUESCLIN Mairie ✆ 04 66 47 91 43. *Ouvert en juillet et en août.* Installé dans la mairie, ce petit musée raconte les hauts faits du célèbre connétable. On y voit notamment une maquette de l'ancien château.

LA TABLE BRANLANTE. Châteauneuf-de-Randon garde la trace d'un autre personnage mythique : de l'énorme roche branlante, située près de là, on dit qu'elle serait le soulier gauche de Gargantua, alors que son sabot droit est au sommet du Signal-de-Randon : un petit pas pour ce géant !

LA TOUR DES ANGLAIS ET LA TABLE D'ORIENTATION. Ce n'est plus qu'un vestige, légèrement à l'extérieur de la ville, sur sa partie la plus haute ; partie intégrante de l'ancien château, sa position imprenable en a fait une tour de guet. En allant au bout de ce promontoire, on trouve une table d'orientation depuis laquelle on scrute les vallons jusqu'au plateau du Roi.

Le gîte et le couvert

HOTEL-RESTAURANT DE LA POSTE ET DES VOYAGEURS L'Habitarelle ✆ 04 66 47 90 05.** *E-mail : contact@hoteldelaposte48.com. Ouvert toute l'année. Chambres à partir de 49 €. Menus de 13 € à 27,50 €.* José et Anne-Marie Laurens réservent le meilleur accueil à leurs hôtes. La table présente une cuisine du terroir et quelques spécialités comme la salade d'automne aux marrons et aux cèpes, la pièce de bœuf à la randonnaise... Si l'on souhaite se loger à petits prix, on oubliera les seize jolies chambres de La Poste (récentes, claires et de bon confort) pour traverser la rue et rejoindre celles toutes simples des Voyageurs (avec ou sans douche et WC, ouvert de juin à septembre).

Statue de Du Gesclin

▷ Dans les environs

Arzenc-de-Randon

Sur les hautes terres de l'ancienne baronnie des seigneurs de Randon, le village d'Arzenc borde le Chapeauroux, qui prend sa source au col de l'Ane, un peu plus haut. Son église a été construite au XIIe siècle par les moines bénédictins de La Chaise-Dieu. Aux alentours, de nombreuses croix en fer forgé ou en pierre parsèment les chemins. En suivant l'ancienne draille de Saint-Sauveur-de-Ginestoux à Mende, on arrive sur les rives du lac de Charpal, au milieu duquel est noyé un pont romain. Une source d'eau pétillante remonte à sa surface.

LES AUROCHS DU GIRALDES ✆ 04 66 47 92 70. *E-mail : alexis.armager@libertysurf. Ouvert toute l'année sur réservation. Séjour en demi-pension de 26 € à 28 €. Visite guidée du parc des aurochs.* Une ferme un peu particulière que celle de Françoise et Alexis Amarger dédiée aux aurochs, cette vieille espèce à laquelle ils consacrent tous leurs soins (et même une exposition). La visite et les explications étonnantes font partie du séjour. Dans la maison, chambres (salle d'eau privée et WC communs) et cuisine sont simples, mais dignes de la Margeride. Les propriétaires mettent sur la table les produits de leur travail, le pain tout juste sorti du four, les légumes du jardin, les poulets fermiers, le lait et le beurre frais.

LE LAC DE CHARPAL. Cette étendue d'eau de 180 hectares et 8 millions de m³ d'eau s'inscrit dans un paysage de forêts d'épicéas, de landes sauvages et de bruyères. Le lac est alimenté par un faisceau de ruisseaux dont la Colagne. Mais pour le promeneur son intérêt est tout autre : on peut longer ses rives en suivant des sentiers de petites et grandes randonnées, pratiquer le ski nordique dans les forêts environnantes, observer quelques loutres ou plusieurs espèces d'oiseaux, herboriser ou bien pêcher brochets et perches. C'est un cadre magnifique qui se parcourt tout aussi bien sur le dos d'un cheval que sur la selle d'un VTT.

LA FUSTIERE Donnepeau - ARZENC-DE-RANDON ✆ 04 66 47 97 72. *Ouvert toute l'année. Chambre et petit-déjeuner 42 €, repas 14 €. Demi-pension : de 29 € à 35 € par personne, tarif réduit à partir de trois jours.* Chantal et Michel Ardon racontent des histoires de pain et de pin. Chantal organise à la demande des stages de fabrication du premier, le comestible. Michel, artisan ébéniste, présente son travail réalisé à partir du pin sylvestre et en meuble les chambres. Conquis, on décide alors de séjourner dans l'une d'elles (jusqu'à 4 personnes par chambres, avec mezzanine et sanitaires particuliers, dans un décor tout en bois blond) et de manger à la table d'hôtes : légumes du jardin, volailles, fromages de chèvre et même repas végétariens à la demande, pris dans la cuisine-salle de séjour où trônent une immense cheminée et le four à pain.

La Bastide-Puylaurent

La Bastide-Puylaurent est née du regroupement de deux paroisses au XIXe siècle. Puylaurent, jadis village important, est aujourd'hui un hameau presque déserté. Seul témoin de son passé, la très belle église romane qui s'élève au milieu du plateau à plus de 1 000 m d'altitude et dont les vitraux abstraits ont été réalisés par Vincent Bioulès, un des animateurs du mouvement Supports-Surfaces. La Bastide s'est développée grâce à l'arrivée de la ligne Paris-Nîmes qui s'arrête ici à son point le plus élevé, transformant ainsi le hameau en petite station d'altitude entre forêts et pâturages. Les possibilités de randonnées sont nombreuses grâce notamment aux GR7, GR70 (itinéraire de Stevenson) et GR72, vers la forêt de Roujanel ou, à l'est, la station thermale de Saint-Laurent-les-Bains.

SYNDICAT D'INITIATIVE ✆ 04 66 46 07 55

CHEVRERIE DU DOLMEN Le Thort ✆ 04 66 46 07 98. *Ouvert du 15 mars au 15 décembre de 8h à 12h et de 17h à 19h.* Sur cette route qui quitte les paysages de Margeride et se rapproche du relief des Cévennes, on comprend le bonheur des chevrettes qui broutent par là-haut. De leur lait parfumé, voilà de petits fromages plus ou moins affinés dont Bertrand Chopin explique les secrets.

Chasseradès

Depuis le causse de Montbel, la route s'insinue entre la Gardille et la montagne du Goulet pour déboucher sur la vallée de l'Allier. Le Chassezac y fait son trou et la voie ferrée emprunte un grand viaduc, à Mirandol, pour franchir la vallée. Chasseradès est un hameau paisible, autour d'une église à clocher carré et sert d'étape sur le chemin de Stevenson.

LES SOURCES* Chasseradès ✆ 04 66 46 01 14. *Site : www.hotel.des.sources.fr. Ouvert de février au 15 novembre. Menus de 12,50 €, 17 € et 24 €. Chambres double de 27 € à 47 €. Demi-pension de 32 € à 38,50 €.* A l'orée du village et de la forêt, dans un cadre de verdure, cet hôtel-restaurant est le lieu pour une halte calme et réconfortante. Après une balade vers le Chassezac, on apprécie la cuisine de Bernard Chaptal, toute faite de tripoux, d'escargots, d'écrevisses et de gras-double lozériens, parmi les autres spécialités d'eau et de terre (dont les légumes, bien goûteux). La salle et les chambres sont pimpantes et fleuries, comme les apprécient les habituées et les randonneurs de passage.

Laubert

Laubert est niché au pied du col de la Pierre Plantée. A 1 264 m d'altitude, un mégalithe marque le point où se rejoignent les trois grands bassins hydrologiques : Loire, Garonne et Rhône. Dans le village, on peut voir une belle tour médiévale, reconstruite au XVIIIe siècle. Elle faisait partie d'un château du XIIIe siècle, demeure des rois d'Aragon (au XIIe siècle, le Gévaudan était uni à ce royaume). Laubert peut servir de base pour découvrir le plateau du Palais du Roi, où l'on pratique le ski de fond en hiver.

LA PONTIERE ✆ 04 66 47 71 37/04 66 47 72 09.** *Ouvert toute l'année. Forfait pour 2 personnes : 10 €.* A côté du centre d'accueil, ce camping municipal est le seul caravaneige du département. L'été, 33 emplacements ombragés reçoivent tentes et caravanes, en hiver on se réfugie dans les caravanes après avoir skié. Animations en été, et tous les services pratiques au centre voisin (laverie, restauration, snack...).

STATION DU PLATEAU DU ROY ✆ **04 66 47 72 09/04 66 47 79 30.** Dès que la neige le permet (entre 1 200 et 1 500 mètres), 70 km de pistes balisées forment un ensemble de ski de fond en deux domaines : le domaine de Laubert lui-même, très varié, et, sur le plateau du Roi, des pistes plates et faciles. Le centre d'accueil assure la location de ski, mais également de raquettes, de luges et de patinettes. Sur le plateau lui-même, au milieu de la forêt, le chalet d'accueil sert de halte aux skieurs et aux randonneurs dans la journée.

SCULPTURE. Pas très loin de Laubert et sur la route du lac, Vincent Bernard, un sculpteur bûcheron de son état, manie la tronçonneuse avec art et réalise des sculptures monumentales, dont on peut voir quelques exemples devant le centre d'hébergement de Laubert. Selon le moment de la journée, on le voit au travail ou l'on admire ses œuvres, plantées au milieu des arbres qui les ont vues naître.

Montbel

Le vaste plateau calcaire, couramment appelé plaine de Montbel, qui s'étend au sud du village et sur les communes voisines, a donné naissance à divers dictons qui en disent long sur la rigueur du lieu : "Pour traverser la plaine de Montbel, mieux vaut cape que couteau". Autrement dit, les rigueurs climatiques sur ce causse désertique peuvent se révéler plus dangereuses qu'une éventuelle rencontre avec les brigands, qui avaient pourtant fait de ce lieu leur repaire à une époque plus troublée. Ce plateau calcaire présente également une particularité géologique : il est parsemé de petites dépressions dans lesquelles s'enfouissent les eaux de pluie pour resurgir quelques kilomètres plus au sud. Ceci laisse supposer que son sous-sol comporte des gouffres et des avens dont on n'a pas encore découvert l'issue.

AUBERGE DE LA PLAINE Village - MONTBEL** ✆ **04 66 47 90 76.** *Ouvert toute l'année sauf le vendredi soir et samedi midi hors-saison. Menus de 16 € à 25 €. Chambres de 28 € à 39 €. Demi-pension à partir de 61,60 € pour deux personnes.* Depuis les tables de la salle vitrée, la vue se perd à l'horizon, loin sur le causse. Confortablement installés, pêcheurs, habitués et voyageurs de passage se voient servir des assiettes copieuses. La cuisine traditionnelle se fait avec les produits du terroir, du gibier et des champignons. La carte compte parmi ses spécialités les cuisses de grenouilles et quelques escargots bien accommodés. On trouvera dans les chambres bien équipées (téléphone, télévision, terrasse, bain ou douche) un repos bien mérité dont rien ne troublera le calme. L'hôtel dispose de bar, bibliothèque, salon, jardin et jeux.

Saint-Jean-la-Fouillouse

Sur les derniers contreforts de la Margeride, le village trône à 1 323 mètres d'altitude, dans un décor de pâturages et de forêts. L'église, du XIIe siècle, à l'origine chapelle des Bénédictins, a été restaurée intérieurement par les paroissiens. A l'extérieur subsistent des restes du cloître de l'ancien monastère, englobés dans le mur de l'actuelle mairie. On peut voir au hameau du Cellier (au nord-est de Saint-Jean) les ruines d'un château médiéval : tour carrée en granit, meurtrières... De nombreuses croix parsèment hameaux et chemins comme partout dans la région.

AUBERGE DE LA FOURNELLE Le Villeret - SAINT-JEAN-LA-FOUILLOUSE ✆ **04 66 69 57 95.** *Site : www.gîtesetchambres.com. Fermé en janvier et février. Menu à 19 € tout compris. Chambre et petit-déjeuner pour deux personnes 44 €. Demi-pension 38 €.* Comme un petit chalet posé dans la forêt, la Fournelle est une maison chaleureuse. Ainsi l'ont voulu ses propriétaires, M. et Mme Bourdillon, des Nîmois charmés par ce coin de Margeride. Ils y ont installé quelques chambres bien aménagées et une jolie salle à manger où les santons rappellent la Provence. Entre les rideaux de cretonne et quelques chansons (certains soirs les hôtes animent les soirées), les produits de Lozère rencontrent des spécialités plus méridionales ; l'entente se fait sans problème, à la grande satisfaction des hôtes et des dîneurs.

LA TOISON D'OR Meyrilles - SAINT-JEAN-LA-FOUILLOUSE ✆ **04 66 69 53 17.** *Site : www.toisondor.fr. Ouvert en juillet-août de 10h à 17h, visite guidée tous les jours à 14h30 et 17h, hors saison sur réservation à partir du 15 mai. Entré adultes : 5 €, enfants : 4 €. Groupe adultes (10 pers) 4,50 €, groupe enfants 3 €.* A côté de leur ferme d'élevage biologique d'ovins de race blanche du Massif central, M. et Mme Jouve se sont fait une collection de tous les animaux à toison. Dans un parc de six hectares aménagé pour eux, se promènent des lapins angoras, des lamas, des chèvres du Cachemire et leurs cousines angoras, des alpagas, pas mal d'espèces de moutons et même des poules à soie. Un diaporama présente l'histoire de la région et un musée reconstitue la vie dans les fermes d'autrefois, le travail de la laine, des champs et l'histoire des sonnailles. Sur place, aire de pique-nique, local d'accueil, buvette et boutique.

Grandrieu

Traversé par le ruisseau qui lui donne aussi son nom, Grandrieu est perché à 1 162 mètres d'altitude sur le plateau accidenté de la Margeride nord, dans un bel environnement de forêts et de rivières. L'église construite au XIIe siècle semble toujours s'accroupir pour offrir moins de prise aux vents ; son clocher carré et massif seul dépasse. Bien qu'elles soient très abîmées, on distingue encore dans les fresques du XVe siècle, une crucifixion et les quatre évangélistes. Depuis le village, deux itinéraires de randonnée conduisent marcheurs et cyclistes sur les pentes et les landes, l'un jusqu'à un petit pont romain, l'autre vers l'Echine-de-l'Ase, en dos d'âne comme le dit son nom.

SYNDICAT D'INITIATIVE Place du Foirail ✆ 04 66 46 34 51. *Ouvert mardi et jeudi de 9h à 16h.*

Points d'intérêt

LA CHAPELLE SAINT-MEEN. Sur la route de Laval-Atger. Elle est isolée au milieu des arbres près du ruisseau qui bouillonne et cascade. Une cavité creusée dans le rocher forme une sorte de petite baignoire toujours remplie d'eau. C'est là que l'on plongeait les enfants atteints de la teigne ou de maladies de peau, tout en déposant de multiples offrandes censées accélérer leur guérison.

Le gîte et le couvert

BELLANDE ✆ 04 66 46 30 53. *Ouvert de Pâques à la Toussaint. Chambre et petit-déjeuner pour deux personnes : 40 €. Repas : 14 €.* A six kilomètres de Grandrieu, cette maison récente abrite dans ses murs quatre chambres indépendantes, très confortables (toutes avec salle d'eau, deux ont des toilettes en commun). Au moment des repas, M. Astruc garnit la table des spécialités régionales : aligot, charcuteries, veau de la ferme, volailles fermières, coupétade... La cuisine du terroir se porte d'autant mieux qu'une partie des produits vient directement de la ferme familiale.

HOTEL-RESTAURANT DAUDET* ✆ 04 66 46 30 33. *Chambres doubles de 19 € à 25 €. Menu : 10 €.* Sur la place du village, ouvrant sur une petite terrasse, cet hôtel familial, un peu vieillot, assure pourtant le gîte et le couvert dans des conditions convenables. Certaines des chambres ont une salle de bains et des toilettes, d'autres seulement douche et lavabo. L'ensemble est propre, la cuisine simple, le tout à un prix dérisoire.

Loisirs

LES ECURIES DE LA ROUVIERE La Rouvière ✆ 04 66 46 37 42. *Ouvert toute l'année. Goûters de 5 € à 6 €.* Coup double pour cette visite chez Isabelle Brouillet. Les visiteurs suivent la présentation d'un élevage de chevaux (de loisirs et d'endurance) et apprennent beaucoup de choses sur les différentes races et les subtilités de la génétique qui permettent de sélectionner la couleur de la robe. Passionnée par son activité, la propriétaire ouvre sa bibliothèque et sa vidéothèque, ainsi qu'une exposition d'art, toujours sur le thème du cheval. Les conversations se poursuivent autour d'un goûter à la ferme, sucré ou salé selon les goûts.

PLAN D'EAU DE GRANDRIEU ✆ 04 66 46 30 26. Mise en eau à partir de mi-juin. Baignade surveillée du 15 juillet au 15 août, jeux pour enfants, deux courts de tennis et une buvette.

Emplettes

M. ET MME ANDRE La Fage ✆ 04 66 46 35 95. *Vente directe à la ferme toute l'année, à la boutique Produits Fermiers à Grandrieu en juillet-août et au marché de Langogne.* L'exploitation de M. et Mme André se compose d'un élevage bovin de race Montbéliarde et d'un élevage de porcs nourris au grain, ce qui donne tout naturellement saucisses, saucissons et pâtés préparés par les éleveurs. En été, on peut boire du lait frais et goûter la tomme de pays.

PRODUITS FERMIERS Place de l'Eglise - GRANDRIEU ✆ 04 66 46 40 62. *En saison tous les jours sauf le lundi.* Sont ici rassemblés les nombreux produits du terroir des producteurs de la région : volailles et charcuteries, fromages (pur chèvre, tomme de Lozère, caillé en faisselle...), miels et confitures, fraises et framboises, herbes médicinales.

▷ *Dans les environs*

Laval-Atger

Tapi au fond d'une étroite vallée au confluent du Chapeauroux et du Grandrieu, ce petit village bénéficie d'un climat relativement clément. L'église du XIIe siècle, isolée dans un vallon paisible, conserve quelques chapiteaux historiés. A 2 km de là, le site du château de Montauroux offre une vue panoramique sur la vallée du Chapeauroux.

MAS DE BONNAUDE Laval-Atger ✆ 04 66 46 46 01. *Ouvert toute l'année. Chambre et petit-déjeuner pour 2 personnes de 44,80 € à 74 €. Demi-pension de 59,20 € à 89 € par personne. Repas 15 €.* Deux corps de ferme du XVIIe siècle ont gardé leurs lauzes mais se sont modernisés au point de faire une petite place à la piscine et au court de tennis. Chantal Schwander a réservé trois chambres pour ses hôtes, l'une avec vue et salle de bains luxueuses, les deux autres, pour trois personnes, avec une chambre en mezzanine. Les parties communes intérieures et extérieures (salon et cheminée, télévision et magnétoscope, terrasse et équipements) rendent le séjour confortable. La ferme est équipée pour les cavaliers et leur monture, et propose même des randonnées équestres. Dans un tout autre style, la propriétaire organise des stages d'aquarelle et les peintres, inspirés par les paysages si tranquilles, peuvent travailler dans un atelier aménagé.

Saint-Bonnet-de-Montauroux

Saint-Bonnet est séparé de la Haute Loire par l'Allier. Petit hameau accroché au-dessus du Chapeauroux, la route qui y mène serpente dans une forêt malmenée par les tempêtes, le long des gorges profondes de la rivière qui parfois s'élargissent. Elle s'achève à Chapeauroux, sur l'autre rive. Là, un imposant viaduc en demi-cercle enjambe ce grand cirque de basalte et de granit. A Saint-Bonnet, une ancienne tour domine la route, adossée à d'antiques constructions. L'église du village fut construite entre les XIIe et le XIIIe siècles.

MAIRIE ✆ 04 66 46 41 52

CHATEAU DE CONDRES ✆ 04 66 46 32 21. *Visites sur rendez-vous du 1er juin au 30 septembre.* Moins de 2 km après le village, une petite route étroite grimpe jusqu'au plateau et arrive au château de Condres. Dans le hameau, ce château fort surveille, depuis le XIIe siècle, l'embranchement de la voie Régordane et de la voie Agrippa. Il a été transformé aux XVIe et XVIIe siècles (porte d'entrée d'inspiration Renaissance, escalier à rampe en fer forgé...), mais reste un témoin intéressant de l'architecture militaire du bas Moyen Age.

Promenade des Anglais à Châteauneuf-du-Randon

LA VALLEE DU LOT

Eh oui, le Lot aussi est né en Lozère, pays des sources. Dévalant de la montagne du Goulet, il coule dans une vallée qui, dès Le Bleymard prend la direction de l'ouest, coupant le département de part en part. Une grande partie de l'activité, surtout commerciale, s'y est établie, avec, dans un élargissement, Mende, la préfecture et le passage de la N88 qui permet le débouché vers la N9 et l'autoroute A75. Un peu au nord, on peut y rattacher Marvejols, petite cité historique, véritable porte vers la Lozère du nord, Aubrac et Margeride. Frontière d'eau entre les Cévennes et les causses d'un côté, la Margeride et l'Aubrac de l'autre, la vallée du Lot est une zone géographique centrale aux accents méditerranéens. Sa situation protégée, entre les grands causses au sud-ouest et les hauts plateaux de la Margeride au nord-ouest, en fait sans conteste la région la plus peuplée de la Lozère, car elle a su au cours des siècles tirer parti de sa position géographique, ainsi que des atouts naturels que lui offre son environnement. Mende, ville préfectorale, est devenue une cité essentiellement commerciale et administrative, très animée l'été grâce à l'afflux de touristes. Elle s'ouvre largement sur son environnement, la haute vallée du Lot, vers la station thermale de Bagnols-les-Bains jusqu'au pied du mont Lozère, la basse vallée, vers La Canourgue, à la rencontre du Lot et de l'Urugne.

Mende

Au temps de la domination romaine, Viculus Mimatensis ne comptait que quelques villas, alors que Gaballum (Javols) était la capitale administrative de la province des Gabales. Elle devint ville de pèlerinage après la mort de l'évêque Privat, martyrisé par les Alamans. La ville prit de l'importance et avec elle le pouvoir de l'autorité religieuse qui domina tout le Gévaudan. Dès la fin des troubles du XIVe siècle, guerre de Cent Ans, ravages et épidémies qui s'ensuivirent, la prospérité de la ville provient d'une importante industrie lainière et de son commerce dans toute l'Europe. En 1579, la cathédrale fit les frais du règne de 2 années du capitaine protestant Mathieu Merle, mais la prospérité revint. Le XIXe siècle ne démentit pas le développement, favorisé par la fin de l'isolement avec de grands travaux routiers et surtout l'arrivée du chemin de fer vers 1880. Aujourd'hui elle est devenue une cité essentiellement commerciale et administrative, très animée l'été par un apport de population touristique. La visite commence par l'imposante masse de la cathédrale et la place Urbain V avec sa statue du pape, à droite l'hôtel Plagnes, à gauche l'ancien palais épiscopal, détruit par un incendie en 1887 et rebâtit à la Mansart à la fin du XIXe siècle. A partir de là, il est très agréable de flâner dans les petites rues et sur les petites places pavées et découvrir fontaines et maisons de caractère : la fontaine Notre-Dame à l'entrée de l'ancien ghetto dont il reste la synagogue (XIIIe siècle), aujourd'hui la plus ancienne maison de Mende qui conserve sa cour intérieure à deux étages de galeries. Elle jouxte l'ancien couvent des Carmes. Plus loin l'ancienne maison consulaire, le lavoir de Calquière, la chapelle Saint-Dominique (lieu d'expositions culturelles), la Maison à pans de bois, la fontaine du Griffon et ses quatre jets, l'hôtel de ville, ancien hôtel particulier du XVIIIe siècle qui possède un escalier monumental et renferme plusieurs tapisseries d'Aubusson…

Fiche pratique

OFFICE DE TOURISME Place Charles-de-Gaulle © 04 66 94 00 23. *Site : www.ot-mende.fr. Ouvert hors saison du lundi au samedi matin de 9h à 12h30 et de 14h à 18, en été du lundi au samedi de 9h à 12h30 et de 14h à 14h15, dimanche de 9h30 à 12h et de 14h30 à 18h.* L'office de tourisme, situé à côté de l'hôtel de ville, donne toutes les précisions utiles quant à la visite et fournit quelques itinéraires dans la ville et aux alentours. En juillet et août, visites guidées de la vieille ville et de la cathédrale.

Vue générale de Mende

Taxis

BOULET © 04 66 65 19 88

THIERRY BRUEL © 04 66 49 01 59/06 84 63 71 08

BERNARD SARTRE © 04 66 49 07 57/06 06 21 20 22

Location de voiture

ADA Gare SNCF © 04 66 65 00 01. Situé à la gare, ce loueur propose différents types de véhicules et des forfaits variables, selon les usages de chacun. A titre d'exemple, la location d'une petite voiture pour la journée et 100 km est facturée 41,01 € pour un modèle essence, 45,58 € pour un diesel. Des forfaits week-end et 800 km mettent l'engin essence à 86,75 € et le diesel à 103,51 €, assurance et assistance comprise. Samuel Viar et son équipe trouvent, avec le sourire, une réponse à chaque demande.

Points d'intérêt

CATHEDRALE NOTRE-DAME ET SAINT-PRIVAT. A la voir encore dominer la ville de sa hauteur et de son volume, on ne peut douter de l'ancienne puissance des évêques. Sa construction débuta en 1368 et elle s'enrichit en 1508 de son grand clocher (84 mètres), d'un style flamboyant et à la flèche très ornée et en 1509 du clocher du chapitre (65 mètres), très sobre. Détruite lors des guerres de Religion, elle fut reconstruite de 1599 à 1620 sur les mêmes plans. Son aspect sera modifié par l'adjonction, au début du XXe siècle, d'un porche néogothique. A l'intérieur, la nef surprend par sa simplicité. Les chapelles latérales conservent un beau mobilier : autels à retable, stalles en bois sculpté, Vierge noire de style auvergnat. Dans le chœur, on peut voir des tapisseries d'Aubusson du début XVIIIe siècle. La visite ne peut omettre les orgues datées de 1654 et la descente dans la crypte où le saint avait été enseveli.

LE MONT MIMAT ET L'ERMITAGE SAINT-PRIVAT. Par la route de l'aérodrome ou à pied par le sentier balisé au départ du foirail. Il domine la ville et permet une vue exceptionnelle sur les alentours à partir d'un belvédère (table d'orientation) où une immense croix semble protéger les habitants. On accède à l'ermitage et à la grotte, collés contre la falaise, par une route à la pente impressionnante. Mais on peut aussi choisir le sentier du Pèlerin, chemin de croix qui monte sous les arbres.

LE PONT NOTRE-DAME ET LA TOUR DES PENITENTS. Monuments les plus anciens de la ville, la tour des Pénitents et le Pont médiéval sont les restes des anciennes fortifications de Mende. La première est une tour demi-circulaire avec trois salles superposées, datée du XIIe siècle, qui devrait bientôt abriter un musée des Pénitents. Le pont Notre-Dame, magnifique ouvrage du XIIe siècle à trois arches, en dos d'âne, a été parfaitement conservé et enjambe toujours le Lot, en contrebas de la vieille ville.

Le couvert

AUBERGE DE CHAUVETS ✆ **04 66 47 37 17.** *Ouvert du mercredi au dimanche soir (sur réservation). Menus 15 € et 17 €. Gîte 4/5 personnes en location sur place.* Tout près de Mende (sur la D50), on a déjà quitté la ville pour se retrouver dans une maison champêtre où l'on retrouve la sérénité. Entre les vieux murs qu'embellit un décor charmant, Christophe installe ses hôtes devant une grande cheminée tandis que Thérèse mitonne en cuisine quelques plats de son cru. Savoureux et roboratifs, les plats empruntent aux saveurs du terroir, aux volailles fermières, aux légumes frais, aux framboises ou aux marrons, selon la saison. Le tout accompagné d'une petite carte des vins des plus sympathiques. L'adresse mérite le petit détour et ne laisse que d'agréables souvenirs.

RESTAURANT RACHAS - LE SANGLIER 5, avenue du Maréchal-Foch ✆ **04 66 65 12 62.** *Ouvert toute l'année. Menus 8,10 € et 15 €.* Le Sanglier, établissement de la famille Rachas, fait quasiment partie des monuments de la ville. Installé là depuis plusieurs décennies (6 plus exactement), il sert tout ce qui fait la cuisine régionale : viande de qualité, légumes de saison, plats traditionnels que le menu du jour et la carte offrent à la gourmandise. L'aligot, la saucisse, les champignons régalent toujours autant les clients qui en redemandent. Ambiance chaleureuse, assiette pleine et appétissante, tels sont les ingrédients que marient avec bonheur ce petit restaurant, recommandable et recommandé où se rencontre à midi un public très mélangés : ouvriers, fonctionnaires, couples et retraités.

LA SAFRANIERE Chabrits ✆ **04 66 49 31 54.** *Fermé dimanche soir et lundi. Menus à partir de 17 € en semaine à midi et 24 € les soirs et week-ends.* Le détour par ce restaurant réputé s'impose. Détour parce qu'il faut grimper au-dessus de Mende pour rejoindre ce village où l'on cultivait autrefois le safran pour la teinture. Aujourd'hui, on y vient pour la jolie salle dans les tons pastel, cloisonnée de bois, derrière un petit jardin, et surtout pour une table remarquable qui propose une cuisine simple et harmonieuse. Le menu du jour tout comme les repas plus élaborés font goûter des viandes et poissons de qualité, venus des pâturages voisins ou par marée express. Cette Safranière moderne porte fort bien son nom en faisant un usage maîtrisé des herbes aromatiques et des épices.

Le gîte

HOTEL DU COMMERCE 2, boulevard Henri-Bourrillon** ✆ **04 66 65 13 73.** *Ouvert tous les jours (sauf le dimanche hors saison). Chambre double de 37 € à 40 €.* Représentants de la troisième génération de cette famille d'hôteliers, Philippe et Sylvie Mocellin installent leurs clients dans l'une des dix chambres confortables (salle de bains, téléphone, télévision). Situé en face de la place du Foiral, à deux pas du cœur de ville, l'Hôtel du Commerce propose un service de restauration dans son bar : dans un décor de fresques et de plaques émaillées alsaciennes ou en terrasse, chauffée au soleil, on pioche dans une carte de salades et de restauration classique.

HOTEL DELTOUR 28, avenue des Gorges-du-Tarn ✆ **04 66 49 65 20.** *Ouvert toute l'année. Chambres de 30 € à 35 € selon la saison. Très pratique et de bonne qualité, cet hôtel est accessible 24h sur 24 grâce à un guichet automatique qui prend le relais de l'accueil en dehors des heures de réception (de 7h à 12h, et de 17h15 à 21h30).* Appartenant à la catégorie économique sans pour autant négliger l'essentiel, ses chambres sont équipées de salle de bains, téléphone et télévision. Il est possible de prendre ses repas en face, au Relais de la Tour auquel le Deltour est rattaché.

Le gîte et le couvert

HOTEL DU PONT-ROUPT* 2, avenue du 11-Novembre** ✆ **04 66 65 01 43.** *Site : www.hotel-pont-roupt.com. Ouvert toute l'année. Chambres de 45 € à 85 €. Demi-pension à partir de 59 € (- 10 % à partir de 6 nuits). Etape à partir de 49 €. Menus de 21 € à 45 €, brasserie à partir de 9 €.* Situé à la sortie de Mende, de l'autre côté du pont, cet hôtel offre l'espace et la qualité (piscine intérieure, sauna, espace fitness et musculation). De grandes chambres claires, une salle de restaurant spacieuse, tel est le décor moderne planté par Ginette Gerbail et sa fille Virginie. Les produits du terroir sont ici choisis et traités avec soin ; la truite ou le sandre sauvage servent d'introduction aux viandes du causse, à l'agneau, au veau mais aussi au canard qui laisse ses magrets dans l'assiette.

HOTEL DE FRANCE 9, boulevard Lucien-Arnault** ✆ **04 66 65 00 04.** *Fermé du 28 décembre au 15 janvier. Chambres de 40 € à 50 €, familiales à partir de 63 €. Formule repas à partir de 16 €, carte 23 € environ.* Cet établissement bien installé à Mende a offert à ses chambres une rénovation de fond en comble et à sa cuisine un nouveau chef, formé entre autres chez Michel Guérard. Les 27 chambres, au décor sobre, n'ont omis aucun élément de confort, pas même le calme, le garage privé et la terrasse, pratiques et agréables. Muriel Longhin à l'accueil et Luc Boudon, aidé du chef Christophe Robert en cuisine, font à chaque hôte les honneurs d'une table gourmande.

HOTEL URBAIN V* 9, boulevard Emile-Roussel © 04 66 49 14 49.** *Site : www.urbain-5.com. Ouvert toute l'année. Chambre double 50 €. Repas à la cafétéria à partir de 12 €.* D'architecture moderne, placé entre le séculier et le temporel (la cathédrale et la préfecture...), il ne passe pas inaperçu. Pas plus que M. Terrisse, le pape de l'hôtellerie en cette cité, qui règne en maître sur les lieux et veille à ce qu'ils ne déméritent pas de leur nom. Les 59 chambres bénéficient de tout le confort et de ces aménagements qui rendent les séjours agréables (terrasse privée, télévision avec Canal+, sèche-cheveux...). Les repas se prennent à la cafétéria qui propose un plat du jour et un vaste choix de plats cuisinés, viandes, poissons et légumes, pour satisfaire tous les goûts. On y mange rapidement, copieusement et même en grands groupes, si on le souhaite.

LE LION D'OR* 12, boulevard Britexte © 04 66 49 16 46.** *Site : www.liondor-mende.com. Hôtel ouvert toute l'année, restaurant fermé en janvier et le dimanche hors saison. Chambres de 52 € à 75 €. Demi-pension à partir de 69 €. Menus de 18,30 € à 29 €.* Bel hôtel de la chaîne Best Western, ses 40 chambres sont toutes récentes et certaines bénéficient même de la climatisation. Les plus agréables donnent sur le jardin et la piscine, toutes disposent de terrasse, minibar, télévision (Canal+)... Elles se complètent pour le plus grand plaisir des gourmets d'un restaurant bon chic, bon genre, que fréquente d'ailleurs le Tout-Mende, à midi pour les déjeuners d'affaires, le soir pour les dîners chic.

Loisirs

CAFE DU COMMERCE 2, boulevard Henri-Bourrillon © 04 66 65 13 73. *Fermé le dimanche hors saison. Service restauration.* Avec ses 70 printemps, le Commerce fait partie du paysage. Ça ne l'a pas empêché d'évoluer et de s'être peu à peu converti en une taverne dédiée à la bière. Philippe et Sylvie Mocelin l'ont orné de fresques, de plaques émaillées alsaciennes, de vitraux et ont ménagé des coins et des recoins où chacun trouve sa place.

CAFE LE PARIS 2, boulevard Soubeyran © 04 66 65 19 20. Décoration simple, dans l'air du temps, pour ce café qui accueille une clientèle variée. Sous les lampes en opaline, la salle sur deux niveaux comporte des tables hautes et d'autres basses, autour desquelles on s'installe volontiers pour la pause déjeuner. Le soir, on lorgne plus volontiers sur la cave à bière et la liste des cocktails. Des soirées à thème sont régulièrement programmées.

Emplettes

LES ARTISANS CREATEURS LOZERIENS 3, rue Notre-Dame © 04 66 49 00 42. *Ouvert les après-midi.* Sous une voûte de pierre, la production d'une quinzaine d'artisans est présentée pêle-mêle : bijoux, céramiques, sculptures sur bois, jouets, vêtements, émaux... On y trouve notamment de beaux pulls en laine, des imperméables originaux et des abat-jour en bois, sobres. Pas mal de suggestions pour rapporter un petit souvenir des vacances au grand air.

LE FALISSON Saint-Bauzille © 04 66 47 08 31. Fabrice Gautier est un potier qui utilise du grès de Puisaye, ce qui lui donne des reflets dorés. Une fois façonnée, chaque pièce est cuite au four traditionnel, longuement. Ainsi la vaisselle est-elle prête à supporter les affres de la vie quotidienne - four, micro-ondes et lave-vaisselle. Cela donne de très jolis services émaillés vert ou en terre flammée et des pièces uniques un peu chères, mais originales.

MAISON BONNAL - LO GOST DEL PAIS Rue de la Rovère © 04 66 65 00 71. Le pays a ici le goût de la charcuterie authentique, des farcis de porc, des saucisses sèches ou confites, du pâté de foie, des fricandeaux aux herbes, du jambon cuit savoureux... Et pour se faire une idée complète, on commandera les Mignardises du charcutier, petit assortiment qui se fait remarquer partout où il passe.

MAISON MAJOREL 2, rue de la République © 04 66 65 17 85. Grand nom de la gourmandise, célèbre pour son croquant amandes et noisettes créé dans les années 1900, Majorel perdure par l'intermédiaire de Bruno et Sylvie. Et aussi : fougasses, brioches parfumées à l'orange, chardons à la liqueur, macarons au cœur de framboise.

▷ Dans les environs

Balsièges

ALEPE Montée de Julhers © 04 66 47 09 97/04 66 47 00 93. Non loin de Mende, l'Association lozérienne d'étude et de protection de l'environnement regroupe bon nombre de passionnés de la nature qui se préoccupent de sa conservation. Environ une fois par mois, l'association invite tous les curieux à des sorties naturalistes de découverte : en famille, le dimanche après-midi, on part à la recherche des traces et indices de la faune qui parcourt la Lozère, souvent autour du lac de Barrandon. Instructif et passionnant, comme les membres de l'Alèpe.

COCKTAIL AVENTURE - TRANSBAGAGE © 04 66 65 27 75. *Location de VTT : 15 € la journée et 76 € la semaine. Randonnées accompagnées.* Jean-Philippe Hygonnet ajoute toujours un petit plus à ses services. Certes, il loue des VTT, mais en plus il les livre et les reprend partout dans le département. Dans le même esprit, il propose des randonnées accompagnées sans portage, les bagages étant acheminés par véhicule d'étape en étape.

Lanuéjols et le Valdonnez

Le Valdonnez est une petite dépression fertile coincée entre le causse de Mende et le flanc ouest du mont Lozère. Les Romains, qui s'y connaissaient en colonisation, avaient très tôt repéré les lieux, riches en terres agricoles en surface, en minerais en sous-sol. Des ruines de nombreux châteaux (Montalioux, Chapieu...), des églises et chapelles, comme Saint-Genès au-dessus de Lanuéjols, la chapelle Saint-Alban sur la butte de Balduc montrent l'importance stratégique et spirituelle du Valdonnez au Moyen Age. Lanuéjols possède une église du XIIe siècle à un seul bas-côté et coiffée d'une coupole, ce qui lui donne un aspect très original.

MAIRIE © 04 66 48 00 82

LE MAUSOLEE DE LANUEJOLS. *Visite libre.* A Lanuéjols a été érigé vers le IIIe siècle, un mausolée en souvenir des deux enfants de Julius Bassanius, riche colon du Valdonnez dont le nom nous est parvenu par l'inscription gravée sur le linteau de l'entrée. Restauré, mis en valeur, c'est un exemple exceptionnel de l'architecture funéraire gallo-romaine. Il faisait partie d'une nécropole plus importante, comme le prouvent les fondations de monuments et les tombes trouvées à ses côtés.

JPISCICULTURE DU MOULIN DE LANGLADE Brénoux © 04 66 48 02 75. *Ouvert toute l'année de 8h à 19h. Vente sur place et sur les marchés des environs. Pêche sur l'exploitation.* M. et Mme Fournier élèvent là des espèces saumonées, des farios, des races montagnardes venues des torrents de Lozère. Si l'idée de taquiner le poisson vous tente, on vous fournit une canne à pêche. Mais on peut aussi choisir un poisson frais entier ou vidé, et d'autres préparés en portions, en filets fumés et tranchés.

JEAN-MARC VINCENT La Borie - SAINT-ETIENNE-DU-VALDONNEZ © 04 66 48 02 83. *Vente à la ferme.* Histoire de compléter son panier gourmand, le touriste suivra les recommandations de la Lozère Gourmande et rendra visite aux chèvres de M. Vincent. Bien soignées, elles permettent au berger de fabriquer un petit pélardon selon les normes de la récente AOC. Frais ou affiné, il ne demande qu'une belle tranche de pain...

Bagnols-les-Bains

Les Romains, grands amateurs de bains, avaient déjà reconnu les vertus des eaux de Bagnols. Au pied du mont Lozère, arrosé par le Lot, le village a connu une activité thermale sans discontinuité. L'antique source a été redécouverte en 1764, de même que l'ancien aqueduc et les thermes. Ces derniers ayant été reconstruits en 1978, Bagnols est devenue une station verdoyante, entre Margeride, montagne du Goulet, grands causses et mont Lozère, but de nombreuses randonnées et activités.

SYNDICAT D'INTIATIVE © 04 66 47 61 13. *Ouvert lundi, mardi, jeudi et vendredi de 8h à 12h et de 13h30 à 16h30, tous les jours en été.*

Le gîte et le couvert

HOTEL-RESTAURANT DU COMMERCE © 04 66 47 60 07.** *Fermé en janvier. Chambres de 29 € à 41 €, demi-pension de 35 € à 37 € (selon saison). Menus de 12,50 € à 23 €. Carte.*

Les vingt-huit chambres du Commerce, réparties sur deux étages, disposent de tout le nécessaire à un séjour confortable, dans la simplicité. Gérard et Myriam Mourgues ont conservé à leur hôtel un charme familial qu'apprécient les pensionnaires. D'autant plus que la table n'engendre pas la mélancolie et comble les gourmands avec des plats typiquement lozériens, plus quelques poissons, des canards délectables ou encore de la tête de veau et des tripoux. Ici, les pêcheurs bénéficient d'un accueil particulièrement soigné (local à matériel...). Afin de faire découvrir les charmes de la région, le Commerce propose des séjours de remise en forme et des randonnées. Celles-ci sont accompagnées par les guides de Chamina Sylva, les Lozériens spécialistes d'ici et d'ailleurs.

MODERN'HOTEL - LE MALMONT*** ✆ 04 66 47 60 04.** *Site : www.hotel-cheminsfrancis.com. Fermé de novembre à début février et deux semaines en mars. Chambres (1 personne) de 40,50 € (basse saison) à 43,50 € (haute saison). 2 personnes de 45,50 € à 47,50 €. Petit-déjeuner 7 €. Menus 12 €, 14 €, et 24 €. Carte. Demi-pension à partir de 54 €.* Les deux hôtels, modernes et confortables, la maison du Masseguin, la table raffinée et les multiples attentions font de ces lieux un endroit privilégié. Francis Castan et son chef Daniel soignent les mets traditionnels (tête de veau ravigote, gras-double maison, truite pochée sauce ciboulette, aligot...), mais l'équipe ne s'arrête pas en si bon chemin. Au contraire, elle invite sur les chemins les amateurs de nature et organise des randonnées dans les environs. Au retour, le confort (avec une piscine intérieure chauffée et un sauna) et l'accueil parachèvent les vacances avec bonheur.

Loisirs

CASINO ✆ 04 66 47 67 40. *Ouvert tous les jours jusqu'à 3h ou 4h du matin, machines à sous à partir de 15h, grands jeux à partir de 22h. Grands jeux : 10 €, boule en accès gratuit.* Roulette anglaise, black-jack et les indémodables machines à sous, voilà qui fait passer quelques soirées dans la fièvre du jeu. Installé juste à côté de l'établissement thermal, le casino a mis au programme des divertissements, un restaurant et un dancing. Des animations et des soirées dansantes complètent les jeux.

ETABLISSEMENT THERMAL ✆ 04 66 47 60 02. *Ouvert du lundi au samedi en février et mars le matin, d'avril à mi-novembre le matin et l'après-midi, en été toute la journée sans interruption, plus quelques dimanches par an. Accès à l'espace forme 22,50 € la demi-journée, forfaits soins et espace musculation, de 30,50 € à 78 € la demi-journée.* Voilà des siècles que ça dure ! Déjà les Romains, grands amateurs de bains, se plongeaient dans ces eaux qui sortent de la montagne à 41,5° C. Depuis, le bâtiment a largement été modernisé et s'est équipé d'un espace forme digne de ce nom, en parallèle aux installations de soins : piscines intérieure et extérieure à 30° C, jacuzzi, hammam, bain écossais, salle de musculation, solarium et jardin. Les différents forfaits associent des choses aussi plaisantes que les bains bouillonnants, les massages, les douches à jet, les séances de gym dans ou hors de l'eau. Le centre propose également une adhésion à l'année ou des forfaits à la demi-journée ou de cinq demi-journées (détente, randonneurs, minceur, spécial dos, anti-stress...). De quoi se refaire une santé et le moral.

LE VALLON DU VILLARET ✆ 04 66 47 63 76. *Site Internet : www.levillaret.fr. Ouvert tous les jours de Pâques au 2e dimanche de septembre, le week-end et vacances scolaires jusqu'à la Toussaint, de 10h à 19h au printemps et en été, 18h45 à l'automne. Entrée de 6,50 € à 8 € selon périodes et horaires, gratuit pour les enfants de moins d'un mètre et pour les demandeurs d'emploi le samedi. Restauration sur place.* Ce parc de découvertes a la forme d'un sentier en pleine nature où le visiteur intrépide s'aventure sur des chemins de bois, des chemins de filets, au pays de l'eau et des sons, parmi les toboggans et les passerelles. Parvenu au hameau, on peut se restaurer (type snack, avec assiette de charcuterie, salade de chèvre chaud...), visiter les expositions d'art contemporain dans une tour médiévale, jeter un œil dans un atelier d'artiste et s'attarder dans la boutique. Le parcours de 2 km s'accomplit en trois heures environ, accessibles à tous, sauf aux chiens et aux poussettes. L'ensemble est vraiment amusant, pour toute la famille, et séduit chaque année plus de 50 000 visiteurs.

▷ Dans les environs

Rayonner tout autour de Bagnols permet de découvrir les paysages de cette vallée du Lot : la forêt de la Loubière et le petit hameau du Masseguin à la vue imprenable sur le Valdonnez, Chadenet et son église romane qui eut à souffrir des huguenots, le hameau d'Oultet avec ses maisons de schiste et de granit, ses fours à pain, Allenc et son église du XIIe siècle à plan tréflé ; celle de Saint-Julien du Tournel et son si typique toit de lauzes.

Le Bleymard

Au Bleymard, la visite passe, deux kilomètres avant le village, par le prieuré de Saint-Jean-du-Bleymard, du XIIIe siècle. La chapelle, remarquablement restaurée, est bien visible à droite de la route avec son abside en hémicycle à chevet à cinq pans et sa nef voûtée à deux travées.

A gauche de la route, le prieuré, à flanc de versant, a conservé son caractère fortifié avec ses deux tours rondes. Le Bleymard, avec ses maisons en toit de lauzes est remarquablement situé, à l'intersection de l'axe Mende-Villefort et d'une très pittoresque route qui, dévalant de la montagne du Goulet franchit le Lot et part à l'assaut du mont Lozère, vers le sommet de Finiels. Cette situation, la proximité de la station de ski et un bon niveau d'équipement en font un lieu de villégiature animé et le point de départ de nombreuses randonnées.

LE CHATEAU DU TOURNEL. *Accès libre à pied.* Cette imposante forteresse gardait la vallée, dressée sur un éperon rocheux, aujourd'hui percé par le tunnel routier de la D901. Ses ruines, les plus imposantes de Lozère, laissent deviner l'ampleur de l'ouvrage édifié au XIIe siècle par les barons du Tournel. Donjon, tours d'angle, chapelle, murailles sont encore visibles Une belle balade pour se replonger dans l'atmosphère guerrière du Moyen Age.

LE MONT LOZERE. Bordés par le Lot et l'Allier au nord, le Tarn au sud, les monts Lozère dominent le département auxquels ils ont donné leur nom. Le Tarn y prend d'ailleurs sa source, tandis que les deux autres rivières trouvent la leur un peu plus au nord. Cette masse granitique, aux formes douces, culmine au sommet de Finiels, à 1 702 m d'altitude. Plus à l'est, le col de Finiels (1 541 m) et le pic Cassini (1 680 m) en marquent la crête, qui plonge ensuite vers les Cévennes. Le massif, part intégrante du parc national des Cévennes, abrite une faune et une flore particulièrement riches. Au-dessus des châtaigneraies, les sapins, puis la végétation rase laisse affleurer le granit. En toute saison, les monts Lozère ouvrent leurs chemins à la randonnée, à pied ou à ski, et à la découverte.

LE CHALET DU MONT LOZERE ✆ 04 66 48 62 84.** *Ouvert du 25 décembre à fin septembre. Chambres en demi-pension 38,11 €. Menus de 10 € à 18 €.* Maison de pierre bardée de bois, hôtel récent le plus haut de Lozère, Le Chalet donne à ses neuf chambres une vue imprenable et le grand air. Pour une mise au vert (en blanc neigeux l'hiver), on s'installe ici, à l'écart du monde mais près des fourneaux d'Henri Pagès qui concocte une cuisine simple et chaleureuse.

L'ESCOUTAL Le Bonnetès ✆ 04 66 48 64 08. *Fermé du 11 novembre à fin mars. Chambre deux personnes 45 €, demi-pension deux personnes 77 €, repas 16 €. Gîte 11,50 € la nuit, demi-pension 31,50 €.* Sous le toit de lauzes de cette bâtisse traditionnelle, un gîte de 17 places (chambres de 5 à 7 personnes) et deux chambres s'ouvrent aux hôtes de passage. Les pierres rustiques font les murs du salon et de la bibliothèque, réchauffés par une cheminée centrale. Les occupants du gîte peuvent cuisiner eux-mêmes dans la salle prévue à cet effet ou choisir la table d'hôtes, plus conviviale. Nathalie Boquée y sert une cuisine variée, traditionnelle ou exotique, et même des menus végétariens.

LA REMISE ✆ 04 66 48 65 80.** *Ouvert toute l'année ; fermé du 21 décembre au 21 janvier. Chambres doubles 36 € à 40 €. Demi-pension à partir de 34 €. Menus de 12 € à 24 €.* Depuis l'arrêt des diligences, le confort des vingt chambres de cet ancien relais, s'est largement amélioré. On fait volontiers halte dans la salle de restaurant : entre les piliers de bois, devant la grande cheminée, on se laisse séduire par les saveurs lozériennes, la charcuterie du pays, les tripoux, la coupetade et quelques belles inventions comme la roulade de volaille aux girolles ou le feuilleté de perche aux petits légumes.

STATION DU BLEYMARD Mont Lozère ✆ 04 66 48 66 48. *Ski alpin journée 11 €, réduit (moins de 1,20 m) 9 €, semaine 55 €, réduit 32 €. Ski de fond, journée adulte 8 €, jeune 6 €. Location de skis de piste, de fond, de monoskis, de surfs et de VTT en été.* Le domaine skiable comprend 7 pistes (de verte à rouge) reliées par cinq téléskis pour la partie alpine et cinq boucles de 2 km à 5,5 km pour le fond ; 76 km de randonnées ont aussi été balisés. Dans l'ensemble, cette station conviendra à tous les amateurs de glisse, débutants ou expérimentés, dont certains pourront faire appel à l'école de ski. Mais les joies de la neige ne s'arrêtent pas là et s'expérimentent aussi raquettes aux pieds. Et pour l'été, les pistes se reconvertissent en circuits VTT.

JEAN-CLAUDE PAULHIAC Route de Belvezet - LE BLEYMARD ✆ 04 66 48 65 93. *Site : bleymardmontlozere.com - E-mail : paulhiac@wanadoo.fr.* "Homme de bois, homme de fer", telle est la définition que l'on peut donner de Jean-Claude Paulhiac, artisan-créateur. Attaché à la forêt qui l'entoure, il a pourtant choisi de travailler le fer. Il en fait des éléments de construction, mais aussi et surtout des sculptures. Une passion bien particulière l'a poussé à réaliser un sabre de samouraï et bien d'autres lames particulières (couteaux...).

Sa nouvelle passion : le marbre avec notamment cette très belle sculpture intitulée Le Silence des femmes afghanes. Il a également sculpté récemment de fort belles pièces dont une en hommage à la danseuse Marie-Claude Pietragalla. Jean Claude Paulhiac a été primé récemment à la SEMA (Société d'encouragement aux métiers d'art).

MIELLERIE YVES REBOUL Cubières ✆ 04 66 48 66 50. *Ouvert toute l'année.* Le miel de Cubières a souvent un goût de sapin, mais les abeilles vont aussi butiner les fleurs des Cévennes. De leurs ruches, l'apiculteur extrait de la cire pure et fabrique avec le miel des bonbons, de l'hydromel, du pain d'épice et du vinaigre. On visite et on déguste sur place, toute l'année.

La Canourgue

Porte d'entrée de la Lozère quand on vient de l'Aveyron, la Canourgue doit son essor à une petite rivière, l'Urugne, qui traverse la petite ville. Canalisées, ses eaux, passant sous les maisons, sont devenues son charme, valant à la cité le nom de petite Venise lozérienne. De sa période industrielle faste, elle conserve des maisons bourgeoises de la Renaissance, avec fenêtres à meneaux et encorbellements, à découvrir au fil des ruelles médiévales pavées, des petites places et des passages voûtés. Plus loin, l'église collégiale Saint-Martin, qui malgré des remaniements au XIVe siècle et surtout au XVIIe siècle (à cause de l'effondrement du clocher-porche) a conservé son ampleur du XIIe siècle et son plan caractéristique des grandes églises de pèlerinage. A un kilomètre de la Canourgue, nichée dans un écrin de verdure, Saint-Frézal est une petite chapelle romane qui contient un sarcophage où se trouveraient les restes du saint, pieux vieillard assassiné vers 820 par son neveu influencé par le démon… si l'on en croit la légende ! En débouchant sur le causse de Sauveterre, on peut voir une curiosité naturelle, le Sabot de Malepeyre : roche percée à la forme caractéristique, elle serait la marque de quelque géant passé par là.

OFFICE DE TOURISME Mairie ✆ 04 66 32 83 67

Le gîte

VILLAGES DE GITES ✆ 04 66 48 48 48. *Semaine pour 2 à 4 personnes de 145 € à 395 €, pour 4 à 6 personnes de 168 € à 459 €.* Trois ensembles de gîtes sont installés à proximité de La Canourgue, l'un des 48 hébergements (de 2 à 8 personnes, avec lave-vaisselle, cafetière, terrasse ou balcon…), disposés autour de la piscine et de la pataugeoire. Un autre a été aménagé en bordure du golf du Sabot ; le dernier, tout récent, propose 14 chalets au-dessus de l'Urugne, à côté du camping, dans un espace boisé.

Le gîte et le couvert

AUBERGE DU MOULIN Auxillac ✆ 04 66 32 67 65. *Fermé les lundis et mardis soir hors saison. Menu : 14 €, 17 € et 20 €. Chambres 30 €.* Une volée de marches conduit de la terrasse en dalles blanches à la salle rustique. Ce moulin a une histoire, puisqu'il fut la maison de Céleste Albaret, connue pour avoir, des années durant, tenu la maison de Marcel Proust. Après un accueil fort sympathique, on goûte une cuisine élaborée et créative, aussi savoureuse que cette noix de joue de bœuf confite. L'été, les tables sont dressées sur une terrasse couverte et les dîneurs les plus prévoyants auront réservé l'une des deux.

JEAN ET ANNE-MARIE FAGES La Vialette ✆ 04 66 32 83 00. *E-mail : www.gite-sauveterre.com. Ouvert toute l'année. Chambres deux personnes : 44 €, repas : 15 €.* A dix kilomètres de la ville, voici une belle ferme caussenarde du XVe siècle. Les grands espaces servent de cadre aux six chambres au confort irréprochable. Les équipements poussent jusqu'au lave-linge, lave-vaisselle et la télévision. Mais il serait dommage de se priver du grand air et des beaux paysages ! Pour en profiter, le salon de jardin et la terrasse devraient faire l'affaire. La table d'hôtes, tenue par Anne-Marie, déploie ensuite toutes les saveurs du terroir et s'approvisionne à la ferme familiale. Sur la propriété, un gîte est ouvert à la location toute l'année.

HOTEL LE PORTALOU Place du Pourtalou ✆ 04 66 32 83 55.** *Fermé en janvier. Chambres de 31 € à 42 € (hors saison) ; prix moyen : 37,20 €. Menus à partir de 11,50 € en semaine, carte et menu à 18,50 €. Demi-pension à partir de 39 € (avec petit-déjeuner et un repas).* Le Portalou présente en façade son mur de pierres anciennes ; côté cour, une terrasse, une tonnelle couverte de glycine et un parc mi-ombre mi-soleil invitent à la détente. A l'intérieur, classique, les 11 chambres sont cossues. Elles ont le charme désuet des meubles de famille et le confort d'un Logis de France. Le petit-déjeuner se fait au goût des confitures maison de cassis, groseille, fleurs de sureau… La carte et les menus s'inspirent de la cuisine régionale, simple et bonne.

Loisirs

LEQUILIBRE Rouges-Parets ✆ 04 66 32 84 75/06 88 77 88 82. Les écuries abritent suffisamment de pensionnaires quadrupèdes pour répondre à toutes les envies. Les randonnées vont de deux heures à la semaine, selon le talent des cavaliers et leur endurance. Elles ont pour cadre les Grands Causses, les Cévennes, la Margeride et l'Aubrac. Des stages sont organisés à la demande et les moniteurs peuvent accompagner leurs élèves en endurance ou en compétition.

GOLF DU SABOT ✆ 04 66 32 84 00. *Fermé de novembre à avril. Parcours de 9 trous boisé et vallonné.* Si vous ne connaissez pas encore cette discipline, vous pourrez suivre des cours d'initiation tandis que les autres se perfectionneront. Cours pour les enfants et possibilité d'hébergement dans des chalets tout proches.

PLAN D'EAU DE BOOZ ✆ 04 66 48 48 48. Aménagé en bordure du Lot, ce plan d'eau autorise la pratique des activités nautiques en Lozère. Il s'étend sur 9 hectares à proximité de la Canourgue. Belle plage, petit restaurant, locations de pédalos et de planches à voile, on pourrait se croire au bord de la mer, le calme et la sérénité en plus ! De petits chalets en bois, avec un équipement intérieur complet, peuvent vous permettre un séjour complet dans le coin. Prix intéressant en avant et après-saison.

Emplettes

DANIEL LABAUME Rue de la Ville ✆ 04 66 32 80 28. Les bonnes recettes se transmettent de génération en génération, c'est bien connu. Alors une fois que vous aurez épuisé les beautés du centre-ville, poussez la porte de cette bonne maison : jambe farcie (spécialité de la maison depuis des décennies), saucisse sèche, fricandeau et jambon sec se disputent vos faveurs. Quant au pâté de foie de porc au naturel, il fait l'unanimité. M Labaume a été primé lors du concours Lozère Gourmande 2003 pour son jambon sec et finaliste pour sa saucisse sèche.

LES TRESORS DE NOS FERMES Rue de la Ville ✆ 04 66 32 83 01. Boutique aux mille saveurs, elle regroupe les ingrédients du panier gourmand lozérien : de la charcuterie en conserve, de la farine de châtaigne, des confitures de tous les fruits, du miel, des liqueurs… De quoi réveiller tous les appétits.

▷ *Dans les environs*

Banassac

Le long de l'Urugne, le village de Banassac connut dans les premiers siècles de notre ère une prospérité économique remarquable grâce à des ateliers de potiers qui fournissaient le monde romain. Il y eut jusqu'à 70 potiers qui en vinrent à réaliser des céramiques au motif original alternant lettres et décors floraux ; on a retrouvé des vases de Banassac jusqu'à Pompéi, au Maroc et au Liban. De son époque médiévale, Banassac a conservé l'église, édifiée au XIIe siècle et un pont du XIVe siècle qui enjambe le Lot. Le petit musée d'archéologie de la mairie expose quelques vestiges de vases de céramique.

LE CALICE DU GEVAUDAN La Mothe ✆ 04 66 32 94 18.** *Site : www.hotelcalicegevaudan.com. Ouvert toute l'année. Chambres doubles de 42 € à 45 €. Menus de 10 € à 21,50 €.* Céline et Frédéric Ogé ont installé leur Calice à proximité de l'autoroute, mais ils ont su préserver son calme. Le bâtiment moderne s'est agrandi et compte désormais vingt-neuf chambres. Côté restaurant, la cuisine sert des plats traditionnels (soupe à l'oignon, cuisses de canard confit, tarte Tatin, par exemple) ; les formules menu-carte, plus ou moins étoffées, laissent le choix entre neuf entrées, autant de plats principaux et huit desserts.

Saint-Germain-du-Teil

Ce petit village, accroché sur le flanc sud de l'Aubrac, effectue la transition entre les hauts plateaux volcaniques et la vallée du Lot. Les tilleuls (teils) sont plantés en allée à l'entrée du bourg. Très curieuse église du XIXe siècle, à l'imposant clocher à arcades, mélangeant les styles et à l'intérieur coloré de vert et de violet. A 5 km, à Malbousquet, on retrouve ces curieuses excavations creusées dans le roc, à la datation indéterminée, dites tombes juives. Vers l'ouest, et ceci explique peut-être cela, se trouve Montjézieux (le mont des Juifs) : le château de Jurquet, parfaitement restauré, domine la vallée du Lot sur un éperon rocheux (ne se visite pas) ; massif, carré et doté de mâchicoulis, il veille sur le village, à ses pieds.

OFFICE DE TOURISME ✆ 04 66 32 65 45. *Ouvert en juillet et en août, permanence téléphonique toute l'année.*

La Thieule

LES ECURIES DU SAUVETERRE ✆ **04 66 48 82 83.** *Site : perso.wanadoo.fr/christine-jeanbasset. Ouvert toute l'année. Chambres à 52 € pour deux. Repas à 16 €, demi-pension à 59 €. Gîte d'étape équestre à 13 € la nuit par personne, box ou pré pour les chevaux.* Bien des plaisirs se sont donnés rendez-vous dans cet ancien monastère, situé sur le causse mais non loin de La Canourgue. Christine et Jean Basset y soignent des pur-sang arabes. Les cavaliers y sont comme des rois et tous les amoureux de la nature et du calme comme des coqs en pâte. Les chambres d'hôtes, tout confort, sont spacieuses et meublées d'ancien. Quant à l'auberge, elle permet à la cuisinière de présenter les productions de la Thieule : l'autruche, mais aussi la volaille fermière et le porcelet farci, l'agneau, la charcuterie…

LES SAVEURS D'AUTRE FOIE La Thieule ✆ **04 66 48 82 93.** *Vente à la ferme et par correspondance toute l'année. De mi-juillet à août, journées portes ouvertes le mercredi de 10h à 18h. Goûter à la ferme sur réservation.* Jean-Claude Aulas est tout bonnement producteur de canards et… d'autruches. Il en fait des pâtés, des rillettes, des civets. Les canards se présentent, eux, sous les formes connues et appréciées : confits, foies gras, cous farcis… et un excellent cassoulet.

Chanac

Au pied du causse de Sauveterre, mais sur une éminence rocheuse, le site de Chanac domine la vallée du Lot. Il était déjà occupé à l'époque romaine et les rois d'Aragon, quand ils héritèrent du Gévaudan, y firent bâtir un château fort au XIIIe siècle. Mais ce sont les évêques de Mende, devenus centre du pouvoir, qui l'embellirent vraiment au XVIe siècle. Le lieu était si agréable qu'ils en avaient fait leur somptueuse résidence d'été. Cette preuve de richesse indisposa les révolutionnaires qui brûlèrent le château. Aussi n'en reste-t-il aujourd'hui que le donjon carré, qui veille toujours sur la ville depuis sa position dominante. Quelques éléments des fortifications subsistent, notamment les tours de l'Horloge, Reversat et du Pourtalou. L'église, du XIIIe siècle, possède une nef à trois travées voûtées en berceau. Belle abside en cul-de-four, à cinq pans. On peut y admirer un maître-hôtel du XVIIe, sauvé de la destruction du château.

OFFICE DE TOURISME Mairie ✆ **04 66 48 29 28**

Points d'intérêt

LE DOMAINE MEDIEVAL DES CHAMPS Le Villard ✆ **04 66 48 25 00.** *Ouvert tous les jours du 14 juillet au 31 août de 11h à 19h. Hors saison sur réservation pour les groupes (plus de 10 personnes). Tarif 7 €, enfant 4 €.* Le Villard est un site dominant la vallée du Lot. Restaurés par le département et la commune de Chanac dans les années 80, église, remparts, porte fortifiée et maisons sont le type même de la forteresse épiscopale du Moyen Age. A l'extérieur de l'enceinte, le domaine médiéval reconstitue parfaitement et de manière ludique la vie de cette époque. Animaux de la ferme, jardin potager et d'agrément, taverne, ateliers de tissage et d'enluminure permettent une plongée dans ce mode de vie.

Le gîte et le couvert

HOTEL DES VOYAGEURS Avenue du Triadou** ✆ **04 66 48 20 16.** *Ouvert du 1er février au 15 décembre. Chambres doubles de 46 € à 72 €. Petit-déjeuner 6 €. Demi-pension à partir de 42 €. Menus de 14 à 30 €.* A l'entrée du bourg, dans une grande maison, la famille Palmier-Arnal reçoit ses hôtes depuis quatre générations. La salle de restaurant, spacieuse et claire, au décor sobre donne l'occasion de déguster les spécialités maison : terrines, tripoux, truites bref, le produit de la chasse, de la pêche et de la cueillette des champignons. A l'étage supérieur se trouvent une partie des chambres, de bon confort. Les autres ont été établies dans l'annexe, dans le grand jardin en contrebas du corps principal.

MARIE-THERESE PRADEILLES Le Gazy ✆ **04 66 48 21 91.** *Ouvert toute l'année. Chambre deux personnes 33 €, repas 12 €.* La ferme familiale était si grande que les propriétaires ont pu y aménager six chambres et leurs salles de bains (certaines ont des WC communs). Différenciées par leur couleur dominante et leur taille (la plus grande accueille 4 personnes), elles donnent sur la cour et sur le jardin. Dans ce village des environs de Chanac, Marie-Thérèse Pradeilles cuisine les produits frais du potager et de la ferme.

Emplettes

ALAIN PALMIER Le Bruel ✆ 04 66 48 25 72. Une charcuterie réputée pour la fabrication maison de tripoux, saucisses et saucissons secs, pâtés de foie de porc, jambons secs... Chaque année le charcutier soumet son travail à l'avis des professionnels (par le biais du concours de la Lozère Gourmande) et ne manque pas de rafler une récompense.

Marvejols

Terre royale au Moyen-Age face à sa grande rivale, Mende, dominée par le pouvoir ecclésiastique, Marvejols connut bien des vicissitudes lors des guerres de Religion. Devenu roi, Henri IV attacha un soin particulier à sa reconstruction comme en témoignent les trois portes fortifiées, flanquées de deux tours, qui subsistent encore. La prospérité y régna grâce aux industries de la laine installées tout au long de la Colagne : traitement, teinture, filature et tissage. La visite de la ville commence par le passage sous une des portes monumentales au sud, celle des Chanelles, au nord celle de Soubeyran, à l'est celle du Théron.

A l'intérieur, les différents quartiers ont gardé leurs passages voûtés, leurs maisons à encorbellements et à fenêtres ouvragées, leurs montées en escalier vers l'église. Il y a encore de très beaux hôtels particuliers du XVIIIe siècle, entourés de verdure (mairie, bibliothèque municipale).

OFFICE DE TOURISME Porte Soubeyran ✆ 04 66 32 02 14. *Ouvert toute l'année, du mardi au vendredi de 9h à 12h et de 14h30 à 18h, le samedi de 9h à 12h et de 14h à 17h30 hors saison (fermé le lundi et dimanche). En saison du au vendredi de 9h à 12h et de 14h à 19h, le samedi de 9h à 12h et de 14h à 18h30, le dimanche de 10h à 12h et de 16h à 18h.* Un dépliant est associé aux panneaux explicatifs qui jalonnent l'itinéraire de visite. En été, l'office de tourisme propose des visites guidées de la ville et du musée archéologique ainsi que des circuits accompagnés, à pied ou en bus, aux environs de la ville.

Points d'intérêt

LES STATUES D'AURICOSTE. Depuis 1954, se dresse sur la place Soubeyran, une statue d'Henri IV. Emmanuel Auricoste, sculpteur des années 50, a choisi de représenter le roi comme un petit homme rabougri, long de torse et court de jambe. Même traitement par le même Auricoste pour la Bête du Gévaudan. Sa statue sur la place des Cordeliers, avec ses plaques de bronze soudées aux arêtes saillantes, dégage une impression de force sauvage et inquiétante. Ces deux œuvres, si controversées lors de leur mise en place, sont devenues des éléments touristiques majeurs.

L'EGLISE NOTRE-DAME DE-LA-CARCE. Cet imposant édifice domine la ville. Si la prison qui lui aurait donné son nom a disparu, l'église actuelle est celle reconstruite après les destructions des guerres de Religion à l'emplacement de l'ancien château. Clocher massif, portail à colonnes, elle renferme une statue très ancienne de la Vierge, objet d'un pèlerinage annuel. Très beaux tableaux (début XXe siècle) du peintre Louis Rigal, né à Marvejols, représentant un chemin de Croix.

Le couvert

L'AUBERGE Domaine de Carrière ✆ 04 66 32 47 05. *Ouvert toute l'année, sauf dimanche soir et lundi. Menu à 20 € et carte.* En bordure du parc du château de Carrière, l'Auberge s'est installée dans une des dépendances, dans un cadre soigné, avec de belles tables pour des assiettes dédiées aux plaisirs du palais ; la carte se renouvelle régulièrement car le chef ne travaille que les produits de saison. Au menu, qui change tous les jours, apparaissent queues de langoustines rôties et tagliatelles de légumes, tourte au bleu du Malzieu et jambon de canard fumé... Les desserts font preuve de la même tenue.

Le gîte

CHATEAU DE CARRIERE Quartier l'Empéry ✆ 04 66 32 02 27. *Ouvert d'avril à octobre. Chambres de 55 € à 65 €.* La vie de château avec un grand parc autour... Maryse et Jacques Mialanes ont réservé cinq grandes chambres et une suite à leurs hôtes. Immenses, meublées vieille France, il s'en dégage un parfum suranné que l'on goûte à chaque instant. Fier de son apparence, ce château des XVIIe et XIXe siècles s'est offert le luxe de l'eau, courante au fond du parc, bleue dans la piscine et moussante dans les salles de bains individuelles ; et la modernité d'un salon TV (et magnétoscope), à côté de la cheminée de la salle à manger.

L'EUROPE* Quartier de l'Empery ✆ 04 66 32 03 69.** *Ouvert de mai à septembre. Forfait 2 personnes de 6,50 € à 12 €.* A côté des gîtes, ce camping d'une quarantaine de places ensoleillées propose activités et divertissements (piscine, jeux, animations...). Bien aménagé, on trouve sur place une laverie et une salle commune.

Le gîte et le couvert

HOTEL DE LA GARE ET DES ROCHERS** **Place de la Gare ✆ 04 66 32 10 58.** *Chambres doubles de 27,50 € à 50 €. Demi-pension à partir de 41 €. Menus de 13 € à 29,50 €.* Grand hôtel moderne, il s'ouvre sur la vallée de la Colagne. Jacques et Janine Teissier ont voulu un décor de verdure et de rotin, qui rend les chambres et la salle de restaurant confortables. Outre les classiques de la cuisine française, le chef concocte une cuisine du terroir où l'on repère une fricassée de ris d'agneau aux cèpes et des tripoux maison appétissants.

Loisirs

CLUB HIPPIQUE DU GEVAUDAN **RN9 - Retz - MARVEJOLS ✆ 04 66 32 77 34.** *E-mail : contact@club-hippique-gevaudan.com. Promenade à cheval 1h, 14 €, randonnées, cours et stages. Hébergement individuel ou par groupe en chambre d'hôtes ou gîte d'étape et de séjour. Gîte de France. De 11 € à 16 € la nuit. Petit-déjeuner 5,50 €. Repas 13 € (Gîte), en chambre et table d'hôtes 47 € la nuit 2 personnes petit-déjeuner compris, repas 15 €. Pension chevaux.* A deux kilomètres de la ville, ce grand club s'étend sur dix hectares et comprend un bâtiment d'accueil avec un club house, un manège couvert, deux carrières, un parcours cross, tout cela ouvert à la cavalerie du club (17 poneys et 21 chevaux) ainsi qu'aux montures qui prennent pension dans les 32 box. M. Guilhem Vidal organise pour leur public des cours de tous niveaux (de l'initiation à la préparation des examens fédéraux), des promenades et des randonnées, y compris en attelage. Ces cours sont aussi proposés sous forme de stages (poneys et chevaux), l'hébergement se faisant alors soit dans le gîte d'étape et de séjour du club ; soit en chambre d'hôte selon le souhait, 18 places en chambres de 2 à 4 personnes et un service de restauration assurent les bonnes conditions du séjour.

▷ *Dans les environs*

BALADES AUTOUR DE MARVEJOLS. Tout autour de la ville, de petits villages valent quelques arrêts : Grèzes planté en anneau sur son Truc, une butte à l'aspect insolite, fruit d'une érosion inventive ; ce lieu chargé d'histoire fut successivement oppidum gabale, castrum romain, forteresse mérovingienne, capitale de la vicomté de Grèzes, possession du roi d'Aragon. A proximité, voir au hameau du Pin, une petite chapelle romane entourée de tombes mérovingiennes et à Mories, une tour carrée, vestige d'un château fort.

Chirac

Dans ce haut lieu gabale, l'église Saint-Romain est un remarquable édifice du XIIe siècle, à trois nefs. A l'intérieur, on admire, de très beaux chapiteaux sculptés en feuillages.

AUBERGE DES VIOLLES Les Violles ✆ 04 66 32 77 66. *Ouvert toute l'année, l'hiver uniquement sur réservation. Chambre et demi-pension pension à 35 € par personne par nuit. Repas 15 €.* Après restauration, la ferme de granit s'est transformée en lieu d'accueil. Le cadre s'y prête, au pied de l'Aubrac. Depuis la terrasse, on surplombe toute la vallée. Six chambres simples partagent leurs salles de bains, dont l'une s'est nichée dans l'ancien four à pain. La table d'hôtes fournit son petit monde en produits maison, charcuterie, agneau fermier, pouteille et aligot, pour finir avec des pâtisseries familiales.

Le Monastier

Le Monastier doit son nom à un monastère bénédictin fondé en 1062 et où le futur pape Urbain V prit l'habit monastique. L'ancienne abbatiale Saint-Sauveur fut reconstruite par les jésuites au XVIIe siècle, mais sans le chevet d'origine. L'église, restaurée, a retrouvé tout son lustre. Sa façade sobre a perdu son portail roman, remanié au XVIIe siècle et elle a été percée d'une baie gothique. Parements restaurés, vitraux refaits, même la petite échauguette, couverte de lauzes s'est mise à l'unisson de ce bel édifice.

LES AJUSTONS* ✆ 04 66 32 70 35. *Fermé en janvier. Chambres doubles de 33 € à 60 €. Menus de 11,50 € à 19 €.* Nichés dans la vallée, les Ajustons se sont refaits une beauté. Elisabeth et Claude, jeune couple venu de Toulouse, ont rendu les quinze chambres pimpantes et agréables, d'autant qu'elles donnent directement sur la rivière. Tout ce calme s'apprécie en compagnie de ces hôtes dynamiques, d'une grande gentillesse, qui ont doublé l'établissement d'une table gourmande où ils mêlent habilement les produits de leur région d'origine (foie gras, cassoulet) à ceux de la Lozère.

BOULANGERIE SALVAN Place de l'Eglise ✆ 04 66 32 70 57. L'odeur de son pain attrape les gourmands, son goût les fait revenir. Son pain ou plutôt, ses pains : Eric Salvan travaille comme autrefois des farines de froment écrasé à la meule, qui gonflent sous l'effet du levain, et des farines biologiques, savoureuses. Alors pain bio Lauza, pain de seigle, fougasse, le choix n'en finit pas et tente tout le monde.

Pyrénées-Orientales

Costume traditionnel

Paris
PERPIGNAN
Ariège
Aude
Vers Foix
D117
Sourni
D14
Molitg-
les-Bains
Prades
Formiguères
Etang de
Lanours
Vers Ax-les-Thermes
Vers l'Andorre
Villefranche-
de-Conflent
N116
les Angles
Lac des
Bouillouses
Lac de
Maremale
Col de Puymorens
Olette
Vernet-
les-Bains
N22
Pas-de-la-Casa
▲ 2878 m
Pic Orientaux
de Font Nègre
D118
Font-Romeu
D618
Mont-
Louis
Latour-
de-Carpi
N116
Col de Mantet
N22
Saillagouse
Pic
du Géant
2887m
Vers Lérida
Bourg-
Madame
la Preste
ESPAGNE

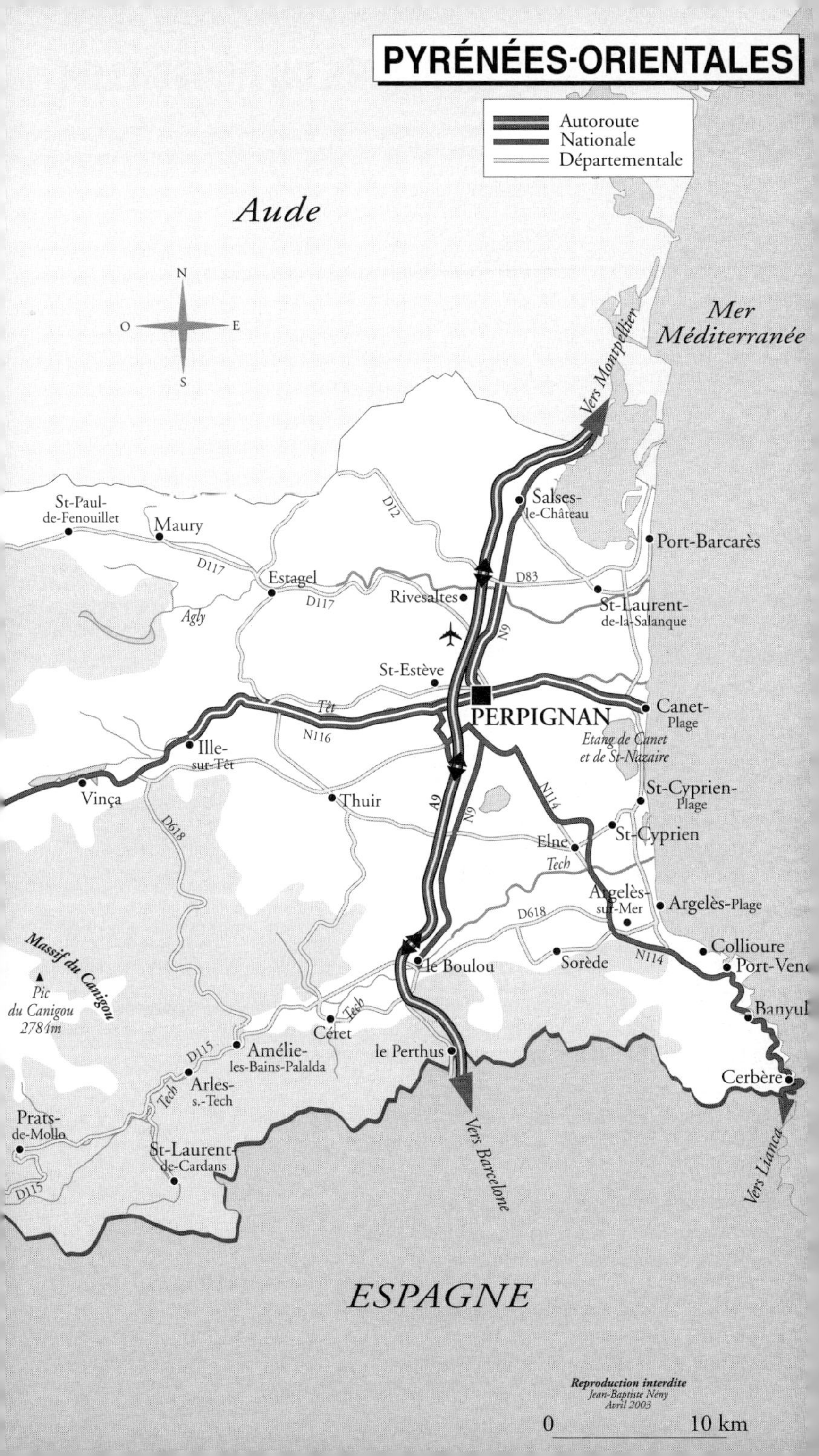

PYRÉNÉES-ORIENTALES
Autoroute
Nationale
Départementale
Aude
N
O
E
S
Mer Méditerranée
Vers Montpellier
St-Paul-de-Fenouillet
Maury
D12
Salses-le-Château
Port-Barcarès
D117
Estagel
D83
D117
Rivesaltes
St-Laurent-de-la-Salanque
Agly
N9
St-Estève
PERPIGNAN
Têt
Canet-Plage
N116
Etang de Canet et de St-Nazaire
Ille-sur-Têt
Vinça
Thuir
N114
St-Cyprien-Plage
A9
N9
D618
St-Cyprien
Elne
Tech
Argelès-sur-Mer
Argelès-Plage
D618
Massif du Canigou
Pic du Canigou 2784m
Collioure
le Boulou
Sorède
N114
Céret
Tech
D115
Amélie-les-Bains-Palalda
le Perthus
Cerbère
Arles-s.-Tech
Tech
Prats-de-Mollo
St-Laurent-de-Cardans
D115
Vers Barcelone
Vers Llanca
ESPAGNE
Reproduction interdite
Jean-Baptiste Nény
Avril 2003
0
10 km

PERPIGNAN ET LA PLAINE DU ROUSSILLON

Perpignan est la préfecture des Pyrénées-Orientales. Une ville du sud-est, donc, malgré sa position géographique qui la place au centre de la ligne frontière sud du pays. La grande ville la plus au sud de France est bien loin de la capitale, elle est surtout très excentrée. Au sud, l'Espagne, 30 km nous séparent de la frontière. Au Nord, la côte, le carrefour routier narbonnais détourne la circulation et personne ne passe par hasard à Perpignan, à moins de désirer franchir les Pyrénées. La ville a donc longtemps vécu une autarcie forcée. Il reste la beauté du pays. Il suffit d'une heure de route pour se retrouver au pied des pistes de ski, à Font-Romeu, et de dix minutes de voiture pour se rendre sur la côte. Canet-Plage représentant le littoral le plus proche.

La plaine du Roussillon, elle, prend la forme d'un triangle ou plutôt d'un coin que la mer aurait enfoncé entre deux massifs montagneux : les Pyrénées au sud et les Corbières au nord. Riche et fertile, irriguée depuis le Moyen Age, elle est couverte de vergers et de maraîchage, d'où émergent les villages de briques rouges dont les églises renferment souvent de véritables chefs d'œuvre de l'art baroque catalan.

Perpignan

Sans remonter jusqu'à l'âge du fer, puisque le corps d'un bébé de 8 à 10 mois inhumé il y a 2 500 ans vient d'être exhumé sur le site romain de Ruscino (Château Roussillon), Perpignan chef-lieu du département des Pyrénées-Orientales est d'abord catalane avant d'être française. En 1262, Jacques Ier d'Aragon partagea ses états entre ses deux fils Pierre et Jacques. Il donna à Jacques le Roussillon, Majorque, la Cerdagne et le Comté de Montpellier. Les possessions de ce dernier constituèrent le royaume de Majorque avec Perpignan pour capitale. Il fit construire en 1278 le Palais des Rois de Majorque pour défendre la ville et y loger sa cour. Même si le Traité des Pyrénées l'a définitivement rattachée au territoire français en 1659, Perpignan la Catalane lorgne toujours du côté de ses cousins du Sud.

Fiche pratique

OFFICE MUNICIPAL DE TOURISME Place Armand Lanoux ✆ 04 68 66 30 30. *Site : www.little-france.com/perpignan - E-mail : contact-office@smi-telecom.fr. Il est situé à l'intérieur du palais des congrès. Ouvert de 9h à 18h, dimanches et jours fériés de 10h à 16h. Du 15 juin au 15 septembre, de 9h à 19h, dimanches et jours fériés de 10h à 16h.* Perpignan est classée ville et pays d'art et d'Histoire et l'office du tourisme organise en été des visites-découvertes à thèmes de la ville. Un dépliant Laissez-vous conter Perpignan en donne le programme complet.

TRANSPORTS URBAINS PERPIGNAN Kiosque - Rue Gabriel-Péri ✆ 04 68 61 01 13

SNCF Place Salvador-Dali ✆ 08 36 35 35 35

LE P'TIT BUS. Le petit autobus en question se promène à travers les rues commerçantes de la ville toute la journée. Non seulement il est gratuit, mais il s'arrête n'importe où, pourvu qu'on fasse signe au conducteur. Son itinéraire débute Quai Vauban (en face du Castillet), de l'autre côté de la Basse, il va alors se cantonner sur la rive gauche jusqu'au Quai De Lattre-de-Tassigny, il traversera le canal en face de la poste et reviendra au Castillet par le chemin des Ecoliers, en passant par le jardin Bausil, la Place Arago et le Marché de la République. Il roule tous les jours sauf les dimanches et jours fériés de 7h40 à 12h20 et de 13h15 à 19h15.

GARE ROUTIERE Avenue du Général-Leclerc ✆ 04 68 35 29 02

Taxis

ACCUEIL PERPIGNAN TAXIS 8 bis, rue Saint-Joseph ✆ 04 68 35 15 15

ABAC TAXI CATALAN 5, rue Louis-Blériot ✆ 06 09 36 96 86

Location de voitures

ADA 14, boulevard Paul-Langevin ✆ 04 68 68 45 66

AVIS 13, boulevard du Conflent ✆ 04 68 34 26 71

HERTZ 9, avenue du Général-de-Gaulle ✆ 04 68 51 37 40
Autre adresse : Rue Bobo - Zone Industrielle Polygone Nord 04 68 52 90 90.

EUROPCAR 203, rue Bobo - ZI Polygone Sud ✆ 04 68 52 95 29

BUDGET 226, route de Prades ✆ 04 68 56 95 95

AEROPORT ✆ 04 68 52 60 70. Exit Air Lib, Air France a aussitôt repris le flambeau. Des liaisons quotidiennes sur Londres sont opérées par la compagnie Ryanair.

Points d'intérêt

LE CASTILLET Place de Verdun ✆ 04 68 35 42 05. *Site : www.perpignantourisme.com - E-mail : contact-office@little-France.com. Ouvert tous les jours (sauf mardi), du 1er octobre au 31 avril, de 11h à 17h30. En été, du 1er mai au 30 septembre de 10h à 19h. Entrée : 4 € (-15 ans gratuit. Tarif PASS inter-sites et enfants 2 €). Public handicapé visuel - Visite contée.* C'est le monument symbole de Perpignan. Forteresse du XIVe siècle construite en briques rouges, incorporée dans les remparts de la cité avec porte rajoutée sous Louis XI appelée porte de France. Elle fut transformée en prison et abrite à ce jour le siège du musée catalan des Arts et Traditions populaires (Casa Pairal). A noter qu'il s'agit du seul témoignage de l'enceinte dont la destruction n'intervint qu'au début du XXe siècle (1905 à 1930).

CITADELLE ET PALAIS DES ROIS DE MAJORQUE 2, rue des Archers ✆ 04 68 34 48 29. *Site : www.cg66.fr. Ouvert du 1er octobre au 31 mai de 9h à 17h, du 1er juin au 30 septembre de 10h à 18h. Entrée : 4 € (-12 ans gratuit. Tarif PASS inter-sites et enfants 2 €). Public handicapé visuel - Visite contée.* Ancienne résidence des rois de Majorque (XIIIe-XIVe siècles) installée au cœur d'une citadelle dont elle constitue le noyau le plus ancien, elle domine la ville du haut de ses hautes murailles. Le palais apparaît quelque peu austère mais dès que l'on pénètre à l'intérieur, on reste frappé par l'équilibre et l'élégance de l'architecture gothique. Propriété du conseil général des Pyrénées-Orientales qui y organise des expositions et des manifestations culturelles, c'est le monument le plus important de Perpignan et un des témoignages les plus remarquables de l'architecture civile et militaire médiévale du Midi de la France.

CATHEDRALE SAINT-JEAN Place Gambetta. *Ouvert de 9h à 12h et de 15h à 18h30.* Considérée comme l'un des plus beaux exemples du gothique méridional, sa construction a débuté en 1324 pour s'achever en 1509. La porte extérieure est en marbre de Céret. On s'attardera essentiellement sur les retables baroques des différentes chapelles et celui du maître-autel en marbre blanc ainsi que les boiseries sculptées et ciselées du grand orgue d'où pend une tête de roi maure. Sur la gauche, on peut s'approcher de l'ancien sanctuaire de Saint Jean-le-Vieux dont le portail roman en marbre est orné d'un Christ en majesté à l'air sévère. Depuis la cathédrale, par une porte de droite, on accède à la chapelle du Dévot Christ où est exposé un Christ crucifié en bois polychrome d'un réalisme assez saisissant.

Façade du marché

Cloître

Statue de Maillol dans la vieille ville

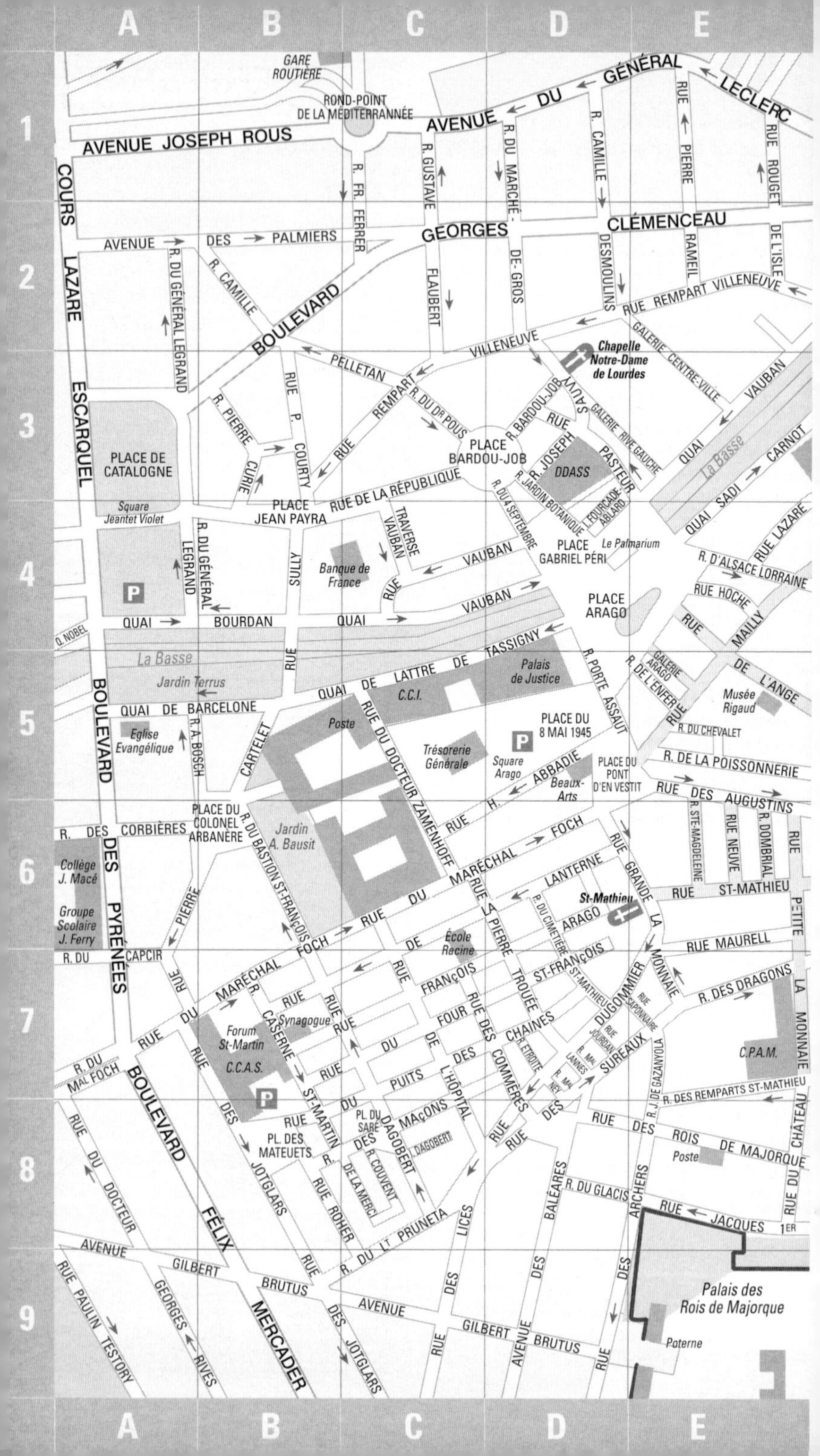
A B C D E
1 2 3 4 5 6 7 8 9
GARE ROUTIÈRE
ROND-POINT DE LA MÉDITERRANNÉE
AVENUE JOSEPH ROUS
AVENUE DU GÉNÉRAL LECLERC
R. FR. FERRER
R. GUSTAVE FLAUBERT
R. DU MARCHÉ-DE-GROS
R. CAMILLE DESMOULINS
RUE PIERRE RAMEIL
RUE ROUGET DE L'ISLE
BOULEVARD GEORGES CLÉMENCEAU
AVENUE DES PALMIERS
COURS LAZARE ESCARQUEL
R. DU GÉNÉRAL LEGRAND
R. CAMILLE PELLETAN
RUE REMPART VILLENEUVE
GALERIE CENTRE-VILLE
Chapelle Notre-Dame de Lourdes
QUAI VAUBAN
R. PIERRE CURIE
RUE P. COURTY
R. DU Dr POUS
PLACE BARDOU-JOB
R. BARDOU-JOB
RUE JOSEPH SAUVY
GALERIE RIVE GAUCHE
RUE PASTEUR
La Basse
QUAI SADI CARNOT
PLACE DE CATALOGNE
Square Jeantet Violet
PLACE JEAN PAYRA
RUE DE LA RÉPUBLIQUE
TRAVERSE VAUBAN
R. DU 4 SEPTEMBRE
R. JARDIN BOTANIQUE
DDASS
I. FOURCADE ABLARD
PLACE GABRIEL PÉRI
Le Palmarium
RUE LAZARE
R. D'ALSACE LORRAINE
RUE SULLY
Banque de France
RUE VAUBAN
QUAI VAUBAN
PLACE ARAGO
RUE HOCHE
RUE MAILLY
Q. NOBEL
QUAI BOURDAN
La Basse
Jardin Terrus
QUAI DE LATTRE DE TASSIGNY
Palais de Justice
R. PORTE ASSAUT
GALERIE ARAGO
R. DE L'ENFER
RUE DE L'ANGE
Musée Rigaud
BOULEVARD DES PYRÉNÉES
QUAI DE BARCELONE
C.C.I.
Poste
PLACE DU 8 MAI 1945
R. DU CHEVALET
Eglise Evangélique
R. A. BOSCH
CARTELET
RUE DU DOCTEUR ZAMENHOFF
Trésorerie Générale
Square Arago
RUE H. ABBADIE
Beaux-Arts
PLACE DU PONT D'EN VESTIT
R. DE LA POISSONNERIE
RUE DES AUGUSTINS
PLACE DU COLONEL ARBANÈRE
R. DES CORBIÈRES
R. DU BASTION ST-FRANÇOIS
Jardin A. Bausit
R. STE-MAGDELEINE
RUE NEUVE
R. DOMBRIAL
RUE PETITE LA MONNAIE
Collège J. Macé
Groupe Scolaire J. Ferry
RUE PIERRE
RUE DU MARÉCHAL FOCH
RUE LA PIERRE TROUÉE
RUE LANTERNE
RUE GRANDE LA MONNAIE
P. DU CIMETIÈRE
RUE ARAGO
St-Mathieu
RUE ST-MATHIEU
R. DU CAPCIR
RUE DE FRANÇOIS
École Racine
ST-FRANÇOIS
ST-MATHIEU
RUE MAURELL
R. DES DRAGONS
RUE CASERNE
Synagogue
Forum St-Martin
C.C.A.S.
RUE DU FOUR
RUE DU PUITS DES CHAINES
RUE DES COMMÈRES
R. ETROITE
RUE DUGOMMIER
RUE SAPONNAIRE
RUE JOURDAN
R. Mal LANNES
R. Mal NEY
SUREAUX
R. J. DE GAZANYOLA
C.P.A.M.
R. DU Mal FOCH
BOULEVARD FÉLIX MERCADER
RUE DES JOTGLARS
RUE ST-MARTIN
RUE DE L'HÔPITAL
PL. DU SARE
RUE DES MAÇONS
RUE DAGOBERT
I. DAGOBERT
R. DES REMPARTS ST-MATHIEU
RUE DES ROIS DE MAJORQUE
RUE DU CHÂTEAU
PL. DES MATEUETS
R. DE LA MERCI
R. COUVENT
RUE ROHER
RUE DES LICES
RUE DES BALÉARES
R. DU GLACIS
RUE DES ARCHERS
Poste
RUE JACQUES 1ER
RUE DU DOCTEUR
R. DU LT PRUNETA
AVENUE GILBERT BRUTUS
RUE PAULIN TESTORY
RUE GEORGES RIVES
Palais des Rois de Majorque
Poterne

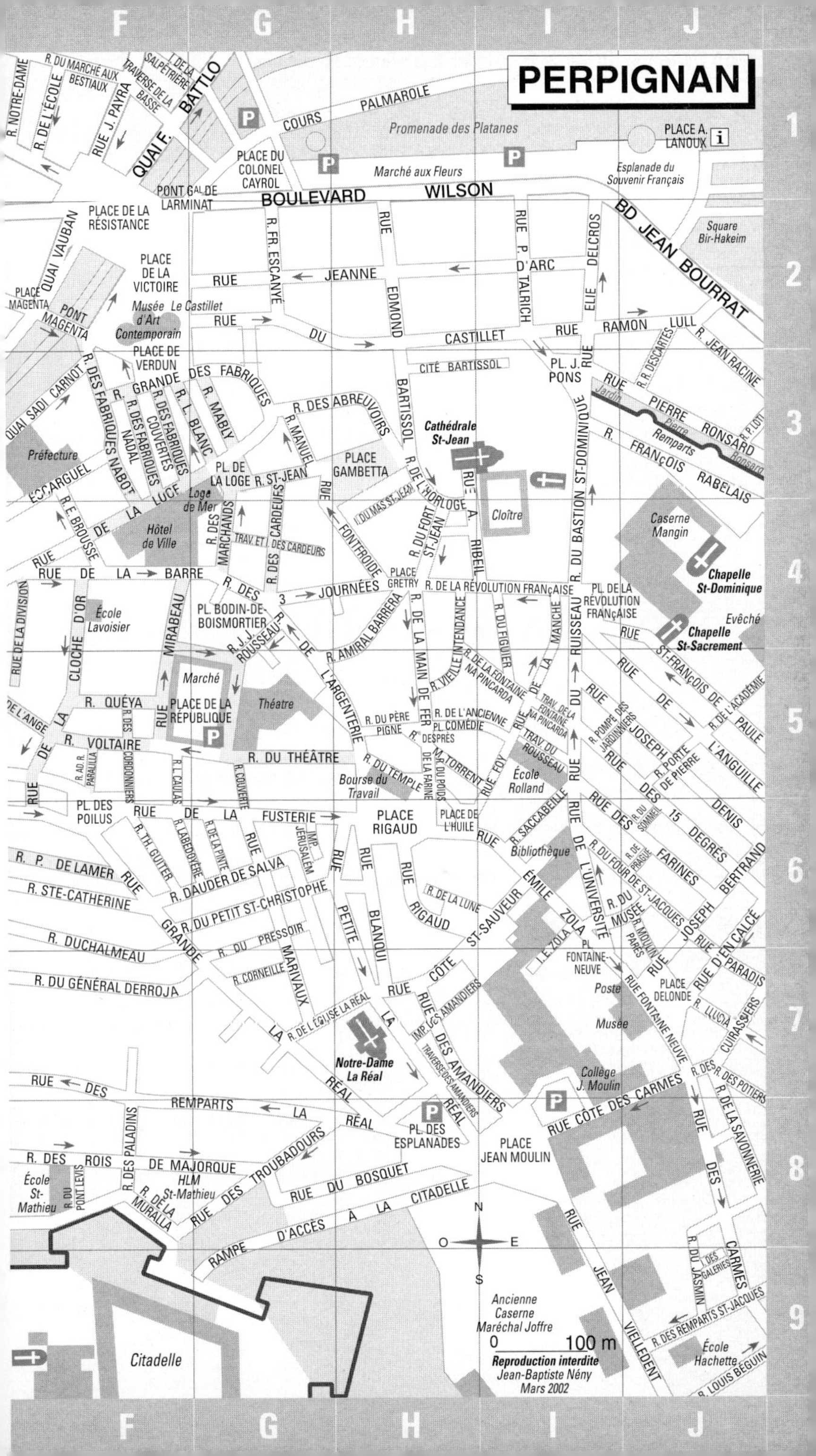

PERPIGNAN
F
G
H
I
J
1
2
3
4
5
6
7
8
9
R. NOTRE-DAME
R. DE L'ÉCOLE
R. DU MARCHÉ AUX BESTIAUX
RUE J. PAYRA
TRAVERSE DE LA BASSE
R. DE LA SALPÊTRIÈRE
QUAI F. BATTLO
COURS PALMAROLE
Promenade des Platanes
PLACE A. LANOUX
PLACE DU COLONEL CAYROL
Marché aux Fleurs
Esplanade du Souvenir Français
PONT Gal DE LARMINAT
BOULEVARD WILSON
BD JEAN BOURRAT
Square Bir-Hakeim
PLACE DE LA RÉSISTANCE
QUAI VAUBAN
PLACE DE LA VICTOIRE
PLACE MAGENTA
PONT MAGENTA
Musée Le Castillet d'Art Contemporain
PLACE DE VERDUN
R. FR. ESCANYE
RUE JEANNE D'ARC
RUE EDMOND BARTISSOL
RUE P. TALRICH
ELIE DELCROS
RUE DU CASTILLET
RUE RAMON LULL
R. R. DESCARTES
R. JEAN RACINE
CITÉ BARTISSOL
PL. J. PONS
RUE PIERRE RONSARD
Jardin Pierre Ronsard
R. P. LOTI
R. FRANÇOIS RABELAIS
Remparts
QUAI SADI CARNOT
R. DES FABRIQUES NABOT
R. GRANDE DES FABRIQUES
R. DES FABRIQUES NADAL
R. DES FABRIQUES COUVERTES
R. L. BLANC
R. MABLY
R. DES ABREUVOIRS
R. MANUEL
Cathédrale St-Jean
Préfecture
ESCARGUEL
PL. DE LA LOGE
R. ST-JEAN
PLACE GAMBETTA
R. DE L'HORLOGE
RUE A. RIBEIL
Cloître
R. DU BASTION ST-DOMINIQUE
Caserne Mangin
Chapelle St-Dominique
R. E. BROUSSE
RUE DE LA LUCE
Loge de Mer
Hôtel de Ville
R. DES MARCHANDS
TRAV. ET I. DES CARDEURS
R. DES CARDEURS
I. DU MAS ST-JEAN
RUE FONTFROIDE
R. DU FORT ST-JEAN
RUE DE LA BARRE
R. DES 3 JOURNÉES
PLACE GRETRY
R. DE LA RÉVOLUTION FRANçAISE
PL. DE LA RÉVOLUTION FRANçAISE
Evêché
Chapelle St-Sacrement
RUE DE LA DIVISION
RUE CLOCHE D'OR
École Lavoisier
MIRABEAU
PL. BODIN-DE-BOISMORTIER
R. J. J. ROUSSEAU
RUE DE L'ARGENTERIE
R. AMIRAL BARRERA
R. DE LA MAIN DE FER
R. VIEILLE INTENDANCE
R. DE LA FONTAINE NA PINCARDA
R. DU FIGUIER
RUE DE LA MANCHE
RUE DU RUISSEAU
RUE ST-FRANçOIS DE PAULE
R. DE L'ACADÉMIE
RUE DE L'ANGUILLE
Marché
PLACE DE LA RÉPUBLIQUE
Théatre
R. QUÉYA
R. DE L'ANGE
RUE DE LA VOLTAIRE
R. DES CORDONNIERS
R. DU PÈRE PIGNE
R. DESPRÉS
R. DE L'ANCIENNE PL. COMÉDIE
TRAV. DE LA FONTAINE NA PINCARDA
TRAV. DU ROUSSEAU
RUE JOSEPH DENIS
R. POMPE DES JARDINIERS
R. PORTE DE PIERRE
R. AD. R. PARALILLA
R. DU THÉÂTRE
R. L. CAULAS
R. COUVERTE
R. DU TEMPLE
Bourse du Travail
R. DE LA FARINE
M. TORRENT
R. DU POIDS DE LA FARINE
RUE FOY
École Rolland
RUE DES 15 DEGRÉS
R. DU SOMMEIL
PL. DES POILUS
RUE DE LA FUSTERIE
IMP. JÉRUSALEM
PLACE RIGAUD
PLACE DE L'HUILE
R. SACCABEILLE
Bibliothèque
RUE DE L'UNIVERSITÉ
RUE DES FARINES
RUE JOSEPH BERTRAND
R. P. DE LAMER
R. TH. GUITER
R. LABÉDOYÈRE
R. DE LA PINTE
R. DAUDER DE SALVA
RUE BLANQUI
RUE RIGAUD
R. DE LA LUNE
RUE ÉMILE ZOLA
R. DU FOUR DE ST-JACQUES
R. DE PRAGUE
R. STE-CATHERINE
R. DU PETIT ST-CHRISTOPHE
RUE PETITE
CÔTE ST-SAUVEUR
R. DU MUSÉE
R. MOULIN PARÈS
RUE D'EN CALCE
RUE PARADIS
R. DUCHALMEAU
GRANDE RUE
R. DU PRESSOIR
MARIVAUX
R. CORNEILLE
I. E. ZOLA
PL. FONTAINE-NEUVE
Poste
RUE FONTAINE NEUVE
PLACE DELONDE
R. LLUCIA
CUIRASSIERS
R. DU GÉNÉRAL DERROJA
R. DE L'ÉGLISE LA RÉAL
RUE CÔTE DES AMANDIERS
IMP. DES AMANDIERS
Musée
RUE LA RÉAL
Notre-Dame La Réal
TRAVERSE DES AMANDIERS
Collège J. Moulin
R. DES POTIERS
RUE DES REMPARTS LA RÉAL
RUE CÔTE DES CARMES
R. DE LA SAVONNERIE
PL. DES ESPLANADES
PLACE JEAN MOULIN
RUE DES CARMES
R. DES PALADINS
R. DES ROIS DE MAJORQUE
École St-Mathieu
R. DU PONT LEVIS
HLM St-Mathieu
R. DE LA MURALLA
RUE DES TROUBADOURS
RUE DU BOSQUET
RAMPE D'ACCÈS À LA CITADELLE
RUE JEAN VIELLEDENT
N
O
E
S
R. DU JASMIN
I. DES GALERIES
R. DES REMPARTS ST-JACQUES
Ancienne Caserne Maréchal Joffre
0
100 m
Reproduction interdite
Jean-Baptiste Nény
Mars 2002
École Hachette
R. LOUIS BEGUIN
Citadelle

CHAPELLE DE LA FUNERARIA. Etroitement liée au Campo Santo, elle vient d'hériter de vitraux contemporains réalisés par l'artiste américaine Shirting Jaffe.

EGLISE SAINT-JACQUES Rue de la Miranda. *Ouvert de 15h à 19h en été et de 14h30 à 17h30 en hiver.* Eglise paroissiale de la fin du XIIIe siècle créée par le roi Jacques Ier d'Aragon au sommet des remparts. Le porche abrite un grand portail en marbre du XVIe siècle. Sous le porche sud, on trouvera la grande croix de soutrages portée lors de la procession de la Sanch. Les communautés gitanes et maghrébines cohabitent joyeusement dans ce quartier.

PLACE DE LA LOGE. La Place, veillée par la Venus de Maillol et la rue de la Loge, constituent le cœur battant de la ville. L'hôtel de ville et le palais de la députation formant un ensemble sobre et austère de style catalan que la loge de Mer, de style gothique flamboyant, surmontée de sa caravelle-girouette, vient compléter avec ses arcades, ses fenêtres dentelées et sculptées et ses gargouilles. Dans le patio à arcades de l'hôtel de ville, un splendide bronze de Maillol, La Méditerranée.

MUSEE HYACINTHE RIGAUD Rue de l'Ange ✆ 04 68 35 43 40. *Ouvert du 1er mai au 30 septembre de 12h à 19h et du 1er octobre au 30 avril de 11h à 17h30.(fermé le mardi). Entrée : 4 € (Tarif réduit et groupes à partir de 15 personnes 2 €).* Du nom du peintre perpignanais connu par ses portraits à la cour de Louis XIV, ce musée situé dans un bel hôtel particulier du XVIIe siècle rénové, présente des œuvres du XIIe siècle à nos jours. Un magnifique Couronnement de la Vierge de Peralta du XVe siècle côtoie une vingtaine de dessins et huiles de Raoul Dufy. Sont également présents : Picasso, Calder, Maillol, Appel, Alechinsky, Clavé, Mirò... L'une des pièces maîtresses du musée est actuellement constituée par le Portrait du cardinal de Bouillon de Hyacinthe Rigaud.

MUSEE PUIG 42, avenue de Grande-Bretagne ✆ 04 68 66 24 86. *Ouvert du 1er mai au 30 septembre de 12h à 18h et du 1er octobre au 30 avril de 11h à 17h30. (fermé le dimanche et le lundi). Entrée : 4 € (Tarif réduit et groupes à partir de 15 personnes 2 €. Gratuit -15 ans).* Un intéressant musée de numismatique légué à la ville par le riche perpignanais Joseph Puig, présente la collection de 1 500 pièces de monnaies (sur 35 000 conservées dans les réserves) et des médailles du XIIe siècle à nos jours et appartenant principalement au monde méditerranéen. Cette adresse abrite également un passionnant fonds de documentation et de culture catalane (CEDACC 04 68 66 24 90).

SANT VICENS Rue Sant-Vicens ✆ 04 68 50 02 18. *E-mail : bauby@wanadoo.fr. Ouvert toute l'année, du 1er janvier au 31 mars de 14h30 à 19h, du 1er avril au 31 décembre de 10h à 12h et de 14h30 à 19h (Fermé le dimanche matin et le lundi matin). Entrée gratuite.* Au milieu d'un jardin méditerranéen, dans le cadre d'une ancienne cave décorée de tapisseries de Jean Lurçat et Picard le Doux, la fondation Sant Vicens expose le travail de céramistes, peintres et artisans d'art toute l'année. Depuis peu, on peut y déguster les meilleurs vins du Roussillon.

SITE DE RUSCINO ✆ 04 68 67 47 17. *Ouvert toute l'année. Entrée gratuite.* A quelques kilomètres de Perpignan, l'oppidum de Ruscino (Château Roussillon) était connu comme un site romain sur la Via Domitia. Désormais, l'exhumation d'un squelette de bébé de 6 à 8 mois rituellement inhumé il y a 2 600 ans lui fait remonter le temps (entre 625 et 575 avant J.-C.) et transforme Ruscino en site de référence du premier age de fer européen. Dans l'attente de la reprise des travaux d'un futur musée, le bâtiment existant propose au public une exposition consacrée aux objets et recherches du site du musée.

Le couvert

CASA SANSA 2, rue Fabrique-Nadal ✆ 04 68 34 21 84. *Fermeture dimanche et lundi. Menus de 9 € à 21 €.* Grâce à une ambiance chaleureuse, une décoration locale, ce restaurant vous fera découvrir une cuisine traditionnelle sans faste mais de bon rapport qualité prix. Les menus comme la carte sont très divers. Le choix est considérable. Vous pourrez déguster des fruits de mer en plateau du comptoir ou en assiette du pêcheur. Vous découvrirez la pariade de crustacés à 35 €, très copieux avec un demi-homard, des langoustines, des gambas, des moules, des couteaux... Ou vous resterez plus raisonnable en savourant la paella catalane, la zarzuela ou encore pour les mangeurs de viande, l'agneau ou le lapin à la farigoulette, le magret grillé aux champignons. En dessert, vous hésiterez très certainement entre le botta de taureau (soufflet chaud et froid de touron) et la sansa del limoni (nougat glacé, coulis de framboises, glace au miel, touron tutti frutti). Une atmosphère où Perpignanais de tous horizons, habitués ou touristes apprécieront ce cadre pittoresque où affiches de corrida et objets en tous genres dépayseront forcément. Une bonne adresse !

CAFE DE VIENNE 3, place Arago ✆ 04 68 34 80 00. *Menus à 12 et 18,50 €. Carte.* Cette brasserie récemment rénovée a tout pour plaire aux fonctionnaires, avocats et hommes d'affaires. Le cadre années 30, sa situation entre le palais de justice, le conseil général et la préfecture, en fait un des établissements les plus prisés de Perpignan. La salle est spacieuse et en été, elle s'agrandit à l'ombre des palmiers de la place Arago. Le service est rapide et les plats de qualité.

LE FRANCE Place de la Loge © 04 68 51 61 71. *Fermé le lundi soir et le mardi soir. Menu à 12,50 € (vin compris, servi le midi uniquement), le soir à 34 €. Carte.* Enfin la réhabilitation de la loge de la Mer en un établissement qui se sert et sert la beauté des lieux ! La Llotja del consolat de Mar date de 1397 et fut agrandie en 1540, sous Charles Quint. Après avoir abrité le siège de la bourse, le tribunal maritime et un fast-food, c'est Camille Otéro qui s'est risquée, avec toute son équipe, à créer à Perpignan un café-restaurant select... Après des mois de travaux et quelques millions investis, la réussite est totale. On vous recommande un détour par les toilettes qui auraient beaucoup plu à Dali : des murs violets, des miroirs dignes du maître et une vasque en verre qui vous donne l'impression que l'eau va vous tomber sur les pieds... Des détails qui montrent une recherche du design que l'on retrouve dans un service irréprochable et une cuisine goûteuse et savoureuse. On peut, bien sûr, aussi profiter de la terrasse pour boire un verre en regardant passer les badauds...

AU VRAI CHIC PARISIEN 14, rue Grande-la-Monnaie © 04 68 35 19 16. *Formule le midi : deux plats à 9 €. Plat du jour à 7 €. Fermé les lundis et mercredis soir, le dimanche.* Atypique et sympathique sont les qualificatifs qui nous viennent après un repas dans cet établissement. Une carte concise mais bien conçue, amateurs de poisson, de viande ou de volaille, chacun y trouvera son compte. A recommander, le steak tartare dont le chef se réserve le secret de fabrication et les pommes de terre salardaises (pommes de terres rissolées dans la graisse d'oie). Pas mal non plus, ces légumes crus à tremper dans l'anchoïade. L'accueil étonne car le tutoiement de la patronne est immédiat : cela rend l'ambiance assez sympathique et atypique. La déco est indescriptible et tient plus du capharnaüm que du restaurant. Des vieilles publicités émaillées, une collection de carafes d'eau ahurissantes et puis, des murs de briques rouges. Du charme et de l'authenticité.

L'OLIVIER Route de Baho - SAINT-ESTEVE © 04 68 38 05 05. *Ouvert toute l'année. Menus de 15 € à 25 €. Carte. Fermé le lundi soir. Accueil jusqu'à 21h. 35 Chambres confortables à partir de 46 €, avec climatisation, Canal Plus et sanitaires privés.* Saint-Estève est une commune résidentielle faisant partie de l'agglomération de Perpignan, à moins de 4 km de celle-ci et à 5 km au sud de Rivesaltes. L'Olivier, à la sortie de la ville est un hôtel moderne et confortable, dont la table jouit d'une bonne réputation. Une cuisine sérieuse, proche du terroir et en accord avec les saisons. Fricassée de volaille fermière aux écrevisses par exemple.

MAS VERMEIL 1 700, chemin Roseraie © 04 68 66 95 96. *Site : www.masvermeil.com. Fermé en janvier et le lundi. Menus à 24 €, 30 €, 37 € et 52 €.* Cet ancien couvent du XVIe siècle transformé en restaurant de luxe étale ses charmes, hiver comme été. Les jardins méditerranéens sont entretenus avec soin si bien que manger l'été à l'ombre du patio sera un réel plaisir. L'hiver venu, ce sera la cheminée qui distillera savamment sa douceur. Le restaurant propose une table et un choix de menus alléchants. Le soir, tout s'illumine grâce aux bougies... moment simplement magique. Et si d'aventure des déjeuners d'affaires ou des repas de fiançailles seraient prévus le même jour que votre venue, vous ne serez pas gêné car le Mas a eu l'heureuse idée d'aménager plusieurs espaces conviviaux.

Le gîte

AUBERGE DE JEUNESSE Allée Marc-Pierre - Parc de la Pépinière © 04 68 34 63 32. *Fermé du 20 décembre au 20 janvier. Ouvert de 7h30 à à 11h et de 16h à 23h. Dortoirs de 4, 6 et 8 lits superposés. Chambre + petit-déjeuner 11,50 €. Location de draps : 3 €. Cuisine mise à disposition.* Située entre la gare routière et la gare SNCF, derrière l'hôtel de Police. Maison typique de style catalan. On peut y laisser ses bagages. Cette auberge de jeunesse est une des plus anciennes auberges de France et dépend de la FUAJ (carte obligatoire ou vente sur place).

HOTEL DE FRANCE 16, quai Sadi-Carnot ✆ 04 68 34 92 81. *Trois étoiles. Ouvert toute l'année. 26 Chambres de 45 € à 70 €. Ouvert toute l'année.* Cet hôtel de trente chambres climatisées et bien équipées possède une charmante architecture début de siècle. La situation idéale de cet hôtel à cinq minutes à pied du Castillet - et des restaurants du centre-ville - le dispense d'avoir son propre restaurant. Mais on saura vous conseiller pour savoir où aller si vous le souhaitez.

HOTEL MERCURE 5bis, cours Palmarole ✆ 04 68 35 67 66. *Site : www.groupe-hotelier.com/mercure - E-mail : hotel-mercure @altranet.fr. Soixante chambres insonorisées de 67 € à 74 €. Petit-déjeuner à 9,50 €. Salle de sport. Possibilité de banquets. Garage privé. Parking bus. Ascenseur. Accès handicapés. Climatisation. Réfrigérateur bar. Room service. Sauna. Télévision avec Canal Satellite et les chaînes espagnoles. Hôtel Qualité.* Le classicisme et le savoir-faire du groupe Accor sont ici à votre service. Idéalement situé sur le cours Palmarole, en plein centre-ville, (le Castillet se trouve à moins de deux minutes), vous apprécierez de flâner dans Perpignan à pied sans vous préoccuper des problèmes de stationnement. Des chambres modernes et spacieuses sont à disposition ainsi que cinq suites climatisées et insonorisées. Autre avantage, et pas des moindres, l'hôtel offre à ses clients le plaisir d'une détente dans la salle de sport super équipée et d'une récupération dans le sauna !

ROUSSILLON CAMPING CATALAN 32-52, avenue de la Salanque ✆ 04 68 63 16 92. *Deux Etoiles. Forfait journalier pour 2 personnes (emplacement et véhicule) : 14 € en saison ; 11 € du 4 mars au 30 juin.* La location des caravanes et des mobile-homes est ouverte toute l'année dans ce camping qui propose tout le confort que puisse espérer un vacancier. 94 emplacements ombragés sont disséminés dans ce parc. Le forfait journalier de deux personnes inclut l'accès à la piscine, aux douches chaudes, aux animations et bien sûr la taxe de séjour et l'emplacement tente ou caravane. En outre, l'endroit est équipé de machines à laver, d'un bar, d'un terrain de jeu et est accessible aux handicapés.

Le gîte et le couvert

HOTEL L'EOLIENNE 170, avenue Guynemer ✆ 04 68 66 00 00. *Chambres. Pour 1 ou 2 personnes de 46 € à 54 € ; pour 3 personnes, de 57 € à 65 €. Demi-pension à partir de 69,10 €. Petit-déjeuner à 6,10 €. Restaurant. Chambres insonorisées. Accessible aux handicapés. Parking et garage privés. Parking de bus. Ascenseur. Chiens acceptés.* Sur le rond-point Kennedy, au départ de la route d'Argelès, à cinq minutes en voiture du centre-ville, l'Eolienne propose des chambres non climatisées.mais équipées d'un ventilateur. Soyez futé, réservez les chambres à l'opposée du rond-point. L'accueil est correct. Le restaurant est un petit peu impersonnel et la cuisine est convenable.

LA CIGALE 78, boulevard Jean Bourrat ✆ 04 68 50 20 14. *Deux Etoiles. Fermé du 15 décembre au 15 janvier. Chambres pour deux personnes de 40 € à 48 €. Menus à 12 € et 15 €.* Voilà un hôtel adossé au quartier historique de Saint-Jacques qui ne paie pas de mine et qui, pourtant, recèle un très bel îlot de verdure. Les 14 chambres ont été entièrement rénovées, insonorisées et dotées de douches, WC, télévision et vidéo. Le rapport qualité prix est excellent, l'accueil est convivial et la restauration de l'établissement, basée sur une spécialité brochette, est connue du tout Perpignan.

HOTEL DE LA POSTE ET DE LA PERDRIX 6, rue Fabriques d'en Nabot ✆ 04 68 34 42 53. *Chambres à 45 €. Menus entre 10 € et 18 €. Ouvert toute l'année.* En plein cœur de la vieille ville et à deux pas du Castillet, la façade de l'hôtel est déjà en soi extrêmement avenante. Une fois le seuil franchi, l'intérieur l'est tout autant. L'accueil de la famille Brousse qui règne sur l'établissement depuis 1832 est empreint d'une grande convivialité et l'authenticité règne dans les 38 chambres (dont 8 sans WC) agrémentées de balcons. Le rez-de-chaussée propose une cuisine de bon aloi à base de spécialités catalanes à petits prix.

HOTEL NEW CHRISTINA 51, cours Lassus ✆ 04 68 35 12 21. *Chambres à 75 €. Restaurant : menu à 18 €. Fermé du 20 décembre au 7 janvier.* A quelques encablures du palais des congrès et donnant sur le très beau parc municipal de Perpignan, ce petit hôtel moderne 3 étoiles de 25 chambres claires et calmes, avec sa piscine sur le toit, son hammam et son jacuzzi, n'est pas à dédaigner. Sa situation proche du centre-ville vous permettra détente, tourisme et séjour d'affaires.

PARK HOTEL - CHAPON FIN 18, boulevard Jean-Bourrat ✆ 04 68 35 14 14. *Fermé 15 jours en janvier et 15 jours en août (restaurant). Soixante-sept chambres à partir de 60 €. Hôtel Qualité climatisé, accessible aux handicapés.* Le restaurant de l'hôtel, le Chapon fin a très longtemps été considéré comme un haut lieu de la gastronomie perpignanaise, et soyons honnêtes, on y mange encore fort bien. Pour un trois étoiles, les chambres sont à des prix raisonnables. Robert Marguerite, qui préside aux destinées du lieu, a récemment rejoint le réseau Best Western. Cela a permis de rajeunir les chambres - sans pour autant leur ôter leur identité européenne - de rajeunir le cadre qui restait jusqu'ici un peu désuet et surtout de renouveler l'image du Park. Le gros problème de l'endroit réside toutefois dans la difficulté à garer sa voiture durant la journée et dans le risque de la laisser exposée au vandalisme la nuit. La solution consiste à la stationner dans le parking Wilson, distant de quelques centaines de mètres.

LA VILLA DUFLOT Rond-point Albert-Donnezan ✆ 04 68 56 67 67. *Site : www.villa-duflot.com - E-mail : contact@villa-duflot.com. Vers Porte d'Espagne. Ouvert toute l'année. Vingt-cinq chambres de 105 € à 120 €. Les chambres sont insonorisées et climatisées. Réfrigérateur bar. Vinothèque. Restaurant. Menus à 31 €, carte à partir de 39 €. Possibilité de banquets. Parking privé, parking de bus Accessible aux handicapés. Chiens acceptés. Piscine, terrasse, jardin.* Située à l'extérieur de la ville, la Villa Duflot fait l'unanimité dans les magazines et à juste titre. L'institution est depuis longtemps propulsée vers les cimes étoilées et est d'ailleurs le seul établissement de Perpignan à pouvoir s'enorgueillir d'une enseigne où brillent quatre étoiles. Le bâtiment principal, d'inspiration méditerranéenne, abrite les chambres climatisées. Au bord de la piscine, la terrasse est là pour satisfaire les adeptes de l'eau et du bronzage. Le restaurant, gastronomique, propose une salle climatisée et un patio. Pour les mariages et réunions d'affaires, la Villa dispose de plusieurs salles d'une capacité de 10 à 120 personnes. Ajoutons encore que l'hôtel est à cinq minutes en voiture du centre-ville, et qu'il est accessible aux fauteuils roulants.

Loisirs

CENTRE EQUESTRE Mas Bresson - Route d'Espagne ✆ 06 80 66 40 79. A deux pas du centre aéré du Mas Bresson, le centre équestre pour les cavaliers et le poney club pour les plus petits vous font découvrir les joies de la balade aux portes de la ville, sur la colline du Serrat-d'en-Vaquer. Vous pourrez vous initier et vous perfectionner à la conduite des chevaux dans un cadre agréable avec des moniteurs toujours très efficaces. Rappelons que cette école d'équitation a été championne de ligue 5e catégorie en 1997 et 1998 à Montpellier. Ce ne sont pas des amateurs qui vous assoient juste sur une monture, mais des professionnels qui vous apprennent les plaisirs de la monte.

HIBERNATUS 8, rue Denis-Papin ✆ 04 68 67 19 01. L'avantage de ces plongées en siphon, dans les lacs d'altitude, repose sur le raid à la journée. Les vacanciers peuvent aisément rejoindre leur hôtel avant la tombée de la nuit. En effet, au départ du refuge des Bones Hores, les plongeurs (groupe de six personnes) chargent le matériel sur des chevaux et partent à pied vers le site choisi, l'un des nombreux lacs du massif du Carlit. En combinaison étanche, les plongeurs de niveau 1, 2 ou les débutants s'initient à l'exploration de l'univers aquatique.

TENNIS CLUB DU MAS Route du Perthus km 1 ✆ 04 68 54 01 84. Pour les profanes, la route du Perthus est celle qui part vers la zone commerciale Auchan. Derrière les sapins et les arbres qui le protègent du vent, le club est une oasis de détente inattendue. Pour y accéder, il faut tourner à droite au rond-point en direction du magasin de bricolage. Cinq terrains durs sont à la disposition du public, réservation souhaitable. Un bar convivial attend les membres et les visiteurs avant ou après le passage à la douche.

Sorties

GRAND CAFE DE LA BOURSE 2, place de la Loge ✆ 04 68 34 25 05. Avec sa terrasse abritée du vent et un ensoleillement constant, le Grand Café de la Bourse plaît à toutes les générations. C'est la halte café du matin, où un petit croissant offert par la maison accompagne systématiquement le café, c'est la pause jus d'orange ou thé pâtisserie l'après-midi. C'est le muscat olives à l'heure de l'apéro, avec toujours en prime le spectacle permanent formé par le ballet des belles dames qui font leurs emplettes en ville. Un point central, en somme, face à la mairie, au cœur de la ville et de ses commerces. Un endroit où l'on comprend qu'il fait bon vivre au soleil de la Méditerranée

HABANA CLUB 5, Rue-Grande-des-Fabriques ✆ 04 68 34 11 00. C'est le bar du restaurant cubain où l'on peut déguster un mojito et fumer un havane en se prenant pour Fidel ou le Che dont les portraits trônent au centre de la pièce. A noter, le restaurant qui continue le service jusqu'à 1h du matin. Enfin, le Habana reste ouvert tout l'été. Fermé le dimanche.

Emplettes

AU P'TIT BONHEUR 1, rue Font-Froide ✆ 06 60 13 19 54. On ose à peine y pénétrer tant la boutique semble exiguë ! Mais elle fourmille de ces mille et une choses qui font des idées de cadeaux originales à offrir. Une grande partie des objets d'artisanat se retrouvent ici comme des témoignages de la diversité culturelle et artistique de la région sans qu'il soit besoin de parcourir le pays par monts et par vaux. Alors pensez à ensoleiller une table aux couleurs sang et or ou agrémenter un séjour de sculptures en étain d'un artiste local.

BISCUITERIE LOR 85, rue Pascal-Marie-Agasse ✆ 04 68 85 65 05. *Ouvert toute l'année sauf en février.* Depuis 1874, cet établissement enchante nos palais de ses douceurs. Vous pourrez, d'une part visiter l'usine (1 heure, film vidéo, dégustation) et, d'autre part, acheter le fameux biscuit croquant aux parfums d'agrumes, amandes et noisettes. Spécialités de tourons, nougats, croquants et amandines.

CHOCOLATERIE CANTALOU-CEMOI 2 980, avenue Julien-Planchot ✆ 04 68 56 35 35. *Visite sur rendez-vous, hors saison le mercredi de 14h30 à 17h, en juillet et août du lundi au vendredi de 14h30 à 17h. Entrée gratuite. Audiovisuel, dégustation et magasin de vente sur place (durée 1h).*

DOMAINE LACASSAGNE Mas Balande km 1 - Route d'Argelès ✆ 04 68 50 25 32. *Site : www.lacassagne.net - E-mail : info@lacassagne.net. Ouvert du lundi au vendredi, de 9h à 12h et de 14h à 17h30.* Au sein d'une magnifique oliveraie, située au milieu des vignobles du domaine sur les collines de Salses-le-Château, Edouard Raymond, petit-fils de Henri Lacassagne, cultive dans la pure tradition cette olive de table, picholine ou lucques du Roussillon, pour l'apéritif ou pour l'huile d'olive vierge, extraite au moulin de Millas, le seul ayant survécu en Roussillon après la presque totale disparition de la production, suite au gel de 1956.

DOMAINE LAPORTE Château Roussillon ✆ 04 68 50 06 53. *E-mail : domaine-laporte@wanadoo.fr. Ouvert toute l'année. Caveau du lundi au vendredi de 9h à 12h et de 14h à 18h. Entrée gratuite et accueil groupe sur demande.* Dès 1982, Raymond Laporte réorganise son vignoble en fonction de son exposition. C'est ainsi qu'il décide de planter du merlot, du cabernet sauvignon, dU syrah et du mourvèdre pour créer l'événement avec des rosés de syrah, des rouges de merlot et de cabernet, vins de pays. En 1994, il s'affirme avec les vins d'appellation d'origine contrôlée Côte du Roussillon rouge.

DOMAINE SARDA-MALET Mas Saint Michel - Chemin de Sainte Barbe ✆ 04 68 56 72 3. *E-mail : sardamalet@wanadoo.fr. Ouvert toute l'année, du lundi au vendredi de 8h à 12h30 et de 13h30 à 18h, le week-end sur rendez-vous.* Aux portes de Perpignan, sur la route d'Espagne, le tortueux chemin de Sainte-Barbe s'enfonce dans les vignes du domaine qui s'est positionné haut de gamme, AOC Côte du Roussillon rouge réserve 1999, muscat de Rivesaltes ambré et vintage.

GIL ET JEAN 5, rue Louis-Blanc ✆ 04 68 34 37 68. *Site : www.gil-et-jean.com - E-mail : contact@gil-et-jean.com. Ouvert toute l'année, 2 demi-journées le mardi et vendredi. Entrée gratuite, durée de la visite 15 mn à 20 mn.* Le grenat, fierté de notre Catalogne s'est trouvé un maître en la personne de Jean-Pierre Barrate, illustre joaillier-bijoutier qui propose un choix de grenats tout à fait époustouflant. Cette pierre typique de la région, enchâssée dans des montures traditionnelles, très travaillées, est la fierté du pays catalan. C'est donc en homme passionné que Jean-Pierre Barrate vous reçoit pour partager avec vous sa connaissance.

LIBRAIRIE TORCATIS 10, rue Mailly ✆ 04 68 34 20 51. C'est l'incontournable librairie de la ville. On s'y rend en famille ou entre amis pour déambuler dans les rayonnages à la recherche de l'œuvre du siècle. On s'adresse à la famille Coste qui possède des milliers de livres pour combler notre prochain millénaire. Ici, c'est la passion de la littérature qui anime toute une équipe qui ne vit qu'à travers le livre. Tout est mis en scène pour la promotion des belles œuvres et de la littérature régionale.

MICHEL GOURGOT 13, rue Louis-Blanc ✆ 04 68 34 67 79. *Ouvert toute l'année de 9h30 à 12h et de 14h30 à 19h (fermé le dimanche et le lundi matin). Entrée gratuite, durée 15 mn.* Qui n'a pas rêvé de posséder une pièce unique, un bijou créé rien que pour soi, voire même que l'on aurait soi-même imaginé… Artisan bijoutier-joaillier, Michel Gourgot exécutera avec talent le bijou qui répondra à toutes vos attentes. Une aubaine pour transformer des bagues que l'on trouvait démodées ou faire monter une pierre précieuse. Mais Michel Gourgot est avant tout un passionné et expert en grenat. Quand notre Catalogne hisse haut ses couleurs 'sang et or', les femmes arborent des parures elles aussi 'sang et or.

LES VIGNERONS CATALANS 1 870, avenue Julien-Planchot ✆ 04 68 85 04 51. *Site : www.vigneronscatalans.com - E-mail : contact@vigneronscatalans.com. Ouvert toute l'année (fermé du 24 décembre au 4 janvier) de 8h à 12h et de 14h à 18h et du 1er juillet au 31 août de 9h à 12h et de 14h à 19h.* Les plus prestigieuses caves coopératives et particulières du Roussillon sont regroupées au sein des Vignerons Catalans. Venez découvrir les meilleures bouteilles au caveau cellier des Comtes où vous serez très bien accueillis.

▷ Dans les environs

Cabestany

Cabestany est une petite ville de 8 500 habitants de l'agglomération perpignanaise. A moins de 3 km de la préfecture des Pyrénées-Orientales et à 6 km de Canet-Village, c'est une zone de résidences, une commune moderne sans grand intérêt touristique, si ce n'est son église.

EGLISE NOTRE-DAME-DES-ANGES 16, rue de l'Eglise © 04 68 67 31 04. *Ouvert toute l'année du lundi au samedi de 9h à 17h et le dimanche de 13h à 17h30. Entrée gratuite.* Commencée au XIIe siècle, elle subit par la suite de nombreuses modifications au cours des siècles. Mais sa pièce maîtresse reste le fabuleux tympan roman, sculpté par un anonyme, dit le maître de Cabestany. Pièce exceptionnelle, dédiée à la Vierge, d'une grande originalité. Ce sculpteur catalan est réputé pour ses œuvres sans concessions, dégageant une impression de sauvagerie, comme on peut le voir dans ses trois scènes de l'Assomption de la Vierge.

MUSEE D'AVIATION DU MAS PALEGRY Mas Palégry © 04 68 54 08 79. *Ouvert du 15 avril au 15 octobre de 10h à 12h et de 15h à 19h (fermé le dimanche matin et lundi matin). Hors saison, durant les vacances scolaires de 14h à 18h et accueil groupe sur demande. Tarif adultes 3,5 €, enfants 2,5 €, groupes 2,5 € (adultes) et 2 € (enfants).* A travers les souvenirs du pilote Charles Noetinger, on découvre le monde passionnant de l'aéronautique sous forme de maquettes, de pièces originales et un De Haviland (Vampire) et un "hunderflash (Republic RF), pilotés à l'époque par Charles Noetinger.

CONFISERIE DU TECH Zone artisanale du Mas Guérido © 04 68 50 69 63. *Site : www.confiseriedutech.com - E-mail : le-tech@confiseriedutech.com. Ouvert toute l'année de 8h30 à 12h et de 14h30 à 18h30 du lundi (14h) au samedi.* Tourons, rousquilles, amandines... en connaissez-vous beaucoup capables d'y résister ? La responsable du magasin vous renseignera courtoisement sur le grand choix de panières garnies de différents produits locaux... une idée de cadeau à garder pour les fêtes de fin d'années ou pour la famille un peu éloignée. Pour les occasions à venir (mariage, baptême), vous serez séduits par le large choix de dragées et de baluchons qui seront alors préparés en moins d'une quinzaine de jours.

Elne

Situé à 12 km au sud-est de Perpignan, Elne est une petite ville de 7 000 habitants, vouée essentiellement à l'agriculture, la vigne, mais aussi aux cultures fruitières et légumières. La ville haute, sur une butte dominant toute la plaine, recèle un ensemble monumental unique, comprenant une élégante cathédrale et un cloître, considéré comme l'un des plus beaux de France. Des milliers de touristes affluent chaque été dans ce vieux quartier qui embellit d'année en année, pour visiter une des plus riches cités historiques du Roussillon.

OFFICE DE TOURISME 2, rue Dr-Charles-Bolte © 04 68 22 05 07. *Site : www.ot-elne.fr - E-mail : contact@ot-elne.fr. Dans la ville basse. Ouvert toute l'année, d'octobre à mai du lundi au vendredi de 9h30 à 12h et de 14h à 17h, juin et septembre mêmes horaires + samedi de 9h30 à 12h, juillet et août du lundi au samedi de 9h30 à 12h et de 14h à 18h, le dimanche de 9h30 à 12h.* Chargée d'histoire depuis la plus haute antiquité, la petite cité du Roussillon fut à de multiples reprises le cadre d'invasion. Ancienne Illibéris des Ibères, puis capitale du Roussillon à la fin de l'Empire romain, elle connut aussi le passage des troupes d'Hannibal, allant porter la guerre de l'autre côté des Alpes. Du VIe siècle à 1602, elle est le siège de l'évêché, qui transféré par la suite à Perpignan, correspondra au déclin religieux et culturel de la ville.

CATHEDRALE ET CLOITRE D'ELNE © 04 68 22 70 90. *Ouvert toute l'année du 1er novembre au 31 mars de 9h30 à 11h45 et de 14h à 16h45, du 1er avril au 30 mai et en octobre de 9h30 à 17h45 et du 1er juin au 30 septembre de 9h30 à 18h45. Tarif adultes 4 €, groupes (plus de 10 personnes) et tarif PASS inter-site 3 €, moins de 25 ans 1,5 € (gratuit pour les - de 12 ans) : comprenant la visite du cloître et du musée Terrus à quelques mètres.* Construite à partir du XIe siècle, elle fut plusieurs fois remaniée comme l'attestent les ajouts et embellissements de style gothique. Massive et austère, elle est dominée en façade par une tour-clocher ouverte sur deux niveaux par des baies en plein cintre. Elle recèle quelques intéressantes œuvres d'artistes catalans du Moyen Age comme un bénitier de marbre richement ouvragé.

Le cloître est considéré comme un des plus beaux de France. Construit à partir du XIIe siècle, il se compose d'une partie romane (la galerie sud), et une gothique (les trois autres côtés). Les beaux chapiteaux, taillés dans du marbre blanc veiné de bleu, comporte entre autres des animaux fantastiques, de nombreux décors végétaux et floraux, mais aussi des personnages bibliques.

MUSEE TERRUS Rue Porte-Balaguer ✆ 04 68 22 88 88. *Ouvert toute l'année du 1er novembre au 31 mars de 10h à 11h45 et de 14h à 16h45, du 1er avril au 30 mai et en octobre de 10h à 17h45 et du 1er juin au 30 septembre de 10h à 18h45.* Considéré par son ami Maillol comme un grand de l'art pictural, Terrus, né à Elne en 1857, excellait notamment dans l'aquarelle. Amoureux fou de sa terre, elle constitue sa principale source d'inspiration et son thème de prédilection. Ses paysages roussillonnais sont d'une simplicité et d'une beauté pure incomparables.

LE PALAIS DES NAIFS 9, avenue de la Méditerranée - BAGES ✆ 04 68 21 71 33. *Ouvert tous les jours sauf le mardi et dimanche matin de 10h à 12h et 14h à 19h. Tarif : 6 €.* A proximité d'Elne, Bages peut s'enorgueillir de posséder un musée pas comme les autres, le palais des Naïfs. Une maison construite par un viticulteur, François Carrère, dans les années 1950, digne des créations du célèbre facteur Cheval dans la Drôme, abrite aujourd'hui un joli musée d'art naïf, gai et coloré. Y sont exposées plusieurs toiles du Douanier Rousseau, où l'on retrouve toute sa poésie étrange, et plusieurs œuvres de tous les continents, rafraîchissantes de simplicité : bois flottants, mosaïques et dessins d'enfants aux couleurs chatoyantes. Le site constitue enfin une bonne approche de l'art pour les nouvelles générations, un musée où les enfants ne s'ennuieront pas.

LE TROPIQUE DU PAPILLON RN114 ✆ 04 68 37 83 77. *Ouvert d'avril à septembre de 10h30 à 12h30 et de 14h30 à 19h. Journée continue de juin à août. Tarif adulte : 5 €, enfant : 3 €.* A la sortie d'Elne, sur la route d'Argelès-sur-Mer, le Tropique du Papillon propose aux visiteurs sa gigantesque volière tropicale où évoluent en totale liberté des milliers de papillons. De nombreuses espèces sont représentées, de couleurs et d'origines différentes, aux formes plus ou moins originales. La serre de 700 mètres reconstitue quant à elle le parfait biotope original, avec sa végétation luxuriante et touffue. Un petit morceau de Guyane aux portes de Perpignan.

LA VIEILLE VILLE. Les vestiges de la ville haute que l'on voit actuellement datent pour l'essentiel du XIVe siècle. Un parcours fléché permet de découvrir toute la ville haute, massée autour de la cathédrale. Jolies ruelles pentues, placettes charmantes et tranquilles, et maisons anciennes se succèdent. Quelques galeries autour de la rue Porte-Balaguer confirment la vocation artistique de la cité.

HOTEL-RESTAURANT LE WEEK-END 29, avenue Paul-Reig ✆ 04 68 22 06 68. *E-mail : hotel.week-end@libertysurf.fr. Fermé du 1er novembre au 20 décembre. Chambres de 29 € à 40 €. Menus de 12 € à 29 €. Soirée étape à 45 €.* Un petit hôtel non dénué de charme, à quelques pas du centre monumental, sur la route d'Argelès et à 7 km de la mer. Les chambres sont confortables avec douche et télévision ou avec bains, WC et télévision. Au restaurant, on déguste de jolis plats dans le jardin fleuri ou, si le temps ne le permet pas, dans l'ancienne grange. Là, la copieuse assiette de charcuterie catalane, suivie d'une succulente côte double d'agneau aux baies de cassis et flan d'ail doux vous seront proposés. Dans le premier menu, servi en semaine, une vraie brandade de morue, digne des meilleures tables nîmoises fera sans doute également votre bonheur. Un régal… Pour se reposer ou se restaurer, une véritable bonne adresse.

LAURENCE JONQUERES D'ORIOLA 9, rue des Cavaliers - Corneilla-del-Vercol ✆ 04 68 22 12 67. *Ouvert toute l'année, chambre à partir de 52 €.* Corneilla-del-Vercol est un petit village agricole, situé entre Elne et Perpignan, et à moins de 10 km de la mer. C'est au cœur de celui-ci que Laurence Jonquères d'Oriola vous accueille, dans une élégante demeure du XVIIIe siècle. Au nombre de 4, ses chambres d'hôtes portent chacune le nom d'un cheval monté par son champion olympique de père (Helsinki - 1952). Décorées avec goût et raffinement, elles évoquent d'emblée un de ces magazines de décoration. Si on ajoute l'accueil charmant, le délicieux jardin, on ne peut qu'être conquis par ce lieu délicieux, empreint de sérénité.

Palau-del-Vidre

A 4 km au sud d'Elne, Palau-del-Vidre est un petit village catalan typique dont la jolie église renferme des retables en bois sculptés de grande qualité et une curieuse vierge, qui s'ouvre telle une armoire et laisse voir à l'intérieur un Christ assis. Mais le village est surtout réputé depuis des siècles pour ses souffleurs de verre. Palau-del-Vidre signifie d'ailleurs en français palais du verre. Cette pratique date du Moyen Age et se perpétua jusqu'au XVIe siècle. Depuis quelques années, cet artisanat a refait surface au village, notamment à la belle saison durant l'été verrier. Sur la place de la Mairie, le Palais du verre est un espace atelier et d'expositions dédiées à cet artisanat si original.

OFFICE DU TOURISME 56, avenue Joliot-Curie ✆ 04 68 22 46 20. *Ouvert toute l'année (selon périodes, horaires à vérifier).*

CAT LA ROSELIERE Rue Nicolas-Appert © 04 68 22 60 78. *Ouvert de 8h à 12h et de 13h30 à 18h ; le samedi de 8h à 12h (du 1er avril au 31 juillet). Fermé en août.* Connaissez-vous la canisse ? Il s'agit d'une variété de roseau qui pousse au sec, que l'on récolte à la serpe à élaguer et que l'on épluche. Cela a donné l'idée au CAT la Roselière de poursuivre la tradition de la famille Rey qui tressait des canisses depuis trois générations sur les bords de la rivière Tech. Une tradition maintenue au service d'une noble cause.

FRANÇOIS CHARPENTIER 1, rue de l'Eglise © 04 68 22 63 68. *Ouvert du lundi au vendredi.* Au pied de la cathédrale d'Elne du XIe siècle, l'atelier exposition de François Charpentier, maître-verrier, vous propose des vitraux traditionnels de tous les styles et de toutes les époques. Lorsqu'il ne restaure pas des églises et autres monuments historiques, il créé sur commande selon vos vœux et vos désirs, des pièces colorées qui illumineront vos intérieurs.

Rivesaltes

A 10 km au nord de Perpignan, Rivesaltes est une petite ville de 8 000 habitants, célèbre pour son muscat réputé au niveau national, et pour ses abricots. Elle a aussi vu naître un des militaires français les plus connus du siècle dernier, le maréchal Joffre, héros de la Marne. Jolie cité fortifiée au bord de l'Agly, Rivesaltes propose un patrimoine historique et architectural intéressant ainsi qu'un calendrier de manifestations étoffé.

OFFICE DU TOURISME 9, avenue Ledru-Rollin © 04 68 64 04 04. *E-mail : office.tourisme.rivesaltes@wanadoo.fr. Ouvert toute l'année du lundi au vendredi de 9h à 12h et de 15h à 18h (horaires et jours d'ouverture en été à vérifier)*

MUSEE DU MARECHAL JOFFRE 11, rue Joffre © 04 68 64 24 98. *Ouvert toute l'année du lundi au vendredi de 8h à 12h et de 14h à 18h. De début juin à fin septembre ouvert aussi les samedis et dimanches après-midi. Entrée adulte : 3 €, groupes 2 € (à partir de 20 personnes), enfants 1 € (moins de 12 ans), gratuit pour les groupes scolaires encadrés. Durée de la visite d'1h à 2h.* Joseph Césaire Joffre naquit à Rivesaltes en 1852. Dans la maison qui l'a vu naître, un petit musée lui est dédié. Sur trois étages, on trouve objets, documents et photos de celui que l'on considère à juste titre comme le héros de la bataille de la Marne en 1916, pour reconstituer les épisodes de la vie et de la carrière du maréchal. Outre un plan en relief animé, des projections de film vidéo (avec la reconnaissable et envoûtante voix de Philippe Noiret) et de documentaires d'époque, qui nous font prendre conscience de la cruauté des hommes et de la véritable boucherie que fut la Grande Guerre.

AUBERGE DU DOMAINE DE ROMBEAU Avenue de la Salanque © 04 68 64 05 35. *Ouvert toute l'année, du lundi au dimanche inclus. Visite des caves de 8h à 20h. Menus de 20 € à 39 €.* A la sortie de Rivesaltes, sur la route de Perpignan, le domaine de Rombeau est à la base une propriété viticole réputée. Mais c'est aussi une table prisée des Perpignanais, notamment aux beaux jours, pour ses grillades en plein air. Il faut bien reconnaître que l'endroit a du charme, avec sa jolie piscine, sa végétation omniprésente et la vieille demeure. Si vous êtes amateurs, vous pourrez même déguster les vins réputés du domaine ou visiter les superbes caves voûtées. Enfin, le maître des lieux, Pierre-Henri de la Fabrègue, grand amateur d'art, donne parfois l'opportunité à de jeunes artistes régionaux d'exposer au domaine.

HOTEL NOVOTEL Route Nationale 9 - km 9 © 04 68 64 02 22. *Ouvert toute l'année. Chambres de 81 à 109 €.* Cet hôtel de chaîne, 3 étoiles, propose 86 chambres confortables, spacieuses et claires, aux touristes et représentants de passage dans la région. Il propose toutes les commodités de cette gamme d'établissements, avec pour votre bien-être, climatisation, minibar, téléphone et télévision. Restauration classique et sans surprise.

HOTEL DE LA TOUR DE L'HORLOGE 11, rue Armand-Barbès © 04 68 64 05 88. *Ouvert toute l'année. Chambres de 38 € à 69 €. Menus de 13 € à 25 €. Menu du jour à midi : 13 €.* Le seul établissement familial de Rivesaltes, de surcroît situé entre l'église et la tour de l'Horloge. Désuet, mais néanmoins charmant, avec son grand comptoir en bois et ses gros canapés. Les chambres simples et coquettes sont meublées dans le style régional. Les repas sont pris dans la grande salle à manger rustique, dans une ambiance conviviale et décontractée. Au menu, charcuterie catalane ou salade Catalane et gésiers confits, puis boudins aux gambas. N'oublions pas le savoureux magret de canard au miel. Des prix d'avant-guerre et un accueil charmant font de ce lieu l'incontournable des budgets serrés.

AERO CLUB DU ROUSSILLON Aéroport de Perpignan-Rivesaltes © 04 68 61 18 97. Réservées autrefois à des initiés, les portes du pilotage sont aujourd'hui ouvertes à tout le monde ou presque. Avec la passion de l'aviation et l'argent pour financer les heures de vol, vous pourrez intégrer l'école de pilotage de l'aéro-club. Enfin, vous serez libéré de toutes contraintes pour quitter le plancher des vaches.

ECOLE DE JOHN PENDRY 17, chemin d'Estagel - Espira de l'Agly © 04 68 64 30 08. Champion du Monde en 1997, John Pendry est un véritable professionnel, un passionné de vol libre. Il vous emmènera sur le site du château de Peyrepertuse, une perle rare en matière de parapente tant les courants ascendants sont extraordinaires le long de la falaise. En règle générale, la chaîne des châteaux Cathare, de Quéribus à Puylaurent, reste un moment exceptionnel aussi bien pour la beauté des sites que pour le plaisir du vol.

LE CIRCUIT DU ROUSSILLON Rivesaltes © 04 68 64 44 44. *Ouvert de 10h à 20h non stop 7j/7.* Le plus grand circuit de karting du monde. Trois tracés de 708 m, 1 026 m et 1 500 m... Ce circuit répond aux toutes dernières normes de sécurité et est modulable en trois tracés selon votre degré d'aptitude. La vitesse associée à cette impression d'être au raz du sol est tout à fait incroyable. Sensations fortes garanties !

CAVES CAZES FRERES 4, rue Francisco-Ferrer © 04 68 64 08 26. *Ouvert toute l'année du lundi au vendredi, de 8h à 12h et de 14h à 18h et le samedi de 8h30 à 12h et de 14h à 18h. Visites de 20 minutes.* Au centre de Rivesaltes, petite ville entièrement vouée à la culture de la vigne, de nombreuses caves permettent l'achat et la dégustation de leurs crus. Près de boulevard Arago, le domaine Cazes est un des plus connus du département. Il récolte les récompenses depuis plusieurs années. Une étiquette frappée du nom des frères André et Bernard Cazes est déjà un gage de qualité, dès le vin de pays le Canon du Maréchal à moins de 5,34 €.

LA MAISON DU MUSCAT 9, avenue Gambetta © 04 68 38 56 53. *E-mail : maison-du-muscat@wanadoo.fr. Ouvert toute l'année. Du lundi au samedi de 9h à 12h30 et de 14h à 19h30 et le dimanche de 9h30 à 12h.* Depuis peu et à l'initiative de quelques vignerons de Rivesaltes, une maison du Muscat s'est ouverte à Rivesaltes. Appartenant à Jean et Henri l'Héritier, elle accueille 60 références et espère en exposer 150 autres très rapidement sur les 200 producteurs que comptent cette appellation dont l'aire de production s'étend des Corbières au Canigou.

MICHEL TRIQUERE 9, rue Joan-Cayrol © 04 68 64 17 89. Chez Michel Triquère, on ne trouve pas du miel mais des miels aux arômes de romarin, aux senteurs de la garrigue ou des forêts de châtaigniers. Au cours de la visite, il explique la lente transhumance des abeilles et les petits secrets qui donnent à son miel la douceur et le raffinement des alpages. Après la visite guidée, on ne peut faire autrement que de repartir avec son petit pot de miel. Ce n'est pas cher et on ne le regrette pas.

Salses-le-Château

A 15 km au nord de Perpignan, la petite ville de Salses est la porte d'entrée en Roussillon. Au-delà, c'est l'Aude et le pays languedocien. Entre l'étang qui porte son nom et les premiers contreforts des Corbières, cette petite cité de 2 500 habitants est surtout connue pour sa magnifique forteresse rectangulaire, vieille de plus de cinq siècles. Site majeur du patrimoine départemental, il accueille chaque année plus de 100 000 visiteurs.

SYNDICAT D'INITIATIVE Place de la République - SALSES © 04 68 38 60 75. *Site : www.altranet.fr/salses - E-mail : ot.salses@libertysurf.fr.*

LA FORTERESSE © 04 68 66 60 13. *Site : www.monum.fr. Ouvert du 1er octobre au 31 mai de 10h à 12h15 et de 14h à 17h, du 1er juin au 30 septembre de 9h30 à 19h. Visites contées, se renseigner sur le site. Tarif : 5,50 € (-de 18 ans gratuit, tarif Pass inter-sites 4,5 €). Public handicapé visuel et moteur. Durée de la visite : 45 minutes environ.* Pour se protéger d'une possible invasion française, l'Espagne construit à la fin du XVe siècle, au nord du Roussillon qu'elle détiendra jusqu'au traité des Pyrénées en 1659, une forteresse d'un genre nouveau, transition dans l'architecture militaire entre les châteaux forts médiévaux et les forteresses modernes. Pour résister aux canons, arme nouvelle, on enterre la place forte, on protége le rempart par de profondes et larges douves, on supprime les créneaux remplacés par des flancs bombés où les boulets rebondissent. Devenu français, le château de Salses sera amélioré par Vauban. Sa visite laisse découvrir toute la force de cet ouvrage, mais aussi son intérieur, où sont notamment rassemblées des collections d'armes et d'armures des XVe et XVIIe siècles.

L'AUBERGE DE VESPEILLE Route d'Opoul © 04 68 64 19 51. *Ouvert tous les jours en juillet et août, printemps et automne les week-ends et jours fériés, en hiver les dimanches midi et jours fériés à midi. Autres périodes uniquement pour les groupes. Réservation.* Dans l'ancienne bergerie, ou sur la terrasse, cette auberge vigneronne propose de copieuses grillades aux ceps de vigne, arrosées par les vins de l'exploitation. Dès lors, deux possibilités s'offrent à vous : soit le menu à 21,34 € avec charcuterie et parillade catalane de viandes (saucisse, boudin, rouste, et côtes d'agneau), soit la formule vigneronne à 28,97 € qui au menu précédent, ajoute quatre verres de vin du domaine à chaque étape du repas. Excellent Rivesaltes notamment avec le sorbet à l'abricot.

CAFE CHEZ JEAN LOUIS 15, avenue Général-de-Gaulle ✆ 04 68 38 69 97. Un café de village, à la décoration insoupçonnée, avec son élégant comptoir en bois précieux, ses moulures aux plafonds et son décor Belle Epoque. Le décor est inchangé depuis des décennies. Restauration traditionnelle, des plats simples et sans chichis. La gentillesse du patron, la redoutable simplicité des plats proposés et ce décor si étonnant pour un café de village, font de Chez Jean-Louis le lieu idéal pour se restaurer après la visite du Fort.

Ille-sur-Têt

Ille-sur-Têt est une petite ville de 5 000 habitants à 25 km à l'ouest de Perpignan, sur la route du Conflent. Située au carrefour de quatre pays, les Fenouillèdes au nord, le Conflent à l'ouest, les Aspres au sud et la plaine du Roussillon à l'est, elle fait quasiment partie désormais de l'agglomération perpignanaise. La plaine d'Ille-sur-Têt est une des plus riches régions agricoles du département, et la qualité et la saveur de ses pêches ont largement dépassé le cadre du Roussillon. Au printemps, les vergers en fleurs, dominés par le massif du Canigou encore blanc offrent un tableau idyllique.

OFFICE DU TOURISME Rue Michel-Blanc ✆ 04 68 84 02 62. *E-mail : office-tourisme.ile@libertysurf.fr - Site : www.ille-sur-tet.com. Ouvert toute l'année du lundi au vendredi de 9h à 12h et de 14h à 18h. Du 15 au 30 juin et en septembre ouvert également le samedi matin, en juillet et août 7j/7.*

Points d'intérêt

LE CENTRE D'ART SACRE D'ILLE-SUR-TET Rue de l'Hôpital ✆ 04 68 84 83 96. *Site : www.ile-sur-tet.com - E-mail : hospice.ile@tiscali.fr. Ouvert du 1er février au 14 juin et du 1er octobre au 30 novembre de 14h à 18h, du 15 juin au 30 septembre de 10h à 12h et de 14h à 19h (fermé le matin les samedis, dimanches et jours fériés). Fermé du 1er décembre au 31 janvier.* Chaque commune du Roussillon possède en son église quelques pièces remarquables, par leur qualité, leur ancienneté ou leur rareté. Pour éviter les vols, ils sont regroupés ici, entretenus et inclus dans des expositions thématiques de durée variable. Ces expositions sont donc tournantes, vivantes, et s'enrichissent parfois de collections particulières. Elles ont pour cadre, l'hospice d'Ille, monument éminemment représentatif du métissage architectural régional.

L'HOSPICE D'ILLE. L'Hospice d'Ille est un des rares établissements hospitaliers conservés dans tout le sud de la France. Fondé au XIIIe siècle par Marie d'Ille, il accueillit les pauvres de la région et les pèlerins se rendant à Saint-Jacques-de-Compostelle. Les bâtiments actuels et le fronton baroque datent des XVIe et XVIIIe siècles. L'église de la Rodona, édifice roman du XIe siècle en gros galets de rivière, exemple typique de l'architecture médiévale roussillonnaise, s'intègre dans l'ensemble de l'ancien hospice.

LE SITE DES ORGUES ✆ 04 68 84 13 13. *A 2 km au nord d'Ille-sur-Têt. Site : www.il-sur-tet.com - E-mail : site.desorgues@tiscali.fr. Accessible de 14h à 17h du 1er novembre au 31 janvier, de10h à 12h30 et de 14h à 17h30 du 1er février au 31 mars (vacances scolaires de 10h à 17h30), de10h à 18h30, de 9h30 à 20h en juillet et août, de 10h à 12h30 et de 14h à 18h en octobre. Tarif : 3,20 € (-10 ans gratuit, tarif pass inter-sites 2,4 €, enfant de 10 à 13 ans 1,60 €).* Ce site magique offre un intérêt tant géologique qu'esthétique. Les roches, modelées par le temps et l'érosion, donnent d'étonnantes formations de cheminées de fée, tours de roches tendres, dominées par des terrasses plus dures. Site unique dans toutes les Pyrénées, sa vision est fantastique autant pour les enfants que pour les adultes. La magie du lieu, son allure de petit canyon ocre, sculpté par le vent et l'eau, en font un des lieux les plus émouvants du département.

Le gîte et le couvert

HOTEL RESTAURANT DU MIDI 27, route nationale 116 ✆ 04 68 84 19 60. *Chambres à 27 €. Menus de 12 € à 28 €. Plat du jour à 10 €. Demi pension à 45 €.* Un hôtel-restaurant tout simple, avec ses balcons en ceps de vigne, et ses chambres tout à fait correctes, avec douches et WC. Au rez-de-chaussée, un restaurant familial et ouvrier avec ses spécialités comme le lapin chasseur ou ses calamars farcis sauce à l'armoricaine. Premier menu avec en entrée un buffet de hors-d'œuvre ou moules gratinées, et en plat, un copieux bœuf bourguignon et pommes vapeur. Une adresse simple et sans prétention, pour faire étape au carrefour de la plaine, des Aspres et des Fenouillèdes et du Conflent.

EXTERIEUR **19, rue Sainte-Croix ✆ 04 68 05 72 12.** *Site : www.exterieur-nature.com - E-mail : exterieur@free.fr. Ouvert toute l'année, tous les jours (1/2 journée, journée, plusieurs jours).* Extérieur, sports d'eau vive et d'aventure, vous emmène toute l'année dans des excursions à la hauteur de vos ambitions de casse-cou. Sur des sites d'activités appropriés, vous pourrez pratiquer le canyoning et vous essayer à des ponts de singe, passer sur des tyroliennes et taper des rappels à la Indiana Jones dans les gorges du Llec.

▷ *Dans les environs*

La Vallée du Boulès et le Prieuré de Serrabone

Le vieux Boulès occupe un site escarpé, anciennement fortifié, dont on peut encore voir deux des trois tours du XIIIe siècle. Avec ses ruelles étroites et sinueuses, ses belles maisons catalanes anciennes à blasons et ses restes de remparts et de portes, le village ne manque pas d'allure. Dominant l'ensemble, un donjon rectangulaire devenu clocher, et adossées à ses murs les deux églises. L'église Saint-Sulpice, orientée à l'est est à découvrir à plus d'un titre. Typique du gothique méridional, elle conserve un élégant portail en marbre rose des carrières du village.

PRIEURE DE SERRABONE **Boule-d'Amont ✆ 04 68 84 09 30.** *Ouvert tous les jours sauf les jours fériés de 10h à 18h. Tarif : 3 € (-12ans gratuit, tarif pass inter-sites et enfant 2 €).* Magnifique témoignage de l'architecture et de l'art roman en Roussillon, il fut fondé au XIe siècle. C'est une construction austère aux petites dimensions. On découvre pourtant à l'intérieur de riches sculptures. Les architectes ont privilégié ici le marbre rose qu'ils ont travaillé avec délicatesse. Ce sont les chapiteaux qui retiennent l'attention, ceux de la nef au sommet de colonnes élancées et ceux de la tribune, sculptés dans le marbre rose, où sont représentés pêle-mêle, des lions, des griffons, des fleurs, et d'autres végétaux. A côté de l'église se trouvent les vestiges du cloître entouré d'une galerie. Tout autour, on peut se promener dans un jardin botanique qui présente un millier d'espèces méditerranéennes.

Millas

Petite ville de 3 000 habitants, à moins de 15 minutes de Perpignan par voie rapide, toujours animée, et dont les atouts sont loin d'être négligeables. Millas a aussi sa spécialité gastronomique : les Bunyetes. Cette délicieuse gourmandise, confectionnée traditionnellement entre les Rameaux et Pâques est une sorte de crêpe à la catalane, voisine de ce que l'on appelle dans les départements voisins les oreillettes.

CHARTE INTERCOMMUNALE DU CANTON DE MILLAS **Hôtel de ville ✆ 04 68 57 40 37.** *Site : www.cg66.com. Ouvert toute l'année de 8h à 12h et de 14h à 18h du lundi au vendredi (17h). Visite guidée et gratuite du patrimoine naturel religieux et rural des communes de Corbère, Corbère les Cabanes, Corneilla de la Rivière Milas…*

EGLISE SAINTE-EULALIE. Superbe édifice roman du XIIe siècle, avec outre son élégant clocher carré et son beau portail de marbre blanc, à l'intérieur, les superbes retables baroques du maître-autel, les remarquables boiseries ou encore la curieuse tribune aux poutres sculptées.

ERMITAGE DE FORCA REAL. Ce site offre un des plus beaux panoramas de tout le Roussillon, embrassant toute la zone côtière, de Leucate au Cap Béar, les Albères, le Canigou, et au nord les châteaux cathares sur les crêtes des Corbières. Du sommet, on remarquera le contraste évident et la différence de physionomie entre la verdoyante vallée de la Têt au sud, avec ses damiers de cultures maraîchères et fruitières, et celle de l'Agly au nord, austère et beaucoup plus aride, presque exclusivement recouverte de vignes.

MOULIN A HUILE LA CATALANE **4, avenue Jean-Jaurès ✆ 04 68 57 28 67.** *E-mail : moulin.millas1@libertysurf.fr. Ouvert toute l'année du lundi au vendredi de 10h à 12h et de 15h à 18h. 7j/7 en juillet et août (pour week-end prendre contact avec M. Auffret).* Cette coopérative oléicole, née en 1941 autour d'un moulin, est la dernière du département. On y trouve de l'huile d'olive de grande qualité bien sûr, mais aussi de nombreux produits dérivés de l'olive : tapenade, savon…

Saint-Michel-des Llotes

A 2 km en amont d'Ille, se trouve ce charmant village de 200 habitants, répartis en plusieurs hameaux bordant la rivière. Outre quelques jolies maisons anciennes et fleuries, dominant la vallée, l'église Saint-Michel est aussi intéressante, avec son abside romane pourvue d'arcatures aveugles et ses retables baroques, récemment restaurés. Mais ce petit village bucolique est surtout connu pour être le site du musée de l'Agriculture catalane.

MUSEE DE L'AGRICULTURE CATALANE **Saint-Michel-de-Llotes ✆ 04 68 84 76 40.** *E-mail : musee.agriculture@libertysurf.fr. Ouvert toute l'année. Du 1er juin au 15 septembre tous les jours de 10h à 12h et de 14h à 19h sauf le mardi, du 16 septembre au 31 mai de 14h à 18h sauf le mardi. Tarif adultes 3 €, enfants et groupes 2,50 €.* Dans cette petite bâtisse en pierres du pays, nous est contée la longue histoire entre l'homme et la terre en Catalogne. Nombreux outils, instruments servant aux moissons, aux labours ou aux vendanges. On y apprend les différentes techniques et les diverses traditions rurales qui perdurent encore parfois dans la région. Complétant le tout, des balades, des marchés et différents ateliers sont organisés tout au long de l'année.

LE LITTORAL ROUSSILLONNAIS

Le rivage de la plaine du Roussillon ressemble comme deux gouttes d'eau à celui que l'on retrouve tout le long de la côte languedocienne : vastes plages de sable fin, séparées des zones agricoles par des marais ou des étangs plus ou moins importants. Au nord, celui de Salces, isole complètement la station de Port-Barcarès, surgie des sables dans les années 1970, avec la mission d'aménagement du littoral. C'est le cas aussi de Saint-Cyprien qui dresse ses grands immeubles autour de son port et de ses plans d'eau. Cette politique d'aménagement a aussi profité aux petites plages familiales de Sainte-Marie ou de Torreilles, mais surtout à Canet-en-Roussillon et Argelès, qui sont devenues de véritables stations de vacances avec tous les plaisirs et toutes les commodités.

Au delà, changement de style avec la Côte Vermeille, la seule vraie côte rocheuse du Languedoc-Roussillon qui prend parfois des airs de Côte d'Azur. Quoi de plus normal, lorsqu'on sait que les Albères font partie d'un ensemble montagneux aujourd'hui effondré qui s'étendait jusqu'à l'Estérel !

La Côte Vermeille doit son nom aux couleurs changeantes et éclatantes de la roche et s'étend de Collioure à Cerbère. La route qui la longe est assez fréquentée, mais reste l'une des plus belles du département, surplombant et longeant la mer. Aujourd'hui, une voie rapide double l'ancienne route. Pas de grandes plages de sable fin, mais du rocher, une vision en altitude et des galets en quelques endroits accessibles.

Argelès-sur-Mer

Dernière plage de sable blanc avant les criques de la Côte Vermeille, cette station balnéaire familiale bénéficie d'une situation exceptionnelle, au pied des Albères, derniers maillons de la chaîne des Pyrénées. C'est une commune étendue, couvrant plus de 6 000 hectares, des berges du Tech à la frontière espagnole, en passant par la forêt et la Tour de la Massane.

De ce fait, on trouve plusieurs foyers d'activités ou urbanisations séparées, chacun ayant une fonction et une personnalité propre.

OFFICE DU TOURISME **Place de l'Europe ✆ 04 68 81 15 85.** *Site : www.argeles-sur-mer.com - E-mail : infos@argeles-sur-mer.com. Toute l'année du lundi au vendredi de 9h à 12h et de 14h à 18h, et le samedi matin, en juillet et août 7j/7 de 8h30 à 20h.*

Points d'intérêt

LES AIGLES DE VALMY **Château de Valmy ✆ 04 68 81 67 32.** *Site : www.aigles-valmy.com - E-mail : aigles-valmy@wanadoo.fr. Ouvert de mars à fin septembre tous les jours sauf le lundi de 13h30 à 18h30, tous les jours en juillet et août : 7,50 € pour les adultes et 6 € pour les enfants.* Sur les premiers contreforts des Albères, le Château de Valmy sert de cadre à un magnifique spectacle mettant en scène des rapaces. Aigles, faucons et autres vautours tournoient dans le ciel catalan et atteignent leur objectif avec une précision déconcertante. Dans le même cadre champêtre, se produisent des démonstrations de conduite et de protection de troupeaux par des chiens de bergers pyrénéens de race labrits. Le château dispose d'un magnifique parc que l'on peut parcourir paisiblement et ainsi découvrir certains éléments de la flore locale, en particulier les fameux chênes-lièges des Albères, qui fournissent bon nombre des bouchons de bouteilles.

ARGELES-PLAGE. Une des plus anciennes stations balnéaires de la côte fut, dès 1936, dotée d'un syndicat d'initiative et d'un casino. Sa situation privilégiée, au contact des Pyrénées et de la Méditerranée, et son environnement naturel en sont le principal attrait. Aujourd'hui, la commune reine des campings a encore à proposer un cadre de vie des plus agréables, avec ses 12 hectares de pinède en bord de mer et ses 7 km de plage de sable fin.

MUSEU CATALA DE LES ARTS I TRADICIONS POPULARS 4, place dels Castellans ✆ 04 68 81 42 74. *Ouvert du lundi au vendredi de 9h à 12h et de 15h à 18h. Samedi de 9h à 12h. Entrée : 1,50 €. (à vérifier).* Tout près de l'église, ce remarquable petit musée présente les différentes activités artisanales de la région, dans de remarquables salles aménagées avec beaucoup de goût. Du fabricant d'espadrilles en Vallespir, à la fabrication des bouchons de liège dans les Albères, en passant par le berger cerdan. Cette évocation d'une époque révolue mais guère lointaine fait prendre conscience de la difficulté de vie dans nos contrées il y a peu.

PORT-ARGELES. A l'embouchure de la Massane s'est développé ce nouveau quartier, avec ses cafés-restaurants, ses habitations et un port de plaisance.

LE RACOU. Toujours un peu plus au sud, la petite plage du Racou correspond à l'endroit exact où la côte sablonneuse se transforme en côte rocheuse. Ces deux éléments minéraux se mélangent pour former un des endroits les plus craquants du département. Un peu en retrait de la plage, le vieux quartier aux rues de sable, au charme indéfinissable. Ce petit quartier anciennement populaire est devenu un des endroits recherchés par les Roussillonnais aisés. Le Racou correspond parfaitement à l'image que l'on peut se faire de la plage avant le développement du tourisme balnéaire.

LA VIEILLE VILLE. Elle possède un important bâti ancien, dense, et quelques restes de remparts datant du XIIe siècle. La cité est dominée par l'imposant clocher carré du XIVe siècle de l'église Notre-Dame-del-Prat, superbe exemple du gothique méridional en Roussillon. A remarquer aussi son portail avec chapiteaux et son mobilier entièrement classé, composé notamment de vieux fonds baptismaux, d'une belle chaire sculptée et de nombreux retables de qualité.

Le couvert

RESTAURANT L'AMADEUS Avenue des Platanes ✆ 04 68 81 12 38. *Fermé en décembre et janvier. Menus de 20 € à 31 €.* Un peu en retrait de la cohue de la plage, face à l'office du tourisme, l'Amadeus constitue à Argelès la référence en ce qui concerne les poissons et les fruits de mer. Touristes et locaux se précipitent dans le patio d'été ou dans la grande salle climatisée pour y déguster entre autres une bonne zarzuela aux homards du vivier. C'est cher (48 € pour deux) mais succulent ! Sinon, choisissez la soupe de poissons de roche ou les huîtres de Bouzigues, le poisson du jour ou la cassolette de moules au safran. Les fruits de mer peuvent être à emporter. Outre les produits de la mer, l'offre est complétée par des salades et des pâtes ainsi que des plats régionaux tels que le freginat de Baixas. Une bonne adresse balnéaire, ce qui n'est pas si fréquent.

Argelès-sur-Mer

LE RELAIS DE LA MASSANE 34, rue Marcellin-Albert ✆ 04 68 81 31 50. *Fermé le mercredi et jeudi hors saison. Menus de 23 € à 33 €.* Ce petit restaurant gastronomique, dont la notoriété ne cesse de croître, mérite à coup sûr un arrêt. Au cœur de cette jolie maison de village en pierres de pays, on déguste le meilleur du terroir avec une pointe d'audace et beaucoup de savoir-faire. Après la mise en bouche, terrine maison et sa compotée d'oignons, puis fricassée de volaille au vinaigre de Banyuls ou filet de loup au jus d'encre de seiche. A la carte, le pavé de morue fraîche à la crème d'ail est un ravissement.

RESTAURANT LE MANUREVA Résidence Atalaya - Place Magellan ✆ 04 68 81 69 67. *Congé annuel du 12 novembre au 28 décembre. Ouvert du vendredi au lundi midi en janvier et février. Fermé le mercredi et le jeudi en mars, le mercredi d'avril à fin octobre, ouvert tous les jours en juillet, août et les vacances scolaires. Menus de 17 €, 25 €, 35 € et à 11 € le midi sauf week-end et jours fériées.* Sur le Port-Argelès, mais face au Albères, le Manuréva est le spécialiste du poisson et des fruits de mer. La fraîcheur des produits est exemplaire. Nous vous conseillons donc sans hésiter les parillades de poissons, un assortiment de poissons et de crustacés proposé toute l'année, mais variant suivant la pêche. Et ne manquez pas une succulente spécialité régionale, cuisinée avec beaucoup de talent, la bullinade au sag... On ne vous en dit pas plus ! Les menus changent deux fois par an, ce qui vous permettra de découvrir chaque fois d'autres plaisirs préparés par le talentueux cuisinier. Hiver comme été, l'endroit est toujours agréable, d'autant qu'une salle est restée non-fumeur. Chose rare, mais ô combien confortable ! pour celui qui désire manger sans être intoxiqué par des voisins non-respectueux.

Le gîte

CAMPINGS. La commune d'Argelès étant championne d'Europe de ce type d'hébergement, difficile pour le Futé de chroniquer. Il vous conseille alors de vous rendre à l'office du tourisme, les hôtesses vous conseilleront en fonction du type camping recherché, du plus rudimentaire, qui sert bien souvent uniquement pour le dodo, aux luxueux 4 étoiles avec toutes les activités et prestations possibles et imaginables.

HOTEL AL PESCADOU Rue des Aloès ✆ 04 68 81 13 21. *Ouvert de mars à fin octobre. Chambre à 48 €.* A quelques mètres de la plage et de l'allée des Pins, le Pescadou est un agréable hôtel deux étoiles situé dans un paisible quartier résidentiel aux petites maisons basses. 17 chambres simples et fonctionnelles, dont certaines bénéficient de grands balcons ou de terrasses. Un hébergement moderne et confortable pour profiter de la plage sans casser sa tirelire.

Le gîte et le couvert

L'AUBERGE DU ROUA - LA BELLE DEMEURE Chemin du Roua ✆ 04 68 95 85 85. *Fermé de novembre à février. Le midi, sauf le dimanche, et le mercredi, sauf en juillet et août. Chambres de 60 € à 159 €. Menus de 31 € à 59 €.* L'Auberge du Roua est une élégante hostellerie de charme située dans un magnifique mas du XVIIe siècle au milieu des vignes, à quelques centaines de mètres du centre du village d'Argelès. Pour une semaine en amoureux ou un week-end détente en Roussillon, une quinzaine de chambres, plus craquantes les unes que les autres, vous proposeront un grand confort et un agréable séjour. Cette table, incontournable dans la région, propose une cuisine goûteuse et raffinée, mêlant produits de la mer et de la terre avec beaucoup de réussite. Que ce soit au bord de la piscine ou dans la grande salle à manger en pierre du pays, un repas à l'Auberge du Roua reste un moment magique : anchois frais de Collioure marinés, compotée d'oignons et vinaigrette au banyuls, puis son gros morceau de cabillaud juste cuit sur son lit de pois chiches au chorizo, la séduction opère.

GRAND HOTEL DU COMMERCE - RESTAURANT CASA NOSTRA 14, route Nationale ✆ 04 68 81 00 33.** *Site : www.argeles-sur-mer.com/hotels/commerce/commerce.htm. Ouvert toute l'année. Chambres de 44 € à 50 €. Menus de 17 € à 30 €.* Un hôtel simple et accueillant, au centre du vieux village, avec 32 chambres, meublées dans le style du pays. Juste à côté, le restaurant Casa Nostra, dans un pittoresque décor catalan, fait la part belle à la cuisine régionale de terroir : jambon de pays et pain tomate, grillade catalane complète, cassolette de lotte façon pêcheur. Une excellente adresse, redoutable de simplicité et d'authenticité.

HOTEL LE COTTAGE - RESTAURANT L'ORANGERAIE 21, rue Arthur-Rimbaud ✆ 04 68 81 07 33. *Site : www.hotel-lecottage.com - E-mail : info@hotel-lecottage.com. Ouvert de mars à octobre. Chambres de 40 € à 180 €. Menus 29 € et 46 €.* Dans un quartier calme entre plage et village, le Cottage est un établissement haut de gamme, sis dans une demeure contemporaine nichée dans la verdure. Ici tout le confort et l'agrément attendent le client : practice de golf, aires de jeux, élégant jardin et somptueuse piscine en forme de haricot. Cet établissement familial propose des chambres cossues et joliment décorées, dont certaines avec balcon donnant sur le rafraîchissant jardin. La table mérite aussi le détour avec une cuisine aux saveurs régionales. Un havre de paix et de bon goût.

Loisirs

ANTARES SUB Quai Marco Polo ✆ 04 68 81 46 30. *Site : www.antaresub.com - E-mail : antasub@club-internet.fr. Ouvert toute l'année. Baptême de plongée 25 € (matériel inclus), exploration, stage Nitrox...* Pour les amoureux des aventures du commandant Cousteau, pas besoin de tortiller pour se jeter à l'eau. Godefroy va vous baptiser. Il ne vous restera plus qu'à enfiler masque, palmes, tuba et bouteilles puis vous laisser glisser tranquillement dans l'eau. Et si d'aventure vous aviez envie de vous perfectionner Antarès-Sub, comme subaquatique, fait également office d'école de formation pour les préparations à l'obtention des brevets nationaux et internationaux, ainsi qu'au brevet d'Etat. Il y a franchement de quoi devenir un véritable professionnel de la grenouille.

EVASION KAYAK MER BP73 ✆ 04 68 95 86 93. Comme les nouveaux explorateurs de l'arctique, partez à la découverte de la côte Vermeille à bord des kayaks de Laurent Loppé. Si malheureusement vous n'étiez pas très futé et que vous ayez tendance à ramer sur le sable, Laurent vous organise des stages, de quoi devenir un rameur invétéré. Sinon, vous pourrez prendre des circuits découverte, des circuits passion ou des circuits évasion pour 54 €.

LE PLAYA CLUB/CASINO Allée des Pins ✆ 04 68 81 14 29. L'éventail des sorties nocturnes est assez vaste sur la commune. Le complexe du Playa, comprenant un restaurant (ouvert que l'été), un casino et une discothèque, reste la valeur sûre et l'endroit incontournable d'Argelès. Le Casino est ouvert tous les jours de l'année et accueille tous les amateurs de poker et autres machines à sous. La discothèque, ouverte hors saison que le week-end, est un des rendez-vous des fêtards de la zone, pour sa musique tendance et ses agréables terrasses face à la mer.

Emplettes

BRASSERIE ARTISANALE DES ALBERES 3, rue des Loriots ✆ 04 68 95 79 09. *Site : www.cap.dona.com - E-mail : cap-dona@cap-dona.com. Ouvert toute l'année sauf en janvier, du lundi au vendredi de 8h à 12h et de 14h à 18h, le samedi en saison.* Qui l'eut cru ? De la bière élaborée en Roussillon. C'est chose faite depuis quelques années, et les jolies bouteilles de cette entreprise familiale ont envahi les rayons des supermarchés du département. Sur place, la visite permet de comprendre les différentes phases de la production, du moulin à malt à la mise en bouteille. Une production d'ailleurs bien atypique, aux saveurs méridionales bien affirmées.

Le Barcarès

A environ 25 km au nord-est de Perpignan, voici la station balnéaire du Barcarès, la plus septentrionale du département. Le vieux bourg s'est agrandi à partir du second empire, avec la vogue des bains de mer, mais c'est véritablement dans les années 60 et 70, grâce au plan d'aménagement du littoral du Languedoc-Roussillon, que le Barcarès s'est véritablement développé entre ses 8 kilomètres de plage de sable fin et ses 7 000 hectares de plan d'eau.

Le village des pêcheurs est une fidèle reconstitution de l'habitat traditionnel de la Salanque maritime, avant l'urbanisation des années 60. Avant cette période, les huttes en roseau et quelques sommaires cabanons constituaient alors un petit hameau, qui n'était en fait que le petit port de Saint-Laurent-de-La-Salanque.

Au niveau de la Grande Plage, le Lydia, ce grand paquebot ensablé est devenu le véritable symbole de la station du Barcarès. C'est le seul exemplaire de paquebot ensablé au monde... Il héberge un restaurant, une discothèque, une exposition permanente de coquillages et de coraux. Enfin, la visite de ce géant des sables est un moment rare et unique, pour la vue qu'il procure et la magie qu'il dégage.

OFFICE MUNICIPAL DU TOURISME Boulevard de la Côte-Vermeille ✆ 04 68 86 16 56. *E-mail : tourisme@portbarcares.com - Site : www.portbarcares.com. Toute l'année 7j/7 de 9h à 12h30 et de 14h à 18h (17h30 le week-end) et de 9h à 20h en juillet et août.*

Le gîte et le couvert

HOTEL DE LA PLAGE 9, avenue du Golfe-du-Lion ✆ 04 68 86 13 84. *Site : www.barcares.com/hotelplage. Ouvert toute l'année. Chambres de 41 € à 60 €.* L'Hôtel de la Plage, à Barcarès Village, est sans conteste un des plus agréables de la station. Faisant face à l'une des plus belles plages, à côté de l'office du tourisme et à proximité de tous les commerces, c'est l'hébergement idéal pour faire la sieste en bord de mer. C'est un hôtel deux étoiles, clair et discret, qui dispose d'une trentaine de chambres bien équipées et confortables.

Loisirs

Un nombre d'activités nautiques incalculable se pratique dans cette station sportive. Du ski nautique, à la plongée, en passant par le jet-ski. Cependant la planche à voile, en mer ou sur le lac reste le sport roi. En effet, avec la station voisine de Port-Leucate, dans l'Aude, Port-Barcarès est un des endroits les plus recherchés dans la région par les véliplanchistes, en raison notamment de la présence fréquente de tramontane.

TELESKI NAUTIQUE Avenue des Dosses ✆ 04 68 86 23 45. *Ouvert de Pâques à fin octobre.* Au nord de la station, à la limite de Port-Leucate, s'est installée une activité originale pour les amateurs de sensations fortes, le téléski nautique. Il est constitué de 5 pylônes reliés par un double câble aérien. L'ensemble forme un circuit de 1 km qui permet à une dizaine de skieurs d'évoluer simultanément sur l'étang. Une excellente idée d'activité au moment des grosses chaleurs estivales.

Sorties

LE MARINA ATLANTIDE D83 - Sortie 14 ✆ 04 68 86 32 65. *Ouvert toute l'année les vendredi et samedi à partir de 23h. En juillet et août, tous les soirs.* Le Marina Atlantide fait partie des plus grandes discothèques du sud de la France. Il attire chaque week-end des centaines de jeunes du Roussillon, mais aussi des départements voisins de l'Aude et de l'Hérault. Sur une surface de plusieurs hectares, avec restaurant, piscine sur 3 niveaux avec toboggans géants, ses 4 salles de danse aux ambiances différentes pour satisfaire tous les genres, c'est le véritable domaine de la fiesta.

LE LYDIA-PAQUEBOT DES SABLES Avenue de la Grande-Plage - PORT-BARCARES ✆ 04 68 86 07 13. *Ouvert tous les soirs en saison (à vérifier).* Si le Marina fait un carton parmi les jeunes, le Lydia attire une clientèle de trentenaires, avides de musiques des eighties et d'ambiance un peu moins survoltée. Sa boîte est surtout connue pour ses soirées étudiantes (la fameuse soirée des blouses blanches), qui drainent un public de toute la plaine du Roussillon. Un endroit unique et insolite à découvrir entre amis, bien arrimé dans le sable.

▷ *Dans les environs*

Torreilles

Joli petit village salanquais bien restauré, dont la plage sauvage attire depuis des décennies bien des convoitises. Torreilles, c'est 4 kilomètres de sable fin, protégés de tous les excès par le conservatoire du littoral. L'endroit est fort prisé des amoureux de la nature et notamment des naturistes, qui ont trouvé là l'endroit rêvé pour passer des vacances en communion avec la nature.

A l'écart du vieux village, bordé par les berges de l'Agly, la petite chapelle Notre-Dame-de-Juhègues est citée dès le XIe siècle. Rénovée récemment, son environnement arboré en fait un lieu prisé pour les fêtes traditionnelles, pour la sardane et le repos.

Enfin, l'étang de Salses mérite aussi une petite visite au nord de Saint-Laurent-de-la-Salanque, notamment dans le secteur de Saint-Hippolyte, pour ses baraques de pêcheurs, faites de bric et de broc.

OFFICE DE TOURISME Village marin catalan - TORREILLES-PLAGE ✆ 04 68 28 41 10. *Site : www.toreilles.com. Ouvert du lundi au vendredi de 9h à 12h.*

HOTEL DU COMMERCE Saint-Laurent-de-la-Salanque ✆ 04 68 28 02 21. *Fermé en novembre et en mars, le dimanche soir et le lundi, sauf en saison. Chambres de 46 € à 51 €. Menus de 16 € à 36 €.* Au centre de Saint-Laurent-de-la-Salanque, à moins de 5 km des plages du Barcarès, l'Hôtel du Commerce est un établissement moderne et confortable, avec quatorze chambres, simples et fonctionnelles. Sa table mérite aussi le déplacement : Jean-Paul Siré y travaille les produits de la mer avec autant de classe que ceux de la terre. Vos papilles se souviendront notamment du magret de canard et sa picada au banyuls Rancio, servi avec des tagliatelles fraîches à la crème d'ail doux.

LA VIEILLE DEMEURE 4, rue Llobet ✆ 04 68 28 45 71. *Site : www.la-vieille-demeure.com - E-mail : vignaud.christine@wanadoo.fr. Fermé en janvier. Chambre pour 4 personnes de 75 € à 170 €.* En plein cœur du vieux village de Torreilles, cet hébergement de charme occupe un ancien prieuré du XVIIe siècle, restauré dans la plus pure tradition catalane. Autour du délicieux patio fleuri, 3 chambres et 2 suites, tout droit sorties d'un magazine de décoration. Sols en terre cuite, enduits à l'ancienne aux teintes chaudes, meubles en fer forgé et literie confortable. Les suites possèdent d'agréables terrasses privatives donnant sur le jardin d'agrumes. Un endroit idyllique, pour amoureux des vieilles pierres et du confort cosy, à moins de 3 minutes des plages.

AERO SERVICE LITTORAL **Route de Sainte-Marie - D11 ✆ 04 68 28 13 73.** *E-mail : aero.services@club.internet.fr - Site : www.ulmtoreilles.com.* En plein essor, chaque année l'ULM fait de plus en plus d'adeptes. Une des raisons principales, c'est que l'on peut s'élever du plancher des vaches à petit prix contrairement à l'aviation traditionnelle. En plus, le département se prête bien à la pratique de cette discipline, aussi bien pour ses conditions aérologiques que pour la beauté et la diversité de ses paysages. A la base de Torreilles, vous trouverez des professionnels qui organiseront votre initiation et votre perfectionnement en toute sécurité.

Canet-en-Roussillon

Considéré à juste titre comme la plage des Perpignanais, Canet n'est séparé de la préfecture des Pyrénées-Orientales que d'une douzaine de kilomètres. La mer exerçant un attrait certain, la ville a vu sa population augmenter de façon spectaculaire depuis une trentaine d'années. A l'intérieur des terres, le vieux village ne manque pas d'attraits : rues étroites, joli clocher, et ancien château en rénovation.

Canet-Plage, plus saisonnier, offre aux visiteurs la place de la Méditerranée, vaste espace de jeux et de promenade, une immense plage de sable fin avec ses clubs de plage et ses jeux nautiques, et au hasard des rues quelques exemples de Canétoises, ces jolies demeures des Perpignanais aisés du début du siècle dernier.

Canet, c'est aussi un bel étang aux rives sauvages, qui s'avère être une halte appréciée des flamants roses et un lieu de détente des sportifs du dimanche. Y sont aussi reconstituées des cabanes de pêcheurs, dans le plus pur style local.

OFFICE DU TOURISME **Place de la Méditerranée ✆ 04 68 86 72 00.** *E-mail : infos@ot-canet.fr - Site : www.ot-canet.fr. Ouvert toute l'année du lundi au vendredi de 9h à 12h et de 14h à 18h, le samedi de 9h à 12h et de 14h à 17h, le dimanche de 10h à 12h et de 15h à 17h, en juillet et août de 9h à 19h.*

Points d'intérêt

L'AQUARIUM **Boulevard de la Jetée ✆ 04 68 80 49 64.** *Site : www.ot-canet.fr - E-mail : aquarium.canet@wanadoo.fr. Ouvert de février à juin et de septembre à décembre tous les jours sauf le lundi de 10h à 12h et de 14h à 18h, en juillet et août de 10h à 20h. Tarif : 5,20 € pour les adultes, 3,20 € pour les enfants (5 à 12 ans). Accueil groupes sur demande 4,20 € (adultes) et 2,50 (enfants).* L'aquarium de Canet propose plus de 350 espèces de la faune aquatique des cinq continents. Au gré des 54 aquariums, la promenade s'avère instructive et agréable. Les enfants restent bouche bée devant ce florilège de couleurs et de formes originales. Une intéressante visite, à faire même par beau temps. A la sortie, une petite boutique permettra de ramener à vos proches quelques souvenirs ou objets ayant attrait à la mer.

Canet-en-Roussillon

Le couvert

L'ASTRO Avenue de la Côte-Vermeille ✆ 04 68 80 53 07. *Ouverture uniquement le soir (fermé le mercredi). Menus de 15 € à 39 €. Carte.* Un piano-bar comme on les aime. Accueil chaleureux, décoration sobre et élégante, chanson de qualité, et cerise sur le gâteau, la mer. Côté restauration, l'Astro sert jusqu'à minuit, même en semaine, cas rarissime dans le département. On y vient pour ses cuisses de grenouilles, son assiette de foie gras et son confit de figues, son duo de sole et saumon à la crème de framboises, son sabayon au champagne ou pour picorer comme de l'autre côté des Pyrénées, assiettes de tapas, calamars, chorizo et de jolies salades. Un endroit unique et original, pour les insomniaques et les amateurs de chansons réalistes. A découvrir.

LE DON QUICHOTTE 22, avenue de Catalogne ✆ 04 68 80 35 17. *Site : www.ledonquichotte.com - E-mail : ledonquichotte@.wanadoo.fr. Ouvert toute l'année. Fermeture hebdomadaire le dimanche soir et le lundi et mardi hors saison. Menus à partir de 22 €.* Le Don Quichotte vous attend dans son cadre discret et élégant, pour vous faire déguster la cuisine de Gilbert Gris qui est élaborée au jour le jour en fonction des produits du marché. Il ne travaille que les produits frais dont il sait souligner les saveurs. Petite véranda pour profiter du soleil catalan. Indéniablement l'un des meilleurs endroits pour manger à Canet, l'alliance réussie de la créativité et de la tradition.

Le gîte et le couvert

HOTEL LE CLOS DES PINS 34, avenue du Roussillon ✆ 04 68 80 32 63. *Chambres de 95 € à 180 €. Menu à 27 €.* Incontestablement le plus élégant hôtel de Canet. Pas loin du port, un établissement de grand luxe, niché dans la verdure. De grand confort, les chambres sont toutes climatisées. A la disposition de la clientèle, une salle de sport, pour pouvoir évoluer sans complexe au bord de la piscine en forme de haricot. Au piano, le chef joue la carte de la tradition avec des produits frais de qualité, travaillés avec maîtrise. L'unique menu vaut le déplacement : biscuit d'omelette de marin et tartare de thon, jus de carottes acidulé, gigolette de volaille fermière farcie aux herbes, jus au parfum de santoline, et pour finir le spectaculaire moelleux de chocolat, glace à l'amande amère, sirop léger à l'infusion de menthe. Aucune fausse note pour cet endroit paisible et de bon goût, sans conteste le plus classieux de la petite station balnéaire.

HOTEL RESTAURANT LE GALION 20 bis, avenue du Grand-Large ✆ 04 68 80 28 23. *Site : www.hotel-le-galion.com - E-mail : contact@hotel-le-galion.com. Ouvert toute l'année. Menus à partir de 23 €. Chambres de 50 € à 84 €.* Après rénovation, le Galion est devenu un élégant établissement 3 étoiles, à quelques mètres de la plage et de la place de la Méditerranée. L'ensemble a gagné en clarté, confort, et cadre, avec sa délicieuse piscine entourée de végétation. Les chambres y sont spacieuses, bien équipées avec télévision, téléphone et prise Internet. La table commence à faire parler d'elle, avec ses délicieux mets classiques et goûteux comme le millefeuille de rougets à la concassée de tomates ou les savoureuses gambas rôties aux herbes.

HOTEL RESTAURANT SAINT-GEORGES 45, promenade Côte-Vermeille ✆ 04 68 80 33 77. *Site : www.hotel-stgeorges.com - E-mail : info@hotel-stgeorges.com. Chambres de 50 € à 83 € petit-déjeuner inclus. Ouvert d'avril à septembre.* Ce petit hôtel familial bénéficie d'un emplacement privilégié, face à la mer. Il n'y a que la route à traverser et à vous la mer ! Les 18 chambres simples et confortables disposent toutes de télévision et de toilettes et à des prix très serrés. Ce qui constitue une véritable aubaine par rapport à sa situation. Loin de certaines usines à touristes, le Saint-Georges sera le lieu idéal pour un petit séjour balnéaire, dans le bon goût et la sérénité.

Loisirs

Les sportifs seront conquis par la ville. En plus des traditionnelles activités nautiques, s'y pratique le VTT, notamment sur les pistes aménagées le long du bord de mer, sur la route de Saint-Cyprien-Plage, entre étang et Méditerranée. Le tour de l'étang, site protégé de grande qualité zoologique est aussi un petit paradis pour les joggers et autres amateurs de promenades à cheval.

CENTRE EUROPA Avenue des Hauts-de-Canet ✆ 04 68 73 62 00. La station de Canet bénéficie avec la piscine Europa d'un équipement sportif de premier plan. Découvert mais bien exposé, l'endroit est fréquenté tout au long de l'année par les adeptes de la natation. On y vient aussi pour bronzer au printemps ou pour profiter de la salle de musculation et du jacuzzi.

LA COLLINE DES LOISIRS Parc des loisirs Europa. L'endroit est devenu un des lieux incontournables pour passer une partie de la nuit. Difficile de faire un choix parmi toutes les boîtes et bars de nuit. On retiendra néanmoins : Le Mex, grand rendez-vous de la jeunesse locale. Surfant sur la vague latino, tous les ingrédients y sont réunis pour une soirée caliente : tequila, serveuses déchaînées, musiques actuelles. Le Complexe de la Luna, qui propose en fait plusieurs endroits aux musiques et au public différents. Entre autres Le Voice, avec ses 3 salles, sa terrasse, et sa musique pour "djeuns" ou le Paradisko, pour les trentenaires que les soirées télé du samedi soir exaspèrent.

DISCOTHEQUE ET COMPTOIR DU ROSE 10, promenade de la Côte-Vermeille ✆ 04 68 80 14 16. *Ouvert hors saison les vendredi et samedi, l'été tous les soirs dès 22h.* Tenue élégante de circonstance. Au-dessus du Casino, et du bruit incessant des machines à sous, la plus hype des boîtes canétoises vous accueille avec sa discothèque et son bar de nuit. Délicieux cocktails, musique de bon goût et beautiful personnes.

Emplettes

CHATEAU L'ESPARROU Canet-en-Roussillon ✆ 04 68 73 30 93. *Site : www.château-esparou.com - E-mail : esparou@hotelmail.com. Ouvert toute l'année sauf vacances de fin d'année. En hiver de 9h à 12h et de 14h à 18h (sauf dimanche), en été de 9h à 13h et de 14h à 20h, le dimanche de 10h à 12h et de 15h à 19h. Entrée : 3,81 €, gratuit pour les moins de 12 ans.* Dans une petite presqu'île au bord de l'étang, le domaine du Château l'Esparrou est un vaste domaine viticole, à visiter pour son cadre enchanteur et ses vins d'excellente teneur (outre les classiques côtes du Roussillon, ne manquez pas les muscats, frais et fruités). Le vignoble s'étend sur une surface de 72 hectares sur la totalité d'un coteau dominant le lac. On le visite, baladeur sur les oreilles, à travers un parcours atypique de 2 km, entre étang et ceps de vigne. Complément de la visite, la projection d'un petit film sur le travail de la vigne au fil des saisons.

Saint-Cyprien

Comme ses deux voisines littorales, Argelès-sur-Mer et Canet-en-Roussillon, la commune est divisée en deux, avec la plage d'un côté, et le vieux village, deux kilomètres à l'intérieur des terres. Profitant de 5 km de plages de sable fin, Saint-Cyprien-Plage a commencé à se développer après la geconde guerre mondiale. Les années 70, avec l'aménagement global de la côte languedocienne, ont vu la création d'un second port plus au sud, et la construction de marinas pour satisfaire une clientèle avide de farniente, soleil et mer. Au sud de la commune, un énorme plan d'eau fut creusé pour accueillir les bateaux de plaisance. Saint-Cyprien est depuis devenu, avec plus de 2 000 postes à quai, l'un des plus grands ports de plaisance de toute la Méditerranée.

OFFICE DU TOURISME Quai Arthur-Rimbaud ✆ 04 68 21 01 33. *Site : www.saint-cyprien.com - E-mail : tourisme@saint-cyprien.com. Ouvert toute l'année du lundi au dimanche de 9h à 12h et de 14h à 18h.*

Points d'intérêt

FONDATION FRANÇOIS DESNOYERS Rue Emile-Zola ✆ 04 68 21 06 96. *En juillet et août, tous les jours de 10h à 12h et de 15h30 à 19h30. Le reste de l'année de 10h à 12h et de 14h à 18h. Entrée : 1,50 €.* Au village, ce petit musée présente plusieurs centaines d'œuvres et d'études du peintre François Desnoyers, fruit de cinquante années de travail. Enfin, quelques magistrales toiles de peintres parmi les plus importants du siècle passé. On citera Picasso, Gauguin, Toulouse-Lautrec, Signac, Mirò, Fernand Léger, et bien d'autres encore. Un lieu assez méconnu, à découvrir d'urgence tant les œuvres exposées y sont intéressantes.

Le couvert

LE PANORAMIQUE 6, rue François-Desnoyer ✆ 04 68 37 11 71. *Menu à 15 €, 29 € et 39 €. Carte.* Le Panoramique, comme son nom l'indique, bénéficie d'une position exceptionnelle de sa grande terrasse ronde au-dessus du Casino. On se croirait à l'avant d'un bateau... la sensation est agréable. Cadre unique et cuisine de la mer fraîche et innovante : anchois marinés ou poivrons grillés, saumon grillé ou sardines grillées et son pot d'aïoli et dessert du jour. Les produits de la mer sont travaillés avec amour et maîtrise comme pour ce médaillon de lotte juste grillé à la crème de persil et huile d'olive.

Le gîte

HOTEL LE BELVEDERE Rue Pierre-Benoît ✆ 04 68 21 05 93. *Site : http://perso.wanadoo.fr/hotel-belvedere - E-mail : hotelbelvere@wanadoo.fr. Ouvert d'avril à début janvier. Chambres de 38 € à 63 €.* Un peu en retrait de la côte, à 2 km des plages, l'Hôtel Le Belvédère est une grosse bâtisse blanche, près du château d'eau du village, offrant une vue intéressante sur toute la plaine environnante. Si la cohue de la plage et le bruit vous insupportent, mais que vous voulez profiter de la mer, cet établissement est fait pour vous. 30 chambres bien équipées avec télévision, satellite (bar), téléphone, terrasse ou balcon, dominant la piscine et le jardin.

Le gîte et le couvert

L'ILE DE LA LAGUNE, RESTAURANT L'ALMANDIN Boulevard de l'Almandin-les-Capellans ✆ 04 68 21 01 02. *Site : www.hotel-ile-lagune.com - E-mail : contact@hotel-ile-lagune.com. Fermé en février. Chambres de 138 € à 185 €. Menus de 18 € à 26 €, menus carte 37 €.* Au sud de Saint-Cyprien, sur un îlot entouré par la lagune, et face à une grande plage de sable fin, cet établissement de grande classe est sans nul doute parmi les plus luxueux de toute la côte. Avec son petit pont de bois y accédant, sa végétation luxuriante et son petit port privé avec navette pour rejoindre le village, la magnifique piscine et le parc, le cadre est des plus idylliques. Les chambres, vastes et personnalisées bénéficient d'un confort et d'un agrément incomparable : bains + douche, minibar, climatisation, salon et télévision satellite . La cuisine est, de plus, à la hauteur du lieu, et nous fait découvrir la délicate cuisine méditerranéenne : anchois frais de Collioure au caviar d'aubergines et à la tapenade avec blinis, rosette d'agneau français et pommes fondantes, tarte aux mirabelles et crème glacée à la vanille. Vous trouverez aussi d'autres succulentes spécialités telles que l'escabèche de filets de rougets en salade d'herbes ou la pastilla de pigeons aux girolles. Cher, mais justifié, tant la qualité des produits et la maîtrise des saveurs sont uniques. Un must.

Loisirs

AQUALAND Mas des Capellans ✆ 04 68 21 49 49. *Ouvert du 7 juin au 7 septembre, tous les jours de 10h à 19. Tarif : 17,50 € pour les adultes, et 15,50 € pour les enfants (groupe voir service réservation).* Pour bronzer actif, rien de tels que les toboggans, la piscine à vagues, la rivière lente et autres pataugeoires pour les plus petits. Sur le site, une aire de pique-nique, un fast-food et une boutique. Une journée de détente et de franche rigolade en famille ou entre amis.

GOLF DE SAINT CYPRIEN Mas d'Huston ✆ 04 68 37 63 63. *Site : www.opengolfclub.com. Golf ouvert toute l'année, les hôtels et les restaurants ouverts du 7 février au 5 janvier.* A quelques mètres de la mer, bordant l'étang, se situe le plus important golf des Pyrénées-Orientales. Avec son parcours de 27 trous, ses 2 piscines, ses trois restaurants, ses résidences luxueuses, le site a de quoi émerveiller. Le week-end, les Tigger Woods locaux s'y donnent rendez-vous pour pratiquer leur loisir préféré sous le soleil de la côte catalane.

DISCOTHEQUES. A l'instar de ses voisines Canet et Argelès, Saint-Cyprien est aussi une cité où l'on s'amuse le soir venu. Outre le casino et quelques bars musicaux, on y trouve plusieurs discothèques. On retiendra Le Club qui a compté pour les jeunes Perpignanais dans la dernière décennie du siècle passé. Une boîte jeune, à la musique variée et à l'ambiance sympathique.

LA COTE VERMEILLE

La Côte Vermeille est une région particulière, au relief escarpé tombant sur la Méditerranée. Elle se compose de 4 communes, chacune très fière de son originalité et de ses atouts touristiques.

▸ Banyuls-sur-Mer

Charmant port de pêche pittoresque, aux ruelles typiques en escalier, Banyuls-sur-Mer est surtout connu pour l'apéritif qui porte son nom, mais aussi pour avoir vu naître un des plus grands sculpteurs français du siècle dernier, Aristide Maillol. Un petit musée, dans un petit vallon sauvage, lui est dédié. L'arrière-pays de Banyuls, ville de pêcheurs et de vignerons, est aussi à découvrir, avec ses panoramas uniques sur la Méditerranée, et ses non moins craquantes collines viticoles, brûlées par le soleil, plongeant dans la mer.

OFFICE DU TOURISME Avenue de la République ✆ 04 68 88 31 58. *Site : www.banyuls-sur-mer.com - E-mail : ot.banyuls@banyuls-sur-mer.com. Sur le bord de mer. Ouvert tous les jours du lundi au samedi de 9h à 12h et de 14h30 à 18h.*

Points d'intérêt

AQUARIUM DE BANYULS Avenue du Fontaulé ✆ 04 68 88 73 39. *Site : www.banyuls.com - E-mail : contact@obs-banyuls.com. Ouvert toute l'année de 9h à 12h et de 14h à 18h130. En juillet et août, la fermeture a lieu à 22h. Tarif adultes : 4 €, enfants de 6 à 12 ans : 2 €. Tarif groupes 2 € (adultes) et 1,50 € (enfants).* Après avoir arpenté les rues pleines d'un charme nostalgique, et avant de se lancer, pourquoi pas, à la découverte de la réserve sous-marine de Banyuls-Cerbère, il faut découvrir cet aquarium, dépendant du Centre océanographique des sciences de la mer : 250 espèces, animales et végétales, répartis en 39 bacs, représentant le monde aquatique local. C'est l'un des plus anciens de France (fondé en 1883).

MUSEE MAILLOL Vallée de la Roume ✆ 04 68 88 57 11. *Site : www.museemaillol.com - E-mail : museemaillol@wanadoo.fr. Ouvert toute l'année, sauf jours fériés ; d'octobre à avril de 10h à 12h et de 14h à 17h ; de mai à septembre de 10h à 12h et de 16h à 19h. Tarifs adultes : 3,10 €, étudiants et chômeurs : 2,30 €, enfants gratuit jusqu'à 7 ans.* La petite métairie qu'Aristide Maillol aimait tant et qui vit passer au début du XXe siècle quelques-uns des artistes les plus éminents de la période abrite aujourd'hui un modeste musée, qui retrace au moyen de photographies, de lithographies et d'objets divers, la vie de Maillol. Dans le joli jardin, érigé sur le tombeau de l'artiste, trône La Méditerranée, œuvre majeure de Maillol, splendide ode à la femme.

NOTRE-DAME DE LA SALETTE. Du Mas Reig, un petit sentier le longeant permet d'accéder en moins de 30 minutes à cette délicieuse chapelle. D'une architecture simple, avec sa couleur blanche étincelante, elle évoque inéluctablement d'autres rivages méditerranéens, tels les îles grecques ou les villages chaulés d'Andalousie. Tranquille, au milieu d'une végétation faite de pins et de chênes, dégageant un remarquable panorama sur la ville et la côte d'une part et sur les coteaux de vignes et les dernières crêtes des Albères d'autre part.

RESERVE NATURELLE MARINE 18, avenue du Fontaulé ✆ 04 68 88 56 87. *Site : www.cg66.fr. Points d'accueil sur le port de plaisance et sur la plage de Peyrefite, ouverts tous les jours de 10h30 à 12h30 et de 16h30 à 18h30.* Cette zone protégée, entre Banyuls et le cap Peyrefite (avec une zone de protection renforcée autour du cap Rédéris), offre une faune et une flore particulièrement riche, du fait notamment d'un relief sous-marin marqué et varié, qui favorise le développement de nombreuses espèces différentes. Initiative originale et à encourager, la réserve a mis en place un sentier de découverte… sous-marin ! En nageant en surface ou à faible profondeur avec palmes, masque et tuba, on peut avoir un aperçu des richesses de la réserve. Le parcours, d'une longueur de 250 m, est ponctué de 5 stations d'observation, avec leur balise d'information immergée (jamais plus de 5 m de profondeur).

Le gîte

HOTEL LES ELMES - RESTAURANT LA LITTORINE Plage des Elmes ✆ 04 68 88 03 12. *Site : http://perso;wanadoo.fr/hotel.les.elmes - E-mail : hotel.des.elmes@wanadoo.fr. Fermé de mi-novembre à mi-décembre. Chambres de 42 € à 110 €. Menus de 27 € à 55 €.* La petite anse des Elmes sert de cadre à un des établissements les plus réputés de la côte roussillonnaise. Superbement situé, les pieds dans l'eau, il met à disposition 30 chambres simples et élégantes. Table accueillante qui se distingue par la fraîcheur de ses produits, et la maîtrise et la créativité de son chef, Jean-Marie Patrouix. Succulent pavé de morue fraîche à la crème d'ail. Savoureuse crème froide de courgettes aux huîtres de Bouzigues, quenelles de glace à l'huile d'olive et basilic.

HOTEL LE LLAGUT - RESTAURANT EL FANAL Avenue du Fontaulé ✆ 04 68 88 00 81. *Site : www.al-fanal.com - E-mail : al.fanal@wanadoo.fr. Ouvert toute l'année. Chambres de 54 € à 64 €. Menus de 15 € (midi) à 34 €.* A proximité de l'Aquarium, sur la route de Cerbère, face au port de plaisance et au front de mer, le Llagut est un joli hôtel familial, disposant de 16 chambres confortables, équipées de douche, WC et télévision pour certaines et pour d'autres de minibar, climatisation, salle de bains et balcon sur la magnifique anse du Fontaulé. Très belle salle de restaurant boisée, sobre et raffinée. Excellente table avec, au choix, formule brasserie ou gastronomique. Une part belle est réservée aux produits de la mer, comme pour cette redoutable lotte rôtie aux épices et caviar d'aubergines. Le plat du jour en semaine est également très bon avec, par exemple, une petite queue de lotte à la vanille, flan de carottes et pommes vapeur. Une adresse aussi charmante que les petites barques catalanes qui lui ont donné son nom.

Emplettes

CELLIER DES TEMPLIERS Route du Mas-Reig ✆ 04 68 98 36 70. *Ouvert toute l'année. De 10h à 19h30 d'avril à octobre, de 10h à 13h et de 14h30 à 18h30 de novembre à mars. Visite et dégustation gratuite.* La cave du Cellier des Templiers, au-delà de la dégustation et la vente du Banyuls, c'est surtout une belle visite, avec au programme, diffusion d'un film qui raconte la terre et les hommes de cette contrée, l'histoire du terroir et les vins avec pour promoteur de luxe, le remuant Jean-Pierre Coffe. On poursuit par la visite de la superbe et grandiose salle des foudres, l'allée des cuves centenaires et à l'extérieur les demi-muids, exposés au soleil de la Côte Vermeille, impeccablement alignés.

COOPERATIVE L'ETOILE 26, avenue du Puig-del-Mas ✆ 04 68 88 00 10. *Ouvert toute l'année du lundi au vendredi de 8h à 12h et de 14h à 18h (jusqu'à 19h de juin à septembre).* Installée tout près du front de mer, c'est la plus ancienne cave viticole des vins de Banyuls. On y trouve, à la vente et également à la dégustation, des vins de Banyuls mais aussi des vins d'AOC Collioure.

LES RUCHERS DE BANYULS Route des Mas ✆ 04 68 88 09 36. *Ouvert du 15 juin au 30 septembre tous les jours (sauf dimanche matin) de 9h à 12h et de 14h à 19h. Entrée gratuite, durée de la visite 20 mn.* Présents sur les marchés des villes de la Côte Vermeille et du département, Les Ruchers de Banyuls proposent à la vente du miel traditionnel, du miel de lavande maritime, du miel au thym ou au romarin. Possibilité de visiter les installations en saison.

▷ *Dans les environs*

Cerbère

La petite ville frontière s'offre à nos yeux au détour d'un virage, après avoir effectué un parcours grandiose de 10 km depuis Banyuls-sur-Mer. Bâti sur les pentes ensoleillées des derniers contreforts des Albères, au fond d'une étroite baie, Cerbère, 1 500 habitants, connaît une ambiance toute méridionale. Station balnéaire fréquentée et centre de plongée réputé, c'est aussi le siège d'une gare internationale, plaque tournante d'où partent les grands express européens. Le village, avec son petit port abrité, son grand viaduc de chemin de fer qui le traverse, ses ruelles en escalier et ses placettes toutes méditerranéennes, ne manque pas de charme. Son arrière-pays vaut aussi le détour, avec ses vignes en terrasses, soutenues par des kilomètres de murets en schiste.

OFFICE DU TOURISME Avenue Général-de-Gaulle ✆ 04 68 88 42 36. *Site : www.cerbere-village.com - E-mail : mairie@cerbere-village.com.*

HOTEL RESTAURANT LA DORADE Avenue Général-de-Gaulle ✆ 04 68 88 41 93. *Ouvert d'avril à fin septembre. Menus de 15 € à 25 €. Chambres de 33 € à 61 €.* Ce petit hôtel restaurant deux étoiles est devenu en quelques années une des adresses incontournables de la Côte Vermeille. Sa terrasse, face à la plage, au centre du village, est toujours bondée. Sa cuisine, simple et savoureuse est aussi appréciée des touristes que de la clientèle locale.

Nombreuses spécialités de poissons et fruits de mer, comme ces gambas aux pignons, ou un traditionnel plat de mar i muntagna… L'hôtel propose des chambres confortables. Une excellente adresse, loin des plages bétonnées de la côte sablonneuse.

CAMPING CAP PEYREFITTE Peyrefitte-Plage © 04 68 88 41 17. A 2 km au nord de Cerbère, un camping simple de 150 emplacements, dans un cadre unique. Ici, point de piscines et de toboggans, de restaurants de plage et de frimeurs bronzés. L'endroit est fait pour les méditatifs, pour les amoureux de la nature sauvage et du calme. Idéal notamment pour les possesseurs de camping-car.

BOULANGERIE LES MAITRES DU PAIN Place de la République © 04 68 88 42 78. Les Maîtres du Pain est une jolie boulangerie à l'ancienne, décorée d'épis de blé. On s'y arrête pour avaler un petit noir sur les jolies tables en mosaïques devant la devanture, pour y acheter les traditionnels tourons aux amandes, croquants, ou d'excellents caramels qui vous évoqueront à coup sûr les petits plaisirs simples de votre enfance.

Collioure

Joyau de la côte catalane, Collioure a su garder intact tout le charme de la vieille cité historique, célèbre depuis les rois de Majorque, et immortalisée par les plus grands peintres du XXe siècle. Des petites rues pittoresques au charme indéfinissable, une église unique au clocher emblématique, une lumière et une douceur toute méridionale, un puissant château bordé par de ravissantes petites plages, tout concourt à faire de Collioure le site le plus fréquenté du département. Au début du XXe siècle, Matisse et Derain, éblouis par son ciel lumineux et serein et son petit port de pêche, immortalisèrent le lieu sur leurs toiles. Ils firent la gloire de ce village somptueux, qu'il faut parcourir à pied, à travers ses venelles pentues et fleuries, bordées par de hautes maisons colorées. On ressent alors cette ambiance toute particulière, qui fait de Collioure le joyau du département.

OFFICE DU TOURISME Place du 18-Juin © 04 68 82 15 47. *E-mail : contact@collioure.com - Site : www.collioure.com. Ouvert toute l'année. Hors saison, le lundi de 14h à 18h, du mardi au vendredi de 9h à 12h et de 14h à 18h, le samedi de 9h à 12h.*

Points d'intérêt

CHATEAU ROYAL © 04 68 82 06 43. *Site : www.cg66.fr. Ouvert tous les jours, de juin à fin septembre de 10 à 18h, et de 9h à 17h d'octobre à fin mai. Entrée : 4 € (-12 ans gratuit, tarif pass inter-sites et enfants 2 €).* Il occupe un site très ancien, probablement d'origine grecque, sur lequel les Romains édifièrent sans doute une citadelle. Le château sera ensuite, sous la domination espagnole, choisi comme résidence en Roussillon par les rois d'Aragon. Après les chevaliers de Saint-Jean, il deviendra propriété des rois de Majorque. Après le traité des Pyrénées, les Français lui donneront son aspect définitif. Il accueille des expositions temporaires et permanentes, picturales et ethnographiques, sur l'artisanat et les traditions populaires locales.

CHEMIN DU FAUVISME Espace Fauve - Quai de l'Amirauté © 04 68 98 07 16. *Site : www.collioure.com - E-mail : fauvisme@collioure.net. La promenade est libre ou peut être guidée (Tarif adulte : 6 €, -12 ans gratuit, tarif Pass inter-sites 4 €). Accueil et vente de 9h30 à 12h30 et de 15h à 19h de juin à septembre, d'octobre à fin avril de10h à 12h et de 15h à 18h du mardi au vendredi et le week-end l'après-midi.* Collioure est la patrie d'adoption d'Henri Matisse et d'André Derain qui vinrent s'y installer à l'aube du XXe siècle. Le Chemin du Fauvisme part à travers les ruelles de la ville, sur les traces des différents lieux qui inspirèrent les deux artistes ou qui furent l'objet d'un tableau. En 20 étapes, soit 20 panneaux, découvrez quelques-unes des grandes œuvres de ces deux peintres, du faubourg au château Royal en passant par le boulevard du Boromar et la chapelle Saint-Vincent.

FORT MIRADOU. Il est propriété de l'Armée française. On ne peut en découvrir que les extérieurs. En montant l'avenue du Mirador, on aperçoit une belle échauguette.

FORT SAINT-ELME. Situé sur une colline à 160 mètres d'altitude, entre Collioure et Port-Vendres, il fut édifié sur ordre de Charles Quint en 1552. Longtemps place forte du système défensif côtier, c'est aujourd'hui un domaine privé. C'est néanmoins une agréable balade à faire depuis Collioure (au niveau du musée Peské au port d'Avall), avec une jolie vue sur les criques de la Côte Vermeille.

LA VIEILLE VILLE. La cité garde, malgré le tourisme très présent, un charme authentique, avec son port et les petites ruelles qui en sillonnent les abords immédiats. De la vie, de l'animation, une ambiance catalane et marine.

Le couvert

LE NEPTUNE Route de Port-Vendres ✆ 04 68 82 02 27. *Fermé 15 jours en décembre et de janvier à mi-février. Menus de 20 (déjeuner en semaine) à 115 €.* Avec Serge Mourlane aux commandes du Neptune, Collioure a gagné une table digne de sa réputation touristique. La spécialité locale, l'anchois, se retrouve ici bien sûr dans les salades ou dans les compositions, fines et classiques du chef. Le poisson tient une grande place avec des parlladas ou des rougets grillés, mais aussi des Saint-Jacques grillées en nage de fève... Côté viande, il vous ravira avec son caneton aux épices ou sa pièce d'agneau de l'Aveyron au four accompagné de polenta aux raisins. Accueil très courtois et belle terrasse pour les beaux jours.

Le gîte

HOTEL LE TRITON 1, rue Jean-Bart ✆ 04 68 98 39 39. *Site : www.aswfrance.com/hotel-triton - E-mail : hoteltriton@wanadoo.fr. Ouvert toute l'année. Chambre de 35 € à 55 €. Petit-déjeuner à 6 €. Pas de restaurant.* Bordant la plage du Port d'Avall, dans la partie la plus tranquille de la ville, le Triton, est un petit hôtel deux étoiles simple et peu onéreux, idéal pour les budgets serrés qui veulent néanmoins séjourner quelque temps dans la cité des peintres. Une vingtaine de chambres simples mais correctes, certaines disposent en plus d'une agréable vue sur la mer, le château Royal et l'église Notre-Dame-des-Anges. Petit-déjeuner à prendre sur la terrasse au bord de l'eau, avec un des plus beaux panoramas de Collioure.

HOTEL SAINT-ELME 2, quai Pierre-Forgas ✆ 04 68 82 01 07. *Fermé du 15 novembre au 15 décembre. Pas de restaurant.* Au bout du quai le plus commerçant, à quelques mètres de l'office du tourisme, le Saint-Elme est un petit deux étoiles classique, disposant d'une trentaine de chambres, dont certaines ont vue sur le port. Les prix vont de 31 € pour une chambre avec lavabo et bidet à 55 € pour une chambre disposant d'une douche, WC et télévision. Petit-déjeuner à 6 €. Pour pouvoir contempler l'activité portuaire de sa fenêtre, un établissement simple et abordable, de surcroît sur la Côte Vermeille.

Vue générale

Façade

La plage

Le gîte et le couvert

RESTAURANT LA BALETTE - HOTEL LE RELAIS DES TROIS MATS Route de Port-Vendres ✆ 04 68 82 05 07. *Fermé de mi-novembre à mi-décembre. Chambres à partir de 100 €. Menus à partir de 32 €. Changement de carte tous les deux mois.* En contrebas de la route de Port-Vendres, cet établissement de grand luxe bénéficie déjà de la plus belle vue sur la baie de Collioure. Magique en soirée ou au petit-déjeuner. Sinon, le Relais des Trois Mats dispose de 23 chambres magnifiques dont les noms portent ceux de peintres qui ont marqué le XXe siècle. Les plus simples sont déjà fort coquettes et bien équipées. Le summum étant les délicieuses chambres avec jardinet privé, dominant la piscine entourée de végétation et la Méditerranée, uniques par leur cachet et leur raffinement. La table est tout aussi incontournable. En cuisine, le chef José Vinal maîtrisant parfaitement les produits locaux, a hissé La Balette au sommet de la gastronomie méridionale. Parmi les spécialités de la maison, on retiendra son exceptionnelle rosace d'anchois de Collioure avec sa compotée d'oignons et poivrons au vinaigre de Banyuls ou sa joue de porc sur tarte tatin de pommes et poires à la cannelle au confit d'échalotes. Pour finir un moelleux au chocolat cœur coulant.

HOTELLERIE DES TEMPLIERS 12, quai de l'Amirauté ✆ 04 68 98 31 10. *E-mail : info@hotel-templiers.com - Site : www.hotel-templiers.com. Fermé en janvier. Chambres de 46 € à 80 €. Menus à partir de 22 €.* Joli hébergement central, à 100 mètres de la mer, au bord du ravin du Douy. Avec ses volets bleus et sa jolie fresque sur la façade, la bâtisse ocre attire déjà l'œil. Mais l'intérieur est tout aussi attachant. L'Hôtellerie est devenue célèbre pour avoir été au début du XXe siècle, le point de rencontre des différents artistes séjournant dans la cité. Il en reste une collection de peintures qu'ils ont laissées en hommage au lieu, qui font de celui-ci un véritable musée informel. Une nouvelle salle à manger est dédiée à l'art contemporain. Les chambres personnalisées sont joliment décorées. Le restaurant propose une cuisine catalane aux accents maritimes avec serrano, pain tomate, anchois de Collioure dorade royale de pêche locale à l'huile d'olive, la bouillabaisse, pâtisseries et glace au fenouil et pain d'épice. Simple mais goûteux. A déguster entre amis, sur la terrasse face au château ou dans la grande salle au mobilier catalan, où sous la multitude de tableaux, les vieux Elliourenc tapent le carton.

Loisirs

CIP COLLIOURE 15, rue de la Tour-d'Auvergne ✆ 04 68 82 07 16. *Site : www.cip-collioure.com - E-mail : Cip.Collioure@wanadoo.fr. Ouvert d'avril à mi-novembre. Accueil groupes sur demande.* Ce centre international de plongée met à votre disposition un matériel et un personnel de premier plan pour découvrir les fonds de la Côte Vermeille. Plus original et plus couleur locale, on peut aussi faire un baptême en barque catalane, ces superbes embarcations colorées qui sont un des symboles de la petite station catalane.

Emplettes

ANCHOIS DESCLAUX Route nationale ✆ 04 68 82 05 25. *Ouvert de 9h à 12h et de 14h à 18h et de 8h à 19h de juin à août (fermé le dimanche après-midi et en janvier). Visite gratuite.* Une institution à Collioure. La maison Desclaux se situe sur le rond-point à l'entrée du centre-ville, face au temple protestant. Depuis 1907, leur mode de préparation est resté le même. Salés, ils sont ensuite placés en couronne dans des barils de bois, puis recouverts de saumure qui garantit leur conservation et leur donne ce goût inimitable.

MAISON DE LA VIGNE ET DU VIN 16, place du 18-juin ✆ 04 68 82 49 00. Elle fut créée il y a presque dix ans sur l'initiative des vignerons de Collioure. Elle vous invite à découvrir le terroir à travers des visites de domaines, de leurs caves, mais aussi à travers des dégustations. Vente sur place de cassettes audio. Les journées découverte très bien organisées sont ponctuées à l'heure du déjeuner par un repas catalan.

Port-Vendres

A 2 km au sud de Collioure, Port-Vendres est le plus important port de pêche du département. Souvent délaissée des touristes au profit de son élégante voisine, cette petite ville de 5 500 habitants offre pourtant une ambiance toute méditerranéenne, avec ses restaurants de poissons, l'animation quotidienne de sa criée aux poissons, ses petits bateaux de pêche qui se balancent dans cette anse naturelle déjà utilisée au temps des Romains. La ville, outre son activité de pêche, constitue un important bassin de commerce, spécialisé dans les fruits et légumes de la Méditerranée.

Port-Vendres

OFFICE DU TOURISME 3, quai Pierre-Forgas © 04 68 82 07 54. *Site : www.port-vendres.com - E-mail : ot.portvendres@wanadoo.fr. Ouvert toute l'année du lundi au vendredi de 9h à 12h30 et de 14h à 17h30, le samedi de 9h à 12h30 (se renseigner pour les horaires en saison).*

Points d'intérêt

LE PORT. Seul véritable port naturel de la Côte Vermeille, le site de Port-Vendres fut de tout temps un abri pour les navigateurs, qui avaient l'habitude d'y faire une halte par gros temps. Les Grecs notamment, plusieurs siècles avant notre ère, y avaient selon la légende, érigé un temple dédié à Vénus, qui donna son nom à l'endroit Portus Vénéris. De nos jours, il est agréable de se promener sur ses quais, arpenter ses ruelles pentues qui descendent vers le port. Peu de monuments spectaculaires, mais une ambiance particulière, notamment l'après-midi, lorsque les chalutiers rentrent au bercail, les cales chargées du fruit de leur dur labeur, suivis par des nuées de mouettes voraces.

LA PLACE ROYALE. Au centre de cet ensemble architectural du XVIIIe siècle, trône un obélisque de marbre, couronné d'un globe terrestre orné d'une fleur de lys. Il s'agit de l'unique monument français érigé à la gloire de Louis XVI. Haut de 29 mètres, ce remarquable édifice fut réalisé avec du marbre rose de Villefranche-de-Conflent pour le socle, et du marbre blanc d'Estagel pour l'aiguille proprement dite. Le socle porte quatre bas-reliefs en bronze, représentant notamment, la liberté des mers, l'indépendance de l'Amérique ou encore la récente abolition du servage.

Le couvert

BAR RESTAURANT CHEZ PUJOL Quai Forgas © 04 68 82 01 39. *Ouvert de mars à décembre.* Une véritable institution portvendraise. Les poissons et fruits de mer du restaurant sont aussi réputés que la bonhomie et la gouaillerie du patron. A quelques mètres des bateaux qui se balancent langoureusement et à l'ombre des palmiers, touristes de passage ou locaux s'attablent pour déguster les spécialités marines : soupe de poissons de roches, suquet de poissons ou pageot rôti au citron et au thym et enfin un dessert. Un régal.

LA COTE VERMEILLE Quai du Fanal © 04 68 82 05 71. *Menus de 25 € à 50 €. Fermé le dimanche et lundi hors saison. Fermé trois semaines en janvier.* Dans le prolongement du quai de l'emblématique église Notre-Dame-de-Bonne-Nouvelle, la Côte Vermeille se trouve à l'emplacement de l'ancienne criée. Il reste d'ailleurs en étroite communication avec le marché actuel et les poissons que vous pourrez y manger seront tout juste pêchés. Homards, loups et dorades sont engloutis en un tour de main par une clientèle de gastronomes et de connaisseurs, comme l'assiette d'anchois frais et poivrons doux grillés, et le pavé de merlan et calamars en cocotte accompagnés de légumes d'été. On peut apprécier le respect des saveurs que pratique le chef, Philippe Bessière. Sachez enfin qu'il ne néglige pas les produits de la terre où il excelle tout autant. Un must.

Le gîte et le couvert

LE CEDRE 29, route de Banyuls ✆ 04 68 82 01 05. *Chambres de 45 € à 90 €. Suite de 116 € à 180 €.* Sur les hauteurs de la ville, au croisement des routes de Perpignan et de Banyuls-sur-Mer, l'établissement le plus élégant et le plus confortable de Port-Vendres. 18 chambres coquettes, toutes avec air conditionné, mini-bar et télévision, donnant soit sur les derniers contreforts des Albères, soit sur la mer et sur la ville. L'hôtel est entouré d'un délicieux parc à la végétation méditerranéenne avec piscine dominant directement la ville. La table aussi mérite le détour. Un bien bel endroit, le soir, la vue y est magique.

CORBIERES ET FENOUILLEDES

Cette région constitue la partie la plus septentrionale du département. Les vergers de la plaine du Roussillon laissent ici place à la vigne. Le paysage devient aride, rocailleux. Seuls quelques cyprès ou buissons épineux constituent la végétation de cette zone à la beauté sauvage et âpre. La construction du barrage de Caramany sur le cours de l'Agly, dans les années 90, a permis d'irriguer un peu plus, ces parcelles de vignes, brûlées par le soleil, fleuron de l'appellation côtes-du-roussillon villages. Il a aussi mis un peu de bleu dans ce pays ocre, où l'ombre est aussi rare que les habitants. En effet, hormis dans le sillon évidé que traverse la D117 (Estagel-Caudiès de Fenouillèdes), la population est peu importante, voire inexistante (le canton de Sournia est le moins densément peuplé du département). Les deux communes les plus importantes, Estagel, patrie d'Arago et point de départ idéal pour sillonner la zone, et Saint-Paul-de-Fenouillet, connu notamment pour ses fameux croquants, n'atteignent pas 3 000 habitants. Elles possèdent néanmoins des commerces de tout genre, et étant donné leur situation sur un axe routier important, elles connaissent une animation quasi constante.

Au nord-ouest des Pyrénées-Orientales, jouxtant la haute vallée de l'Aude, les Fenouillèdes sont peut-être la région la plus pittoresque du département. A coup sûr, la moins fréquentée et la plus sauvage où les contreforts pyrénéens, avec une succession de collines rocailleuses et une végétation courte, offrent des paysages lumineux et saisissants.

Tautavel

Village des Corbières, dans un joli vallon à la limite de l'Aude, à environ 30 kilomètres au nord-ouest de Perpignan. Ses venelles montantes, les restes du château féodal en haut de son promontoire ou les hautes falaises de calcaire bleu n'auraient pas suffi à rendre le site exceptionnel, quoique charmant. Tautavel est surtout devenu célèbre pour la découverte, il y a une petite trentaine d'années, du crâne du plus vieil européen connu, daté approximativement d'il y a 45 millions d'années. La physionomie du village a forcément changé, avec la création d'un musée unique en Europe, qui attire des dizaines de milliers de personnes chaque année, le développement d'établissements dédiés au tourisme, et même la naissance d'un pôle universitaire international, voué à la recherche archéologique et paléontologique.

OFFICE DU TOURISME ✆ 04 68 29 44 29. *E-mail : tautavel.mairie@wanadoo.fr.*

Points d'intérêt

L'ALPHABET DE MORETTI. A l'entrée du musée, Tautavel vient de s'enrichir de la célèbre fresque murale du peintre Raymond Moretti qui, après avoir passé 22 ans au Forum des Halles à Paris, est venu rejoindre le berceau de l'homme de Tautavel. Sur 40 m de largeur et 4 m de haut, y est racontée l'histoire du monde, de ses origines à nos jours, dans un raccourci saisissant.

LA CAUNE ARAGO. Situé à 2 km du village, le chantier de fouilles archéologiques de l'homme de Tautavel est ouvert au public d'avril à début septembre. On peut jouir d'un très beau panorama sur la vallée et la plaine du Verdouble. En saison, un petit train touristique relie Tautavel à la grotte et aux Gorges de Galamus.

LE CENTRE EUROPEEN DE PREHISTOIRE Tautavel ✆ 04 68 29 07 76. *E-mail : tautavel.mairie@wanadoo.fr. Ouvert toute l'année. De juillet à fin septembre de 10h30 à 12h30 et de 14h30 à 19h, octobre et novembre (fermé le lundi) et d'avril à juin de 10h30 à 12h30 et de 14h30 à 18h, de novembre à mars le samedi et le dimanche de 14h30 à 17h30, d'avril à juin. Durée : 1h30.*

Entrée : musée et exposition : 7 € (-7ans gratuit, tarif pass inter-sites 6 €). Public handicapé visuel et moteur. Plus de 1 500 m² de galeries d'expositions vous attendent dans ce musée créé en 1979. C'est là que vous pourrez rencontrer le célèbre homme de Tautavel, son mode de vie et l'environnement hostile dans lequel il évoluait, mais aussi près de 800 000 objets et outils divers, des scènes de vie préhistorique, un film sur écran géant qui met le spectateur en prise directe avec le quotidien sauvage des hommes de la préhistoire. La visite s'effectue au moyen d'un audio-guide. Musée vivant didactique et ludique.

CENTRE DE CONGRES Avenue Léon-Jean-Grégory ✆ 04 68 29 07 76. *Ouvert toute l'année. En juillet et août de 11h à 21h, d'avril à juin et septembre de 11h à 13h30 et de 14h30 à 20h, de janvier à mars de 11h à 13h30 et de 14h30 à 18h.* A 300 m du musée, dans un nouveau complexe, une exposition permanente retrace, grâce aux nouvelles technologies (3D virtuel) l'épopée des homo erectus en Europe depuis 1 800 000 années (Géorgie, Allemagne, Italie, Espagne...).

L'ECOMUSEE DE L'ABEILLE, LES RUCHES DE TAUTAVEL Avenue Jean-Badia ✆ 04 68 29 40 36. *Ouvert toute l'année de 15h à 17h en hiver et de 10h à 19h en été. Entrée adulte : 2,5 €, moins de 12 ans et groupes : 1,50 €.* Créé par un apiculteur il y a une quinzaine d'années, ce petit musée évoque l'étroite relation entre l'homme et les abeilles. La visite se termine par une dégustation de différents miels, aux saveurs variées. La boutique Ruche de Tautavel, quant à elle, propose outre les différents produits des abeilles (miel, pollen, hydromel...) une gamme complète de produits fermiers de la région et d'objets artisanaux.

Le couvert

RESTAURANT LE PETIT GRIS Route d'Estagel - TAUTAVEL ✆ 04 68 29 42 42. *Fermé le lundi hors saison. Menus de 12 € (midi/semaine) à 27 €.* Cette construction moderne et claire à la sortie de Tautavel, abrite un restaurant réputé pour ses grillades et ses spécialités catalanes. Après la visite du Centre européen de Préhistoire, on s'y presse pour y savourer une fortifiante cuisine catalane de terroir. La cargolade est ici fêtée comme il se doit, mais pour ceux que rebutent ces succulents gastéropodes, les viandes sont aussi excellentes comme le lapin à l'aïoli, les copieuses grillades catalanes (saucisse, roustes, ventrèche, boudin noir et côtelette d'agneau), ou bien l'assiette de chèvre chaud ou l'esqueixada de morue. Si vous avez encore de la place, les desserts sont exquis. En saison, on y prépare aussi des plats de chasse (un délicieux civet de sanglier). Ambiance conviviale et populaire, avec en fin de repas le porro qui passe de table en table. Vu le succès du lieu, il est prudent de réserver.

▷ Dans les environs

Bélesta

A 9 km au nord d'Ille-sur-Têt, sur la route des Fenouillèdes, le petit village perché de Bélesta de la Frontera héberge dans son château un musée de la préhistoire. Village frontière entre la France et le Roussillon jusqu'au Traité des Pyrénées, des croix et d'anciennes bornes jalonnent le territoire de la commune. Fortifié tôt, le village constitue un ensemble médiéval intéressant, avec son église commencée dès le XIIe siècle et son joli retable, ses maisons à linteaux et à escaliers, symbole de l'architecture rurale de la région.

CHATEAU MUSEE ✆ 04 68 84 55 55. *E-mail : chatmusee.belesta@nomade.fr. De mi-juin à mi-septembre, ouvert de 10h à 12h et de 14h à 19h. En dehors de cette période de 14h à 17h sauf le mardi et le samedi. Tarif adultes : 4,50 € (-12 ans gratuit, tarif pass inter-sites et enfant 3,5 €). Public handicapé visuel.* En 1983, des archéologues ont mis à jour, aux abords du village, la plus ancienne sépulture collective du midi de la France. Tous les objets trouvés sur la nécropole néolithique sont aujourd'hui exposés au musée, des poteries principalement, de toutes les tailles et aux usages divers : des bols, des vasques, des urnes, des amphores... tous en terre cuite. La quantité d'objets exposés est impressionnante. On trouve aussi une reconstitution de la grotte de Bélesta ainsi que des documents qui sont là pour éclairer le visiteur sur la vie des paysans du Roussillon au temps du néolithique.

CAVALERRANCE ✆ 04 68 84 51 41. *E-mail : m.cavalerrance@libertysurf.fr.* Ce centre équestre vous propose de partir à la découverte de la garrigue entourant Bélesta et des curiosités historiques qu'elle recèle. Ces promenades peuvent être faites le temps d'une heure, d'une demi-journée, d'une journée. Les Fenouillèdes sont tout proches et sont également à découvrir.

Estagel

Cette petite cité de moins de 2 000 habitants est néanmoins la plus grande agglomération de cette partie du département. Son centre, la place Arago, est animé à n'importe quelle heure de la journée. En effet, les commerces y sont concentrés, ce qui favorise l'arrêt de bon nombre d'automobilistes circulant sur la D117.

OFFICE DE TOURISME Espace Mandela ✆ 04 68 29 10 42. *E-mail : agly-verdouble@wanadoo.fr. Ouvert toute l'année du lundi au vendredi de 10h à 12h et de 14h à 18h.*

HOTEL CHARMOTEL LES GRAVES 9, boulevard Jean-Jaurès ✆ 04 68 29 00 84. *Ouvert toute l'année. Chambres de 45 € à 67 €. Formule duo à midi : 11 €. Menus à 12 €, 18 € et 25 €.* Cette partie du département possède peu de ressources hôtelières. Raison de plus pour faire une halte dans ce charmant établissement, dans la bourgade d'Estagel, à quelques kilomètres au sud de Tautavel. Sur une artère jalonnée de magnifiques platanes, ce charmant hôtel propose 22 chambres calmes et coquettes, avec le sol en tommettes, une cheminée et des meubles à l'ancienne. La table mérite aussi le détour avec ses spécialités du terroir (Boles de Picoulat), accompagnées parfois d'une touche d'exotisme grâce au civet de kangourou au merlot des Graves. Le midi, la formule duo proposera son excellent buffet et des plats de tradition goûteux à l'image de cet émincé de bœuf à la moutarde à l'ancienne. Un véritable coup de cœur pour cette adresse où touristes de passage et Perpignanais curieux se doivent de passer.

Saint-Paul-de-Fenouillet

Saint-Paul-de-Fenouillet fut au début du siècle dernier une ville ouvrière et industrieuse, avec ses usines d'extraction de feldspath et de fer, sa fabrique de chaussures, et ses biscuiteries traditionnelles. Aujourd'hui, seules persistent ces dernières, et le village vit maintenant quasi exclusivement de la viticulture avec ses mille hectares de plants. Outre son patrimoine architectural (église, chapitre, maison du prince de Conti), Saint-Paul-de-Fenouillet permet de découvrir aux alentours une région attachante et méconnue, au relief tourmenté (Gorges de Galamus) et à la lumière crue.

SYNDICAT D'INITIATIVE Le Chapitre ✆ 04 68 59 07 57. *Site : www.st-paul66.com - E-mail : stpaul66ot@aol.com. Ouvert toute l'année, de septembre à juin du mardi au samedi de 10h à 12h et de 14h à 18h, en juillet et août du lundi au samedi de 10h à 12h et de 15h à 19h.*

Points d'intérêt

LE CHAPITRE. C'est le monument emblématique de Saint-Paul avec son dôme à 6 faces et à l'intérieur, une belle décoration en panneau de stuc, reste de l'ancien couvent. Il abrite aussi l'office du tourisme et un intéressant musée des arts et traditions populaires.

LA CLUSE DE L'AGLY. L'Agly a creusé dans la roche au cours des siècles un passage étroit ; la route l'emprunte entre deux barrières rocheuses vertigineuses. L'élégante arche d'un petit pont romain, jeté au-dessus de la rivière, prouve s'il était besoin que ce passage étroit et pittoresque fut fréquenté depuis la plus haute Antiquité.

LES GORGES DE GALAMUS. Les Gorges se présentent progressivement, au détour des virages. La route, taillée dans le rocher, ne dépasse pas par endroits les 2,50 mètres de large. Véritable prouesse et défi lancé à la nature, elle facilitait surtout les échanges de marchandises entre Corbières et Fenouillèdes. Elle serpente en corniche, surplombant de façon vertigineuse l'Agly, qui a creusé depuis des millions d'années ce passage spectaculaire, unique par sa profondeur et son étroitesse. On pourra y admirer le petit ermitage de Saint-Antoine.

LE TRAIN DU PAYS CATHARE ET DES FENOUILLEDES ✆ 04 68 59 96 18/07 57. Un autorail touristique des années 50, surnommé Picasso, relie quotidiennement Rivesaltes à Lapradelle-Puilaurens (Aude). Il s'arrête aux gares de Cases-de-Pène, Estagel, Maury, Saint-Paul-de-Fenouillet et Caudiès-de-Fenouillèdes. Un chantier-école rénove des wagons pour les transformer en un élégant train touristique constitué de 2 voitures couvertes et climatisées à vue panoramique ainsi que 3 voitures découvertes. Ce dernier sera tracté courant 2003 en tandem par un autorail et une locomotive. Tous les jours.

▷ *Dans les environs*

Caudiès-de-Fenouillèdes

Caudiès fut au XIIIe siècle le chef-lieu de la viguerie de la région. Subsiste de cette époque, une maison avec une tour, la tour du Viguier. Sur la place centrale, jolies maisons à colombages, et d'autres demeures anciennes dans le quartier du fort, dominant la Boulzane. L'église du village recèle quelques pièces remarquables, parmi lesquelles un joli retable sculpté, en bois doré du XVIe siècle.

ACCUEIL TOURISME MAIRIE Avenue du Roussillon ✆ 04 68 59 92 64. *Site : www.mairie-caudies-fenouilledes.fr - E-mail : mairie.caudiès@wanadoo.fr.*

NOTRE-DAME DE LAVAL. C'est un ancien ermitage bénédictin, mentionné dès le début du XIe siècle, dont l'église gothique est flanquée d'un clocher tour octogonale du XVe siècle. A l'intérieur, on remarquera l'autel en marbre et le retable sculpté du maître-autel. Très bien conservé, Notre-Dame-de-Laval est entouré de plantations de pins et d'oliviers, qui lui confèrent un côté bucolique agréable.

HOTEL RESTAURANT LE CHATELET km 2 - Route de Caudiès ✆ 04 68 59 01 20. *E-mail : chatlet.rauss@wanadoo.fr. Ouvert du 15 mars au 15 novembre. Chambres de 40 € à 55 €. Menus de 12 € à 28 €.* A seulement deux kilomètres de la ville sur la route de l'Aude, Le Châtelet est un établissement moderne, idéalement situé pour rayonner sur les Fenouillèdes. Il dispose d'une quinzaine de chambres confortables, avec TV, WC et douche. Une jolie piscine est plantée au milieu des vignes pour lézarder au soleil. Menus sympathiques avec salade aux lardons et chèvre chaud et magret de canard aux morilles.

BISCUITERIE BROSSEAU Route de Lesquerde ✆ 04 68 59 01 62. Les croquants aux amandes ou biscotins sont les savoureuses spécialités de Saint-Paul-de-Fenouillet. Ne pas partir sans y avoir succombé. A base de citron et d'amandes produites dans la région, ils sont d'abord dorés au jaune d'œuf, puis enfournés. Leur jolie couleur ambrée et leur craquant légendaire, font le régal des gourmands. Excellents en fin de repas, avec un verre de rivesaltes ou avec une tasse de café.

DOMAINE DU MAS AMIEL Maury ✆ 04 68 29 01 02. *Ouvert toute l'année. Tous les jours d'avril à octobre de 8h30 à 19h, de novembre à mars de 8h30 à 12h et de 13h30 à 17h.* Repris par un passionné d'œnologie, le Mas Amiel est connu pour son parc de plus de 3 000 bombonnes de vins doux, en verre, exposées au soleil des Fenouillèdes et à la tramontane, et ce durant un an. Ils effectueront ensuite un séjour plus long (de 4 à 14 ans) dans des foudres de chêne de première qualité. Cela donne des vins doux exceptionnels. Le Bacchus 2001 pour le maury vieux est loin d'être immérité. Les vins du domaine, et particulièrement les maury et rivesaltes, peuvent s'acheter les yeux fermés.

Ansignan

Autrefois occupée par les Romains, cette petite commune de 200 habitants en a gardé un spectaculaire pont-aqueduc, planté au milieu des vignes. Le village d'Ansignan, ne recèle pas d'autres monuments notables, si ce n'est un reste de porte fortifiée, datant du XIVe siècle. Lors des Fêtes de la Saint-Jean, a lieu l'illumination au flambeau de l'aqueduc, ainsi qu'un défilé dans le village en procession. Envoûtant.

SYNDICAT D'INITIATIVE Avenue de l'Hôtel-de-Ville ✆ 04 68 59 28 62. *E-mail : mairie.ansignan@wanadoo.fr.*

AQUEDUC ROMAIN. Il a été classé monument historique en 1974. Sorte de copie miniature du pont du Gard (il ne mesure que 170 mètres de long et environ 5 mètres en hauteur), il est supporté par 29 arches qui lui permettent d'enjamber le cours de l'Agly. Situé dans le vallon en contrebas d'Ansignan, il est entouré de vignes et est toujours utilisé par les agriculteurs et vignerons d'Ansignan pour irriguer leurs champs et leurs vignobles.

L'AQUEDUC Place de la Coopérative ✆ 04 68 59 08 61. *Fermeture d'octobre à mars. Fermé le mardi soir et mercredi hors saison. 5 chambres à 29 €. Menus de 16 € à 25 €. Carte. Petit-déjeuner à 5 €.* Avec sa belle situation sur la place et son cadre harmonieux et soigné, l'hôtel est une étape agréable. La cuisine est élégante et propose des recettes élaborées autour d'une inspiration plutôt régionale.

Caramany

A une quinzaine de kilomètres au sud de Saint-Paul-de-Fenouillet, le charmant village de Caramany est l'un des fleurons de l'appellation Côtes du Roussillon Village.

CAVE COOPERATIVE © **04 68 84 51 80.** *Ouvert toute l'année. En semaine de 8h à 12h et de 14h à 18h, le samedi de 9h à 12h et de 14h30 à 18h, le dimanche de 15h à 17h30.* Cette cave produit et commercialise ses propres crus AOC Côtes du Roussillon, AOC Caramany et également AOC Cuvée du Presbytère.

Sournia

Un pittoresque village des Fenouillèdes, entre le plateau de Campoussy et la forêt de Boucheville. Une rue principale bordée de maisons en pierre de pays et des ruelles pavées, en contrebas de la route en venant de Rabouillet, qui abritent quelques commerces : une boulangerie, une épicerie. Comme les autres villages traversés dans les Fenouillèdes, Sournia offre le matin un visage de village dynamique. A partir de midi cependant, il s'enfonce dans une douce léthargie.

AUBERGE DE SOURNIA 4, route de Campoussy © **04 68 97 72 82.** *Site : www.auberge-sournia.com. Fermé du 1er au 15 janvier, et les vacances de février, le dimanche soir, mardi soir et mercredi hors saison, le lundi midi en juillet et août. Menus de 16 €, à 33 €.* Tout près de la place centrale, au sein d'une ancienne étable, l'Auberge du village est une halte bien connue des amateurs de cuisine du terroir. Dans le cadre rustique de la salle à manger, le sud-ouest s'invite dans votre assiette, et en particulier le canard sous toutes ses formes, confits, aiguillettes ou magrets. Goûtez justement un des plats fétiches de l'établissement, le magret de canard maison fourré au chèvre, qui procurera une insolente jouissance à votre palais.

CONFITURES ARTISANALES DU VAL DE SOURNIA Hameau du Puigt © **04 68 97 73 09.** *E-mail : pierre.roulin@wanadoo.fr. Ouvert toute l'année, sauf entre Noël et le Jour de l'an, du lundi au vendredi, de 8h à 17h30. Entrée gratuite, accueil groupe sur demande.* C'est au hameau du Puigt, sur la route de Rabouillet, qu'est installée cette petite entreprise artisanale. Confitures à forte teneur en fruits biologiques, cuites au chaudron et parfois agrémentées de sucre de canne, purée de fruits, confits de fruits et tout l'éventail des saveurs. Ici, on respecte les méthodes traditionnelles qui permettent la totale conservation de la saveur du fruit.

DES ALBERES AU VALLESPIR

Dominant la plaine du Roussillon et la côte, les Albères sont un chaînon pyrénéen avancé. Couverte par les chênes liège, ses pentes accueillent des petits villages où églises et prieurés sont de véritables petits bijoux de l'art roman. A l'étage supérieur, la végétation devient plus importante pour aboutir à la forêt de la Massane, classée réserve naturelle, pour la richesse exceptionnelle de sa flore, en particulier une hêtraie primitive.

A l'ouest, le Vallespir est une vallée réputée pour ses vergers. Elle est située au sud de Perpignan, coincée entre le massif du Canigou à l'ouest et la chaîne des Albères à l'est. Depuis Perpignan, on la rejoint par l'autoroute A9 la Catalane, sortie le Boulou (sortie 43).

Outre les vergers qui tapissent le fond de la vallée, le Vallespir, et tout particulièrement le Haut Vallespir, offre de magnifiques paysages de forêts, de montagnes et dès l'automne, de sommets enneigés. Le long du Tech, qui a profondément marqué de son empreinte les 50 kilomètres de la vallée et que l'on peut remonter jusqu'à sa source sur les pentes du pic de Costabonne, s'égrènent de petites villes aux attraits contrastés : Céret, Amélie-les-Bains, Arles-sur-Tech, Prats-de-Mollo. De petits villages pittoresques les entourent. Ils sont à découvrir le plus souvent au bout d'une route étroite et sinueuse, ramassés autour de leur église ou perchés en altitude.

Vers le nord, en transition avec la plaine du Roussillon, les Aspres représentent le demi-cercle de hautes collines schisteuses situées d'une part entre le Vallespir et le Conflent, et d'autre part limitées par les vallées de la Têt et du Tech du nord au sud.

Le Boulou

A 25 km au sud de Perpignan, Le Boulou est une petite cité toujours animée de quelque 5 000 habitants. Dernière ville française avant de pénétrer en Espagne, elle est donc traversée par un flux incessant de véhicules, notamment durant les week-ends et les vacances. Dès l'Antiquité, la ville a été un point de passage important (Hannibal et ses éléphants entre autres). Véritable carrefour, elle se situe au croisement de voies de communication importantes, la première reliant la plaine du Roussillon en Espagne, la seconde, perpendiculaire, la vallée supérieure du Tech (le Vallespir) aux Albères et à la mer.

OFFICE DU TOURISME 1, rue de Château ✆ 04 68 87 50 95. *Site : www.ot-leboulou.fr - E-mail : contact@ot-leboulou.fr. Ouvert toute l'année du lundi au vendredi de 9h à 12h et de 14h à 18h et le samedi de 9h à 12h.*

Points d'intérêt

L'EGLISE SAINTE MARIE. Une première église, de type roman fut édifiée au cours du XIIe siècle. Elle subit par la suite, au cours des siècles de nombreuses modifications. Il ne subsiste de la construction primitive que le portail, mais il vaut à lui seul le détour. Exécuté par le maître de Cabestany, à l'apogée de son talent, dans un marbre blanc, il est d'une rare élégance. La frise qui le surmonte représente six scènes de l'enfance du Christ qui, précision importante, se lisent de droite à gauche.

L'ESPACE DES ARTS Rue des Ecoles ✆ 04 68 83 36 32. *Ouvert du mardi au vendredi de 10h à 12h et de 14h à 18h. Samedi et dimanche seulement l'après-midi.* Une dynamique association a créé cet endroit pour favoriser l'initiation, la diffusion et l'essor de la sculpture en Roussillon. Une salle complète est dédiée à celui que l'on appelle le maître de Cabestany, sculpteur du XIIe siècle, qui parmi bien d'autres chefs-d'œuvre dans le département, a exécuté la frise qui orne le portail de l'église du village.

LES THERMES. Situés au sud la ville, sur la route du Perthus, ils ont pour cadre une agréable forêt de chênes lièges. Connues depuis le Moyen Age, les eaux du Boulou, qui jaillissent au pied des Albères, ont la particularité d'être froides et gazeuses. Exploitées depuis le XVIIIe siècle, elles ont des vertus thérapeutiques incontestables notamment dans le traitement des affections digestives.

Le couvert

BAR RESTO LE MANEGE 22, rue des Pyrénées ✆ 04 68 83 17 46. *Ouvert de 10h à 23 sans interruption.* Sympathiques plats du jour, formules à excellent rapport qualité prix, sandwichs ou copieuses salades, comme la Floum avec jambon de pays, tomates, salades, croûtons de pain aillés et magrets. Le soir, grand choix de tapas, champignons persillés, anchois… Avec ses couleurs criardes, son bar en mosaïque et sa déco délirante l'ensemble est digne d'un musée du kitch.

Le gîte et le couvert

LE GRILLON D'OR 40, rue de République ✆ 04 68 83 03 60. *E-mail : le-grillon@wanadoo.fr. Trente-huit chambres de 40 € à 90 €. 2 studettes. Menus de 12 € à 35 €.* A 100 mètres du centre-ville, vous aurez de votre chambre un remarquable point de vue sur les Albères (demander le côté montagne, lors de votre réservation). En plus des commodités d'un établissement de cette gamme (garage, parking privé, ascenseur, piscine…), on y pratique aussi la formule résidence. Les repas sont pris, à la belle saison, sur une agréable terrasse en bois dominant les berges du Tech. Vous apprécierez la soupe de poisson maison, le marbré de foie gras en deux cuissons ou le tournedos Rossini jus aux truffes. Mémorable.

LE NEOULOUS Route de Céret ✆ 04 68 87 52 20. *E-mail : leneoulous@wanadoo.fr - Site : www.leneoulous.com. Deux étoiles. Logis de France. Deux cheminées. Chambres de 43 € à 75 €. Petit-déjeuner à 7 €. Animal de compagnie : 6 €. Lit supplémentaire (enfant accompagnant de moins de 12 ans) : de 6 € à 8 €. Demi-pension pour un minimum de 3 jours : de 62 € à 67 € pour 1 personne ; de 84 € à 89 € pour 2 personnes. Pension complète. Le menu du marché est à 15 € et 19,50 €, le menu du terroir à 23 €, le menu gourmand à 30 €. Menu enfant à 9 €.* Aussitôt sorti de l'autoroute, vous apercevrez le Néoulous, les pics du Néoulous, mais également l'hôtel. Inutile donc d'aller plus loin, l'endroit est pratique et agréablement aménagé. Vous apprécierez entre autres la piscine entourée de jardins et de terrasses. Pour vous ouvrir l'appétit, vous aurez le choix entre faire une excursion, faire un tennis ou vous reposer en admirant la chaîne des Albères. Vous pourrez profiter de la terrasse couverte près de la piscine pour déguster l'un des quatre menus élaborés par le chef Helder Martins De Melo et où les saveurs saisonnières sont privilégiées. Des menus qui changent suivant le marché et l'inspiration du moment.

HOTEL LE DOMITIEN - RESTAURANT L'AMPHORE Espace des Thermes ✆ 04 68 83 49 50. *Ouvert toute l'année. Chambres de 80 € à 83 €. Menus à partir de 26 €.* Cet hôtel moderne se trouve le long de l'antique Via Domitia à proximité des Thermes et du Casino. Ses 40 chambres sont confortables, bien équipées, avec de jolies vues. S'ajoute un restaurant gastronomique, l'Amphore, qui contentera toutes les fines gueules. Assiette de Serrano, boquerones sur pain tomaté, puis pavé de saumon rôti sur sa compotée d'oignons doux. Cette table réputée constitue une excellente approche de la cuisine locale.

HOTEL LE RELAIS DES CHARTREUSES Les Chartreuses du Boulou ✆ 04 68 83 15 88. *E-mail : relais.des.chartreuses@wanadoo.fr. Chambres de 69 € à 150 €.* Le Relais des Chartreuses est un superbe mas catalan en pierre, niché au milieu d'une végétation luxuriante. Restaurée avec beaucoup de goût, cette hostellerie de charme offre ses 10 chambres spacieuses et raffinées aux amateurs d'authenticité et de nature. Pour votre confort et votre bien-être, une piscine à vagues au milieu des chênes lièges, un jacuzzi, un sauna et une délicieuse terrasse pour les petits-déjeuners s'ajoutent aux atouts indéniables du lieu.

Loisirs

CASINO DU BOULOU Espace des Thermes ✆ 04 68 83 01 20. Dans un cadre des plus agréables, le casino du Boulou propose ses traditionnelles machines à sous, roulette, black jack et autre baccara, mais aussi un bar musical et un restaurant... s'il vous reste encore quelques deniers !

PLAN D'EAU Saint-Jean-Pla-de-Corts. Ce petit village, à moins de 3 km à l'ouest du Boulou, s'est doté d'un agréable plan d'eau de 5 hectares qui fait la joie de bien des habitants de la région. Bien ombragé, aménagé pour la pêche et les loisirs de plein air, il peut constituer une agréable idée de dimanche en famille.

Emplettes

COULEUR JARDIN 39, place de la Victoire ✆ 04 68 83 30 39. Au centre de la ville, sur la nationale animée, se trouve ce charmant petit magasin dédié à la décoration et aux jardins. Dans une salle en pierre du pays, de jolis articles pour la maison, services de table, rideaux chaises ou tabliers. Listes de mariage et cadeaux divers. De même, nombreux objets de bon goût pour agrémenter terrasses et jardins. Une bien charmante boutique pour personnaliser votre intérieur ou votre jardin.

▷ *Dans les environs*

Laroque-des-Albères

Cette petite commune recèle un charme non négligeable, étagée sur les vestiges de ses anciens remparts. La qualité de vie et l'agrément y sont incomparables. Le vieux village est constitué d'un lacis de ruelles étroites et pentues, à parcourir à pied, avec ses vieilles maisons en galets de rivière et son atmosphère toute catalane. Le long de ses venelles, presque endormies, on découvre de jolies bâtisses anciennes aux délicates portes cintrées. Au sommet du village, les restes du château, belvédère intéressant et table d'orientation.

SYNDICAT D'INITIATIVE Rue Louis-et-Michel-Soler ✆ 04 68 95 49 97. *E-mail : marie.laroque.des.alberes@wanadoo.fr. Ouvert toute l'année du lundi au vendredi de 9h à 12h et de 13h30 à 17h30 (Pour l'été à vérifier).*

PRIEURE SANTA MARIA DEL VILAR Villelongue-dels-Monts ✆ 04 68 89 68 35. *Ouvert tous les jours et toute l'année de 14h30 à 18h. Entrée : 3 €, tarif réduit 2 € (enfants, étudiants et groupes) pour une visite guidée d'une heure (en 5 langues étrangères).* Le petit village de Villelongue-dels-Monts, à deux kilomètres à l'ouest de Laroque-des-Albères possède une jolie église romane du XIIIe siècle. Mais c'est sur la route de la montagne que se trouve son monument le plus intéressant. Longeant la petite rivière, une petite route pénètre dans la forêt de chênes et laisse entrevoir soudain le petit prieuré Santa-Maria-del-Vilar. Cet édifice, construit entre les IXe et le XIIe siècles est considéré comme un des plus purs joyaux de l'art roman catalan.

AMANDES DES ALBERES Avenue des Mas-Catalans ✆ 04 68 89 11 53. *E-mail : amandellense@yahoo.fr. Ouvert toute l'année, tous les jours de 10h à 18h. Entrée gratuite, accueil groupe sur demande.* On oublie souvent que les Pyrénées-Orientales sont le premier département français producteur d'amandes. Dans un mas, à la périphérie du village de Laroque, à quelques kilomètres d'Argelès et de la Méditerranée, Christine Llense vous reçoit, afin de vous faire découvrir et savourer la multitude de spécialités à base d'amandes qu'elle élabore : crèmes d'amandes, nougatines à l'ancienne, poudres, amandons, et bien sûr, les amandes grillées.

Maureillas-las-Illas

Le village de Maureillas conserve dans sa grande rue quelques jolis exemples d'architecture rurale du Vallespir. Le village se situe dans un environnement agréable où cerisiers, vignes, vergers et chênes lièges se disputent le territoire. Comme le Boulou, Maureillas a pendant longtemps travaillé le liège. La municipalité lui a d'ailleurs consacré un intéressant petit musée.

SYNDICAT D'INITIATIVE Avenue Maréchal-Joffre ✆ 04 68 83 48 00. *Ouvert toute l'année. Du 15 juin au 15 septembre, tous les jours de 10h30 à 12h et de 15h30 à 19h, du 16 septembre au 14 juin tous les jours sauf le mardi de 14h à 17h.*

CHAPELLE SAINT-MARTIN-DE-FENOLLAR ✆ 04 68 87 73 82. *Ouvert toute l'année. Du 15 juin au 15 septembre, tous les jours de 10h30 à 12h et de 15h30 à 19h, du 16 septembre au 14 juin tous les jours sauf le mardi de 14h à 17h.* Elle pourrait aisément passer inaperçue tant par sa taille que par son environnement. Edifiée au IXe siècle, elle doit en fait surtout sa notoriété aux remarquables peintures murales qui la décorent. Il s'agit du plus important témoignage de décor peint, le plus achevé et le plus complet de tout le Languedoc-Roussillon, œuvre unique du XIIe siècle, représentant l'incarnation chrétienne et l'Apocalypse.

MUSEE DU LIEGE Avenue Maréchal-Joffre ✆ 04 68 83 48 00. *Ouvert du 15 juin au 15 septembre de 10h30 à 12h et de 15h30 à 19h. Hors saison de 14h à 17h. Fermé le mardi.* Ce petit musée explique l'importance de cette activité dans l'économie régionale. On y découvre cet arbre majestueux et les étapes caractéristiques de l'utilisation du liège. Outre les traditionnels bouchons, on peut aussi y voir les anciennes machines, de l'écorçage à la fabrication des bouchons, que l'on utilisait dans la première moitié du XXe siècle. Enfin, toujours dans ce matériau, des œuvres artistiques et artisanales de belle facture sont exposées.

Le Perthus

Petite commune frontalière à 9 km au sud du Boulou c'est une des destinations les plus prisées des touristes en vacances dans la région. Que viennent-ils faire tous ici ?... Des emplettes, encore plus pertinentes depuis le passage à l'euro qui permet les comparaisons directes. Le terme de provisions serait ici plus approprié au vu des cartons d'alcools anisés qu'avalent les coffres des voitures. Ici, on soigne ses poumons et son foie. Alcools et tabacs affichent des prix inférieurs d'environ 30 %. En fait, il est souvent plus judicieux de faire quelques kilomètres de plus pour faire ses achats dans une ambiance plus tranquille.

FORT DE BELLEGARDE ✆ 04 68 83 60 15. *Ouvert du 3 juin au 30 septembre de 10h30 à 18h30 tous les jours. Le reste de l'année, visites sur demande à la mairie. Entrée 3 € (adultes), 2 € (enfant de 6 à 12 ans).* Surveillant le plus ancien passage connu des Pyrénées-Orientales, le fort de Bellegarde est une remarquable et imposante construction militaire. Edifié par Vauban en 1679, peu après le traité des Pyrénées, il jouissait d'un site idéal pour surveiller cette nouvelle frontière du royaume. Un pont-levis permet de pénétrer dans le fort. Ensuite, le circuit passe par les impressionnants remparts, la chapelle, le fameux puits de 63 mètres de fonds, unique en Europe. Enfin, le site propose diverses salles d'exposition, dont la plus connue est consacrée au trophée de Pompée, commémorant sa campagne victorieuse en Espagne.

HOTEL RESTAURANT MAS DE LES CLUSES Route du Perthus - Les Cluses ✆ 04 68 87 78 60. *Fermé de fin novembre à mi-février. Chambres à 57 €, menus de 17 € à 30 € (à vérifier).* A mi-chemin entre le Boulou et le village frontalier du Perthus, en pleine nature, au milieu des cactus et des chênes lièges, le Mas des Cluses est un agréable établissement 2 étoiles avec 21 chambres de grand confort, son tennis et sa piscine, mais aussi un accueil des plus chaleureux. La table n'est pas en reste avec un premier menu aux saveurs régionales, avec par exemple une assiette de jambon cru aux croûtons tomatés, suivi d'un filet de rouget poêlé à la crème de poivron doux. D'une savoureuse simplicité.

Saint-Génis-des-Fontaines

Saint-Génis-des-Fontaines est un autre village du piémont des Albères, à égale distance entre Argelès-sur-Mer et le Boulou. De son illustre abbaye, il ne reste qu'une partie du cloître, qui constitue un exemple rare d'architecture de transition entre le roman et le gothique. Quant à l'église, robuste, elle vaut le détour pour la plus ancienne pierre datée de sculpture romane. 1020, près de dix siècles..., est bien inscrit au-dessus d'une porte romane toute simple !

SYNDICAT D'INITIATIVE Rue Clemenceau ✆ 04 68 89 84 33. *E-mail : mairie.st.genis.des.fontaines@wanadoo.fr. Ouvert toute l'année 7j/7. D'octobre à fin avril de 9h30 à 12h et de 14h à 17h, en mai, juin et septembre de 9h30 à 12h et de 14h à 18h, en juillet et août de 9h30 à 12h30 et de 15h à 19h.*

DOMAINE DU MAS ROUS Montesquieu-des-Albères ✆ 04 68 89 64 91. *Ouvert de 9h30 à 12h et de 14h à 18h sauf dimanche et jours fériés.* Ce vieux mas catalan produit l'un des meilleurs Côtes du Roussillon que l'on puisse trouver. Au Caveau de dégustation, agrémenté de délicates céramiques, José Pujol vous fera aussi déguster ses Rivesaltes de première qualité, élevés en fûts de chêne, et des blancs frais et gouleyants, particulièrement agréables avec les fruits de mer.

Sorède

A 6 km à l'ouest d'Argelès, Sorède est une dynamique commune de près de 3 000 habitants, bâtie au pied des Albères, dans un site pittoresque et verdoyant. Le village est connu depuis plus de 150 ans pour son original artisanat de micocoulier.

OFFICE DU TOURISME Rue de la Caserne ✆ 04 68 89 31 17. *Site : www.ot.sorede.com - E-mail : ot.sorede@wanadoo.fr. Ouvert toute l'année du lundi au vendredi de 9h à 12h30 et de 14h à 17h30. En juillet et août 7j/7 de 9h à 12h30 et de15h à 18h.*

LA VALLEE DES TORTUES La Vallée Heureuse ✆ 04 68 95 50 50. *Ouvert tous les jours d'avril à mi-novembre. De 9h à 18h de mars à novembre, de 9h à 18h. Animaux domestiques interdits pour raisons d'hygiène.* La vallée des tortues, site unique en France, présente sur plus de 2 hectares une cinquantaine d'espèces de cet animal finalement bien méconnu. De tous les continents, terrestres, d'eau, de toutes les tailles et de toutes les couleurs, elles sont toutes présentes pour le plus grand plaisir des enfants. Le site connaît depuis son ouverture un joli succès qui confirme l'énorme capitale sympathie de cette espèce. A visiter en famille une fin d'après-midi d'été, au retour de la plage.

RESTAURANT LA SALAMANDRE 3, route de Laroque-des-Albères ✆ 04 68 89 26 67. *Fermé du 15 janvier au 15 mars et du 15 novembre au 1er décembre. Menus de 16 € à 22 €.* Au centre de la petite ville de Sorède, Christine et Marc Grosgean ont créé ce petit restaurant au pied des Albères. Aux fourneaux, Madame compose une cuisine de saison, fraîche et parfumée. Dès le premier menu, le charme opère. Pour exemple, terrine de foie de canard et confiture d'oignons, filet de loup au safran et romarin ou succulente joue de porc dorée aux abricots et déglacée au muscat. Monsieur, quant à lui, élabore une jolie cave de vins régionaux à des prix vraiment intéressants. Un des meilleurs rapports qualité prix du département.

CAT LES MICOCOULIERS 4, rue des Fabriques ✆ 04 68 89 04 50. *Ouvert du lundi au vendredi de 9h à 12h et de 13h30 à 16h30. Pas de visite du 4 août au 3 septembre et durant les fêtes de fin d'année.* La boutique reste ouverte durant ces périodes. Depuis près de huit siècles, on cultive le micocoulier à Sorède. Les baguettes flexibles qui en sont issues servirent durant des décennies aux charretiers. Après le déclin des attelages, il ne subsiste de nos jours qu'un atelier au monde de confection de cravaches et de fouets destinés à l'art équestre. Tous les articles sont fabriqués à la main, selon les méthodes traditionnelles dans ce bois qui a l'intéressante particularité d'être à la fois dur et flexible. La production est faite de cravaches ordinaires, cravaches américaines, fouet d'attelage, cannes et bâtons de marche, ainsi que divers articles souvenirs (lampe, vases, corbeilles et bibelots divers). Une visite à ne pas manquer.

Céret

Forte de ses 7 500 habitants, la petite capitale du Vallespir est le principal foyer de la tradition et du folklore catalan. Ici plus qu'ailleurs, les drapeaux sang et or flottent aux fenêtres, ici plus qu'ailleurs l'espadrille se porte avec fierté. La sardane y est aussi la principale manifestation de cette tradition vivace et colorée. La passion taurine est aussi présente, et ancienne, quoique puisse en dire ses détracteurs. La feria de Céret, au mois de juillet, est d'ailleurs un des points culminants de l'année festive dans les Pyrénées-Orientales. Céret, c'est aussi et surtout une des capitales de l'art du XXe siècle. Tous les grands noms de la sculpture, de la peinture, et de l'art graphique y ont séjourné à un moment ou à un autre, pris par ses particularismes de vie et son environnement luxuriant. En plusieurs vagues, Céret reçut les visites de Picasso, Matisse, Soutine, Manolo, Dufy, Cocteau ou Saint-Saëns - pour n'en citer que quelques-uns.

OFFICE DU TOURISME 1, avenue Georges-Clemenceau ✆ 04 68 87 00 53. *Site : www.ot-ceret.fr - E-mail : contact@ot-ceret.fr. Ouvert toute l'année du lundi au vendredi de 10h à 12h et de 14h à 17h, le samedi de 9h30 à 12h30. En juillet et août du lundi au samedi de 9h à 13h et 14h à 19h, le dimanche de 10h à 13h.*

Points d'intérêt

L'ERMITAGE DE SAINT-FERREOL. *Accessible par la D615 (route de Llauro et d'Oms) au niveau du pont. 3 km au nord de la ville.* Un des hauts lieux des promenades dominicales que ce petit ensemble de bâtiments entourés de chênes lièges, dominés par le clocher de la chapelle. Haut lieu de la grillade en Vallespir, Saint-Ferreol, domine la plaine et ses vergers, perché sur son promontoire.

MAISON DE l'ARCHEOLOGIE Place Picasso ✆ 04 68 87 31 59. *Ouvert tous les jours de juillet à septembre de 10h à 18h. De septembre à juin, tous les jours sauf le mercredi, de 10h à 12h et* *de 14h à 17h.* Sur la délicieuse place Picasso, une tour des anciens remparts, la tour d'Espagne, accueille un petit musée archéologique local. Une importante partie du patrimoine du Vallespir y est exposée en permanence : urnes funéraires, poteries préhistoriques, bijoux ainsi qu'une fidèle reconstitution d'une nécropole et d'un dolmen. Ludique et instructif à la fois, grâce à de remarquables mises en situation, ce petit musée est un endroit à découvrir en famille, avant de flâner sur les boulevards.

Le marché à Céret

METIERS D'ART SAINT ROCH 4, boulevard Lafayette © 04 68 87 04 38. *Ouvert toute l'année, en hiver de 10h à 12h et de 14h à 18h (fermé le dimanche matin et lundi matin). L'été de 10h à 12h30 et de 14h30 à 20h. Entrée gratuite, accueil groupe sur demande.* C'est à l'abri des derniers remparts de la ville, dans une vieille bâtisse restaurée précédée d'un adorable patio fleuri que se trouve le centre de métiers d'art Saint-Roch, qui accueille tout au long de l'année, diverses manifestations et animations. Quatre salles d'expositions permanentes permettent de découvrir le travail d'une vingtaine d'artistes et artisans au talent certain, dans des domaines aussi variés que la céramique, le tissage, le verre, la maroquinerie ou encore la fabrication de bijoux…

MUSEE D'ART MODERNE 8, boulevard Maréchal-Joffre © 04 68 87 27 76. *Site : www.musee-ceret.com - E-mail : contact@musee-ceret.com. Ouvert du 1er juillet au 15 septembre de 10h à 19h, du 16 septembre au 30 juin de 10h à 18h (fermé le mardi du 1er octobre au 30 avril). Entrée : 5,50 € -12 ans gratuit, tarif pass inter-sites et enfants 3,5 €).* C'est en 1950 que le musée voit le jour dans l'ancienne prison, restaurée avec beaucoup de goût. A sa fondation, il reçoit de Pablo Picasso 53 œuvres. D'autres artistes imiteront son geste, comme Matisse. Le musée expose aujourd'hui des œuvres marquantes de peintres et de sculpteurs de la première moitié du XXe siècle : Chagall, Dali, Dufy, Picasso, Matisse, Manolo, Herbin, Mirò… Animations parallèles réussies, tout comme les expositions temporaires, toujours pertinentes.

LE PIC DE FONTFREDE. A la sortie de Céret, la route serpente dans une végétation typiquement méditerranéenne. Le pic de Fontfrède, juste au-dessus est facilement accessible en peu de temps. Fort de ses 1 093 mètres d'altitude, il offre un des plus beaux panoramas, à 360°, notamment sur le Canigou à l'ouest, les Corbières au nord, et à l'est les moutonnements verts de la chaîne des Albères. La vue est tout aussi spectaculaire vers l'Espagne et la plaine de l'Ampourdan, avec en point de mire la demi-courbe du golfe de Rosas.

Le gîte et le couvert

HOTEL RESTAURANT LES FEUILLANTS 1, boulevard Lafayette © 04 68 87 37 88. *Site : www.feuillants.com. Fermé du 20 décembre au 20 janvier, le dimanche et lundi en période hivernale et le lundi le reste de l'année. Chambres de 60 € à 140 €. Menus de 22 € à 46 €.* M.Tanguy ancien second de M Robert Abraham a repris Les Feuillants, établissement parmi les meilleurs du département. Son chef sillonne la région à la recherche des meilleurs producteurs qu'il accommode avec maîtrise et créativité : terrine de foie gras de canard aux abricots moelleux, crème chiboust aux fruits exotiques et granités aux pamplemousses. Au restaurant gastronomique, se tient également une brasserie où vous pourrez déguster le tartare de thon relevé de câpres, le tian de légumes glacé aux herbes. Céret a définitivement retrouvé son joyau gastronomique.

HOTEL RESTAURANT VIDAL 4, place du 4-Septembre © 04 68 87 00 85. *Site : www.hotelvidalceret.com - E-mail : bisbe@club-internet.fr. Chambres de 25 € à 36 €. Menu de 20 € à 30 €. Ouvert toute l'année.* Petit hôtel restaurant en plein centre-ville, qui a pour cadre une ancienne résidence épiscopale du XVIIIe siècle. Belle façade ocre et terrasse fleurie. Cuisine régionale avec escalivada ou charcuterie catalane, morue crème à l'aïoli ou calamars à la planxa. Une petite adresse simple et peu onéreuse pour se poser, à quelques pas du musée d'Art moderne, avec de surcroît beaucoup de cachet et un charme indéfinissable.

HOTEL LA TERRASSE AU SOLEIL - RESTAURANT LA CERISAIE Route de Fontfrède ✆ 04 68 87 01 94. *E-mail : terrasse-au-soleil.hotel@wanadoo.fr - Site : www.la-terrasse-au-soleil.fr. Ouvert toute l'année. Chambre doubles de 159 € à 247 € (Prendre contact avec l'établissement pour selon les périodes et les disponibilités bénéficier de tarifs promotionnels). Menus de 61 € à 98 €.* Sur les hauteurs de Céret, dans un cadre idyllique, cet hôtel-restaurant de grand luxe s'avère être un endroit incontournable de la gastronomie régionale. Magnifique mas moderne, niché dans la végétation et dominant la ville. François Mitterrand y déjeuna en compagnie du maire de Céret lors de l'inauguration du musée d'Art moderne de la ville en 1994 et Charles Trenet y vécut aussi quelque temps avant qu'il ne devienne l'un des plus beaux hébergements du département. Magnifiques chambres personnalisées avec climatisation, minibar et tout le confort de cette gamme. Certaines disposent d'une terrasse ou d'un charmant coin salon. La table mérite le voyage. La valorisation des produits locaux et artisanaux est ici de mise comme avec cette délicieuse pyramide foie gras de canard truffé avec petite gelée au vin de Maury ou le civet de homards au Banyuls, bâtonnets de polenta. Incontournables spécialités comme le filet de bœuf Charolais aux truffes ou en dessert le moelleux de chocolat amer, poêlée de griottes au Banyuls, glace à la réglisse. Une bien belle adresse, l'une des plus luxueuses du département. Onéreuse certes, mais tellement unique pour une lune de miel ou un événement à marquer.

Emplettes

LES CANARDS DE L'ARNAU Mas de l'Arnau - Route de la Forêt ✆ 04 68 87 42 84. *Ouvert d'avril à octobre, de 14h à 18h, du mardi au vendredi. Entrée gratuite, accueil groupe sur demande.* Si vous voulez savoir où est élaboré ce succulent foie gras de canard que vous avez dégusté à La Cerisaie, sachez qu'il ne provient ni des Landes, ni du Gers, ni de Dordogne, et encore moins des pays de l'Est. Il vient de Céret où une courageuse agricultrice, Catherine David, bichonne son petit troupeau de palmipèdes. Les prix sont mesurés et les saveurs n'ont rien à envier à ceux du Sud-Ouest.

▷ *Dans les environs*

Amélie-les-Bains

Amélie est la plus méridionale des stations thermales françaises. Ses eaux sont connues et réputées depuis fort longtemps, depuis l'occupation romaine en fait. Mais c'est avec le développement du tourisme de santé au XIXe siècle que sa vocation s'affirmera définitivement. Après la construction des Thermes et de l'hôpital thermal militaire, le séjour de l'épouse de Louis Philippe, la Reine Amélie, sur les bords du Tech, participera à sa notoriété grandissante. Son nom sera désormais celui de la ville.

Installée sur les bords du Tech, Amélie-les-Bains est une ville moderne et n'a pas grand-chose en commun avec les autres centres urbains du Vallespir qui se sont développés autour d'un centre historique. Quelques rues et ruelles dans le quartier de la mairie possèdent un certain charme.

OFFICE MUNICIPAL DE TOURISME Quai du 8-Mai ✆ 04 68 39 01 98. *Site : www.amelie-les-bains.com - E-mail : omtt.amélie@little-france.com. Ouvert toute l'année du lundi au samedi de 9h à 12h et de 14h à 18h. En juillet et août du lundi au samedi de 9h à 19h.*

LES GORGES DU MONDONY. Au niveau du grand établissement thermal, une petite promenade d'une demi-heure mène aux gorges du Mondony. Après avoir atteint la terrasse dominant la rivière, il faut suivre un petit sentier en corniche. Les gorges sont alors bien visibles, formant un gigantesque sillon creusé dans le rocher. Cette rafraîchissante balade est rendue pittoresque par le chemin en passerelles au-dessus du ruisseau.

FORT-LES-BAINS. Forteresse édifiée en 1683, après le traité des Pyrénées. Œuvre de Vauban, elle occupe l'emplacement d'une ancienne tour à signaux.

Palada

A 2 km du centre, c'est un joli village médiéval, dominé par les deux tours de son ancien château. Ses vieilles maisons paraissent en équilibre au-dessus du torrent. La vue en est saisissante depuis la D117 avant d'arriver à Amélie. Flâner dans ses ruelles rustiques est un régal pour les yeux. On aboutit bien vite à la jolie placette sur laquelle est bâtie sa petite église romane.

MUSEE DE LA POSTE Palalda © 04 68 39 34 90. *E-mail : musee.poste.amelie.66@wanadoo.fr. Ouvert du 15 février au 30 avril et du 1er octobre au 15 décembre, du mardi au vendredi de 10h à 12h et de 14h à 17h30 (lundi, samedi et jours fériés de 14h30 à 17h30) ; du 1er mai au 30 septembre du mardi au vendredi de 10h à 12h et de 14h à 19h 17h30 (lundi, samedi et jours fériés de 14h30 à 19h). Entrée : 2,50 €, enfants -12 ans gratuit, groupes 1,50 €.* Au pied de la tour romaine, à quelques pas de l'église du village, ce musée se charge de faire découvrir à tous l'Histoire de la Poste. Des centaines d'objets y sont réunies, datant notamment du siècle dernier, des premiers timbres-poste au télégraphe en passant par les costumes des facteurs de différentes époques. On y trouve aussi une fidèle reconstitution d'un bureau de poste de la fin du XIXe siècle. Une passionnante évocation de l'histoire du courrier à travers le temps.

Montbolo

Ce pittoresque village est bâti à près de 600 mètres d'altitude, à 4 km au nord d'Amélie-les-Bains. Superbe route d'accès en corniche, étroite et tortueuse. Ce petit village, constitué de quelques maisons dispersées, possède une remarquable église romane aux deux nefs jumelles. Devant, sur la terrasse, est aménagé un petit jardin botanique intelligemment agencé.

LE CARRE D'AS Casino © 04 68 39 20 00. *E-mail : casino.amelie@moliflor.com. Fermé du 16 février au 19 mars. Ouvert du mercredi au dimanche. Menus de 14 € à 29,50 € et carte.* Quel plaisir de retrouver Jean Plouzennec après l'épisode glorieux des Feuillants. Toujours aussi inventif et perfectionniste, mais toujours aussi modeste et discret, il vous régalera de sa terrine de veau des Pyrénées au foie gras et aux noisettes ou sa pintade en croûte d'amandes, chutney de pommes et de poires roulé au Grand Marnier... La loi impose aux casinos d'avoir un restaurant en leur sein : ici s'est pour notre plus grand plaisir que nous la suivons !

HOTEL-RESTAURANT CASTEL EMERAUDE Route de la Corniche © 04 68 39 02 83. *Site : www.lecastelemeraude.com - E-mail : castel.emeraude@wanadoo.fr. Fermé du 15 novembre au 15 mars. Chambres de 45 € à 66 €. Menu de 16 € à 33 €.* Après avoir traversé le Tech, la route de la Corniche sur la gauche vous conduira à cet élégant petit manoir flanqué de deux tourelles et envahi par la verdure. Loin de la cohue du centre-ville, pour les amateurs de nature et de silence, des chambres coquettes et soignées vous attendent. L'environnement champêtre, la rivière avec sa petite plage, la décoration Belle Epoque en font l'endroit idéal pour se ressourcer, méditer ou parfaire sa forme. Cuisine gastronomique traditionnelle, foie gras de canard et sa confiture d'oignons, confit de canard forestier... à savourer dans la jolie salle à manger panoramique. Salon de thé. Petit plus non négligeable, la navette thermale est accessible gratuitement jusqu'au centre de la station.

CASINO 4, avenue du Docteur-Bouix © 04 68 39 20 00. *E-mail : casino.amelie@moliflor.com.* Un établissement classique dans toute bonne station thermale qui se respecte avec tout l'éventail des jeux : roulette anglaise, black jack, boule. Au choix, on dépense ou on se dépense !

FELIX JAULENT 6, avenue du Général-Leclerc © 04 68 87 20 93. *Ouvert toute l'année. Accueil groupe sur demande.* A bord d'un véhicule tout-terrain de 8 places, partez à la découverte du Vallespir, du Canigou ou du Pic de Costabonne, pendant une demi-journée ou une journée.

GOLF COMPACT Route d'Arles-sur-Tech © 04 68 39 37 66. *Ouvert de mi-janvier à mi-décembre. Juillet et août du lundi au dimanche de 8h30 à 13h et de 17h à 20h30, le reste de l'année du lundi au samedi de 10h à 18h.* Ce parcours est adapté à la configuration des lieux, Amélie étant située dans une vallée très encaissée. On ne compte que 7 trous, sur un parcours de 1 000 mètres. Plutôt amusant.

MIELLERIE CHINAUD Moulin de la Palette - MONTALBA © 04 68 83 91 77. *E-mail : chinaud@libertysurf.fr. Ouvert toute l'année. En juillet et août de 15h30 à 19h (goûter à la ferme). Le reste de l'année sur rendez-vous. Entrée gratuite, accueil groupe sur demande.* Sur les hauteurs d'Amélie-les-Bains, un producteur de miel mais aussi de pain d'épice, de confitures et de confimiel, un délicieux assemblage mêlant miel et fruit. Egalement de la vannerie.

GERARD MOLAS 3, avenue du Vallespir © 04 68 39 04 50. Des produits de tradition confectionnés avec des viandes issues d'élevage de tradition. Mais ce souci de la tradition ne l'empêche pas de se risquer à de nouvelles tentatives gastronomiques pour chatouiller vos papilles. Tentez le fouet au roquefort qui vous enthousiasmera par son audace ou vous déplaira, mais en tout cas ne vous laissera pas indifférent.

Arles-sur-Tech

Au confluent du Tech et du Riuferrer, Arles-sur-Tech, dans un site verdoyant et tempéré, peut constituer un agréable lieu de villégiature ou d'excursion. Riche en patrimoine architectural et historique, avec en particulier son abbaye millénaire, elle est aussi fière de ses fêtes (l'ours et les Médiévales) et de ses traditions artisanales (ateliers de tissages catalans et rousquilles).

OFFICE DU TOURISME Rue Barjau ✆ 04 68 39 11 99. *Site : www.ville-arles-sur-tech.fr - E-mail : arles.tourisme@wanadoo.fr. Ouvert toute l'année. Du 1er septembre au 30 juin du lundi au vendredi de 9h à 12h et de 14h à 18h. En juillet et août de 9h à 19h, 7j/7.*

Au centre de la ville, se trouve un ensemble monumental exceptionnel, comprenant l'église abbatiale et le cloître gothique attenant.

ACCUEIL DU CLOITRE ✆ 04 68 83 90 66. *Entrée libre. Visites guidées du 1er novembre au 14 mars, sur rendez-vous. Le reste de l'année de 12h à 14h et de 14h à 18h sauf le samedi matin et le dimanche.* Consacrée en 1046, l'abbaye est la plus ancienne église de Catalogne de la dynastie des Carolingiens. Mais l'endroit le plus spectaculaire d'Arles est sans conteste ce que l'on a coutume d'appeler la sainte Tombe. Ce sarcophage qui reçut les reliques de deux saints, Abdon et Sennen, a la curieuse particularité d'émettre en quasi-permanence de l'eau. Elle passe aussi pour avoir opéré des guérisons miraculeuses comme l'attestent certaines lettres et les ex-voto de la chapelle dédiés aux deux martyrs. Les scientifiques, intrigués par le phénomène, se sont intéressés au sarcophage et ont tenté d'apporter des explications rationnelles. Toutefois, jusqu'à aujourd'hui, aucune ne s'est avérée suffisante. Tous les 30 juillet, jour de la fête de saint Abdon et saint Sennen, de l'eau est publiquement tirée de la sainte Tombe et est offerte aux fidèles présents ce jour.

LES GORGES DE LA FOU Route de Prats-de-Mollo ✆ 04 68 39 16 21. *Ouvert tous les jours de début avril à fin novembre de 10h à 18h. 4 parkings et petit chenil pour les animaux. Tarif : 5 € pour les adultes, 2,50 € pour les enfants, 4 € pour les groupes.* Elles ont la réputation d'être les plus étroites de la planète, avec certains passages d'une largeur inférieure à un mètre. Le site est constitué d'un extraordinaire canyon de 1 700 m de long, d'environ 200 m de profondeur, si resserré à certains endroits que la lumière du jour n'en atteint pas le fond.

MUSEE DU FER Cloître d'Arles sur Tech ✆ 04 68 39 11 99. *Ouvert toute l'année. Du 31 octobre au 31 mars sur rendez-vous, d'avril et octobre de 14h à 17h (fermé samedi et dimanche), mai, juin et septembre de 10h à 12h et de 14h à 18h (fermé samedi et dimanche), juillet et août de 10h à 12h et de 15h à 19h (fermé samedi et dimanche matin). Entrée 2 € (gratuit - de 10 ans).* Outre la tradition textile, celle du fer était aussi présente en Vallespir. Arles-sur-Tech en était la petite capitale. Le musée présente une étonnante collection de minerais et de minéraux, ainsi que des documents et photographies retraçant l'épopée minière dans la vallée, avec, notamment, cet élément emblématique du travail du fer dans la région que sont les forges à la catalane.

TISSAGES CATALANS Rue du 14-Juillet ✆ 04 68 39 10 07. *Ouvert les après-midi en hiver, et l'été du lundi au samedi de 10h à 12h et de 14h30 à 17h30. Entrée gratuite.* Tout près du centre-ville, au bord du Tech, sont installés depuis plus d'un siècle les Tissages catalans. Au sein d'un ancien moulin à huile, l'atelier de confection de linge de table fonctionne encore suivant la méthode traditionnelle, souvent à partir de dessins et motifs anciens. Une vidéo, instructive et pédagogique, nous plonge dans les débuts de l'entreprise, du temps où le Vallespir était le pays de ces toiles colorées. On peut acheter quelques jolis articles dans la boutique voisine : torchons, bavoirs, tabliers pour bouteilles, nappes et serviettes.

HOTEL RESTAURANT LES GLYCINES 7, rue du Jeu-de-Paume ✆ 04 68 39 10 09. *E-mail : hotelglycines@wanadoo.fr. Ouvert toute l'année. Plat du jour à 10 €. Menu terroir à 18 €, menu gastronomique à 26 €. Chambre de 40 € à 45 €.* Cette étape gourmande au cœur du Vallespir était un des endroits où Charles Trenet aimait venir s'attabler lorsqu'il descendait dans son sud natal. Si le cadre est accueillant, l'accueil l'est tout autant et la cuisine s'avère être à la fois authentique et originale, de surcroît à un excellent rapport qualité prix. En outre, Les Glycines sont aussi un hébergement de qualité, avec 32 chambres insonorisées et confortables. Un bien agréable endroit, tranquille et charmant.

Montferrer

MUSEE DES TRABUCAYRES (ARTS ET TRADITION POPULAIRES) Mairie ✆ 04 68 39 12 44. *Ouvert toute l'année du lundi au vendredi de 14h à 18h. Entrée : 2 € pour les adultes et groupes, gratuit enfants - de 12 ans.* Le petit musée retrace, à travers différents tableaux, l'histoire de ces détrousseurs, ces bandits de grand chemin, qui utilisaient comme arme le trabuc, fusil à canon évasé, qui leur donnera leur nom. Au nombre de 18, tous d'origine espagnole, ils se firent une spécialité du détroussage de diligence et des enlèvements. Après leurs actes, connaissant la région comme leur poche, ils utilisaient les nombreuses cavités naturelles du coin pour échapper aux gendarmes et dissimuler leurs otages.

Prats-de-Mollo

A 740 mètres d'altitude, Prats-de-Mollo est un gros village d'un millier d'habitants, situé à 60 km au sud-ouest de Perpignan, et entouré de montagnes majestueuses. Prats mêle avec bonheur le cachet d'une petite cité médiévale bien conservée et une ambiance toute catalane. Célèbre pour sa ville close fortifiée par Vauban, c'est aussi un lieu festif (avec la Fête de l'ours), et une station thermale importante au hameau de La Preste. A l'abri d'un cirque grandiose de montagne, Prats est un lieu de villégiature idéal pour les amateurs de nature et découvertes. Les possibilités d'hébergement y sont d'ailleurs nombreuses et diversifiées. A seulement 13 km de l'Espagne (Ccol d'Ares, 1 513 mètres d'altitude), c'est aussi un point de départ intéressant pour visiter les charmantes et méconnues comarques du Ripollès (Camprodon, monastère de Ripoll) et de la Garrotxa (Olot et la zone des volcans), juste de l'autre côté de la frontière.

OFFICE DU TOURISME Place du Foiral ✆ 04 68 39 70 83. *Site : www.pratsdemollolapreste.com - E-mail : ot.pratsdemollolapreste@wanadoo.fr. Ouvert toute l'année du lundi au samedi de 9h à 12h et de 14h à 18h, en juillet et août ouvert 7j/7 aux mêmes horaires.*

LE FORT LAGARDE Place le Foiral ✆ 04 68 39 70 83. *E-mail : ot-pratsdemollolapreste@wanadoo.fr. Ouvert du 25 février au 9 mars, du 1er avril au 29 juin, du 25 août au 31 octobre et du 20 décembre au 4 janvier de 14h à 17h. Du 30 juin au 24 août de 10h à 13h (spectacles l'après-midi). Eglise ouverte tous les jours de 9h à 17h. Tarifs 3,50 € (- 12 ans gratuit, tarif pass inter-sites et enfants 2,50 €). Public handicapé visuel.* La porte de la Fabrique, près de l'église, mène au fort qui domine le village. Il fut construit par Vauban entre 1677 et 1682 dans le cadre de renforcement général des frontières avec l'Espagne. Deux possibilités sont offertes pour y accéder : soit par le sentier classique qui grimpe à flanc de montagne (durée 15 minutes), soit un peu plus à gauche, par le chemin couvert, qui passe par deux souterrains de 200 puis de 100 mètres avant d'arriver au fossé entourant l'édifice qui comprend un donjon et plus de 40 salles (armurerie, poudrière, logements...). Durant la saison estivale, le lieu s'anime et se dévoile tel qu'il devait être, il y a plusieurs siècles. Des comédiens en costume d'époque et des cavaliers évoquent à travers différents tableaux vivants l'entraînement militaire de cette période : tir au canon, tir au fusil, démonstrations équestres, numéros d'escrime et de haute voltige.

NOTRE-DAME-DEL-CORAL. Petit ermitage, fréquenté par les habitants du Haut Vallespir. Le chemin le plus rapide commence par la route du col D'Ares jusqu'au petit col de la Guilla. De là, prendre à gauche le petit sentier à travers la forêt. Construit en 1690, à près de 1 100 mètres d'altitude, ce petit sanctuaire possède un intéressant mobilier, des statuettes et une superbe vierge de tradition romane. En outre, agréable endroit pour pique-niquer.

LA PRESTE. La petite station thermale de La Preste est située à 7 km à l'ouest de Prats-de-Mollo, en remontant la vallée du Tech. A plus de 1 000 mètres d'altitude, son accès se fait par une jolie route, dite route Impériale, car sa construction est due au souhait de Napoléon III. Ses eaux, dont les vertus sont connues depuis le XIVe siècle, sont réputées dans le traitement des infections urinaires. Le site est somptueux, un magnifique cirque de montagnes et de nombreuses possibilités de balades et de randonnées dans la réserve naturelle toute proche.

LA RESERVE NATURELLE. La réserve naturelle offre sur plus de 2 300 hectares une montagne sauvage et préservée. Originale par sa diversité végétale, tous les étages montagnards s'y succèdent de 1 000 à 2 500 mètres, elle l'est par la présence d'une faune exceptionnelle, composée d'isards, de sangliers, de quelques chats sauvages mais aussi d'espèces de papillons aussi belles que rares. En outre, vous aurez peut-être la chance et le plaisir d'assister, au-dessus des esquerdes de Rotja, au vol majestueux d'un aigle royal.

LA VILLE HAUTE. Fortifiée dès 1345, le terrible tremblement de terre de 1428, détruisit une partie des remparts qui furent reconstruit par Vauban en 1683. Par la porte du milieu, la porte de France, on pénètre par la rue du même nom au cœur de la vieille ville. Celle-ci est quadrillée de ruelles, pour la plupart interdites ou inaptes à la circulation automobile. Nombre d'entre elles sont en fait d'étroits escaliers qui traversent la ville intra-muros de haut en bas.

HOTEL SAINT-ELME **2, quai Pierre-Forgas ✆ 04 68 82 01 07.** *Fermé du 15 novembre au 15 décembre.* Pas de restaurant. Au bout du quai le plus commerçant, à quelques mètres de l'office du tourisme, le Saint-Elme est un petit deux étoiles classique, disposant d'une trentaine de chambres, dont certaines ont vue sur le port. Les prix vont de 31 € pour une chambre avec lavabo et bidet à 55 € pour une chambre disposant d'une douche, WC et télévision. Petit-déjeuner à 6 €. Pour pouvoir contempler l'activité portuaire de sa fenêtre, un établissement simple et abordable, de surcroît sur la Côte Vermeille.

HOTEL-RESTAURANT LE BELLEVUE **Place du Foirail ✆ 04 68 39 72 48.** *Site : www.logis-de-france-66.com - E-mail : hotel.lebellevue@wanadoo.fr. Fermé de mi-novembre à mi-février. Chambres de 29 € à 49 €. Menu de 18 € à 40 €.* Sympathique hôtel sur la place du Foiral, à quelques pas de la ville close. Le Bellevue bénéficie d'un emplacement remarquable au centre du charmant village où l'ensoleillement est exceptionnel. On y trouve de charmantes petites chambres confortables, avec vue sur les montagnes environnantes. Côté cuisine, le nom des menus est fort appétissant. Les plats sont préparés à base de produits régionaux.

HOTEL-RESTAURANT AUSSEIL **Place Joseph-de-la-Trinxeria ✆ 04 68 39 70 36.** *E-mail : hotel.ausseil@online.fr. Ouvert toute l'année. Chambres de 25 € à 36 €. Petit-déjeuner à 6 €. Pour le forfait cure, se renseigner. Pension et demi-pension sont possibles pour un minimum de 3 jours.* A l'intérieur de la ville close, sur la charmante place Joseph-de-la-Trinxeria où se trouve la jolie mairie, est posé ce petit hôtel 1 étoile, l'un des moins onéreux du Haut Vallespir. Il n'en est pas moins charmant et propose ses petites chambres coquettes avec douche et WC. Le petit-déjeuner, comme le repas, peut être pris sur la terrasse ombragée. Si vous avez optez pour un week-end sportif (eaux vives, canyoning ou multi-activités, se renseigner auprès de l'établissement), vous apprécierez d'autant plus les spécialités catalanes servies ici. Une petite affaire bien sympathique donc, à quelques pas des craquantes ruelles médiévales de la vieille ville.

HOTEL DES TOURISTES **Avenue du Haut-Vallespir ✆ 04 68 39 72 12.** *Site : www.logis-de-france-66.com - E-mail : restauranthoteltouriste@minitel.net. Chambres de 30 € à 48 €. Menu à 16 €. Ouvert d'avril à octobre.* L'Hôtel des Touristes a pour cadre cette belle et grosse bâtisse montagnarde en pierre du pays, à l'entrée du village à droite en venant d'Arles-sur-Tech. Très apprécié des curistes de La Preste, c'est un établissement à l'ancienne, comme on les aime, avec sa patronne prévenante et volubile, son salon fleuris et sa cuisine de terroir copieuse servie dans l'immense salle à manger. Un endroit idéal pour le repos et la remise en forme, au creux d'un magnifique cirque de montagne.

Saint-Laurent-de-Cerdans

La route serpente au milieu d'un paysage calme et reposant. Les autochtones l'ont baptisé la vallée verte, et le paysage qui défile leur donne parfaitement raison. Bientôt le clocher de Saint-Laurent-de-Cerdans est en vue. Nous sommes ici dans la partie la plus méridionale de France, déjà aux portes de l'Espagne. Le bourg, le plus peuplé du Haut Vallespir, malgré seulement 1 200 habitants, est connu pour être la patrie du tissage, et surtout des espadrilles, les fameuses vigatanes catalanes.

SYNDICAT D'INITIATIVE **7, rue Joseph-Nivet ✆ 04 68 39 55 75.** *Site : www.ville-saint-laurent-de-cerdans.fr - E-mail : contact@ville-saint-laurent-de-cerdans.fr. Ouvert toute l'année. D'octobre à fin avril du lundi au vendredi de 15h à 18h, de mai à fin septembre du lundi au vendredi de 8h30 à 12h et de 13h30 à 18h (en juillet et août 7j/7).*

MUSEE D'ARTS ET TRADITIONS POPULAIRES **Rue Joseph-Nivet ✆ 04 68 39 55 75/50 06.** *Site : www.ville-saint-laurent-de-cerdans.fr - E-mail : contact@ville-saint-laurent-de-cerdans.fr. Ouvert toute l'année. De mai à septembre tous les jours de 9h à 12h et de 14h à 19h, d'octobre à avril du lundi au vendredi de 9h à 12h et de 14h à 18h. Tarif 2 €, 1 € (-12ans et groupes + de 10 personnes).* Au premier étage, on trouve la reconstitution complète d'une usine d'espadrilles. Les divers ateliers se succèdent, fabrication des semelles, fabrication de la toile, assemblage de l'empeigne, satisfaisant notre curiosité sur cette élégante catalane. Sur le même palier, un atelier relatif au châtaignier et ses différentes attributions : vannerie, douelle pour les fûts et sabots et une forge de maréchal ferrant. Le second étage est consacré à la vie ouvrière en Haut Vallespir, à travers des ateliers dédiés aux métiers de tradition, parmi lesquels l'apiculteur, le bourrelier ou encore l'ouvrier en textile.

EGLISE DE COUSTOUGES. Ce petit village est accessible depuis Saint-Laurent-de-Cerdans. L'église paroissiale de l'Assomption, consacrée en 1142, a conservé toute son unité d'origine et a même gagné avec le temps une superbe patine. Son portail est remarquable de détail et de finesse. Fait exceptionnel en Roussillon, il ne fut pas taillé dans le marbre, mais dans la pierre tendre. Quatre colonnes à chapiteaux corinthiens soutiennent une archivolte décorée de fruits, têtes d'hommes et d'animaux monstrueux.

DOMAINE DE FALGOS **BP9 ✆ 04 68 39 51 42.** *E-mail : falgos@chez.com. Ouvert du 28 février au 30 novembre. Chambres à partir de 166 € hors saison, se renseigner pour les forfaits semaine en saison.* Le domaine de Falgos est un vaste domaine hôtelier et sportif bâti en pleine nature à 1 100 mètres d'altitude à quelques pas de la frontière espagnole. L'un de ses principaux atouts est un magnifique golf 18 trous, bâti sur 650 hectares au cœur du Vallespir vert. Sur les plus de 5 000 mètres du parcours, on profite de ce cadre idyllique, et parfois d'un panorama exceptionnel vers le massif du Canigou ou la baie de Rosas en Catalogne espagnole. L'hôtel 3 étoiles propose 18 chambres de grand standing. Un superbe centre de remise en forme est là pour vous redonner du tonus : piscine chauffée, double jacuzzi, sauna, salles de gymnastique et musculation, cabines d'UV et salons de massage. Un bien bel endroit, luxueux sans ostentation, dans une partie injustement méconnue du département.

Thuir

A une douzaine de kilomètres au sud-ouest de Perpignan, au bord des premiers contreforts pyrénéens, Thuir, 7 000 habitants, est la capitale viticole et économique des Aspres, petit pays sauvage entre Canigou et plaine du Roussillon. Elle voit déferler tout au long de l'année des milliers de touristes, venus visiter les caves Byrrh, et particulièrement la plus grande cuve en chêne du monde. Mais Thuir est aussi une charmante cité où il fait bon vivre, avec ses places ombragées et ses ruelles étroites. Elle est aussi fière de ses animations qui s'égrènent tout au long de l'année, parmi lesquelles la Fête de l'amande ou celle des fromages fermiers. Enfin, Thuir constitue un excellent point de départ pour découvrir les Aspres, cette petite région de piémont du Canigou, riches de sites, de monuments d'art roman et de production viticole de qualité.

SYNDICAT D'INITIATIVE THUIR ET ASPRES **El Celler - Rue Graffan ✆ 04 68 84 67 87.** *E-mail : villedethuir@wanadoo.fr.*

Points d'intérêt

CAVES BYRRH **6,boulevard Violet ✆ 04 68 53 05 42.** *E-mail : josephine.blad@cusenier.com. Ouvert toute l'année, en avril du lundi au samedi de 9h à 11h45 et de 14h30 à 17h45, en mai, juin et septembre tous les jours de 9h à 11h45 et de 14h30 à 17h45, en juillet et août tous les jours de 9h à 11h45 et de 14h30 à 18h45, en octobre du lundi au vendredi de 9h à 11h45 et de 14h30 à 17h45. De novembre à mars sur rendez-vous. Entrée 1,60 €, gratuit - de 18 ans,1,30 € à partir de 10 personnes.* Les caves Byrrh sont implantées à Thuir depuis 1892. Elles élaborent toute une gamme d'apéritifs à base de vins. La visite permet de découvrir des kilomètres de foudres et de cuves contenant de 20 000 à 200 000 litres d'apéritif. Mais le clou de la visite est bien évidemment la gigantesque cuve en chêne (la plus grande du monde), qui peut accueillir plus de 1 200 000 litres de liquide. N'oubliez pas de lever les yeux pour admirer le gigantesque et majestueux hall de gare, édifié en 1892 par Gustave Eiffel. Il va sans dire que la visite se termine par une dégustation des différentes marques prestigieuses élaborées par la maison : Byrrh, Cinzano, Ambassadeur ou Dubonnet entre autres.

MAISON DE L'ASPRE (CASA DE L'ASPRE) **Boulevard Léon-Jean-Grégory ✆ 04 68 84 67 67.** *Fermé le mardi.* Le petit musée des Arts et Traditions populaires, installé dans un ancien relais de poste du XVIIIe siècle, présente une reconstitution fidèle et riche de la vie à Thuir et dans les Aspres, au début du siècle dernier. On y découvre l'habitat traditionnel, des meubles typiques, vêtements et objets divers, parmi lesquels des poteries, vestiges d'un artisanat autrefois bien implanté dans la petite capitale des Aspres.

MUSEE DE LA NATURE ET DE LA CHASSE **Boulevard Violet ✆ 04 68 84 67 67.** *Tarif : 3 €.* Grâce à l'extraordinaire diversité de son relief et de son climat, les Pyrénées-Orientales recèle un nombre important d'espèces animales. Chevreuils, renards, sangliers, isards et bien d'autres sont ici présentés en situation, dans leur environnement naturel, ce qui permet une approche ludique et pédagogique du milieu écologique fragile, dans lequel nous évoluons.

Le couvert

CAN MARTY **13, boulevard Léon-Jean-Grégory ✆ 04 68 53 61 40.** *Fermé les dimanches et lundis. A midi, formule à 10 € avec entrée et plat du jour. Le soir, assortiment de tapas à 16 € et menu à 18 €.* Un accueil chaleureux et prévenant, une décoration aux couleurs locales (sang et or), de copieuses assiettes de tapas et une ambiance décontractée en font l'endroit idéal pour un dîner entre amis. Découvrez le saumon grillé aux herbes du Causse, toujours aussi goûteux et en entrée de jolies salades ou des moules gratinées à l'aïoli. Un endroit simple et agréable comme on les aime.

Le gîte

MAS PETIT CASA DEL ARTE ✆ **04 68 53 44 78.** *Ouvert toute l'année. Chambres et suite de 73 € à 100 € (pour 2 personnes), petit-déjeuner inclus.* Eve Toubert-Cillaire la nouvelle propriétaire de ce mas de caractère du XIe siècle succède à Joëlle Fourment. Elle sera ravie de vous accueillir dans ce lieu dont elle a conservé l'esprit. Cinq chambres d'hôtes 4 épis personnalisées, romantiques et équipées de TV, téléphone et minibar. Salon avec cheminée. Les propriétaires, comme le nom du mas l'indique, sont amateurs d'art.

Le gîte et le couvert

HOTEL RESTAURANT CORTIE 3, rue Jean-Jacques-Rousseau ✆ **04 68 53 40 30.** *Chambres de 38 € à 85 €. Menus (midi) à 12 €, 15 €, 19 € et 23 €. Carte.* Cette petite affaire familiale perdure dans la petite capitale des Aspres depuis 1902. Un petit hôtel tranquille, niché dans la verdure, dans une ruelle de la vieille ville. Idéale pour les budgets serrés avec des chambres confortables à petits prix. Des menus simples et copieux satisferont les estomacs creux au retour d'une balade dans l'arrière-pays. Au menus, buffet de hors-d'œuvre, plat du jour ou poulet à la catalane, dessert et quart de vin. Une adresse toute simple et peu onéreuse, idéale pour rayonner sur cette partie méconnue du département.

Emplettes

HIER ET TOUJOURS 3, boulevard Léon-Jean-Grégory ✆ **04 68 53 31 01.** Une bien jolie boutique, sur l'artère la plus commerçante de Thuir, à quelques dizaines de mètres des Caves Byrrh. Des meubles anciens côtoient de la poterie traditionnelle catalane, des vigatanes, divers objets en porcelaine parmi lesquels d'élégants services à café et de superbes purros. Un bien bel endroit, qui fleure bon le bon goût et l'élégance.

MAISON PUIG 12, rue du Souvenir ✆ **04 68 53 43 68.** *Site : www.paisos-catalans.com. Ouvert toute l'année.* Dans la petite boutique, en plus d'un accueil sympathique et chaleureux, tout un éventail de produits traditionnels : fouet catalan, saucissons, pâté de tête, succulent pa de fetge ainsi qu'une gamme complète de plats cuisinés à découvrir d'urgence.

LES VIGNERONS DE TERRATS Le village - TERRATS ✆ **04 68 53 02 50.** *Ouvert toute l'année de 9h à 12h et de 14h à 18h du lundi au vendredi.* Terrats est un petit bourg de 600 habitants situé à 4 km au sud de Thuir, au pied des Aspres. Ici, on a préféré miser sur la qualité et les rendements sont relativement faibles, de 40 à 50 hectolitres à l'hectare. Sous la marque Terrassous, la coopérative vinifie, élève et commercialise une jolie production.

▷ *Dans les environs*

Castelnou

De Thuir, excursion à Castelnou, un superbe village médiéval sur un piton rocheux. Château du Xe siècle, fortifications du XIIIe qui témoignent de l'importance stratégique de Castelnou, capitale militaire du Vallespir au Moyen Age. Panorama à ne manquer sous aucun prétexte. Le village est classé parmi les plus beaux villages de France. Visite botanique au Parc méditerranéen.

CHATEAU DE CASTELNOU ✆ **04 68 53 22 91.** *Ouvert du 21 mars au 20 juin et du 23 septembre au 21 décembre de 11h à 18h, du 21 juin au 22 septembre de 10h à 20h, du 22 décembre au 20 mars de 11h à 17h, ouvert en janvier les week-ends et vacances scolaires. Entrée 4,50 €, enfants 1,50 € (gratuit - de 7 ans), tarif pass inter-sites 3,50 €. Public handicapé visuel.* L'édifice occupe le sommet d'une colline rocheuse aux parois escarpées. Construit au Xe siècle, et restauré au XIXe siècle, il demeure l'exemple le plus archaïque de forteresse médiévale en Roussillon. L'aménagement intérieur restitue fidèlement l'ambiance médiévale d'origine, à l'époque où les seigneurs du lieu régnaient sur la vicomté du Vallespir. A l'extérieur, le parc est constitué d'essences méditerranéennes, de pins et de chênes verts. Jolie vue sur le village et les collines moutonnées des Aspres.

LE VICOMTE Place du Château ✆ **04 68 53 32 08.** *Formule à 18 € en saison. Menu à 24 €. Ouvert toute l'année sauf le mercredi et le soir sur réservation.* Le restaurant est situé dans une partie du château. La décoration médiévale donne de ce fait une ambiance authentique. Vous mangerez un repas raffiné élaboré avec des produits méditerranéens. Anchois, poivrons, jambon serrano, foie gras sont les éléments de base à la confection d'une cuisine régionale. De plus, les plats très souvent renouvelés permettent un effet de surprise dont on ne se lassera pas !

L'HOSTAL 13, carrer de Na Pastora © 04 68 53 45 42. *Fermé 15 jours en décembre et en janvier. Menus de 21 € à 38,50 € et carte. Fermé le lundi (sauf en été) et tous les soirs de novembre à fin mars.* Ce restaurant rustique situé en haut de ce magnifique village offre une splendide vue sur la vallée. Mr Faliu vous servira une cuisine simple et robuste à base de spécialités catalanes : bols de picolat, perdreau sur canapé, nombreuses grillades, saucisses grillées, escargots à la catalane (cargolade)…

DOMAINE DE QUERUBI © 04 68 53 19 08. *Site : www.querubi.com - E-mail : contact@querubi.com. Ouvert toute l'année. Chambres : 82 € (pour 2 personnes), 90 € (pour 3 personnes).* A 2,5 km du village, vous serez accueillis par Roland Nabet et Françoise Claverie dans un très beau mas catalan des XIIe et XVe siècles (4 chambres et 2 suites 4 épis). Remarquable décoration empreinte de tradition catalane. Bel espace alentour de 200 hectares avec piscine et solarium. Le domaine propose également une table d'hôtes où vous apprécierez les spécialités maison (23 €).

BERNARD DELPECH Col sud © 04 68 53 04 29. *Ouvert du lundi au vendredi, de 8h à 12h et de 14h à 19h. Ouvert dimanches et jours fériés sur rendez-vous.* Bernard Delpech, ferronnier d'art, expose son savoir-faire et façonne des pièces personnalisées souvent inspirées de l'art roman avec finition patine vieux fer. Il ne se lasse jamais d'utiliser les techniques anciennes de soudure à la forge, étampage et assemblage par rivetage. Il participe également à la restauration du patrimoine local (églises, cloîtres, chapelles…).

L'ŒUF SURPRISE 12, carrer del Mig © 04 68 53 01 22. *Site : www.angelfire.com/bec/oeufsurprise - E-mail : atelier-depierres@wanadoo.fr. Ouvert toute l'année du mardi au dimanche de 14h30 à 18h. Entrée gratuite.* Tout en haut de la délicieuse carrer del Mig, au pied du château, l'atelier de L'Oeuf Surprise est un de ces endroits envoûtants, à ne manquer sous aucun prétexte. Ici, on ne travaille qu'avec des produits naturels, et en particulier des coquilles d'œuf, qui participent à la création de somptueux écrins à bijoux. On travaille aussi la pierre dure ou la nacre. C'est un travail de précision et un savoir-faire unique, que l'on peut contempler à loisir. Certes, le prix des objets à la vente peut paraître élevé, mais ce sont souvent des modèles uniques ou numérotés, dont la qualité et l'esthétique sont indéniables.

Passa

Entre Fourques et Banyuls-dels-Aspres, ce petit village vaut surtout par la visite, à 1 km vers Perpignan, de cet ancien prieuré (XIe et XIIIe siècles), qui hébergeait des moines augustins.

MONASTIR DEL CAMP © 04 68 38 80 71. *Ouvert toute l'année sauf le jeudi. 6 visites en saison à 10h, 11h, 15h, 16h, 17h et 18h. Entrée : 4 €, 2,50 € pour les groupes et gratuit pour les enfants.* Superbe exemple d'architecture romane, le prieuré se compose d'une église à nef unique du XIe siècle ornée d'un magnifique portail en marbre blanc, d'un cloître aux arcades trilobées du XIVe siècle et de plusieurs anciens bâtiments monastiques entourés de majestueux palmiers. Dans les anciennes écuries du domaine, datant du XVIIe siècle, a lieu la dégustation des différents crus de la propriété.

Ponteilla

JARDIN EXOTIQUE DE PONTEILLA Route de Nyls © 04 68 53 22 44. *Ouvert d'avril à octobre de 14h30 à 18h30, en juillet et août de 10h30 à 18h30 et les week-ends et jours fériés hors saison. Tarif : 4,50 € pour les adultes, 3,50 € pour les enfants et les groupes.* Sur plus de 3 hectares, le jardin présente des végétaux et des fleurs des cinq continents, dans un esprit à la fois ludique et éducatif. Des cactées mexicaines aux plantes carnivores, en passant par les plantes à parfum, où vous pourrez exercer votre nez, la planète entière défile devant nos yeux ébahis. Petits et grands s'y instruisent en s'amusant, découvrant des formes, des couleurs et des odeurs inédites.

LE CONFLENT

C'est la partie du département traversée par la vallée de la Têt, à l'ouest de la plaine du Roussillon. Cette région est traversée de part en part par la N116 et ne possède qu'une véritable ville, Prades, forte de ses 7 000 habitants, qui concentre la vie commerciale des vallées alentours.

C'est une région favorisée par la richesse du sol, bien irriguée par de nombreux canaux, où l'eau est toujours abondante. Elle est donc devenue naturellement une importante zone de cultures maraîchères et surtout de fruitiers, qui profitent abondamment d'un ensoleillement exceptionnel (le petit village d'Eus a la réputation d'être le village le plus ensoleillé de France).

La région est dominée par la masse imposante du Canigou, montagne sacrée des Catalans du nord comme du sud. Quelle que soit la saison, sa vision est toujours saisissante. En plus de sa beauté, il a fourni à ses habitants de nombreuses ressources au cours des siècles. Ce fut d'abord un minerai de fer de grande qualité, longtemps exploité puis abandonné faute de rentabilité. Il procura aussi la glace, que de valeureuses personnes allaient chercher sur ses flancs et vendaient aux hôteliers de Vernet-les-Bains, station thermale à la mode durant la Belle Epoque. Enfin et surtout, l'art roman s'y est pleinement épanoui pour nous pourvoir des deux authentiques joyaux que sont Saint-Michel-de-Cuxa et Saint-Martin-du-Canigou. Mais l'ensemble du patrimoine religieux du Conflent, est à découvrir. Chaque petite église de village recèle des petits trésors en son sein avec notamment de magnifiques retables baroques. De plus, comme matière première, le merveilleux marbre rose de Villefranche-de-Conflent a souvent été utilisé.

Prades

Située dans la vallée de la Têt à 5 km de Villefranche-de-Conflent, Prades est le grand centre urbain de l'intérieur des terres. Entourée de vergers mais aussi de vignobles, Prades offre un visage de petite ville animée et tout particulièrement le samedi matin, jour de marché.

De belles maisons en pierre et en brique, mais aussi des maisons construites à l'aide de galets tirés du lit de la Têt, comme la très grande majorité des maisons de la vallée. Un petit musée, avec des collections très diverses (archéologie, beaux-arts), et l'église Saint-Pierre à clocher pyramidal sont à voir. La ville doit beaucoup au grand violoncelliste Pablo Casals, qui y séjourna près de vingt ans et fit venir un grand nombre d'artistes. Un musée lui est consacré, ainsi qu'un Festival.

OFFICE DU TOURISME 4, rue Victor-Hugo ✆ 04 68 05 41 02. *Site : www.prades-tourisme.com - E-mail : info@prades-tourisme.com.*

Points d'intérêt

EGLISE SAINT-PIERRE. Construite de 1606 à 1750, sur l'emplacement d'une église romane du XIIe siècle, elle ne conserve de cette période que son élégant clocher lombard. L'intérieur impressionne par ses richesses, son foisonnement de couleurs, ses ors, qui relèvent du plus pur style baroque. Le joyau en est le retable du maître-autel, œuvre colossale du sculpteur catalan Josep Sunyer, datant de la fin du XVIIe siècle. Par sa taille, le plus grand de France, par sa multitude de personnages, de colonnes et de corniches, il constitue un élément majeur du baroque méridional et un site incontournable du Conflent.

MUSEE PABLO CASALS 4, rue Victor-Hugo ✆ 04 68 05 41 02. *Site : www.prades-tourisme.com - E-mail : infos@prades-tourisme.com. Ouvert en saison du lundi au vendredi de 9h à 12h et de 14h à 18h. Hors saison, la fermeture s'effectue une heure plus tôt (17h). Le week-end, visites sur rendez-vous. Entrée gratuite, accueil groupe sur demande.* Mort en 1973, Pablo Casals, grand violoncelliste mais aussi compositeur et humaniste, possédait une maison à Prades. C'est cette maison, transformée en musée, qu'il vous est donné de visiter. Une maison peuplée de souvenirs, de témoignages : son piano, son violoncelle, ses photos, ses tenues de scène… On pourra également écouter des enregistrements de l'artiste.

Le couvert

LE JARDIN D'AYMERIC 3, avenue Général-de-Gaulle ✆ 04 68 96 53 38. *Menus de 15 € à 22 €. Fermé le dimanche soir et le lundi.* A l'entrée de la ville, sur la principale artère de Prades, ce petit restaurant coquet est devenu saison après saison, la référence gastronomique de la petite capitale conflentoise. Un service souriant et efficace, une ambiance décontractée, et surtout la cuisine créative et soignée sont les points forts incontestables de l'établissement. Dès le premier menu, salade catalane aux poivrons grillés, tomates du jardin farcies à la rosée des Pyrénées et rigatoni au basilic et pour finir, savoureux gaspacho aux framboises, le charme agit. Au menu suivant, optez pour les jolis et raffinés filets d'oie poêlés et tarte fine aux courgettes sauce au romarin. Un véritable délice pour les yeux et le palais. Les desserts ne sont pas en reste, une des spécialités du chef étant le mille-feuilles de chocolat aux fruits rouges, crème au rhum et marmelade d'abricots. Jolie carte de vins régionaux (Gauby, Mas Cremat, Chichet…). Une adresse à découvrir, sans frime et sans chichis, un avenir prometteur lui est réservé, il va sans dire.

Le gîte et le couvert

LES GLYCINES 129, avenue Général-de-Gaulle ✆ 04 68 96 51 65. *Site : www.glycines.com - E-mail : les-glycines2@wanadoo.fr. Chambres de 24 € à 50 €. Menus à 9 €, 11 €, 12 €, et 24 €. Le restaurant est fermé du 20 octobre au 20 novembre, le vendredi, samedi midi et dimanche soir, sauf en saison.* Ce petit hôtel deux étoiles, dont la façade est couverte par la glycine, peut constituer une halte agréable au cœur du Conflent. 19 chambres, calmes et fonctionnelles selon la saison et les équipements. Les hôtes M et Mme Hygouninc propose une cuisine traditionnelle et du terroir.

Loisirs

EXTERIEUR BASE EAUX VIVES Route d'Eus - MARQUIXANNES ✆ 04 68 05 72 12. *Site : www.exterieur-nature.com - E-mail : exterieur@free.fr. Ouvert tous les jours et toute l'année. Accueil groupe sur demande.* A Marquixanes, à 6 km de Prades, en bordure de la Têt, encadré de personnels diplômés et compétents, équipés avec du matériel de qualité bien entretenu, vous voilà près à affronter la fougue des rivières catalanes. Au programme, le canyoning, le rafting ou encore l'hydrospeed. Glisse et émotions garanties. La base d'Extérieur propose d'autres activités comme les traditionnelles randonnées pédestres ou en raquettes et même des escapades en 4x4 en dehors des sentiers battus.

Emplettes

BIJOUTERIE CASA PEREZ 4, rue du Palais-de-Justice ✆ 04 68 96 21 03. *Ouvert toute l'année et tous les jours sauf le dimanche. Visites sur rendez-vous. Accueil groupe sur demande.* La visite de cette bijouterie traditionnelle, spécialisée dans le travail du grenat catalan, permet de voir l'atelier de fabrication, qui utilise notamment le montage traditionnel, selon les méthodes ancestrales. Plus de 600 modèles de collection sont visibles, du petit pendentif, aux superbes croix, en passant par les boucles d'oreilles.

CALVET ET FILS 29, rue des Marchands ✆ 04 68 96 07 18. *Ouvert toute l'année et tous les jours sauf le dimanche. Visites sur rendez-vous. Accueil groupe sur demande.* Ces ateliers ont une longue histoire (ils fonctionnent depuis 1804), dont témoigne une petite exposition sur l'art de la bijouterie depuis la fin du XVIIIe siècle. Ses créations actuelles ne déméritent pas et continuent à faire le plus bel usage du grenat de Perpignan.

▷ *Dans les environs*

Arboussols

A une douzaine de kilomètres à l'est de Prades, le charmant village d'Arboussols (panorama sur le Conflent et le Canigou) possède sur son territoire un ancien prieuré du XIIe siècle, fondé par l'ordre de Saint Sépulcre. Le village d'Arboussols en lui-même est aussi plein de charme. On y accède par une délicieuse route à flanc de montagne, à travers les vignes et les petits murets de pierre. Quelques vieilles bâtisses fleuries, de nombreux sentiers de randonnée, mais aussi un fantastique belvédère sur le Canigou.

PRIEURE DE MARCEVOL ✆ 04 68 05 24 25. *Ouvert tous les jours de mi-mars à mi-novembre, de 10h30 à 12h30 et de 14h à 18h. Ouvert les week-ends de 14h30 à 17h de mi-novembre à mi-mars. Entrée : 3 €.* Il conserve intacte sa grande église à trois nefs, mais aussi et surtout sa belle façade, ornée d'un somptueux portail de marbre rose. Sa restauration en 1972 a permis de sauver quelques éléments intéressants comme ces restes de peintures romanes et une porte à pentures du XIIIe siècle.

Codalet

Accolé à Prades sur la route de l'abbaye Saint-Michel de Cuxa, Codalet est un joli petit village au milieu des pâturages et des vergers. Au centre du village installé sur la droite de la D27, se trouve l'église romane avec sa traditionnelle tour clocher se terminant par un campanile et les vestiges d'anciens remparts. A proximité un parking ombragé pour découvrir à pied ses ruelles. De belles maisons en pierre de pays, dont une a intégré à sa construction une échauguette.

ABBAYE SAINT-MICHEL-DE-CUXA Route de Taurinya ✆ 04 68 96 15 35. *Les visites ont lieu de 9h30 à 11h50 et de 14h à 17h. (18h en saison). Dimanche et jours de fêtes religieuses, pas de visites le matin. Tarif : 3,80 €, enfants 2 € (gratuit - de 12 ans), tarif pass inter-sites 3,10 €.* De Prades, prendre la D27 vers Taurinya. Saint-Michel est le monument phare de l'art roman catalan.

Le site, paisible et doux, dégage une impression de sérénité incomparable. Au cours des siècles, les pillages se multiplièrent et des parties entières du monument furent dispersées dans la région. En 1907, un sculpteur américain Georges Gray-Bernard, retrouve dans les environs plus de la moitié des chapiteaux du cloître et les achète. Ceux-ci deviennent en 1925 la propriété du Metropolitan Muséum de New York. Aujourd'hui, le monastère (occupé par une petite communauté de bénédictins) a retrouvé son charme et son élégance naturelle et sa visite constitue un enchantement. Site du festival Pau Casals qui bénéficie d'une acoustique et d'un lieu exceptionnel pour ses concerts classiques.

Eus

Le petit village d'Eus, à 5 km à l'est de Prades bénéficie du prestigieux label plus beau village de France. En outre, il est aussi réputé pour être la commune la plus ensoleillée du pays. C'est la conséquence de son exposition, bâtie en gradins sur un promontoire dominant la vallée de la Têt, et exposé au sud. D'ailleurs, la vue sur le village depuis la N116, entre Marquixanes et Prades est saisissante. Considéré comme un des plus typiques villages fortifiés du Roussillon, son site fut choisi pour sa position défensive exceptionnelle. Ses ruelles pavées et son église séduisirent Boris Vian. Une fondation à son nom réunit de nombreux artistes.

Molitg-les-Bains

Itinéraire peu fréquenté, traversant des paysages variés et des villages pittoresques. 7 km après Prades, au débouché d'une gorge que fait à cet endroit la Castellane, voici les Bains de Molitg, la plus ancienne station de la chaîne thermale du soleil. Déjà connues des Romains, ses eaux ne furent réellement exploitées qu'à partir du XVIIIe siècle. Réputés pour les affections dermatologiques et respiratoires, les bains occupent un site ensoleillé, bien abrité, où s'est épanouie une flore exceptionnelle. L'endroit est dominé par les ruines du château médiéval de Paracolls.

SYNDICAT D'INITIATIVE ET MAIRIE 3 bis, Carrer-d'Avall ✆ 04 68 05 03 28. *Site : www.moltig.com - E-mail : si-moltig@wanadoo.fr. Ouvert toute l'année. D'avril à fin septembre de 9h à 12h30 et de 15h à 18h30 (fermé le dimanche, samedi après-midi et lundi matin). D'octobre à fin novembre de 9h à 12h30 et de 14h à 17h30 7j/7. De décembre à fin mars de 9h à 12h30 et de 14h à 17h30 (fermé les week-ends).*

CHATEAU DE RIELL Molitg-les-Bains ✆ 04 68 05 04 40. *Site : www.relaischateaux.fr/riell - E-mail : riell@relaischateaux.com. Chambres à partir de 130 € (avec salle de bains et terrasse privées)à 275 €. Menus de 42 € à 63 €. Fermé de novembre à mars. Fermé le midi du lundi au vendredi inclus.* Molitg est une charmante petite station thermale nichée dans la verdure, au bord de la Castellane. En son sein, le château de Riell, établissement quatre étoiles d'un luxe certain, constitue une halte élégante et raffinée dans la région. Entouré d'un magnifique parc boisé, ce somptueux édifice catalan du XIXe siècle propose au public ses 19 chambres spacieuses et personnalisées, confortables et aux prestations élevées. Les hôtes bénéficient d'installations superbes dans les jardins, avec les deux piscines, le tennis ou le centre de remise en forme. Cette luxueuse hostellerie de charme est aussi une table de grande qualité, grâce à un chef, Lionel Migliori, au talent reconnu. Dans la surprenante salle à manger baroque, vous dégusterez à loisir des mets succulents aux saveurs méditerranéennes, comme le crémeux de poivrons rôtis au bouillon de homard ou la redoutable échine confite au pied de cochon en paysanne de légumes. Un repas mémorable, dans un cadre tout aussi spectaculaire.

Mosset

Ancien village fortifié, dominé par les ruines de son château féodal, il semble barrer la vallée. Jolie petite cité médiévale, avec ses ruelles pentues, ses restes de fortifications médiévales, dans un site protégé idyllique, il a connu ces dernières années l'arrivée de quelques artistes et artisans.

SYNDICAT D'INITIATIVE ✆ 04 68 05 38 32. *Site : perso.wanadoo.fr/mairie.mosset - E-mail : mairie.mosset@wanadoo.fr. Fermé en janvier.*

COL DE JAU. A 1 514 mètres d'altitude, c'est un endroit superbement isolé, mystérieux et austère qui sert de cadre à la plus petite station de ski alpin du monde. Ici pas de frime et de snowboard, ni d'embouteillages ou de restaurants d'altitude. Une station inchangée depuis 30 ans où seuls quelques habitués de la vallée, pratiquent leur sport favori. On y pratique aussi la luge et les promenades en raquettes.

LA TOUR DES PARFUMS **Balco de la Solana ✆ 04 68 05 38 32.** *E-mail : mairie.mosset@wanadoo.fr. Ouvert du 13 juillet au 1er septembre de 10h à 12h et de 15h à 19h. Tous les après-midi sauf le lundi pendant les vacances scolaires d'hiver, Pâques, Toussaint et Noël de 15h à 18h et tous les samedis et dimanches le reste de l'année de 15h à 18h. Fermé en janvier. Entrée 3 €, enfant et tarif pass inter-sites 2,50 € (gratuit - de 12 ans). Public handicapé visuel.* L'odorat est, parmi les cinq sens, dans notre civilisation, le moins éduqué. Le petit musée de Mosset, ludique et pédagogique, totalement interactif, tente de combler cette lacune. Ici, on teste ses capacités olfactives à travers un parcours allant du romarin à la verveine, en passant par bien d'autres plantes odorantes.

Taurinya

Un village de montagne à 4 km à peine de l'abbaye Saint-Michel-de-Cuxa. Son petit centre mérite qu'on s'y promène avec ses ruelles étroites bordées de quelques maisons largement centenaires.

EGLISE. Dans le haut de Taurinya, une modeste construction en pierre de pays et plusieurs fois remaniée. Elle arbore une tour-clocher du XIIe siècle. Au sommet, on trouve une petite arche sur laquelle est suspendue une cloche, à l'image des églises coloniales espagnoles du Nouveau Monde. On monte une volée de marches, puis on accède à la nef par un portail gothique surmonté d'une petite niche qui abrite une statue de saint.

LAS ASTRILLAS **12, Carrer d'Aval ✆ 04 68 96 17 01.** *E-mail : las.astrillas@libertysurf.com. Fermeture annuelle du 15 novembre au 1er mars. 5 chambres à 42 €. Et une suite à 58 € Menu à 16 €.* Un vieux mas catalan rénové avec goût, entouré d'un jardin abondamment fleuri. On profitera du calme environnant et des chambres douillettes. Possibilité de repas à la table d'hôtes.

Vinça

La N116 ne traverse plus Vinça mais contourne la cité aujourd'hui bordée par un lac artificiel sur la Têt (barrage de Vinça). Un pont traverse le lac et permet de rejoindre la petite commune de Marcevol distante de 14 km environ. En contrebas du village, sur une colline, une petite mais jolie chapelle romane entourée d'agaves, qu'on peut admirer depuis la route.

Vinça abrite également une belle église romane aux proportions harmonieuses. Une tour clocher élancée surmontée d'un campanile et agrémentée d'une horloge. Au sommet, à chaque angle de la tour, quatre clochetons. Enfin, en plus du barrage proprement dit, la ville possède deux plans d'eau, dont l'un de plus de 200 hectares (Les Escoumes), idéal pour la pratique de la voile ou tout simplement la baignade ou le farniente.

SYNDICAT D'INITIATIVE **9, place Bernard-Alart ✆ 04 68 05 84 47.** *E-mail : vinca.syndicat-dinitiative@libertysurf.fr.*

LA PETITE AUBERGE **74, avenue du Général-de-Gaulle ✆ 04 68 05 81 47.** *Ouvert toute l'année. Fermeture hebdomadaire le mardi soir, le mercredi et le dimanche soir, en juillet et août le mercredi et le dimanche soir. Menus (midi) à 14,50 €, 25 € et 34 €.* Tenu de main de maître par Henri Ronde un des plus ardents défenseurs de la cuisine catalane, cet établissement ne désemplit pas. Il est urgent de réserver si l'on veut faire profiter ses papilles de la surprenante salade de gésiers aux myrtilles ou de l'exquise poêlée de gambas aux pignons. A midi, excellent petit menu avec charcuterie ou salade, steak grillé sauce bordelaise ou saucisse grillée et sa fondue de tomates. Accueil chaleureux et ambiance conviviale dans la grande salle à manger rustique.

Villefranche-de-Conflent

Ce petit village de 300 habitants, à 6 km à l'ouest de Prades et à une cinquantaine de Perpignan, cache derrière ses remparts pluri-centenaires une superbe cité médiévale, qui constitue un des endroits les plus exceptionnels et les plus incontournables de la région (plus beau village de France et ville d'art et d'Histoire"). Outre l'enceinte avec son chemin de ronde voûté, une superbe église romane du XIe siècle, et pas moins d'une vingtaine de façades d'hôtels particuliers, inscrites à l'inventaire des monuments historiques. Avec des hébergements de qualité et des restaurants tout aussi honorables et diversifiés, un patrimoine architectural exceptionnel et des paysages alentours qui le sont tout autant, Villefranche-de-Conflent est une halte quasi obligatoire pour toute personne visitant le département.

OFFICE DU TOURISME **32 bis, rue Saint-Jacques ✆ 04 68 96 22 96.** *Site : www.conflent.com - E-mail : otsi-villefranchedeconflent@voilà.fr. Ouvert tous les jours de 10h30 à 12h30 et de 14h à 17h.*

Points d'intérêt

LE FORT LIBERIA © **04 68 96 34 01.** *Ouvert toute l'année de 10h à 18h d'octobre à mai, et de 9h à 20h de juin à septembre. Tarif : 5,50 € (-5 ans gratuit, enfants 2,50 €, tarif pass inter-sites 4,6 €).* Dominant la cité fortifiée de Villefanche-de-Conflent, le château fort Libéria (conçu pour résister en cas de prise de la ville) est l'œuvre de Vauban et fut relié à celle-ci, lors du second empire, par un escalier souterrain dit des mille marches, le plus long du monde. Le fort est aussi accessible par un sentier assez raide à travers la montagne. A voir, les chemins de ronde, la galerie de la contrescarpe, les bastions, la chapelle, le pont-levis et ses échauguettes ainsi qu'un intéressant petit musée archéologique et spéléologique. Spectaculaire panorama sur la ville close que l'on surplombe.

GROTTE DE COVA BASTERA N116 © **04 68 96 23 11.** *Face aux remparts. Ouvert tous les jours de 10h à 18h (20h en été). Entrée adulte : 5 €.* A proximité de la citadelle de Villefranche de Conflent, cette cavité, située à la fin du réseau des Canalettes a toujours été occupée par l'homme. Cette grotte historique a été fortifiée en casemate et aménagée en poudrière à l'époque de Vauban. Petite reconstitution avec des mannequins grandeur nature.

LES REMPARTS DE VILLEFRANCHE 32bis, rue Saint-Jacques © **04 68 96 22 96.** *E-mail : otsi.villefranchedeconflent@voilà.fr. Fermeture annuelle en janvier. Ouvert en juillet et août de 10h à 20h, en juin et septembre de 10h à 19h, en février et octobre de 10h30 à 12h30 et de14h à 17h, de mars à avril et novembre de 10h30 à 12h et de 14h à 18h, en décembre de 14h à 17h (sauf vacances scolaires, ouverture le matin de 10h30 à 12h30. Entrée : 3,50 € (-10 ans gratuit, tarif pass inter-sites et enfants 2,50 €).* Les fortifications de Villefranche sont quasiment intactes. S'y balader constitue un agréable moment. La visite permet de parcourir entièrement le chemin de ronde et ainsi de découvrir les quatre tours rondes, édifiées au XIVe siècle, les bastions construits par Vauban au XVIIe et les embrasures à canons de la même époque. Un voyage passionnant à travers le temps.

Le couvert

Villefranche-de-Conflent

L'AUBERGE SAINT-PAUL 7, place de l'Eglise - VILLEFRANCHE-DE-CONFLENT © **04 68 96 30 95.** *Site : www.auberge.stpaul.free.fr. Fermé en janvier et une semaine début juin. Menus de 24 € à 75 €.* Adossé aux fortifications de la vieille ville, cet établissement de prestige s'est établi au sein d'une chapelle du XIIIe siècle. Aux beaux jours, sur la délicieuse petite terrasse, nichée dans la verdure, véritable oasis de charme, on déguste une cuisine créative. Le premier menu donne déjà une idée du talent et de la maîtrise des saveurs de cet autodidacte ! Confit de courgettes à la menthe sur un lit de chèvre frais au millefeuille de ravioles frites, émincé de lapin sur un lit d'oignons à la coriandre, rosace de pommes de terre. Les filets de rougets grillés, purée de pommes de terre, poivrons au basilic sauce vierge comme les incontournables langoustines de Loctudy, salade de rougette à l'ananas et vinaigrette à la vanille font partie des spécialités intéressantes. Une cuisine de haute volée, pleine d'innovation, qui fait travailler bon nombre de petits producteurs indépendants, qui n'ont pour seul objectif la qualité. Un magnifique voyage gustatif, onéreux certes, mais incontournable.

Emplettes

POTERIE DE LA CITADELLE 17, rue Saint-Jean ✆ 04 68 96 32 81. *Ouvert d'avril à octobre.* Dans deux grandes salles voûtées au rez-de-chaussée d'un bel immeuble de pierre, un établissement voué au grès catalan. On y trouvera un grand choix d'articles fabriqués à partir de ce matériau : vases, assiettes, pots de fleur, vinaigriers, pot à moutarde, etc… Egalement du cuir pleine fleur, des corbeilles de fleurs séchées…

▷ *Dans les environs*

Le Canigou

Il inspire le respect, sommet à la fois attirant et effrayant. Repère des marins grecs dans l'Antiquité avec sa pointe de neige, ses 2 784 mètres passèrent pour les plus élevés de monde, puis très longtemps pour le toit des Pyrénées, avant que le pic d'Aneto et ses 3 404 mètres ne surgissent de la Maladetta. Une vue splendide attend le passionné d'escalade. Du sommet, on découvre toute la chaîne des Pyrénées, et par temps exceptionnel, la Méditerranée jusqu'à Marseille. Chanté par tous les poètes catalans, il est devenu une légende, qu'on fête notamment à la Saint-Jean, allumant la première flamme au sommet, avant d'embraser tous les feux en descendant jusque dans la vallée.

Corneilla-de-Conflent

Ce petit village typique, bien abrité, que les comtes de Cerdagne avaient choisi pour en faire leur résidence d'hiver. Mais Corneilla est surtout connu pour sa superbe église qui trône sur la place du village.

EGLISE SAINTE MARIE. C'est un des édifices religieux les plus riches de la zone, édifié au XIe siècle suivant les règles cisterciennes. Joyau catalan de l'art roman, il mérite à coup sûr une visite. Un clocher de style lombard du XIe siècle, des restes de chapiteaux et de colonnes, vestiges d'un cloître disparu, et un superbe portail du XIIe siècle, décoré d'une vierge en majesté, la rendent déjà incontournable. A l'intérieur, on trouve de superbes retables en bois doré ou en marbre sculpté et de superbes statuettes romanes…

GROTTE DES CANALETTES Route de Vernet-les-Bains ✆ 04 68 05 20 76. *Ouvert d'avril à septembre, toute l'année pour les groupes sur rendez-vous. Entrée adulte : 7 €.* Cette cavité est célèbre pour une imposante concrétion en forme de table. Cet ensemble est un gour, que les coulées de calcite ont rempli jusqu'à déborder. Elle possède aussi un remarquable ensemble de draperies, en particulier une méduse d'une grande finesse.

GROTTES DES GRANDES CANALETTES Route de Vernet-les-Bains ✆ 04 68 96 23 11. *Ouvert toute l'année, horaires variables, sur RDV pour les groupes. Entrée : 7 € pour les adultes, 3 € pour les enfants. Visite et spectacle : 10 €, 5 € enfants de 5 à 12 ans.* La visite, qui s'effectue sur environ 1 km aller-retour, commence par la draperie, ensemble de concrétions spectaculaires, d'une blancheur étincelante. On parvient ensuite à la salle blanche, majestueuse cavité, découverte en 1982. La visite se poursuit par le lac aux Atolls, puis vient le clou du spectacle avec la grandiose salle du temple d'Angkor, d'une féerie incomparable. Dans ce lieu magique, on peut assister à un magistral son et lumière, qui permet d'apprécier le mariage exceptionnel entre la nature et la musique.

LA LEGENDE DE PYRENE Chemin de la Coopérative ✆ 04 68 05 52 78. *Ouvert toute l'année, tous les jours sauf week-end.* Installée au pied du Canigou, cette condimenterie vous permettra de ramener un parfum de vacances à la maison, avec ses vinaigres de vins et ses moutardes aromatisées.

Fillols

La D27 entre Taurinya et Fillols, pentue et étroite, traverse de superbes paysages et propose quelques beaux panoramas sur la vallée de la Têt. Peu avant Fillols, on arrive au col de Millères situé à 842 mètres d'altitude. Sur la gauche on trouve une piste forestière. C'est la fameuse escale de l'Ours, une piste forestière à l'accès réglementé appelée aussi la route de Balatg. Au col de Millères, on découvre au détour d'un virage un beau panorama sur Fillols et la nature environnante. Fillols, au milieu des pâturages et de la forêt, a gardé son caractère de village rural avec sa place centrale bordée de maisons traditionnelles, de son église et de son café.

LA CHAPELLE ROMANE. Au départ du centre de Fillols, c'est un excellent but de promenade pédestre. Son chevet en cul de four a été épargné de la destruction. Sa façade occidentale affiche encore un beau portail roman mais dont les jours apparemment sont comptés, sa clé de voûte menaçant de tomber et avec elle l'ensemble de la façade. Au-dessus du portail, une fenêtre à peine plus large qu'une meurtrière est une des rares ouvertures de l'édifice.

EGLISE. Installée au centre du village, une belle église qui arbore une tour-clocher percée d'arches doubles dans le plus pur style roman, supportées par des colonnes de marbres aux chapiteaux sculptés. On peut y voir également un cadran solaire. On admirera son portail entouré de volutes ouvragées. Au-dessus de l'entrée, une fenêtre étroite. Son chevet est percé d'une autre fenêtre d'une grande sobriété.

FRANCOISE ET DANIEL LEMAIRE La Tour © 04 68 05 63 63. *Fermé en mars. Ouvert du lundi au vendredi de 16h30 à 18h30.* Une petite mais excellente production de confits, foie gras, rillettes, magrets et autres délices, issus d'un élevage traditionnel des volailles.

Fontpédrouse

Fontpédrouse lui-même vaut le détour. De cet étonnant village, en passant par la nationale, on ne voit qu'une petite partie, le reste du village on ne sait comment, à flanc de montagne, s'étage depuis la route jusqu'aux abords de la rivière. En venant de Mont-Louis, la vue sur Fontpédrouse, avec en toile de fond la vallée, est vraiment saisissante.

Olette

A 10 km de Villefranche-de-Conflent, sur la route de Cerdagne, Olette est un petit village paisible, encaissé dans la haute vallée de la Têt, au cœur d'une zone peu peuplée. C'est souvent la halte incontournable des skieurs qui s'y arrêtent boire un café et faire une pause avant de continuer la route.

A partir d'Olette, on aborde la haute vallée de la Têt et ses gorges. La route serpente à flanc de montagne, coincée entre les parois abruptes et les gorges. Le paysage est tout simplement superbe, à l'image de celui offert par le défilé des Graüs, où la Têt se fraye un chemin pour le moins tortueux. Sitôt passé le défilé, la vallée se fait plus évasée, la route moins sinueuse. A Thuès-entre-Valls commencent les gorges de la Carança.

SYNDICAT D'INITIATIVE Maison du Haut-Conflent - Rue Fusterie © 04 68 97 08 62. *E-mail : si.hautconflent@free.fr.*

AUBERGE DE LA FONTAINE 3, rue de la Fusterie © 04 68 97 03 67. *E-mail : hotel.restaurant.la.fontaine@wanadoo.fr. Ouvert de février à fin décembre. Menus de 13,50 € à 32 €. Chambres à partir de 42 €.* Sur la place, avec sa jolie façade saumonée, l'Auberge de la Fontaine, est un incomparable lieu de vie et de bonne humeur. Ici officie Jean-Louis Trogno, qui régale les visiteurs de passage d'une délicieuse cuisine de terroir à prix doux : salade de gésiers confits ou feuilleté de boudin noir aux pommes du Conflent, civet de sanglier maison, gigot d'agneau catalan rôti sauce à l'ail doux ou magret de canard aux fruits rouges. L'auberge dispose de charmantes chambres joliment décorées.

Saint-Thomas-les-Bains

SOURCES NATURELLES D'EAUX CHAUDES Saint-Thomas-les-Bains © 04 68 97 03 13. *Site : www.bains-saint-thomas.com - E-mail : bains.2.saint.thomas@.wanadoo.fr. Ouvert tous les jours de 10h à 20h. En été jusqu'à 21h. Durée de bain conseillé, de 20 à 25 minutes. Tarifs en fonction des saisons (se renseigner).* Ces sources d'eaux chaudes procurent véritablement un bien être sans pareil. Riches en sulfure de chaux et de soude, leurs effets sont reconnus pour les affections respiratoires et les rhumatismes, mais elles sont surtout fréquentées par des randonneurs et des skieurs, qui après une journée d'efforts, se détendent dans cette eau turquoise, en pleine nature. Un incomparable moment de plénitude et de sérénité, où la sensation de bien être est telle que les mots manquent pour décrire un tel état.

Vernet-les-Bains

A une quinzaine de minutes de Villefranche-de-Conflent, Vernet-les-Bains est une station thermale réputée, fréquentée au début du siècle par les grands de ce monde (Kipling, la princesse de Battenberg) qui la surnommèrent le paradis des Pyrénées. La ville haute, dont on aura un joli aperçu depuis la route de Fillols, a gardé un certain cachet, avec son église et son château. A proximité, Casteil est le dernier village de la vallée du Cady. La route ne s'arrête cependant pas là et monte en serpentant au milieu de la forêt, avec de somptueux paysages jusqu'au col de Jour. Installé véritablement au pied du pic du Canigou, il offre son paysage, mais aussi son musée de la Montagne et son parc animalier, qui expose le milieu naturel autour du Canigou, avec ses métiers et les objets de la vie quotidienne, ainsi que la flore et la faune.

OFFICE MUNICIPAL DE TOURISME 6, place de l'Ancienne-Mairie ✆ 04 68 05 55 35. *Site : www.ot.vernet-les-bains.fr - E-mail : tourisme@ot-vernet-les-bains.fr. Ouvert toute l'année du lundi au vendredi de 9h à 12h et de 14h à 18h, de juin à septembre le samedi de 10h à 12h et de 14h à 16h et le dimanche de 10h à 12h.*

ABBAYE DE SAINT-MARTIN-DU-CANIGOU Casteil ✆ 04 68 05 50 03. *E-mail : abbayestmartin@aol.com. Ouvert toute l'année. De mi-juin à mi-septembre visites guidées à 10h,12h (12h30 dimanches et fêtes), 14h, 15h, 16h et 17h. De mi-septembre à mi-juin à 10h,12h (12h30 dimanches et fêtes), 14h30, 15h30 et 16h30. Fermé les mardis du 1er octobre au 20 avril. Tarif adultes : 3,50 €, 2,30 € les enfants (gratuit pour les moins de 12 ans) et le pass inter-sites.* C'est du village de Casteil, par un sentier pentu, que l'on parvient à l'abbaye, en 30 à 40 minutes. L'office du tourisme de Vernet-les-Bains met en place en saison un service de jeeps pour rallier le Monastère, afin que les personnes de faible motricité puissent tout de même profiter de la magie du lieu. Après le petit épisode randonnée depuis Casteil (25 mètres de dénivelé), l'édifice se dévoile alors, à près de 1 100 mètres d'altitude, accroché à un éperon rocheux, dans un site grandiose. Il va de soi qu'une tenue adéquate et un certain recueillement sont recommandés lors de la visite du site.

HOTEL LE MOLIERE 6, boulevard de Saint-Martin-du-Canigou - CASTEIL ✆ 04 68 05 50 97. *E-mail : hotelrest@lemoliere.com. Ouvert du 2 février au 15 novembre. Chambre de 38 € à 47 €. Menus de 22 € à 30 €.* A 2 km de Vernet-les-Bains, le charmant petit village de Casteil possède aussi avec le Molière un des établissements les plus sympathiques de la région. 10 chambres seulement, simples et coquettes. La table, fréquentée en saison, pour son cadre champêtre, propose une cuisine régionale dans la plus pure tradition villageoise. Après l'ascension du monastère, qu'il est bon de s'y attabler, dans le jardin ombragé, pour y déguster quelques spécialités locales, dans une ambiance conviviale et bon enfant.

CASINO Allée du Parc ✆ 04 68 05 60 80. *E-mail : casinovernetlesbains@wanadoo.fr. Ouvert toute l'année 7j/7 de 11h à 3h.* A côté des thermes de Vernet, au cœur d'un joli parc arboré, on trouvera au Casino les jeux habituels ainsi que des machines à sous. Le Casino abrite également une discothèque et, le dimanche après-midi, organise des thés dansants.

LA BOUTIQUE DE TRINI ET JACKY TRILLAS 15, avenue des Thermes ✆ 04 68 05 53 09. Une bien jolie échoppe, tout près de la place de la République. Toute la gastronomie régionale est passée en revue : olives du Roussillon, confits d'escargots, anchois au sel, croquants de Saint-Paul, confitures, vins du Roussillon... Possibilité de composer soi-même son petit coffret cadeau, idéal après un retour de vacances. Grand choix de produits biologiques et conserves artisanales.

Vallée de la Rotja, Sahorre, Py, Mantet

Très agréable excursion sauvage au départ de Villefranche. Prendre la direction Mont-Louis et après 10 km prendre à gauche la petite D6, qui remonte la rivière. La première commune traversée est celle de Fuilla, composée de trois lieux d'habitation distincts, Veïnat-de-Baix, Veïnat-del-Mig, et Veïnat-d'Amunt. Dans le premier cité, il faut faire une halte pour aller contempler la remarquable église romane Sainte-Eulalie, consacrée en 1031. Au fond de la vallée, entourée d'un cirque de montagnes, voici Sahorre avec 400 habitants, bâtie à 670 mètres d'altitude. On peut y pratiquer de nombreuses activités parmi lesquelles la pêche et la randonnée. La plus intéressante étant l'ascension de la tour de Goa, au sud-est du village, à 1 268 mètres d'altitude. On profite alors d'un panorama exceptionnel (table d'orientation), sur les deux petites vallées parallèles du Cady et de la Rotja, et sur le massif du Canigou.

LA CAVALE Mantet ✆ 04 68 05 57 59. *Site : www.la-cavale.fr.* Le centre équestre La Cavale propose des promenades à cheval de 1 à 2 heures dans les réserves naturelles du massif du Canigou dont deux, celles de Mantet et de Py, entourent le village. La Cavale organise également des circuits d'une demi-journée ou d'une journée complète ainsi que des excursions de 2 à 3 jours (à partir de 3 personnes). Pour les plus aguerris, des randonnées équestres en haute montagne de 8 à 10 jours sont également proposées.

CAPCIR ET CERDAGNE

Ces deux micro régions occupent la partie ouest du département, dans une zone montagneuse toujours supérieure à 1 000 mètres d'altitude. Voisines, elles n'en sont pas moins différentes notamment au niveau climatique. La Cerdagne, vaste bassin entouré de hautes montagnes, et d'une exposition privilégiée, bénéficie de conditions atmosphériques relativement clémentes (par rapport à son altitude) grâce essentiellement à un ensoleillement exceptionnel. Le Capcir, quant à lui, est beaucoup plus rude, car exposé aux vents du nord. Les hivers y sont donc généralement plus froids, et l'enneigement plus important.

Avant l'explosion du tourisme et la création de stations de sports d'hiver il y a une trentaine d'années, (Les Angles datent de 1963), cette petite région du Capcir, vivait un peu repliée sur elle-même, avec pour seules activités l'élevage et l'exploitation forestière. Ce paradis de la pêche et de la randonnée est néanmoins resté assez sauvage pour que certains visiteurs le comparent au Canada. La Cerdagne a la réputation d'être plus rieuse, plus lumineuse, avec ses damiers de céréales et de prairies. Le tourisme y est parvenu plus tôt, prenant très vite une place importante dans son économie. La notoriété d'une station comme Font-Romeu a favorisé l'image sportive et de détente de la région. L'implantation d'une industrie solaire, avec notamment les fours d'Odeillo et de Mont-Louis lui a ajouté celle de la modernité et des énergies nouvelles. Depuis 1659, la Cerdagne est séparée entre deux états, la France et l'Espagne. Auparavant, elle appartenait tout entière au pouvoir de Barcelone.

Mais le traité des Pyrénées n'a pu empêcher d'importants échanges entre les deux parties, les voies de communication étant plus difficiles avec leur propre pays. De nos jours, les relations se perpétuent, et il est courant pour les Cerdans français, d'aller au marché de Puigcerda (la petite capitale de la Cerdagne espagnole) ou de s'y rendre le week-end pour y faire la fête. La Cerdagne et le Capcir sont de gigantesques espaces de détente et de découvertes, aussi bien l'été que l'hiver.

Les Angles

Le vieux village, blotti autour de sa jolie église romane, a conservé tout le charme des vieux villages montagnards traditionnels : maisons rustiques, toits en ardoises et vestiges de l'ancien château. Les Angles sont devenus une des stations de sports d'hiver les plus importantes des Pyrénées, avec près de cinquante kilomètres de pistes de ski alpin, réparties en 4 secteurs bien distincts selon le niveau des pratiquants et le type de glisse. S'y ajoutent plus de 100 km de pistes de ski de fond, sur le plateau du Capcir, tellement propice à cette activité. Depuis quelques années, c'est devenu la station des Perpignanais, la station tendance du département, où il faut être vu.

OFFICE DU TOURISME 2, avenue d'Aude ✆ 04 68 04 32 76. *Site : www.les-angles.com - E-mail : les-angles@les-angles.com. Ouvert toute l'année 7j/7, de 9h à 12h30 et de 14h à 18h (19h pendant les vacances scolaires).*

Points d'intérêt

LE VIEUX VILLAGE. Une petite balade dans ce minuscule vieux village permet de découvrir quelques éléments intéressants du patrimoine et un habitat traditionnel typé. Sur la place du Castell, d'où la vue est agréable sur la plaine du Capcir, on remarque la porte tour du château, vestige des fortifications du XIIe siècle, mise en place par le Roi d'Aragon. L'église aussi est digne d'intérêt. Datant de la fin du XIXe siècle, elle fut édifiée sur un édifice primitif dont subsistent encore l'abside romane et l'ancienne porte. Enfin, en s'enfonçant dans les étroites ruelles, on peut observer de nombreuses maisons possédant des fours à pain ou de jolis linteaux en granit, portant parfois les emblèmes du métier du propriétaire.

PARC ANIMALIER DES ANGLES Pla-del-Mir ✆ 04 68 04 17 20. *Site : www.faune-pyreneene.com - E-mail : parcanimalier@aol.com. Ouvert toute l'année et tous les jours de 9h à 17h en hiver et de 9h à 18h en été. Entrée : 8 € pour les adultes, 6,50 € pour les enfants (gratuit - de 4 ans).* Le village des Angles est aussi connu pour son parc animalier, unique dans toutes les Pyrénées. Le long des circuits, sont aménagées des aires de pique-nique, où les visiteurs s'attablent, avec en point de mire, un bison ou une biche, galopant dans les sous-bois. C'est pour les enfants une vision saisissante de cette faune typique (sangliers, mouflons, isards, marmottes, bouquetins, bisons, loups, ours, cerfs, rennes, daims), qu'ils ne voient habituellement que dans les livres ou à la télévision.

Le gîte et le couvert

HOTEL LE LLARET Avenue de Balcère ✆ 04 68 30 90 90. *Fermé de septembre à mi-décembre et de mai à fin-juin. Chambres de 62 € à 70 €. Menu à 18 €. Carte.* Cet hôtel occupe un superbe chalet en bois dominant le vieux village des Angles et le lac de Matemale. Outre une ambiance conviviale et un accueil des plus agréables, il comprend 26 chambres confortables, dont les balcons donnent soit sur le village et la montagne, soit sur le plateau du Capcir (une merveille au réveil). Au menu du restaurant : salade de chèvre chaud ou assiette de jambon de pays, puis brochettes d'agneau, boles de picolat ou pavé de bœuf poêlé sauce aux morilles.

HOTEL RESTAURANT LE YAKA Avenue de Mont-Louis ✆ 04 68 04 46 46. *Chambres de 42 € à 56 €. Menus à partir de 12 €.* Cette grosse bâtisse claire à la sortie du village héberge un des meilleurs hôtels restaurants du coin. Ici, 35 chambres calmes et coquettes avec balcons pour certaines. Le menu principal, est d'un excellent rapport qualité prix, avec en entrée, salade grecque (tomate, jambon, mozzarella) ou terrine maison. Par la suite, le choix s'effectue entre une fricassée de dinde, un filet de lieu noir ou une pièce de boucher aux cèpes. Un endroit cosy et chaleureux, avec sa cheminée et son cadre montagnard, incontournable pour ses prix et son accueil.

Loisirs

BUREAU DES GUIDES DES ANGLES 2, avenue de l'Aude ✆ 04 68 04 39 22. *Ouvert tous les jours et toute l'année.* Basée aux Angles, la Compagnie des guides des Pyrénées catalanes, forte de ses 12 membres, propose tout un éventail d'activités sportives et découvertes, de niveaux différents. En hiver, elle permet entre autres de découvrir le ski hors piste, l'alpinisme, le ski de randonnée ou encore les balades en raquettes. A la belle saison, randonnée, escalade, rafting ou VTT sont proposés aux clients.

EQUISUD Route de la Forêt ✆ 04 68 04 43 62. *Site : www.equisud. com. Ouvert toute l'année de mai à octobre.* Sur la route allant des Angles à Matemale traversant la forêt de la Matte, Equisud est un centre équestre qui organise en Capcir des promenades initiatiques pour les débutants et des grandes chevauchées dans toute la vallée du Capcir. A la demi-journée, à la journée. Possibilité de randonnée à thème (transhumance…).

▷ Dans les environs

Formiguères

Formiguères a gardé de nombreuses empreintes de son passé, notamment son église, bel édifice roman du XIIIe siècle, construite par le roi Sanche d'Aragon. A l'intérieur, hormis le mobilier, on remarquera un superbe retable en bois du XVIIe siècle et un rare et somptueux Christ en bois du XIIe siècle.

Formiguères a su garder son côté montagnard typique, son cachet et son âme. Le fait que les remontées mécaniques soient situées un peu plus en amont y est sûrement pour quelque chose. C'est une petite station de 17 pistes relativement aisées qui attire un public familial.

OFFICE DE TOURISME 4, route de Mont-Louis ✆ 04 68 04 47 35. *Site : www.formigueres.com - E-mail : info@formigueres.com. Ouvert toute l'année. Durant les vacances d'hiver de 8h30 à 14h et de 16h à 19h du lundi au samedi, le dimanche de 8hh30 à 14h. De mi-mars à fin juin de h à 12h et de 15h à 18h du lundi au samedi. De début juillet au 9 septembre de 9h à 12h30 et de 15h à 19h, 7j/7. Du 10 décembre à début décembre de 9h à 12h et de 16h à 18h du lundi au samedi.*

HOTEL RESTAURANT PICHEYRE 2, place de l'église ✆ 04 68 04 40 07. *E-mail : hotel-picheyre@wanadoo.fr. Chambres à 42 €. Menus à 12 € et 19 €.* L'Hôtel-Restaurant Picheyre est un établissement familial connu dans tout le Capcir et même au-delà. Côté hébergement, 18 chambres, simples mais néanmoins confortables. La table propose une cuisine traditionnelle, simple et généreuse, avec des plats simples, familiaux : potage maison, escalope de dinde panée et purée maison. Elle se fait aussi plus raffinée, avec la quiche forestière, le magret de canard grillé au Banyuls ou le lapin sauté grillé à la crème d'ail.

FERME DU CALMADOU 6, Cami del Couillet ✆ 04 68 30 97 02. En plein cœur du Capcir, une ferme qui produit des fromages de brebis : pérail, tomme, brique. Vous trouverez également des yaourts ainsi que des agneaux de pays, à la commande uniquement. Présent sur le marché de Formiguères (samedi matin), des Angles (mardi matin) et de Font-Romeu (mercredi matin).

Fontrabiouse et Espousouille

Ces deux petits villages, à 6 km au nord de Formiguères ne semblent pas connaître l'animation et l'activité des autres communes du Capcir. Ici, tout est authenticité. Peu de chalets récents, pas de stations de sports d'hiver, la nature est parfaitement préservée. Sans y être spectaculaire, l'habitat rural traditionnel y est préservé avec ses maisons un peu austères, aux fenêtres parfois surmontées de linteaux. Si Espousouille est connue pour être le point de départ de la fantastique vallée sauvage du Galbe à la flore et faune exceptionnelles, Fontrabiouse l'est pour ses grottes, parmi les plus intéressantes des Pyrénées.

GROTTE DE FONTRABIOUSE ✆ 04 68 30 95 55. *Ouvert toute l'année, sauf du 15 novembre au 15 décembre, et tous les jours de 10h à 12h et de 14h à 17h. Du 1er juillet au 31 août, de 10h à 19h. Dernière visite, une heure avant la fermeture. Entrée adultes : 6 €, enfants : 3,50 €.* La grotte de Fontrabiouse vaut le détour pour la beauté et la variété de ses concrétions toujours en activité. La visite du site, sur plus d'un kilomètre dans la galerie fossile d'une beauté et d'une hauteur impressionnante, constitue un voyage magique. De salle en salle, les concrétions se présentent, plus intéressantes les unes que les autres. Spectaculaires coulées de stalagmites, aux formes proches de gigantesques méduses, stalactites, aragonites arborescentes et bien d'autres formes encore comme ce curieux bénitier.

Matemale

Matemale est un village de montagne typique, construit sous le barrage du même nom. A voir, une ancienne tour du XVe siècle, transformée en oratoire, une église du XVIIe siècle et des maisons paysannes traditionnelles, mais aussi un endroit authentique au centre du plateau à 1 500 mètres d'altitude. Important site sportif, grâce notamment en hiver à ses dizaines de kilomètres de pistes de ski de fond qui sillonnent la forêt de la Matte, en bordure du lac. Ces pistes deviennent à la belle saison des sentiers fréquentés par les amateurs de balades à pied et en VTT.

OFFICE DU TOURISME Maison des Artisans ✆ 04 68 30 59 57. *E-mail : Ot-maternale@wanadoo.fr. Ouvert toute l'année (horaires à vérifier).*

HOTEL RESTAURANT LA BELLE AUDE Le Village ✆ 04 68 04 40 11. *Site : www.cerdagne-capcir.fr. Chambres à partir de 45 €. Menus à 25 €.* Derrière la jolie façade crème, une trentaine de chambres coquettes, meublées dans le style du pays, satisferont les amateurs de tradition et d'authenticité. La table, réputée, propose aux menus : salade catalane et daube à l'ancienne, grillades d'agneau ou de magret, gratin de poivrons farcis à la morue, joues de porc ou les cailles mijotées au Banyuls... Un bien sympathique établissement, bien exposé, pour un séjour revigorant à 1 500 mètres d'altitude.

HOTEL-RESTAURANT CORRIEU La Llagonne ✆ 04 68 04 22 04. *Fermé de mi-mars à début juin et d'octobre jusqu'aux fêtes de fin d'année. Chambre de 32 € à 72 € selon l'équipement Menus à 12,80 € (le midi), à 22 €. Carte.* L'accueil est une tradition familiale pour Brigitte et Alain Corrieu. Les grands-parents d'Alain recevaient déjà les voyageurs de passage en 1882, dans cet ancien relais de diligences. Cette belle bâtisse héberge aujourd'hui un hôtel cossu, aux 21 chambres confortables et bien tenues, dont certaines offrent de jolies vues sur les environs. La table, elle, n'est plus à vanter et c'est dans une salle à manger rénovée que vous serez installés. Parmi ses spécialités, on citera notamment la noix d'entrecôte poêlée forestière à 12,40 € ou encore le savoureux agneau grillé aux herbes du Capcir à 15 €. Le menu à 22 € satisfera les plus exigeants ; il en est de même pour le menu du jour, servi le midi, une formule à 12,80 €. Une belle hostellerie traditionnelle, dans un village tranquille, à cheval sur Cerdagne et Capcir.

Font-Romeu

A 90 km à l'ouest de Perpignan, étagée entre 1 600 et 1 800 mètres d'altitude, orientée plein sud, Font-Romeu est probablement la station pyrénéenne la plus connue des Français. Le climatisme y a vu le jour au tout début du XXe siècle, mais c'est en 1914, avec la construction de l'imposant Grand Hôtel, que la station se fait un nom. Après la seconde guerre mondiale, la cité cerdane retrouve un second souffle grâce à la démocratisation des sports d'hiver.

Mais Font-Romeu est aussi une ville sportive et sa consécration est aussi venue de la création du lycée climatique et sportif et du centre d'entraînement en altitude. On trouve donc dans la ville, tout au long de l'année, des sportifs de haut niveau, de toutes les disciplines et de toutes les nationalités.

Font-Romeu est bien évidemment une station de sports d'hiver de premier plan dans la chaîne pyrénéenne, avec ses 52 km de pistes, ses 28 remontées mécaniques et ses centaines de canons à neige, qui en font une des pionnières de cette technique, seule efficace pour contrecarrer les 3 000 heures d'ensoleillement annuel.

OFFICE DU TOURISME 38, avenue Emmanuel-Brousse ✆ 04 68 30 68 30. *Site : www.font-romeu.com - E-mail : office@font-romeu.com. Ouvert toute l'année, 7j/7 de 9h à 12h et de 14h à 18h, durant les vacances scolaires de 8h30 à 19h.*

Points d'intérêt

L'ERMITAGE. Situé à un kilomètre du centre-ville sur la route de Mont-Louis, ce solide et austère édifice est le cadre, chaque 8 septembre, d'une procession réunissant des milliers de Cerdans. Selon la tradition, à cette date, la Vierge est descendue par les pèlerins jusqu'au hameau d'Odeillo, où elle prend ses quartiers d'hiver. Au printemps, le dimanche de la Trinité plus exactement, elle retrouve l'Ermitage et son emplacement dans la niche d'un magnifique retable baroque exécuté par Joseph Sunyer (1707).

FOUR SOLAIRE D'ODEILLO Rue du Four-Solaire - BP5 ✆ 04 68 30 77 86. *Ouvert tous les jours et toute l'année sauf 25 décembre et 1er janvier 10h à 12h30 et de 14h à 18h, en juillet et août de 10h à 19h30. Tarif : 5 € pour les adultes, 3,50 € pour les enfants de 10 à 18 ans, gratuit pour les moins de 8 ans.* A à peine 2 km du centre-ville, on vient dans ce typique petit village de montagne d'Odeillo essentiellement pour y découvrir le plus grand four solaire du monde (40 mètres de haut sur 54 mètres de large). Ce gigantesque miroir abrite 70 chercheurs et ingénieurs qui élaborent et qualifient de nouveaux produits destinés à l'étude spatiale. La visite du site permet de comprendre l'énergie solaire et son utilisation au travers de maquettes, d'expositions interactives, ludiques et instructives. On assiste aussi à des expériences dites de laboratoire, parmi lesquelles celle du simulateur qui reproduit la fusion d'une plaque d'acier au foyer du four. Fascinante et pédagogique visite, dans un des sites phares du département.

Le couvert

RESTAURANT LA CHAUMIERE Avenue Emmanuel-Brousse ✆ 04 68 30 04 40. *Fermé du 15 au 30 juin. Menus à partir de 15 €.* Située sur l'artère principale la Chaumière est une table fort réputée qui déploie sa grande terrasse aux moindres rayons de soleil. Sa cuisine, riche et originale, évolue en

Chiens de traîneaux

Le four solaire d'Odeillo

Ville sous la neige

fonction des saisons. Entre autres spécialités délectables, on retiendra les aubergines farcies aux pieds de porc ou le trinxat de Cerdagne. En entrée, on pourra savourer l'esqueixada de morue, la salade de tomates aux copeaux de manchégo, puis les traditionnels magrets de canard au banyuls et lapin à l'aïoli. A midi, les plats du jour sont tout aussi efficaces et authentiques : truites meunières, coustellous grillés… Enfin, pour les petits estomacs, un grand choix de salades et de crêpes est proposé.

Le gîte

LE CARLIT Résidence les Cimes ✆ 04 68 30 80 30. *Fermeture annuelle (à vérifier). Chambres doubles de 70 € à 80 € en haute saison et de 54 € à 64 € en basse saison.* Situé au cœur de Font-Romeu, venez découvrir la fontaine de la santé et de la forme où vous profiterez à volonté des installations comme le jaccuzi, hammam, sauna, salle de fitness et de cardio, idéal après une journée intense en émotions.

HOTEL LE GRAND TETRAS 14, avenue Emmanuel Brousse ✆ 04 68 30 01 20. *Ouvert toute l'année. Chambres doubles de 53 € à 73 €.* Au Grand Tétras, M. et Mme SARDA vous proposent de découvrir la montagne pyrénéenne côté art de vivre. Situé en plein centre de la station, prés de la télécabine, des tennis, du golf et du casino, le Grand Tétras offre confort douillet, loisirs à volonté… 36 chambres insonorisées (dont 4 suites pour 4 personnes). Salons TV et lecture, bar, coin cheminée, billard américain, jeux de société. Remise en forme : sauna, musculation, piscine couverte et chauffée, terrasse solarium panoramique. Salle de séminaires parfaitement équipée.

Le gîte et le couvert

HOTEL RESTAURANT CLAIR SOLEIL 290, avenue François-Arago ✆ 04 68 30 13 65. *Site : www.la-rando.com/clairsoleil - E-mail : clai.soleil2@wanadoo.fr. Ouvert toute l'année. Chambres de 45 € à 54 €. Menus entre 16 € et 23 €.* Le Clair Soleil est un établissement moderne et confortable, de surcroît particulièrement bien exposé avec une trentaine de chambres et un agréable petit balcon pour admirer le paysage. Cuisine actuelle et originale comme pour ces aiguillettes de canard déglacées au vinaigre de cidre ou ces succulents petits poissons farcis à la brandade de morue. En outre, l'équipe dynamique de cet établissement organise fréquemment des randonnées découvertes avec un accompagnateur en montagne.

PYRENEES HOTEL Place des Pyrénées ✆ 04 68 30 01 49. *Site : www.hotel-de-pyrenees.com. Ouvert toute l'année. Chambres 47 € à 56 €.* Au cœur même de la station, avec une vue imprenable sur toute la plaine cerdane et les Pyrénées, cet hôtel deux étoiles, sis dans une belle bâtisse typique de l'architecture montagnarde comprend tout l'équipement et le confort de sa gamme. Le Pyrénées dispose au total de près de quarante chambres mignonnes et bien équipées. Un bien sympathique endroit à un prix intéressant. L'accueil est charmant.

Loisirs

En hiver, avec ses 40 pistes, et ses 450 canons à neige, Font-Romeu est une des stations reines des Pyrénées. Mais la station cerdane se vit toute l'année et particulièrement en été. Une multitude d'activités, notamment sportives sont à la disposition du public : équitation, tir à l'arc, tennis, golf 9 trous, squash, escalade, VTT, parapente, et une quantité impressionnante de randonnées et balades de tous niveaux. La liste n'étant pas exhaustive, il est difficile de s'ennuyer dans la reine des stations cerdanes.

▷ *Dans les environs*

Bolquère

Bolquère est un agréable village montagnard de 700 habitants, situé entre Mont-Louis et Font-Romeu. On y trouve de nombreux exemples de l'habitat traditionnel cerdan. Desservie par le petit train jaune, sa petite gare est la plus haute de France, à plus de 1 600 mètres d'altitude. C'est de la petite église du village, perchée sur un promontoire rocheux, que le panorama se révèle le plus spectaculaire. Le territoire de la commune est en grande partie recouvert de forêts, parsemé çà et là de chalets et résidences secondaires.

OFFICE DE TOURISME Pyrénées 2000 ✆ 04 68 30 12 42. *Site : www.pyrenees2000.com - E-mail : infos@pyrenees2000.com. Ouvert toute l'année. En hiver 7j/7 de 9h à 12h et de 14h à 18h (vacances scolaires de Noël et février de 9h à 19h), en juillet et août de 9h à 12h et de 14h à 19h, le reste de l'année du lundi au vendredi et samedi matin de 9h à 12h et de 14h à 17h.*

TERRITOIRE LAPON ✆ 04 68 30 41 22. *Tarif enfants : 4 €, adultes : 5 €.* Sur le territoire de la commune de Bolquère a été créé depuis quelques années un petit parc animalier, qui présente bon nombre d'animaux du grand Nord, et notamment des rennes qui vous tireront en traîneaux dans la forêt cerdane. On y trouve aussi des chiens de race nordique, husky, malamute ou autres samoyèdes et quelques animaux nains qui capteront d'emblée l'attention des enfants.

Saillagouse

La situation et l'environnement de ce gros village de près de 1 000 habitants, au centre de la Cerdagne, en font le lieu idéal pour rayonner sur la région. Avant la seconde guerre mondiale, la terre et l'élevage étaient les seules véritables activités. Aux cultures du seigle, des pommes de terre et du blé, on associait quelques bêtes, moutons, vaches ou chevaux. Les choses ont bien changé, le village s'est agrandi, mais une chose se maintient, la charcuterie cerdane.

OFFICE DE TOURISME Mairie ✆ 04 68 04 72 89

LE MUSEE DE CERDAGNE FERME CAL MATEU Sainte-Léocadie ✆ 04 68 04 08 05. *Ouvert tous les jours de juillet au 30 septembre de 11h à 19h. Visite sur demande le reste de l'année.* Sainte Léocadie est un petit village typiquement cerdan, situé entre Saillagouse et Bourg-Madame. Cette petite commune, disséminée en plusieurs hameaux, héberge le musée de Cerdagne Cal Mateu. Installé dans une superbe ferme du XVIIe siècle, inscrite à l'inventaire des monuments historiques, on y découvre notamment les différentes activités d'une exploitation agricole au début du vingtième siècle.

HOTEL PLANES - RESTAURANT LA VIEILLE MAISON CERDANE Place des Comtes-de-Cerdagne ✆ 04 68 04 72 08. *Site : www.planotel.fr. Chambres de 40 € à 52 €. Menus de 16 € à 40 €. Fermé du 1er novembre à mi décembre et trois semaines en mars.* Au centre du village, cet établissement cossu est connu de tous les Cerdans. Cette affaire familiale a fêté en 1995 ses cent ans d'existence. Véritable petit nid douillet, l'hôtel propose ses 19 chambres coquettes et meublées dans le style du pays, et d'autres plus spacieuses. En bas, dans l'élégante salle à manger rustique, l'ambiance est conviviale autour de la grande cheminée. Ici, depuis 4 générations, ce sont les hommes qui sont aux fourneaux. Délicieux petits plats mitonnés, cuisine traditionnelle et spécialités de gibier. Caneton aux raisins, filet mignon de veau sauce forestière, cuisine généreuse et authentique. Une institution.

CHARCUTERIE BONZOM Avenue des Comtes-de-Cerdagne ✆ 04 68 04 71 53. *Site : www.bernard-bonzom.com. Magasin ouvert à l'année. Séchoir à jambon, durant les vacances scolaires de 9h à 12h30 et de 15h à 19h. Entrée gratuite, accueil groupe sur demande.* Bernard Bonzom perpétue le savoir-faire ancestral, avec amour et originalité. Dans son magasin du centre du village, pas moins de 70 spécialités à découvrir : saucissons secs, fuets, llonganisses et Ipa de fetge. A quelques pas de là, sur la route d'Estavar, est installé le séchoir à jambon. Pas moins de 700 au total pendent dans la pièce et se bonifient lors du séchage. Le goût du terroir et de l'authentique.

Targassonne

Targasonne, minuscule village de quelques dizaines d'habitants à 1 600 mètres d'altitude est surtout connu pour son fabuleux chaos granitique, issu de la fonte des glaciers quaternaires. L'autre lieu touristique du village est la centrale électrosolaire qui domine le village.

CENTRALE ELECTROSOLAIRE THEMIS ✆ 04 68 30 77 86. *Ouvert sur réservation. Entrée 5 €, gratuit - de 8 ans, 2 € (groupe école primaire), 3 € (groupe lycée, collège) 4 € (adultes).* Cette centrale, dont la tour supporte une chaudière expérimentale, est visible à des kilomètres à la ronde. Construite en 1983, la centrale est arrêtée à peine trois ans plus tard. Depuis quelques années, elle a repris du service. Ce lieu de recherche s'est transformé en un immense théâtre multimédia, où les spectateurs peuvent voir projeter de gigantesques images haute définition, sur fond musical. Renaissance tout à fait originale pour Thémis qui s'est trouvée là une nouvelle vocation artistique et culturelle.

Bourg-Madame

Situé au point le plus bas de la Cerdagne française, à 1 130 mètres d'altitude, Bourg-Madame est un gros village de 1 200 habitants, poste frontière avec l'Espagne. Lieu de passage, toujours animée, elle se trouve face à Puigcerda, 7 000 habitants, la plus grande ville de la région. A l'entrée, on s'arrêtera à l'église romane d'Hix (XIIe siècle) qui sert de cadre au festival.

De Bourg-Madame, un petit détour à Puigcerda, juste de l'autre côté de la rivière, en Catalogne espagnole est incontournable. Cette petite ville accueille chaque jour des centaines de touristes et de Cerdans français, venus faire des achats dans ses rues à arcades.

OFFICE MUNICIPAL DE TOURISME 1, place Catalogne ✆ 04 68 04 55 35. *E-mail : tourisme-bourg-madame@wanadoo.fr.*

▷ *Dans les environs*

Angoustrine

Sur la D618, à 14 km de Font-Romeu, un village en bordure de l'enclave espagnole de Llivia. A voir, une église romane arborant également une tour-clocher au-dessus de l'entrée se terminant par un toit conique.

BAINS DE DORRES Dorres ✆ 04 68 04 66 87. *Ouvert tous les jours et toute l'année. Horaires variables selon la période. Fermeture 3 semaines en novembre sauf week-ends. Entrée : 6 € adultes, 3,50 € (enfants gratuité pour les moins de 5 ans), groupes 4,50 € (adultes), 2,50 € (enfants).* Le village, près d'Angoustrine, est surtout connu pour ses bains romains, bien aménagés, dans un site naturel préservé, au pied des montagnes. On se délecte de cette eau naturellement chaude (42°) et sulfureuse. S'y prélasser est un moment de jouissance unique, à recommander d'urgence après une randonnée ou une éprouvante journée de ski. On en sort ragaillardi et revigoré. Les mots manquent pour décrire une pareille sensation de bien-être, dans un écrin de montagnes magnifiques.

CAL XANDERA 49, route de Font-Romeu ✆ 04 68 04 61 67. *Fermeture annuelle du 6 novembre au 15 décembre. Fermé le lundi. 6 chambres de 30 € à 33 €. Menu à 14 €. Carte.* C'est une vieille ferme rénovée et pleine de charme qui abrite ses 6 chambres d'hôtes conjuguant à merveille pierre apparente et boiseries d'époque. Cour avec terrasse ombragée. Le restaurant, ouvert le soir et sur réservation, propose une cuisine simple et généreuse aux saveurs régionales.

Entveig

Sur la route du col de Puymorens, à 7 km de Bourg-Madame, un village surnommé le balcon de la Cerdagne. Il abrite une belle église romane visible depuis la route, aux harmonieuses proportions. A proximité, le village d'Ur recèle une belle église romane en forme de croix latine avec un chevet à abside. Sa tour clocher est surmontée d'un toit conique original pour la région.

LES CINQ CAILLOUX D'OR Rue Fabre - UR ✆ 04 68 04 87 92. *Menus de 22 € à 38 €.* Le petit village d'Ur peut se prévaloir d'une table excellente. Christine et Pascal Domenge y créé, dans un cadre champêtre, une cuisine de terroir inventive, où les menus se nomment poétiquement promenade sur le chemin de Livia ou cinq cailloux d'or. Un arrêt recommandé pour découvrir des filets de rouget en escabeix et tomates confites, un pavé d'Autriche aux champignons, un fromage du Capcir et des copeaux de chocolat à la framboise poivrée.

Lliva, l'enclave espagnole

En 1659, lors du traité des Pyrénées, l'Espagne devait céder à la France 33 villages allant de la vallée du Carol au Capcir ; Llivia, considérée par les Espagnols comme une ville, resta espagnole, en territoire français. 12 km², reliés à Puigcerda, par une route neutre. C'est un typique village montagnard, qui, hormis ses ruelles pittoresques et les restes de son château médiéval, est surtout connu pour sa célèbre pharmacie, l'une des plus anciennes d'Europe, où sont notamment conservés de superbes pots en céramique bleu cobalt, de nombreux ouvrages et d'anciens instruments d'apothicaire des XVIIe et XVIIIe siècles.

Osséja et Valcebollère

Une jolie et agréable petite station tout près de la frontière espagnole, au sud de Bourg-Madame. L'église contient un beau retable du XVIIIe siècle. On pique-nique près du lac. Les sujets de balades ne manquent pas aux alentours. On peut même marcher sur les traces d'Hannibal, qui passa par là il y a 22 siècles (avec ou sans ses éléphants ?). Une route pittoresque permet de gagner Valcebollère, village minuscule d'une trentaine d'habitants, entouré d'un magnifique cirque de montagnes.

OFFICE DU TOURISME Rue Saint-Roch ✆ 04 68 04 53 86. *E-mail : mtc-osseja@wanadoo.fr.*

MUSEE DES ABEILLES Valcebollère ✆ 04 68 04 58 26. *Ouvert tous les jours de 14h à 19h de juin à octobre et durant les vacances scolaires. Entrée gratuite, accueil groupe sur demande.* On y découvre deux ruches vivantes en plein travail, où l'on peut observer l'époustouflant travail des ouvrières et la phénoménale organisation de ces petits insectes géniaux. A déguster, 12 sortes de miel, mais aussi nougat, confitures, pain d'épice… Une autre partie du musée est dédiée à la faune sauvage des Pyrénées : isards, lièvres entre autres. S'y ajoute une ludique et instructive exposition de champignons de nos contrées.

L'AUBERGE LES ECUREUILS **Le village © 04 68 04 52 03.** *Fermé du 15 octobre au 10 décembre, et 15 jours en mai. Chambres de 70 € à 88 €.* L'Auberge des Ecureuils est une belle et grosse bâtisse en pierre avec quinze chambres romantiques et classieuses à la fois, spacieuses et meublées avec goût. En bas, dans la grande salle à manger, l'ambiance est conviviale autour de la cheminée. On y déguste une délicieuse cuisine catalane de terroir, élaborée avec beaucoup de soin et d'inventivité par Etienne Lafitte, le maître des lieux. L'auberge propose plusieurs formules à la semaine, en particulier pour les amateurs de randonnée et de ski nordique.

Porté Puymorens

A 1 600 mètres d'altitude, le village bénéficie d'une exposition plein sud qui lui procure un ensoleillement important. Le village à l'habitat montagnard typique dans le centre, est dominé par la tour de Cerdagne, édifiée au XIe siècle pour défendre l'entrée de la vallée. La station proprement dite ne possède pas moins d'une quarantaine de pistes, que l'on peut dévaler jusqu'aux premiers jours du printemps, grâce à un enneigement important. Mais Porté est aussi en été un important centre de randonnées, en particulier vers l'étang de Lanous, paradis des pêcheurs.

OFFICE DU TOURISME **Lou Casteil © 04 68 04 82 16.** *Site : www.porte-pymorens.net - E mail : info@porte-puymorens.net.*

Mont-Louis

Après le traité des Pyrénées (1659), Louis XIV décida de faire édifier une place forte au carrefour des voies de communication entre Capcir, Cerdagne et Conflent. Vauban, choisit ce site stratégique et la cité devint la plus haute ville fortifiée de France, et prit le nom de Mont-Louis, en l'honneur du Roi-Soleil. Ayant peu servie, la place forte est parvenue jusqu'à nos jours dans son état originel. C'est donc un endroit assez unique qu'il nous est possible de découvrir.

SYNDICAT D'INITIATIVE **Rue du Marché © 04 68 04 21 97.** *Site : www.mont.louis.net - E-mail : syndicatmontlouis@carlo.fr. Ouvert toute l'année. Du 11 décembre au 10 avril de 9h à 17h, 7j/7. A partir du 11 avril au 10 décembre de 9h à 12h et de 14h à 17h du lundi au vendredi (7j/7, pendant les vacances de Pâques).*

LA PLACE FORTE. Place militaire toujours en activité, c'est aujourd'hui un paisible village très prisé des touristes. L'austère église du XVIIIe siècle recèle un Christ en bois du XVe siècle et surtout deux superbes tableaux de l'école française du XVIIe siècle. Les remparts, plantés d'arbres de diverses essences, constituent une agréable promenade, avec de jolies vues sur la cité et les montagnes environnantes. La ville n'ayant subi aucun siège au cours de son histoire, ses fortifications sont dans l'ensemble parfaitement conservées, comme par exemple le puits actionné avec une roue à écureuil dans un parfait état de conservation.

FOUR SOLAIRE DE MONT-LOUIS **Résidence Vauban © 04 68 04 14 89.** *Site : www.four-solaire.com. Ouvert d'octobre au 31 janvier de 9h30 à 12h30 et de 14h à 17h, du 1er février au 15 juin et du 15 septembre au 31 octobre de 9h30 à 12h30 et de 14h à 18h, du 15 juin au 15 septembre de 9h30 à 12h30 et de 14h à 19h. Fermé du 1er au 15 décembre. Tarifs adultes : 5 €, enfants : 3,50 € (- de 7 ans gratuit), tarif pass inter-sites 4 €. Public handicapé visuel et moteur.* Le premier four solaire expérimental du monde a été édifié ici dès 1952, préfigurant déjà son grand frère d'Odeillo par ses performances et sa technologie. La visite, à la fois ludique et didactique, permet de parfaire ses connaissances sur l'énergie solaire au travers d'un intéressant film documentaire, mais aussi grâce à des expériences fascinantes, comme celle de la concentration solaire, où les 3 500 facettes du four fournissent une température de plus de 3 000°. Une première mondiale est aussi pratiquée sur le site. Grâce à une température d'environ 1 000°, on pratique la cuisson de céramiques.

Le gîte et le couvert

HOTEL-RESTAURANT LOU ROUBALLOU **Rue des Ecoles-Laïques - UIS © 04 68 04 23 26.** *Chambres de 34 € à 57 €. Menus de 20 € à 30 €. Ouvert de juin à septembre et de décembre à avril.* En bordure des remparts, une petite rue monte sur les hauteurs du village, jusqu'à ce petit établissement d'angle, que l'on remarque d'entrée à sa jolie façade fleurie. Dans la jolie salle à manger rustique avec cheminée, on déguste des plats du terroir aux saveurs enchanteresses. L'hiver, aiguillettes de gibier aux cèpes et délicieux civets. On y cuisine aussi l'ollada, l'ancien plat du pauvre dans les montagnes catalanes, une délicieuse soupe revigorante au cœur de l'hiver.

Comme son nom l'indique, le restaurant s'est fait une spécialité des champignons, cèpes, girolles et le rouballou, au goût puissant et parfumé. On en trouve notamment en entrée, avec une délicieuse tourte, et en plat avec les aiguillettes de canard à la crème de courrioulettes. Cette fantastique crème accompagne aussi divinement le veau de pays. On n'oublie pas l'assiette de foie gras maison et la compotée de figues avec son petit verre de banyuls blanc. L'endroit est craquant, cosy. Accueil du même niveau que la cuisine, c'est peu dire !

LA TAVERNE 10, rue Victor-Hugo ✆ 04 68 04 23 67. *Chambres de 46 € (avec douche, W.-C., téléphone) à 55 € avec le bain. Menu Train jaune le midi à 17 €. Menus de 21 € à 32 €. Menu enfant à 9,50 €. Ouvert toute l'année. Logis de France.* Dans cet hôtel-restaurant le raffinement est de mise. La salle vous met dans un contexte où la quintessence est omniprésente. Vous hésiterez certainement beaucoup… Entre le millefeuille de saumon mariné avec sa mousseline de raifort, un médaillon de foie gras de canard cuit au torchon et au vin de Banyuls, purée d'abricots secs et un croustillant de pied de cochon, petit chèvre du pays et son jus acidulé au vinaigre, le choix sera difficile. En dessert, l'hésitation du choix continuera avec en autre un soufflé glacé au Grand-Marnier servit avec un verre Nicole. Situé à l'intérieur des fortifications de la charmante cité de Mont-Louis, La Taverne est un établissement charmant, un endroit idéal pour séjourner en montagne et découvrir les petits pays de Cerdagne et de Capcir.

▷ *Dans les environs*

Les Bouillouses

C'est incontestablement l'excursion la plus connue autour de Mont-Louis et un des sites majeurs du département. Ce site incontournable est aussi accessible depuis Les Angles (télésiège + 2 heures de marche), de Font-Romeu et Pyrénées 2000 (même procédé qu'aux Angles), et plus à l'ouest d'Angoustrine, en 2 bonnes heures de marche. Mais l'accession par Mont-Louis reste cependant la voie la plus rapide et la plus traditionnelle. Par la petite D60, on accède à ce lac, qui est en fait un immense réservoir de 13 millions de m^3, construit en 1902 pour réguler le cours de la Têt, mais aussi pour la production d'électricité hydraulique. L'attrait de cette majestueuse étendue d'eau entourée d'un cirque de montagnes avoisinant les 3 000 mètres d'altitude, la multitude de randonnées de tous niveaux qui peuvent y être pratiquées, mais aussi et surtout son accès aisé en voiture en fait un des endroits les plus fréquentés du département. Paradis de nombreuses espèces rares, parfois endémiques, fragilisées par un nombre accru de visiteurs et par la pollution visuelle et surtout atmosphérique de centaines de voitures, Les Bouillouses souffre de son succès. Ainsi, à la belle saison, le site n'est accessible que par une navette mise en place par le conseil général, afin d'atténuer la pollution.

Eyne

A 3 km du col de la Perche et de la N116, à moins de 6 km de Mont-Louis et 7 km de Saillagouse, Eyne est un village de montagne, de quelques dizaines de maisons, toutes construites en pierre. Excellent point de départ pour découvrir la montagne, à commencer par la réserve naturelle qui porte également son nom, et qui, des abords du village court jusqu'au pic de Fenestrelle sur la ligne de crête marquant la frontière entre la France et l'Espagne.

Eyne est réputée aussi pour sa station de sport d'hiver située à 1780 mètres à environ 1 km du vieux village. Eyne 2600 est une station familiale où l'on a préféré les petites constructions de bois aux énormes édifices de béton. Depuis la station, la vue est superbe sur la vallée et de l'autre à flanc de montagne, sur Font-Romeu et son grand hôtel, majestueuse construction qui se détache parfaitement sur fond de forêt et sur le four solaire d'Odeillo.

SYNDICAT D'INITIATIVE 25, avenue de Catalogne ✆ 04 68 04 02 00. *E-mail : mairie.eyne@wanadoo.fr.*

RESERVE NATURELLE FLORISTIQUE EYNE Musée de Cerdagne Sainte-Léocadie ✆ 04 68 04 08 05. Une après-midi dans la vallée d'Eyne s'avère être un enchantement. On chemine paisiblement dans un véritable jardin naturel. On y apprend à reconnaître les différentes espèces, les sentir, les toucher, les goûter même parfois. Un émerveillement pour les sens. A Eyne, on peut aussi faire une agréable balade archéologique. En effet, le territoire de la commune serait habité depuis près de 6 000 ans, et la promenade, à travers de délicieux chemins de montagne, est jalonnée de dolmens, menhirs et divers habitats temporaires d'un autre temps. Se renseigner au Musée de Cerdagne.

EQUIRANDO ✆ **04 68 04 79 59.** *Site : www.la-rando.com/cheval/equirando.* Ce centre équestre organise des randonnées à cheval dans la vallée de l'Eyne, un bon moyen de découvrir les richesses de la Cerdagne.

Llo

Très joli village à l'entrée des gorges du Sègre, Llo est dominé par un piton rocheux où s'accrochent encore les vestiges d'une ancienne tour fortifiée. Dans le bas du village, entouré d'un petit cimetière, une belle église romane en pierre de pays a gardé son aspect originel. Sa façade affiche un œil-de-bœuf et son entrée se fait par un très joli portail roman ouvragé de frises de coquillages.

L'AUBERGE ATALAYA Le village ✆ **04 68 04 70 04.** *Chambres de 90 € à 140 €. Menus à partir de 30 €. Ouvert de Pâques à novembre et du 15 décembre au 15 janvier (uniquement chambres et petit déjeuner).* Llo est un magnifique village de Cerdagne, bâti en gradins à flanc de montagne, à 2 km de Saillagouse. On y trouve le plus craquant et le plus luxueux établissement de la montagne catalane. Ravissant petit hôtel de charme aux douze chambres délicieuses et bien équipées, on est immédiatement séduit par l'atmosphère qui s'en dégage. Aménagement intérieur de bon goût, avec un superbe mobilier, à la fois rustique et élégant, et l'omniprésence de verdure, jusque sur la belle façade en pierres. Très jolie piscine et gracieuse terrasse avec vue sublime sur le village et les montagnes environnantes. La table vaut aussi le détour pour l'inventivité du chef qui régale ses hôtes de filets de loup sur une fondue de poireaux à l'huile de truffe ou de cette savoureuse soupe au potimarron et croustillants de coquilles Saint-Jacques à l'huile de noisette (selon saison).

558
HOBIE
CAT
FURUNO

La région pratique

Se rendre en Languedoc-Roussillon

Cave gallo-romaine

PAR LA ROUTE

Quelques services pour rouler Futé

BISON FUTE © 08 36 68 20 00. *Minitel : 3615 Bison Futé ou Route.* Informations routières 24h/24. Conditions nationales et régionales de circulation sur les grands axes, mais aussi des informations saisonnières.

CENTRE D'INFORMATION DES AUTOROUTES © 01 47 05 90 01. *Minitel : 3615 Autoroute.*

Bien préparer son itinéraire

Minitel : 3615 ITI, 3615 KM et 3615 PARTIR. *Site Internet : www.viamichelin.com.* Avant de prendre la route, consultez aussi le site Internet www.mappy.fr. En indiquant les communes de départ et d'arrivée, vous obtiendrez un itinéraire précis et détaillé. Vous connaîtrez même la durée estimée du trajet.

Pour éviter des détours inutiles ou pour établir un budget de voyage, ces services par Minitel ou par Internet vous permettent de définir un itinéraire et de calculer son coût : itinéraire direct ou non, avec ou sans péage, par étape et selon votre véhicule (caravane ou non). Enfin, ces services donnent des informations sur le trafic, utiles pour les week-ends chargés.

Et aussi : covoiturage (sites Internet : www.covoiturage.com ou www.easycovoiturage.com) ou l'autostop (3615 Allostop, 3617 Otostop, 3615 Pouce).

Centrales de réservation des principaux loueurs de voitures

ADA © 08 36 68 40 02. *Site Internet : www.ada-location.com.*

AUTOESCAPE © 04 90 09 28 28. *Site Internet : www.autoescape.com.*

AVIS © 08 02 05 05 05. *Site Internet : www.avis.fr.*

BUDGET © 08 00 10 00 01. *Site Internet : www.budget.fr.*

EUROPCAR FRANCE © 08 03 35 23 52. *Site Internet : www.europcar.fr.*

HERTZ © 01 39 38 38 38. *Site Internet : www.hertz.fr.*

NATIONAL-CITER © 08 00 20 21 21. *Site Internet : www.national.fr.*

RENT A CAR © 08 36 69 46 95. *Site Internet : www.rentacar.fr.*

▸ **Depuis Paris,** l'itinéraire le plus rapide, dans les conditions normales de circulation, pour rejoindre le Languedoc-Roussillon, est d'emprunter l'autoroute du Soleil jusqu'à Lyon puis vers Marseille. A hauteur d'Orange, il faut alors quitter l'A7 pour l'autoroute Languedocienne (A9). Moins d'une dizaine de kilomètres plus loin, on pénètre en Languedoc-Roussillon, la frontière avec la région PACA étant matérialisée par le cours du Rhône. La Languedocienne traverse tous les départements de la région à l'exception de la Lozère, et devient la Catalane à partir de Narbonne. Longeant le littoral méditerranéen, l'A9 passe par les principaux sites de la région.

• **Pont-du Gard,** échangeur 33, rejoindre Remoulins, puis emprunter la D981 jusqu'au Gardon.

• **Uzès,** échangeur 33, rejoindre Remoulins, puis emprunter la D9 sur 15 km jusqu'à Uzès.
• **Nîmes,** échangeurs 24 ou 25.
• **Montpellier,** échangeur 29 à 31, 750 km depuis le centre de Paris.
• **Sète,** échangeur 33 puis 12 km de nationale.
• **Adge,** échangeur 34 puis 13 km de nationale.
• **Béziers,** échangeur 35. Narbonne, échangeurs 37 et 38.
• **Leucate - Salses,** échangeur 40.
• **Perpignan,** échangeurs 41 et 42.

Depuis Paris, la seconde solution est d'emprunter l'A10 jusqu'à Orléans, de continuer sur l'A71 jusqu'à Clermont-Ferrand, puis l'A75 jusqu'à Montpellier. Cet itinéraire a l'avantage d'être moins onéreux, puisque la liaison Clermont-Ferrand-Montpellier est gratuite. Toutefois, un gros point noir subsiste sur cet itinéraire : la traversée de Millau. L'autoroute s'interrompt en effet 20 kilomètres avant la sous-préfecture de l'Aveyron pour ne reprendre que 20 kilomètres plus loin. Il faudra attendre 2006 pour la mise en service du viaduc de Millau, ouvrage titanesque dont la plus haute pile sera d'une hauteur supérieure à celle de la tour Eiffel. Ce sera d'ailleurs la seule portion à péage de l'A75. L'autoroute s'interrompt, à nouveau, au niveau de Lodève, sur une plus petite portion, pour être remplacée par une quatre voies. Attention, jusqu'à la fin du printemps 2004, la construction d'un tunnel provoque la déviation de l'autoroute à l'intérieur de la ville.

Depuis Paris

	Km	Durée	Péage
Mende	610 km	5h30	30 €
Nîmes	706 km	6h20	43,40 €
Montpellier	760 km	6h48	45,09 €
Carcassonne	768 km	6h44	34,04 €
Perpignan	879 km	7h37	41 €

Depuis Bordeaux

	Km	Durée	Péage
Mende	454 km	4h50	13,01 €
Nîmes	529 km	4h32	34,05 €
Montpellier	486 km	4h13	32,01 €
Carcassonne	334 km	2h54	21,04 €
Perpignan	445 km	3h47	28 €

Depuis Lyon

	Km	Durée	Péage
Mende	220 km	2h50	0
Nîmes	251 km	2h17	15,90 €
Montpellier	305 km	2h45	19,04 €
Carcassonne	445 km	3h51	29,04 €
Perpignan	450 km	3h50	30,02 €

Cet itinéraire est toutefois à privilégier pour ceux qui se rendent en Lozère. L'A75 dessert, en effet, Saint-Chély-d'Apcher, Aumont-Aubrac, la Canourgue et les gorges du Tarn et permet d'accéder rapidement à Mende.

EN AVION

Le Languedoc-Roussillon est doté de cinq aéroports. Une seule compagnie assurent des dessertes entre les aéroports de Paris et ceux du Languedoc-Roussillon : Air France.

Air France propose 14 vols par jour en semaine au départ de Paris et à destination de Montpellier. Pour les jeunes, comptez 68 € pour un aller/retour ; en tarif plein, le trajet aller-retour vous revient à 398 €.

La compagnie assure aussi 4 vols quotidiens depuis la capitale jusqu'à Perpignan.

AEROPORT DE NIMES-ARLES-CAMARGUE Garons © 04 66 70 49 49. *Fax 04 66 70 91 24.* (1 vol AR quotidien Nîmes/Londres assuré par Ryanair).

AEROPORT DE BEZIERS-AGDE-VIAS Avenue de Béziers - 34450 VIAS © 04 67 90 99 10. *Fax 04 67 90 99 85.* En raison de l'arrêt d'exploitation d'Air Littoral, tous les vols vers Paris sont suspendus temporairement.

AEROPORT DE MONTPELLIER-MEDITERRANEE © 04 67 20 85 00. *Fax 04 67 20 03 72. Site Internet : www.montpellier.aeroport.fr - E-mail : info.aeroport@ montpellier.cci.fr.* 14 AR quotidien Montpellier/Paris par Air France ; 1 AR, 3 jours par semaine, Montpellier/Londres-Gatwick par British Airways ; 1 AR quotidien Montpellier/Londres-Stansted et 1 AR Montpellier/Francfort par Ryanair ; Régional Air Lines assure en direct ou par son "hub" de Clermont-Ferrand des liaisons vers le Maghreb).

AEROPORT DE PERPIGNAN Avenue Maurice-Bellonte - 66000 PERPIGNAN © 04 68 52 60 70. *Fax 04 68 52 31 03.* Quatre vols quotidiens AR sur Paris par Air France. 1 AR sur Londres par Ryanair.

AEROPORT DE CARCASSONNE-SALVAZA Route de Montréal - 11000 CARCASSONNE © 04 68 71 96 46. *Fax 04 68 71 96 48. Site Internet : www.carcassonne.cci.fr - E-mail : aeroport@carcassonne.cci.fr.* Deux vols quotidiens AR sur Londres et deux sur Charleroi par Ryanair (un seul en hiver).

EN TRAIN

Pour obtenir des informations, organiser et réserver votre voyage, consultez le site Internet : www.sncf.com.

Vous pouvez également joindre la ligne vocale permanente 08 91 67 68 69 (0,23 €/min) ou la ligne directe 08 92 35 35 35 (0,34 €/min), cette dernière permet de réserver et de régler son voyage.

Les prix des billets sont donnés à titre indicatif, pour un aller simple adulte en deuxième classe, en plein tarif.

Par ailleurs, le nombre quotidien de trains varie et peut augmenter, notamment pendant les week-ends ou les grandes vacances, ou être réduit les dimanches et jours fériés.

Pensez à réserver vos billets de train le plus tôt possible car vous pourrez bénéficier de tarifs réduits intéressants

(Découverte J8 ou J30, Découverte à Deux et d'autres encore avec la Carte 12-25 ans).

Pour se rendre à Montpellier

Il existe environ 16 allers-retours quotidiens de Paris. Certains ne sont pas directs, il convient donc de bien se renseigner au moment de la réservation de votre billet.

La durée moyenne de trajet est de 3h30. Elle varie en fonction de l'heure de votre départ et surtout des arrêts éventuels du train. A titre indicatif, le prix du billet est compris entre 69,30 € et 83,30 €.

- **Si vous partez de Lyon,** le trajet ne durera que 1h50 pour un train direct, et le prix du billet sera compris entre 37,60 € et 44 €.

- **De Bordeaux,** la durée moyenne du voyage sera de 5h, et le billet plein tarif pour un adulte coûtera 48,30 €.

Pour se rendre à Carcassonne

Il existe environ 10 allers-retours en partant de Paris. Ces trajets ne sont pas directs, ce qui engendre un allongement de la durée du voyage. Il faut compter approximativement 7h. Enfin, le prix du billet varie entre 68,40 € et 80,10 €.

- **En partant de Lyon,** sept TGV par jour, votre voyage durera environ 5h et le montant du billet variera de 49,20 € et 56 €.

- **En ce qui concerne les départs de Bordeaux,** le train, direct entre les deux villes, met un peu plus de 3h pour un montant de 35 €.

Pour se rendre à Perpignan

De nombreux allers-retours ne sont pas directs, il faut compter environ huit trajets par jour. Consultez les horaires avant d'organiser votre voyage car la durée du trajet varie du simple au double (de 5 heures à plus de 10 heures de transport avec les changements). Le prix du billet est donc relativement variable et se situe entre 73 € et 91,30 €.

Il existe également de nombreux trains (TER ou TGV) reliant quotidiennement Lyon à Perpignan pour une durée de 3h20 à 4h environ et un prix de 49,10 €.

- **Si vous partez de Bordeaux,** plusieurs TGV ou trains grandes lignes se rendent à Perpignan. La durée du voyage varie de 5h à 7h et le prix du billet s'élève à 43,80 € ou 45,80 € en TGV.

Circuler dans la région

Aigues-Mortes

EN TRAIN

N'hésitez pas à utiliser les liaisons régionales de la SNCF.

Par exemple, si vous partez de Montpellier, vous pouvez vous rendre à Nîmes en 36 minutes, à Carcassonne en 1h30, à Narbonne en 1h ou encore à Perpignan en 1h40.

En partant de Mende, vous arrivez à Montpellier en 4h40. Par ailleurs, si vous êtes à Nîmes et que vous voulez faire un petit tour à Narbonne, 1h52 vous suffiront.

Enfin le trajet Carcassonne-Narbonne-Perpignan dure 1h25.

Pour plus de détails, connectez-vous sur www.ter-sncf.com, afin de connaître les horaires et tarifs des trains.

La SNCF propose également une formule très attrayante : "Le Train Jaune"... Il est possible d'accéder à la ligne du Train Jaune (2 AR par jour en hiver, 4 en été) à partir des gares de La Tour-de-Carol et Villefranche-Vernet-Les-Bains. Ces gares sont accessibles depuis Perpignan et Toulouse. Pour un aller simple, le trajet total (63 km) vous reviendra à 16 €. Si vous désirez un aller-retour, il suffit juste de multiplier le prix par 2. Naturellement, le "Train Jaune" (dossier de classement au Patrimoine mondial de l'Humanité en cours) dessert toutes les petites gares du parcours et permet d'accéder, sans mal, aux stations de ski de la Cerdagne et du Capcir.

Pour plus de renseignements sur les tarifs ou les circuits proposés, renseignez-vous en gare ou via la Ligne Directe 08 92 35 35 35 (0,34 €/min).

EN BATEAU

Parcourir le Languedoc au fil de l'eau est sûrement une des façons les plus agréables de percevoir le charme et la douceur de vivre de cette région. La navigation sur le canal se fait au rythme des écluses et du paysage, à 8 km/h en moyenne.

Le canal du Midi, tout au long de ses 240 km de voies navigables, grâce à ses nombreuses formules d'hébergement et de séjour, vous fera découvrir la grande variété des paysages à travers les escales, les promenades, les balades à vélo et les passages d'écluses.

Le canal est aussi un ouvrage unique, construit au XVIIIe siècle et classé au Patrimoine mondial de l'Humanité, il est au coeur d'une région chargée d'histoire...

En prolongement du canal du Midi, vous rencontrerez le canal du Rhône à Sète, ainsi que le canal de la Robine qui relie Narbonne à la mer.

De nombreuses formules de découverte existent, permettant à chacun d'organiser son séjour en fonction de ses envies : vous pouvez, sous certaines réserves, naviguer avec votre propre bateau ou faire appel à des professionnels qui vous proposeront des formules variées (locations de bateaux habitables, des séjours en péniches-hôtels ou maisons d'hôtes, les bateaux-promenades et restaurants)

On peut, bien sûr, naviguer avec sa propre embarcation sur le canal, sous réserve que les dimensions de celle-ci soient adaptées aux caractéristiques du canal au niveau largeur, longueur, tirant d'eau et d'air...

De même, il conviendra de connaître et de respecter les règles édictées par le gestionnaire du canal : VNF (Voies Navigables de France).

Location de bateaux habitables

Environ 400 bateaux sont disponibles sur l'ensemble du canal. Que vous soyez en famille ou entre amis vous menez votre bateau au cœur de la région et vous êtes seul maître à bord. Vous n'avez pas besoin de permis pour louer ces bateaux et les compagnies sont habilités à délivrer la vignette de navigation obligatoire.

RIVE DE FRANCE Péniche Saint-Louis - Route du Grau-du-Roi - 30220 AIGUES MORTES ✆ 04 66 53 81 21. *Site Internet : www.rivedefrance.com - E-mail : aig@i2m.fr.*

RIVE DE FRANCE Port de plaisance - 34440 COLOMBIERS ✆ 04 67 37 14 60. *Site Internet : www.rivedefrance.com - E-mail : col@i2m.fr.*

AD'NAVIS - LA MAISON DU CANAL 8, rue des péniches - 34500 BEZIERS ✆ 04 67 62 18 18. *Site Internet : www.adnavis.com - E-mail : contact@adnavis.com.*

CASTEL NAUTIQUE Port de Bram - BP25l - 11150 BRAM ✆ 04 68 76 73 34. *Site Internet : www.castelnautique.com - E-mail : castel.nautique@wanadoo.fr.*

NAUTIC Port Fluvial - 34301 AGDE ✆ 04 67 94 78 93. *Site Internet : www.nautic.fr.*

CAMARGUE PLAISANCE Base fluviale - BP8 - 34280 CARNON ✆ 04 67 50 77 00. *Site Internet : www.camargueplaisance.com - E-mail : Contact@camargueplaisance.com.*

CAMINAV Base fluviale - CD62 - 34280 CARNON ✆ 04 67 68 01 90. *Site Internet : www.caminav.com - E-mail : contact@caminav.com.*

CROWN BLUE LINE Le Grand Bassin - BP21 - 11492 CASTELNAUDARY CEDEX ✆ 04 68 94 52 72. *Site Internet : www.crownblueline.com - E-mail : info@crownblueline.com.*

CONNOISSEURS 7, quai d'Alsace - 11100 NARBONNE ✆ 04 68 65 14 55. *Site Internet : www.connoisseur.fr - E-mail : Connoisseur@wanadoo.fr.*

CONNOISSEURS Port de Plaisance - Route de Béziers - 11800 TREBES ✆ 04 68 78 73 75. *Site Internet : www.connoisseur.fr - E-mail : Connoisseur@wanadoo.fr.*

CONNOISSEURS Paletos Bassos - 11200 HOMPS ✆ 04 68 91 24 00. *Site Internet : www.connoisseur.fr - E-mail : Connoisseur@wanadoo.fr.*

LOCABOAT PLAISANCE Avenue du Port - 11200 ARGENS-MINERVOIS ✆ 04 68 27 03 33

LOCABOAT PLAISANCE ZAC Port-Ariane - 34970 LATTES ✆ 04 67 20 24 12. *Site Internet : www.locaboat.com - E-mail : locaboat@locaboat.com.*

LUC LINES 35, quai des Tonneliers - Port-Minervois - 11200 HOMPS ✆ 04 68 91 33 00

NICOLS Allée de la Glacière - 11120 LE SOMAIL ✆ 04 68 46 00 97. *Site Internet : www.nicols.com - E-mail : nicols@nicols.com.*

AROLLES MARINE SARL Quai Paul-Riquet - 30127 BELLEGARDE ✆ 04 66 01 75 15

LEVEQUE EURL Chemin de la Pagèze - Route de Bessan - 34300 AGDE ✆ 04 67 21 44 60

Les bateaux-promenades et restaurants

On les trouve, en général, aux abords des villes. Certains vous proposeront une promenade sur l'eau de 8 km à 15 km au total.

ANJODI Go Barging ✆ +44 (0) 1 800 394 8630. *Site Internet : www.gobarging.com - E-mail : sales@GoBarging.com.*

BATEAU ROUSSILLON PROMENADE 28, rue Raymond-Aris - N° 1 Mas des Silènes - 34300 AGDE ✆ 04 67 01 71 93

LES BATEAUX DU SOLEIL 6, rue Chassefières - 34300 AGDE ✆ 04 67 94 08 79. *Site Internet : www.bateaux-du-soleil.fr - E-mail : Bateaux.du.soleil@wanadoo.fr.*

BEZIERS CROISIERES BP4052 - 34545 BEZIERS CEDEX ✆ 04 67 49 08 23

ISLES DE STEL 12, rue Amiral-Courbet - 30220 AIGUES-MORTES ✆ 04 66 53 60 70. *Site Internet : www.croisiere-camargue.com.*

L'AVENTURE BP54 - 30220 AIGUES-MORTES ✆ 06 03 91 44 63

LE PESCALUNE BP76 - 30220 AIGUES MORTES ✆ 04 66 53 79 47. *Site Internet : www.pescalune-aiguesmortes.com - E-mail : peniche.pescalune@wanadoo.fr.*

LE SAINT ROCH 1, rue des Lauriers - 11400 MAS-SAINTES-PUELLES ✆ 04 68 23 49 40. *Site Internet : www.saintroch11.com - E-mail : infos@saintroch11.com.*

CROISIERES DU MIDI 35, quai des Tonneliers - 11200 HOMPS ✆ 04 68 91 33 00. *Site Internet : www.croisieres-du-midi.com - E-mail : conatct@croisieres-du-midi.com.*

TRAMONTANE BP5 - 11105 NARBONNE ✆ 04 68 49 12 40

ASSOCIATION TRAMONTANE - "LES COCHES D'EAU DU PATRIMOINE" Le Cagnard-du-Bourg - 11100 NARBONNE ✆ 04 68 90 63 98. *E-mail : sergepajot@wanadoo.fr.*

ANDRE RIBO BP2508 - 34555 BEZIERS CEDEX ✆ 06 12 06 08 00. *Artisan batelier.*

AMICA TOURS - LA MAISON DU CANAL 8, rue des Péniches - 34500 BEZIERS ✆ 04 67 62 18 18

LOU GABARET 27, rue des Trois-Couronnes - 11000 CARCASSONNE ✆ 04 68 71 61 26

ULYSSE VOYAGES Berges du Rhône - Quartier du Vieux-Moulin - 30400 VILLENEUVE-LES-AVIGNON ✆ 04 90 49 86 08/06 07 50 55 17

BATEAU LUCIE En Ramounas - 11320 MONTFERRAND ✆ 04 68 60 15 98

SETE CROISIERES BP429 - 34200 SETE ✆ 04 67 46 00 46. *Site Internet : www.setecroisieres.com - E-mail : setecroisieres@libertysurf.fr.*

Les péniches-hôtels

Elles peuvent accueillir de 6 à 10 passagers. Ce sont d'anciennes péniches de transport de marchandises restaurées et transformées en hôtels-restaurants. Selon les prestations proposées, les prix varient entre 1 070 € et 3 800 € la semaine.

LE PHENICIEN - RHONE CROISIERE ✆ 04 42 41 19 14. *Site Internet : www.rhone-croisiere.com - E-mail : france@rhone-croisiere.com.*

AD'NAVIS - LA MAISON DU CANAL 8, rue des péniches - 34500 BEZIERS ✆ 04 67 62 18 18. *Site Internet : www.adnavis.com - E-mail : Contact@adnavis.com.*

LA TORTUE - MAISON DU FORGERON Place de l'Eglise - 11200 PARAZA ✆ 04 68 43 28 66. *Site Internet : www.latortue.com - E-mail : sally@latortue.com.*

PENICHE HOTEL AVENIR 11, rue du Four - 34600 FAUGERES ✆ 06 09 55 55 47. *E-mail : rainermuller@free.fr.*

PENICHE CLAIR DE LUNE. *Site Internet : www.hotelbargeclairdelune.com - E-mail : mail@hotelbargeclairdelune.com.*

PENICHE CARABOSSE BP2532 - 34555 BEZIERS CEDEX ✆ 04 67 11 21 62

C.A.N.A.L. 17, boulevard Jean-Jaurès - 34620 PUISSERGUIER ✆ 04 67 93 69 61

BATEAU EMMA Chemin de la Pagèse - 34300 AGDE ✆ 04 67 77 41 39. *Site Internet : www.emma-st-patrick.com - E-mail : liz@emma-st-patrick.com.*

Champs de tournesols

Organiser son séjour

Cerbère, la côte

VOYAGISTES SPECIALISES

La région propose de nombreuses activités, en pleine nature, telles que la randonnée, l'escalade, la spéléologie ou encore la pêche en eau douce.

Par ailleurs, de nombreux circuits ou itinéraires sont à votre disposition (des routes à thèmes, la Via Domitia et des trains touristiques). Pour plus de renseignements, rendez vous sur le site touristique de la région Languedoc-Roussillon : www.tourisme-languedoc-roussillon.com (images, actualités et informations pour préparer votre séjour).

Pour des réservations en ligne de séjours en hôtels, campings, villages de vacances, locations meublées, séjours à thèmes, consultez le site de réservations : www.resinfrance.com/lr.

Les grandes villes ou les stations touristiques ont souvent des centrales de réservations : se reporter à la partie de "De lieux en lieux".

SERVICES LOISIRS ACCUEIL. Les services Loisirs Accueil, présents dans 60 départements, permettent de réserver un gîte ou un meublé, une semaine de stage sportif, un week-end culturel, un séjour pour enfant en ferme équestre, ou organiser un séminaire...

LOISIRS ACCUEIL GARD 3, place des Arènes - 30010 NIMES CEDEX ✆ 04 66 36 96 30. *E-mail : reservation@tourismegard.com.*

LOISIRS ACCUEIL HERAULT Maison du Tourisme - Avenue des Moulins - 34184 MONTPELLIER CEDEX 4 ✆ 04 67 67 71 40. *E-mail : booking@cdt-herault.fr.*

LOISIRS ACCUEIL LOZERE 14, boulevard Bourrillon - 48001 MENDE CEDEX ✆ 04 66 48 48 48. *E-mail : sla.lozere@france48.com.*

LE RESEAU CLEVACANCES. Le label "Clévacances" propose une sélection de meublés locatifs de tourisme, contrôlés par des commissions départementales suivant une charte de qualité nationale.

CLEVACANCES AUDE ✆ 04 68 11 66 00. *Site Internet : www.audetourisme.com - E-mail :11@clevacances.com.*

CLEVACANCES GARD ✆ 04 66 36 96 30. *E-mail : 30@clevacances.com.*

CLEVACANCES HERAULT ✆ 04 67 67 71 71. *Site Internet : www.herault-en-languedoc.com - E-mail : 34@clevacances.com.*

CLEVACANCES LOZERE ✆ 04 66 65 60 00. *E-mail : 48@clevacances.com.*

CLEVACANCES PYRENEES-ORIENTALES ✆ 04 68 51 52 73. *E-mail : 66@clevacances.com.*

GITES DE FRANCE

MAISON DU TOURISME VERT 78ter, rue Barbacane - CARCASSONNE ✆ 04 68 11 40 70. *Fax 04 68 11 40 72. E-mail : gitesdefrance.aude@wanadoo.fr.*

Gard

GITES DE FRANCE GARD 3, place des Arènes - NIMES ✆ 04 66 27 94 94. *Fax 04 66 27 94 95. Site Internet : gites-de-france-gard.asso.fr - E-mail : contacts@gites-de-france-gard.asso.fr.*

Hérault

MAISON DU TOURISME Avenue des Moulins - 34000 MONTPELLIER ✆ 04 67 67 71 80. *Fax 04 67 67 71 69. Site Internet : gites-de-France-herault.asso.fr - E-mail : contact@gites-de-france-herault.asso.fr.*

Lozère

MAISON DU TOURISME 14, boulevard Henri-Bourillon - MENDE ✆ 04 66 48 48 48. *Fax 04 66 65 03 55. Site Internet : lozere-tourisme.com - E-mail : cdt.lozere@france48.com.*

Pyrénées-Orientales

GITES DE FRANCE PYRENEES-ORIENTALES 30, rue Bretonneau - PERPIGNAN ✆ 04 68 68 42 88. *Fax 04 68 68 42 87. E-mail : contact@gites-de-france-66.com.*

AUBERGES DE JEUNESSE

Site Internet de la Fédération Unie des Auberges de Jeunesse : www.fuaj.org.

Aude

AUBERGE DE JEUNESSE "CITE MEDIEVALE" Rue du Vicomte-Trencavel - CARCASSONNE ✆ 04 68 25 23 16. *Fax 04 68 71 14 84. E-mail : carcassonne@fuaj.org. Capacité d'accueil de 120 personnes.* Une cuisine est à votre disposition, et un service de restauration est assuré. Pour se rendre à destination, prendre le bus de la ligne 2, il effectue un arrêt devant l'auberge.

Gard

AUBERGE DE JEUNESSE 257, chemin de l'Auberge-de-la-Jeunesse - 30000 NIMES ✆ 04 66 68 03 20. Un établissement créé il y a plus de 60 ans et qui a su s'adapter aux goûts et au confort modernes. Un cadre de rêve au cœur d'un parc magnifique.

Hérault

AUBERGE DE JEUNESSE Impasse Petite-Corraterie - 34000 MONTPELLIER ✆ 04 67 60 32 22. *E-mail : montpellier@fuaj.org.* Une bonne adresse à petits prix, avec 90 lits admirablement situés dans le centre-ville ancien, à deux pas d'une station de tram.

AUBERGE DE JEUNESSE Impasse Général-Revest - 34200 SETE ✆ 04 67 53 46 68

Pyrénées-Orientales

AUBERGE DE JEUNESSE Allée Marc-Pierre - Parc de la Pépinière - Avenue de la Grande-Bretagne - PERPIGNAN ✆ 04 68 34 63 32. *Fax 04 68 51 16 02. Capacité d'accueil de 49 lits, restauration possible et cuisine mise à votre disposition.* Pratique d'accès, l'auberge est en centre-ville, derrière l'Hôtel de Police.

CAMPINGS

N'hésitez pas à prendre des informations sur Internet. Voici l'adresse de sites très complets.

www.abccamping.com et www.les-campings.com

S'informer sur la région

Bagès

BIBLIOGRAPHIE

Le Languedoc-Roussillon, 1950-2001, histoire d'une mutation, Jacques Rouzier, Broché, 2000. Un livre qui évoque les nombreuses mutations et changements de la région, et met en évidence son émergence démographique et économique.

Languedoc-Roussillon : produits du terroir et recettes traditionnelles, Albin-Michel, 2000. Pour tout savoir sur la cuisine régionale.

La Cuisine secrète du Languedoc-Roussillon, André Soulier, Presses du Languedoc, 2000. Un livre passionnant, complet et bien documenté et, aussi, plein d'humour.

La route des abbayes en Languedoc-Roussillon, Fréderic Barbut, Catherine Bibollet et Richard Noury, Broché, 2000. Un ouvrage très bien fait dans lequel nous est comptée l'histoire de ces bâtisses religieuses.

Dolmens et menhirs en Languedoc-Roussillon, 27 circuits de découverte préhistorique, Broché, Presses du Languedoc, 2000. Un ouvrage original pour découvrir le Languedoc-Roussillon et faire un saut dans la préhistoire.

Languedoc-Roussillon, Simonetta Greggio et Richard Noury, Broché, 2001. Tout simplement, un livre pour vous faire aimer la région.

Sites et paysages du Languedoc-Roussillon, Onésime Reclus et Dominique Faure, Presses du Languedoc, 2000. Un ouvrage à découvrir pour s'imprégner de la région et s'évader quelques instants.

Le Languedoc-Roussillon, Editions Romain Pages, 2000. Un ouvrage magnifique de photos et textes évoquant la région.

CARTOGRAPHIE

I.G.N. 107, rue La Boétie - 75008 PARIS ✆ 01 43 98 80 00

Parmi les 18 cartes régionales au 1/250 000e éditées par IGN, la carte Languedoc/Roussillon (4,90 €) vous sera bien utile pour vos déplacements dans cette région (référence R13).

La collection IGN des cartes "Découvertes régionales" compte un titre Languedoc/Roussillon (référence 81039, au 1/275 000e) complété par des informations pratiques (5,35 € l'unité).

Egalement disponibles, quelques cartes départementales : Aude (référence 11, au 1/125 000e), Gard (référence 30, au 1/140 000e), Hérault (référence 34, au 1/125 000e), Lozère (référence 48, au 1/125 000e) et, enfin, Pyrénées-Orientales (référence 66, au 1/125 000e). Les cartes départementales valent 4,90 € l'unité.

La qualité des cartes IGN est également mise au service de ceux qui veulent se repérer ou qui ont besoin de circuler dans les villes. Ces cartes contiennent un index des rues, un zoom du centre-ville, un plan des transports en commun et, surtout, les services dont vous pouvez avoir besoin à toute heure du jour et de la nuit : les parkings, les stations-service, les hôpitaux : plan de Montpellier (référence 72205 au 1/10 000e), un plan de Narbonne (référence 72327, au

1/10 000e), un plan de Nîmes (référence 72318, au 1/12 500e) et un plan de Perpignan (référence 72319, au 1/10 000e). Vous trouverez ces cartes dans le commerce à 3,50 € l'unité.

D'autre part, l'IGN propose des cartes intitulées Top 100 (4,90 € l'unité). Si vous désirez flâner un peu plus longtemps, munissez-vous des cartes Béziers/Montpellier (référence 65) ou encore Avignon/Montpellier (référence 66).

Pour finir, les cartes "culture et environnement" sont de véritables inventaires culturels, écologiques ou gastronomiques. Vous n'en trouverez qu'une seule sur la région : Parc National des Cévennes (référence 83012, au 1/10 000e), moyennant 7 €.

TOPOGRAPHIE

La Fédération Française de Randonnée Pédestre a édité plusieurs topoguides sur la région Languedoc-Roussillon. Chaque topoguide reproduit la carte IGN du tracé des itinéraires. Il rassemble tous les conseils pour randonner en toute sécurité, que ce soit pour les petites ou les grandes randonnées. Ainsi, vous pourrez vous munir de : L'Aude, pays cathare, à pied (référence FFRPD011), Le Gard à pied (référence FFRPD030), L'Hérault à pied (référence FFRPD034) et, enfin, La Lozère à pied (référence FFRPD048). Ces cartes coûtent 12 € l'unité.

Vous trouverez aussi : Gorges de l'Ardèche/Margeride (référence FFRPD0407 : 15 €), Tour des monts d'Aubrac (référence FFRP0616 : 14 €) ou encore, Traversée du Haut Languedoc (référence FFRP0716 : 14 €).

MEDIAS

Magazines régionaux

TERRE DE VINS Le Mas de Grille - SAINT-JEAN-DE-VEDAS ✆ 04 67 07 69 01. Le vin, produit d'exception, est traité dans ces pages avec tout le luxe qu'il mérite. Alors que le Languedoc-Roussillon travaille à l'amélioration qualitative de ses appellations, et c'est tant mieux, ce beau magazine les place sous les feux de la rampe. Servis par de superbes photos, les articles racontent les hommes et la terre, et tout ce que le vin concerne. Reportage sur les domaines, les appellations, informations spécifiques, mais aussi chroniques et carnet d'adresses sur la gastronomie, l'œnotourisme... Une très belle vitrine de la région.

VENTS SUD 77, rue Samuel-Morse ✆ 04 99 13 76 50. Ce magazine part à la découverte des lieux d'exception et vous montre diversité et richesse du Languedoc-Roussillon, de la Cerdagne aux Cévennes. Du beau et du bon, au travers du patrimoine, de récits historiques, de lieux insolites, de gastronomie, d'agendas, de portraits. Que du plaisir pour les yeux.

Presse quotidienne régionale

MIDI LIBRE. *Site Internet : www.midilibre.com.* Avec 18 éditions, ce quotidien couvre les cinq départements de la région (plus l'Aveyron). Les journalistes des rédactions locales traquent l'information et le fait divers. Des suppléments sports, loisirs, économie et petites annonces complètent le quotidien sur des thèmes bien précis.

LA DEPECHE DU MIDI. *Site Internet : www.ladepeche.com.* Ce quotidien présente l'information en deux journaux. D'une part, l'information locale, l'actualité nationale, puis celle du grand sud-ouest avec Toulouse comme ville phare, d'autre part. Pour le plus grand plaisir de ses habitués, La Dépêche est restée au grand format. Il touche particulièrement les lecteurs de l'Aude et des Pyrénées-Orientales.

L'INDEPENDANT. *Site Internet : www.lindependant.com.* En deux éditions quotidiennes (Aude et Pyrénées-Orientales), le journal ouvre ses colonnes aux clubs sportifs, pérennisant la tradition locale, notamment pour le jeu à XIII.

Aude

MAG EVASION 20, place Carnot - 11000 CARCASSONNE ✆ 04 68 71 50 58. L'officiel des spectacles et de la vie carcassonnaise et départementale. Les rubriques sont sympas et originales : "C'est arrivé demain" présente les nouveautés high-tech, la rubrique ciné CD, et "A l'Affiche" donne une vue générale des principaux événements culturels sur la ville. Les grandes manifestations locales y occupent une grande place. Le tout est saupoudré d'un peu de mode, de bon goût et de bonne humeur. Le magazine incontournable pour savoir où aller, et à quel moment.

Gard

LA SEMAINE DE NIMES 21, rue Séguier - 30000 NIMES ✆ 04 66 36 92 20. *Fax 04 66 36 27 04. Site Internet : www.semainedenimes.com.* Cet hebdomadaire paraît le jeudi, avec une ligne éditoriale parfaitement inscrite dans la culture locale : des dossiers phares sur quelques sujets chauds, une importante rubrique tauromachie et une non moins belle part réservée au sport en général et au Nîmes Olympique en particulier, sans oublier les brèves, cris et chuchotement de la ville, qui en font toute la vie.

LA GAZETTTE DE NIMES 11, rue Régale - 30000 NIMES ✆ 04 66 58 77 77. *Parution le vendredi.* Un city-magazine d'informations locales, avec un traitement décalé de l'info locale, de grands dossiers, l'agenda des spectacles et cinéma...

LE JOURNAL DU PONT DU GARD 64bis, avenue Perret - 30210 REMOULINS ✆ 04 66 37 39 17. *Parution le vendredi. Hebdomadaire à la maquette désuète, mais au contenu inattaquable.* Toute l'info locale y est bien présente ; traitée par de vrais journalistes, qui ne confondent pas information et communication. Voilà qui explique, sans doute, le succès d'un titre moins confidentiel que ce que l'on pourrait croire, et qui remplit parfaitement sa fonction : parler du pays où il est vendu et des gens qui le lisent.

Hérault

LA GAZETTE DE MONTPELLIER Place de la Comédie - 34000 MONTPELLIER ✆ 04 67 06 77 77. *Parution le vendredi.* Agréable, un ton plutôt bon enfant, marrant, le côté clochemerle et les unes un peu racoleuses, pratique avec l'agenda des spectacles et intéressant pour ses dossiers thématiques.

SORTIR 131, cours des Camisards - 34080 MONTPELLIER ✆ 04 67 61 03 50. En petit format bordé de jaune, il distribue le programme chaque semaine : cinéma, spectacles, concerts, plus l'inévitable horoscope et quelques infos locales.

Lozère

LA LOZERE NOUVELLE Boulevard des Capucins - 48000 MENDE ✆ 04 66 49 65 90. *Site Internet : www.lozere-nouvelle.com.* Journal hebdomadaire d'informations générales, présentant l'actualité du département de la Lozère, les services de garde, petites annonces, etc.

Pyrénées-Orientales

LE BIZZ 86, boulevard Aristide-Briand - 66000 PERPIGNAN ✆ 04 68 35 51 10. Le Bizz existe depuis plus de deux ans et fait le bonheur des branchés inquiets de renouvellement. Il contient quelques reportages sur les endroits "in" du département et répertorie la liste des soirées. En fait, il permet de savoir toujours quoi faire au bon moment quand on se sent l'âme d'un noctambule. Ce journal est gratuit et vous le trouverez dans les bars de la ville (déposé en début de mois).

LA SEMAINE DU ROUSSILLON 6, place des Poilus - 66000 PERPIGNAN ✆ 04 68 35 30 39. Depuis quelques années, elle a perdu son autonomie, mais elle a retrouvé un second souffle. Cet hebdomadaire a le mérite de développer les sujets qui, dans un quotidien, tiendraient en quelques lignes. Quelques scandales financiers y sont quelquefois révélés, mais, ce qui importe surtout au lecteur, c'est une décontraction rédactionnelle que la presse locale n'offre pas toujours. Notons aussi les rubriques cinéma et sports, particulièrement bien étoffées. En supplément, tous les jeudis de chaque mois, le mensuel du cinéma Ecran Perpignan.

Télévisions

FRANCE 3 diffuse tous les soirs un peu vers 19h des informations régionales. Un bon moyen de se tenir au courant des événements de votre coin. Si vous arrivez en retard, vous pouvez vous connecter sur leur site : www.france3.fr. De plus, des décrochages locaux (à Nîmes, Perpignan et Montpellier) ont lieu, quotidiennement, juste avant les infos régionales, pour approfondir des thèmes tels que les produits du terroir ou l'architecture des mas, et afin de promouvoir les qualités et ressources humaines de la région.

Depuis la rentrée dernière, une reprise de l'information a lieu à 20h40, manière de toucher ceux qui restent tard au bureau.

Radios

Outre les incontournables radios musicales membres de réseaux nationaux, quelques radios locales s'intéressent à la vie de la région ou de certains départements.

Aude

RADIO NARBONNE MEDITERRANEE 92.5 FM 33, rue Félix-Andry - 11100 NARBONNE ✆ 04 68 65 03 61. Par sa couverture quotidienne des événements locaux, RNM est le partenaire privilégié de tous les secteurs d'activité : économique, culturel, associatif, politique, et sportif de la région narbonnaise. Selon l'Institut Médiamétrie, cette radio demeure la plus écoutée du Narbonnais.

RCF PAYS D'AUDE 98.2 FM Rue de l'Ancienne-Porte-de-Béziers - 11100 NARBONNE ✆ 04 68 25 90 90. Intégrée au réseau national RCF (Radio Chrétienne de France), cette station diffuse 4 heures d'antenne locale quotidienne. Sur cette plage, les animateurs et journalistes font la part belle à l'info de proximité. On retrouve des chroniques régulières comme "La Rue des Arts" ou " L'Avenue de l'Europe", les flashes ou encore de l'accordéon. Le tout sur fond de pensée évangélisatrice.

Gard-Lozère

FRANCE BLEU GARD-LOZERE 90.2 FM 12, avenue Carnot ✆ 04 66 36 30 30. Une approche intéressante de la vie des deux départements grâce à un ancrage local particulièrement efficace, notamment grâce à une équipe de journalistes et d'animateurs de haut vol. Dès le matin et tout au long de la journée, la totalité des infos du pays est à la disposition des auditeurs.

RADIO TYP 102.5 FM Route d'Uzès ✆ 04 66 27 22 17. La vraie radio avec l'accent de Nîmes. Elle est animée par le dynamique Vincent Sugier qui ne compte plus ses passions. Nous sommes tantôt en direct des ferias de Nîmes, et d'Arles, tantôt en train d'écouter de la musique (tous les styles) ou encore des infos locales (12h30 et 19h) et nationales (17h).

Hérault

FRANCE BLEU HERAULT 101.1 FM Rue de la République - 34000 MONTPELLIER ✆ 04 67 06 65 65. La radio du réseau Radio-France propose, toute la journée, des infos locales, musique, jeux et des services. Sa nouvelle grille, avec des émissions sur la vie quotidienne (cuisine, découverte, origine des noms, histoires locales) en a fait une vraie radio de proximité. A souligner sa remarquable couverture des dernières inondations de la région de Montpellier, qui, certainement, a dû empêcher d'autres drames.

RADIO THAU SETE 87.8 FM - 100.8 FM - 96.9 FM 35, rue du Général-de-Gaulle - 34200 SETE ✆ 04 99 57 22 20. *Site Internet : www.rtsfm.com.* Une radio indépendante locale, née à Sète, qui a fait, peu à peu, son chemin, couvre maintenant une grande partie de la région et mord même sur la Catalogne espagnole. Musique techno, mais la seule radio locale qui diffuse des bulletins et magazines d'informations régionales dignes de ce nom.

Pyrénées-Orientales

FRANCE BLEU ROUSSILLON 34, avenue du Général-de-Gaulle ✆ 04 68 51 90 00. Sur le 101.6 en plaine, le 106.7 et 105.9 en Capcir-Cerdagne, Prades sur le 104.5 et la Côte Rocheuse sur le 102.8 et le 100.7. Le programme musical est complété par les informations régionales et de nombreuses émissions sur la vie quotidienne dans le département : que faire, que voir, où aller, comment bouger en Roussillon. Et, bien sûr, par les journaux d'informations générales.

ARRELS 13bis, rue Grande-la-Monnaie ✆ 04 68 35 47 48. *Sur le 95 en plaine, 95.5 en Conflent, 98.2 en Vallespir et 93.1 en Cerdagne-Capcir.* Chaque région aime son parler et, en Roussillon, ce parler originel est une langue, qui plus est, une des langues officielles de l'Espagne. C'est une des raisons pour lesquelles les habitants des Pyrénées-Orientales sont aussi attachés à leur patrimoine culturel. Radio Arrels, qui émet en langue catalane est, à la fois axée sur la défense des valeurs régionales et sur l'information. Elle diffuse l'actualité tout au long de la journée : à partir de 7h chaque demi-heure jusqu'à 8h, ensuite à 9h, 10h et 12h15, les après-midi à 17h, 18h et 19h.

LIBRAIRIES ET EDITEURS REGIONALISTES

Aude

LIBRAIRIE PRIVAT 49, rue de l'Ancien-Courrier - 11100 NARBONNE ✆ 04 68 32 72 70. Un lieu où l'on s'attarde volontiers et où l'on repasse souvent pour guetter les nouveautés. Privat est l'une des plus grandes librairies de la ville, et vous y entrerez comme chez un ami. Il y a toujours l'ouvrage que vous cherchez, le conseil dont vous avez besoin, tout cela agrémenté d'un sourire… Difficile de ne pas résister à la tentation d'acheter, car tout fait envie. L'été, il est très plaisant de s'attarder dans le jardin qui accueille des expositions temporaires.

MAISON DE LA PRESSE 17, cours de la République - 11100 NARBONNE. Ce grand magasin propose la presse locale, régionale et nationale au grand complet ainsi que les quotidiens et revues internationaux. On y trouve, bien sûr, un vaste choix de magazines classés par thèmes. Ajoutons à cela la partie librairie, avec des ouvrages régionalistes, des guides touristiques en tous genres et un rayon cartographie bien fourni.

Gard

AUX LETTRES DE MON MOULIN 12, boulevard Alphonse-Daudet - NIMES ✆ 04 66 67 21 58. Ce sont trois belles vitrines thématiques. Des enfants, jusqu'aux romans et beaux livres, en passant par les livres scolaires et scientifiques qui ont fait la réputation de la maison, en n'excluant aucun domaine. A l'intérieur, les livres grimpent jusqu'au plafond et ne se font jamais attendre. Classés par thèmes ou genres, on vous dénichera, à coup sûr, le livre que vous recherchez.

L'EAU VIVE 7, rue Régale - NIMES ✆ 04 66 36 22 14. Cette librairie pour enfants existe depuis plus de vingt ans. Les parents y viennent assurer la culture de leurs bambins puisque l'on trouve en ces murs une superbe librairie qui prend au sérieux, et elle a bien raison, la littérature enfantine. Les nouveautés, les ouvrages en prise avec l'actualité (Halloween, vacances…) sont mis en avant et signés des plus grandes maisons d'édition pour enfants.

Hérault

SAURAMPS - LE TRIANGLE Allée Jules-Milhau - 34967 MONTPELLIER CEDEX 2 ✆ 04 67 06 78 78. *Fax 04 67 58 27 36. Site Internet : www.sauramps.com.* Sauramps est un immense réservoir à livres où l'on se perd parmi une offre pléthorique. On peut choisir de se laisser dériver au gré de sa curiosité, ou se faire guider, par l'intermédiaire des panneaux indicatifs ou de libraires conseils, présents à chaque rayon. Les livres ont été classés en 1 100 rayons thématiques, allant de l'universitaire à l'érotique en passant par la cuisine et, bien sûr, la littérature. Un serveur qui reprend tous les titres disponibles permet de passer commande de chez soi et d'attendre tranquillement la livraison (par colissimo). Acteur de la vie culturelle, la grande librairie organise, chaque mois, des rencontres avec les auteurs. Programme affiché en grand en façade.

Pyrénées-Orientales

LE FUTUR ANTERIEUR 5, rue du Théâtre - PERPIGNAN ✆ 04 68 34 20 45. Spécialisé dans la BD, la science-fiction et la photographie. Le client pourra toujours commander les ouvrages non disponibles en magasin, sans débourser un euro pour l'envoi que payera la maison. Les ouvrages en vogue sont toujours en vitrine avec la date de la signature car les auteurs en visite à Perpignan font bien souvent un détour par le Futur Antérieur, le temps de quelques dédicaces.

LIBRAIRIE TORCATIS 10, rue Mailly - PERPIGNAN ✆ 04 68 34 20 51. C'est l'incontournable librairie de la ville. On s'y rend en famille ou entre amis. Ici, c'est la passion de la littérature qui anime l'équipe, qui ne vit qu'à travers les livres. Tout est mis en scène pour la promotion de belles oeuvres et les vitrines sont toujours judicieusement agencées. Loin des nouveaux procédés de livres sur écran informatique, on retrouvera la douce mélodie des pages qui tournent, et la passion de vrais professionnels.

LA REGION VUE D'AILLEURS

COMITE REGIONAL DU TOURISME LANGUEDOC-ROUSSILLON 417, rue Samuel-Morse - 34960 MONTPELLIER CEDEX 2 ✆ 04 67 22 81 00. *Fax 04 67 64 47 48. N° Azur : 08*

10 81 14 88. Site Internet : www.sun.france.com ou www.tourisme-languedoc-roussillon.com - E-mail : contact.crtlr@sunfrance.com.

FEDERATION REGIONALE DES OFFICES DE TOURISME 417, rue Samuel Morse - 34960 MONTPELLIER CEDEX 2 ✆ 04 67 22 68 36. *Fax 04 67 22 68 37. E-mail : frotsilr@capmedia.fr.*

MAISON DU LANGUEDOC-ROUSSILLON 77, calle Pau-Claris - 08010 BARCELONE ✆ (34) 93 412 04 28. *E-mail : turismo@prodexport.es.*

Aude

COMITE DEPARTEMENTAL DE L'AUDE Conseil Général de l'Aude - 11855 CARCASSONNE CEDEX 9 ✆ 04 68 11 66 00. *Fax 04 68 11 66 01. Site Internet : www.audetourisme.com - E-mail : documentation@audetourisme.com.*

Autres sites Internet :

- **www.canalmidi.com et www.canal-du-midi.org :** deux sites consacrés au canal d'Entre-Deux-Mers, classé au Patrimoine mondial de l'UNESCO ;
- **www.cathares.org :** pour découvrir toute l'histoire des cathares et les vestiges d'aujourd'hui.

Gard

COMITE DEPARTEMENTAL DU GARD 3, place des Arènes - BP122 - 30010 NIMES CEDEX 4 ✆ 04 66 36 96 30. *Fax 04 66 36 13 14. Sites Internet : www.cdt-gard.fr et www.villages-du-gard.com - E-mail : contact@cdt-gard.fr.*

Hérault

COMITE DEPARTEMENTAL DE L'HERAULT Maison du Tourisme - Avenue des Moulins - 34184 MONTPELLIER CEDEX 4 ✆ 04 67 67 71 71. *Fax 04 67 67 71 77. Site Internet : www.cdt-herault.fr - E-mail : cdt@cdt-herault.fr.*

Lozère

COMITE DEPARTEMENTAL DU TOURISME DE LA LOZERE 14, boulevard Henri-Bourrillon - BP4 - 48000 MENDE ✆ 04 66 65 60 00. *Fax 04 66 65 03 55. Site Internet : www.lozere-tourisme.com - E-mail : cdt.lozere@france48.com.*

Autres sites Internet :

- **www.lozere-online.com :** site dédié au tourisme dans ce département, très sympa et véritablement complet
- **www.auberges-lozere.com :** tous les bons plans pour se trouver un petit coin où dormir
- **www.demeures-de-lozere.com**
- **www.logisdefrance-lozere.com**

Pyrénées-Orientales

COMITE DEPARTEMENTAL DES PYRENEES-ORIENTALES 16, avenue des Palmiers - BP540 - 66005 PERPIGNAN ✆ 04 68 51 52 53. *Fax 04 68 51 52 50. Sites Internet : www.tourismepyreneesorientales.com et www.vivreen66.com (portail des Pyrénées-Orientales, vous y trouverez des liens avec l'annuaire de la région ou des cartes interactives) - E-mail : tourisme.roussillon.france@wanadoo.fr.*

Index général

AAA

BBB

CCC

DDD

EEE

JJJ

LLL

MMM

QQQ

RRR

SSS

TTT

UUU

VVV

WWW

LE PETIT FUTE

Languedoc-Roussillon 2004 - 2005

Dépôt légal : 2e trimestre 2004
Le Petit Futé a été fondé
par Dominique Auzias.
Il est édité par les
Nouvelles Editions de l'Université,
18, rue des Volontaires 75015 Paris
✆ 01 53 69 70 00 Fax 01 42 73 15 24
SARL au capital de 600 000 €
RC Paris B 309769966

AUTEURS ET DIRECTEURS DE COLLECTIONS
Dominique Auzias
et Jean-Paul Labourdette

Edition
TC-Direct, Yan Even, Florence Chappe

Rédaction
Tristan Cuche, Alain Martinez avec
Claire Delbos, Fabien Barbier,
Hubert Gouleret, Gilles Lordet,
Valérie Bouvet

REGIE NATIONALE ✆ 01 53 69 70 00
Stanislas Leblanc Bontemps,
Caroline de Yrigoyen, Stéphane Bouby
et Caroline Gentelet

DIFFUSION
Christophe Didierlaurent,
Jocelyn Bodé, Carla de Sousa et
Maud Ghisolfi

FABRICATION/MAQUETTE
Direction du studio
Guillaume Duserre,
assisté de Jacky Lagrave
Création maquette et montage
Sandrine Mecking, Anne Bert

SITE INTERNET
Stephan Szeremeta, Damien Galtier

RELATIONS PRESSE
Jean-Mary Marchal

Impression Oberthur, Rennes

CREDITS PHOTOGRAPHIQUES

CDT Nîmes......................84,85,91,115,
....217,239,520
Delbos, Claire 6,53,79,133,171,518
Even,Yan 6,62,64,71,78,133,
................................179,188,194,528
Formica, Vincent 77,126,241,
.............242,261,272,302,312,340,523
Granal, Sylvie 10,18,81,287,293,
......294,323,326,335,344,362,367,518
iconotec.com......................80,391,394,
....398,415,435
Iren, F...129
Lacour, M. 526
Mailleret, Claude 23,33,79,237,323,
...........................337,340,421,479,504
Mairie d'Argentat 518
Mairie de Narbonne...................74,125
Marchal, Jean-Mary 8,20,29,82,91,
.............126,247,265,268,294,309,320
OT Argelès-sur-Mer 447,468,518
OT Banyuls-sur-Mer.........................476
OT Céret 85,491
OT Châteauneuf-du-Randon 433,429
OT Elne..22
OT Font Romeu................6,22,126,511
OT Fournels 2
OT Grau-du-Roi 249
OT Gruissan 197
OT Lodève..............................126,359
OT Sainte-Enimie/H. Gleon..81,383,417
Pagano, Delphine 320
Pinheira, C.......................................129
Raffin, Didier 2,49, 217
Rosenthal, R. 280
Savignard, Stéphane ....
2,12,17,22,26,77,78,80,85,187,188,207,
217,218,221,237,247,257,265,270,275,
278,280,287,302,329,335,339,340,3424
51,472,479, 481,525,526

- Açores Madère 14,00€
- Afrique du Sud 18,00€
- Amsterdam 10,00€
- Andalousie 12,00€
- Angleterre 12,04€
- Anneau d'Or 30,34€
- Argentine 13,57€
- Arménie 17,99€
- Asie centrale 15,09€
- Australie 15,09€
- Autriche 11,99€
- Baléares 12,00€
- Barcelone 10,52€
- Belgique 12,04€
- Bénin 16,00€
- Berlin 12,00€
- Birmanie 13,57€
- Bolivie 15,00€
- Bosnie 16,00€
- Botswana 15,09€
- Brésil 13,99€
- Budapest 12,00€
- Bulgarie 13,57€
- Burkina Faso 14,99€
- Californie 13,57€
- Cambodge 13,99€
- Cameroun 16,00€
- Canada anglophone 10,52€
- Canaries 13,00€
- Cap Vert 15,00€
- Catalogne 10,52€
- Chili/Ile de Pâques 13,57€
- Chine 15,00€
- Chypre 12,00€
- Colombie 15,00€
- Corée 13,57€
- Costa Rica 16,00€
- Crète 12,00€
- Cuba 12,04€
- Croatie 13,99€
- Danemark/Iles Féroé 11,99€
- Dublin 10,00€
- Ecosse 12,04€
- Egypte 13,00€
- Espagne 11,99€
- Equateur 15,00€
- Finlande 14,00€
- Floride 13,57€
- France 15,00€
- Géorgie 15,09€
- Ghana 15,09€
- Grèce 11,99€
- Grande-Bretagne 12,99€
- Guadeloupe 13,00€
- Guatémala 15,09€
- Guinée/Guinée-Bissao 15,09€
- Guyane 13,99€
- Haïti 14,99€
- Himalaya 15,09€
- Hong Kong 13,57€
- Hongrie 12,04€
- Iles anglo-normandes 14,00€
- Iles Grecques 11,99€
- Inde du Nord 15,09€
- Indonésie 11,99€
- Iran 20,00€
- Irlande 12,04€
- Islande 15,00€
- Istanbul 10,00€
- Israël 12,04€
- Italie du Sud 10,52€
- Jamaïque 16,00€
- Japon 14,99€
- Jordanie 12,04€
- Kenya 13,99€
- Laos 15,00€
- Liban 15,00€
- Lisbonne 12,52€
- Londres 10,00€
- Louisiane 13,00€
- Madagascar 13,57€
- Madrid 12,00€
- Maldives 15,09€
- Mali 16,00€
- Malte 11,99€
- Malaisie Singapour 13,0
- Maroc 13,0
- Marrakech 11,9
- Martinique 13,0
- Maurice Rodrigues 11,9
- Mauritanie 16,0
- Mexique 13,0
- Milan/Lombardie 10,0
- Moscou 15,0
- Mozambique 15,0
- Namibie 14,9
- Naples/Côte Amalfitaine 12,0
- Népal 15,0
- New York 10,52
- Niger 14,9
- Norvège 14,0
- Nouvelle-Calédonie 14,99
- Nouvelle-Zélande 15,00
- Pays baltes 16,00
- Pays de Galles 12,04
- Pékin 15,0
- Pérou 12,04
- Philippines 15,09
- Pologne 15,00
- Portugal 12,00
- Prague 12,99
- Québec 12,00
- Rép. Dominicaine 13,00
- Réunion 13,00
- Rome 10,52
- Roumanie 15,00
- St-Martin/St-Barth. 13,00
- Saint-Pétersbourg 14,99
- Sardaigne 12,99
- Sénégal 12,00
- Seychelles 16,00
- Sibérie 30,34
- Sicile 12,00
- Slovénie 16,00
- Sri Lanka 15,09
- Suède 13,00
- Suisse 12,99
- Syrie 14,00
- Tahiti 15,09
- Thaïlande 13,00
- Tanzanie 15,09
- Tchad 15,09
- Trinidad et Tobago 15,00
- Tunisie 11,99
- Uruguay 13,57€
- Venezuela 15,00€
- Vienne 11,99
- Vietnam 13,99
- Wallonie 11,00
- Yémen 13,57
- Zimbabwe 15,09